놀이치료 핸드북

제2판

Kevin J. O'connor, Charles E. Schaefer, Lisa D. Braverman 엮음

송영혜, 김귀남, 강민정 옮김

Σ 시그마프레스

놀이치료 핸드북, 제2판

발행일 | 2018년 5월 25일 1쇄 발행
    2023년 1월 5일 2쇄 발행

편저자 | Kevin J. O'Connor, Charles E. Schaefer, Lisa D. Braverman
역 자 | 송영혜, 김귀남, 강민정
발행인 | 강학경
발행처 | ㈜시그마프레스
디자인 | 김은경
편 집 | 류미숙

등록번호 | 제10-2642호
주소 | 서울특별시 영등포구 양평로 22길 21 선유도코오롱디지털타워 A401~403호
전자우편 | sigma@spress.co.kr
홈페이지 | http://www.sigmapress.co.kr
전화 | (02)323-4845, (02)2062-5184~8
팩스 | (02)323-4197

ISBN | 979-11-6226-066-1

Handbook of Play Therapy, Second Edition

＊ 책값은 책 뒤표지에 있습니다.

이 도서의 국립중앙도서관 출판예정도서목록(CIP)은 서지정보유통지원시스템 홈페이지(http://seoji.nl.go.kr)와 국가자료공동목록시스템(http://www.nl.go.kr/kolisnet)에서 이용하실 수 있습니다. (CIP제어번호 : CIP2018014541)

역자 서문

놀이치료 관련 원서를 번역할 때마다 역자 서문에 이번이 마지막 번역작업이라고 썼던 것 같다. 그런데 이 책(*Handbook of Play Therapy, 2nd*)을 전달받고 또 번역하게 되었다. 이 책은 이전의 *Handbook of Play Therapy*에 비해 세 가지 면에서 변화가 있었다.

우선 대화체 아동상담에서 놀이를 매체로 사용하는 것과 관련된 내용이 축소되었고, 노는 것 그 자체가 치료라고 했던 로웬펠트의 생각을 재조명한 장(chapter)들이 포함되었다. 특히 모래놀이(로웬펠트의 세계기법)는 대인관계 신경생물학, 뇌의 우반구와 좌반구의 역할과 연결시켜 설명되어 있다. 두 번째는 놀이치료사가 이제부터 종종 당면하게 될 까다로운 문제, 즉 윤리적 문제와 법적 문제를 일으키지 않으려면 어떻게 준비하고, 또는 연루되었을 경우에 어떻게 대처해야 하는지에 관한 내용이 포함되어 있다. 세 번째는 놀이치료가 다양한 환경(예 : 학교장면, 병원장면)과 다양한 내담자(예 : 재난을 겪은 아동)에게 어떻게 제공되어야 하는지에 관한, 다시 말해서 놀이치료사가 구체적으로 무엇을, 어떻게 해야 하는지에 관한 실질적인 내용이 포함되어 있다.

그리고 책을 읽으면서 반가운 얼굴, K. O'Connor, C. Schaefer, T. Kottman, S. Knell, G. Landreth 등 놀이치료 관련 교수 또는 치료사들뿐만 아니라 협회 사무실의 W. Burns, Diane Leon, Carol Munoz Guerrero가 떠올랐다. APT를 국제조직으로 확대하려 했던 Burns의 요청으로 프레즈노에 있는 작은 식당과 협회 사무실에서 수차례 만나서 의논했고, 마침내 국제놀이치료협회(IAPT) 한국 지부를 설립(2001년 9월 20일)했던 일, 한국아동심리재활학회 기초연수 과정을 IAPT가 공식적으로 인정했고, IAPT 기준에 맞춘 강의평가를 실시한 후에 일정 수준에 미달한 강사들은 다음 강의에서 배제했던 일들이 떠올랐다. 그러나 IAPT 한국 지부는 여러 가지 사정(가장 큰 이유는 IAPT가 APT로 다시 바뀜)으로 2~3년 만에 해체되었고 본문에는 이에 관한 내용이 기록되어 있지 않아서 섭섭했다.

이번 번역에서 가장 큰 고민은 'association'을 학회와 협회 중에서 무엇으로 번역하는 것이 무난한지였다. 한국에서 많은 학회가 '학회'를 'association'으로 번역한다. 그러나 APT가 유사한 분야의 자격증을 이미 가지고 있는 석사 이상의 치료사가 놀이치료 관련 교과목들을 듣고 놀이치료 사례 슈퍼비전을 받으면 놀이치료사로 등록해준다(본문 참조). 그 덕분에 나도 별다른 노력 없이 등록놀이치료사-슈퍼바이저(RPT-S)가 되어 5~6년 동안 RPT-S 자격을 유지한 적이 있다. APT가 순수 학술단체와는 조금 거리가 있다고 생각해서 협회로 번역하였다. 미국놀이치료협회(APT)라는 번역이 불편한 독자들은 미국놀이치료학회로 생각하기 바란다. 그리고 번역서를 읽다 보면 단어의 뜻이 명확하지 않아서 원서를 찾아보는 경우가 있기 때문에 의미가 다양한 단어는 단어 옆에 영어를 표기하였다.

각 장(chapter)의 저자의 생각을 잘 전달하고 싶었지만 번역상의 오류가 있었다면 이 책의 내용을 필요로 하는 독자들과 빨리 공유하고 싶다고 서두른 마음에서 저지른 실수라고 생각하고 독자들의 너그러운 이해를 바란다.

　놀이치료에 도움이 되는 책이 나올 수 있게 해준 (주)시그마프레스의 강학경 사장님을 비롯한 여러분, 특히 번역 작업에서 번역자들이 바뀌고 번역 기일을 여러 번 어겼음에도 묵묵히 작업해준 편집부 여러분에게 고마움을 전하고 싶다.

　이 책에는 놀이치료 현장에서 당면할 수 있는 다양한 주제가 거의 모두 포함되어 있기 때문에 놀이치료사들이 궁금한 내용이 있거나 조언이 필요할 때마다 관련된 장(chapter)을 참고하면 도움이 될 것이다. 놀이치료가 필요한 아동이나 놀이치료를 제공하는 사람들 모두에게 도움이 되는 책이 되기를 바라며……

지저동에서 송영혜

서문

1983년에 출판된 **놀이치료 핸드북**은 놀이치료를 실시하고 연구하는 임상가, 교사, 학생들에게 주요한 문헌자료로 간주되고 있다. 1994년에 출판된 **놀이치료 핸드북, Vol 2 : 발전과 혁신**은 Vol 1에 비해 상당히 확장되었다. 그리고 20년 후, **놀이치료 핸드북, 제2판**은 앞서 말한 두 책의 주요 개정판이며, 꾸준히 성장해온 놀이치료 분야에서의 이론적·기술적·방법론적 및 연구의 발전이 광범위하게 포함되어 있다.

이전의 두 책에서 만들어진 기준에 부합하기 위해 세 가지를 실행했다. 첫째, 1994년 이후 이 분야에서 일어난 발전을 보여주는 새로운 장을 집필할 수 있는, 다양한 놀이치료 측면의 주요 저자들을 다시 초청했다. 둘째, 접근에서는 다학문적이고, 이론에서는 절충적이며, 범위에서는 포괄적인 재료들을 포함시켰다. 마지막으로 가능할 때마다 놀이에 기반을 둔 개입을 지지하는 증거를 포함시켜서 경험적으로 지지받는 치료의 실행이라는 추세를 반영하고자 했다.

놀이치료 핸드북, 제2판은 놀이의 일반적인 힘에 대한 논의 및 놀이치료 분야의 개관과 놀이치료 역사로 시작된다. 두 번째 개정판의 놀이치료의 주요 이론적 접근에서는 정신분석을 포함해서 내담자 중심, 인지행동, 부모-자녀, 치료놀이, 환경체계, 처방적 접근이 논의되었다. 제3부에서는 핵심 놀이치료기법을 다룬다. 제4부는 때때로 정신건강 요구가 간과되기도 하는 특수집단의 놀이치료를 다루고 있다. 제5부는 의료장면, 법 및 교육장면과 같이 전통적으로 정신건강 서비스가 제공되는 곳 이외 장면에서의 놀이치료를 다룬다. 제7부에는 경험적으로 지지받는 치료의 보급·윤리·제한설정 및 슈퍼비전과 같이 현재 놀이치료 분야의 이슈가 포함되었다. 제8부에서는 이처럼 중요한 치료 양식에 대한 과학적 증거를 높이기 위한 놀이치료 연구와 아이디어의 현주소를 다룬다.

훈련 및 경험 수준에 관계없이 정신과 의사, 심리학자, 사회복지사, 간호사, 상담가들 모두는 **놀이치료 핸드북, 제2판**이 유익한 정보를 제공하고, 생각할 거리를 주고, 임상적으로 유용하다는 것을 알게 될 것이다.

차례

제4부   특수 집단에 적용하기

제5부   비전통적인 장면에서의 놀이치료

제**1**부

도입

Handbook of Play Therapy

1

놀이치료 분야의 소개

JOHN W. SEYMOUR

서양의 전통에서 놀이치료 분야는 심리치료의 초기 선구자들이 아동의 정신건강 요구에 성인 심리치료 접근을 응용하고 적용했을 때 시작되었다. 초기에 놀이는 관계를 형성하고, 의사소통하고, 문제를 해결하는 아동의 자연스러운 방법이라고 여겼다. 지그문트 프로이트(Sigmund Freud)는 놀이를 아동이 좋아하는 자유연상의 한 형태로 보았고, 그래서 놀이가 아동 마음의 내적 작동에 대한 창문이 될 것이라고 생각했다(D'Angelo & Koocher, 2011; Ellenberger, 1981). 헤르미온 혹 헬무트(Hermione Hug-Hellmuth, 1921)는 놀이치료라는 용어를 사용한 최초의 연구논문을 썼다. 안나 프로이트(Anna Freud, 1936/1966)와 멜라니 클라인(Melanie Klein, 1932)은 정신분석 접근법을 아동에게 확대해서 적용하는 데 집중했고, 각자는 아동과의 작업에서 놀이의 역할에 관한 글을 썼다(Donaldson, 1996). 치료에서 놀이는 아동과의 상호작용에서 발달적으로 적절하고 심리치료 진행의 중요한 부분으로 보인다(Carmichael, 2006; O'Connor, 2000). 그러나 초기에 놀이는 분석과 별개의 양식이 아닌 치료 과정의 원활한 부분으로 보지 않았다. 도널드 위니콧(Donald Winnicott, 1971)은 다음과 같이 설명하였다.

> 심리치료는 두 영역이 중첩될 때, 즉 내담자의 놀이 영역과 치료사의 놀이 영역이 중첩될 때 발생한다. 심리치료는 함께 놀이하는 두 사람이 있어야 한다. 노는 것이 가능하지 않아서 내담자가 놀이를 할 수 없는 상태에서 놀이를 할 수 있는 상태로 향하도록 치료사가 이끄는 작업을 하는 곳이어야 한다. (p. 53)

이렇게 처음 시작한 이후로 성인 심리치료의 수많은 임상 모델(행동적, 내담자 중심, 인지적, 게슈탈트)이 초기 분석 모델의 가정에 의거하고 도전하면서 발달하기 시작했다(Prochaska & Norcross, 2010). 이들 모델의 대부분은 아동에게 사용하려고 개정되고 자신의 어린 내담자와 관계를 맺고, 평가하고, 의사소통하며, 긍정적인 영향을 미치는 방식으로 놀이를 활용했다(Carmichael, 2006; Kottman, 2011; Landreth, 2012; O'Connor, 2000). 놀이치료의 역사 전반에 걸쳐서, 놀이치료는 다양한 아동 정신건강전문가가 실천해 오고 있는데, 규율을 개정하고, 역사적 시기에 따라 구분이 되는 아동의 요구에 반응하면서, 자신의 처치 장면에서 응용해 가면서, 각자는 자신의 렌즈를 통해 그것을 적용해 왔다. 놀이치료는 광범위한 심리치료 영역에서 구별되는 전문 영역이라고, 그렇게 크게 보고 있지는 않지만, 아동의 발달적, 정서적, 인지적, 관계적 능력에 좀 더 잘 맞추어진 형식으로 아동에게 심리치료를 확대하는 특별한 방법이다.

심리치료와 놀이치료의 어려움

정신건강전문가들은 다양한 심리치료 모델을 꾸준히 개발해 왔고, 1970년대에는 적용가능성, 효과성, 으뜸에 대해 대립되는 주장을 하면서 거의 100여 개의 모델(Saltzman & Norcross, 1990)이 있었다. 심리치료의 효과성에 관한 연구는, 일정한 유형의 심리치료가 거의 또는 전혀 이득이 없는 것으로 나타난 연구에서부터 심리치료의 많은 유형들이 실질적인 도움이 되는 것까지 광범위했다(Prochaska & Norcross, 2010; Saltzman & Norcross, 1990). 동시에 아동발달 연구가 1950년대 이후부터 증가해 왔으며 아동심리치료 관행과 통합되고 있었다. 행동 모델이 좀 더 널리 사용되고 있었다. 행동 모델이 임상 실행의 심리 교육적 접근을 좀 더 강조하게 되면서 그때까지 심리치료 분야의 특징이었던 관계적 과정 및 역동적 과정은 덜 강조했다. 모델들의 이러한 급증과 주장들은 연구자들과 임상가들 간에 더 많은 대화, 통합된 모델의 개발, 치료 결과에 대한 책임, 좀 더 연구에 기반을 둔 규범적 심리치료 적응의 개발을 요구하게 만들었다(Duncan, Miller, Wampold, & Hubble, 2010; Norcross, VandenBos, & Freedheim, 2011; Wampold, 2001).

　1960년대를 거쳐 1980년대(심지어 오늘날에도)에 학문적 배경이 다양한 아동 정신건강전문가들이 모든 범위의 기존 심리치료 모델들을 사용해서 놀이치료를 계속 실행하고 있었다. 다학문적 실행의 이러한 결합과 치료 모델의 다양성은 풍성한 놀이치료 전통을 만들어내었다. 그러나 바로 이러한 속성들이 놀이치료가 아동심리치료의 한 형태로써 놀이치료의 사용과 효과성에 도전하는 경쟁적인 경향에 대한 통일된 반응을 제공하는 분야라고 보기 어렵게 만들었다. 이 시기에 놀이치료의 적극적 옹호자 Louise Guerney와 Charles Schaefer는 놀이치료 분야가 직면한 어려움에 대해 반향을 일으켰다(Association for Play Therapy, 2010b, 2010d). 놀이치료 분야에서 출판된 책 또는 논문이 거의 없었고, 훈련 기회가 제한되었으며, 놀이치료 분야를 육성하고 있다고 분명하게 확인된 전문가 집단도 없었다. Guerney는 이것을 '놀이치료의 암흑기'라고 묘사하였다(Association for Play Therapy, 2010b).

놀이치료 분야의 출현

이러한 도전 중의 하나는 놀이치료 분야를 활성화할 기구를 만들자는 Charles Schaefer의 제안에서 나왔다. 1982년, 그는 공동 설립자로 Kevin O'Connor를 끌어들여서 놀이치료협회(Association for Play Therapy, APT)를 만들었고, 처음으로 정보의 교환, 훈련의 확립, 연구자·교육자·임상가들의 협력 네트워크의 결성을 위한 놀이치료 전문가 집단을 끌어 모았다(Association for Play Therapy, 2010d). O'Connor는 협회의 첫 소식지 발간에 앞장섰고, Schaefer는 처음 몇 번의 전국 회의를 조정했다. Schaefer 및 O'Connor 와 함께 초기 임원에는 Louise Guerney, Eleanor Irwin, Ann Jernberg, Garry Landreth, Henry Maier, Borislave Madich, Eileen Nickerson이 있었다(Association for Play Therapy, 2014). 2년 뒤에 협회 사무실이 캘리포니아로 이사해서 California School of Professional Psychology에 둥지를 틀었는데, 이곳은 O'Connor가 교수로 있던 곳이다. APT는 날로 발전하면서 창립자들의 비전을 실현시키기 시작했다.

강력한 전문가 조직으로 발전

놀이치료 임상가, 강사, 연구자들의 인적 네트워크의 초기 집단은 훨씬 더 큰 조직의 힘과 자원이 필요했다. 놀이치료사들의 기반이 더 넓어져야 한다는 필요성을 인식해서, 임원 이사회는 1988년에 Lessie Perry를 초대 회원 캠페인 의장에 지명했다(Association for Play Therapy, 2010c). 1991년, 협회는 놀이치료 연구와 공공의식 캠페인에 필요한 기금을 위한 캠페인 기금 모금의 놀이치료 재단을 시작했다. 1992년, 지역을 기반으로 놀이치료사들의 훈련과 연결망을 만들자는 요구에 부응하려는 노력 끝에 최초로 오리건 주와 텍사스 주에 지부가 설립되었다(Association for Play Therapy, 2014).

협회는 1984년에 제1차 연례 회의를 개최했는데, 놀이치료의 새로운 연구 주제에 헌신한 50명 이상의 정신건강전문가들이 진행했다. 처음 세 번의 연례 회의는 뉴욕에서 열렸다. 제4차 연례 회의는 Garry Landreth의 주도하에 노스텍사스대학교에서 진행되었다. 그 후로 연례 회의는 조직의 범위와 그 사명을 확대하기 위해 미국과 캐나다의 여러 지역을 돌아가면서 개최되었다. 1993년, 애틀랜타에서 열린 제10차 회의에는 1,100명 이상이 참석했는데, 전체 회원은 3,000명이었다. 제10차 회의에서는 놀이치료 분야에서 지난 10년간의 발전과 앞으로 닥칠 도전과제에 대해 자신들이 파악한 것을 제시하는 몇몇 지도자들의 포럼이 있었다(Berner, Duke, Guillory, & Oe, 1994). John Allan이 확인한 성장의 기회에는 자격 있는 놀이치료 슈퍼바이저의 필요성, 학교ㆍ기관ㆍ병원 등에 시설이 잘된 놀이치료실을 여는 것, 놀이치료와 가족치료 간에 더 많은 협력, 더 많은 놀이치료 연구 등이 있다. Kevin O'Connor는 기본 놀이치료 과정을 더 많이 확인하고 종합적인 이론 모델의 개발의 필요성으로 연구의 과제를 확장했다. Charles Schaefer는 특정 유형의 놀이치료가 특정 장애에 이득이 되는지를 판단하는 연구를 요구했다. 이러한 주제들은 그 이후에 협회의 임무가 되었고 현재의 많은 프로그램과 기획에 반영되었다.

그 무렵 Phillips와 Landreth(1995, 1998)는 놀이치료를 실행하는 정신건강전문가들, 즉 협회 회원 및 유관 분야와 유관 기관을 통해 확인된 기타 전문가들에 대해 집중적인 조사를 했다. 이 사람들 중에서 자신의 이론적 배경을 절충적이라고 보고한 놀이치료사들이 가장 많았고, 내담자 중심 배경이라고 보고한 사람들이 그 뒤를 이었다. 조사한 사람들의 대부분은 대학에 있는 대학원 과정보다는 보수교육을 통해 놀이치료 훈련을 받았다고 보고하였다. 대부분의 사람들은 훈련의 대부분이 보수교육이었고, 최소한의 아동발달 훈련이 있었다고 보고하였다. Phillips와 Landreth는 놀이치료 분야를 잘 정의하는 데 필요한 연구 그리고 좋은 실행, 이 모두를 지원하도록 대학원에서 놀이치료와 아동발달을 교육하는 기회를 확대해야 한다고 제안하였다. 새로운 임상가들이 최선의 표준 실행을 준수하는지를 입증하기 위해 놀이치료 슈퍼비전과 멘토링을 받을 수 있는 기회가 더 많이 필요하다고 제안했다.

Kevin O'Connor는 1998년까지 협회 상임이사였고 협회가 초기의 인적 네트워크 집단에서 다양한 측면의 전문가 조직이 되도록 이끌었다. 협회는 전일제 전문협회 관리자가 필요한 수준으로 발전했고, 1999년에 William Burns가 상임이사(후에 협회장 겸 CEO 역임)로 지명되었다.

협회는 창립 이후 내내 캘리포니아 주 프레즈노에 사무실이 있었고, 현재의 사무실은 클로비스 근처이다. 1990년대부터 세 명의 직원, Kathryn Lebby, Diane Leon, Carol Munoz Guerrero가 일하고 있다. 협회는 이사를 임명제에서 회원 선출 이사회로 전환하였고, 이사회 의장은 이사들 자신이 선출했다. 초창기 20년은 새로운 리더십을 함양하고, 조직의 관리 방식을 개편하고, 협회의 임무를 점진적으로 발전시키기 위한 보다 안정적인 재정 기금을 만드는 데에서 진전을 이루었다.

협회가 20주년 기념일이 되면서, Ryan, Gomory와 Lacasse(2002)가 회원들을 조사했는데, 이제 막 4,000명이 넘는 시점이었다. 조사 결과에 기초해서 보수교육의 질을 강화하고 놀이치료에서 임상 훈련 및 더 많은 대학원 수준의 수업을 개발하도록 장려해야 한다는 새로운 요구가 있었다. 놀이치료 서비스가 광범위한 내담자에게 제공되고 있다고 해도, 서비스를 제공하는 놀이치료사들은 백인 여성 또는 유럽계 미국 여성일 것이고, 제공받는 인구에 비해 인구통계학적으로 적은 수이다. 협회는 보다 다양한 회원을 모집하려는 노력을 지원하고, 문화적으로 이해하는 훈련을 지원하고, 놀이치료 서비스 접근을 개선하라고 권고했다.

Burns(Association for Play Therapy, 2013)는 협회와 함께한 세월을 이야기하면서, 자신이 특히 자부심을 느낀 두 가지 업적을 언급했다. 하나는 2005년에 리더십 아카데미의 시작이었다. 아카데미는 온라인 학습 플랫폼을 이용해서 현재 그리고 미래의 협회 리더들에게 조직의 임무와 관리 모델을 훈련하고 있다. 이후 아카데미는 매년 사람들을 졸업시켰고, 협회와 놀이치료 분야의 서비스에 좀 더 잘 무장된 200명 이상의 지도자를 배출했다. 또 하나의 업적은 2006년에 협회 소식지를 총 천연색, 계간지 놀이치료(*Play Therapy*)로 바꾼 것이었다. 새로운 잡지는 조직의 중요한 계획 및 놀이치료에서 현재의 관심사와 동향에 관한 기사가 강조되도록 구성되었다.

세월이 흐르면서 다른 변화들도 일어났다. 1982년에 처음 50명이었던 회원이 꾸준히 증가하여 이 글을 쓰는 시점(K. Lebby와의 개인적인 대화, 2014. 7. 27.)에는 6,074명이 되었다. 회원들이 많아진 것뿐만 아니라 회원이 활동하는 지리적 범위도 미국을 넘어서 캐나다와 전 세계 20여 개 이상의 나라로 확대되었다. William Burns는 2014년 3월에 협회장 겸 CEO 자리에서 물러난 뒤, 1992년에 협회에서 처음 고용한 첫 번째 직원 Katheryn Lebby가 협회장 겸 CEO로 임명되었다.

놀이치료 실천과 연구를 위한 강력한 토대 확립

놀이치료 분야의 초창기 리더들과 협회 회원의 증가는 인적 네트워크 구축과 조직 구성에 대한 관심으로부터 놀이치료의 강력한 이론적·기술적 연구의 기반을 확립해서 놀이치료를 발전시키는 작업으로 관심을 돌리게 되었다. 이론, 실천, 연구에 대한 대화를 자극하도록 전문 서적들이 개정되었다. 대학원 교육의 기회가 확대되고, 더 나은 훈련 및 슈퍼비전 기회도 개발되었다. 다른 분야의 정신건강 전문가뿐만 아니라 이러한 서비스에 접근할 수도 있는 일반 회원들이 놀이치료 전문 영역을 규정하는 데 도움이 되도록 놀이치료사 및 슈퍼바이저 자격인정 과정이 구축되었다. 1985년에 Roger Phillips는 당시의 놀이치료 연구 현황에 대한 검토에서 "놀랍게도 실험적 연구에서 나온 놀이치료에 대해서는 알려진 것이 거의 없다."(p. 752)고 말했다. 놀이치료에 관해 작성된 것의 대부분은 연구적 관점보다는 임상적 관점이다. 출간물의 대부분은 입증되지도 않았고 치료적인 결과에 관한 놀이의 구체적인 영향을 철저하게 연구했다기보다는 특정한 치료 모델을 소개하기 위해 제시해 왔다. 연구를 하려면, 놀이 및 놀이의 치료적 구성요소뿐만 아니라 놀이치료가 경험에 기반을 둔 결과를 측정할 수 있도록 조작적으로 정의되어야 한다.

놀이치료 정의하기

놀이가 아동과의 임상 작업에 처음 결합되고 그리 오래 지나지 않아서 놀이의 여러 가지 정의, 심리치료의 정의, 심리치료에서의 놀이에 대한 정의가 만들어졌다. 많은 사람들은 다양한 형태의 놀이가 이득이 있으며 아동의 웰빙(well-being)을 촉진하는 상호작용으로 놀이를 사용할 수 있음을 알고 있었다. 그러나 무엇이 놀이를 치료적으로 만드는가? 놀이치료란 무엇인가? 협회가 초기에 시도한 것 중 하나는 포괄적인 이론, 철저한 연구, 다른 전문가 및 대중에게 현장을 홍보하는 통합된 노력의 기초가 되는 놀이치료의 조작적 정의를 개발하는 것이었다. 많은 검토와 논의 후에 이사회는 1997년에 아래에 제시된 정의를 채택했다.

> 놀이치료는 내담자가 최적의 성장과 발달을 달성하도록 심리사회적 어려움을 방지하거나 해결하도록 돕기 위해, 훈련된 놀이치료사가 놀이의 치료적 힘을 사용하면서 대인관계 과정을 확립하는 이론 모델을 체계적으로 사용하는 것이다.(Association for Play Therapy, 1997)

놀이치료의 새로운 간행물

놀이치료에서 출판물의 새로운 세대가 놀이치료 핸드북(*Handbook of Play Therapy*; Schaefer & O'Connor, 1983)과 함께 시작되었는데, 이 책에는 협회의 초기 회원들의 글이 다수 들어 있었다. 두 번째 책(O'Connor & Schaefer, 1994)은 이 분야의 최근 추세에 관해 개정되어서 뒤를 이었다. 전문가 간행물에 대한 새로운 강조에 대해 첫 10년은 John Allan(1988), Eliana Gil(1991), Garry Landreth(1991)와 같은 저자들의 책이 포함되었다.

새로운 놀이치료 연구의 필요성에 대응하여 *International Journal of Play Therapy*가 1992년 그 당시 상임이사 Kevin O'Connor와 게스트 편집장인 Cynthia K. Bromberg의 지시 아래 놀이치료협회에서 처음 출판되었다. 제1의 주제에 이어 저널은 반년마다 출판되었으며, 2009년에는 분기별로 발행되었다. 협회는 저널의 배포를 위해 미국심리학회와 계약을 맺고 있고, 저널에는 모든 주제의 전자 파일이 있어서 전 세계의 연구자들이 이용할 수 있다.

놀이치료에 특정한 대학원 교육의 개발

Garry Landreth는 1980년 덴턴에 있는 노스텍사스대학교에 놀이치료센터를 설립했다. 이 센터는 세계에서 가장 규모가 큰 놀이치료 훈련 프로그램이 되었으며, 석사 및 박사 수준의 대학원생 훈련 그리고 전문가를 위해 보수교육을 제공하며 지속적인 놀이치료 연구 및 훈련의 장소가 되었다. 센터에는 실습과 연구를 위한 놀이치료 자료가 있는 종합 도서관 그리고 매년 열리는 여름 놀이치료 기관 및 가을 놀이치료 컨퍼런스(Landreth, 2012)를 후원한다. 센터를 설립할 당시, 미국에 있는 대략 40개 대학이 최소한 몇몇 놀이치료 교과 과정이 있었다고 보고했다. 2013년 12월, 177개 대학이 임상실습 경험의 기회를 늘릴 뿐만 아니라 교과목도 개설했다고 보고했다(Burns, 2014).

2009년, 협회는 놀이치료 종사자 및 연구자들의 훈련을 계속 장려하기 위해 놀이치료 교육 인정 센터의 기준을 채택하였다. 노스텍사스대학교의 놀이치료센터에서 설정한 사례를 모델로 했는데, 이 기준의 목적은 새로운 출판물, 동료 심사를 거친 간행물을 제작할 수 있는 자격을 갖춘 종사자 및 연구원의 훈련을 장려하고 전문가 공동체와 일반 대중 사이에서 놀이치료 분야의 발전된 연구들을 창출하려는 것이었다. 놀이치료센터는 2009년 6월에 최초로 승인된 센터가 되었으며, 이 글을 쓰는 시점에는 놀이치료 이론, 연구, 실습을 지원하는 승인 센터가 미국 전역에 23개로 늘었다(K. Lebby, 2014년 7월 27일).

자격 인증과 실습의 표준 확립

1990년대 초, Diane Frey(Association for Play Therapy, 2010a)와 기타 지도자들은 놀이치료를 수행하는 모든 분야의 정신건강전문가가 갖추어야 할 핵심 지식과 기술을 파악하는 데 도움이 되도록 놀이치료사를 위한 자격 인증 과정을 개발하기 시작했다. 등록은 내담자를 보다 잘 보호하고 현장의 전문가들과 대중의 인식을 높이기 위해 높은 수준의 놀이치료 훈련 및 실습을 격려하는 중요한 방법으로 간주되었다. 1993년, 등록 놀이치료사(Registered Play Therapist, RPT) 및 등록 놀이치료사-슈퍼바이저(Registered Play Therapist-Supervisor, RPT-S) 자격증이 처음 발급되었으며, 2013년 말에는 전 세계에 1,184명의 RPT와 1,785명의 RPT-S가 배출되었다.

협회는 놀이치료사가 고품질의 보수교육을 받을 수 있도록 승인된 놀이치료 연수교육을 제공할 수 있는 사람(Association for Play Therapy, 2010a)의 기준을 수립했다. 매년 승인된 제공자들이 전국에서 수천 시간의 연수교육을 제공하고 있다. 2001년, 협회는 인터넷에 접속할 수 있는 사람은 누구나 고품질의 훈련을 이용할 수 있는 최초의 웹 기반 보수교육 프로그램을 시작했다. 협회의 E-러닝 센터가 2008년에 시작되어서, 새내기 놀이치료사 및 경험 있는 놀이치료사를 위한 광범위한 비접촉식 보수교육 시간을 제공하고 있다(Association for Play Therapy, 2014).

놀이치료사는 심리학자, 상담사, 가족치료사, 사회복지사, 임상 간호 종사자 등으로 구성된 다학제 집단이다. 이러한 각 정신건강 분야는 자체적인 실행 기준, 윤리 강령, 라이선스 규정이 있다. 이러한 다양한 지침, 규정, 윤리 강령을 보충하기 위해 놀이치료협회(Association of Play Therapy)는 놀이치료 현장의 구체적인 지침을 개발했다. 이러한 것들은 놀이치료 그리고/또는 아동과의 임상 작업에서 보다 보편적인 상황을 다룬다. 2003년에 개발된 자발적인 놀이치료 임상 지침은 2009년과 2012년에 놀이치료 모범 사례(Association for Play Therapy, 2012c)로 갱신되었다. 또한 협회의 '접촉에 관한 서류 : 임상, 전문성, 윤리적 문제'(Paper on Touch : Clinical, Professional, and Ethical Issues; Association for Play Therapy, 2012b)는 놀이치료에서 치료적 접촉의 사용에 관한 구체적인 쟁점을 다룬다.

연구 기반 확립하기

심리치료의 가치에 관한 역사적 논쟁은 주로 특정 이론 모델의 타당성에 관한 종사자와 연구자들 사이의 내부적 논쟁이었다. 요즈음의 논쟁에는 특정 내담자의 결과 및 특정 문제에 강조를 두고 제3자 지불, 보건 정책 지도자, 소비자와 같은 더 많은 이해 당사자가 관련되어 있다. 의학 분야에서의 경험적 연구 방법에서 개발된 놀이치료 연구(Norcross, Beutler, & Levant, 2006)는 증거 중심의 실행을 지향하는 이러한 추세를 따라 가는데, 즉 놀이치료의 다양한 모델들의 효과를 비교하는 것에서 치료적 관계에 초점을 맞춘 연구로, 내담자에게 제공되는 치료적 접근의 매칭으로, 범놀이치료 모델들 전반의 놀이치료의 치료적 기제를 확인하는 것으로 이동했다(Drewes, 2011a, 2011b). Baggerly 와 Bratton(2010)은 협회의 초기 지도자들이 놀이치료 연구의 실질적인 체제를 확립하기 시작한 이후에 행해진 놀이치료에서 통제된 결과 연구의 진행을 간략히 설명했다. 이전의 연구들에 대한 메타분석 연구는 놀이치료가 여러 가지 호소 문제들을 치료하는 데 효과적일 수 있음을 나타냈다(Bratton & Ray, 2000; Bratton, Ray, Rhine, & Jones, 2005; LeBlanc & Ritchie, 2001; Ray, Rhine, & Jones, 2001). 협회 기금 모금의 파트너인 놀이치료재단은 수년간 연구 포럼을 후원했으며, 몇 년 전에는 증거 중심의 기준을 충족시킬 것이라고 기대되는 놀이치료 연구 프로젝트 여러 개에 대해 상당한 재정적 지원을 했다. Reddy, Files-Hall, Schaefer(2005)와 Drewes(2009)가 편집한 책은 놀이치료 연구자들의 사례를 제시하였는데, 놀이치료 관행의 증거 기반을 만드는 데 도움이 되는 연구여야 한다는 요구에 부응하는 내용이다.

놀이치료 실습 및 미래로 나아가는 연구

Kazdin(2009)은 아동심리치료에 관한 연구 논문들이 많이 있지만 절차와 결과에 대한 경험적 이해는 여전히 한계가 있다고 지적했다. 2010년 인터뷰에서 Charles Schaefer는 놀이치료 연구가 여전히 '유아기'라고 규정하고(Association for Play Therapy, 2010d), 다른 형태의 심리치료에서 증거 중심을 만들기 위해 행하고 있는 연구의 유형과 손쉽게 비교할 수 있는, 잘 설계되고 잘 통제된 연구를 요구했다. 오늘날 놀이치료의 증거 중심 실행을 알리려면, 치료 기제와 치료 결과 및 효과에 관한 보다 엄격한 연구여야 한다는 구체적인 요구가 있다. D'Angelo와 Koocher(2011)는 기존의 놀이치료 연구들의 검토에서 지난 10년 동안 놀이치료에 관한 출판물이 극적으로 증가했으며 좀 더 이론-특정적 접근에서 '보다 실용적이고 절충적인 놀이치료로, 좀 더 지시적 처치와 자주 혼합한 것으로' 이동한다고 언급했다(p. 442).

　2010년, *International Journal of Play Therapy*는 놀이치료 연구의 현황에 관한 최신 정보를 제공했다. 놀이치료 연구의 양과 질은 25년 전 Phillips(1985)의 검토 이후에 확실히 개선되었다(Baggerly & Bratton, 2010). Urquiza(2010)는 연구와 관련하여 놀이치료 영역 내에서의 분야를 설명했다. 현장에 있는 일부 사람들은 정신건강의 더 큰 현장 그리고 서비스에 대해 비용을 지불하고 결과를 기대하는 이해 당사자들에게 놀이치료의 가치를 경험적으로 보여주는 지속적인 노력을 장려하고 있다. 의료 모델 연구 유형의 사용과 심리치료 연구에 그러한 방법의 적용 가능성에 대해 강하게 비판하는 사람들도 있다. 이러한 집단은 연구 방법론이 다르지만, 치료사가 그들 작업에서 알고 있으며 의도적이고 자신의 일의 결과에 대해 책임을 진다는, 즉 양쪽 모두 공통된 목표가 있다는 것이다. Urquiza는 놀이치료 연구 노력을 추진하는 데 앞서서 도움이 되는 많은 제언을 했는데, 즉 사용하려는 개입 유형과 다루려는 문제의 유형을 검증하는 보다 구체적인 연구를 수행하는 것, 쉽게 따라해 볼 수 있는 실시요강이 있는 처치를 만들어내는 것, 제공된 처치와 관찰된 결과 사이의 관련 가능성의 범위를 더 잘 포착하기 위해 피험자의 사전 및 사후 개입 평가를 더 잘하는 것과 같은 것이다. 그는 또한 경험적으로 지원되는 연구 단계의 진행의 개요를 설명했는데, 놀이치료 연구가 예비 연구에서 증거 중심 기준에 의해 경험적으로 '잘 설정'되거나 '효과적일 수 있는' 특정의 놀이치료 접근을 보여줄 수 있는 결과가 있는 무작위 대조 연구로 이동하는 것이다.

2010년에 Phillips는 1987년에 수행한 놀이치료 연구의 리뷰를 업데이트했다. 그때 이후로 연구 및 출판물의 급증을 인정하면서 그는 "PT[놀이치료]의 대부분에 대한 신뢰할 수 있는 과학적 증거가 여전히 존재하지 않는다."(p. 13)고 결론을 내렸다. 그는 문제의 일부는 놀이와 놀이치료를 조작적으로 정의하지 못하는 놀이치료사의 무능력과 관련이 있다는 관찰 결과를 제시했는데, 회기에서 행한 것이 정말로 놀이치료이고 이러한 행동의 결과가 놀이치료라고 말하는 것의 진짜 결과가 영향을 미쳤기 때문이라는 것을 확인하는, 그러한 방식으로 놀이치료를 정의하지 못한다는 것이다. 그는 '치료 기제의 문제'(p. 22)에 관해 초점을 맞춘 연구가 더 많아야 한다고 촉구했다. Phillips의 결론과는 달리, Baggerly와 Bratton(2010)은 최근의 놀이치료 연구를 검토하고 상당히 긍정적인 결론을 내렸는데, 그들은 놀이치료 연구자들이 "증거 중심 치료로서 놀이치료를 확립하는 데 도움이 되도록 연구가 충분히 엄격하게 수행되는 데에서 꾸준하게 진전이 있었다."고 언급한다(p. 36).

놀이치료 연구와 대인관계 신경생물학

D'Angelo와 Koocher(2011)는 현재의 놀이치료 연구 및 실행에 아동발달에 관한 연구가 중요한 영향을 미치고 있음을 관찰했다. 놀이에 관한 초기의 정신분석학적 견해는 상상력이 그 개인을 대신하여 개인의 내부 활동이라고 보는 19세기 관점에 뿌리를 두고 있다. 자연스러운 놀이의 역할에 대한 최근의 연구는 그러한 견해를 확대하고 도전해 왔다. 현재 정의되어 있는 자연스러운 놀이는 개인적인 상상력 및 자기표현뿐만 아니라 다른 사람들과의 연결 및 사회문화적 맥락에서 경험적인 의미를 만드는 것에 관한 것이다. 놀이는 상호작용적이며 아동발달과 아동 환경에 모두 영향을 미친다. Sutton-Smith(2008)는 자연스러운 놀이가 진짜 갈등에 대한 개인적인 반응을 조절하는 아동의 첫 번째 시도라고 설명했으며, 놀이는 계속해서 아동의 주요한 활동이 되고 평생을 두고 갈등을 다룬다(Brown, 2009; Russ, 2004). 전반적인 인간 발달의 맥락에서 볼 때 놀이는 공감적이 되고, 우정을 키우며, 파트너 관계에서 친밀한 관계를 맺고, 열정적으로 성인의 직업을 추구하는 인간 능력의 전조이다(Slade & Wolf, 1994). Eberle(2014)은 다음과 같이 말한다. 놀이는 여전히 우리의 근육을 강하게 하고, 사회적 기술을 우리에게 가르치고, 우리의 정적 정서를 단련시켜서 깊게 하고, 좀 더 놀려는 태세를 취하게 해서 균형 상태를 허용하는 기쁨에 의해 움직이는 아주 오래되고, 자발적이고, '불시에 나타나는(emergent)' 과정이다(p. 231).

Schore(2012)와 Siegel(2012)은 인간이 서로 상호작용하고 환경과 상호작용할 때 뇌와 신체의 상호작용을 이해하는 새로운 방법을 제시하는 영상 기술의 발전에 대해 설명한다. 이러한 연구결과는 아동발달에서 놀이의 역할에 관한 새로운 정보를 제공하고, 놀이가 치료적 관계를 중재하는 방법에 대해 그리고 치료사와 내담자 사이의 작업에서 기저에 있는 치료적 메커니즘의 근원에 대해 알게 해준다. 몇 년 전, Bateson(1972)은 "치료 진행과 놀이 현상 간에는 실제로 아주 많은 유사점이 있다."(p. 191)는 것을 관찰했다. 놀이치료에서 미래의 치료적 접근은 치료 동맹을 개념화하고 새로운 놀이 개입을 개발하는 데에서 놀이의 이러한 발달적 이해를 통합할 필요가 있을 것이다(Russ, 2004).

이러한 연구결과에 기초해서 Perry와 동료들(Barfield, Dobson, Gaskill, & Perry, 2012; Perry, 2006; Perry & Hanbrick, 2008; Perry, Pollard, Blakley, Baker, & Vigilante, 1995)은 치료의 신경 순차 모델을 개발했다. 이 모델은 뇌 발달의 순서에 맞추어 배열된 치료적 개입(놀이 개입을 포함하여) 제공의 점진적 과정을 설명하고 있다. 개입은 뇌간 기능의 개선을 목표로 한 것에서 전두엽 피질의 고차적 기능의 개선을 목표로 하는 것으로 이동한다. 초기의 치료적 개입은 감각 통합과 자기 조절에 더 많이 집중해야 하며, 이후의 개입은 보다 복잡한 정서적·인지적·관계적 작업에 맞추어져야 한다.

놀이치료 통합과 놀이의 치료적 힘

심리치료의 광범위한 영역과 마찬가지로, 놀이치료 영역은 모델에 특정한 처치에서 좀 더 통합되고 처방적인 모델로 점차적으로 이동하고 있다(Drewes, 2011a, 2011b; Drewes, Bratton, & Schaefer, 2011; Schaefer & Drewes, 2010, 2011, 2014). 이 모델은 아동의 요구를 평가하는 다중양식 방법에 좀 더 초점을 맞추는데, 대부분의 아동치료 모델에서는 일반적인 치료 기제와 치료적 관계를 수립하고 유지하는 요소에 대해 알고 있는 것에 기초해서 이러한 요구를 개입과 연결시킨다. O'Connor(1991)는 놀이치료의 첫 번째 통합 모델 중 하나인 환경 체계 놀이치료를 개발했다. 또한 통합적인 이론적 접근을 사용해서(Drewes, 2011a, 2011b) 정신분석치료, 아동중심치료, 발달치료, 인지행동치료, 치료놀이[1], 현실치료(Glasser, 1975)의 여러 요소를 놀이치료 평가와 처치의 종합적인 모델로 결합했다(O'Connor, 1991, 2000, 2001, 2011; O'Connor & Ammen, 1997, 2013).

Schaefer는 놀이치료의 공통 요인과 특정한 내담자 및 조건을 위한 놀이치료 개입에 맞추어 재단하는 처방적 방법에 중점을 둔 통합적 놀이치료를 제안하고 있다(Drewes, 2011a, 2011b). Schaefer(1993)는 놀이의 치료적 힘(*The Therapeutic Powers of Play*)에서 처음에는 모든 놀이치료 모델에 공통적인 14가지 변화 메커니즘을 확인했고 최근에는 놀이의 치료적 힘 : 변화의 20가지 핵심적 힘(The Therapeutic Powers of Play : 20 Core Agents of Change)에서 20개 항목으로 확장했다(Schaefer & Drewes, 2014). Kazdin(2009)은 아동치료의 치료 과정에 관한 연구의 검토에서, 초점이 치료적 변화의 기제에 있어야 하고 그래서 치료적 힘이 어떻게, 왜 작용하는지에 집중된 연구를 할 수 있도록 놀이의 이러한 치료적 힘을 설명하려는 노력이 지속되고 있는 것을 관찰했다. Schaefer는 이것이 앞으로 놀이치료 연구의 유망한 방안 중 하나라고 보고 있다(Association for Play Therapy, 2010d).

심리치료의 광범위한 영역에서의 통합적 및 공통 요인 연구는 또한 치료적 관계의 중요성과 치료사와 내담자의 관계가 그 자체로, 어떻게 치료적인지를 더 잘 이해할 필요성 역시 강화한다(Duncan et al., 2010). 놀이는 처음에는 치료적 관계를 발전시키고 강화시키는 방법으로 아동심리치료에 통합되었다(Carmichael, 2006; O'Connor, 2000). Ginott(1959), Guerney(2001), Landreth(2012) 및 기타 여러 사람(Cochran, Nordling, & Cochran, 2010; VanFleet, Sywulak, Sniscak, & Guerney, 2010; Wilson & Ryan, 2006)은 놀이치료에서의 치료적 관계의 역동성에 대해 우리가 많이 알게 했다. 치료적 관계에

---

1 치료놀이는 치료놀이기관(The Theraplay Institute)의 등록된 서비스 마크이다.

대한 이러한 강조는 대인관계 신경생물학의 최근 연구에 의해 강화되고 있다. Schore(2012)는 심리치료 작업이 "치료사가 내담자를 위해 하는 것 또는 내담자에게 말하는 것(좌뇌 초점)에 의한다고 정의하지 않는다. 오히려 핵심 메커니즘은 내담자와 함께하는 방법이고, 특히 정서적으로 스트레스의 순간(우뇌 초점)에 더욱 그러하다."(p. 44)고 제안한다.

놀이치료와 특수 인구집단

놀이치료는 개별 내담자의 역동과 어린 아동의 세계를 초월하여 널리 보급되기 시작했다. 부모와 기타 가족 구성원들이 치료회기에 포함되기 시작했다. 놀이치료의 비언어적이고 경험적인 측면은 청소년에서부터 이후의 성인에 이르기까지 다양한 연령의 내담자가 치료적 적용에 포함되기 시작했다.

놀이치료에 부모 및 가족의 참여

Louise Guerney는 자신과 배우자/동료 연구자인 Bernard Guerney가 그들이 하는 놀이치료 작업에서 부모를 포함시키기 시작했을 때 "부모는 변화의 대리인으로 보지 않았다."고 설명했다(Association for Play Therapy, 2010b). Landreth는 Guerney의 부모놀이치료 개발에 대해 "지난 50년 동안의 놀이치료에서 가장 의미 있는 발전"이라고 말한다(Association for Play Therapy, 2012a). Landreth가 보는 것과 같이, 부모의 참여는 세대 간 과정, 즉 사회적 수준에서 문제를 소개하는 다리 역할을 하며, 치료실을 훨씬 넘어서는 방식으로 아동의 삶에 영향을 미친다. 놀이치료 결과에 대한 메타분석 연구는 부모의 참여가 놀이치료의 성공에서 핵심 요소 중 하나라고 지적한다(Bratton et al., 2005; LeBlanc & Ritchie, 2001).

일생주기를 통한 놀이치료

Frey(Association for Play Therapy, 2010a), Landreth(Association for Play Therapy, 2012a), Schaefer(Association for Play Therapy, 2010d) 모두는 미래의 놀이치료에는 모든 연령의 내담자가 포함된다고 지적한다. 자연스러운 놀이에 대한 현대의 연구는 정서적 균형과 중요한 다른 사람들과의 관계를 유지하기 위해 일생주기 전반을 통해 놀이의 기능을 강조한다. 놀이치료사는 청소년, 성인, 고령자와의 놀이의 치료적 힘을 적용하는 새로운 방법을 찾고 있다.

놀이치료에서 문화적 역량

O'Connor(1991, 2000)와 이후에 O'Connor와 Ammen(1997, 2013)은 놀이치료 관행의 모든 측면에서 다양성 문제를 고려해야 하는 중요성에 대해 자신들의 책에서 전체 장(chapter)을 할애했다. O'Connor는 학술지 *Professional Psychology : Research and Practice*(2005)에 주제에 관한 종합적인 글을 썼다. Gil과 Drewes(2005)는 놀이실에서 문화와 다양성에 대한 대화를 자극하기 위해 놀이치료에서 문화적 차원에 관한 최초의 주요 저서를 편집했다. 그 뒤에 놀이치료협회는 놀이와 놀이치료에서 다양성의 인식, 통합, 보존을 정책으로 채택했다(Association for Play Therapy, 2014). 협회의 최근 전국 회의 중 하나는 회의 주제의 특징을 다양성으로 하고 있으며, 협회의 많은 지부도 유사한 시도를 하고 있다. 협회가 승인한 모든 보수교육 제안서에는 이제 다양성 문제가 주제에 미치는 영향에 대한 세부 사항이 포

함되어야 한다.

지금이 놀이치료의 미래이다

자연스러운 놀이와 대인관계 신경생물학에서의 최근 연구는 놀이의 경험과 놀이치료 모두를 이해하는 방법에 대한 참신한 시각을 놀이치료 분야에 제시했다. 그러나 새로운 진리가 매우 오래된 진리이기도 하다. 즉 놀이는 우리가 사랑하는 사람, 우리의 세계, 우리 자신과 연결되는 방식의 통합된 부분이다. 놀이는 우리가 삶의 도전에 대해 연습하고, 그리고 그러한 도전을 한 후에 다시 상쾌해지는 방법이다. 놀이의 치료적 힘은 삶과 회복에 대한 치료적 힘이다.

참고문헌

Allan, J. (1988). *Inscapes of the child's world*. Dallas, TX: Spring.

Association for Play Therapy. (1997). A definition of play therapy. *The Association for Play Therapy Newsletter, 16*(1), 7.

Association for Play Therapy. (2010a). *History speaks: Frey interview*. Retrieved from http://youtu.be/6cxO0UQZFuo

Association for Play Therapy. (2010b). *History speaks: Guerney interview*.
    Retrieved from http://www.youtube.com/watch?v=ZU6Yhta_igc&feature=share&list=PLBABA1DBEEF2AC85E&index=3

Association for Play Therapy. (2010c). *History speaks: Perry interview*.
    Retrieved from http://www.youtube.com/watch?v=CjodXCi1xUI&list=PLBABA1DBEEF2AC85E&feature=share&index=2

Association for Play Therapy. (2010d). *History speaks: Schaefer interview*. Retrieved from
    http://www.youtube.com/watch?v=uWSUkUsWeZI&list =PLBABA1DBEEF2AC85E&feature=share

Association for Play Therapy. (2012a). *History speaks: Landreth interview*.
    Retrieved from http://www.youtube.com/watch?v=SOYhs593-kE&list=PLBABA1DBEEF2AC85E&feature=share&index=6

Association for Play Therapy. (2012b). *Paper on touch: Clinical, professional, and ethical issues*. Retrieved from http://www.a4pt.org/download.cfm?ID=28052

Association for Play Therapy. (2012c). *Play therapy best practices*. Retrieved from http://www.a4pt.org/download.cfm?ID=28051

Association for Play Therapy. (2013). *History speaks: Burns interview*.
    Retrieved from http://www.youtube.com/watch?v=PT8hJi1_JPQ&feature=share&list=UU0DXBcxC-d63IZDtMzzFotA&index=2

Association for Play Therapy. (2014). *Historical milestones*. Retrieved from http://www.a4pt.org/ps.index.cfm?ID=2385

Baggerly, J. N., & Bratton, S. C. (2010). Building a firm foundation in play therapy research: Response to Phillips. *International Journal of Play Therapy, 19*, 26–38.

Barfield, S., Dobson, C., Gaskill, R., & Perry, B. D. (2012). Neurosequential Model of Therapeutics in a therapeutic preschool: Implications for work with children with complex neuropsychiatric problems. *International Journal of Play Therapy, 21*, 30–44.

Bateson, G. (1972). A theory of play and fantasy. In G. Bateson (Ed.), *Steps to an ecology of mind* (pp. 177–193). New York, NY: Chandler.

Berner, J. B., Duke, A. V., Guillory, N. S., & Oe, E. N. (1994). Association for Play Therapy: A decade in retrospect. *International Journal of Play Therapy, 3*, 63–71.

Bratton, S. C., & Ray, D. (2000). What the research shows about play therapy. *International Journal of Play Therapy, 9*, 47–88.

Bratton, S. C., Ray, D., Rhine, T., & Jones, L. (2005). The efficacy of play therapy with children: A meta-analytic review of treatment outcomes. *Professional Psychology: Research and Practice, 36*, 376–390.

Brown, S. (2009). *Play: How it shapes the brain, opens the imagination, and invigorates the soul*. New York, NY: Avery/Penguin.

Burns, W. M. (2014, February). *APT annual growth report by CEO*. Retrieved from http://www.a4pt.org/download.cfm?ID=31007

Carmichael, K. D. (2006). *Play therapy: An Introduction*. Upper Saddle River, NJ: Pearson.

Cochran, N. H., Nordling, W. J., & Cochran, J. L. (2010). *Child-centered play therapy: A practical guide to developing therapeutic relationships with children*. Hoboken, NJ: Wiley.

D'Angelo, E. J., & Koocher, G. P. (2011). Psychotherapy patients: Children. In J. C. Norcross, G. R. VandenBos, & D. K. Freedheim (Eds.), *History of psychotherapy: Continuity and change* (2nd ed., pp. 430–448). Washington, DC: American Psychological Association.

Donaldson, G. (1996). Between practice and theory: Melanie Klein, Anna Freud, and the development of child analysis. *Journal of the History of the Behavioral Sciences, 32*, 160–176.

Drewes, A. A. (2009). *Blending play therapy with cognitive behavioral therapy: Evidence-based and other effective treatments and techniques*. Hoboken, NJ: Wiley.

Drewes, A. A. (2011a). Integrating play therapy theories into practice. In A. A. Drewes, S. C. Bratton, & C. E. Schaefer (Eds.), *Integrative play therapy* (pp. 21–35). Hoboken, NJ: Wiley.

Drewes, A. A. (2011b). Integrative play therapy. In C. E. Schaefer (Ed.), *Foundations of play therapy* (2nd ed., pp. 349–364). Hoboken, NJ: Wiley.

Drewes, A. A., Bratton, S. C., & Schaefer, C. E. (Eds.). (2011). *Integrative play therapy*. Hoboken, NJ: Wiley.

Duncan, B. L., Miller, S. D., Wampold, B. E., & Hubble, M. A. (Eds.). (2010). *The heart and soul of change: Delivering what works in therapy* (2nd ed.). Washington, DC: American Psychological Association.

Eberle, S. G. (2014). The elements of play: Toward a philosophy and a definition of play. *American Journal of Play, 6,* 214–233.

Ellenberger, H. F. (1981). *The discovery of the unconscious: The history and evolution of dynamic psychiatry*. New York, NY: Basic Books.

Freud, A. (1966). *The ego and the mechanisms of defense* (Rev. ed.). New York, NY: International Universities Press. (Original work published 1936)

Gil, E. (1991). *The healing power of play*. New York, NY: Guilford Press.

Gil, E., & Drewes, A. A. (Eds.). (2005). *Cultural issues in play therapy*. New York, NY: Guilford Press.

Ginott, H. (1959). The theory and practice of therapeutic intervention in child treatment. *Journal of Consulting Psychology, 23,* 160–166.

Glasser, W. (1975). *Reality therapy*. New York, NY: Harper & Row.

Guerney, L. (1991). Parents as partners in treating behavior problems in early childhood settings. *Topics in Early Childhood (Special Ed.), 11,* 74–90.

Guerney, L. (2001). Child-centered play therapy. *International Journal of Play Therapy, 10,* 13–32.

Hug-Hellmuth, H. (1921). On the technique of child-analysis. *International Journal of Psycho-Analysis, 2,* 287–305.

Kazdin, A. E. (2009). Understanding how and why psychotherapy leads to change. *Psychotherapy Research, 19,* 418–428.

Klein, M. (1932). *The psycho-analysis of children*. London, England: Hogarth Press.

Kottman, T. (2011). *Play therapy: Basics and beyond* (2nd ed.). Alexandria, VA: American Counseling Association.

Landreth, G. L. (1991). *Play therapy: The art of relationship*. Muncie, IN: Accelerated Development.

Landreth, G. L. (2012). *Play therapy: The art of relationship* (3rd ed.). New York, NY: Taylor & Francis.

LeBlanc, M., & Ritchie, M. (2001). A meta-analysis of play therapy outcomes. *Counselling Psychology Quarterly, 14,* 149–163.

Norcross, J. C., Beutler, L. E., & Levant, R. F. (Eds.). (2006). *Evidence-based practices in mental health: Debate and dialogue on the fundamental questions*. Washington, DC: American Psychological Association.

Norcross, J. C., VandenBos, G. R., & Freedheim, D. K. (Eds.). (2011). *History of psychotherapy: Continuity and change* (2nd ed.). Washington, DC: American Psychological Association.

O'Connor, K. J. (1991). *Play therapy primer: An integration of theories and techniques*. New York, NY: Wiley.

O'Connor, K. J. (2000). *Play therapy primer* (2nd ed.). New York, NY: Wiley.

O'Connor, K. J. (2001). Ecosystemic play therapy. *International Journal of Play Therapy, 10,* 33–44.

O'Connor, K. J. (2005). Addressing diversity issues in play therapy. *Professional Psychology: Research and Practice, 36*(5), 566–573.

O'Connor, K. J. (2011). Ecosystemic play therapy. In C. E. Schaefer (Ed.), *Foundations of play therapy* (2nd ed., pp. 253–272). Hoboken, NJ: Wiley.

O'Connor, K. J., & Ammen, S. (1997). *Play therapy treatment planning and interventions: The ecosystemic approach*. Philadelphia, PA: Elsevier.

O'Connor, K. J., & Ammen, S. (2013). *Play therapy treatment planning and interventions: The ecosystemic model and workbook* (2nd ed.). Waltham, PA: Elsevier.

O'Connor, K. J., & Schaefer, C. E. (1994). *Handbook of play therapy: Volume two: Advances and innovations*. New York, NY: Wiley.

Perry, B. D. (2006). The neurosequential model of therapeutics: Applying principles of neuroscience to clinical work with traumatized and maltreated children. In N. B. Webb (Ed.), *Working with traumatized youth in child welfare* (pp. 27–52). New York, NY: Guilford Press.

Perry, B. D., & Hanbrick, E. P. (2008). The neurosequential model of therapeutics. *Reclaiming Children and Youth, 17,* 38–43.

Perry, B. D., Pollard, R. A., Blakley, T. L., Baker, W. L., & Vigilante, D. (1995). Childhood trauma, the neurobiology of adaptation, and "use-dependent" development of the brain: How "states" become "traits." *Infant Mental Health Journal, 16,* 271–291.

Phillips, R. D. (1985). Whistling in the dark? A review of play therapy research. *Psychotherapy, 22,* 752–760.

Phillips, R. D. (2010). How firm is our foundation? Current play therapy research. *International Journal of Play Therapy, 19,* 13–25.

Phillips, R. D., & Landreth, G. L. (1995). Play therapists on play therapy: I. A report of methods, demographics, and professional practices. *International Journal of Play Therapy, 4,* 1–26.

Phillips, R. D., & Landreth, G. L. (1998). Play therapists on play therapy: II. Clinical issues in play therapy. *International Journal of Play Therapy, 6,* 1–24.

Prochaska, J. O., & Norcross, J. C. (2010). *Systems of psychotherapy: A transtheoretical analysis* (7th ed.). Belmont, CA: Brooks/Cole.

Ray, D., Bratton, S. C., Rhine, T., & Jones, L. (2001). The effectiveness of play therapy: Responding to the critics. *International Journal of Play Therapy, 10,* 85–108.

Reddy, L. A., Files-Hall, T. M., & Schaefer, C. E. (Eds.). (2005). *Empirically based play interventions for children*. Washington, DC: American Psychological Association.

Russ, S.W. (2004). *Play in child development and psychotherapy: Toward empirically supported practice*. Mahwah, NJ: Erlbaum.

Ryan, S. D., Gomory, T., & Lacasse, J. R. (2002).Who are we? Examining the results of the Association for Play Therapy membership survey. *International Journal of Play Therapy, 11*, 11–41.

Saltzman, N., & Norcross, J. C. (1990). *Therapy wars: Contention and convergence in differing clinical approaches*. San Francisco, CA: Jossey Bass.

Schaefer, C. E. (Ed.). (1993). *The therapeutic powers of play*. Northvale, NJ: Jason Aronson.

Schaefer, C. E., & Drewes, A. A. (2010). The therapeutic powers of play and play therapy. In A. A. Drewes & C. E. Schaefer (Eds.), *School-based play therapy* (2nd ed., pp. 3–16). Hoboken, NJ: Wiley.

Schaefer, C. E., & Drewes, A. A. (2011). The therapeutic powers of play and play therapy. In C. E. Schaefer (Ed.), *Foundations of play therapy* (2nd ed., pp. 15–26). Hoboken, NJ: Wiley.

Schaefer, C. E., & Drewes A. A. (Eds.). (2014). *The therapeutic powers of play: 20 core agents of change* (2nd ed.). Hoboken, NJ: Wiley.

Schaefer, C. E., & O'Connor, K. J. (Eds.). (1983). *Handbook of play therapy*. New York, NY: Wiley.

Schore, A. N. (2012). *The science of the art of psychotherapy*. New York, NY:W.W. Norton.

Siegel, D. J. (2012). *The developing mind: How relationships and the brain interact to shape who we are* (2nd ed.). New York, NY: Guilford Press.

Slade, A., & Wolf, D. E. (Eds.). (1994). *Children at play: Clinical and developmental approaches to meaning and representation*. New York, NY: Oxford University Press.

Sutton-Smith, B. (2008). Play theory: A personal journey and new thoughts. *American Journal of Play, 1*, 82–125.

Urquiza, A. J. (2010). The future of play therapy: Elevating credibility through play therapy research. *International Journal of Play Therapy, 19*, 4–12.

VanFleet, R., Sywulak, A. E., Sniscak, C. C., & Guerney, L. F. (Eds.). (2010). *Child-centered play therapy*. New York, NY: Guilford Press.

Wampold, B. (2001). *The great psychotherapy debate:Models, methods, and findings*.Mahwah, NJ: Erlbaum.

Wilson, K., & Ryan, V. (2006). *Play therapy, second edition: A non-directive approach for children and adolescents*. St. Louis, MO: Elsevier.

Winnicott, D.W. (1971). *Playing and reality*. London, England: Tavistock.

2

놀이치료의 역사

JANE L. JOHNSON

놀이는 아동에게 자연스럽게 다가온다. 역사적으로 아동이 있는 환경이나 상황에서 놀이가 허용되면 아동들이 놀았다는 증거가 있다. 놀이치료의 역사를 알면 우리가 사용하는 모델과 기법의 이론적 뿌리에 대해 더 깊이 이해하게 되고 놀이치료의 모든 분야에 대한 우리의 시각도 넓혀준다.

역사적 기반 : 놀이치료의 길

20세기 이전에는 아동이 소유물이거나 노동 또는 소득의 원천이고, 종족 보존 수단이거나, 최소한 성이 같은 가족이었다. 18세기와 19세기에 사회경제적 지위는 자녀가 하루를 보내는 방법을 종종 결정했다. 즉, 개인지도 또는 학교에 다니거나, 들판이나 공장에서 일하거나, 견습생이거나, 거리에서 살아남는 것이다. 산업화 사회 및 커지는 지역사회에 정착하면서 많은 가정의 생존이 보장되었다. 1800년대 후반에는 더 많은 사람들이 자신의 삶과 지역사회에 있는 다른 사람들의 삶의 질을 돌볼 수 있었다. 아동기는 삶의 별개의 단계로 간주되었다.

사회운동, 사회개혁, 인도주의적 노력으로 아동의 행동적 요구 및 정서적 요구에 대해 알게 되었고, 이에 따라 정신건강 서비스의 필요성을 알게 했다. 1909년에, 두 가지 중요한 사건이 아동심리치료의 발전에 중요하게 기여해서 결국에는 놀이치료의 발전에도 기여하게 되었다.

전국정신위생위원회(National Committee for Mental Hygiene, NCMH)는 Clifford Beers의 작업을 통해 설립되었다. Beers는 선도적인 정신과 의사인 아돌프 마이어(Adolf Meyer)와 하버드대학교의 심리학자인 윌리엄 제임스(William James), 그 밖의 전문가들과 함께 정신질환을 예방하고 정신병자의 관리를 개선해야 한다고 설득했다. 이 위원회의 승인을 받은 연구가 치료의 초점을 아동의 행동과 성격을 이해하는 것으로 이동했는데, 성인의 정신병 치료가 아동기에 시작된 원인적 요인을 아는 것에 좌우되기 때문이다(Hom, 1989; Jones, 1999). NCMH의 작업은 학교에서의 정신위생 프로그램의 개발과 아동지도 클리닉의 설립으로 이어졌다.

1909년, 1890년대에 아동연구운동(child study movement)을 시작한 G. Stanley Hall은 지그문트 프로이트와 칼 융을 클라크대학에 초대해서 강연하고 명예학위를 받게 했다(Jones, 1999, Peery, 2003). 프로이트는 그 당시에 출판이 된 '꼬마 한스'의 정신분석 사례를 발표했다. 융은 4세 된 자신의 딸을 기반으로 하는 안나의 사례를 발표했다. 이 사례 발표는 영어로 출판되었고 이 사건은 미국에서 아동 심리치료의 출발점이라고 확인되고 있다. 아동발달, 치료방법, 놀이에 대한 정신분석 이론들은 초기 아동지도 현장을 주도했다.

이론과 개념의 기원 : 놀이치료 이론의 할아버지

프로이트는 성인 환자의 증상과 갈등이 변함없이 초기 아동기에 뿌리를 두고 있다는 것을 확인하면서 관심을 아동에게로 돌렸다. 프로이트는 아동을 직접 관찰하는 데 많은 시간을 보냈고, 그의 동료들과 추종자들에게도 아동을 관찰하라고 촉구했다(Lebo, 1955). 프로이트는 아동이 놀이에서 아동 자신의 세계를 창조하고, 자신에게 맞게 사물을 배열하는 것을 관찰했다(Mannoni, 1910). 1920년까지, 프로이트는 아동이 압도당하고 불쾌한 경험을 놀이에서 반복하는 아동의 경향성에 관심을 갖기 시작했다. 아동은 반복을 통해서 경험을 숙달하고 그래서 통제감을 되찾는다. 정신분석 이론에서 아동기의 중심적 지위는 아동분석의 문을 열었고, 프로이트는 자신의 이론을 확인해줄 것이라고 믿었다(Mannoni, 1970). 자유연상이나 과거에 대한 이야기가 아동에게 매력이 없기 때문에 좀 더 적절한 접근방법이 필요하다는 것이 분명했다. 프로이트의 추종자들, 즉 헤르미온 혹 헬무트와 멜라니 클라인 그리고 프로이트의 딸, 안나 프로이트는 함께 놀려고 하는 아동의 성향이 그들의 분석에서 필수요소라는 것을 알았다(Lebo, 1955).

1904년에 프로이트는 비엔나 정신분석학회를 창설했다. 알프레드 아들러(Alfred Adler)는 이 학회의 초대회장이었으며, 자신의 개인심리학 이론에 기초하여 개인심리학회를 창설하게 되었다. 아들러 모델은 내적 경험에 관해서 개인의 사회성과 지역사회의 연결을 동등하게 중시했다. 아들러는 가족역동에 초점을 맞추었고, 이것은 그의 추종자인 Rudolf Dreikurs와 Don Dinkmeyer의 육아활동 작업에 영향을 미쳤다. 놀이치료에 기여한 그의 공헌은 Terry Kottman의 아들러식 놀이치료 이론(Kottman, 1995)에서 찾아볼 수 있다.

칼 융(Carl Jung) 역시 정신분석학회 회장을 역임했지만, 그가 프로이트의 유아 성 이론에 동조하지 않았을 때 프로이트의 맹렬한 비난을 받았다. 융의 초기 추종자 중 한 사람인 마이클 포드햄(Michael Fordham)은 융 학파의 원칙을 아동과의 작업에 적용했다(Peerys, 2003). 집단무의식의 원형을 포함해서 개인무의식과 집단무의식의 표현에서 확인된 상징들은 놀이실에 모래상자가 있는 많은 놀이치료사의 수집품에서 생명을 얻게 된다. 마거릿 로웬펠트(Margaret Lowenfeld)가 놀이실에 미니어처와 모래상자를 넣은 것은 인정하지만 로웬펠트가 융의 추종자는 아니었다. 로웬펠트의 세계기법과 융 학파의 원칙을 결합하여 모래놀이치료를 발달시킨 사람은 도라 칼프(Dora Kalff)였다(Turner, 2004).

정신분석학회의 젊은 멤버 중 한 사람인 오토 랑크(Otto Rank)는 프로이트와의 작업을 1924년까지 지속했다. 그의 저서 탄생의 외상(*Trauma of Birth*)은 어린 시절의 초기 외상에 대한 프로이트의 이론과 일치하지 않는다. 랑크는 '지금-여기(here-and-now)'에서 치료사와 내담자 사이의 정서적 관계에 초점을 맞추었고 개별화와 연결은 일생 지속되는 과정으로 보았다. 정신분석가들과 달리 랑크는 정서 표현이 치료의 일부가 되어야 한다고 믿었다. 칼 로저스(Carl Rogers)는 랑크의 생각을 받아들이고 내담자 중심치료가 개발되는 것에 영향을 미쳤다. 랑크는 또한 실존철학을 추종하고 관계치료의 변형을 개발한 프레데릭 앨런(Frederick Allen)과 클라크 무스타카스(Clark Moustakas)를 포함해서 다른 사람들에게도 영향을 미쳤다(James, 1997).

요즈음 대부분의 놀이치료 모델의 이론적 기원은 프로이트, 아들러, 융, 랑크의 업적이다. 이들 이론가들은 성인 장애(disturbances)의 원인으로 아동기 경험을 연구하는 것 외에도 관심을 아동분석과 아동발달의 문제에 집중했다. 아동에게 이러한 모델의 적용은 치료적 관계를 발달시키고, 이론을 아동의 놀이과정으로 바꾸고, 아동의 발달단계의 한계 내에서 활동하는 것과 관련시킨다. 성인 정신분석 방법을 사용하려고 시도한 초기 분석가들은 치료사가 아동과 따뜻한 관계를 발달시킬 수 있다고 해도, 아동을 자유연상이나 아동의 과거에 대해 이야기하는 데 참여시킬 수 없음을 알게 되었다(Lebo, 1955). 놀이는 아동과의 작업에 성인 이론을 적용하는 데에서 핵심 요소이다(Freud, 1927/1974; Hug-Hellmuth, 1921; Klein, 1932)

놀이치료의 초기 선구자들

헤르미온 훅 헬무트(Hermine Hug-Hellmuth)는 성인 방법과 구별되는 아동용 심리치료기법을 개발한 최초의 정신분석가이다(Geissmann & Geissmann, 1998). 훅 헬무트는 대부분의 아동놀이 관찰을 포함해서 아동을 직접 관찰했고, 1913년 정신분석학회에 자신의 첫 번째 보고서를 발표했다. 그리고는 프로이트의 유아성욕 이론을 통합하는 소규모 논문을 출판했다(Hug-Hellmuth, 1921). 이것이 첫 번째 놀이치료 기록으로 언급되고 있지만, 아동에 대한 훅 헬무트의 관찰 및 아동놀이에 대한 이론적 결론에 대해 설명했을 뿐이다(Geissmann & Geissmann, 1998).

후속 논문으로 '아동 분석의 기법에 관해서'가 1921년에 출판되었다. 훅 헬무트는 놀이가 어떻게 아동 증상을 더 잘 이해하게 만들고 관계를 확립하는지를 기술하고 있다. 훅 헬무트는 놀이가 상징적이며 언어 없이 아동과 의사소통할 수 있다는 것을 관찰했다(Geissmann & Geissmann, 1998). 훅 헬무트가 놀이치료를 고안하지는 않았다고 해도, 그녀의 작업은 확실히 멜라니 클라인이나 안나 프로이트가 자신들의 놀이치료 모델을 개발하는 데 사용한 원형으로 보인다.

아동심리치료에서 멜라니 클라인(Melanie Klein)은 처음에는 프로이트의 글을 공부하면서 영감을 받았고, 그다음에는 그녀의 분석가, 산도르 페렌치(Sandor Ferenczi)에게서 영감을 받아서 작업했다(Grosskurth, 1986). 다른 분석가와 달리, 클라인은 어린 아동이 통찰을 할 능력이 있다고 믿었다. 클라인이 정신분석적 놀이기법 또는 놀이분석이라고 부른 클라인 모델의 중심은 아동의 놀이 및 장난감의 상징적 의미에 대한 해석이었다(Klein, 1955). 클라인이 분석하는 데 가장 적합하다고 발견한 장난감은 작고 단순하고 기계적이지 않은 것이었으며, 아동은 그러한 장난감에 자신의 의미를 투사하였다. 클라인은 50분, 매주 5회의 회기 일정을 엄격하게 준수했다(Geissmann & Geissmann, 1998). 클라인은 첫 회기에서 분석하기 시작했고 아동 자신이 느끼는 불안으로부터 안심을 표현하는 반응을 한다고 언급했다. 처음 개선이 된 아동은 분석이 계속되면서 더 많이 표출하기 시작하고 더 어려운 갈등을 훈습하는 시간이다(Klein, 1955). 클라인이 아동과 분석을 공유할 때, 클라인은 아동이 놀이했던 맥락에서 상징이나 아동의 표현을 사용했다. 클라인은 놀이가 수용될 수 없는 소망과 감정을 표현하는 발산의 수단이 된다고 믿었다.

클라인은 긍정적 전이와 부정적 전이 양쪽의 분석이 편안했다. 클라인은 아동이 그녀에게 아동의 역할을 배당하게 했고 아동이 권위대상의 역할을 가정하고 그녀를 벌하게 했다. 안전감을 유지하기 위해 공격성에 대해 제한을 설정했지만 부정적 전이에서 동기를 해석하면서 아동의 공격적 욕구는 수용했다. 초자아가 발달되지 않은 점을 감안하여 아동의 무의식을 아주 깊게 탐색하는 것에 대한 우려가 있었다. 클라인은 아주 어린 아동과 유아를 관찰한 것에 기초해서, 초자아가 이전에 생각했던 것보다 아주 일찍 시작된다고 주장했다(Geissmann & Geissmann, 1998). 유아는 내적으로 좋은 대상과 나쁜 대상을 형성한다. 이 대상에게 투사된 것은 위협하거나 벌을 주는 초자아이고, 이는 종종 어린 아동의 공격적이고 처벌적인 놀이에서 관찰된다. 영국에는 클라인을 지지하는 학생과 추종자들이 있었고, 이들 중에는 이후에 대상관계 학파에 참여하게 된 도널드 위니콧(Danald Winnicott)이 있는데, 위니콧은 클라인파와 프로이트파의 중간 입장이다(Mitchell & Black, 1995).

클라인의 접근방법은 아동 정신분석(*The Psychoanalysis of Children*)으로 출판되었다(Klein, 1932). 클라인 학파의 아동 정신분석이 놀이치료의 주요 접근법으로 오래가지는 않았다. 그러나 멜라니 클라인은 아동의 상징언어로서의 놀이와 놀이실의 재료 및 장난감의 선택에 대해 의미 있는 기여를 했다.

안나 프로이트(Anna Freud)는 놀이치료의 발달을 이끈 세 번째 선구자이다. 멜라니 클라인은 아동의 놀이가 자유연상으로 사용될 수 있다고 결정한 반면에, 안나 프로이트는 기본 이론을 너무 많이 수정하였을 때 그 방법은 효과를 잃을 수 있다고 하면서 멜라니 클라인의 생각에 동의하지 않았다(Freud, 1965). 성인 분석과 함께, 아동의 목표는 무의식적 재료에서 자유로워지는 것이고 자신들이 힘들어하는 것에 대해 통찰하도록 돕는 것이다. 안나 프로이트는 아동과의 신뢰를 형성하는 데 놀이를 사용했지만 해석은 거의 하지 않았다. 엄밀히 말하면 아동분석에서 극복해야 하는 아주 큰 어려움은 무의식에 접근하기 위해 언어적 자유연상을 하는 능력이 없거나 자유연상을 하려고 하지 않는다는 것이다(Freud, 1965).

관계형성의 도입 단계와 언어적 단계에 참여하도록 동기유발 시킨 후, 프로이트는 아동의 꿈과 백일몽의 분석으로 이동했다. 마지막으로 안나 프로이트는 아동이 마음속에 환상적인 그림을 창조해서 그것을 그녀에게 설명하도록 촉구함으로써 아동이 자유연상에 몰입하게 했다(Freud, 1965). 이후에 안나 프로이트는 아동분석의 첫 번째 단계를 생략했으며, 아동이 분석에 참여하도록 설득했다. 안나 프로이트는 첫 번째 단계 대신에 긍정적 전이에 초점을 맞추었다. 그녀는 어린 아동은 초자아가 발달되지 않아서 정신분석으로 이득을 얻을 수 없다는 초기 입장을 바꾸었다(Geissmann & Geissmann, 1998). 안나 프로이트가 놀이를 제한적으로 사용했다고 해도, 아동분석에서 기술적 어려움에 대한 안나 프로이트의 설명은 모든 놀이치료사들에게 유익한 것이다. 안나 프로이트는 많은 추종자, 특히 미국에 많은 추종자들이 있었고, 그들 중에는 유아의 분리 개별화 과정에 대한 연구로 잘 알려진 마거릿 말러(Margaret Mahler)가 있다(Geissmann & Geissmann, 1998).

놀이치료 분야의 네 번째 개척자는 마거릿 로웬펠트(Margaret Lowenfeld)이다. 로웬펠트의 경력은 런던에서 개업해서 자신의 진료실을 설립하기 전에 소아과에서 시작되었다(Urwin & Hood-Williams, 1988). 놀이의 중요성을 지지하는 그녀의 영향력은 피아제, 진보적인 교육자 프뢰벨과 몬테소리, 아동연구 이론가들에게 영향을 미쳤다. 그녀가 1928년에 클리닉을 개업했을 때, 로웬펠트는 두 아들과의 놀이에 대해 설명하는 H. G. 웰스의 플로어 게임에서 영감을 얻었는데, 거실바닥에 미니어처와 기타 작은 재료들로 다양한 종류의 장면을 만드는 것이었다. 로웬펠트는 작은 장난감들을 수집해서 아동과의 회기에서 재료들을 가지고 놀기 시작했고, 이 재료들을 보관했으며 이것은 '마술상자(Wonder Box)'(Turner, 2004)로 알려지게 되었다.

　좀 더 큰 클리닉으로 이사한 후, 그녀는 두 개의 나무상자를 추가했는데, 나무상자 하나에는 물을 채웠고 나머지 상자는 모래를 채웠고, 큰 캐비닛에는 미니어처를 보관했다. 아동들은 곧 캐비닛에서 미니어처를 꺼내서 모래상자에 놓기 시작했고, 그들 구조물을 '세계(worlds)'라고 불렀다. 아동이 만든 이 표현수단은 '세계기법(world technique)'이라고 불렀다(Thompson, 1990). 아동이 클리닉에 왔을 때, 아동에게 놀이실에서 무엇이든 가지고 놀 수 있다고 말했고, 아동이 말하거나 놀려고 선택한 것은 부모에게 이야기하지 않을 것이라고 말했다. 로웬펠트는 아동이 주어진 바로 그 도구와 재료로 자신의 세계와 개인적인 경험을 이해하는 방법을 찾을 것이라고 생각했다. 직원에게는 지시나 해석 또는 방해하지 않고 세계를 만드는 것을 포함해서 아동의 놀이를 관찰하고 추적하게 했다(Urwin & Hood-Williams, 1988). 아동과의 관계형성은 덜 강조하고 아동의 인지과정을 더 많이 강조했다.

　세계기법이 로웬펠트 작업의 중심이 되고 세계기법의 사용이 확산되면서 로웬펠트는 아동발달과 놀이 분야에 기여하는 연구들을 출판했다. 이 클리닉은 확장되어 '아동심리연구소'로 이름이 변경되었고 많은 학생들이 여기에서 공부했는데, 학생들 중에는 도라 칼프(Turner, 2004)가 있었다.

놀이치료가 미국에 오다

1920년대에 훈육 및 습관 훈련에 중점을 둔 행동주의는 위기에 처한 가족들이 사용했고 도움이 되었다(Hom, 1989). 아동의 문제를 발생시키는 기본적인 정서적 요인에 대한 관심과 함께 정신역동적 사고가 좀 더 엄격한 행동적 접근으로 대체되었다. 아동심리치료의 효과적인 방법을 개발하는 데에서의 어려움은 이론적 지식을 아동에게 적합한 실용적 기법으로 바꾸는 것이었다.

　아동 정신위생에 대한 관심은 영연방 기금(Commonwealth Fund)이 아동지도 클리닉의 발달을 후원하도록 촉구했다. 1927년, 아동지도연구소는 가족에게 서비스를 제공할 뿐만 아니라 훈련을 제공하는 기금을 지원받았다. 임상처치 및 임상기술의 질을 개선하려는 연구소의 임무에는 아동지도 클리닉의 네트워크에 대한 연구 및 자문서비스가 포함되었다(Hom, 1989). 연구책임자 David Levy(1933)는 연구소를 운영하는 6년 동안에 다양한 연구들을 수행했다. 그의 연구 프로젝트 중 하나에서는 형제간 경쟁과 관련된 적대감의 해소를 측정하기 위해 표준화된 놀이상황을 사용했다. 이 실험에서 가족 피규어들을 사용하는 지시된 놀이상황을 도입했다. 치료회기 동안 치료사는 아동에게 형제와 어머니가 있는 표준 놀이 시나리오를 수행하도록 했다. 이 아동들의 치료회기에는 자신의 감정을 풀어내기 위해 자발적 놀이를 사용하는 것이 포함되어 있었다. Levy(1933)는 치료사가 시작한 이러한 놀이상황이 다양한 문제에 대해 치료적으로 사용될 수 있다고 제안했다.

　Levy는 이 놀이기법의 사용을 계속 추구했는데, 후에 이것은 이완치료(release therapy)가 되었다(Levy, 1938, 1939). Levy는 이 기법을 스트레스 생활 사건이나 외상 후에 특정한 증상을 보이는 아동용으로 제안했다. 기본적으로 치료사가 외상적인 상황을 설정하고, 일어난 일을 재연하기 시작하고, 아동이 사건을 재구성하고 정서적 경험을 재창조하게 했다. Levy에 따르면 정서가 해소 또는 해제

(abreaction)되면 증상과 문제 행동이 빠르게 사라진다. Levy의 작업을 확대한 Gove Hambridge(1955)는 이완기법을 좀 더 개발하고 명칭을 구조화된 놀이치료 처치 방법이라고 바꾸었다. Levy의 지원과 지도를 받아서 Hambridge는 보다 큰 치료 과정에서 놀이상황을 언제 어떻게 사용할지에 대한 지침을 제시했다. 그는 먼저 아동과의 관계를 확립한 다음에 아동이 치료를 받게 된 문제에 구체적으로 초점을 맞추는 것이 필요하다고 강조했다.

1930년대에는 많은 아동지도 전문가들이 자발적이고 자유롭게든지 통제되고 표준화되든지 간에 놀이기법을 실험하고 있었다(Newell, 1941). Jacob Conn(1939, 1997)은 아동이 가족인형들을 사용해서 자신을 표현하도록 돕기 위해 자신이 개발한 기법, 즉 놀이면담에 대해 설명했다. 치료사는 아동의 현재 상황의 일부를 묘사하는 놀이를 설정한다. 놀이 재연을 통해, 아동은 생각과 감정을 인형에게 투사하도록 격려된다. Conn은 좌절감의 해소를 위해, 평가되고 있다는 아동의 두려움을 완화시키기 위해 비판하지 않는 허용적인 입장을 취했다. 그러면 아동은 현재 상황의 자신의 입장에서 책임질 수 있게 되고 행동표출이 필요하지 않게 된다. Conn은 놀이 인터뷰를 진단도구로 그리고 좀 더 큰 치료 과정의 일부로 사용했다.

Conn의 가까운 동료인 Joseph Solomon은 자신이 능동적 놀이치료(Solomon, 1938)라고 명명한 처치 방법을 개발하기 위해 Conn의 인터뷰 아이디어를 이용했다. 능동적이라고 말하는 것은 치료사가 자유놀이 기법을 사용하여 아동이 이끄는 대로 따라가는 수동적인 접근과 이 놀이치료를 구분시킨다(Solomon, 1938). 이 접근법에서 치료사는 내담자의 문제를 놀이로 보여주기 위해 인형이나 기타 소품을 사용하는 데에서 적극적인 역할을 취한다. 질문과 대답을 통해 치료사는 아동 자신과 아주 유사한 상황에서 무슨 일이 일어나고 인형이 어떻게 느끼는지 말하고 보여주는 데 아동을 참여시킨다. 놀이는 아동의 증상, 행동, 정서적 갈등을 서로 연결하고, 치료사는 몇 가지 암시를 할 수 있고, 아동은 상황을 새로운 시각으로 볼 수 있다. Solomon은 나중에 놀이상황의 연극적 측면보다는 놀이에서 아동의 정서적 반응을 좀 더 강조했다(Solomon, 1948).

아동을 일주일에 여러 번 장기간 관찰하는 아동 분석 접근방식과 달리, 아동지도 임상가들은 직접적이고 효과적인 단기치료를 요구했다. Levy의 이완놀이치료처럼, 적극적 놀이치료는 이러한 요구에 반응하는 것으로 개발되었다(Solomon, 1938). 이러한 놀이치료기법들이 오랫동안 지속된 문제들이거나 부모-자녀 갈등을 심각하게 겪고 있는 아동과의 작업을 위해 의도된 것은 아니었다(Conn, 1939; Levy, 1938; Solomon, 1938).

제시 태프트(Jessie Taft)는 오토 랑크의 지도감독하에 치료사로 일하기 시작했으며, 이후 **통제된 관계에서 놀이치료의 역동**(*The Dynamics of Therapy in a Controlled Relationship*, 1933)이라는 책을 출간했는데, 태프트는 그녀의 책에서 치료적 관계를 둘러싼 경계를 주장하는 치료사의 요구를 확인했다. 태프트는 아동과의 치료 임상에서 전문가가 어떤 행동을 해야 하는지에 대해 이야기하면서 새로 종사하는 사람들에 대한 지침을 제시했다. 사례분석은 상호작용의 지금 현재의 성질(here-and-now quality), 놀이 도중에 떠오르는 생각과 느낌에 집중하고 치료적 진행의 일부로서 시간의 영향을 보여주었다. 내담자는 매 회기에 자신이 참여하는 시간과 치료가 끝날 때까지의 회기의 수에 적응해야 한다(Taft, 1933). 다른 유형의 치료와 달리 태프트는 치료사의 목표가 아동을 개조하려는 것이 아니라 성장과 발달을 가능하게 하는 것이라고 설명했다. 치료사의 수동적인 역할은 아동의 의지가 자아와 타협하게 하는 데에서 필수적이다.

프레데릭 앨런은 아동과의 치료에서 오토 랑크 이론의 적용을 더 깊이 있게 발전시켰다(Allen, 1942). 필라델피아 아동지도센터(Philadelphia Child Guidance Center)의 책임자였던 앨런은 치료의 초점을 현재에 맞춘 관계 기반 접근법을 촉진시켰다. 앨런은 아동이 자기 자신을 이해하고 투쟁을 훈습하도록 하는 데에서 관계 그 자체를 사용할 수 있다고 생각했다. 앨런은 치료 접근의 기반을 두 가지 원칙, 즉 아동을 있는 그대로 받아들이고 자신의 한계를 받아들이는 것에 두었다(Allen, 1934). 아동이 특별한 기대 없이 자기 자신이 되게 하는 것을 도와주는 존재에 대해 방어할 필요가 없게 만든다. 앨런은 자신에게 아동을 치료하는 힘이 있다고 믿지 않았다.

치료사가 그러한 힘이 있다고 가정한다면, 그것은 아동이 그들 자신 안에서 변화를 만드는 책임을 지지 않게 할 것이다. 앨런은 놀이와 놀이 재료가 그들 자신을 결부시키는 아동의 도구라고 보았다. 놀이실의 장난감은 감정을 표현하고 치료사와의 관계에서의 유용성에 기초해서 선택한다(Allen, 1934). 앨런은 또한 치료 과정에서 단계의 패턴도 확인했다. 치료 시작에서 그는 치료사가 아동을 변화시키려 하지 않았고, 이것은 매우 다른 종류의 관계가 될 것이라는 것을 아동이 발견한다는 것을 관찰했다. 아동이 놀이실 안에서 관계를 이용해서 관계를 경험하게 되면, 변화를 수행하려는 아동을 괴롭히는 것을 놀이로 나타낸다. 치료의 마지막에, 이 특별한 관계를 분리하고 끝내는 것은 아동이 자신의 삶에서 스스로의 책임을 받아들이고 타인과 관계를 맺는 아동의 새로 찾은 능력이 신호가 된다. 아동과의 치료에 대한 그의 접근방식을 공유하기 위해 그는 저서 **아동과의 심리치료**(*Psychotherapy with Children*, 1942)와 함께 많은 논문을 썼다.

버지니아 엑슬린의 유산

초기의 정신분석가와 정신과 의사가 놀이를 사용했음에도 불구하고, 버지니아 엑슬린(Virginia Axline)을 놀이치료의 어머니라고 인정한다. 엑슬린의 책 **놀이치료 : 아동기의 내적 역동**(*Play Therapy : The Inner Dynamics of Childhood*, 1947)과 **딥스 : 자아를 찾아서**(*Dibs : In Search of Self*, 1964)는 전 세계 사람들이 읽었으며 아직도 인쇄되고 있다. 엑슬린의 모델은 원래는 비지시적 치료라고 불렀는데, 내담자중심 놀이치료(Dorfman, 1951)와 아동중심 놀이치료(Ginott, 1959)로도 부르고 있다.

오하이오주립대학의 학생인 엑슬린은 칼 로저스(Carl Rogers)와 함께 연구하고 아동과의 비지시적 기법의 사용을 설명하는 논문을 공동 저술했다(Axline & Rogers, 1945). 1945년에 로저스는 시카고대학교로 옮겼고 버지니아 엑슬린은 연구원으로 일했다. **놀이치료 : 아동기의 내적 역동**(*Play Therapy : The Inner Dynamics of Childhood*, 1947)에 있는 일부 사례는 시카고대학교 상담센터에서 실시된 놀이치료 집단에서 나온 것이다(Rogers, 1951).

비지시적 방법의 놀이치료 사용과 관련된 실질적인 문제에는 제한설정, 장난감의 선택 기준, 연령 차이가 있다. 제한설정과 허용성은 비지시적 놀이치료 현장에서 중요한 쟁점이었다(Axline, 1979; Bixler, 1949; Ginott, 1959; Ginott & Lebo, 1963). 치료적 관계와 놀이치료의 진행에서 제한은 어느 정도 중요한가? 치료사가 허용적이라면 아동이 원하는 대로 하게 하면서 어디에서 제한설정을 하는가? 이것은 치료사뿐만 아니라 이러한 급진적인 생각의 허용을 염려하는 사람들도 제기하는 질문이다. Bixler(1949)는 제한설정의 지침을 제시하고 어떻게 제한이 잘 정의되고 필요시에만 어떻게 설정되어야 하는지를 명확히 했다. Ginott(1959)는 나중에 그가 가장 이득이 된다고 생각하는 제한의 유형과 시기에 대한 논의를 보다 상세하게 재검토했다. Ginott(1982)와 Lebo(1979)는 의사소통, 관계, 카타르시스, 통찰을 촉진하기 위해 장난감과 놀이실의 설비를 신중하게 선택해야 한다고 권고했다. 장난감은 놀이치료 과정에서 중요한 변수이기 때문에 Lebo(1979)는 선택이 보다 객관적이고 연령 차이를 고려해야 한다고 권고했다.

Haim Ginott(1961)는 엑슬린의 비지시적 놀이치료의 적용을 집단에서 더욱더 발전시켰다. 그는 집단놀이치료에서의 상호작용이 개별놀이치료로는 불가능한 사회학습의 기회가 된다는 것을 발견했다. 비지시적 집단놀이치료에는 집단의 목표가 없으며 치료사의 초점은 아동들과 개별적으로 유지된다. Ginott는 또한 엑슬린 모델에 대한 자신의 특정한 스타일을 설명하고 그의 저서 아동과의 놀이치료 : 놀이치료의 이론과 실제(*Group Psychotherapy with Children : The Theory and Practice of Play Therapy*)에서 그것의 명칭을 아동중심 놀이치료로 바꾸었다(1961).

클라크 무스타카스는 버지니아 엑슬린을 추종하는 사람들의 목록에도 들어 있는데, 이론적 배경과 기법에서 몇 가지 유사점이 있기 때문이다. 무스타카스는 엑슬린의 학생이었고 Merrill-Palmer Institute의 교수진으로 있었던 처음 2년 동안 비지시적 접근을 따랐다. 결국 그는 반영적 진술을 하면서 '의자에 앉아 있는 것'은 아동과 하는 자신의 방식에 맞지 않는다는 것을 알게 되었다(Moustakas, 1997). 무스타카스는 놀이치료에 오토 랑크의 이론과 제시 태프트의 치료적 아이디어를 결합하는 자신의 접근법을 점진적으로 개발했다(Moustakas, 1953, 1997). 엑슬린 원칙 중 일부는 자신의 이론적 틀에 들어맞는데, 이것에는 허용성, 아동을 있는 그대로 수용하는 것, 제한설정, 아동에 대한 믿음 유지하기가 있다. 엑슬린과 마찬가지로 무스타카스는 아동이 자신의 문제를 해결하는 능력이 있다고 믿었으며 놀이실에서 자신의 선택에 대해 책임지는 것을 장려했다(Axline, 1947; Moustakas, 1959). 무스타카스를 엑슬린과 구분하는 것은 아동의 참여 수준과 아동과의 상호작용 의사소통의 수준이다. 엑슬린(1947)의 경우, 치유는 좀 더 환경 — '잘 자라는 땅'(p. 6) — 에 있는 반면에 무스타카스(1953, 1959)의 경우에는 치유가 관계에 있다.

그의 연구 외에도 무스타카스는 놀이치료에 관한 4권의 책을 출판했는데, 그중에는 실존적 아동치료 : 아동의 자기 발견(*Existential Child Therapy : The Child's Discovery of Himself*, 1966)이 있다. 이론적으로 무스타카스는 실존주의자라고 할 수 있지만 그의 연구는 아동중심 모델의 일부도 반영하고 있다(James, 1997). 칼 로저스가 오토 랑크와 제시 태프트로부터 기술적 아이디어를 이끌어냈다는 것을 감안할 때, 무스타카스와 엑슬린의 놀이치료 접근방법에서 분명히 드러나는 이론의 뒤섞임은 이제 양쪽 모두 인본주의라고 평가할 수 있다. 에이브러햄 매슬로 및 칼 로저스와 함께 무스타카스는 인본주의 심리학의 기초를 세우는 데에서 중요한 역할을 했다. 1997년, 무스타카스는 관계놀이치료(Relationship Play Therapy)를 저술했고 노스텍사스대학교의 Center for Play Therapy에서 관계놀이치료회기를 녹화하고 반영을 녹음했다.

놀이치료의 상승과 쇠퇴 : 1960~1970년대

1960년대 초, 아동지도 상담소는 많은 지역사회에서 아동과 그 가족을 위한 주요 서비스 제공자였다. 아동의 문제에서 부모의 문제가 인과적 요인이라고 생각했기 때문에 사회복지사는 부모와 작업을 하는데, 대체로 어머니와 자주 작업한다(Guerney, 2003; Tulchin, 1964). 부모-자녀 관계를 증진하는 더 좋은 방법을 찾던 Bernard Guerney는 그의 아내, Louise Guerney의 도움으로 부모놀이치료(filial therapy)를 구상하고 개발했다(Guerney, 2003). Bernard Guerney는 부모의 정신병리보다는 부모에게 양육기술이 없다는 것에 자주 주목하게 되었다. 아동중심 놀이치료는 양육적인 지원과 잘 맞았고, 그래서 부모가 자기 자녀와 아동중심 놀이치료의 주된 제공자로 훈련된다면 논리적으로 효과가 있을 것 같았다(Guerney, 2003). 엑슬린의 작업은 상세한 방법론이 제시되지 않았기 때문에, Guerney 부부는 엑슬린(1947) 그리고 로저스(1951)와 이론적으로 일관되는지 확인하기 위해 엑슬린 모델을 바꾸는데 많은 주의를 기울였다. 그들은 부모놀이치료모델(Guemey, 2003; Van Fleet, Sywulak, & Sniscak, 2010)을 가르칠 수 있는 부분으로 나눈 구체적인 기술들을 개발할 수 있었다.

부모놀이치료의 주된 목표는 부모가 자녀와 보다 긍정적으로 관련되는 것이었다. 두 번째 목표는 치료사가 부모와 자녀 사이의 유대감에 가해진 위협을 제거하는 것이었다. 부모놀이치료는 부모가 아동중심 놀이치료를 하는 데에서 지도와 감독을 받으면서 자녀가 행동하는 즉시 그리고 언어 표현에 적절하게 반응하는 것을 배울 수 있다고 제안한다. 사전 조사와 연구결과에 따르면 부모가 이러한 기술을 배울 수 있고 치료사와 동등한 수준의 성과를 낼 수 있었다. 연구는 잘 설계되었는데, Guerny 부부는 각기 다른 임상가들이 똑같이 할 수 있는 기술훈련 접근방법을 개발할 수 있었고 효과적인 개입임이 입증되었다. 그럼에도 불구하고 당시에는 부모놀이치료가 널리 채택되지 않았다.

1970년대가 되면서, 기타 요인들이 아동중심 놀이치료, 또는 그 점에서는 다른 어떤 놀이치료에서도 마찬가지로 전문가의 관심이 멀어지게 했다. 아동상담소(The child guidance clinic)의 정신과 의사와 심리학자들은 약물, 가족치료, 행동수정과 같이 보다 편리한 양식을 추구하였다. 조작적 조건화와 같은 방법은 행동장애와 학습장애에 크게 영향을 미쳤고 서비스 제공 기관 프로그램의 처치 계획에서 재빨리 인기를 얻게 되었다. 그 결과, 행동주의가 아닌 놀이치료 접근은 많은 클리닉에서 포기했다. 행동주의 처치는 놀이치료와 같은 보다 전통적인 심리치료에 비해 좀 더 비용 효과적인 단기개입을 제공할 수 있었다.

같은 시기에 결국에는 놀이치료의 가치에 기여하게 되는 중요한 씨앗들이 심어졌다. 도널드 위니콧은 프로이트 학파와 클라인 학파 사이의 중간노선을 택한 대상관계 학파(Object Relations School)로 알려진 영국의 정신분석가 집단의 일원이었다(Mitchell & Black, 1995). 멜라니 클라인의 학생인 위니콧은 대상관계에 대한 클라인의 초기 생각과 '유아는 사람과의 상호작용을 요구한다.'(Mitchell & Black, 1995, p. 113)는 클라인의 생각이 영향을 미쳤다. 위니콧은 그의 중간 대상에 대한 설명으로 유명하다. 위니콧에 따르면 이것은 종종 엄마를 대신할 뿐만 아니라 아동의 자기(self)의 확장이기 때문에 어디든지 가지고 다닐 이러한 물건들(items)을 고집한다(Mitchell & Black, 1995), 어머니, 유아, 어린 아동과 광범위하게 작업하면서 위니콧은 충분히 좋은 엄마의 돌봄(good-enough mothering), 지지해주는 환경, 거짓자기와 같은 개념을 개발하게 되었다. 이러한 모든 개념은 위니콧식 놀이치료의 이론적 근거가 되었다. 그의 저서 **놀이와 현실**(*Playing and Reality*, 1971)에서 위니콧은 이러한 개념들이 치료에 어떻게 기여하는지를 설명하는 사례를 내놓았다. 위니콧 이론의 구조는 대상관계 및 애착 영역에 큰 영향을 미치고 있다.

대상관계 학파의 또 다른 구성원인 존 볼비(John Bowlby)는 본능적으로 어머니에게 애착하려는 동기가 있고 어머니는 아동의 요구에 본능적으로 반응한다고 이론화했다. 애착과 상실에 관한 그의 연구를 통해 우리는 아동의 심리적 발달에 대한 애착의 중요성을 배우고 있다. 주요 애착대상이 일관되게 유용하고 반응적일 때, 아동은 자신감과 정서적 안전감이 발달한다(Mitchell & Black, 1995). 주요 양육자가 유용하지 않고 반응이 없거나 상처를 입힐 때, 아동은 사람들과의 관계, 돌봄의 수용에서 문제를 일으키고 중간대상을 만든다. 아동은 쉽게 좌절하고 화를 내며 스트레스를 받을 때 스스로를 달래는 데에 어려움이 있을 수 있다(Jernberg & Booth, 2001).

애착에 관한 연구에서, 안정적으로 애착된 관계에서 관찰된 특징 중 하나는 부모가 애정적으로 조율하는 놀이이다(Jemberg & Booth, 2001). 존 볼비와 도널드 위니콧의 애착과 대상관계 이론에서 영감을 얻은 Ann Jernberg와 Phyllis Booth는 건강한 부모-유아관계에서 관찰되는 긍정적 상호작용을 재현하도록 설계된 처치 모델인 치료놀이(Theraplay)를 개발했다(Jernberg & Booth, 2001). 치료놀이는 부모-자녀 유대감 경험에서 붕괴를 소개하고 집중된 시선접촉, 양육적인 접촉, 즐거운 상호작용을 사용한다. 이 접근법은 애착장애가 있는 아동과 심각한 행동장애 및 발달장애가 있는 아동에게 가장 효과적이라는 것이 입증되고 있다.

애착이론을 뼈대로 사용해서 만든 Viola Brody의 발달놀이치료는 Viola Brody의 지도교수 Austin Des Lauriers, 운동치료사인 Janet Adler, 나-너(I-Thou) 관계에 대한 Martin Buber의 개념에서 영감을 받았다(Brody, 1997). 이 개념은 건강한 아동의 발달에서 접촉이 필수적이라는 생각을 기반으로 한다. Brody는 우리 사회에서 유대감을 촉진하는 건강한 방법으로 아동이 충분히 접촉되고 있지 않다고 우려했다. 유대감이 형성되지 않으면 아동은 다음 발달단계로 나아갈 수 없다. 발달놀이치료에서 Brody는 아동이 발달하는 단계에서 시작하고 목표는 발달의 다음 단계로 나아갈 수 있도록 도왔다. Brody는 접촉과 적절한 제한설정이 훈련되도록 부모와 별도의 회기를 수행하였다. Brody는 치료사와의 관계에서 아동이 산만해진다고 생각했기 때문에 놀이실에서는 장난감을 사용할 수 없었다. 발달적인 놀이실에는 깔개, 흔들의자, 테이블과 의자, 종이, 크레용과 연필, 로션 병이 있다. 나중에 놀이치료 접근에는 Benedict(2003)가 개발한 대상관계 놀이치료, 애착 붕괴 및 장애가 있는 아동을 위한 부모놀이치료(Van Fleet & Sniscak, 2003), 애착장애 아동을 다루고 아동과 양육자에게 건강한 애착을 확립하는 데에서 놀이치료의 가치를 보여준 Whelan과 Stewart(2013)의 애착중심 개입에 놀이치료기법을 통합하는 것이 포함되었다. 이러한 서로 다른 접근법들은 애착 및 대상관계에 대한 위니콧과 볼비의 이론적 개념으로 거슬러 올라갈 수 있다.

1970년대, Violet Oaklander(1978)는 Fritz와 Laura Peris가 개발한 게슈탈트 치료와 자신의 교육 및 특수교육 경험을 토대로 게슈탈트 놀이치료를 개발했다. 게슈탈트 놀이치료는 인간중심적이며, 과정 지향적이며, 관계 기반이며, 전체 유기체에 초점을 맞춘다. 다른 인본주의 모델들(Allen, 1942; Moustakas, 1959)과 마찬가지로, 이것은 아동과 치료사 간의 관계의 치료적 가치를 강조한다(Oaklander, 2003). 게슈탈트 치료사는 아동을 위한 목표와 계획을 세워서 적극적인 역할을 취하고, 아동의 필요를 충족시키는 활동을 제공한다. 그러나 아동이 회기에서 이끌려고 하면, 치료사는 따라갈 것이다. Oaklander는 미술, 모래상자, 인형 또는 의상을 사용한 역할놀이, 음악, 호흡, 신체활동을 이용한 다양한 표현적이고 창의적이고, 투사적인 기법을 만들었다(Oaklander, 1978, 2007). Oaklander의 주된 치료목표는 아동이 차단된 감정을 드러내고 표현하도록 돕는 것이다. 아동의 공격적 에너지는 행동을 취하고, 묻혀 있는 감정을 불러올 수 있으며, 아동이 이러한 감정을 표현하는 건강한 방법을 배우도록 돕는다(Oaklander, 2003). Oaklander는 부정적 신념을 해결하고 자신의 싫은 부분을 놓아버리고 자기 수용을 형성하기 위해 성취해야 할 아동의 필수적인 목표가 자기 양육이라고 생각했다(Oaklander, 2003). 2007년에 Oaklander의 두 번째 저서 숨겨진 보물 : 아동의 내적 자아로 가는 지도(*Hidden Treasure : A Map to the Child's Inner Self*)가 30년간의 경험이 반영되어서 출판되었다. Violet Oaklander는 2008년에 은퇴했지만 그녀의 작업은 Violet Solomon Oaklander Foundation을 통해 계속된다.

놀이치료의 복귀

Bernard Guerney와 Louise Guerney, Garry Landreth, Ann Jernberg, Phyllis Booth와 같은 놀이치료사들이 1970년대에 놀이치료를 가르치고 실습했지만, 지리적으로 분산되어 있었으며 단독으로 운영했다. 출판된 연구가 거의 없었으며 놀이치료 연수 교육은 거의 없었다. 1982년에 Charles Schaefer와 Kevin O'Connor는 놀이치료가 아동을 위한 실행 가능한 치료양식이라고 홍보하기 위해 놀이치료협회(Association for Play Therapy, APT)를 설립했다. 이후 15년 동안 협회의 이사회가 조직되었고, 연례 회의가 전국적으로 광고되었고 전국의 도시에서 열렸으며 전국적인 회원 모집 캠페인이 시작되었고 주 지부(state branches)가 생기기 시작했다. APT는 또한 몇 가지 주요 프로젝트를 통해 놀이치료의 신용을 확립하는 과정도 시작했는데, 여기에는 *International Journal of Play Therapy*의 출판, 등록 놀이치료사 및 등록 놀이치료사-슈퍼바이저를 위한 신임장 프로그램의 창설, APT가 승인한 놀이치료 연수 교육 제공자들의 목록을 출판하는 것 등이 있다.

역사적으로 놀이치료사 교육은 자신의 정신분석을 수행하고(Geissmann & Geissmann, 1998), 마스터 정신분석가 밑에서 공부하거나 지도감독을 통해 이루어졌다(Taft, 1933). 미국에서는 버지니아 엑슬린과 했던 무스타카스 훈련과 같은 수업 및 인턴십 경험을 대학 및 의과대학에서 제공했다. 이러한 놀이치료 훈련 기회는 많은 대학에서 1970년대까지 감소한 것처럼 보였다. 노스텍사스대학교에서 Landreth가 실시한 놀이치료 과정은 예외이다. 1988년에 Garry Landreth는 상담학과에 놀이치료센터를 설립할 수 있었다. 놀이치료 수업과 대학원 놀이치료 프로그램 외에, 놀이치료센터는 워크숍 교육을 제공하고 연구를 수행하기 시작했다(Landreth, 2002). 이 프로그램은 놀이치료사 교육에서 학문적 영역을 계속 이끌고 있다. 많은 전문가들이 평생 교육, 워크숍, 집중 세미나, 컨퍼런스 및 훈련기관을 통해 놀이치료 훈련을 받는다.

Charles Schaefer는 1970년대에 다른 사람들에게 놀이치료를 교육하려고 노력하기 시작했다. 아동 놀이의 치료적 사용(*The Therapeutic Use of Child's Play*, 1979)은 버지니아 엑슬린, 멜라니 클라인, 안나 프로이트 및 데이빗 레비를 포함해서 현장에 있는 지도자들의 작업을 통합한 것이다. 그는 이후 다양한 놀이치료 이론과 기법을 다루는 책을 편집하거나 공동 편집했다. 초기 저서, 아동치료(*Therapies for Children*, 1977)에서 Schaefer는 Howard Millman과 함께 아동에게 사용할 처치를 결정할 때 처방적 접근을 해야 한다고 주장하고 있다. 놀이치료 실행에서 처방적 접근을 사용하려면 치료사가 아동에게 가장 잘 작동할 것 같은 처치 접근이 무엇인지를 결정하기 위해 평가에 기초한 처치 계획을 개발해야 한다. Schaefer는 놀이치료의 한 가지 이론에 충실한 것에 대해 이의를 제기하는데, 치료사가 치료사의 개인적 선호가 아니라 아동의 요구에 따라 가장 잘 작동할 것을 선택하는 데에서 실용적이고 현실적이어야 한다고 제안했다(Schaefer, 2003).

노스텍사스대학교에서 Garry Landreth는 1967년에 그의 첫 놀이치료 수업을 했다. 1982년, Landreth는 첫 번째 교과서인 놀이치료 : 아동상담 과정의 역동(Play Therapy : Dynamics of the Process of Counselig with Children)을 편집하고 출판했다. 주로 학생들을 대상으로 한 이 교재는 놀이치료를 수행하고 아동이 직면한 다양한 문제를 다루기 위한 실질적인 제안과 지침을 제시했다. Landreth는 버지니아 엑슬린의 아동중심 놀이치료(1947)를 발전시키고 다시 정의를 내렸다. 그러한 개선에는 하임 기너트(Haim Ginott)와 클라크 무스타카스를 포함해서 다른 아동중심 놀이치료사들의 작업에서 나온 증거가 있었다(Landreth, 2002). Sue Bratton과 함께 Landreth는 부모-아동 관계치료(Child-Parent Relationship Therapy)라는 10회기 부모놀이치료 모델을 개발하고 장려했다(2006). 부모놀이치료와 아동-부모 관계 치료 프로그램은 노스텍사스대학교에서 광범위하게 연구되어 왔다(Landreth & Bratton, 2006). Landreth는 1960년대로 거슬러 올라가서 초등학교 상담에서 하는 놀이치료에 기여했고, 그의 영향은 학교중심 놀이치료의 연구에서 여전히 드러난다(Drewes, Carey, & Schaefer, 2001). Landreth(1983, 2002)는 교사와 학교 상담사로서의 경험에 기초해서 아동이 학업에 지장을 줄 수 있는 문제를 훈습하도록 돕고 학습할 준비를 회복하도록 학교에서의 놀이치료의 중요성을 홍보했다.

Landreth는 APT에 합류하여 초창기 이사회에 참여했다. 1987년, 그는 놀이치료 연례 회의를 텍사스로 가져와서 전국적인 광고를 통해 참석자를 크게 늘리고 궁극적으로 APT 회원을 확대했다. 그의 학생이었던 Lessie Perry는 1988년에 멤버십 디렉터로 APT 이사회에 합류해서 첫 번째 멤버십 캠페인을 시작한 다음에 APT 주(state) 지부 설치를 구성했다. Landreth는 1999년에 APT 이사회에서 은퇴하고 2002년 퇴직할 때까지 노스텍사스대학교에서 놀이치료 프로그램을 가르치고 감독했다. 그는 아동중심 놀이치료에 대한 연구로 계속 도움을 주고 워크숍을 개최하고 있다.

초창기 APT 이사회의 또 다른 멤버인 Louise Guerney는 계속해서 부모놀이치료를 가르치고, 실습하고 글을 쓰고 있다. Guerney는 또한 교육, 감독, 실습에서 아동중심 놀이치료의 이론과 원리를 고수하고 있다(Guerney, 1983; Van Fleet et al., 2010). Guerney는 부모놀이치료의 초기 연구와 실습을 따르면서 부부치료 및 가족치료를 통한 가족관계 개선에 계속 집중하고 있다. Louise Guerney는 많은 학생들을 지도했는데, 그중에 Rise VanFleet는 부모놀이치료를 더욱 발전시켰고 입양, 애착, 외상을 포함해서 다양한 문제에 적용했다(Van Fleet, 2005). Guerney(1983)는 아동중심놀이치료가 '복합적이고 체계적인 접근'이며 '다른 방법으로 표류'하는 것에 대한 주의점을 기술하고 있다(p. 28)고 밝혔다.

Kevin O'Connor는 환경체계 놀이치료(Ecosystemic Play Therapy)를 개발했는데, Sue Ammen과 협동해서 시간이 지나면서 이론을 잘 통합한 것뿐만 아니라 상세한 초기면담 전략과 치료 계획 모델이 있는 것으로 발전시켰다(O'Connor, 1991, 2000; O'Connor & Ammen, 2013). 환경체계 모델은 아동이 일련의 상호 연관된 체계에 둘러싸여 있다고 본다. 심리적으로나 실용적으로 각 체계가 아동에게 미치는 영향을 평가하고 그 정보는 포괄적인 치료 계획을 수립하는 데 사용한다(O'Connor & Ammen, 2013). 체계 관점 이외에 이 모델을 안내하는 다른 구성 틀은 인지발달 이론인데, 이는 아동의 연령과 발달단계를 고려하는 것이다. O'Connor는 초기에 자신의 이론적 기초는 정신분석, 아동중심, 인지행동, 치료놀이, 현실치료의 통합(O'Connor, 2001)에서 나온 하이브리드라고 기술했다. 그것이 진화하고 다시 정의해 가면서 놀이치료의 자립 모델이 되었다.

　Color-Your-Life 기법은 아동이 자신의 감정을 이해하고 이야기할 수 있는 구체적인 방법을 제시하려고 O'Connor(1983)가 개발했다. 많은 놀이치료사들이 아직도 가장 선호하는 기법이며 감정을 정량화하는 평가도구로 사용되고 적용되어 왔으며 아동의 감정에 이름을 붙이고 이야기하는 데 도움이 되도록 치료적으로 사용되고 있다(O'Connor & New, 2002). O'Connor는 또한 온도계의 단순한 윤곽을 사용하는 빠른 버전의 기법을 개발했고 그래서 놀이치료사는 아동이 회기와 회기 사이에 상태 또는 감정 '온도'를 측정하도록 도울 수 있다.

놀이치료 모델의 확장

정신분석 및 정신역동적 놀이치료

정신분석 이론은 현재 몇몇 놀이치료 접근들에 대해 계속 영향을 미친다(Benedict, 2003; Bromfield, 2003; Cangelosi, 1993; Lee, 1997; O'Connor, 1991). 그러나 3개 학파, 즉 클라인 학파, 프로이트 학파, 대상관계는 각자 그들만의 변화를 제공하고 정신분석 또는 정신역동적 놀이치료로 언급하는 사람들은 그들의 학파에서 생각한 하나 이상의 이론적 기초를 그려내고 있다(Bromfield, 2003).

융 학파 놀이치료

대학원에서 융 학파의 이론을 접한 존 앨런(John Allan)은 융 학파의 개념을 학교 상담에 적용하려고 하였다. 융 이론의 핵심 개념은 자아의 의식과 무의식 사이의 상호작용에 집중되어 있다(Allan & Levin, 1993). 인간 경험의 역사를 모아서 간직하고 있는 집단 무의식에는 시간이 지나면서 진화된 원형 패턴이 포함되어 있다.

　융 학파 놀이치료사는 아동과 교감을 형성하고 치료 동맹을 형성한 다음에, 놀이치료에서 표현된 무의식 과정을 따라가면서 자기 치유 원형들을 활성화한다. 무의식 자료에 접근해서 그것을 의식으로 가져오기 위해 융의 접근에 따라 표현예술을 사용하는 존 앨런은 융 학파의 놀이치료란 "안전한 치료적 그릇 안에서 놀고, 만들어내고, 행하고, 환상을 재연하는 것"이라고 특징짓는다(Allan & Levin, 1993, p. 210). 놀이실은 보호된 공간이라고 보는데, 이는 융 학파들이 아동이 놀 수 있는 'temenos'라고 부르는, 외부 세계의 압력으로부터 자유로운 곳이다. 장난감, 미술 용품, 젖은 모래상자와 마른 모래상자, 미니어처가 구비되어 있는 전통적인 놀이실은 아동이 자신의 자기 치유 작업을 수행하는 데 필요한 자원들을 제공한다. 아동중심 놀이치료에서 나온 개념이 융의 원칙들에 추가되었는데, 특히 학교와 클리닉에서 작업할 때 더욱 그러하다(Allan, 1988; Allan & Bertoia, 1992).

　융의 이론에 기초한 놀이치료의 발전에 기여한 그 밖의 사람들에는 Gisela DeDomenico(1994), J. Craig Peery(2003), J. P. Lilly(1998), Eric Green(2011) 등이 있다. Peery(2003), Lilly(2012), Green(2011)은 프로이트의 정신분석과 자신의 접근방법을 구별하기 위해 융의 분석적이라는 용어의 사용을 더 잘 반영하려고 자신들의 작업을 '융 분석적 놀이치료'라고 부른다(Peery, 2003). 자신들의 출판물과 컨퍼런스 발표를 통해, 이들 융 학파들은 융 분석적 놀이치료에 대한 관심을 지속적으로 불러일으키고 있다.

모래놀이(Kalff, 2003)는 도라 칼프가 칼 융과 분석 및 공부를 하고, 마거릿 로웬펠트와 1년 동안 연구를 한 것과 동양 사상에 대한 그녀의 관심에서 비롯된 것이다. 세계기법과 칼프의 모래놀이를 연구한 Gisela DeDomenico는 모래상자-세계놀이(Sandtray-Worldplay)라는 자신만의 접근법을 만들었다(Boik & Goodwin, 2000). DeDomenico의 작업에서는 모래상자의 형태가 다르고 다양한 색의 모래를 사용한다. 모래상자치료 : 실시 요강(*Sandtray Therapy : A Practical Manual*, 1998)을 통해 Linda Homeyer와 Daniel Sweeney(1998)도 모래상자를 사용하는 놀이치료사를 위한 실제적인 지침을 제시했다.

놀이치료에서 은유의 사용은 상징에 대한 융의 생각과 밀턴 에릭슨(Milton Erikson)의 은유 사용에서 유래된 또 다른 기법이다. Mills와 Crowley(1986)는 치료 은유를 설계하고 사용하는 과정을 공식화했으며, 그들의 작업은 아동과 아동 내부의 치료적 은유(*Therapeutic Metaphors for Child and the Child Within*)에 발표되어 있다(1986). 은유와 상징은, 특히 아동에게 적합한 놀이치료에서 중요한 치유의 도구이다(Mills & Crowley, 1986; Norton & Norton, 1997). 아동은 대략 2세가 되면 자연스럽게 상징놀이에 참여하며, 동화나 이야기에 있는 은유를 이해한다. 이들의 접근방식은 놀이, 예술, 스토리텔링을 통한 치료적 은유를 창조하고 사용하는 데 아동을 참여시킨다.

경험적 놀이치료

Carol Norton과 Byron Norton(1997)이 개발한 경험적 놀이치료는 아동이 경험적으로 그들의 세계에 대한 정보를 처리하는 것을 Carol Norton과 Byron Norton이 관찰한 것에 기초하고 있다. 경험적 놀이치료사는 매우 은유적인데 자신의 감정과 경험을 표현하는 방법에 대한 생각에 기초한다(Norton & Norton, 1997, 2006). 이 접근은 엑슬린(1947)의 비지시적 이론, 특히 자신의 치유 과정을 안내하는 아동의 능력에 대한 신념이 영향을 미쳤다. 이 접근의 독특한 점은 놀이실에서 아동이 만드는 다양한 장난감, 동물 피규어, 환경의 상징적 의미에 대한 식별이다. 암시된 의미는 아동의 놀이에서 전달되는 주제 또는 은유에 관한 가설을 세우는 데 사용된다(Norton & Norton, 1997). 경험적 놀이치료에서 아동은 자신의 경험을 전달하고 고통스러운 경험과 감정을 이해하고 해결할 수 있는 자신만의 은유를 창조한다.

아들러 학파 놀이치료

프로이트의 원래 집단 멤버에서 이론적으로 분리한 알프레드 아들러는 아들러 학파 놀이치료(Adlerian Play Therapy)의 4단계 모델을 개발한 Terry Kottman(1995)에게 영감을 주었다. 첫 번째 단계는 평등한 관계 형성에 중점을 두는데, 치료사는 놀이실에서 아동이 이끄는 대로 따라갈 것이지만 아동과의 놀이 및 질문을 하는 데에서 적극적이다. 두 번째 단계는 처치 계획을 수립하는 것뿐만 아니라 아동이 중요하고 소속되어 있다는 감각을 얻기 위해 아동이 사용하는 사고, 느낌, 행동 패턴을 더 잘 이해하기 위해 아동의 생활양식을 탐색하는 것과 관련이 있다. 세 번째 단계에서 Kottman은 그림이나 은유를 사용해서 아동이 자신의 생활양식에 대해 통찰하도록 돕는 것으로 시작한다. 네 번째 단계에서는 아동이 건설적인 생활양식을 형성하도록 돕기 위해 새로운 긍정적 태도와 행동을 배우고 실천하도록 돕는 재정립과 재교육을 제공한다(Kottman, 1995, 2003). Kottman은 이 모델을 다듬는 작업을 계속하고 있으며 최근에 아들러 학파 놀이치료 모델(Adlerian Play Therapy Model; Kottman, 2011)을 사용하여 연구를 수행하는 실행지침을 만들었다.

인지행동 놀이치료

Susan Knell(1993)은 2.5세에서 6세 사이의 아동에게 발달적으로 적합한 개입인 인지행동 놀이치료를 만들기 위해 인지치료와 행동치료의 이론 및 기법을 놀이치료의 원리로 묶었다. Knell은 체계적 둔감화, 정적 강화, 형성, 자극 용암법(fading) 및 소거와 같은 행동적 개입을 수행하는 놀이 기반의 활동들을 고안했다(Knell, 1993, 2003). 적용된 인지적 개입에는 역기능적 사고 기록하기, 비합리적 신념에 맞서기, 대처하는 자기 진술의 사용이 있다. Knell(1993)은 어린 아동에게 재미있고 몰입시키는 장난감, 봉제인형 동물 및 퍼펫을 사용해서 모델링, 역할놀이 및 행동적 우연성을 사용한다. Knell은 선택적 함묵증, 공포증, 유분증, 분리불안을 포함해서 다양한 정서적 문제 및 행동적 문제가 있는 아동을 돕기 위해 이러한 방법을 적용했다(Knell, 2003).

Janine Shelby(2000; Shelby & Felix, 2005; Shelby & Berk, 2009) 또한 인지치료와 놀이치료의 통합을 촉진했다. Shelby의 인지행동 기법 사용은 주로 외상 영역에서 행해졌지만(Shelby, 2000; Shelby & Felix, 2005), Shelby는 우울증 및 외상후 스트레스장애(Shelby & Berk, 2009)와 같은 진단을 받은 사람들에게 인지행동치료를 제공하는 데에서 발달적으로 민감한 방식으로 사용하라고 요구한다. 인지행동 놀이치료와 놀이치료의 융합에 관한 출판물(2009)은 정신건강전문가 공동체가 놀이치료에 대해 많은 관심을 갖고 받아들이게 만들었다. 이 자료집은 불안, 공격, 외상, 학교 적응 문제에 초점을 맞춘 경험적으로 지지하는 처치에 대해 설명하고 있다.

가족놀이치료

가족놀이치료는 가족치료와 놀이치료를 결합한 통합된 모델로 진화해 왔다. 놀이실에 양육자와 아동이 함께 있게 하려는 것은 Safer(1965)가 처음 시도했는데, Safer는 연합놀이치료를 도입했고, 양육자를 놀이실에 데려와서 아동이 선택한 놀이 활동에 치료사와 함께 참여하게 했다. Irwin과 Malloy(1975)는 언어적 의사소통 및 비언어적 의사소통을 자극하고 목표 또는 과제를 수행하기 위해 조직한 것에 가족을 참여시키기 위해 가족인형 인터뷰를 개발했다. Griff(1983)는 양육자가 자녀와 상호작용하고 의사소통하고, 놀이 활동을 촉진하고, 함께 상호작용하는 새로운 방식을 시범 보이는 단기 모델의 가족놀이치료에 대해 설명했다.

Charles Schaefer와 Lois Carey(1994)가 편집한 가족놀이치료(*Family Play Therapy*)에서는 가족과 함께 놀이를 사용하는 방법을 설명하고 이 두 모델을 통합하는 것에 대한 이점을 보여주는 다양한 가족놀이치료기법이 제시되어 있다. 지난 20년 동안 Eliana Gil은 그녀의 저서 가족치료에서의 놀이(*Play in Family Therapy*, 1994)로 시작하는 가족놀이치료의 얼굴이었다. 가족체계 이론 및 통합된 놀이치료에 기반을 둔 Gil의 모델은 체계적 변화를 달성하기 위해 만들어졌다(Gil, 2003).

1990년 이후에 두 개의 가족놀이치료 모델이 진화되어 왔는데, Steve Harvey의 역동적 가족놀이치료(1993, 2006)와 Shlomo Ariel의 전략적 가족놀이치료(1994, 2005)이다. Harvey의 모델은 애착이론, 인본주의적 가족치료 모델, 창의적 문제 해결에서 나왔다. 놀이 활동은 창의적이고 표현적인데, 가족의 자발성을 격려하고 감정 상태 및 가족관계 문제를 설명하는 은유를 만들고(Carmichael, 2006), 놀이에 적절히 대응하는 능력을 향상시키기 위해(Harvey, 2006) 춤 동작, 드라마, 미술을 사용한다. 전략적 가족놀이치료는 가장놀이를 주된 전략으로 사용하기 때문에 어린 아동이 충분히 참여할 수 있다. 통합된 다체계 기반 위에 구축된 이 모델은 가족의 상호작용 및 의사소통을 위한 프로그램을 이해하도록 돕기 위해 정보처리 이론을 이용한다(Ariel, 2005). 놀이치료 분야는 지속적으로 확대되는 처치 양식과 함께 제공되는 인구집단의 유형이라는 측면에서 계속 번성하고 성장한다.

결론

1982년에 50명 헌장 회원의 작은 집단이 2014년에는 놀이치료사 회원이 6천 명이 넘는 거대 집단이 되었고, APT는 미국 전역으로 퍼져나갔다. 평생교육은 연례 회의를 넘어 주 지부, E-러닝센터, 200여 개의 승인된 놀이치료 제공자가 제공하는 수많은 워크숍이 있는 것으로 확장되었으며, 20개의 대학원 프로그램이 승인된 놀이치료 교육센터로 지정되었다. APT는 구성원의 지원과 연구, 교육, 마케팅을 지원하는 프로그램의 개발을 통해 놀이치료의 지위를 높이는 데 상당한 기여를 했다.

놀이치료의 역사는 이후에 편집된 책에서 출판되거나, 다시 인쇄되거나 재조명되고 있다. 이 내용은 *Journal of Orthopsychiatry*, 초기에 발행된 APT 뉴스레터, *International Journal of Play Therapy*에서 찾아볼 수 있다. 일부 책은 역사와 더불어 바뀌었고 버지니아 엑슬린의 딥스처럼 놀이치료의 역사를 바꾼 책도 있다. 미래에는 또 다른 딥스가 있을 것이다. 우리는 눈 깜짝 할 사이에 아이의 뇌가 빛나는 것을 볼 수 있는 미래를 상상할 수 있다. 아동은 두뇌의 모든 영역을 읽는 헤드셋을 갖게 될 것이다. 아동의 융 학파, 환경인지(eco-cognitive) 놀이치료사는 아동과 놀고 얼마만큼의 뇌가 반응하고 있는지를 말해주는 신호를 잡는다. 수집된 데이터는 논쟁의 여지 없이, 놀이치료가 가장 확실하게 효과가 있다는 것이다. 더 좋은 증거는 작은 아이의 얼굴에 미소가 있으며 잘 지낸다는 부모의 보고이다.

참고문헌

Allan, J. (1988). *Inscapes of the child's worlds*. Dallas, TX: Spring.

Allan, J., & Bertoia, J. (1992). *Written paths to healing: Education and Jungian child counseling*. Dallas, TX: Spring.

Allan, J., & Levin, S. (1993). "Born in my bum": Jungian play therapy. In T. Kottman & C. E. Schaefer (Eds.), *Play therapy in action: A casebook for practitioners* (pp. 209-244). Northvale, NJ: Jason Aronson.

Allen, F. (1934). Therapeutic work with children. *American Journal of Orthopsychiatry, 4*(2), 193-202.

Allen, F. (1942). *Psychotherapy with children*. New York, NY: Norton.

Ariel, S. (1994). *Strategic family play therapy*. Chichester, England: Wiley.

Ariel, S. (2005). Family play therapy. In C. E. Schaefer, J. McCormick, & A. Ohnogi (Eds.), *International handbook of play therapy* (pp. 3-22). New York, NY: Jason Aronson.

Axline, V. M. (1947). *Play therapy*. Cambridge, MA: Riverside Press.

Axline, V. M. (1964). *Dibs: In search of self*. Boston, MA: Houghton Mifflin.

Axline, V. M. (1979). Play therapy procedures and results. In C. E. Schaefer (Ed.), *The therapeutic use of child's play* (pp. 209-218). Northvale, NJ: Jason Aronson.

Axline, V. M., & Rogers, C. R. (1945). A therapist-teacher deals with a handicapped child. *Journal of Abnormal and Social Psychology, April*, 119-142.

Benedict, H. E. (2003). Object relations/thematic play therapy. In C. E. Schaefer (Ed.), *Foundations of play therapy* (pp. 281-305). Hoboken, NJ: Wiley.

Bixler, R. (1949). Limits are therapy. *Journal of Consulting Psychology, 13*, 1–11.

Boik, B. L., & Goodwin, E. A. (2000). *Sandplay therapy*. New York, NY: Norton.

Brody, V. A. (1997). *Developmental play therapy: The dialogue of touch*. Northvale, NJ: Jason Aronson.

Bromfield, R. (2003). Psychoanalytic play therapy. In C. E. Schaefer (Ed.), *Foundations of play therapy* (pp. 1–13). Hoboken, NJ: Wiley.

Cangelosi, D. (1993). Internal and external wars: Psychodynamic play therapy. In T. Kottman & C. E. Schaefer (Eds.), *Play therapy in action: A casebook for practitioners* (pp. 347–370). Northvale, NJ: Jason Aronson.

Carmichael, K. (2006). *Play therapy: An introduction*. Upper Saddle River, NJ: Pearson–Prentice Hall.

Conn, J. (1939). The child reveals himself through play; the method of the play interview. *Mental Hygiene, 23*, 49–70.

Conn, J. (1997). The play-interview. In C. E. Schaefer & D. Cangelosi (Eds.), *Play therapy techniques* (pp. 9–44). Northvale, NJ: Jason Aronson.

DeDomenico, G. (1994). Jungian play therapy techniques. In K. O'Connor & C. E. Schaefer (Eds.), *Handbook of play therapy* (Vol. 2, pp. 253–282). New York, NJ: Wiley.

Dorfman, E. (1951). Play therapy. In C. Rogers (Ed.), *Client-centered therapy: Its current practice, implications and theory* (pp. 235–277). Boston, MA: Houghton Mifflin.

Drewes, A. A., Carey, L. & Schaefer, C. E. (Eds.). (2001). *School-based play therapy*. New York, NY: Wiley.

Freud, A. (1965). *Normality and pathology in childhood: Assessments of development*. New York, NY: International Universities Press.

Freud, A. (1974). The psychoanalytic treatment of children. In *The writings of Anna Freud: Vol. V. Introduction to child analysis* (pp. 13–69). London, England: Hogarth. (Originally published 1927)

Geissmann, C., & Geissmann, P. (1998). *A history of child psychoanalysis*. New York, NY: Routledge.

Gil, E. (1994). *Play in family therapy*. New York, NY: Guilford Press.

Gil, E. (2003). Family play therapy: "The bear with short nails." In C. E. Schaefer (Ed.), *Foundations of play therapy* (pp. 192–218). Hoboken, NJ: Wiley.

Ginott, H. (1959). The theory and practice of therapeutic intervention in child treatment. *Journal of Counseling Psychology. 23*, 160–166.

Ginott, H. (1961). *Group psychotherapy with children: The theory and practice of play therapy*. Northvale, NJ: Jason Aronson.

Ginott, H. (1982). A rationale for selecting toys in play therapy. In G. Landreth (Ed.), *Play therapy: Dynamics of the process of counseling with children* (pp. 145–152). Springfield, IL: Charles C. Thomas.

Ginott, H., & Lebo, D. (1963). Most and least used play therapy limits. *Journal of Genetic Psychology, 103*, 153–159.

Green, E. (2011). Jungian analytical play therapy. In C. E. Schaefer (Ed.), *Foundations of play therapy* (2nd ed., pp. 61–86). Hoboken, NJ: Wiley.

Griff, M. (1983). Family play therapy. In C. E. Schaefer & K. O'Connor (Eds.), *Handbook of play therapy* (pp. 65–75). New York, NY: Wiley.

Grosskurth, P. (1986). *Melanie Klein: Her world and her work*. New York, NY: Alfred A. Knopf.

Guerney, L. (1983). Client-centered (non-directive) play therapy. In C. E. Schaefer & K. O'Connor (Eds.), *Handbook of play therapy* (pp. 21–64). New York, NY: Wiley.

Guerney, L. (2003). Filial play therapy. In C. E. Schaefer (Ed.), *Foundations of play therapy* (pp. 99–142) Hoboken, NJ: Wiley.

Hambridge, G. (1955). Structured play therapy. *American Journal of Orthopsychiatry, 25*, 601–617.

Harvey, S. (1993). Ann: Dynamic play therapy with ritual abuse. In T. Kottman & C. E. Schaefer (Eds.), *Play therapy in action: A casebook for practitioners*. Northvale, NJ: Jason Aronson.

Harvey, S. (2006). Dynamic play therapy. In C. E. Schaefer & H. Kaduson (Eds.), *Contemporary play therapy: Theory, research and practice* (pp. 55–81). New York, NY: Guilford Press.

Homeyer, L., & Sweeney, D. S. (1998). *Sandtray: A practical manual*. Canyon Lake, TX: Lindan Press.

Horn, M. (1989). *Before it's too late: The child guidance movement in the United States, 1922–1945*. Philadelphia, PA: Temple University Press.

Hug-Hellmuth, H. (1919). *A study of the mental life of the child*. Washington, DC: Nervous and Mental Disease Publishing.

Hug-Hellmuth, H. (1921). On the technique of child analysis. *International Journal of Psychoanalysis, 2*, 287–305.

Irwin, E., & Malloy, E. (1975). Family puppet interview. *Family Process, 14*, 179–191.

James, O. (1997). *Play therapy: A comprehensive guide*. Northvale, NJ: Jason Aronson.

Jernberg, A., & Booth, P. B. (2001). *Theraplay: Helping parents and children build better relationships through attachment-based play* (2nd ed.). San Francisco, CA: Jossey-Bass.

Jones, K. (1999). *Taming the troublesome child: American families, children guidance, and the limits of psychiatric authority*. Cambridge, MA: Harvard University Press.

Kalff, D. (2003). *Sandplay: A psychotherapeutic approach to the psyche*. Cloverdale, CA: Temenos Press.

Klein, M. (1932). *The psycho-analysis of children*. London, England: Hogarth Press.

Klein, M. (1955). The psychoanalytic play technique. *American Journal of Orthopsychiatry, 25*, 223–237.

Knell, S. M. (1993). To show and not tell: Cognitive-behavioral play therapy. In T. Kottman & C. Schaefer (Eds.), *Play therapy in action: A casebook for practitioners*. Northvale, NJ: Jason Aronson.

Knell, S. M. (2003). Cognitive-behavioral play therapy. In C. E. Schaefer (Ed.), *Foundations of play therapy* (pp. 175–191). Hoboken, NJ: Wiley.

Kottman, T. (1995). *Partners in play: An Adlerian approach to play therapy*. Alexandria, VA: American Counseling Association.

Kottman, T. (2003). Adlerian Play Therapy. In C. E. Schaefer (Ed.), *Foundations of play therapy* (pp. 55–75). Hoboken, NJ: Wiley.

Kottman, T. (2011). Adlerian Play Therapy. In C. Schaefer (Ed.), *Foundations of play therapy* (2nd ed., pp. 87–104) Hoboken, NJ: Wiley.

Landreth, G. L. (1982). *Play therapy: Dynamics of the process of counseling with children*. Springfield, IL: Charles C. Thomas.

Landreth, G. L. (1983). Play therapy in elementary school settings. In C. Schaefer & K. O'Connor (Eds.), *Handbook of play therapy* (pp. 200–212). New York, NY: Wiley.

Landreth, G. L. (2002). *Play therapy: The art of the relationship* (2nd ed.). New York, NY: Brunner-Routledge.

Landreth, G. L., & Bratton, S. C. (2006). *Child parent relationship therapy (CPRT)*. New York, NY: Routledge.

Lebo, D. (1955). The development of play as a form of therapy: From Rousseau to Rogers. *American Journal of Psychiatry, 112*, 418–422.

Lebo, D. (1979). Toys for nondirective play therapy. In C. E. Schaefer (Ed.), *The therapeutic use of child's play* (pp. 435–447). Northvale, NJ: Jason Aronson.

Lee, A. (1997). Psychoanalytic play therapy. In K. O'Connor & L. Braverman (Eds.), *Play therapy theory and practice: A comparative presentation* (pp. 46–78). New York, NY: Wiley.

Levy, D. (1933). Use of play technic as experimental procedure. *American Journal of Orthopsychiatry, 3*, 266–275.

Levy, D. (1938). Release therapy in young children. *Psychiatry, 1*, 387–390.

Levy, D. (1939). Release therapy. *American Journal of Orthopsychiatry, 9*, 713–736.

Lilly, J. P. (1998). *Using analytical play for the treatment of traumatized children*. Workshop presented at 15th annual Association for Play Therapy International Conference, Phoenix, AZ.

Lilly, J. P. (2012). *Interpretation of children's play: Perspectives from analytical child psychotherapy*. Workshop presented at 18th Annual Colorado Association for Play Therapy Conference, Denver, CO.

Mannoni, M. (1970). *The child, his "illness," and the others*. New York, NY: Pantheon Books.

Mills, J., & Crowley, R. (1986). *Therapeutic metaphors for children and the child within*. New York, NY: BrunnerMazel.

Mitchell, S., & Black, M. (1995). *Freud and beyond: A history of modern psychoanalytic thought*. New York, NY: Basic Books.

Moustakas, C. (1953). *Children in play therapy*. New York, NY: Ballantine Books.

Moustakas, C. (1959). *Psychotherapy with children: The living relationship*. New York, NY: Harper & Row.

Moustakas, C. (1966). *Existential child therapy: The child's discovery of himself*. New York, NY: Basic Books.

Moustakas, C. (1997). *Relationship play therapy*. Lanham, MD: Rowman & Littlefield.

Newell, H. (1941). Play therapy in child psychiatry. *American Journal of Orthopsychiatry, 11*, 245–251.

Norton, C., & Norton, B. (1997). *Reaching children through play therapy: An experiential approach*. Denver, CO: Publishing Cooperative.

Norton, C., & Norton, B. (2006). Experiential play therapy. In C. E. Schaefer & H. Kaduson (Eds.), *Contemporary play therapy: Theory, research, and practice* (pp. 28–54). New York, NY: Guilford Press.

Oaklander, V. (1978). *Windows to our children*. Moab, UT: Real People Press.

Oaklander, V. (2003). Gestalt play therapy. In C. E. Schaefer (Ed.), *Foundations of play therapy* (pp. 143–155). Hoboken, NJ: Wiley.

Oaklander, V. (2007). *Hidden treasure: A map to the child's inner self*. London, England: Karnac.

O'Connor, K. J. (1983). The color-your-life technique. In C. E. Schaefer & K. O'Connor (Eds.) *Handbook of play therapy* (pp. 251-258). New York: JohnWiley.

O'Connor, K. J. (1991). *The play therapy primer*. New York, NY: Wiley.

O'Connor, K. J. (2000). *The play therapy primer* (2nd ed.). New York, NY: Wiley.

O'Connor, K. J. (2001). Ecosystemic Play Therapy. *International Journal of Play Therapy, 10*, 33–44.

O'Connor, K. J., & Ammen, S. (2013). *Play therapy treatment planning and interventions: The Ecosystemic model and workbook* (2nd ed.). Waltham, MA: Academic Press.

O'Connor, K. J. & New, D. (2002). The Color-your-life technique: Advances and innovations. In C. E. Schaefer & D. Cangelosi (Eds.), *Play therapy techniques* (pp. 245–256; 2nd ed.). Northvale, NJ: Jason Aronson.

Peery, J. C. (2003). Jungian analytical play therapy. In C. E. Schaefer (Ed.), *Foundations of play therapy* (pp. 14–54). Hoboken, NJ: Wiley.

Rank, O. (1924/1929). *The trauma of birth*. London: Kegan Paul, Trench, Trubner.

Rogers, C. R. (1951). *Client-centered therapy*. Boston, MA: Houghton Mifflin.

Russo, S. (1964). Adaptations in behavioral therapy with children. *Behavior Research and Therapy, 2*, 43–47.

Safer, D. (1965). Conjoint play therapy for the young child and his parent. *Archives in General Psychiatry, 13*, 320–326.

Schaefer, C. E. (Ed.). (1979). *The therapeutic use of child's play*. Northvale, NJ: Jason Aronson.

Schaefer, C. E. (2003). Prescriptive play therapy. In C. E. Schaefer (Ed.), *Foundations of play therapy* (pp. 306–320). Hoboken, NJ: Wiley.

Schaefer, C. E. (2010). *History speaks: Schaefer interview*. Retrieved from https://www.youtube.com/user/Assn4PlayTherapy?feature=BF

Schaefer, C. E. (Ed.). (2011). *Foundations of play therapy*. Hoboken, NJ: Wiley.

Schaefer, C. E., & Carey, L. (Eds.). (1994). *Family play therapy*. Northvale, NJ: Jason Aronson.

Schaefer, C. E., & Millman, H. (Eds.). (1977). *Therapies for children*. San Francisco, CA: Jossey-Bass.

Schaefer, C. E., & O'Connor, K. J. (Eds.). (1983). *Handbook of play therapy*. New York, NY: Wiley.

Shelby, J. (2000). Brief therapy with traumatized children: A developmental perspective. In H. Kaduson & C. E. Schaefer (Eds.), *Short-term play therapy for children* (pp. 69–104). New York, NY: Guilford Press.

Shelby, J., & Berk, M. (2009). Play therapy, pedagogy and CBT: An argument for interdisciplinarysynthesis. In A. Drewes (Ed.), *Blending play therapy with cognitive-behavioral therapy: Evidence-based and other effective treatments and techniques* (pp. 17–40). Hoboken, NJ: Wiley.

Shelby, J., & Felix, E. (2005). Posttraumatic play therapy: The need for an integrated model of directive and nondirective approaches. In L. Reddy, T. Files-Hall & C. E. Schaefer (Eds.), *Empirically based play interventions for children* (pp. 79–104). Washington, DC: American Psychological Association.

Solomon, J. (1938). Active play therapy. *American Journal of Orthopsychiatry, 8*, 479–498.

Solomon, J. (1948). Play technique. *American Journal of Orthopsychiatry, 18*, 402–413.

Taft, J. (1933). *The dynamics of therapy in a controlled relationship*. New York, NY: Macmillan.

Thompson, C. (1990). Variations on a theme by Lowenfeld: sandplay in focus. In K. Bradway, K. Signell, G. Spare, C. Stewart, L. Stewart, & C. Thompson (Eds.) *Sandplay studies: Origins, theory and practice* (pp. 5–20). Boston: Sigo Press.

Tulchin, S. (Ed.). (1964). *Child guidance: Lawson G. Lowrey memorial volume*. New York, NY: Arno Press.

Turner, B. (Ed.). (2004). *H.G. Wells' Floor Games: A father's account of play and its legacy of healing*. Cloverdale, CA: Temenos Press.

Urwin, C., & Hood-Williams, J. (1988). *Selected papers of Margaret Lowenfeld*. London, England: Free Association Books.

Van Fleet, R. (2005). *Filial Therapy: Strengthening parent-child relationships through play* (2nd ed.). Sarasota, FL: Professional Resource Press.

Van Fleet, R., & Sniscak, C. (2003). Filial Therapy for attachment disrupted and disordered children. In R. Van Fleet & L. F. Guerney (Eds.), *Casebook of Filial Therapy* (pp. 279–308). Boiling Springs, PA: Play Therapy Press.

Van Fleet, R., Sywulak, A., & Sniscak, C. (2010). *Child-centered play therapy*. New York, NY: Guilford Press.

Whelan, W., & Stewart, A. (2013). Attachment. In C. E. Schaefer & A. Drewes (Eds.) *The therapeutic powers of play: 20 core agents of change* (pp. 171–184). Hoboken, NJ: Wiley.

Winnicott, D.W. (1971). *Playing and reality*. London, England: Tavistock.

3

놀이의 치료적 힘

ATHENA A. DREWES, CHARLES E. SCHAEFER

놀이치료 결과 연구에 관한 몇몇 검토에서는 놀이치료가 중간 범위에서 큰 범위의 효과 크기로 효과적이라는 것을 나타냈다(Bratton & Ray, 2000; Bratton, Ray, Rhin & Jones, 2005; Ray, Bratton, Rhine, & Jones, 2001). 그러나 두 가지 의문, 즉 왜 또는 어떻게 놀이치료가 작용하는가라는 의문이 남아 있다. 이러한 질문에 답하려면, 내담자 안에서 치료적 개선을 일으키는 특정한 힘을 이해하기 위해 놀이치료 기저에 있는 변화 기제를 연구해야 한다.

치료적 요인

치료적 요인은 내담자 안에서 변화에 영향을 미치는 실질적인 메커니즘이다(Yalom, 2005). 치료적 요인은 일반 이론과 구체적인 기법 사이에서 중간 수준의 추상적 개념을 대표하는 것이다. 인본주의, 정신역동, 인지행동 등의 이론은 가장 높은 수준의 추상적 개념으로 구성되는데, 행동 문제의 기원과 처치를 이해하는 틀을 제공하고, 종종 인간의 삶의 본질에 대한 철학적 견해를 제공한다. 추상적 개념의 중간 수준인 치료적 요인은 카타르시스, 역조건화, 우연 관리와 같은 특정한 임상적 전략을 참조하여 내담자의 역기능적 행동에서 원하는 변화를 얻기 위해 사용되곤 했다. 추상적 개념의 가장 낮은 수준인 기법은 치료적 요인을 실행하기 위해 설계하는 임상적 절차를 관찰(예 : 모래놀이, 인형을 가지고 역할놀이, 스토리텔링)할 수 있다.

치료적 요인은 치료적 힘, 변화 메커니즘, 변화의 중재자, 인과적 요인 및 치료적 행동 원칙과 같이 심리치료 문헌에서 다양한 이름이 붙여져 있다. 이 용어들은 동일한 개념들, 즉 내담자 안에서 변화를 생성하기 위해 사용하는 다양한 이론적 체계의 은밀한 활동 및 명백한 활동을 나타내기 위해 서로 교환해서 사용되고 있다. 치료적 힘은 생각이나 행동을 수반할 수 있다. 치료적 힘의 공통점은 내담자가 보이는 문제에서 긍정적인 변화를 생성하는 효과이다.

치료적 힘은 문화, 언어, 연령, 성별을 초월한다. 심리치료에서 '공통' 요인 대 하나의 '구체적인' 요인으로 간주된다(Barron &. Kenny, 1986). 구체적 요인은 예를 들면 아동중심적 또는 통합적 처치와 같은 치료적 방법처럼 특정한(particular) 치료적 접근법에 대한 구체적인(specific) 변화의 인과 관계를 지칭한다. 반면 **공통 요인**은 예를 들면 지지적인 관계 형성 및 희망 주입하기처럼 모든 이론적 지향에서 공통된 변화 요인을 지칭한다.

역사적 배경

치료적 능력에 관한 문헌은 처음에는 대체로 일화적이고 임상가가 치료에 효과가 있었다고 알게 된 변화 원리를 설명하는 것으로 구성되었다. 심리치료에서 치료적 요인을 최초로 분류했다고 여겨지는 사람은 Corsini와 Rosenberg(1955)이다. 그들은 치료적 힘이 나타나는 것을 관찰하기 위해 집단심리치료 문헌을 검토해서 아홉 가지 요인의 목록을 만들었다. 어빈 얄롬(2005)은 그 목록을 11가지 요인으로 확장했으며, 이것을 그의 고전적 집단심리치료 교재에서 설명했다. 집단에 있는 다른 구성원들이 집단구성원의 주요 변화 원천이라고 보는 얄롬의 생각에 따르면, 그의 요인에는 '보편성'(당신은 수많은 사람 중 하나이고 다른 사람들도 동일한 문제로 어려움을 겪고 있다는 깨달음), '대리 학습'(내담자는 집단에 있는 다른 내담자의 경험을 관찰해서 반응을 개선한다), '카타르시스'(집단에서 억눌린 감정을 해소한다), '대인관계 학습'(집단에서 다른 내담자와의 개인적인 상호작용으로 학습한다)이 있다.

놀이의 치료적 힘

놀이의 치료적 힘은 놀이가 시작되고, 치료적 효과를 촉진하거나 강화시키는 처치 안에서 구체적인 목표가 되는 측면을 말한다. 놀이의 이러한 힘은 내담자 안에서 원하는 변화에 긍정적인 영향을 미치는 중재자로서의 역할을 한다(Barron &. Kenny, 1986). 즉, 놀이는 치료 도중에 아동의 감정, 생각, 행동에서 변화가 생성되는 것을 실제로 돕는다. 놀이는 처치 과정에서 필요불가결한 부분이다. 놀이는 다른 변화 전달자를 적용하는 매체이기만 한 것도 아니고 치료적 변화의 힘이나 방향을 조절만 하는 것도 아니다. 이는 처치 접근에서 부수적으로 추가되는 것이 아니라 처치 접근 안에 있는 핵심적인 필수 구성요소이다.

Schaefer(2012)는 놀이치료사의 임상 경험과 문헌 검토에 기초해서 놀이의 20가지 핵심 치료적 힘을 확인했다. 이러한 치료적 힘에는 내담자의 애착 형성, 자기 표현, 정서 조절, 탄력성, 자존심, 스트레스 관리 등을 개선하는 특정한 구성 요인이 있다.

놀이치료의 범이론적 모델

놀이의 치료적 힘은 내담자의 처치 내부에서 보이는 치료적 변화에 대해 교차 절단 원리(cross-cutting principles)의 측면에서 처치를 정의하게 되면 놀이치료의 특정한 모델들을 초월한다(Castonguay &

Beutler, 2005; Kazdin & Lock, 2003). 일부 놀이치료사는 자신이 선호하는 이론의 기저에 있는 협의의 변화 매개에 관심이 있을 것이다. 예를 들어 인지행동치료를 선호하는 치료사는 사고, 감정, 행동에 초점을 맞춘다. 이것은 문제 해결 능력, 역할놀이, 자존감에 대한 치료적 힘과 일치하지만, 애착의 힘과 같은 문제는 다루지 않는다. 자신이 수행하는 놀이치료회기에서 다수의 변화 매개들 모두를 알고 적용하려는 놀이치료사들이 점점 증가하고 있다.

범이론적 방향을 채택함으로써(Playchaska, 1995), 놀이치료사는 단일 이론에 얽매여서 모든 내담자에게 두루 적용해야만 하는 무리한 획일화 방식을 피한다. 한 가지 이론적 접근만으로는 내담자가 보이는 다양한 문제를 모두 해결할 만큼 강력하지 않다는 것이 입증되고 있다. 실제로 어떤 변화 매개는 특정 장애에서 다른 변화 매개보다 효과적이라는 각각의 치료적 개념을 지지하는 경험적 연구가 있다(Frances, Clarkin, & Perry, 1984; Siev & Chambless, 2007).

범이론적 놀이치료는 처치 사례 전반, 증상 등에 대한 여러분의 초기 견해와 함께 이론적 기초가 탄탄해야 한다. 하나의 이론적 틀에 대한 기초가 견고하게 다져지면, 놀이치료사는 놀이치료의 모든 주요 이론 중에서 가장 좋은 변화 매개를 선택하고 자신의 저장목록에 추가하기 시작할 수 있다. 이러한 범이론적 심리치료의 기저에는 다음과 같은 전제(premise)가 포함되어 있다.

- 놀이치료의 주요 이론들 각각은 임상 효과를 증가시킬 수 있는 실질적인 변화 매개를 갖고 있다(Prochaska, 1995).
- 놀이의 치료적 힘을 자신의 저장목록에 많이 가지고 있을수록, 놀이치료사는 규범적이고 유연한 방식으로, 특정한 장애를 치료하는 데에서 경험적 지지를 가장 잘하는 치료적 힘을 잘 선택해서 통합할 수 있을 것이다(Schaefer, 2011).
- 놀이치료사는 자신이 처리하는 여러 가지 치료적 힘으로 내담자의 개인적 요구, 증상, 선호하는 것에 맞게 놀이 개입을 규범적으로 재단하고 놀이치료사 자신의 기술과 판단에 기초한 증거중심의 처치를 실행할 수 있다(Schaefer, 2001). 처방적 놀이치료의 포괄적인 목적은 Gordon Paul의 널리 알려진 질문, 즉 "어떤 특정한 상황에서, 어떻게 발생한, 특정의 문제를 갖고 있는 개인에게 어떤 처치가, 누가 하는 것이 가장 효과적인가?"(1967, p. 111)라는 질문에 대해 답하는 처치 계획을 개별화하는 것이다.
- 다중의 치료적 힘(multiple therapeutic powers)을 통달한 치료사는 내담자의 정신병리가 복잡하고 다중결정(multidetermined)되고 오래 지속될 때 놀이 개입의 영향력을 강화하기 위해 다수의 치료적 힘 중에서 일부를 통합할 수 있다.

이론적 통합은 통합이 하나의 치료적 힘의 효과를 능가할 것이라는 믿음을 가지고 두 가지 이상의 치료적 힘을 합성한다. 치료사들이 단일 이론을 준수하는 것에서 광범위한 이론적 배경으로 이동하는 통합 운동은 놀이치료 분야에서 최근에 특히 강해졌다(Drewes, Bratton, & Schaefer, 2011). 그러나 놀이치료사가 자신의 처치 작업에 추가의 이론적 접근을 통합하기 전에 우선 하나의 이론적 접근에 견고하게 기초가 되어야 함을 중시해야 한다.

놀이치료 분야는 놀이치료에 범이론적 접근을 적용하려는 경향이 증가되고 있다. 비록 다양한 명칭들이 범이론적 놀이치료 운동(예 : 처방적 놀이치료, 처방적/절충적 놀이치료, 통합적 놀이치료)에 적용되고 있지만, 단일 학파 접근법에 대한 불만 그리고 동시에 다른 이론에 포함되어 있는 변화 기제들을 배워서 자신의 임상에 추가할지를 결정하기 위해 학파의 경계를 초월하려는 욕구의 특징이 있다. 이렇게 하는 궁극적인 목적은 놀이치료사로서 효과와 효율성을 향상시키려는 것이다.

놀이의 주요 치료적 힘

아래에 나열된 치료적 힘은 우리의 내담자를 변화시키는 실제 메커니즘이다. 놀이는 치료적 효과를 시도하고, 촉진하거나 강화한다(Schaeffer, 2012).

▶ 의사소통을 촉진한다.
   1. 자기 표현
   2. 무의식에 대한 접근성
   3. 직접 교육
   4. 간접 교육

▶ 정서적 안녕감을 기른다.
   5. 정화
   6. 소산
   7. 긍정적 감정
   8. 공포의 역조건화
   9. 스트레스 접종
   10. 스트레스 관리

▶ 사회적 관계를 증진한다.
   11. 치료적 관계
   12. 애착
   13. 자아감
   14. 감정 이입

▶ 개인적인 장점을 강화한다.
   15. 창의적 문제 해결
   16. 회복력
   17. 도덕 발달
   18. 가속화된 심리적 발달
   19. 자기 조절
   20. 자존감

1. 자기 표현

의사소통하는 능력은 우리가 갖고 있는 가장 강력한 도구 중 하나이다. 치료에서 내담자가 자신의 의식적/무의식적 생각과 감정을 표현하게 하고 치료사는 내담자에게 자신의 지식과 지혜를 전할 수 있다. 놀이는 모든 언어 중에서 가장 보편적이고, 전 세계 모든 국가의 모든 연령대의 사람들이 사용하는 표현 양식이다.

놀이치료에서 그리고 아동의 치유를 촉진하는 치료적 요인으로서의 자기 표현은 수많은 유명한 임상가들이 기록해 왔다(Axline, 1969; Badenoch, 2008; Elkind, 1981; Landreth, 1993; Piaget, 1951). 아동이 놀이를 이끄는 데에서 안전하고 개방된 관계가 제공되면 변연계 영역을 활성화한다(Badenoch, 2008). 이 체계가 활성화가 되면 도파민의 방출은 즐거움, 집중력, 작업을 수행하려는 동인(drive)을 제공한다. 지지적인 성인이 있는 데에서, 아동은 이 체계에 대한 접근을 신속하게 찾을 수 있다(Badenoch, 2008). 나아가 중간 전두엽 영역과 변연계의 순환 회로가 균형을 이루고 궁극적으로 자기조절의 능력이 발달되도록 돕는다(Badenoch, 2008).

내담자의 자기 표현이 치료적이 되는 이유에는 개인의 혼란스러운 생각·감정·갈등에 대한 더 깊은 자각을 촉진한다는 것, 잘못된 믿음에 의한 교정뿐만 아니라 개인의 사고와 감정을 확인하고 정상화하게 한다는 것, 그것은 자아감을 증진시킨다는 것이 있다. 내담자의 자기표현을 촉진하는 놀이의 특징은 다음과 같다, 즉 자연스러운 언어, 3인칭으로 말하기, '마치' 또는 실제 삶이 아닌 특성, 설명할 수 없는, 전념, 말하면서 행동하는 것이다.

자연스러운 언어

어린 아동은 특징적으로 자신의 내면세계를 언어로 표현하는 데 필요한 어휘 또는 추상적 사고 능력이 없다. 그러나 아동은 자연스러운 표현의 매체인 놀이를 통해 자신의 생각, 감정, 소망을 쉽게 표현할 수 있다.

피아제(1951)는 "놀이는 아동에게 집단적 언어만으로는 부적합한 주관적 감정을 표현하는 데에서 필수적인 생생하고 역동적이고 개인적인 언어를 제공한다."(p. 166)고 말했다. 그는 초등학교(5~11세) 아동을 나타내는 인지에 관한 발달 연구에서 나온 증거를 인용했는데, 구체적인 놀이 자료와 활동의 사용이 자기 표현의 수단으로서 언어의 추상적 개념보다 더 적합하다고 인용했다. Landreth(1993)에 따르면 장난감은 아동의 말처럼 사용되며, 놀이는 아동의 언어이다. Landreth는 놀이가 성인과의 대화 치료 과정과 유사한 방식으로 그들의 문제, 관심사, 감정을 유발시킨다는 것을 관찰했다.

3인칭으로 말하기

가장놀이는 아동이 직접적으로 표현하는 것이 어렵거나 위협적일 수 있는 생각, 감정, 행동을 3인칭, 즉 인형이, 퍼펫이, 가장하는 캐릭터가 표현하거나 행동하게 하는 3인칭으로 말하게 한다. 이러한 상징놀이는 아동이 간접적인 표현 또는 현실과의 필연적인 심리적 거리를 제공하므로 아동이 부정적 감정이나 당황스러운 생각으로 과도하게 압도되지 않는다. 예를 들어 신체 학대를 당한 아동 피해자는 미니어처 아동인형이 부모인형에게 매 맞게 하고, 그다음에는 부모를 다시 때리는 것이 일반적이다.

'마치' 또는 실제 생활이 아닌 속성

가장놀이는 실제 생활과 별개이기 때문에 아동은 자신이 실제 생활에서 표현하지 못하는 감정, 욕구 (drives), 생각을 표현할 수 있다. 놀이는 내담자에게 "우려되는 당황스러운 자료를 그럴듯한 거부로, 즉 내담자가 잠시 멈출 수 있게 하고 필요하다면 그것의 실체를 부인하는 것을 허용한다. 결국 그것은 단지 그러는 척하는 것 또는 게임일 뿐이다."(Levy, 2008, p. 284)

설명 할 수 없는

때때로 우리는 내면의 상태를 말로 표현할 수는 없지만 그림, 춤, 또는 놀이 창작물과 같은 창의적 예술 중 하나에서 더 잘 묘사할 수 있다. 세계적으로 유명한 댄서 이사도라 던컨은 "내가 그것을 말할 수 있었다면, 나는 그것을 춤추지 않았을 것이다."(2015)고 말한 적이 있다.

예를 들어 모래상자 만들기는 개인적인 경험을 구체적인 3차원의 형식으로 변환할 수 있다. 그림이 천 마디 이상을 말할 수 있는 것처럼, 모래 장면은 내담자가 이전에 말로 하지 않은 감정과 갈등을 표현할 수 있다. 따라서 놀이실에서 만들어진 모래 장면은 언어적 및 비언어적 표현을 위한 풍부하고 고도로 개별화된 매체가 될 수 있다.

전념

놀이의 전형적인 강렬한 정서적 개입은 자의식을 극복하게 하는 경향이 있다. 결과적으로 아동은 대개는 표현하지 않을 것들을 무심코 표현하기 쉽다. 놀이실의 안전하고 즐거운 환경에서, 아동은 말과 놀이 활동 모두에서 경계를 늦추고 그들의 내면의 자아를 드러낼 것이다.

말하면서 행하기

종종, 노는 것과 같이 어떤 것을 하는 것은 아동이 말하는 것을 용이하게 한다.

2. 무의식에 대한 접근성

프로이트(1913/1919)는 '꿈 작업'이란 받아들일 수 없고 종종 판독할 수 없는 무의식적 소망과 충동을 수용할 수 있는 의식적인 꿈의 이미지로 바꾸는 정신적 과정이라고 정의했다. 이 꿈 작업은 적응적인 데, 사람들이 알게 된다면 그것을 자각해서 고통을 일으킬 수 있는 생각과 충동에 의해 방해받지 않고 잘 수 있기 때문이다. Elkind(1981)에 따르면 '놀이 작업'은 정신 과정과 평행하며 아동의 무의식으로 가는 왕도가 된다. 놀이치료사가 해주는 해석은 숨겨진 의미를 판독하고 내담자가 무의식적 정신 과정을 통찰하게 만드는 데 종종 필요하다.

놀이 작업과 꿈 작업 모두에서 개인은 기본적으로 투사, 대치(displacement), 상징화, 승화, 판타지 보상에 대한 방어 기제의 사용을 육성함으로써 초자아의 검열을 피해간다.

투사

투사란 생각, 감정, 또는 충동과 같은, 자신이 용납할 수 없는 부분을 개인이나 사물에 부여하는 과정이다. 이것은 의식적인 방식 또는 무의식적인 방식이 될 수 있다. 이것은 어떤 사람이나 사물에게 책임을 지게 하는 것이라기보다는 그들에게 속하는 일정한 특성을 믿는 방식이다.

대치

놀이실에서의 대치는 덜 위협적이기 때문에 놀이 대상에게 좌절, 감정, 충동을 꺼내놓는 것과 연루되어 있다. 공격성의 대치는 이러한 방어 기제의 일반적인 예이다. 어머니에 대한 분노 감정을 말로 하기보다는 어머니에게 벌 받은 아동이 어머니를 때리고 싶을 때 놀이실에서 인형을 때릴 수 있다.

상징화

상징화란 추상적 개념을 표현하기 위해 구체적인 것을 사용하는 것(예 : 죽음을 나타내는 해골, 적대감을 나타내는 화산, 취약함의 감정을 나타내는 폭풍 속의 보트)을 의미한다. 상징화의 과정은 개인이 근접성과 유사성에 기반을 둔 서로 다른 경험의 영역들 간에 의미 있는 연결을 구축할 수 있게 한다. 상징은 우리가 말로 표현할 수 없는 것을 표현할 수 있게 해준다. 예를 들어 학령기 소년이 건장한 남성의 신체이지만 날개가 빈약한 이미지의 앵무새를 그렸다. 실제 생활에서 소년에게는 성인의 많은 책임이 주어졌지만, 스스로 결정을 내리거나 자신의 관심을 추구하는 자유는 거의 없었다.

승화

승화는 공격적 충동과 성적 충동 모두를 예술이나 스포츠와 같이 사회적으로 수용될 수 있는 활동으로 리비도의 추동이 쏠리게 하는 방어 기제이다. 모래, 물, 페인트, 점토놀이는 항문과 요도의 무의식적 추동(drives)을 만족시킬 수 있는 탁월한 방법이 된다. 모자 총, 폭죽, 손전등은 방화(fire-setting) 충동을 사회적으로 허용되는 놀이 활동으로 승화시키는 데 도움이 될 수 있다. 분노나 적대감을 통제하는 데 어려움을 겪는 10대는 그러한 감정을 위한 유용한 배출구를 찾는 수단으로써 축구 또는 킥복싱을 택할 수 있다.

판타지 보상

보상 활동의 원리는 우리 모두에게 익숙하다. 요구, 충동, 소망이 충족되지 않을 때 가장놀이, 영화, 책과 같은 공상적인 희열을 통해 만족을 얻으려 한다. 판타지 보상은 약자가 강자가 되고, 방임된 사람이 양육을 하고, 가난한 사람이 부자가 되는 방어 기제이다(Robinson, 1920 ; Vygotsky, 1978). 예를 들어 아버지가 파산한 어린 소년은 자신이 마치 방이 100개 있는 맨션에 사는 것처럼 놀았다.

3. 직접 교육

직접 교육에서 치료사는 지시, 시범 보이기, 안내가 있는 연습 및 정적 강화와 같은 전략을 통해 지식 또는 기술을 전해준다. 아동은 놀이 활동과 같은 흥미 있고 즐거운 방식 안에서 배울 때 가장 잘 배우고 가장 잘 기억한다. 학습을 재미있고 즐겁게 만들 때, 우리는 학습하는 시간과 노력하려는 동기를 증가시킨다. '서세미 스트리트'와 '블루스 클루스'와 같은 아동용 TV 프로그램에 대한 연구 결과는 학습과 놀이의 결합의 가치에 대한 강력한 증거를 제시하고 있다. 최고의 교사는 항상 학습이 재미있고 즐겁게 만들려고 노력한다. 이런 일이 있을 때 혈액 내의 화학 물질 균형에서의 변화가 기민성과 기억에 필요한 신경전달물질의 생성을 끌어올리는 것으로 밝혀졌다. 저명한 영국 철학자인 존 로크는 다음과 같이 말한다.

> 나는 학습이 아동에게 놀이와 레크리에이션처럼 만들어질 것이라는 환상이 항상 있었다. 학습이
> 그들에게 일이나 과제가 아닌 기쁨과 오락으로 하도록 제안되면 그들은 배우려는 열망을 갖게 될
> 것이다. (1693, p. 9)

놀이치료사가 학습과제를 즐겁게 만들 때 배우려는 동기유발을 높이는 것 이외에도(Webster & Martocchio, 1993), 직접 가르쳐서 학습을 조성하는 놀이의 특별한 특성은 다음과 같다.

관심이 발동하다

장난감과 놀이 재료들은 화려하고 참신한 모습을 통해 아동의 시선을 사로잡고 매료시킨다(Wood, 1986). 놀이치료사는 아동이 참여하고 경청한 이후에만 수업을 할 수 있다.

감각 입력

어린 아동은 추상적 사고에 의해서가 아니라 주로 그들의 감각을 통해 생각하고 배운다. 3차원 놀이 물체로 하는 것처럼 학습 과정에서 사용되는 감각이 많을수록 보유하는 정보가 더 많다.

안전한 환경

놀이실의 안전한 환경에서는 실패에 대한 두려움이나 평가가 없기 때문에 아동은 학습이 진행되는 동안에 질문하고 위험을 감수할 수 있다. 아동은 위협 또는 스트레스를 받으면 잘 배우지 못한다. 이완되고 즐거운 학습 환경은 학습에서 최선이다(Moyles, 1989).

능동적 참여

아동은 적극적으로 탐색하고, 참여하게 되고, 종종 놀이 활동에 깊이 몰입하게 된다. 능동적이고 자기주도적인 학습 경험은 수동적으로 지시를 듣는 것보다 효과적이다.

기술의 통합

새로운 것을 배우는 것 외에도 놀이는 아동이 이미 알고 있는 것을 반복해서 연습하게 한다. 따라서 놀이는 반복적인 연습을 통해 기술 발달을 통합할 수 있다(Piaget, 1951). 굴렁쇠 속으로 농구공을 반복적으로 쏘아 올리는 것에서 얻은 즐거움은 특정한 기술을 확고하게 한다. 비슷한 방식으로 놀이는 아동이 자주 그것을 연습함으로써 사회적 기술, 주장성, 분노 조절 기술을 배우도록 도와준다(Kelly, 1982). 놀이에서는 실수하는 것에 대한 두려움 없이 기술을 연습할 수 있다.

사례로 배우기

봉제인형, 인형, 퍼핏과 같은 장난감은 아동이 배우기를 원하는 적응적인 행동을 치료사가 시연하고 시범 보이는 데 사용될 수 있다(Danger, 2003). 문제 해결이나 사회적 기술을 향상시키는 모델링은 종종 대처 전략을 수반한다. 따라서 장난감 모델은 처음에는 결코 이상적이지 않은 대처 기술을 보여주고 점차적으로 더 능숙해진다(Bandura, 1977).

4. 간접 교육

놀이치료사는 종종 내담자에게 이야기와 은유를 사용하여 간접적으로 안내를 한다. 스토리텔링은 아동에게 적응적인 행동을 가르치는 보편적이고 지속적인 방법이다. 이야기는 감정을 휘젓고 행동을 불러일으킨다. 놀이치료사는 자아와 초자아의 검열을 우회해서 방어를 감소시키는 방식으로 아동에게 삶의 교훈이나 문제에 대한 해결책을 간접적으로 가르치는 이야기를 한다. 이야기의 치료적 사용은 아동이 고통스러운 주제로부터 거리를 두고 상징적으로 그것을 다룰 수 있게 한다(Carlson & Arthur, 1999). 적절한 치료적 이야기를 선택하는 과정은 아동의 정체성과 문제 상황을 정확하게 반영하며 긍정적이고 달성 가능한 문제 해결이 되게 하는 결과를 동반한다. 놀이치료에서 이야기의 사용은 아동이 자기 자신과 비슷한 문제를 극복한 다른 사람들에 대해 읽거나 듣게 하는데, 이는 이야기에서 배운 내용을 자신의 실제 생활 장면에 적용할 기회가 된다. 치료 메시지가 있는 책의 이야기들이 사용될 수 있고(Pardeck, 1990), 또는 놀이치료사가 자기 자신의 개인적인 이야기를 만들 수 있다.

은유의 창의적인 사용은 학습도 촉진하고 치료적 통찰을 육성하며 문제에 대한 새로운 해결책을 제공할 수도 있다(Friedberg & Wilt, 2010; Linden, 1985). 은유는 일반적으로 전통적인 대화치료에서 언어적 형태의 표현으로 간주되며 아동이 놀이를 통해 자신을 표현할 때 사용하는 비언어적 은유는 배제한다(Chesley, Gillett, & Wagner, 2008).

5. 정화

정화(catharsis)는 분노 또는 슬픔과 같은 억압된 부정적 정서의 해제를 수반한다. 인류 역사 전반에서 정화는 강력한 치유 효과가 있는 것으로 간주되어 왔고 종교, 문학, 드라마에 적용되어 왔다. 심리치료에서 변화의 주요 메커니즘이라고 여기는 사람들이 많다.

정화가 축적되어 있는 감정을 깊게 발산할 뿐만 아니라 의식적 자각과 그러한 감정의 통제를 증가시킴으로써 치료적 변화를 생성한다고 믿고 있다. 강렬한 정서를 의도적으로 표현함으로써 그러한 힘을 경험할 것이다. 외적 통제 소재에서 내적 통제 소재로의 이동이 그다음에 일어날 수 있다. 또한 정화는 이전에 억제되거나 가로막혔던 자기 표현들이 일부 또는 전부 수행된다는 만족감을 허용한다. 놀이실의 안전함에서는 속상하게 했던 어떤 경험에 대한 자연스러운 반응이 순간적으로 좌절되지 않고 언어적 또는 신체적으로 표현할 수 있다(Nichols & Efran, 1985). '미결사항'의 이러한 종료는 미래의 정서적 각성을 방지한다.

놀이의 역할

놀이는 여러 가지 방법으로 정화의 효과에 영향을 미친다.

- 놀이실은 부정적 영향을 환기시키는 안전하고 지지적인 환경이 된다.
- 상징놀이의 표현은 고통스러운 감정의 경험과 심리적 거리를 충분히 둔다. 찰흙을 두드리는 것과 같은 신체적 놀이 활동은 신체적 긴장과 부정적 감정 모두 방출하게 한다.
- 놀이에서 불러일으킨 긍정적 감정(힘, 재미)은 부정적 감정의 방출과 균형을 맞추는 데 도움이 된다.

6. 소산

정신분석학 용어인 소산(abreaction, 해제)은 외상 사건에 대한 억압된 기억을 의식으로 가져와서 부정적 감정에 대해 적절하게 해제해서 재경험하는 정신 과정이라고 정의할 수 있다. 우리의 전제는 정서적으로 의미 있는 경험을 통일되고 일관된 개념 체계로 동화시키려는 기본적인 요구가 있다는 것이다. 동화되지 않은 경험은 동화를 수행하기 위해 의식으로 계속 재출현할 것이다.

놀이의 역할

인지적 동화와 정서적 방출에 대한 소산의 목표는 다음과 같은 메커니즘을 통해 놀이치료에서 성취된다.

경험의 소형화

외상 경험을 재현하는 데 사용되는 작은 장난감들은 아동에게 그 사건에 대해 힘이 있다는 인식을 준다.

능동적 통제 및 숙달

아동은 수동적으로 경험했던 외상 사건의 재연을 능동적으로 통제한다. 그들은 다시 경험하는 것의 마지막을 일종의 외상 숙달로 바꿀 수 있으며 경험에 대한 인지적 재구성이 될 수 있다.

반복에 의한 단편적인 동화

아동은 일반적으로 그들의 놀이에서 외상을 반복해서 재현할 것이며, 잘 넘어가면 이것은 결국에는 성공적으로 처리하고 해결하게 된다. 따라서 반복은 느린 속도로 치유 과정이 있게 한다. 프로이트는 이러한 습관화 과정을 반복 강박이라고 불렀다(Freud, 1919).

이야기의 형태로 외상을 놀이함으로써 아동은 외상에 의해 유발된 흔한 기억의 파편들로부터 일관된 이야기를 형성하고 외상을 사적인 공격이라고 테두리를 치기보다는 큰 맥락 안에 이것들을 배치할 수 있다. 구체적인 놀이 자료는 외상의 생생한 감각적 세부 사항에 대한 기억을 용이하게 하는데, 이는 두뇌의 오른쪽 반구에 저장되는 경향이 있다.

가장놀이는 아동이 부정적 감정으로 인해 압도당하지 않도록 재연된 외상과 심리적으로 충분한 거리를 허용할 수 있다. 놀이로 인한 긍정적 감정은 아동이 느낀 부정적 정서가 균형을 잡도록 도울 수 있다.

놀이실에서의 소산은 '교정적 정서 경험'을 할 기회가 된다. Alexander와 French(1980)에 따르면, 외상 후에 아동은 부정적 감정의 정화적(cathartic) 해소뿐만 아니라 교정적 정서 경험이 필요한데, 이것은 놀이치료에서 아동이 외상에 대해 고통스럽게 재경험하는 것에 대한 치료사의 허용과 공감적 반응에서 얻을 수 있다.

7. 긍정적 감정

놀이에서 사람들은 환희, 떠들썩한 웃음, 흥분, 흥미, 말이 넘쳐남, 기쁨을 포함하여 많은 긍정적 정서를 경험한다. 놀이에 참여한 아동은 놀이에 참여하지 않은 아동보다 긍정적 감정 표현을 더 많이 보인다고 확인한 연구들이 많다(Moore & Russ, 2008). 전반적인 행복감에 기여하는 것 외에(Lyubomirsky, King, & Diener, 2005) 긍정적 정서에도 치유하는 힘이 있다고 믿고 있다. 긍정적인 정서 경험은 심리치료에서 변화를 촉발시키는 치유의 힘이 될 수 있다.

긍정적인 느낌은 우리가 스트레스를 받는 동안에 경험하는 우세한 부정적 정서에 균형을 제공한다. 그들은 묵직한 부정적 정서로부터 안도와 휴식의 감정을 생성한다. 긍정적인 정서 경험이 있는 '더 할 나위 없는 웰빙'의 충전은 부정성의 궁지(strait jacket of negativity)에서 벗어나는 것을 도울 수 있다 (Fredrickson, 2001). 긍정적 정서를 경험하는 가장 자연스러운 방법은 놀이를 통하는 것이다.

8. 공포의 역조건화

역조건화란 보다 바람직하고 종종 양립할 수 없는 반응(예 : 이완, 급식, 놀기)의 도입을 통해 자극 (예 : 공포/공포증)에 대한 바람직하지 않은 반응을 감소시키거나 소거하는 것을 지칭한다. 역조건화는 대개는 내담자가 유쾌한, 떠들썩한 웃음소리, 강력한 정신적 이미지와 같은, 두려움과 양립할 수 없는 긍정적 정서를 경험하면서 내담자가 두려움을 유발하는 상황에 점진적으로 노출하는 Wolpe(1958)의 체계적 둔감화 절차와 결합된다. 생체 밖(in vitro) 둔감화에서는 상상된 위협(예 : 괴물)을 극복하기 위해 사용되고, 생체 내(in vivo) 둔감화는 실제 생활의 위협(예 : 거미)을 나타낸다.

놀이의 역할

문헌에는 아동이 역조건화하도록 돕고 그래서 실재와 상상의 위협 모두를 극복할 수 있는 놀이 사용에 관한 수많은 보고들이 있다. Mikulas, Coffman, Dayton, Frayne, Maier(1986)는 게임 놀이와 이야기책을 사용하여 4~7세 아동의 어둠 공포증을 성공적으로 감소시키도록 부모를 훈련했다. Franciso Mendez는 어둠 및 기타 아동기 공포증을 치료하기 위해 치료사가 사용하는 처치 패키지, '감정 자극 공연(emotive performances, EP)'을 개발했다(Mendez & Garcia, 1996; Santacruz, Mendez, & Sanchez -Meca, 2006). EP는 공포 자극에 대한 생체 내 노출로 구성된다. 처치에서는 점진적이고 짧고 반복적인 게임이 적용된다. EP는 '감정 자극 이미지' 기법의 생체 내의 대안이다. King, Heyne, Gullone, Molloy(2001)는 아동기 공포증의 처치에서 정서 자극 이미지를 사용하는 임상적 전략, 즉 어두운 방에서 보호용으로 자기가 좋아하는 슈퍼 히어로를 상상하는 것과 같은 임상 전략의 개요를 설명했다.

Croghan과 Musante(1975)는 7세 소년의 고소 공포증 극복을 위해 게임놀이를 사용했다. Wallick(1979)은 엘리베이터 게임을 만들어서 2세 소녀 샐리의 엘리베이터 공포증을 제거했다. 이 게임은 5피트 높이의 농구 후프와 가상의 엘리베이터 버튼을 가지고 노는 것이다. 샐리는 '버튼'을 누르고 치료사가 그녀를 목표로 들어올렸을 때 엘리베이터를 암시하는 소리를 낸다. 엘리베이터 놀이 4주 후에, 샐리는 어려움 없이 치료사와 함께 실제 엘리베이터를 탈 수 있었다. Nevo와 Shapira(1989)는 아동의 치아 공포에 대항하는 소아 치과의사의 유머 사용을 설명했다. 치과 의사들은 유머러스한 운율, 우스꽝스러움, 과장, 말장난을 이용하여 즐겁고 유쾌한 분위기를 조성한다. Ventis, Higbee, Murdock(2001)은 대학생들이 유머 둔감화를 통해 거미에 대한 극심한 두려움을 극복하도록 도왔다.

Levine와 Chedd(2006)는 감각의 민감성이 고조된 걸음마 아기가 칫솔질이나 신발 신기와 같은 일상의 혼란을 연습하고 숙달하는 상호작용 놀이를 자폐아동에게 사용하는 재미있는 기법인 '재방송'을 개발했다. 재방송을 통해 성인은 아동이 상황을 어떻게 처리해야 하는지 재미있게 실연한다. 재연하는 동안, 재미있고 아주 긍정적 감정의 놀이가 스트레스 사건에 의해 유발된 부정적 감정의 제한적이지만 견딜 만한 양과 짝지어진다. 이러한 둔감화 연습을 통해 아동은 이전에 혐오스럽고 불안을 유발하는 경험을 인내하고 습득할 수 있다. 적응적 인형놀이 기법(adaptive doll play technique) 또한 아동이 분리 불안과 같은 두려움과 불안을 극복하도록 도와주기 위해 놀이 재연(play reenactments)을 이용한다(Danger, 2003).

9. 스트레스 접종

놀이의 스트레스 예방 접종 능력은 스트레스 사건을 성공적으로 그리고 발달에 적절한 예측 가능한 양의 불안으로 다루도록 사전 준비를 도우려는 것이다. 예방 접종이라는 용어를 사용한 것은 치료사가 내담자에게 예방 접종 또는 준비시킴으로써 예방 접종이 특정 질병에 대해 환자가 저항하게 만드는 방식과 유사한 방식으로 스트레스 요인의 영향에 저항하게 한다는 아이디어에 기반을 둔다(Meichenbaum, 1993).

이 전략 이면의 기본적인 근거는 Janis(1958)의 '걱정을 작업하다(work of worrying)'라는 가설이다. 다가올 스트레스 사건(예 : 수술, 사랑하는 사람과의 이별)에 직면할 때 사람들은 실제로 사건을 겪을 때 일어날 가능성이 있는 일에 대한 정신적 리허설을 할 수 있다. 그와 같이 대비하는 걱정은, Janis에 따르면 스트레스 요인에 대한 반응을 최소화하고, 위험에 대처하는 방법에 대해 현실에 기초한 기대를 강화하며, 개인이 사건에 대비하여 보호적인 조치를 취할 수 있는 계획을 세울 것이다. Janis는 적당한 양의 걱정이 가장 잘 작동한다고 결론 내렸다.

Donald Meichenbaum은 35년 이상 '스트레스 예방 접종 훈련'이라는 이름으로 스트레스 방지 및 감소 절차의 개발에 참여해 오고 있다(Meichenbaum, 1985). 스트레스 예방 접종 훈련을 이용하는 임상가들은 도전적인 상황에 가져오는 강점과 탄력성을 기반으로 다가오는 스트레스 사건에 대해 사람들이 준비하고 부적응적 반응을 방지하도록 돕는다.

놀이의 역할

놀이 기반의 스트레스 접종은 어떻게 작업하는가? 첫째, 치료사는 다가오는 스트레스 사건과 관련된 장난감(예 : 계획된 의료 절차를 위한 의료 장난감)을 제시함으로써 아동의 놀이를 지시한다. 그다음에 치료사는 실제 생활에서 아동에게 일어나는 것과 똑같이 놀이 물체로 연출한다. 다가올 스트레스 요인이 학교가 시작되는 것이라면 치료사는 아기인형이 미니어처 학교 버스에 타는 것, 선생님에게 인사하는 것, 교실에 앉는 등의 놀이를 할 것이다. 아동이 질문한 것은 정직하게 대답할 것이다. 이러한 놀이 리허설은 친숙하고 예측할 수 있는 경험이 될 때까지 반복된다. 구체적이고 다감각의 장난감과 놀이 행동은 아동이 사건을 더 잘 이해할 수 있게 도와준다. 또한 스트레스 사건을 놀이하는 데에서 적극적인 역할을 취함으로써 아동은 실제 생활에서 통제할 수 없는 스트레스 요인에 대해 힘이 있다는 감각을 얻을 수 있다. 예를 들어 아동은 아기인형에게 필요한 주사를 놓는 강한 의사의 역할을 할 수 있다.

아동을 강화하고 미래의 스트레스 요인을 다룰 수 있는 놀이 리허설의 요소는 다음과 같다.

- 낯선 경험이 익숙해지고 예측할 수 있고 따라서 덜 무섭다.

- 아동은 스트레스 요인을 다루는 기술을 배우고 실습한다.
- 이러한 놀이 리허설의 재미와 즐거움은 놀이 중의 부정적 정서의 활성을 감소시키도록 작용한다.

10. 스트레스 관리

놀이는 그들이 직면하는 스트레스를 훈습하게 하고 강력한 자기 개념과 미래에 대해 새로운 낙관론이 출현하기 때문에 아동 스트레스에 대해 탁월한 해독제가 될 수 있다. Erickson(1976)은 "놀이하는 것은 아동기의 가장 자연스러운 자기 치유 조치이다."(p. 475)고 말한다. 또는 놀이치료 경험을 설명하는 8세 소녀의 말에서 알 수 있다. "여기에서 나는 나 자신의 내면을 뒤집어서 흔들어주고, 흔들고, 흔들고, 흔들고, 마침내 나는 내가 나이기 때문에 기쁘다."(Axline, 1969, 서문)

놀이의 역할

다음은 놀이가 아동의 스트레스 버스터로 작용할 수 있는 다양한 방법 중 일부이다.

유머 치료

재미와 웃음은 스트레스 반응에 대한 강력한 해독제이다. 재미있는 놀이치료에서 치료사는 아동의 웃음과 미소를 유발하기 위해 우스꽝스럽게 행동한다. 지난 40년 동안 웃음에 관한 경험적 연구는 스트레스 반응 감소에 대한 효과를 문서화했다(Borcherdt, 2002; Galloway & Cropley, 1999).

- 신체적 이득. 웃음은 혈압을 낮추고 스트레스 호르몬을 줄이며 면역 세포 그리고 감염과 싸우는 항체를 증가시킴으로써 우리의 면역 체계를 향상시킨다.
- 심리적 이득. 웃음은 엔돌핀, 즉 신체의 자연스러운 '기분 좋게 하는' 화학 물질의 방출을 유발한다. 엔돌핀은 우리의 기분을 고양시키고 전반적인 행복감을 촉진한다. 위협 상황에 직면할 때에도, 유머는 자신이나 자신의 경험을 덜 심각하게 받아들이고, 그래서 스트레스 요인에 대한 정서적 반응을 감소시킴으로써 자신을 경험으로부터 '거리'를 두도록 도울 수 있다(Lefcourt, 1995).

유머치료의 잘 알려진 사례에는 의료 절차를 위해 입원한 아동의 스트레스 증상을 완화시키도록 광대 의사를 이용하는 것이 있다(Fernandes & Arriaga, 2010).

판타지 보상

5세 소년은 영양실조와 방임이 되었던 집에서 나온 후 위탁가정에서 먹을 음식을 무제한으로 가져다 주는 하인과 만찬을 했다.

적응적 인형놀이

이 기법은 치료사가 어려움을 해결하는 적응적인 방법을 시범 보이기 위해 실제 생활의 어려움을 그대로 모방한 인형놀이 시나리오를 사용하는 것이다. 예를 들어 인형놀이는 아동이 부모와의 분리를 처리하는 방법을 시범 보이기 위해 사용될 수 있고(Danger, 2003), 새로 태어난 아기와의 관계, 학교가 시작되거나 병원 방문에 대처할 수 있게 한다. 인형과의 가장놀이는 아동이 익숙해지고 편안해질 때까지 반복해서 혼란된 상황을 재연할 수 있다(Campbell & Knoetze, 2010). Barnett(1984)의 연구에 따르면, 등교 첫날이 불안한 미취학 아동이 가족인형과 놀게 된 후, 단순히 책만 읽은 불안 아동보다 덜 고통스러워했다.

자기위안놀이

아동은 감각 자료(예 : 물, 점토, 모래, 페인트, 감각 공, 콩 주머니)를 가지고 놀거나 곰인형과 같은 안정감 물체를 껴안음으로써 스트레스를 받을 때 스스로 진정할 수 있다(Winnicott, 1953).

판타지 탈출

가장놀이와 게임놀이는 실제 생활의 스트레스와 압력으로부터 일시적으로 도피하게 할 수 있다.

11. 치료적 관계

대다수의 치료사들은 치료의 성공에서 가장 중요한 요소는 치료적 관계라고 생각한다(Kazdin, Siegel, & Bass, 1990). 도움의 관계를 확립하지 않으면 어떠한 기술이나 전략도 효과적이 될 수 없다. 메타분석 연구(Shirk & Karver, 2003)는 치료적 관계가 아동 처치의 모델과 다양한 유형 전반에서 긍정적 결과와 관련이 있음을 확인했다. 초기 동맹을 형성한 후에 치료사의 임무는 내담자가 치료 과제에 계속 참여하도록 동기를 부여하는 지속적인 관계를 확립하는 것이다. 치료적 관계의 형성에 바람직하다고 자주 나열되는 치료사의 특성은 따뜻함, 보살핌, 이해, 수용, 존중, 신뢰이다. 이러한 특성은 일반적으로 좋은 대인관계의 특성을 반영한다.

놀이의 역할

- 놀이의 몇 가지 독특한 성질이 치료적 관계의 확립을 돕는다. 놀이가 유발하는 긍정적 정서는 다른 사람들과 우리를 연결하는 공동의 정서이다. 놀이와 같은 상호 즐거운 활동은 관계를 증진하는 두 사람 사이의 '즐거운 유대'를 창조한다.
- Masselos(2003)는 놀이치료사가 함께 있는 것이 재미있으면 아동은 더 많이 신뢰하고, 보살피고, 접근할 수 있는 것으로 본다는 것을 발견했다. 미소 짓고 웃으면서 놀이치료사는 아동에게 친절하고 가까이 있는 것이 안전하다고 신호를 보낸다(Hanline, 1999).
- 아동이 어른과 함께 웃을 때, 그들은 성인과 놀이장면에 함께 있다고 느낀다. 위계적 관계가 아니라 평등관계이다. 또한, 치료사-아동 상호작용의 상호 모델은 게임과 블록놀이에서 차례를 지키면서 놀이에서 길러질 수 있다.
- 놀이로 불이 붙은 흥분은 활기를 주고 관계에 활력을 불어넣을 수 있다.

12. 애착

애착은 유아와 양육자 간에 형성된 애정적인 유대를 말한다(Bowlby, 1969). 모든 유아는 신체적 안전과 심리적 안정을 위한 자신의 요구를 충족하기 위해 부모와의 정서적 속박을 형성하려고 한다(Ainsworth, Blehar, Waters, & Wall, 1978). 애착은 유아가 강하고 현명한 인물에 가까이 접근해 있기 때문에 유아의 생존 가능성을 높여준다. 유아기와 성인기 모두에서 연구자들은 애착 안정성이 기능, 조절, 정신병리와 관련해서 개인차를 예측시킨다는 것을 충분히 보여주었다(Cassidy & Shaver, 1999).

놀이의 역할

유아가 처음 사회적 미소를 표현할 때 유아는 부모에게 매력적이 된다. 미소와 웃음은 부모와 아동의 우뇌에 있는 보상 센터를 활성화시키고, 유대감이 촉진된다(Nelson, 2008). 미소와 웃음을 생성하는 부모와 아동 사이의 즐거운 상호작용은 아동의 애착 감정을 증가시키기 쉽다. 실제로 Maccoby(1992)는 부모와 유아 사이의 강렬하고 긍정적이고, 애정 있는 상호작용이 유대감의 초기 기반 형성에 도움이 된다고 주장했다.

애착놀이의 예

- 까꿍놀이

  엄마가 1세 된 딸과 까꿍놀이를 하는데, 수건으로 반복해서 자신의 얼굴을 가리는 놀이를 하고 그다음에 엄마 얼굴이 나타날 때마다 아기는 활짝 미소 짓고 흥분해서 팔을 흔든다. 그다음에 역할이 바뀌고 딸의 얼굴이 다시 나타나면 엄마는 미소 짓고 웃는다.

- 간지럼 터널

  어머니는 서서 다리를 벌리면서 터널을 만든다. 아동이 터널을 빠져나가는 도중에 간지럼을 태운다. 아동은 좋아서 소리 지른다.

- 런닝 포옹 게임

  아버지는 힘든 하루를 보낸 후 바닥에 앉고, 아동은 방의 다른 쪽 끝에서 달려와 큰 포옹으로 팔에 돌진하고, 때로는 그 과정에서 아버지를 가볍게 때리는 경우도 있다. 그러면 아버지와 아동이 웃으면서 함께 바닥에 굴러다닌다.

- 말

  아버지는 그의 손과 무릎을 꿇고, 아동은 말 등에 타고 방을 돌아다니며 즐기기 위해 아버지의 등에 오른다. 이러한 애착 지향의 놀이 활동에는 장난감이 필요하지 않다. 즐거운 양육(*Playful Parenting*, 2002)의 저자 로렌스 코헨은 까꿍이라는 초기 게임에서 숨바꼭질, 간지럼 싸움, 거친 집짓기에 이르기까지 어린 자녀와 연결하는 기회로써 이러한 즐거운 상호작용을 이용할 수 있다는 것을 관찰했다.

13. 자아감

모든 사람은 개인적인 정체감을 갖도록 동기유발이 되어 있는데, 여기에는 자기 자신에 대해 가장 중요하다고 생각되는 그러한 역할, 속성, 행동, 연관성이 있다. 자기 심리학자(Kohut, 1971)는 건강한 발달의 결과가 응집력 있고 통합된 자아감이라고 생각한다. 플라톤에서 사르트르(Sartre, 1956)에 이르는 철학자들은 사람들이 놀고 있을 때 가장 인간적이며, 전체적이고, 자유롭다는 것을 관찰했다. 철학자 에리히 프롬(1994)에 따르면, 인생에서 인간의 주된 임무는 자기 자신을 낳는 것(give birth to himself)이다.

놀이의 역할

어린 아동에게 발생하려고 하는 그리고 유동적인 자아감은 놀이를 통해 크게 발달한다. 현실의 제약으로부터 자유로운 놀이는 아동에게 자신이 누구인지를 정의내리는 기회가 되는데, 그들이 무엇을 선택하고 누구를 선택하는지를 드러내 보이고, 우뇌와 좌뇌의 기능 그리고 일차 사고 과정과 이차 사고 과정을 통합할 수 있는 기회가 된다.

자유

자아실현은 아동중심 놀이치료의 궁극적인 목표이다. 이러한 인본주의적이고 비지시적인 접근방식을 통해 아동은 스스로 생각하고, 자신이 결정을 하고, 자신의 문제를 해결할 수 있는 자유를 갖게 된다. 반응을 반영함으로써, 놀이치료사는 아동의 자아 인식을 더 깊이 촉진한다. 버지니아 엑슬린(1964)은 딥스 : 자아를 찾아서(*Dibs : In Search of Self*)라는 제목의 잘 알려진 자신의 아동중심 놀이치료 사례에서 자폐증 아동의 자아의 성장을 묘사했다.

상상

놀이에서 아동은 각양각색의 가능한 자아들을 상상하고 놀이로 나타낸다. 조지 버나드 쇼가 말했듯이 상상력은 자기–창조(self-creation)의 시작이다. 처음에는 원하는 것을 상상한 다음에, 개인은 상상한 것을 하려고 하고, 마침내 개인은 하려고 한 것을 창조한다.

일차 과정 사고

마거릿 로웬펠트(1935/1991)는 아동이 '잃어버린 자기들(forgotten selves)'를 인식하도록 돕는 모래상자치료 사용의 선구자이다. 모래에서 세계를 창조함으로써 아동은 그들 자신의 일차적 사고(즉, 구체적, 감정이 실려 있는, 상징적, 충동이 주도하는 사고)와 의사소통을 재개한다.

14. 감정이입

감정이입(공감)이란 다른 사람의 관점을 생각하고 그들이 생각하고 느끼는 것을 상상하는 능력을 말한다. 감정이입하는 능력은 사회적 관계의 질을 개선하고 이타적 행동을 조장하는 사회적 발달 및 정서적 발달의 중요한 부분이다. 인간에게 공감이 부족할 때에는 전쟁, 범죄, 불평등, 편견, 반사회적 행동 등이 자주 나타난다.

공감의 결정인자에는 내적이고 신경학적 그리고 외적이고 환경적 요인이 있다. 공감이 신경학적으로 어떻게 육성되는지를 이해하는 핵심은 거울 뉴런의 활동이다. 1990년대에 영장류에서 발견한 거울 뉴런은 행동을 수행했을 때뿐만 아니라 누군가가 그 행동을 수행하는 것을 관찰하는 동안에 활성화되는 뇌의 운동전(premotor) 영역에 있는 뉴런들의 세트이다. 거울 뉴런은 타인의 행동을 이해하는 개인의 능력을 증가시키며 인간과 같은 사회적 종(種)들에게 중요한 기술이다(Iacoboni et al., 2005). 자폐증이 있는 아동은 정서를 시작하고 관찰하는 거울 뉴런 체계가 포함된 뇌의 운동전 영역에서 비정상적으로 활성이 낮다는 것 역시 관찰되고 있다. 활성화가 낮을수록 사회적 결함은 커진다(Daspretto et al., 2005)

놀이의 역할

공감 기술에 관한 외부의 영향과 관련해서 놀이는 아동이 다양한 방식, 특히 성인의 역할놀이와 스토리텔링으로 공감의 발달을 육성한다.

역할놀이

역할놀이는 놀이치료사가 가장놀이에서 자신의 역할에 대해 지각한 언어적 또는 운동적 재연에 따라, 자신이 아닌 물체나 다른 사람으로 바뀔 때 발생한다. 역할놀이가 타인의 생각과 느낌을 상상하는 관점을 촉진한다는 증거가 있다. 이는 반대로 공감적 행동과 이타적 행동의 발달을 증진한다.

예를 들어 취학 전 및 초등학교 저학년 아동의 사회극 역할놀이가 공감, 협력, 이타주의, 자아 탄력성의 발달과 관련이 있음을 보여주는 연구들이 많다(Connolly & Doyle, 1984; Gottman & Parker, 1986; Iannotti, 1978; Strayer & Roberts, 1989). Connelly와 Doyle(1984)의 연구에서, 역할놀이가 수반된 가장놀이에 많이 참여한 취학 전 아동은 또래와 교사들로부터 호감도와 사회적 평가가 높았다. 여자 대학생이 참여한 연구에서, Bohart(1977)는 갈등 상황에서 도발자 관점의 역할놀이가 정화, 지적으로 분석, 또는 처치 없음보다 분노와 갈등을 줄이는 데에서 더 효과적인 전략임을 발견했다.

스토리텔링

이야기는 다른 사람들의 사고, 감정, 동기에 대한 아동의 이해를 촉진한다. 따라서 이야기를 들음으로써 아동은 다른 사람들에 대한 공감과 동정심을 발달시킨다. Manney(2008)에 따르면, 그것은 듣는 사람/독자가 페이지의 단어를 주인공의 눈을 통해 세상을 보고 그들의 감정을 느낄 수 있게 하는 생각과 느낌으로 번역하는 상상적 행동이다. 인간이 공통의 유대, 목표, 열망을 공유한다는 인식은 공감을 촉진한다. 놀이치료사가 정기적으로 서로 다른 인물의 입장에서 그들 자신을 생각해보고 그들을 위한 공감을 경험해본다면, 이러한 되풀이되는 행동은 아동이 더 공감적인 성격을 창출하는 데 도움이 되지 않을 수 없다(Manney, 2008). 근육과 마찬가지로 공감은 규칙적으로 연습하면 강해진다.

15. 창의적 문제 해결

놀이치료에서 놀이를 이용하면 아동이 증상의 감소와 처치에서 일반적인 진전을 가져오는 창의적인 문제 해결의 다양한 구성요소를 사용할 수 있다. 경험적 문헌을 통해 Russ(2004; Russ & Wallace, 2014)는 놀이가 확산적 사고 능력, 문제 해결의 유연성, 통찰을 요구하는 문제 해결, 일상의 문제를 다루는 데에서 대안적인 대처 전략을 생각하는 능력, 긍정적 정서 경험하기, 정동 주제(긍정적 및 부정적)에 대해 생각하는 능력, 다른 사람의 정서를 이해하고 다른 사람의 관점을 취하는 능력, 일반적인 적응 측면과 관련이 있거나 적응을 촉진한다는 것을 발견했다. 긍정적 정서의 '확장 및 구축'이론(Fredrickson, 1998)은 사람들이 긍정적 감정을 경험할 때, 이는 종종 놀이를 통해 하는데, 마음에 떠오르는 가능한 생각들의 배열을 확대한다고 가정한다. 이러한 열린 마음으로 그들은 새로운 아이디어를 고민하고, 문제에 대한 여러 가지 대안을 개발하고, 자신의 상황을 재해석하고, 어려움을 해결하기 위한 새로운 과정의 행동을 시도하는 경향이 있다. 이 창의적 사고는 내담자가 부적절한 행동을 계속 반복하게 하는 좁고 유연하지 못한 사고방식을 극복하는 데 도움이 되고 따라서 성공적인 치료적 결과를 찾도록 돕는다(Isen, 1999).

16. 회복력

회복력은 과학자들과 일반 대중에게 아주 흥미 있는 관심사가 되었다(Masten & Coatsworth, 1998).

회복력(라틴어 *resilio*에서 나온, '나는 다시 회복되다')은 개인이 곤경, 어려움, 도전에 성공적으로 적응할 수 있게 하는 기술, 속성, 능력이라고 광범위하게 정의내릴 수 있다(Alvord & Grados, 2005). 회복력 있는 아동은 높은 자기 효능감, 강력한 대인관계 기술, 평균 이상의 지능, 좋은 문제 해결 기술을 가지고 있음이 밝혀졌다(Masten, 2001). 그러한 속성을 지닌 개인은 탄력적일 뿐만 아니라 천하무적, 강건, 안전한 것으로 다양하게 언급된다.

놀이의 역할

놀이 행동은 다음과 같은 방법으로 회복력을 촉진한다.

창의적인 문제 해결

회복력은 상황적인 요구의 변화에 대한 반응, 특히 스트레스에 직면할 때 엄격하게 대응하기보다는 유연하고 창의적으로 사고할 수 있는 능력을 요구한다. 최소한 50년 동안 심리학(Bruner, 1972), 철학(Carruthers, 2002), 정신치료(Jung, 1968) 학자들은 놀이와 환경의 창의적인 반응 간의 연결성을 인정해 왔다. 예상 밖의 놀이를 위한 훈련은 불확실이라는 성질이 있다. 놀이 과정은 미리 결정될 수 없으며 결과를 미리 얻을 수도 없다. 따라서 놀이는 통제의 갑작스러운 상실을 경험하는 데에서 예기치 않은 사건에 대한 인지적 반응 및 정서적 반응의 융통성을 증가시키는 기능을 한다. 예기치 않은 상황에서 이러한 훈련을 하기 위해 동물(Spinka, Newberry, Bekoff, 2001)과 인간(Pellegrini, 2007, Sutton-Smith, 1998)은 놀이에서 예기치 않은 상황을 적극적으로 찾고 만들어낸다. 이러한 예기치 않은 사건은 종종 스스로 장애를 만드는 놀이(의도적으로 움직임을 엄격하게 제한하는, 또는 위험한 상황에 있는 것, 예를 들면 몬스터와의 싸움, 전쟁, 죽음, 부상)와 같은 위험 또는 위해를 수반한다(Spinka et al., 2001). 이러한 주제가 아동에게는 보편적인 관심사이지만, 많은 성인들은 그것에 대해 이야기하는 것을 피하고, 그 과정에서 아동의 불안을 높이고 그들의 회복력을 약화시킨다. 놀이의 안전한 환경에서 이러한 위험한 상황에 직면하는 것은 새롭고 적응 가능한 다양한 반응을 실험해볼 기회가 된다. 놀이에서 연습을 하면 일상의 예기치 않은 위험한 상황에 직면할 때 좀 더 쉽게 접근할 수 있다. 놀이에서 치료사는 스트레스 사건을 다루는 데 적응적인 긍정적 행동의 저장목록을 만들어낼 수 있다.

긍정적 정서

회복력은 놀이에서 경험한 많은 긍정적 정서에 의해서도 육성된다. 이것은 일상생활의 스트레스에 의해 유발되는 부정적 감정에 대처하게 하는 좋은 감정의 내적 샘물(inner well)을 구축한다. 긍정적 정서가 이후의 부정적 경험을 완화하는 효과가 있음을 보여주는 연구들이 많다(Carlson & Masters, 1986). 긍정적 정서는 광범위한 대처 반응을 구축하는 것으로 보이는데, 개인이 스트레스와 역경에 대처하기 위해 그러한 반응을 좀 더 유연하게 사용하게 한다(Tugade, Fredrickson, & Barrett, 2004). 스스로 생성하는 긍정적 정서에 특히 능숙한 사람이 탄력적일 가능성이 크다는 것을 이미 기록한 연구가 있다(Cohn & Fredrickson, 2010; Tugade & Fredrickson, 2004).

유머

유머 때문에 발생된 기쁨과 즐거움의 정서는 스트레스의 감정과 양립할 수 없기 때문에 특히 유용하다. 유머 감각은 회복력 있는 젊은이에게 있는 보호적 요인의 속성 중 하나라고 확인되고 있다. 탄력성에 관한 연구는 유머 감각(즉, 인지적 놀이)이 갈등을 겪고 있는 아동에게 스트레스 방지에 도움이 된다고 지적한다. 스트레스 상황에 코믹 요소를 도입함으로써 개인은 긴장에서 벗어나 일시적인 위안을 얻을 수 있다. 실제로 '으스스한 농담'은 무덤이나 무서운 상황의 해학적인 처치를 묘사할 때 사용되는 용어이다.

17. 도덕 발달

'도덕성'이란 라틴어 단어 '도덕(morals)'에서 유래하는데, '관습, 매너, 집단의 기준에 부합하는 행동 양식'(Alvord & Grados, 2005)을 의미한다. 모든 연령에서 개인은 집단의 기준에 얼마나 가까이 일치하는지에 따라 판단되며 그에 따라 '도덕적' 또는 '비도덕적'이라는 명칭이 붙는다. 따라서 도덕 발달은 다른 사람들과의 상호작용에 대한 사람들의 규율과 관련이 있다. 피아제(1932/1997)는 도덕 발달에 관한 현대 심리학 이론들과 직접 관련되어 있는 최초의 심리학자 중 한 사람이다. 그의 연구에서 그는 아동의 옳고 그름에 대한 아동의 신념을 배우기 위해 아동이 게임을 하는 방식을 연구하면서 아동의 도덕적 삶에 특히 집중했다.

게임놀이

피아제(1932/1997)는 아동이 게임놀이에서 아동의 자발적 규칙 만들기(예 : 마블 게임에서 모든 경기자들이 무엇이 공정한지를 결정하는데)는 성숙한 도덕적 판단의 발달에서 결정적으로 중요한 경험을 제공한다고 주장했다. 그러한 또래 집단 경험은 아동이 권위에 기초한 도덕성의 초기 단계(규칙은 강력한 성인 권위 대상에 의해 임의적으로 부과되고 시행되는 외부의 강제적인 힘으로 본다)로부터 상호 협력 및 동등함 간의 동의에 대한 원칙에 기초한 도덕성의 개념으로 이동하는 데 도움이 된다. 비슷한 맥락에서 Chateau(1967)는 아동이 만든 게임 규칙은 도덕성을 발달시키는 인간 능력의 뿌리라고 말한다. 그는 아동이 공익을 위해 개발된 규칙 따르기를 허용하는 데에서 문명을 창조하는 인간의 능력을 표현한다고 생각했다. 또한 비고츠키(1978) 이론에 따르면, 아동은 놀이의 맥락에서 규칙을 따르면서 사회 규범과 기대에 대한 이해를 발달시키고 자기중심적 충동에 대항하는 법을 배우고 있다. 게임놀이에서 아동은 도덕성과 윤리적 행동 감각을 발달시키는 데 도움이 되는, 즉 공정성, 평등, 정의, 규칙을 만들고 따르기, 구두 계약 존중하기, 부정행위자에 대항하는 행동 취하기 행동을 배운다. 아동 발달 연구의 가장 놀라운 결과 중 하나는 아동의 도덕성에 대한 기본 개념이 주일 학교에서 가르치는 강력한 훈육이나 교훈에서 덜 나오고 놀이의 과정에서 또래와의 사회적 상호작용에서 더 많이 나오는 것으로 나타났다는 것이다.

역할놀이

역할놀이(예 : 의사, 교사, 경찰관인 척하는 것)를 통해 아동은 공감할 능력, 즉 다른 사람의 관점에서 사물을 보고 경험할 수 있는 능력을 개발할 수 있다. 이 과정은 놀이하는 사람이 다른 사람의 동기를 이해하고, 관점을 채택하며, 자신의 필요를 고려할 수 있다. 이러한 통찰은 타인 중심성 대 자기 중심성과 같은 도덕성의 발달을 배양한다(Slote, 2010; Wispe, 1987). 대체로 종교의 황금률은 당신이 다른 사람들에게 대접받으려고 하는 대로 다른 사람들을 대접하며, 관점을 취하고 공감하는 능력이 도덕성의 기본이라고 주장한다.

18. 가속화된 심리적 발달

놀이의 힘은 다양한 기술을 연습하고 개발할 수 있는 기회를 통해 아동의 심리적 발달을 가속화하는 데에서 중요하다(Drewes & Schaefer, 2010).

이론

레프 비고츠키(Lev Vygotsky, 1978)는 아동이 독립적으로 다룰 수 있는 것과 성인이나 다른 유능한 또래의 도움으로 습득할 수 있는 것들 사이의 과제의 범위 또는 '근접발달영역'이 있다고 제안했다. 비고츠키(1978)는 또한 놀이는 아동의 근접발달영역을 만든다는 것도 제안했다. 놀이에서 아동은 평상시보다 낮은 행동을 하고 일상적인 행동보다 위에 있는 행동을 하고, 놀이에서 마치 자기보다 머리 하나가 더 큰 것 같다. 확대경의 초점과 같이 놀이는 응축된 형태로 모든 발달 경향을 포함하고 있으며 그 자체로 발달의 주요 원천이다(p. 102).

놀이의 역할

놀이치료사가 발달 과제를 재미있고 즐거운 발달 과제로 수행하게 만들면 아동은 그 과제에 참여해서 지속하도록 동기유발된다.

연구

Fisher(1992)는 800개 연구의 메타분석을 해서 놀이가 아동발달에 긍정적인 영향을 미친다는 근거가 있다고 결론 내렸다. 놀이가 발달의 인지적 측면과 사회적 측면을 크게 증진시키는 것으로 밝혀졌고, 성인이 아동의 놀이에 참여할 때 이러한 개선이 증대되었다. 최근 연구들(Daunhauer, Coster, & Cermak, 2010; Lindsey & Colwell, 2003)은 놀이가 어린 아동의 인지 발달, 사회성 발달, 정서 발달을 가속화시키는 것을 계속 발견하고 있다.

19. 자기 조절

자기 조절 또는 자기 통제란 자신의 사고, 감정, 충동, 행동을 통제하는 능력을 말한다. 자기 통제는 아동의 사회적 능력과 학문적 능력 모두와 긍정적으로 관련되어 있음이 밝혀졌다. 반면에 자기 통제의 문제는 범죄와 약물 사용을 포함한 광범위한 심리사회적 문제의 원인 및 유지와 관련이 있다(Strayhorn, 2002). 불행히도 연구에 따르면 아동이 자신의 행동을 조절하고 통제하는 능력은 지난 40년 동안 감소한 것으로 나타났다.

놀이의 역할

자주 또는 복잡한 방식으로 노는 취학 전 아동은 자기 조절에 대한 다양한 척도에서 점수가 높았다(Fantuzzo, Sekino, & Cohen, 2004). 놀이를 강조하는 유치원에 다니는 아동들도 이러한 측정에서 점수가 더 높은 것으로 나타났다(Hanline, 1999). 특히 다음과 같은 몇 가지 유형의 놀이 행동은 자기 통제의 발달을 촉진한다.

가장놀이

가장놀이는 가장하기와 상징의 사용을 동반한다. 어린 아동이 상상적 놀이에 참여할 때 덜 충동적이고 덜 공격적이 되는 경향이 있다(Singer & Singer, 1990). 가장놀이는 아동의 충동성과 행동 사이에 상징이 끼어드는 것을 돕는다. 자신의 충동을 행동 표출하기보다는 가장놀이에서 그것을 상징적으로 표현할 수 있다. 또한, 가장놀이에서 아동은 사적인 말을 한다. 아동은 자신이 하고 있는 일과 자신이 느끼고 있는 것에 대해 자신에게 이야기한다. 이것은 자각과 정서 조절을 확립하는 데 도움이 된다(Berk, 1986).

사회극 놀이

공동 연극놀이는 아동이 계획을 세우고, 배역을 하며(의사, 교사, 영업 사원), 장시간 동안 이러한 대체 세계에서 행동을 하는 지속되고 정교하며 상상적인 놀이를 수반한다. 사회극 놀이에서 아동은 자신이 행동하는 역할에 자신을 종속시켜야 한다. 이것은 종종 자신의 충동과 희망에 대항하는 행동을 의미한다. 자기 통제는 또한 일관된 이야기를 그려내기 위해 자신의 역할을 다른 사람의 역할과 조정함으로써 증강된다(Vygotsky, 1967). 사회적 가장놀이는 자기 조절 발달에서 또래보다 뒤처진 충동적인 아동에게 특히 이득이 있다고 입증되었다.

게임놀이

'사이먼이 말하기를'(지도자를 뒤이어) 게임과 같이, '빨간색/초록색'(리더는 아동이 하고 있는 일을 멈추게 하려면 빨간색을 말하고, 아동이 계속하거나 움직이게 하려면 초록색을 말한다), '동상'(아동은 동상과 같이 서 있고 지도자가 가라고 할 때까지 자신의 자세를 유지한다)은 아동이 자신의 충동성과 운동 반응을 통제할 수 있게 도와준다. 체스나 체커와 같은 전략 게임은 아동의 실행기능(멈추고 생각하고, 미리 계획하고, 대안적인 움직임을 생각하고, 움직임의 결과를 예상하는 능력)을 증강시킨다.

자기위안놀이

긴장을 푸는 능력은 스트레스에 대처하는 중요한 방법이다. 이완시키는 놀이의 유형은 다양하다. 즉, 모래놀이, 물놀이, 점토놀이, 손가락 그림, 안내된 이미지, 그리고 테디 베어와 질척질척한 공(squishy balls)과 같은 부드러운 놀이 물체를 사용하는 것이다.

거친 신체놀이

Jaak Panksepp와 동료들(Panksepp, Burgdorf, Turner, & Gordon, 2003)은 거친 신체놀이(rough-and-tumble play)를 자주 하면 전두엽이 손상된 쥐의 충동성과 과잉활동이 감소되는 것을 발견했다. 그에 따라 그는 사회적인 거친 신체놀이가 ADHD 아동이 자신의 충동성 통제를 돕는 방법이 될 수 있다고 제안했다.

20. 자존감

자존감이라는 용어는 개인의 가치 또는 개인적 가치에 대한 전반적인 감각을 설명하는 데 사용된다. 자존감은 자신의 능력, 경쟁력, 업적, 다른 사람에 대한 매력의 평가와 같은 자기 자신에 대한 다양한 생각을 수반할 수 있다. 자존감은 개인의 성격, 행동, 동기에 대한 광범위한 영향력 때문에 30년 이상 널리 연구되어 왔다. 아동의 자존감을 끌어올리는 여러 가지 방법 중 두 가지는 힘/통제감과 자기 효능감의 증진을 통해서이다.

힘/통제

발달의 모든 단계에서 아동의 가장 큰 요구 중 하나는 개인의 힘과 통제감에 대한 요구이다. 성인 거인이 거주하는 세상에 살면서 대부분의 아동은 일상생활에서 일어나는 일에 대해 거의 아무런 힘도 느끼지 못한다. 결과적으로 그들은 권력 투쟁에 참여하거나 공격적으로 행동을 표출함으로써 통제를 위한 싸움을 할 수도 있고, 또는 의존적 무력감의 역할로 스스로 물러날 수도 있다.

놀이의 역할

놀이는 아동이 통제하고 있다고 느끼는 삶의 한 측면이다. 그들은 딸랑이를 흔들고, 공주인 척하고, 모래에 세상을 만드는 등, 무엇을 어떻게 놀 것인지를 결정한다. 놀이에서 아동은 미니어처 놀이 물체 위에 우뚝 솟은 강력한 거인이다. 자유놀이는 아동에게 신체 활동, 아이디어, 사물, 대인관계를 통제하는 기회가 되며, 관심과 상상력에 의해서만이라는 한계가 있다. 권한을 부여하는 구체적인 예는 다음과 같다. 즉 ⑻ 특별한 힘 또는 능력(예 : 슈퍼 히어로, 공룡, 용, 요정, 마녀, 도깨비)과 관련된 장난감으로 노는 것, ⑼ 칼이나 총과 같은 공격적 놀이 물체로 노는 것, ⑽ 거친 신체놀이, ⑾ 게임놀이에서 규칙을 변경하는 것, ⑿ 의사, 교사 또는 소방관의 역할을 하는 것이다.

미래의 방향

수많은 저명한 심리치료사들은 심리치료 훈련이 심리치료의 광범위한 이론에 대한 강조에서 치료적 변화 기제에 초점을 맞추는 것으로 교체되어야 한다고 요구했다. 변화 매개에 대해 깊이 이해하는 것은 두 가지 이유에서 놀이치료사 및 다른 임상가들에게 긴요하다. 즉 '규범적 매칭'(즉, 장애의 기저에 있는 원인에 대해 놀이의 치유 요소의 매칭)을 통해 보다 표적에 맞추고 효율적인 처치의 제공을 촉진함으로써 임상적 효과를 개선해야 한다(Shirk & Russell, 1996). 이와 관련하여 Kazdin(2001)은 처치 계획의 첫 번째 단계는 특정한 임상적 문제(예 : 불안정 애착)의 발달 및 유지에 수반된 핵심적인 인지력, 정서적 및 행동적 힘을 확인하는 것이라고 제안했다. 견고한 이론적 틀을 사용하고 포괄적인 평가를 통해 장애의 주요 원인이 밝혀지게 되면, 장애를 유발하거나 유지하는 요인의 변화를 유인하도록 특정한 치료적 힘이 적용될 수 있다. 단일 이론 모델의 준수를 초월하는 변화 매개의 광범위한 저장목록을 개발하도록 장려해야 한다(Garfried & Wolfe, 1998). 놀이치료사가 정신 병리를 촉발하는 많은 세력을 효과적이고 효율적으로 극복하려면, 저자의 생각으로는 놀이의 치료적 힘에 대한 완전한 무기화가 필요하다. 놀이치료에서의 치료적 힘의 중요성과 적용에 관한 훈련 및 교육의 확대 이외에, 우리는 놀이의 구체적인 치료적 힘을 더 깊이 확인하고 검증하기 위해 놀이치료 과정에 관한 연구의 숫자를 실질적으로 확대해야 한다. 우리는 이러한 변화 기제가 놀이치료의 본질, 심장과 영혼, 놀이치료사와 연구원들로부터 더 많은 관심을 받을 만한 가치가 있다고 생각한다.

결론

Kazdin(2009)에 따르면, 효과적인 처치에 대한 이해와 촉진은 청소년과 가족에게 누적적으로 긍정적 결과를 가져오는 행동 메커니즘(mechanisms)를 이해함으로써 가장 잘 달성된다. 메커니즘은 놀이치료와 같은 처치의 '블랙박스 내부'이다. 우리는 놀이치료 작업들을 알고 있지만 어떻게, 왜 그것이 작동하는지에 대해서는 지금까지 거의 관심이 없었다. 놀이치료의 다중의 치유력은 광범위한 심리적 장애와 연관된 문제를 다루는 데에서 그 효과를 설명한다. 이러한 놀이의 힘은 단순히 프로토콜의 보조물로만 놀이를 사용하는 다른 처치 양식의 적용을 위한 매개체로서 단순하게 제시되기보다는 치유 과정을 구성하거나 보강하는 것처럼 보인다. 다른 말로 하면 놀이의 힘은 치료를 중재하는 데 도움이 되는 것이 아니라 실제적인 변화 매개체이다(Bennett, 2000). 이 장에서 설명된 20가지 놀이의 치유력은 놀이치료 문헌에서 자주 그리고 폭넓게 언급되었기 때문에 이장에 제시했다. 따라서 이것들은 놀이치료의 '메가 파워'라고 부를 수 있다. 그러나 놀이 힘의 이러한 분류법은 잠정적인 것이고 완전하거나 최종적인 것이 아니다. 끊임없이 다시 작업되고, 다듬어지고, 확장되고, 연구되어야 한다. 놀이치료가 어떻게 치료적 변화로 이어지는지를 완전히 이해하려면 더 많은 과정 연구가 필요하다. Rosen과 Davison(2003)은, 이렇게 되려면 미래의 심리치료 연구는 '경험적으로 지지되는 변화의 원칙'을 확인하고 인증하는 것에 초점이 맞추어져야 하며 인본주의 또는 인지행동치료와 같은 폭넓은 이론적 접근에 초점을 맞추는 것이 아니라고 주장한다.

참고문헌

Ablon, J., Levy, R., & Katzenstein, T. (2006). Beyond brand names of psychotherapy: Identifying empirically supported change processes. *Psychotherapy: Theory, Research, Practice, & Training, 43*(2), 216–231.

Ainsworth, M. D. S., Blehar, M. C., Waters, E., & Wall, S. (1978). *Patterns of attachment: A psychological study of the strange situation.* Hillsdale, NJ: Erlbaum.

Alexander, F., & French, T. (1980). *Psychoanalytic theory.* Lincoln: University of Nebraska Press.

Alvord, M., & Grados, J. (2005). Enhancing resilience in children: A proactive approach. *Professional Psychology: Research and Practice, 36*(3), 238–245.

Axline, V. M. (1964). *Dibs: In search of self.* Boston, MA: Houghton Mifflin.

Axline, V. M. (1969). *Play therapy* (Rev. ed.). NewYork, NY: Ballantine.

Badenoch, B. (2008). *Being a brain-wise therapist.* New York, NY: Norton.

Bandura, A. (1977). *Social learning theory.* Englewood Cliffs, NJ: Prentice-Hall.

Barnett, L. (1984). Young children's resolution of distress through play. *Journal of Child Psychology and Psychiatry, 25,* 477–483.

Barron, R., & Kenny, D. (1986). The moderator-mediator variable distinction in social psychological research: Conceptual, strategic, and statistical considerations. *Journal of Personality & Social Psychology, 5,* 1173–1182.

Bennett, J. A. (2000). Mediator and moderator variables in nursing research: Conceptual and statistical differences. *Research in Nursing & Health, 23,* 415–420.

Berk, L. E. (1986). Relationship of elementary school children's private speech to behavioral accompaniment to task, attention, and task performance. *Developmental Psychology, 22,* 671–680.

Bohart, A. (1977). Role playing and interpersonal-conflict resolution. *Journal of Counseling Psychology, 24*(1), 15–24.

Borcherdt, B. (2002). Humor and its contribution to mental health. *Journal of Rational-Emotive & Cognitive-Behavioral Therapy, 26,* 247–257.

Bowlby, J. (1969). *Attachment and loss: Vol. 1. Attachment.* New York, NY: Basic Books.

Bratton, S. C., & Ray, D. (2000). What research shows about play therapy. *International Journal of Play Therapy, 9,* 47–88.

Bratton, S., Ray, D., Rhine, T., & Jones, L. (2005). The efficacy of play therapy with children: A meta-analytic review of treatment outcomes. *Professional Psychology: Research and Practice, 36*(4), 376–390.

Bruner, J. (1972). The nature and uses of immaturity. *American Psychologist, 27*(8), 687–708.

Campbell, M., & Knoetze, J. (2010). Repetitive symbolic play as a therapeutic process in Child-Centered Play Therapy. *International Journal of Play Therapy, 14*(4), 222–234.

Carlson, R., & Arthur, N. (1999). Play therapy and the therapeutic use of story. *Canadian Journal of Counselling, 33*(3), 212–226.

Carlson, C. R., & Masters, J. C. (1986). Inoculation of emotion: Effects of positive emotional states on children's reactions to social comparison. *Developmental Psychology, 22,* 760–765.

Carruthers, P. (2002). Human creativity: Its cognitive basis, its evolution, and its connections with childhood pretence. *British Journal for the Philosophy of Science, 53*(2), 225–249.

Cassidy, J., & Shaver, P. R. (1999). *Handbook of attachment: Theory, research, and clinical applications.* New York, NY: Guilford Press.

Castonguay, L., & Beutler, L. E. (2005). *Principles of therapeutic change that work.* New York, NY: Oxford University Press.

Chateau, J. (1967). *The play of the child.* Paris, France: Libraine Philosophique. J. Vrin.

Chesley, G., Gillett, D., & Wagner, W. (2008). Verbal and nonverbal metaphor with children in counseling. *Journal of Counseling & Development, 86*(4), 399–411.

Cohen, L. J. (2002). *Playful parenting.* New York, NY: Ballantine.

Cohn, M. A., & Fredrickson, B. (2010). In search of durable positive psychology interventions. *Journal of Positive Psychology, 5,* 355–366.

Connolly, J., & Doyle, A. (1984). Relation of social fantasy play to social competence in preschoolers. *Developmental Psychology, 20*(5), 797–806.

Corsini, R., & Rosenberg, B. (1955). Mechanisms of group psychotherapy: Process and dynamics. *Journal of Abnormal and Social Psychology, 51,* 406–411.

Croghan, L., & Musante, G. (1975) The elimination of a boy's high-building phobia by in vivo desensitization and game playing. *Journal of Behavior Therapy & Experimental Psychiatry, 6*(1), 87–88.

Danger, S. (2003). Adaptive doll play. Helping children cope with change. *International Journal of Play Therapy, 12*(1), 105–116.

Dapretto, M., Davies, M., Dfeifer, J., Scott, A., Segman, M., Bookheimer, S., & Iacoboni, M. (2005).

Understanding emotions in others: Mirror neuron dysfunction in children with autism spectrum disorders. *Nature Neuroscience, 9,* 28–30.

Daunhauer, L., Coster, W., & Cermak, S. (2010). Play and cognition among young children reared in an institution. *Physical and Occupational Therapy in Pediatrics, 30*(2), 83–97.

Drewes, A. A., & Schaefer, C. E. (Eds.) (2010). *School-based play therapy* (2nd ed.). Hoboken, NJ: Wiley.

Drewes, A. A., Bratton, S. C., & Schaefer, C. E. (2011). *Integrative play therapy.* Hoboken, NJ: Wiley.

Duncan, I. (2015). Retrieved 4/20/15, http://www.dancer.com/tom-parsons/quotes.php

Elkind, D. (1981). *Children & adolescents.* New York, NY: Oxford University Press.

Erikson, E. (1976). Play and cure. In C. E. Schaefer (Ed.), *The therapeutic use of child's play.* New York, NY: Jason Aronson.

Fantuzzo, J., Sekino, Y., & Cohen, H.L. (2004). An examination of the contributions of interactive peer play to salient classroom competencies for urban head start children. *Psychology in the Schools, 41,* 323–336.

Fernandes, S., & Arriaga, P. (2010). The effects of clown intervention on worries and emotional responses in children undergoing surgery. *Journal of Health Psychology, 15*(3), 405–415.

Fisher, E. P. (1992). The impact of play on development: A meta-analysis. *Play & Culture, 5*(2), 159–181.

Frances, A., Clarkin, J. F., & Perry, S. (1984). *Differential therapeutics in psychiatry: The art and science of treatment.* New York, NY: Brunner/Mazel.

Fredrickson, B. (1998). What good are positive emotions? *Review of General Psychology, 2,* 300–319.

Fredrickson, B. (2001). The role of positive emotions in positive psychology. *American Psychologist, 56*(3), 218–226.

Freud, S. (1919). *Totem & taboo.* London, England: Routledge. (Original work published 1913)

Friedberg, R., & Wilt, L. (2010).Metaphors and stories in cognitive behavioral therapy with children. *Journal of Rational-Emotive Cognitive-Behavioral Therapy, 28,* 100–113.

Fromm, E. (1994). *Escape from freedom.* New York, NY: Macmillan.

Galloway, G., & Cropley, A. (1999). Benefits of humor for mental health: Empirical findings and directions for further research. *Journal of Humor Research, 30,* 301–314.

Garfried, M., & Wolfe, B. (1998). Toward a more clinically valid approach to theory research. *Journal of Consulting & Clinical Psychology, 66,* 143–150.

Gottman, J., & Parker, J. (1986). *Conversations of friends: Speculations on affective development.* Cambridge, England: Cambridge University Press.

Hanline, M. (1999). Developing a preschool play-based curriculum. *International Journal of Disability, Development, and Education, 46*(3), 289–305.

Holmes, S. V., & Kivlighan, C. (2000). Comparison of therapeutic factors in group and individual treatment processes. *Journal of Counseling Psychology, 47*(4), 1–7.

Iacoboni, M., Molnar-Szakacs, I., Gallese, V., Buccino, G., Mazziotta, J., & Rizzolatti, G. (2005). Predicting the future: Mirror neurons reflect the intentions of others. *PLOS Biology, 3*(3), 1.

Iannotti, R. (1978). Effect of role taking experiences on empathy, altruism, & aggression. *Developmental Psychology, 14,* 119–114.

Isen, A. (1999). Positive affect. In T. Dalgleish & M. Power (Eds.), *Handbook of cognition and emotion* (pp. 521–539). New York, NY: Wiley.

Janis, I. L. (1958). *Psychological stress: Psychoanalytic & behavioral studies of surgical patients.* New York, NY: Wiley.

Jung, C. G. (1968). *Man and his symbols.* New York, NY: Dell.

Kazdin, A. E. (2001). Bridging the enormous gaps of theory with therapy, research, and practice. *Journal of Clinical Child Psychology, 30,* 59–66.

Kazdin, A. E., & Nock, M. (2003). Delineating mechanisms of change in child and adolescent therapy: Methodological issues and research recommendations. *Journal of Child Psychology and Psychiatry, 44*(8), 1116–1129.

Kazdin, A. E., Siegel, T., & Bass, D. (1990). Drawing on clinical practice to inform research on child and adolescent psychotherapy: Survey of practitioners. *Professional Psychology: Research and Practice, 21,* 189–198.

Kazdin, A. E. (2009). Understanding how and why psychotherapy leads to change. *Psychotherapy Research, 19*(4), 418–428.

Kelly, J. (1982). Using puppets for behavior rehearsal in social skills training sessions with young children. *Child Behavior Therapy, 3*(1), 61–62.

King, N., Heyne, D., Gullone, E., & Molloy, G. (2001). Usefulness of emotive imagery in the treatment of childhood phobias: Clinical guidelines, case examples and issues. *Counselling Psychology Quarterly, 14*(2), 95–101.

Kohut, H. (1971). *The analysis of self.* New York, NY: International University Press.

Landreth, G. L. (1993). Self-expressive communication. In C. E. Schaefer (Ed.), *The therapeutic powers of play* (pp. 41–63). Northvale, NJ: Jason Aronson.

Lefcourt, H. M. (1995). Perspective-taking humor: Accounting for stress moderation. *Journal of Social and Clinical Psychology, 14,* 373–391.

Levine, K., & Chedd, N (2006). *Replays: Using play to enhance emotional and behavioral development for children with autism spectrum disorders.* London, England: Jessica Kingsley.

Levy, A. J. (2008). The therapeutic action of play. *Clinical Social Work Journal, 36,* 281–291.

Linden, J. (1985). Insight through metaphor in psychotherapy and creativity. *Psychoanalysis & Contemporary Thought, 60,* 375–406.

Lindsey, E.W., & Colwell, M. J. (2003). Preschoolers' emotional competence: Links to pretend and physical play. *Child Study Journal, 33,* 39–52.

Locke, J. (1693). *Some thoughts concerning education* (p. 9). London, England: Churchill.

Lowenfeld, M. (1991). *Play in childhood.* New York, NY: Cambridge University Press. (Original work published 1935)

Lyubomirsky, S., King, L., & Diener, E. (2005). The benefits of frequent positive affect: Does happiness lead to success? *Psychological Bulletin, 131*(6), 803–855.

Maccoby, E. (1992). The role of parents in the socialization of children: An historical overview. *Developmental Psychology, 60,* 1405–1411.

Manney, P. (2008). Empathy in the time of technology: How storytelling is the key to empathy. *Journal of Evolution & Technology, 19*(1), 51–61.

Masselos, G. (2003). "When I play funny it makes me laugh." In D. E. Lytle (Ed.), *Play and educational theory and practice* (pp. 213–226). Westport, CT: Prager.

Masten, A. (2001). Ordinary magic: Resilience processes in development. *American Psychologist, 56,* 227–238.

Masten, A., & Coatsworth, J. (1998). The development of competence in favorable and unfavorable environments. *American Psychologist, 53*(2), 205–220.

Meichenbaum, D. (1985). *Stress inoculation training.* Elmsford, NY: Pergamon Press.

Meichenbaum, D. (1993). *Stress inoculation training* (2nd ed.). Elmsford, NY: Pergamon Press.

Mendez, F., & Garcia, M. (1996). Emotive performances: A treatment package for children's phobias. *Child & Family Behavior Therapy, 18*(3), 19–34.

Mikulas,W., Coffman,M., Dayton, D., Frayne, C., & Maier, P. (1986). Behavioral bibliotherapy and games for treating fear of the dark. *Child & Family Behavior Therapy, 7*(3), 1–8.

Moore, M., & Russ, S. (2008). Follow-up of a pretend play intervention: Effects on play, creativity, and emotional processes in children. *Creativity Research Journal, 20*(4), 427–436.

Moyles, J. (1989). *Just playing.* London, England: Open University Press.

Nelson, J. (2008). Laugh and the world laughs with you: An attachment perspective on the meaning of laughter in psychotherapy. *Clinical Social Work Journal, 36*(1), 41–49.

Nevo, O., & Shapira, J. (1989). The use of humor by pediatric dentists. *Journal of Children in Contemporary Society, 20*(1–2), 171–178.

Nichols, M., & Efran, J. (1985). Catharsis in psychotherapy: A new perspective. *Psychotherapy, 22,* 46–58.

Panksepp, J., Burgdorf, J., Turner, C., & Gordon, N. (2003). Modeling ADHD-type arousal and unilateral frontal cortex damage in rats and beneficial effects of play therapy. *Brain and Cognition, 52*(1), 97–105.

Pardeck, J. Y. (1990). Using bibliotherapy in clinical practice with children. *Psychological Reports, 67,* 1043–1049.

Paul, G. (1967). Strategy of outcome research in psychotherapy. *Journal of Consulting Psychology, 31,* 109–119.

Pellegrini, A. (2007). Play in evolution and development. *Developmental Review, 27*(2), 261–276.

Piaget, J. (1951). *Play, dreams, & imitation in childhood.* London, England: Heinemann.

Piaget, J. (1997). *The moral judgment of the child.* New York, NY: Harcourt. (Original work published 1932)

Prochaska, J. O. (1995). An eclectic and integrative approach: Transtheoretical therapy. In A. S. Gurman & S. B. Messer (Eds.), *Essential psychotherapies: Theory & practice* (pp. 403–440). New York, NY: Guilford Press.

Ray, D., Bratton, S. C., Rhine, T., & Jones, L. (2001). The effectiveness of play therapy: Responding to the critics. *International Journal of Play Therapy, 10*(1), 85–108.

Robinson, E. S. (1920). The compensatory function of make-believe play. *Psychological Review, 27*(60), 429–439.

Rosen, G. M., & Davison, G. C. (2003). Psychology should list empirically supported principles of change (ESPs) and not credential trademarked therapies or other treatment packages. *Behavior Modification, 27*(3), 300–312.

Russ, S. (2004). *Play in child development and psychotherapy: Toward empirically supported practice.* Mahwah, NJ: Erlbaum.

Russ, S., & Wallace, C. (2014). Creative problem solving. In C. E. Schaefer & A. A. Drewes (Eds.), *The therapeutic powers of play: 20 core agents of change* (pp. 213–223). Hoboken, NJ: Wiley.

Santacruz, I., Mendez, F., & Sanchez-Meca, J. (2006). Play therapy by parents for children with darkness phobia: Comparison of two programmes. *Child & Family Behavior Therapy, 28*(1), 19–35.

Sartre, J. P. (1956). *Being and nothingness.* New York, NY: Philosophical Library.

Schaefer, C. E. (2001). Prescriptive play therapy. *International Journal of Play Therapy, 10*(2), 57–73.

Schaefer, C. E. (2011). Prescriptive play therapy. In C. E. Schaefer (Ed.), *Foundations of play therapy.* Hoboken, NJ: Wiley.

Schaefer, C. E. (2012). *The therapeutic powers of play.* Unpublished manuscript.

Shirk, S. R.,& Karver, M. (2003). Prediction of treatment outcome from relationship variables in child and adolescent therapy: A meta-analytic review. *Journal of Consulting and Clinical Psychology, 71,* 452–464.

Shirk, S.R. & Russell, R.L. (1996). *Change processes in child psychotherapy: Revitalizing treatment and research.* New York, NY: Guilford Press.

Siev, J., & Chambless, D. L. (2007). Specificity of treatment effects: Cognitive therapy and relaxation for generalized anxiety and panic disorders. *Journal of Consulting & Clinical Psychology, 75,* 513–527.

Singer, D. G., & Singer, J. L. (1990). *The house of make-believe.* Cambridge, MA: Harvard University Press.

Slote, M. (2010). *Moral sentimentalism.* Cambridge, England: Cambridge University Press.

Spielman, G., Pasek, L., & McFall, J. (2007).What are the active ingredients in cognitive and behavioral psychotherapy for anxious and depressed children? A meta-analytic review. *Clinical Psychology Review, 27,* 642–654.

Spinka, M., Newberry, R., & Bekoff, M. (2001). Mammalian play: Training for the unexpected. *The Quarterly Review of Biology, 76*(2), 141–168.

Strayer, J., & Roberts,W. (1989). Children's empathy and role taking: Child & parental factors, and relations to prosocial behaviors. *Journal of Applied Developmental Psychology, 10,* 227–239.

Strayhorn, J. (2002). Self-control: Theory and research. *Journal of the American Academy of Child & Adolescent Psychiatry, 41*(1), 7–16.

Sutton-Smith, B. (1998). *The ambiguity of play.* Cambridge, MA: Harvard University Press.

Tugade, M., & Fredrickson, B. (2004). Resilient individuals use positive emotions to bounce back from negative emotional experiences. *Journal of Personality and Social Psychology, 86,* 320–333.

Tugade, M., Fredrickson, B., & Barrett, L. (2004). Psychological resilience and positive emotional granularity: Examining the benefits of positive emotions on coping and health. *Journal of Personality, 72*(6), 1161–1180.

Ventis, W., Higbee, G., & Murdock, S. A. (2001). Using humor in systematic desensitization to reduce fear. *Journal of General Psychology, 128*(2), 241–253.

Vygotsky, L.S. (1967). Play and its role in the mental development of the child. *Soviet Psychology, 5,* 6-18.

Vygotsky, L. (1978). *Mind in society.* Cambridge, MA: Harvard University Press.

Wallick, M. (1979). Desensitization therapy with a fearful two-year-old. *American Journal of Psychiatry, 136*(10), 1325–1326.

Wark, L. (1994). Therapeutic change in couples therapy. *Contemporary Family Therapy, 16*(1), 39–52.

Webster, J., & Martocchio, J. (1993). Turning work into play: Implications for microcomputer software training. *Journal of Management, 19*(1), 127–148.

Winnicott, D. W. (1953). Transitional objects and transitional phenomena. *International Journal of Psychoanalysis, 34,* 89–97.

Wispe, L. (1987). Foundations of empathy. In N. Feinberg & J. Strayer (Eds.), *Empathy and its development.* Cambridge, England: Cambridge University Press.

Wolpe, J. (1958). *Psychotherapy by reciprocal inhibition.* Stanford, CA: Stanford University Press.

Wood, D. (1986). Aspects of teaching and learning. In M. Richards & P. Light (Eds.), *Children of social worlds* (pp. 191–212). Cambridge, MA: Polity Press.

Yalom, I. D. (2005). *The theory and practice of group psychotherapy* (5th ed.). New York, NY: Basic Books.

제 **2** 부

핵심 이론

Handbook of Play Therapy

4

정신분석적 놀이치료와
융 학파 놀이치료

AUDREY F. PUNNETT

정신분석 이론 및 분석 이론에 기초한 놀이치료는 1900년대 초에 시작되어서 오늘날에도 아동과 청소년의 처치에서 계속 중시하고 있다. 정신분석가(프로이트 학파)의 경우, "성격은 초자아의 심한 비난을 초래하지 않고 현실적 요구를 협상하려고 시도하는 동안에 쾌락 원칙을 충족하려는 요구에서 발달한다."(Lee, 1997, p. 46) 분석적 분석가(융 학파)의 경우, 의식과 무의식이 서로 '유동적이지만 통제된' 의사소통을 할 때 성격이 발달한다(Allan, 1997, p. 101). 치료사의 치료적 정체성에 관계없이 치료사들이 상징을 사용할 때 이들은 분석 작업을 한다. 프로이트와 융은 정신분석 및 분석심리학의 기초를 수립하고 1907년에서 1913년까지 6년간 진지하게 함께 일했다.

프로이트와 융은 아동과 작업하지 않았지만, 이들의 추종자들은 아동 및 청소년과 일하는 데 적합한 일부 모델이 포함되도록 프로이트와 융의 이론을 확장했다. 대상관계 이론, 자아 심리학 및 자기 심리학은 프로이트의 개념에서 확장되었다(Abraham, 1979; Blanck & Blanck, 1979, Kernberg, 1976, 1980; Klein, 1969, 1975; Kohut, 1971, 1977, 1978). 노이만(1969, 1990a, 1990b)과 포드햄(1994), 모래놀이(Kalff, 2003; Ryce-Menuhin, 1992; Weinrib, 1983)는 융학파 이론을 확장한 사례이다. 이러한 차후의 수정들을 일반적으로 **정신역동심리치료**라고 한다. 이 장에서 정신역동심리치료는 단일 이론 또는 별개의 이론으로 여기지 않고 오히려 정신분석 및 분석적 전통을 모두 고려해서 아동 및 청소년과 작업하는 한 가지 방법으로 간주된다. 이 견해는 유아 관찰 및 연구가 출현함에 따라 훨씬 더 분명해졌는데, 분석을 하는 사람들의 공동체는 처치를 기법이 아닌 태도로 보는 경향이 있기 때문이다.

이론

주요 정신분석 및 분석심리학 이론들에 대한 논의는 프로이트와 융의 추종자들이 미친 영향과 함께 이어진다.

정신분석학

프로이트 외에도 아동 정신분석에 대한 주요 기여자들은 헤르미온 혹 헬무트, 마거릿 로웬펠트, 안나 프로이트, 멜라니 클라인이다. 이들 이론의 주요 구성요소를 제시할 것이다.

지기스문트 슐로모 '지그문트' 프로이트

정신분석은 지그문트 프로이트의 노력으로 시작되었는데, 정신질환이 있는 사람들이 일반적으로 경멸, 억압적 조치, 그리고/또는 시설에 수용되었을 때 내면의 혼란과 고뇌를 드러내고 풀 수 있게 하는 치료를 개발하려고 하였다(Glenn, 1992). 프로이트는 장 마르탱 샤르코의 최면을 관찰하면서 말하는 것이 어떻게 증상을 자유롭게 하는지를 목격했다. 프로이트는 환자가 고통에서 자유로워지기 위해 무의식적 자료에 접근하는 분석기법으로서 자유연상법을 사용했다. 그는 자신의 성격이론과 발달이론을 발전시키면서 어른의 삶에서 의미가 없다고 생각해 왔던 아동기가 성인의 내적 갈등 뿌리의 중심 원천이 되었다. 이 일이 있은 직후에 프로이트(1909)는 말 공포증이 있던 5세 아동의 치료를 위해 아동의 아버지를 통해 작업했다. 자신의 경험을 기초로 해서 프로이트는 정신질환이 한 번의 외상 사건으로 일어나는 것이 아니고 시간이 지남에 따라 발달하고 그 사람의 생활 역사와 연결된다고 개념화했다. 프로이트는 아동을 직접 관찰하고 아동 양육 관행에 정신분석 결과를 적용하도록 장려했다(Glenn, 1992). 프로이트의 생각에 따르면, 아동은 돌봄을 받는 것 이상을 원하는데, 사랑과 신체적 쾌락을 간절히 원했으며 강렬한 원초적인 성적 취향을 가지고 있다(Glenn, 1992).

최근의 연구는 아동기 외상의 결과 및 병인에 대한 프로이트의 연구를 확대하고 있다(Kalsched, 1996, 2013; Schore, 2003b). 프로이트는 무의식적인 내용이 불안을 유발하고 의식적인 마음에서 방출을 강요하는 것이라고 가정했다. 그러나 또한 두 개의 본능적 동인(drives), 즉 성욕과 공격성이 있다고 가정했다. 프로이트는 이들의 표현이 사회 구조에 반대하는 것이고 따라서 사회 관습에 맞게 수정되어야 한다고 생각했다. 본능적인 만족감의 요구와 사회적으로 맞추려는 요구 사이의 이러한 내적 갈등이 프로이트 이론의 기초를 형성하고 있다. 본질적으로 행동의 기본은 내부 긴장의 방출이다(Freud, 1953). 마음은 항상 이러한 압력을 받고 있으며, 신경 증상으로 나타나지 않더라도 실언이나 농담으로 나타날 수 있다. 갈등의 대부분은 개인의 의식 밖에서 발생하고 이것의 무의식적인 의미를 결정하려면 환자의 행동을 조사해야만 이해할 수 있다.

프로이트는 이러한 허용될 수 없는 생각과 소망이 우리의 인식(awareness)에서 어떻게 벗어나서 억압되고, 그다음에는 상징으로만 표현되는지에 대해 말했다. 의식 계층(conscious stratum)이 있는데, 이는 인식(awareness)이다. 전의식 계층은 과거의 저장소를 포함하고 자신의 인식에 들어갈 수 있다. 마지막으로, 무의식 계층의 내용은 적극적 검열에 의해 인식으로부터 차단된다. 이러한 마음의 분화를 지형학 가설(topographic hypothesis)이라고 불렀다(Bemporad, 1980).

프로이트는 본능적 만족감에 대해 봉사하지 않는 무의식적 과정을 설명하기 위해 구조적 모델과 이드, 자아, 초자아라는 친숙한 분배가 포함된 자신의 이론을 마침내 수정했다(Bemporad, 1980). 이드는 원래의 본능적 활동과 정신 에너지로 구성된다. 자아는 정신 내부에서 외부의 현실을 대표하는 마음의 중앙 구조 매개체이며 이드와 초자아 사이를 중재한다. 초자아는 학습이 된 문화적 기준을 대표하는 정신 내(intrapsychic) 구조이다. 자아는 이드 그리고 부모의 도덕적 가치와 동일시하는 형태로 후기 아동기에 발달하는 초자아로부터 발생했다고 여겨졌다. 따라서 자아는 그것이 나왔던 이드의 표현에 대한 조절체(regulator)로 보였고 아동이 환경과 교류하는 데에서 직면하는 많은 갈등을 다루는 데 도움이 되었다.

이드, 자아, 초자아가 균형을 이루면 개인은 최적의 기능을 한다. 갈등이 있는 곳에서 방어 기제를 사용하는 것은 개인이 계속 기능하게 하거나 실제이든지 또는 상상이든지 간에 지각된 위협에 대항해서 방어하기 위해 놀이를 하게 된다. 다양한 방어는 다른 것보다 원초적인(예 : 거부 대 투사) 것으로 여겨진다. 프로이트는 이드와 초자아 간에 갈등이 발생하고 자아가 이 갈등을 해결할 수 없거나 우울이나 불안에 압도될 때 신경증이라는 용어를 사용했다. 이런 일이 발생하면 아동은 발달의 이전 단계로 퇴보하거나 갈등/좌절이 발생한 발달 단계에 고착될 수 있다. 최적의 발달에는 좌절을 인내하고 갈등에 대처하는 능력이 포함된다.

프로이트는 또한 각기 다른 발달 단계에서 활성화되는 일련의 서로 다른 본능적 힘들, 즉 구강기, 항문기, 남근기, 잠복기, 생식기를 가정했다. 구강 단계는 출생에서 2세에 발생한다. 이 단계의 주요 목표는 생존과 안정 애착의 발달이다. 안정 애착의 전형적인 특징은 8개월경에 유아가 낯선 사람 불안을 보이는데, 양육자와 다른 사람을 구별하고 양육자와의 관계의 중요성을 강조한다. 항문 단계(대략 2~4세) 동안, 아동의 초점은 신체적인 통제와 '아니야(no)'라는 단어의 힘에 대한 인식이 증가하는 데 있다. 이 단계에서 성공하면 아동은 자율 감각이 시작된다. 남근 단계(대략 4~6세) 동안에 아동의 정신 에너지는 생식기 부위에 집중된다. 오이디푸스 갈등이 일어나는 시기이기도 하다. 오이디푸스 단계는 소년이 자신만을 위해서 엄마를 원하고 소녀가 아버지를 원하는 시기이다. 이런 일의 만족스러운 해결은 이러한 소망을 포기하고 동성 부모와 동일시해야 한다. 프로이트 이론의 모든 것은 이것이 달성되는 중요한 이정표로서 여기에 집중되어 있으며, 성격의 주요 구성요소는 오이디푸스기의 마지막에 발달된다고 주장한다. 다음 단계는 잠재기인데, 오이디푸스 갈등의 해결에서 사춘기의 시작으로 이어진다. 잠복기 동안 이 시점까지 달성된 이익을 굳히기 위해 진정시키며, 생물학적 성숙과 성 행위가 시작되면서 청소년기에 리비도의 부활이 뒤따른다. 이제 움직임은 인지 발달에서 사회적 발달로 그리고 심리 성적 발달에서 멀어진다. 마지막 단계는 사춘기 이후부터 발생하는 생식기 단계이며, 이 단계의 주된 임무는 친밀 관계의 발달이다.

이 발달 기간 동안 아동의 본능의 만족은 쾌락을 가져오며, 이러한 본능적 쾌락은 성인 성적 경험의 전조(precursor)이다. 아동이 경험한 만족이 부적당하면, 결과는 이후의 인생에서 만족의 무의식적 요구(need)일 것이다. 환자가 어느 한 본능에 대해 지나치게 강한 선호도를 발달시킨다면 이것은 왜곡을 가져올 수 있다. 아동기 본능의 과도한 지속성은 고착이라고 부르며 스트레스를 받으면 퇴행으로 이어질 가능성이 있다고 본다. 사실, 성인 정신병리의 대부분은 만족감에 대한 아동기 상태로의 퇴행이라고 설명되었다(Bemporad, 1980).

안나 프로이트와 멜라니 클라인은 아동 및 청소년 심리치료 전문직을 시작한 사람들이라고 종종 인정받고 있지만, 아동 및 청소년과의 정신분석 작업을 위한 무대를 만들었던 초기의 영향 및 이와 유사한 영향들이 있었다(Lanyado & Horne, 1999).

헤르미온 훅 헬무트

헤르미온 훅 헬무트는 세계 최초로 임상을 한 아동 정신분석가로 기술되고 있는데, 훅 헬무트의 작업은 안나 프로이트와 멜라니 클라인의 작업 몇 년 전에 먼저 행해졌다(Lanyado & Horne, 1999; McLean, 1986; Plastow, 2011). 훅 헬무트는 아동의 자발적인 놀이를 가장 먼저 사용하고 해석했고 아동과의 작업이 지속될 필요가 있다고 생각하고 부모와 작업한 사람이었다. 이것은 부모 자신의 분석을 위해 부모를 의뢰한 안나 프로이트 또는 부모와의 접촉을 최소화하려는 멜라니 클라인과는 다르다. 사실 훅 헬무트는 부모 및 아동과의 방향을 잡기 위해 그리고 부모가 양육, 교육, 발달이라는 면에서 최선을 다할 수 있도록 배우는 것을 돕기 위해 치료에서 아동의 전이를 사용했다. 훅 헬무트가 중요한 영향을 미쳤지만(Hug-Hellmuth, 1921; Hug-Hellmuth, MacLean, & Rappon, 1991), 너무 일찍 죽었기 때문에 문헌상으로는 그녀의 요구사항, 그녀의 인생이나 작업에 대한 언급을 찾을 수 없다(Plastow, 2011). 프로이트와 클라인은 훅 헬무트 박사가 개발한 개념을 사용했지만, 어느 누구도 훅 헬무트의 이름을 언급하지 않았다. 안나 프로이트는 훅 헬무트가 한 작업에서 자아 그리고 나중에 방어 기제에 대해 강조를 하면서 좀 더 교육적이고 아동 양육의 측면을 이용했다. 멜라니 클라인은 아동의 전이에 대한 훅 헬무트의 개념화와 훅 헬무트가 아동의 놀이를 사용한 방식을 이용했다.

마거릿 로웬펠트

1920년대, 마거릿 로웬펠트(Margaret Lowenfeld)는 긴장하고 예민한 아동의 처치 및 연구를 위한 아동 클리닉을 설립했다. 원래 소아과 의사였던 그녀는 나중에 세계기법(World Technique)이라고 부르는 것을 사용하여 런던에서 아동의 정신과적 처치를 시작했다. 런던에서 일하기 전에는 동유럽의 의료 선교사였고 개인적으로 전쟁의 피해를 겪었다. 그녀는 일부 아동이 전쟁의 공포에서 생존할 수 있다는 것을 알았지만, 그녀가 작업하는 가족의 서로 다른 언어와 문화적 배경을 감안해서 도울 수 있는 방법에 대해서는 언급을 피했다(Lowenfeld, 1979). 로웬펠트는 언어를 기본적인 개입으로 사용한다는 생각을 버렸다. 아동과 치료사 양쪽 모두가, 아동이 무엇을 겪고 있는지를 더 잘 이해할 수 있도록 도와줄 수 있는 물체의 도입을 생각했다.

로웬펠트 박사는 1911년에 첫 출간된 H. G. 웰스의 책 플로어 게임(*Floor Games*; Wells, 2004)에서 작은 물건, 장난감, 색칠된 막대기 및 종이의 모양, 금속, 찰흙을 수집하고 어린 환자들이 '마술 상자(The Wonder Box)'라고 부르는 것에 이것들을 보관했다. 이 물건들은 나중에 캐비닛으로 옮겨졌는데 클리닉에 다니는 아동이 이 내용을 '세계(the world)'라고 부르게 되었다. 아동은 모래가 반쯤 채워진 작은 금속 상자에서 세계 그림을 만드는 새로운 기법을 자발적으로 창조했다. 로웬펠트의 세계기법의 요소는 1929년 그녀의 초기 작업 이후로 거의 변하지 않았다(Urwin & Hood-Williams, 1988). 로웬펠트는 이 방법의 목표를 다음과 같이 설명했다. "아동이 즉각적으로 매력을 느끼는 것을 아동에게 주고 관찰자는 그 자체가 '언어'이고, 이를 통해 의사소통이 확립될 수 있는 매체를 찾는 것이다."(Lowenfeld,

1979, p. 281) 따라서 로웬펠트는 아동이 자신을 표현할 수 있는 수단으로 모래를 기본적으로 사용하고 있었다.

안나 프로이트

안나 프로이트(Anna Freud)는 아동을 직접 연구하는 데 참여하고 이 전문직에서 일하면서 아동 정신분석을 창시한 사람 중 한 명으로 간주된다. 안나 프로이트는 제2차 세계대전 햄스테드 보육원(Hampstead Nurseries of the Second World War)을 개설했는데 나중에 햄스테드 아동치료 클리닉(Hampstead Child-Therapy Clinic)이 되었다. 이 클리닉은 1947년에 아동 정신분석 훈련을 제공하기 시작했다(Sandler, Kennedy, & Tyson, 1980).

안나 프로이트의 이론은 아버지가 개발한 심리성적 단계에 기반을 두었다. 그러나 안나 프로이트는 출생부터 청소년기에 이르기까지 타인에 대한 아동의 중요한 애착이 점차 진화하는 것이 포함되는 것으로 정교화시켰다. 또한, 안나 프로이트는 정상 발달 라인으로 간주되었던 것을 따르는 진행과 정신병리가 만들어지는 것 사이의 관련성을 기술했다(Freud, 1965). 여기에서 안나 프로이트는 정신병리의 기저에 있는 원인이 발달의 진행에서의 막힘이라고 보았고 이러한 막힘을 제거해주는 것이 심리치료의 목표이고 그래서 자연스럽고 건강한 발달이 일어날 수 있다고 보았다.

안나 프로이트는 긍정적 전이의 연마와 저항의 분석은 시간이 걸리는데 분석가와의 긍정적 관계가 발달된 후에만 해석을 요구한다고 생각했다. 안나 프로이트는 아동이 초기의 양육 관계의 개요를 말해주는 치료사와의 관계 및 전이 신경증을 발달시킨다고 생각하지 않았는데, 안나 프로이트는 아동이 현실에 있고 사랑의 대상으로 존재하는 부모에게 여전히 얽혀 있어서 성인 내담자처럼 상상 속에 존재하는 것이 아니라고 믿었기 때문이다(Freud, 1966, 1980). 안나 프로이트는 또한 아동의 부모와 긴밀히 접촉하는 것이 중요하다고 생각했으며, 아동이 분석 작업과 그것의 결과를 가정과 학교생활에 맞추도록 돕기 위해 교육학을 옹호했다. 그녀는 또한 아동 환자의 상세한 생활사에서 작업하고 아동의 일상생활 경험을 이해하는 것이 중요하다고 생각했다. 클라인은 이러한 모든 것이 불필요하고 분석 작업을 방해한다고 생각했다.

멜라니 클라인

멜라니 클라인(Melanie Klein)은 베를린 출신의 아동분석가였으며 칼 아브라함의 분석대상자이자 보호자였다. 클라인은 초자아가 단지 오이디푸스 콤플렉스가 소멸했기 때문에 발달하는 것이 아니라고 안나 프로이트와 다르게 말하는데, 오히려 그것은 젖떼기(weaning)의 박탈 경험에서 부분적으로 발달하는데, 생의 첫해 말 또는 두 번째 해의 시작에서 대부분 흔하게 발생하는 것이다. 클라인은 오이디푸스 콤플렉스는 안나 프로이트가 상상한 것보다 훨씬 빠른 2~3세 사이에 절정에 이른다고 믿었다(Young-Bruehl, 1988). 클라인은 아동의 초자아가 부모와의 동일시로부터가 아니라 아동 자신의 야만적이고, 가학적인 충동으로부터 더 많이 발달했다고 생각했다(Young-Bruehl, 1988). 클라인은 오이디푸스 갈등이란 일차 양육자가 집어삼키고 파괴할 것이라는 두려움 때문에 생기는 불안에 대한 반응으로써 1세라는 이른 나이에 경험한다고 생각했다. 이러한 맥락에서 대상관계 이론뿐만 아니라, 주 양육자는 대상 전체(whole object)로 간주된다. 아동은 물어뜯어서 파괴할 대상을 찾고 이러한 충동은 오이디푸스 갈망에 대한 인식 때문에 불안감을 일으키며, 이는 아동이 내사화(또는 내면화)할 대상을 찾게 되는 원인이 되고, 그러면 아동이 처벌을 기대하는 사람들 중에서 누군가가 된다. 이 초자아의 가혹함은 자애로운 내면화된 대상 또는 **좋은 초자아**(good superego)의 경험에 의해 매개될 수 있다. 그런 일이 일어나지 않으면, 자애롭지 않은 대상과 아동의 무의식적 환상 사이에서 발생하는 정신 내적 갈등이 아동의 신경증을 초래한다. 아동을 치료하는 데에서 클라인은 갈등을 해결하기 위해 이 경험을 재가동하고 다시 체험하는 것이 필요하다고 생각했다.

클라인에 따르면, 자아(ego) 및 자아의 형성 과정의 기초는 내사화와 투사라는 방법에 의해서만 이해할 수 있다. 이것을 더 깊게 정의하면, 대상을 자아로 받아들일 때 내사화(introjection)가 되고, 그러면 특성의 일부 또는 전부로 동일시한다. 투사적 동일시는 자신의 일부가 대상으로 투사된 결과이다. 이것은 대상이 자기(self)의 투사된 부분의 특성을 획득한 것으로 인식될 수 있지만 결과적으로 자기(self)가 투사 대상과 동일시되게 할 수도 있다(Segal, 1974). 클라인의 이론은 아동의 신체적 욕구, 충동, 환상에 의해 결정된 초기 대상관계, 즉 아동과 주 양육자 사이의 존재를 받아들여야만 이해될 수 있다. 따라서 아동의 대상은 자기 몸의 외부 또는 내부인 것으로 정의될 수 있다. 예를 들어 구강 우선 기간에 내사화된 상상의 대상은 구강 욕구가 만족 또는 좌절하는지에 따라 '좋은' 또는 '나쁜' 젖가슴으로 경험된다. 대상은 외부와 내부 모두인 것처럼 동시에 처리된다.

아동발달을 기술하는 데에서 클라인은 불안이나 방어의 집단을 대표하는 단계보다는 '위치'에 대해 말한다. 클라인은 편집증적 정신분열병 및 우울적 상태와 같은 '상태'를 설명했다. 클라인은 동시에 존재하는 생명의 본능과 죽음의 본능에 대한 프로이트의 생각을 받아들여서 확장했다(de Ajuriaguerra, 1980). 클라인은 죽음의 충동을 자신의 일상생활 전반에 걸쳐 삶과 죽음 사이의 투쟁과 불안의 주요 결정인자라고 가정했다. 불안은 제거될 수 없으며 불안을 일으키는 모든 상황의 한 측면이다.

클라인은 아동이 즉시 전이를 확립한다고 믿었기 때문에 분석의 아주 초기에 해석을 제시했다. 안나 프로이트는 해석을 위해 아동을 준비시키고 아동이 거주하는 환경에 민감해지는 것이 중요하다고 생각했다. 클라인은 분석의 성공은 정확한 해석의 전달에서 오는 것이며 어떤 준비에서 또는 아동의 환경에 민감해져서가 아니라고 생각했다.

요약하면 안나 프로이트와 클라인 사이의 아동 분석 관행에는 뚜렷한 차이가 있다. 안나 프로이트의 방법은 아동과 분석가의 작업 관계를 견고하게 하는 초기 준비 단계가 동반되었다. 이 후에 아동은 방어에 대한 신중한 해석을 사용하여 치료를 받았고 나중에는 억압된 동인(drives)이 보다 의식적이 된다. 클라인은 이러한 접근에 동의하지 않았고 처음부터 아동의 행동을 해석했다. 그녀의 개입은 방어를 우회해 갔고 회기 동안에 아동놀이의 무의식적인 상징적 의미로 직접 향했다(Glenn, 1992). 클라인에게 주요 초점은 방어였고 반면에 안나 프로이트에게는 자아(ego)였다. 또 다른 차이는 전이에 대한 초점의 정도였다. 안나 프로이트는 부모에 대한 강한 애착 때문에 아동의 전이가 약해져야 한다고 생각했으며, 처치 과정에서 어느 정도의 자아 발달이 필요하다고 생각했다. 다른 한편으로 클라인은 시작부터 아동의 전이를 해석했다. 따라서 클라인의 작업을 따르는 사람들은 부모의 접촉 및 전이의 방해로 인한 결과를 최소화하는 반면, 안나 프로이트의 추종자들은 흔히 아동에 대한 정보를 얻기 위해 정기적으로 부모를 만난다.

분석적

융 외에도 아동 분석심리학에 주요하게 공헌한 사람들에는 마이클 포드햄, 에리히 노이만, 도라 칼프가 있다. 이들의 이론의 주요 구성요소가 제시된다.

칼 구스타프 융

칼 구스타프 융(Carl Gustav Jung)은 바젤대학교에서 의학을 공부했으며 취리히의 부르크휠츨리 정신 병원에서 간부 의사로 일하면서 정신병적 행동과 발언(utterances)의 의미를 탐색하는 데 몰두해 있었다. 그는 단어 연상 실험, 즉 피험자가 일련의 100개의 자극 단어에 가능한 한 빨리 반응해야 하는 실험을 통해 신경증의 심리적 측면에 대한 연구를 했다. 이러한 연구에서 감정 색깔 콤플렉스(feeling-toned complexes; 즉, 무의식의 자율적 내용)를 발견하게 되었는데, 이는 간섭(지연된 응답 시간)의 형태로 실험에서 그것이 명백해졌다. 융은 '조발성 치매심리학'(1908)을 발간했고 프로이트에게 보냈는데, 프로이트는 나중에 융 자신의 작업이 스스로의 노력으로 상당한 기여를 했다는 사실을 융에게 알려주었다. 1907년에 두 사람은 만났고 그들의 유명한 전문성 관계가 시작되었다.

1912년에 융은 '무의식의 심리학'(Jung, 1917/1926/1943)을 발간하였고, 이는 문화와 의식적인 것에서 모든 차이를 초월한 공통의 지층, 즉 비인격적 정신 영역인 집단 무의식의 존재를 제안했다. 프로이트는 무의식 상태가 모든 개인의 양립할 수 없는 것이 쌓이는 데에서 의식의 부속물로 보았다. 융은 무의식이 성격에서 창조적인 집단적 정신 기질이라고 보았다. 표 4.1은 두 이론의 차이를 강조하고 있다. 이러한 불일치 및 그 밖의 다른 불일치들 때문에 1913년에 이들의 관계는 끝이 났다.

프로이트와 절교한 이후에 융은 자신의 심리적 관점을 추구하면서 불확실한 시기에 접어들었다. 그는 자신의 무의식에서 떠오르는 환상 및 기타 내용들을 이해하고 그것과 타협하기 위해 자신만의 자기 실험(self-experiment)을 시작했다. 그는 레드 북(The Red Book)에서 이러한 이미지를 그리고 다루었다(Jung, 2009). 융에게 중요한 한 가지 이미지는 만다라였는데, 이는 산스크리트어에서 원을 의미하는 것이다. 융은 만다라를 인간 총체의 상징으로, 또는 정신 과정-개성화의 자기 표상으로 해석했다. 융은 이 기간에 매일 아침 만다라를 스케치하고 만다라는 '형성, 변형/끊임없는 마음의 끊임없는 재생산'(Jung, 1945/1948, p. 400)으로서 자연스러운 장면에서 드러나는 원형과 흡사하다고 결론을 내렸다. 그는 이것이 성격의 총체이고 모든 것이 잘된다면 조화로운 것이지만 자기기만(self-deception)을 인내할 수 없다고 말했다. 자기(self), 융이 공식화한, 자기는 하나의…… "삶의 목표였고, 이것은 우리가 개성화라고 부르는 운명적인 조합의 가장 완전한 표현이다."(Jung, 1928, ¶404)

무의식과 대면하는 동안에 자신의 경험에 기초해서 융은 적극적 상상기법을 개발했다. 이 방법은 무의식에 담겨 있는 의식을 관련시키며, 그 내용은 관찰되고, 묘사되고, 곰곰이 생각해보는 것이다. 융은 적극적 상상이 의식과 이전에 허용할 수 없었던 무의식의 내용 간에 다리를 놓기 때문에 신경증의 치료를 시도한다고 생각했다.

융에게 있어서 심리치료는 개인을 다루는 것을 의미했는데, 개인적 이해만이 그것을 할 것이기 때문이다. 그에게 분석이란 서로 얼굴을 보고 앉아서, 눈과 눈을 보면서 두 명의 파트너가 필요한 대화였다. 융의 작업의 주된 관심은 신경증 환자의 처치에 있는 것이 아니라 오히려 신령스러운 것에 대한 접근, 다시 말해 자기를 반영하는 정서적으로 의미 있는 사물들에 대한 접근이었다. 신성한 경험을 할

표 4.1 프로이트와 융의 이론적 차이

이론의 중심	프로이트	융
이론의 중심	신경증-성	개성화-콤플렉스
신경증의 원인	성 추동의 억압-리비도의 고착 • 구강기 우울증 • 항문기 강박 • 오이디푸스 콤플렉스 히스테리	정신의 자기 조율에서 불균형 • 콤플렉스가 원인이 될 수 있음 • 갈등에 대처하는 방법 • 유형 분류체계의 문제
리비도	성적 추동	정신 에너지
근친상간	근친상간은 주로 오이디푸스 단계에서 갈망함	다시 태어나기 위해 깊은 정신으로 가는 것 (밤바다 여행)
저항	추동의 억압을 조명하는 것이 중요	존중되고 분석되어야 하는 것
전이	분석가와 사랑에 빠지면서 전이의 분석-분석가의 개입 없음	투사와 분석적 관계-분석가의 더 많은 개입
무의식	모든 것이 억압되어 있는 곳-자아와 초자아에 대해 적대자인 이드	정신의 보상적인 창조적 측면(확인됨)이 있음
리비도의 퇴행	언제나 병리적임(대체로 퇴행과 함께 리비도의 고착)	진행과 퇴행의 자연스러운 리듬
심리적 이해	상징을 해석함	해석학

수 있는 한 많이 하면 병리의 폐해에서 해방된다(Jung, 1963). 분석치료의 핵심은 인간의 완성도가 타인과의 관계에서 그 자체를 명백히 드러내 보이고 영혼은 인간관계 안에 그리고 인간관계에서만 남아 있다는 것이다. 전이는 환자의 아동기의 사람에서 나와서 치료사에게 투사될 때 발생한다. 이러한 투사의 결과는 필수적인 관계이고, 개성화를 목표로 이러한 관계를 재작업하는 것이 중요하다. 개성화는 두 개의 주된 측면이 있는데, 즉 내부적이며 주관적인 통합 과정이며, 그리고 똑같이 없어서는 안 되는 객관적 관계를 재정의하는 과정이다. 어느 쪽도 다른 쪽 없이는 존재할 수 없다.

프로이트가 구체적인 발달 단계를 확인한 반면, 융은 개인의 삶을 출생 후 35~40세까지 지속되는 상반기와 이 시기부터 죽음까지 지속되는 후반기로 보았다. 상반기 동안 그는 용의 싸움에 비유했다. 하반기 동안, 그는 밤바다 여행에 비유했다. 상반기에는 자아가 집단 무의식에서 분리되어 내적 수준과 외적 수준 모두에서 독립적인 존재로 자리 잡는다. 융은 밤바다의 여행이란 개인의 자아의 과정이 모든 심리적 과정—그가 삶의 후반부의 신경증이라고 부르는 과정—의 총체인 정신의 방향으로 돌아가는 것이라고 보았다. 이것은 자아가 자기 운명의 주인이라는 영웅적인 환상을 포기하고 정신의 흐름을 배우는 때이다. 그는 삶의 승리와 투쟁이란 온전함을 이루려고 작업하고, 자신이 될 수 있는 모든 것이 되고, 자신의 진정한 본성과 접촉하고 있는 개인의 일부라고 보았다.

융 심리학에서 정신 체계는 지속적인 움직임에 참여하고, 그것은 자기 통제적이고 상대적으로 폐쇄된 체계이다. 사람이 정신적 균형 상태에 있으면 에너지는 자유롭게 흐른다. 종종 자유롭게 흐르는 에너지는 꿈, 상상, 환상, 창조적 예술에 나타나는 집단 무의식의 이미지 형태로 드러나며, 따라서 융 심리학에서 꿈의 중요성이 드러난다. 융은 한 젊은이가 꾼 꿈과 한 노인이 꾼 꿈의 사례에서 공통된 꿈의 사례를 제시한다. 꿈에서 꿈꾸는 사람이 말을 타고 물이 가득한 도랑을 뛰어넘어 위험 요소가 제거된다. 젊은이의 내력(history)에서 꿈은 자신의 머뭇거림을 극복하고 앞으로 나아가고 성공한다는 것을 의미했다. 노인은 그의 의사와 간호사에게 큰 문제를 일으키고 의학적 지시를 따르지 않았기 때문에 실제로 부상을 입었고 이 무례한 노인의 꿈은 이 사람이 아직도 하고 있는 일을 분명하게 했는데, 즉 그의 진취적인 정신은 여전히 그 안에서 깜박이고 그의 가장 큰 곤란거리였다.

융은 의식의 구조에 대해 말하는데, 즉 자아와의 정신적 내용의 관계를 유지하는 기능 또는 활동이다. 자아는 정체성과 연속성을 제공하는 개인의 의식 영역의 중심에 있는 하나의 표현 콤플렉스이다. 의식의 주요 기능은 감각, 느낌, 사고, 직관이다. 사람은 세상과 상호작용하고 지각하기 위해 이 기능을 사용할 것이다. 하나는 기본이 되고 나머지는 보조 기능이 된다. 사람들이 하나의 기능만 사용하면, 그들은 한편에 치우친 것으로 간주되며, 치료의 목표는 모든 기능에 접근할 수 있게 하는 것이다. 내적 경험과 외적 경험에 반응하는 방식은 태도 유형에 따라 결정된다. 외향적인 사람은 외적인 것으로, 객체와의 관계에서 생각하고, 행동하고, 느낀다. 반면에 내향적인 사람은 내적인 것으로, 주체와의 관계에서 생각하고, 행동하고, 느낀다. 페르소나는 다른 사람에게 내놓을 만하고 용인될 수 있다는 것을 보여주는 얼굴이다. 자아와 집단적 의식 사이의 다리이며, 이는 우리가 기대하는 것으로 이루어졌고 우리가 개성화해야 하는 것으로 만들어졌다. 집단적 의식은 도덕성과 부도덕성에 관한 것이며 긍정적 또는 부정적일 수 있으며 대개 시대정신이라는 특징이 있다.

무의식은 의식 밖의 모든 정신 현상의 총합이다. 무의식의 기능은 의식을 보상하고 균형 잡는 것이다. 개인적 무의식은 차후에 잊었거나 개인의 억압된 경험의 일부였다. 집단 무의식은 결코 의식적이지 않다. 오히려 그것은 사회, 사람, 인류로부터의 유산에서 온 것이다. 융은 많은 개인들에게서 왜 비슷한 콤플렉스(예 : 어머니, 아버지, 노인, 소년, 기타)가 생기는지를 설명하면서 집단 무의식을 개념화했다.

그림자는 그 개인이 되고 싶지 않은 것이다. 그것은 우리가 숨기려고 하는 모든 불쾌한 성질의 총합이며, 우리가 해야 하거나 하지 말아야 할 것에 대한 부모의 이미지에서 발달한다. 이것은 우리를 인간으로 만드는 역할을 하며 초기에는 투사로 나타난다. 예를 들어 사역을 담당하는 목사 또는 책을 부정하게 변경하는 경영자는 그림자의 예가 될 것이다. 그럼에도 불구하고 그림자가 항상 부정적인 것은 아니다.

성격의 반대 성별의 측면, 연접(syzygy)이 있는데, 남성 안에 있는 여성의 이미지와 여성 안에 있는 남성의 이미지이다. 아니마(anima)는 남성 안에 있는 여성 내부 인물이며 인간의 모든 여성 조상 경험의 침전물이다. 그것은 남성의 여성적인 면을 비옥하게 하는 힘을 가진 창조적 씨앗을 생산한다. 아니무스(animus)는 여성 안에 있는 남성 내부의 모습이다. 이러한 내면의 인물들은 무의식에서 자아로 가는 다리 역할을 한다. 아니마와 아니무스는 소유하고 있지 않은 것으로 경험하는 것, 즉 자신의 외부에 있는 것이고, 이들은 사람의 영혼/정신에 속한다. 이들은 영혼의 인도자(영혼의 안내)로서의 역할을 하며 창조적 가능성에 필요한 연결이며 개성화의 도구이다. 이들은 영혼을 이 세상으로 그리고 관계로 끌어들인다. 자신의 아니마가 지배하는 남자는 가만히 있지 못하고, 난잡하고, 기분변화가 심하다. 자신의 아니무스가 지배하는 여성은 고집스럽고, 무자비하고, 군림하려 할 것이다(Jung, von Franz, Henderson, Jacobi, & Jaffe, 1964).

콤플렉스 이론은 융의 연상 실험에서 나왔다. 융은 그가 감정 콤플렉스라고 부르는 느낌의 색조에 의해 반응의 일부가 결합되어 있고 방해받고 있음을 발견했다. 콤플렉스는 하나 이상의 원형에서 파생된 핵심 주위에 군집되어 있는 표상들의 비교적 닫혀 있는 체계이다. 융은 콤플렉스가 꿈의 설계자이며 무의식으로 가는 왕도라고 불렀다. 모든 콤플렉스는 원형적 핵심을 가지고 있으며, 세 가지 종류가 있는데, 의식적(자율적이고 의식으로 충분히 통합된), 무의식적(의식과 연결되었었고 그 이후에 억압된), 의식이었던 적이 없는 것이다. 콤플렉스가 반드시 병리적인 것은 아니지만 에너지를 소비하고 사람이 자유롭게 상호작용하는 것을 금지할 때 그렇게 될 수 있다.

원형은 무의식의 구조적 요소이다. 원형은 우려(불안)의 전형적인 양상(행동 및 이미지)이다. 원형은 에너지를 가지고 있으며, 우리가 일반적으로 이것에 의해 움직인다는 점에서 신비스럽지만, 직접적으로 체험할 수는 없다. 원형은 본능이나 전형적인 행동 양식과 밀접한 관계가 있다. 원형은 정신안에 있는 타고난 능력이다. 정신의 선천적인 구조의 일부로 보이며 따라서 언제 어디서나 자발적으로 스스로 나타낼 수 있는, 설명할 수 없고 무의식이고 이미 존재해 있는 형태이다. 그것은 의식적이되고 의식적인 경험의 소재로 채워질 때에만 그 내용에 따라 결정된 원시적인 이미지이다. 원형의 표상은 상속되지 않지만 형식은 상속된다. 예를 들어 어머니 원형은 상속되지만 모성(mothering)은 어머니 이미지를 산출한다.

상징은 존재해 있다고 알고 있는 비교적 알려지지 않은 사실에 대해 가장 잘 설명할 수 있는 것이다. 사람이 빠져나갈 수 없다는 느낌이 들 때 상징은 깨달음과 가능성을 제공하는 것으로 나타난다. 상징은 관심을 다른 입장으로 유인하고, 갈등을 해결할 뿐만 아니라 성격에 추가한다. 이 세 번째 방법 또는 다른 입장은 초월기능(transcendent function)이라고 알려져 있다. 상징은 신비하고, 개별적이고, 보편적이다.

자기는 개인의 정신의 총합이다(Jung, 1921). 자기는 중심일 뿐만 아니라 의식과 무의식을 아우르는 둘레이다. 자기는 인식되고, 통합되고 실현되기를 요구한다. 융은 "자기는 본질적으로 목표로 하는 방향과 의미의 원리이고 원형이다."(1963, p. 190) 그리고 바로 그 안에 그 자체의 치유 기능이 있다고 말한다. 각자는 센터를 벗어나지 않는다. 센터는 목표이며 모든 것은 센터로 향한다.

동시성은 정신과 물질 간의 경험적 연결이다. 이를 마음에 새기면서 우리는 모든 것이 운명 때문은 아니며, 모든 것에 원인과 결과가 있는 것도 아니라는 것을 알고 있다. 때로는 변화를 향해 작업하게 하는 것이 중요하다. 이러한 동시성은 인과관계가 아닌 사건이며 의미를 통해 연결된다.

때때로 우리는 인생에 갇혀 있게 된다. 융은 이것이 우리에게 뭔가를 변화시켜야 한다는 것을 알리는 메시지라고 보았다. 어떤 새로운 것이 우리 안에서 태어나려고 하는 것일 것이다. 이 메시지가 무엇인지 알기 위해서는 어느 정도의 인내와 이해가 필요하다. 우리 자신에 대해 더 많이 배울 수 있는 방법 중 하나는 꿈을 이용해서 하는 것이다. 꿈의 해석은 우리 각자 안에 있는 창조적 힘에 대해 우리가 좀 더 의식적이 되게 돕는다. 융 심리학에서 마음의 고통은 치유 가능한 혼란이 아니라 심리적 발달을 위한 필요성 및 충동으로 보인다. 사람의 성장과 발달을 방해하는 자아-자기 축이 방해받을 때 문제들이 발생한다. 융은 아동과 직접 작업하지는 않았지만 성인 환자의 아동기 꿈에 관한 세미나를 이끌었고(Jung, 2008), 융의 추종자들이 아동과 함께 작업하는 일을 맡았다.

마이클 포드햄

마이클 포드햄(Michael Scott Montague Fordham)은 아동기에서 자기(self)의 상징을 발견한 것에 놀랐고, 융과 같이 그는 "자기가 없이 개인이 아동기의 결정론으로부터 자신을 자유롭게 해주는 경우는 무엇일까?"(Astor, 1995, p. 15)라고 생각했다. 포드햄은 클라인의 두 부분의 본능(dual-instinct) 이론에 동의하지 않았는데 그는 본능이 죽음이 아니라 적응과 생존의 서비스에 있다고 생각했기 때문이다(Astor, 1995). 포드햄의 공헌은 엄마와 아기의 상호작용이 그 상황에 독특하고 상호적일 수 있다는 융 학파의 자아발달 이론을 이끌어냈다. 이것은 원형적 내용이 포함되는 것을 배제하지 않는다. 포드햄은 아동의 원형적 이미지가 몸체에 기반을 두고 있으며, 아동이 알고 있고, 통합될 수 있다고 생각했다. 이런 식으로 포드햄은 과거에 앞서서 했던 것보다 몸체에 더 강조를 둠으로써 융의 이론에 추가하고 있었다.

포드햄은 자기(self)의 이론에 대해 연구하고 있었는데, 통합의 원래 상태가 포함되도록 융의 이론을 확장시켰으며 안정된 상태의 재확립에 뒤이어 불안을 야기한다는 이론이다. 이러한 일련의 사건 뒤에 있는 원동력은 붕괴와 통합이라고 불리며, 정신적 조직이 진행됨에 따라 이러한 일련의 사건들은 더 오랜 기간에 걸쳐 퍼져나간다(Fordham, 1994, p. 75).

아동발달이라는 면에서 중요한 것은 유아기의 자아가 아동이 성장하는 내부에서 환경을 적극적으로 창조하고, 그래서 환경과의 적응적 관계 속으로 아동을 데려오는 상호작용 현장이라는 것이다. 이것은 유아 관찰 분야의 성장을 이끌었다(Adamo & Rustin, 2014; Bick, 1964, 1968; Sidoli, 1989, 2000; Sidoli & Davies, 1988).

에리히 노이만

융은 "노이만은 내가 중단했던 곳에서 시작한다."(Lori, 2005)라고 말했다. 그의 이론의 중심은 중심변환의 개념인데, 부분들 내에서 단일성을 창출하고 통일된 체계에서 그들의 차이를 종합하려는 완전체(whole)의 타고난 경향성으로 정의된다(Neumann, 1990a). 중심변환(centroversion)은 균형과 체계화를 위해 매진하는 의식 체계와 무의식 체계 사이의 보상관계로 나타난다(Neumann, 1969).

아동기 발달과 교육의 중요한 목표는 개인을 지역사회의 유용한 구성원으로 만드는 것이다. 그러나 이러한 분화는 노이만에 따르면, 자기의 무의식적 활동에서 자아 중심적인 의식으로 가는 온전한 대가를 치러야 한다. 아동기의 분화 과정은 사람이 집단적 유용성의 길로 이동해야 하므로 완전성과 온전함의 모든 요소를 버리고 포기하는 것이다. 이전에 무의식 세계에 있던 리비도는 지금은 놀기에서 학습으로의 전환으로 표시되는 의식 체계를 구축하고 확장하는 데 종사한다.

페르소나, 아니마, 아니무스, 그림자 인물은 삶의 전반기 동안 발생하는 분화 과정에 의해 생성된다. 노이만에 따르면 성장은 본능중심에서 자아중심으로 이동하는데, 여기서의 실패는 다양한 발달상의 장애와 질병을 일으킨다. 전형적인 아동은 이 과정을 견디며 내적인 긴장의 대립을 버티는 능력을 증진한다. 자아의 의식이 증가함에 따라 세상에 대한 리비도의 점진적인 전이가 있다. 리비도의 이러한 전이는 두 개의 근원에서 나오는데, 즉 자아에 의한 의식적인 관심의 적용과 무의식적인 내용의 투사이다.

노이만(1990a)은 *The Child*에서 자아발달 단계를 상세하게 설명했다. 자아는 아동이 신체적으로뿐만 아니라 어머니로부터 정서적으로 분리되면서 점진적으로 설정하게 된다. 사춘기는 정서적 색조의 변화, 인생과 세상에 대한 감정, 집단 무의식 층의 활성화가 특징이다. 친부모로부터의 애착상실이 사춘기에 나타나며 개인 초월적(transpersonal) 부모 원형(예 : 교사 또는 멘토에게 아버지 원형을 투사하거나 자국의 국가, 교회, 정치 운동에 대한 어머니 원형을 투사)의 활성화에 의해 발생한다.

노이만은 놀이와 관련된 상징주의를 이해하는 것의 중요성에 대해 많은 기여를 했으며, 이것은 오늘날 놀이치료와 매우 관련이 있다.

도라 마리아 칼프

도라 마리아 칼프(Dora Maria Kalff)가 개발한 모래놀이치료는 이 인구집단과의 작업을 위해서만 독점적으로 만들어진 것은 아니지만 아동과 작업하는 융 이론의 주목할 만한 공헌이었다. 그녀는 에리히 노이만의 작업에 많이 의존했다.

모래놀이의 기본 개념은 다음과 같다.

- 개인의 심리적 발달은 전형적으로 결정되며 정상적인 상황에서는 모든 사람이 비슷하다. 정신은 의식과 무의식 및 의식과 무의식 간의 상호작용으로 이루어지며, 이것은 하나의 자기 조절 체계이다. 이것은 온전함으로 향하는 추동(drive)을 포함하고 있으며 무의식의 보상 기능을 통해 자체적으로 균형을 이루는 경향이 있다. 온전함을 향한 이러한 추동은 적절한 상황에서 신체와 마찬가지로 정신 자체가 치유되는 경향이 있음을 시사한다(Jung, 1947/1954).
- 자기는 성격 및 이것이 안내하는 중심의 총체이다. 이것은 자아가 진화하는 정신의 중심 구성요소이다.
- 모래놀이치료의 주된 목적은 자아가 이것의 환상에 불과한 지배력을 포기하고 의식과 무의식 사이의 관계를 지속시키고 연결을 재확립하게 허용하는 것이다.
- 어머니는 신체적 삶의 원천이고, 무의식은 심리적 삶의 원천이다. 그러므로 어머니와 무의식은 상징적 여성과 동등한 것으로 볼 수 있다. 특정 상황에서 어머니에게로 돌아가는 이 추동은 퇴행으로 보인다. 다른 상황에서는 퇴행이 일시적이고 심리적 갱신과 상징적 재탄생일 수 있다.
- 자아-의식은 우리가 기능하면서 우리가 하고 있는 것에 대해 인식하고 선택해서 하는 것인 반면에, 심리적 치유는 정상적으로 기능하는(즉, 자유롭게 흐르는 에너지로) 능력의 회복을 수반한다. 확장된 의식은 치유에 기여할 수는 있지만 치유를 보장하지는 않는다.
- 심리적 치유는 에리히 노이만이 가정한 의식의 모계 수준에서 일어나는 정서적이고 비합리적인 현상이다. 칼프(2003)는 이것을 언어 이전 수준으로 간주한다. 이 단계에서의 치유는 성격을 회복하고 의식을 확장할 수 있다.
- 치유와 의식의 확장 양쪽 모두는 심리치료에서 원하는 결과이다. 모래놀이는 창의적 퇴행을 격려하고, 지연된 해석과 방향이 있는 사고(directed thinking)의 의도적 낙담 때문에 치유가 가능하게 한다. 예를 들어 꿈에서 두 개체를 연결하는 다리의 이미지가 나타나면 다리는 연결의 상징이다. 그러나 모래놀이에서 환자는 두 개의 별개의 부분을 연결하는 다리를 실제로 놓는다. 이 물

리적 행동은 무의식에 영향을 미칠 수 있으며, 그 반대도 마찬가지이다.

● 자연스러운 치유 과정은 '자유롭고 보호된 공간'이 제공하는 조건을 통해 치료적인 놀이와 창조적 충동의 자극에 의해 효과적으로 활성화될 수 있다. 이 상징의 기능에 대한 융학파의 견해는 치유의 전달자로서, 그 마주하는 것들 사이를 화해하는 다리인데, 이것은 "퇴행적인 리비도를 창조적 행동으로 이끌면서, 따라서 갈등을 해결하는 방법을 제시하는 무의식의 시도로 간주될 수 있다."(Harding, 1961, p. 8)

모래놀이가 작동하는 방식에 대한 핵심은 자유, 보호, 공감, 신뢰의 네 겹의 토대이다. 자유와 보호 모두가 있는 것은 드물다. 야생동물은 자유롭지만 보호되지는 않는다. 가축은 보호받지만 자유롭지는 않다. 모래놀이치료에서 우리는 상자의 틀 안에서 원하는 것을 자유롭게 할 수 있다. 신체와 맞물리는 것은 말하는 것 그 이상으로 사람 전체(whole person)를 활용한다. 모래놀이치료에서 보호란 개인이 하는 것에 대한 벌 또는 비판으로부터, 무엇을 할지에 대한 판단 또는 비난으로부터, 평가되는 것으로부터 보호된다. 여기에서는 자기 모습 그대로 되는 것이 안전하다.

모래놀이에서 강조하는 것은 환자와 함께 느끼는 감정 이입이다. 환자가 이러한 믿음이 있을 때, 그들은 회기에서 하는 일이 존중받을 것이라고 믿는다. 전이의 발달을 통해 그들은 궁극적으로 그들 자신이 되는 것이 안전하다고 느낄 수 있다. 치료가 진행되면서, 공감과 믿음의 상호성이 더 많아질 수 있다. 이것은 치료에서뿐만 아니라 유럽 역사상 부모-자녀 관계의 진전에서도 들어맞는데(De Mause, 1974), 이는 부모가 아동에 대한 공감적인 육아 반응성 능력에서 진전을 보여 왔다(Punnett, 2014). 감정이입은 육아와 치료적 관계 양쪽 모두에서 가장 중요한 측면이다. 융 학파 분석가인 Mario Jacoby에 따르면 "공감은 아동심리학에서 가장 중요한 치료적 요소라고 생각한다."(Punnett, 2011, p. 78)

모래 장면이 묘사한 것에 대한 감사, 아동이 당면한 투쟁에 대한 공감, 이들이 이룬 성취에 대한 기쁨은 일반적으로 발달이 일어날 성역(temenos)을 제공하기에 충분하다. 모래놀이 시리즈가 끝나고 얼마 동안의 시간이 지나가게 해주면, 아동과 상자의 사진을 함께 보는 것은 일어난 일에 대해 더 많은 언어적 관찰을 교환할 수 있는 기회가 된다. 이때 인지는 감정 경험과 유익하게 연결할 수 있다.

칼프 방식의 전통에서 미니어처와의 관계는 주로 신화적 세계와 관련해서 해석되며, 치료사는 아동의 무의식 상태에서 원형적 인물과 아동의 관계 상태에 대해 추론할 것이다. 포드햄에 따르면 이 접근은 이미지의 집단적 특징을 강조하고 이미지의 개인적 관련성의 통합에 대항하는 방어를 지원한다. 포드햄은 모래놀이가 "아동치료에 비인격적 측면을 장려했으며, 아동은 치료사와 더 많은 상호작용 접근이 필요하다."(Kirsch, 2000, p. 235)고 주장했다.

연구

최근까지 심층 치료들의 장기간의 이득을 언급한 연구는 거의 없었다. 사실 이들은 시대에 뒤지고, 비용 효과적이지 않으며 거의 이득이 없다고 간주되어 왔다. Roesler(2013)의 연구와 Alan Schore(1996, 1997a, 1997b, 2003a, 2003b)의 애착 연구를 통해 장기치료에 대한 관심이 재개되었다. 여기에서 이러한 중요한 발견을 간단히 검토하고자 한다.

Roesler(2013)는 융 학파 심리치료의 효과에 관해 주로 스위스와 독일에서 수행된 경험적 연구를 편찬했다. 이 연구들은 주로 준 실험적, 예기 결과 연구 및 회고적 연구로 6년간에 걸쳐 수행되었다. 무선 통제 연구는 없었지만 증상 감소, 복지, 대인관계 문제, 성격 구조의 변화, 건강관리 이용의 감소에 관한 융 학파 심리치료의 효과를 나타냈고, 그리고 일상생활에서의 변화들은 추후 연구 그리고 치료 종료 후 최대 6년 동안 사례의 최대 80%에서 안정된 효과가 있었다. 융 학파 관점에서 볼 때 이러한 결과는 환자의 초기 콤플렉스가 전이 관계에서 재생되었음을 의미한다고 이해되었으며, 치료의 마지막을 향해 자아 콤플렉스가 다른 콤플렉스 패턴과 분리되어 자아를 강화시킨다.

Jonathan Shedler(2010)의 또 다른 연구가 정신역동치료의 효율성에 대한 경험적 증거를 제시하고 있는데, 효과적이라고 나타난 다른 치료들에서 보고된 것보다 효과의 크기가 큰 것으로 나타났다. 또한 "정신역동치료를 받은 환자는 치료적 이득을 유지하고 치료가 끝난 후에도 개선이 지속되는 것으로 보인다."(Shedler, 2010, p. 98) 정신역동치료가 효과적이지만 이제 해야 할 일은 과학적 방법에 신중한 주의를 기울이는 연구를 하는 것이다.

정신역동심리치료의 측면을 지원하기 위해 다양한 유아 연구자들의 작업 또한 빌려온다(Stern, 1985, 1995 참조). 초기 아동기에 애착의 발달은 이러한 상호작용 과정의 결과이다. 나중에 초기 애착 행동은 장기간 치료들에서 치료적 관계에서 일어나는 것에 영향을 미친다. 융은 1920년대 초에 관계와 상호 영향의 중요성에 대해 다음과 같이 기록했다.

> 우리가 할 수 있는 대로 문제를 비틀고 돌리기 위해서 의사와 환자 간의 관계는 전문적인 치료의
> 비인격적 틀 안에서 개인적인 것으로 남아 있다. 어떤 장치도 상호 영향력의 산물이 되는 처치가
> 될 수 없으며, 이는 환자의 것뿐만 아니라 의사의 전체(whole being)가 그 부분을 담당한다. (Jung,
> 1929, ¶163)

치료적 관계의 중요성은 '현재의 순간(now moments)'에 대한 Stern의 탐색으로 강조되는데 다음과 같다. 즉 "애착, 물리적 근접성, 안전의 느낌을 조율하는 모든 사건들은 상호 간에 만들어지는 경험이며…… 그들은 다른 사람 없이는 알려진 자기 경험의 일부로서 존재할 수 없다."(Stern, 1985, p.102)

에인스워스의 우간다 연구(Ainsworth, 1967)에서 조명을 받은 것처럼 애착 관계의 질이 중요하다. 이러한 애착 경험은 나중에 심리적 어려움에서 토대가 될 수 있으며, 이는 어머니/양육자와 유아 사이의 관계의 질을 나타내는 지표가 된다. 분석은 이러한 초기 경험을 알아내도록 도울 수 있고 보다 지속적인 변화를 이끌어낼 수 있다. 에인스워스가 관계에 집중하는 동안, 볼비(1960, 1982)는 에인스워스의 아이디어에 도전하고 이전에 Spitz의 연구(1945, 1965)에서 언급된 것처럼 신경증의 발달에 기여한 것으로서 어릴 때 환경적 요인의 역할을 강조했다. 볼비는 행동학적 아이디어를 어머니-유아 행동에 적용했으며 본질적으로 정신건강에 필수적인 것으로 모성 돌봄을 강조하는 프로이트 이론과 동물행동학의 생물학을 연결했는데, 그 당시에는 혁명적인 개념이었다. 이것은 Winnicott(1971), Kohut(1971) 및 Stern(1985)에 의해 더 자세히 묘사되었으며, 이들은 이해받고 인정받는 존재감의 발달에서 어머니-유아 쌍(dyad)의 의사소통의 중요성을 기술했다. 이것은 치료적 관계에서 그리고 아동과의 놀이에서 중요한 요소이다.

최근에 유아 연구는 엄격한 행동주의로부터 명백한 행동의 내부 원인을 과학적으로 연구하는 것으

로 이동했다. 이 연구에서 반복해서 등장하는 것은 발달의 상호작용적인 본성이며 이것은 놀이치료의 정신분석적 접근에 영향을 미친다. 연구의 중요한 몸통(Bowlby, 1982; Emde, 1983, 1988; Schore, 1994, 1996, 1997a, 1997b; Sroufe, 1989; Trevarthen, 1993)은 안와전두피질(orbitofrontal cortex)이 성장하는 중요한 시기에 발생하는 조절되지 않은 스트레스의 서로 다른 형태들이 불안정 애착을 생성하는 원천으로 작용한다고 지적한다. Schore(1994, 1996)는 이러한 사건들이 정신병 장애의 병리생리학의 기저에 있는 조절 실패와 연루되어 있는 피질과 변연계 회로를 영구히 변화시킴으로써 취약한 개인이 미래의 정신병리 성향을 갖게 하는 원인으로 작용할 수 있다고 언급했다(Schore, 1996, 1997a). 정신분석 및 분석치료의 중요성은 치료사/분석가와 환자 간의 상호작용이 결정적이며 피질과 변연계 회로의 변화에는 시간이 걸린다는 것이다. 얼굴과 얼굴을 마주하는 접촉을 통해 신경생리학적 수준에서 이전에 확립된 뇌 패턴을 재구성할 수 있는 잠재력을 갖고 있다. 이것은 발달적 접근에 대한 비판적 증거가 되는 반면, 독자적으로 발생할 수 있는 잠재적인 무의식적 측면에도 민감해야 한다는 것이다. 덧붙여, 심리치료를 통해 이러한 상호작용적인 수선(repair)은 인생의 기복을 극복할 수 있도록 환자의 회복력에 도움이 되는데, 양육자와 유아 쌍(dyad) 간에 수선할 수 있는 잠재력이 있기 때문이다. Sroufe(1989)는 자기의 핵심이 감정 조절의 패턴으로 나타나고 이 조절 능력은 발달과 맥락에서의 변화에도 불구하고 자기의 연속성을 유지하는 책임이 있다고 말했다. 현재 안나 프로이트의 치료적 관계 내에서 제공되는 '교정적 정서적 경험'에 대한 개념을 뒷받침하는 연구 증거가 있다.

이 모든 것은 정신분석 및 분석심리학 관점에서 아동과 청소년에 대한 이해 및 치료와 관련이 있다. 유아 연구가 분석적 심리치료에 대해 제시하는 요점은 시간이 걸리는 뇌 패턴 변화의 중요성과 관계의 상호작용적인 본성이다.

절차/기법

유아 연구의 출현 그리고 애착 붕괴 및 그 후유증을 이해하는 데에서 신경생물학의 발전과 더불어서, 이러한 관점 각각이 치료를 개념화하는 방식은 서로 밀접해졌다. 정상적인 아동기 과정의 목표는 다음과 같다. 즉, 나이에 적절한 신체적 능력 및 정신적 능력을 발달시키고, 에너지의 흐름을 자유롭게 하여 방어 기제를 사용해서 억압하지 않고, 그리고 자신의 특별한 생활환경에도 불구하고 적응할 수 있는 성장과 성숙 그리고 가족, 학교 및 사회의 요구를 충족시킬 수 있게 아동이 고유한 정체성과 경험을 개발하도록 돕는 것이다. 분석의 목표는 본질적으로 이러한 정상적인 과정을 허용하고 지원하는 것이다. Neubauer(2001)는, 분석의 목표는 자아가 홀가분하게 작업하게 허용하는 것인데, 특히 무의식적인 갈등, 억압, 고착을 제거할 수 있는 발달적 힘을 자유롭게 하는 것이다. 따라서 치료사는 자아에 대해 발달적 보조를 제공하고, 자아를 증진하고, 아동이 발달적 재구성을 수행할 수 있게 도와주고, 갈등과 방어 기제를 다루고, 자기(self)가 출현할 길을 만들어 주는 위치에 있다.

치료사 자격

분석적 배경의 놀이치료사 훈련을 생각해볼 때 두 가지 문제를 고려해야 한다. 하나는 분석 개념과 기법들을 자신의 놀이치료 작업에서 통합할 자격이 있는 잘 훈련된 놀이치료사로 여겨지기 위해서 개인이 갖추어야 하는 훈련이다. 다른 하나는 놀이치료사가 받는 훈련이 아동 분석가로 여겨질 수 있는 것이어야 한다.

많은 놀이치료사가 상징놀이, 해석, 모래상자 작업과 같은 분석기법을 사용한다. 그렇게 할 때 놀이치료사는 무엇보다 먼저 자격을 갖춘 정신건강전문가여야 한다. 또한 치료사가 등록 놀이치료사(Registered Play Therapist, RPT, 특정한 교육 및 임상훈련 기준은 www.a4pt.org 참조)가 되려면 놀이치료협회(Association for Play Therapy, APT)에서 정한 교육 기준을 충족시키거나 치료사에게 이것을 권장한다. 놀이치료의 기초적인 역량을 획득한 개인은 그다음에는 분석기법을 사용하는 데에서 학문적 훈련과 임상 슈퍼비전을 모두 받아야 한다.

아동 분석가가 되고 싶은 놀이치료사는 분석 훈련을 끝내야 한다. 이것은 일반적으로 대학원 과정을 끝내고 요구하는 추가의 교과 과정을 끝낸 후에 분석 기관에서 수행된다. 다음에 제시된 영역에서의 철저한 훈련이 아동 및 청소년과 작업하는 데 필수적인데 이러한 틀 안에 있는 것은 다음과 같다. 기초적인 이론, 꿈심리학, 발달심리학, 신경증 비교 이론, 정신의학 기초, 비교 종교 및 양육에 관한 종교의 영향, 신화 및 동화심리학, 아동놀이의 상징성, 사진 및 그림의 심리적 이해, 아동 및 청소년 심리학과 이들의 치료 분야 문헌에 있는 일반적인 지식 등이다.

학문적 작업 이외에 예비(prospective) 분석가는 아동 또는 부모가 일으킬 수 있는 문제를 인내할 수 있도록 자신의 아동기 갈등에 관한 조망을 할 수 있도록 개인 분석을 끝내야 한다. 예비 분석가들은 자기 성찰과 성숙을 위한 능력 그리고 개방을 할 의지가 있어야 한다. 그들은 또한 이런 종류의 일에 방해가 될 수 있는 심각한 성격 결함이 없어야 한다. 아동 및 청소년에게 효과적인 치료사가 되려면 우리 모두에게 존재하는 내면 아이와 접촉할 수 있고 놀 수 있어야 한다. 놀이하는 이러한 능력에는 자발적이 되는 자유가 있지만, 아동의 행동에 대해 지나치게 확인하거나 거부하지 않고 공감할 수 있어야 한다.

사례 슈퍼비전을 자주 받는 것은 아동에게서, 치료사에게서, 그리고 전이와 역전이에서 일어나는 역동을 이해하는 데 중요하다. 훈련에는 외래 환자, 입원 환자, 유아 관찰이 있는 다양한 환경에서 아동과 작업하는 임상 경험도 포함되어야 한다. 또한 문제가 없는 아동 및 청소년과의 경험이 중요한데, 예를 들면 여름 캠프에서의 자원 봉사는 이러한 경험을 하는 좋은 방법이 될 수 있다. 정서적으로 건강한 아동과의 경험은 치료사가 환자의 증상의 강도와 치료사가 해나가야 하는 목표에 대한 감각을 더 좋게 한다. 다양한 가정 내에서의 문화적, 민족적, 성별 역할에 대한 민감성은 좋은 작업 관계를 수립하는 데에서 매우 중요하다.

환자 특성

전통적인 정신분석적 놀이치료 작업에서는 상당히 잘 발달된 언어 기술이 필요한데 해석 과정을 최대한 사용하기 위함이다. 어린 아동과 작업했던 멜라니 클라인의 전통에서, 초점은 상호 관계에 초점을 맞추는 것이 아니라 갈등이 좀 더 의식화되어서 아동이 그것을 해결할 수 있도록 행동의 해석에 초점을 맞춘다. 개인이 속한다고 생각하는 학파에 관계없이 주된 강조점은 가정, 학교, 사회 맥락에서 아동의 최적의 성장과 발달을 방해하는 그러한 갈등을 해결하는 것이다.

정신역동적 놀이치료의 변형은 아동의 발달 연령과 관련된 자아 증진 활동의 사용이다. 치료적 기법은 평행놀이, 연합놀이, 상징놀이, 연극놀이가 있으며, 이를 통해 치료사는 발달을 격려하고 지원할 수 있는 강력한 의지할 만한 자아를 시범 보인다. 놀이치료의 부속물로서 모래놀이치료의 사용은 아동 내부의 창의적인 에너지가 전개되게 하고 해결책을 개발할 수 있도록 담아두는 그릇을 제공하는 데 도움이 된다. 모래놀이는 어린 아동이 쉽게 받아들이지만, 종종 청소년들은 관심이 없다고 불평한다.

놀이는 보편적인 언어이므로 분석 기법은 중증 정신장애가 있는 사람을 제외한 모든 진단 범주에 사용할 수 있다. 내담자의 신체적 장애는 어려움을 나타낼 수 있지만, 극복할 수 없는 것은 아니며 치료사 측에서 창의적인 해결이 필요하다. 목표는 의식과 무의식 간에 에너지가 자유롭게 흐르는 것이다. 상징을 사용하는 능력은 분석적 치료의 특성이지만, 아동의 심리적 발달을 명심해야 한다. 그렇게 되려면, 출생부터 사망까지 발달 단계를 개발한 에릭 에릭슨(Erik Erikson, 1963, 1980)의 연구가 유용한 도구가 될 수 있다. 이 단계는 자녀가 직면한 정상적인 발달상의 어려움을 부모가 이해하도록 돕는 데 유용할 수 있다. 중요한 관심사는 치료사와 좋은 작업 관계를 맺는 부모의 능력인데 치료를 조기에 끝내지 않게 하려는 것이다. 종종 아동이 개선될 때 부모는 그만둘 준비가 되어 있지만, 작업은 아동이나 청소년과 부모에게 새로운 패턴이 확립되도록 통합하는 시간이 필요하다. 나중에 고의적인 방해 또는 조기 종료를 피하기 위해 치료를 시작할 때 부모와 치료 과정에 대해 이야기하는 것이 종종 유용하다.

실행 계획

분석을 지향하는 놀이치료는 병원, 학교, 사무실 건물, 가정 사무실을 포함해서 거의 모든 장면에서 할 수 있지만, 공간의 성질 및 그 내용은 치료사의 배경과 작업의 성질에 따라 다소 다를 수 있다.

전통적인 정신분석 작업에서는 아동 환자에게 장난감을 비교적 적게 제공하는데, 각각의 장난감은 아동의 정신 내적 갈등을 상징적으로 나타낼 수 있는 정도에 기준을 두고 분석가가 선택하였다. 그러나 현재의 생각은 모든 놀이 자료가 역동적인 자료를 이끌어낼 수 있다는 것인데, 요지는 선택한 것이 어떻게 더 깊은 이해와 상호작용을 촉진하는지를 분석가가 보기 위해서 선택에 대해 열린 마음을 유지하면서 아동 또는 청소년이 장난감을 선택하게 하는 것이다. 복잡한 보드 게임과 복잡한 구성 재료를 사용하는 경우, 아동의 자유놀이와 상상력을 제한하기보다는 상상의 언어화와 감정의 표현뿐만 아니라 격려해야 한다(Essman, 1983). 그러므로 게임은 반드시 규칙에 따라 놀 필요가 없으며 필요에 따라 규칙이 바뀔 수도 있다. 의사소통보다 저항을 야기할 수 있는 장난감은 피해야 한다.

방에는 상징놀이를 유발할 가능성에 초점을 맞추면서 전통적인 것보다 많은 장난감이 있을 수 있다. 이러한 장난감에는 다음과 같은 것이 있다. 모래놀이 미니어처, 신화 또는 슈퍼 히어로 피규어, 인형 및 인형집이 있는데, 규격화된 게임이라도 상징적인 의미가 있을 수 있다. 모래놀이치료에서 다음과 같은 범주의 기본 미니어처들이 개방된 선반에서 사용될 수 있어야 한다. 즉 동물, 새, 곤충, 바다 생물, 반 인간/반 동물, 파충류 및 양서류, 괴물, 알(egg) 및 음식, 판타지 인물, 바위와 조개, 화석, 산과 동굴, 화산, 건물, 울타리, 차량, 사람, 싸우는 인물, 영적 물건 및 잡다한 물건(예 : 구슬, 보석) 등이 있다(Amatruda & Simpson, 1997). 그리기, 운동 게임, 음악, 댄스 등을 포함해서 다양한 표현 기법을 사용할 수 있다. 가능하다면 야외놀이 공간에 나가는 것이 유리하다.

치료 빈도는 아동과 가족의 필요에 따라 주 5일에서 일주일에 여러 번까지, 주 1회, 격주 또는 매달까지 다양하다. 보다 전통적인 분석 작업은 일반적으로 수년간 지속된다. 일부 정신역동의 변종들은 좁혀진 치료 초점을 허용하고, 따라서 치료가 짧은 기간 내에 끝날 수 있다.

평가 및 처치 계획

문제와 처치를 공식화하려면 철저한 사례 이력이 수집되어야 한다. 이력에는 호소하는 문제, 발달사, 정신 상태, 가족력, 원 가족 문제 및 역동성, 문화적 문제, 필요한 경우에 가계도(genogram)가 포함되어야 한다. 초기면담회기는 아동뿐만 아니라 부모도 수행해야 한다. 특히 융은 아동이 부모의 미해결된 주제의 부담을 떠안는 것으로 느꼈으므로 부모의 문제가 아동을 침해하는 정도를 평가하는 것이 초기면담 과정의 중요한 부분이다. 포드햄(1994)은 치료와 관련해서 아동의 요구가 아동 자신의 권리 안에서 다루어져야 한다고 말하는 융의 공식화를 더 깊이 정립했는데, 그들 자신의 스타일을 발달시키고 자신의 운명대로 살기 위해 부모의 미해결된 주제와 그들의 투쟁을 구분할 수 있게 했다.

초기면담 이후에 공식적 평가 및 비공식적 평가 모두를 수행하는 것이 유용할 수 있다. 공식적 평가에는 투사검사 또는 그림이 포함될 수 있다. 비공식적 평가에는 아동의 자유놀이에 대한 관찰이나 아동이 모래상자를 완성하는 것이 포함될 수 있다. 아동의 자유놀이에 대한 관찰이 평가 과정에서 사용될 때, 치료사는 아동의 기저에 있는 정서적 주제에 대한 단서를 구체적으로 찾는다. 모래상자는 종종 아동이 겪고 있는 문제뿐만 아니라 잠재적 해결책에 관한 유용한 정보가 있다. 평가는 항상 진행 중이며, 놀이치료와 치료적 관계에서 일어나는 것에 귀 기울이고 기다리며 아동의 무의식에 대한 단서를 항상 찾고 있다.

처치 단계 및 전략

놀이실은 아동을 위한 보호된 공간이며, 평범한 시간과는 아주 거리가 있는 시간이며 감정적 작업이 수행되는 장소이다. 전통적인 정신분석치료에서 치료사는 중립성과 보다 객관성을 유지하지만 융 학파 분석심리치료에서 만남은 실존적이며 양쪽이 그것에 의해 변화된다. 따라서 치료사는 언어적으로 비언어적으로, 그리고 놀이에서 상징적으로 일어나는 것을 포함해서 상호작용에서 그리고 방 안에서 발생하고 있는 것에 대해 분석적으로 생각할 수 있는 능력을 유지하면서 관찰자이고 또한 참가자이기도 하다(Allan, 1997).

정신분석을 지향하는 놀이치료사들은 놀이치료회기에서 자신의 내적 과정을 이해하기 위해 자기분석에서 한 분석 작업을 사용한다. 이는 전이와 역전이에 기초한 적절한 개입을 전달하는 데에서 그들을 안내하는 데 도움이 된다. 치료사는 감정 상태, 정서, 그 안에 있는 환상을 평가하기 위해 자신의 자아를 사용하고 놀이를 분석한 다음에 아동의 무의식 과정을 이해하기 위해 이러한 통찰들을 이용하여 적절한 개입을 한다. 주어진 시점에서 치료사는 이러한 요인들에 기초한 개입을 고려할 것이고, (a) 관찰, (b) 감정과 사고에 대한 반영, (c) 상징에 대한 설명 또는 확장을 요구하고, (d) 해석을 사용하여 과거나 현재의 감정과 생각을 연결하고, 문제가 명확하고 좀 더 이해할 수 있게 되거나 현재의 관계 문제를 해결하는 데 도움이 되는 결정을 한다(Allan, 1997).

아동의 자아들(egos)은 확장되고 있는 중이고 그들의 의식이 아직 발달하고 있기 때문에 분석적 놀이치료사가 분석적 놀이치료회기에서 정신 에너지의 자유로운 흐름을 보장하는 것이 중요하다. 치료사는 아동의 발달상의 요구를 촉진하고 아동의 자아발달과 갈등의 숙달을 지원하는 중추적 위치에 있다(Chethik, 1989). 분석적 처치에서 융은 정신이 항상 온전함을 향해 진화하고 있으며 그 방향은 자기의 원형에서 비롯된다고 생각했다. 분석적 놀이치료는 단순하게 상처의 발견과 분석에 관한 것이기만 한 것은 아니다. 이러한 이미지와 상징의 내적 생산물을 따라가면, 그다음에는 대개는 상징 만들기의 생성을 도와서 심리적인 문제와 상처를 이해한다. 처치에서 아동의 자아는 더 강력해지고 보다 유연해지며, 반대로 가족 또한 더 많이 이해되고 유연해진다.

처치 단계에는 초기 단계, 작업 단계, 종료 단계가 있다. 초기 단계는 초기면담과 함께 치료에 대한 소개 및 예비교육(orientation)이 있고 부모와 아동이 그들 자신을 탐색하는 데에서 자유롭고 믿을 수 있는 장소에 오는 것이라는 것을 알리면서 처치 목표를 설정한다. 아동과의 모든 작업에는 필요에 따라 행동적 개입이 있는 후속 조치 그리고 필요시에 아동의 어려움에 대한 지원을 증가시키기 위해 학교가 포함되어야 한다. 이것은 교사 또는 학교 상담사와 직접 접촉하거나 자녀에게 적절한 서비스를 찾으려는 부모에게 힘을 실어줌으로써 수행될 수 있다. 초기 단계에서 아동 환자는 그들이 오는 이유와 일정에 대해 듣고, 아마도 그들이 느끼는 감정에 대해 이야기하는 데 필요한 언어를 제공하기 위해 감정 상태와 정서에 대한 약간의 교육이 제공될 것이다. 이 기간에 신뢰감이 형성되고 치료 동맹이 구축된다.

작업 단계에는 혼돈, 투쟁, 보수(reparation), 해결이 들어 있다. 이것은 아동의 부정적 생각, 감정, 투쟁이 치료사에게 종종 투사되어 경험되는 단계이며, 이러한 감정에 대한 새로운 훈습이 이루어질 수 있다. 아동은 종종 제한을 시험해볼 것이다. 치료사는 치료적 맥락과 아동의 가족 또는 사회생활의 좀 더 큰 맥락에 대해 특정한 방식으로 그러한 시험해보기를 다룬다. 이 시기에 특정한 외상이 누설될 수 있으며 아동의 외상과 상처를 상징적으로 자세히 설명하기 위해 장난감이 사용될 수 있다. 아동은 종종 자신의 환상 그리고 두려움과 걱정을 폭로하고, 목표는 아동에게 제공하는 그러한 방식으로 이러한 감정들을 변화시키는 것이다. 치료의 진행은 종종 순환적이다. 퇴행이 있을 수 있고, 그다음에 진행되고, 퇴행이 뒤따를 수 있으며, 아동이 이득을 유지할 만큼 충분한 자아 힘을 획득할 때까지 그렇게 계속된다.

마지막 단계는 처치의 종료가 일어나는 시점이며, 그런 일이 발생하기 전에 잘 처리되고 논의되어야 한다. 마무리를 위해서 치료에 데려온 것을 타당하게 하는 충분한 이익이 만들어진 때를 결정하는 사람은 일반적으로 놀이치료사이다. 그러나 아동은 치료가 끝났음을 알리고 치료사가 동의하면, 이것은 아동 및 부모와 함께 종결을 이야기할 수 있는 훌륭한 기회가 될 수 있다. 아동이 얻은 이익이 시간이 지남에 따라 유지되는지 확인하기 위해, 종료가 완전히 이루어질 때까지 회기의 빈도가 점진적으로 감소될 수 있다. 이것은 또한 아동이 종료에 대해 어느 정도 통제할 수 있다고 느끼고, 작별 인사를 해야 하는 것과 함께 따라오는 감정을 준비하고 훈습하게 한다. 성공적인 종료는 아동 환자가 새로운 기술을 갖추고 세상에서 그들의 자리를 찾을 준비를 하게 한다.

분석심리 사례의 실례

아동과의 작업에서 분석적 접근을 설명하기 위해 *Journal of Sandplay Therapy*(Punnett, 2009)에 처음 발표된 사례가 여기에 제시된다. '대니'와의 작업에는 모래놀이와 놀이치료를 이용하여 아동의 증상과 원형적 뿌리의 상징적 표현으로 미니어처의 확장이 포함되었다. 분석적 관점에서 처치는 상당히 짧아서 6개월 동안 26회기(부모와 3회기 및 아동과 23회기)를 진행하고, 이 동안 아동은 모래상자를 10회 수행했다.

내 인상으로는 대니가 틱장애, 기타 구체화되지 않음을 나타내었다. 그는 단일 또는 다중 운동 및 음성 틱이 있으며 3개월 연속 틱이 없는 기간이 있었다. 이러한 틱들은 불안에 기초한 것으로 보였으며, 여동생 출생의 결함 및 청력을 촉진하는 데 필요한 의료적 개입과 관련되어 나타났다. 또한, 어머니가 여동생이 필요한 것들을 돌보면서 대니는 어머니에 대해 정서적 상실을 경험했다. 꿈은 찾아야 하는 그의 요구에 귀 기울이게 했으며, 그림은 가정에서 가치 있게 보아야 할 대니의 요구에 귀 기울이게 했다. 마지막의 귀 틱은 여동생의 진단과 직접적인 관련이 있었다.

de Vries(1974)에 따르면 귀는 호기심의 상징이며 기억의 위치는 엽(lobe)이다. 대니의 증상은 그가 더 많은 관심을 필요로 했지만, 더 깊게 말하면, 그에게는 다루어지지 않은 고통스러운 기억이 있었다. 딸에게 집중해야만 하는 성실한 부모였지만 아들은 정서적으로 부모가 포기했다고 생각하고 자신의 정서를 과잉통제하는 심리적 방어에 의지했고, 이는 집에서 대니의 모델이었다.

자아발달

자아의 발달이라는 측면에서 대니가 어떤 경험을 했을지를 가정할 수 있다. 노이만의 작업은 우리가 아동의 행동에 대해 더 많이 이해하게 할 것인데 "아동의 자아의식의 발달은 고대 신화에서 나타나는 동일한 원형적 단계 및 상징적 이미지를 재현하는 방식을 보여주고 있다."(1990a, p. vi) 노이만에게 있어서, "엄마와 아동의 태고의 관계는 모든 성공적인 정상 발달의 기초이다."(1990a, p. 2) 노이만에 따르면, 자아발달의 마법의 단계는 대략 16개월에서 4세 사이에 시작된다. 대니는 여동생이 태어나고 진단을 받았을 때 자아발달의 '마법-남근기'였다. 이 단계에서 자아는 더 이상 위성처럼 어머니를 중심으로 돌아가지 않았지만, 몸체-자기(body-self) 그리고 너(the thou)에 대해 독립성을 더 많이 보였다. 대니에게 이것은 대니의 더 큰 독립의 궁극적인 성취에 기여하는 부화의 시간이었지만 간섭이 있었다.

이 단계에서 마법적인 자아의 의도 및 의식적 행동은 여전히 부분적으로는 무의식적이었고 정서적인 색조가 있었다. 세상이 중요하게 된 것은 감정과 정서의 이러한 업적을 통해서이다. 이 단계에서 우리는 아동이 놀이에서 묘사된 동물의 마법적인 살인이 실제의 동물을 죽이는 것과 동일하다는 것에 주목했고, 텔레비전에서 본 인물은 그들에게 실제이다. "마법의 자아에 대한 마술적 사고는 의식의 핵심에 자아 중심(ego-center)을 세우고 무의식 안과 세계 밖의 전적인 지배로부터 자아-의식(ego-consciousness)을 해방시킬 수 있다."(Neumann, 1990a, p. 154)

이것은 대니의 외부 세계가 그를 지탱할 수 없는 마술적인 자아 시간에 있었다. 구체적으로 대니는 어머니의 일부로 포함되어야 했다. 그래서 그의 감정을 담아내기 위해 틱이 만들어진 것 같다. 처음에는 틱이 무작위로 기침을 하고 머리가 움직였고 그다음에는 결국에는 하품과 귀 틱(ear tic)으로 변형되

사례

5세 3개월 된 소년, 대니는 부모가 시도한 행동적 개입에도 불구하고 '신경증 습관'이 사라지지 않기 때문에 소아과 의사가 의뢰했다. 틱은 귀를 비틀고 하품하는 것으로 구성되었다. 어머니의 보고에서 그는 일상생활에서 변화에 잘 적응하지 못했다. 대니는 기질적으로 적응이 느리고 걱정하는 경향이 있었다.

이러한 틱이 처음 나타난 것은 대니가 목구멍소리를 내고 하품하면서 코를 문지르던 2년 전이었다. 발병은 여동생이 태어나고 약 6개월 후였다. 이것은 여동생에게 무언가 잘못된 일이 있다고 인식한 시간과 일치한다. 유아원은 이제 끝났고 대니는 새로운 학교에서 유치원을 시작했다. 그의 행동은 점점 더 논쟁적이 되어 갔다.

부모는 상담 당시에 결혼 생활 10년이었다. 완벽주의이며 불안해하는 경향이 있다고 두 사람 모두 인정했지만, 그들은 자신들의 걱정이 진짜였다고 말한다. 대니의 발달 이정표는 정상 범위 안에 있었지만 자립 기술에서는 다소 미숙했다. 그는 다른 불안에 기반을 둔 행동이 있었는데, 밤에 불을 켜고 자고, 침대 친구들(봉제 동물)이 많았고, 취침 시간에 언어 의식이 있었다.

대니의 여동생은 대니가 3세 2개월이었을 때 청력 소실이 심하다는 진단을 받았다. 청력 소실은 열성 유전 질환 때문이었다. 여동생이 18개월(대니는 4세)이었을 때, 여동생은 달팽이관 이식을 했다. 대니의 부모는 그 이후에 많은 진료 약속뿐만 아니라 여동생이 수술을 받을 때마다 여동생과 함께 있었고, 반면에 대니는 조부모와 함께 있었다. 대니는 부모와의 분리에 대해 불평한 적이 없었다.

대니는 두 번의 평가회기가 있었다. 대니는 자발적으로 말하지는 않았지만 질문에는 적절하게 대답했다. 문제가 있느냐고 내가 물었을 때, 그는 "나의 하품이 궁금하다."고 말했다. 내가 그의 틱에 대해 다시 물었을 때, 그는 "버릇이 될 때 걱정한다."고 말했다. 그때 그는 하품을 하고 자신의 귀로 무엇을 했는지, 즉 '귀지를 빼기 위해' 비트는 동작을 해보였다. 나는 그가 이 습관을 멈추고 싶은지를 물었고 처음에는 멈추고 싶지 않다고 말했고 그다음에는 '조금' 하고 싶다고 말했다. 나는 대니에게 여동생의 임플란트에 대해 물었고, 그는 "하나님은 내 동생에게 작은 한 부분을 넣는 것을 잊어버렸어요."라고 말했다. 대니는 "유령 터널과 같은 어두운 터널에서 손전등을 가진 사람들이 토마스 기차(아동 도서 토마스 탱크 엔진에서; Awdry, 1998)를 찾고 있는 '정말 무서운 꿈'이라고 말했다. 평가에서 대니는 집-나무-사람 그리기(House-Tree-Person Drawing)와 동적 가족화(Kinetic Family Drawing)를 완성했다. 가족 그림에서는 그가 가장 큰 인물로 묘사되어 있었다. 그 남자 뒤에 음식을 가지고 싸우고 있는 고양이 두 마리도 있었다.

었다. 상징으로써 틱은 점차적으로 자기 경험의 보다 정확한 표현으로 탈바꿈하는 것으로 보인다.

5세 때 대니는 '마법-호전적' 자아발달 단계에서 어려움을 겪었다(Neumann, 1990a). 이 단계에서 자아는 어머니 원형에 반대하기 시작했을 뿐 아니라 남성성에 대해 의식하게 되었다. 남성 자아의 보강(strengthening)은 여성의 원칙에 저항하는 힘이 커지면서 시작되었다. 남자아이는 모성 세계와 분리되어 가부장적 세계에 동참해야 한다. "자아가 방해를 받고 독립심을 향한 발달에서 의식의 남성적 원칙이 방해받을 때, 끔찍한 어머니, 용과 마녀, 불안의 원천이 되는 여성-모성을 극복할 수 있는 것은 영웅적으로 싸우는 자아뿐이다."(Neumann, 1990a, p. 168) 대니에게서 이것은 다음 단계로 진행하고 퇴행에 굴복하지 않기 위해 영웅의 싸움에서 표현되었다. 원형의 한 단계에서 다음 단계로 이행하는 데에서 자아가 이전의 지위를 포기하게 할 때마다 두려움에 시달린다. 틱은 이러한 두려움의 증상이었다. 그의 발달을 더욱 진행시키기 위해, 대니는 그의 모래상자에서 보인 것처럼 영웅의 여행을 하고 용과의 싸움을 끝냈다. 분석적 관점에서 두려움은 자아를 제압하지 않으면 발달의 신호이다. 불안의 기능은 두려워지는 것을 자아에게 숙지시키는 것이다. 이 과정은 새로운 방향을 가능하게 만든다. 그럼에도 불구하고 어머니는 자아가 거부해야 하는 것에서 부정적 힘이 될 것이다.

치료의 시작(1~4회기)

평가회기 후 우리는 심리치료를 시작했다. 부모에게 대니와 특별 시간을 보내고 대니의 독립적인 행동을 증가시키라고 지시했다. 부모와 나는 대니의 놀이의 유연성을 높이고 대니의 감정 단어 어휘를 늘려서 자신의 감정 상태를 표현하는 능력을 높이는 것에 관한 작업을 했다. 어머니는 대니가 말한 것을 자신이 종종 수용하지 않는다는 것을 알게 되었다. 예를 들어 대니는 여동생이 싫다고 말했을 것이고 어머니의 반응은 '그것은 좋지 않다.'였다. 어머니가 이것을 인식하게 되면서 어머니는 대니의 감정을 더 많이 수용하게 되었다. 치료 시작 단계에서 부모는 틱이 감소한 것에 주목했다. 그러나 대니가 분노를 좀 더 적절하게 표현한다고는 해도 대니의 반항, 공격성, 요구적인 것은 증가했다. 어머니는 대니와 개별적인 시간을 보내지 않을 때 틱이 증가하는 것에 주목했다.

치료의 시작에서 대니는 특별한 주제 없이 비행기를 줄 세우는 놀이에 집중했다. 대니는 어머니가 '여동생'과 더 많은 시간을 보내야 하기 때문에 다른 형제를 좋아하지 않을 것이라고 말했다. 술래잡기에서 대니는 나를 쫓았고, 나를 잡았고, 나를 감옥에 넣었고, 그리고는 열쇠를 숨겼다. 나와 함께 자기 어머니에게 분노를 행동 표출하는 것 같았는데, 그뿐만 아니라 어머니와 분리가 필요하지만 어머니에게 포함되는 것 그리고 어머니의 지위를 통제하는 것의 필요성 역시 행동 표출하는 것 같았다. 어머니가 여동생과 함께 여행을 갈 것이라고 알렸을 때 대니의 틱이 증가했다. 대니가 이들에 대한 걱정을 표명했을 때 나는 이들이 없을 때 대니와 아버지가 하는 것에 대해 집중하도록 격려했다. 나는 대니가 자신의 걱정을 표현하고 틱을 무시하도록 도와주려는 어머니를 격려했다. 나는 여동생에게 화가 날 가능성과 여동생이 받고 있는 관심을 도입하기 시작했다. 대니는 청력 장치를 위해 '머리에 구멍을 내야 한다'고 했기 때문에 여동생이 갖고 있는 것을 갖고 싶지 않다고 말했다. 대니는 치료에서 더 많은 것을 나누었고, 대니가 더 이상 오지 않을 것이라고 생각했기 때문에 어머니가 약속을 다시 잡아야 했을 때 울었다.

두 번째 회기에서 대니는 두 개의 모래상자를 만들었다. 바닥에서 놀다가 뒤이어 상자 하나를 했고 다음에 두 번째 상자를 했다. 첫 번째 상자(젖음)에서 그는 주변부를 사용해서 두 개의 보트가 경주를 하게 했고, 아주 많은 경쟁을 암시하는 것 같았다. 대니는 "이 배들에는 거미줄이 있고 가라앉고 있다. 하얀 배는 뒤로 갔다가 앞으로 간다. 해적선이 뒤로 갔다가 앞으로 간다."고 말했다. 오른쪽 상단에 있는 두 배는 위험하게 얽혀 있고 그들이 갇혀 있다는 것을 암시한다. 대니가 건설한 강은 자유롭게 흐르지 않았다. 다른 보트들은 앞뒤로만 갈 수 있었다. 보트의 길은 정신 에너지의 흐름이 막혔다는 것을 암시했다. 전체 5개의 보트가 있었는데, 왼쪽 상단에 3개, 가까이에 2개가 있었다. 그것은 2 더하기 3이다.

숫자 2는 대칭, 극성 및 구별을 나타낼 수 있다. 2는 또한 우리가 살고 있는 현실과 관련이 있고, 해적선과 보트는 모두 대니가 느낀 것처럼 방향 없이 '앞으로 뒤로만 가고' 있었다. 위험하고 곤란한 해적선은 대니와 아주 가까이 있었다. 숫자 3은 방향 요소와 발달이 일어날 가능성을 소개하고 내적 결정과 연결되어 있다(Abt, 2005). 정반대의 조합으로서 3은 새로운 창조물로 나타났지만, 이 장면에서는 에너지가 막혔다. 숫자 5는 5개 손가락, 5개 발가락, 5개 말단(심장에서 가장 먼 신체 부분), 5개 감각 기관, 5개 반사 구역과 관련이 있다. 흥미롭게도 대니는 몸동작을 통제하는 데 어려움이 있었다.

두 번째 상자(건조)에서 대니는 "이것은 증기선입니다."라고 말했는데 자신의 힘을 가진 것이다. 그는 상자에 보트 두 대를 두었다. 보트는 첫 번째 상자에서 보다 덜 갇힌 것처럼 보였다. 마루놀이에서 바닥에 비행기를 나란히 세웠다. 그는 후크 선장을 도입한 다음에 두 번째 상자에 있는 '바다'에 던졌다. 후크는 다소 양면성이 있었는데, 동정심의 순간도 있는 무자비한 해적선의 선장이다. 대니는 이러한 성질이 있는데, 여동생을 동정할 때도 있고 여동생에게 무자비한 때도 있다. 그것은 바다에 빠트리고 싶은 부정적 부분이었다. 그러나 이것은 그가 학습할 때—그가 갖고 있는 분노에 대해 학습할 때가 되었다. 상자에서 숫자 2는 그가 겪고 있는 긴장을 암시했다. 보트들 중 하나는 바람의 힘 아래 있었고 다른 보트는 '자신의 힘'을 갖고 있다. 대니는 자신의 증기선으로 가려고 했지만 그에게는 어려운 것이었다.

세 번째 회기에서 대니는 마루에서 하는 놀이에 몰두했다. 대니는 비행기를 모두 꺼내고 자동차들을 따라 마루 위에 그것들을 정확하게 줄지어 놓았다. 나는 몇 대의 비행기를 추가하고 의도적으로 그것들을 완벽하게 줄을 세우지는 않았다. 그는 쫓기고 싶어 했고, 비행기로 달아나려 했고, 그는 추락했지만 반복적으로 살아났다. 신속하게 그를 감옥으로 데려가려 시도했지만, 그는 항상 도망쳤다. 그는 더 자유로워진 것 같았다.

4회기에서 그는 마른 모래에 감옥을 만들었는데, 역시 두 개의 열쇠와 두 대의 차가 있었고, 대니는 움직이지 못하게 했다. 나는 열쇠를 찾기 위해 가라데 스머프 인물을 도입했으나 찾을 수 없었다. 전통적인 모래상자에서 치료사는 요소들을 모래에 도입하지 않지만 대니의 경우에는 모래놀이에서 SWAM으로 일시적으로 바꾸는 것이 맞다고 생각했다. SWAM은 Bradway(2006, p. 9)가 사용한 용어인데 모래, 물, 미니어처를 사용하는 비-모래놀이(non-sandplay) 치료이다. 대니는 어머니로부터 분리하려는 결심을 보강하기 위해 도움이 필요했다. 대니는 어머니와 거리를 두고 분리를 위해 자신의 힘을 활성화하는 것이 필요했다. 그는 좋은 것과 나쁜 것을 놀이했다.

하나의 원래의(original) 통일성 이후에 숫자 2로 각성될 필요가 있고, 주변 환경과 다르다는 점과 성별 및 선악에 대한 인식(즉, 의식의 발달)이 필요하다. 흥미롭게도 내가 앉아 있는 곳을 가리키는 산책

로로 사용했던 모래 위에 울타리가 있었다. 나는 이것을 나와 그의 연결로 보았고, 적당한 공동전이 (cotransference) 이상(Bradway & McCoard, 1997)이며 그와의 여행에서 그를 돕기 위한 요청, 특히 자신을 돌보도록 대니에게 있는 모성 에너지를 활성화하기 위한 요청이라고 보았다.

치료 중간(5〜16회기)

다음 단계에서 'S'가 활성화되고 대니는, 자아로서 영웅의 여행을 시작했다(주의 : 대문자 'S'의 사용은 원형을 인용함). 그는 네 번째 모래상자에 있는 '여동생' 공룡에 대해 공격 행동과 공격성을 나타냈다. 나는 그가 여동생에 대해 이야기할 때 틱이 증가한 것에 주목했다. 대니는 부모의 손에 매여 있으면서 자유를 위해 고군분투하는 자신에 관한 주제의 악몽이 있었다. 여동생에 대한 공격이 계속되었고, 대니는 또한 여동생을 돌보는 것도 나타내었다. 어머니가 여동생과 집을 떠났을 때, 그는 복통을 호소하고 어머니에게 매달렸다. 대니는 더 많이 표현하였다. 부모는 그의 잘못된 행동에 논리적 귀결을 활용하고 있었다.

6번째 회기에서 어머니는 여동생과 함께 다시 집을 떠나야 한다고 대니에게 말한 후에 틱이 증가한 것에 주목했다. 대니는 어머니가 걱정된다고 나에게 말했다. 이 회기에서 대니는 인물이 없는 두 개의 모래상자를 만들었다. 첫 번째(그의 다섯 번째 모래상자)에서 대니는 2개의 원을 만들었다. 이 장면은 2의 확장(배가 된 원들)으로 보인다. Eastwood에 따르면, 숫자 2의 가장 중요한 특성 중 일부는 "분리, 갈등, 무의식에서 의식으로의 새로운 물질이 태어남, 그리고 자아와 에로스의 초기 경험이지만, 압도되고 절망되고, 투쟁하는 강렬한 감정들이기도 하다."(Eastwood, 2002, p. 62) 이 상자에는 공허/기회의 선(禪)인 엔소(Enso)가 있었다. 이 이미지는 어머니가 멀리 있다는 것을 대니가 알았을 때 나온 것이다. 그럼에도 불구하고 대니는 어머니의 모든 부재와 함께 그가 겪은 상처에 대한 각성이 있었다. Hayao Kawai(1996, p. 100)는 다르마(Dharma) 세계의 원리에서 '공허 (emptiness)'는 무와 존재 (nothingness and presence)의 이중적인 의미를 잉태하고 있다고 지적했다. 비어 있는 원은 부처님의 명백한 활동을 묘사하는 것으로 볼 수 있으며, 또는 자기(Self), 죽어가고 완전한 일체 속으로 사라지는 형태이기도 하다. 모든 것은 비어 있지만 신성한 것으로 충분히 유지되고 지지된다. 그것은 죽음-재탄생 경험이 우리 자신의 존재의 더 광범위한 차원들을 활성화하는 상태이다. 대니의 경험은 보이지 않는 것 중 하나였고 그의 요구는 어머니에게 보이지 않았고, 따라서 공허의 상태이다. 다음에 무엇이 올 것인지에 대해 아는 것이 없다. 그러나 정신은 지혜의 내적 장소에 오는 것을 아는 것 같고, 미래에 대한 새로운 잠재력으로 채우는 장소이다.

대니는 다음 상자(그의 여섯 번째)에 물을 부었고 그는 마른 모래에서 사각형과 원을 그렸다. 숫자 4는 이 모래만 있는 상자에서 나타났는데, 이 형태에 4개의 면이 있다. 숫자 4는 오리엔테이션(예 : 보름달의 주기를 만드는 4주, 년의 주기를 만드는 4계절, 나침반의 네 방향, 네 요소)으로 자아의식(ego consciousness)을 돕는다. Abt에 따르면, "숫자 4로 우리는 뭔가 새로운 것을 시작하는 이상으로 명백한 한계에 도달한다."(2005, p. 128) 그는 계속해서 4중 구조가 자기의 원형에 대한 무의식의 연결을 형성한다고 말했다(2005). 4는 지구 및 여성과 상관이 있고, 따라서 어머니 여신들(Gimbutas, 1989)과 여성의 에너지(Eastwood, 2002)와 상관이 있다. 대니는 개인적인 어머니가 그를 실망시켰기 때문에 원형적 어머니에게 가야만 했다. 은유적으로 우리 모두가 낙원을 떠나야—아동은 성장하고 발달해야 하기 때문에 어떤 면에서는 성공한 모든 개인적인 어머니가 자녀를 실망시킨다고 말하는 것이 중요하다. 실망은 충분히 좋은(good-enough) 어머니의 측면으로 묘사되어 왔다(Winnicott, 1965/1991). 대니는 개인적으로 진행하는 것으로부터 좀 더 객관성을 구분하고 배우는 것으로 이동해야 한다. 대니는 영적인 성질을 의미하는 세로 방향으로 상자를 사용해서 4개 면의 모양을 만들었다.

대니의 어머니는 대니가 악몽을 꾸었다고 나에게 전했다. 밤에 대니가 엄마를 다급하게 불러서 "엄마가 자신과 있는데 자신이 떠나야 한다."고 말했다. 꿈의 또 다른 부분은 대니가 사각형(square)을 필요로 한다는 것이다. 어머니는 대니를 진정시켰고 대니는 다시 잠들었다. 아침에 그는 꿈을 기억하지 못했다. 대니는 부정적 어머니를 경험하고 원형의 어머니에게 돌아간 것처럼 보였다. 사각형은 모래상자에서 직사각형의 또 다른 표현이다. 그는 자기의 표상(representation of the Self), 사분위로 갈 필요가 있었다. 이 필요성은 그 당시에는 규칙과 구조에 의해 감추어진 감정과 엄마의 민감성에 대한 인식 부족에 의해 상처받은 감정 때문일 수 있다.

10회기에서, 어머니는 대니가 기분이 좋지 않아서 회기에 못 올 것 같다고 걱정했다고 보고했다. 대니는 공룡으로 일곱 번째 모래상자를 만들었다. 센터에서 대니는 새장을 만들고 열쇠를 숨겼다. 대니가 사용한 피규어는 상자의 모서리에 트리케라톱스(중생대 공룡의 일종)가 있었다. 대니는 어머니를 도입했고 반복적으로 죽인 아버지 '상어'를 도입했으며, 아버지 상어를 수시로 부활시켰지만 발달적으로 적합한 어머니는 부활시키지 않았다. 왼쪽 상단 모서리에 '살해된' 산이 있었다. 새장 밖에 있는 브론토사우루스도 살해당했다. 새장에는 머리가 두 개인 용이 있었다.

대니는 지금 용과 싸우기 위해 영웅의 여행을 하고 있었다. 이것은 높아진 인식을 위한 투쟁이었고, 이제 발달적으로 남성성을 얻으려고 애쓰는 것이고, 여성과 분리되는 것을 의미했다. 이것은 여성을 상징하는 산을 '죽임'으로서 꽤 두드러졌다. 그는 화염(창조 에너지)과 날개 달린 용이라는 도우미를 사용했다. 대니는 내가 공룡을 선택하기를 원했는데, 어머니와 아버지(상어)라고 분류했기 때문에 나는 이것, 즉 브론토사우루스가 여동생이 될 수 있다고 말했다. 대니는 즉시 귀를 씰룩거리기 시작했고 곧 여동생을 '죽이고' 내던졌다. 대니는 머리 둘 달린 용과 싸우고 새장에 가두었다.

대니는 이 전투에서 공룡과 용을 자신의 친구로 사용했는데, 그들은 더 많은 빛 또는 의식을 가져오는 그의 도우미였다. 어머니와 아버지 상어와 머리 둘 달린 용은 모두 새장 안에 들어 있었다. 그는 이 용기(그릇) 안에서 전투—어머니와 분리하고 아버지와 동일시하려는 전투—의 에너지를 담고자 노력했다. 이 원은 자아가 세계와 분리해서 그 자체에 집중하는 마법의 원을 상징할 수도 있다. 이것이 그의 과제였다.

이후 회기(12회기)에서 어머니는 대니와 개인적인 시간을 많이 보내지 않는다고 보고했다. 어머니는 자신과 여동생에게 더 공격적이라고 보고했지만 틱은 거의 나타나지 않았다. 모래에서 대니는 새장을 만들고 나에게 공룡들을 데려가라고 지시했는데, 그는 트리케라톱스, 불을 뿜는 용, 날개 달린 용을 집었다. 그는 여덟 번째 모래상자에 있는 머리 둘 달린 용, 브론토사우루스, 기계식 배터리로 작동되는 용을 사용하라고 지시했다. 그는 총을 들고 나의 공룡을 쐈다. 그는 검(sword)과 열쇠를 추가하여 새장을 열었다. 이 상자에서 부모 공룡 인물은 없었으며, 대니는 여동생을 대표하는 공룡에게 자기 감정을 더 충분히 표현했다. 여동생은 감금되었고 열쇠는 숨겼다. 여동생—새장에 갇혀서 살고 있는 여동생을 대표하는 공룡—에게 공감하는 입장처럼 보였다. 대니는 이 어린 아니마 에너지를 다루는 것을 배우고 있었다. 흥미롭게도 어머니가 그를 집에 데려가려고 왔을 때, 그는 의자 뒤에 숨어서 상자에서 총을 꺼내 장난스럽게 쏘았다.

13번째 회기에서 대니는 매달리며 어머니가 치료실을 나가는 것을 원하지 않았다. 그는 어머니가 나가는 것에 곧 동의했지만 어머니가 떠난 후에 울었다. 이것은 분석을 할 중요한 순간이었다. 나는 대니가 지금 어머니를 원하고 여동생이 태어났을 때 상황이 바뀌었기 때문에 어머니와 있을 수 없는 시간이 있었다고 말하면서, 이제까지 그가 말하지 못한 감정을 토로했다. 그는 20분 동안 흐느껴 울었다. 이것은 힘든 시간이었다. 나의 역전이에서 나는 대니를 붙잡고 달래주고 싶었지만 나는 이것이 도움이 되지 않는다는 것을 알고 있었고, 대니는 표현하지 않았던 어머니 상실에 대한 큰 슬픔을 표현해야 했다. 울고 난 후, 대니는 그가 즐겼던 보드 게임을 하려고 했다. 어머니가 돌아왔을 때 매달리는 행동이 없었고 대니는 나갔고 내가 어머니의 보고를 듣고 있는 동안에 여동생과 놀았다.

다음 회기가 시작되기 전, 대니는 어머니에게 돌아가고 싶지 않다고 말했지만 그의 행동은 그 주일에 개선되었다. 전이에서 대니는 나를 피하려고 했지만, 내(어머니 대상으로서)가 철회하거나 포기하지 않고 그 자리에 있으면서 목격하고 있는 데에서 교정적인 정서적 경험을 했다. 대니가 회기에 왔을 때 그는 나에게 코트를 벗겨달라고 했고, 나는 그가 이것을 어떻게 하는지를 알고 있다고 말했고, 그는 즉시 코트를 벗었다. 대니는 감정을 더 많이 표현하고 있었는데, 예를 들면 어머니와 여동생이 병원에 갔을 때 어머니가 보고 싶다고 말했다. 대니는 어머니가 없을 때 복통이 있었지만 더 이상 약해지지 않았다. 나는 어머니와 함께할 수 없을 때 할 수 있는 일을 해결하는 문제를 대니와 작업했다. 예를 들어 대니는 아버지 또는 조부모와 재미있는 활동을 할 수 있다. 대니는 보드 게임에서 승리하는 데 집중했지만 내가 이겼을 때 나를 스릴에 동참하게 했다. 나의 목표는 그의 열정과 협조성을 높이도록 그를 돕는 것이었다. 대니는 밖에 많이 나가고 싶어 했고 축구 경기를 시작했고 그가 얼마나 잘 뛸 수 있는지 보여주었다.

어머니가 그에게 소리를 지르면 "엄마가 나에게 화내는 거야?"라고 말한다고 어머니가 전했다. 어머니는 "아니야!"라고 대답하고 대니는 "엄마가 소리 지를 때면 내가 잘못하고 있는 것 같아."라고 응답한다. 어머니는 아들의 문제에 대한 죄책감을 표현했고, 나는 그의 경험은 결국에는 대니가 힘을 얻을 수 있는 원천이 될 것이라고 말했다. 그런 다음 어머니는 다른 아이가 비키라고 소리 지르고 여동생이 듣지 못할 때, 대니가 여동생을 옹호했다고 말했다.

치료의 마무리(17~23회기)

대니는 학교와 가정에서 계속 개선되었다. 그는 아버지와 계속 시간을 보냈지만 여동생 없이 어머니와도 시간을 보냈다. 대니는 어머니가 보고 싶다는 것을 자유롭게 표현했다. 대니는 회기에서 게임을 하고 있었는데 승리에 많이 몰두하지는 않았다. 대니는 지금은 축구하러 나가기도 한다. 어머니와 여동생이 병원에 갈 때 대니와 아버지는 특별한 일을 할 계획을 세웠다. 대니는 비행기 놀이에 몰두하고 '괴물 섬으로 여행가기'를 했고 거기에는 이제 괴물이 없었다. 대니는 여동생과 싸우면서 자연적인 결과와 논리적인 결과를 받아들인다. 나는 종료에 대해 대니와 이야기했고 대니는 그가 얼마나 더 많이 와야 하는지를 나에게 말했다. 나는 대니와 그의 진전에 대해 그리고 그가 치료에서 배운 것을 재검토했다. 나는 대니가 자신을 더 잘 표현했으며 이것이 그의 집에서 어떻게 나아졌는지를 설명했다. 우리는 작별 인사와 관련된 감정에 대해 이야기했다. 그는 우리가 함께 나누었던 특별한 시간들 때문에 그가 슬플 것이라고 말했고, 나도 그렇다고 말했다. 마지막 회기는 여동생의 두 번째 수술 이후로 예정되어 있었다.

나는 마지막 회기가 있기 4주 전에 부모를 만났다. 여동생은 두 번째 달팽이관 이식을 진행할 것인데, 우리는 대니가 이 여행을 할 수 있다는 것이 그에게 중요하다는 점에 대해 이야기했다. 이전에 대니는 그들과 동행할 수 없었다. 매우 실용적인 이유 때문에 결정되었지만 정서적으로는 그를 힘들게 했다. 이것은 지금 여동생의 수술을 위한 가족 여행이 될 것이다. 어머니는 대니가 때때로 복통을 호소했지만, 그들이 그의 감정에 대해 이야기한 후에 신속하게 해결되었다고 언급했다. 어머니는 대니가 실제로 이야기를 해야 하는 감정이 있을 때 대니는 자신이 잘하고 있다고 쉽게 생각하기 때문에, 어머니가 대니와 함께 검토해서 받아들여야 한다는 것을 알았다. 어머니와 아버지의 진전이 검토되었다. 의사소통이 훨씬 개선되었다. 감정은 좀 더 개방적이 되고 무시되지 않았다.

치료의 마지막 2~3개월 동안 대니는 밖에서 더 많이 놀았다. 그를 위해 이것은 원형적 어머니를 별자리로 만들고 남성과의 동일시를 활성화시키는 또 다른 방법이었다.

끝에서 두 번째 회기(22회기)에서 어머니는 여동생의 수술이 2주 지연되었다고 알려 왔다. 대니는 우리의 마지막 회기의 날짜를 변경하고 싶어 하지 않았다. 우리는 작별 인사, 우리 작업의 중요성, 그의 모든 성장에 대해 이야기했다. 대니가 정원에서 놀고 난 후에, 그는 그의 아홉 번째 상자를 만들었는데, 수직 방향으로 젖은 모래상자를 사용했다. 그는 전투가 있고 새장의 열쇠는 검과 총처럼 숨겨져 있다고 말했다. 대니는 두 개의 공룡을 나에게 주었다. 공룡 두 마리가 이들을 공격했고, 체포했고 감금했다. 대니는 파란색 트리케라톱스를 새장에서 꺼내고 "이것은 아들 ……아버지(트리케라톱스) 같다."고 말했다. 그는 이 공격적/적대적 에너지를 문자 그대로 확실히 감금했다. 여섯 개의 작은 나무가 새장을 에워쌌는데 네 개가 한 종류이고 두 개는 다른 종류이다. 그다음에 대니는 큰 나무를 거꾸로 뒤집어서, 잡은 동물들 위에 나뭇가지를 내려놓았다.

이 상자에서 가장 두드러진 것은 나무가 거꾸로 된 것이다. 아프리카, 마다가스카르, 호주에서 발견되는 바오밥 나무는 나뭇가지에 나뭇잎이 없을 때 뿌리가 공중에 튀어 나와 있는 것처럼 보이기 때문에 종종 '거꾸로 나무'라고 지칭한다(http://en.wikipedia.org/wiki/Baobab). 또한 잘 자란 나무가 생태계를 지원할 뿐 아니라 음식, 그늘 등을 만들기 때문에 바오밥 나무를 존경하는 원주민들이 종종 '생명나무' 또는 '어머니'라고 부른다.

변화가 일어나려면 연금술에서, 으뜸가는 재료를 가진 용은 물이 아닌 불로 물질을 씻어내야 하기 때문에 불의 용−영주(dragon-lord of fire)가 부름을 받아야 한다. 이 작업의 목적은 밀봉된 용기 내에서 용의 납 본체를 금으로 변환하고 생명의 비약을 얻는 것이었다(Huxley, 1979). 이것은 대니가 어머니와 분리하고 아버지와 아들을 결합하려는 투쟁의 사례이다.

2주 후 대니는 마지막 회기에 왔다. 어머니는 결과가 아주 좋았으며 거의 틱이 없었다고 보고했다. 복통에 대한 불만이 있었지만, 그것에 대해 이야기를 하면 해결된다. 훈육이 두 아이를 통합했으며 이제 대니는 여동생의 장애에 따라서가 아니라 자기 행동에 대한 논리적 귀결로 고통을 받았다. 대니는 여동생의 수술에서 그가 할 일을 기다리는 것에 대해 이야기했다.

그는 젖은 모래상자에서 마지막 상자를 만들었다. 둥근 새장에 나르는 용, 브론토사우루스와 열쇠가 있는 안쪽에 작은 용이 잡혀 있었고, 또 다른 열쇠는 새장 밖에 있었다. 오른쪽에는 악어와 머리 두 개 있는 용이 있었다. 솔즈베리대성당, 큰 성, 작은 성이 왼쪽에 있었다. 아버지와 아들 트리케라톱스, 화염의 용, 분홍색 공룡(스피노사우루스)이 건물 근처에 있었다. 대니는 이것이 그의 공룡들과 내 공룡들(새장에 있는 것들) 사이의 전투라고 말했다. 처음에 그는 자신의 것이 나쁘고, 나의 것이 좋다고 판단하고, 나중에는 자신의 것이 좋고 나의 것이 나쁘다고 말했다. '감옥'의 열쇠는 숨겨져 있었다. 점 토로 된 검과 총도 묻었다. 놀이가 끝날 때 그는 악당을 죽이기 위해 점토로 된 검을 사용하고는 칼을 치웠다. 작은 성을 나머지 동물들이 있는 데에서 상자 위쪽으로 이동시켜서 그의 동물들이 성들 사이에 자리 잡게 되었다. 그는 "나쁜 놈들이 감옥에 있다."고 말하고는 "이게 끝이야."라고 덧붙였다.

대니는 동물들을 좀 더 성 가까이 옮겼는데, 성은 더 안전한 집에서 새로 발견된 그의 자기를 대표 하는 것이다. 나쁜 놈들이 살해되고, 이제 그는 마치 그가 해야 할 일을 행한 것처럼 칼을 치웠다. 세 상에서 악어, 머리 둘 달린 용이 여전히 위험한 것으로 보이지만 그들이 위협하는 것으로 보이지는 않 았다.

그가 상자에 건물을 놓은 것은 이번이 처음이다. 세인트메리대성당으로도 알려진 솔즈베리대성당 과 두 개의 성이 있었다. 대니는 이 거룩한 건물을 자신과 가장 가까운 곳에 놓았다. 그는 원형적 여성 안에서 좀 더 안전해진 것 같았다. 성은 여성적인 대성당과 달리 남성적 이미지였다. 성의 이미지는 남성 세계에서 더욱 안전해졌음도 강조하면서 두 배가 되었다.

Abt(2005)는 중심을 담아내고 서로 다른 많은 원형들을 규제하는 자기의 상징이 숫자 10이라고 지 칭한다. 상자에는 10개의 피규어가 있었고 숫자 10은 모든 숫자가 결합되는 숫자 1의 재등장을 의미 했다. 이와 같이 이것은 대니가 인간의 의식을 포함해서 전체 창조물을 함께 모으는 것을 나타내었다. 이 장면에서 대니는 자신의 '나쁜' 측면을 파괴했지만 다른 위험이 있음을 깨달았다. 자기와 더 큰 연 관이 있었기 때문에 그는 보다 안전한 위치에서 세상에 있을 것이다. 그가 이 상자를 끝낸 후에 그는 밖에 나갔고 우리는 축구를 했는데, 그의 새로 발견된 능력에 대한 놀라운 은유가 세상에 나올 수 있 었다.

사례에 관한 최종 논평

앞서 언급했듯이 De Vries(1974)는 엽(lobe)에서의 기억의 자리에 대한 호기심으로 귀를 묘사했다. 이 아동의 증상은 여동생의 문제 그리고 그가 더 많은 관심이 필요하다는 것을 명백하게 암시했지만, 이 것을 좀 더 상징적으로 볼 때, 그에게는 다루지 않은 고통스러운 기억이 있음을 알 수 있다. 여동생의 선천성 난청 진단 당시에 부모에 의한 정서적 조율의 결여 및 부모가 내쫓았다는 대니의 느낌은 불안 장애의 발달에서 주요 요인이었다. 이들은 딸에게 관심을 집중시켜야만 했던 성실한 부모였지만, 아 들은 그들이 포기했다고 느꼈고 그에 따른 불안으로 자신의 정서를 과도하게 통제하는 방어에 의지했 다. 어머니는 대니가 불평하지 않았기 때문에 잘 적응했다고 생각했다. 그러나 유치원이 시작되었을 때, 발달상으로 어머니와의 정상적인 분리를 할 때, 대니는 증상을 보이기 시작하면서 정서적으로 준 비가 되지 않았음이 분명해졌다. 몇 년 후 추적 조사에서 대니는 틱 증상이 없었고 틱이 나타나지 않 았다.

결론

20세기는 정신분석 및 분석적 이론들에 기초를 둔 놀이치료의 시작을 열었다. 이제 21세기 초반에 일상생활의 복잡성을 감안할 때 놀이치료 그리고 아동과의 작업이 가장 중요한 장소에 우리가 있다. 최근의 유아 연구에 기초해보면, 아동의 정신병리는 부모/양육자의 상호 주관적 관계 및 내부 주관적 관계에 있다고 생각되며, 갈등의 세대 간 계승에 의해, 즉 부모와 조부모의 내력에 의해 강화된다 (Fraiberg, 1959). 이 연구는 변화에 영향을 미치기 위한 장기간 치료를 인정하고, 정신분석 및 분석적 심리치료의 사용을 인정했다. 아동의 치료로써 정신분석적 놀이치료 및 분석적 놀이치료가 중요한데, 왜냐하면 놀이치료사가 시각적, 촉각적, 청각적, 감각 양상들을 포괄하는 다중 양식 접근에서 상호작용하고 시간이 지남에 따라 이것은 특히 감정과 관련된 뇌 패턴에 영향을 미칠 수 있기 때문이다.

정신분석 이론의 역사적 시작은 헤르미온 혹 헬무트와 마거릿 로웬펠트의 작업에서 이야기되었다. 지그문트 프로이트, 안나 프로이트, 멜라니 클라인, 그리고 분석 이론인 칼 구스타프 융, 마이클 포드햄, 에리히 노이만, 도라 칼프가 이야기되었다. 프로이트나 융이 아동과 작업하지는 않았지만, 그들의 이론은 아동을 다루는 작업의 기초로서 제시되었다. 이 이론들은 모습을 드러내는 자아의식을 알려주는 기본 틀을 제시한다. 프로이트 학파 및 후기프로이트 학파는 일차 양육의 관계 모델을 개발했으며, 이러한 양육의 관계가 자기의 내적 원형 구조가 있는 새로운 경험적 자료를 통합하는 맥락을 설정한다(Perry, 2002)는 것이다.

분석적 아동놀이치료 및 분석적 성인치료의 목표는 정신건강을 회복시키는 것인데, 알고 있는 느낌 또는 알려지지 않은 느낌에 의해 방해받은 정신의 균형을 재구축하는 것이다. 사용되는 전략이 다수 있는데, 여기에는 모든 형태의 놀이와 이러한 놀이에서 생기는 상징적 자료를 사용하는 것이 있고, 이는 정신역동적 접근을 구성한다. 분석적 놀이치료에서 치료사는 이러한 양육적 관계가 제공하는 것에 대해 인식하고 동시에 환자가 의식을 확장하고 넓힐 때 전개되는 무의식의 원형적 자료가 드러나는 데 대해 인식한다. 분석이 신경증을 예방할 수 있는 것은 아니지만 이것은 성장하는 사람의 개인적인 강점을 촉진하고 인생의 모든 것에 대처하는 데에서 아동에게 제공되어야 하는 것을 도울 수 있다고 믿는다.

정신분석 및 분석적 놀이치료의 절차와 기술이 논의되었다. 일반적으로 성장과 성숙의 목표는 생활 연령 및 정신 능력에 보조를 맞추고 개발하는 것이며, 에너지 흐름을 자유롭게 해서 방어 기제의 사용으로 억제되지 않게 하는 것이며, 아동이 가족, 학교, 사회의 요구를 충족시키기 위해 특정한 생활 상황에도 불구하고 적응할 수 있는, 그러한 고유한 정체성과 경험을 개발하도록 돕는 것이다.

참고문헌

Abraham, K. (1979). A short study on the development of libido, viewed in the light of mental disorders. In *Selected papers on psycho-analysis*. New York, NY: Brunner/Mazel.

Abt, T. (2005). *Introduction to picture interpretation according to C. G. Jung*. Zurich, Switzerland: Human Heritage.

Adamo, S. M. G., & Rustin, M. (Eds.). (2014). *Young child observation: A development in the theory and method of infant observation*. London, England: Karnac Books.

Ainsworth, M. D. S. (1967). *Infancy in Uganda: Infant care and the growth of love*. Baltimore, MD: Johns Hopkins University Press.

Allan, J. (1997). Jungian play psychotherapy. In K. O'Connor & L. M. Braverman (Eds.), *Play therapy theory and practice: A comparative presentation* (pp. 100–130). New York, NY: Wiley.

Amatruda, K., & Simpson, P. (1997). *Sandplay: The sacred healing*. Taos, NM: Trance Sand Dance Press.

Astor, J. (1995). *Michael Fordham: Innovations in analytical psychology*. London, England: Routledge.

Awdry, W. (1998). *Thomas the tank engine*. London, England: Heinemann Young Books.

Bemporad, J. R. (Ed.). (1980). *Child development in normality and psychopathology*. New York, NY: Brunner/Mazel.

Bick, E. (1964). Notes on infant observation in psycho-analytic training. *The International Journal of Psycho-Analysis, 45*, 558–566.

Bick, E. (1968). The experience of the skin in early object relations. *The International Journal of Psycho-Analysis, 49*, 484–486.

Blanck, G., & Blanck, R. (1979). *Ego psychology II: Psychoanalytic developmental psychology*. New York, NY: Columbia University Press.

Blanck, G., & Blanck, R. (1994). *Ego psychology: Theory and practice* (2nd ed.). New York, NY: Columbia University Press.

Bowlby, J. (1960). Grief and mourning in infancy and early childhood. *The Psychoanalytic Study of the Child, 15*, 9–52.

Bowlby, J. (1982). *Attachment and loss, Vol. III: Loss, sadness, and depression*. New York, NY: Basic Books.

Bradway, K. (2006). What is sandplay? *Journal of Sandplay Therapy, 15*(2), 7–10.

Bradway, K., & McCoard, B. (1997). *Sandplay: Silent workshop of the psyche*. London, England: Routledge.

Chethik, M. (1989). *Techniques of child therapy: Psychodynamic strategies*. New York, NY: Guilford Press. de Ajuriaguerra, J. (1980). In R. P. Lorion (Trans. & Ed.,) *Handbook of child psychiatry and psychology*. New York, NY: Masson.

De Mause, L. (Ed.). (1974). *The history of childhood*. New York, NY: Psychohistory Press.

De Vries, A. (1974). *Dictionary of symbols and imagery*. Amsterdam, Holland: North-Holland.

Eastwood, P. (2002). *Nine windows to wholeness: Exploring numbers in sandplay therapy*. Honolulu, HI: Sanity Press.

Emde, R. N. (1983). The pre-representational self and its affective core. *Psychoanalytic Study of the Child, 18*, 165–192.

Emde, R. N. (1988). Development terminable and interminable. I. Innate and motivational factors from infancy. *International Journal of Psychoanalysis, 69*, 23–42.

Erikson, E. (1963). *Childhood and society*. New York, NY: Norton.

Erikson, E. (1980). *Identity and the life cycle*. New York, NY: Norton.

Essman, A. H. (1983). Psychoanalytic play therapy. In C. E. Schaefer & K. J. O'Connor (Eds.), *Handbook of play therapy*. New York, NY: Wiley.

Fordham, M. (1994). *Children as individuals*. London, England: Free Association Books.

Fraiberg, S. (1959). *The magic years: Understanding and handling the problems of early childhood*. New York, NY: Charles Scribner's Sons.

Freud, A. (1965). *Normality and pathology in childhood*. New York, NY: International Universities Press.

Freud, A. (1966–1980). *The writings of Anna Freud, Volumes I–VIII*. New York, NY: International Universities Press.

Freud, S. (1909). Analysis of a phobia in a five-year-old boy. In *The Standard Edition of the Complete Psychological Works of Sigmund Freud* (Vol. *X*, pp. 3–149). London, England: Hogarth Press.

Freud, S. (1953). *The interpretation of dreams*. London, England: Hogarth. (Original work published 1900)

Gimbutas, M. (1989). *The language of the goddess*. New York, NY: Thames & Hudson.

Glenn, J. (Ed.). (1992). *Child analysis and therapy*. Northvale, NJ: Jason Aronson.

Harding, E. M. (1961). What makes symbol effective as a healing agent. In G. Adler (Ed.), *Current trends in analytical psychology*. London, England: Tavistock.

Hug-Hellmuth, H. (1921). On the technique of child-analysis. *International Journal of Psychoanalysis, 2*, 287–305.

Huxley, F. (1979). *The dragon: Nature of spirit, spirit of nature*. London, England: Thames & Hudson.

Jung, C. G. (1908). The psychology of dementia praecox. In G. Adler & R.F.C. Hull (Ed., & Trans.) *The Collected Works of C. G. Jung: Vol. 3. Psychogenesis of Mental Disease* (pp. 153–178). Princeton, NJ: Princeton University Press.

Jung, C. G. (1917–1943). The psychology of the unconscious. In R.F.C. Hull, & G. Adler (Ed., & Trans.) *The Collected Works of C. G. Jung: Vol. 7. Two Essays on Analytical Psychology* (pp. 3–119). Princeton, NJ: Princeton University Press.

Jung, C. G. (1921). Definitions. In R.F.C. Hull, & G. Adler (Ed., & Trans.) *The Collected Works of C. G. Jung: Vol. 6. Psychological Types* (pp. 408–486). Princeton, NJ: Princeton University Press.

Jung, C. G. (1928). The relations between the ego and the unconscious. In R.F.C. Hull, & G. Adler (Ed., & Trans.) *The Collected Works of C. G. Jung: Vol. 7. Two Essays on Analytical Psychology* (pp. 122–241). Princeton, NJ: Princeton University Press.

Jung, C. G. (1929). The aims of psychotherapy. In R.F.C. Hull, & G. Adler (Ed., & Trans.) *The Collected Works of C. G. Jung: Vol.16. The Practice of Psychotherapy—Essays on the Psychology of the Transference and Other Subjects* (pp. 36-52). Princeton, NJ: Princeton University Press.

Jung, C. G. (1945-1948). The phenomenology of the spirit in fairytales. In R.F.C. Hull, & G. Adler (Ed., & Trans.) *The Collected Works of C. G. Jung: Vol.16 (Part 1). The Archetypes and the Collective Unconscious* (pp. 207-254). Princeton, NJ: Princeton University Press.

Jung, C. G. (1947-1954). On the nature of the psyche. In R.F.C. Hull, & G. Adler (Ed., & Trans.) *The Collected Works of C. G. Jung: Vol.8. The Structure and Dynamics of the Psyche* (pp. 159-236). Princeton, NJ: Princeton University Press.

Jung, C. G. (1953-1979). *Bollingen Series XX: The Collected Works* (2nd ed., H. Read, M. Fordham, & G. Adler, Eds.; R. F. C. Hull, Trans.). Princeton, NJ: Princeton University Press.

Jung, C. G. (1963). *Memories, dreams, reflections* (A. Jaffe, Ed. & C. Winston, Trans.). London, England: Collins & Routledge & Kegan Paul.

Jung, C. G. (2008). *Children's dreams: Notes from the seminar given in 1936-1940* (E. Falzeder & T. Woolfson, Trans.). Princeton, NJ: Princeton University Press.

Jung, C. G. (2009). *The red book: Liber novus* (M. Kyburz, J. Peck, & S. Shamdasani, Trans.). New York, NY: Norton.

Jung, C. G., von Franz, M. L, Henderson, J. L., Jacobi, J. & Jaffe, A. (1964). *Man and his symbols*. Garden City, NY: Doubleday.

Kalff, D. M. (2003). *Sandplay: A psychotherapeutic approach to the psyche* (B. A. Turner, Ed.). Cloverdale, CA: Temenos Press.

Kalsched, D. (1996). *The inner world of trauma: Archetypal defenses of the personal spirit*. London, England: Routledge.

Kalsched, D. (2013). *Trauma and the sold: A psycho-spiritual approach to human development and its interruption*. London, England: Routledge.

Kawai, H. (1996). *Buddhism and the art of psychotherapy*. College Station: Texas A & M University Press.

Kernberg, O. F. (1976). *Object-relations theory and clinical psychoanalysis*. New York, NY: Jason Aronson.

Kernberg, O. F. (1980). *Internal world and external reality: Object relations theory applied*. New York, NY: Jason Aronson.

Kirsch, T. B. (2000). *The Jungians: A comparative and historical perspective*. London, England: Routledge.

Klein, M. (1969). *The psychoanalysis of children*. New York, NY: Humanities Press.

Klein, M. (1975). *The psychoanalysis of children: Writings of Melanie Klein*. New York, NY: Delacorte Press/Random House. (Original work published 1932)

Kohut, H. (1971). *The analysis of the self*. New York, NY: International Universities Press.

Kohut, H. (1977). *The restoration of the self*. New York, NY: International Universities Press.

Kohut, H. (1978). *The search for the self: Selected writings of Heinz Kohut: 1950-1978* (P. H. Ornstein, Ed.). New York, NY: International Universities Press.

Lanyado, M., & Horne, A. (1999). *The handbook of child and adolescent psychotherapy*. London, England: Routledge.

Lee, A. C. (1997). Psychoanalytic play therapy. In K. O'Connor & L. M. Braverman (Eds.), *Play therapy theory and practice: A comparative presentation* (pp. 46-78). New York, NY: Wiley.

Lori, A. (2005, January 28). Jung at heart. *Haaretz*. Retrieved from http://www.haaretz.com/jungat-heart-I.148506

Lowenfeld, M. (1979). *The world technique*. London, England: George Allen and Unwin.

MacLean, G., & Rappon, U. (1991). *Hermine Hug-Hellmuth*. London, England: Routledge.

McLean, G. A. (1986). A brief story about Dr. Mermine Hug-Hellmuth. *Canadian Journal of Psychiatry, 31*, 586-589.

Neubauer, P. M. (2001). Emerging issues: Some observations about changes in technique in child analysis. *Psychoanalytic Study of the Child, 56*, 16-38.

Neumann, E. (1969). *The origins and history of consciousness* (R. F. C. Hull, Trans.). Princeton, NJ: Princeton University Press.

Neumann, E. (1990a). *The child* (R.Manheim, Trans.). Boston, MA: Shambhala.

Neumann, E. (1990b).*Depth psychology and a newethic* (E. Rolfe, Trans.). Boston, MA: Shambhala.

Perry, J. C. (2002). Archetype and object: Primary deintegration and primary love in analytical play therapy with young children. *Journal of Analytical Psychology, 47*, 407-420.

Plastow, M. (2011). Hermine Hug-Hellmuth, the first child psychoanalyst: Legacy and dilemmas. *Australsian Psychiatry, 19*(3), 206-210.

Punnett, A. (2009). Symptom, symbol and sandplay: Manifestation of a tic disorder in a child. *Journal of Sandplay Therapy, 18*(1), 27-45.

Punnett, A. (2011). A conversation with Mario Jacoby. *Journal of Sandplay Therapy, 20*(2), 77-83.

Punnett, A. (2014). *The orphan: A journey toward wholeness*. Skiatook, OK: Fisher King Press.

Roesler, C. (2013). Evidence for the effectiveness of Jungian psychotherapy: A review of empirical studies. *Behavioral Sciences, 3*, 562-575.

Ryce-Menuhin, J. (1992). *Jungian sandplay: The wonderful therapy*. London, England: Routledge.

Sandler, J., Kennedy, H., & Tyson, R. L. (1980). *The technique of child psychoanalysis: Discussion with Anna Freud*. Cambridge,MA: Harvard University Press.

Schore, A. N. (1994). *Affect regulation and the origin of the self: The neurobiology of emotional development*. Hillsdale, NJ: Erlbaum.

Schore, A. N. (1996). The experience-dependent maturation of a regulatory system in the orbital prefrontal cortex and the origin of developmental psychopathology. *Development and Psychopathology, 8*, 59-87.

Schore, A. N. (1997a). A century after Freud's project: Is a rapprochement between psychoanalysis and neurobiology at hand. *Journal of American Psychoanalytic Association, 45,* 841–867.

Schore, A. N. (1997b). Early organization of the nonlinear right brain and development of a predisposition to psychiatric disorders. *Development and Psychopathology, 9,* 595–631.

Schore, A. N. (2003a). *Affect dysregulation and the repair of the self.* New York, NY: Norton.

Schore, A. N. (2003b). *Affect regulation and the repair of the self.* New York, NY: Norton.

Segal, H. (1974). *Introduction to the work of Melanie Klein.* New York, NY: Basic Books.

Shedler, J. (2010). The efficacy of psychodynamic psychotherapy. *American Psychologist, 65*(2), 98–109.

Sidoli, M. (1989). *The unfolding self: Separation and individuation.* Boston, MA: Sigo Press.

Sidoli, M. (2000). *When the body speaks: The archetypes in the body.* London, England: Routledge.

Sidoli, M., & Davies, M. (1988). *Jungian child psychotherapy and individuation in childhood: Deintegraton and reintegration in the first two weeks of life.* London, England: Karnac Books.

Spitz, R. A. (1945). Hospitalism: An inquiry into the genesis of psychiatric conditions in early childhood. *Psychoanalytic Study of the Child, 1,* 53–74.

Spitz, R. A. (1965). *The first year of life.* New York, NY: International Universities Press.

Sroufe, L. A. (1989). Relationships, self, and individual adaptation. In A. J. Sameroff & R. N. Emde (Eds.), *Relationship disturbances in early childhood* (pp. 70–94). New York, NY: Basic Books.

Stern, D. N. (1985). *The interpersonal world of the infant.* New York, NY: Basic Books.

Stern, D. N. (1995). *The motherhood constellation.* New York, NY: Basic Books.

Trevarthen, C. (1993). The self born in intersubjectivity: The psychology of an infant communicating. In U. Neisser (Ed.), *The perceived self: Ecological and interpersonal sources of self-knowledge* (pp. 121–173). New York, NY: Cambridge University Press.

Wells, H.G. (2004). *H. G. Wells' floor games: A father's account of play and its legacy of healing* (B. Turner, Ed.). Cloverdale, CA: Temenos Press. (Original work published 1911)

Urwin, C., & Hood-Williams, J. (1988). *Child psychotherapy, war and the normal child: Selected papers of Margaret Lowenfeld.* London, England: Free Association Books.

Weinrib, E. L. (1983). *Images of the self.* Boston, MA: Sigo Press.

Winnicott, D.W. (1991). *The maturational processes and the facilitating environment: Studies in the theory of emotional development.* New York, NY: International Universities Press. (Original work published 1965)

Winnicott, D.W. (1971). Mirror-role of mother and family in child development. In *Playing and reality* (pp. 111–118). New York, NY: Basic Books.

Young-Bruehl, E. (1988). *Anna Freud: A biography.* New York, NY: Summit Books.

5

아동중심 놀이치료

GERI GLOVER, GARRY L. LANDRETH

"아동중심 놀이치료는 성장과 성숙을 향한 아동의 선천적인 인간 능력에 대한 기본 철학 그리고 건설적으로 자기 주도적이 되려는 아동 능력에 대한 깊고 오래 지속된 신념의 태도이다."(Landreth, 2012, p. 60) 아동중심 놀이치료(child-centered play therapy, CCPT)는 적절한 조건이 제공될 때 아동이 긍정적이고 건강한 성장을 할 수 있다고 믿는다. 치료사의 목표는 편안하고, 환영하고, 돌보고, 따뜻하고 허용적인 환경을 만드는 것이다. 이 환경에서 아동은 그들의 문제를 극복하도록 허용하는 치료적인 방식으로 자신의 문제 또는 관심사를 표현하고 놀 것이다. 아동은 그들이 원하는 거의 모든 방식으로 놀이회기를 주도한다.

CCPT는 놀이회기에서 아동의 내부 지향적, 건설적, 전진적, 창조적, 자기 치유력을 방출할 수 있는 방법과 관련된 것에 초점을 맞춘다(Landreth, 2012). CCPT는 아동과 치료사 간의 관계를 통해 개인의 삶에 초점을 맞춘 놀이치료 접근이다. 이러한 치료 접근은 놀이치료 과정에서 기법의 사용을 피한다. 기법에 의지하기보다는 치료사와 아동 간의 관계로 아동의 건설적인 태도 및 행동의 발달을 촉진한다. 엑슬린(1964)은 치료사로서의 치료사의 책임은 개인의 사적이고 개인이 속해 있는 개인적 세계에 의해, 치료사의 태도와 사적인 철학을 통해서, 치료사가 할 수 있는 한 효과적으로 의사 전달하는 것이라고 말했다. 이 세상의 어떤 부분을 언제 공유할지를 결정하는 것은 개인이다. 치료적 방법으로 아동과 관계를 맺기 위해 치료사는 아동과 따뜻하고, 보살피고, 수용하는 곳에서 아동을 만나야 한다.

이론

"성격 구조의 이론적 체계를 이해하고 준수하는 것은 치료사의 아동 접근방식에서 일관성을 제시하고 아동의 내적 세계의 경험에 대한 치료사의 민감성을 증진시킨다."(Landreth, 2012, p. 54) CCPT는 칼 로저스의 비지시적 치료 이론에 기초를 두고 버지니아 엑슬린(1974)이 아동에게 적용하였다. 로저스(1961)는, 개인은 적당한 조건이 제공될 때 긍정적이고 건강한 방향으로 성장하는 능력을 자신 안에 가지고 있다고 생각했다. "우리가 성장 경향성, 자기실현을 향한 동인(drive), 또는 앞으로 이동하려는 경향성이라고 부르든지 간에 그것은 삶의 원동력이다."(Rogers, 1961, p. 36)

성격

아동중심 성격 이론은 세 가지 개념에 기초를 두는데, 즉 사람, 현상학적 장, 자아이다(Landreth, 2012). 개인의 성격은 경험, 관계, 생각, 감정의 결과로 성장하고 발달한다. 개인은 모든 개인의 삶의 주된 목표, 자기의 실현(realization of the self)을 추구하면서 세계와 그들 세계에 있는 사람들과 상호작용한다. 이를 자아실현(self-actualization)이라고도 한다. 건강한 성격은 개인이 자아실현을 추구하기에 충분한 자기 확신을 발달시킬 때 생긴다(Guerney, 2001).

사람

사람은 아동의 생각, 감정, 행동 및 신체적 존재이다. 아동은 그들 세계의 변화에 항상 반응한다. 아동이 자아(self)의 한 부분에서 변함에 따라 다른 부분들도 바뀐다. 로저스(1951)에 따르면 개인은 "자신이 중심이 되는 끊임없이 변화하는 경험의 세계 안에 존재한다."(p. 483)

비록 "상담 이론은 모든 연령에 걸쳐 성격발달과 행동을 설명하는 포괄적인 발달 이론"이지만(Landreth, 2012, p. 55), CCPT는 2세에서 10세 사이의 어린 아동에게 적용할 수 있는, 인간 발달의 초기 단계에 특히 민감하다. 이 단계에서 사람은 진행 중인 작업이 있고, 놀이는 성장을 위한 중요한 수단이다. 아동은 그들의 어휘력과 언어 능숙도를 향상시키고 있는 도중이다. 인지 기능도 사회적 기술도 충분히 발달되지 않았다. CCPT는 장 피아제, 에릭 에릭슨, 레프 비고츠키가 제안한 정신 과정 및 아동발달 원칙의 일반적인 틀의 지지를 받고 있다.

피아제(1983)는 아동이 구체적 논리를 충분히 이해하고 정보를 정신적으로 조작할 수 없는 것에서 구체적인 사건에 대해 논리적으로 생각할 수 있는 존재로 이동하는 기간으로서 인지발달의 전 조작기(2~7세) 및 구체적 조작단계(7~11세)를 설명했지만, 추상적 개념이나 가설적 개념에는 여전히 어려움이 있다. 이 아동들은 자기중심성에서부터 좀 더 사회화된 관점에서 세계를 보는 것으로 옮겨 가고 있다. 피아제(1983)는 놀이 상호작용이 아동에게 지속적인 상호작용을 통해 사회적 능력을 개발하는 기회를 제공한다고 보았다. 동화와 조절 모두는 아동과 환경 그리고 아동의 현실을 통합시키는 놀이 그리고 모방에서 주고받는 것에 포함되어 있다.

Dougherty와 Ray(2007)는 대학 상담 클리닉에 다니며 매주 개별 CCPT를 받은 아동의 처치 자료들을 통계적으로 분석하였다. 아동들은 독립변인으로 연령에 따라 두 개 자료 집단(전조작기와 구체적 조작기)에 할당했고 종속변인은 부모-아동 관계 스트레스이다. 구체적 조작기 집단의 아동들은 전조작기 집단 아동들보다 개입으로 인한 변화가 더 많았지만, 두 집단 모두 부모-아동 관계 스트레스에서는 의미 있는 감소를 경험했다.

에릭슨(1963)은 아동이 가장놀이를 통해 자신의 사회적 세계에 대해 배우고 새로운 사회적 기술을 시도해볼 수 있다고 주장했고, 놀이의 세계에서 아동이 그들의 삶에 있는 갈등을 훈습하는 안전한 장소가 된다고 믿었다. 자율감 대 수치심(3~5세)의 심리사회적 단계에서 놀이는 결과가 지나치게 강력하거나 지나치게 엄격하지 않은 안전한 세계가 된다. 놀이는 아동이 책임지게 한다. 에릭슨(1963)은 주도성 대 죄책감(5~11세) 단계에서 아동이 아이디어, 감정, 환상을 놀이 계획에 편성할 수 있도록 재료, 설비, 공간, 시간, 그리고 이해해주는 성인이 있는 환경을 장려했다. 놀이는 아동이 아직 숙련되지 않았음에도 지나치게 많이 의심, 수치심, 죄책감을 느끼지 않고 생각과 관계를 탐색하고 조작하게 한다.

비고츠키는 그의 사회문화적 이론 접근(Frost, Wortham, & Reifel, 2008에서 인용)에서 유치원 시기에 가장놀이가 사회적 능력 및 인지적 능력의 획득에 필수적이라고 제안했다. 그는 아동이 환상놀이에서 스스로 부과한 규칙에 따라 삶을 사는 것을 배운다고 믿었다. 비고츠키에 따르면 놀이는 아동이 자기 규제를 실행할 수 있게 하고, 행동을 하는 과정에서 선택할 수 있게 돕고, 다른 시간보다 성숙하게 행동하는 수단을 아동에게 제공한다. 상상놀이에서 아동은 그들의 근접발달영역의 꼭대기에서 작업할 수 있다.

현상학적 장

아동의 현상학적 장(phenomenal field)은 아동이 내적으로 또는 외적으로 경험하는 모든 것이다(Landreth, 2012). 아동의 경험은 아동이 세상을 보는 참조의 틀이 된다. 아동에게는 그들의 현상학적 장이 그것을 지각하는 그들의 현실이다. 아동이 주변 세계를 인식하는 방식이다. 치료에서 아동의 참조 틀 그리고 현실에 대한 아동의 틀을 이해하는 것이 중요하다. 아동의 행동은 자신의 현실 세계에서 아동의 눈을 통해 봄으로써만 이해할 수 있다. 삶은 끊임없이 변화하며 아동은 지속적으로 사고, 감정, 태도, 행동을 재조직하고 있다. 때로는 그들의 지각이 왜곡된다. 현실에 대한 아동의 인식은 치료사가 이의를 제기하지 않고 허용되어야 하며, 아동이 의사소통하는 단어나 상징은 해석되거나 질문하지 않아야 한다. 변화를 배양하기 위해 치료사는 그들의 감정, 생각, 소망, 목표에 대해 공감해야 한다. 치료사는 심리적 성장을 촉진하는 관계 및 그것의 안전함의 증진에 따라야 한다.

자아

자아(self)는 환경과 관련하여 '나'에 대한 아동의 지각이다(Landreth, 2012). 아동은 다른 사람들과의 상호작용을 통해서만 자아를 발달시킬 수 있다. 자아는 아동의 현상학적 장이 변함에 따라 성장하고 변화한다. 아동의 행동은 아동의 자아 감각과 일치한다. 이 접근에 따르면 모든 개인의 삶의 주요 목표는 자아실현을 위한 것이다. 아동은 외부 행동을 내적 자아와 맞추기 위한 노력으로 행동을 수정한다고 믿고 있다. 로저스(1963)는 내적으로 향하는 자아의 결여는 가치 있는 조건으로 가득한 환경에서 부모-아동의 상호작용을 통해 아동기에 종종 발달한다고 주장했다. 좀 더 자연스럽고, 긍정적인 성장 경험을 허용해서 아동기 환경이 바뀔 수 있다면, 아동은 자기 주도적이고 적절하고 건강한 개인으로 성장할 수 있는 좋은 기회가 된다. 아동의 자아 구조는 환경과의 상호작용 그리고 다른 사람들과의 상호작용을 평가함으로써 형성된다(Landreth, 2012). 자아에 대한 지각은 관계 속에서 자아에 대해 존재해 있는 인식으로 만들어진다. 긍정적 가치와 부정적 가치는 과거, 현재, 미래의 관계의 질과 연관된다.

아동 내에서의 자아의 왜곡은 사랑, 지지, 소속감의 부족 또는 가정이나 학교에서 부정적 힘이 있으면 발생한다(Rogers, 1963). 아동이 변하게 하려면, 치료사는 따뜻하고 허용하고 공감적 관계를 만드는 데 중점을 둔다. 자유놀이를 하는 동안에 치료사의 수용과 이해는 아동의 자기 가치감 그리고 궁극적으로 자기 주도의 능력을 불러일으킨다. 이 과정은 치료적 변화가 일어나게 한다. 아동기의 건강한 자아는 발달 이정표 및 정서적 이정표의 성취, 건강한 사회적 발달의 성취, 효과적인 대처 기술을 성취한다는 특징이 있는데, 아동이 가정, 학교, 지역사회에서 삶과 기능의 질이 긍정적인 것과 같은 것이다.

절차

Landreth(2012)에 따르면 "아동중심 놀이치료는 단지 관계형성 기법 몇 가지를 적용하는 것이 아니라 완전한 치료 체계이며, 건설적으로 자기 주도하게 되는 아동의 능력과 탄력성에 대한 깊이 있고 지속적인 신념에 기반을 둔다."(p. 53) 행동적으로 지향하는 치료와 달리, CCPT는 특정 문제 또는 특정 인구집단을 향해 있지 않고 사실상 포괄적이다. 즉, 자존심 및 부적절한 행동의 기저에 있는 느낌을 개선시키려는 목적이 있다. 좌절, 분노, 수행 불안, 분리 불안, 포기에 대한 두려움, 부적절하고 부적응적인 행동으로 나타나는 개인적인 안전감에 대한 우려와 같은 감정은 따뜻하고 돌보는 성인이 있는 데에서 놀이치료회기의 안전한 인간관계 분위기에서 아동이 놀게 함으로써 처리될 수 있다(Guerney, 1983).

CCPT는 세 가지 핵심 조건이 특징인 로저스의 비지시적 치료 이론에 기반을 두고 있는데, 즉 (1) 치료사와 내담자 간의 일치, (2) 내담자에 대한 무조건적인 긍정적 존중, (3) 내담자와의 공감이다. "첫 번째 요소는 진술, 진실, 조화라고 할 수 있다. 치료사가 자신과의 관계에서 전문가 노릇이나 개인적 외양으로 묶어두지 않을수록 내담자는 건설적인 방식으로 더 많이 변화하고 성장하기 쉽다."(Rogers, 1980, p. 115) "변화를 위한 분위기를 창조하는 데에서 중요한 두 번째 태도는 수용이나 돌봄, 또는 귀하게 여김이다."(Rogers, 1980, p. 115) 로저스는 이것을 무조건적인 긍정적 존중으로 간주했으며 내담자가 무엇을 하든지 간에 그 순간에 치료사가 내담자에게 긍정적이고 수용적인 태도를 경험하게 하면 치료적 움직임이나 변화가 발생할 가능성이 많다고 믿었다. 치료사는 무조건적으로 내담자를 귀히 여긴다. "관계의 세 번째 촉진적 측면은 공감적 이해이다. 이것은 내담자가 경험하고 있는 감정과 개인적 의미를 치료사가 정확하게 감지하고 내담자에게 이러한 이해를 전달하는 것을 의미한다."(Rogers, 1980, p. 116)

비지시적 놀이치료 개발에서 엑슬린(1974)은 로저스의 핵심 조건의 실행을 위한 여덟 가지 기본 원칙으로 통합했다. 이러한 원칙들은 치료사와 아동 사이의 신뢰 관계의 발전 그리고 아동을 있는 그대로 수용하는 것을 강조한다. 치료사는 허용적인 분위기를 조성하고 아동이 표현하는 감정을 인지하고 반영한다. 회기의 방향을 선택하는 아동을 신뢰하며, 필요하다면 치료적 관계 안에서 치료적 제한이 설정된다.

엑슬린(1974)에 의해 제시된 비지시적 놀이치료의 여덟 가지 기본 원칙은 오늘날 실행되는 아동중심 놀이치료의 토대가 되었다.

1. 치료사는 아동과의 따뜻하고 우호적인 관계를 발달시켜야 하며 가능한 한 신속하게 좋은 신뢰를 확립해야 한다.
2. 치료사는 있는 그대로의 아동을 수용한다.

3. 치료사는 관계에서 허용감을 확립하고 그래서 아동은 자신의 감정을 온전히 표현할 수 있다고 느낀다.

4. 치료사는 아동이 표현하고 있는 감정을 인식하고 자기 행동에 대해 통찰시키는 방식으로 그러한 감정을 반영한다.

5. 치료사는 기회가 주어지면 자신의 문제를 해결하려는 아동의 능력에 대해 깊은 존경심을 유지한다. 변화를 선택하고 변화를 일으키는 책임은 아동의 몫이다.

6. 치료사는 어떤 방식으로든지 아동의 행동이나 대화를 지시하려 하지 않는다. 아동이 안내하고 치료사가 따라간다.

7. 치료사는 치료를 서두르려 하지 않는다. 치료는 점진적인 과정이며 치료사가 그것을 인정한다.

8. 치료사는 치료가 현실 세계에 단단히 고정되고 아동이 관계에서 자신의 책임을 인식하게 만드는 데 필요한 제한만 설정한다(1974, pp. 73-74).

치료사 훈련 및 자격

치료적 방식으로 아동과 일하는 소명의식이 있는 사람의 경우, 도움 전문가로서의 일반적인 훈련과 놀이치료에서의 특수한 훈련 모두가 중요하다. 현재 대부분의 놀이치료사는 미국 전역 50개 주에서 전문가 자격증이 있는 심리학, 사회사업, 상담에 관한 정신건강 분야 출신이다. 기본 면허 요건은 이러한 돕는 분야 또는 관련 영역 중 하나에서 석사학위 이상이어야 한다. 이것은 상담 및 심리치료, 임상 상담 기술, 집단 상담, 다문화 상담, 윤리적 실천에 대한 이론에 기초하고 있음을 입증한다. CCPT를 포함해서 모든 놀이치료 모델은 놀이치료사가 아동발달 영역에 대해 잘 알고 있을 것이라고 예상한다. 덧붙여서 Landreth(2012)는 정상 인구집단 및 부적응하는 아동의 놀이치료 내용, 관찰, 분석에서 최소 90시간의 훈련, 경험 있는 놀이치료사 관찰, 놀이치료 경험이 있는 전문가에게 슈퍼비전을 받으라고 제안한다.

CCPT에만 해당하는 특정한 내용에는 로저스와 엑슬린이 제시한 아동중심 놀이치료의 이론, 역사, 배경에 대한 인식이 포함되어 있다. Guerney(2001)와 Landreth(2012)는 현대적인 실행의 기초와 세부 사항을 제시하고 있다. CCPT는 치료사의 생각에 따라 사용할 수 있는 일련의 기법이나 원칙들을 모아놓은 것이 아니다. 적용된 모든 절차가 다른 절차에도 필수적이라는 점에서 진정한 의미의 체계이다. "체계를 벗어난다는 것은 CCPT가 아닌 다른 치료가 되게 한다."(Guerney, 2001, pp. 18-19)

CCPT는 기법이 아니라 과정이다. 아동이 관심 있는 것을 놀이로 표현할 것이라는 믿음과 아동의 개인적인 성장에 대한 존중이 있다. CCPT는 놀이치료사의 충분한 치료적 지원을 받아서 아동이 건강을 향해 성장할 것이라는 믿음에 대한 깊은 의지를 요구한다.

아동중심 놀이치료사는 이러한 믿음과 과정을 확립해 가는 수행을 통해, 놀이치료 단계에 대한 지식을 갖추고 놀이 주제를 인지해야 하며, 진전을 식별할 수 있고, 종료 과정을 효과적으로 관리할 수 있어야 한다(Guerney, 2001; Landreth, 2012). 아동중심 놀이치료사는 장난감 선택과 놀이 공간의 배치에 대한 이론적 근거가 있어야 하고, 놀이치료 세션에서 그리고 양육자와 의사소통하고 작업할 때 아동발달 정보를 적용할 수 있어야 한다. 이들은 CCPT를 특수 집단에게 적용하는 방법을 알아야 한다.

관계를 증진하고 CCPT를 지원하는 기술에는 행동 추적, 감정 반영 및 내용 반영을 통해 이해를 전달하는 능력이 있고, 자존감을 확립하고, 놀이의 의미를 확대하고, 아동을 자유롭게 하고, 의사 결정과 책임감을 촉진하고, 자발성과 창조성을 촉진하고, 치료적 제한을 설정하는 능력이 포함되어 있다. 치료사는 언어적으로 계속 적극적이면서 치료사의 말에서는 간결하게 실행한다. 이들은 아동의 감정에 치료사의 메시지와 함께 얼굴 표정과 목소리 톤에 조화를 유지하면서 아동의 속도를 인식해서 맞추는 것을 배운다. CCPT에서 실행된 기술은 아동이 느끼고 이에 대응하는 것을 존중하고 배려하는 분위기를 조성한다.

치료사의 특성

치료사와 아동 사이의 관계는 CCPT의 토대가 된다. 이 관계를 촉진하기 위해 치료사는 로저스(1980)가 개요를 밝힌 세 가지 핵심적 조건, 즉 진정성, 독점하지 않는 따뜻함, 공감을 제공할 수 있어야 한다. 놀이치료 경험을 통해 아동은 치료사와 함께 진정한 자아를 공유할 수 있게 만드는 관계를 확립한다. 이 과정을 성공적으로 만드는 치료사 특성이 있다.

아동중심의 놀이치료사는 치료회기에서 진정성이 있어서 아동은 관계에서 치료사의 진솔함을 경험하게 된다. 아동은 치료사를 사람으로 인식하고 치료사가 정직하지 않을 때를 감지할 수 있다. 아동과 함께 정직하고 객관적이 되는 것은 용기가 필요하다. 믿음이 확립되면 아동은 가장 비밀스러운 두려움, 고통, 불안, 불확실성을 공유할 수 있다. 놀이치료사는 용기가 있어야 하며 이러한 문제를 경험하는 아동과 함께 이 문제에 직면하기 위한 역량이 있어야 한다.

CCPT는 치료사가 아동을 있는 그대로 수용하고 그들이 수용됨을 보여주는 방식으로 아동에게 반응하기 때문에 긍정적인 변화를 가져온다고 주장한다(Landreth, 2012). 아동이 특정한 방식으로 행동할 것이라고 기대하지 않으며 자신이 있는 그대로 그리고 그들이 놀고 싶어 하는 방식으로 노는 것이 허용된다. 치료사의 수용은 아동이 소중하고 가치가 있다는 것을 아동에게 보여준다. 여기에는 모호함에 대한 높은 인내심과 모호하고 단편적이고 일관되지 않고 모순되고, 또는 불편함 없이 불확실한 정보를 수용할 수 있는 능력이 포함된다. 치료사는 열린 마음으로 각 아동에게 독특하고 고유한 것 그리고 아동의 활동과 행동을 아동의 자아감으로 수용한다. Wilson과 Ryan(2006)은 아동의 놀이 활동이나 행동이 평가되지 않을 때 아동이 수용이나 보상을 찾으려고 시도하는 기회가 제거된다고 제안했다.

아동중심 놀이치료사는 단순한 관찰자가 결코 아니다. 이들은 적극적으로 정서적 및 언어적 참여자이며 아동의 세계에 들어가려는 의지와 능력이 있다. 치료사의 의도는 평가하지 않는 태도로 아동을 보고, 듣고, 느끼고 경험하는 것이다. 이들은 아동의 생각이나 표현에 질문하지 않는데, 질문이 관계를 이끄는 책임성에 대한 아동의 경험을 방해할 것이라고 치료사가 믿기 때문이다. 치료사는 아동과 세계에 대해 아동이 참조하는 틀에 대해 알고 있고 이에 민감하다. 즉, "아동은 주관적인 경험의 세계가 이해되고 수용되는 관계를 경험할 때까지는 탐색하고, 경계를 검사하고, 그들의 삶의 무서운 부분을 공유하고, 변화하는 것이 자유롭지 않다."(Landreth, 2012, p. 70)

이러한 특성 외에 아동중심 놀이치료사는 아동 그리고 놀이치료 과정에 대한 일정한 신념이 있다. 이들은 아동이 스스로 결정할 수 있고 자기 주도적이 되게 한다는 것을 고수한다. 이들은 현재 지향적인 아동의 전형적인 발달의 입장을 반영한다. 치료사와 아동의 관계는 놀이친구의 관계가 아니다(Landreth, 2012). 아동은 놀이회기에서 감독이다. 치료사는 비지시적이지만, 치료사가 신체적으로 참여하지는 않더라도 치료사는 아동이 무엇을 하든지 아동이 하고 있는 것의 일부라고 느끼는 방식으로 아동에게 반응한다. 치료사는 치료회기에서 역할을 맡지 않고 대신에 아동을 위해 존재한다. 치료사는 아동이 초대할 때 기꺼이 참여한다. 예를 들어 역할놀이에서 아동은 종종 놀이치료사에게 역할을 주고 아동의 지시를 따르는 것과 연루된다. 아동의 놀이에서 치료사의 참여는 항상 수용되고, 따뜻하고, 환영하고, 치료적인 의도로 행해진다. 변화는 자유롭게 놀 수 있는 아동의 능력의 결과라고 여겨지므로 치료사는 회기에서 아동의 놀이를 통해 움직이는, 아동을 위한 또 다른 도구로 종종 간주된다.

엑슬린의 여덟 가지 기본 원칙은 아동이 자기 성장을 하는 데 필요한 것에 대해 아동을 지원하는 치료사의 행동 지침이다. 그러나 이것은 또한 치료사의 상당한 자체적인 구속을 요구한다. 아동중심 놀이치료사의 마지막 특징은 인내이다. 무스타카스(1981)는 다음과 같이 제안한다.

> 치료에 대한 도전은 아동이 의지를 활성화하고 행동하기를 선택하고, 관심과 갈망으로 존재하는 것을 추구할 용기를 내도록 아동에게 관심과 염려를 가지고 봉사하고 기다리는 것이다. 이것은 비정상적인 인내 그리고 길을 찾고 삶의 제약 및 긴장과 타협을 이루는 아동의 능력에 대한 믿음, 마음속으로 듣고 스스로 향상하는 것을 선택하게 하는 아동의 힘에 대한 흔들리지 않는 믿음을 요구한다.(p. 18)

내담자 특성

자아실현을 위해 끊임없이 노력하는 모든 아동은 강력한 힘을 가지고 있다(Landreth, 2012). 이러한 내재되어 있는 부단한 노력(striving)은 독립, 성숙, 자기 주도(self-direction)로 향한다. 아동의 마음 또는 의식적 사고는 행동을 정서적으로 필요한 영역으로 향하게 하지 않으며, 오히려 내적인 균형을 향한 자연스러운 부단한 노력으로 아동이 있어야 하는 곳으로 아동을 데려간다. CCPT는 아동의 문제에 초점을 맞추는 것이 아니라 아동에게 초점을 맞춘다. 결과적으로 내담자의 특성은 성격과 행동에 관한 로저스(1951)의 몇 가지 제안으로 아주 잘 설명된다. 아동은 아동 자신의 사적인 현실에 대한 가장 좋은 결정자이다. 아동은 자아를 향상시키겠다는 갈망으로 조직된 전체(whole)로서 행동한다. 아동은 자신의 지각된 요구의 충족을 추구함으로써 목표 지향적이다. 아동은 긍정적인 자기 개념을 유지하고 자신의 자기 개념과 일치하는 방식으로 행동하는 데 관심이 있다. 아동은 자기와 일치하지 않는 행동과 의절하고 행동적으로 엄격하게 됨으로써 위협에 대처한다. 그러나 아동은 자기가 위협으로부터 자유로워지면 자기와 일치하지 않는 인식 경험의 출입을 허락할 수 있다.

아동은 스스로 치료를 받겠다고 하지 않는다. 아동은 양육자 또는 다른 걱정하는 성인에 의해 치료에 의뢰된다. 상황이 어떻든 간에 CCPT는, 치료사가 집중해야 하는 것은 아동의 행동이 아니라 아동이라고 주장한다. 이러한 목적을 달성하기 위해 Landreth(2012)는 아동과 관련된 상황을 제시하는 일련의 원칙을 내어 놓았다.

- 아동은 축소된 성인이 아니며 치료사는 아동에게 축소된 성인처럼 반응하지 않는다. 아동은 사람이다. 아동은 깊은 정서적 고통과 기쁨을 경험할 수 있다.
- 아동은 독특하고 존중받을 가치가 있다. 치료사는 각 아동의 독창성을 존중하고 각 아동을 인간으로 존중한다.

- 아동은 회복력이 있다. 아동은 자신의 삶에서 장애물과 상황을 극복하는 엄청난 능력을 갖고 있다.
- 아동은 성장과 성숙에 대한 타고난 경향성이 있다. 그들은 내면의 직관적 지혜를 갖고 있다.
- 아동은 긍정적 자기 지시를 할 수 있다. 그들은 창의적인 방법으로 그들의 세상을 다룰 능력이 있다.
- 아동의 자연스러운 언어는 놀이이며, 이것은 자신이 가장 편안하게 느끼는 자기 표현의 매체이다.
- 아동은 침묵할 권리가 있다. 치료사는 아동의 말하지 않는다는 결정을 존중한다.
- 아동은 치료적 경험을 자신이 필요로 하는 곳에 가져갈 것이다. 아동이 언제 어떻게 놀이할지를 치료사가 결정하려고 시도하지 않는다.
- 아동의 성장은 속도를 올릴 수 없다. 치료사는 이를 인식하고 아동의 발달 과정을 인내한다(p. 46).

지시/금기

질병통제예방센터(CDC)는 2013년 미국 아동의 정신건강에 대한 첫 번째 종합보고서를 발표했다. 자료는 2005년에서 2011년 사이에 다양한 출처에서 수집했다. "주의력결핍 과잉행동장애(ADHD; 6.8%)는 3~17세 사이 아동 중에서 부모가 현재 가장 많이 보고한 진단이었고, 행동장애 또는 품행장애(3.5%), 불안(3.0%), 우울증(2.1%), 자폐스펙트럼장애(1.1%), 투렛증후군(6~17세 사이에 0.2%)이 뒤를 이었다."(CDC, 2013, p. 1) CCPT는 대부분의 이러한 질환을 치료하는 데에서 효과적인 것으로 보인다. 이것은 CCPT 방법론을 따르고 표준화된 방법을 사용한 개입이 있었던 1998년에서 2013년 사이에 발표된 수많은 통제된 결과 연구가 있는 연구들이 지지하고 있다.

CCPT는 신체적 불만, 불안/우울한 행동, 철회된 행동과 같은 내재화 행동 문제에서 중간 정도로 의미 있게 감소했다고 믿고 있다(Brandt, 2001; Packman & Bratton, 2003; Ray, Schottelkorb, & Tsai, 2007; Tyndall-Lind, Landreth, & Giordano, 2001). Kot, Landreth, Giordano(1998)와 Tyndall-Lind 등 (2001)의 연구에서 자아 개념이 의미 있게 증가했음이 측정되었다.

CCPT는 공격적 행동 또는 비행 행동과 같은 외현화 행동 문제를 의미 있게 감소시켰다(Bratton et al., 2013; Garza & Bratton, 2005; Kot et al., 1998; Rennie, 2003; Tyndall-Lind et al., 2001). ADHD 증상이 있는 아동에서, 중간 정도의 의미 있는 처치 효과가 측정되었다(Bratton et al., 2013; Ray et al., 2007).

정서 문제와 행동 문제 이외에 CCPT는 학업 성취(Blanco & Ray, 2011)에 대해 의미 있는 긍정적 영향이 있었고 2학년생의 읽기 성취 점수(Swanson, 2008)와 4~6세의 수용언어 및 표현언어 기술(Danger & Landreth, 2005)에서 중간 정도에서 큰 정도의 처치 효과가 있었다. CCPT에 참여한 아동들은 또한 사회적 기술에서 상당한 개선을 보였다(Watson, 2007).

Guerney(2001)는 "심한 자폐증 또는 활동성 조현병이 있는 사람들에게서만 긍정적으로 반응할 것 같지 않다."고 제안한다(p. 13). 이것은 "자신의 치료가 심각한 정신장애가 있는 사람들에게 효과적이라고 주장한 적이 없다."(p. 99)고 말한 로저스(Rogers & Stevens, 1967/2002)에 의해 지지되었다. 조현병 성인과의 작업을 통해 로저스는 내담자가 혼란이 많을수록 치료가 효과적이 되는데 필요한 진솔, 공감 또는 무조건적 긍정적 존중을 내담자가 점점 덜 인식함을 발견했다. 심각한 장애가 있는 아동이 점점 더 많아지지만, 이것은 CCPT를 포함해서 모든 종류의 치료에 의뢰되고 있으며 치료를 받는 아동의 비율은 여전히 적다.

실행 계획

CCPT에서는 회기에 가져오는 공식적인 구조가 없다(Landreth, 2012). 유일한 구조는 아동이 필요하다고 느끼는 것은 무엇이든지 아동이 표현하고 탐색할 수 있도록 환영하고, 수용하고, 따뜻하고 편안한 환경을 창조하려는 치료사의 목표와 관련이 있다. 아동에게는 자신이 적합하다고 생각하는 여러가지 방법으로 회기를 통제하고 안내하는 자유가 주어진다. 아동은 자신이 선택하는 거의 모든 방법으로 회기를 안내하고 지시할 수 있겠지만, 치료사는 제한설정을 하는 단계가 있을 것이다. 아동의 놀이에 대한 제한은 아주 신중하게 설정된다. 제한은 회기에서 수용되고 따뜻함과 마찬가지로 치료사가 아동에게 충분한 관심을 기울이고 있음을 보장하기 위해 설정한다. 치료사는 치료사가 필요한 치료적 환경을 제공할 수 없게 아동이 방해하는 활동을 요구하거나 활동에 몰입할 때마다 제한을 설정할 가능성이 높다. 회기가 비구조적이고 허용적인 반면에 제한설정이 적절할 수도 있다. 회기가 학습 경험의 유지를 보장하려면 제한이 필요하게 될 때까지는 아동에게 설정되지 않아야 한다(Landreth, 2012). 아동이 필요하기 전에 제한을 제시하는 것은 치료적 관계를 방해할 수 있는 부정적 분위기를 조성할 수 있다고 믿는다. 제한설정이 필요한 경우, 제한은 아동이 놀이회기 도중에 다음에 일어날 것에 대한 선택을 할 수 있는 방식으로 의사전달이 되어야 한다. 이것은 아동이 자신의 심리적 성장에 기여하는 자기 책임감과 자기 통제감을 경험하게 한다.

아동중심 놀이치료에서 아동은 궁극적으로 회기 내에서 놀이를 감독한다(Landreth, 2012). 이 때문에 놀이회기에서 치료사의 참여는 아동이 원하는 것에 따라 다르다. 치료사는 때때로 신체적으로 참여하지만 정서적 참여는 항상 하고 있다. 이 정서적 참여는 '함께 있는 것'으로 묘사된다. 아동의 놀이에서 치료사의 참여는 언제나 아동의 초대에 의한 것이며 아동이 지시한다. CCPT에서, 치료사는 놀이에서 아동의 정서, 생각, 신념을 보장하기 위해 아동이 자신의 놀이 방향을 유지하도록 허용하는 것이 중요하다. 치료사는 치료사의 참여가 치료적이 되는 방식과 회기에서 수용되고 주의를 기울이지 않게 하는 것 사이에 미세한 경계가 있을 수 있기 때문에 그들의 참여에 관해 제한설정을 할 가능성도 있다. 예를 들어 아동이 치료사에게 "당신의 눈을 감으세요."라고 말할 수 있다. 치료사는 제한을 설정하고 대안을 제시하고 말하는데, "네가 나에게 눈을 감으라고 했지만 나는 두 눈을 다 감지 않고 한쪽만 감을 것이다."

놀이실

지지적이고 치료적인 놀이 공간이 되도록 신중하게 생각해서 만들어야 한다. 다양한 감정과 행동의 탐색, 표현, 실행을 위한 장난감과 재료가 제공된다. 그러나 "치료사의 태도, 치료사 자신의 성격의 이용, 치료사와 아동 사이의 자발적인 상호작용으로 인해 만들어지는 정서적인 분위기를 대신하는 것은 없다."(Landreth, 2012, p. 160) 아동은 놀이실이 특별한 곳이라는 것을 알고 있다. "내가 하는 것이 무엇이든 간에 내가 할 수 있는 마법의 방으로 나를 데려다 주는 날도 있다."(Dibs, Axline, 1964, p. 150에서 인용) 놀이실에 들어서면서 "이곳에서 나는 자유다."라고 선언하면서 이 반응을 반복하는 아동도 있다.

CCPT 놀이실은 발달적으로 적절하고 아동이 안전하고 환영받는다고 느끼는 치료사의 돌봄이 있는 친숙한 공간이라는 것이 드러나도록 설계되었다. 공격적, 퇴행적, 독립성, 통달의 문제를 놀이하도록 지원해주는 장난감은 아동에게 행동들이 광범위하게 허용된다는 것을 말해준다. 놀이실에는 창조적 표현을 위한 재료, 만들기 블록, 실생활 장면을 연출하는 집안 살림살이 영역, 퍼핏, 차량, 인형, 공룡, 공이 있다. 일반적인 범주는 치료사가 놀이치료 공간을 구성하는 데 도움이 되는데 다음과 같은 것이 있다. 즉, 역할놀이 및 실생활 장면의 재연을 위한 실생활 장난감, 분노·적개심·좌절감을 표현하기 위한 행동 발산 및 공격성 방출 장난감, 창의적인 표현과 정서적 해소를 위한 장난감과 재료들이다.

Landreth(2012)는 놀이치료 중에 아동의 감정과 반응의 표현을 촉진시키는 장난감과 재료의 몇 가지 중요한 특성을 확인했다. 장난감과 재료는 창의적인 표현과 정서적 표현 모두를 광범위하게 촉진해야 한다. 이것들은 아동을 몰입시키고 표현적이고 탐색적인 놀이를 촉진해야 한다. 장난감과 재료는 말로 표현하지 않아도 탐색과 표현을 할 수 있어야 한다. 이것은 미리 정해진 구조 없이도 성공하게 해야 할 뿐만 아니라 애매한 놀이도 허용되어야 한다. 마지막으로, 장난감과 재료는 적극적인 사용을 위해 견고한 구조로 되어 있어야 한다.

Landreth(2012)는 놀이실에서의 장난감과 재료를 선택해야 하는데 놀이는 아동의 언어이고 장난감은 그들의 단어이므로 단순하게 수집되지 않아야 한다고 강조했다. 놀이실에 있는 장난감의 전부는 아니더라도 대부분은 모든 연령의 아동이 이용할 수 있어야 한다. 아동은 익숙하지 않거나 복잡한 장난감으로 고군분투하지 않아야 한다. 놀이가 아동의 언어이며 장난감은 그들의 단어 ― 말하기와 읽기처럼 ― 라는 은유와 연결해서 놀이에 있어서의 유창함이 중요하다. 장난감은 장난감이 나타내기를 원하는 대로 아동이 자유롭게 선택하도록 하기 위해 다소 일반적이어야 하고 기계적인 것이 아니어야 한다. 예를 들어 배트맨 피규어는 아동이 보았던 만화 또는 영화에서의 주제로 아동의 놀이를 제한할 수 있다. 말하는 현금 등록기는 아동이 돈을 어떻게 다루고, 세고, 분배하는지에 대한 기회를 감소시킬 수 있다. 배터리로 작동하는 장난감에서 발생되는 부수적인 문제는 배터리가 마모되어 장난감이 더 이상 아동의 예상대로 작동하지 않을 때 놀이가 중단된다는 것이다. 금지될 수 있는 일부 상황이 있기는 해도, 모래와 물은 모든 놀이실 재료 중에서 가장 효과적인 치료 매체 중 하나이며 놀이치료사가 놀이 공간에 통합할 수 있는 방법을 찾도록 격려한다.

문화적으로 포괄적인 공간

놀이치료 환경을 관리하는 것은 치료사이다(Glover, 2001). CCPT에서는 아동에게 중요할 수 있는 문제들을 훈습하는 데 선택하도록 다양한 장난감과 재료가 제공된다. 놀이실에서 이용할 수 있는 이미지에 대한 민감성이 가장 중요하다. 이상적으로는 모든 놀이실이 미국에 있는 수많은 문화를 반영할 수 있는 다양한 재료를 충분히 구비하고 있을 것이다. 이것은 숭고한 목표이지만 대부분의 놀이치료사에게는 실현가능하지 않을 수도 있다. 대안은 치료사가 만나는 특정 집단을 충분히 인식하고 이러한 다양성을 반영하는 놀이실을 만드는 것이다.

치료에서 비주류 문화 출신 아동의 실제 놀이 행동은 주류 문화 출신 아동의 놀이 행동과 다르지 않다. 소녀와 소년 모두는 미술 재료, 이젤에 놓고 그리기, 역할놀이(예 : 상점놀이), 모래박스 또는 모래상자에서 장면을 만드는 것을 좋아한다. 많은 소녀들이 인형놀이와 아기돌보기에 매료된다. 많은 소년들이 액션 피규어로 하는 공격적인 놀이에 매료된다. 어떤 아동은 놀이하는 동안에 말을 하지만 말을 하지 않는 아동도 있다. 어려운 개념에 대해 구두로 처리하는 것은 영어가 모국어가 아닌 아동의 사례에서 느려질 수 있지만 놀이에서는 처리할 수 있다. 비주류 문화 출신 아동의 치료에서, 아동이 놀이실에 제시된 장난감으로 즐겁게 놀기 때문에 문화적으로 적절하다고 치료사가 단순하게 가정하지 않도록 경계해야 한다. 아동의 문화를 반영하는 장난감 및 재료는 아동이 놀이 속으로 문화를 가져오게 만든다.

다음은 놀이실에 추천하는 장난감 및 재료의 목록이다.

▶ 실생활 장난감
- 가족인형(다양한 인종, 여러 세대)
- 인형집
- 인형(동물, 인물, 다양한 인종의 인물)
- 아기인형(다양한 인종)
- 인형 옷, 담요, 병, 전통적인 유모차
- 소꿉놀이 음식, 접시, 취사도구(인종적으로 다양한 음식 및 조리 도구)
- 소꿉놀이 부엌
- 패션인형(성별, 다양한 피부색, 신체적으로 너무 불균형적이 아닌)
- 자동차, 트럭, 보트
- 현금 등록기 및 현금
- 칠판과 분필

▶ 행동-표출/공격성-해소
- 장난감 군인
- 악어, 공룡, 상어
- 새
- 농장동물
- 야생동물(정글 및 산림동물)
- 총(실제가 아닌)
- 수갑
- 고무 나이프
- 긴 로프
- 펀치백

▶ 정서적 해소
- 모래
- 물
- 플레이도우/점토
- 블록

▶ 창조적 표현
- 이젤 종이/신문 용지

- 이젤, 페인트(검은색과 갈색 포함), 페인트 컵, 브러시
- 풀
- 스카치 유형의 테이프
- 파이프 클리너, 아이스캔디 막대
- 공작용 판지
- 종이 접기 용지
- 깃털과 비즈
- 크레용(피부색을 위해 다양한 갈색 포함)
- 마커
- 색연필
- 가위

▶ 가구
- 모래박스
- 예술용 작은 테이블
- 장난감 놓는 선반
- 아동용 의자(최소 2개)

처치 빈도 및 기간

CCPT에서 처치 과정은 아동에 따라 다르며 여러 요인에 따라 달라진다. 이러한 요소에는 사건/문제의 지속성 여부(즉, 입양 보호)와 치료 이외에 아동의 지지 체계가 있는지, 아동의 자연스러운 발달 과정을 방해하는 사건/문제의 심각성 및 기간이 포함된다. 한 번의 외상 사건은 훈련되고 돌보는 치료사의 지원을 받아서 단기간에 놀이를 통해 검사하고, 평가하고 동화될 수 있다. 다른 한편으로 위탁 돌봄이 지속되는 영구적이 아닌 속성의 배치가 되어 있는 동안에 치료를 받을 수도 있다. 어느 경우에나 가정에서 조화롭고, 무조건적인 긍정적 존중, 공감에 대한 핵심 조건을 제공할 수 있는 양육자가 있으면 CCPT의 시간을 단축할 수 있다.

CCPT는 다양한 조건의 다양한 장면에서 시행된다. 처치의 전형적인 빈도와 기간을 평가하려면 클리닉 환경에서 매주 회기에 참여하는 전통적인 관행과 비교하는 것이 최상이다. Guerney(2001)는 12 회기 이내에 달성할 것 같은 목표를 끝내는 데 수개월이 걸린다고 생각하는 CCPT에 익숙하지 않은 사람들을 안심시키려고 했다.

Bratton, Ray, Rhine, Jones(2005)는 1953년에서 2000년까지 93건의 처치-통제 비교놀이치료 연구를 메타분석했다. 부모의 참여의 효과와 회기의 수가 놀이치료 결과를 증진시키는 것으로 나타났다. 결과는 놀이치료 개입이 더 적은 수의 회기로 큰 효과를 보였지만 놀이치료의 이득은 대략 35회기 처치 기간까지 증가하다가 수평을 유지하고 감소하기 시작하는 것으로 보였다. 이 93건 놀이치료의 연구는 CCPT에만 국한된 것은 아니었지만, CCPT에 특정한 이후의 메타분석에서 동일한 경향을 지지하는 결과가 나왔다(Tsai & Ray, 2011).

202명의 2세에서 13세 아동의 보관 자료에 대한 Ray의 메타분석(2008)에서 CCPT는 부모-아동 관

계의 부모 특성에 관한 통계적 또는 실제적 효과가 거의 없는 것으로 나타났다. 자료분석(Ray, 2008)은 놀이치료가 3~7회기 수행되면 부모–아동 관계가 아동 행동으로 인해 악화되었지만 통계적으로 유의한 수준은 아닌 것으로 나타났다. 분명히 나타나는 유익한 효과는 8~10회기에 시작되었으며 통계적으로 유의미한 결과는 11회기 이상에서 나타난다.

평가 및 처치 계획하기

로저스(1957)는 심리치료의 전제조건으로서 진단의 가치를 의심했다. 그러나 이 연령의 책임성과 제3지불자는 행동 문제를 판별하는 것과 의도한 결과가 있는 계획을 명확히 표현해야 한다는 것이 행동상의 건강 처치에서 표준 실행이다. 아동(특히 11세 미만 아동)은 부모, 양육자, 교사가 제공한 정보를 주로 사용하여 평가된다. 결과는 일반적으로 아동 자신과 반대편에 있는 성인이 찾는 그러한 결과이다.

아동중심 놀이치료사는, 아동이 자연스러운 성장과 발달을 통해 대부분의 신체적, 정신적, 정서적 변화를 경험한다는 점에서 성인과 다르다는 것을 알고 있다. 아동은 다른 사람들과 주변 세계에 어떻게 대처하고, 적응하고, 관계 맺는지를 배우는 과정에 있다. 게다가 아동은 자신의 속도대로 성숙하며, 아동에서 '정상'이라고 간주되는 것은 행동과 능력의 넓은 범위 안에 들어 있다. 정신장애라는 진단은 아동이 집에서, 가정에서, 학교에서, 또래와 얼마나 잘 기능하는지, 그리고 아동의 나이와 증상 또한 고려해야 한다.

아동기에 가장 흔한 문제는 불안, 주의력결핍 및 과잉행동, 우울증이다(CDC, 2013). 그 외의 문제는 파괴적 또는 적대적 행동, 전반적 발달 문제, 체중 그리고/또는 음식과 연관된 특이한 행동, 유뇨증 또는 유분증, 정보를 저장하고 처리하는 문제뿐만 아니라 사고 및 아이디어와 관련된 문제, 틱(반복되고, 갑작스럽고, 비자발적인, 종종 의미 없는 움직임과 소리)으로 나타난다. 10대에서는 나이가 더 어린 아동들보다 더 자주 중독, 조증과 울증의 삽화로 기복이 있는 특이한 기분 변화, 그리고(덜 빈번하게) 조기 발병 조현병이 나타난다. 이러한 문제들 각각의 전형적인 행동의 무리들을 이해하면 놀이치료사가 아동과 작업하는 양육자, 교사, 기타 전문가들과 의사소통하는 데 도움이 될 수 있다. 또한 미국정신의학회(2013)의 **정신질환의 진단 및 통계편람 제5판**은 제3지불자와 의사소통을 용이하게 하도록 이러한 행동의 무리들에 제목과 코드를 할당하고 있다.

놀이치료사가 진단 명칭을 요구하는 장면에서 일하는지 또는 아닌지에 관계없이 문제가 되는 행동의 초기 평가는 처치 과정으로 이어진다. 처치 계획은 의뢰한 성인 또는 성인들이 감소되거나 없어지는 것을 보고 싶어 하는 특정한 부정적인 행동과 이들이 발달되거나 증가하는 것을 보고 싶어 하는 특정한 긍정적인 행동을 명확하게 표현한다. 아동중심 놀이치료사는 행동에서의 이러한 특정한 변화를 분명하게 표현하라고 요구하거나 표현을 기대하지도 않는다. 사실 보고된 우려 행동은 단지 증상일 수 있다. CCPT의 관점으로 보면 아동이 보이는 현재의 문제는 치료의 원동력이다. 그러나 치료의 목표는 모든 아동에게 동일하다. 판단 받지 않는 안전한 상황에서 자기 주도의 힘을 경험함으로써, 아동은 관심의 요구를 충족시키기 위해 부정적 행동에 덜 의존하면서 통제에 대한 내적 감각을 발달시킬 수 있다(Landreth, 2012). 자유롭게 자신을 표현할 기회가 주어지면 아동은 놀이 경험과 치료사와의 관계를 통해 자신의 정서적 어려움을 스스로 해결할 것이다.

CCPT는 아동의 문제보다는 아동 사람(person)에 중점을 둔다. 아동의 삶에 영향을 미칠 수 있는 현재 및 미래의 문제에 대처하는 데에서, 사람으로서 보다 적절하게 되려는 아동의 노력을 촉진하는 데 중점을 둔다. CCPT의 광범위한 치료적 목적들은 아동을 돕는 것이다.

- 보다 긍정적인 자기 개념이 발달한다.
- 보다 더 스스로 책임을 진다.
- 좀 더 자기 주도적이 된다.
- 좀 더 자기 수용적이 된다.
- 좀 더 자립적이 된다.
- 스스로 결정내린 의사결정에 참여한다.
- 통제감을 경험한다.
- 대처 과정에 민감해진다.
- 내적 원천의 평가를 개발한다.
- 자신에 대해 좀 더 신뢰하게 된다(Landreth, 2012, pp. 84-85).

처치 단계

Hendricks(1971)와 Withee(1975)는 CCPT 과정에서 패턴을 보여주는 두 가지 주요 연구를 수행했다 (Landreth, 2012에서 인용). 치료의 초기 단계, 처음 몇 회기 동안은 높은 수준의 불안, 탐색놀이, 아동과 놀이치료사 간의 관계 형성으로 구분된다. "치료사는 아동이 실제로 있는 곳에서 시작하고 아동의 증상이나 문제보다는 아동의 감정을 직접적으로 그리고 즉시 다룬다."(Moustakas, 1959, p. 4) 두 번째 단계, 다음 4~6번의 회기 동안은 공격적인 놀이의 증가가 종종 인상적이다. 공격적인 놀이가 감소하면서, 창조적 놀이와 함께 관계 놀이가 증가한다. 세 번째 단계에서는 행복의 표현이 두드러지고 아동은 자신과 가족에 관한 개인적인 정보를 더 많이 나누기 시작한다. 네 번째 단계는 종종 긍정적인 것과 부정적인 것 모두에서 광범위한 특정한 정서를 공유한다는 특징이 있을 수 있다. 관계놀이가 여전히 흔하다. 처치의 마지막 단계에서 초점은 문제에서 벗어나서 작별 인사의 과정으로 이동한다.

Nordling과 Guerney(1999)는 Hendricks(1971)와 Withee(1975)가 기술한 단계, 즉 준비, 공격적, 퇴행, 숙달과 비슷하지만 동일하지는 않은 아동중심 놀이치료 과정에서 네 가지 전형적인 단계를 밝혔다. 첫 번째 단계에서 치료적 작업 관계의 형성, 아동의 역할과 치료사의 역할에 대한 이해, 안전과 안심에 대한 느낌에 주목했다. 공격적 단계와 퇴행 단계 모두는 치료를 작업하는 기간의 일부라고 설명되었다. 공격적 단계에서 아동은 타인에게 통제를 행사하려는 경향이 있지만 그들에게 놓여 있는 제한도 수용한다. 놀이에는 등장인물이나 행동을 통해 공격적 경향이나 생각의 표현이 들어 있다. 퇴행 단계에는 애착 및 양육과 관련된 행동이 포함되고 아동은 종종 초기 발달 수준에서 노는 것으로 퇴행한다. 네 번째 숙달 단계에서 아동은 종종 경쟁과 자기숙달놀이 활동을 선택한다. Nordling과 Guerney(1999)에 따르면, 이것은 초기 단계의 이득을 성격 구조에 통합하는 기회가 된다.

아동이 처치 내내 놀이를 주도하는 것처럼, CCPT에서 놀이치료사는 놀이치료를 끝낼 시기의 기초로서 변화의 징후를 아동에게서 찾는다(Landreth, 2012). 로저스(1961)는 건강하고 잘 기능하는 사람이 자신에 대해 보다 현실적인 시각을 갖고 있으며 자신의 가치를 더 높게 평가한다고 설명했다. 그런 사람은 자신감 있고 자기 주도적이며 삶의 문제에 더 잘 대처할 수 있다. 로저스가 설명한 특성은 놀이치료에서 다음과 같은 아동 행동에서 볼 수 있다.

- 아동은 덜 의존적이다.
- 아동은 덜 혼란스럽다.
- 아동은 공개적으로 요구를 표현한다.
- 아동은 자기에게 집중할 수 있다.
- 아동은 자신의 행동과 감정에 대한 책임감을 수용한다.
- 아동은 자기 행동을 적절하게 제한한다.
- 아동은 좀 더 내부 지향적이다.
- 아동은 좀 더 유연하다.
- 아동은 일어난 일에 대해 관대하다.
- 아동은 확신을 가지고 활동을 시도한다.
- 아동은 동조하지 않고 협조적이다.
- 아동은 분노를 적절하게 표현한다.
- 아동은 부정적/슬픔 정서가 행복/기쁨으로 이동한다.
- 아동은 자신을 좀 더 수용한다.
- 아동은 이야기 전후에 맞게 놀이할 수 있다. 놀이는 방향성이 있다(Landreth, 2012, pp. 358-359).

처치 전략

아동에게 선택의 자유 및 권리가 주어지고 그들의 결정을 존중한다고 해서 놀이치료사가 치료회기에서 수동적인 관찰자라는 의미는 아니다. 아동이 일을 할 수 있는 환경을 조성하고 그렇게 할 수 있는 능력을 아동이 발견하도록 돕는 것은 회기 내내 치료사의 적극적인 참여와 집중적인 관여를 수반한다(Wilson & Ryan, 2006). CCPT의 핵심 구성요소가 비지시적이라는 것이다. 아동은 놀이의 초점, 그들이 사용하고자 하는 재료, 그들이 사용하고 싶어 하는 방식을 선택한다. 치료사는 놀이의 행동, 나타난 감정, 말의 언어화에 대한 반영을 통해 친밀하고 신뢰하는 관계를 발달시킨다. 이러한 반영에는 "칭찬, 기저에 있는 동기에 대한 해석, 문제 해결이나 아동의 정신적 방어에 대한 도전은 포함되지 않는다."(Wilson & Ryan, 2006, p. 22) 치료사는 놀이실에 있는 아동에게 무조건적인 긍정적 존중으로 대한다. 이 돌봄이 무조건적이라 해도, 아동과 치료사의 신체적 및 정서적 안전감을 제공하는 데 도움이 되는 치료적 제한을 설정한다.

각 아동의 처치 전략을 확인하는 것은 CCPT의 이론 및 목표와 맞지 않는다. CCPT의 초점은 아동과의 관계를 구축하는 것에 있으며, 이 목적에 기여하는 구체적인 치료적 기술이 있는데, 즉 추적, 내용 반영, 감정 반영, 제한설정이다. 이와 같은 기술들이 집단 CCPT에도 적용되며, 부모-아동 관계치료(CPRT)를 통해 양육자에게 가르친다.

▶ 추적

추적이란 아동의 경로를 따라가는 것이다. 이렇게 하기 위해 치료사는 아동이 하고 있는 것(아동의 행동)을 큰 소리로 설명하고 아동이 사용한 단어를 반복한다. 단어를 반복하는 것은 일반적으로 아동을 반영하는 것이라고 말한다. 이것은 어색하고 침해적이라고 볼 수도 있다. 그러나 자아 중심적인 경향이 있는 어린 아동에게 관심은 진짜로 선물이다. 추적은 치료사가 놀이에 완전히 관여하고 있음을 알리고 아동이 하고 있는 모든 것을 지켜보고 있으며 아동이 말하는 모든 것을 듣고 있다는 것을 보여주는 것이다. 아동은 치료사가 여전히 주의를 기울이고 있는지 확인하기 위해 놀이를 중단할 필요가 없다. 이것은 치료사가 놀이의 목적과 방향을 이해한다는 메시지를 아동에게 전한다. 치료사가 잘못된 것을 말하면 아동이 그것을 지적할 가능성이 크다.

▶ 내용 반영

추적을 하는 동안에 아동은 치료사가 거기에 있고 아동을 지켜보고 듣는다는 것을 확실히 하는데, 말로 된 내용의 반영이 치료사의 수용과 이해를 전달한다. 놀이치료사는 놀이회기에서 아동의 언어적 상호작용을 요약하거나 다른 말로 바꾸어 말하고 아동에게 반영한다. "내용을 반영하는 것은 아동의 경험에 대한 아동의 지각을 확인해주고 아동 자신에 대해 아동이 분명하게 이해하도록 돕는다."(Landreth, 2012, p. 218)

▶ 감정 반영

감정을 인식하고 적절히 반영하는 능력은 아동이 놀이치료 도중에 일어날 수 있는 모든 범위의 정서를 수용할 수 있도록 돕는 데에서 핵심이다. 아동의 감정이 언어로 인식되고 수용되면서, 아동은 감정을 표현하는 데에서 좀 더 개방적이 될 수 있다. 아동의 감정을 반영하는 것은 아동을 확인해주고 자기 믿음을 촉진한다(Landreth, 2012). 문화적 차이로 인한 오해 때문에 아동들 간의 행동을 부적절하게 반영한다고 해도, 치료사가 그 영향에 대해 인식한다면 이용할 수는 있다. 치료사의 문화와 다른 단일 문화 출신의 구성원들로 구성된 집단을 형성할 기회가 있다면 치료사는 집단 구성원들로부터 배우는 기회가 된다.

▶ 제한설정

아동이 안전을 느끼는 데 제한이 필요하다. 집단 상황에서 아동은 경계를 이해하고 치료사가 각기 서로에게서뿐만 아니라 그들 자신으로부터도 그들을 안전하게 지킬 것이라는 것을 아는 것이 중요하다. 그런 이유 때문에 규칙은 최소한으로 유지되어야 한다. 아동이 적절한 자기 조율을 학습하도록 도우면서 아동이 있는 그대로의 자신이 되게 한다. Guerney(2001)는 치료적 제한설정이 "제한을 깨려는 아동의 욕구에 대해 공감적 진술과 제한설정 진술을 짝짓는 것"(p. 21)이라고 설명한다. 놀이실의 몇 가지 규칙 중 하나를 깨려는 아동의 소망을 수용하는 것과 제한에 대한 치료사의 확고한 의사전달을 함께 결합하는 것은 효과적인 치료적 도구이다.

Landreth와 Sweeney(1997)는 일반적으로 제한설정과 제한이 치료적 관계의 경계를 어떻게 정의하는지에 관해 다음과 같이 요약했다.

○ 제한은 신체적으로나 정서적으로 아동의 안심과 안전을 제공한다.

○ 제한은 아동에게 안전을 제공하려는 치료사의 의도를 보여준다.

○ 회기를 현실에 고정시킨다.

○ 제한은 치료사가 아동에 대해 긍정적이고 수용하는 태도를 유지하게 한다.

○ 제한은 아동이 해를 일으키지 않고 보복에 대한 후속의 두려움 없이 부정적 느낌을 표현하게 한다.

○ 제한은 안정성과 일관성을 제공한다.

○ 제한은 아동의 자기 책임감과 자기 통제감을 촉진하고 향상시킨다.

○ 제한은 놀이치료실을 보호한다.

○ 제한은 법적, 윤리적, 전문적 기준을 지킨다(p. 24).

아동이 좌절하고 지나치게 흥분하거나, 제한을 벗어난 어떤 것을 원할 때, 정서가 과도하게 압도될 수 있다. 적절한 제한설정의 일부는 의사 결정에 관한 정서의 영향을 아동이 이해하도록 돕는다. 치료적 제한설정은 수용될 수 없는 행동에 대해 명확한 지시를 해주고 아동에게 선택을 하는 기회를 제공함으로써 이것들을 생각하게 한다.

Landreth(2012)는 제한설정이 필요할 때 세 가지 구체적인 단계를 제안하고 ACT라는 약어는 이 단계들을 간단히 상기시키는 역할을 한다.

A : 아동의 감정, 소망, 원하는 것을 인정한다.

C : 제한을 전달한다.

T : 수용 가능한 대안을 목표로 삼는다(Landreth, 2012, p. 273).

집단 CCPT

아동중심 집단놀이치료는 치료적 관계의 형성, 정서의 표현, 통찰의 발달을 촉진한다. 현실 검증의 기회를 제공하고 감정과 요구를 좀 더 수용 가능한 방식으로 표현할 수 있는 기회를 제공한다(Sweeney & Homeyer, 1999). 아동중심 집단놀이치료 과정은 CCPT와 유사하지만, 집단 치료사는 혼란스러움과 소음에 대한 인내심이 높아야 하며 종종 있는 혼란을 처리할 수 있어야 한다. 집단 구성원들이 단독놀이, 병행놀이, 공유된 놀이에 자유롭게 참여하기 때문에 여러 면에서 동시에 일어나는 개별 회기와 유사하다. 치료적 반응은 침해적이 아니며 누구에게 한 반응인지를 집단 구성원이 알 수 있도록 일반적으로 아동의 이름이 포함된다. 치료사는 집단 구성원들 간에 균형 있는 반응을 유지하고 특정 아동에게 집중되는 것을 피한다.

아동들이 상호적으로 서로 연결하는 기회는 좀 더 자신을 향상시키고 개인 간에 적절한 방식으로 행동을 재지시하는 능력이 증가하도록 이끈다. 또래와의 놀이를 통해서 아동은 다른 사람의 관점에서 보고, 협력하고, 돕고, 공유하고, 또한 문제를 해결하는 기술을 발달시킨다(Sawyers & Rogers, 1988). 그들은 성인으로서 잘 지내는 데 필요한 이끄는 행동과 뒤따르는 행동을 발달시킨다. 그러한 경험은 아동이 자신의 사회적 세계에 대해 생각하고 자신을 이해하는 데 도움이 된다.

제한 및 제한설정은 치료사에 의한 것뿐 아니라 다른 집단 구성원이 설정한 제한을 경험함으로써 치료적 집단에게 독특하다(Sweeney & Homeyer, 1999). 집단 치료사는 회기를 통제하지 않고 최소한의 제한, 그러나 적절한 제한을 유지한다. 신체적 안전 및 정서적 안전의 우려가 있는 한, 집단 치료사는 아동이 스스로 갈등을 겪어내게 한다.

집단 상담에 다문화의 문제가 추가되면 상황이 복잡해질 수 있다. 집단 자체가 다양하다면 치료사는 각 아동이 집단에 가져오는 반응, 요구, 차이에 대해 특히 민감해질 필요가 있다(Glover, 1999). 치료사는 차이를 강점으로 받아들일 뿐만 아니라 다른 집단 구성원들에게 교육이 필요할 수도 있다. 문화적 차이에 의한 오해 때문에 생긴 아동들 사이의 부적절한 행동에 대해 제한을 설정하는 기회는 치료사가 영향에 대해 자각하고 있다면 장점이 될 것이다. 치료사의 문화와 다른 동일한 하나의 문화에서 온 구성원들로 구성된 집단이 있다면 집단 구성원들로부터 배울 수 있는 기회가 된다.

부모와 작업하기

아동은 혼자서 치료받으러 오지 않는다. 자녀와 친밀한 관계가 있는 일부 유형의 부모 또는 양육자가 아동을 동반한다. 성인이 아동을 데려오지 않으면 아동이 치료에 오지 않을 가능성이 크다. 따라서 치료사는 아동 내담자의 삶에 있는 성인과 어느 정도 상호작용을 해야 한다. 치료는 양육자에게 협박의 개념이 될 수 있다. 치료사가 할 일은 그들이 이해할 수 있는 방식으로 이 과정을 설명하는 것이다. 이것은 또한 양육자가 아동의 발달적 요구를 알 수 있고 발달이 일반적인 방식으로 진행되지 않을 때 치료가 어떻게 긍정적인 개입이 될 수 있는지를 아는 것은 양육자에게 도움이 된다.

치료에서 양육자의 역할은 정확한 시간에 모든 예정된 약속에 아동을 데려오고 치료사와 개방적이고 분명한 의사소통을 유지하면서 치료 과정을 지원하는 것이다. 양육자가 치료적 과정을 인식하고 이해하고 치료사에 의한 진전 또는 진전의 부족에 대해 알게 되면 치료에 대한 신뢰가 생길 것이다. 양육자는 일반적으로 치료회기 밖에서의 모든 변화에 관한 최고의 정보 원천이다.

이러한 '인위적인' 놀이치료 상황에서 진정한 진전을 측정하는 것은 어렵다. 실제 검증은 가정과 학교의 실제 환경에서 아동의 행동이다. 양육자는 진전 또는 진전의 부족에 대한 피드백을 제공할 수 있다. 때때로 불편해진 행동은 양육자가 무심코 지지하게 된다. 자문은 행동을 중재하기 위해 집에서 아동과 사용하도록 양육자에게 새로운 전략을 제시하는 기회가 된다.

자문 시간은 치료 과정의 필수 요소로서 아동을 돌보는 양육자 및 기타 성인에게 치료사가 놀이의 중요성을 전달할 수 있는 기회가 된다. 18개월에서 10세까지의 아동에게 놀이치료는 발달적으로 적절한 양식이지만, 아동 안에서 긍정적인 변화를 촉진하기 위해 놀이를 사용하는 것은 양육자에게 논란의 여지가 있다. 그들이 건강한 행동과 감정을 성취하는 데에서 놀이의 가치 또는 놀이의 역할을 반드시 알아야 할 필요는 없다. 이것은 아주 재미있을 것 같다.

놀이치료사는 어린 아동이 자신의 삶을 방해하는 것에 대해 이야기할 수 있는 인지적 능력이 일반적으로 없다는 것을 양육자가 이해하도록 도울 수 있다. Landreth(2012)는 '장난감은 아동의 말처럼 사용되고 놀이는 아동의 언어'라고 때때로 지적했다(p. 16). 훈련하고, 돌보고 수용하는 놀이치료사가 있는 데에서 아동에게 이러한 놀이 경험을 제공하는 것은 아동이 말로 표현할 수 없는 것을 표현할 수 있게 한다.

> 놀이는 아동의 자기 표현에 대한 상징 언어이며 다음을 나타낼 수 있다. (a) 아동이 경험한 것, (b) 경험한 것에 대한 반응, (c) 경험한 것에 대한 감정, (d) 아동이 희망하고 원하고 필요한 것, (e) 자아에 대한 아동의 인식이다.(Landreth, 2012, p. 14)

덧붙여서 Sawyers와 Rogers(1988)는 부모가 이 양식을 이해하고 지원하도록 돕기 위해 공유할 수 있는 놀이의 중요성에 대한 몇 가지 주장을 발표했다.

> 놀이는 아동이 새로운 인지 능력, 사회 정서적 기술 및 신체적 기술을 연습할 수 있는 기회가 된다. 아동이 이 기술을 습득함에 따라 다른 상황에서도 사용할 수 있다. 이것은 아동이 사물에 대해 행동하고 사건을 경험할 수 있는 많은 기회가 된다. 각 경험은 세계에 대한 이해를 구축한다. 놀이는 세상이 어떻게 돌아가는지에 대한 개념을 조직하기 위해 아동이 자신의 실제 경험을 사용할 수 있게 한다. 놀이는 학습해야 하는 요구 또는 성취하는 데 종종 따라오는 긴장을 감소시킨다. 놀이에서 성인은 방해하지 않는다. 아동은 이완된다. 놀이의 도전은 실수를 벌하지 않는다. 아동은 특히 극적인 놀이를 통해 무서운 사건뿐만 아니라 일상적인 경험의 정서적 측면을 표현하고 작업한다. (pp. 3-5)

양육자는 **부모놀이치료**(filial therapy)라고 하는 접근에서 CCPT의 기본 기술을 사용하여 자녀에게 치료적 전달자로 직접 참여할 수도 있다. 부모놀이치료는 1960년대에 행동적 문제 및 정서적 문제가 있는 어린 아동을 치료하는 대안적인 방법으로 Guerney 박사 부부가 개발했는데, 자녀와 좀 더 강하고 좀 더 치료적인 관계를 창출하는 데에서 양육자를 돕는다(Guerney, 1964). 부모와 아동 사이에 자연스럽게 존재하는 정서적 유대를 활용함으로써 전문가는 기본적인 심리치료기법(Authier, Gustafson, Guerney, & Kasdorf, 1975)을 그들에게 가르쳐서 부모에게 더 많은 힘을 부여할 수 있다. 교훈적 지도가 있는 지지적 집단 형식을 결합하면, 다른 부모 교육 프로그램과는 별개로 부모놀이치료 훈련을 설정하는 역동적인 과정이 된다(Ginsberg, 1976). 부모놀이치료 훈련회기를 통해 양육자는 자녀와의 특별한 매주 놀이회기에서 아동중심 놀이치료의 기본 원칙을 사용하여 아동의 행동 및 태도 변화를 위한 건설적인 힘이 되는 법을 배운다(Guerney, 1982). 부모놀이치료 훈련은 부모가 관계에 참여하는 것인데 부모-자녀 관계에 초점을 맞춘다(Landreth, 2012).

Guerney의 모델을 기반으로 Landreth(2012)는 좀 더 응축된 10회기 부모 훈련 형식을 개발했다. 다듬어지고 형식화된 모델은 부모-아동 관계치료(child-parent relationship therapy, CPRT; Landreth & Bratton, 2006)라고 부르지만 원래 Gurney 부부가 제시한 부모놀이치료 훈련과 동일한 기본 철학 및 집단 훈련 형식을 유지한다. 양육자는 아동중심 놀이치료의 기본 원리 및 기술에 관한 10회기 훈련을 받는다. 양육자가 3회기의 첫 훈련 기간을 끝내면, 치료사로부터 슈퍼비전을 받고 집단 모임을 통해 지원을 받으면서 자기 집에서 자녀와 정기적으로 일정이 짜여 있는 특별 놀이회기를 수행한다(Landreth, 2012).

"CPRT는 1,000명 이상의 준전문가(주로 부모)가 관여한 40개 이상의 통제된 결과 연구가 있는 잘 연구된 양식이다."(Landreth, 2012, p. 375) CPRT는 부모의 공감적 반응의 수준이 높아지고, 부모의 수용 수준이 높으며, 부모의 스트레스 수준이 낮은 것으로 측정되면서 부모-아동 관계가 의미 있게 개선됨을 보여준다. 또한 CPRT에 참여한 양육자는 종종 자녀의 행동에 대해 의미 있는 긍정적 변화를 보고했다. 이러한 연구 결과는 다양한 문제와 다양한 문화 전반에서 행해진 연구에서 나온 것인데, 여기에는 한 부모(Bratton & Landreth, 1995), 성 학대가 일어난 아동의 가해자가 아닌 부모(Costas & Landreth, 1999), 수감된 부모(Harris & Landreth, 1997; Landreth & Lobaugh, 1998), 입양부모(Holt,

🏛 사례

평균 이상 지능의 평범한 8세 소년 윌리엄은 어른, 특히 자기 어머니에 대한 공격적이고 반항적인 행동 때문에 치료에 의뢰되었다. 어머니가 자신의 방식대로 하지 않았을 때 윌리엄은 자신을 해칠 위험이 있으며 위험한 행동에 몰입한다. 이것은 윌리엄의 첫 번째 회기가 끝날 때의 아주 생생한 설명인데, 놀이실에서 장난감을 가져가지 못하는 것에 대한 제한이 설정되고 난 후, 달려 나가서 계단을 올라가고 난간에 매달려서 비명을 질러댔는데, 엄마가 그를 사랑하지 않으며 길바닥에 머리가 깨져 있을 때 지옥에 가지 말라고 엄마가 기도하는 것이 낫다는 것이다.

윌리엄의 부모는 이혼했다. 그는 주로 어머니와 함께 살았고 격주로 주말과 일부 휴일에는 아버지와 있었다. 윌리엄은 이미 충동성과 부주의로 ADHD 진단을 받았고 리탈린을 복용하고 있었다. 여러 가지 다른 각성제와 항우울제도 시도되었다. 리탈린을 제외한 모든 약물은 긍정적 효과가 적절하지 않거나 부작용으로 인해 중단되었다. 결국 윌리엄이 홈 스쿨 상황으로 옮겼을 때 대략 5개월의 치료 후에 리탈린을 끊었다.

윌리엄은 학교 사회복지사가 놀이치료에 의뢰했다. 개별 CCPT가 부정적 감정 및 공격적 감정을 탐색할 수 있는 공간이 될 것이라고 생각되었다. 그는 안전한 관계 속에서 자기 통제를 발달시키고 자기 교실 환경에 대한 자신감을 일반화하는 기회가 될 것이다. 이 내담자의 전반적인 측정 가능한 목표는 그가 분노와 반항적 분출 없이 사회적 행사 및 교육 활동에 참여할 수 있다는 것이다. 윌리엄은 또한 야단치는 어머니로부터 관심을 받기 위한 수단으로 위험한 행동을 하는 것을 제거할 것이다.

CCPT를 시작한 직후, 다음 학년도에 윌리엄을 위한 최선의 배치를 결정하기 위해 심리평가와 학업평가가 수행되었다. 이 평가는 윌리엄이 청각 자극(입력)을 운동 및 언어 출력으로 바꾸는 것이 어렵다고 결론 내렸다. 그는 지시가 복잡하거나 다단계일 때 지시와 명령을 따르는 데 어려움이 있었다. 그는 반응 억제/지연 능력에 결함이 있었고 정서 표현을 조절하고 일상의 좌절을 인내하는 데 어려움이 있었다. 부모는 다른 아이 한 명만 있는 홈 스쿨 상황이 윌리엄에게 최선의 선택이 될 것이라고 결정했다.

CCPT의 초기 회기에서 윌리엄은 대부분의 시간을 기사, 군대 피규어, 다양한 동물을 가지고 모래박스에서 전투를 하는 데 보냈다. 한 회기에서 기사, 군대 피규어, 공룡들은 모두 나무기둥과 관 옆의 모래 밑에 숨겨진 보물을 원했다. 이 회기 동안에 놀이는 공격적이었지만 신중하게 계획되었다. 치료사는 윌리엄의 감정과 행동을 반영하고 치료사와 윌리엄의 안전을 위해 필요한 제한만 설정하는 수용적인 분위기를 지속했다. 치료사가 자신의 마음을 읽을 수 있다고 윌리엄이 언급한 시점도 있었다. 윌리엄은 회기 도중에 제한을 지킬 수 있었다. 그러나 윌리엄이 놀이실을 나가야 하는 모든 회기의 마지막에 투쟁이 있었으며 종종 탁자 밑에 숨거나 놀이실을 떠날 때 장난감을 움켜쥔다.

다음 몇 회기 동안 윌리엄은 자신의 놀이에 다양한 활동을 포함시키기 시작했다. 윌리엄은 펀치백을 건드리지만 실제로 그것을 치지는 않는다. 그는 목표에 다트 총을 쏘았고 자동차를 벽으로 돌진시켰다. 치료사는 이 놀이를 계속 수용했고 안전성을 위해 제한을 설정했으며, 치료사는 그들이 망가지기 전에 물건을 얼마나 밀어낼 수 있는지 보고 싶다고 윌리엄에게 반영했다. 윌리엄이 불필요한 힘으로 드럼 스틱을 사용하거나, 뺄 수 없는 장난감에서 부품을 빼려고 시도하거나, 장난감을 서로 부딪치거나 벽에 부딪칠 때 이러한 반응들이 공유되었다. 매번 윌리엄은 이러한 의도를 부인했다. 윌리엄은 회기의 끝나는 시간에 투쟁을 계속했다. 때때로 윌리엄은 다른 아동이 놀이실에서 얼마나 오래 있었는지 묻기도 한다.

치료가 진행되면서 놀이실에서 윌리엄의 행동이 바뀌었다. 그는 계속해서 매우 에너지가 높았지만 훨씬 더 많이 통제되었다. 윌리엄은 얼굴 표정 단서를 찾으려고 치료사를 관찰하기 시작했다. 그는 공을 던지고 치는 것과 같은 숙달놀이를 더 많이 했다. 그가 페인트 컵 가까이에 공을 때렸을 때, 그는 페인트를 엎지르면 곤란한 일이 생기는지 치료사에게 물었다. 치료사는 그의 걱정을 반영했다. 윌리엄은 자신의 행동에 대한 책임을 지고 다른 방향으로 공을 치려고 했다. 한순간 그는 다트 총으로 치료사를 위협했지만 쏘지는 않았다. 회기가 끝날 때 5분 경고에서 윌리엄은 종종 떠나지 않을 것이라고 응답했지만 저항하지 않고 떠났다.

치료 6개월 후 윌리엄은 그의 모래놀이에 물을 포함시키기 시작했고, 모래에서 보다 정교한 장면을 만들게 되었다. 그는 또한 전투와 관련이 없는 시나리오를 만들기 시작했다. 회기에는 항상 공격놀이와 숙달놀이의 형태가 들어 있었다. 한 회기 동안에 윌리엄은 공과 배트를 사용하기 시작했고, 그다음 아기인형을 공으로 사용하고 배트로 그것을 방 저쪽으로 때렸다. 상상놀이는 전투를 넘어서 확장되었다. 예를 들어 전투가 아닌 기사(knights)가 토너먼트에 참가하여 승자에게 상금이 주어졌다. 한 회기가 끝날 때 윌리엄은 다음 주에 세상을 구하기 위해 돌아올 것이라고 말했다. 윌리엄은 회기에서 시간제한에 대한 분노를 언어화하기 시작했다. 이 분노는 회기가 끝날 시에 치료사가 5분 경고를 줄 때 표현되었다. 윌리엄은 "당신이 싫어!", "당신은 바보야!", "당신은 내 보스가 아니야!"라고 말하곤 했다. 치료사는 이러한 화난 감정과 놀이실에서 더 많은 시간을 보내고 싶어 하는 윌리엄의 희망을 반영했다. 매번 회기가 끝날 때 윌리엄은 아무런 문제없이 떠났다.

또 다른 변화는 윌리엄이 우연히 다트 총으로 치료사를 쐈고 즉시 사과하고 몇 회기 지나서 발생했다. 또 다른 경우에 윌리엄은 회기에 와서 다트 총이 부서졌다는 것을 알게 되었을 때 화를 냈다. 윌리엄은 아동들이 부러뜨리면 아동이 그것을 가지고 놀게 하지 않아야 한다고 말했다. 치료사는 윌리엄의 좌절감을 반영하고 장난감이 망가졌다는 것을 언급했다. 윌리엄은 장난감을 망가트리면 고칠 수 있다고 말했다. 치료사는 윌리엄이 자신의 행동에 돌이킬 수 없는 결과가 있을 수 있다는 것을 완전히 인정하지는 않았지만 책임성에 대해 일부 인정하는 표시라고 받아들였다.

　　마지막 회기에서 윌리엄이 치료사에게 매우 화를 냈는데, 치료사가 아버지에게 영화를 제한하고 R등급의 폭력영화와 비디오 게임을 모두 피하는 것이 윌리엄에게 좋을 것이라고 말했기 때문이다. 윌리엄은 치료사가 상관할 일이 아니라고 말했다. 치료사는 윌리엄이 그것에 대해 매우 화가 났다는 것을 알았지만, 윌리엄의 부모는 여전히 그를 위해 그런 종류의 선택을 할 것이다. 윌리엄의 어머니는 효과적인 제한설정 기술이 없었다. 어머니는 자신을 전혀 구조화하지 못했으며 윌리엄이 있는 데에서 윌리엄의 잘못된 행동에 대해 치료사와 이야기하면서 윌리엄을 종종 기다리게 했다. 윌리엄의 어머니는 자신이 책임지고 적절한 제한을 설정하기보다는 윌리엄 주변에 있는 다른 성인들에게 도움을 요청했다.

　　윌리엄의 어머니는 치료사가 윌리엄과 어머니를 만날 때 윌리엄이 어머니에게 상처 주는 것을 멈추고 행동을 더 잘하고 어머니에게 협조하도록 말해달라고 몇 번이나 요구했다. 치료사는 그 책임이 윌리엄의 어머니에게 있다고 계속 말했고 그녀가 긍정적 강화와 구조화를 사용하도록 권유했는데, 이것이 처벌이나 죄책감보다 윌리엄에게 더 잘 작동하는 것처럼 보였다. 이 전략은 유감스럽게도 홈 스쿨 강사에게는 작동하지 않아서, 강사가 윌리엄에게 더 처벌적이 되게 했는데 학교에서의 모든 부적절한 행동과 함께 어머니가 보고한 범죄에 대해 윌리엄에게 더 처벌적이 되고 어머니가 잘못에 관해 보고한 위반을 훈육했다. 이것은 윌리엄이 강사와 발달시킨 긍정적인 관계를 훼손시키고 그가 학교를 싫어하고 홈 스쿨 강사에게 더 비협조적이 되었다고 말했다. 윌리엄은 또한 자신의 목에 줄을 매는 자살 몸짓을 했다.

　　윌리엄의 어머니와의 자문에서, 치료사는 어머니가 그를 학교에 데려다주고 강사와 이야기하기 위해 학교에 들어가지는 말라고 제안했다. 치료사는 또한 윌리엄의 어머니에게 윌리엄 행동에 대한 제한설정을 위해 강사를 이용하지 않는 것도 지지했다.

　　어머니가 적절한 제한설정을 하지 못하므로 윌리엄의 생활에 대한 논의와 함께 결국에는 변화가 있었다. 치료가 끝났을 때, 윌리엄은 격주로 주말마다 어머니와 함께 있으면서 아버지와 주로 살기 시작했다. 윌리엄은 아버지가 더 엄격했기 때문에 그리고 어머니를 그리워하기 때문에 이 새로운 배치에 대해 슬퍼했다. 윌리엄은 변화가 괜찮아질 것이라고 말로 결론을 내렸다.

　　윌리엄은 공격성과 자기 통제의 결여로 계속 어려움이 있었지만 그는 CCPT에서 탁월한 진전을 이루었다. 그는 폭력 및 공격적인 폭발의 삽화가 계속 있었지만 훨씬 덜 빈번했고 분노와 반항적 폭발 없이 사회적 행사와 교육 활동에 참여할 수 있었다. 윌리엄은 어머니와 힘 겨루기의 어려움이 계속되었는데, 이것 때문에 아버지와 더 많은 시간을 보냈고 아버지는 윌리엄에게 필요한 일관된 구조화를 제공할 수 있었다. 어머니와 보내는 시간이 줄어들수록 윌리엄에게는 귀중한 시간이 더 많아질 것이고 그는 잠시 동안 자신의 행동을 유지할 수 있는 능력을 갖기를 희망했다. 덧붙여 윌리엄의 어머니는 짧은 시간에 확고한 제한을 설정할 수 있는 능력이 더 커지기를 희망했다.

윌리엄은 그가 살면서 직면한 몇 가지 큰 어려움을 겪었는데, 생물학적 원인에서 유래되고 일관된 구조를 제공하고 확고한 제한을 설정하지 못하는 어머니의 무능력 때문에 더욱 악화되었을 것 같다. CCPT는 윌리엄에게 신체적 및 언어적으로 제한에 맞설 수 있는 안전한 공간 그리고 자신이 선택할 수 있는 기회를 주는 돌보는 성인과 함께 있을 수 있는 안전한 공간이 되었다. 놀이실 내에서 분노, 무례한 언동, 야비함, 증오가 파급효과 없이 표현될 수 있었다. 윌리엄이 수용과 이해를 경험함에 따라 통제되지 않은 공격으로 다른 사람을 제압하려는 그의 요구는 줄어들었다.

2011), 가정폭력 목격 아동(Kot et al., 1998, Smith & Landreth, 2003), 중국인 부모(Chou & Landreth, 1997; Yuen, Landreth, & Baggerly, 2002), 한국인 부모(Jang; 2000, Lee & Landreth, 2003), 만성질환 아동의 부모(Tew, Landreth, Joiner, & Solt, 2002)), 독일인 부모(Grskovic & Goetze, 2008), 이스라엘 부모(Kidron & Landreth, 2010), 미국 원주민 부모(Glover & Landreth, 2000), 아프리카계 미국인 부모(Sheely-Moore & Bratton, 2010), 히스패닉 부모(Villarreal, 2008; Ceballos & Bratton, 2010)가 있다.

연구

아동중심 놀이치료는 놀이치료 분야에서 가장 철저하게 연구된 이론적 모델이며, 결과는 아동의 다양한 문제에서 그리고 집중적인 단기간 놀이치료와 연루된 시간제한 장면에서 이 접근의 효과를 명백하게 보여준다(Landreth, 2012). 아동중심 놀이치료는 존재해 있는 과정과 되고자 하는 과정에 계속 집중해 있고 집중할 것이다.

현재까지 CCPT에 대해 발표된 가장 큰 연구는 Ray(2008)의 연구이다. Ray는 대학교 상담 클리닉에 9년에 걸쳐 의뢰된 2세에서 13세 사이의 202명 아동의 보관 자료를 통계적으로 분석했다. 이 아동들은 매주 개별 CCPT를 받았다. 아동들은 독립 변수로 나타나는 문제와 치료의 길이 그리고 종속 변수로 부모-아동 관계 스트레스에 따라 자료 집단에 할당되었다. CCPT는 외현화 문제, 외현화/내재화 문제의 결합, 비임상적 문제(부모 관계)에서 통계적으로 유의미한 효과를 나타냈다. 결과는 또한 CCPT 효과가 회기의 수에 따라 증가했으며 효과의 크기가 큰 11~18회기에서 통계적으로 특히 유의미해졌다.

LeBlanc와 Ritchie(2001)는 42개의 1950년에서 1996년까지 통제된 놀이치료 연구에 대한 메타분석을 실시했는데, 그중 20개가 양육자의 관여 없이 아동중심 놀이치료를 활용했다. 이 연구들은 전반적인 평균 효과 크기가 0.43인 것으로 밝혀졌으며, 이는 중간 정도 처치 효과로 간주된다.

Lin(2012, Landreth, 2012에서 인용)은 CCPT의 효과성에만 오로지 초점을 둔 메타분석 연구를 실시했다. 그는 다음의 기준을 충족하는, 즉 CCPT 방법론의 사용, 통제 또는 반복 측정 설계의 사용, 표준화된 정신측정 평가의 사용, 효과 크기의 분명한 보고 또는 효과 크기를 산출하기 위한 충분한 정보 등이 있는 1995년에서 2010년까지 실시된 52개의 통제 결과 연구를 검토했다. 계층형 선형 모델

(hierarchical linear models, HLM)은 자료를 여러 수준에서 수집해서 분석을 하는 통계적으로 정교한 방법을 제공한다. Lin은 HLM을 사용하여 수집된 52개의 연구에서 통계적으로 유의한 전체 효과 크기 0.47로 추정했다(p<0.001).

> 이 결과는 CCPT 개입이 있는 아동이 CCPT 처치를 받지 않은 아동보다 사전 처치에서 사후 처치까지 대략 1/2 표준편차 개선되었음을 나타낸다. CCPT는 양육자/아동 관계 스트레스(ES= 0.60), 자기 효능감(ES=0.53), 전체 행동 문제 유형(ES=0.53), 내재화에서 약간의 긍정적 효과 (ES=0.37), 외현화 문제(ES=0.334)가 있었다. Lin은 CCPT가 아동에게 효과적인 정신건강 개입으로 간주되어야 한다고 결론지었다. 그것은 광범위한 스펙트럼의 행동 문제, 아동 자존감, 양육자/아동 관계 스트레스에서 가장 큰 영향을 미쳤다.(Landreth, 2012, p. 383에서 인용)

같은 연구에서 Lin(Landreth, 2012에서 인용)은 아동의 민족성이 처치 결과에서 요인이 된다는 것을 발견했다. 선별된 연구 중 15개는 대다수의 아동이 백인이 아니었고 16개는 혼혈 집단이었다. 나머지 15개 연구에서 대다수 아동은 백인이었다. 비백인 아동은 백인 아동보다 CCPT의 결과로 현저하게 개선되었음을 나타냈다. Lin은 이러한 연구결과가 종사자들이 CCPT를 문화적으로 반응하는 개입이라고 확신할 수 있다는 것을 강력하게 암시한다고 결론지었다.

기타 수많은 연구들은 CCPT가 다양한 문화에 걸쳐서 효과적인 것으로 나타났는데, 즉 히스패닉계 아동의 학교 기반 CCPT(Garza & Bratton, 2005), 이스라엘 학교 상담사 및 교사의 단기 CCPT 훈련 (Kagan & Landreth, 2009), 푸에르토리코 아동의 집단놀이치료(Trostle, 1988), 아프리카계 미국인 아동과의 CCPT(Post, 1999), 일본 아동과의 단기 CCPT(Ogawa, 2006), 케냐의 취약 아동과 작업하는 전문가를 위한 단기 CCPT 훈련(Hunt, 2006), 내재화 문제가 있는 이란 아동과의 CCPT(Bayat, 2008) 이다.

결론

CCPT는 다양한 우려를 다루는 아동과의 작업에서 효과적이고 발달적으로 적절한 방법으로 널리 연구되어 왔다. 아동중심 놀이치료 중 가장 유명한 사례는 지금까지도 자아를 찾는 5세 소년 딥스를 이야기하는 버지니아 엑슬린(1964)의 사례이다. 이 이야기는 놀이치료사가 되려고 하는 많은 사람들을 고무시켰다. 딥스는 자신을 기능적이지 않음, 적대적, 타인을 거부하는 것으로 나타냈다. 그의 극도의 불행 그리고 유치원 교사들을 감동시킨 두드러지는 지능을 엿볼 수 있었고, 그들은 버지니아 엑슬린에게 수수께끼를 풀어달라고 요청했다. 엑슬린이 치료적 관계에서 신뢰, 존중, 인내의 중요성에 대해 가장 설득력 있는 주장을 공유한 것은 딥스의 이야기를 통해서이다. "나는 이 관계를 구축하는 데에서 그가 주도하기를 원했다."(p. 29) "모든 아동은 자기 방식대로 세상을 탐색할 시간이 필요하다."(p. 42) 관계가 형성되고 딥스가 놀이실에서 완전히 안전하다고 느끼기 시작하자, 딥스는 부모에게 자신의 분노를 표현하기 시작했다. 다음의 예에서 딥스는 그 분노를 놀이로 나타냈고 일부 해결도 표현할 수 있었다.

"나는 아빠를 무서워했었다."고 말했다. "그는 나에게 매우 비열했었다."

"너는 그 사람을 두려워했었니?" 내가 말했다.

"그는 더 이상 내게 비열하지 않아."라고 딥스가 말했다. "하지만 나는 어떻게 하든지 간에 그에게 벌을 줄 거야!"

"그가 지금은 너에게 비열하지 않다고 해도, 너는 여전히 그를 벌하고 싶니?" 내가 말했다.

"예." 딥스가 대답했다. "나는 그를 벌줄 거야."(Axline, 1964, p. 180)

딥스는 아빠인형을 넣을 감옥을 짓고 모래에 두 개를 모두 묻었다. 나중에 딥스는 소년인형이 아빠인형을 구해주게 하고 그는 아빠인형이 그가 한 모든 일에 대해 미안하다고 말하게 했다. 그 뒤에 딥스가 미소를 약간 지으면서 "나는 오늘 아빠에게 말했어요."(Axline, 1964, p. 181) 결국 수용하고 돌보는 놀이치료사가 있는 데에서 자신의 놀이를 통해 자신을 표현할 기회가 있었던 작은 소년이 행복하고 유능한 아동으로 모습을 드러냈다.

참고문헌

American Psychiatric Association. (2013). *Diagnostic and statistical manual of mental disorders* (5th ed.). Washington, DC: Author.

Authier, J., Gustafson, K., Guerney, B., & Kasdorf, J. (1975). The psychological practitioner as a teacher: A theoretical-historical and practical review. *Counseling Psychologist, 5*, 31–50.

Axline, V. M. (1964). *Dibs: In search of self*. New York, NY: Ballentine Books.

Axline, V. M. (1974). *Play therapy*. New York, NY: Ballantine Books.

Bayat, M. (2008). Nondirective play therapy for children with internalizing problems. *Journal of Iranian Psychology, 4*(15), 267–276.

Blanco, P. J., & Ray, D. (2011). Play therapy in the schools: A best practice for improving academic achievement. *Journal of Counseling and Development, 89*(2), 235–242.

Brandt, M. A. (2001). An investigation of the efficacy of play therapy with young children. *Dissertation Abstracts International: Section A. Humanities and Social Science, 61*(7), 2603.

Bratton, S. C., Ceballos, P. L., Sheely-Moore, A. I., Meany-Walen, K., Pronchenko, Y., & Jones, L. D. (2013). Head start early mental health intervention: Effects of child-centered play therapy on disruptive behaviors. *International Journal of Play Therapy, 22*(1), 28–42.

Bratton, S. C., & Landreth, G. L. (1995). Filial Therapy with single parents: Effects on parental acceptance, empathy and stress. *International Journal of Play Therapy, 4*(1), 61–80.

Bratton, S. C., Ray, D., Rhine, T., & Jones, L. (2005). The efficacy of play therapy with children: A meta-analytic review of treatment outcomes. *Professional Psychology: Research and Practice, 36*(4), 376–390.

Ceballos, P., & Bratton, S. C. (2010). School-based child-parent relationship therapy (CPRT) with low-income first-generation immigrant Latino parents: Effects on children's behaviors and parent-child relationship stress. *Psychology in the Schools, 47*(8), 761–775.

Centers for Disease Control and Prevention. (2013). Mental health surveillance among children: United States 2005–2011. *Morbidity and Mortality Weekly Report, 62*(2), 1–35.

Chau, I. Y., & Landreth, G. L. (1997). Filial Therapy with Chinese parents: Effects on parental empathic interactions, parental acceptance of child and parental stress. *International Journal of Play Therapy, 6*(2), 75–92.

Costas, M., & Landreth, G. L. (1999). Filial Therapy with nonoffending parents of children who have been sexually abused. *International Journal of Play Therapy, 8*(1), 43–66.

Danger, S., & Landreth, G. L. (2005). Child-centered group play therapy with children with speech difficulties. *International Journal of Play Therapy, 14*(1), 81–102.

Dougherty, J., & Ray, D. (2007). Differential impact of play therapy on developmental levels of children. *International Journal of Play Therapy, 16*(1), 2–19.

Erikson, E. (1963). *Childhood and society*. New York, NY: Norton.

Frost, J. L., Wortham, S. S., & Reifel, S. (2008). *Play and child development* (pp. 141–142). New York, NY: Pearson.

Garza, Y., & Bratton, S. C. (2005). School-based child-centered play therapy with Hispanic children: Outcomes and cultural considerations. *International Journal of Play Therapy, 14*(1), 51–79.

Ginsberg, B. G. (1976). Parents as therapeutic agents: The usefulness of Filial Therapy in a community mental health center. *American Journal of Community Psychology, 4*(1), 47–54.

Glover, G. (1999). Multicultural considerations in group play therapy. In D. S. Sweeney & L. E. Homeyer (Eds.), *The handbook of group play therapy: How to do it: How it works:Whom it's best for* (pp. 278–295). San Francisco, CA: Jossey-Bass.

Glover, G., & Landreth, G. L. (2000). Filial Therapy with Native Americans on the Flathead Reservation. *International Journal of Play Therapy, 9*(2), 57–80.

Glover, G. J. (2001). Cultural considerations in play therapy. In G. L. Landreth (Ed.), *Innovations in play therapy: Issues, process, and special populations* (pp. 31–41). Muncie, IN: Accelerated Development.

Grskovic, J., & Goetze, H. (2008). Short-term Filial Therapy with German mothers: Finding from a controlled study. *International Journal of Play Therapy, 17*(1), 39–51.

Guerney, B. (1964). Filial Therapy: Description and rationale. *Journal of Consulting Psychology, 28*(4), 304–310.

Guerney, B. (1982). Filial Therapy: Description and rationale. In G. L. Landreth (Ed.), *Play therapy, dynamics of the process of counseling with children* (pp. 342–353). Springfield, IL: Charles C. Thomas.

Guerney, L. F. (1983). Play therapy with learning disabled children. In C. E. Schaefer & K. O'Connor (Eds.), *Handbook of play therapy* (pp. 419–435). New York, NY: Wiley.

Guerney, L. F. (2001). Child-centered play therapy. *International Journal of Play Therapy, 10*(2), 13–31.

Harris, Z. L., & Landreth, G. (1997). Filial Therapy with incarcerated mothers: A five week model. *International Journal of Play Therapy, 6*(2), 53–73.

Holt, K. (2011). Child-parent relationship therapy with adoptive children and their parents: Effects on child behavior, parent-child relationship stress and parent empathy. *Dissertation Abstracts International: Section B. Sciences and Engineering, 71*, 8.

Hunt, K. (2006). Can professionals offering support to vulnerable children in Kenya benefit from brief play therapy training? *Journal of Psychology in Africa, 16*(2), 215–221.

Jang, M. (2000). Effectiveness of Filial Therapy for Korean parents. *International Journal of Play Therapy, 9*(2), 39–56.

Kagan, S., & Landreth, G. L. (2009). Short-term child-centered play therapy training with Israeli school counselors and teachers. *International Journal of Play Therapy, 18*(4), 207–216.

Kale, A., & Landreth, G. L. (1999). Filial Therapy with parents of children experiencing learning difficulties. *International Journal of Play Therapy, 8*(2), 35–56.

Kidron, M., & Landreth, G. (2010). Intensive child parent relationship therapy with Israeli parents in Israel. *International Journal of Play Therapy, 19*(2), 64–78.

Kot, S., Landreth, G., & Giordano, M. (1998). Intensive child-centered play therapy with child witnesses of domestic violence. *International Journal of Play Therapy, 7*(2), 17–36.

Landreth, G. L., & Bratton, S. C. (2006). *Child parent relationship therapy (CPRT): A 10-session Filial Therapy model.* New York, NY: Routledge.

Landreth, G. L., & Lobaugh, A. (1998). Filial Therapy with incarcerated fathers: Effects on parental acceptance of child, parental stress, and child adjustment. *Journal of Counseling & Development, 76*(2), 157–165.

Landreth, G. L., & Sweeney, D. S. (1997). Child-centered play therapy. In K. O'Connor & L. Braverman (Eds.), *Play therapy: Theory and practice* (pp. 17–45). New York, NY: Wiley.

Landreth, G. L. (2012). *Play therapy: The art of the relationship* (3rd ed.). New York, NY: Taylor & Francis.

LeBlanc, M., & Ritchie, M. (2001). A meta-analysis of play therapy outcomes. *Counseling Psychology Quarterly, 14*(2), 149–163.

Lee, M., & Landreth, G. L. (2003). Filial Therapy with immigrant Korean parents in the United States. *International Journal of Play Therapy, 12*(2), 67–85.

Moustakas, C. (1959). *Psychotherapy with children: The living relationship.* Greeley, CO: Carron.

Moustakas, C. (1981). *Rhythms, rituals and relationship.* Detroit, MI: Harlow Press.

Nordling, W. J., & Guerney, L. F. (1999). Typical stages in the child-centered play therapy process. *Journal for the Professional Counselor, 14*, 17–23.

Ogawa, Y. (2006). Effectiveness of child-centered play therapy with Japanese children in the United States. *Dissertation Abstracts International, 68*(26), 158.

Packman, J., & Bratton, S.C. (2003). A school-based group play/activity therapy intervention with learning disabled preadolescents exhibiting behavior problems. *International Journal of Play Therapy, 12*(2), 7–29.

Piaget, J. (1983). Piaget's theory. In P. Mussen (Series Ed.) & W. Kessen (Vol. Ed.), *Handbook of child psychology: Vol. 1. History, theory, and methods* (4th ed., pp. 103–126). New York, NY: Wiley.

Post, P. (1999). Impact of child-centered play therapy on the self-esteem, locus of control, and anxiety of at-risk 4th, 5th, and 6th grade students. *International Journal of Play Therapy, 12*(2), 7–29.

Ray, D. (2008). Impact of play therapy on parent-child relationship stress at a mental health training setting. *British Journal of Guidance & Counselling, 36*(2), 165–187.

Ray, D., Schottelkorb, A., & Tsai, M. (2007). Play therapy with children exhibiting symptoms of attention deficit hyperactivity disorder. *International Journal of Play Therapy, 16*(2), 95–111.

Rennie, R. L. (2003). A comparison study of the effectiveness of individual and group play therapy in treating kindergarten children with adjustment problems. *Dissertation Abstracts International: Section A. Humanities and Social Science, 61*(9).

Rogers, C. R. (1951). *Client-centered therapy*. Boston, MA: Houghton Mifflin.

Rogers, C. R. (1957). The necessary and sufficient conditions of therapeutic personality change. *Journal of Consulting Psychology, 21*, 95–103.

Rogers, C. R. (1961). *On becoming a person: A therapist's view of psychotherapy*. New York, NY: Houghton Mifflin.

Rogers, C. R. (1980). *A way of being*. Boston, MA: Houghton Mifflin.

Rogers, C. R., & Stevens, B. (2002). *Person to person: The problem of being human*. London, England: Souvenir Press. (Original work published 1967)

Sawyers, J. K., & Rogers, C. S. (1988). Helping young children develop through play: *A practical guide for parents, caregivers, and teachers*. Washington, DC: National Association for the Education of Young Children.

Sheely-Moore, A., & Bratton, S. C. (2010). A strengths-based parenting intervention with low-income African American families. *Professional School Counseling, 13*(3), 175–183.

Shen, Y. (2002). Short-term group play therapy with Chinese earthquake victims: Effects on anxiety, depression, and adjustment. *International Journal of Play Therapy, 11*(1), 43–63.

Smith, N., & Landreth, G. L. (2003). Intensive Filial Therapy with child witnesses of domestic violence: A comparing with individual and sibling group play therapy. *International Journal of Play Therapy, 12*(1), 67–68.

Swanson, R. C. (2008). The effect of child-centered play therapy on reading achievement in 2nd graders reading below grade level. *Master Abstracts International: Section A. Humanities and Social Science, 46*(5), 2603.

Sweeney, D. S., & Homeyer, L. E. (Eds.). (1999). *The handbook of group play therapy: How to do it: How it works: Whom it's best for*. San Francisco, CA: Jossey-Bass.

Tew, K., Landreth, G. L., Joiner, K. D., & Solt, M. D. (2002). Filial Therapy with parents of chronically ill children. *International Journal of Play Therapy, 11*(1), 79–100.

Trostle, S. (1988). The effects of child-centered group play sessions on social-emotional growth of three-to six-year-old bilingual Puerto Rican children. *Journal of Research on Childhood Education, 3*, 93–106.

Tsai, M., & Ray, D. (2011). Play therapy outcome prediction: An exploratory study at a university-based clinic. *International Journal of Play Therapy, 20*(2), 94–108.

Tyndall-Lind, A., Landreth, G. L., & Giordano, M. (2001). Intensive group play therapy with child witnesses of domestic violence. *International Journal of Play Therapy, 10*(1), 53–83.

Villarreal, C. E. (2008). School-based child parent relationship therapy (CPRT) with Hispanic parents. *Dissertation Abstracts International: Section A. Humanities and Social Science, 69*(2).

Watson, D. (2007). An early intervention approach for students displaying negative externalizing behaviors associated with childhood depression: A study of efficacy of play therapy in the school. *Dissertation Abstracts International: Section A. Humanities and Social Science, 68*(5).

Wilson, K., & Ryan, V. (2006). *Play therapy: A non-directive approach for children and adolescents* (2nd ed.). Burlington, MA: Bailliére Tindall.

Yuen, T., Landreth, G. L., & Baggerly, J. N. (2002). Filial Therapy with immigrant Chinese families. *International Journal of Play Therapy, 11*(2), 63–90.

6

━━◆━━

인지행동 놀이치료

SUSAN M. KNELL[1]

이론

인지행동치료(cognitive-behavioral therapy, CBT)는 인지, 정서, 행동, 생리학 간의 상호작용과 연루되는 정서장애의 인지 모델에 기반을 둔다(Beck & Emery, 1985). 이 모델에 따르면 행동은 언어 과정을 통해 중재되며, 정서 및 행동에서의 붕괴는 비합리적 사고의 표현으로 개념화된다. 개인의 정서와 행동은 세계에 대해 생각하는 방식에 크게 좌우된다고 가정한다(Beck, 1967, 1972, 1976). 사건이 아닌, 사건에 대한 인식은 개인이 삶의 상황을 이해하는 방식을 결정한다. 성인용으로 개발된 CBT는 부정적인 감정과 부적응 행동을 유발하는 부정적 사고를 개인이 식별해서 수정하도록 돕는다. CBT는 나이 먹은 아동, 청소년, 성인이 갖고 있는 다양한 장애에 효과적인 것으로 보인다.

CBT의 주요 전제 조건은 다음과 같다. 즉 (1) 사고(thought)는 사건에 대한 반응에서 개인의 정서와 행동에 영향을 준다. (2) 사건에 대한 인식과 해석은 개인의 신념과 가정(assumption)에 의해 형성된다. (3) 심리적 어려움을 겪는 개인에게는 논리적 왜곡 또는 인지적 왜곡의 오류가 빈번하다(Beck, 1976). 아동의 경우 논리의 오류는 비합리적이거나 왜곡되기보다는 부적응이라는 것이 종종 더 정확한 생각이다. 이것은 비논리적, 자기중심적, 구체적으로 생각하는 어린 아동에게 특히 더 맞는 말이다.

CBT는 '아동에게 동반되는 역기능적 관념화에 대한 직접 수정'을 통해서 심리적 고통의 증상을 완화시키려는 일련의 처치 기법으로 구성된다(Bedrosian & Beck, 1980, p. 128). CBT 치료사는 역기능적 사고를 확인하고, 패턴을 찾고, 변화시키는 작업을 한다. 성인과 함께 있으면서 이러한 생각은 초점이 있는 질문과 주의 깊은 자기 성찰을 통해 드러난다. 증상 및 역기능적 행동과 연관된 부적절한 생각을 확인하고 수정함으로써 치료사는 그 사람이 증상을 줄이고 신념, 기대, 태도를 수정하도록 돕는다(Bedrosian & Beck, 1980).

----

1 CBPT에 계속 참여하고 있는 Meeba Dasan 박사에게 감사한다. 연구자, 임상가, 저자로서 그녀의 탁월한 기술은 나로 하여금 CBPT에 대한 이해 및 CBPT의 올바로 인식을 확장하고 깊게 만들었다.

CBT는 어린 아동에게는 원래 개념화된 대로 사용될 수 없다는 것을 감안한다. 그러므로 인지행동 놀이치료(cognitive-behavioral play therapy, CBPT)는 유치원과 저학년 연령 아동에게 발달적으로 적절하도록 고안된 CBT의 적용이다. 아동은 CBT와 놀이치료 양쪽 모두에 기초한 치료에 포함되어 있는 변화 과정에서 적극적이다.

절차/기법

CBPT를 시행하기 전에 치료사의 역량과 특성, 적절한 내담자, CBPT가 적절한 처치라는 지표에 대해 고려해야 한다.

치료사 자격, 훈련, 특성

CBPT 치료사는 적절한 훈련(예 : 심리학, 사회사업, 정신과)에서 적절한 교과목, 임상 훈련 및 학위가 있어야 한다. 이들은 자신의 분야에서 자격을 받아야 한다(또는 자격 있는 치료사의 관리 감독). 학위 과정에서 수강한 교과목에는 아동발달, 정신병리학, 평가, 심리치료 및 가족 체계가 포함되어야 한다.

나이가 있는 아동 및 청소년과 함께 작업하는 역량을 갖춘 치료사는 어린 아동과의 놀이치료 및 작업하는 데 특별한 훈련과 감독이 필요하다. 인지행동 이론 및 실행에서의 능력이 중요하다. CBPT 치료사는 또한 아동과의 사용에 대해 CBT 적용이 편안해질 필요가 있고 CBPT 문헌을 철저히 이해해야 한다. 감독을 받은 경험에는 가능하다면 생방송이나 비디오녹화를 통한 관찰이 포함되어야 한다. CBPT 임상가는 CBPT에 관한 문헌이 늘어나면서 최신의 것을 유지해야 한다. 국한되어 있는 것은 아니지만 자료에는 대학원 프로그램, 전국적인 집회, 놀이치료협회(Association for Play Therapy), 평생교육 프로그램이 포함된다.

내담자 특성

CBPT를 사용한 사례연구에는 다양한 연령의 어린 아동(3~8세)이 포함되어 있다. 지금까지 장애 진단을 받은 아동을 치료하는 보고서가 출판된 것에는 불안(Knell & Dasari, 2006, 2009), 유분증(Knell, 1993a; Knell & Moore, 1990), 공포증(Dasari & Knell, 2015; Knell, 1993a; Knell & Dasari, 2006), 선택적 함묵증(Knell, 1993a, 1993b), 분리 불안(Knell, 1998)이 있고, 외상적 생활 사건을 경험한 아동(Knell, 2011; Knell & Ruma, 1996; Ruma, 1993)이 있다. 논문을 쓰는 당시에 현존하는 CBPT 사례연구 20건에 대해서는 Knell과 Dasari(2011)를 참조하라. 기타 여러 사례연구가 진행 중이다(예 : Dasari & Knell, 2015; Knell & Dasari, 인쇄 중). 이 연구들은 CBPT로 이득을 볼 수 있는 아동에 관해 새로운 정보를 제공하고 있다. 그러나 지금 시점에서 특정 인구집단에게 CBPT 사용을 지지하는 구체적인 연구는 없다.

취학 전 연령에서 아동은 인과 관계에 대해 그리고 자신의 환경 측면을 어떻게 통제할 수 있는지에 대해 배우기 시작한다. 현재까지 많은 사례연구에서 아동은 통제 문제(예 : 화장실)를 경험하는 데 연루되어 있다. CBPT는 아동의 환경을 통제하기 위한 대안적이고 보다 적응적인 방법을 제공하기 때문에 이러한 아동에게 적합할 수 있다. CBPT는 불안, 우울, 공포증 아동 그리고 외상적인 생활 사건을 경험한 아동에게도 도움이 된다. CBT의 관점에서 볼 때 이들 아동의 대부분은 그들의 어려움과 관련하여 부적응적인 생각을 할 수 있다(예 : 자신의 두려움에 직면할 수 없는 두려운 아동, 학대받는 것은 '자신의 잘못'이라고 생각하는 학대받은 아동). CBPT는 좀 더 적응적인 대처 기술을 가르치기 위해 심리교육적 기법을 사용하기 때문에, 개입은 행동/정서적 어려움이 있는 아동, 특히 부적절한 생각이 관여되어 있을 수 있는 아동에게 적합하다. 알고 있듯이 이러한 생각을 확인하기는 종종 어렵다. 더구나 아동이 반드시 부정적이거나 부적절한 표현은 아닐지라도, 긍정적인 자기 진술이 부족할 수 있다.

인지적, 발달적, 정서적, 사회적으로 지연/결손이 있는 아동에게 CBPT의 사용을 지지하는 구체적인 연구는 없다. 경험적 지지가 부족함에도 불구하고, CBPT는 여전히 이 아동들에게 적절한 개입이 될 수 있다. 예를 들어 표현언어에 손상이 있는 아동과 작업하는 CBPT 치료사는 보다 비언어적인 의사소통의 수단을 사용할 수 있다. CBPT의 적합성은 개인적인 기준으로 결정하는데, CBPT 치료사는 각 아동을 위한 개별 처치라는 면에서 유연해야 한다.

CBPT에만 특별한 것은 아니지만, 외상을 경험한 어린 아동에게 몇 가지 유망한 경험적 연구가 있다. 외상집중 인지행동치료(trauma-focused cognitive-behavior therapy, TF-CBT; Cohen, Mannarino, Berliner, & Deblinger, 2000)는 놀이와 TF-CBT를 통합한 개입으로 Cavett와 Drewes(2012)가 적용했다. 이들은 재난/홍수로 인해 외상을 입은 5세 아동 그리고 성적 학대의 희생자였던 7세 아동(Cavett & Drewes, 2012)과의 좋은 결과를 인용하고 있다.

지시/금기

CBPT는 양육에 문제가 있는 것과 관련된 것으로 보이는 양육자와 아동 간에 명백한 문제가 있는 경우, 특히 아동의 불순종과 관련된 경우에는 사용을 금한다. 예를 들어 아동의 행동이 부정적 행동을 강화하는 양육 때문인 것으로 보이는 경우, CBPT를 주된 처치 방식으로 고려하기 전에 먼저 양육 문제를 다루는 데 모든 노력을 기울여야 한다. 양육자와의 치료가 아동의 행동에 긍정적인 변화를 가져온다면 CBPT는 더 이상 필요하지 않다. 가정에 심각한 정신병리가 있으면 CBPT가 여전히 지시될 수 있지만 개별 부모치료, 부부치료 또는 가족치료가 종종 추가된다.

실행계획

CBPT의 물리적 공간뿐만 아니라 처치 빈도, 기간, 초기 평가, 처치 계획에 대한 실행 계획은 아동의 치료를 준비하는 데에서 중요한 고려 사항이다.

놀이실 설치, 장난감, 재료

CBPT는 다른 장소에서도 사용할 수 있겠지만 전형적으로 놀이실 장면에서 수행된다. 놀이실에는 장난감, 미술용품, 퍼핏, 인형, 자동차, 블록, 기타 놀이 재료가 준비되어 있어야 한다. 수많은 놀이치료사들이 놀이치료실의 구성과 거기에 구비되어야 하는 장난감의 유형에 대해 기록하고 있다(예 : Axline, 1947; Giorano, Landreth, & Jones, 2005; Landreth, 2002; O'Connor, 1991). CBPT는 목표 지향적이고 지시적이기 때문에 특정 장난감/놀이 재료가 아동을 위해 지시되기도 한다. 예를 들어 유분증이 있는 일부 아동은 플라스틱 용기를 활용하여 화장실이라고 가장하는 반면, 다른 아동은 실제 화장실처럼 보이는 장난감 변기가 더 좋을 수도 있다. 이 장의 마지막 부분에 있는 부록에 권장되는 놀이 재료 목록이 있다.

CBPT 놀이실에서 장난감은 ⓐ 눈에 보이고 아동이 쉽게 접근할 수 있고, ⓑ 일정한 장소에 놓여 있어서 아동이 회기들 간에 물건을 어디에서 찾아야 하는지 알 수 있어야 한다. 각 아동은 회기들 사이사이에 개인적인 과제를 지속할 수 있는 안전하고 일관된 장소가 있어야 한다. 잠긴 서랍/영역이 권장되어서 아동이 그들의 비밀이 존중되고 있음을 알게 된다. 종종 아동은 다른 아동이 그들의 과제를 보거나 그것을 가지고 놀지 않을 것이라는 것을 확인하고 싶어 한다.

아동의 비밀보장은 여러 가지 방식으로 존중된다. 아주 사적인 과제(예 : 아동이 만든 책, 사진)는 보호되어야 하며 놀이실에 오는 다른 아동이 만지지 않아야 한다. 때때로 이 범주에 속하는 것이 명확하지 않은 경우도 있다. 예를 들어 아동이 개별화된 과제에서 작업하고 있다면, 이들은 개인으로 간주되어야 하며 다른 아동이 접근할 수 없어야 한다. 그러나 종종 아동은 장난감 집에서 가족 시나리오를 만들거나 퍼펫/사람을 일정한 방식으로 설정하거나 블록으로 무언가를 만든다. 아동은 다음 회기까지 이것을 만지지 말라고 요구할 수도 있지만, 치료사가 이 요구를 반드시 따라야 한다고 할 수는 없다. 치료사는 다음과 같이 말할 수 있는데, "나는 우리가 놀이집 가구와 사람들을 그대로 남겨둔다면 그래서 우리가 다음 주일에 만날 때 이대로 발견할 수 있다면 네가 아주 좋아한다는 것을 알아. 그러나 네가 알다시피 다른 아동도 놀이실을 이용하며 그 아동들도 이것을 가지고 놀 수 있어야 공평하단다. 우리가 모든 것이 있는 다이어그램을 만든다면 그래서 다음 주에 그것을 사용할 수 있다면 어떨까?"라고 말했다. 아동이 사용할 수 있는 디지털 사진을 찍을 수도 있다.

퍼펫은 놀이실에서 흔히 발견된다. 놀이치료에서 퍼펫의 사용에 관해서는 지난 70년 동안 문헌에 나와 있다(Bender & Woltmann, 1936). 퍼펫은 갈등과 감정을 표현하는 위협적이지 않은 수단을 제공한다. 종종 아동은 이러한 생각과 행동을 표현하는 것이 아동이 아니라 퍼펫인 것처럼 느낀다. Irwin(1991, p. 620)은 "어린 아동은 흔히 놀랄 만한 선명성 그리고 위장을 하지 못해서 그들의 갈등을 종종 나타내고 따라서 진단적 그림을 드러내준다."라고 말한다. CBPT에서 봉제 동물/퍼펫이 평가(Knell & Beck, 2000)와 처치(Knell & Dasari, 2006, 2009, 2011, 인쇄 중; Knell & Moore, 1990; Knell & Ruma, 1996, 2003)에 사용된다. 대부분의 사례에서 봉제 동물/퍼펫은 모델링 그리고/또는 역할놀이를 통해 특정한 인지적 개입 및 행동적 개입을 전달하는 수단으로 사용되고 있다(Knell, 2009).

놀이치료는 일반적으로 놀이실에서 실시되지만, 이것이 가능하지 않거나 이상적이지 않은 상황이 있다. 예를 들어 놀이실이 없는 치료사는 사무실에 놀이 재료가 있는 영역을 만들 수 있다. 놀이치료실이 표시되지 않을 수도 있는 예는, 실제 상황(in vivo) 또는 아동이 두려워하거나 염려하는 상황과 좀 더 유사한 환경이 있는 장면에서 가장 잘 치료할 수 있는 신경증 또는 두려워하는 아동에게 최선이 될 수 있다. 이러한 예에는 학교에 가기를 거부하는 아동이 학교 건물 안/주변에서 치료받을 수 있고, 변기에 앉는 것을 두려워하는 아동이 실제 화장실에서 치료받을 수 있고, 개를 두려워하는 아동이 침착한(아마도 치료) 개가 있는 장면에서 치료를 받을 수 있다.

처치 빈도 및 기간

CBPT에서 아동은 대개 주 단위로 만날 수 있지만, 만남의 빈도와 관련하여 유연성이 많다. 좀 더 빈번한 회기가 유익할 수 있는 상황일 때, CBPT 치료사는 아동 또는 가족에게 특히 고통스럽거나 문제가 있는 시간에 그러한 가능성을 고려하는 것이 유용하다. 어린 아동은 종종 매주 회기의 일관성 및 예측 가능성이 이득이 되므로, 치료 시작 시에는 격주 또는 월 간격처럼 회기가 덜 빈번한 것은 좋지 않다. 치료가 마지막을 향해 갈 때에는 덜 자주 만나는 것이 일반적인데 아직 접촉을 하고는 있지만 치료적 상호작용은 옅어진다.

치료 기간은 경우에 따라 다르다. CBPT가 단기 처치로 개념화되어 있다고 해도 이는 아동이 다르면 의미가 달라질 수 있다. 처치 기간은 아동이 처치 목표를 달성해 가는 진전에 따라 결정되어야 한다.

처치 전 초기면담 및/또는 평가와 처치 계획

평가 및 처치 계획 수립에는 여러 가지 방법이 있다. 첫 번째 단계는 전형적으로 아동 없이 양육자와의 면담이다. 이 면담에서 치료사는 발달력과 배경 정보를 수집한다. 정보에는 아동의 인지적, 정서적, 사회적 및 문제 해결 기술의 발달 수준과 제시되는 문제의 히스토리에 관한 것이어야 한다. 양육자에게는 평가의 일부로 행동 평가 척도와 양육자 모니터링 양식이 종종 제시된다.

행동 관찰 및 놀이 평가는 좀 더 표준화된 척도를 종종 덧붙인다. 이것은 흔히 어린 아동과의 놀이 기술의 평가가 연루되는데, 가장놀이 기술이 좋은 아동에게서 놀이치료가 더 효과적이라는 연구가 있다(Russ, 2004). 아동의 가장놀이의 질은 (a) 조직, 확산적 사고, 상징주의와 같은 인지적 기술, (b) 정서적 표현, 놀이의 편안함/즐거움, (c) 정서적 규칙과 같은 정서적 기술, 공감 및 의사소통과 같은 대인관계 기술/사회적 기술, (d) 문제 해결과 갈등 해소 능력과 같은 문제 해결 기술에 의해 결정된다. 그러한 평가는 전형적으로 비공식적이며, 회기 도중 그리고 CBPT를 진행하기 전후의 대기실에서도 일어날 수 있다. 다른 장면(예 : 학교에서, 어린이 집에서의 행동 관찰)에서의 정보가 중요할 수 있다. Kaugars(2011)는 증거 기반 놀이 평가에 대해 포괄적으로 검토를 했다. 유망한 측정이 많이 있지만 강력한 경험적 지지로 일관되게 등장하는 도구는 하나도 없었다.

일반적으로 아동 평가 기법은 대체로 취학 연령 아동을 대상으로 판별하고 있으므로 그것들은 취학 전 연령 아동에게는 자주 사용하지 않는다. 이것은 또한 아동이 수행하는 자기-점검 형식을 적용하는데, 이는 대체로 취학 전 연령 아동의 능력을 벗어난다. 양육자(아동에 대한 그들의 인식과 관련하여)가 완성하거나 아동이 두려움 온도계와 같은 간단한 추적 측정을 완수하도록 도울 수 있다. 아동은 두려움 온도계(0=두려움 없음, 10=극심한 두려움)로 자신의 두려움을 구체적이고 이해할 수 있는 형식으로 수량화할 수 있다. 이것은 아동을 위한 구체적이고 시각적인 지침이다. 50년 전에 성인에게 처음으로 사용되었다고 생각되지만, 두려움 온도계의 사용은 불안, 공포증, 강박장애(예 : March & Mulle, 1998)가 있는 아동에게 사용하는 것과 관련하여 광범위하게 인용된다(Walk, 1956).

평가 자료는 제시되는 문제와 진단 문제를 이해하고 치료 계획을 수립하는 데 사용되어야 한다. 양육자 보고는 아동의 자기보고 및 놀이, 치료사의 행동 관찰 및 학교보고/제공자보고로 보충한다. 일반적으로 다중방식 평가 접근은 여러 상황 전반(예 : Velting, Stezer, & Albano, 2004)에 걸쳐서 증상의 포괄적인 그림을 얻기 위해 권장된다.

처치 단계 및 전략

CBPT 처치는 다음의 단계, 즉 소개/오리엔테이션, 평가, 중간, 종결 단계로 진행된다.

소개/오리엔테이션

아동은 여러 가지 방법으로 치료를 소개받는다. 전형적으로 양육자는 CBPT를 자녀에게 설명하는 최선의 방법에 관해 교육을 받는다. 이것은 초기면담 회기가 끝날 때 이루어지며, 대개는 아동이 없는 데에서 이루어진다. 양육자는 "우리는 네가 어떻게 느끼고 있었는지에 대해 걱정하고 있어. 우리는 네가 많은 것에 대해 걱정한다는 것을 알아. 우리는 아이들이 걱정할 때 아이들을 도와주는 사람과 이야기하러 갔었어. 그 선생님은 좋은 사람이고 놀이실이 있어. 다음에는 너도 우리와 함께 가서 그 사람과 이야기하고 놀 수 있을 거야."라고 말한다. 양육자는 심리치료를 설명하는 데 도움을 주는 수단으로써 아동에게 치료에 관한 책(예 : 아동의 놀이치료에 관한 첫 번째 도서; Nemiroff & Annunziato, 1990)을 읽어줄 수 있다. 아동과의 첫 번째 회기의 시작에서 발생하는 약간의 지도방침이 있을 수 있다. 여기에는 왜 그들이 치료를 받는지와 놀이치료가 어떻게 도움이 될 수 있는지에 대해 이야기하는 것이 포함된다.

평가

평가(이전에 논의된) 동안에 CBPT 치료사는 나타난 문제를 보다 잘 이해하고, 진단 문제를 명확히 하고, 처치 계획을 세우기 위해 작업한다. 평가를 하는 정해진 시간 틀은 없으며, 여러 측면에서 평가는 처치 도중에 어느 시점에서나 일어날 수 있는 진행 과정이다. 치료 중에 더 많은 평가가 필요하다고 지적되는 것을 평가하거나, 치료사가 CBPT 과정 중에 평가를 통해 계속되는 문제를 더 명확히 할 수 있다.

중간

처치의 이 시점에서 치료사는 치료의 로드맵으로 처치 계획을 생각하고 있다. 평가 단계에서 치료사는 세운 목표를 달성하기 위해 수집된 정보를 사용하여 아동과 작업하기 시작한다. 처치의 중간 단계에서 초점은 아동의 자기 통제력을 높이고, 성취감을 촉진하며, 특정한 상황에 대해 보다 적응적인 반응을 가르치는 데 있다. 아동이 나타내는 문제에 따라, 사용할 수 있는 인지적 개입과 행동적 개입의 범위가 정해질 것이다.

개입 방법

연구에 따르면 어려운 사건과 정서에 대처하도록 아동을 돕는 데에서 가장 효과적이라고 암시하는 것은 인지적 개입과 행동적 개입의 결합이다(Compton et al., 2004; Velting et al., 2004). 인지적 기법에 들어 있는 것은 다음과 같다.

- 심리교육 : 아동에게 특정한 장애에 대해 가르치기, 다양한 정서 상태 정상화하기, CBPT를 설명하기. 심리교육은 정확한 발달과 임상 정보를 가족뿐만 아니라 아동에게 제공할 수 있다. CBPT가 아동의 증상을 어떻게 완화시킬 수 있는지를 양육자가 알도록 도울 수 있다.

- 인지 재구조화 : 부정적 정서와 행동으로 이어지는 부적응적인 사고(종종 성인의 인지적 왜곡으로 간주됨)를 확인하고, 도전하고, 수정하기. 적용(예 : 도움이 되는 생각을 찾기 위해 아동이 '생각 탐정'이 되게 함)은 이 개입이 보다 발달적으로 적절하게 되는 데 도움이 된다.
- 긍정적 자기 진술 : 부적응적인 생각을 대신하는 명확하고 자기 확신하는 말을 가르치기. 긍정적 자기 진술은 능동적 통제(예 : "나는 걸어서 개를 지나갈 수 있고 괜찮을 것이다."), 혐오감 줄이기(예 : "나는 개와 걸을 때 행복해질 것이다."), 강화하는 진술(예 : "나는 용감하다."), 현실 검증하기(예 : "개는 친근하고, 나와 잘 지낼 거야.")를 통해 대처 기술을 가르치는 데 도움이 된다.
- 문제 해결하기 : 체계적이고 적극적인 대처 방법 가르치기. 문제 해결하기는 대개 문제를 확인하고, 목표를 세우고, 아이디어를 브레인스토밍하고, 가능한 결과를 평가하고, 최상의 전략을 선택하는 것과 연관되어 있다.

행동적 기법에 포함되는 것은 다음과 같다.

- 모델링 : 보다 더 적응적인 행동과 생각을 보여주는 모델 제시하기. 모델링은 CBPT에서 결정적 구성 요소이며 다른 개입들을 보여주는 데 사용된다. 다양한 형태의 모델링이 있지만, CBPT에서는 종종 장난감/퍼핏 모델과 독서치료(책에 있는 모델)를 통해 행해진다.
- 이완 훈련 : 심호흡, 이미지, 근육 이완과 같은 신체 반응(즉, 생리적 감각)을 진정시키는 전략 가르치기. Pincus(2012)는 훌륭한 아동 친화적인 이완 스크립트 자료를 제공하고 있다.
- 유관 관리 : 행동은 사회적(예 : 칭찬) 또는 물질적인 강화인자(예 : 스티커, 작은 상)로 결과를 시행(예 : 다시 일어날 가능성을 높이기 위해 행동을 정적으로 강화)하여 행동을 수정한다.
- 조성하기 : 아동이 목표에 점진적으로 다가가도록 도와주기. 아동이 목표에 점점 더 가까이 접근하도록 작은 단계의 긍정적 강화가 사용된다.
- 체계적 둔감화 : 부정적 정서와 부적응적인 행동이 보다 더 적응적인 정서/행동으로 체계적으로 대체된다. 자극과 전형적인 반응(예 : 공포/불안) 사이의 연결이 끊어지면, 보다 적응적인 행동/정서가 가능하다.
- 노출 : 아동이 사물이나 상황에 점진적이고 체계적으로 직면하도록 가르치기. 이것은 일반적으로 공포 위계(fear hierarchy)로 행해지며 긍정적 대안을 아동에게 제공하는 반응 예방과 함께 사용된다.

개입에 관한 표 6.1과 표 6.2 그리고 이것이 놀이에 어떻게 통합될 수 있는지에 대한 예를 보자.

치료 전달 방법

CBPT를 전달하는 주된 방법은 모델링이다. 청소년 및 성인에게 사용되는 전통적인 CBT의 언어적 지향의 기반은 어린 아동에게는 적절하지 않을 것이다. 모델링이 행동을 획득하고 강화하며 약화시키는 효과적인 방법임을 문서화한 수년에 걸친 연구가 있다(예 : Bandura, 1977; Ollendick & King, 1998). CBPT에서 사용되는 것처럼 모델링은 학습되어야 하는 행동을 보여주는 누군가 또는 무엇인가(종종 퍼핏이나 장난감)에게 아동을 노출시킨다. 모델은 아동과 직접 상호작용할 필요가 없는데, 이것은 책, 영화, 다른 간접적인 수단을 통해 표현될 수 있다. 아동이 모델에게 긍정적으로 연관될 수 있다면 도

표 6.1   인지행동 놀이치료 : 인지적 기법

기법	샘플 스크립트가 있는 예시
심리교육	아동에게 감정 플래시 카드를 보여주고 치료사는 "아동과 어른은 서로 다른 시간에 나타나는 감정이 서로 달라. 우리는 서로의 감정을 함께 바라보고 감정이 생길 때 행동 발산을 하려고 해. 내가 먼저 할 것이고 그다음에 네가 할 수 있어."라고 말한다.
인지 재구조화	걱정이 많은 아동에게 머리 위에 생각 구름의 그림이 있는 퍼핏을 보여주고 치료사는 "아이들은 걱정이 될 때 종종 머릿속에 생각을 갖고 있어. 내 퍼핏 X는 개를 두려워해. 여기 X의 머리 위에 '생각 구름'의 그림이 있어. 개를 보고 있는 X가 걱정하는 것을 생각해보자. 내가 먼저 할게. '개가 나를 물 거야.' 이제 네 차례야."
긍정적 자기 진술	부모가 이혼하는 아동에게, 퍼핏이 "아빠가 오늘 아빠 물건을 가지고 이사 갔기 때문에 부모가 이혼한 것이 슬퍼. 나는 나에게 도움이 되는 생각을 말하려고 해. 나는 부모님이 나를 사랑한다는 것을 알아." 그리고 "시간이 걸리겠지만 나는 두 개의 행복한 집을 가질 수 있어. 나는 도움이 되는 것을 할 때 기분이 좋아져."
문제 해결하기	퍼핏은 "나는 이것을 작업하기 위해 단계들을 사용하려고 해. 우선, 문제가 무엇이지? 베이비시터에게 가야 할 때 걱정이 된다. 이것을 쉽게 하려면 어떻게 해야 하지? 그녀가 일을 끝내면 엄마를 만날 것이라는 것을 기억할 수 있어. 내가 걱정이 될 때 베이비시터에게 말할 수 있고 그리고 우리는 함께 게임을 할 수 있어. 그 밖에 내가 무엇을 할 수 있지? 아이디어를 차례로 생각해보자. 너도 하나 생각해볼래?"

출처 : Knell and Dasari(인쇄 중). 허가를 받고 재인쇄함.

표 6.2   인지행동 놀이치료 : 행동 기법

기법	예
유관 관리	교실에서 읽기에 대해 불안해하는 퍼핏의 경우, 치료사는 퍼핏 두 개, 발달상으로 적합한 책, 스티커 차트가 있는 놀이 상황을 설정한다. 치료사의 퍼핏은 각 문장이 나오면 소리 내어 읽고 그리고 멈춘다. 그래서 아동이나 치료사는 도표에 스티커를 붙일 수 있다. 인지 재구조화가 여기에 추가될 수 있다(예 : 퍼핏이 "이것은 힘들어, 그렇지만 이것을 잘 해서 스티커를 얻는 것은 기분이 좋아.").
조성하기	새로운 사람들과 말하는 것을 걱정하는 퍼핏의 경우, 치료사는 말하는 것에 대한 기대를 점진적으로 증가시키는 몇 가지 단계(예 : 한 단어로 말하기, 짧은 문장 말하기, 질문하기, 대화 시작하기)가 들어 있는 차트를 가지고 놀이 상황을 설정한다. 퍼핏이 각 단계에서 스티커를 받는다.
노출	강아지를 두려워하는 퍼핏의 경우, 치료사는 가장 많이 불안을 생성하는 과제(예 : 치료실에서 개를 쓰다듬는 그림 보기)로 구성된 시각적인 '두려움 사다리'를 만든다. 각 회기에서 과제가 선택되고 퍼핏은 '걱정'이 작게, 중간, 크게 주어지는 상황에 있다. 퍼핏은 시간이 지나면서 큰 걱정에서 작은 걱정으로 불안의 감소를 보고한다.
체계적 둔감화	학교에서 말하는 것에 대해 걱정하는 선택적 함묵이 있는 퍼핏의 경우, 치료사는 장난감과 활동으로 학교와 비슷한 환경을 설정한다. 퍼핏은 불안에 대해 편안함과 인내를 증가시키기 위해 대안적인 활동(즉, 선택한 장난감으로 놀고, 그리기)을 하면서 속삭인다.
이완 훈련	치료사는 퍼핏이 먼저 심호흡을 하게 해서 심호흡을 소개한다. 아동과 치료사는 배 위에 퍼핏을 놓고, 호흡을 들이마시고 내뿜으면서 크게 소리 내어 세고, 물체가 올라가고 떨어지는 것을 지켜보며 함께 연습한다.

출처 : Knell and Dasari(인쇄 중). 허가를 받고 재인쇄함.

움이 된다(Knell & Dasari, 2009).

치료사는 아동 친화적인 방식으로 치료의 언어적 구성요소를 제시하기 위해 대처 모델을 사용한다(Bandura, 1969; Meichenbaum, 1971). 모델은 문제 해결하기 기술을 말로 할 수 있는데, 각 단계를 큰 소리로 말하고, 자기 지시를 사용하여 반응하기 전에 멈추고 생각할 수 있는 시간을 준다(Meichenbaum & Goodman, 1971). 모델은 방식을 따르려고(형성) 노력할 때 강화를 받을 수 있고, 대처 모델이 숙달 모델보다 더 효과적이므로 투쟁하고 불안정해지고, 문제를 해결하고, 결국에는 더 나은 대처 기술을 학습하도록 강화할 수 있다(Bandura, 1969; Meichenbaum, 1971).

CBPT를 전달하는 또 다른 방법은 아동이 치료사와 기술을 연습하고 지속적인 피드백이 있는 역할놀이를 통해 이루어진다. 이것은 종종 아동과 치료사(또는 양육자)가 차례로 각기 다른 사람이 되는 형태를 취한다("너의 엄마는 너인 것처럼 가장하고, 너는 너를 놀리는 아이인 것처럼 행동할 것이다. 너의 엄마는 멈추라고 말하는 기술을 사용할 것이다. 그다음에 너의 엄마는 그 아이가 되는 척하고 너는 네가 되는 연습을 할 수 있다!"). 모델링을 통해 전달될 때, 역할놀이 상황 모델과 아동은 관찰하고 관찰한 것에서 학습한다(예 : 치료사는 또 다른 퍼핏으로 대처 기술을 시범 보이는 퍼핏을 가지고 있는데, 이 퍼핏은 자신을 괴롭히는 아이에게 어떻게 말할 수 있는지(아동을 대신해서)를 보여준다.

구조화된 놀이와 비구조화된 놀이

CBPT는 일반적으로 놀이치료실에서 전달되며, 변화의 과정은 놀이의 구조화된 구성요소와 구조화되지 않은 구성요소 모두에서 발생한다고 믿는다(Knell, 1993a, 1999). 비구조화된 놀이를 하는 동안, 아동이 이를 관찰하는 것은 치료사가 아동의 생각과 지각을 명확히 하는 데 도움이 될 수 있다. 구조화되고 목표 지향적인 활동은 직접적으로 문제 해결하기 작업을 하는 기회가 되고 보다 더 적응적인 행동을 가르치는 기회가 된다. 구조화된 놀이와 비구조화된 놀이 간의 균형은 각 아동의 요구를 충족시키는 데 중요하며 종종 고도로 개별화되어 있다(Knell & Dasari, 2009).

양육자 관여

아동의 처치에 양육자를 포함시키는 것은 중요한 논쟁거리이며 사례에 기초를 두고 결정되어야 한다. 대부분의 사례에서 초기면담은 보호자와 단독으로 행해진다. 처치 계획은 주로 아동의 CBPT와 연루되는데, 양육자와의 작업, 또는 CBPT와 양육자를 함께 작업한다. 양육자가 얼마나 많이 관여하는가를 도와주는 핵심적인 질문에는 다음의 사항이 포함될 수 있는데, 양육자가 아동과의 상호작용, 특히 확인된 문제와 관련하여 수정하는 데 도움이 필요할 것인가? 아동은 치료 외부의 처치 프로그램을 시행하는 데 도움이 필요할 것인가? 주된 작업이 아동과 하는 것일 경우에도 양육자와의 주기적인 만남이 중요하다. 양육자 관여에는 대개 지속적인 평가(양육자 관찰 및 걱정, 치료 이외의 아동 행동으로 점검하는 처치 경과), 양육자/아동 상호작용(걱정하는 것이 이것이라면) 점검하기, 심리교육 제공하기(예 : 아동, 아동의 어려움, 일반적인 아동발달 및 정신병리에 대해), 그리고 필요한 경우에 행동관리 프로그램의 설정을 도와주는 것이 있다.

예를 들어 불안한 자녀를 돌보는 양육자와의 기술-확립은 이들을 가르치는 것일 것이다.

- 자녀에게 효과적으로 공감 전달하기

- 긍정적인 대처와 '용감한' 행동에 대해 보상하기
- 아동의 대처 전략 및 문제 해결 기술의 사용 촉진하기
- 용감하고 긍정적인 대처 행동 시범 보이기(Rapee, Wignal, Spence, Cobham, & Lyneham, 2008)

일반화 및 반응 예방

CBPT의 중요한 목표는 치료가 끝난 후 아동이 적응적인 행동을 유지하도록 돕고 아동이 이러한 행동을 자연적인 환경에서 일반화하는 방법을 가르치는 것이다. 일반화 및 재발 방지를 촉구하고 촉진하는 것은 CBPT의 핵심적이고 통합적인 요소이다. 치료가 진행되면서 아동이 자연적인 환경에서 보다 적응적인 행동을 일반화하고(일반화) 처치가 끝난 후 이러한 행동을 유지하는 것(재발 방지)이 중요하다. Braswell과 Kendall(1988)은 CBT에서 이득이 있었지만 치료가 끝났을 때 자연스러운 환경에서 이러한 이득을 일반화하고 유지하지 못하는 아동에 대한 우려가 있음을 확인했다. 이러한 기술을 치료에 통합, 특히 처치의 중간 및 마지막에 통합하는 것이 중요하다. 모델링과 역할놀이에서 실제 상황을 활용하고, 자기 관리 기술을 가르치고, 중요한 성인을 치료에 연루시키고, 기술을 처음 획득한 후에도 치료를 지속하는 것은 적당한 학습과 일반화를 촉진하고 재발 가능성을 발생시키지 않게 하는 중요한 구성요소이다.

아동과 가족이 재발을 방지하도록 돕는 노력에서 고위험 상황이 파악되어야 한다. 아동 및 양육자는 적절한 대처 기술 없이 '놀라움에 잡혀' 있기보다는 그러한 잠재적인 파괴적 상황을 처리할 준비가 되어 있어야 한다. 따라서 아동은 실패에 대비하여 예방접종된다(Marlatt & Gordon, 1985; Meichenbaum, 1985). 양육자가 그러한 미래 사건을 처리하는 방법을 알도록 돕는 것 이외에, 대처 기술과 긍정적 행동을 통합해서 아동이 겪을 수 있는 것과 유사한 놀이 시나리오는 놀이에서 작업할 수 있고 치료의 일부로 사용할 수 있다(Meichenbaum, 1977). 양육자는 아동이 부적절한 행동을 보일 때 대처 기술의 사용을 촉구함으로써 회기 밖에서 아동의 '코치'로서 역할을 할 수 있다.

종결

치료의 종결은 일정 기간에 걸쳐 이루어지는 것이 이상적이고, 그러므로 아동은 치료의 마지막을 서서히 준비할 수 있다. 처치의 마지막을 위한 구체적 참조물(예 : "X 회기가 더 진행되고 나서 작별 인사를 할 거야.")을 제공하는 것이 도움이 될 수 있다. 종료와 연관된 감정을 이야기하는 것이 중요하다. 이것은 직접(예 : "우리가 더 이상 만날 수 없다는 것이 조금은 슬픈 것처럼 보인다.") 또는 간접적(예 : "더 이상 치료에 오지 않는 것에 대해 조금 슬프다고 나에게 말하는 아동도 있어.")으로 이야기할 수 있다. 어떤 아동에게는 치료사가 적절한 정서를 명칭 붙이는 것이 도움이 된다(예 : "나는 너를 보고 싶겠지만, 네가 잘하고 있어서 정말로 기쁘다.").

치료의 종결에 대해 구체적으로 나타내는 것이 도움이 될 수 있다(예 : 달력, 남아 있는 회기마다 하나의 링크가 있는 조립 체인 만들기). 아동이 치료사를 위해 그린 그림 또는 '중간' 대상(예 : 치료사의 명함)을 치료사 사무실의 특정 장소에 진열해 놓는 것을 선호하는 아동도 있다.

아동이 치료의 마지막을 긍정적인 사건으로 이해하는 것이 최선인데, 아동은 치료에서의 성취에 대해 칭찬을 받아야 한다(예 : 열심히 했고, 어려운 감정에 대해 말하고, 용감하다). 아동이 행동 폭발을 하거나 문제를 보이면 치료로 되돌아가도록 촉구할 것이라고 아동이 생각한다면, 이것은 부정적인 방

식으로 아동의 행동에 영향을 미칠 것이다. 작별 인사의 경험을 정상화하는 것이 도움이 될 수 있다 (예 : "네가 캠프에서 친구들에게 작별 인사를 했을 때 또는 학기 말에 선생님에게 작별 인사를 했을 때를 기억하니?"). 사용하지 않더라도 연락의 유지를 제안하는 것이 유용할 수 있다(예 : "부모님이 나 와 연락하는 법을 알고 계시고, 나와 이야기하고 싶으면 나에게 전화할 수 있다." 또는 "네가 원하면 나에게 사진을 보내거나 메시지를 남기면 멋질 거야!"). 마지막으로 문호 개방 정책이 최선인데, 따라 서 아동과 가족은 언제든지 돌아올 수 있으며 치료사에게 긍정적인 성취와 용감한 행동에 관해 알릴 수도 있다.

마지막 회기에 예정된 치료 마지막 파티 또는 기념행사는 치료와 종결 사이를 연결할 수 있다. 이것 을 다른 사람들(예 : 놀이실의 퍼핏 또는 아동이 선택한 경우에 양육자)을 초대하는 축연으로 계획하 면 도움이 될 수 있다. 아동의 성취와 숙달이 강조되어야 한다.

연구

나이가 있는 아동 및 청소년의 CBT가 다양한 심리적 진단에서 효과적인 처치임을 보여주는 연구가 있다(Compton et al., 2004; Weisz & Kazdin, 2010). 어린 아동(8세 이하)의 CBT 효과에 대해서는 알 려진 것이 거의 없다. Kingergy 등(2006)은 이 이론을 뒷받침하는 몇 개의 사례연구(예 : Hirshfeld-Becker et al., 2008, 불안장애 진단이 있는 아동을 대상으로)와 함께 어린 아동용으로 수정될 수 있는 매뉴얼로 만든 처치를 생각해내었다. 사례 보고들이 CBT와 PTSD(Scheeringa et al., 2007) 및 공포증 (Miller & Feeny, 2003)의 효과적인 적용을 기술하고 있다. 이 연구의 대부분이 놀이 구성요소를 포함 시키지 않았지만 CBT 프로토콜이 어린 아동에게 작용할 것이라는 예비적인 증거가 있다.

CBT가 어린 아동에게 효과적인지를 결정하기 위해 연구들을 검토한 최근의 메타분석이 있다 (Reynolds, Wilson, Austin, & Hooper, 2012). 연구 결과들은 CBT를 받은 4세에서 8세 사이의 아동이 개입이 없거나 대기자 통제집단보다 나은 결과를 보였다. 그러나 9세에서 18세 사이의 아동들과 비 교했을 때, 어린 집단에서의 CBT 효과는 그리 강력하지 않았다. Hirshfeld-Becker 등(2010)은 4세에 서 7세 아동을 대상으로 CBT 프로토콜을 채택하여 대기자 통제집단과 비교했다. 이들은 CBT를 받은 아동이 의미 있게 불안이 감소하고 대처에서 향상(양육자의 평가에 따라)되었음을 발견했다. PTSD 로 진단받은 아동의 연구에서 Scheeringa, Weems, Cohen, Amaya-Jackson 및 Guthrie(2011)는 개정된 CBT 프로토콜을 받은 처치집단이 표준화된 임상 면담에 관한 양육자 평정으로 된 평가에서 외상 증 상이 유의하게 감소함을 보였다. CBPT가 어린 아동용 CBT의 효과를 증가시킬 것으로 보이지만 이 연구들의 대부분에는 놀이 구성요소가 포함되지 않았다.

CBT가 아닌 좀 더 일반적인 문헌에서 놀이치료는 아동의 내재화 및 외현화 증상을 치료하는 데 효과적임을 나타내고 있다(Bratton & Ray, 2000; Bratton, Ray, Rhine, & Jones, 2005; Davenport & Bourgeouis, 2008; LeBlanc & Ritchie, 2001). Bratton 등(2005)은 93개 결과 연구에 대한 메타분석을 실시했다. 아동들의 평균 연령은 7세였다. 놀이 개입의 큰 효과 크기(0.80)는 CBT 개입을 받은 아동 이 그렇지 않은 아동에 비해 더 나은 결과를 보고한다고 지적한다.

좀 더 발달상으로 적절한 개입, 특히 놀이에 기반을 둔 개입을 도입하면 나이 든 아동에게 사용한 것처럼 현재의 CBT 프로토콜의 효과성을 높일 수 있다. 매우 유망한 개입 중 하나는 PTSD에 대해 경험적으로 지지하는 처치인 외상집중 인지행동치료(TF-CBT)이다. 이것은 3세에서 18세 사이의 아동들에게 사용하기 위해 성인에 기반을 둔 CBT(Cohen et al., 2000)에서 채택되었다. 그러나 대다수의 연구들은 학령기 아동에게 TF-CBT를 사용했다. Cavett와 Drewes(2012)는 몇 가지 사례연구에서 기술된 것처럼 유망한 결과를 보여주는 어린 아동용 놀이와 TF-CBT를 통합한 개입을 개발했다.

마지막으로 취학 전 아동을 대상으로 한 학교 중심의 연구는 CBPT 기법을 통합한 3회기 인지행동놀이 개입(Pearson, 2007)을 비교했다. 이 집단의 아동들은, 교사가 개입 집단에서 불안/철회 증상이 유의하게 적었다고 보고하는 결과를 통제집단과 비교하였다. 연구가 비임상 샘플 그리고 CBPT 기법이 있는 놀이를 사용했지만(CBPT 대비), 이는 CBPT 개입을 경험적으로 지지하는 최초의 사례 중 하나이다.

현재 아동(9세 이상) 대상의 CBT를 지지하고, 놀이치료(3~8세)를 지지하고, CBPT 사례연구를 감안하면, 어린 아동과의 CBPT의 효과성이 높아질 것이라는 경험적 근거가 존재한다. 앞으로의 연구는 CBPT의 효과성을 결정하도록 설계되어야 한다. CBPT 매뉴얼은 효과성을 확립하기 위해 무작위 임상 개입 연구를 수행하는 기초로 사용될 수 있다.

결론

CBPT는 어린 아동의 놀이 장면에서 사용하기 위해 경험적으로 지지하는 기법을 채택해서 개발되었다. 3~8세 아동을 위해 특별히 고안된 CBPT는 치료 과정에서 아동의 개입을 강조한다. CBPT 개입이 아동에게 접근할 수 있도록 놀이와 통합함으로써 아동은 변화 과정에서 능동적인 참여자가 된다. 광범위한 행동적 개입과 인지적 개입이 치료에 포함될 수 있다. 처치에는 구조화와 비구조화 모두 있고, 처치 계획은 아동이 학습된 적응적인 행동을 다른 장면으로 일반화하도록 돕고 재발 방지 노력을 통합하는 것이다. CBPT를 위한 경험적 토대는 나이 든 아동과의 작업과 어린 취학 전 연령 아동의 사례연구가 있다. 그러나 취학 전 연령 집단의 CBPT 효과성을 뒷받침하려면 더 많은 연구가 필요하다.

부록 : 놀이 재료

CBPT는 일반적으로 적절한 놀이 재료를 갖춘 놀이실이나 사무실에서 수행된다. 그러한 재료는 개별 인지행동 놀이치료사가 어느 정도까지는 선택할 수 있다. 이상적으로 방에는 다음에 제시된 항목과 같이 다양한 장난감, 미술 용품, 퍼핏, 인형, 기타 재료들이 있다.

- 퍼핏 : 개(개 공포증이 있는 아동용), 악어 또는 상어(공격성의 표현에 문제가 있거나 깨무는 문제가 있는 아동에게 사용), 거북이(수줍음이 있거나 사회 불안이 있는 아동용)
- 다양한 색상의 공작용 판지

- 마커/크레용
- 화장실이 있는 인형집(배변 훈련에 문제가 있는 아동용) 및 침대(수면 문제가 있는 아동용)
- 가족 피규어 세트 : 어머니 · 아버지 · 남자 형제 · 여자 형제 · 아기, 각기 다른 인종/민족 집단이 대표되어야 한다.
- 기분/감정, 불안/두려움, 이혼, 새로운 학교에 가기 등과 관련된 다양한 주제에 관한 책
- 장난감 자동차
- 치료적 동맹을 구축하기 위한 게임 : 체커, 캔디 랜드, 커넥트 포
- 치료적 게임 : 말하기, 느낌 및 게임하기, 언게임
- 점토 또는 플레이도우
- 레고 또는 기타 만들기 용품
- 감정 얼굴, 감정 포스터, 감정 블록
- 스티커, 특히 치료 주제와 연결된 것(예 : *The Kissing Hand*에서 나온 수화 'I love you stickers', *The Little Engine That Could*에서 나온 '기차', 긍정적인 강화 주제).
- 화이트보드
- 머리 위에 생각 구름이 있는 사람이나 동물의 그림이 있는 워크시트(Knell & Dasari, 2009에서 인용됨. 허가를 얻고 재출판)

참고문헌

Axline, V. M. (1947). *Play therapy*. New York, NY: Houghton-Mifflin.
Bandura, A. (1969). *Principles of behavioral modification*. New York, NY: Holt, Rinehart, & Winston.
Bandura, A. (1977). *Social learning theory*. Englewood Cliffs, NJ: Prentice Hall.
Beck, A. T. (1967). *Depression: Clinical, experimental, and theoretical aspects*. New York, NY: Harper & Row.
Beck, A. T. (1972). *Depression: Causes and treatment*. Philadelphia: University of Pennsylvania Press.
Beck, A. T. (1976). *Cognitive therapy and the emotional disorders*. New York, NY: International Universities Press.
Beck, A. T., & Emery, G. (1985). *Anxiety disorders and phobias: A cognitive perspective*. New York, NY: Basic Books.
Bedrosian, R., & Beck, A. T. (1980). Principles of cognitive therapy. In M. J. Mahoney (Ed.), *Psychotherapy process: Current issues and future directions* (pp. 126–152). New York, NY: Plenum Press.
Bender, L., & Woltmann, A.G. (1936). The use of puppet shows as a psychotherapeutic method for behavior problems in children. *American Journal of Orthopsychiatry, 6*, 341–354.
Braswell, L., & Kendall, P. C. (1988). Cognitive-behavioral methods with children. In K. S. Dobson (Ed.), *Handbook of cognitive behavioral therapy* (pp. 167–213). New York, NY: Guilford Press.
Bratton, S. C., & Ray, D. (2000).What the research shows about play therapy. *International Journal of Play Therapy, 9*(1), 47–88.
Bratton, S. C., Ray, D., Rhine, T., & Jones, L. (2005). The efficacy of play therapy with children: A meta-analytic review of treatment outcomes. *Professional Psychology: Research and Practice, 36*, 376–390.
Cavett, A. M., & Drewes, A. A. (2012). Play applications of trauma-specific TF-CBT components for young children. In J. A. Cohen, A. P. Mannarino, & E. Deblinger (Eds.), *Trauma-focused CBT for children and adolescents: Treatment applications* (pp. 124–148). New York, NY: Guilford Press.
Cohen, J. A., Mannarino, A. P., Berliner, L., & Deblinger, E. (2000). Trauma-focused cognitive behavioral therapy for children and adolescents: An empirical update. *Journal of Interpersonal Violence, 15*, 1202–1223.
Compton, S. N., March, J. S., Brent, D., Albano, A. M., Weersing, V. R., & Curry, J. (2004). Cognitive-behavioral psychotherapy for anxiety and depressive disorders in children and adolescents: An evidence-based medicine review. *Journal of the American Academy of Child and Adolescent Psychiatry, 43*, 930–959.
Dasari, M., & Knell, S. M. (2015). Cognitive behavioral play therapy for children with anxiety and phobias. In H. G. Kaduson & C. E. Schaefer (Eds.), *Short-term play therapy for children* (3rd ed., pp. 25–52). New York, NY: Guilford Press.

Davenport, B. R., & Bourgeouis, N. M. (2008). Play, aggression, the preschool child, and the family: A review of the literature to guide empirically informed play therapy with aggressive preschool children. *International Journal of Play Therapy, 17*, 2–23.

Giorano, M., Landreth, G. L., & Jones, L. (2005). *A practical handbook for building the play therapy relationship.* Northvale, NJ: Jason Aronson.

Hirshfeld-Becker, D. R., Masek, B., Henin, B. A., Blakely, L. R., Pollock-Wurman, R. A., McQuade, J., & Biederman, J. (2010). Cognitive behavioral therapy for 4 to 7 year-old children with anxiety disorders: A randomized clinical trial. *Journal of Consulting and Clinical Psychology, 78*, 498–510.

Hirshfeld-Becker, D. R., Masek, B., Henin, A., Blakely, L. R., Rettew, D. C., Dufton, L., & Biederman, J. (2008). Cognitive-behavioral intervention with young anxious children. *Harvard Review of Psychiatry, 16*(2), 113–125.

Irwin, E. C. (1991). The use of a puppet interview to understand children. In C. E. Schaefer, K. Gitlin-Weiner, & A. Sandgrund (Eds.), *Play diagnosis and assessment* (pp. 617–634). New York, NY: Wiley.

Kaugars, A. S. (2011) Assessment of pretend play. In S.W. Russ & L. N. Niec (Eds.), *Play in clinical practice: Evidence-based approaches* (pp. 51–82). New York, NY: Guilford Press.

Kingery, J. N., Roblek, T. L., Suveg, C., Grover, R. L., Sherrill, J. T., & Bergman, R. L. (2006). They're not just "little adults": Developmental considerations in implementing cognitive behavioral therapy with anxious youth. *Journal of Cognitive Psychotherapy, 20*(3), 263–273.

Knell, S. M. (1993a). *Cognitive-behavioral play therapy.* Northvale, NJ: Jason Aronson.

Knell, S. M. (1993b). To show and not tell: Cognitive-behavioral play therapy in the treatment of elective mutism. In T. Kottman & C. E. Schaefer (Eds.), *Play therapy in action: A casebook for practitioners* (pp. 169–208). Northvale, NJ: Jason Aronson.

Knell, S. M. (1994). Cognitive-behavioral play therapy. In K. O'Connor & C. E. Schaefer (Eds.), *Handbook of play therapy: Vol. 2. Advances and innovations* (pp. 111–142). New York, NY: Wiley.

Knell, S. M. (1997). Cognitive-behavioral play therapy. In K. O'Connor & L. Mages (Eds.), *Play therapy theory and practice: A comparative presentation* (pp. 79–99). New York, NY: Wiley.

Knell, S. M. (1998). Cognitive-behavioral play therapy. *Journal of Clinical Child Psychology, 27*, 28–33.

Knell, S. M. (1999). Cognitive behavioral play therapy. In S.W. Russ & T. Ollendick (Eds.), *Handbook of psychotherapies with children and families* (pp. 385–404). New York, NY: Plenum Press.

Knell, S. M. (2000). Cognitive-behavioral play therapy with children with fears and phobias. In H. G. Kaduson & C.E. Schaefer (Eds.), *Short term therapies with children* (pp 3–27). New York, NY: Guilford Press.

Knell, S. M. (2009a). Cognitive-behavioral play therapy: Theory and applications. In A. A. Drewes (Ed.), *Blending play therapy with cognitive behavioral therapy: Evidence-based and other effective treatments and techniques* (pp. 117–133). Hoboken, NJ: Wiley.

Knell, S. M. (2009b). Cognitive-behavioral play therapy. In K. O'Connor & L. Mages (Eds.), *Play therapy theory and practice: A comparative presentation* (2nd ed, pp. 203–236). Hoboken, NJ: Wiley.

Knell, S. M. (2011). Cognitive-behavioral play therapy. In C. E. Schaefer (Ed.), *Foundations of play therapy* (2nd ed., pp. 313–328). Hoboken, NJ: Wiley.

Knell, S. M., & Beck, K.W. (2000). Puppet sentence completion task. In K. Gitlin-Weiner, A. Sandgrund, & C. E. Schaefer (Eds.), *Play diagnosis and assessment* (2nd ed., pp. 704–721). New York, NY: Wiley.

Knell, S. M., & Dasari, M. (2006). Cognitive-behavioral play therapy for children with anxiety and phobias. In H. G. Kaduson & C. E. Schaefer (Eds.), *Short-term play therapy for children* (2nd ed., pp. 22–50). New York, NY: Guilford Press.

Knell, S. M., & Dasari, M. (2009). CBPT: Implementing and integrating CBPT into clinical practice. In A. A. Drewes (Ed.), *Blending play therapy with cognitive behavioral therapy: Evidence-based and other effective treatments and techniques* (pp. 321–352). Hoboken, NJ: Wiley.

Knell, S. M., & Dasari, M. (2011). Cognitive-behavioral play therapy. In S. W. Russ & L. N. Niec (Eds.), *Play in clinical practice: Evidence-based approaches* (pp. 236–263). New York, NY: Guilford Press.

Knell, S. M., & Dasari, M. (in press). Cognitive-behavioral play therapy. In L. Reddy, T. Files-Hall, & C. E. Schaeffer (Eds.), *Empirically based play interventions for children* (2nd ed.)Washington, DC: American Psychological Asssociation.

Knell, S. M., & Moore, D. J. (1990). Cognitive-behavioral play therapy in the treatment of encopresis. *Journal of Clinical Child Psychology, 19*, 55–60.

Knell, S. M., & Ruma, C. D. (1996). Play therapy with a sexually abused child. In M. Reinecke, F. M. Dattilio, & A. Freeman (Eds.), *Casebook of cognitive-behavior therapy with children and adolescents* (pp. 367–393). New York, NY: Guilford Press.

Knell, S. M., & Ruma, C. D. (2003). Play therapy with a sexually abused child. In M. A. Reinecke, F. M. Dattilio, & A. Freeman (Eds). *Cognitive therapy with children and adolescents: A casebook for clinical practice* (2nd ed., pp. 338–368. New York, NY: Guilford Press.

Landreth, G. (2002). *Play therapy: The art of the relationship* (2nd ed.). New York, NY: Brunner Routledge.

LeBlanc, M., & Ritchie, M. (2001). A meta-analysis of play therapy outcomes. *Counseling Psychology Quarterly, 14*, 149–163.

March, J., & Mulle, K. (1998). *OCD in children and adolescents: A cognitive behavioral treatment manual.* New York, NY: Guilford Press.

Marlatt, G. A., & Gordon, J. R. (1985). *Relapse prevention: Maintenance strategies in the treatment of addictive behaviors.* New York, NY: Guilford Press.

Meichenbaum, D. (1971). Examination of model characteristics in reducing avoidance behavior. *Journal of Personality and Social Psychology, 17*, 298–307.

Meichenbaum, D. (1977). Cognitive-behavior modification: An integrative approach. New York, NY: Plenum Press.

Meichenbaum, D. (1985). *Stress inoculation training*. New York, NY: Pergamon Press.

Meichenbaum, D., & Goodman, J. (1971). Training impulsive children to talk to themselves: A means of developing self-control. *Journal of Abnormal Psychology, 77*, 115–126.

Miller, V. A., & Feeny, N. C. (2003). Modification of cognitive-behavioral techniques in the treatment of a five year old girl with social phobia. *Journal of Contemporary Psychotherapy, 33*(4), 303–319.

Nemiroff, M. A. & Annunziata, J. (1990). *A child's First Book about Play Therapy*. Washington, DC: American Psychological Association.

O'Connor, K. J. (1991). *The play therapy primer*. New York, NY: Wiley.

Ollendick, T. H. & King, N.J. (1998). Empirically supported treatments for children with phobic and anxiety disorders. *Journal of Clinical Child Psychology, 27*, 156-167.

Pearson, B. (2007). Effects of a cognitive behavioral play intervention on children's hope and school adjustment (Unpublished doctoral dissertation). Case Western Reserve University, Cleveland, OH.

Pincus, D. B. (2012). *Growing up brave: Expert strategies for helping your child overcome fear, stress, and anxiety*. New York, NY: Little, Brown.

Rapee, R. M., Wignal, A., Spence, S. H., Cobham, V., & Lyneham, H. (2008). *Helping your anxious child: A step by step guide for parents* (2nd ed.). Oakland, CA: New Harbinger.

Reynolds, S., Wilson, C., Austin, J., & Hooper, L. (2012). Effects of psychotherapy for children and adolescents: A meta-analytic review. *Clinical Psychology Review, 32*, 251–262.

Ruma, C. D. (1993). Cognitive-behavioral play therapy with sexually abused children. In S. M. Knell, *Cognitive-behavioral play therapy* (pp. 193–230). Northvale, NJ: Jason Aronson.

Russ, S.W. (2004). *Play in child development and psychotherapy: Toward empirically supported practice*. Mahwah, NJ: Erlbaum.

Scheeringa, M. S., Salloum, A., Arnberger, R. A., Weems, C. F., Amaya-Jackson, L, & Cohen, J. A. (2007). Feasibility and effectiveness of cognitive-behavioral therapy for posttraumatic stress disorder in preschool children: Two case reports. *Journal of Traumatic Stress, 20*(4), 631–636.

Scheeringa, M. S., Weems, C. F., Cohen, J. A., Amaya-Jackson, L., & Guthrie, D. (2011). Trauma-focused cognitive-behavioral therapy for posttraumatic stress disorder in three-through six year-old children: A randomized clinical trial. *Journal of Child Psychology and Psychiatry, 52*(8), 853–860.

Velting, O. N., Setzer, N. J., & Albano, A. M. (2004). Update on and advances in assessment and cognitive-behavioral treatment of anxiety disorders in children and adolescents. *Professional Psychology: Research and Practice, 35*(1), 42–54.

Walk, R. D. (1956). Self-ratings of fear in a fear-invoking situation. *Journal of Abnormal and Social Psychology, 52*, 171–178.

Weisz, J. R. & Kazdin, A. E. (2010). *Evidence-based psychotherapies for children and adolescents*. New York, NY: Guilford Press.

7

부모놀이치료

RISË VANFLEET, GLADE L. TOPHAM

부모놀이치료(filial therapy)에 관한 첫 번째 기사가 전문가 저널(L. Guerney, 1964)에 등장한 것과 이 장을 저술하는 것 사이에 50년이 지났다. 그 사이에 부모놀이치료는 임상적으로나 경험적으로 강력하게 효과적이고 적응 가능한 가족 개입이라는 것이 밝혀지고 있다. 이 장에서는 문제를 해결하고 강력한 가족 관계를 구축하는 아주 유익한 접근의 이론, 연구, 절차 및 광범위한 적용에 대해 다룬다. 이 장 전반에서 부모라는 단어가 주로 사용되지만, 부모놀이치료는 입양부모 또는 주로 양육을 담당하는 친척과 같은 모든 양육자와 사용하려는 것이다.

이론

부모놀이치료(filial therapy, FT)는 부모-아동 놀이를 변화의 핵심 기제 중 하나로 사용하는 가족치료의 형태이다. VanFleet(2014)는 이것을 "자녀와 특별한 비지시적 놀이치료를 수행하도록 종사자가 부모를 훈련하고 감독하는 데에서 이론적으로 통합된 치료 형태"(p. 2)라고 설명한다. 치료사는 부모-아동 놀이회기를 부모가 관찰한 후에 기술 개발을 할 수 있게 하며 부모가 자녀의 놀이 주제를 이해하도록 도와준 후에 부모에게 피드백을 제공한다. 부모는 숙련이 되고 이해하게 됨에 따라 그들 가정에서 필요한 변화 유형을 창출하는 데에서 좀 더 유리해진다. 부모가 자신의 능력과 확신을 개발하는 일련의 부모-아동 놀이회기를 직접 감독받은 후에, 놀이회기는 가정 장면으로 이동한다. 치료사는 가정 놀이회기와 기타 가족 문제에 관해 논의하기 위해 부모와 계속 만나고 부모가 매일 사용하도록 기술을 일반화하게 돕는다.

FT는 개입 및 예방에 대한 심리교육 모델에 기반을 둔다. 심리교육 모델은 대부분의 개인 문제와 가족 문제가 내담자의 선천적인 결함 또는 약점이라기보다는, 기술의 부족 또는 경험의 부족으로 인해 발생한다고 본다. 그러한 접근은 내담자가 필요한 지식, 기술, 능력을 발달시켜서 자신의 도전과 삶에 적용할 수 있도록 도움으로써 문제를 해결하려고 시도한다. 치료사가 실행하는 데에서 내담자에게 제안을 제시하는 전문가 모델과 달리, FT는 부모가 치료 과정에서 파트너로 간주되고 자신이 배우는 데에서 능동적 입장을 취하라고 격려하는 협동 모델로 운영된다. 치료사는 가르치는 지식과 기술에서 전문가로 간주되며, 부모는 자녀·가족·생활 방식에 관한 전문가로 간주된다. 이들은 아동과 가족의 요구를 충족시키는 최선의 방법을 확인하기 위해 이들 각자의 전문 영역을 결합한다.

이론적 통합

FT는 여러 이론의 진정한 통합을 나타낸다(Cavedo & Guerney, 1999; Ginsberg, 2003; L. Guerney, 1997, 2003; L. Guerney & Ryan, 2013, VanFleet, 2011a, 2011b, 2011c, 2014). Bernard Guerney는 FT에 대한 생각을 발전시켰는데, 심리학과 인간발달에 관한 몇몇 이론들의 가장 유용한 측면(개인적인 대화, 1980년 6월 2일)이라고 간주하는 것에서 도출했다. 이것들이 여기에서 간략하게 논의되고 VanFleet(2014)에서 좀 더 자세히 다루어진다.

정신역동 이론

FT는 목표, 숙달, 사회적 관심에 대한 아들러식 아이디어뿐만 아니라 무의식, 상징주의, 방어 기제에 대한 아이디어를 통합한다. 아동의 놀이가 종종 상징적이라는 관점이고, 놀이회기에 대한 부모의 반응은 자신의 개인 내 및 개인 간 관계를 반영한다는 것이다. FT는 부모-아동 놀이회기에서 아동의 이러한 역동성의 표현과 훈습 그리고 치료사와의 사후 회기(postsession) 토론에서 부모가 이러한 역동성을 표현하고 훈습하게 한다.

인본주의 이론

FT는 처치 과정 전반에 걸쳐 로저스 이론의 원리와 기술을 사용한다. 치료사는 자녀에게 이러한 것을 제공하는 법을 부모가 배우는 것처럼 부모에게 공감, 수용, 긍정적 존중을 제공한다. 부모와 자녀가 하는 놀이회기는 비지시적 또는 아동중심을 유지한다(VanFleet, Sywulak, & Sniscak, 2010). 부모에게 공감을 하고 그 후에 아동에게 공감하는 것은 형식적인 것이 아니다. 모든 노력은 감정, 의도, 동기, 소망의 가장 깊은 수준을 이해하고 수용하기 위함이다. 공감적인 경청과 아동중심의 상상놀이 기술은 부모가 자녀에게 수용과 이해를 전하는 데 도움이 된다.

행동주의 이론

FT는 학습 이론의 원칙과 전략도 사용한다. 치료사는 부모에게 모델링, 역할놀이, 행동 리허설뿐만 아니라 특별한 놀이회기를 수행하도록 교육하면서 충분한 긍정적 강화, 형성, 관찰 학습을 적용한다. 부모는 아동이 행동적으로 성공하도록 돕기 위해 놀이회기 동안에 구조화와 제한설정을 효과적으로 사용하는 것을 배우고 일상생활에서 긍정적 강화 및 적절한 결과의 효과적인 사용을 배운다.

대인관계 이론

FT는 상호 관계의 중요성과 개인의 행동이 대인관계 상호작용에 의해 크게 영향을 받는다는 생각을 통합한다. 이것은 근본적으로 문제가 있는 행동-반응 패턴을 부모가 인식하고 이것을 바꿈으로써 변화시킨다. 부모가 바뀌면 아동도 바뀐다. FT의 과정은 부모와 아동 모두가 변화의 과정에서 이들이 영향을 미친 것에 대해 책임지도록 돕는다. 부모는 놀이 행동을 통해 자녀의 눈으로 자신과 가족을 보기 시작하며, 자기 자신의 변화 및 적응하려는 동기가 증가한다.

인지 이론

FT는 놀이회기가 흔히 아동이 자기 자신, 부모, 자신의 생활에 대해 생각하는 방식을 바꾸고 이러한 생각은 자신의 감정에 영향을 미친다는 것을 인식한다. FT는 부모가 자녀의 놀이 주제와 자녀에 대한 그들 자신의 정서적 반응을 이해하도록 돕기 위해 인지 재구조화를 사용하고, 이 과정은 부모가 자녀, 자기 자신, 이들의 관계에 대해 생각하는 방식을 바꾼다.

발달 이론/애착 이론

FT는 아동의 발달상의 과정이 놀이회기 도중에 표현되게 하며 부모가 놀이의 발달적 의미를 이해하도록 돕는다. FT는 부모와 아동에게 좀 더 건강하고 보다 더 안정된 애착을 발달시키는 기회를 제공하며 부모 자신의 애착 관련 문제를 처리할 수 있게 한다(Bifulco & Thomas, 2012). 치료사는 모든 가족 구성원이 보다 건강한 애착 관계를 맺을 수 있는 안전한 환경을 구축한다.

가족 체계

FT에서 내담자는 개별 아동 또는 개별 부모가 아니라 이들의 관계이다. 가족의 구성원 한사람이 바뀌면 전체 가족 체계도 바뀐다. 가족 구성원 모두는 언제든지 과정에 연루될 수 있으므로 FT는 가족 전체로서뿐만 아니라 다양한 쌍(dyad)의 관계를 증진(커플이 보다 협조적으로 양육하는 것을 배우는 부부 관계를 포함해서)하도록 돕는다. Louise Guerney(1997)는 FT의 역동적이고 교훈적인 요소를 다음과 같이 기술한다.

> 놀이회기의 솔직 담백한 지도에 대한 이중의 몰입 그리고 놀이하는 사람으로서 부모의 감정과 파트너로서의 부모에 대해…… 동시에 집중한다. 부모가 이 과정에 관여할 때 정서적으로 위협적일 수 있는 부모-아동 관계의 세계, 즉 자녀에게 제공해주라고 부모에게 요구하는 것과 동일한 존중과 이해가 필요한 감정과 태도의 세계 및 가족 역동에 진입한다. 그러나 아동과의 작업이 언제나 최우선 과제이며 부모의 감정과 개인적인 관심이 결코 주류가 되지 않는다는 것을 알고 있어야 한다. 부모놀이치료는 아동중심의 개인 또는 양육치료(parental therapy)를 부모에게 제공하기 위해 우회해서 가는 여정이 아니다. 부모의 관점이 핵심이며 자녀와의 관계 및 자녀에게 도움이 되는 적절한 아동중심 놀이회기를 수행하는 능력을 어떻게 개발하는지를 학습하는 방식을 이해하고 수용하는 것이 필요하다. (pp. 131-132)

FT의 핵심적인 특징

FT는 진솔, 존중, 투명성, 이해, 권한 부여, 협업, 관계 및 가족 건강성의 가치에 기반을 둔다. 모든 가족 구성원은 과정 전반에 걸쳐 자신의 감정과 요구를 다양한 방법으로 표현하도록 격려되며, 치료사는 내담자가 자신의 문제를 해결하고 자신의 가정생활에 대해 결정하는 권리를 제공해야 한다는 점을 인식하고 겸손함을 담아내야 한다. FT의 과정에 대해 충분하게 통합된 이론들 그리고 이것이 기반으로 하는 가치에 기초해서, 핵심적인 것으로 고려되는 여러 가지 특징이 있다. 이러한 기능은 가족치료의 고유한 접근방식과 FT를 구분하고 FT와 다른 부모-아동 개입을 차별화하고, FT와 FT에서 파생되거나 FT에서 영감을 얻은 몇 가지 변형을 구분한다. FT의 이러한 핵심적인 특징을 VanFleet(2014)가 자세히 기술했다.

- 아동발달에서 놀이의 중요성이 강조되고 놀이는 아동에 대해 더 많이 이해하게 하는 기본 통로로 보인다.
- 부모에게는 자녀를 위한 변화 전달자로서의 권한이 부여된다.
- 내담자는 개인이 아니라 관계이다.
- 공감은 성장과 변화에서 필수적이다.
- 가능할 때마다 온 가족이 관여한다.
- 부모에게 심리교육 훈련 모델이 사용된다.
- 부모에게 자녀와의 초기 놀이회기에 대한 실시간 감독을 통해 유형(有形)의 지원과 지속적인 학습이 제공된다.
- 이 과정은 정말로 협력적이다.

FT에 대한 경험적 지지

FT가 처음 잉태되고 개발되었을 때 가족치료와 놀이치료는 초기 단계였다. 50년이 지나서 치료사들은 점차 가족 개입을 받아들였고 FT가 내담자 가족에게 제공하는 것에 대한 진가를 인정하고 그에 대한 인식이 높아졌다. FT는 이제 치료사들이 보고 있는 결과에 대해 열광함으로써 전 세계 여러 나라와 여러 문화 전반에서 실행되고 있다. 가족, 놀이, 육아 관행, 놀이치료, 아동 사회화, 애착, 기타 가족 개입과 관련된 수많은 주제를 포함해서 FT와 관련된 수많은 분야의 연구 역시도 극적으로 증가했다. FT는 FT의 변형 및 적용이 도입된 이후 함께 연구되고 있다. 이 절에서는 FT의 실행을 지지하고 알려주는 연구뿐 아니라 FT가 아동 및 가족 문제를 해결하는 효과적인 치료 형태로써 확립된 연구에 대해서도 논의한다.

부모-아동 놀이의 중요성

아동의 최적의 신체적 · 사회적 · 정서적 · 인지적 발달에서 놀이가 중요한 역할을 한다는 것은 잘 정립되어 있다(검토하려면 Ginsburg, 2007 참조). 부모-아동 놀이는 이러한 혜택을 더욱 심화하고, 확대하고, 추가하는 것으로 보인다. 부모-아동 놀이에서 부모는 아동의 내면세계에 대한 청중이 되고, 아동의 내적 경험에 관심과 수용을 보여주는 독특한 기회가 주어지고, 아동이 의미 있는 방식으로 자신을 이해하고 가치를 부여할 수 있도록 도와준다. 부모-아동 놀이는 긍정적인 아동 정서의 증가(Stern 1993), 부모의 애정적 조화와 조율의 증가(Stern, 1985), 아동의 언어발달에서의 향상(Tamis-LeMonda, Bornstein, & Baumwell, 2001), 아동의 품행문제 수준이 낮아짐(Gardner, Ward, Burton, Wilson, 2003), 아동의 높아진 IQ 점수(Levenstein & O'Hara, 1993), 정서 지식의 증가(Lindsey, 1998), 또래 경쟁력과 인기의 증가(Vandell, Ramanan, & Lederberg, 1991)와 연관이 있다.

부모의 지지적인 관여는 아동이 독립적인 능력을 뛰어넘어 수행할 수 있게 해준다. 예를 들어 부모–아동 놀이에서 아동은 관심의 유지, 복잡성의 증가, 놀이에서 개선된 문제 해결, 숙달 및 자기 효율성에 대한 새로운 감각을 보인다(Grolnick, Frodi, & Bridges, 1984). 부모–아동 간의 놀이에서 가장 중요한 결과는 아동이 사랑받고 있고 중요하다는 것을 배우는 것일 것이다(Power, 2009). 아동놀이의 이득과 연관이 있는 연구를 검토하면서 Ginsburg(2007)는 아동놀이의 회복력과 건강한 발달은 아동이 이끄는 놀이에 부모가 참여할 때 발달하는 연결 고리에 기초를 둔다고 결론지었다(Ginsburg, 2007). 부모가 FT의 놀이회기 기술을 배우고 사용하면서 부모–아동 놀이의 이러한 이점이 극대화된다.

FT는 핵심적인 양육 관행 및 태도를 표적으로 한다

FT는 Cavell과 Elledge(2004)가 처치의 개입 접근법으로서의 사회화(socialization-as-intervention approach)라고 언급한 것을 시행한다. FT는 개입 접근법으로서의 개입(intervention-as-intervention approaches)의 사례에서 아동 행동 문제의 감소에만 집중하기보다는 아동의 건강한 사회화의 핵심인 광범위한 관계 문제에 집중한다. 요구를 즉각적으로 다루는 것 외에 FT는 안정 애착과 강력한 아동의 행동 및 정서적 조율을 가장 잘 예측하는 부모–아동 상호작용 패턴을 육성하고 개선하도록 가족을 돕는다. 게다가 FT는 부모가 다음에 논의될 아동의 세 가지 결과 각각을 육성할 수 있는 부모의 능력에 대해 중추적 역량과 반영적 기능을 증가시키도록 돕는다.

첫 번째 핵심적인 아동 결과는 애착 안정성이다. 애착 안정성은 긍정적 정서의 증가, 부모 요구에 보다 자주 순응, 사회적 능력이 많아짐, 높아진 자존감, 공감이 많아짐, 좋은 정서적 건강 수준을 증가시키는 것을 포함하여 아동의 많은 긍정적 결과를 예측한다(검토하려면 Thompson, 2009 참조). 부모의 민감성, 접근성, 반응성은 안정 애착의 기초이다(Ainsworth, Blehar, Waters, & Wall, 1978). 특히 부모의 민감성은 긍정적인 아동 결과를 촉진시키는 데에서 가장 영향력 있는 양육 실행 중 하나이다(Sroufe, 1988). 민감한 부모는 자기 자녀의 감정과 요구에 조율을 하고, 수용하고, 반응적이다. 잘못된 조율(misattunement)은 아동을 잘못 이해하거나, 부정확한 속성을 부여하거나, 간단히 무시해버리는 것이라고 정의(Powell, Cooper, Hoffman, & Marvin, 2014)되는 반면, 조정(attunement)은 아동을 돌보고, 정확하게 인식하고, 따르는 것이라고 정의(Stern, 1985)된다. 민감하고 조율된 양육은 아동의 안정 애착을 촉진하고 고통 또는 불확실할 때 부모가 돌아올 수 있는 안전한 기반이 되어 줄 것이라는 확신을 가지고 물리적 세계 및 정신적 세계를 자유롭게 탐색할 수 있게 허용한다. 대조적으로 둔감하고 잘못 조율된 양육은 사회적 철회, 공격성, 주의력결핍장애와 연결되어 있다(검토하려면 Cummings & Cummings, 2002 참조).

두 번째 핵심적인 아동 결과는 행동적 조율이다. 사회화의 주요 목표 중 하나는 아동이 외부의 제약 없이 자신의 행동을 규제하고 성인의 관리감독 없이 사회적으로 적절한 행동에 몰두하는 것을 배우는 것이다(Grolnick & Farkas, 2002). 아동의 행동 통제의 발달에 중요한, Grolnick와 Pomerantz(2009)가 정의한 두 가지 양육 구성요소는 자율성의 지원과 구조화이다. 자율성을 지원하는 양육은 아동중심의 관점을 취하고 아동 주도 및 자율적 문제 해결을 격려하는 관행이 포함된다. 자율성 지원의 반대는 부모 중심의 관점을 취하고 부모의 요구를 충족시키기 위해 아동에게 강요하고 아동의 성장이 정체된 것처럼 아동의 문제 해결을 엄격하게 통제하도록 설계된 부모 행동이 포함되어 있다.

구조화라는 용어는 학습과 발달을 촉진하기 위해 아동의 환경을 구성하려는 부모의 노력과 관련이 있다. 구조화는 분명하고 일관된 기대, 지침, 한계를 아동에게 제공하고 피드백, 귀납적 추론, 일관된 결과를 사용하여 아동이 의사 결정과 결과 간의 관계를 이해하도록 돕는 것이다(Farkas & Grolnick, 2008). 구조화의 중심적인 양육 관행은 비계(scaffolding)인데, 부모는 아동이 관리할 수 있는 많은 책임성을 수행할 수 있게 허용하면서 아동이 독립적 능력을 넘어서는 과업을 수행하는 데 필요한 지원을 제공하고 도와준다(Grolnick & Farkas, 2002).

구조화와 자율성의 지원은 친사회적 행동, 동기유발, 자기 조율, 보다 높은 수준의 능력 그리고 보다 낮은 수준의 증상 및 문제 행동을 포함해서 아동의 수많은 긍정적 결과와 연관되어 있음이 지속적으로 나타났다(Lamborn, Mounts, Steinberg, & Dornbusch, 1991; Wang, Pomerantz, & Chen, 2007). 대조적으로 높은 수준의 심리적 통제를 겪게 하는 부모의 자녀는 외현화 및 내재화 증상이 증가하고 행동 조절이 낮으며 자부심이 낮고 학업 문제가 있다(Barber, Stolz, & Olsen, 2005; Goldstein, Davis-Kean, & Eccles, 2005). 유사하게 구조화를 거의 또는 전혀 제공하지 않는 부모의 자녀는 낮은 역량, 높은 수준의 고통, 문제가 생길 가능성이 증가한다(Lamborn et al., 1991).

세 번째 핵심적인 아동 결과는 정서적 조율이다. 사회적으로 적절한 방식으로 정서를 조절하는 방법을 배우는 것은 아동의 발달에서 결정적 요소이다(Denham et al., 2003). 아동이 슬픔 및 분노와 같은 부정적 정서를 조절하는 데에서의 어려움은 다양한 정서적 및 행동적 어려움과 연관이 있다(Frick & Morris, 2004; Silk, Steinberg, & Morris, 2003). 수많은 양육 태도 및 양육 행동들은 아동의 건강한 정서 조절의 발달에서 도구가 되는 것으로 보인다.

첫째, 아동의 건강한 정서적 조절을 육성하는 부모는 자신의 정서를 인식하고 효과적으로 조절한다(Gottman, Katz, & Hooven, 1997). 이는 잘 조절된 부모가 건강한 조율을 시범 보일 수 있고, 아동에게 조절곤란을 일으킬 수 있는 과도한 양의 부정적인 감정을 표현할 가능성이 적고, 아동의 경험과 정서 표현에 적절히 반응하기 위해 자신의 요구는 뒤로 미룰 수 있다는 사실에서 기인한다(Denham, Mitchell-Copeland, Strandberg, Auerbach, & Blair, 1997; Halberstadt, Crisp, & Eaton, 1999). 둘째, 부모는 아동의 정서를 인식하고 수용하며 부정적 정서의 경험을 친밀감 및 아동의 정서적 학습을 촉진하는 기회로 삼는다(Denham et al., 2003; Gottman et al., 1997). 셋째, 부모는 아동이 정서에 명칭을 붙이고 공감을 나타내며 아동의 정서를 입증하도록 돕는다(Gottman et al., 1997; Kliewer, Fearnow, & Miller, 1996). 마지막으로 부모는 아동의 학습을 육성하는 발판을 마련한다. 부모는 아동이 성공적으로 관리할 수 있는 범위 이내에 아동의 정서를 유지함으로써 발판을 만든다(Grolnick & Farkas, 2002). 부모는 아동이 특정한 정서적 자극을 경험하거나 피하는 기회가 되도록 환경을 수정함으로써 이를 수행한다(Parke, 1994). 부모는 감정을 조절하고, 적절히 표현하고, 반응하기 위해 아동이 어려움을 겪을 때 지지적인 안내도 제공해서 발판을 만든다(Gottman et al., 1997).

부모가 정서 표현을 인식하고, 가치를 인정하고, 경험을 검증하며, 표현과 대처 전략을 지원하고 비계를 만들면, 아동은 감정 조절이 좀 더 능숙해지고 사회적으로 성공하며 학업 성취도가 더 높다고 지적하는 연구가 있다(Gottman et al., 1997). 반대로 부정적 정서에 대한 반응에서 부모가 무시 또는 처벌하는 아동은 경험과 표현에서 조절 문제를 겪는 경향이 있으며 정서적 고통에 대처하는 방법으로 도피를 사용하는 경향이 있다(Fabes, Leonard, Kupanoff, & Martin, 2001).

부모의 반영 기능은 지금까지 설명한 세 가지 핵심적인 아동 결과를 육성하는 데에서 중요한 양육 태도와 관행에서 필수적인 기초이다. 반영 기능은 자신 및 타인의 정신 상태를 인지하는 능력이다(Fonagy, Gergely, Jurist, & Target, 2002). 자신과 타인의 생각, 감정, 행동을 반영하고 그것을 별개로 보는 능력뿐만 아니라 개인의 생각, 감정, 행동이 다른 사람의 사고, 감정, 행동에 어떤 영향을 주는지, 그리고 그 반대의 경우도 식별할 수 있는 능력이다(Powell et al., 2014). 반영 기능은 부모가 자신의 애착 불안정을 자녀에게 전달하는 것을 막는 데에서 결정적인 역량이라고 여긴다. 반영 기능이 좋지 않은 부모의 부모-아동 상호작용은 부모의 요구와 불안정에 의해 반사적으로 유도되기 쉽다.

반대로 반영적 기능이 잘 발달된 부모는 자신의 불안정과 반영적 경향이 자신과 자녀와의 상호작용에 어떤 영향을 미치는지에 대해 잘 생각할 수 있다. 이들은 자녀의 요구에 따라 이익이 되도록 반응하는 데에서 이러한 경향을 의도적으로 억제할 수 있다(Powell et al., 2014). 반영적 기능에는 아동의 발달적 역량, 도전, 요구를 이해하는 능력 그리고 긍정적 양육에서 기초가 되는 이해가 포함되어 있다(Smith, Perou, & Lesesne, 2002). 이것을 인식하지 못하고 자녀에게 비현실적인 기대를 하는 부모는 자녀를 좀 더 가혹하게 판단하고, 자녀에게 부정적 의도를 더 많이 나타내며, 적개심과 강요로 반응하기 쉽고 자녀를 학대하거나 방임할 위험이 증가한다(Azar, 1998; Azar & Rohrbeck, 1986; Chilamkurti & Milner, 1993; Larrance & Twentyman, 1983).

부모가 핵심적인 기술과 태도를 개발하도록 FT가 돕는 방식

FT 놀이회기의 주된 초점은 부모가 자녀와 충분히 함께 있고 자녀를 수용하기 위해 부모의 개인적인 요구와 과제를 한쪽으로 치워놓는 것을 배우도록 돕는다. 부모의 민감성과 주로 연관된 놀이회기 기술은 공감적 경청과 아동중심의 상상놀이이다. 공감적 경청 기술을 배우고 사용하는 데에서 부모는 자녀의 내적 경험에 점진적으로 조율하게 되고 부모의 반영에서 아동의 경험의 깊이를 점점 더 잘 포착한다. 아동중심의 상상놀이에서 부모는 아동의 요구와 소망에 따라 자신의 역할을 놀이해봄으로써 조율의 수준을 높이고 이를 보여준다. 종종 부모는 상상놀이에서 자신이 해야 하는 역할에 대한 지침을 거의 또는 전혀 제공받지 못하고 아동의 놀이에서 아동의 요구가 무엇인지를 알아채기 위해 언어적 의사소통과 비언어적 의사소통이 조율되어야 한다. 부모는 이 정보를 사용하여 적절한 정서 그리고 강도가 있는 아동의 소망에 따라 자신의 역할을 놀이로 수행한다. 이것은 부모가 아동에게 조율하는 자신의 기술을 연마하고 자녀에게 깊은 관심, 이해, 투자를 전달하는 데 도움이 된다. 부모가 놀이회기 기술을 보다 자연스럽게 사용하는 방법을 배우게 되면서 아동은 두려움, 불안, 불안정에 대해 훈습하고 숙달을 추구하면서 자신의 부모가 이용 가능하고 반응이 뛰어난 것으로 그리고 탐험을 위한 안전한 기반이라고 경험한다. 부모가 부모-아동 놀이에서 높은 수준의 민감성을 개발한 후에 일상적인 부모-아동 상호작용에서 그러한 민감성을 수행한다는 것은 자연스러운 과정이다.

부모-아동 놀이회기는 아동중심이며, 아동이 도전과 불안정에 대해 훈습하고 숙달을 추구하는 동안에 아동의 자율성을 지지하는 데 집중한다. 부모의 감수성과 유사하게 자율성을 보조하는 것과 가장 연관이 있는 FT 기술은 공감적 경청 및 아동중심의 상상놀이이다. 부모는 자녀가 놀이에서 그들의 어려움 및 좌절과 고군분투하는 공간 그리고 그들의 어려움과 좌절의 훈습에 주된 책임을 지게 하

는 것을 배운다. 그렇게 되기 위해서 부모는 아동을 고군분투하는 데에서 구하려 하거나 아동의 고군
분투를 해결해주는 책임을 떠맡으려는 충동과 싸우는 것을 배우고, 자녀가 문제를 해결하고 자신감과
능력을 발달시키면서 따뜻한 반영적 지지를 제공하는 법을 배운다. 앞서 언급했듯이 부모는 또한 아
동이 원하는 대로 상상놀이의 역할을 함으로써 아동의 자율성도 지원한다. 부모는 놀이를 지시하거나
자신이 원하는 해결을 놀이로 하도록 아동을 이끌지 않는다.

구조화의 일반적인 양육 역량과 가장 관련이 있는 기술은 FT의 구조화 및 제한설정 기술이다. FT
회기가 아동중심이라는 본질 때문에 구조화 및 제한설정은 최소한으로 유지되지만 놀이회기에서 안
전성, 예측 가능성, 경계를 만들어내는 데에서 중요한 역할을 한다. 구조화 기술은 아동이 회기 내에
서의 작업뿐만 아니라 놀이회기에 들어오고 나가는 이동을 유도하는 데 도움이 된다. 제한설정 기술
은 아동이 선택을 하고 자기 선택에 대한 결과에서 배우는 경계와 기회를 경험하게 하며, 이는 아동이
행동 조율을 발달시키도록 돕는 데에서 중요한 경험이다.

FT의 후기 단계에서는 부모가 놀이회기 이후까지 구조화 기술과 제한설정 기술을 일반화하도록 가
르친다. 부모는 아동의 선택과 행동 조율을 극대화하는 방식으로 한계를 설정하고 결과를 시행하는
법을 배운다. 부모는 제한 유형(비침습적 및 비통제적)을 선택할 수 있고, 확고하고 확신이 있지만 과
정에서 정서적으로 반응적 또는 적대적이지 않고, 결과는 일관되고 예측 가능하고, 수치심에 기반을
둔 결과 또는 과잉의 결과는 피한다. 치료사는 필요시에 부모가 적절한 제한과 결과를 식별하도록 돕
는다. 구조화 기술의 일반화는 아동을 위한 비계와 아주 흡사하다. 부모는 환경의 영향, 과제의 어려
움, 아동의 정서 상태, 아동 능력을 점검하는 방법을 배우고 아동의 성공과 학습을 극대화하는 데 필
요한 만큼만 지원하기 위해 필요시에 개입한다.

놀이회기를 통해 부모와 자녀는 그들의 정서와 건강한 정서 관리에 대해 많은 것을 배운다. 아동의
정서 조절과 주로 연관이 있는 놀이회기 기술은 공감적 경청이다. FT 과정에서 부모는 자녀의 정서적
경험에 대한 인식 및 수용을 발달시키고 놀이에서 자녀의 정서를 반영하고 명칭을 붙임으로써 수용을
전달하는 방법을 배운다. 부모는 안전과 수용하는 분위기를 제공하고 존중을 확립하는 데 도움이 되
는 지지적인 반영을 사용해서 정서를 해결하고 정서에 대처하는 아동 경험의 비계(발판)를 세우는 것
을 배운다. 예를 들어 블록을 쌓는 데 어려움을 겪고 있는 4세 소년에 대한 반응으로, 부모는 "너는 블
록들로 탑을 만들려고 하는데 세워지지 않아서 속상해하는구나."라고 말할 수 있다. 아동의 지속적인
노력에 대한 반응으로 부모가 덧붙일 수 있는데 "블록이 넘어지지 않고 그래 더 높이 쌓을 수 있도록
여러 가지 방법을 시도하고 있구나." 자녀가 성공한 후에 부모는 "블록을 쌓는 데 많은 어려움을 겪고
좌절했지만 알아낼 때까지 계속하는 네가 자랑스럽다." 부모의 비계의 반영은 아동이 자신의 감정을
배우고 수용하며 역경이 있어도 지속하고, 자신의 문제 해결 노력을 더 많이 인식하고 가치를 부여하
게 되며, 자신의 좌절을 성공적으로 극복하는 것을 축하한다. 사후 놀이회기 토론에서 치료사는 부모
가 아동의 정서에 점점 더 조율하게 되고 가장 효과적으로 반응하는 방법이 되게 도와준다.

또한, 이러한 논의는 부모가 놀이에서 자녀의 행동과 정서에 대한 반응에서 자신이 경험하는 정서
를 인식하고 명칭을 붙이도록 치료사가 도와줌으로써 부모가 자신의 정서를 인식하고 수용을 개선하
는 기회가 된다. 치료사는 부모가 정서를 효과적으로 관리하도록 검증하고 돕기 때문에 부모가 자녀
의 경험에 완전히 함께 있고 수용하는 것을 막지 않게 한다. 부모는 이 과정에서 자신과 자녀가 갖고

있는 분리되고 서로 다른 정서적 경험을 점점 더 인식하고 존중하게 된다. FT의 후기 단계에서 치료사는 이러한 기술을 부모가 놀이회기 밖에서 정서를 경험할 때 수용하고, 확인하고, 명칭을 붙이고, 문제 해결의 비계가 되는 것으로 바꾸도록 돕는다.

부모 자신 및 자녀의 생각, 정서, 행동에 대한 인식을 반영해주고 부모가 인식을 개발하는 능력은 FT 양육 관행과 태도를 배우고 습득하는 데에서 핵심이 되는 능력이다. 부모가 기본적인 놀이회기 기술에 대한 자신감이 커짐에 따라, 사후놀이 피드백 회기가 늘어나면서 놀이에서 부모가 자녀의 관심을 알게 되고 아동의 놀이 행동 및 주제의 의미와 잠재적인 의미를 알도록 돕는다. 치료사는 부모가 놀이회기에서 자녀와 자신에 대해 반영하고 이해하려고 고군분투하는 것에 대해 안내하고 제안을 해가면서 부모를 위한 토론의 비계를 만든다. 치료사는 특히 아동의 놀이에 대한 부모의 정서적 반응에 주의를 기울인다. 부모가 사후놀이회기 논의에서 이러한 피드백을 이용하지 않을 경우, 치료사는 조심스럽게 관찰하고 부모가 경험에 대해 이야기하도록 요구할 수 있다. 이 과정은 부모가 자신의 반응을 인식하고, 반응이 무엇인지에 대해 탐색하고, 이들과 훈습을 해서 부모가 자녀에게 충분히 반응적이 되는 능력이 방해되지 않도록 치료사가 조치를 취하게 한다.

FT 연구 결과

지난 반세기 동안 FT 개입에 관한 50여 건이 넘는 연구가 수행되었으며, 이 연구들은 일관되게 FT의 긍정적이고 지속적인 효과를 나타낸다(L. Guerney & Ryan, 2013; VanFleet, Ryan, & Smith, 2005). Bratton, Ray, Rhine 및 Jones는 1953년에서 2000년 사이에 발표된 놀이치료 연구에 대해 광범위한 메타분석을 했다. 93개 연구 중 22개는 독점적으로 FT 개입에만 집중되었다. 연구자들은 전문가 주도 놀이치료의 효과 크기가 0.72라고 밝혔는데, 이는 놀이치료 개입에 참여한 사람이 비교 조건에서보다 0.72 표준편차를 더 잘 수행한다는 의미이다. 이러한 강력한 효과 크기는 Cohen(1988)이 중간 효과 크기(0.50)로 분류한 것보다 꽤 높은 것이고 큰 효과 크기(0.80)보다 다소 모자란다.

Bratton 등은 학부모 참여 FT 연구의 효과 크기가 1.15였고 이는 전문가 주도 놀이치료 개입의 효과 크기보다 통계적으로 더 크고 기타 보고된 아동심리치료 연구의 효과 크기 범위(0.66-0.84; Bratton et al., 2005)보다 상당히 크다. Bratton 등은 FT와 놀이치료의 유연성 및 폭넓은 적용 가능성을 지적하면서 아동의 나이 및 성별과 결과 간에는 관련이 없음을 발견했다.

애착에 관한 FT의 효과를 검증한 연구는 아직 없지만 상당한 양의 연구가 FT와 양육 민감성의 증가 간의 관계를 보여주고 있다. FT 연구에서 사용되는 일반적인 척도는 부모-아동 상호작용(Measurement Empathy Parent Children Interaction)에서 공감의 측정이다(MEACI; Stover, Guerney, & O'Connell, 1971). MEACI는 3개의 하위척도로 구성된 관찰 척도인데, 수용 전달하기(아동 행동과 감정의 언어적 수용), 아동의 자기 주도 허용(아동을 통제하기보다는 아동의 안내에 따름), 아동과 연루됨(부모의 전반적인 관심과 아동의 희망에 따라 아동 주도 놀이에 참여하기)이 있다. MEACI는 아동의 요구와 감정에 대한 부모의 감수성과 조율 그리고 존중을 활용했다. 연구 결과에 따르면 FT에 참여한 부모는 통제집단 부모와 비교했을 때 3개의 MEACI 하위 집단 모두의 행동에서 의미 있게 크게 증가함(예 : Kidron & Landreth, 2010; Lee & Landreth, 2003; Yuen, Landreth, & Baggerly, 2002)을 나타냈다.

부모의 민감성 구성요소를 활용한 FT 연구에서 일반적으로 사용되는 또 다른 척도는 Porter Parental Acceptance Scale(PPAS; Porter, 1954)이다. PPAS는 4개의 하위 척도가 포함된 부모보고인데, (1) 아동의 감정과 이를 표현하는 아동의 권리에 대한 존중, (2) 아동의 독특함의 인정, (3) 아동의 자율성 및 독립성 요구의 인식, (4) 아동을 위한 무조건적 사랑에 대한 부모의 경험이다. 연구들은 일관되게 FT에 참여하는 부모가 통제 조건의 부모에 비해 PPAS로 측정한 바와 같이 자녀에 대한 수용이 유의하게 증가(예 : Costas & Landreth, 1999; Sywulak, 1979; Yuen et al., 2002)함을 보여준다. 연구들은 또한 수용에서의 증가가 2개월(Johnson-Clark, 1996), 6개월 및 3년 추적 평가(Sensue, 1981)에서도 유지된다는 것을 보여준다. Tew 등(Tew, Landreth, & Joiner, 2002)과 Harris와 Landreth(1997)는 FT에 참여한 부모가 2개 하위 범주, 즉 감정과 이를 표현하는 권리에 대한 존중, 자율성과 독립성에 대한 아동의 요구의 인식에 관해 통제 조건의 부모보다 유의하게 높은 점수를 받았다고 밝혔다.

자율성의 지지는 FT에 참여했기 때문에 의미 있게 증가한 것으로 나타났다. FT에 참여한 부모는 아동의 자율성의 중요성에 대한 존중과 이해가 높아졌고 통제의 수준이 낮아짐도 나타냈고 놀이에서 아동의 자기 주도를 허용하는 수준이 높아짐도 보고했다(Harris & Landreth, 1997; Kidron & Landreth, 2010; Tew et al., 2002; Yuen et al., 2002). 아동의 행동 규제, 또는 이것의 부족과 가장 연관이 있는 FT 연구 결과는 아동의 행동 문제를 평가하는 것이다. 서로 다른 아동 행동 문제 척도들이 사용되었는데 여기에는 아동 행동 체크리스트(child behavior checklist, CBCL; Achenbach & Edlebrock, 1983), Eyberg 아동 행동 목록 (Eyberg child behavior inventory, ECBI; Robinson, Eyberg, & Ross, 1980), 부모자녀 문제 체크리스트(filial problem checklist, FPC; Horner, 1974)가 있다. 연구는 일관되게 FT에 참여하는 아동이 대조 집단에 비해 아동 행동 문제가 의미 있게 많이 감소되었다고 나타났다(Oxman, 1972; Sheely-Moore & Bratton, 2010; Tew et al., 2002). 구체적으로 연구들은 부모가 인식하는 아동 문제 행동의 수(B. Guerney & Stover, 1971; Landreth & Lobaugh, 1998; Sensue, 1981), 외현화 행동(Kidron & Landreth, 2010; Smith & Landreth, 2003), 공격성 및 주의집중 어려움(Bratton et al., 2013)이 의미 있게 감소한 것은 FT 때문이라고 밝혔다.

Bratton 등(Bratton et al., 2013; 교사보고)과 Johnson-Clark(1996; 부모보고)의 연구는 FT 조건에 있는 아동 대다수는 사전 사후평가에서 행동 문제가 임상적 또는 경계선에서 비임상 수준으로 이동했다. Johnson Clark(1996)은 2개월 추적 평가에서, 행동 문제가 계속 감소하여 처치가 끝난 후 아동발달에 대한 긍정적 영향이 지속되는 양육 관행을 부모가 발달시키는 데 FT가 도움이 된다는 생각을 지지했다. Sywulak(1979)은 처치 4개월 전, 처치 직전, 처치 2개월, 처치 4개월에 부모와 아동의 기능을 평가했다. 부모 행동에서의 변화는 2개월에 분명했고, 아동에서의 변화는 4개월에 분명했고, 이는 FT의 긍정적 아동 결과의 적어도 일부가 양육 행동을 개선시키는 기능을 하는 것 같다.

FT와 아동 또는 부모의 정서적 조율 사이의 연관성을 검증한 연구는 아직 없지만 FT에 참여했기 때문에 부모가 아동의 감정에 대해 수용하고 인정하는 것이 증가한 것으로 나타났다 (Harris & Landreth, 1997; Kidron & Landreth, 2010; Tew et al., 2002). 게다가 질적 연구(부모보고)는 FT에 참여하는 아동이 징징거림과 말다툼을 덜 보이고, 화가 난 후에 빨리 안정되고 자신의 감정과 욕구를 부모에게 표현할 가능성이 많다는 것을 나타낸다(Lahti, 1992). FT에서 처치 성공의 예측 인자를 조사한 연구는 몇 가지 좋은 결과를 제시하고 있다. Topham과 동료들(Topham, Wampler, Titus, & Rolling,

2010)은 개별 가족 형식(VanFleet, 2014에서 처럼)으로 수행된 FT를 가지고 FT 처치 결과의 예측 인자를 조사했고, 사전검사 시에 부모의 심리적 고통과 아동의 빈약한 정서적 조율은 처치 전반에 걸쳐서 아동 행동 문제가 크게 감소한 것과 관련이 있다. 유사하게 사전검사 시에 부모의 빈약한 정서적 조율은 아동 처치 전반에 대한 부모의 수용의 증가와 관련이 있다. 변화량의 지속적인 지표이든지 또는 신뢰할 수 있는 변화의 이분법적 지표이든지 간에 이러한 연관성이 발견되었다. 경험적으로 검사되지는 않았지만, 이러한 결과는 FT에서 부모의 정서적 조율과 아동의 정서적 조율이 긍정적 처치 효과에 부분적으로 원인이 될 수 있다는 생각을 뒷받침한다.

양적 연구에서는 FT가 부모의 반영 기능에 미치는 영향을 조사하지 않았지만 몇 가지 질적 연구가 효과에 대한 증거를 제시한다. FT 보고에 참여한 부모는 아동의 정서 및 요구에 대한 인식이 높아지고 자녀에 대해 보다 현실적인 기대를 보고했다(Edwards, Sullivan, Meany-Walen, & Kantor, 2010; Lahti, 1993; Wickstrom, 2009). Wickstrom(2009)의 연구에서 부모들은 FT에 참여함으로써 몇 가지 이득이 있다고 보고했는데, 자녀를 위해 고치거나 투쟁에서 벗어나고 싶어 하는 경향성에 대해 많이 인식하게 되었고 자녀의 행동에 대해 개인적으로 느끼는 책임감이 감소되었다. Lahti(1992)는 FT에 참여한 부모가 자녀의 의사소통, 행동, 동기에 대해 좀 더 잘 조절한다고 보고했다. 또한 부모는 자녀와의 상호작용에서 자신의 행동에 대한 인식, 행동의 이유, 자신의 행동이 자녀에게 어떤 영향을 미쳤는지에 대한 인식이 증가함을 보고했다.

이 장의 앞부분에서 간략히 설명한 핵심적인 아동 결과와 양육 관행이 직접적으로 관련된 FT 결과 이외에 FT에 대한 다수의 의미 있는 결과가 여러 연구 전반에서 나타나고 있다. 여기에는 아동의 사회적 적응의 증가(Boll, 1973; B. G. Guerney & Stover, 1971), 아동의 자아 존중감 증가(Landreth & Lobaugh, 1998; Smith & Landreth, 2003), 자기 인식과 관련된 부모의 스트레스 및 아동 문제의 감소(예 : Bratton et al., 2013; Bratton & Landreth, 1995), 불안과 우울뿐만 아니라 내재화 증상의 감소(Grskovic & Goetze, 2008; Smith & Landreth, 2003)가 있다.

FT 문헌에서 가장 주목할 점은 FT가 다양한 문제 및 다양한 가족 상황에서 효과적일 것이라고 나타났다. 예를 들어 FT는 품행장애, 만성질환, 학습장애, 전반적 발달장애, 성적 학대를 겪은 아동 또는 가정 폭력을 목격한 아동의 부모에게 효과적이다. 또한 FT는 입양부모, 한부모, 수감된 어머니와 아버지, 광범위한 문화와 다양한 인종 배경의 부모(Bratton & Landreth, 2010; L. Guerney & Ryan, 2013; VanFleet et al., 2005 참조)에게 효과적이다. 표 7.1은 핵심적인 아동 결과, 부모 역량, FT 기술, 연구 결과에 대한 요약이다.

절차

FT의 진행은 복잡하지 않지만 치료사의 상당한 기술과 유연성 및 창조성뿐만 아니라 민감성을 요구한다. 전반적인 과정은 대부분의 사례에서 동일하지만 아동 및 가정마다 세부사항은 상당히 다르다. 여기에서는 FT를 경쟁력 있고 효과적으로 수행하는 방법, 치료될 수 있는 문제의 유형, 물리적 공간을 확립하는 방법, 내담자를 평가하고 FT에 데려오는 방법, 처치 과정의 각 단계에서 발생하는 문제

표 7.1 핵심적인 아동 결과 및 부모 역량과 관련된 부모놀이치료 기술과 관련 연구 결과

아동 결과	부모 역량	FT 기술 및 개입	FT 결과
안정 애착	• 민감성 • 수용성 • 반응성	• 공감적 경청 • 아동중심 상상놀이	• 아동의 행동 및 감정에 대한 부모의 언어적 수용이 증가함 • 놀이에서 부모가 아동을 통제하기보다 아동 따라가기가 증가함 • 아동이 이끄는 놀이에 부모의 전적인 관심과 조율된 뒤따름이 증가함
행동 조율	• 자율성 지원 • 구조화	• 공감적 경청 • 구조화 • 제한설정	• 아동의 행동 문제가 감소함 • 자율성과 독립성에 대한 아동의 요구에 대해 부모의 인식이 증가함 • 놀이에서 부모 통제의 수준이 낮아지고 부모가 아동의 자기 주도를 허용하는 수준이 높아짐
정서적 조율	• 부모의 정서 조율 • 아동정서에 대한 인식과 수용 • 아동정서에 명칭 붙이고 인정함 • 아동학습의 비계 • 반영적 기능	• 공감적 경청 • 사후놀이 논의	• 아동의 행동과 감정에 대해 부모의 언어적 수용이 증가함 • 아동의 감정과 이를 표현하는 아동의 권리를 존중하는 것이 증가함 • 아동의 요구 및 정서에 대해 부모의 인식이 높아짐 • 자신의 행동, 행동의 동기, 자신의 행동이 아동에게 영향을 미치는 방식에 대한 부모의 인식이 높아짐

에 대해 기술한다.

치료사 자격, 훈련, 특성

FT는 고급 임상 기술을 필요로 한다. 실무자는 광범위한 문제들에 대한 아동중심 놀이치료에서 고도의 경험이 있어야 한다(VanFleet et al., 2010). 부모가 관찰하는 데에서 실무자들은 가정에서 각 아동과 아동중심 놀이회기를 할 수 있어야 하며, 부모가 비지시적 놀이회기를 수행할 때 부모를 가르치고 관리 감독해야 한다. 시연(demo)으로 부모 앞에서 CCPT를 수행할 수 있다는 것은 기본적으로 치료사가 CCPT에 능통해야 한다는 것이다. 치료사는 가족치료에 대한 탁월한 작업 지식도 있어야 하며, 부모 또는 부모 집단과의 상호작용을 구조화하는 기술이 있어야 하고 부와 모 간의 상충되는 인식과 요구를 관리할 수 있어야 한다.

FT를 시행하는 치료사는 공감할 수 있고 부모와 아동 양쪽에게 공감적 경청을 통해 이해를 보여줄 수 있는 고도로 발달된 능력이 있어야 한다. 아동과 작업할 때 보이는 그 문제에 대해 잘못하게 부모가 유인할 수 있다. 실제로 부모가 그렇게 만들어내는 데에서 큰 역할을 할 때도 있지만, 항상 그런 것은 아니다. 부모가 그 과정에 개입하지 않으면 바꿀 수 없다는 것을 기억해야 한다. 개별 놀이치료에서 최상의 결과는 부모가 생각하고 행동하는 자신의 방식을 바꿀 수 없을 때 쉽게 풀릴 수 있다는 것

이다. 이 장의 앞부분에서 언급했듯이 치료적 개입의 부분에는 부모가 아동과 좀 더 공감적이 되고 조율하는 방법을 배우면서 자신의 감정과 행동을 반영하도록 도와주는 것이 들어 있다. FT를 사용하는 치료사는 부모가 이러한 새로운 사고방식을 학습하도록 돕고 생각하고 상호작용하는 새로운 방법을 실행에 적용하기 위해 부모와 안전하고 수용적인 분위기를 조성한다. 그때 아동, 자신, 서로에 대한 부모의 감정에 대해 가장 깊은 수준의 공감을 보여주는 것이 가장 효과적이다. 공감적이 된다는 것은 치료사가 부모의 메시지가 무엇인지를 이해하려고 시도하면서 상황에 대한 모든 판단과 개인적인 생각을 버리는 사고방식(태도)이다. 공감은 태도와 기술 모두이며 깊이 있는 FT 훈련을 통해 증진될 수 있다.

　FT를 수행하는 사람은 방법의 가치와 원칙을 충분히 이해하는 것이 중요한데, 즉 핵심적인 특징과 각 기능이 중요한 이유, 부모의 참여와 훈련 및 감독에 사용되는 실제적인 방법, 놀이 주제와 자신의 감정에 대한 부모의 이해를 처리하는 방법이다(L. Guerney & Ryan, 2013; VanFleet, 2014). 가치, 원칙, 핵심적인 특징은 방법 및 모든 처치 결정에서 기반을 형성한다. FT를 수행하는 데 필요한 기술이라는 측면에서 두 가지가 특히 중요하다. 즉 부모를 훈련하기 위한 가장놀이(mock, pretend)를 수행하는 것과 놀이회기로 부모 반응을 진행하는 것이다. 이것은 둘 다 FT 훈련 프로그램에서 다루어진다.

　책의 관련 부분 또는 책을 읽거나 DVD를 보는 것은 유능한 FT 치료사가 되려는 사람에게 충분하지 않다. 관찰과 연습을 통해서만 배울 수 있는 복잡한 기술과 접근방식에는 수많은 미묘함이 있다. 일부 교훈적 부모-교육 스타일(didactic parent-education-style)을 FT에 접목하고 경험이 많은 실무자가 적용해줄 수도 있다. Guerney가 개발하고 개정한 FT의 전체 가족치료 양식에 대해 능숙해지기를 원하는 사람에게는 상당한 교육과 감독을 받는 실행이 필요하다. 일반적으로 성취되는 결과를 위해서 그것을 배우려는 노력은 가치가 있다.

　최선의 훈련 프로그램이란 전문가가 사용하는 동일한 원칙과 방식을 가르쳐서 결국에는 부모가 그것을 사용할 것이라는 것이다. 이것은 종종 참가자가 과정의 여러 단계에서 사용되는 기술을 배우고 실습하고 강사로부터 개별적인 피드백을 받을 수 있는 소규모 훈련 집단에서 개최된다. 부모와 시행하려는 병행 과정을 통한 학습은 매우 가치 있을 수 있다(B. G. Guerney, 개인적인 대화, 1980년 6월 3일). FT를 진행하는 전문가의 경험은 부모가 놀이회기를 수행하는 방법을 배울 때 부모가 경험하는 것처럼 새로운 것을 배우는(FT를 수행하는 방법) 것과 같은 느낌이다. 여러 대학 및 공인된 부모놀이치료 강사(평생교육 제공자)는 하나 이상의 FT 형식으로 훈련을 제공한다. FT에서는 최소한 두 개의 독립적인 인증 프로그램이 있다. FT의 교육, 자원, 인증에 대한 정보는 www.play-therapy.com 및 www.nire.org에서 이용할 수 있다.

내담자 특성

FT는 내담자가 관계를 복구하고 관계를 증진하도록 돕는 데 초점을 맞춘다. FT의 유연성은 FT의 기본 전제의 보편성 및 놀이의 사용과 함께, 광범위한 내담자에게 도움이 될 수 있게 했다. FT는 (a) 자녀와 건강한 애착을 조성하고 잠재적인 많은 문제를 피하고자 하는 부모를 위한 예방 프로그램, (b) 위험에 처한 가정을 돕고 이들이 살아가는 데에서 어려움을 극복하기 위한 방법, (c) 경도, 중등도, 심각한 문제를 겪고 있는 가정을 위한 본격적인 가족 개입이다. FT는 사회경제적 수준 및 교육 수준에 상관없이 모든 가족, 그리고 전 세계의 여러 문화 및 국가에서 성공적으로 사용되고 있다.

일반적으로 말하면 FT는 아동이 자신의 놀이에서 가장 적극적으로 상상력을 사용하는 연령대에 있는, 즉 3세에서 12세까지의 아동에게 가장 타당하다. 일부 동료들은 제한설정 언어(단순한 재지시로 전환)와 좋은 결과가 있는 일부 장난감(크기가 크고, 연령에 적절한)을 적용해서 더 어린 아동에게 FT를 시행했다. FT가 12세 이후에는 특별 시간(부모가 여전히 대부분의 기술을 사용하지만 장난감이 없이 함께 시간을 보냄)으로 전환하지만 장난감이 있는 놀이실에서 16세 청소년에게 FT가 사용된 사례가 있다. 이것은 때때로 아동의 외상 및 애착 붕괴 이력이 생활 연령 이하의 수준에서 사회적으로나 정서적으로 기능할 때 가능하다. 매우 자주 이 청소년들은 놀이회기 동안에 더 극적인 놀이에 몰두하지만, 전반적인 구조와 과정이라는 면에서 변화가 필요하지 않다.

지시/금기

FT는 가족 관계와 개입 접근으로서 사회화에 중점을 두는 과정 중심의 치료이기 때문에 다양한 문제에 적용할 수 있다(Cavell & Elledge, 2004). 아동이나 가족의 특수한 요구를 충족시키기 위해 FT의 전후 또는 나중에 다른 개입이 필요할 수 있지만 FT는 체계적인 집중이기 때문에 FT가 보통은 필요한 유일한 치료 형태이다. 다른 개입이 추가되더라도 FT는 건강한 애착 관계를 조성하고 전체 가족 체계를 보다 적응력 있는 기능으로 전환하는 능력 때문에 처치에서 중심의 위치를 유지한다.

FT는 다음의 문제, 즉 불안, 우울, 행동 문제, 외상, 학대와 방임, 이혼 관련 문제 및 부모와 멀어짐, 가정 폭력, 위탁 돌봄, 입양, 의학적 질병, 애착 붕괴 및 반응성 애착장애. 자폐스펙트럼장애, 두려움, 등교 거부, 괴롭힘, 주의력결핍장애, 수줍음, 형제간 경쟁, 발목 잡힌 관계, 적대적 행동, 배변 문제, 완벽주의 및 강박장애, 중독, 기타 문제에서 명확한 임상적 성공을 나타낸다(VanFleet, 2014; VanFleet & Guerney, 2003). FT가 완전히 금기이거나 자녀와 가족이 받는 첫 번째 처치로 권장하지 않는 경우가 있다. 부모 중 한 명이 성적 학대의 가해자이지만 아동과의 관계가 유지되는 사례에서는 적절한 경우가 아주 드물다. 그러나 아동 학대의 다른 경우에는 진행의 일정한 시점에서 FT를 사용할 수 있다. FT가 반드시 초기 개입이 될 필요는 없으며, 특히 이전에 개별 치료를 받지 않은 경우에는 특히 더 그렇다. 학대의 가해자는 진정한 후회와 자신의 행동에 대해 책임을 지는 다른 치료 프로그램을 성공적으로 끝낸 후에 그리고 아동이 단계를 할 준비가 되었다고 치료사가 간주했을 때에만 FT를 고려할 것이다. 이 경우에 FT는 자녀가 원하는 대로 행동하지 않을 때뿐만 아니라 관계의 손상을 극복하고 더 나은 자녀가 되도록 돕기 위해 부모가 사용하는 더 나은 도구가 될 수 있다. 가해하지 않은 부모는 FT에 참여할 수 있다. 이것은 일반적으로 아동이 치료사와 몇 번의 개입이 있은 후에 그리고 학대 상황에 있지 않은 사람과의 개입이 있은 후에 할 수 있다. 학대가 일어난 것을 가해하지 않은 부모가 정말로 몰랐다면 더 빨리 참여할 수 있다. 가해하지 않은 부모가 학대적인 부모의 행동을 계속해서 정당화한다면 FT를 사용하기 전에 더 많은 작업이 필요하다.

아동의 신체적 안전 및 정서적 안전에 대한 요구는 언제나 부모가 놀이회기에 참여할 시기를 결정하는 요소이다. 법원 그리고/또는 아동 보호 기관이 가정 내부의 폭력 사건 이후에 아동이 부모에게 돌아오거나 부모와 함께 있을지를 결정하면, FT는 가족을 재통합하고 건강하지 않은 행동 패턴을 건강한 것으로 이동하는 데 도움이 되는 매우 유용한 도구로 사용될 수 있다. 아동이 애착 붕괴의 외상을 입은 대부분의 아동 학대 또는 가정 폭력 사례에서, FT는 변화 및 학대 방지를 위한 기제로 기능한다(VanFleet & Sniscak, 2003a).

FT가 일반적으로 치료적 과정의 후반부에 사용되는 또 다른 시기는 부모가 자녀에게 집중할 능력이 전혀 없을 때이다. 이것은 종종 심각한 정서적 문제이거나 자신에게 집중하지 못할 때이다. 부모가 초기면담 동안에 대략 10분 동안 자신의 정서적 고통을 이야기 나누기 위해 옆길로 새지 않고 자녀에 대해 상의할 수 있는 능력이 있는 것으로 보인다면 FT의 후보가 될 수 있다. 자신의 정서적 요구가 압력을 받고 있다면, 그러나 이 초점을 유지할 수 있다면, 초기 놀이회기가 보통 30분보다 짧게 유지되면서 FT 버전을 시행할 수 있다. 예를 들면 부모가 불쾌한 이혼을 겪었고 이들의 모든 정서적 에너지가 전 배우자에게 향해 있고, 자녀를 위한 에너지가 거의 남아 있지 않을 때이다. 치료사는 FT에 데려오기 전에 일부 개인치료를 제안할 수도 있다.

FT는 외상 사건을 경험한 가족에게 유용하다(VanFleet & McCann, 2007; VanFleet & Sniscak, 2003b). 부모 자신이 외상을 입었거나 외상성 슬픔을 겪고 있다면 복잡해진다. 가끔은 FT를 수행할 수 있으며 자신의 무력감과 절망감을 줄이는 데 유익하다고 보고하였으며 자신의 정서적 반응이 가득 차 있던 때도 있었기 때문에 자녀의 감정에 오랫동안 집중할 준비가 되지 않았다고 보고한다. 후자의 사례에서, 부모가 필요로 하는 정서적 도움을 구하는 동안에 아동과의 개별 놀이치료가 제공될 수 있다. 외상 사건 이후에 부모가 FT 치료에 포함될지 또는 언제 포함될지를 결정하기 위해 치료사는 일반적으로 이것이 정서적으로 동반하는 것과 부모가 그것을 보고 느끼고 반응할 수 있는 방법에 대해 부모와 터놓고 이야기를 한다. 치료사는 FT 훈련 단계에서 아동의 외상놀이 및 정서를 다루는 연습을 시키고 치료사와 부모가 앞으로 나아갈 준비가 되어 있다고 느낀다면 부모-아동 놀이회기 동안(뿐만 아니라 놀이회기 후 치료 과정 그리고 임무에 대해 보고하는데)에 치료사의 존재는 부모의 감정에 대한 공감적인 '견제(containment)'가 되어서 부모가 자녀와 함께 참여할 수 있다.

마지막으로 FT는 부모가 놀이회기 동안에 사용된 네 가지 기술을 배울 능력이 없다면 사용되지 않는다. 기술은 학업 지능보다는 정서 지능을 대표하기 때문에 이러한 이유로 배제된 부모는 거의 없다. FT는 발달지연 및 장애가 있는 부모에게 성공적으로 사용되었다. 치료사는 기술이 적절하게 학습될 때까지 모델링과 반복을 더 많이 사용하고 때때로 훈련 과정에서 일부를 조정할 수도 있다.

FT가 지연되거나 부적절한 상황 이외에는 이 접근이 널리 적용된다. 일부 내담자 및 가족 상황은 다른 집보다 훨씬 어려운데, 충분한 훈련과 경험이 있는 종사자만이 그러한 상황에서 FT를 사용해야 한다. 개인의 능력 수준 내에서 연습하는 것이 중요하다.

실행 계획

FT 수행의 실행 계획은 때로는 어려울 수 있지만 다른 형태의 가족치료 또는 가족놀이치료보다 더 어려운 것은 아니다. 치료사는 때때로 훈련 단계와 가정놀이회기 단계에서 부모하고만 작업하기 때문에 육아 서비스를 제공하는 것이 유용할 때가 있다. 아동이 있을 때 치료사는 한쪽 부모-아동 한쌍의 놀이회기를 잠깐 지켜볼 수 있고 아동은 그다음에 한쌍의 놀이회기에 참여할 수 있고, 치료사가 놀이 주제와 부모의 반응에 대한 기술 피드백과 토론을 제공하기 위해 부모와 만날 때 아동이 자리를 비킬 수 있다. 안전한 사적인 대기실에서 혼자서 기다릴 수 있는 아동도 있지만 더 많은 감독이 필요한 아동도 있다. 후자의 경우, 엄마와 아빠가 교대로 자녀와 함께 지내거나 아동을 돌보기 위해 다른 가족 구성원을 동반할 수도 있다. 치료사가 아동 돌봄 서비스를 제공할 수도 있다. FT 집단의 사례에서 특정한 회기에 참석하는 아동에게 아동 돌봄을 제공하는 것은 매우 중요하다(L. Guerney & Ryan, 2013; VanFleet, Sniscak, & Faa-Thompson, 2013). 기타 실행 계획은 다음에 다룬다.

놀이실 설치, 장난감, 재료

FT를 위한 놀이실은 아동중심 놀이치료(VanFleet, 2006a, 2006b, 2012; VanFleet et al., 2010에서 자세히 설명)에서 사용된 것과 동일한 방식으로 설정된다. 또한, 부모가 치료사의 시연을 볼 수 있도록 방의 끝이나 구석에 작은 관찰 영역이 종종 추가되며, 치료사는 부모-아동 놀이회기를 볼 수 있다. 관찰 부스가 있는 일방경은 가치가 있지만 개별 가족회기에는 필요하지 않지만 집단 FT에서는 중요하다. 대안은 치료사와 다른 가족 구성원이 원격 무선 설정을 통해 컴퓨터에서 회기를 관찰할 수 있는 별도의 공간이 있는 것이다. 이것은 미묘한 상호작용의 세부 사항을 보여주지 않기 때문에 선호되는 옵션은 아니지만 이용할 수는 있다.

서로 다른 범주에서 도출한 다양한 장난감이 너무 깔끔하지도 너무 지저분하지도 않은 매력적인 레이아웃으로 제시된다. 고도로 구조화된 게임과 이러한 장난감은 상상해서 사용할 수 있는 범위가 작기 때문에 포함시키지 않는다. 장난감의 주요 범주는 (a) 가족 및 양육 장난감, (b) 의사소통 장난감, (c) 공격성 장난감, (d) 숙달 장난감, (e) 창의적 표현 장난감이다. 장난감이 광범위하거나 비쌀 필요는 없지만 각 범주의 몇몇 품목은 있어야 한다. 부모는 자신의 가정놀이회기를 위해 (대체로) 별도의 장난감 세트가 있어야 한다고 기대하고, 그래서 치료사의 단순한 놀이실은 가정 내 장난감 세트에 대해 아동이 기대하는 범위 내에서 유지한다. 부모가 이러한 수단이 없으면 치료사가 때때로 대여 장난감을 제공하거나 필요한 가정에 줄 수 있는 간단한 FT 놀이 키트를 제공하기 위해 기금을 마련한다.

처치 빈도 및 기간

FT의 길이는 개개 가정에 따라 다르다. 가벼운 문제에서 중간 정도의 심각한 문제를 갖고 있는 가정의 평균 회기 수는 17~20회로 1시간 회기이다(VanFleet, 2012, 2014). 물론 일부는 더 적게 요구할 것이고 매우 심각한 문제가 있는 일부는 더 많이 필요할 것이다. 집단 FT는 보통 2시간 또는 3시간 수행의 회기로 진행되며 12~20회기가 소요된다(L. Guerney & Ryan, 2013; VanFleet et al., 2013). FT에서 영감을 얻고 적용한 집단 CPRT 모델은 10주 내에 부모 교육 유형 형식을 따르며 이를 지지하는 연구도 있다(Landreth & Bratton, 2006). FT는 유연한 접근이며 내담자의 요구와 상황에 맞는 다양한 형식으로 전 세계 내담자에게 제공된다.

FT가 개별 가정에서 수행될 때 매주 회기가 가장 일반적이며 연속성이 가장 크다. 격주로 진행되는 회기는 과정에서 가족의 전반적인 참여가 길어지지만 잘 작동하는 것 같다. 때로는 가정들이 매주 훈련과 감독을 받는 FT 일종의 부모-아동 놀이회기에 참석하고, 가정놀이회기가 순조롭게 시작되면, 격주(자녀가 적어도 부모와 최소한 매주 놀이회기를 받으면서)로 돌아간다.

부모가 훈련을 받고 가정놀이회기를 시작할 만큼 유능해진 후에는 가정에 있는 대략 3~12세 사이의 각 아동과 30분 놀이회기가 있다. 청소년들은 특별한 시간을 보낸다. 이 빈도가 항상 가능하지는 않지만, 각 아동은 매주 적어도 한 번의 놀이회기가 있어야 하며, 아동들이 번갈아서 부모와 할 것이다.

처치 전 초기면담 및/또는 평가와 처치 계획

평가 과정에는 대개 두 번의 1시간 회의가 필요하다. 치료사는 첫 번째 회기만 부모와 만나서 주의 깊고 공감적으로 부모의 걱정을 경청하고, 후속 질문을 하고 적절한 배경 정보를 수집한다. 부모에게 사용되는 예비 조치를 해주고 집에 가져가서 끝내고 다음 회기에 가져오게 한다. 이 과정은 VanFleet (2014)에 자세히 설명되어 있다.

가족놀이 관찰

두 번째 모임은 가족놀이 관찰(family play observation, FPO)로 구성된다. 이제 온가족이 회기에 와서, 그들은 놀이실에서 대략 20분 동안 함께 논다. 치료사는 부모에게 지시하는데, 아동에게 놀이실이 있는 특별한 장소에 가는데 가족이 함께 잘 지내며 행복해지는 법을 배울 것이라고 설명하라고 한다. 치료사는 방의 구석이나 일방경 뒤에 있는 관찰 부스에 앉아서 가족들이 상호작용하는 것을 관찰한다. 이 가족놀이의 목적은 가능한 한 자연스러운 상호작용을 보려는 것이고 따라서 구조화를 거의 하지 않는다. 치료사는 부모의 각 아동과의 상호작용 및 서로 간의 상호작용, 아동들의 서로 간의 상호작용, 활동을 시작한 사람과 함께 노는 사람들, 배제시키는 사람, 갈등이 일어나는 방식과 이를 해결하는 방식, 기타 언급된 것들을 관찰한다. FPO가 끝날 무렵, 치료사는 5분 남았음을 알리고 1분 남을 때 다시 말하며 시간이 끝났음을 알린다. 아동은 대기실로 떠날 것이고 치료사는 FPO에 대해 토론하기 위해 부모만 만날 것이다.

치료사는 다음과 같은 질문으로 시작하는데, "놀이 하는 동안에 무슨 일이 일어났고 집에서 전형적으로 일어나는 일은 어떤 것이고 전형적이지 않은 것은 어떤 것인가?" 치료사는 양쪽 부모와 그들의 인상을 함께 이야기 나누고 반드시 공감적으로 경청해야 한다. 그런 다음에 치료사는 일어난 것에 대한 질문을 하는데, "나는 당신이 여러 번 물을 넣으라고 말하고 그 애는 당신을 무시하는 것처럼 보였습니다. 가정에서 전형적으로 일어나는 것과 얼마나 유사한가요?"를 질문한다. 치료사는 비판단적 자세를 유지하고 부모의 반응을 주의 깊게 경청한다.

FT의 권유

치료사가 초기 전화 그리고/또는 초기 만남 중 FT의 가능성을 언급했을 수도 있지만, FPO 이후에 보다 더 공식적인 권유가 이루어진다. 치료사는 FT가 무엇이며 왜 가족의 문제에 대해 FT를 권유하는지를 설명한다. 치료사가 권유하면서 가족이 직면하고 있는 문제와 부모가 첫 회기에서 설명한 문제에 FT의 가능한 이점을 명쾌하게 연관시키는 것이 매우 중요하다. 이것은 권유를 하는 타당한 이유를 부모가 알도록 돕는다. 예를 들어 치료사가 "지난번에 당신 아들이 매우 징징거린다고 말했고, 우리는 그의 불안정성에 대해 잠시 이야기했어요. 나는 FT가 안전성과 안전함에 대한 그의 감각을 키우고 그가 걱정의 일부를 표현하고 그것을 극복할 수 있는 방법을 찾는 기회를 제공함으로써 정말로 도움이 될 것이라고 생각해요." 치료사는 또한 부모가 이러한 경험에서 얻을 수 있는 것을 설명하고 싶어 한다. "당신은 입양한 딸과 벌써 정말 좋은 관계를 맺은 것 같아서, 관계 시작 단계에서 이를 구축할 수 있다면 문제가 발생하지 않도록 예방할 수 있어요. 우리는 심각한 외상으로 인해 아동이 가정생활에서 큰 혼란을 겪었음을 알고 있어요. 그래서 FT는 아동이 당신과 터놓을 수 있는 관계를 구축하고 놀이실의 안전함에서 외상의 일부를 훈습하도록 도울 거예요. 당신이 자녀와 함께할 수 있다면, 이것은 정말로 당신들의 관계에 도움이 될 수 있으며, 과거의 외상이 촉발될 때마다 정서적 혼란을 다루는 도구가 될 수 있을 겁니다."

부모가 권유에 대한 의문과 의심을 제기하도록 격려하고 치료사는 FT 도중에 일어나는 이론적 근거와 구체적인 사안에 대해 깊이 있게 설명한다. 부모의 관심사 또는 이의 제기를 다루기 위해 추가 회의가 필요하면 일정을 잡는다. 그러나 대개는 이것이 필요하지 않다. 부모가 확신하지 않더라도, 치료사는 부모를 압박하지 않는다. 그 대신 치료사는 다음 주에 자녀를 데려와서 부모가 관찰하는 데에서 치료사가 각 아동과 짧은 아동중심 놀이치료회기를 할 것이라고 제안한다.

놀이회기 시범 시연

이 회기는 평가 단계와 치료 단계 간에 다리가 된다. 치료사는 부모가 관찰하는 동안에 가정의 각 아동(또는 아주 많은 가족 중에서 선택한 집단)과 15~20분의 짧은 아동중심 놀이회기를 진행한다. 부모는 나중에 토론할 수 있도록 관찰과 질문을 기록한다. 시범 설명이 끝난 후 치료사는 부모와 의논하고 질문에 답하고, 일어난 다양한 일들을 지적하고, FT가 그들을 위해 어떻게 작용하는지와 가족의 진술된 목표를 다시 엮는다. 연관된 것의 보다 구체적인 예와 함께, 부모는 대개 이 회기가 끝난 후에 과정을 수행할 준비가 된다.

치료 단계 및 전략

FT는 평가 단계가 포함된 표 7.2의 순서를 따른다. 여기에서는 FT의 단계와 각 단계에서 일어나는 상황에 대해 설명한다.

훈련 단계

놀이치료 시범시연 직후에, 치료사는 부모와의 훈련 과정을 시작한다. 대개 세 번의 1시간 회기가 필요하다. 첫 번째 훈련 회기에서 치료사는 FT 놀이회기에서 사용된 네 가지 기술을 설명하는데, 각각의 이론적 근거, 수행 방법, 일반적으로 일주일 전의 시범시연 회기에 있었던 예를 들어 설명한다. 네 가지 기술이 여기에 기술되어 있다(VanFleet et al., 2010). VanFleet(2006b)은 이 회기를 비디오로 제공하고 있다.

구조화

이 기술은 아동이 놀이회기의 분위기와 비교적 자유로움을 이해하도록 돕는다. 놀이실에 들어올 때 부모가 어떻게 말하는지, 회기가 끝날 때 5분 알림과 1분 알림을 제시하는 방법, 떠나는 것을 거부하는 아동을 관리하는 방법을 배운다.

공감적 경청

부모는 자신의 생각과 감정을 제쳐두고 아동의 눈을 통해 세상을 진짜로 보게 된다. 부모는 아동 전체(말, 표정, 목소리 억양 및 신체 언어)를 관찰하고, 아동이 하고 있는 기본적인 것과 나타나 있는 감정을 반영하는 법을 배운다. 본질적으로 부모는 자녀를 있는 그대로 공감하고 수용하는 법을 배운다.

표 7.2 부모놀이치료의 순서

초기 단계	중기 단계	마감 단계
초기 평가(한 회기) : • 문제에 대한 토론 • 사회/발달력 • 사전측정의 수행	부모 교육 (세 회기) : • 기술의 설명 • 초기 기술 연습 • 두 가지 모의놀이회기, 피드백	일반화(네 회기~여섯 회기) : • 가정회기에 대한 논의 • 일상생활에서 기술의 사용 • 부수적인 육아 기술
가족놀이 관찰 및 추천(한 회기) : • 가족놀이 관찰, 토론 • FT에 대한 권유/이론적 근거 • 과정에 대한 설명 • 질문에 답변	지도감독이 있는 부모놀이회기(네 회기~여섯 회기) : • 부모는 치료사의 지도 감독하에 놀이회기 진행 • 기술, 주제의 진행, 부모의 반응에 대한 피드백	떠나는 계획(한 회기~세 회기) : • 치료사와 부모가 공동으로 개발한 떠나기 계획 • 치료사와 단계적으로 폐지 • 마지막 한 회기의 직접 감독(선택 사항)
시범 설명(한 회기) : • 치료사는 각 아동과 아동중심 놀이치료회기를 진행, 부모가 관찰 • 치료사는 이후에 부모하고만 논의	전환(한 회기) : • 가정놀이회기 계획하기 • 장난감, 공간, 시간의 준비 • 방해 또는 가정회기를 취소하는 방법에 대한 논의	최종 평가(한 회기) : • 치료사와 부모가 공동으로 수행 • 추후 조사를 위한 선택사항 • 사후 측정의 수행

출처 : VanFleet (2012)에서 수정됨

아동중심 상상놀이

부모는 아동이 요청할 때 아동과 가장놀이 하는 법을 배운다. 부모는 아동이 그들에게 놀이하기를 원하는 역할이든지 또는 원한다고 생각하는 역할을 가정하든지 간에 아동이 이끄는 대로 따른다. 부모는 역할에 관해 질문하는 것을 자제하는 것을 배우고, 대신에 아동이 원하는 대로 따르는 것을 확실히 하기 위해 자녀의 반응에 맞게 아동과 상황이 제안하는 것에 더 잘 조율하는 것을 배운다. 이 기술은 공감적 조율의 또 다른 형태를 나타낸다.

제한설정

부모는 자녀의 안전과 자신의 안전을 지키고 장난감이나 가구의 심각한 손상을 막는 데 필요한 경계를 세우는 방법을 배운다. 제한은 아동이 안전감을 느낄 수 있게 돕고 그들의 행동에 대해 책임을 지게 하는 데 도움이 된다. 세 단계의 제한설정 절차가 작용이 잘되는데 (1) 경계가 처음 위반되었을 때 부모는 구체적이고 행동적으로 제한을 진술하고 아동의 손으로 문제를 해결하는 책임을 지게 하면서 "그 밖의 것은 거의 할 수 있지만"이라고 재지시한다, (2) 동일한 경계가 다시 깨어질 때, 부모는 아동에게 제한을 상기시키고 일어날 결과를 추가한 다음에 다시 일반적인 재지시를 한다, (3) 회기에서 동일한 경계가 세 번째로 깨어졌을 때, 부모는 결과를 강요하는데 이는 놀이실을 나가는 것이다. 이 과정은 부모 권위를 신속하게 재확립한다. 아동이 방을 떠난 후에 화를 내거나 애착문제가 심각한 아동의 경우, 부모는 그들이 놀이실을 완전히 나온 후에 "다음에 여기에 다시 올 것이다."라고 말할 수 있다.

이 첫 번째 훈련회기가 끝나면 치료사는 장난감을 가지고 놀고 공감적 경청 기술의 사용을 연습하기 위해 부모에게 한 번에 한 사람씩 요구한다. 치료사는 연습할 때 부모에게 피드백을 제공하는데 대체로 긍정적 강화의 형태이다.

두 번째 및 세 번째 훈련회기에서 치료사는 각 부모가 두 번 연습할 때까지 모의놀이(mock play)를 실시한다. 여기에서 치료사는 아동인 척하면서 부모가 네 가지 기술 모두 사용하는 연습을 할 수 있게 놀이를 한다. 치료사는 일시적인 피드백과 놀이 중간중간에 소소한 수정을 제공하는데, 결국에는 부모의 장점을 인식하고 개선을 위한 한두 가지 제안만 제공하는, 좀 더 상세한 피드백 과정을 거친다. 본질적으로 형성(shaping) 절차이다. 치료사는 분위기를 가볍고 즐겁게 유지하는데, 이는 부모의 수행 불안을 줄이는 데 도움이 된다. 모의놀이회기는 치료사가 숙달할 수 있는 연습이 필요하다. 세 번의 훈련회기가 끝난 후, 부모는 일반적으로 치료사의 직접적인 지도하에 자녀와 놀이회기를 시작할 준비가 되었다. 대부분 이 시점에서 기술은 습득하지 못했지만 시작하기에는 충분하다. 자녀와의 처음 몇 회기는 부모의 기술 개발의 연장으로 간주된다.

놀이회기 단계에 대한 직접 감독

치료의 이 부분에서, 치료사는 부모가 각각 네 번에서 여섯 번 관찰될 때까지 자녀 중 한 사람과 부모가 실제로 수행하는 30분 쌍(dyad) 놀이회기를 직접 관찰한다. 치료사는 회기에 개입하지 않지만 아동의 놀이와 부모의 반응에 주목하면서 조용히 관찰한다. 회기가 끝나면 아동은 안전한 대기실로 갈 것이며 치료사는 나머지 30분 동안 부모와 만난다. 이 시간에 여러 가지 일이 일어난다.

1. 치료사는 부모에게 놀이회기가 어떠했는지, 어떤 것이 쉬웠고 어떤 것이 더 어려웠으며 공감적으로 경청했는지를 묻는다.
2. 치료사는 네 가지 기술의 사용에 대한 자신의 피드백을 제공한다. 피드백의 최소 75%는 긍정적이고 구체적이며, 치료사는 각 회기에서 개선을 위한 한두 가지 제안으로 끝낸다.
3. 기술 피드백 후에 치료사는 놀이가 의미한다고 부모가 생각하는, 놀이의 주제에 대한 생각을 이끌어내게 부모에게 질문한다. 또다시 치료사는 공감적으로 경청한다.
4. 치료사는 놀이 주제가 의미하는 바에 대한 자신의 생각을 나누고 그것에 관한 이유를 제시한다. 치료사는 종종 부모가 몇 개의 가능한 놀이 주제를 생성하고 여러 회기에 걸쳐 출현하는 놀이 패턴을 인내하도록 격려한다. 치료사는 부모가 이러한 대화 중에 놀이 주제를 더 잘 이해할 수 있게 도와준다. VanFleet 등(2010)에는 깊이 있게 이 주제를 다룰 수 있는 놀이 주제에 관한 장(chapter)이 있으며 부모놀이치료 부모 핸드북(*A Parent's Handbook of Filial Therapy*; *VanFleet*, 2012)에는 부모가 마음에 새겨야 하는 놀이 주제에 대한 정보가 있다.
5. 치료사는 부모가 스스로 표현하지 않을 때 놀이 주제에 대해 어떻게 느꼈는지 묻는다. 부모는 자녀의 놀이에 대해 긍정적 또는 부정적인 정서적 반응을 흔하게 보이는 데, 특히 가족 역동 문제와 관련되어 있으며 치료사는 듣고 부모가 그러한 감정을 훈습하도록 도울 필요가 있다. 때때로 치료사는 부모가 이해하고 그 주제에 대한 관점을 제시할 수 있도록 다른 기본적인 상담 전략을 사용한다. 이것은 훌륭한 민감성과 숙련도를 요구하는 FT 과정의 또 다른 부분이며, 부모가 자신의 반영 기능을 아주 깊게 발달시키도록 돕는 부분이다

가정놀이회기로 전환

부모는 슈퍼비전 받지 않는 가정놀이회기로 이동하기 전에 능숙하게 놀이회기를 수행해야 한다. 이는 치료사가 없는 데에서 보다 높은 수준의 기술만이 유지되기 쉽기 때문에 성공하고 실패하지 않도록 설정하는 것이 중요하다. 훈련 및 직접 감독 단계가 잘 수행되면 부모가 FT를 집으로 가져갈 수 있는 기간이 단축된다.

집에서 회기를 어떻게 작동할지를 계획하는 데 한 회기를 보낸다. 치료사는 부모에게 가정용 FT 장난감 키트를 준비하게 하고 이들이 가정놀이회기를 어디에서, 언제, 어떻게 할지를 계획하도록 도와준다. 이것은 치료 진행에서 진전이 있는 부분이며 부모가 쭉 따르지 않는다면 분명히 약화되는 단계이다. 놀이회기를 계속하는 것의 중요성이 강조되고, 치료사는 부모가 시행하려는 방식을 결정할 때 전 과정에 걸쳐서 부모에게 말한다.

이 후에 부모는 집에 가서 각기 각 아동과 놀이회기를 갖는다. 핵심은 모든 아동이 주중에 놀이회기를 해야 하며, 바람직하게는 각 부모와 놀이회기를 해야 한다는 것이다. 부모는 다시 와서 가정놀이회기에 대해 보고하고 치료사는 이전 부분에서 설명한 것과 동일한 피드백 과정을 거친다. 때때로 내담자가 자신의 회기에 관한 비디오를 가져오고, 치료사는 부분들을 관찰하고 실제 회기(live sessions)를 관찰할 때 치료사가 한 것만큼 살펴볼 수 있다. 그렇지 않으면 치료사는 내담자의 자기보고에 의존하고 놀이 주제와 아동에 대한 부모 반응을 토론하는 데 더 많은 시간을 보낸다. 이 과정은 치료사와 부모가 유능하고 과정에 대해 자신감이 있다고 동의할 때까지 계속된다. 부모의 기술 수준이 높고 가정회기가 잘 진행될 때, 부모가 배운 것을 일상생활에서 일반화하도록 치료사가 도와줄 시간이다. 다음에 설명된 일반화 과정과 결합된 이 치료 단계는 가족의 필요에 따라 변동성이 크겠지만 일반적으로 1시간 회기가 네 번에서 여덟 번 지속된다.

일반화

일반화는 사람들에게 쉽지 않다. 많은 분야에서 전문가들은 내담자가 스스로 따르지 않으면 내담자에게 좌절하게 된다. FT에서 일반화는 내담자의 성공을 보장하기 위해 일반화 과정이 신중하게 진행된다. 이런 일은 치료사와 부모가 가정회기를 토론할 때 일어난다. 이 모임에는 치료사와 부모만 참여하며 일반적으로 네 회기에서 여덟 회기에 걸쳐 진행한다.

이 단계에서 모든 회기의 첫 부분은 가정회기 그리고 어떻게 진행되는지에 초점을 맞춘다. 회기의 마지막 부분은 기술을 일상생활에 일반화하는 데 보낸다. 치료사는 보다 복잡한 일상생활에서 공감적 경청, 구조화, 제한설정 작업을 수행하는 방법에 대해 부모와 논의하고 종종 가벼운 독서 자료를 제공하고 부모가 놀이회기와 마찬가지로 놀이회기 밖에서도 기술을 사용하기 시작하는 몇 가지 '숙제'를 제안한다. 치료사는 각 회기에서 대개 한 가지 기술에 중점을 둔다. 부모가 일상생활에서 자신의 기술을 성공적으로 사용하면 긍정적 강화 및 부모의 나-메시지(부모가 비난하거나 수치스럽게 하지 않고 자신의 관점에서 자신의 감정을 말하는)와 같은 다른 기술이 추가된다. 일반화 단계는 한 가지 중요한 차이가 있는 육아 기술 수업과 여러 면에서 유사해지기 시작한다. 즉 부모는 이미 기술을 습득했으며 그것을 성공적으로 시행할 준비가 되었다는 것이다.

놀이회기가 끝없이 계속될 수 있지만, 상당한 진전이 이루어지고 기술이 일반화되고 부모가 결과에 만족하게 되면, 치료사와 부모가 공식적인 FT 과정을 끝내기 위해 논의하기 시작한다.

종료 계획하기

부모가 가정회기에 관한 보고를 위해 매주 온다면, 치료사는 진행 상황이 '유지되는지'를 보기 위해 격주로 올 것을 제안한다. 부모가 격주로 오면 치료사는 3주 또는 4주 이내에 다시 올 것을 제안한다. 마지막 회기는 더 많은 기간에 걸쳐 진행되며, 진행이 유지 또는 지속되면 종료를 진행할 수 있다. 치료사는 가정놀이회기를 계속하기 위한 팁을 제공하고 후속 회기를 하는 근거가 되는 징후를 다룬다. '징후'는 각 아동 및 가족에 따라 다르다. 치료사는 특히 진행이 멈추거나 뒤로 퇴보했다는 징후가 있는 경우, 직접 또는 비디오로 마지막 가정놀이회기를 보자고 요구할 수 있다. 사후 평가는 이 시간에 끝낸다. 그 외에도 치료사는 필요에 따라 부모에게 앞으로도 이용할 수 있다는 것을 보장하고, 1~3개월 후에 전화로 후속 조사를 준비한다. 그다음에 공식적인 FT 회기를 매듭짓는다.

진행

변동이 아주 크겠지만 FT에서 진행은 종종 신속하다. 부모가 치료사만큼 숙련되지 않았을 때에도, 또는 결국에는 부모가 그렇게 되면서, 문제 영역에서 이득이 나타날 수 있다. 아동이 이미 부모와의 관계 때문에 이것이 일어나기 쉽다. 이러한 관계가 손상되더라도 서로에 대한 부모와 아동의 중요성은 부모가 기술을 배워서 사용하고 핵심적인 것을 놀이회기에서 연습하게 되면서 진행을 촉진시킨다.

치료사의 직접적인 지도감독하에 진행된 처음 세 번의 FT 놀이회기에서 진전이 있다는 몇 가지 징후를 보이는 것이 꽤 흔하다. 이러한 변화는 아동의 놀이 또는 부모의 행동에서 명백할 수 있으며 종종 양쪽에서 나타날 수 있다. 대부분의 부모는 네 번의 놀이회기로 매우 숙련되어 있으며, 그리고는 더 많은 발전이 이루어진다. 부모가 가정 회기로 전환할 때 쯤, 치료사는 부모-아동 놀이회기를 일반적으로 네 회기에서 여섯 회기 지도감독한 후에 관계 및 목표를 향해 중요한 진전이 있음을 주목한다. 진행은 '현실 세계'에서 아동 행동에 대해서도 점검된다. 부모와 자녀 간에 관계가 증진되면서 나타나는 문제가 줄어들기 시작하며, 종종 특별한 개입이 없어도 일상의 행동에서 나타난다.

사례

사례에 관한 확인 정보는 개인과 관련된 기밀을 보호하기 위해 완전히 바꾸었다.

배경

부모(테드와 니나)가 치료에 데려왔을 때 브라이언은 8세였다. 니나는 그의 생모였고 테드는 계부였다. 브라이언의 친부인 칼은 브라이언이 태어나고 거의 5년 동안 니나와 함께 살았으며 폭력이 난무하는 관계였다. 브라이언은 칼에게 때때로 엉덩이를 얻어맞았고, 엉덩이 얻어맞기는 브라이언의 행동보다는 칼의 기분과 관련이 있는 것 같았다. 브라이언은 칼이 야만적으로 니나를 구타하여 심각한 타박상, 부러진 코와 팔뚝, 뇌진탕 때문에 수도 없이 입원을 한 가정 폭력 사건을 목격했다. 니나는 폭력가정에서 자랐으며, 얼마 동안은 가족이 사는 방식이라고 믿었다. 입원 후 그녀는 투옥된 칼에 대해 혐의를 제기했다. 그녀는 결혼한 적이 없었으므로 이혼이 필요하지 않았으며 니나는 스스로 치료를 찾았다. 그녀는 잘했고, 그녀의 삶에서 희생양의 패턴을 명백하게 이해하게 되면서, 이제부터는 자신과 브라이언을 보호하겠다고 결심했다. 그녀는 약 1년 후에 테드를 만났고 마침내 결혼했다. 그들의 관계에는 폭력이 없었으며, 둘 다 행복하고 서로 친하다고 느끼고 있었다. 칼이 니나를 학대했던 기간 동안, 브라이언은 처음에 칼에게 소리를 쳤다. 그는 칼이 어머니를 아프게 할 때 아버지에게 소리를 쳤지만 칼이 그를 때리고 그를 방 밖에 감금한 후, 브라이언은 더욱더 철회되었다. 니나가 다시 그녀의 삶을 되찾았음에도 불구하고 브라이언은 조용했고 엄마와 교사는 그것을 내성적인 것으로 돌렸다.

니나와 테드가 데이트를 시작했을 때, 브라이언은 테드를 좋아하는 것 같았다. 테드는 브라이언을 재미있는 곳으로 데려갔고 브라이언은 특히 그와 함께 아이스크림 먹는 것을 좋아했다. 이따금씩 폭발했지만, 세 사람은 대부분의 시간을 잘 지내는 것 같았다. 나중에 니나가 브라이언에게 자신과 테드가 결혼할 것이며 테드가 그들과 함께 살 예정이라고 말했을 때 브라이언은 이상하게 보았고 "왜?"라는 말만 하고 자기 방으로 갔다. 브라이언은 계속 조용했고, 돌이켜 보면 그는 더 많이 철회했었다. 결혼해서 테드가 그들과 함께 작은 집으로 이사했다.

첫 달이 지난 후 브라이언의 폭발과 울화가 빈도와 강도 모두에서 증가했다. 그는 테드에게 노골적으로 "당신은 왜 여기에 있어요? 당신은 왜 당신 집으로 가지 않아요?"라고 경멸을 표현했다. 니나와 테드는 브라이언과 이야기하고 설명하려고 했지만 효과가 없는 것 같았다. 브라이언의 학교 성적이 떨어지기 시작했고, 친구와 논쟁을 많이 했고 두 번의 신체적 싸움이 있었다. 그는 점점 더 고립되어 갔다. 가족이 8개월 동안 고통을 겪은 후에 니나와 테드는 도움을 구했다.

평가

나는 첫 미팅에서 니나와 테드만 만났다. 그들은 배경정보를 알려주고 브라이언에 대한 우려들을 열거했다. 자신들이 행복한 가정을 만들 수 있을 것이라는 니나와 테드의 소망에도 불구하고 브라이언은 테드를 계부로 인정하지 않았다. 브라이언은 종종 철회했고 그들과 아무것도 이야기하지 않았고, 무엇인가가 브라이언을 촉발시켰을 때, 그는 통제하지 못했다. 브라이언은 테드가 모든 것을 망쳐버리고 나쁜 것은 모두 테드의 잘못이라고 두 사람에게 소리치기 시작했다. 브라이언의 외침은 물리적인 파괴로 확대되었는데, 대개 어머니 또는 테드에게 가치 있는 물건을 던지거나 부수는 형태였다. 브라이언은 엄마가 좋아하는 장식용 유리 그릇 몇 개를 깨트렸고 대학에서 받은 테드의 체육 트로피 중 하나를 박살냈다. 니나 또는 테드가 그를 붙잡아서 진정시키려 하면, 브라이언은 펀치를 날리거나 발로 걷어찼다. 자신이 좋아하는 장난감을 브라이언이 파괴하기 시작했을 때, 니나와 테드는 점점 더 악화되고 있고, 도움을 구해야 한다는 것을 깨달았다.

나는 약 35분 동안 이들의 관심사에 공감하면서 경청했고, 가끔씩 중간에 질문을 했다. 이들은 모두 상처받았고 두려워했다. 니나는 브라이언이 칼처럼 되는 것이 걱정이라고 했다. 이것이 그녀에게 얼마나 고통스럽고 걱정스러웠는지를 반영해주었을 때, 니나는 잠시 울었다. 테드는 실망했지만 분노하지는 않았다. 테드는 이것이 브라이언의 외상 이력 때문이며 자기(테드)에 대해서가 아니라는 것을 알고 있었다. 테드는 파괴적인 분노, 특히 니나를 향한 무례한 행동에 점점 더 좌절했다. 나는 외상과 애착 문제가 아동의 감정과 행동에 어떻게 영향을 미칠 수 있는지, 그리고 아동이 자신의 세계가 다시 변한다고 지각할 때 때때로 어떻게 악화되는지를 함께 이야기했고, 이것은 할 수 있는 것이 없다는 이들의 생각을 강화했다. 나는 또한 놀이치료가 그러한 문제에 때때로 어떻게 유용할 수 있는지에 대해 이야기했고 FT에 관한 예비 정보도 주었다.

가족놀이 관찰

나는 다음 회기에 약 20분 동안 놀이실에서 브라이언, 니나, 테드를 지켜보았다. 브라이언은 장난감 탐색을 즐겼고 테드에게 몇 가지 물건을 보여주기도 했다. 대부분 구석에서 혼자 놀거나 테드를 무시하고 어머니하고 상호작용했다. 테드는 그를 끌어들이려고 노력했지만, 대부분은 거부당했다. 니나는 브라이언에게 테드와 놀라고 격려했으나 이는 브라이언을 방의 반대쪽으로 걸어가게 했고 거기서 장난감을 가지고 놀면서 부모에게 등을 돌렸다. 긴장함에도 불구하고 브라이언은 즐거운 시간을 보내는 것 같았다. 우리는 브라이언이 다른 장난감을 가지고 놀 수 있는 개인적이고 안전한 대기 공간에서 기다리게 했다. 그다음에 나는 니나 그리고 테드와 만났다. 나는 놀이실에서의 이러한 행동이 가정에서의 행동과 같은지를 물었다. 부모는 그것이 전형적이지만, 최근에 보았던 것보다 더 어둡다는 데 동의했다. 나는 니나와 테드를 믿는다는 것을 재확인시켰고, FPO의 세부 사항에 대해 논의했다. 나는 브라이언의 많은 폭력 경험과 관련된 감정을 인식하고 표현하도록 도와줄 수단으로 FT를 추천했다. 나는 니나가 그와의 관계를 복원하고 더 이상 희생자가 아니라는 것을 브라이언에게 보여주고 니나의 나쁜 감정과 행동 모두를 다룰 능력이 있다는 것을 보여주는 것을 돕기 위해, 그리고 테드가 놀이를 통해 브라이언과 관계를 맺도록 돕기 위해 FT를 추천했다. 니나와 테드는 FT에 참여하는 데 동의했다.

놀이회기 시범 시연

다음 회기에 브라이언과 함께 아동중심 놀이치료회기를 수행했다. 니나와 테드는 방의 한쪽 구석에 앉아서 지켜보았다. 나는 각자의 관찰과 질문을 적어두기 위해 이들에게 종이 클립보드를 주었다. 브라이언은 전체 25분 놀이회기의 거의 전부를 니나와 테드에게서 등을 돌리고 있었다. 브라이언은 대체로 방을 탐색하였으나 병사들을 살펴보는 데 집중했고 펀치백 치는 것을 즐기는 것 같았다. 브라이언은 괴물 가면 중 몇 개를 쓰고 나를 겁주는 척했다. 나는 브라이언에게 어떤 제한도 설정할 필요가 없었고, 이것은 전형적인 첫 번째 놀이회기였다. 구조화, 공감적 경청, 아동중심 상상놀이 기술을 보여줄 수 있었다. 나는 후에 니나 및 테드와 회기에 대해 토론하고, 이들의 질문에 답했으며, 우리는 이후 회기에서 두 사람의 훈련을 시작하기로 했다.

니나와 테드 훈련하기

니나와 테드는 빨리 배웠고 훈련 기간은 아주 평범했다. 두 번째 모의 회기를 마친 후에 우리는 같은 모임에서 세 번째 모의 회기를 머리를 맞대고 쥐어짰다. 나는 브라이언이 보여줄 수 있는 격렬한 분노의 행동에 대비하고 싶었다. 우리는 그것에 대해 토의한 다음에 그들 각자와 접근법을 연습했다. 우리는 공감적 경청(그가 어떤 종류의 감정을 표출한다면)과 제한설정(그가 폭언을 퍼부으면)을 사용할 한계도 확인했다. 평소처럼 그러나 브라이언과 같은 사례에서 특히 중요한, 브라이언이 한 회기에 세 번이나 깨트린 제한에 대해 동일한 결과를 사용하는 방법에 대해 논의하고 놀이회기를 끝내는 것에 대해 논의했다. 브라이언이 그렇게 할 기회가 두 번 주어졌을 때 브라이언이 그의 파괴적인 행동을 통제할 수 없다면, 부모는 회기를 끝내서 상황을 관리할 것이다. 우리 모두는 다음 주 브라이언과의 놀이회기를 시작할 준비가 되었다고 생각했다.

브라이언과의 처음 다섯 번의 FT 놀이회기

브라이언은 놀이실로 돌아오는 것을 기뻐하는 것 같았다. 테드와 니나는 1시간 반 동안 일정을 잡았으므로 브라이언과 각각 놀이를 할 수 있었지만 그들의 회기에 관해 이야기할 시간은 아직 충분하였다. 니나와 했을 때 브라이언은 나와 함께 놀았던 것처럼 탐색놀이를 많이 했다. 니나는 브라이언의 놀이행동을 잘 설명했으나 브라이언의 감정을 자주 반영하지는 않았다. 회기의 대부분에서 니나는 브라이언이 이끌게 했다. 브라이언은 아기 젖병에 있는 물을 니나에게 쏘려고 했는데, 니나는 주저하는 것 같았고, 제한을 설정할지를 확신할 수 없었다. 니나는 제한하지 않기로 했고, 브라이언은 관심을 잃은 것처럼 보였고 다른 것으로 이동했다. 테드와 했을 때 브라이언은 계속 탐색했지만 대부분의 시간 동안 등을 보였다. 테드는 좋은 거리를 유지하면서 브라이언이 하는 일을 부드러운 목소리로 반영했다. 브라이언은 테드에게 한 번 말했다. "당신은 우습게 말해요. 멍청이." 우리가 이것을 준비했었기 때문에, 테드는 반영을 잘해주었다. "너는 내가 기이하게 소리 내는 것을 눈치챘고 너는 그것을 좋아하지 않는구나." 성마른 목소리로 브라이언이 말했다. "그래, 맞아!" 테드는 다시 "너에게 바보같이 보이는구나."라고 반영했다. 브라이언은 더 이상 말하지 않았다. 테드는 계속 반영했지만 브라이언의 묵시적 소망을 따르기 위해 감정 반영에 대한 코멘트는 대체로 하지 않았다.

그 후 테드, 니나, 그리고 나는 일이 어떻게 진행되는지에 대해 논의했다. 두 사람 모두는 회기에 대해 좋게 생각했고 훨씬 더 나빠질 수 있음을 알고 있었다. 나는 두 사람 모두에게 좋은 피드백을 많이 받았고 니나에게 다음에는 브라이언의 감정을 더 많이 반영하라고 요구했다. 테드에게는 브라이언이 그에게 멍청이라고 하는 데에서 상호작용을 얼마나 훌륭하게 처리했는지를 말했고, 그리고 우리는 공감적 경청이 브라이언의 감정에 대해 테드가 어떻게 초점을 맞추고 몰두하게 했는지 그다음에 그가 반응하는 방식에서 이동해서 그들을 어떻게 받아들이는지에 대해 이야기 나누었다.

다음 두 회기 동안 일은 전반적으로 잘되었다. 니나와 테드는 계속 기술이 향상되었다. 브라이언은 테드와 약간의 제한 검증을 했다. 예를 들어 모래상자 위에 올라가고 '어쩌다가 한 번' 테드를 향해 작은 물건을 던지려고 시도했다. 테드가 제한을 설정하고 브라이언은 같은 행동을 다시 시도하지 않았다. 양쪽 부모가 이것을 알도록 격려해주었다.

니나와의 세 번째 회기에서 브라이언은 거의 30분 동안 모래상자를 사용했다. 그는 큰 반원 안에 조심스럽게 많은 병사와 무기가 배치된 정교한 전쟁 장면을 만들었다. 반원을 만나는 것은 외로운 군인 피규어였다. 니나는 이 놀이에서 특히 반영을 잘했는데, "군대가 점점 더 커지고 있구나. 그들은 무기가 많구나. 더 많아지는구나. 너는 그들을 조심스럽게 놓는구나, 너는 그것이 어떻게 가고 싶은지를 아는구나." 브라이언은 그가 모래상자에서 작업하는 동안 아무 말도 하지 않았다. 브라이언이 마지막에 외로운 인물을 놓았을 때 니나가 반영을 아주 잘했다. "그는 반대편에 있는 녀석이야. 그는 혼자야. 그는 거대한 군대와 마주하고 있어. 그는 많은 위험에 직면해 있어." 브라이언은 니나가 그렇게 말했을 때 재빨리 힐끗 쳐다보았지만 아무 말도 하지 않았다.

이후 논의하는 중에 니나와 테드는 흥분했다. 두 사람은 브라이언이 놀이에서 자신을 어떻게 표현하는지 알기 시작했다. 우리는 그가 세계에 대해 어떻게 느꼈는지, 브라이언이 목격한 가정 폭력과 아주 유사하게 전달하는 것 같은 모래상자의 놀이 주제에 대해 이야기했다. 브라이언은 매우 큰 위협에 직면하면서 작고 수적으로 열세라고 느꼈다. 우리가 이것에 관해 이야기할 때, 니나가 울기 시작했다. 나는 이것이 니나의 감정을 얼마나 슬프게 하는지 반영했고 니나는 브라이언이 그런 입장이 되게 한 것에 대해 죄책감이 있다는 것을 함께 이야기 나누었다. 나는 니나의 깊은 감정에 대해 공감해서 계속 들었고 나중에 나는 그녀에게 모든 면에서 좋은 소식이 있다고 말했다. 단 세 번의 회기 만에 브라이언은 니나와 그것을 함께 나눌 만큼 안전하다고 느꼈다는 것이다. 이 과정은 마치 브라이언이 니나를 다시 믿을 만큼 브라이언에게 잘 작용하는 것처럼 보였다.

나는 니나와 테드의 회기를 두 차례 더 직접 관찰했다. 이들의 기술은 잘 발달되었지만 집에서 회기를 수행하기 전에 브라이언의 놀이가 어떻게 발전할 것인지를 아는 것이 최선이라고 우리 모두는 생각했다. 두 사람은 자신들의 기술을 잘 사용했으며 브라이언의 놀이는 좀 더 편안해 보였다. 브라이언의 공격적인 놀이의 양은 증가했지만 때때로 브라이언에게 제한을 설정해야 할 때(누군가를 다치게 할 위험이 있을 때), 브라이언은 이를 준수했다. 니나와 테드는 브라이언이 훨씬 더 많이 반발할 것이라고 예상했지만, 브라이언은 이들과 함께 놀이실에 머무르고 그 경계를 수용하는 것처럼 보였다.

테드와의 놀이에서 브라이언의 놀이는 다섯 번째 회기에서 상당히 바뀌었다. 브라이언은 처음에는 신중했지만 테드가 더 많은 공감과 수용을 나타냄으로써 그래서 어떤 투쟁에 빠지는 것을 피했고, 브라이언은 눈에 띄게 이완되었다. 브라이언은 테드에게 몇 가지 물건을 보여주며, 네 번째 회기가 끝날 무렵에 테드를 놀이 역할로 초대했다. 놀이의 일부는 서로 칼싸움하는 것으로 시작되었지만 브라이언은 잠시 후에 "좋아요, 내가 하는 것을 정확하게 해야 해요. 내가 하는 것을 정확하게 해야 해요. 우리는 사람들을 만나러 갈 거예요."라고 말했다. 그는 방패와 무기, 그리고 가발과 가면을 썼다. 브라이언이 방법을 이끌고 테드가 '그놈들'을 찾으면서 그 뒤를 따랐다. 마침내 '그놈들'은 두 개의 커다란 인형 형태로 나타났고, 그중 하나는 검은색 가죽 재킷을 입고 나머지는 자신의 귀에 안전핀으로 만든 스포츠 피어싱을 했다. 이들은 이길 때까지 악당들과 싸웠고, 브라이언은 두 사람을 수갑 채워서 의자 뒤에 있는 감옥에 데려갔다. 이후 토론을 하는 동안 테드는 이런 일이 일어난 것에 흥분했다. 브라이언이 자신의 삶에 있는 위협과 위험에 대항하는 방어를 할 수 있도록 브라이언이 다른 사람들의 도움을 받을 준비가 되었다는 또 다른 지표라는 것에 대해 이야기 나누었다. 브라이언은 다섯 번째 회기에서도 이와 동일한 시나리오를 다시 만들었다.

가정놀이회기

테드와 니나는 가정회기를 시작하게 되어 흥분했다. 지금까지 가정에서의 격렬한 사건의 발생 건수는 하루 평균 1건에서 매주 1건으로 줄었다. 이것들은 이전처럼 강렬하지도 않았다. 브라이언은 테드와 더 자주 대화하고, 뒤뜰에서 공을 던지기 시작했고 때때로 아이스크림을 먹으러 갔다. 브라이언은 자기 방 밖에서 그리고 거실에서 보내는 시간이 많아졌다. 그는 또한 더 많이 웃었다.

니나와 테드는 가정에서 사용할 수 있는 적당한 장난감 세트를 구비했으며 브라이언이 나의 놀이실에서 가장 좋아했던 몇 가지 항목을 포함시켰다. 브라이언은 가정회기 시작을 기뻐했다. 처음에 그는 장난감이 많지 않다는 것에 실망했지만, 우리는 이미 그가 접근해 오면 그의 감정을 공감적으로 경청하는 방법을 논의했었다. 그는 곧 불만을 제기하고 경기를 시작했다. 다시 그는 테드에게 나쁜 놈들을 잡기 위해 그를 따라오라고 했다. 이 두 사람은 지금 친숙한 장면을 재연했지만, 브라이언은 나쁜 놈들이 감옥에 간힌 후에 무엇인가를 추가했다. 그는 작은 의자에 앉아 있는 테드에게 걸어와서 무릎에 앉았다. 테드가 브라이언의 등을 쓰다듬었다. 브라이언이 다시 돌아가기 전에 잠시 동안 지속되었지만 테드는 잇따라 또 다른 장벽이 무너지는 것이 기뻤다.

가정회기 도중에 브라이언은 니나와의 양육놀이에 몰두했다. 이들은 번갈아서 아기를 돌보았다. 브라이언이 아기 엉덩이를 때렸을 때, 훈련 중에 다룬 것처럼 니나는 "너는 아기 때문에 정말 화가 났구나."라고 반영했다. 브라이언은 고개를 끄덕였지만 더 이상 힌트를 주지는 않았다. 이 회기 이후의 토론에서 니나는 이 놀이가 그녀의 최악의 두려움을 확인시키는 것으로 보았다. 즉, 브라이언은 자라서 칼처럼 될 것이다. 나는 니나의 극심한 걱정에 대해 공감해서 듣고는 브라이언이 자신의 인생에서 일어난 나쁜 일에 대해 어떻게 이야기했는지에 관해 이야기했다. 나는 브라이언이 이 주제를 훈습하고 엄마와 보다 안전하고 덜 두려운 그 반대편의 감정이 나타나는 것이라고 추측했다. 다음 회기에서 브라이언은 아기 엉덩이를 다시 때렸지만 그리고는 니나에게 '돌보아주라'고 인형들을 주었다. 니나는 브라이언이 인형들의 요구를 고려할 수 있다는 것을 좀 더 잘 느꼈다.

가정에서의 일상의 상호작용에서 니나와 테드는 큰 변화에 주목했다. 니나는 그것을 "옛날의 브라이언이 돌아왔다."고 묘사했다. 니나는 브라이언의 보다 이완된 태도, 가족 활동에 더 많이 참여하고, 둘 모두와의 신체적 친밀감에 대한 자발적 표현을 언급했다.

우리가 기술의 일반화를 시작할 때 놀이회기는 계속되었다. 브라이언은 그가 오랫동안 경험해 왔던 무력감과 절망감의 다른 측면을 훈습해야 하고, 그러한 목적에서 놀이회기가 적극적으로 사용되었다. 그의 놀이는 상징적이었지만, 그가 표현하고 작업한 것을 파악하는 것이 대개는 어렵지 않았다.

부모가 11회의 가정회기(양쪽 부모가 거의 매주 회기를 진행했기 때문에 총 20회기)를 마친 후에 일상에서 브라이언의 문제 행동은 극적으로 감소했다. 니나와 테드는 훌륭한 놀이회기 기술을 개발했으며 쉽게 놀이 주제를 식별하고 문맥에서 정확하게 해석할 수 있었다. 우리는 종료 계획하기 과정을 시작했다. 우리는 일정에 따라 매주 또는 격주로 모임을 가졌으므로 우리는 3주 후에 다음 모임을 그리고 그 후 1개월 후에 또 다른 모임을 갖기로 했다. 니나와 테드는 놀이회기를 계속하고 일상에서 기술을 사용했고, 특이한 일이 생기면 나에게 연락할 것이라는 것을 알고 있었다.

우리는 그 계획을 철저히 지켜보았고, 때때로 도전을 받았지만, 테드와 니나는 이제는 문제를 다룰 수 있는 도구가 있다고 느꼈다. 브라이언은 테드와의 관계를 지속했으며, 필요할 때 양육과 안락함을 위해 정기적으로 두 사람 모두에게 의지했다. 학교에서는 또래와의 문제와 학업 성적이 크게 개선되었다고 보고했다.

브라이언의 문제 행동에서 의미 있는 감소 그리고 니나와 테드가 자신들의 기술을 정기적으로 사용하여 보다 안정 애착이 잘 진행되면서 우리는 공식적인 FT 과정을 끝냈다. 이들은 다른 염려가 생기면 나에게 전화할 수 있다. 약 1년 후, 이들 세 사람의 사진과 짧은 쪽지가 와서 이들의 소식을 다시 들었다. 사진은 재미있는 변장용 옷을 입었고 진정으로 웃고 있었다. 이 메모에는 간단하게 "보다시피 우리는 아주 잘하고 있어요! 여전히 부모놀이회기를 하고 있으며 폭풍우를 함께 견뎌낼 수 있다는 것을 알고 있습니다. 서로에게 멋진 선물을 주셔서 감사합니다!"라고 적혀 있었다.

참고문헌

Achenbach, T. M., & Edlebrock, C. S. (1983). Manual for the *Child Behavior Checklist and Revised Behavioral Profile*. Burlington: University of Vermont.

Ainsworth, M. D. S., Blehar, M. C., Waters, E., & Wall, S. (1978). *Patterns of attachment: A psychological study of the strange situation*. Oxford, England: Erlbaum.

Azar, S. T. (1998). A cognitive behavioral approach to understanding and treating parents who physically abuse their children. In D. Wolfe and R. McMahon (Eds.), *Child abuse: New directions in prevention and treatment across the life span* (pp. 78–100). New York, NY: SAGE.

Azar, S. T., & Rohrbeck, C. A. (1986). Child abuse and unrealistic expectations: Further validation of the Parent Opinion Questionnaire. *Journal of Consulting and Clinical Psychology, 54*, 867–868.

Barber, B. K., Stolz, H. E., & Olsen, J. A. (2005). Parental support, psychological control, and behavioral control: Assessing relevance across time, culture, and method. *Monographs of the Society for Research in Child Development, 70*(4), 1–124.

Bifulco, A., & Thomas, G. (2012). *Understanding adult attachment in family relationships: Research, assessment and intervention*. London, England: Routledge.

Boll, L. A. (1973). Effects of filial therapy on maternal perceptions of their mentally retarded children's social behavior. *Dissertation Abstracts International, 33*(12), 6661.

Bratton, S. C., Ceballos, P. L., Sheely-Moore, A. I., Meany-Walen, K., Pronchenko, Y., & Jones, L. D. (2013). Head start early mental health intervention: Effects of child-centered play therapy on disruptive behaviors. *International Journal of Play Therapy, 22*(1), 28–42.

Bratton, S. C., & Landreth, G. L. (1995). Filial therapy with single parents: Effects on parental acceptance, empathy, and stress. *International Journal of Play Therapy, 4*, 61–80.

Bratton, S. C., Ray, D., Rhine, T., & Jones, L. (2005). The efficacy of play therapy with children: A meta-analytic review of treatment outcomes. *Professional Psychology: Research and Practice, 36*(4), 376–390.

Cavedo, C., & Guerney, B. (1999). Relationship enhancement (RE) enrichment/problem-prevention programs: Therapy-derived, powerful, versatile. In R. Berger & M. T. Hannah (Eds.), *Handbook of preventive approaches in couples therapy* (pp. 73–105). New York, NY: Brunner/Mazel.

Cavell, T. A., & Elledge, L. C. (2004). Working with parents of aggressive, school age children. In J. Briesmeister & C. E. Schaefer (Eds.), *Handbook of parenting training: Helping parents prevent and solve problem behaviors* (3rd ed., pp. 379–423). Hoboken, NJ: Wiley.

Chilamkurti, C., & Milner, J. S. (1993). Perceptions and evaluations of child transgressions and disciplinary techniques in high and low-risk mothers and their children. *Child Development, 64*, 1801–1814.

Cohen, J. (1988). *Statistical power analysis for the behavioral sciences* (2nd ed.). New York, NY: Erlbaum.

Costas, M., & Landreth, G. L. (1999). Filial therapy with nonoffending parents of children who have been sexually abused. *International Journal of Play Therapy, 8*, 43–66.

Cummings, E., & Cummings, J. S. (2002). Parenting and attachment. In M. H. Bornstein (Ed.), *Handbook of parenting: Vol. 5. Practical issues in parenting* (2nd ed., pp. 35–58). Mahwah, NJ: Erlbaum.

Denham, S. A., Blair, K. A., DeMulder, E., Levitas, J., Sawyer, K., Auerbach-Major, S., & Queenan, P. (2003). Preschool emotional competence: Pathway to social competence. *Child Development, 74*(1), 238–256.

Denham, S. A., Mitchell-Copeland, J., Strandberg, K., Auerbach, S., & Blair, K. (1997). Parental contributions to preschoolers' emotional competence: Direct and indirect effects. *Motivation and Emotion, 21*(1), 65–86.

Edwards, N. A., Sullivan, J.M., Meany-Walen, K., & Kantor, K. R. (2010). Child parent relationship training: Parents' perceptions of process and outcome. *International Journal of Play Therapy, 19*(3), 159–173.

Fabes, R. A., Leonard, S. A., Kupanoff, K., & Martin, C. (2001). Parental coping with children's negative emotions: Relations with children's emotional and social responding. *Child Development, 72*(3), 907–920.

Farkas, R., & Grolnick, W. S. (2008, March). *Conceptualizing parental provision of structure as a major dimension of parenting: Links to parental control and children's competence*. Paper presented at the meeting of the American Educational Research Association, New York, NY.

Fonagy, P., Gergely, G., Jurist, E. L., & Target, M. (2002). *Affect regulation, mentalization, and the development of the self*. New York, NY: Other Press.

Frick, P. J., & Morris, A. (2004). Temperament and developmental pathways to conduct problems. *Journal of Clinical Child and Adolescent Psychology, 33*(1), 54–68.

Gardner, F., Ward, S., Burton, J., & Wilson, C. (2003). The role of mother-child joint play in the early development of children's conduct problems: A longitudinal observational study. *Social Development, 12*(3), 361–378.

Ginsberg, B. G. (2003). An integrated holistic model of child-centered family therapy. In R. VanFleet & L. Guerney (Eds.), *Casebook of filial therapy* (pp. 21–47). Boiling Springs, PA: Play Therapy Press.

Ginsburg, K. R. (2007). The importance of play in promoting healthy child development and maintaining strong parent-child bonds. *Pediatrics, 119*, 182–191.

Goldstein, S. E., Davis-Kean, P. E., & Eccles, J. S. (2005). Parents, peers, and problem behavior: A longitudinal investigation of the impact of relationship perceptions and characteristics on the development of adolescent problem behavior. *Developmental Psychology, 41*(2), 401–413.

Gottman, J., Katz, L., & Hooven, C. (1997). *Meta-emotion: How families communicate emotionally.* Hillsdale, NJ: Erlbaum.

Grolnick, W. S., & Farkas, M. (2002). Parenting and the development of children's self-regulation. In M. H. Bornstein (Ed.), *Handbook of parenting: Vol. 5. Practical issues in parenting* (2nd ed., pp. 89–110). Mahwah, NJ: Erlbaum.

Grolnick, W. S., Frodi, A., & Bridges, L. J. (1984). Maternal control style and the mastery motivation of one-year-olds. *Infant Mental Health Journal, 5*, 72–82.

Grolnick, W. S., & Pomerantz, E. M. (2009). Issues and challenges in studying parental control: Toward a new conceptualization. *Child Development Perspectives, 3*(3), 165–170.

Guerney, B. (1964). Filial therapy: Description and rationale. *Journal of Consulting Psychology, 28*, 303–310.

Guerney, B. & Stover, L. (1971). Filial therapy: Final report on NIMH grant 1826401. (Available from NIRE/IDEALS, 12500 Blake Road, Silver Spring, MF 20904-2056.)

Guerney, L. (2003). The history, principles, and empirical basis of filial therapy. In R. VanFleet & L. Guerney (Eds.), *Casebook of filial therapy* (pp. 1–19). Boiling Springs, PA: Play Therapy Press.

Guerney, L. (1997). Filial therapy. In K. O'Connor & L. Braverman (Eds.), *Play therapy: Theory and practice* (pp. 131–159). New York NY: Wiley.

Guerney, L., & Ryan, V. (2013). *Group filial therapy: The complete guide to teaching parents to play therapeutically with their children.* Philadelphia, PA: Jessica Kingsley.

Grskovic, J. A., & Goetze, H. (2008). Short-term filial therapy with German mothers: Findings from a controlled study. *International Journal of Play Therapy, 19*, 39–51.

Halberstadt, A. G., Crisp, V. W., & Eaton, K. L. (1999). Family expressiveness: A retrospective and new directions for research. In P. Philippot, R. S. Feldman, & E. J. Coats (Eds.), *The social context of nonverbal behavior* (pp. 109–155). New York, NY: Cambridge University Press.

Harris, Z. L., & Landreth, G. L. (1997). Filial therapy with incarcerated mothers: A five week model. *International Journal of Play Therapy, 6*, 53–73.

Horner, P. (1974). *Dimensions of child behavior as described by parents: A monotonicity analysis.* Unpublished master's thesis, Pennsylvania State University.

Johnson-Clark, K. (1996). The effect of filial therapy on child conduct behavior problems and the quality of the parent-child relationship. *Dissertation Abstracts International: Section B. Sciences and Engineering, 57*(4), 2868B.

Kidron, M., & Landreth, G. L. (2010). Intensive child parent relationship therapy with Israeli parents in Israel. *International Journal of Play Therapy, 19*, 64–78.

Kliewer, W., Fearnow, M. D., & Miller, P. A. (1996). Coping socialization in middle childhood: Tests of maternal and paternal influences. *Child Development, 67*(5), 2339–2357.

Lahti, S. (1992). An ethnographic study of the filial therapy process. *Dissertation Abstracts International: Section B: The Sciences and Engineering, 53*(8-A), 2691.

Lamborn, S. D., Mounts, N. S., Steinberg, L., & Dornbusch, S. M. (1991). Patterns of competence and adjustment among adolescents from authoritative, authoritarian, indulgent, and neglectful families. *Child Development, 62*(5), 1049–1065.

Landreth, G. L., & Lobaugh, A. F. (1998). Filial therapy with incarcerated fathers: Effects on parental acceptance of child, parental stress, and child adjustment. *Journal of Counseling and Development, 76*, 157–165.

Larrance, D. T., & Twentyman, C. T. (1983). Maternal attributions and child abuse. *Journal of Abnormal Psychology, 92*, 449–457.

Lee, M., & Landreth, G. L. (2003). Filial therapy with immigrant Korean parents in the United States. *International Journal of Play Therapy, 12*(2), 67–85.

Levenstein, P., & O'Hara, J. (1993). The necessary lightness of mother-child play. In K. MacDonald (Ed.), *Parent-child play: Descriptions and implications* (pp. 221–237). Albany: State University of New York Press.

Lindsey, E. W. (1998). Parents as play partners: Mechanisms linking parent-child play to children's social competence. *Dissertation Abstracts International, 58*, 5700.

Oxman, L. K. (1972). The effectiveness of filial therapy: A controlled study. *Dissertation Abstracts International, 32*, 6656.

Parke, R. D. (1994). Progress, paradigms, and unresolved problems: A commentary on recent advances in our understanding of children's emotions. *Merrill-Palmer Quarterly: Journal of Developmental Psychology, 40*(1), 157–169.

Porter, B. M. (1954). Measurement of parental acceptance of children. *Journal of Home Economics, 46*, 176–182.

Powell, B., Cooper, G., Hoffman, K., & Marvin, B. (2014). *The circle of security intervention: Enhancing attachment in early parent-*

child relationships. New York, NY: Guilford Press.

Power, T. G. (2009). Stress and Coping in Childhood: The Parents' Role. *Parenting: Science And Practice, 4*(4), 271–317.

Robinson, E. A., Eyberg, S. M., & Ross, A. (1980). The standardization of an inventory of child conduct problem behaviors. *Journal of Clinical Child Psychology, 9*(1), 22–29.

Sensue, M. E. (1981). Filial therapy follow-up study: Effects on parental acceptance and child adjustment. *Dissertation Abstracts International, 42*, 148-A.

Sheely-Moore, A. I., & Bratton, S. C. (2010). A strengths-based parenting intervention with low-income African American families. *Professional School Counseling, 13*(3), 175–183.

Silk, J. S., Steinberg, L., & Morris, A. (2003). Adolescents' emotion regulation in daily fife: Links to depressive symptoms and problem behavior. *Child Development, 74*(6), 1869–1880.

Smith, C., Perou, R., & Lesesne, C. (2002). Parent education. In M. H. Bornstein (Ed.), *Handbook of parenting: Vol. 4. Social conditions and applied parenting* (2nd ed., pp. 389–410). Mahwah, NJ: Erlbaum.

Smith, N., & Landreth, G. L. (2003). Intensive filial therapy with child witnesses of domestic violence: A comparison with individual and sibling group play therapy. *International Journal of Play Therapy, 12*, 67–88.

Sroufe, L. (1988). The role of infant-caregiver attachment in development. In J. Belsky & T. Nezworski (Eds.), *Clinical implications of attachment* (pp. 18–38). Hillsdale, NJ: Erlbaum.

Stern, D. N. (1985). *The interpersonal world of the infant*. New York, NY: Basic Books.

Stern, D. N. (1993). The role of feelings for an interpersonal self. In U. Neisser (Ed.), *The perceived self: Ecological and interpersonal sources of self-knowledge* (pp. 205–215). New York, NY: Cambridge University Press.

Stover, L., Guerney, B., & O'Connell, M. (1971). Measurements of acceptance, allowing self-direction, involvement, and empathy in adult-child interaction. *Journal of Psychology: Interdisciplinary and Applied, 77*(2), 261–269.

Sywulak, A. E. (1979). The effect of filial therapy on parental acceptance and child adjustment. *Dissertation Abstracts International, 38*(12), 6180B.

Tamis-LeMonda, C. S., Bornstein, M. H., & Baumwell, L. (2001). Maternal responsiveness and children's achievement of language milestones. *Child Development, 72*(3), 748–767.

Tew, K., Landreth, G. L., & Joiner, K. D. (2002). Filial therapy with parents of chronically ill children. *International Journal of Play Therapy, 11*, 79–100.

Thompson, R. A. (2009). Early attachment and later development: Familiar questions, new answers. In J. Cassidy & P. Shaver (Eds.), *Handbook of attachment: Theory, research, and clinical applications* (2nd ed., pp. 348–365). New York, NY: Guilford.

Topham, G. L., Wampler, K. S., Titus, G., & Rolling, E. (2011). Predicting parent and child outcomes of a Filial Therapy program. *International Journal of Play Therapy, 20*, 79–93.

Vandell, D. L., Ramanan, J., & Lederberg, A. R. (1991, April). *Mother-child pretend play and children's later competence with peers*. Paper presented at the meeting of the Society for Research in Child Development, Seattle, WA.

VanFleet, R. (2006a). *Child-centered play therapy* [DVD]. Boiling Springs, PA: Play Therapy Press.

VanFleet, R. (2006b). *Introduction to filial therapy* [DVD]. Boiling Springs, PA: Play Therapy Press.

VanFleet, R. (2011a). Filial therapy: What every play therapist should know (part one). *Play Therapy: Magazine of the British Association of Play Therapists, Spring, 65*, 16–19.

VanFleet, R. (2011b). Filial therapy: What every play therapist should know (part two). *Play Therapy: Magazine of the British Association of Play Therapists, Summer, 66*, 7–10.

VanFleet, R. (2011c). Filial therapy: What every play therapist should know (part three). *Play Therapy: Magazine of the British Association of Play Therapists, Fall, 67*, 18–21.

VanFleet, R. (2012). *A parent's handbook of filial therapy* (2nd ed.). Boiling Springs, PA: Play Therapy Press.

VanFleet, R. (2014). *Filial therapy: Strengthening parent-child relationships through play* (3rd ed.). Sarasota, FL: Professional Resource Press.

VanFleet, R., & Guerney, L. (2003). *Casebook of Filial Therapy*. Boiling Springs, PA: Play Therapy Press.

VanFleet, R., & McCann, S. (2007). The road to recovery: Using filial therapy to promote healing after traumatic events. *Play Therapy, 2*(3), 16–19.

VanFleet, R., Ryan, S. D., & Smith, S. K. (2005). Filial therapy: A critical review. In L. A. Reddy, T. M. Files-Hall, & C. E. Schaefer (Eds.), *Empirically-based play interventions for children* (pp. 241–264). Washington, DC: American Psychological Association.

VanFleet, R., & Sniscak, C.C. (2003a). Filial therapy for attachment-disrupted and disordered children. In R. VanFleet & L. Guerney (Eds.), *Casebook of filial therapy* (pp. 279–308). Boiling Springs, PA: Play Therapy Press.

VanFleet, R., & Sniscak, C.C. (2003b). Filial therapy for children exposed to traumatic events. In R. VanFleet & L. Guerney (Eds.), *Casebook of filial therapy* (pp. 113–137). Boiling Springs, PA: Play Therapy Press.

VanFleet, R., Sniscak, C. C., & Faa-Thompson, T. (2013). *Filial therapy groups for foster and adoptive parents: Building attachment in a 14 to 18 week family program*. Boiling Springs, PA: Play Therapy Press.

VanFleet, R., Sywulak, A.E., & Sniscak, C. C. (2010). *Child-centered play therapy*. New York, NY: Guilford Press.

Wang, Q., Pomerantz, E. M., & Chen, H. (2007). The role of parents' control in early adolescents' psychological functioning: A longitudinal investigation in the United States and China. *Child Development, 78*(5), 1592–1610.

Wickstrom, M. (2009). The process of systemic change in filial therapy: A phenomenological study of parent experience. *Contemporary Family Therapy: An International Journal, 31*(3), 193–208.

Yuen, T., Landreth, G. L., & Baggerly, J. N. (2002). Filial therapy with immigrant Chinese families. *International Journal of Play Therapy, 11*(2), 63–90.

8

치료놀이 : 안전하고 즐거운 애착 관계 만들기

PHYLLIS B. BOOTH, MARLO L. R. WINSTEAD

이 장에서는 치료놀이(Theraplay)[1]의 그림을 제시한다. 먼저 치료놀이의 이론적 토대를 이야기할 것인데, 우리가 하는 기본 가정, 우리의 작업을 안내하는 지지적인 이론이 포함된 핵심 개념, 우리가 처치를 계획하는 데 도움이 되는 치료놀이 차원 등이다. 다음으로 우리는 절차와 기술, 치료놀이가 도움이 될 수 있는 내담자의 유형, 치료놀이의 사용에 대한 금기, 처치의 실행 계획에 중점을 둔다. 그런 다음에 초기면담부터 종료까지의 치료 과정을 설명한다. 다음으로 우리는 이 방법의 광범위한 적용을 보여주는 일련의 사례[2]를 제시한다. 마지막으로 치료놀이의 증거 기반 연구에 대한 요약을 제시한다.

이론

여기에서는 치료놀이를 설명하고 모델의 배경과 어떻게 발전되었는지를 제시하며 치료놀이의 이론적 틀을 제시한다.

치료놀이란 무엇인가

치료놀이(theraplay)는 양육자[3]와 아동 사이의 쌍(dyad) 관계에 초점을 맞춘 놀이치료의 독특한 형태이다. 이것은 상호작용적이고 신체적이고 개인적이고 재미있다. 치료놀이의 원칙은 애착 이론에 기반을 두며 건강한 양육자-아동 사이의 반응적이고 적응적이고 공감적인 상호작용 모델인데, 즉 안정 애착과 평생의 인지적 및 사회 정서적 안녕을 이끌어내는 지속적인 방법이다. 볼비의 애착 이론이 치료

놀이의 애착 이론에 대한 임상 적용을 지원하는데, "안정된 유아의 어머니가 채택하는 상호작용 패턴은 치료적 개입의 패턴에 대한 훌륭한 모델로 제시된다."(1988, p. 126) 양육자는 회기에 적극적으로 참여하고 더 유념하게 되고 자녀의 신호와 요구에 반응할 수 있고 자녀와 사랑스럽고 지지적인 관계를 형성할 수 있다. "치료놀이의 목표는 애착을 증진하고, 자기 조율을 증가시키고, 신뢰와 즐거운 참여를 촉진하고, 처치 회기 도중에 개발된 건강 증진 상호작용을 부모가 스스로 할 수 있게 하는 것이다."(Booth & Jemberg, 2010, p. 3)

치료놀이를 시작하는 방법

치료놀이는 애착 이론에 기반을 두고 처음 치료적 개입을 만든 것 중 하나이다. 임상심리학자, Ann Jernberg는 시카고 헤드 스타트 프로그램(Chicago Head Start Program)에서 아동들에게 심리적 서비스를 제공하는 버거운 과제에 당면해서 간단한 해결책을 찾았다. Jernberg는 활기 있는 젊은이들에게 각 아동과 일대일 놀이를 하도록 훈련하고 있었다. 이러한 정신건강 작업자들에게 놀이치료 장면에서 자주 사용되는 장난감과 재료를 제공하는 대신에 양육자가 자신의 유아 및 어린 자녀와 노는 것과 같은 방식, 즉 장난감이 필요하지 않고 각 개별 아동을 자발적으로 참여시키게 했다. 문제가 있는 각 아동은 충분한 관심을 보이고 즐겁고 상호작용적인 놀이에 아동을 초대할 수 있는 성인과 얼굴을 마주본다.

기쁘게도 평균해서 단 15회기 이후에, 이런 종류의 놀이가 큰 차이를 만들었다는 것을 알게 되었다. 얼마 안 가서 불행하고 철회된 아동이 활기차고, 더 사교적이 되고, 반응이 다양해지고, 분노하고 공격적이며 행동 폭발을 하는 아동은 진정되고 다른 사람과 적절하게 상호작용하기 시작했다. 이 아동들은 자신에 대해 훨씬 더 좋게 느끼고 타인과 우호적으로 상호작용할 준비가 되었음이 분명했다. 이들은 활발해졌고 3년 후 이들 중 민첩한 몇몇 아동은 학교에 잘 적응했다(Booth & Jernberg, 2010; Jernberg, 1979; Jernberg & Booth, 1999; Jernberg, Hust, & Lyman, 1969, 1975).

현재 미국과 기타 37개국의 정신건강 및 교육 전문가들은 영아기부터 사춘기에 이르기까지 다양한 장면에서 치료놀이를 실행한다. 현재 가장 좋은 실행은 치료놀이 3판(Booth & Jernberg)과 논문 및 서적(Booth, Lindaman, & Winstead, 2014; Booth & Winstead, 2015)에 설명되어 있다. 집단치료놀이 모델이 개발되었고(Rubin & Tregay, 1989) 많은 출판물에서 확장되고 설명되어 있다(Munns, 2000, 2009; Rubin & Winstead, 인쇄 중). Sunshine Circles(Schieffer, 2013)은 연결, 협력, 사회정서적 성장이라는 치료놀이 원칙을 구현하기 위한 교실 응용 프로그램이다. 치료놀이 훈련 및 인증 프로그램은 Theraplay Institute(일리노이 주 에번스턴)에서 관리한다(www.theraplay.org).

기본 가정

치료놀이는 민감하고 반응적인 양육자와의 즐거운 상호작용이 아동의 뇌를 키우고 자신과 타인에 대

---

1 치료놀이는 치료놀이기관(The Theraplay Institute)의 등록된 서비스 마크이다.

2 예제와 사례연구는 가족의 비밀을 보장하기 위해 신중하게 바꾸었다.

3 이 장에서 '양육자(caregiver)'란 생물학적 부모, 입양부모, 수양부모를 말하며, 그뿐만 아니라 친근하거나 친근하지 않은 양육자를 언급한다.

한 긍정적인 내적 표현을 형성하며 행동과 감정에 일생 영향을 미친다는 사실을 나타내는 애착 연구에 기반을 둔다(Booth & Jernberg, 2010, p. 4). 애착에 대한 양육자의 태도 그리고 자신과 자녀의 경험에 대해 반영하는 능력은 자녀와의 관계에 강력한 영향을 미친다. 이런 이유 때문에 치료놀이는 양육자가 처치에 참여하는 데 중점을 둔다.

자아와 성격은 초기 양육자-아동 상호작용 속에서 만들어진다. 아동은 반응을 잘해주는 양육자의 사랑하는 눈빛에서 비쳐지는 자신을 보면서 자신이 누구인지 그리고 타인들에게서 무엇을 기대하는지를 배운다. 훌륭한 양육 경험은 자신과 타인에 대한 아동의 암묵적인 관점을 반영하는 뇌의 건강한 신경 경로를 만든다. 아동은 자신이 사랑스럽고 유능하며 다른 사람들은 사랑하고 있고 반응적이며 세상은 안전하고 탐색할 만한 흥미로운 곳이라는 것을 배운다. 양육자가 아기의 정서 상태에 대해 조율되고 신체적인 반응을 통해 아기의 각성을 함께 조절해주는 경험이 반복됨은 자기 조절 능력을 발달시키는 데에서 기초가 된다. 좋은 돌봄을 받은 결과는 장기간의 정신건강과 관련된 모든 이득과 연관되는데, 즉 자기 조절 능력, 좋은 사회적 기술, 학습하는 능력, 유능감, 자신 및 세계에 대한 긍정적 견해와 연관이 있다.

방임, 잘못 조율된, 거친, 무신경한 반응을 하는 환경에서 자란 아동은 부정적 내적작동모델을 발달시킨다. 아동은 자신이 사랑받지 못하고 무능하다고 여기고, 다른 사람들은 무심하고 신뢰할 수 없으며, 세상은 위험하고 위협으로 가득하다고 여긴다. 결과적으로 나쁜 정신건강과 연관된 모든 행동 및 관계 문제로 인해 자아 조절이 빈약함, 건강하지 못한 뇌 패턴, 불안정 또는 혼란스러운 애착이 된다. 이러한 내적 모델은 변하지 않고 지속적인데, 이들은 새롭고 이전과 일치하지 않는 경험에 몰두함으로써 바뀔 수 있다.

치료놀이의 기본 가정은 볼비가 제안한 것처럼 그러한 아동은 치료놀이 차원의 논의에서 설명하게 될 좋은 양육 경험에 관한 치료 모델이 도움을 줄 수 있다는 것이다.

핵심 개념

어린 아동과 그들 양육자 간의 축적된 모든 이익의 상호작용적인 경험을 재현하기 위해 치료놀이는 치료놀이치료사들이 핵심 개념이라고 부르는 다음과 같은 독특한 특징들을 통합한다. 치료놀이가 제시하는 것은 다음과 같다.

- 상호작용적이고 관계에 기반을 둔 경험
- 지금-여기의 직접적인 상호작용
- 성인이 안내함
- 조율되고 공감적이고 반영적인 반응성
- 언어 이전, 사회적, 우뇌에 집중
- 접촉을 포함한 다감각적 경험
- 즐거운 태도

치료놀이의 각 핵심 개념에 대해 애착, 뇌발달, 치료적 변화로 이끄는 요소에 관한 지지적인 이론 및 연구를 제시한다.

상호작용 및 관계에 기반을 둔 경험

처치는 양육자와 아동 간의 관계에 초점을 맞추고 서로에게 능동적이고 보상적인 경험을 제공한다. 양육자와 자녀가 회기에서 함께하며, 치료놀이치료사는 상호작용을 안내해서 그들이 동시적인 춤의 조율(synchronous dance of attunement) 경험을 할 수 있고 장기간의 정신건강에 필수적인 행복감(well-being)을 공유할 수 있다.

건강한 양육자–유아 관계는 두 개의 결정적인 생물학적 기반의 추동이 지원하는데, 즉 안전하고 의미 및 동반자의 기쁨을 나누기 위해 물리적으로 가까이 있어야 한다(Bowlby, 1969/1982, 1988; Trevarthen & Aitken, 2001). 의미와 동반자를 공유할 수 있기 전에 안전감이 중요하다. 아기는 웃고, 응시하고, 울고, 매달림으로써 연결됨의 요구와 보호의 요구를 알린다. 성인은 본능적으로 자신의 유아를 안심시키고 지지하며 안전감과 연결의 필수적인 감각을 쉽게 창조해낸다. 생활의 많은 상황들이 자연스러운 교류의 원활한 기능을 방해할 수 있는데, 예를 들면 양육자 또는 아기의 질병, 분리, 양육자의 우울, 스트레스, 빈곤, 약물 남용, 양육자 자신의 좋고/건강한 애착 경험의 부족과 같은 것이다.

치료놀이를 통해 도움을 받으려는 가족은 연결을 가능하게 하는 자연스러운 과정을 방해하는 다양한 상황으로 인해 고통당하고 있다. 상호작용적이고 관계에 기반을 둔 경험을 제공함으로써 치료놀이치료사는 보다 더 건강한 상호작용 방법을 배울 수 있는 기회를 두 사람의 한 쌍(dyad)에게 만들어준다. 그들은 또한 양육자가 자신의 경험과 자녀의 경험을 반영하여 자녀의 때로는 혼란스러운 신호에 반응할 수 있고 안정감과 안전을 만들어내도록 도울 수도 있다.

직접적이고, 지금-여기의 상호작용

관계에서의 변화는 그 순간에 정서적으로 상호작용함으로써 가장 잘 성취될 수 있다. 애착 관계 및 그에 수반되는 내적작동모델은 얼굴을 마주 보고, 활발하게, 동시적인 상호작용에서 형성되며 비언어적이고 움직임 지향적(movement-oriented) 기억에 저장된다. 치료놀이는 직접적이고 보상적인 정서적 경험을 창출하기 위해 유사한 상호작용을 제공한다. 반복되고 즐겁고, 문제가 있는 아동이 기대하고 있는 것과 일치하지 않는 반응을 수용하면 새로운 뉴런이 연결되고 함께 있는(being together) 새 방식을 창조하게 된다. 이것은 그다음에는 건강한 관계의 기초를 형성한다. 치료사는 붕괴된 관계를 보수하고 긍정적 연결 고리를 형성하는 데 필요한 조율된 반응을 제공하기 위해 양육자를 안내한다. 이것은 신경 회로를 조금씩 바꾸는 미묘하고 미세한 상호작용일 수도 있고(Hart, 2008), 또는 갑자기 아동을 즐거운 연결 상태로 전환시키는 아주 흥분된 순간일 수 있다. 지금 이 순간이라고 언급되는 이러한 강력한 연결과 동시적 순간은 내적 구조와 자아감에 대한 중대한 변화로 이어진다(Makela, 2003; Tronick et al., 1998). 새로운 의미들이 상호작용에서 만들어지는데, 새로운 의미에 대해 말을 했기 때문에 만들어지는 것이 아니다.

성인의 안내

성인의 안내는 치유에 필요한 안전감을 창출하는 데에서 필수적인 요소이다. 이 지침에는 아동의 요구, 분명한 제한설정, 질서감과 명확성의 창출을 충족시키는 회기를 계획하는 것뿐만 아니라 애착 과정의 핵심에 있는 공동 규제(coregulation)도 포함되어 있다. 조율된 양육자가 자신의 유아에게 제공하는 공동 규제—유아의 체온을 유지하고, 음식을 제공하며, 동요하는 유아 달래기—는 아동이 이후에 자기 조절 능력을 발달시키는 과정에서 첫 번째 단계이다. 아동은 성장하면서 생존을 위한 외적 규제에 점진적으로 덜 의존하게 되지만, 흥분의 수준을 조절하고, 경험을 조직하고, 세상에 대한 감각을 형성하는 데에서 도움은 몇 년 동안 계속 필요하다. 성인의 안내와 분명한 규칙이 따뜻함 및 지지와 균형을 이루는 양육 스타일은 유능하고 회복력 있고 독립적인 성인이 되는 데에서 가장 효과적인 방법이라고 오랫동안 알려져 왔다(Baumrind, 1991; Grotberg, 1997). 의존성을 창조하는 대신에, 성인의 지도와 지지적인 구조화는 자립하는 데에서 기본이다. "자율성은 애착에서 자란다."(Shahmoon-Shanok, 1997, p. 38)

도움을 받으려는 아동의 대부분은 조용하고 적절한 방법으로 다른 사람들에게 반응할 수 있게 해주는 조직적이고 지지적이며 공동 규제된 경험을 하지 못했다. 이러한 이유 때문에 치료놀이는 명확한 지침과 안전한 제한을 제공하고 아동의 발달적 요구뿐만 아니라 동요하거나 차분한 현재 상태에 적절한 활동을 시도한다. 치료사는 아동의 경험을 신중하게 안내하고 조절해서 아동이 안전하고 잘 조율되어 있다고 느끼게 한다. 치료사는 양육자를 위한 지도 및 조절하는 구조화도 제공한다.

조율되고, 공감적이고, 반영적인 반응성

치료놀이 처치는 안정 애착이 발달하는 데 결정적 요인이라는 연구(Ainsworth, Blehar, Waters, & Wall, 1978; Fonagy, Gergely, Jurist, & Target, 2002)들이 우리에게 전해주는, 조율되고 공감적이고 반영적인 양육자의 반응성에 맞추어 만들어졌다. 생물학에 기초한 역량의 범위는 아기가 자신의 요구를 알리고 양육자가 공유하는 의미와 동반자 의식을 형성하는 건강 증진 방식으로 반응할 수 있게 한다(Trevarthen & Aitken, 2001). 우리 모두는 타인의 정서적 경험에 공감하고(Trevarthen & Aitken, 2001) 우리의 행동을 반영하고 동시에 행동할 수 있는 능력을 가지고 있다(Iacoboni, 2008). 유아와 보호자 간의 관계에 관한 많은 연구를 검토하면서 De Wolff와 van Ijzendoom은 양육자와 유아 사이의 민감하고 동시적인 상호작용이 안정 애착과 긍정적인 아동발달의 기저에 있는 핵심 요소라고 보고한다. 잘 정의된 신경 회로는 공유하는 사회적 참여 행동과 투쟁/도피 또는 몸이 굳음(freeze)이라는 방어적 전략을 지지한다(Porges, 2011). 이러한 모든 관련 능력들은 양육자가 아기의 요구에 부응하고, 적절하게 반응하고, 아기의 경험을 공동 조율하고(Trekarthen & Beeghly, 2011) Trevarthen과 Aitken(2001)이 말하는 상호 주관성, 즉 세상에 대해 공유된 시각을 확립한다. 이들은 서로에 대해 존재하고 활력과 일치하는 의도를 짜 맞춘다(Hughes, 2007; Siegel, 2006).

불안하고 공포를 느끼는 아동은 리듬, 공명, 동시성에 쉽게 빠지지 않으므로 다른 사람들의 의도를 이해하고 상호작용적인 춤에 끼어들어 가는 것이 어렵다(Hart, 2008). 관계적 외상을 경험한 아동의 처치에 대한 권장 사항에서 Gaskill과 Perry(2014)는 다음과 같이 말한다.

> 아동을 돕는 데에서 핵심은 좀 더 조율된 상태로 되돌아가서 아동이 안전하다고 느끼도록 만들고 …… 직접 체성 감각 루트를 활용하는 것이며 정형화되고 반복적이고 리듬감 있는 자극을 제공하는 것이다. 치료적 변화는 안전감에서 출발하며, 반대로 안전감은 이러한 조율하는 체성감각 활동에서 나타난다.(p. 185)

　　자녀의 신호에 민감하게 반응하려면, 양육자가 그들 자신과 자녀의 내적 상태를 반영할 수 있어야 한다(Fonagy et al., 2002; Slade, 2002). 양육을 잘 받지 못한 양육자는 민감한 반응에 필요한 마음 챙김의 수준을 달성하기가 매우 어렵다. 양육자와 하는 우리의 주요 작업은 자신과 자녀의 정서적 경험을 반영할 수 있는 이들의 역량을 발달시키도록 지원하는 것이다. 이를 위해 우리는 이들의 자녀에게뿐만 아니라 양육자에게도 적절한 방법으로 반응하며, 자녀와 양육자 모두의 의도에 공감하고, 동시적인 행동을 하고, 규제하고, 의도를 읽는 우리 자신의 타고난 능력을 활용한다. 논의하고, 녹화된 상호작용을 관찰하고, 자신들의 상호작용적 치료놀이 경험을 통해 양육자는 자녀의 감정을 이해하는 것뿐만 아니라 자신의 감정과 접촉하도록 돕는다. 치료놀이를 직접 경험해보면 치료놀이 상호작용에서 자녀가 어떻게 느끼는지를 이해하고 자신의 아동기에 놓친 상호 주관적인 경험도 제공할 수 있다.

언어 이전, 사회적, 오른쪽 뇌에 집중

치료놀이는 처음에 뇌를 구성하는 일종의 비언어적이고 신체에 기초한 상호작용적인 경험을 제공한다(조율, 동시성, 공명, 상호성). Schore와 Schore(2008)는 효과적인 치료란 초기 양자(dyadic)의 조절의 중요성에 대한 인식, 우반구 정서발달에 대한 철저한 지식, 암시적이며 절차적 기억의 역동성에 대한 깊은 이해에 뿌리를 내려야 한다고 제안한다(p. 17). 생후 첫 2년 동안, 애착이 형성되는 바로 그 시기에, 특히 오른쪽 뇌의 사회 정서적 구조에서 급속한 신경세포의 성장이 일어난다. 양육자와의 상호작용 경험은 신경을 연결시키고 뇌를 구조화한다. 오른쪽 뇌 변연계 시스템은 발달하고 있는 안와 전두엽 피질과 함께 사회적 환경에 조율하고 신체의 내부 상태를 조절한다. "애정의 연결과 안정 애착은 건강하고 회복력 있는 두뇌를 구축하고, 반면에 방임과 불안정 애착은 뇌가 스트레스에 취약하고, 조절 곤란, 질병을 초래할 수 있다."(Cozolino, 2010, p. 180)

　　두뇌발달에 대해 우리가 알고 있는 것에 기초해서 우리가 선택한 활동들을 아동의 정서발달 수준과 현재의 생리적 상태(예 : 평온한, 경계, 두려운)와 맞춘다. 따라서 우리는 치료사가 "통찰력 있는 반영, 외상 경험의 통합, 서술적 전개, 사회적 발달, 정서 증진의 시행에 앞서 약간의 온건한 자기 조절을 확립하기 위해 상향식 조절 네트워크(체세포 감각)를 사용"해야 한다는 Gaskill과 Perry(2014)의 제안을 따른다(p. 186) 그들은 계속해서 다음과 같이 말한다.

> 심하게 어려움을 겪는 아동들은…… 건강한 상호작용과 활동에 대해 긍정적이고 반복적인 예행 연습(rehearsals)에 몰두하게 하는 치료적 환경을 필요로 할 것이다. 이러한 상호작용과 활동은 본질에서 퇴행적이 될 필요가 있고…… 활동들은 종종 아주 어린 아동과 연관이 있는데, 기본적인 경험(신경 네트워크)을 많이 놓쳤거나 완수하지 못했기 때문이다.(p. 186)

　　초기의 상호작용 경험은 비언어적이고 '원초적' 언어인 우뇌, 즉 부드러운 목소리, 수용하는 얼굴 표정, 사랑하는 눈 맞춤, 반복적이고 리듬감 있는 진정시키는 움직임, 부드러운 촉감을 사용하게 만든다. 이러한 것은 나중에 정신화 수준 및 서술적 수준에서 의사소통을 가능하게 하는 깊은 수준의 신경 통합을 창출한다. 깊이 몸에 밴 하위-뇌 패턴(low-brain patterns)이 바뀌려면 많은 반복이 필요하기 때문에 양육자가 가정에서 이런 종류의 활동을 계속하고 그래서 아동이 지속적인 회복의 경험에 푹 잠기도록 장려한다.

접촉을 포함한 다중감각 경험

양육자가 자신의 아기에게 제공하는 활기 있고 양육적인 관심은 모든 감각을 자극한다. 양육자와의 상호작용에서 의미를 부여하는 유아의 능력은 기본적으로 정서 및 동작과 같은 비언어적 단서를 통해 발생한다(Tronick & Beeghly, 2011). "부모와 아동 간의 조율된 상호작용은 비언어적(신체 기반) 의사소통으로…… 공감/이해를 구축하고 건강한 애착 관계를 발달시키는 데 도움이 된다."(Devereaux, 2014, p. 84) 활발한 상호작용 놀이에 연루된 촉각, 전정 경험 및 고유수용 경험은 자기에 대한 명백한 신체적 감각 그리고 타인과 어떻게 상호작용하는지에 대한 감각을 이끌어낸다(Williamson & Anzalone, 1997). 인간 경험의 기본은 접촉이다(Brazelton, 1990; Makela, 2005). 아주 초기부터 유아는 미숙한 조절 체계를 보조하기 위해 온화한 신체 접촉을 필요로 한다.

치료놀이에서는 차분한 접촉과 누그러트리는 감각 경험을 포함하여 안전하고 적절하며 즐거운 치료사–아동 및 양육자–아동의 신체 접촉을 광범위하게 사용한다. 우리는 신체적 전달을 통해 자율 신경계와 공감하며 따라서 아동의 정서적 자아감에 영향을 미친다. 양육자가 적극적이고 리듬감 있는 신체적 놀이에 참여하도록 격려하고 자녀의 편안함과 안전의 기본 원천으로 접촉을 사용하도록 양육자를 격려한다.

즐기는 태도

놀이는 치료놀이 접근의 본질이다. 양육자와 이들의 어린 자녀가 안전하고 편안하다고 느낄 때 이들 사이에서 자연스럽게 발생하는 즐겁고 상호작용적이고 공동 조율된 놀이를 창조한다. 이러한 놀이는 강력한 정서적 유대와 생기 있고 활력이 넘치는 느낌을 창조한다. 이러한 유형의 놀이는 대부분의 놀이치료 모델에서 상징적 표현을 할 기회를 주기 위해 장난감과 표현적 미술 자료의 사용을 중시하는 것과는 아주 다르다는 데 주목해야 한다. 초기 애착 관계에서 고통 또는 붕괴를 경험한 대부분의 아동은 상징놀이를 아직 할 수 없다.

돌보는 성인과의 즐겁고, 패턴이 만들어지고, 리듬감 있고, 반복적인 상호작용은 아동의 치유에 도움이 되는 안전함과 낙관론을 만드는 데에서 중요한 첫걸음이 될 수 있다. "놀이치료사는 재미가 없다면 놀이가 아니며 아동의 뇌가 경고 신호 상태에 있다면 관계적 상호작용에서 기쁨을 찾는 것이 불가능하다는 것을 결코 잊지 말아야 한다."(Gaskill & Perry, 2014, p. 186) 양육자가 기쁨과 관심을 가지고 자녀를 만날 때, 이들은 연결되어 있음과 공감의 감각을 촉진시킨다. 아동의 신경계에 공감적인 흥분을 일으킴으로써, 스트레스가 있을 때 자발성과 회복력도 창출할 수 있다(Sunderland, 2006). 신체적으로 능동적인 놀이의 흥분이 조심성 있는 양육자에 의해 공동 조율될 때, 아동은 높은 각성 상태를 조절하는 능력을 발달시킨다(Stern, 1974).

놀이는 정서적 동시성을 위한 기회를 만들어줌으로써 뇌 시냅스의 발달을 향상시킨다(Hart, 2008). 상호작용적이고 즐거운 놀이는 유연성, 열정, 공유하기로 이어지고 세상에서 기본적인 신뢰를 창출한다(www.originalplay.com/develop.htm 참조). 신경 체계가 와해되지 않고 높은 각성 수준의 처리를 잘할수록 아동은 더욱더 유연해지고 탄력적이 될 것이다. "놀이가 조율하고, 의사소통하고, 실행 및 습득하는 데에서 발달적으로 적절한 수단을 제공할 때 놀이는 효과적인 치료적 매개체이다."(Gaskill & Perry, 2014, p. 179) Panksepp는 거친 신체놀이는 "정서적으로 정적인 사회적 참여와 우정'(2013,

p. 187)을 촉진한다고 주장한다. "치료적 환경에서 공동의 웃음소리와 긍정적 영향을 향한 자연스러운 움직임은 명백하게 효과가 있는 임상적 변화의 문이 열리게 할 수 있다."(2013, p. 180) 외상을 겪은 가정은 종종 노는 능력을 상실하거나 자신의 상황에서 놀이가 적절치 않다고 느낄 수 있다(James, 1989). 놀이는 외상에 뒤이어 성인의 양육을 막는 아동에게 덜 격렬한 애정의 형태로 제공될 수 있다(Hughes & Baylin, 2012).

차원

치료놀이는 건강한 양육자-유아 관계의 핵심 부분이 되는 경험을 정확히 모사(replicates)한다. 각 쌍의 요구에 우리의 작업을 맞추기 위해, 우리는 양육자와 아기 사이의 일상의 상호작용을 구성하는 광범위한 활동을 4개의 차원, 즉 구조화, 참여, 양육, 도전으로 나눈다. 놀이는 모든 차원에 대해 묘미를 더하는 필수 성분이다.

다음의 논의에서 우리가 하려고 하는 것은 다음과 같다.

- 치료놀이 모델에 대해 알려주는 양육자-아동 상호작용 사례를 제시한다.
- 치료놀이치료사가 아동의 특별한 요구를 충족시키기 위해 각 차원을 어떻게 활용하는지 설명한다.
- 논의되는 차원이 가장 필요한 아동 및 양육자의 유형을 열거한다.

> 차원별로 나열된 치료놀이 활동의 전체 목록과 설명은 Booth와 Jernberg(2010)를 참조

구조화 : 세상이 안전하고 잘 조절되었다고 느끼게 만들기

루크(12세)는 자전거를 타고 아주 빨리 쌩 하고 동네를 돌아다니다가 집에 온다. 루크는 저녁식사가 7시이므로 오후 6시 45분에 집에 들어와야 한다는 말을 들었지만 지금은 오후 7시 23분이다. 그는 창문 안을 들여다보고 부모님과 형제들이 아직 저녁식사를 하지 않은 것을 알았고 그는 "휴, 내가 해냈어."라고 생각했다. 그러나 루크가 살금살금 문에 들어올 때 아버지와 마주쳤고 아버지는 "너는 늦었어. 내일은 너의 사회적 특권이 없어. 너는 방과 후에 집에 있어야 해."라고 말했다. 루크는 "아빠, 아빠는 재미도 없고, 아이로 사는 것과 친구가 있는 것이 어떤 건지도 몰라. 우리는 게임의 마지막 단계에 있었어. 그래서 내가 올 수 없었던 거야!" 루크가 얼마나 흥분했는지 감지하고, 아버지는 누그러지고 그를 껴안으며 "나는 너의 재미를 망치려고 이러한 규칙을 만든 것이 아니야. 그것은 너를 안전하게 지키고 내가 너를 사랑한다는 것을 알게 하려는 거야. 네가 늦어지면 걱정이 돼." 루크는 내일 방과 후 계획이 굉장할 것이기 때문에 논쟁을 생각해보았지만, 그는 결과가 취소되지 않을 것임을 알았고, 아빠가 진정으로 그를 걱정하고 있음을 알고 있었다.

신뢰할 수 있고 예측 가능하며 반응적인 리더십을 제공하는 루크의 부모처럼 부모는 자녀를 위한 안전감을 조성하고 경험을 구성하고 공동 조율하며 자신의 세계를 이해하고 대처하도록 돕는다. 그들은 규칙성을 확립하고, 아동의 경험을 정의하고 명확히 하고, 명확한 경계를 세운다. 상호작용의 이러한 모든 측면은 자녀에게 '보다 더 크고, 더 강하고, 더 현명한' 사람이라는 메시지를 보낸다(Bowlby, 1988, p. 62). 이러한 상호작용은 '내가 너를 잘 돌볼 것이기 때문에 너는 나와 있으면 안전하다.'를 전

한다.

아동의 정리, 안전, 공동 조율에 대한 요구를 충족시키기 위해 치료놀이치료사는 구조화를 제공한다. 안전을 최대한 제공하기 위해 회기를 신중하게 계획한다. 그들은 활동이 시작되고 활동을 끝내야 할 때에 대한 명확한 신호를 제공하고 흥분과 진정이 적절하게 혼합되도록 계획한다. 그들은 또한 다치는 사람이 없게 하는 책임도 진다.

구조화는 특히 과잉활동성, 집중이 안 됨, 쉽게 조절 곤란이 되는 아동, 또는 안전을 느끼기 위해 항상 통제가 필요한 아동에게 유용하다. 또한 쉽게 조절 곤란이 되거나, 자신감 있는 지도자가 되기 힘들거나, 또는 비효율적인 언어적/인지적 구조화에 너무 많이 의존하는 양육자에게도 유용하다.

함께하기 : 자녀와 연결되고 기쁨 나누기

생후 6개월 된 사라는 낮잠에서 막 깨고 있다. 사라의 어머니, 제인이 사라의 부드러운 옹알이 소리를 들으며, 요람에 누워 있는 사라를 보기 위해 온다. 예쁜 아기를 보면서, 제인은 미소 짓고, 사라가 올려다보고 미소 짓게 만들고, 사라는 흥분해서 그녀의 몸 전체가 흔들린다. 사라가 다시 미소 짓고, 제인은 사라의 손을 조심스럽게 잡고 "굿모닝, 즐거운 태양. 무엇이 너를 일찍 깨웠니?"라는 노래를 리듬감 있고 작은 목소리로 노래하고 사라는 제인에게 손을 뻗기 전에 잠시 외면한다. 제인이 사라의 행복한 미소에 대해 미소로 반응하면서 제인의 얼굴이 밝아졌다. 만남의 이 순간은 분리의 순간 또는 불일치의 순간 이후에 항상 다시 연결할 수 있을 것이라는 그들의 믿음을 강화시킨다.

사라의 양육자와 같은 양육자들은 아동과 즐거운 태도로 주고받는데, 이는 신나고 유쾌하지만 적절한 각성의 틀 안에 들어 있는 동시적인 상호작용으로 이끈다. 이러한 경험은 "나는 너와 있는 것을 좋아 해. 너는 혼자가 아니다. 너는 다른 사람들과 건강하고 적절한 방식으로 상호작용할 수 있다."는 것을 자녀에게 전달한다. 치료놀이에서 치료사는 장난스럽고 긍정적이고 개인적인 방식으로 관심 끌기를 유지하는 데 집중한다. 아동은 만남과 조율된 연결의 순간을 창출하는 상호작용에 초대된다. 관심 끄는 활동은 동시적 상호작용을 하는 기회가 되고, 삶에 대한 새로운 시각을 제공하며, 양육자와 아동이 나눔의 동반자가 되는 기쁨을 경험하도록 돕는다. 주고받는 활동은 높은 각성으로 이끌어갈 수 있기 때문에 치료사는 아동이 조절 곤란이 되지 않도록 활동을 조심스럽게 조정한다.

관심 끄는 활동(engaging activity)은 철회되거나 접촉을 피하거나 너무 엄격하게 구조화된 아동에게 도움이 된다. 또한 정신이 풀려 있거나 딴 곳에 정신이 팔렸거나 자녀와의 추세(sync)에서 벗어난 양육자, 기본적으로 언어적 주고받기에 의존하는 양육자, 자녀를 반기지 않는 양육자에게 도움이 된다.

양육 : 아동이 신체적으로 편안함을 느끼도록 만들기

패트릭(15세 소년)은 학교에서 집에 와서 "엄마, 엄마, 어디 있어요?"라고 소리 지른다. 그의 엄마 올리비아는 패트릭이 간식을 움켜쥐고 비디오를 재생하기 위해 자기 방에 가는 대신에 엄마를 찾고 있다는 것에 놀랐다. 엄마는 "나는 지하실에 있다."라고 대답한다. 패트릭은 계단을 내려와서 엄마 쪽으로 직행하고 엄마에게 평소답지 않은 따뜻한 포옹을 한다. 올리비아가 "너 괜찮니? 학교에서는 잘 지냈니?"라고 묻는다. 그는 그렇다고 머리를 끄덕이고 "네, 다 괜찮았어. 나는 내 방으로 갈 거야." 올리비아는 모든 것이 잘되고 있다는 것을 확신하지 못했다. 그래서 잠시 후에 그녀는 패트릭의 방으로 올라가서 패트릭이 자기 침대에서 소리 없이 울고 있는 것을 발견한다. 엄마는 그에게 가서 그를 안아준다. 그녀는 아들이 오늘 학교에서 많은 사람이 있는 데에서 여자 친구와 당혹스러운 이별을 해서 울었다는 것을 알았다. 패트릭은 "엄마, 실제로 큰일은 아니에요."라고 말했다. 올리비아는 그의 등을 문지르고 자신의 감정이 실제적이고, 이별이 상처를 입히며, 이것이 가장 큰 문제라고 그를 확신시킨다. 느끼는 것을 인정하고 감정의 자유로움은, 엄마가 아들을 편안하게 해주면서 엄마의 무릎에 머리를 얹고 울게 했다.

패트릭의 어머니와 같은 부모는 자녀의 정서적 단서를 읽는 데 능숙하며 편안함과 안심에 대한 요구에 반응할 준비가 되어 있다. 그들은 아동이 필요한 모든 수준에서 많은 달래주기, 진정하기, 편안함, 안심하기 경험을 제공한다. 이러한 활동은 자신이 잘 돌보아지고 돌아갈 안전한 피난처가 있다는 아동의 감각에 기여한다. 이러한 경험은 "너는 좋은 보살핌을 받을 가치가 있다. 우리에게 의지하면 너를 잘 돌볼 수 있다."라는 메시지를 전달한다.

치료놀이치료사는 동요된 아동이 이완되고 스스로 돌보게 되도록 돕기 위해 양육하고 진정시키는 많은 활동을 계획한다. 양육자는 어려움에 처한 아동의 충족되지 않은 어릴 적 요구를 충족하는 데 도움이 되는 방식으로 양육 활동을 제공하도록 지도받는다. 이러한 따뜻하고 반응적인 양육 활동은 성인이 편안함, 지지, 필요시에 달래기를 제공할 것이라고 아동을 안심시킨다.

모든 아동이 훌륭하고 반응적인 양육 경험이 필요하지만, 양육 활동은 특히 과잉 활동적, 공격적, 가성숙한 아동에게 도움이 된다. 거부하거나 가혹하거나 처벌적이거나, 접촉 그리고/또는 애정 표현에 어려움이 있는 양육자 또한 이 차원이 편안해질 수 있도록 특별한 도움이 필요하다.

도전 : 아동이 확신과 성공적이라고 느끼도록 돕기

제이크는 제이미(22개월)의 방에 들어가서 그를 분발시키려고 그의 등을 부드럽게 두드린다. 제이미의 눈이 천천히 열리고, 아버지를 보고, 으르렁거리기 시작하고, 문을 가리키며, "나는 눈을 뜨고 싶지 않아요. 아빠, 나가세요!"라고 고집을 부린다. 제이미는 오늘 아침에 일어나고 싶지 않다. 그는 또한 어린이집에 가기 위해 옷을 입고 아침을 먹고 이를 닦고 머리를 빗는 등 아버지가 제안하는 것은 아무것도 하고 싶지 않다. 제이크는 마침내 그 모든 일을 끝내고 심호흡을 하며 자신에게 이렇게 말한다. "좋아, 이제 나는 어떻게 그의 신발을 신기고, 차에 타도록 그를 설득시키고 보육원에 데려다줄 것인가? 오 이런" 갑자기 제이크는 생각이 떠올랐다. "제이미, 제이미 이리와 봐." 제이미는 의심스럽게 아버지를 보고 돌아서기 시작하지만, 제이크는 그의 눈을 빤짝이며 "제이미, 이것 봐, 내가 신을 신발이 없고 네가 신을 신발이 없다. 누가 신발을 빨리 신을 수 있는지 보자. 너는 누가 이길 것이라고 생각하니? 나는 기다릴 수 없어!" 제이미는 처음에는 저항하려 하지만 아버지의 움직임, 장난기, 경쟁심이 그를 끌어들인다.

제이미의 아버지와 같은 부모는 자녀가 새로운 일을 시도하고 긴장감을 불러일으키는 경험을 숙달하고 새로운 기술을 습득할 수 있는 기회를 성공적으로 창출한다. 도전 과제 및 도움이 되는 그들의 지원 및 발판화(Vygotsky, 1978)를 관리하는 아동의 능력에 대한 자신감은 아동이 성공할 수 있게 하고 이들 모두가 성취감과 역량감을 공유할 수 있게 한다. 이러한 성인이 보조해주는 경험은 메시지를 전달하는데, 즉 "와우, 네가 할 수 있는 것을 봐! 너는 유능해. 너는 성장할 수 있으며 세상에 긍정적인 영향을 미칠 수 있다."이다.

치료놀이회기는 따뜻함, 자발성, 낙관론, 즐거움을 나누는 비경쟁적이고 긍정적인 분위기에서 수행된다. 활동은 아동이 연령에 적절한 위험을 가볍게 감수하고 능력과 자신감을 촉진하는 데 도움이 되는 것으로 선택한다. 양육자에게는 아동의 발달적 요구를 이해하고 성취에 대한 적절한 기대치를 설정하도록 돕는다.

비경쟁적이지만 약간 도전시키는 활동은 소심하고 두려워하며 자신감이 부족한 아동에게 도움이된다. 성장과 탐색을 향한 아동의 자연스러운 본능을 지원하는 데에서 어려움을 겪는 양육자뿐만 아니라 기대가 너무 높은 양육자에게는 자녀와 도전이 있는 상호작용에서 안내를 해주면 도움이 될 것이다.

절차 및 기법

내담자 특성

치료놀이는 다양한 장면과 상황에서 개인, 가정, 집단에게 광범위하게 적용되고 있다. 놀이의 언어, 특히 놀이를 통한 관계적 연결은 평생 중요하다(Brown & Vaughan, 2010). 까꿍놀이를 통해 유아와 상호작용하기, 손을 쌓아 올리는 10세, 풍선 테니스 게임을 하는 18세, 미스 매리 맥 놀이를 하는 47세, 윙크 게임의 92세는 인생 전반에 걸친 치료놀이 접근의 예이다.

앞에서 언급했듯이 치료놀이는 아주 다른 수많은 특성이 있는 내담자들에게 사용되었다. 훈련된 치료놀이치료사는 다양한 연령의 사람 및 가족 무리들과 작업한다.

- 임신 중 및 임신 후의 어머니와 아버지(Salo, 2014)
- 출생부터 청소년기까지의 아동 및 청소년
- 젊은 성인, 중년, 노인
- 기혼 부부
- 아동과 아동을 낳은 부모, 입양부모, 계부모, 친족 양육자
- 위탁부모(Winstead, 2009), 기숙 보호하는 요원(Brennan, 1998; Robison, Lindaman, Clemmons, Doyle-Buckwalter, & Ryan, 2009) 및 고아원 직원을 포함해서 관련이 없는 양육자

그들은 또한 다양한 배경의 내담자와도 작업한다.

- 경제적으로 잘사는 사람
- 경제적으로 불리한 사람
- 광범위한 지지 네트워크가 있는 내담자
- 아주 고립되어 있으며 사회복지 서비스의 지원에 의존하는 사람
- 도시, 교외, 농촌 지역에 거주하는 사람

치료놀이치료사는 진단(American Psychiatric Association, 2013) 또는 나타나는 문제가 다른 내담자

와 작업한다.

- 주의력결핍 과잉행동장애(Myrow, 1999)
- 분리 불안장애
- 사회 불안장애
- 적대적 반항장애
- 외상후 스트레스장애
- 선택적 함묵증
- 반응성 애착장애(Booth et al., 2013; O'Connor, 2004)
- 비억제성 사회 참여장애
- 우울장애
- 말 및 언어장애
- 자폐스펙트럼장애(Reiff, 1994)
- 방임
- 신체적 · 언어적 · 성적 · 정서적 학대의 피해자 그리고/또는 가해자
- 부모 또는 주 양육자의 상실
- 힘든 전환(이혼, 재배치, 새로운 학교 시작)에 대한 부정적 반응
- 미숙아로 태어난 영아 또는 걸음마 아기(Lampi, n.d.)
- 신체장애
- 자연재해(예 : 토네이도, 지진, 화재, 쓰나미, 허리케인)를 겪은 사람

치료놀이에 참가하는 내담자들은 공통된 요구가 있다. 즉, 관계를 회복하거나 강화하고 사회적 건강 및 정서적 건강을 위해 작업한다. 모델의 기본적인 강점, 즉 이론에 기반을 두고, 핵심 개념과 차원은 다양한 내담자의 적응성 및 적용 가능성을 촉진한다. 유용함을 증명하는 예들이 있다.

- 니나(6세)는 주의력결핍 과잉행동장애(ADHD)의 진단과 일치하는 증상(American Psychiatric Association; APA, 2013)을 보인다. 니나의 부모는 집에서 주의력과 직접 관련이 있는 사소한 문제를 보고하지만, 집중하는 능력이 없고 학교에서 보이는 그녀의 충동성이 더 걱정스러웠다. 부모는 니나에게 약물치료는 피하고 싶어 했다. 치료놀이를 사용하여 우리는 니나가 흥미 있는 즐겁고 자신에게 몰두하는 방식으로 집중하는 것을 연습해서 주의 폭이 증가하는 데 도움이 되는 기회를 만들어준다. 시간이 지나면서 임상가는 니나가 자신의 주의 폭을 잡아 늘이고 충동성 관리를 돕는, 좀 더 오랫동안 니나의 집중 활동에 참여하도록 점차로 도전시킨다. 부모는 과정 전체에 참여할 것이며 성공적인 기술을 다른 환경에서 활용하고 니나가 기술을 일반화하도록 촉진할 수 있다.
- 에밀리오(9세)는 편부가 일하는 주말에 그를 돌보는 삼촌으로부터 신체적 폭력과 방임을 경험한 후 위탁가정에 배정되었다. 그는 외상후 스트레스장애(PTSD; APA, 2013) 진단을 받았지만 관계적 외상으로 고통을 받는 것과 동일하다고 볼 수 있다. 에밀리오의 증상에는 야간 공포, 남성에

대한 일반화된 두려움 또는 경계심, 심한 불안이 있다. 아버지는 아들과 재결합하려고 에밀리오를 집에 데려가려고 시도한다. 위탁부모와의 치료놀이 실행은 에밀리오가 편안함과 안전함에 대한 느낌이 증가할 것이다. 에밀리오와 아버지의 회기는 이들의 관계를 강화하고 관계적 치유를 촉진할 것이다. 에밀리오가 그를 안전하게 지키려는 아버지의 헌신에 대해 다시 확신하게 되고 위탁부모가 똑같이 할 것이라는 사실을 알게 되면 그의 행동 증상은 감소할 것이다.

● 재커리(11세)의 부모는 그가 자존감이 매우 낮고 자신의 능력에 대한 확신이 부족하여 새로운 일의 시도가 지체되기 때문에 치료에 데려왔다. 마샥 상호작용 평가법(Marschak Interaction Method, MIM)을 사용해서, 치료놀이치료사는 부모가 재커리의 자존감과 확신에 관해 보고한 것을 확인한다. 치료사는 또한 어머니와 아버지 모두가 아들에 대한 기대가 비현실적으로 높고, 재커리가 어려운 과제와 씨름할 때 돕거나 성공하도록 격려를 거의 하지 않으며, 성공했을 때 칭찬도 거의 하지 않는다. 재커리와 그의 부모를 위해 치료사는 도전 차원을 강조할 것이다. 재커리의 성취를 위해 재커리의 능력 범위 안에서의 활동을 선택할 것이다. 치료사는 그가 성공하도록 지지하고 격려할 것이며 그가 성공할 때 그의 기쁨을 함께 나눌 것이다. 치료사는 또한 부모에게 재커리가 적절하고 획득할 수 있는 기준에 맞게 재커리의 성취를 축하하도록 교육하고 시범을 보이고 코치할 것이다. 부모의 기쁨과 함께 재커리의 성공 경험은 자기 가치감과 확신을 증가시킬 것이며 새로운 일을 시도하도록 격려할 것이다.

치료놀이 처치에서 금기

아동이 자신이나 타인에게 위험한 경우, 임상가는 처치를 시작하기 전에 아동의 안전을 보장하는 것이 중요하다. 치료사는 아동의 안전을 보장하기 위해 자신의 임상 훈련 및 현장(예 : 실습, 대행사, 기관, 조직) 정책 및 절차에 따라야 한다. 아동이 양성 정신병이 있을 때 치료놀이는 지시하지 않는다. 그러나 정신병을 관리하기 위해 처치를 받을 때, 이러한 특징의 이력이 아동 또는 그 가족이 치료놀이 처치에 참여하는 것을 막지는 않는다. 마찬가지로 양육자가 정신병이 있다면 양육자는 현재 치료놀이 회기에 참여하는 데 필요한 일관성과 예측성을 제공할 수 없다.

양육자의 일상적인 기능이 정신건강 문제, 물질 남용, 중독성 행동에 의해 손상되었다면, 치료사는 부모를 위한 처치를 권유하고 양육자가 처치를 받으면서 아동과 작업하는 것을 고려한다. 양육자가 처치에서 진전이 있고 아동과의 회기에 지속적으로 참여할 수 있을 때, 목표는 양육자를 치료놀이회기에 다시 통합시키는 것이다. 양육자가 아동을 적극적으로 학대(신체적, 언어적, 정서적, 성적)하고 있다면, 치료사는 해당 아동복지기관에 신고하고 양육자는 아동의 처치에 참여시키지 않는다. 양육자가 어떤 방식이든지 아동에게 상처를 준 이력이 있다면 치료사는 양육자와 아동이 관계를 회복하고 치유하는 작업을 위한 정서적 준비가 되었는지를 결정하기 위해 양육자를 주의 깊게 조사할 것이다.

양육자 그리고/또는 아동의 외상 이력이 치료놀이 처치에서 금기 사항이 되는 것은 아니다. 훈련에서 치료사는 양육자의 이력과 아동의 이력 그리고 어떤 촉발인자가 있을 것인지를 알기 위해 아주 철저한 평가를 수행하도록 장려한다. 치료사는 필요할 때 치료놀이 처치에 적용하기 위해 평가 정보를 사용하는 방법을 배운다. 훈련자는 외상 이력이 있는 아동에게 반응하는 구체적인 전략을 가르친다. 임상가는 매우 민감하고, 고도로 조율되며, 반응을 잘하는 포괄적인 치료적 접근을 취한다. 치료사는 유연하고 아동이 불편하거나 깜짝 놀라거나 두려한다면 그 순간에 바꿀 수 있다.

실행 계획

여기에서는 치료놀이 실행을 위한 공간, 소품, 장면과 같은 실제적인 측면에 대해 다룬다.

치료놀이 공간 및 자료

치료놀이회기를 위한 이상적인 공간은 바닥에 담요 또는 부드러운 매트가 있고 아동과 양육자가 앉을 수 있게 큰 쿠션 몇 개 또는 콩주머니가 있는 대략 2.5m×2.5m의 깔끔하고 자극이 거의 없는 방이다 (Booth & Jereberg, 2010). 임상가는 즐거움과 편안함이 결합된 치료적 분위기를 조성한다. 치료놀이는 장난감 또는 물체와의 상호작용보다는 회기에 참가한 사람들 간의 대인관계 상호작용에 의존하므로 소품은 최소한으로 해서 아동과 연결하는 데에만 사용된다. 따라서 산만해질 가능성이 있는 장난감 및 장식을 최소화하는 것이 최선이다. 장난감이나 치료 도구들의 보관함이나 선반은 천 조각으로 쉽게 덮을 수 있다. 임상가에게 이상적인 공간이 없는 실습 장면도 있다. 그래서 치료놀이가 아주 쉽고 환경이 달라도 쉽게 적용할 수 있다는 것을 치료사가 기억하면 도움이 될 것이다. 덜 이상적인 장소에서 아동 및 가족과 작업하는 치료사들이 많다. 이러한 상황에서 치료사는 산만함을 최대한 줄이고 작업 공간의 윤곽을 잡기 위해 바닥에 담요를 펴서 놀이 공간을 구조화시킨다. 필요하다면, 임상가는 공간 때문에 제기된 도전을 인식할 수 있으며, "여기에 몇 개의 선반(그곳을 가리키면서)이 있고 방의 이쪽에 탁자가 몇 개 있다. 하지만 우리는 여기에 있는 이 매트 위에서 함께 놀 거야."라고 말하면서 경계를 전달한다.

치료놀이에 사용된 자료들은 아동 및 가족과 임상가 간의 상호작용을 증진시키는 데 사용되는 것 이외에 아동에게 다른 특별한 매력이 없는 흔하고 저렴한 가정용품(예 : 면봉, 풍선, 스카프, 거품, 로션, 화장지)이다. 치료회기에서 임상가는 아동의 손이 닿지 않도록 재료들이 필요할 때까지 재료들을 가방이나 용기에 보관한다. 아동은 재료에 접근할 수 없으며 치료사는 재료를 표현의 대상으로 또는 치료적 의사소통 수단으로 사용하지 않는다. 활동이 끝나면 임상가는 대개 물건들을 가방이나 보관함에 다시 넣는다. 대부분의 치료놀이 활동은 일정한 소품이나 재료를 요구하지 않는다. 단순한 재료들과 치료사가 그것을 신중하게 관리하는 것이 대상보다는 관계에 초점을 유지하는 데 도움이 된다.

장면

치료놀이는 다양한 내담자가 있는 다양한 장면에서 사용된다. 처치의 광범위한 적용성, 최소한으로 요구하는 공간, 단순한 재료는 많은 장면에서 많은 분야의 전문가들이 치료놀이 기법을 자신의 작업에 창의적으로 통합할 수 있게 한다. 다음과 같은 다양한 장면에서 임상가들이 치료놀이를 통합한다.

- 병원
- 학교
- 기숙 처치 시설
- 그룹 홈
- 교회

- 고아원
- 사회 서비스 기관/비영리 단체
- 성인 주간 센터
- 가정에 기반을 둔 치료 프로그램
- 방과 후 프로그램
- 사설기관
- 의료 클리닉
- 지역사회 센터
- 헤드 스타트 프로그램
- 주간 돌봄 센터 또는 유치원
- 지역 정신건강 센터
- 호스피스 센터

치료사의 자격, 훈련, 특성[4]

양육자, 조부모, 치료사, 입양 지원 작업자, 교사, 양육 보조원, 방문 전문가, 가정 내 작업자처럼 아동과 일하는 사람이라면 누구나 치료놀이 훈련과 실습이 유용할 수 있다. 이들은 모든 연령의 아동, 성인, 부부, 또는 노인 집단과의 작업을 향상시키기 위한 원칙과 활동들을 사용할 수 있다. 그러나 치료놀이를 전문적으로 연습하고 치료놀이 작업을 설명하려면, 인증 받는 데 필요한 엄격한 요구 사항이 충족되어야 한다. 이것은 치료놀이기관(The Theraplay Institute)이 후원하는 훈련을 받고 공인된 치료놀이 슈퍼바이저의 감독을 받는 것이다. 일단 인증을 받으면 치료놀이와 같이 애착에 기반을 둔 작업에 종사하는 치료사는 이 일이 치료사의 애착 체계를 활성화시키고 역전이로 이끌 수 있기 때문에 지속적인 반영적 관리감독을 받고 활발한 자기 관리에 몰입하는 것이 중요하다.

처치

여기서 우리는 전형적인 치료놀이 처치 프로토콜의 단계별 개요를 제시할 것이다.

처치를 위한 준비

양육자의 관계적 이력, 마샥 상호작용 평가법(MIM), 피드백 논의를 포함해서 자세하게 초기면담을 하는 것은 심층적인 가족 평가가 되는데, 이는 강력한 처치 계획으로 이끌어 가고 처치 효율성을 극대화한다.

초기면담

가족과의 처치에서 첫 번째 단계는 심리사회적 평가를 끝내는 것이다. 임상가는 아동의 역사, 가족

---

4 훈련, 인증서, 슈퍼비전에 대한 자세한 정보는 치료놀이기관의 공식 홈페이지(www.theraplay.org) 참조

체계, 강점, 나타나는 문제에 관한 정보를 수집한다. 이 단계에서 치료사는 여러 가지 예비 검사도 실시해야 한다. 예를 들면 아동 행동 체크리스트(Achenbach & Rescoria, 2001), Beck 우울검사(Beck Depression Inventory; Beck, Steer, & Brown, 1996), Conner 평정척도-개정판(Conner's Rating Scale-Revised; Conners, 2008), UCLA PTSD 지표(Pynoos, Rodrigucz, Steinberg, Stuber, & Frederick, 1998), 또는 UCLA PTSD 반응 지표(Steinberg, Brymer, Decker, & Pynoos, 2004), CARE 지표(Crittenden, 2003), 유아 낯선 상황(Ainsworth et al., 1978), 취학 전 애착 평가(Crittenden, 1994), 학령기 애착 평가(Crittenden, 2005; Crittenden, Koslowska, & Landini, 2010)이다. 가정이나 학교와 같은 자연스러운 환경에서 아동 또는 가족을 관찰하는 것도 가치가 있다.

양육자 애착

임상가가 양육자의 관계상의 강점과 어려움 영역에 대해 인식하는 것이 중요하다. 자녀를 양육할 때, 양육자는 자신의 양육자와의 상호작용을 통해 학습한 건강한 관계적 패턴과 건강하지 않은 관계적 패턴을 그대로 따라한다. 양육자가 성장을 촉진하는 역동과 성장을 저해하는 패턴을 알고 있다면, 이들은 긍정적 패턴을 반복하는 것을 선택하고 건강하지 못한 패턴을 개선하기 위해 바꿀 수 있다. Theraplay Institute는 양육자의 애착 전환에 대해 더 많이 알게 되는 도구로서 성인 애착 면접(Adult Attachment Interview)(George, Kaplan, & Main, 1985) 또는 부모 자기 반영 질문(Questions for Parental Self-Reflection)(Siegel & Hartzell, 2003)을 추천한다.

마샥 상호작용 평가법

MIM(Booth, Christensen, & Lindaman, 2011)은 양육자와 아동이 함께 수행하는 9개의 특정 과제로 구성된 놀이중심의 구조화된 평가기법이다. 치료놀이의 4개 차원에 초점을 맞추는 과제를 선택한다. 한 쌍(두 사람)이 탁자에 나란히 앉고 치료사가 양육자에게 지시를 하는데, "아버님, 순서대로 9개 과제를 하세요. 각 봉투에는 1에서 9까지의 라벨이 붙어 있어요. 과제를 큰 소리로 읽어서 내가 거울[5]의 저쪽에서 볼 때 어떤 작업을 하고 있는지 알 수 있게 하세요. 과제를 수행하는 데 옳은 방법 또는 틀린 방법은 없어요. 당신이 과제를 끝냈을 때 다음 과제로 가세요. 당신이 9개 과제를 끝내면 문을 두드리세요. 그러면 나는 당신에게 몇 가지를 질문하기 위해 다시 올 겁니다." 그런 다음에 치료사는 두 사람을 관찰하기 위해 방을 나간다. MIM이 끝난 후 치료사는 비디오를 여러 번 보고 4개 차원의 렌즈를 통해 상호작용을 분석한다. 이러한 분석은 피드백 논의와 처치 계획을 안내한다.

피드백 토론

준비 과정에서 치료놀이치료사는 이 한 쌍의 강점뿐만 아니라 도움이 필요한 부분을 보여주는 MIM 비디오의 짧은 단락들을 선택한다. 치료사와 양육자는 비디오 클립(동영상)을 함께 본다. 치료사는 MIM을 하는 동안에 양육자가 가졌던 생각과 감정에 대해 더 많이 알기 위해 탐색적인 접근을 한다. 즉 "그것은 당신에게 어떤 것 같습니까? 집에서 어떻게 지내는지에 대한 좋은 그림을 내가 얻었나요? 놀라운 것이 있었나요? 그 순간으로 되돌아가 보세요. 즉, 당신은 무엇을 생각하고 느꼈습니까? 우리

---

5 녹화하면서 일방경을 통해 MIM을 관찰하지만 꼭 필요한 것은 아니다.

가 이 부분에서 당신의 자녀를 봤을 때, 당신은 그가 지금 어떤 감정이라고 생각하십니까?"

피드백 토론은 치료사가 양육자에게 자녀와의 어려움에 대해 공감하고 MIM 평가에서 확인된 강점을 향상시키고 극대화할 수 있는 또 다른 기회이다. 치료사는 양육자를 비난하거나 양육자가 수치스러워하지 않도록 언어적 신호 및 비언어적 신호에 민감하다. 회기가 끝날 때 양육자와 치료사는 치료 목표에 동의한다. 치료사는 이 회기에서 양육자와 아동에 관해 더 많이 알게 되고 치료가 어떻게 진행되어야 하는지에 대한 분명한 감각이 생긴다. 양육자는 이 회기에서 치료사의 격려 그리고 비디오 사례가 자녀와의 관계에서의 강점에 대해 힘을 실어주는 느낌을 갖게 된다. 이들은 치료놀이 처치가 자기 가족을 어떻게 돕고 변화에 대한 새로운 희망에 대해 명확히 이해한다.

참고 : 치료놀이는 부모, 양육자, 돌보는 성인이 참여할 수 없거나 참여하지 않을 경우에도 아동과 함께 사용할 수 있다. 훈련에서 임상가는 아동과 개별적으로 작업하는 모델에 맞추는 방법을 배운다.

처치 단계 및 전략

이 단락에서는 각 처치 단계에 대해 설명하고 과정에서 양육자가 적극적으로 참여하는 방법을 설명한다.

양육자 회기

피드백 논의 이후 치료사는 MIM에서 확인된 강점 및 필요한 것뿐만 아니라 양육자의 처치 목표에 기초한 처치 계획을 마무리한다. 이제 임상가는 양육자 회기 및 아동과의 첫 번째 치료놀이회기의 활동을 계획할 수 있다. 양육자는 자녀가 치료놀이에서 경험하는 것이 무엇인지를 알게 하는 데 도움이 되는 경험적이고 교육적인 회기에 참석하라고 요구한다. 임상가는 모든 자료 및 세션에 필요한 놀이 공간을 준비하고, 양육자가 촬영을 허락한다면 비디오 카메라를 준비한 다음에 양육자와의 치료놀이회기도 진행한다. 이 회기에서 임상가는 핵심 개념, 차원, 처치 계획과 관련하여 각 활동의 타당한 이유와 함께 상호작용의 경험을 양육자에게 제공한다. 양육자 연습 회기는 양육자가 각 활동이 어떤 느낌이었는지, 자녀가 어떻게 반응할 것이라고 생각하는지를 함께 이야기 나누면서 임상가에게 가치 있는 정보를 제공한다.

처치

놀이회기는 일반적으로 매주 한 번 열린다. 처치 회기는 자녀와 30~45분 사이의 치료놀이회기와 대기실에 있는 동안[6] 양육자와 15~20분의 논의 시간으로 구성된다. 아동과의 처음 세 회기 동안, 양육자는 치료사가 아동과 직접 상호작용하는 동안에 관찰한다. 양육자는 아동이 산만해지지 않는 눈에 잘 띄지 않는 장소에 앉거나 일방경[7] 뒤에 있는 두 번째 치료사와 함께 앉아 있을 수 있다. 네 번째 회기는 양육자와만 이루어진다. 이 회기에서 치료사는 처치 경과 및 목표에 대해 논의하고 특정 영역의 성장 영역 또는 요구를 보여주기 위해 양육자와의 비디오 클립(동영상)에 관해 함께 이야기 나눈다. 치

---

6 아동 돌봄이 문제라면 양육자와 치료사가 만나는 동안에 아동이 안전에 몰두할 수 없는데, 우리는 논의 시간이 있는 날에 좀 일찍 전화하도록 제안할 수 있다.

7 아동과 물리적으로 분리하는 데에는 몇 가지 예외가 있는데, 예를 들면 아동이 아주 어리거나, 아동이 두려워하거나 혹은 무서워하거나, 분리불안이 있거나, 아동이 최근에 입양 또는 양육자의 집에 왔을 때이다. 두 번째 치료사가 없다면 양육자가 일방경 뒤에 있어야 한다고 제안하지 않는다. 양육자가 경험과 연결시키지 않을 것이다.

료사는 또한 다가오는 회기에서 양육자의 적극적인 역할을 위해 준비시킨다. 5회기에서 8회기는 아동과 양육자가 참여한다. 9회기는 치료사와 양육자가 아동 없이 만나도록 계획한다. 회기의 패턴은 이런 방식으로 계속된다. 양육자와 아동이 있는 세 번의 회기와 양육자만 있는 회기는 한 번이다. 경도 및 중등도 문제를 갖고 있는 내담자의 치료 프로토콜은 25번의 회기가 진행된다. 건강한 양육자가 참여할 수 있는 사소한 문제의 내담자는 처치 시간이 단축될 수 있다. 보다 심각한 문제의 내담자의 경우 프로토콜의 연장을 요구할 수 있고 다른 처치 양식이 포함될 수 있다.

▶ 회기의 순서

회기는 '우리는 함께 놀 거야. 재미있을 거야.'라고 아동에게 신호하면서 놀이실에 장난스럽게 입장하는 것으로 시작한다. 놀이 공간은 시작하기 전에 미리 준비되어 있으며, 치료사는 아동이 쿠션이나 콩주머니에 앉도록 인도하고 아동 앞에 앉는다. 첫 번째 회기에서 치료사는 아동이 왜 거기에 있고, 그의 양육자가 어디에 있는지, 그리고 서로를 알기 위해 놀이를 할 것이라고 설명한다. 매 회기에는 몇 가지 의식 활동이 있다. 회기는 검사(check-up)하는 것으로 시작하는데, 예를 들면 아동의 반짝이는 눈, 긴 손가락, 강한 근육, 아동이 얼마나 높이 뛸 수 있는지와 같이 아동에 관한 특별한 것을 언급한다. 검사(check-up)는 종종 아동의 특별한 주근깨 또는 상처에 로션(로션을 좋아하지 않으면 가루)을 바름으로써 치료사가 양육을 제공하는 다음 활동으로 이어진다. 회기의 중간 부분은 처치 계획에서 확인된 구체적인 차원과 관련된 구체적으로 선택된 활동의 조합으로 되어 있다. 회기는 보통은 아동에게 약간의 음식을 먹이는 것을 포함하여 조용하고 양육적인 내용으로 끝난다. 어린 아동에게는 특별 노래가 있고, 나이든 아동에게는 특별 악수가 있다.

▶ 양육자 참여

양육자는 전형적으로 다섯 번째 회기에서 몇 가지 활동에 참여하기 시작한다. 양육자와 아동이 편안해짐에 따라 양육자의 참여 수준도 증가한다. 치료사-아동 관계에 먼저 초점을 맞추면 아동이 안전하고 돌보는 성인과 건강한 관계의 패턴을 경험하게 한다. 점차적으로 치료사로부터 새로운 기술이 양육자에게 이전되는 것을 격려한다. 시간이 지나면서 치료사의 지지와 함께 양육자가 회기에 더 많이 참여하고 더 많이 이끄는 역할을 하도록 장려하며 집에서 치료놀이를 연습하는 숙제를 내준다. 종료가 가까워지면서 양육자에게는 활동을 선택하고 전체 회기를 이끄는 권한이 부여된다.

치료사는 양육자가 참여를 준비하도록 돕고, 참여를 극대화하며, 가정에서 대리인 역할을 수행하도록 돕는 여러 가지 전략을 사용한다. 양육자 연습 회기는 준비를 위한 소중한 도구이며, 양육자 홀로 만남은 회기 내와 회기 밖에서 양육자의 성공을 축하하고 양육자가 당면한 어려움에 공감할 수 있는 기회가 된다. 이 회기들은 확신과 경쟁력을 촉진하기 위해 회기를 녹화한 비디오 일부를 검토하고 개선된 영역에 관해 함께 브레인스토밍하는 시간이 된다. 양육자와 치료사 사이에 형성되는 신뢰는 양육자가 임상가와 정직하게 이야기를 나누고 칭찬과 건설적인 피드백을 수용할 가능성을 증가시킨다. 이는 반대로 쌍(dyad) 관계에 대한 임상가의 이해를 증가시킨다.

양육자가 회기에 참여할 때 치료사는 먼저 아동과 활동을 하고, 아동이 반응을 잘하면 치료사는 양육자에게 아동과의 활동을 안내한다. 양육자가 활동을 하게 되면, 치료사는 아동과 양육자를 지지하고 격려하며, 예기치 못한 문제가 발생하면 치료사가 개입한다. 회기 내에서 언어적 및 비언어적 코칭은 양육자가 자녀와의 조율 및 연결되기 위해 양육자의 기대, 어조, 접촉 등을 조정하는 데 도움이 된다. 문제가 너무 복잡하거나 어려운 문제가 있을 때 치료사는 어려움을 탐색하고 그것을 해결하기 위해 양육자와의 회기 일정을 계획한다.

졸업

가족은 처치 목표를 달성했을 때 치료에서 졸업한다. 치료사와 양육자는 졸업 날짜에 동의한 다음에 전환에 대해 자녀와 이야기한다. 치료사는 "네가 나를 처음 만나러 왔을 때를 기억해보자. 너와 너의 아버지는 잘 지내지 못했기 때문에 둘이 잘 지내고 더 즐겁게 지내기 위해 도움을 청하려고 내 사무실에 처음 왔어. 자, 이제 이것이 너와 네 아빠에게 일어나고 있어. 이 말은 너의 가족이 치료를 졸업할 시간이라는 거야. 너는 이것에 대해 약간의 행복과 약간의 슬픔을 느낄 수도 있어. 앞으로 몇 주일 동안 그것에 대해 이야기할 거야. 나는 더 이상 너의 가족과 놀지 않는다는 것이 슬퍼. 하지만 나는 너와 네 아버지가 그렇게 잘하고 있고, 너와 아버지가 집에서 여전히 잘 지낼 것이라는 것이 매우 기뻐. 그래서 우리는 세 번 더 같이 놀 것이며 네 번째 모임은 함께 모여서 너의 졸업 파티를 할 거야." 치료사는 자신의 감정을 노출함으로써 건강한 관계를 시범 보이는 데 도움이 되며, 이것은 아동이 자신의 감정을 공유할 수 있도록 정직한 분위기를 만든다. 아동에게 일정 수의 회기를 제공하는 것은 관계를 끝내기 위한 준비를 시키려는 것이다.

졸업에 이르는 회기에서 아동은 치료적 관계의 끝냄과 관련된 슬픔, 분노, 좌절, 저항 또는 다른 감정들을 나타낼 수 있다. 아동의 감정을 인정하고 양육자가 편안함을 제공하도록 격려하는 것이 중요하다. 마지막 회기에서 치료사는 아동이 좋아하는 몇 가지 활동을 선택하고, 먹을 수 있는 특별 간식을 준비하며, 놀기를 지속하도록 격려하는 메모와 함께 활동 목록을 가족에게 줄 수도 있다.

 사례

여기에서는 앞에서 설명한 처치 단계를 예시할 수 있는 두 개의 다양한 사례연구를 제시한다.

사례 : 벤

벤의 어머니 로렌과 아버지 스콧은 결혼 생활을 '유지'하기 위해 열심히 노력했지만 몇 년 동안 참을 수 없는 긴장과 끊임없는 논쟁, 부부 상담이 실패한 후에 최종적으로 이혼을 결정하였다. 로렌과 스콧은 초기면담을 하려고 사무실에 함께 왔다. 나는 이 두 사람이 얼마나 잘 지내며 서로에게 얼마나 지지적인지에 놀랐다. 이들은 서로를 방해하지 않았으며, 명시적 또는 암묵적으로 다른 쪽을 얕잡아 보지 않았고, 아들을 돕기 위해 매우 강한 헌신을 표현했으며, 아들의 행동 때문에 얼마나 혼란되었는지에 대해 함께 이야기했다. 이들은 벤이 태어났을 때 얼마나 흥분하고 행복했는지에 대해 나에게 말했지만 첫돌이 되기 전에 집에는 긴장감이 가득했다. 로렌은 "우리가 함께 있으면 싸웠고, 이 멋진 발명품들, 휴대전화, 이메일, 문자 메시지는 우리가 떨어져 있을 때에도 싸움이 계속되도록 하는 데 일조했죠. 우리는 일치하는 것이 아무것도 없어요. 나는 새로 태어난 아기와 함께 모든 것이 혼자라고 느꼈어요. 스콧은 직장에서 점점 더 많은 시간을 보냈죠. 나는 그가 바람피우는 것을 두려워했지만, 그는 바람을 피운 것이 아니었고 단지 나와 집을 피했을 뿐이에요."라고 말했다. 스콧이 맞장구치기를 "좋지 않았지만 그나마 나은 쪽은 사무실이었습니다. 내 결혼 생활에서 모든 것이 완전히 잘못되고 있었고, 내가 벤과 함께 있을 때 아빠가 되는 것에 대해 아무것도 모르는 것 같았고 나는 결코 아무것도 잘할 수 없었어요. 우리는 잘하려고 노력했지만 그렇게 안 됐죠. 우리는 이혼 후에 훨씬 더 행복하다고 생각합니다." 로렌은 고개를 끄덕이며 말했다. "예, 우리는 행복하지만 벤은 확실히 아닙니다. 우리는 싸움과 부정하는 것을 끝내는 것과 모든 문제가 실제로 그를 도울 것이라고 생각했어요. 그 대신 우리는 전에는 보지 못했던 것을 보고 있어요."

이혼이 확정되었을 때 벤은 막 세 살이 되었고, 그들 모두는 벤의 첫 3년을 '격동, 혼란, 스트레스, 걱정'으로 묘사했다. 그러나 로렌은 이혼하기 전에 벤과의 어떠한 괴로운 행동도 언급하지 않았다. 임신 중 경험과 분만은 평온했고, 발달 이정표도 제시간에 성취했고, 약간의 감기 증상은 있었지만 심각한 의학적 질병이나 사고는 없었고, 인지발달은 궤도에 맞았고, 잘 먹었고, 대소변 훈련은 순조롭게 진행되었고, 잠을 잘 잤으며, 완전히 행복한 젖먹이이자 걸음마기를 보냈다. 이제 이혼한 지 7개월이 지났고 로렌과 스콧은 벤이 항상 징징거리고 자주 울고 거의 매일 밤 오줌을 쌀 뿐만 아니라 낮에도 오줌을 싸고 그가 좋아하던 음식을 더 이상 즐기지 않고 종종 먹기를 거부했으며, 그의 기질 폭발은 다루기 힘들고 머리를 바닥이나 벽에 박기 때문에 위험했다. 벤이 로렌과 함께 있을 때 그는 아빠 때문에 울었다. 스콧과 있을 때는 엄마 때문에 울었다.

로렌과 스콧은 모두 벤과의 처치에 참여하고 싶어 했다. 나는 이러한 배치에 회의적이었다. 그래서 이들의 관계가 갈등적이 아니며 함께 처치에 참여할 수 있는지를 확인하기 위해 개별적으로 만났다[8]. 이들은 이혼을 한 지금이 훨씬 더 잘 지내고 있다고 보고했다. 로렌은 "나를 나쁘다고 하지 마세요. 스콧과 다시는 결혼하고 싶지 않지만, 우리가 함께 사는 압력, 섹스, 돈, 우리 가족, 그 밖의 것들이 없는 지금은 우리의 우정을 거의 되찾은 것 같아요." 나는 처치 회기에서 둘을 모두 포함시키기로 했지만 초기면담 평가 과정의 일부로 이들을 개별적으로 만났다. 부모 각각을 분리해서 성인 애착 면담을 실시하여 이들의 부모 및 기타 중요한 사람들과의 관계에 대해 좀 더 알아보았고 부모는 각각 벤과 M1M을 수행했다.

M1M 분석은 각 쌍의 강점 몇 가지와 도움이 필요한 상호작용의 여러 영역을 보여주었다. 어머니와 함께, 벤은 양육 과제 동안에 매우 통제되어 있었다. 예를 들어 과제 3에서

---

8 대부분의 이혼 또는 별거한 커플들은 이들 관계의 속성 때문에 치료놀이에 함께 참여하지 않는다. 커플이 함께 있지만 아주 갈등적인 관계일 때 임상적으로 따로 작업하라고 지시할 수도 있다.

"성인과 아동은 각각 로션 병을 갖고 서로에게 로션을 바른다."(Booth & Jernberg, 2010, P. 521) 벤은 로션 병 2개를 잽싸게 잡고 어머니 팔에 대고 많은 양을 짠다. 어머니가 벤이 갖고 있는 로션 병 하나를 가져가려 할 때, 벤은 울기 시작하고 그녀에게서 그것을 멀리 하려고 했다. 로렌이 벤에게 로션을 조금 묻히려고 했을 때 그는 소리 지르면서 도망쳤다. 구조화를 수용하고 어머니의 지시를 따르는 데 극도로 어려움이 있었다. 두 번째 과제 "성인은 블록으로 구조물을 만든다. 그런 다음 아이에게 '너의 블록으로 이것과 똑같이 만들어.'"(p. 521)에서 벤은 어머니의 손에서 모든 블록을 재빨리 잡고 자신의 구조물을 만들기 시작했다. 로렌이 장난스럽게 그녀의 블록 세트를 되찾으려 할 때, 벤은 징징거리고 울기 시작했고 블록을 바닥에 던졌다. 양육 활동이나 도전 활동에 대한 저항과는 달리 벤은 즐거운 활동과 주의 끌기 활동에 참여시키려는 어머니의 아주 효과적인 언어적 및 비언어적인 노력에는 기쁘게 반응했다. 아버지와의 MIM에서 벤은 아주 유사하게 행동했다. 그는 양육 과제 동안에 통제권 다툼을 벌였고 구조화 과제 동안에 아버지의 지시를 수용하는 것이 어려웠다. 과제가 참여에 초점을 두었을 때 벤은 매우 협조적이고 상호작용하였다. 예를 들어 8번 과제에서 '성인과 아동은 서로 모자를 씌운다.' 벤과 스콧은 웃으면서 모든 모자를 서로의 머리에 씌우고 얼마나 바보같이 보이는지 낄낄거렸다.

나의 전반적인 인상은 벤의 행동적인 어려움은 이혼 그리고 새로운 생활 방식과 직접적으로 관련이 있었다. 엄마아빠와 반반씩 하는 생활에 적응하는 것이 그에게 피해를 가져왔다. 벤은 부모와의 관계에 대해 매우 혼란스러워했고 불확실성과 정서적 안정감이 결여되어 있었다. 그의 일차 애착 대상들이 떠남 또는 애착 대상들의 상실이 그의 행동에서 명백하게 드러났다. 나는 처치 과정이 상당히 짧을 것이라고 예상, 즉 8~14회 정도 예상했다. 기본 목표는 벤이 자신의 일차 애착 관계에서 안정감을 재확립하고 벤이 자신의 부모와의 순환적 분리를 처리하는 데 도움이 되는 전략을 로렌과 스콧에게 제공하는 것이었다.

나는 피드백을 논의하기 위해 개별적으로 부모를 만났다. 자금의 제약뿐만 아니라 로렌과 스콧은 가능한 한 빨리 벤과의 회기를 시작하고 싶어 했기 때문에 나는 피드백 논의와 부모 연습 회기를 결합했는데[9], 피드백 논의에 40분, 각 부모와의 연습에 20분이다. 얼굴에 미소를 지으며 벤의 첫 번째 치료놀이 회기에 로렌, 스콧, 벤이 왔다. 대기실에서 나는 벤의 어머니와 아버지에게 인사한 다음에 무릎을 꿇고 "안녕, 벤, 나 기억해? 나는 마리오 선생님이야. 오늘 너를 만나서 기쁘다. 악수를 하거나 하이파이브를 하지 않을래?" 나는 손을 내밀고 그는 힘차게 흔들었다. "와우, 그건 큰 악수야! 벤의 어머니 그리고 아버지, 내가 벤의 손을 잡고 우리가 놀이실로 내려가는 데 큰 걸음으로 몇 발작 걸리는지 해보아도 되나요?" 로렌과 스콧은 모두 고개를 끄덕여서 승인했고, 나는 벤의 손을 잡았

---

9 피드백 논의와 양육자 연습 회기의 결합이 이상적인 것은 아니지만 다양한 장면에서 또는 처치의 권위가 문제가 될 때에는 필요할 수도 있다.

고 어머니와 아버지가 우리를 따라 오라는 동작을 취했고, 내가 세는데 따라서 벤이 나에게 큰 걸음을 내딛도록 안내했고, "하나~아, 두~울, 세~엣, 너는 정말로 크게 걷는구나, 넷…… 열 셋, 와우, 여기까지 큰 걸음으로 열 셋이구나. 네가 앉는 특별한 자리는 큰 녹색 방석 위 이야. 여기 있는 의자 2개는 엄마와 아빠가 앉는 곳이야. 오늘, 엄마와 아빠는 여기 앉아서 우리가 노는 것을 볼 거야. 엄마아빠는 여기에 내내 있을 거야." 나는 부모가 개입하지 않을 때 벤이 항의할 수도 있다고 생각했지만 벤은 기꺼이 받아들이고 녹색 베개 위에 주저앉았다. 나는 "이제 또, 네가 먹는 것과 화장실 가는 것 그리고 집이 바뀔 때 엄마와 아빠가 보고 싶어서 힘든 시간이 있었다는 것을 알고 있고, 그래서 너무 마음이 아프구나."라고 말했다. "엄마아빠가 너를 아주 많이 사랑하고 기분이 나아지길 원해서 나에게 전화했어. 나는 아이들이 기분이 좋아지도록 도와준단다. 네가 내 사무실에 올 때, 엄마와 아빠는 나의 놀이실에 함께 오겠지만 엄마는 여전히 엄마 집으로 돌아가고 아빠는 아빠 집으로 갈 거야. 그들은 다시 같은 집에서 살지 않을 거야." 벤은 통찰력 있게 외쳤다. "그래서 이혼은 이혼이야." 그리고 나는 "그래, 맞아. 너의 엄마와 아빠는 이혼해서 더 이상 함께 살지 않는다는 의미야." 벤은 나를 의심스럽게 보고 그리고 "나는 이미 그것을 알고 있어요."라고 말했고 나는 "그랬구나, 너는 똑똑한 소년이구나!"라고 말했다.

첫 회기에서 벤은 아주 몰두해서 저항하거나 주저하지 않고 내가 계획한 모든 활동에 협조적으로 참여했다. 그는 내내 즐겼으며 미소, 웃음, 환희를 통해 기쁨을 전달했다. 다음으로 우리는 비니 방울 게임을 했는데, 나는 내 머리에 콩주머니를 얹고 셋까지 세었고 내 머리를 앞으로 기울였고 그리고는 벤이 비니를 그의 손에 잡아서 콩주머니를 그의 머리에 놓았고, 똑같이 했다. 벤은 내가 이끄는 대로 따라 하고 눈을 맞추고 그가 콩주머니를 잡았을 때 미소 짓고 웃었다. 그가 성공할 때마다 그는 자부심을 가지고 부모를 보았다. "봐요. 보세요, 엄마. 보세요, 아빠. 내가 했어!" 그들은 미소와 박수로 그의 열정에 응답했다. 벤은 내가 그에게 내미는 과자를 받았고 그의 부모와 MIM에서 그가 했던 통제하려는 방식을 시도하지 않고 반짝반짝 작은 별 노래를 수용했다. 그는 "엄마, 아빠, 그 노래 알아요?"라고 열심히 물었다. 회기가 끝날 때, 나는 벤이 그의 신을 신고 일어서는 것을 도와서 떠날 수 있게 도왔다. 그가 로렌과 함께 집에 가려 할 때, 나는 벤의 손을 로렌의 손에 얹고 "자, 네가 서로의 손을 놓지 않고 엄마 차에 갈 수 있는지 보자."라고 말했다. 로렌은 벤을 보고 "우리가 할 수 있다고 생각해!"라고 말했다. 벤은 "확실히 할 수 있다고 생각해."라고 말했다.

나는 다음날 로렌으로부터 이메일을 받았는데, 벤이 밤새도록 기분이 좋았고, 저녁식사까지도 게걸스럽게 먹었고 잠에서 깨어날 때나 잠 잘 때 오줌을 싸지 않았다. 로렌이 벤을 침대에 눕힐 때 벤이 요구해서 로렌이 반짝반짝 작은 별 노래의 가사를 물었고, 그러나 그녀는 가사를 전부 알지는 못했다. 스콧은 치료놀이회기에서 로렌의 보고 그리고 벤의 '참여'하는 태도에 대해 믿을 수 없다고 했다. 며칠 후 벤이 어머니 집에서 아버지 집으로 갔을 때 고통의 흔적이 다시 나타났는데, 즉 벤은 엄마가 보고 싶다고 울었고 먹는 것에는 관심이 없었지만 화장실 문제 또는 심각한 기질 폭발은 없었다. 우리는 벤이 장소가 바뀌는 것을 관리하도록 돕기 위한 다양한 전략을 세웠는데, 여기에는 장소를 이전할 때 물품, 같이 있지 않은 부모와 규칙적인 전화, 벤이 가지고 다니도록 부모의 사진과 부모의 집이 모두 들어 있는 사진첩이 있었다. 우리는 또한 벤이 이동을 쉽게 할 수 있도록 벤이 이동하는 날에 관한 치료놀이회기를 계획하기로 했다.

벤의 두 번째 및 세 번째 치료놀이회기는 첫 번째 회기와 아주 비슷했다. 그는 나와의 활동에 참여하게 되어 들떠 있었고, 아주 협조적이었으며 양육을 기꺼이 허용했다. 나는 4회기에서 로렌과 스콧을 만났다. 이들은 벤의 진전과 회기에 참가하는 것에 대한 자신들의 흥분을 표현했다. 이들은 둘 다 자신의 집에서의 행동이 크게 개선되고 있으며 우리가 논의한 전략을 따르고 있다고 보고했다. 나는 회기의 대부분을 다음 주의 참가를 위해 엄마와 아빠를 준비시키는 데 보냈다.

5회기를 하려고 치료실에 들어간 후에 장난스럽게 '쥐처럼 조용히' 하려고 애를 쓰고 녹색 베개에 벤을 앉힌 다음에, 나는 "오늘 우리는 게임을 몇 가지 함께할 것이고, 그다음에는 엄마와 아빠가 우리와 함께해서 우리 모두가 놀 것"이라고 말했다. 벤은 흥분하고 공감하면서 "네 네 네 네, 나는 엄마와 아빠는 놀지 않고 보기만 해서 슬프다고 생각해요."라고 반응했다. 나는 검사하기 시작했다. "네가 커다란 미소를 가지고 왔는지, 그리고 너의 강한 근육(벤은 그의 근육을 과시하기 위해 양쪽 팔을 들고 자신의 손가락을 펴면서 활짝 웃으며 그의 부모에게 신호를 보냈다), 손가락이 몇 개인지 보자. 하나, 둘, 셋 ······ 열, 훌륭해!" 나는 스티커 붙이기를 포함하여 몇 가지 활동을 그와 함께했고, 그다음에 그의 부모를 오라고 초대해서 벤의 양쪽에 있는 쿠션에 앉게 했다. 벤은 너무 흥분하여 "오, 세상에, 오, 세상에, 오, 세상에!" 하고 비명을 질렀고 스티커를 떼어내서 부모에게 맡기기 시작했다. 나는 "와우, 엄마와 아빠가 옆에 계셔서 네가 흥분했구나. 어머니, 잠시 시간을 내어 벤이 진정되도록 안아 주시겠어요? 아버지도 똑같이 할 수 있어요." 벤을 안아준 후에 그는 "재미있군요. 벤이 흥분하면 나는 대개는 안아주려고 하지 않고 그가 진정할 수 있게 손을 대지요. 그러나 안아주는 것이 실제로 그를 돕는 것 같아요."라고 말했다. 벤이 조절되어 있도록 벤의 팔을 한 손으로 잡으면서 나는 다음과 같이 말했다. "아버지 관찰이 훌륭해요. 이것은 우리가 이야기한 외부 조절의 한 가지 예입니다. 때때로 벤은 긍정적이거나 또는 부정적이거나 간에 감정에 의해 지나치게 흥분하게 되고, 여러분의 접촉은 그를 진정시키고 다시 연결시키는 데 도움이 됩니다. 벤이 자신의 에너지를 관리하는 데 어려움이 있을 때 벤을 지지하는 전략으로 접촉을 사용하는 것은 당신들 모두에게 훌륭한 방법이에요. 우리가 너무 오랫동안 이야기했어요. 이제 놀이로 돌아가고 다음 부모회기에서 이에 대해 더 이야기할 수 있습니다." 회기에서 로렌과 스콧은 내가 이끄는 대로 따랐는데, 이들은 벤의 성공에 대해 칭찬하고 적절한 반응을 보냈다.

5회기가 끝날 무렵 나는 로렌과 스콧이 다음 회기에 오기 전에 집에서 벤과 함께할 두 가지 활동을 따로 배정했다. 다음 주 벤과의 치료놀이회기를 시작하기 20분 전에, 로렌과 스콧은 모두 집에서 빵빵 자동차 경적과 비행기 타기를 했다고 보고했으며 로렌은 매일 밤 벤에게 특별한 반짝반짝 작은 별 노래를 부른다고 했다. 스콧은 또한 다음과 같이 말했다. "벤이 이번 주에 나와 함께 있을 때 엄마에 대해 물었지만 엄마가 보고 싶다고 요구하지 않았고 성질을 부리지도 않았습니다. 취침 시간에 나에게 특별 노래를 불러달라고 요구했는데 나는 그 노래를 알지 못했죠. 벤은 아주 실망했지만 그냥 내 무릎에 있었고, 엄마가 여기에 와서 자기에게 노래를 불러주었으면 좋겠다고 했어요. 당신도 알다시피, 내가 그와 정말로 잘 지낸 것은 처음이에요. 그것은 나를 화나게 하거나 당신[로렌]을 좌절시키지도 않았고, 내 기분을 상하게 하지도 않았어요.] 전에는 엄마에 대해 물어보거나 비명을 지르면, 나는 어떤 것도 할 수 없고 벤이 나를 원하지 않는다고만 느꼈죠."

정서적으로 유용한 로렌이나 스콧과 같은 고기능 양육자의 경우, 치료놀이 처치는 전형적인 25회기보다 짧을 수 있다. 8회기부터 로렌과 스콧은 치료놀이회기 전체에 적극적으로 참여했다. 나는 9회기에서 그들하고만 만났고 앞으로의 회기에서 벤과의 리더십 위치로 이동할 계획에 대해 함께 이야기를 나누었다. 나는 회기가 같은 방식으로 계속될 것인지, 그들이 집에서 할 과제를 수행할지에 대해서도 제안했고, 종료에 대한 논의를 시작해야 한다고 제안했다. 로렌과 스콧은 전환과 종료에 대해 매우 흥분했으며, 어머니는 장난스럽게 "오 세상에, 오 세상에, 오 세상에"라고 아들의 말을 반복했다.

10회기에서 12회기까지, 로렌과 스콧은 계획하기 회기에 참여하고 번갈아서 활동을 이끌었다. 나는 벤과 직접 상호작용하기보다는 약간 뒤로 물러나서 부모를 안내하고 코치하는 역할로 전환했다. 벤과 부모 간의 아주 질 높은 상호작용에 기초해서 가정에서 하는 과제를 늘렸고, 11주에서 12주 사이에 로렌과 스콧은 각기 집에서 치료놀이 전체 회기를 즐겼다. 다음 부모회의를 하는 13회기에서 로렌은 "우리는 벤이 돌아왔다고 생각해요. 그는 오줌을 싸지 않고 소동을 벌이지도 않아요. 정상적인 네 살짜리예요. 잘 먹고, 생각하는 것과 느끼는 것에 대해 진짜로 솔직해요."라고 말했다. 스콧은 "잘 지내는 것 같아요."라고 말했다. 나는 "정확하게 잘 지내는 것이 무엇인가요?"라고 물었고 그는 "우리 둘 다 여전히 그를 사랑하고, 우리는 더 이상 싸우지 않고 있으며, 우리 중 어느 누구도 그를 떠나지 않을 것입니다."라고 말했다.

부모회기의 말미에 우리는 종료할 때가 되었다는 데 동의했고, 그래서 함께 계획을 세웠다. 로렌과 스콧이 이끌었던 14회기에서 우리는 벤에게 "너, 엄마, 아빠는 네가 기분이 좋아질 수 있도록 돕기 위해 나에게 왔으며, 너의 가족 세 사람은 서로 잘 지내는 좋은 방법을 찾는 것에 대해 잘해주었다. 너는 나에게 더 이상 올 필요가 없어. 가족이 치료놀이를 졸업할 때가 되었어."라고 말했다. 벤은 "졸업, 유치원 졸업 같은 거예요? 모자와 케이크 같이?"라고 말했고 나는 "맞아, 우리는 모자와 케이크가 있어야 한다고 생각해. 아주 좋은 생각이야. 그래서 너와 엄마, 아빠가 두 번 더 올 것이고, 네가 두 번째 시간에 오면 우리는 졸업 파티를 할 거야. 파티가 끝나면 엄마 집에서 엄마와 놀 것이고 아빠와는 아빠 집에서 놀 거야. 네 생각은 어때?"라고 말했다. 벤은 이마를 찡그리며 잠시 생각하고는 "글쎄, 나는 마리오 선생님을 좋아하지만, (아빠에게 기대며) 우리 집에서 과자를 먹는 것이 좋고, (엄마에게 기대며) 엄마 집에서 특별 노래를 엄마가 아주 많이 부르는 것이 좋아요."라고 말했다. 나는 "벤, 솔직히 말해줘서 고마워. 나도 네가 보고 싶을 거야. 나는 너랑 네 엄마아빠랑 놀아서 아주 기뻐. 그러나 엄마와 아빠와 함께 집에서 노는 것은 아주 멋질 거야."라고 말했다.

　2주 후, 16회기에서 가족은 치료를 종료했다. 나는 종료 후 3개월에 한 번 로렌과 스콧을 만나서 지지를 해주고 그들이 가정놀이회기를 계속하도록 격려했다.

　스콧과 벤은 여전히 매주 전체 치료놀이회기를 하였고 로렌은 매주 활동을 하고 격주로 전체 놀이회기를 하고 있다고 보고했다. 부모 모두 벤의 경미한, 발달상으로 적절한 곤란한 행동을 설명했지만 다시 치료에 올 필요는 없다고 생각했다.

사례 : 이본

이본(15세)은 사촌(19세)과 그의 여자 친구(16세)가 총에 맞아 살해당하는 것을 목격한 후에 14세 때부터 자해하기 시작했다. 학교 당국은 이본의 어머니인 패트리스에게 이본의 팔과 다리에 드러난 상처와 흉터가 교사와 학생들을 산만하게 만들기 때문에 정신과 평가와 상담을 받지 않으면 제적될 것이라고 말했다. 이본은 또한 학교 화장실에서도 자해를 했는데 학교에는 그녀를 감시하고 안전하게 지켜줄 수 있는 장비가 없었다.

　이본의 어머니 패트리스가 나에게 연락했으며 실행상의 다양한 이유로 아파트에서 회기를 진행하기로 했다.

　아파트에 도착해서 나는 심리사회적 평가를 끝내고 치료 과정과 처치 목표를 어떻게 설정할지에 대해 논의했다. 패트리스는 질문에 대해 솔직하게 대답했지만, 내가 처치에 그녀가 참여하는 것을 언급했을 때 패트리스는 단호하게 거절했다. 나는 이본에게 관심을 돌렸는데, 내가 그녀에게 말할 때 그녀는 매우 수줍어했다. 이본은 눈을 마주치지 않았고, 내 질문에 대한 반응에서 '예' 또는 '아니요'라고 머리를 흔들었고, 근심스럽게 그녀의 낡은 스웨터에서 작은 보풀들을 잡아 떼냈다. 내가 개방형 질문을 했을 때 그녀는 마치 "나는 모른다."고 말하는 것처럼 어깨를 으쓱했다. 패트리스가 이본을 윽박질렀다. "보니, 마리오 선생님이 너를 돕기 위해 오셨어. 네가 자해하는 것을 멈출 수 있도록 선생님에게 말해야 해. 네가 이 일을 하지 않으면 너는 벌을 받을 거야." 나는 조심스럽게 개입했다. "패트리스, 이건 정말로 당신을 좌절시키고 힘든 일입니다. 나는 이본이 나아지기를 당신이 원한다는 것을 알고 있습니다. 당신이 말했듯이, 이본은 사촌과 그의 여자 친구에게 일어난 일을 목격한 이후에 말이 없어졌습니다. 지금 저는 낯선 사람입니다. 그래서 이본과 당신이 나를 신뢰하고 나와 이야기하고 싶어 하려면 시간이 좀 걸릴 것이고, 그래도 괜찮습니다. 우리는 서로에 대해 알게 되면서 꽤 좋은 출발을 하고 있습니다. 그리고 나는 이본과 당신을 만나기 위한 일정을 짜고 싶습니다.”

2회기와 3회기는 매우 어려웠다. 나의 목표는 신뢰를 구축하고 이본에 대해 더 많이 알게 되는 것이지만, 그녀의 비언어적인 의사소통과 언어적 의사소통의 심각한 결여는 메시지를 크고 분명하게 보내는데, 그것은 나와 말하는 데 관심이 없다는 것이다. 우리는 방해도 많았다. 그녀의 형제들과 친구들은 아파트에서 크게 소리 지르며 뛰어다녔다. 패트리스는 거실에서 TV를 보았고 여러 명의 친구가 아파트에 드나들었다. 그녀의 친구가 올 때마다, 그녀는 이본의 문제에 대해 자세히 말했고, 이본이 왜 그렇게 어려웠는지, 그리고 내가 그녀를 고치기 위해 거기에 있다는 것을 알지 못하는 것이 분명했다. 그녀는 또한 이본의 ‘문제’가 얼마나 많은 세탁물을 만들어내는지에 대해 불평했고 내가 이본의 팔과 다리를 보지도 않았기 때문에 나에게 의구심을 나타냈다. 환경은 치료적 작업에 도움이 되지 않았고 이본이 솔직해져서 나에게 자신을 드러낼 수 있을 만큼 충분히 안전함을 제공하지도 않았다.

좀 더 치료적인 환경을 조성하기 위해, 패트리스와 관리 직원의 허락을 얻어서 현장 사무실 하나에서 이본과의 회기를 했다. 네 번째 회기부터 작고 조용한 사무실에서 만났다. 나는 이본에게 의사소통을 위한 비언어적 옵션들을 제공하기 위해 표현적 미술 재료를 가져왔다. 그녀는 색칠하거나 그리거나 점토 만들기에 관심이 없었다. 한순간 그녀가 멋쩍게 올려다보자, 나는 그녀에게 눈을 두 번 깜박였고, 그녀도 두 번 깜박여주었고, 내가 눈을 네 번 깜박이자, 그녀도 나에게 네 번 깜박여주었다. 이런 패턴의 상호작용이 계속되었고 이본이 눈을 피하기 전에 우리는 여러 가지 교환을 했다. 우리는 마침내 간단하게, 비언어적이지만 확실한 교환을 주고받았다. 나는 그 주일에 슈퍼바이저와 만났고 대화치료의 인지적 수준보다는 그녀가 경험적으로 우뇌 수준에 도달할 수 있도록 이본과의 치료놀이 사용에 대해 논의했다.

나는 패트리스를 핵심 일원으로 유지하기 위해 그녀에게 전화를 걸어 치료놀이에 대해 설명했고, 그녀의 반응은 “나는 상관없다. 무엇을 하든지.”였다 우리가 다섯 번째 회기를 시작할 때, “이본, 우리는 여전히 서로에 대해 잘 몰라. 네가 어떻게 느끼고 네가 경험한 것에 대해 말을 한다는 것은 우리가 서로에 대해 많이 알지 못하기 때문에 특히 나에게 말하는 것이 지금은 너무 어려워. 누군가를 아는 가장 좋은 방법 중 하나는 함께 어떤 활동을 하는 것이라고 생각해. 그래서 나는 우리 둘이 서로에 대해 알게 되도록 몇 가지 일을 계획했고 아마도 조금은 재미있을 거야. 그것들을 한번 해볼까?” 이본은 네라고 머리를 끄덕였지만 눈 맞춤은 하지 않았다. 나는 그녀의 수동성을 염려해서 “이본, 나는 이 활동들이 우리 둘 다에게 재미있었으면 좋겠다. 그래서 만약 우리가 함께하는 것이 네가 즐겁지 않거나 너에게 편안한 느낌이 들지 않는다면 너의 말, 너의 얼굴, 또는 너의 몸으로 나에게 말할 수 있어. 너는 손을 이렇게 (한 손을 들어서 나타내는 것) 올려놓을 수 있고 나는 네가 다른 것을 하고 싶다는 것을 알게 될 것이고, 매우 가까이에서 지켜보게 될 거야."

이본은 우리의 첫 번째 치료놀이회기가 걱정이 되었지만 이전 회기에서처럼 철회하지는 않았다. 이본의 비언어적 단서는 내가 그녀의 손, 팔, 발을 크레페 종이로 측정함으로써 그녀를 몰입시키려 했을 때 조심스러운 호기심을 나타냈다. 이본의 얼굴은 그녀의 발이 그녀의 손보다 더 길다는 것을 알았을 때 놀라움을 전했으며, 나는 처음으로 약간의 미소를 보았다. 이본은 내 질문에 대한 대답으로 그녀의 머리를 "예" 또는 "아니요"로 흔들었지만 언어적 반응은 하지 않았다. 이본은 방어적인 태도로 소극적이었지만 내가 계획한 모든 활동에 참여했다. 회기가 끝날 즈음에 나는 "마지막에 하는 일 중 하나는 약간의 간식이다. 나는 보통은 내담자의 입에 비스킷을 넣어주지만, 네가 그것이 편안할지 모르겠구나?"라고 말하였다. 이본이 수줍게 말하기를 "그건 좀 이상해요." 나는 그녀의 목소리를 듣고 제한을 설정하는 것에 흥분했다. 나는 "네가 좋지 않다고 생각하는 것을 알게 해주어서 정말 고마워. 나는 너의 경계를 분명히 존중하고 싶어. 너는 비스킷 좋아하니?" 이본은 '예'라고 고개를 끄덕였다. "좋아, 그럼 오늘은 비스킷을 네 손에 놓고 너 스스로 먹을 수 있을 거야. 앞으로는 내가 너를 먹여주는 것이 편안할 거야. 차차 알게 되겠지." 이본이 비스킷을 조용히 씹어 먹었다. 다 먹었을 때 또 하나를 달라고 손을 내밀었다.

우리의 두 번째 치료놀이회기(우리가 만난 여섯 번째 시간)는 첫 번째 회기와 매우 유사했다. 이본은 호기심을 가지고 참여했지만 회의적인 시선이었다. 그러나 내가 다음 회기에 이본과 만났을 때, 그녀는 나를 놀라게 했다. 처음 나를 보았을 때 그녀는 미소를 지었고, 그러고는 스웨터 셔츠를 걷어서 자신의 팔에 아직도 아물지 않은 스스로 자해한 상처뿐 아니라 많은 흉터를 보여주었다. 나는 전에 그녀의 팔을 본 적이 없었고 나는 그녀의 취약한 부분에 주의를 환기시키고 싶지 않았기 때문에 그때는 아무것도 언급하지 않기로 했었다. 내가 검사를 해서 팔 위에 있는 상처와 특별한 지점에 주목했을 때, 그녀는 나와 관심사를 공유했다. 이본은 내가 그녀 팔에 있는 상처를 발견하고 상처 부위에 로션을 바를 때 수줍어하고 놀라는 것 같았다. 그녀는 고개를 숙이고 부끄러워했지만 내가 "이본, 때때로 이것은 내면이 아프고 외부에서 상처를 입으면 고통을 덜어 줄 수 있다는 것을 알아. 또는 네가 무감각해질 때 무언가를 느끼는 데 도움이 될 수도 있어."라고 말할 때 그녀는 나를 올려다보았다. 눈을 맞추면서 나는 "모든 종류의 상처, 즉 내면, 외부, 다른 사람의 상처, 우리 자신의 상처는 관심이 필요해. 나는 이 상처들을 볼 때마다 이 상처들을 돌보려고 해. 언젠가는 우리가 이것들에 대해 이야기를 하겠지만, 아직은 네가 그 준비가 되어 있다고 생각하지 않아. 서로에 대해 알고 신뢰할 수 있도록 계속 작업하자." 우리 둘 사이의 이러한 개방적인 교류가 이본의 처치의 전환점이 되었다. 그녀는 내가 계획한 모든 활동에 맹목적으로 참여하는 것이 아니라 즉시 몰입하기 시작했다. 그녀는 좀 더 언어적이고 신체적으로 적극적이 되었고, 웃고 농담을 했다.

처치의 속도를 맞추기 위해 나는 총 10회기의 순수한 치료놀이를 지속하기로 계획했고 그다음에 나는 재평가하고 처치에 다른 치료 양식의 통합을 고려할 것이다. 나의 주된 목표는 이본이 장난스럽고 여리고 정직해지며 자신이 느끼고 있는 감정의 범위를 경험할 수 있는 안전한 공간을 조성하는 것이었다. 12회기에, 내가 원래 계획했던 10회기보다 2회기가 적은 여덟 번째 치료놀이회기에 이본은 내가 그녀에게 했던 계획을 바꾸었다. 먹여주는 시간이었고 나는 거미즈(gummies)를 꺼내었고, 이전 회기에서 우리의 패턴이었던 이본의 손에 하나를 놓으려고 준비했고, 그녀는 입을 벌리고 먹여달라고 나에게 신호를 보냈다. 나는 그녀에게 먹여주었고, 내가 그녀에게 계속 먹여주면서 우리는 그녀가 가장 좋아했던 색에 대해 수다를 떨었다. 모든 거미즈가 사라지고 이본은 "나는 정말로 정말로 이 놀이 하는 것을 좋아해요. 나는 기분이 좋아요. 자유로움 또는 무언지는 모르겠어요. 나는 나 자신이 좋은 것 같고 멈추고 싶지 않지만 나는 무엇인가도 말할 준비가 되었다고 생각해요."라고 말했다. 나는 "이본, 나도 전적으로 동의해. 우리가 놀 때 너는 아주 자유로워 보이고, 미소 짓고 네가 즐겁게 지내는 것을 보는 것은 신선해. 나 또한 지난 2주 동안 너의 팔에 새로운 상처가 없다는 데 주목했어. 나는 네가 너 자신을 있는 그대로 보일 수 있을 만큼 충분히 나를 신뢰하게 되어서 아주 기쁘고, 네가 겪은 것의 일부를 이야기하기를 기대하고 있어. 우리는 놀이를 멈출 필요가 없으며, 치료에서 놀고 말할 수 있어. 네 생각은 어때?"

여덟 번의 치료놀이회기를 마친 후, 외상집중 인지행동치료(Cohen, Mannarino, & Deblinger, 2012), 모래상자치료(Homeyer & Sweeney, 2010), 안구운동 둔감화 및 재처리(Lovett, 2007; Shapiro, 2006)를 포함해서 처치에 여러 양식을 통합했다. 패트리스는 이본의 기분과 태도가 개선되었고 더 이상 자해하지 않는다고 보고했다. 학교 관계자는 이본이 수업에 참여하기 시작했으며 더 이상 걱정하지 않는다고 전했다. 이본은 42회기 후[10]에 졸업했고 "이 모든 것을 다 해내서 기뻐요. 나는 더 나은 삶을 살 거라고 생각해요. 내 눈이 완전히 다른 눈이 된 것 같은 기분이에요. 내가 새로운 안경 같은 것을 쓴 것처럼."이라고 말했다.

치료놀이 처치 결과 연구

치료놀이는 California Evidence-Based Clearinghouse(2009년 12월)에서 '유망한 연구 증거'를 나타내는 것으로 평가되고 있다. Clearinghouse는 1~5등급으로 프로그램을 평가한다. 1~3등급은 프로그램이 연구에 의해 잘 지지된다는 것을 나타내며, 1등급이 가장 높은 평가이다. 치료놀이는 3등급으로 다음 기준을 충족하는 것으로 판정되었다.

---

[10] 심각한 외상을 겪은 내담자의 처치는 전형적으로 치료놀이 처치의 프로토콜보다 더 오래 걸린다.

- 통제의 일부 형태를 활용한 두 개의 동료 검토 연구가 출판되었다.
- 결과 자료는 치료놀이의 이점을 지지한다.
- 매뉴얼을 이용할 수 있다. 즉, 치료놀이 : 부모와 아동이 애착 중심 놀이를 통해 더 나은 관계를 형성하도록 돕기(Booth & Jernberg, 2010).
- 치료놀이는 가능한 이익에 비해 내담자에게 해를 입힐 상당한 위험이 있다는 경험적 또는 이론적 증거가 없다.

치료놀이는 또한 '정신건강'이라는 우산 아래에 있는 아동 복지, 청소년 사법 및 정신건강 시스템에 대한 아동 및 청소년을 위한 예방과 중재 서비스에 대한 워싱턴 주의 증거중심, 연구 기반, 유망한 실천 연구에 의해 유망한 실행으로도 평가되었다.

학술지에 동료 검토로 출판된 연구 : 통제연구

Kim, Y. K. (2010). The effect of group Theraplay on elderly women living alone. *Korean Journal of Play Therapy*, *13*(4), 153–169.

Kim, Y. K. (2011). The effect of group Theraplay on self-esteem and depression of the elderly in a day care center. *Korean Journal of Counseling*, *12*(5), 1413–1430.

Siu, A. F. Y. (2009). Theraplay in the Chinese world: An intervention program for Hong Kong children with internalizing problems. *International Journal of Play Therapy*, *18*(1), 1–12.

Weir, K. N., Lee, S., Canosa, P., Rodrigues, N., McWilliams, M., & Parker, L. (2013). Whole family Theraplay: Integrating family systems theory and Theraplay to treat adoptive families. *Adoption Quarterly*, *16*(3–4), 175–200.

Wettig, H. G., Coleman, A. R., & Geider, F. J. (2011). Evaluating the effectiveness of Theraplay in treating shy, socially withdrawn children. *International Journal of Play Therapy*, *20*(1), 26–37.

학술지에 동료 검토로 출판된 연구 : 모델 검토 연구

Mäkelä, J. (2005). The importance of touch in the development of children. *Finnish Medical Journal*, *60*, 1543–1549.

Mäkelä, J., & Salo, S. (2011). Theraplay—vanhemman ja lapsen välinen vuorovaikutushoito lasten mielenterveysongelmissa [Theraplay—parent-child interaction treatment for children with mental health problems]. *Duodecim*, *127*, 29–39.

학술지에 동료 검토로 출판된 연구 : 사례 및 프로그램 설명

Bennett, L. R., Shiner, S. K. & Ryan, S. (2006). Using Theraplay in shelter settings with mothers and children who have experienced violence in the home. *Journal of Psychosocial Nursing and Mental Health Service*, *44*(10), 38–47.

Fuller, W. (1995). Theraplay as a treatment for autism in a school-based day treatment setting. *Continuum: The Journal of the American Association for Partial Hospitalization 2*(2), 89–93.

Robison, M., Lindaman, S., Clemmons, M. P., Doyle-Buckwalter, K., & Ryan, M. (2009). "I deserve a family": The evolution of an adolescent's behavior and beliefs about himself and others when treated with Theraplay in residential care. *Child and Adolescent SocialWork Journal*, *26*(4), 291–306.

기타 간행물

Mäkelä, J., & Vierikko, I. (2005). *From heart to heart: Interactive therapy for children in care*. Report on the Theraplay project in SOS children's villages in Finland 2001–2004. Espoo, Finland: SOS Children's Villages Association.

Salo, S., Lampi, L., & Lindaman, S. (2010). Use of the emotional availability scales to evaluate attachment-based intervention-Theraplay -in substance abusing mother-infant dyads in Finland. *Infant Mental Health Journal Supplement*, *32*, 77.

출판 계류 중인 기타 연구

Howard, A. R. (2009). *An evaluation of Theraplay using a sample of children diagnosed with Pervasive Developmental Disorder (PDD) of mild to moderate autism.* Unpublished manuscript, TCU Institute of Child Development, Department of Psychology, Texas Christian University.

Mäkelä, J., Salo, S., Lassenius-Panula, L., Korja, R., Flykt, M., & Punamaki, R.-L. (2013). Two studies evaluated the impact of Theraplay intervention on parent-child interaction quality and child well-being. Subjects in study #1: child-parent dyads from child psychiatric hospital units. Study #2: foster child-parent dyads living in SOS-children's village.

Salo, S., Mäkelä, J., Flykt, M., & Biringen, Z. Does Theraplay increase emotional availability among substance-abusing mothers and their infants? Manuscript submitted for publication.

결론

전 세계의 많은 사람들이 좋지 않은 정신건강 때문에 고통, 스트레스, 일상에서 어려움을 겪고 있다. 관계성이 스트레스의 근원이 될 수 있지만, 종종 치유를 위한 자원이 될 수도 있다. 샘과 벤의 부모는 지원, 교육, 지도를 해서 치유와 회복의 근원이 될 수 있었다. 불행하게도 이본의 어머니는 이본의 치유 과정에서 적극적인 역할을 하는 입장이 아니었지만 치료사와의 진솔한 관계는 이본의 치료적 변화를 촉진했다. 관계의 치유력은 과소평가되지 않아야 한다. 치료놀이는 가족들이 서로 재연결하도록 도와주고 정서적으로 서로 지지하도록 경험적으로 가르친다. 내담자의 어머니는 "우리가 이것(치료놀이)을 시작했을 때 나는 무엇을 기대해야 할지 몰랐다. 나는 아들이 어떻게 반응할지, 그것이 도움이 될 것인지 여부를 몰랐다. 그러나 14세의 '거친 녀석'이 내 눈앞에서 아기가 되는 것을 지켜보면서 나의 두려움은 사라졌다. 그는 놀았고, 그는 웃었고, 그는 자신이 내게 여린 모습을 보이고 내가 그를 편안하게 했다. 그가 우리에게 왔을 때 네 살이었기 때문에 나는 그를 아기 때 돌보지 않았었고, 항상 내 마음이 뻥 뚫린 것 같았다. 나는 더 이상 구멍을 느끼지 않으며, 나는 그 역시도 그렇지 않을 것이라고 생각한다."고 말했다.

참고문헌

Achenbach, T. M., & Rescorla, L. A. (2001). *Manual for the ASEBA school-age forms and profiles.* Burlington: University of Vermont, Research Center for Children, Youth, and Families.

Ainsworth, M. D. S., Blehar, M. C., Waters, E., & Wall, S. (1978). *Patterns of attachment: A psychological study of the strange situation.* Hillsdale, NJ: Erlbaum.

American Psychiatric Association (2013). *Diagnostic and statistical manual of mental disorders* (5th ed.). Washington, DC: Author.

Baumrind, D. (1991). The influence of parenting style on adolescent competence and substance use. *Journal of Early Adolescence, 11*(1), 56-95.

Beck, A. T., Steer, R. A., & Brown, G. K. (1996). *Manual for the Beck depression inventory-II.* San Antonio, TX: Psychological Corporation.

Booth, P. B., Christensen, G., & Lindaman, S. (2011). *Marschak interaction method (MIM): Manual and cards* (3rd ed.). Chicago, IL: Theraplay Institute.

Booth, P. B., & Jernberg, A. (2010). *Theraplay: Helping parents and children build better relationships through attachment-based play* (3rd ed.). San Francisco, CA: Jossey-Bass.

Booth, P. B., Lindaman, S., & Winstead, M. L.-R. (2014). Theraplay in reunification following relational trauma. In C. A. Malchiodi & D. A. Crenshaw (Eds.), *Creative arts and play therapy for attachment problems* (pp. 130-157). New York, NY: Guilford Press.

Booth, P. B., & Winstead, M. L.-R. (2015). Theraplay: Repairing relationships, healing families heal. In D. A. Crenshaw & A. L. Stewart (Eds.), *Play therapy: A comprehensive guide to theory and practice* (pp. 141-155). New York, NY: Guilford Press.

Bowlby, J. (1988). *A secure base: Parent-child attachment and healthy human development.* New York, NY: Basic Books.

Bowlby, J. (1982). *Attachment and loss: Attachment.* New York, NY: Basic Books. (Original work published 1969).

Brazelton, T. B. (1990). Touch as a touchstone: Summary of the round table. In K. E. Barnard & T. B. Brazelton (Eds.), *Touch: The foundation of experience* (pp. 561–5660). Madison, WI: International Universities Press.

Brennan, C. (1998, Summer). Theraplay in a residential setting. *The Theraplay Institute Newsletter*, 8–9.

Brown, S., & Vaughan, C. (2010). *Play: How it shapes the brain, opens the imagination, and invigorates the soul.* New York, NY: Avery Trade.

Cohen, J. A., Mannarino, A. P., & Deblinger, E. (Eds.). (2012). *Trauma-focused CBT for children and adolescents: Treatment applications.* New York, NY: Guilford Press.

Conners, C. K. (2008). *Manual for Conners rating scale.* New York, NY: Multi Health System.

Cozolino, L. (2010). *The neuroscience of psychotherapy: Healing the social brain* (2nd ed.). New York, NY: Norton.

Crittenden, P. M. (1994). *Preschool assessment of attachment manual.* Unpublished manuscript, Family Relations Institute,Miami, FL.

Crittenden, P.M. (2003). *CARE-index manual.*Miami, FL: Family Relations Institute.

Crittenden, P. M. (2005). *School-age assessment of attachment coding manual.* Unpublished manuscript, Family Relations Institute,Miami, FL.

Crittenden, P. M., Koslowska, K., & Landini, A. (2010). Assessing attaching in school-age children. *Child Clinical Psychology and Psychiatry, 14,* 185–208.

Devereaux, C. (2014). Moving with the space between us: The dance of attachment security. In C. A. Malchiodi and D. A. Crenshaw (Eds.), *Creative arts and play therapy for attachment problems* (pp. 84–99). New York, NY: Guilford Press.

DeWolff, M. S., & van Ijzendoorn, M. H. (1997). Sensitivity and attachment: A meta-analysis on parental antecedents of infant attachment. *Child Development, 86*(4), 571–591.

Fonagy, P., Gergely, G., Jurist, E. L., & Target, M. (2002). *Affect regulation, mentalization, and the development of the self.* New York, NY: Other Press.

Gaskill, R., & Perry, B. D. (2014). The neurological power of play: Using the neurosequential model of therapeutics to guide play in the healing process. In C. A. Malchiodi & D. A. Creshaw (Eds.), *Creative arts and play therapy for attachment problems* (pp. 178–194). New York, NY: Guilford Press.

George, C., Kaplan, N., & Main, M. (1985). *An adult attachment interview: Interview protocol.* Unpublished manuscript, University of California, Berkeley.

Grotberg, E. H. (1997). The international resilience project: Findings from the research and the effectiveness of interventions. In B. Bain, H. L. Janzen, J. G. Paterson, L. L. Stewin, & A. Yu (Eds.), *Psychology and education in the 21st century: Proceedings of the 54th Annual Convention of the International Council of Psychologists.* Edmonton, Canada: IC Press.

Hart, S. (2008). *Brain, attachment, personality: An introduction to neuroaffective development.* London, England: Karnac Books.

Homeyer, L. E., & Sweeney, D. S. (2010). *Sandtray: A practical manual* (2nd ed.). New York, NY: Routledge.

Hughes, D. A. (2007). *Attachment-focused family therapy.* New York, NY: Norton.

Hughes, D. A., & Baylin, J. (2012). *Brain-based parenting: The neuroscience of caregiving for healthy attachment.* New York, NY: Norton.

Iacoboni, M. (2008). *Mirroring people: The science of empathy and how we connect with others.* New York, NY: Farrar, Straus and Giroux.

James, B. (1989). *Treating traumatized children: New insights and creative interventions.* Lexington, MA: Lexington Books.

Jernberg, A. (1979). *Theraplay: A new treatment using structured play for problem children and their families.* San Francisco, CA: Jossey-Bass.

Jernberg, A., & Booth, P. B. (1999). *Theraplay: Helping parents and children build better relationships through attachment-based play* (2nd ed.). San Francisco, CA: Jossey-Bass.

Jernberg, A., Hurst, T., & Lyman, C. (1969). *Here I am* [16 mm film]. Evanston, IL: The Theraplay Institute.

Jernberg, A., Hurst, T., & Lyman, C. (1975). *There he goes* [16 mm film]. Evanston, IL: The Theraplay Institute.

Lampi, H. (n.d.). *Theraplay with a sensitive toddler born prematurely.* Retrieved from http://www.Theraplay.org

Lovett, J. (2007). *Small wonders: Healing childhood trauma with EMDR.* New York, NY: Free Press.

Mäkelä, J. (2003, Fall/Winter).What makes Theraplay effective? Insights from developmental sciences. *Theraplay Institute Newsletter,* 9–11.

Mäkelä, J. (2005). Kosketukesen merkytys lapsen kehityksess [The importance of touch in the development of children]. *Finnish Medical Journal, 60,* 1543–1549.

Munns, E. (2000). (Ed.) *Theraplay: Innovations in attachment enhancing play therapy.* Northvale: NJ: Jason Aronson.

Munns, E. (2009). (Ed.) *Applications of family and group Theraplay.* New York, NY: Jason Aronson.

Myrow, D. (1999/2000,Winter). Theraplay for children with ADHD. *The Theraplay Institute Newsletter,* 3–6.

O'Connor, K. J. (2004, Spring). Creating a coherent attachment history: Combining Theraplay and cognitive-verbal interventions. *The Theraplay Institute Newsletter,* 5–8.

Panksepp, J. (2013). Affective neuroscience: Implications for understanding emotional feelings and development of new therapeutics. In D. J. Siegel and M. Solomon (Eds.), *Healing moments in psychotherapy* (pp. 169–193). New York, NY: Norton.

Porges, S.W. (2011). *The polyvagal theory: Neuropsychological foundations of emotions, attachment, communication, and self-regulation.* New York, NY: Norton.

Pynoos, R., Rodriguez, N., Steinberg, A., Stuber, M., & Frederick, C. (1998). *UCLA PTSD index for DSM-IV*. Los Angeles: UCLA Trauma Psychiatry Program.

Reiff, M. (1994, Spring). Theraplay for children with PDD/Autism. *The Theraplay Institute Newsletter*, 1-7.

Robison, M., Lindaman, S., Clemmons, M. P., Doyle-Buckwalter, K., & Ryan, M. (2009). "I deserve a family": The evolution of an adolescent's behavior and beliefs about himself and others when treated with Theraplay in residential care. *Child and Adolescent Social Work Journal, 26*(4), 291-306.

Rubin, P. B., & Tregay, J. (1989). *Play with them—Theraplay groups in the classroom: A technique for professionals who work with children*. Springfield, IL: Thomas.

Rubin, P. B., & Winstead, M. L. R. (in press). Inklusion - leg - bønegrupper: Udvikling af prosociale fælesskaber [Classroom fun: How group theraplay improves social and emotional development]. Copenhagen, Denmark: Hans Reitzels Forlag.

Salo, S. (2014, Summer). Theraplay during and after pregnancy: Building ways of being together. *The Theraplay Institute Newsletter*, 9-14.

Schieffer, K. (2013). *Sunshine Circles: Nurture your classroom with play*. Evanston, IL: The Theraplay Institute.

Schore, J. R., & Schore, A. N. (2008). Modern attachment theory: The central role of affect regulation in development and treatment. *Clinical Social Work Journal, 36*, 9-20.

Shahmoon-Shanok, R. (1997). Giving back future's promise: Working resourcefully with parents of children who have severe disorders of relating and communicating. *Zero to Three, 17*(5), 37-48.

Shapiro, F. (2006). *Eye movement desensitization and reprocessing (EMDR): Basic principles, protocols, and procedures* (2nd ed.). New York, NY: Guilford Press.

Siegel, D. J. (2006). An interpersonal neurobiology approach to psychotherapy. *Psychiatric Annals, 36*(4), 248-256.

Siegel, D. J., & Hartzell, M. (2003). *Parenting from the inside out*. New York, NY: Jeremy P. Tarcher/Putnam.

Slade, A. (2002). Keeping the baby in mind: A critical factor in perinatal mental health. *Zero to Three*, June/July, 10-16.

Steinberg, A., Brymer, M., Decker, K., & Pynoos, R. S. (2004). The UCLA PTSD reaction index. *Current Psychiatry Reports, 6*, 96-100.

Stern, D. N. (1974). The goal and structure of mother-infant play. *Journal of the American Academy of Child Psychiatry, 13*(3), 402-421.

Sunderland, M. (2006). *The science of parenting: Practical guidance on sleep, crying, play, and building emotional well-being for life*. New York, NY: DK Publishing.

Trevarthen, C., & Aitken, K. J. (2001). Infant intersubjectivity: Research, theory, and clinical applications. *Journal of Child Psychology and Psychiatry, 42*(1), 3-48.

Tronick, E. Z., & Beeghly, M. (2011). Infants' meaning-making and the development of mental health problems. *American Psychologist, 66*(2), 107-119.

Tronick, E. Z., Bruschweiler-Stern, N., Harrison, A. M., Lyons-Ruth, K., Morgan, A. C., Nahum, J. P., & Stern, D. N. (1998). Dyadically expanded states of consciousness and the process of therapeutic change. *Infant Mental Health Journal, 19*(3), 290-299.

Tronick, E. Z., Ricks, M., & Cohn, J. F. (1982). Maternal and infant affective exchange: Patterns of adaptation. In T. Field & A. Fogel (Eds.), *Emotion and early interaction* (pp. 83-100). Hillside, NJ: Erlbaum.

Vygotsky, L. S. (1978). *Mind in society: The development of higher psychological processes*. Cambridge, MA: Harvard University Press.

Williamson, G. G., & Anzalone, M. (1997). Sensory integration: A key component of the evaluation and treatment of young children with severe difficulties in relating and communicating. *Zero to Three, 17*(5), 29-36.

Winstead, M. L. R. (2009, Fall/Winter). Theraplay with children in foster care: A case study. *The Theraplay Institute Newsletter*, 5-9.

9

환경체계 놀이치료

KEVIN J. O'CONNOR

이론

환경체계 모델

환경체계 놀이치료(ecosystemic play therapy, EPT) 모델이 문헌에 처음 모습을 드러낸 것은 1991년이다(O'Connor, 1991). 그 이후로 놀이치료 치료계획 및 중재 : 생태학적 모델과 워크북, 제2판(O'Connor & Ammen, 2013)에서 이론과 적용에 관한 아주 상세한 설명과 함께 재정의되고 개발되었다. EPT를 뒷받침하는 이론은 문헌에서는 항상 놀이치료에 특정적인 것으로 나타나지만 실제로는 연령에 관계없이 또는 제시되는 문제에 관계없이 쉽게 적용할 수 있는 이론적 모델이다. 이론이 그렇게 보편적으로 적용되는 이유가 이 장 전반에 걸쳐서 이야기될 것이다. 그러나 이 시점에서 이러한 보편성은 환경체계 배경의 놀이치료사가 부모 및 가족과 작업할 때, 또는 성인 내담자를 위해 개인 또는 부부치료를 할 때, 이론 모델을 대체하기 위해 바꾸라고 강요하지 않는다는 것을 알아야 한다. 이는 치료사가 전체 내담자들과 시간이 지나도 일관되게 고품질의 개입을 개발하고 전달할 수 있게 한다.

　EPT는 문헌에 처음 모습을 드러낼 때부터 여러 이론의 통합이라고 기술되어 왔다. 최근 일반적으로 치료, 특히 놀이치료에 대해 통합적 또는 처방적 접근의 중요성과 타당성이 문헌에서 점점 더 많이 인식되고 있다. 그러나 통합적 또는 처방적 이론과 실천에 관한 정의가 항상 명확한 것이 아니며, 종종 절충주의(eclecticism)라고 불리는 것과 매우 비슷해 보이는데, 이는 항상 그 이론의 옹호자와 비판자가 모두 있다. 통합 모델의 옹호자들은 이론 또는 기법이 무엇이든 간에 내담자의 요구를 가장 잘 충족시킬 수 있는 요소를 선택하는 데에서 치료사에게 제공하는 유연성에 초점을 맞춘다. 이러한 모델을 반대하는 사람은 실무자가 다양한 사고의 학파들에서 나온 기법들을 적용하는 데에서 비이론적(atheoretical) 처치 접근을 하는 '부엌 개수대 절충주의(kitchen-sink eclecticism)'라고 기술한다(Norcross, 1987). Norcross는 이러한 접근은 기껏해야 무모하고 비효과적이며 일부 내담자에게는 해가 될 수도 있다고 경고했다.

　가장 나쁜 것은 통합 이론 또는 통합 모델은 사례 개념화를 하거나 처치를 결정하는 데에서 놀이치료사를 안내해주는 명백하게 정의된 중요한 이론이 없다는 것이다. 치료사는 하나의 조직된 이론에 의지하기보다는 치료사가 중심이 된, 내담자가 중심이 된, 문제가 중심이 된 임상적 결정을 한다. 치료사 중심의 접근에서 치료사는 자신이 편안하고 익숙한 이론이나 기술을 선택한다. 이것은 이것을 사용하는 치료사가 자신의 기술 범위를 알고 있고, 자신이 내담자의 요구를 충족시켜줄 수 없는 내담자를 의뢰하려 한다면 탁월한 접근이다. 내담자가 중심이 된 접근에서, 치료사는 내담자가 편안해하는 이론과 개입을 선택한다. 예를 들어 자녀와의 강화 스케줄을 만들고 실행하는 것에 편안하지 않은 내담자는 자녀가 나타내는 문제에 행동주의 접근이 적합하다고 해도 이를 사용하라고 요구하지 않을 것이다. 긍정적인 면에서 이 접근은 내담자가 치료 과정에 충분히 투자할 수 있게 한다. 부정적인 면에서 치료사는 자신이 전혀 편안하지 않은 서비스를 제공하라고 강요할 수 있으며 내담자는 자신의 요구를 가장 효과적으로 다룰 수 있는 처치를 받지 못할 수도 있다. 문제가 중심이 된 접근에서 치료사는 내담자가 나타내는 문제에 가장 적합한 이론이나 개입을 선택한다. 표면상으로 이것은 매우 과학적인 접근이 될 수 있으며 경험적으로 지지되는 처치를 사용하려는 심리학 분야의 움직임과 전적으로 일치하는 것으로 보인다. 이 접근에는 두 가지 단점이 있을 수 있다. 한 번 더 말하면 치료사는 전혀 친숙 또는 숙련되지 않은 개입을 사용하도록 강요당할 수 있다. 게다가 여러 측면의 많은 문제를 나타내는 전형적인 내담자의 요구 또는 이상적인 처치를 지원하거나 실행할 것 같지 않은 체계 속에 숨겨져 있는 내담자의 요구에 특정한 처치 방법을 매치시키는 것이 매우 어려울 수 있다.

　잘 사용될 때 통합적 이론은 다양한 다른 이론들과 기법들로부터 그냥 무턱대고 끌어내는 것이 아니다. 이것은 놀이치료사가 아이디어와 방법을 통합할 때 사용하는 견고한 의사 결정 모델을 제공하는 메타 이론들의 역할을 한다. 일반적으로 심리학 분야와 놀이치료 분야에서 실무자들은 대체로 단일의 한정된 이론들을 준수하는 것에서 오히려 메타 이론적 접근의 방향으로 이동하는 것 같다(Drewes, Bratton, & Schaefer, 2011). 환경체계 이론은 통합적인 메타 이론이다. 이 장에서 제시되듯이 EPT는 정신분석, 대상관계, 애착, 인지, 행동, 가족 체계, 발달 이론이 포함된 다중 이론 그리고 치료놀이(Booth & Jernberg, 2010)[1]와 현실치료(Glasser, 1975)를 포함해서 여러 치료 모델들에서 도출되었다. 또한 EPT는 상황이 발생하는 현장에서 치료사가 새로운 개발을 통합할 수 있을 만큼 충분히 유연하다. 이처럼 아주 다양한 이론들 대부분은 서로 직접적으로 모순되는 요소들이 포함되어 있기 때문에 환경체계 이론은 이것들을 통합하는 이론적 근거를 제시해야 하는 임무가 있다.

　환경체계 놀이치료는 그 이름에서 입증되듯이 무엇보다도 환경체계에 기반을 둔다. 이것은 사례의 모든 요소(즉, 평가, 개념화, 개입의 시행과 평가)는 아동 내담자와 그 가족이 소속된 상황에 전적으로 달려 있다. 환경체계 접근의 중요성은 종종 사례 개념화 과정에서 가장 명백해 보인다. 전형적으로 진단은 간단하고 선형적인 의사 결정 과정을 따른다. 치료사는 정신질환의 진단 및 통계편람, 제5판(DSM-5; American Psychiatric Association [APA], 2013)에서 다양한 진단 밑에 나열된 특정한 증상의 유무를 검사하고 어떤 하나의 진단과 일치하는 증상들의 충분한 숫자가 확인되면 진단이 내려진다. 반면에 사례 개념화는 증상과 그 상황 모두 그리고 둘 사이의 복잡한 상호작용의 가능성을 고려한다. 학대

1　치료놀이는 치료놀이기관(The Theraplay Institute)의 등록된 서비스 마크이다.

또는 외상을 경험한 아동 또는 자연재해에서 살아남은 아동은 모두 외상후 스트레스장애의 증상을 보일 수 있지만 기저에 있는 원인과 아동 상태의 역동은 매우 다른 처치 접근을 필요로 할 것이다. 치료 과정 전반에 걸쳐서 치료사는 아동에 대한 다양한 체계의 영향, 아동을 둘러싼 체계에 대한 아동의 영향, 다양한 체계들이 서로에게 미치는 영향을 고려해야 한다. 또한 매우 고통스러운 체계조차도 변화에 저항하고 항상성을 유지하려고 노력할 것이므로 어떤 한 체계 내에서 또는 다른 체계로 인해 만들어진 변화는 다른 체계로부터 거부감 또는 저항을 촉발할 가능성이 있음도 기억해야 한다. 이것은 어떤 수준에서는 체계 또는 그 안에 있는 사람이 기존의 증상보다 더 위협적인 변화를 발견할 수 있는데, 왜냐하면 이러한 증상은 적어도 친숙하거나 일반적으로 고통에 대해 일정한 형태로 대처하는 내담자 또는 체계가 시도할 수 있는 최선이기 때문이다. 대부분의 양육자는 새로운 형태의 행동 관리 또는 훈육의 시도를 거부하고, 종종 "내가 시도해보았지만 효과가 없었다."라는 공통된 불만을 말하면서 거부한다. 그러나 동시에 이들은 자신이 현재 하고 있는 것이 특별히 효과적인 것은 아니라고 쉽게 인정한다. 강요했을 때 변화에 저항하는 두 가지 이유를 인정하는 사람들이 많다. 하나는 그들이 가지고 있는 작은 통제력을 잃는 것에 대한 두려움이다. 통제 불능이라고 끔찍하게 느낄 수 있는 일들도 있지만, 더 악화된다면 무슨 일이 있을까? 나머지는 변화를 일으키는 데 필요한 정서적 또는 신체적 에너지를 갖고 있지 않다는 그냥 그런 느낌이다. 그들은 너무 지쳐서, 변화를 만든다는 생각조차도 과도하게 압도되는 것처럼 보인다. 이러한 유형의 저항을 다루기 위해 EPT 치료사는 다양한 체계의 관련된 요구를 입증하는 작업을 하고 그 체계에 있는 사람이 변화를 일으키면 이것이 계속 충족되도록 작업한다.

두 번째로 EPT는 치료 과정의 모든 단계에서 아동의 발달 수준을 고려한다. 사실 EPT의 처치 전 평가 과정의 일상적인 측면은 발달상의 선별 또는 발달 평가를 수행하는 것이다. 대체로 아동이 처치에 올 때까지 대개는 몇 달에서 몇 년 동안 증상을 보이고 있었다. 정서적 고통과 증상은 제한된 정신적 에너지를 전환시켜서 중요한 발달상의 이득을 만드는 정상적인 일상의 과정에서 벗어나게 한다. 이 현상의 가장 심각한 증상은 정신 사회적 왜소증(Money, 1992)이며, 아동의 신체적 발달조차도 그들이 겪고 있는 고통이 해결될 때까지 정지된다. 신체적, 정서적, 사회적, 도덕적 발달을 포함해서 발달의 모든 계보들이 EPT 안에서 고려되지만, 인지발달은 자신의 문제를 이해하고 치료사와의 문제 해결에 참여할 수 있는 아동의 능력을 결정하기 때문에 중추적인 것으로 간주된다. 인지발달은 아동이 다른 영역의 발달에서 전진하는 능력에 대한 상한선을 조성한다. 예를 들어 아동은 가설을 개발하고 추상적으로 사고할 수 있는 능력을 획득할 때까지 Kohlberg(1976, 1979, 1984) 도덕발달의 최고 수준에 도달할 수 없다. 이것은 인지적으로 앞선 아동이 자신의 다른 영역의 발달에서 반드시 진전이 있을 것이라고 말하기보다는 그들이 다른 영역에서 발전할 수 있는 정도는 인지발달의 수준에 달려 있다고 말하는 것이다.

EPT에서 다소 독특하다고 보는 요소들은, 아동의 발달 수준과 그들을 둘러싼 체계 모두에 초점을 맞추는 정도를 넘어서는 다섯 가지 요소이다.

첫째, 심리치료와 놀이치료 양쪽의 이론과 모델이 치료사-내담자 관계의 중요성을 확인하는 반면에 이 관계는 EPT에서 중추적 역할을 한다. 정신분석에서 치료사가 재연하고 초기의 일차적 관계의 요소를 해결하는 데에서 내담자는 치료사와의 전이 관계를 형성한다(Lee, 1997; O'Connor, Ewart, &

Wolheim, 2001; O'Connor & Lee, 1991; O'Connor, Lee, & Schaefer, 1983; O'Connor & Wolheim, 1994). 그러나 동시에 분석가는 현시점(현재)에서 실제의 치료사-내담자 문제와 함께 내담자의 과거의 대인관계 문제에 대한 전이를 오염시키지 않도록 내담자와의 상호작용을 가능한 한 적게 하라고 배운다. 내담자중심 치료에서, 치료사의 무조건적인 긍정적 존중에 대한 내담자의 경험은 처치에서 주된 치료적 요소인 것 같다(Axline, 1947; Landreth, 2012; Rogers, 1942, 1951, 1957, 1959, 1961). 그럼에도 불구하고 내담자중심 놀이치료사는 분석가와 마찬가지로 내담자의 놀이에 직접 참여하기보다는 내담자의 놀이를 관찰하는 데 좀 더 중점을 둔다. 이와 같이 관찰하고 보조하는 자세는, 내담자에게 힘을 부여하고 내담자가 자아를 실현하려는 추동을 방해한다는 점에서 치료사가 자신의 의제를 부과할 가능성을 피하게 한다고 믿고 있다(Rogers, 1942, 1951, 1957, 1959, 1961). EPT에서 치료사-내담자 관계의 중심성과 본질은 치료놀이(Booth & Jernberg, 2010)에서 설명된 것과 밀접한 것이 아주 많은데, 치료놀이에서 치료사는 회기의 모든 측면에 대해 책임을 지고 항상 아동과 충분히 관련시킨다.

둘째, 회기에 대해 책임진다는 EPT 치료사의 필수 사항은 종종 EPT 치료사가 회기에서 매우 지시적이라는 의미로 해석된다. 이것을 반드시 적용할 필요는 없다. 놀이치료의 모든 형태는 치료사가 놀이회기를 어느 정도 지시하는지와 관련된 연속선에서 존재한다. 한쪽 끝에는 회기의 내용과 과정을 결정하는 데에서 아동이 주도하게 하는 아주 비지시적인 치료가 있다. 정신분석과 아동중심 놀이치료 모두 연속선의 이쪽 끝부분에 놓인다. 연속선의 다른 쪽 끝에는 치료사가 매우 지시적이고 회기의 내용과 과정을 책임지고 통제하기까지 하는 치료들이 있다. 이 연속선의 끝에는 놀이치료의 보다 행동적인 양식과 치료놀이(Booth & Jernberg, 2010)가 있다. 여러 저자들이 지시적 연속선의 끝부분에 EPT를 배치하는 것은 옳지 않다. 사실 EPT는 목표 지향적이지만 반드시 지시적이지는 않다. EPT 치료사는 특정한 그 회기에 대해 전체적으로, 심지어 회기 내에서의 활동에 대해서도 처치 목표를 형성한다. 치료사는 목표가 언제 어떻게 달성되는지를 결정하는 책임이 있지만 치료사가 회기를 반드시 지시한다는 의미는 아니다. 오히려 치료사가 회기를 구성하는 정도는 아동의 발달 수준과 반비례한다는 의미이다. 이것은 건강한 양육자와 자녀 사이의 상호작용 패턴과 유사하다. 양육자는 아주 어린 아동과 상호작용할 때 자연스럽게 구조화와 안내를 더 많이 제공한다. 양육자는 걸음마 아기에게 무엇을 입을지, 언제 먹을지, 언제 잠을 자는지를 말한다. 아동이 자기 조절하는 능력이 개선됨에 따라 양육자는 아동이 관리를 더 많이 하게 하고, 필요할 때만 단계를 취한다. EPT 치료사도 마찬가지이다. 조절 곤란이 아주 심한 어린 아동에게 EPT 치료사는 매우 지시적이며 필요에 따라 회기의 여러 측면을 구조화한다. 발달적으로 나이가 많은 아동의 경우, EPT 치료사는 전적으로 비지시적이고 아동이 자기 탐색과 문제 해결에 좀 더 자발적으로 참여하게 한다.

셋째, 대체로 놀이치료 이론들과 모델들은 사실상 좀 더 경험적인 모델에서 좀 더 인지적-언어적 모델이라는 연속선으로도 존재한다. 치료놀이(Booth & Jernberg, 2010)뿐만 아니라 행동주의와 내담자중심 놀이치료는 모두 연속선의 경험적인 끝(말단)에 놓이며 핵심적 개입 전략으로서 긍정적이고 건강을 촉진하는 경험을 아동에게 제공하는 데 중점을 둔다. 정신분석과 인지적 놀이치료는 연속선의 다른 쪽 말단(끝)에 놓이고 아동이 자신의 증상을 해결하도록 돕기 위해 통찰과 인지적 문제 해결에 의지한다. EPT 치료사는 아동의 발달 수준에 따라 연속선의 한쪽 끝 또는 다른 쪽으로 좀 더 이동할 수도 있다. 어린 아동은 자연스럽게 경험에서 더 많이 배우는 반면에, 나이 먹은 아동은 복잡한 언어에 기반을 둔 학습에 참여할 수 있다. EPT 치료사가 주어진 회기에서 연속선의 경험적 말단 또는 인지적-언어적 말단을 향해 얼마나 멀리 이동하는지에 관계없이, 이들은 어느 접근이든지 완전히 포기하지 않는다. 다시 말하면, 이것은 양육자가 자기 자녀와 상호작용하는 방식을 모방한다. 유아가 거의 이해하지 못할지라도 양육자는 자신의 목소리의 톤이 아동을 규제하는 데에서 얼마나 중요한지를 인식하고 아동이 언어를 들어야만 언어의 사용을 배운다는 것을 알고 아동에게 말을 한다. 양육자가 어떤 것에 대해 아동에게 아무리 말을 많이 해도 한 번 경험하는 것만큼 가르칠 수 없다는 것도 알고 있다. 비슷하게 EPT 치료사는 가장 어리고 가장 발달적으로 미성숙한 내담자에게는 몇 가지 기본적인 해석과 언어적 문제 해결의 사용을 지속하는 반면에 나이를 먹고 좀 더 성숙한 아동에게는 경험적 학습의 기회를 제공한다.

넷째, EPT 놀이실을 배치하는 방법과 장난감 및 놀이 자료들을 아동에게 제시하는 방법 모두는 매우 독특하다. 놀이실은 그 자체로 치료적 가치가 있다고 개념화되지 않는다. 오히려 이것은 치료적 관계를 위한 중립적인 그릇으로 간주된다. 따라서 놀이실은 아동이 치료사와의 상호작용 또는 놀이에 참여하는 데에서 아동을 산만하게 하지 않아야 한다. 게다가 대부분의 놀이실과 달리, 아동이 장난감이나 재료에 자유롭게 접근하게 하지 않는다. 오히려 치료사는 아동이 접근하는 물건을 통제한다. EPT 놀이실 설치의 실행 계획은 이 장의 뒷부분에 자세히 설명되어 있다.

마지막으로, 아동과의 명시적이고 현상학에 기초한 처치 계약의 개발은 EPT의 가장 독특한 요소일 수 있다. 대체로 놀이치료 이론과 모델에서 아동은 자신이 처치에 온 이유에 대해 아주 모호한 생각밖에 없으며 구체적인 처치 목표에 대해서는 이보다 훨씬 못 미친다. 이 모델들에서 아동이 처치 목표에 대한 인식―이는 대체로 처치의 아주 초기에 발생―과 목표에 대한 아동의 인식은 놀기 위해 처치에 왔다고 생각할 때까지 시간이 지날수록 줄어든다. EPT에서 치료사는 아동과의 구체적인 처치 접촉을 함께 조성하는데, 대개 초기면담/평가 과정에서 적절한 치료로 전환하는 동안에 조성한다. 초기면담에 기초해서 치료사는 아동이 가장 고통스럽게 느끼는 정서 그리고/또는 행동을 결정한다. 이것은 양육자가 아동을 치료에 데려오게 만든 일이 아닐 수도 있지만 이것이 아동을 괴롭히기 때문에 변화를 위한 작업을 하도록 동기 부여할 것이다. 양육자는 아동의 공격성으로 인해 괴로워할 수 있지만, 아동은 자신에게 통제감이 있다고 믿기 때문에, 따라서 아동은 포기하지 않으려 할 것이다. 아동의 문제는 기저에 있는 불안일 수도 있다. 처치 계약은 치료사가 말하는 것처럼 간단할 수도 있는데, "나는 네가 대부분의 시간을 걱정하고 신경질적으로 느끼는 것을 좋아하지 않는다는 것을 알고 있어. 너와 나는 함께 작업할 것이고 그래서 걱정하는 데 시간을 덜 보내고 놀고 즐거운 시간을 갖는 데 더 많은 시간을 보내게 될 거야." 이러한 유형의 계약은 이해하는 데 필요한 최소한의 언어만 있다면 아주 어린 아동과도 작업할 수 있다. 나이가 많은 아동의 경우, 계약이 더욱 정교해질 수 있으며 다루어야 하는 구체적인 증상 중 일부가 포함될 수 있다. 각 회기 동안에 치료사는 회기 내용 또는 활동에 적용하면서 최소한 한 번 이상 계약을 재진술하는 기회를 찾는다. 이완 훈련과 같은 공식적인 개입에서는 불안을 통제하거나 불안의 '주인이 되는' 방법이 소개될 수도 있다. 또는 단순한 게임이 재미를 느끼는 동시에 어떻게 불안에서 도망치는지를 연습하는 방법으로 소개될 수도 있다. 처치 계약을 규칙적으로 재진술하는 것은 아동으로 하여금 치료가 자신의 삶의 질을 어떻게 개선시키는지 그리고 전체적으로 특정한 개입과 치료의 효과를 평가할 수 있는지에 대해 확신시킨다.

EPT의 비교적 독특한 또 다른 측면은 치료 과정 그 자체가 아니라 놀이치료사의 역할과 관련이 있다. EPT는 치료사가 아동의 삶을 개선하는 동안에 일련의 역할을 하게 할 뿐만 아니라 일련의 역할을 장려한다. 치료사가 환경체계 관점을 취함으로써 아동을 둘러싼 다양한 체계가 아동의 전반적인 건강과 발달을 방해하거나 촉진시킬 수 있는 방법에 대해 인식할 수 있게 된다. 이는 양육자 또는 대체로 가족과 작업한다는 의미일 수도 있다. 또한 교사, 소아과 의사, 법적 대리인까지도 함께 상의해서 아동의 요구를 잘 다룰 수 있다는 의미일 수도 있다. 자문을 하는 사람으로서 치료사는 다른 체계의 대표자들과 동등하게 작업한다. 치료사와 교사는 아동의 불안을 관리하는 교실 친화적인 방법을 설계하여 아동의 출석 및 학습 능력을 개선시킬 수 있다. EPT 치료사는 한 발 더 나아가서 옹호자의 역할을 할 수도 있다. 이 역할에서 치료사는 다른 체계의 대표자들과 협조적으로 작업을 시도한다. 그러나 필요하다면 기꺼이 대립할 수도 있다. 치료사는 전통적인 놀이치료사 역할의 경계를 넘어서는 시기를 결정하는 데에서 매우 신중할 필요가 있다. 가능하다면 아동의 보호자와 같이 치료사 이외의 다른 사람들은, 아동의 요구를 충족시키는 데 필요한 변화를 만들기 위해 다양한 체계와 직접 작업하는 데에서 보조를 해야 한다. 치료사는 그렇게 함으로써 진정으로 아동의 요구를 다룰 수 있고 치료 과정을 방해하거나 다른 체계에 대해 기능을 방해할 것 같지 않으면 이러한 대안적인 역할만 수행해야 한다.

EPT에 특정한 몇 가지 개념과 요소를 검토하고, EPT가 심리치료적인 개입에 대한 보다 완전히 발달된 이론에 공통적으로 적용되는 방식을 논의하는 것으로 이동한다. 여기에는 EPT의 기저에 있는 철학, 성격 이론, 정신병리를 개념화하는 방법, 치유의 개념(처치 목표), 치료적으로 만드는 치료 이론이 포함된다.

철학

대부분의 이론 모델은 모델들이 기반을 두고 있는 철학을 명확히 하지 않는다. 철학은 적어도 세 가지

 사례

스미스 박사는 학급에서 큰 혼란을 일으키는 심각한 투렛장애가 있는 영재 아동 제임스와 작업하고 있다. 제임스의 학교는 제임스를 독립된, 특수 교육 교실로 이동시켜서 이 문제를 해결하기로 했다. 이 계획은 학교의 요구를 충족시켰지만 제임스는 모든 또래들이 상당한 발달지연이 있는 교실에서 시간을 보낸다는 의미이다. 이동에 동의하라고 제임스의 부모에게 강요하려는 학교의 의도가 분명해지자 스미스 박사는 부모와 함께 학교 행정 담당자와의 면담에 참여했다. 스미스 박사는 처음에는 학교의 계획과 제임스의 교육적 요구 사이의 갈등을 해결하기 위해 다정하게 대하려고 했다. 당국이 대안적 계획을 세우는 데 관심이 없다는 것이 분명해지자 스미스 박사는 그들의 계획이 실제로 주(state)의 교육법 위반이며, 따라서 법적으로 실행될 수 없다는 사실을 지적했다. 장기적으로 스미스 박사는 제임스의 요구를 보다 잘 충족시키는 대안적인 계획을 개발하기 위해 제임스의 부모 및 학교 직원과 작업할 수 있었다.

수준에서 이론을 뒷받침하는데, 즉 전반적인 세계관, 가치관, 과학적 접근방식이다. 세계관 수준에서 EPT는 맥락주의(Price, 2008)에 기반을 두고 잘 묘사될 수 있다. 이러한 철학적 접근에는 특정 고정값 (예 : 해를 끼치지 않는)이 있지만 사실상 모든 행위는 맥락에서 평가해야 한다. 예를 들어 악마가 있어서 정신질환이 생겼다고 믿었기 때문에 엑소시즘이 주된 개입이라고 생각했던 시기가 있었다. 정신병에 대한 우리의 이해가 좀 더 정신 내적 및 의학 모델로 이동하면서 기타 개입들이 우선시되었다. 맥락주의는 종종 문화적 문제를 이해하고 놀이치료 이론과 실습에 통합시키기 위해 사용되는 모델들 대부분의 근간이 되고 있다. 가치 수준에서 EPT는 진단, 처치 계획, 개입 과정에서 피할 수 없는 가치 결정을 내릴 때 기본적으로 인본주의(Law, 2011) 또는 실용주의(Mill, 1863/2007) 모델을 사용한다. 이 모델에서 행동과 상황은 부정적 영향을 최소화하면서 전체적인 이익을 극대화하는 정도에 기본을 두고 평가된다. 따라서 행동은 해를 입힐 때에만 문제로 간주된다. 해가 없으면 개입할 필요가 없다. 환각만큼 심각한 증상조차도 아동이 그것을 경험하거나 주위 사람에게 반드시 해를 입히는 것은 아니며, 따라서 아동이 단순히 환각 상태에 있다는 것이 항상 치료를 요구하는지에 대해 의문을 제기하는 사람도 있을 수 있다. 환각이 아동의 삶의 질을 저해하거나 자신 또는 다른 사람들이 위험해지면, 물론 처치가 필요하게 된다. 마지막으로 과학적 접근의 수준에서, EPT는 소위 말해서 서구 또는 딱딱한 과학적 철학과 현상학(Giorgi, 1983, 1985)이라는 두 개의 다소 반대되는 철학을 결합한다. 딱딱한 과학적 접근은 산업화된 문화에서 살고 있는 사람들 사이에서 지배적인 생각이 되는 경향이 있다. 이 철학적 입장에 따르면 모든 질문에는 하나의 답 그리고 맞는 답은 오직 하나이다. 흥미롭게도 가장 어려운 과학이라고 하는 수학과 물리학조차도 답이 직선형보다 더 혼란스러워 보이는 문제를 발견하고 있다. 현상학적 관점에서 모든 질문은 관찰자의 독특한 관점에서만 대답할 수 있다(Giorgi, 1983, 1985). 한 사람에게 그리고 그 상황에서는 정답일 수도 있고 상황이 다른 누군가에게는 틀린 대답일 수도 있다. 양육자와 아동은 동일한 방식으로 문제를 보는 경우가 거의 없지만 어느 한 사람이 틀렸다는 의미는 아니다. 또한 개입을 실행하는 과정에서 어느 한 사람의 관점이 무시될 수 있다는 의미도 아니다. 한편으로, 소년 빌리가 여동생을 때리면 여동생과 부모 모두가 심각한 문제로 볼 것이다. 반면에 빌리는 여동생이 장난감을 만지거나 망가뜨리는 문제에 대한 가장 효과적인 해결이라고 볼 수 있다. 현상학적으로 문제를 다루는 것은 빌리의 여동생과 그의 장난감 모두의 안전을 보장함을 의미한다. 이러한 철학적 접근의 함축적 의미는 EPT 치료사가 아동과 양육자 모두의 요구를 다루기 위해 처치 계약을 작성하는 방식에서 가장 분명하게 드러나는데, 그러한 계약이 표면적으로 갈등을 일으킬지라도 그러하다.

성격

놀이치료의 다양한 이론들이 성격을 정의하는 데 집중하는 정도는 엄청나게 다르다. 연속선의 한쪽 끝에는 고도로 발달되고 잘 다듬어진 성격 모델을 갖고 있는 정신분석 이론이 있다. 프로이트(1933)의 성격 이론에는 네 가지 주요 구성요소, 즉 에너지/추동, 구조, 지형, 발달이 있다. 프로이트는 인간의 행동을 이끌어내는 1차적인 에너지로서 생존 본능의 다소 성적으로 변환된 리비도(libido)를 가정했다. 동시에 그는 인간의 정신을 제한된 양의 에너지가 있는 폐쇄된 수압 체계(hydraulic system)로 가정했다. 기본적으로 에너지가 어느 하나의 기능으로 향하는 것은 다른 기능에 사용할 수 있는 에너지를 제한한다. 프로이트는 세 개의 성격구조, 즉 자아, 이드, 초자아를 제안했다. 그는 또한 개인의 의식, 전의식 또는 잠재의식, 무의식으로 구성되는 성격에 대한 지형적 요소를 제안했다. 마지막으로 그는 구강기, 항문기, 남근기, 잠복기, 생식기 단계가 있는 정신발달 단계의 복합 모델을 개발했다. 이 모델은 성, 문화, 심지어 과학적 한계가 있지만, 모든 심리학에서 가장 포괄적인 성격 이론일 것이다.

복합적인 연속선의 다른 끝부분에는 행동 이론이 있으며, 내담자중심 모델이 그 뒤를 바짝 뒤따른다. 전통적인 행동 이론은 성격의 개념을 간단히 제거하고 자극-반응 이론을 전적으로 지지한다 (Skinner, 1966). 인간은 예측 가능한 패턴의 행동으로 이어지는 안정적인 성격을 가지고 있지 않다. 오히려 인간의 행동은 단순히 자극에 대한 구체적이고 예측 가능한 반응으로 구성된다. 자극을 적절하게 정의할 수 있다면 행동을 정확하게 예측할 수 있다. 내담자중심 모델은 미국에서 놀이치료 분야를 지배하고 있고 정신분석 모델보다 훨씬 덜 복잡한 성격 이론에 기초하고 있다. 내담자중심 또는 인본주의 성격 이론은 로저스가 처음 개발한 이래로 진화해 왔지만, 로저스(1951)는 사람들이 주변 환경을 어떻게 보고 그리고 경험했는지, 이러한 지각에 대해 어떻게 그리고 왜 일정한 방식으로 반응했는지, 이러한 경험과 반응 패턴이 개인의 자아감으로 어떻게 구성되는지에 대한 19가지 제안을 제시했다.

환경체계 이론에서 제시하는 성격 모델은 정신분석 모델만큼 잘 발달되거나 포괄적이지 않지만, 견고한 사례 개념화를 공식화하고 결과적으로 치료사가 내담자에게 특정한 처치 계획을 개발하는 데에서 필요로 하는 핵심 요소를 다루고 있다.

기본 추동과 동기

놀이치료의 주요 이론들의 대부분은 인간 행동의 기저에 일차적인 추동(drive) 또는 동기가 있다고 가정한다. 정신분석적 놀이치료에는 성적 에너지와 생존을 위한 기본 추동을 모두 통합하는 혼성 개념인 리비도 개념이 있다. 내담자중심 놀이치료에는 자아실현을 위한 추동이 있다. 행동주의 놀이치료에는 보상을 극대화하고 처벌을 회피하려는 동기가 있다. EPT에서는 두 개의 서로 관련된 추동이 대부분의 인간 행동의 기저에 있다고 생각한다. 하나는 생존을 위한 추동이며, 이 경우 정신분석적 개념의 리비도보다는 보상을 극대화하고 처벌을 피하려는 행동주의적 추동과 더 유사한 것으로 개념화된다. 생존을 위한 추동은 인간의 가장 원시적인 추동이며, 매슬로(1970)의 요구의 위계와 일치하는 방식으로 다중의 고차원적 추동을 발생시키게 한다. 계층 구조의 기본에는 공기, 물, 음식과 같이 기본적으로 생존에 필요한 것이 있다. 다음 단계는 피난처 및 자신의 생존에 대한 어느 정도의 통제와 같은 기본적인 안전 요구가 있다. 세 번째 단계는 사람들이 연계되고 소속되려는 요구가 있다. 네 번째 단계에는 개인의 자존감과 성취를 위한 요구가 있다. 마지막으로 계층 구조의 맨 위에는 자아실현의 요구가 있다. 인간은 자신의 요구를 충족시키고 계층 구조에서 낮은 요구들을 우선 처리하기 위한 동기 부여를 하는 것 같다. EPT에 있는 다른 기본적인 추동은 애착하려는 추동인데, 이는 생존하기 위한 추동과 불가분의 관계가 있는 것으로 보인다. 인간 유아는 그들의 양육자에게 전적으로 의존하여 태어났으며 자신의 어떤 요구도 충족할 수 없다. 결과적으로 유아가 양육자에게 애착을 형성한다면 생존할 가능성이 훨씬 커진다. 동시에 아동의 요구를 충족시킨 양육자와의 경험은 애착 과정을 자극하고 강화한다. 중요한 추동이 무엇이든지 간에 건강한 인간의 기능에서 두 가지 모두가 결정적이다.

마음-신체 상호작용

서로 다른 놀이치료 이론들은 마음-신체 상호작용의 중요성을 어느 정도 강조한다. 정신분석가들은 처음부터 정신이 신체에 영향을 미칠 수 있는 정도를 인식했는데, 특히 내담자가 의학적으로 불가능한 신체적 증상을 보이는 전환 장애의 원인을 살펴볼 때 그러하다. 최근에 신경심리학은 특히 생애 초기에 뇌-신체 상호작용의 중요성을 확인하는 데에서 큰 발전을 이루었다. 아동의 두뇌발달은 조기 경험, 특히 조율된 양육자-아동 관계에 있는 경험이 크게 영향을 미친다(Schore & Schore, 2008; Siegel, 2009). 결과적으로 아동의 뇌발달은 정서를 조절하는 아동의 능력과 미래에 있을 대인관계에 영향을 미친다(Schore, 2000, 2003, 2009). 일반적으로 아동의 신체 상태가 심리적 기능에 영향을 미치는 정도는 덜 강조하고 있다. 간단한 질병에서부터 심각하고 만성적인 질환에 이르기까지 모든 것이 아동의 정신건강에 중요하게 영향을 미칠 수 있다. 모든 양육자들이 감기와 같이 단순한 것을 앓고 있을 때 어떻게 우울하거나 짜증부리는 아동이 되는지 알고 있다. 암과 같은 심각한 질병 그리고 동반되는 처치 및 종종 심신을 약화시키는 처치의 단기적 영향 및 장기적 영향은 종종 아동의 정서에 혼란을 야기하고 아동의 정신사회적 발달을 방해할 수 있다. 천식 구급 흡입기와 같이 일반적으로 처방된 약물조차도 아동의 기분과 행동에 부정적인 영향을 미칠 수 있다. 놀이치료사가 놀이치료 개입을 적절하게 재단할 수 있도록 내담자에 관한 다양한 질병, 의학적 처치 및 약물의 잠재적인 영향을 인지해야 한다.

발달의 역할

EPT는 아동 성격의 구조와 기능이 시간이 지남에 따라 변한다는 것도 인지하고 있다. EPT 모델에서 아동발달을 완벽하게 고찰하려는 독자는 놀이치료 입문(*The Play Therapy Primer*)(O'Connor, 2000)을 참고할 수 있다. 이 모델에서 주된 초점은 인지적 발달의 역할에 있는데, 내담자가 생활에서 겪는 문제뿐만 아니라 놀이치료 개입 모두에 대해 내담자가 이해하고 대응하는 방식을 결정한다. 아동은 그들이 만나는 성인보다 발달의 연속선에서 밑에 있기 때문에 자신의 경험을 오해하며 상당히 추상적인 인지적-언어적 치료 작업에는 참여하기 어렵다. 이러한 한계를 감안할 때, 발달상 연속선의 어린 쪽 끝에 있는 아동의 놀이 개입은 인지적-언어적 작업을 동반하면서 보다 경험적이 될 필요가 있다. 발달상 연속선의 다른 쪽 끝에 있는 아동은 이 학습이 여전히 규칙적으로 경험적 학습으로 강화되어야 하겠지만, 복잡한 인지적-언어적 작업에 참여할 수 있다.

병리

EPT 치료사들이 전통적인 DSM-5(American Psychiatric Association, 2013)진단을 사용한다고 해도, EPT에서 정신병리를 개념화하는 방식은 모델 안에서 성격이 기술되고 정의되는 방식을 따른다.

정의

EPT에서 병리는 아동이 자신의 요구를 충족시키지 못하거나 다른 사람을 방해하지 않는 방식으로는 자신의 요구를 충족시킬 수 없을 때 존재한다. 이유가 무엇이든지 간에 아동이 자신의 요구를 충족시킬 수 없을 때, 자신의 손상을 해결하기 위한 처리에서 아동은 갖고 있는 전략과 행동을 사용할 것이

🏰 사례

브라이언은 6세 때 이미 양육자들에 의해 수년간 신체적 학대를 당해 왔고, 결국 보살핌을 받지 못하고 위탁가정에 배치되었다. 8세 때 그가 치료에 의뢰되었을 때, 그가 어떤 방식이든지 위협받거나 박탈당했다고 느끼면 살인적인 분노에 빠지는 경향 때문에 위탁 배치가 여러 번 실패했다. 브라이언은 자기를 돌보는 여자가 과자를 주지 않겠다고 했을 때 칼을 던진 적도 있다. 브라이언과 상호작용을 했던 대부분의 성인들은 병리적인 공격 행동에 초점을 맞추었고 가능한 모든 방법으로 이를 제거하려 했다. 그러나 그의 EPT 치료사가 보는 병리는 끊임없이 바뀌는 위탁 배치에서 안전감과 통제감을 느끼려는 브라이언의 요구가 충족되지 못하는 정도이다. 브라이언의 공격성은 그러한 요구를 충족시키려는 최선의 시도였다.

어떤 기준을 따르더라도 위탁 배치의 상황에서 브라이언의 행동은 주변 사람들의 안전뿐만 아니라 실제 생명까지도 위협했기 때문에 끔찍하게 부적절했다. 동시에 브라이언은 종종 학교에서 심각한 왕따의 희생자였다. 작은 집단의 소년들이 그를 조롱하고 그리고는 신체적으로 위협했다. 아이러니하게도 대체로 이 상황에서 브라이언은 반격하는 대신에 종료로 대응했다. 그러나 괴롭힘은 과거의 위협으로 진행되었고 다른 소년들이 실제로 그를 때린 적이 여러 번 있었을 때 브라이언은 격렬하게 반응했고 가해자들을 때리고 발로 찼다. 이러한 상황에서 브라이언 행동의 부적절한 수준을 결정하는 것은 어렵다. 그의 치료사는 브라이언의 공격성을 묵과하고 싶지 않았지만 브라이언이 또래 간의 상호작용에서 학대의 수동적 희생자가 되는 역할을 되풀이하게 두고 싶지도 않았다.

이 사례에서 치료사는 4단계로 진행하기로 했다. 첫째, 그는 브라이언이 위협의 서로 다른 수준을 식별하도록 돕는 데 집중했다. 쿠키가 없다는 것이 사실상 즉각적인 위협을 나타내는 것은 아니며, 언어적 협박은 높은 수준의 위협이었고 적대적인 대면에서 실제로 건드리는 것은 매우 높은 수준의 위협이었다. 둘째, 치료사는 브라이언이 실망에서 불안으로, 자신의 안전에 대한 진짜 두려움에 이르기까지 서로 다른 위협 수준들과 연관된 감정을 구별하도록 돕는 작업을 했다. 처음 두 단계를 통해 치료사는 브라이언이 과거의 학대에 대한 반응에서 겪었던 감정과 위협 수준으로부터 현재의 다양한 시나리오와 연관된 위협 수준과 감정을 구별하도록 도왔다. 마지막으로, 치료사는 동시에 문제의 두 가지 측면에 관해 작업했다. 첫째, 치료사는 브라이언이 가능한 한 많은 장면에서 다양한 상황 전반에 걸쳐서 안전 및 통제 요구를 충족할 수 있는 방법을 찾도록 도와줌으로써 기저에 있는 병리를 다루는 데 초점을 맞추었다. 둘째, 브라이언은 서로 다른 수준의 위협과 감정에 대한 반응의 범위를 발달시키도록 브라이언과 작업했다. 치료사는 브라이언의 비폭력적 반응을 가르치는 데 집중하는 반면에 브라이언의 반응이 공격자를 해치는 것과는 대조적으로 자신을 보호하기 위해 조정되는 한, 적절한 대응이 될 수 있는 반격이 일어날 상황의 가능성은 허용했다. 이러한 모든 인지적 작업은 가장놀이와 역할놀이를 통해 지원되었다.

다. 문제가 있는 행동으로써 일어나는 증상이 간헐적으로 강화되거나 아동이 아이디어가 부족하거나 더 이상 기능하지 않는 행동에 계속 참여한다. 결국 아동은 기능적이지 않거나 최소한의 기능을 하는 일련의 반응들을 사용하여 '꼼짝 못하게' 된다. 따라서 아동의 증상은 병리 그 자체가 아니다. 오히려 증상은 병리, 충족되지 않은 요구를 다루기 위한 최선의 노력을 나타낸다. 일부 사례에서 아동이 자신의 요구를 충족시키려는 시도는 다른 사람들이 그들의 요구를 충족시키는 것을 방해한다. 놀란 아동이 공격적으로 비난해서 안전감과 통제감을 되찾으려 할 때, 아동은 안전을 느끼려는 다른 사람의 요구를 방해한다. 전략이 효과적일 수는 있지만 적절하지는 않다(Glasser, 1975). 인본주의 철학은 증상의 부정적인 결과가 이득을 능가하는 정도에 기초해서 그 증상이 부적절한지를 치료사가 결정하는 데에서 유용할 수 있다.

병인과 유지

사례 개념화를 공식화하는 데에서, EPT 치료사는 지금 있는 아동의 병리를 지지하거나 유지하는 요인뿐만 아니라 아동의 병리에 대한 병인을 고려해야 한다. 체계적 접근을 택하는 EPT 치료사는 개인적, 한 쌍(dyad), 상위 체계, 그뿐만 아니라 어려움을 초래할 수 있는 이러한 체계들의 상호작용 가능성에서 아동 증상의 기저에 있는 원인을 찾는다. 개인적 수준에서 일부 아동은 선천적으로 생활 스트레스와 긴장에 대한 반응으로 증상을 발달시키는 경향이 있다. 자폐증이나 감각장애가 있는 사람뿐만 아니라 다양한 신경학적 장애, 발달장애, 학습장애를 가지고 태어난 아동은 그들의 양육자가 얼마나 잘했는지 또는 다른 체계들로부터 얼마나 많은 지지를 받았는지에 상관없이 자신의 생활에서 문제를 정확하게 해석하고 대응하는 데 어려움이 있을 가능성이 더 크다. 이와 유사하게 자녀가 기능적이며 반응적이라고 해도 일부 양육자는 자녀의 요구를 유능하게 제공할 수 있는 능력이 선천적으로 부족하다. 두 사람 수준에서 건강한 아기와 양육자조차도 긍정적인 대인관계 역동을 구축하는 데 어려움이 있을 수 있다. 여러 가지 이유 때문에 양쪽의 요구가 모두 충족되는 목표가 적절한 동반자 관계(Bowlby, 1969/1982)를 사실상 구축할 수 없는 것처럼 보일 수도 있다. 마지막으로 건강한 아동이 최적의 보살핌을 받더라도 자녀 또는 양육자를 둘러싼 체계에서 문제가 생기면 여전히 증상이 나타날 수 있다. 수많은 건강한 아동이 정서적으로 건강치 못한 교사 또는 곤란한 또래에 의한 괴롭힘처럼 학교에서의 상황에 직면하고 있으며, 그 결과 가장 기본적인 요구가 충족되지 못한다. 많은 양육자들이 그들의 작업 현장에서 비슷한 어려움을 겪고 있다. 이러한 체계에 의해 발생되는 스트레스는 두 사람의 상호작용에 부정적으로 영향을 미치고, 결과적으로 이는 아동, 양육자 또는 둘 다에서 증상을 만들어낸다. 같은 방식으로 개인, 두 사람, 체계 수준의 문제는 일단 시작이 되면 아동의 증상을 유지하는 데 기여할 수 있다. 불행하게도 놀이치료에 참여하는 많은 아동이 모든 수준에서 어려움을 겪고 있으며, 처치가 최적의 효과를 발휘하려면 이것들 모두를 고려해야 한다.

처치 목표

EPT에는 모든 아동의 처치에 적용되는 세 가지 기본 목표가 있는데, 세 가지 목표 모두는 모델의 정신병리에 대한 정의에서 나온다. 첫 번째 목표는 아동이 자신의 요구를 효과적이고 적절하게 충족시키도록 돕는 것이다. 두 번째 목표는 아동이 자신의 환경에서 다른 사람들에 대한 애착을 극대화하는 것이다. 두 번째 목표는 두 가지 기능을 수행한다. 한편으로는 아동이 기본적인 요구를 충족시키기 위해 다른 사람들에게 의존하는 정도를 감안해서, 애착 관계의 확립은 그들의 요구를 충족시킬 수 있도록 배려하는 사람들이 주변에 있다는 것을 입증한다. 다른 한편으로 애착에 초점을 맞추는 것은 아동이 자신의 요구를 충족시키는 방법을 모색하면서 지나치게 자기중심적 또는 자기도취적으로 되지 않을 것이라는 것을 입증한다. 건강한 애착 관계는 항상 상호적이며 따라서 아동과 아동이 애착되어 있는 사람에게 서로 이득이 있다. 세 번째 목표는 이전에 증상으로 전환된 에너지가 자유로워지고 신체적·인지적·정서적·사회적 부분이 포함된 모든 영역에서 최적의 발달을 촉진하는 데 이용할 수 있기 때문에 아동이 정상적인 발달을 재개할 수 있도록 처치를 돕는 것이다.

모든 EPT 치료 계획에서 공통적인 목표 이외에 내담자는 개별 처치 목표도 있을 것이다. 이러한 목표는 다음과 같다.

- 치료사, 부모, 아동이 공동으로 결정하고 그들을 둘러싼 모든 체계의 요구와 요구 사항을 고려한다.
- 많은 사람들이 확신하도록 내담자, 가족, 관련 체계의 요구와 균형을 맞추는 것은 가능한 한 자주 그들의 요구를 충족하는 것이다.
- 아동과 양육자 양쪽 모두 처치 계약에 명시한다.
- 아동 내담자, 아동 가족, 아동이 속한 체계의 대표자가 처치 과정의 목적과 방향을 완전히 인식할 수 있도록 치료사가 규칙적으로 표현한다.

마지막으로 처치의 성공은 치료사, 부모, 아동이 처치 목표를 달성했다고 동의하는 정도로 측정한다.

치유적 요소

EPT 내에서, 치료사와 아동 사이의 강력한 작업 동맹을 발달시키고 아동이 자신의 일련의 반응을 깨뜨리도록 돕는 과정은 아동 증상의 해결에서 핵심으로 간주된다. 동맹 또는 치료사-내담자 관계는 성공적인 치료 결과를 얻기 위한 필수 조건이지만 충분 조건은 아니다. 관계의 맥락에서 아동은 일련의 반응을 깨뜨리고 그들의 요구를 충족시키기 위한 새롭고 보다 기능적이며 적절한 방법을 배우는 방법을 찾아야 한다. 반응 세트라는 용어는 익숙한 문제가 반복되었을 때 사람들이 사용하는 반응 패턴을 설명하기 위해 교육에서 종종 사용된다. 아동에게 단순한 덧셈 문제들이 있는 종이를 주고 종이의 중간에 뺄셈 문제 하나를 숨겨두면 아동은 빼기보다는 숫자를 더할 가능성이 크다. 초기 문제에 답하는 것으로 만들어진 반복은 잘못되었을 때도 동일한 전략을 계속해서 사용하게 한다. EPT에서 아동의 증상은 반응 세트로 개념화된다. 그것은 아동이 자신의 요구를 충족시키기 위한 최선의 시도를 나타내는 행동 패턴이며, 더 이상 작용하지 않거나 아주 산발적으로 작용할지라도 아동은 친숙하기 때문에 그리고 그 이외의 것을 모르기 때문에 그것을 계속 사용한다. EPT 치료사는 아동(그리고 양육자)이 문제를 재정의하고 대안적인 경험을 제공하고 가능할 때마다 두 가지 방법으로 반응 세트를 깨뜨리도록 돕는다.

아동은 인지적 변화의 결과이든지 경험적 변화의 결과이든지 간에 놀이치료에서 그들의 반응 세트를 깨뜨릴 수 있다. EPT 치료사는 두 가지 방법 중 하나를 사용하여 아동의 인지를 수정할 수 있다. 치료사는 아동이 새로운 방식으로 반응할 수 있도록 문제를 재정의하도록 도울 수 있다. 이는 대개는 재구성으로 수행된다. 예를 들어 조이는 남동생이 백혈병으로 사망한 후에 겪는 끔찍한 죄책감으로 치료에 왔다. 조이는 남동생에 대한 그의 분노와 적대감이 백혈병을 일으켰다고 굳게 믿었다. 의학교육, 심리교육, 재구성을 조합해서 놀이치료사는 조이가 원했다고 해도, 단순히 그렇게 할 수 있는 능력이 없었기 때문에 왜 백혈병을 일으킬 수 없었는지를 알 수 있게 도울 수 있다. 대안으로 EPT 치료사는 아동에게 다른 반응 전략을 가르쳐서 인지적으로 개입할 수도 있다. 아주 불안한 아동에게는 불안의 신체적 증상을 최소화하고 이들이 일상생활을 방해하는 정도를 관리하기 위해 아주 천천히 심호흡하는 것을 가르칠 수 있다. 대안으로 어떤 치료사는 놀이터에서 괴롭힘당하는 아동에게 다른 아이들이 이것을 '고자질'로 인식하고 더 많이 괴롭혔기 때문에 교사에게 가서 말하지 말라고 가르쳤다. 그 대신 치료사는 아동에게 놀이터 관리자의 시야 안에서 오히려 시끄러운 소리를 내고 놀이하라고 확실히 가르쳤다. 이것은 적극적으로 도움을 청할 필요 없이 성인이 아동들을 규칙적으로 점검하는 것을 보장했다. 이상적인 해결은 아니지만 이 새로운 전략은 아동이 희생양이 되지 않고 안전을 느낄 수 있는 방법이 되었다.

아동은 평상시의 반응 패턴이 효과적이지도 않고 강화되지도 않는 경험을 했으므로 놀이치료에서 새로운 반응 세트를 배울 수도 있다. 예를 들어 일부 아동은 신체적으로 학대당한 반응으로 과잉경계되어 그들이 공격성을 촉발할 것이라는 두려움 때문에 다른 사람들과 직접 상호작용하는 것을 피하는 경향이 있다. EPT 치료사는 아동의 저항이 치료적 관계의 구축을 방해하지 못하게 하고 그런 일이 발생할 때 참여를 강화하도록 주의해야 한다. 이는 상호작용적인 장난감 및 활동을 이용해서 쉽게 수행할 수 있다. 목표는 아동이 두려움을 극복하기에 충분한 양의 즐거움이 될 것이다. 아동의 저항 때문에 미루지 않는 놀이치료사 그리고 즐거움이 있는 아주 상호작용적인 놀이에 몰두할 수 있게 하는 놀이치료사와 상호작용하는 과정은 아동이 위험하지 않다는 것을 인식하게 되고 아동의 회피적 반응 세트를 깨뜨리게 된다. 아동에게 숙달 경험을 제공하는 것은 아동의 문제가 되는 반응 세트를 깨뜨리는 또 다른 흔한 방법이다.

숙달놀이는 초점이 있는 두려움이나 강박 행동처럼 증상을 극복하는 데 특히 효과적일 수 있다. 어둠을 두려워하는 아동은 옥외 또는 어두운 방에서 손전등 술래잡기 놀이로 두려움에 숙달되는 법을 배울 수 있다. 손전등 술래잡기 놀이를 하는 공간은 최소한 중간 정도로 어두울 필요가 있고, '술래'라는 사람은 켜고 끄기 쉬운 손전등이 있어야 한다. 손전등 술래잡기의 목표는 보통의 술래잡기처럼 다른 놀이자를 만지지 않고 손전등의 광선으로 다른 사람과 접촉하는 것이다. 대부분의 아동에게 있어서 스위치의 간단한 바꿈으로 어둠을 없앨 수 있다면, 특히 경험이 즐거움과 짝을 이루면 그들의 두려움을 덜어주기에 충분하다. 마찬가지로 대부분의 아동이 좋아하는 인형이나 봉제인형을 보살피는 의사가 되는 가장놀이를 통해 의료 절차에 대한 두려움을 숙달할 수 있다. 대안으로 아동이 두려워하는 바로 그 일이 놀이의 일부가 될 수 있다. 괴물을 두려워하는 아동은 치료사가 처음에 두려워하고 그다음에 두려움을 숙달하는 모델이 되는 척할 수 있다. 놀이회기에서 괴물 가면을 만들 수 있으며, 그다음에 아동과 치료사는 번갈아서 무서워하는 사람과 무서운 사람이 될 수 있다. 내 옷장에 악몽이 있다(*There's a Nightmare in My Closet*; Mayer, 1968)라는 책은 괴물을 바보같이 보이게 하는 방법과 아동의 두려움을 정상화하는 방법을 배우는 데 큰 도움이 될 수 있다.

숙달놀이는 강박장애와 같이 반복적인 사고와 행동을 극복하는 데에도 이용될 수 있다. 이러한 교정적 경험에서의 목표는 아동에게 약간의 통제감을 주면서 증상을 바보같이 만드는 것이다. 처치를 받으러 오게 된 어린 소녀는 특정한 순서대로 옷을 입고 색깔 순서에 따라 음식을 먹는 등 여러 가지 규칙을 만들어서 오랫동안 계속된 불안을 관리하려고 했다. 그 소녀의 치료사는 그들이 왕과 왕비가 되는 '규칙이 많은 동네'에 들어가는 것으로 가장하는 놀이에 그 소녀를 참여시키기로 했다. 한 사람이 만든 모든 규칙에 대해 다른 사람은 한 단계 더 나아가야만 했다. 왕(치료사)은 "놀이실에 있는 사람은 누구도 신발을 신지 못한다."고 선언했다. 왕비는 양말을 신지 못한다고 덧붙였다. 왕은 타일을 하나 건너서 밟을 수 있다고 말했고…… 규칙은 그렇게 계속되었다. 그들이 놀이할 때마다 치료사는 그 둘 중 어느 누구도 방을 돌아다니기가 어려운 지점까지 규칙을 정할 수 있었다. 그렇게 함으로써 아동은 치료사의 규칙을 취소하는 규칙을 만들기 시작했다. 아동이 그렇게 했을 때 치료사는 게임이 장난스럽고 바보같이 보인다(이것은 새로운 규칙을 말하면서 아주 큰 지팡이를 흔들어야 했다)는 것을 확실히 하면서 규칙의 장단점과 그들이 어떻게 해방되고 감금되는지를 확인하기 시작했다. 점차적으로 아동은 규칙이 때로는 즐거움을 얻는 방법에 어떻게 영향을 미쳤는지에 주목하면서 규칙 세트를 깨뜨렸다.

절차

다음 단락에서는 EPT 이론을 조작할 수 있게 하고 그 이론의 실행에서 고유한 요소를 설명한다.

치료사 자격, 훈련, 특성

EPT를 효과적으로 실행하기 위해 놀이치료사는 적어도 놀이치료협회(Association for Play Therapy, 2014)가 정한 등록 놀이치료사가 되기 위한 다음의 기준을 충족해야 한다.

▶ 교육
아동발달, 성격 이론, 심리치료의 원리, 아동 및 청소년 정신병리학, 윤리학에 관한 교과 과정뿐만 아니라 최소 150시간의 구체적인 놀이치료 지도를 포함해서 정신건강 분야의 석사학위 이상

▶ 임상 경험
최소 500시간의 지도감독을 받은 놀이치료 경험과 함께 정신건강 제공자로서의 면허 취득을 위해 요구되는 일반적인 임상 경험

▶ 면허 교부
정신건강 서비스를 독자적으로 제공할 수 있는 양호한 상태의 살아 있는 면허

이러한 기본적인 요구 이외에 몇 가지를 언급해보면 환경체계 놀이치료사는 다양한 문화, 교육, 법률, 의료체계와 같이 아동과 그 가족을 둘러싼 다중 체계에 대한 학문적 지식과 임상 경험이 있어야 한다. 마지막으로 놀이치료사가 지속적으로 전문성 개발에 참여하고, 아동발달, 정신병리학, 처치 방법, 놀이치료 분야의 많은 변화에 뒤처지지 않는 것이 중요하다.

어느 때보다도 범세계화된 사회에서 적절한 문화적 지식과 문화에 대한 인식은 유능하고 윤리적인 놀이치료의 실천에서 핵심이다. 이러한 맥락에서 문화라는 단어가 적절할 것 같은 변인들을 몇 가지만 언급해보면 성별, 성역할, 성적 취향, 종교, 인종, 민족성, 국적, 언어, 연령, 신체적 능력, 사회 경제적 지위 등 다양성의 모든 측면을 언급하기 위해 모든 것을 포괄하여 사용하고 있다. 인식, 기술, 지식, 또는 ASK(awareness, skills, knowledge) 모델은 문화적으로 잘 반응하는 최선의 사례로 종종 인용되고 있다(Pedersen, 1994). 인식 수준에서 놀이치료사는 말 그대로 자신의 문화적 영향이 자신의 삶에 어떻게 작용하고 이러한 문제가 내담자의 삶에 어떻게 작용하는지를 인식하고 있다. 충분히 인식하고 있다고 말할 수는 없겠지만, 놀이치료사가 아동의 증상을 촉발하고 중요한 해결책 또는 지원을 제공하는 데에 영향을 미치는 모든 다양성 측면의 잠재적인 역할을 얼마나 고려해야 하는지를 지속적으로 재평가하는 것이 중요하다.

놀이치료사가 필요로 하는 일부 인구집단에 특정한 기술이 있지만, ASK 모델은 다양한 내담자와의 작업에서 중요한 두 가지 광의의 기술에 중점을 둔다. 하나는 과학적 마인드인데, 이는 다양성에 기초한 가설을 형성하고 그러한 것들이 사실이라고 가정하고 행동하는 것이 아니라 치료 과정에서 체계적으로 이것들을 검증하는 치료사의 능력을 말한다(Sue, 1998). 다른 하나는 역동의 크기라고 부르는 것인데, 이것은 개별 내담자가 다양한 집단의 다른 구성원과 유사하거나 차이가 나는 정도를 결정하는 치료사의 능력을 말한다(Sue, 1998). 다음 예는 두 기술의 사용을 설명하고 있다.

문화적 능력은 놀이치료사가 내담자의 삶에서 다양한 문화적 문제가 어떻게 발생할 수 있는지에 관한 최소한의 기본 지식을 요구한다. 우선 비임상 인구집단에서 특정한 다양성 변수가 어떻게 표현되는지에 대한 기본 지식이 있어야 한다. 특정한 인종, 종교 또는 집단이 다른 많은 내담자들과 치료적으로 작업한다면 처치를 받지 않은 집단 구성원을 알고 그들과 상호작용하는 것이 중요하다. 둘째, 익

사례

스티븐스 박사는 자기 지역의 근본주의 기독교 단체 구성원들 사이에 존재해 있는 매우 엄격한 육아 관행과 체벌의 일반적인 사용에 대해 잘 알고 있었다. 그는 집단의 관행 중 일부가 학대에 아주 가깝다고 믿는 아동 보호 서비스가 정기적으로 집단에 대해 비판하는 것을 알고 있었다. 이러한 지식에 기초해서 스티븐스 박사는 새로운 내담자(극도의 불안이 있는 6세 소년)의 부모가 아동을 기르는 데에서 유사한 관행을 사용했으며 이것이 아동의 불안을 촉발시켰을 수도 있다고 가정했다. 이것이 사실이라고 가정하거나 그들의 자녀 양육에 대해 직접 질문해서 가족을 소외시키는 위험을 초래하기보다는 아동과 부모와의 상호작용 과정에서 그의 가설을 간접적으로 검증하는 것으로 설정했다. 이 과정을 통해 그는 부모의 종교적 신념과 관습의 탓으로 돌리는 정도에서 부모 간에 의미 있는 차이가 있는 것을 발견했다. 결국 스티븐스 박사는 아들의 불안에 대한 부모의 이러한 견해 차이가 그들의 신념이나 관행보다 더 많이 영향을 미쳤다고 판단했다.

숙하지 않은 집단에 대한 정확한 정보에 접근하는 방법을 아는 것이 중요하다. 다행스럽게도 현대 기술은 손가락 몇 번 두드려서 전 세계의 정보를 구할 수 있다. 불행하게도 모든 정보가 정확하지는 않으며 전자 출판 표준이 없는 상황에서 왕겨들 중에서 낟알을 걸러내기 위해 최선을 다하는 것은 치료사의 몫이다. 마지막으로 다양성 정보에 대한 주된 원천으로 내담자를 이용하지 않아야 한다. 이것은 두 가지 이유에서 맞는 말이다. 그중 하나는 내담자가 필사적으로 필요한 서비스를 받기 위해 거기에 있는 것이며, 임상가에게 무료 교육을 해주려고 거기에 있는 것이 아니라는 사실이다. 나머지는 개인 내담자가 자신이 구성원으로 있는 집단의 대부분의 사람들을 정확하게 대표할 수도 있고 대표하지 않을 수도 있다는 사실이다.

또한 교육체계 및 법체계와 같은 다른 체계들에 대한 실무 지식을 갖고 있는 것이 중요한데, 이러한 체계는 사실상 모든 아동의 삶의 어느 한 시점에서 영향을 미친다. 마찬가지로 EPT 치료사는 그들이 일하고 있는 관할 구역의 교육법에 관한 기본 지식뿐만 아니라 다양한 학교와 학군에서 이러한 법률과 지침이 어떻게 시행되고 있는지에 대한 실무 지식을 갖추고 있어야 하는데, 이 정보가 처치 계획에 영향을 줄 수 있기 때문이다. 예를 들어 주에서는 모든 아동에게 교육을 제공해야 하지만 중부 캘리포니아의 어떤 학군에서는 '곤란한' 아동에게 가정 학교(home school)를 하라고 부모를 강요하기 위해 모든 노력을 기울이는 것으로 알려져 있으며, 부모가 수행하지 않으면 학교가 퇴학시키겠다고 위협한다. 임상가가 이러한 관행을 인식하고 있으면, 학군의 요구를 가장 잘 충족시키는 것과는 대조적으로 부모가 교육적으로나 임상적으로 자녀에게 최선인 것을 주장하도록 돕는 준비를 잘할 수 있다. 마찬가지로 법체계와 연루된 아동과 작업할 때 다양한 체계들이 어떻게 작동하고 상호작용하는지 또는 하지 않는지를 아는 것이 중요하다. 예를 들어 대부분의 주에는 가정법원(자녀 양육권의 결정과 같은 일을 하는 곳), 형사법원, 민사법원(소송을 하는 곳)이 있다. 일반적으로 이러한 법원은 독립적으로 운영되므로 그들의 결정은 서로 관련이 없는 것으로 보일 수 있다. 학대당한 아동을 학대자의 보호로부터 이동시킬지의 여부는 가정법원에서 결정될 것이며 학대자가 형사 소송에서 범죄적인 아동 학대로 인해 유죄 판결을 받았는지 여부와는 완전히 별개일 수 있다. 즉, 아동은 형사 재판에서 학대의 죄가 없다고 밝혀진 사람의 보살핌에서 다른 곳으로 이동될 수 있으며 반대로 죄가 밝혀진 사람의 보살핌이 유지될 수도 있다. 유사하게 아동을 대신하여 행동하는 사람은 아동의 상해 및 보살핌을 위해 학대자로부터 금전적 보상을 요구하는 소송을 제기할 수도 있다. 그러한 소송의 결과는 학대자가 형사 재판에서 유죄 판결을 받았는지 여부를 반드시 전제로 하는 것이 아니다. 법의 세부 사항이 대체로 놀이치료사의 훈련과 지식의 범위를 넘어서는 반면, 체계가 작동하는 방식에 대한 기본적인 이해는 이러한 체계에 둘러싸인 아동이 감당하게 될 과정과 결과에 대처하도록 돕는 데에서 오래 지속될 수 있다.

학문적 훈련 및 임상적 경험 이외에 EPT 치료사는 문제를 여러 관점에서 보고 개인적 경계와 전문적 경계를 잘 지키는 것이 중요하다. 아동 및 그 가족과 작업하는 것처럼 견고하고 현상학적 입장을 유지하면 연루된 다양한 사람들의 관점에서 문제를 보고 그들 각자와 진정으로 공감하는 것이 쉬워진다. 기본적인 공감은 어느 정도는 내담자의 눈을 통해 세계를 볼 수 있게 해준다. 아동발달 그리고 아동이 주변의 세계에 대해 반응하고 이해하는 방식에 대한 아동발달의 영향에 관한 기본 지식은 공감을 배양할 수도 있다. 다른 모든 요인이 동일하면, 아동의 부모가 이혼했을 때의 연령은 사건에 대해 아동이 반응하는 방식에서 중요한 역할을 할 것이다. 생후 18개월은 방문하는 동안 이쪽 부모 또는 저쪽 부모와의 분리에 대해 가장 염려할 것이다. 5세 아동은 분리에 대해 지나치게 책임감을 느낄 수 있다. 10세 아동은 이혼이 가정 및 학교에서의 또래 우정의 연속성에 어떤 영향을 미칠 것인지에 대해 매우 염려할 것이다. 마찬가지로 특정 집단의 삶의 경험에 대한 지적인 지식은 공감을 배양할 수 있다. 어린 소년의 고통을 아는 한 가지는 학교에서 나약하다고 놀림감이 되고 있다고 그가 보고하는 것이다. 학교에서 성 관행을 따르지 않는 청소년에 대한 신체적 폭력의 비율이 높은 것과 이 인구집단에서의 우울증 위험에 대한 공감대를 강화하는 것은 아주 다르다.

개인적 경계를 잘 유지하는 능력은 두 가지 방식에서 EPT 치료사에게 도움이 된다. 매우 공감적이 되고 여러 관점에서 문제를 보는 능력은 훌륭한 치료사가 되는 데에서 중요하지만, 치료사가 아동에게 또는 가족에게 최적의 관심이 될 수 없는 방식으로 개입하고 싶을 수도 있다. 학대받는 아동과의 공감은 치료사 안에서 구조하려는 환상을 쉽게 촉발할 수 있다. 반항적인 양육자는 분개 또는 분노가

사례

컨 박사는 골수암 치료를 위해 장기간 화학 요법을 받고 있는 에이미라는 어린 소녀와 작업하고 있다. 처치가 진행되면서 에이미는 그것에 적응하지 못했다. 오히려 그녀의 메스꺼움은 점점 더 심해지고 점점 더 체중이 빠졌다. 의료진은 에이미가 자신의 경험을 정상화하도록 '병원 역사상 최고의 구토자'라고 하면서 도움을 청했다. 한편 에이미는 점점 더 우울해지고 어머니 캐서린은 점점 더 좌절했다. 컨 박사는 에이미를 위해 무엇인가를 해야겠다는 생각이 강했고 종양 전문의에게 직접 연락하기 위해 캐서린의 허락을 구해야 한다고 생각했다. 한편으로 비록 이것이 사실일지라도, 그것은 캐서린이 자신의 영향력을 빼앗긴다고 느끼게 만들 수도 있고 앞으로 캐서린이 에이미를 옹호하는 것을 더 어렵게 만들 수도 있다는 것을 인식했다.

위험을 감안해서 컨 박사는 의료체계가 어떻게 진행되는지를 캐서린이 알게 하고 자기 아이에게 최선을 다 하려는 그녀의 욕구에 따라 그녀를 지원하기로 했다. 캐서린은 몇 가지 의학 용어를 배워서 의사와 자신이 걱정하는 것을 더 분명하게 소통할 수 있었다. 캐서린은 암을 앓고 있는 다른 아동의 부모와 이야기를 나누고 화학 요법을 받는 성인의 메스꺼움을 치료하는 데 사용되는 약에 대해 알았다. 캐서린이 이러한 새로운 정보로 무장하고 종양 전문의에게 갔을 때, 의사는 자신이 걱정하는 약물의 중독성에 대해 말하면서 여전히 에이미에게 약 주는 것을 거부했다. 컨 박사의 지원을 받으면서 캐서린은 두 번째 선택사항으로 에이미를 의과대학 부속병원으로 데려가기로 했다. 새로운 종양 전문의는 에이미의 상황이 끔찍하다는 데 동의했고 약물을 시도해보는 데 동의했다. 몇 달 동안에 에이미는 체중이 늘었고, 캐서린은 딸의 처치에 관한 지식이 풍부해지고 딸의 처치에 참여하면서 분명한 자부심을 나타냈다. 이 경우에 직접적으로 옹호하는 것이 아니라 어머니의 능력을 강화하기로 한 컨 박사의 결정은 아동뿐만 아니라 어머니도 도왔으며 어머니와 딸의 관계를 증진시켰다.

지도 촉발할 수 있다. 좋은 개인적 경계는 치료사가 자신의 감정에 관계없이 아동의 최적의 관심을 위해 행동하는 것을 보장하도록 돕는다. 동시에 EPT 치료사가 내담자를 대신하여 다양한 옹호자 역할을 하는 데 아주 적절해질 수 있다. 치료사가 놀이 공간에서 벗어나서 내담자의 실생활 속으로 다가갈수록 치료사는 개인적 경계와 전문적 경계의 중요성에 더욱더 조율이 되어야 한다.

내담자 특성, 지시, 금기

환경체계 이론은 내담자의 특성, 지시, 금기의 변수를 고려하는 방식으로 설계된 이론이기 때문에 제시되는 문제와 상관없이 그리고 연령 또는 문화적 배경에 상관없이 내담자의 처치를 안내하는 데 사용될 수 있다. 마찬가지로 EPT 이론과 모델은 매우 유연하므로 모든 아동의 요구에 적용될 수 있다. EPT 치료사는 아동의 발달 수준과 규제해야 할 필요성 및 스스로 규제하는 능력에 맞추어서 회기를 구조화하는 정도를 조절한다. EPT 치료사는 아동의 발달 수준과 인지 능력에 맞추어서 놀이치료회기에서 그들이 제공하는 인지적 개입 대 경험적 개입의 균형도 조정한다. 마지막으로 EPT 치료사는 놀이실에서 효과적인 개입 전략을 세우기 위해 경험적으로 지지해 왔던 처치와 놀이 기법을 결합하는 방법을 찾는 데 전문가이다.

실행 계획

이 장의 앞부분에서 설명한 것처럼 EPT 놀이실을 배치하는 방법 그리고 장난감과 놀이 재료가 아동에게 제시되는 방식 모두는 아주 독특하다.

놀이실, 장난감, 재료

EPT에서는 놀이 공간 자체가 구체적인 치료적 가치가 있다고 개념화하지 않는다. 오히려 이것은 치료적 관계를 위한 자연스러운 그릇으로 간주된다. 따라서 방은 치료사와의 상호작용 또는 놀이에 참여하는 것을 방해하지 않아야 한다. 놀이실이 단순하면 아동이 위험하거나 문제가 있는 행동에 몰두할 기회를 최소화하므로 치료사가 제한을 설정해야 할 가능성도 줄인다. 이상적으로는 놀이실이 비닐 바닥 및 세탁할 수 있는 벽지처럼 표면이 물이나 먼지에 오염되지 않게 한다. 바닥의 일부에 깔개를 깔면 바닥에서 놀거나 조용한 활동을 할 수 있는 편안한 공간이 될 수 있다. 작은 테이블은 게임을 하거나 미술작품을 할 때 유용하다. 이러한 기본적인 품목 이외에, 놀이실은 활발한 놀이를 위해 넓은 공간인 채로 비워둔다. 장난감이 선반에 나열되고 모든 아동이 쉽게 접근할 수 있는 전통적인 내담자 중심의 놀이실과 달리, EPT의 기본적인 놀이실에서는 치료사만이 장난감에 접근할 수 있도록 장난감이 보관되어 있다. 장난감은 놀이실 안에 문이 닫히고 잠긴 캐비닛에 보관하거나 방 밖에 보관할 수 있다. 이러한 장난감 저장 체계는 여러 가지 작업을 수행한다. 첫째, 아동이 놀이실에 들어서서 치료사와 상호작용하기보다는 장난감에 주의를 기울여서 산만해지는 것을 방지한다. 치료놀이는 적은 수의 장난감이나 재료를 가지고 아동과 치료사 사이에 고도의 치료적 상호작용을 어떻게 조성하는지를 보여주는 훌륭한 예이다(Booth & Jernberg, 2010). 둘째, 놀이실에 장난감이 거의 없다는 것은 치료 작업을 피하는 방식으로 장난감을 사용할 수 없다는 의미이다. 자유롭게 선택하게 하면 대부분의 아동은 체스 또는 체커와 같은 콘텐츠 중립적인 게임을 많이 하고 그들의 두려움 또는 문제를 다루려고 하지 않을 것이다. 치료사가 장난감을 제한할 때, 아동은 놀이치료 과정에 좀 더 쉽게 참여한다. 마지막으로, 잘 선택해서 이용할 수 있는 소수의 장난감은 치료사가 제한설정을 덜할 것이라는 의미이다. 아주 혼란 또는 조절 곤란이 있는 아동은 한 가지 장난감에서 다른 장난감으로 잽싸게 이동하면서 큰 파란을 일으킨다. 이 아동이 스스로 즐기는 것처럼 보일 수 있지만, 엉망진창인 결과는 종종 혼란과 조절 곤란이 더 심해졌다고 느끼게 만든다. 게다가 치료사는 방을 다시 정리하기 위해 다음 회기의 시작을 연기하는 처지가 될 수도 있다. 또한, 파괴적이거나 공격적으로 행동을 분출하는 아동의 경우에, 치료사는 아동이 부적절하거나 위험한 방식으로 행동할 기회를 줄이기 위해 장난감을 조심스럽게 제한할 수 있다. 제한설정이 치료적 경험이라고 해도, 제한의 필요성을 최소화하고 그래서 놀이의 기회와 치료사와의 긍정적인 상호작용을 극대화하는 방식으로 환경이 구조화될 때 대체로 아동은 더 잘한다.

주어진 그 회기에서 아동이 이용할 수 있는 장난감은 제한되지만, EPT 치료사는 선택할 수 있는 다양한 장난감과 재료가 여전히 필요할 것이다. 일반적인 임상 인구집단과 작업할 때, 놀이치료사는 다음의 범주, 즉 감각 운동, 가장(몸 중심, 과도기, 장난감 중심), 게임, 대근육, 건설, 미술, 음악, 교육 범주에서 각각 장난감이 필요하다. 그런 다음 각 범주 내에서 치료사는 발달 수준이 다른 아동들에게 적합한 장난감을 갖고 있어야 한다. 예를 들어 감각 운동 장난감은 일반적으로 아주 어린 아동을 대상으로 하지만 나이가 많은 아동도 모래 또는 향기가 있는 마커와 같이 여러 가지 감각적 특성이 있는 장난감을 즐긴다. 덧붙여서 놀이치료사는 특정 내담자 또는 인구집단의 요구 또는 문제를 반영하는 일련의 장난감들을 원할 것이다. 의료적 외상을 겪고 있는 아동은 종종 카타르시스 놀이를 허용하고 자신의 경험에 대한 숙달감을 확립하도록 돕기 위해 축소된 또는 실물 크기의 의료용품 및 장비를 가지고 놀 필요가 있다. 마찬가지로 범죄의 피해자가 된 아동은 축소된 경찰 인물과 차량을 가지고 또는 수갑과 같은 실제 크기의 장난감을 가지고 종종 놀 필요가 있다.

선택할 수 있도록 장난감이 적절하게 배열되면, EPT 치료사는 대개 아동과의 주어진 그 놀이치료 회기에 가져가기 위해 5~7개의 장난감/재료를 선택한다. 이 장난감들은 몇 가지 기준에 따라 선택되는데, 그중 하나는 아동의 발달 수준이다. 발달에 기초한 3개의 장난감/재료를 선택할 것이다. 장난감 하나는 아동의 발달 수준보다 약간 낮아야 하며 사용하기 쉽고, 하나는 아동의 발달 수준에서 맞아야 하며, 하나는 아동에게 약간의 도전이 되어야 한다. 아동의 처치 목표 및 기저에 있는 요구 또는 문제와 관련하여 내용을 이끌어내기 위해 2~3개의 장난감도 포함시킨다. 마지막으로, 한두 개의 장난감이 추가될 수 있는데, 다른 재료들을 지원하고, 아동과 치료사 간의 상호작용을 촉진하고, 또는 비교적 중립적이어서 필요할 때 아동이 치료 작업을 중단할 수 있기 때문이다. 전형적으로 5~7개의 장난감을 선택하지만 치료사와 아동이 장난감을 사용하지 않으면서 전체 회기를 수행하는 것도 전적으로 가능하다.

다음은 EPT 놀이치료사가 학교 관련 불안이 상당히 심한 학령기 아동과의 회기를 위해 선택할 수 있는 장난감의 예이다.

	놀이	발달 수준	치료적 내용	기타 이득
공	잡기	아동의 수준 또는 수준 아래	중립적	치료사와의 상호 작용을 촉진한다.
눈가리개	장님놀이	아동의 수준 또는 수준 아래	치료사가 아동의 학교 불안에 대한 토론으로 이끌면서 해석할 수 있는 약간의 불안을 자극할 수 있다.	치료사와의 상호 작용을 촉진한다.
중간 정도로 어려운 보드 게임	게임놀이	아동의 수준 위	학교 경쟁과 관련된 불안을 유발할 수도 있다.	치료사와의 상호 작용을 촉진한다.
학교 용품	아동이 학교에서 학생 또는 교사인 것처럼 가장하는 신체 중심의 가장놀이	아동의 수준 아래	주 호소 문제를 직접 다룬다.	대처 기제로 역할 놀이를 사용할 수 있다.
미니어처 장난감 아동 및 책상 또는 칠판과 같은 미니어처 학교 용품을 가지고 있는 성인	학교 관련 내용이 제공되는 장난감 중심의 놀이	아동의 수준	주 호소 문제를 직접 다룬다.	신체 중심의 가장놀이보다 아동이 내용으로부터 더 멀리 떨어져 있다.
흰 종이, 마커, 가위, 테이프	표현적인 놀이	아동의 수준	구체적인 치료적 내용을 자극할 수 있고 자극하지 않을 수도 있다.	필요할 때 아동이 내용을 바꾸게 한다.

처치 빈도 및 기간

대부분의 다른 놀이치료와 마찬가지로 EPT 회기는 대개 주 간격으로 예정되어 있다. 어린 아동 또는 심각한 분리 문제가 있는 아동은 더 자주, 특히 치료를 시작할 때 더 빈번한 회기가 필요하다. 주 간격의 회기는 치료가 일단 끝나면 증상이 완화된 후 이득이 유지되는 것을 보장하기 위해 몇 회기 더 계속되어야 한다. 치료를 끝내는 데 필요한 회기의 전체 수는 아동의 연령, 나타난 문제, 처치가 진행됨에 따라 아동이 속해 있는 다양한 체계가 처치와 아동이 만드는 변화 모두를 지원하는 능력에 따라 아주 다르다. 연령에 꽤 적절한 약간의 공포증 이외에는 잘 적응하는 5세 아동은 5~7회기에서 증상이 의미 있게 감소됨을 볼 수 있다. 복잡한 상황의 아동은 더 많이 참여할 것이다. 덧붙여 만성적인 정신건강 문제에 대처하는 일부 아동은 장기간의 지지적인 작업이 도움이 될 수 있다. 이 경우에 목표는 증상을 없애는 것이 아니라 자신의 발달적 변화 그리고 예를 들어 학교에서 학년이 바뀌거나 교사가 바뀌는 것처럼 환경에서 자연스러운 전환이 있을 때 대처하는 아동의 지속적인 능력을 육성하는 것이다. 그러나 치료가 오래 지속되더라도, 종료 접근은 아동이 치료사와의 임박한 분리에 적응하는 시간을 충분하게 줌으로써 회기들 간의 시간 간격이 점진적으로 길어져야 하는데, 아동은 성인에 비해 자신의 치료사와 의미 있는 정서적 애착을 발달시켰을 가능성이 훨씬 크기 때문이다.

처치 전 초기면담 및 평가

치료 계획을 설계하고 시행하기 전에 EPT 치료사는 포괄적인 이력을 수집하고 사례를 충분히 개념화할 수 있도록 필요한 모든 평가를 실시한다. EPT 초기면담은 아동과 그 가족이 속해 있을 수 있는 모든 주요 체계를 다룬다. 놀이치료 치료계획 및 중재 : 생태학적 모델과 워크북(*Play Therapy Treatment Planning and Interventions : The Ecosystemic Model and Workbook*)(O'Connor & Ammen, 2013)에는 포괄적인 내력을 수집하고 처치를 시작하기 전에 완전한 정신 상태 검사 및 체계의 검토를 모두 수행하는 데 유용한 종이 서식 및 온라인 양식이 모두 있다. 정신건강전문가가 초기면담 이외에 평가를 수행하는 정도는 다양하지만, 아동과 작업할 때 두 가지 유형의 평가, 즉 발달 평가와 아동의 전반적인 기능 그리고/또는 증상의 기초선 측정이 고려되어야 한다.

발달선별검사를 수행하는 것은 치료사에게 초기 처치 계획의 안내뿐만 아니라 놀이치료사가 아동의 증상이 나이에 적절한 발달을 진행하는데 방해가 될 수 있는 정도를 판단할 수 있게 한다. 치료를 시작한 대부분의 아동은 하나 이상의 표면적인 영역에서 발달이 억제되었던 시간이 장기간에 걸쳐 심각한 증상을 경험하고 있다. 유아기부터 학대를 당한 10세 소년은, 대개는 아동이 생후 2세에 숙달하는 기본적인 애착 발달에 관한 작업을 여전히 하고 있을 수 있다. 이러한 소년은 생활연령에도 불구하고 초기 발달적 요구에 맞게 조정된 처치가 필요할 것이다.

발달적 지도 목표 평가 형식(Developmental Teaching Objectives Rating Form, DTORF)(Wood, 1992a, 1992b)은 4개 영역, 즉 행동, 사회, 의사소통, 학업에서 아동발달에 대한 전반적인 감각을 부여하는 데에서 매우 유용할 수 있다. 이 도구는 사용하기 쉽고 잠재적으로 유용한 처치 목표의 목록을 치료사에게 제공한다. DTORF는 아동을 잘 아는 성인과의 반구조화된 면접의 일부로 끝내도록 설계되었다. 정보의 대부분은 아동의 주 양육자로부터 수집되지만, 아동의 교사와 같이 다른 사람들이 투입되면 장면들 전반에서 아동 기능의 일관성을 결정하는 데 도움이 될 수 있다.

각 영역에는 출생부터 대략 16세까지 해당하는 발달을 망라하는 위계적으로 배열된 항목의 목록이 있다. 목표 행동을 일관성 있게 수행하는 아동의 능력에 기초해서 항목들을 체크한다. 아동의 행동이 규칙적으로 수행되지 않기 때문에 각 영역에서 상한은 열에 있는 두 개의 항목이 체크되지 않을 때 도달한다. 이러한 두 개의 놓친 상한 항목들은 처치 목표가 된다. 결과적으로 도구의 수행은 아동을 위해 최소한 8개 처치 목표, 즉 4개 영역에서 각각 2개씩 수립한다.

DTORF는 학교에서 사용하도록 설계되었으며, 이는 임상 장면에서 도구를 사용할 때 몇 가지 이점과 단점이 있다. 긍정적 측면에서 도구는 규칙적인 간격으로 반복되도록 고안되었으므로 시간 경과에 따른 아동의 진행 상태를 평가하는 데 사용할 수 있다. 또한 정적 측면에서 임상가가 아닌 교사가 사용하도록 설계되었기 때문에 전통적인 발달검사보다 사용자에게 친근하다. 항목들이 집에서보다 교실에서 더 자주 보이는 행동을 언급한다는 사실 또한 장점이 될 수도 있고 단점이 될 수도 있다. 긍정적 측면에서 볼 때 목표가 학교에 쉽게 전달되고 교사가 쉽게 시행할 수 있음을 의미한다. 부정적 측면에서 일부 항목은 양육자가 평정하기에 다소 어려울 수 있다. 학교에서 사용하려고 개발한 마지막 이점은 DTORF를 온라인으로 완성할 수 있다는 것이다. DTORF 웹사이트(www.dtorf.com)는 아동의 목표가 주문 제작되고 행동 지향적 처치 계획을 치료사가 인쇄해서 시간 경과에 따른 아동의 진전 상황을 추적할 수 있게 한다.

처치 과정 및 단계

처치 과정

치유 요소에 관한 부분에서 앞서서 설명했듯이, EPT는 문제가 되는 반응 세트를 아동이 깨뜨리도록 돕는 데 집중되어 있고, 문제성 있는 반응 세트(problematic response sets)는 그들의 요구를 충족하는 데 대한 비효율적 방법 그리고/또는 부적절한 방법이라고 정의된다. 반응 세트가 붕괴되면, 아동은 자신의 요구를 보다 효과적이고 적절하게 충족시키는 새로운 행동의 학습과 사용에 대해 개방적이다. 규칙적으로 반응 세트를 깨뜨리려는 요구는 아동이 끊임없는 발달 변화를 겪고 있기 때문에 아동에게서 특히 높은데, 이는 아동에게 옛 행동을 새로운 행동으로 대체하도록 요구한다. 그러므로 EPT 과정의 모든 측면은 건강한 행동적 변화 과정 및 건강한 발달적 적응 과정을 촉진하는 방향으로 맞추어진다. 아동의 역기능적 반응 세트를 보다 새롭고 보다 기능적인 것으로 대체하는 과정은 기존의 행동 패턴에 대해 인지적 또는 경험적으로 도전함으로써 성취된다. 모든 EPT 회기는 경험적(활동/놀이) 개입과 인지적(토론 및 문제 해결) 개입을 결합한다. 앞에서 언급했듯이 이쪽과 저쪽의 균형은 아동의 발달 수준에 의해 결정된다.

처치 단계

소개 및 탐색

소개 및 탐색 단계에서 아동은 치료사, 놀이실 및 장난감과 재료에 대해 알게 된다. 대체로 아동은 자신의 의지로 치료에 온 것이 아니지만 그들의 행동이나 증상이 다른 사람들에게 문제가 되기 때문에 데려오게 되므로 치료에 대한 생각이 서서히 달아오른다. 과거의 대인관계 경험에 따라서 새로운 성인, 특히 권위적 위치에 있는 사람과 서서히 친숙해질 수 있다. 다른 한편으로 치료에 오는 일부 아동은 절박하게 요구하며, 고통의 한가운데에서 지원을 제공하는 누군가에게 재빨리 매달린다. 아동이 처음에 어떻게 보이는지에 관계없이 그들이 주저하거나, 무관심하거나, 어색하거나 간에 놀이치료 과정 초기에 진정한 자신을 드러내지 않는다는 것을 기억해야 한다.

잠정적 수용

아동이 치료사, 놀이실, 장난감에 익숙해지면 대부분의 아동은 치료를 할 기회가 될 것이고 놀기 시작할 것이라고 재빠르게 결정한다. 잠정적 수용 단계에서, 특히 과거에 외상이 있었던 경우, 아동은 치료적 내용을 깊게 다루는 것을 피하려고 시도하기 쉽다. 아동은 본질적으로 놀이치료의 '작업'을 피하려는 경향이 있으므로, 이 단계에서 치료사에게 중요한 것은 맨 처음에 처치 계약을 하거나 또는 아동이 회기를 즐겁게 회피하는 놀이에 참여하는 시간으로 생각하게 만드는 위험을 감수해야 한다는 것이다. 이런 일이 일어나면 나중에 처치 목표에 초점을 맞추려는 치료사 측의 시도는 상당한 저항과 심지어 아동 측에서 배신감까지도 느낄 수 있다.

부정적 반응

아동이 반응 세트를 깨뜨리기 시작하고 자신의 증상과 행동 패턴이 더 이상 자신의 요구를 효과적이고 적절하게 충족하지 못하는 것으로 보기 시작하는 지점으로 치료가 진행되면서 아동은 변하려는 자신의 욕구와 변화에 대한 두려움 사이에 끼어 있다는 매우 불편한 느낌을 경험할 것이다. 이것은 일반적으로 퇴행 또는 저항의 일부 형태로 나타나며, 이것은 부정적 반응 단계라고 언급된다. 성인 내담자는 이 단계에서 치료 작업과 변화를 더 많이 만들려는 요구 양쪽 모두를 회피하는 방식으로 회기에 오지 않을 수도 있다. 아동은 타인에 의해 치료에 왔기 때문에, 회기에서 저항을 보여줄 가능성이 더 많다. 일부 아동은 자신이 얼마나 말할지를 제한하고 장난감이나 놀이에 관심을 집중시킴으로써 수동적으로 저항한다. 다른 아동들, 특히 과거에 공격성이나 폭력을 경험한 아동은 변화에 대한 단순한 생각만으로도 균형이 위협받으면서 매우 공격적으로 행동할 수 있다. 이러한 행동의 출현은 종종 아동이 의미 있는 긍정적 변화가 생기기 전에 발생하므로 치료사와 양육자가 이를 퇴행 또는 처치의 실패가 아니라 진행의 신호로 보는 것이 중요하다. 성인이 변화에 대한 아동의 두려움을 인식하고 이 시점에서 추가의 지지 및 발판화(scaffolding)를 제공할 수 있다면 대다수의 아동은 다음 단계로 빠르게 전환할 것이다.

성장과 신뢰

치료의 성장과 신뢰 단계는 대체로 변화가 일어나는 지점이다. 이 단계에 있는 아동은 반응 세트를 깨뜨리고 그들의 초기 경험을 이제 재구성하고 그들의 요구를 좀 더 효과적이고 적절하게 충족시키는 방법을 개발할 수 있다. 이 단계에서 아동들은 대체로 일차적인 경험적 방식으로 문제를 처리하는 것에서 보다 인지적인 방식으로 이동하고 문제 해결에 참여한다. 물론 이러한 변화가 일어나는 정도는 아동의 발달 수준에 따라 다를 것이다. 대체로 유치원과 저학년 아동은 계속해서 경험적 수단의 의사소통과 학습에 크게 의존할 것이다. 후기 학령기 아동과 사춘기 이전의 아동은 때때로 의사소통과 문제 해결의 인지적 수단을 일차적으로 사용하는 것으로 이동하는 반면에, 놀이를 이완하거나 재충전하는 방법으로 사용한다. 이 단계가 끝날 무렵, 치료는 아동 자신이 얻은 이득을 공고히 하고 일반화하도록 돕는 데 초점이 맞추어져야 한다.

종결

아동이 자신의 요구를 효과적으로 충족하고 적절하게 안정화할 수 있는 능력을 새롭게 발견하게 되면, 치료의 종결을 계획하기 시작한다. 치료에 대한 아동의 이해의 한계 때문에 처치에서 이 단계는 신중하게 관리되어야 한다. 성인 내담자는 고통을 겪고 있기 때문에, 도움을 원하고 목표가 충족되면 처치가 끝나기를 기대한다. 다른 한편으로, 아동은 대체로 자신의 행동이 다른 사람들을 괴롭히기 때문에 치료에 오게 되었다. 아동은 종종 도움을 원하지 않으며, 이들이 도움을 받게 될 때 아동은 치료가 어떻게 도움이 될지를 대개는 이해하지 못한다. 아동은 양육자의 의심과 치료사의 동기로 치료에 진입했고, 처음에는 치료 과정을 신뢰하게 되고 그다음에는 점진적으로 치료 과정에 의존하고 치료 과정과 치료사에게 강력하고 정서적인 관계를 확립한다. 아동의 일상이 개선되고 얼마나 기분이 나아졌는지를 인식하게 됨에 따라, 아동은 그 개선과 관련이 있는 바로 그 관계를 끝낸다는 생각에 종종 고통스러워한다. 대부분의 사람들에게 종결은 자신이 성취한 모든 잘한 일에 대한 보상이 아니라 처벌로 간주된다.

치료사가 각 회기 및 모든 회기의 처음에 계약과 목표를 유지하면 종결의 부정적 측면을 크게 줄일 수 있다. 그렇게 함으로써 아동이 치료의 목적을 확실히 인식하게 한다. 또한 변화를 실행하고 진행 상황을 추적하는 데에서 적극적인 역할을 할 수 있다. 치료사는 아주 초기에 치료를 단계적으로 끝낸다는 생각을 도입하고 자신의 변화를 유지하는 아동의 능력과 그 개념을 직접적으로 묶을 수 있다. 일반적으로 종결은 놀이회기를 더 멀리 배치하는 것으로 시작된다. 2주에 1회, 3주에 1회, 그다음에는 한 달에 한 번으로 회기의 일정을 잡으면 치료사가 그림에서 아직 완전히 벗어나지 않았다는 것을 여전히 인지하면서 치료적 관계에서 서서히 벗어나도록 돕는다. 이상적으로는 치료가 완전히 끝날 때, 미래에 아동이 원하는 시점에는 언제든지 치료를 다시 시작할 수 있도록 치료사가 문을 여전히 열어 둘 수 있다. 치료사가 아동을 치료하는 작업 환경을 떠날 때와 같이 이런 종류의 느린 종결이 가능하지 않은 경우, 가능한 한 일찍 아동을 종결할 수 있게 하는 것이 최선이다. 단기 치료에서 이것은 처음에 바로 얼마나 많은 회기가 있을지를 아동이 알게 한다는 의미일 것이다. 이를 통해 아동은 치료와 치료사에게 투자되는 방법을 어느 정도 통제하게 된다. 이것은 아동이 치료 과정에 완전히 관여하지 않는다는 의미일 수도 있지만, 아동이 미래의 어떤 시점에 치료가 필요할 때 치료를 이용하기 어렵게 할 수 있기 때문에, 아동이 까다로운 종결 과정을 지배하게 하는 것보다 나은 것 같다.

완전한 사례 예시

초기면담 및 처치 전 평가

생후 4개월 때 사라를 입양한 제인 윌리엄스와 스티브 윌리엄스가 그레이 박사와의 처치에 사라(3세 때)를 데려왔다. 윌리엄스 부부는 아기를 임신할 수 없다는 것을 알게 된 후 수년 만에 남미의 고아원에서 사라를 입양한 나이 많은 유럽계 미국인 커플이었다. 대부분의 아기가 개별적인 관심 또는 양육을 받지 못했지만 고아원은 아동들에게 아주 좋은 기본적인 돌봄을 제공했다. 처음부터 윌리엄스 부부는 사라가 끊임없이 경계를 늦추지 않고, 격렬하게 경계하는 시선으로 주변에 있는 모든 것을 감시하는 것으로 보였다. 처음에 윌리엄스 부부는 입양 후 첫 6개월 동안 그들 부부에게 사라가 애착의 사인을 보였기 때문에 일이 잘 진행된다고 생각했다. 그러나 시간이 지나면서 사라는 일련의 환경적 자극이 계속 증가하는 것에 대해 정서적 및 생리적 반응을 나타내면서 점점 더 반응적이 되는 것 같았다. 사라의 처치를 시작했을 때, 강렬한 자극 또는 새로운 자극은 자극이 제거된 후에도 사라가 15분 동안이나 명백한 공포로 울부짖게 만들었다. 사라는 안정된 후에도 그 자극에 대한 이야기 그리고 그 자극이 다시 나타나는 것에 대한 두려움에 대해 계속 이야기하곤 했다. 사라의 두려움은 또래와의 상호작용 또는 유치원에 정기적으로 출석하는 것이 불가능하게 했다. 가족이 사라의 두려움 삽화를 방지하기 위해 외부 세계와의 상호작용을 줄일 수 있었지만, 그녀의 요구를 충족하고 정상적인 평범한 삶을 살아가는 것이 점점 더 힘들어지고 있었다.

초기면담에 뒤이어 몇 가지 평가 측정이 수행되었다. DTORF는 사라의 양쪽 부모로부터 피드백 받은 것에 기초해서 끝냈다. DTORF 결과는 이 장의 뒷부분에 있는 초기 처치 목표 부분에 나열되어 있다. 공포 삽화에 영향을 미치는 요인으로서 기저에 있는 애착 문제를 배제하기 위해 사라와 그녀의 어머니는 마샥 상호작용 평가법(MIM)(Lindaman, Booth, & Chambers, 2000, Marschak, 1960)을 수행했다. MIM을 하는 동안에, 부모는 관찰되고 비디오 녹화(이 경우에는 일방경으로)되면서 자녀와 여러 가지 간단한 과제를 수행했다. MIM에서 사라는 협조적이기보다는 매달리는 경향이 있었다. 어머니는 사라를 새로운 과제에 참여시키는 것이 어려웠고, 과잉으로 자극되고 사라가 울거나 항의하기 시작하면 사라를 잘 달랠 수가 없었다. 사라의 어머니가 지시대로 1분 동안 방을 나갈 수 있었지만, 어머니가 방에서 나왔을 때 사라는 움직이지 않고 앉아서 비명을 지르는 것으로 반응했다. 사라의 어머니는 사라가 아주 심하게 조절 곤란이 되면 이를 진정시킬 수 없었기 때문에 두 사람은 분리 작업 이후의 과제를 수행할 수 없었다.

또한 다양한 기초선 측정을 했다. 사라의 공포 반응을 촉발하는 모든 자극의 전체 목록이 만들어졌다. 그다음에 부모에게 촉발하는 자극의 기록, 공포 반응의 길이와 심각성뿐만 아니라 삽화가 마무리되는 데 도움이 되는 것으로 밝혀진 것들을 기록하게 했다. 이 자료는 부모가 이전에 함께했던 세 가지의 다소 다른 반응 패턴을 구분하는 데 도움이 되었다. 첫 번째 반응은 사라 편에서 진짜 공포를 나타내는 것으로 보였다. 이러한 삽화 동안에 사라는 비명지르기보다는 울고, 몸을 흔들고, 어머니에게 달라붙으면서 기묘한 멍한 표정을 짓는다. 이러한 삽화들은 삽화를 끝낸 것이 무엇이든 간에 사라가 할 가능성이 가장 큰 것이다. 두 번째 반응은 울음보다 비명을 지르며, 보통은 사라가 자신에게 요구된 활동이나 과제에 참여하기를 거절할 때 적대적 행동을 동반했다. 마지막 범주에는 사라가 아주 조용해질 가능성이 있지만 여전히 멍한 표정을 나타내는 공포 반응이 있다. 이 삽화들은 훨씬 짧아지는 경향이 있었고 성인이 종종 간과했다. 이러한 삽화는 부모가 신체적 지지 및 정서적 지지와 짝지어서 사라에게 단순한 언어적 안심을 제공하는 것으로 반응하면 아주 쉽게 해결되었다.

마지막으로, 사라가 본질적으로 자극에 지나치게 민감한지를 판단하기 위해 작업치료사에게 의뢰하였다. 부모는 사라가 정상적인 자극에 대해 항상 과민 반응을 보였고 주변의 위험에 대해 과잉경계를 한다고 지적했다. 작업치료사는 사라가 거의 모든 감각 자극에 의해 아주 쉽게 과잉자극된다고 확인했다. 사라는 소리에 아주 민감했지만 갑작스러운 움직임이나 빛의 번쩍임에 대해 부정적으로 반응하고 특이한 질감이나 감각을 피하는 경향이 있었다. 이러한 발견에 기초해서 사라는 놀이치료회기 이외에 작업치료회기에 참석하기 시작했다.

환경체계 사례 개념화

내력과 다양한 평가 결과를 검토하면서 그레이 박사는 사라의 주 호소 문제에 기여하고 상호작용하는 두 가지 요소가 있다고 결론지었다. 하나는 고아원에 있었기 때문에 초기 애착 경험이 부족하다는 것이다. 사라는 적절한 돌봄을 받았지만, 그 상황은 사라가 부정적 자극에 대해 준비하거나 회피하고 돌봄이나 양육을 받을 수 있는 기회를 찾는 데에서 모두 도움이 될 수 있었기 때문에 사라의 과잉 경계에 기여했을 것이다. 나머지는 사라의 생물학적 과민성이다. 이것이 사라의 과잉 경계에 기여하고 강화시킨 것처럼 보였다. 과민성 때문에 사라는 가능한 한 새로운 자극과 상황을 회피하도록 학습되었다. 회피는 공포를 줄이는 데 효과적이었기 때문에 점점 더 많은 상황을 회피했다. 유아기와 초기 걸음마기에는 이 방법이 아주 잘 먹혔겠지만 나이가 들어서 환경과의 상호작용 요구가 증가하면서 문제가 되고 있었다.

사라가 입양된 후 처음 몇 개월 동안, 사라의 과잉경계는 그녀가 받은 조율된 관심과 돌봄의 양이 갑자기 그리고 극적으로 증가함에 따라 감소했다. 운 좋게 이것은 부모와의 견고한 초기 애착을 창조할 수 있었다. 불행히도 사라는 다소 불안하게 애착이 된 것처럼 보인다. 불안정 애착에서 아동은 상실의 공포 때문에, 그리고 양육자-아동 관계를 벗어나는 세계를 두려워하기 때문에 양육자에게 매달린다. 사라의 경우에 감각 과잉 반응성으로 인해 환경에 대한 두려움이 더욱 커졌다. 부모에 대한 애착이 증가하면서 사라는 자신의 환경에 대한 과잉 경계에 집중한 것처럼 보였고, 부모와의 친밀감은 안전한 것으로 그리고 환경은 불안한 것으로 보는 이유를 점점 더 많이 찾았다.

의뢰 당시에 사라의 안전에 대한 요구는 부모와의 관계라는 맥락에서 잘 충족되고 있었고, 특히 비교적 부모와 가까운 거리에 있는 한은 더욱 그러하다. 그러나 부모-아동 관계를 벗어난 안전에 대한 요구는 충족되지 못했다. 새로운 상황이나 새로운 자극이 있는 데에서 사라는 심하게 과잉자극되어서 공포를 경험하고 있었다. 이것은 세 가지 행동 패턴을 생성했다. 첫 번째 그리고 가장 분명한 것은 사라가 사실상 슬픔을 가눌 수 없는 동안에 노골적인 테러 삽화였다. 이 첫 번째 유형의 삽화는 때때로 사라가 불쾌한 과제나 요구를 회피할 수 있게 했기 때문에, 그녀가 두려워하는 것에 대해 반응하는 것과 같은 방식으로 싫어하는 것에 대해 반응하도록 점점 더 조건화되었다. 마지막으로, 경미한 두려움 상황은 사라가 예전의 과잉경계이지만 철회된 행동으로 되돌아가게 하는 것처럼 보였다. 가벼울 때 이것은 성인이 거의 주목하지 않기 때문에 세 가지 반응 중 가장 문제가 되었고 따라서 사라의 요구가 충족될 가능성이 가장 작았다.

초기 처치 목표 및 계약

초기면담 및 평가 과정 이후에 윌리엄스 부부는 사라의 안정 애착을 높이고, 그녀의 공포 반응을 줄이며, 다른 성인, 또래, 주변 환경과 긍정적으로 상호작용하는 능력을 높이기 위해 개인 및 쌍(dyad) 놀이치료를 하는 치료 계약에 동의했다. 사라의 나이를 감안해서 사라와의 계약은 매우 단순했다. 그레이 박사는 사라에게 "나는 네가 많이 두려워한다는 것을 알아. 무서워하는 것은 정말로, 정말로 기분이 나빠. 내가 하는 일은 네가 두려워하는 시간을 줄이고 더 많은 시간을 재미있게 보내게 하는 거야." 라고 말한다. EPT 실행과 일관되게 이 목표의 일부는 모든 회기에서 적어도 한 번은 반복되었다.

초기면담 및 평가 자료 중에 수집된 정보에 기초해서 그레이 박사는 사라의 처치 목표를 다음과 같이 수립했다.

요구에 기반을 둔 목표

사라는

- 다양한 자극, 사람, 상황에 대한 반응에서 안전감을 느끼고 불안 반응이 감소됨을 보여준다.
- 절망감을 덜 느끼고 단순하게 소리 지르는 것 외에 일부 통제하는 것처럼 느끼는 방식을 발달시킨다.
- 그녀의 두려움이 감소되고 그녀의 기능이 좋아지고 자신의 환경에서 성공적이 되면서 자존감의 개선 및 더 나은 성취감/숙달감을 발달시킨다.

사라의 부모는

- 사라를 과잉자극으로부터 보호하는 법을 배운다.
- 사라가 보이는 세 가지 유형의 공포 반응을 좀 더 일관되게 확인하는 법을 배운다.

애착에 기반을 둔 목표

사라는

- 부모에게 좀 더 안정되게 애착됨을 느끼고 부모와의 분리를 좀 더 잘 견딜 수 있고 또래와 좀 더 규칙적으로 어울릴 수 있음을 보여줌으로써 두려움에 대한 반응을 관리하는 안정 기반으로 부모를 이용할 수 있다.

사라의 부모는

- 사라의 공포 반응에 대해 차별적으로 반응하는 데 필요한 기술을 숙달한다.

발달 목표[2]

사라는

- 자극에 대한 적절한 신체적 반응을 보여줄 수 있다.
- 집이나 보육원에서 또래와의 운동 활동에서 언어적 및 신체적으로 참여한다.
- 또래로부터 반응을 얻기 위해 여러 활동에서 인식 가능한 단단어를 생성한다.
- 또래와 최소한의 정보를 공유하기 위해 자발적으로 말을 사용한다.
- 또래에 대한 인식을 나타내는 특정한 평행놀이 활동에 자발적으로 참여한다.

처치 단계[3]

방금 제시한 처치 목표는 강도에 따라 조직된 후에 전반적인 처치 계획에 통합되었으며 '쉬운' 목표가 처음에 다루어지고 어려운 목표는 성장과 신뢰 단계를 위해 보류한다.

도입 및 탐색

초기면담과 평가 과정을 통해 사라는 클리닉 환경과 그레이 박사에 대해 격렬한 공포로 반응했다. 사라는 MIM의 시작 부분에서 그레이 박사가 방에 있는 것을 참을 수 있었다. 그러나 엄마와 함께 MIM 과제를 수행하면서 과민해지자 그레이 박사가 방에 다시 들어왔을 때 격렬한 불안 반응을 보였다. 이로 인해 약간의 문제가 발생했다. 사라가 최소한 약간의 안전감을 얻기 전에 클리닉을 떠나게 되면, 그녀의 불안 행동이 부정적으로 강화될 것이며 클리닉 장면에서 벗어나기 위해 향후에는 공포 반응을 더 많이 보일 것이다. 이를 방지하기 위해 그레이 박사는 사라 및 사라의 어머니와 방에 함께 있으면서 어머니가 사라를 달래고 양육하도록 격려했다. 거의 15분이 지나도 사라는 전혀 진정되지 않는

---

2   모든 발달 목표는 수행된 사라의 DTORF에서 적용된다.

3   이 부분에서 별표(*)에 의해 선행된 문장 또는 구는 DTORF 웹사이트(www.dtorf.com)에서 수행된 사라의 DTORF에서 만들어진 긍정적 행동개입 계획에서 적용되었다.

것처럼 보였다. 그레이 박사는 M&M을 가져오기 위해 자리를 떴다. 돌아오는 길에 그것을 손에 쥐고 한 번에 하나씩 사라의 어머니에게 넘겨주고, 그러면 사라의 어머니는 사라에게 그것을 먹였다. 아주 서서히 사라는 비명지르기를 멈추고 M&M을 그레이 박사의 손에서 어머니의 손으로 시각적으로 따라가기 시작했다. 45분 후, 사라는 울음은 멈추었지만 여전히 그레이 박사를 보지 않았다. 이 시점에서 그레이 박사는 "사라, 이제는 무서워하지 않아서 아주 기쁘다. 오랫동안 비명을 질러서 너는 정말로, 정말로 피곤해 보이는구나. 엄마가 너를 집에 데려가서 너에게 무언가를 좀 먹여야 할 것 같구나. 그러면 엄마와 너는 둘이서 누워서 이야기책도 읽으면서 쉴 수 있겠구나. 나는 네가 집에서 먹을 수 있게 엄마에게 남은 M&M을 줄 거야. 다음에 너와 엄마가 클리닉에 올 때, 우리가 함께 읽을 수 있게 네가 좋아하는 책을 가지고 올 수 있어." 이런 식으로 그레이 박사는 사라의 두려움을 인정했고, 그 작업은 아주 조금일지라도 스스로 진정하게 했고, 비명을 지르는 것과는 대조적으로 진정이 되어서 진료실을 떠나는 것과 연관시키고, 그들의 다음 모임을 위해 잠재적으로 양육하는 상호작용을 설정했다.

사라의 처치 첫 단계의 주된 목표는 그녀가 놀이치료 과정에 참여할 만큼 불안 수준을 줄이는 것이었다. 놀이실, 장난감 및 재료, 치료사인 그레이 박사는 모두 새로운 자극이었기 때문에 사라가 과잉으로 자극되지 않게 환경 관리가 많이 필요했다. 이 목표를 다루기 위해 그레이 박사는 *일정, 일상, 속도, 공간, 활동, 시간을 체계화하여 사라가 시간이 지나면서 놀이 공간과 그레이 박사에게 익숙해지게 하는 데 초점을 맞추었다. 그녀는 또한 *자료를 적절하게 사용할 수 있는 단순한(uncomplicated) 기회를 제공하면서 만족스러운 결과를 보장하기 위해 자료, 용품, 장비, 장난감을 최소한으로 유지했다. 사실, 첫 번째 회기에서 사용한 유일한 재료는 사라와 어머니가 가져온 책이었다. 그레이 박사는 방에 있는 재료와 장난감을 아주 점진적으로 늘려야만 했고 그레이 박사는 일반적으로 뭔가를 추가하기 전에 사라가 미리 알게 했다. 그레이 박사는 처음 몇 회기는 사라의 어머니가 참여하도록 했으나 사라가 어머니보다는 그레이 박사에게 주의를 기울일 기회를 증가시키기 위해 가능한 한 말을 하지 말라고 요구했다. 모든 활동에서 사라는 그레이 박사와 상호작용하면서 어머니의 무릎에 앉아 있었다. 이것은 사라가 어머니를 안전 기지로 이용하면서 점차적으로 그레이 박사의 존재에 적응하게 했다. 이와 같은 초기 단계에서 그레이 박사는 손뼉치기놀이(pat-a-cake) 같은 단순한 게임을 했는데, 이는 신체적 접촉뿐만 아니라 상호작용의 즐거움을 유지하면서 손뼉치는 속도를 늘리는 데 중점을 두는 것이다. 몇 회기가 지나면서 사라는 회기를 즐기기 시작했고 자발적으로 어머니의 무릎을 떠나고 있었다.

잠정적 수용

사라가 처치의 잠정적 수용 단계로 이동하면 놀이실, 장난감, 그레이 박사에 대해 공포 반응을 나타내지 않는다. 사라는 새롭거나 시끄러운 소리에 대한 반응에서 얼어붙는 반응을 여전히 자주 보이기는 했지만, 그레이 박사와 직접적으로 상호작용하기 시작했다. 이전 단계에서 사라의 어머니는 *껴안기, 만지기, 쿠잉(cooing)과 같은 양육하는 감각 반응을 사용하여 사라를 격려했다. 이 단계에서 그레이 박사도 동일하게 행동하기 시작했다. 그레이 박사는 또한 *다른 즐겁고 매력적인 감각 자극을 소개하기 시작했으며 사라를 상호작용에 초대했다. 그들은 잡지에서 흔히 볼 수 있는 향수 스트립과 다양한 음식의 냄새를 맡았다. 사라가 눈가리개 사용을 참지 못했지만 눈을 감고 냄새 맡는 것처럼 하려고 했다.

불과 몇 회기 만에 사라의 어머니는 회기에서 조용히 앉아서 책을 읽기 시작했으며 사라는 새로운 환경에서 어느 정도 안정되어서 어머니를 확인하는 것을 멈추었다. 이렇게 두 회기가 지난 후 윌리엄스 부인은 사라에게 그녀가 놀이를 방해하지 않도록 복도에 앉아서 책을 읽을 것이라고 지극히 사무적으로 말했다. 조금 주저하면서 사라는 어머니를 보내주었다. 이 시점부터 놀이회기는 절반으로 나누어졌다. 윌리엄스 부인은 초반에 참석했다. 새로운 활동이나 재료가 도입될 때, 윌리엄스 부인은 사라와 그리고 그레이 박사와 직접 상호작용했다. 이 새로운 활동을 하는 동안, 그녀는 *사라가 어떻게 반응하는지를 가르치고 부정확하게 반응하거나 단순히 무엇을 해야 할지 모르는 것에 대한 두려움에 과도하게 압도되지 않도록 사라의 반응을 신체적으로 안내한다. 윌리엄스 부인과 그레이 박사는 *사라가 새로운 행동 패턴을 학습하면서 사라가 안심할 수 있게 새로운 활동이 얼마나 재미있는지에 대해 이야기했다. 다른 회기에서는 사라가 새로운 재료 또는 놀이 형식을 사용하게 되면, 사라가 숙달감의 성장과 놀이의 즐거움을 보여줄 수 있는 청중의 역할을 했다.

부정적 반응

사라가 놀이치료 시작 초기에 그녀의 초기 두려움을 극복하는 것이 어려웠음에도 불구하고, 치료의 부정적 반응 단계에서 사라가 보여주었던 저항은 비교적 경미했다. 강렬한 두려움을 극복하기 시작하면서 사라는 이제 부모가 초기면담에서 언급했던 두 번째 유형의 두려움에 대한 반응을 더 많이 했다. 이러한 삽화 동안에 사라가 정말로 겁에 질렸는지 아니면 당면 과제를 회피하기 위한 동기부여인지를 말하기는 훨씬 더 어려웠다. 이 기간에 그레이 박사는 기본적으로 *예상되는 행동을 단순하고 긍정적인 단어와 행동으로 시범을 보였다. 대체로 이 시간은 사라가 놀이로 돌아오게 하는 데 충분했다. 일부 경우에 사라는 조절이 매우 어려웠다. 이 중 하나는 사라가 진료실 밖에서 나는 자동차 폭발음을 들었을 때 일어났다. 잠깐 얼어붙는 반응을 보인 후, 그녀는 비명을 지르며 놀이실에서 달아났다. 그레이 박사는 즉시 사라를 무릎에 앉히고 *아주 작게 말하면서 확고하지만 지지적으로 그녀를 잡았다. 사라가 소리 지르는 것을 멈췄을 때만 그레이 박사가 촉발인자와 사라의 반응에 대해 이야기하기 시작했다. 단 10분 만에 사라는 조용한 놀이로 돌아갈 수 있었고 그레이 박사는 사라의 공포 반응에 대한 숙달을 크게 강화했다. 그레이 박사는 이것이 그들이 성취하기 위해 작업했던 바로 그것이라고 언급하면서 "너는 큰 소리를 아주 무서워해서 소리 지르기밖에 할 수 없었어. 그러나 이번에는 소음이 멀리 있었고 진정될 수 있다고 스스로 말할 수 있었어. 그다음에 다시 놀 수 있었어. 우리가 원했던 바로 그거야. 즉, 덜 두려워하고 더 많이 놀이를 한다는 의미야."라고 말했다. 의도치 않았던 이 경험에 뒤따라서, 사라는 그레이 박사가 자신의 두려움을 인식하고 두려움을 관리하는 방법을 배우게 도와주는 사람으로 완전히 받아들인 것처럼 보였다.

성장과 신뢰

처치의 성장과 신뢰 단계에서 그레이 박사는 기본적으로 다양한 자극에 대해 체계적으로 둔감화하도록 고안된 놀이 활동에 사라를 참여시켰다. 그들은 술래잡기 놀이(Blind Man's Bluff)와 사이먼 가라사대(Simon Says)와 같은 게임을 시작했다. 사이먼이 말하는 동안에 그레이 박사는 시끄러운 박수를 모델링하면서 "사이먼이 말하기를 가능한 한 크게 박수를 쳐라!"와 같은 지시를 포함시켰다. 대부분의 시간 동안 사라는 게임이나 놀이 형식으로 도입되었을 때 새로운 자극을 참을 수 있었다. 사라와 그레이 박사는 또한 예기치 못한 자극에 사라가 노출될 가능성이 많은 야외의 놀이회기를 실시하기 시작했다. 놀랍게도, 사라는 특히 벌레 사냥 가는 것을 즐겼는데, 무엇이 있는지 보기 위해 그녀와 치료사가 나뭇잎이나 바위를 뒤집곤 했다. 이들이 발견한 벌레 중 일부는 재빨리 옮겨졌지만 작았기 때문에 사라가 그것을 참는 것처럼 보였고 그녀가 필요할 때에는 언제나 그것을 즉시 덮을 수 있었기 때문이다. 이 단계에서 그레이 박사는 사라의 두려움(주로 분리 불안)의 기저에 있는 생각을 인식하도록 돕고 가능한 대처 전략을 논의하도록 그녀의 언어 사용을 크게 늘렸다. 즉, "때때로 아주 천천히 밖으로 날려 버리면 두려움을 날려 버릴 수 있어." 그레이 박사가 계속 사용한 것은 *과잉 자극을 예방하고 이런 일이 발생했을 때 이것을 관리하기 위한 물리적 근접성 그리고 진정시키는 사라와의 신체적 및 언어적 상호작용이다.

종결

처치에서 거의 1년이 지난 후, 사라의 공포 반응은 유치원에 정기적으로 출석할 수 있는 수준으로 감소했다. 사라는 새로운 상황에서 여전히 얼어붙는 경향이 있었지만, 대개는 그녀 주변 사람들의 행동에서 단서를 찾아서 그에 따라 행동할 수 있었다. 그녀가 진짜 두렵지 않다고 하기보다는 무서워하지 않는 것처럼 '행동'하는 것같이 보였지만, 모방 행동은 그녀가 다시 재미있어 할 때까지 그녀가 계속해서 활동에 참여할 수 있게 했다.

처치 과정에서 사라는 거의 끊임없는 두려움에서 그녀를 구출해낸 것으로 생각했던 그레이 박사에게 아주 많이 애착이 되었다. 이 때문에 놀이치료는 매우 천천히 중단되었다. 우선 윌리엄스 부인은 대부분의 놀이회기에 다시 참석했다. 이제 안정 기반 또는 수동적 관찰자로 기능하는 대신에 그레이 박사가 관찰자가 되는 동안에 윌리엄스 부인이 이끌어 갈 가능성이 더 많아졌다. 일부 회기에서 그레이 박사는 잠시 동안 엄마와 딸이 놀이실에서 그들만의 시간을 보낼 수 있게 잠시 방을 나가기도 했다. 놀이회기가 사라의 두려움 관리에 직접 초점 맞추기를 덜 하면서 그녀는 약간 퇴행하여 부모의 침실에서 다시 잠자기 시작했다. 윌리엄스 부부가 스스로 이것을 익숙하게 관리했기 때문에 종결 절차는 계속되었고 격주로 일정을 잡았다. 2개월 후 그레이 박사는 사라가 다양한 장면에서 재미있었던 많은 시간에서 자신의 두려움과 기쁨을 관리하는 사라의 능력이 자랑스럽다고 했다. 이 처치 계약이 정기적으로 분명히 표현되었기 때문에, 그레이 박사는 그들의 작업이 거의 완료되었음을 이야기하고 사라가 스스로 관리할 수 있는 능력에 대해 이야기할 수 있었다. 그레이 박사, 윌리엄스 부인, 사라는 월별 회기로 전환하기로 했다. 세 번의 추가 회기 후, 세 사람은 네 번째 회기가 마지막이라고 결정했으며 사라가 성취한 모든 일을 기념하는 파티가 있어야 한다고 결정했다. 마지막 파티는 전적으로 사라와 사라의 어머니가 계획했다. 그레이 박사는 이들의 파티에서 손님의 역할이다. 이들은 간식을 먹으면서 사라가 한때 두려워했던 모든 것에 대해 이야기했다. 사라는 목록이 얼마나 긴지에 놀라움을 보였고 많은 것을 숙달한 것에 자부심을 보였다.

연구

정신건강 분야는 현재 심리치료의 특정 유형 또는 모든 유형의 효과를 평가할 때 두 가지 유형의 연구에 중점을 두고 있다. 한 가지 유형은 경험적으로 지지되는 처치(empirically supported treatment, EST)로서 개입이나 기법을 확립하는 데 사용된다. 나머지 유형은 증거중심 실행(evidence-based practice, EBP)이라고 하며 개별 내담자와의 치료 효과를 문서화하는 데 사용된다. EST가 되려면 개입 또는 기법이 매뉴얼로 작성되어 있어야 하며 엄격한 과학적 검증을 거쳐야 한다. 이론적 모델은 그러므로 그것이 검증될 만큼 협의(narrow)가 아니므로 실제로 경험적으로 지지될 수 없다. 예를 들어 많은 기존의 경험적으로 지지되는 처치는 인지행동 이론에 기초하고 있지만, 전체적으로 인지행동치료는 경험적으로 지지되는 것으로 간주되지 않는다. 이런 이유 때문에 이론적 모델로서의 EPT(ecosystemic play therapy)는 현재 EST로 간주되지 않으며 결코 그렇게 되지는 않을 것이다. 그러나 EPT에 의해 촉진된 기법의 대부분은 쉽게 매뉴얼로 작성되고 검증할 수 있다. 예를 들어 아동과의 명시적인 처치 계약을 맺고 정기적으로 그 계약을 사용하여 아동이 특정 놀이 활동과 놀이치료 과정 모두에 대한 이론적 근거를 이해하도록 돕는지 여부를 판단하는 것이 가능하다. 사실, 보다 덜 목표 지향적인 개입으로 달성되는 것보다 신속하게 증상을 감소시킨다. 환경체계 놀이치료(ecosystemic play therapy, EPT)는 증거중심 실행으로 시행하려고 하는 데에서 형식과 구조로 인해 내담자의 진행 및 처치 효과에 대한 지속적인 평가에 적합하다. 이 모델은 놀이치료사가 아동의 기능에 대한 기초선 측정을 확립하고 이를 치료 계획에 통합하라고 요구한다. 또한 놀이치료사는 잘 계획된 치료적 놀이 활동을 계속 수행하려면 정기적으로 아동의 진행 상황을 평가해야 한다. 마지막으로, 이 모델은 아동 내담자의 주 호소 문제를 다루는 데에서 효과적이라고 알려진 EST들의 통합을 장려한다. 환경체계 놀이치료사를 독특하게 만드는 것은 발달상의 요구에 맞게 수정해서, 그리고 핵심적인 도구로 또는 그 자체로 그리고 개입이 아동의 구미에 맞게 만드는 매체로서 놀이를 결합해서, 아동의 요구에 어울리도록 확립된 EST들을 수정하는 능력이다. 예를 들어 잘 알려진 EST인 외상집중 인지행동치료(trauma-focused cognitive-behavioral therapy, TF-CBT)(Cohen, Mannarino, & Deblinger, 2012; National Child Traumatic Stress Network, 2008)의 전체 8개의 구성요소는 환경체계 놀이치료의 실행으로 쉽게 결합될 수 있다. 설명하면 TF-CBT의 한 요소는 아동이 정서의 범위를 표현하고 조절하도록 돕는 것에 관여한다. Color Your Life(O'Connor, 1983)는 EPT에서 아동에게 정서 단어를 가르치고 아동의 정서적 경험의 양과 정도를 구체적이고 시각적인 방식으로 그것을 제시하는 데 사용하려고 특별히 고안한 놀이 및 표현예술 기법이다.

결론

환경체계 놀이치료는 주 호소 내용이 광범위한 아동에게 적합한 놀이치료인데, 체계에 초점을 맞추고, 발달에 대해 잘 반응하며, 목표 지향적인 형식이다. EPT는 아동을 둘러싼 다양한 체계의 역할을 이해하고 최적화하는 데 중점을 두며 아동의 요구가 효과적이고 적절하게 충족되도록 보장하는 데 중점을 둔다. EPT는 사례 개념화, 처치 목표, 처치 방법이 모두 아동의 발달 수준과 요구에 가장 잘 맞도록 신중하게 수정되는 데에서 발달적으로 반응하는 모델이기도 하다. EPT는 놀이치료사가 다른 많은 이론에서 개념과 전략을 끌어내고 경험적으로 지지되는 처치들을 포함해서 다양한 기법을 적용하는 통합적인 메타 이론(metatheory)이다. EPT는 문제가 있는 반응 세트를 아동이 깨뜨리도록 돕고 일상의 문제에 보다 기능적이고 유연하게 반응하는 방식으로 대체하도록 돕는 데에서 아동과 치료사 간의 관계의 힘을 강조한다. 마지막으로, EPT는 증거중심의 놀이치료 실행과 경험적으로 지지하는 처치들을 사용하는 데 적합하다.

참고문헌

American Psychiatric Association. (2013). *Diagnostic and statistical manual of mental disorders* (5th ed.) Washington, DC: Author.

Association for Play Therapy. (2014) *RPT/S credentialing guide*. Fresno, CA: Author. Retrieved from http://c.ymcdn.com/sites/www.a4pt.org/resource/resmgr/RPT_and_RPT-S_Credentials/RPTS_Guide.pdf

Axline, V. M. (1947). *Play therapy*. Boston, MA: Houghton Mifflin.

Booth, P. B., & Jernberg, A. (2010). *Theraplay: Helping parents and children build better relationships through attachment based play* (3rd ed.) San Francisco, CA: Jossey-Bass/Wiley.

Bowlby, J. (1982). *Attachment and loss: Vol. 1. Attachment* (2nd ed.). New York, NY: Basic Books. (Original work published 1969)

Cohen, J., Mannarino, A., & Deblinger, E. (2012). *Trauma focused CBT for children and adolescents: Treatment applications*. New York, NY: Guilford Press.

Drewes, A. A., Bratton, S. C., & Schaefer, C. E. (2011). *Integrative play therapy*. Hoboken, NJ: Wiley.

Freud, S. (1933). *Collected papers*. London, England: Hogarth Press.

Giorgi, A. (1983). Concerning the possibility of phenomenological psychological research. *Journal of Phenomenological Psychology, 14*(2), 129–169.

Giorgi, A. (1985). The phenomenological psychology of learning and the verbal learning tradition. In A. Giorgi (Ed.), *Phenomenology and psychological research* (pp. 23–85). Pittsburgh, PA: Duquesne University Press.

Glasser, W. (1975). *Reality therapy*. New York, NY: Harper & Row.

Kohlberg, L. (1976). Moral stages and moralization: The cognitive developmental approach. In T. Lickona (Ed.), *Moral development and behavior: Theory, research and social issues*. New York, NY: Holt, Rinehart and Winston.

Kohlberg, L. (1979). *Development in judging moral issues*. Minneapolis: University of Minnesota Press.

Kohlberg, L. (1984). *The psychology of moral development*. San Francisco, CA: Harper.

Landreth, G. L. (2012). *Play therapy: The art of the relationship* (3rd ed.). New York, NY: Routledge.

Law, S. (2011). *Humanism: A very short introduction*. London, England: Oxford University Press.

Lee, A. (1997). Psychoanalytic play therapy. In K. O'Connor and L. Braverman (Eds.), *Play therapy theory and practice: A comparative presentation*. New York, NY: Wiley.

Lindaman, S. L., Booth, P. B., & Chambers, C. L. (2000). Assessing parent-child interactions with the Marschak Interaction Method (MIM). In K. Gitlin-Weiner, A. Sandgrund, & C. E. Schaefer (Eds.), *Play diagnosis and assessment* (2nd ed., pp. 371–400). New York, NY: Wiley.

Marschak, M. (1960). A method for evaluating child-parent interaction under controlled conditions. *Journal of Genetic Psychology, 97*, 3–22.

Maslow, A. (1970). *Motivation and personality*. New York, NY: Harper and Row.

Mayer, M. (1968). *There's a nightmare in my closet*. New York, NY: Dial Books.

Mill, J. S. (2007). *Utilitarianism*. Mineola, NY: Dover Books. (Original work published 1863)

Money, J. (1992). *The Kaspar Hauser syndrome of "psychosocial dwarfism": Deficient statural, intellectual, and social growth induced by child abuse*. New York, NY: Prometheus Books.

National Child Traumatic Stress Network. (2008). *Trauma focused CBT manual, Version 2*. Retrieved from http://www.nctsnet.org/nctsn_assets/pdfs/TF-CBT_Implementation_Manual.pdf

Norcross, J. C. (1987). *Casebook of eclectic psychotherapy*. New York, NY: Brunner/Mazel.

O'Connor, K. J. (1991). *The play therapy primer*. New York, NY: Wiley.

O'Connor, K. J. (2000). *The play therapy primer* (2nd ed.). New York, NY: Wiley.

O'Connor, K. J. (1983). The Color-Your-Life technique. In C. E. Schaefer & K. J. O'Connor (Eds.), *Handbook of play therapy* (pp. 251

−258). New York, NY: Wiley.

O'Connor, K. J., & Ammen, S. (2013). *Play therapy treatment planning and interventions: The ecosystemic model and workbook* (2nd ed.). San Diego, CA: Academic Press.

O'Connor, K. J., Ewart, K., & Wolheim, I. (2001). Psychodynamic psychotherapy with children. In V. Van Hasselt & M. Hersen (Eds.), *Advanced abnormal psychology* (pp. 463−480). New York, NY: Plenum Press.

O'Connor, K. J., & Lee, A. (1991). Advances in psychoanalytic psychotherapy with children. In M. Hersen, A. Kazdin, & A. Bellack (Eds.), *The clinical psychology handbook*. New York, NY: Pergamon Press.

O'Connor, K. J., Lee, A., & Schaefer, C. E. (1983). Psychoanalytic psychotherapy with children. In M. Hersen, A. Kazdin, & A. Bellack (Eds.), *The clinical psychology handbook*. New York, NY: Pergamon Press.

O'Connor, K. J., & Wolheim, I. (1994). Psychodynamic psychotherapy with children. In V. Van Hasselt & M. Hersen (Eds.), *Advanced abnormal psychology* (pp. 403−417). New York, NY: Plenum Press.

Pedersen, P. (1994). *A handbook for developing multicultural awareness* (2nd ed.). Alexandria, VA: American Counseling Association.

Price, A.W. (2008). *Contextuality in practical reason*. London, England: Oxford University Press.

Rogers, C. R. (1942). *Counseling and psychotherapy*. Boston, MA: Houghton Mifflin.

Rogers, C. R. (1951). *Client-centered therapy: Its current practice, implications and theory*. Boston, MA: Houghton Mifflin.

Rogers, C. R. (1957). The necessary and sufficient conditions of therapeutic personality change. *Journal of Consulting Psychology, 21*, 95−103.

Rogers, C. R. (1959). A theory of therapy, personality, and interpersonal relationships as developed in the client-centered framework. In S. Koch (Ed.), *Psychology: A study of science* (Vol. 3, pp. 184−256). New York, NY: McGraw-Hill.

Rogers, C. R. (1961). *On becoming a person*. Boston, MA: Houghton Mifflin.

Schore, A. N. (2000). Attachment and the regulation of the right brain. *Attachment and Human Development, 2*(1), 23−47.

Schore, A. N. (2003). *Affect regulation and the repair of the self*. New York, NY: W.W. Norton.

Schore, A. N. (2009). Right-brain affect regulation: An essential mechanism development, trauma, dissociation, and psychotherapy. In D. Fosha, D. J. Siegel, & M. Solomon (Eds.), *The healing power of emotion: Affective neuroscience, development, and clinical practice* (pp. 112−144). New York, NY: Norton.

Schore, J. R., & Schore, A. N. (2008). Modern attachment theory: The central role of affect regulation in development and treatment. *Clinical SocialWork Journal, 36*(1), 9−20.

Siegel, D. J. (2009). Mindful awareness, mindsight, and neural integration. *The Humanistic Psychologist, 37*(2), 137−158.

Skinner, B. F. (1966). *The behavior of organisms: An experimental analysis*. New York, NY: Appleton-Century-Crofts. (Original work published 1938)

Sue, S. (1998). In search of cultural competence in psychotherapy and counseling. *American Psychologist, 53(4)*, 440−448.

Wood, M. M. (1992a). *Developmental Teaching Objectives Rating Form—Revised technical reportc*. Athens, GA: Developmental Therapy Institute.

Wood, M. M. (1992b). *Developmental Teaching Objectives Rating Form—Revised user's manual*. Athens, GA: Developmental Therapy Institute.

10

처방적 놀이치료

CHARLES E. SCHAEFER, ATHENA A. DREWES

처방적 놀이치료는 내담자들 개개인이 갖고 있는 구체적이고 다양한 요구(needs)에 맞추어 놀이 개입을 제공하는 데에서 다양한 이론과 기법이 포함된 치료적 접근이다. 내담자의 일반적인 심리적 안녕 또는 개인적 발달을 향상시키는 데 초점을 맞추는 것이 아니라 내담자를 치료에 오게 만든 특정한 문제를 해결하는 데 집중한다. 따라서 처방적 놀이치료사가 하는 일은 수행 가능한 목표들, 일관성 있는 사례 개념화(현재의 문제가 왜 존재하게 되었고 무엇이 이 문제를 일으켰는지에 대한 평가에 기초한 설명) 및 개별 내담자의 구체적인 문제와 상황에 맞게 재단된 처치 계획을 내담자와 함께 개발하는 것이다.

처방적 심리치료 접근이 새로운 것은 아니다(Dimond, Havens, & Jones, 1978; Goldstein & Stein, 1976). 그러나 이 접근의 인기는 지난 30년 동안 급격히 높아졌으며 앞으로 더욱더 확장될 것이다(Beutler, 1979; Beutler & Harwood, 1995).

기본 방침

심리치료의 모든 학파는 일련의 핵심 원리, 방침, 또는 신념에 기본을 둔다. 이것은 치료 접근의 기본 초석이다. 처방적 놀이치료의 6개 기본 방침이 다음에 설명되어 있다.

방침 1 : 개별화된 처치

처방적 놀이치료가 추구하는 중요한 목적은 임상가들에게 널리 알려진 Gordon Paul(1967, p. 111)의 중요한 질문, 즉 "누구에 의한 어떤 치료가 특정의 문제, 상황에서, 어떻게 이 사람에게 가장 효과적인가?"를 염두에 두고 내담자의 개인적인 요구를 충족시키는 놀이 개입을 재단하는 것이다. 유명한 학자이자 의사였던 마이모니데스(Garfinkle, 1912)는 800년 전에 "의사는 병을 다루는 것이 아니라 병 때문에 고통받는 사람을 다루는 것이다."라고 가르쳤다. 왜냐하면 한 사람에게 효과가 있는 것이 다른

사람에게는 효과가 없을 수 있기 때문에 처방적 치료사들은 장애뿐만 아니라 내담자의 개인적 특성과
상황에 맞게 재단된 개입을 찾으려고 한다(Norcross & Wampold, 2011).

방침 2 : 차별화된 치료법

놀이치료는 '하나의 진정한 빛(one true light)'이라는 가정에 기초를 두고 거의 100여 년 동안 발전해
왔다. 이는 반대되는 증거가 없으면 개인이 선호하는 치료 접근을 내담자 문제의 거의 대부분의 유형
에서 동일하게 그리고 폭넓게 적용하는 기본적으로 비처방적 입장이다. 이러한 관점에서 처치는 본질
적으로 진단 정보와는 별개로 시행한다. 천편일률적인 가정(assumption)이 갖고 있는 문제는 서로 다
르고 복잡한 수많은 심리적 장애 전반에 걸쳐서 최적의 변화를 만들어낼 만큼 충분히 강력하다고 입
증된 이론적 학파(예 : 로저스 학파, 아들러 학파 또는 융 학파)는 하나도 없다는 것이다(Smith, Glass,
& Miller, 1980).

처방적 접근의 놀이치료(Kaduson, Cangelosi, & Schaefer, 1997)는 차별화된 치료법이라는 핵심
전제를 기본으로 한다(Francis, Clarkin, & Perry, 1984). 일부 놀이 개입이 다른 어떤 장애에서 보다
더 효과적이고, 어떤 내담자에게는 좋지 않았던 놀이치료 유형이 다른 내담자에게는 좋을 수 있다
(Beutler, 1979; Norcross, 1995). 심리치료의 주요 형식들이 특정한 장애에 대해 동일하게 효과가 있다
는 도도새 평결(Dodo bird verdict)을 거부한다. 하나의 치료적 양상을 적용하는 획일적 방법을 내담자
에게 강요하기보다 처방적 놀이치료사는 내담자 개개인의 요구에 대해 서로 다른 처치를 충족시키기
위해 제시하는 중재가 다양하다.

모든 효과적인 치료의 '공통된' 또는 '비특정적인' 요인 특성에도 불구하고, 특정 장애 또는 증후
군에 더 잘 작용하는 특정한 개입이 있음을 보여주는 증거가 증가하고 있다(Chambless & Ollendick,
2001). 특정한 처치 효과의 장점에 대한 지지는 심리치료 결과의 메타분석 연구의 결과물에서 나타난
다. 이러한 연구들은 특정 요인들의 평균 효과 크기가 일반 요인들의 평균 효과 크기보다 일관되게 높
게 나왔다(Lambert & Bergin, 1994; Stevens, Hyman, & Allen, 2000).

방침 3 : 범이론적 접근

내담자의 개인적인 요구에 대한 개입을 효과적으로 재단하려면 범이론적 또는 절충적이 되어야 한다.
경험적 증거 · 임상적 경험 · 내담자의 열망이라는 3배의 준거를 따르는 절충적 심리치료사들은, 특
정한 내담자에게 최선의 치료적 변화를 중개하는 서로 다른 이론 및 기법 중에서 선택한다(Norcross,
1986). 그들은 어느 한 학파 또는 시스템을 엄격하게 고수하는 것을 거부하고 대신에 폭넓은 치료 스
펙트럼에서 가장 타당하고 유용한 것을 선택한다. 이 입장은 전통적인 이론적 캠프의 고립상태를 심
리치료 다원주의의 새롭고 유연한 접근으로 교체하라고 요구한다.

처방적 치료사들은 당신이 갖고 있는 레퍼토리에서 더 좋은 해결책, 그것을 다르게 적용하는 방법
에 관한 지식과 연결, 임상 장면에서 당면하는 수많은 문제들 전반에서 여러분이 좀 더 효과적이 될
것이라고 믿는다(Goldstein & Stein, 1976). 에이브러햄 매슬로가 "당신이 갖고 있는 유일한 도구가 망
치라면, 모든 문제가 못처럼 보이기 시작한다."(p. 15)라고 말한 것처럼 치료에서 한 가지 양식 이상을

사용하는 것은 치료사가 함정에 빠지지 않게 돕는다.

Norcross(1987)에 따르면, '인위적 합성의 절충주의'는 다양한 이론을 하나의 조직화된 치료 개입에 결합하는 데 관여한다. 이것은 비이론적인 처치 접근, Norcross가 언급한 '대충 갖다 붙이는(kitchen-sink) 절충주의'와는 다르다. 이후에 임상가들은 기저에 있는 이론을 무시하는 방식으로 여러 학파의 기법들을 적용한다. Norcross는 이러한 접근들이 무계획적이고 비효과적이며 일부 내담자에게는 위험할 수 있다고 경고한다.

임상가들의 조사연구에서는 스스로가 절충적이라고 확인하고, 절충적으로 하고, 범이론적 접근이 원칙 전반에서 그리고 전 세계적으로 가장 자주 지지받는 치료적 배경이라고 지적한다(Brabeck & Welfel, 1985; Norcross, 2005; Prochaska & Norcross, 1983). 놀이치료사 여론 조사(Phillips & Landreth, 1995)에서 가장 흔한 접근은 절충적 접근임이 밝혀졌다. 절충적, 범이론적 심리치료 (Prochaska, 1995)를 아직은 대학원에서 널리 가르치지 않지만 미국과 해외에서 대부분의 임상가들이 선택하는 처치가 될 것 같다(Norcross, 2005).

Goldfried(2001)가 관찰한 것처럼

> 또 다른 배경의 힘이 때때로 우리 자신의 접근방법의 한계를 상승작용으로 보완할 수 있다는 것을 인식하면서 우리가 원래 훈련받아 왔던 이론적 모델을 벗어나지 않으면, 효과적으로 치료할 수 없다는 것을 치료사인 우리 대부분이 마침내 알게 되었다.(p. 12)

널리 확산된 절충적 움직임은 내담자의 삶이라는 상이한 맥락에 맞추려는 심리치료사들 사이에서 훨씬 더 개방적이라는 것을 포함해서, 앞서 언급한 천편일률적 통설로부터 결단력 있게 벗어나고, 그래서 내담자 개개인의 요구와 상황에 맞게 자신들의 전략을 재단한다는 것을 나타낸다.

방침 4 : 통합적 심리치료

처방적 놀이치료사들은 한 가지 이론에만 국한되어 있지 않기 때문에, 그들은 강력한 개입을 위해 서로 다른 이론과 기법을 종종 결합하고 자신들의 임상 범위를 넓힌다. 통합적 심리치료라는 용어는 두 가지 이상의 이론을 결합한 다중 양식의 접근을 설명하는 데 사용된다. 그러므로 특정한 사례를 다루기 위해 개별, 집단, 가족놀이치료 전략들이 통합될 수 있고, 또는 정신역동과 인본주의적 놀이 이론들이 처치에 결합될 수도 있다. 통합된 다중 구성요소(multicomponent)의 개입은 많은 심리적 장애의 복합적이고 다차원적 본성을 반영하는데, 이는 생물학적·심리적·사회적 요소들의 상호작용에 의해 발생한다는 사실에서 생겼다. 대부분의 장애들이 다차원적이기 때문에, 통합적이고 다측면적 해결방안을 필요로 한다. 품행장애와 주의력결핍 과잉행동장애(ADHD)처럼 많은 심리장애 중에는 높은 동시 발병이 사실이며, 이는 통합적 처치의 접근이 필요함을 지적한다. ADHD가 있는 아동은 종종 향정신성 약물, 부모관리훈련, 사회적 기술놀이 집단, 개별 심리치료가 결합된 다측면적인 개입이 종종 필요하다. 그러므로 지난 30년간 놀이치료 현장은 통합으로 가는 움직임이 증가하는 것으로 보인디 (Drewes, Bratton, & Schaefer, 2011).

분명히 처방적 놀이치료사들은 통합적이면서도 절충적이 되어야 한다. 그러나 대부분은 스스로를 절충적보다는 **통합적**이라고 말하는 편이다(Norcross & Prochaska, 1988). 대부분의 처방적 놀이치료사들이 실행하고 있는 통합적 심리치료의 형태는 '동화적 통합(assimilative integrative)'이다(Drewes et al., 2011). 이는 전형적으로 아동중심 이론처럼 자신의 최초의 선호하는 지향(orientation)과 같은 견고한 토대를 가지고 일을 시작하였고, 그다음에는 점진적으로 결합되거나 이들이 경력을 쌓는 과정에서 다수의 실행들이 다른 학파로부터 동화된다는 것을 의미한다(Messer, 1992). 이론적 통합은 하루아침에 이루어지지 않는데 몇몇 이론적 지향에서 깊은 지식과 훈련을 요구하기 때문이다.

방침 5 : 맞춤식 처방

서로 다른 처치 절차들 사이에서 개선의 비율이 다르다는 것이 알려졌기 때문에 처방적 놀이치료사들은 특정 장애에 가장 효과적인 놀이 개입을 '매치시키려고'한다(Norcross, 1991). 표면적으로 실제로 모든 치료사는 각 사례의 요구에 대해 처치가 맞춤식으로 부합되어야 한다는 전제를 지지한다. 이는 직관적으로 이해가 된다. 그러나 최적 수준의 처방적 매칭은 단순한 알아차림 그 이상이다. 이는 다음과 같은 방식에서 전형적인 매칭 과정과는 다르다.

내담자의 요구와 개입을 매칭시키는 전형적인 기준은 장애의 원인에 변화의 매개(agent)를 직접 매칭 — 최고의 수준에서 — 한다기보다는 심리치료 이론이다. 처치 계획을 개념화할 때, 처방적 놀이치료사는 문제의 원인을 감소 또는 제거하도록 설계된 치료적 변화를 위한 매개를 선택한다. 그러므로 증상만이 아니라 기저에 있는 원인을 다루어 줌으로써 문제가 재발될 가능성은 감소할 것이다.

예를 들어 치료놀이[1](Munns, 2009) — 애착을 지향하는 놀이치료 개입 — 는 애착장애가 있는 아동에게 논리적으로 어울릴 수 있다. 이와 비슷하게 소산/재연(reenactment) 놀이치료(Prendiville, 2014)는 최근에 외상 또는 스트레스를 겪은 아동을 위해 외상에 초점을 맞춘 개입이다. 인지적 놀이치료는 아동의 불안 또는 우울을 유발하는 역기능적 사고를 바꾸는 데 초점을 맞춘다.

치료 선택에 앞서서 종합적인 평가를 하는 목적 중 하나는 기저에 있는 장애의 원인을 정확하게 찾아서 내담자가 나타내는 증상의 기저에 있는 인과적 요인 또는 결정적 요인을 가장 잘 변화시킬 수 있는 매개(놀이의 치료적 힘)를 선택할 수 있게 하려는 것이다. 인과적 치료(casual therapy) — 문제의 원인을 제거하려고 설계된 치료 — 가 처방적 맞춤의 가장 최적화된 형태가 될 것인데, 문제의 기저에 있는 병리적 과정을 확인하거나 촉발 원인이 더 이상 작동되지 않게 하는 것이 항상 가능한 것은 아니다. 그런 경우에 처방적 놀이치료사는 증거 정보에 근거한 매칭 또는 내담자-치료사 매칭처럼 내담자에게 맞춤 처지를 하기 위해 다른 근거로 방향을 바꾼다.

증거 정보에 근거한(evidence-informed) 매칭(Bohart, 2005)은 3개의 중요 요인, 즉 특정 장애에 대해 경험적으로 지지, 내담자 요구 및 선호성, 치료사 변수를 고려하여 내담자에게 개입을 맞춤 재단한다. 이 세 가지 규준의 결합된 사용은 증거중심 실행(evidence-based practice)이라고 한다. 당초에 증거중심 실행은 내담자의 장애를 다루는 데에서 최고의 연구의 증거를 적용하는 것으로 결정되지만, 증거중심 의사결정의 후속 버전은 임상가들이 최상의 처치 계획을 선택하기 전에 내담자의 요구 및 선호뿐 아니라 자신의 전문적 지식도 있어야 한다고 요구한다(Haynes, Devereaux, & Guyatt, 2002; Kazdin, 2008).

---

1 치료놀이는 치료놀이기관(The Theraplay Institute)의 등록된 서비스 마크이다.

내담자-치료사 매칭은 내담자의 개인적인 특성을 치료사의 개인적인 특성에 맞추는 것인데, 예를 들면 유사한 성격, 가치관, 배경, 성별, 개념 수준 등이다.

막상 닥치면 처방적 놀이치료사는 내담자의 문제를 다루는 데 가장 적합한 개입을 편안하게 시행하는 것이 아니어서, 치료사는 그런 처치를 제공할 수 있는 전문가에게 의뢰할 것이다. 그러므로 처방적 놀이치료사의 처치의 선택은 체계적, 직관적, 치료사가 중심이 된다.

방침 6 : 종합적인 평가

아인슈타인은 "만약 내가 한 문제를 푸는 데 한 시간이 걸린다면, 그 문제에 대해 55분 동안 생각하고, 해결에서는 5분 생각할 것이다."라고 하였다. 놀이치료 임상가는 종종 내담자를 신속하게 평가하려는 압박감이 있다. 보다 종합적인 평가는 비용과 시간이 걸리고, 연구비 출처, 기관의 절차, 그리고 빨리 평가해서 처치를 시작하는 것을 부모가 가끔 원하기 때문이다. 그러나 종합적인 임상 평가는 여러 가지 이유 때문에 수행된다.

- 아동이 보이는 어려움의 기원, 가족, 아동에 대해 치료사가 깊이 알게 한다.
- 치료사가 내담자의 개인적인 요구 및 문제에 대해 적합한 처치를 할 수 있게 한다.
- 장기적으로 비용 효율이 높은데, 문제를 일으킬 수 있는 것에 초점을 맞추어서 최상의 처치를 시행할 수 있어서 처치 기간이 줄어들기 때문이다.
- 아동이 나타내는 문제의 원인을 부모가 이해하도록 돕는다.

▶ 방법

종합적 평가와 관련이 있는 것, 즉 (a) 다양한 정보제공자―부모·아동·교사, (b) 다양한 방법― 임상적 면접·행동 체크리스트(Achenbach & Edelbrock, 1983)와 같은 표준화된 도구·평정척도 (Conners, Sitarenios, Parker, & Epstein, 1998), 부모-아동 상호작용뿐 아니라 아동의 직접 관찰 (Schaefer, 2014), (c) 진전을 측정하기 위해 처지 전반의 지속적인 평가

▶ 내용

경험 있는 놀이치료사들의 최근 조사(Schaefer & Gilbert, 2012)에서 응답자들은 개별적인 처치 계획을 개발하기 위한 초기 평가에서 내담자 및 문제에 관한 다음의 정보를 수집해야 한다고 보고하였다.

문제
- 문제의 본질
- 이전에 받은 치료의 내력
- 부모가 선호/기대하는 처치
- 아동과 가족의 준비도와 변화에 대한 동기
- 현재 문제를 다루기 위한 경험에 기초한 지침

내담자
- 가족력
- 내담자의 강점

> ○ 외상 이력
> ○ 의료 이력
> ○ 발달력

평가 정보에 기초해서 개별화된 사례 개념화는 치료를 시작하기 전에 준비한다. 사례 개념화는 이론적 배경, 묘사, 내담자의 중요한 쟁점/문제(뿐만 아니라 강점) 그리고 가능한 원인 그리고/또는 영향을 미치는 요소들이 요약된 설명이다. 이러한 사례 개념화는 개별화된 처치 계획, 즉 처치 목표와 전략들이 명시된 '처방'의 개발로 이어진다. 부수적인 평가는 진전사항을 평가하고 필요에 따라 처치 계획을 개정하기 위해 처치 전반에 걸쳐 수행할 필요가 있다.

실행의 핵심

앞서 기술한 기본적인 신념에 비추어서 처방적 놀이치료사는 다음과 같은 핵심적인 실행을 수행하려고 시도한다.

경험적으로 지지하는 처치

과거에 정신치료 분야는 거의 지지되지 않은 증거 또는 결과가 좋지 않은, 최악의 결과가 있는 실행에 지나치게 의존하였다. 효과가 있었던 것에 기초해서 나온 증거에 의한 처치보다는 '우리가 항상 해 왔던 것'에 기초해서 치료되어 왔다. 아동의 놀이치료 개입의 효과에 대한 연구가 빠르게 증가하고 있지만(Reddy, Files-Hall, & Schaefer, 2005, 2014), 지지하는 증거가 있는 처치와 임상 현장에서 시행하는 것 사이에는 큰 괴리가 있다. 장애에 개입을 매칭시키려는 처방적 놀이치료사가 채택하는 중요한 기준 중 하나는 내담자가 나타내는 장애에 가장 잘 작용한다는 과학적 증거이다. 이는 경험적으로 지지된 효과성이 있는 개입을 적용하고 깊이 있는 과학적 검증을 하는 상향식 접근이다. 경험적으로 지지된 처치가 특정한 장애에 대해 보고되지 않았다면, 처방적 치료사는 자신의 임상 경험 그리고/또는 실제 현장에서 가장 효과적이라고 결정하는 다른 치료사의 임상 경험에 주의를 기울인다. 연구와 실무 모두에서 충분한 정보가 없다면, 치료사는 장애의 변화 기제와 연계된 가장 설득력 있는 이론으로 되돌아간다.

치료적 변화 기제

최근 몇 년간 심리치료의 정교화, 공식적인 이론의 개발로부터 치료적 변화의 기본적인 기제, 즉 어느 특정 이론이나 모델에 메이지 않고 치유적인 힘을 확인하는 데 초점을 맞추는 것으로 변화되어 왔다(Beutler & Harwood, 2000). 변화 과정은 이론이 아니고 관찰되는 관계의 서술이다. 변화는 기법보다 일반적이고, 이론보다 구체적이다.

오늘날 놀이치료사가 직면하는 가장 기본적인 질문은 놀이치료에서 변화 과정과 관련된 것일 것이다. 다른 말로 하면 내담자의 행동에서 원하던 변화를 실제로 만들어내는 치료적 힘은 무엇인가

(Schaefer, 1993; Schaefer & Drewes, 2014)? 놀이 개입에서 능동적인 구성요소가 확인되면, 무력한 요소는 제거되고 좀 더 시간 효율적이고 비용 효율이 높은 개입을 개발할 수 있다(Goldfried, 1980). 그러므로 결과 연구에 덧붙여서 처방적 놀이치료사는 결과 조사에서뿐 아니라 효과적인 결과의 기저에 있는 치료적 변화 기제의 과정을 확인하기 위해 과정 또는 구성요소를 분석하는 연구를 고려한다(Hunsley & Rumstein-McKean, 1999). 게다가 이들은 특정한 놀이 처치와 결과 사이의 관련성을 이해하는 데 도움이 될 수 있는 매개변인과 중개변인을 지속적으로 찾는다(Shadish & Sweeney, 1991).

놀이의 주요한 치료적 힘(Schaefer, 1993)은 다음에 나열되어 있다. 가장 잘 알려진 놀이의 힘은 놀이가 의사소통하는 힘(예 : 어린 아동은 말로 하기보다는 놀이 활동을 통해 자신을 더 잘 표현한다), 가르치는 힘(예 : 아동은 교습이 재미있고 즐거울 때 더 잘 학습하고 기억한다), 자존감을 높이는 힘(예 : 아동은 놀이를 통해 힘, 조절, 유능감을 얻는다), 그리고 사회적 관련성을 향상시키는 힘(예 : 즐거운 상호작용을 통한 부모-아동 애착)이다.

▶ A. 의사소통을 촉진한다.
  1. 자기-표현/자기-이해
  2. 의식적인 사고와 감정
  3. 무의식적인 접근
  4. 직접 교육
  5. 간접 교육

▶ B. 정서적 안녕을 배양한다.
  1. 부정적 정서의 역조건화
  2. 소산
  3. 정화
  4. 긍정적 정서
  5. 스트레스 접종
  6. 스트레스 관리

▶ C. 사회적 관계를 증진한다.
  1. 치료적 관계
  2. 애착
  3. 사회적 능력
  4. 공감

▶ D. 개인의 강점을 증가시킨다.
  1. 창의적 문제 해결
  2. 회복력
  3. 도덕발달
  4. 심리적 발달의 가속화

5. 자기 규제(조절)

6. 자존감

처방적 놀이치료사는 지속적으로 놀이의 치료적 힘을 깊이 이해하려고 애쓰고 있으며, 이러한 각각의 변화 기제가 가장 잘 적용되는 장애들을 결정하려고 애쓴다. 놀이의 치료적 힘에 대해 자신이 알고 있는 것에 기초해서, 치료사는 장애의 원인과 결정요인에 대한 이러한 치료적 중재들의 처방적 맞춤을 찾고 있다. 예를 들면 애착 지향의 놀이치료는 불안정 애착의 징후를 보이는 아동을 위해 선택하는 처치가 될 수 있다(Benedict & Mongoven, 1997). 유사하게 기능적 분석에 기초해서, Kearney와 Silverman(1999)은 아동기 등교거부의 4개의 주요 원인을 확인했는데, (1) 일반적으로 부정적 감정을 유발하는 자극의 회피, (2) 혐오적인 사회적 상황 및 평가적 상황에서 도피, (3) 관심 추구, (4) 긍정적 강화이다. 처방적 처치(장애의 특정한 원인에 대해 특정한 중재를 매칭시킴)를 받은 아동이 상당히 개선되었다는 것을 발견했다. 그러나 기저에 있는 원인을 찾으려고 시도하지 않은 비처방적 처치를 받은 내담자는 그들의 증상이 악화되는 것으로 드러났다. 처방적 놀이치료사는 자신의 저장목록(레퍼토리) 속에 놀이의 치유적인 힘을 모두 또는 대부분 포함시킴으로써 광범위한 심리적 장애에 대해 구체적인 처치를 제공할 수 있을 것이다.

실용적 접근

처방적 놀이치료사를 이끄는 아주 중요한 원칙은 '효과가 있다면 사용하라!'이다. 이 실용적 접근은 윌리엄 제임스, 존 듀이, 찰스 피어스와 같은 미국의 유명한 사상가의 철학적인 글과 일치한다. 중심 사상은 이론의 진위 또는 기법의 가치란 그것의 실용적 결과로 증명된다는 것, 즉 그것의 유용성이다(Fishman, 1998). 최선의 치료적 개입은 가장 비용 효과적인 방식으로 개별 사례의 작업을 수행한다.

실용적 치료사는 주어진 이론이나 자신의 이전의 가정을 고수하지 않고 실생활에서 장애에 효과적인 것 및 효과적이지 않은 것에 눈을 감지 않는다. 이들은 어떤 특정한 하나의 이론이 모든 임상적 이슈에 대해 생각하는 올바른 하나의 방법, 또는 일정한 기법이 고통에 처한 모든 내담자를 치료하는 하나의 진정한 방법이라는 생각에 반대한다(Silverman, 1997). 따라서 이들은 지속적으로 문제를 성공적으로 해결한 새로운 접근법에 대해 마음이 열려 있다.

최선의 실행 지침

최선의 실행 지침의 이면에 있는 기본 전제는 특정한 장애에 대해 최선의 결과들이 있는 개입들에 관해 안내해주는 충분한 연구 증거들이 축적되어 있다는 것이다. 처치의 지침은 가장 최근에 발견된 처치를 포함해서 임상가가 자신의 훈련을 업데이트하는 것을 도와주는데, 이는 처치의 효율성을 개선시킬 뿐만 아니라 내담자에게 최첨단 과학에 기초한 임상가라는 확신을 줄 수 있다. 이 점은 내담자가 처치를 찾고 처치를 지속하도록 격려할 것이다. 저자들이 정리한 표 10.1에 있는 처치의 지침은 여러 가지 아동기 장애에 대해 경험적으로 강력하게 지지하는 놀이치료 개입 목록이다. 이와 같은 증거 중심의 임상적 실행 지침은 전문가 조직에 의해 소집된 대책위원회에서 일반적으로 발표된다(Parry, 2003). 대책위원회는 최근 연구 논문의 검토에 기초한 최선의 실행 목록을 편찬했다. 이는 과학적 연

표 10.1 실행 지침

아동기 장애/조건	연구가 지지하는 놀이 개입
두려움과 공포증	체계적 둔감화(Knell, 2000; Mendez & Garcia, 1996), 정서 심상법(King, Mallory, & Ollendick, 1998; Malhotra, Rajender, & Bhatia, 2012; Shepard, 2009)
외상후 스트레스장애	해소(release)치료(Galante & Foa, 1986; Kaduson, 2006)
공격성	집단놀이치료(Bay-Hinitz, Peterson, & Quilitch, 1994; Dubow, Huesmann, & Eron, 1987; Orlick, 1981)
적응 반응	해소치료(Brown, Curry, & Tillnich, 1971; Burstein & Meichenbaum, 1979; Rae, Werchel, & Sanner, 1989)
적대적/반항적	부모-아동 상호작용치료(Budd & Hella, 2011; Eyberg et al., 2001; Herschell, Calzada, Eyberg, & McNeil, 2012)
ADHD	인지행동 집단놀이치료(Kaduson & Finnerty, 1995; Hansen, Meissler, & Ovens, 2000), 아동중심 놀이치료(Ray, Schollelkorb, & Tsai, 2007), 부모-아동 상호작용치료(Johnson, Hall, & Prieto, 2000)
성 학대	학대-특정적 놀이치료(Corder, 2000; Fenkelhor & Berliner, 1995), 인지행동 놀이치료(Springer & Misurell, 2012), 외상집중 통합적 놀이치료(Gil, 2012)
품행장애	Incredible Years Program(Webster-Stratton & Reid, 2003, 2009)
불안	인지행동 놀이치료(Barrett, 1998; Barrett et al., 2001)
강박장애(OCD)	인지행동 놀이치료(March & Mulle, 1995)
비만	놀이 집단치료(White & Gauvin, 1999)
또래관계 문제	놀이 집단치료(Nash & Shaefer, 2011; Schaefer, Jacobson, & Ghahramanlou, 2000)
반응성 애착장애	치료놀이(Booth & Koller, 1998; Munns, 2009)
분노	인지행동치료(Lochman, Fitzgerald, & Whidby, 1999)
자폐증	행동적 놀이치료(Rogers, 1991), 통합적 놀이 집단(Neufield & Wolfberg, 2010; Wolfberg & Schuler, 1993)
만성질환	부모/가족놀이 치료(VanFleet, 2000)
이혼 가정의 아동	놀이 집단치료(Pedro-Carroll, 2005; Pedro-Carroll & Cowen, 1985), 부모놀이치료(Bratton, 1998)
가족을 잃은(사별한)	놀이 집단치료(Netel-Gilman, Siegner, & Gilman, 2000; Zambelli & DeRosa, 1992)
위탁/입양	부모/가족 놀이치료(VanFleet, 1994, 2006)

구와 임상 실행을 연계시키는 중요한 방식이다(Hayes & Gregg, 2001).

　미국심리학회 임상심리 분과는 경험적으로 입증된 심리적 처치의 보급을 장려하려는 목적의 특별 대책위원회를 만들었다(Chambless, 1995). 대책위원회는 처음에 21개 증후군에 대한 22개의 잘 확립된 처치를 확인하고 출판하였다. 바라건대 놀이치료협회는 증거중심 놀이 개입의 합의된 목록을 개발하고 출판하는 학제 간(interdisciplinary) 대책위원회를 조만간 설립해야 할 것이다.

치료사의 역할

처방적 놀이치료를 실행하려는 치료사는 놀이치료의 한 가지 이상의 이론 및 기법에 친숙해져야 한다. 현명한 놀이치료사는 적어도 한 가지의 지시적 형태의 놀이치료와 비지시적 형태의 놀이치료에 능숙해야 할 것인데, 나타난 문제들이 폭넓게 다양한 것을 다루는 데 필요하기 때문이다. 더구나 처방적 놀이치료의 핵심이 인간중심 접근이기 때문에 치료사는 항상 장애 뒤에 있는 사람을 다루고 이해하려고 한다.

처방적 접근에서 치료사의 역할은 각 내담자에게 선택된 특정의 놀이 접근에 따라 달라질 것이다. 예를 들어 행동적 또는 치료놀이 전략을 수행해야 할 때에는 지시적이고 구조적이 되어야 할 것이며, 아동중심을 지향할 때는 비지시적이 되어야 할 것이다. 지지, 통찰, 지시(설명)의 정도는 선택한 접근에 따라 다르게 제공된다. 가끔 치료사는 아동의 부모를 훈련시켜서 처치에서 파트너가 되게 하지만, 이와 같은 부모 훈련이 다른 사례에서는 금지될 수도 있다. 그러므로 처방적 놀이치료 접근은 특정의 처치 계획을 치료사 자신의 개인적 스타일로 적용하는 데에서 능숙할 뿐만 아니라, 개방적·유연한·실용적인 치료사에게 가장 적합하다. Gil과 Shaw(2009)는 처방적 놀이치료를 아동 내담자에게 적용한 자세한 실제 사례를 발표하였다.

어려움

처방적 심리치료의 약점은 이론 생성(theory generation)에 대한 투자가 부족한 것이라고 시사한다. 확실히, 처방적 놀이치료사의 주요 관심은 하나의 이론을 개발하는 데 있는 것이 아니라 장애의 기저에 있는 결정인자에 대해 변화 기제의 처방적 매칭을 하는 데에 있고 모든 유형의 성공적인 심리치료의 기저에 있는 변화 기제를 확인하는 데 있다. 본질적으로 여러 가지 이론 안에 있는 치유적인 힘을 이용하면서 치료적인 변화에 대한 단일 이론을 초월하는 상위이론(metatheory)이다.

처방적 치료사의 첫 번째 어려움은 하나 이상의 치료적 지향에 능숙해야 한다. 이들의 두 번째 어려움은 이 접근이 확장된 훈련을 암묵적으로 요구한다는 것이다. 대학원 훈련의 일부로 처방적 놀이치료사들은 전형적으로 심리치료의 주요한 한두 개 학파에 대해 깊이 있는 지도와 슈퍼비전을 받는다. 그다음에 슈퍼비전과 지속적인 교육 워크숍이나 학술대회 참석을 통해 능숙함의 역량을 점차 확장한다. 배움은 평생 과정이라고 믿으면서 인본주의, 정신역동, 인지행동과 같은 놀이 이론의 다양한 학파뿐만 아니라 놀이치료의 세 가지 주요한 양식, 즉 개별, 집단, 가족놀이치료에 대한 깊이 있는 지식과 기술을 점차적으로 배워 나간다.

처방적 접근의 세 번째 어려움은 유연성이 접근의 무분별한 유동성으로 악화될 수 있다는 것이다. Hans Eysenck(1981)에 따르면 "절충주의는 이론의 뒤죽박죽, 절차의 혼합, 치료의 뒤범벅에 지나지 않을 수 있다."라고 하였다(p. 2). 그러나 당신이 장애에 적합한 처방적 매칭을 위해 합당하고 체계적인 절차를 따른다면 이 비판은 적용되지 않는다.

결론

이 장에는 처방적 접근의 놀이치료에 대한 기본 전제 및 핵심적 실행의 개요가 있다. 처방적 놀이치료사는 자신이 하는 일에 풍부한 변화가 전달되게끔 많은 치료적 접근들로부터 도출한다. 그다음에 경험적 증거, 임상적 경험/전문지식, 내담자의 선호/상황, 보이는 문제의 원인일 것 같은 것에 관한 네 가지 정보를 활용하여 개별 내담자의 요구에 맞게 치료적 중재를 재단한다.

오늘날 대부분의 놀이치료사들은 자신의 임상에서 점차 처방적이 되고 있다. 이것은 단 하나의 이론적 배경을 엄격하게 고수하는 사람이 거의 없다는 의미이다(Kazadin, Siegel, & Bass, 1990). 20세기에 놀이치료 분야의 놀라운 성장과 발달을 경험했다면 21세기에도 계속되고, 이는 전 세계에서 임상가에 의해 좀 더 완전하고 폭넓어지는 처방적 접근(범이론적, 절충적, 통합적, 증거 정보에 근거하는)때문일 것이다.

참고문헌

Achenbach, T. M., & Edelbrock. C. (1983). *Manual for the child behavior checklist.* Burlington, VT: Queen City Printing.

Barrett, L. F. (1998). Discrete emotions or dimensions? The role of valence focus and arousal focus. *Cognition & Emotion, 12*(4), 579-599.

Barrett, L.F., Gross, J., Christensen, T.C. & Benvenuto, M. (2001). Knowing what you're feeling and knowing what to do about it:Mapping the relation between emotion differentiation and emotion regulation. *Cognition & Emotion, 15*(6), 713-724.

Bay-Hinitz, A.K.; Peterson, R.F., & Quilitch, H.R. (1994). Cooperative games: A way to modify aggressive and cooperative behaviors in young children. *Journal of Applied Behavior Analysis, 27,* 435-446.

Benedict, H. E., & Mongoven, L. (1997). Thematic play therapy: An approach to treatment of attachment disorders in young children. In H. G. Kaduson, D. Cangelosi, & C. E. Schaefer (Eds.), *The playing cure: Individualized play therapy for specific childhood problems* (pp. 277-315). Northvale, NJ: Aronson.

Beutler, L. E. (1979). Toward specific psychological therapies for specific conditions. *Journal of Consulting and Clinical Psychology, 47,* 882-897.

Beutler, L. E. (1991). Have we all won and must all have prizes? *Journal of Consulting and Clinical Psychology, 59,* 226-232.

Beutler, L. E., & Clarkin, J. (1990). *Systematic treatment selection. Toward targeted therapeutic intervention.* New York, NY: Brunner/Mazel.

Beutler, L. E., & Harwood, T. M. (1995). Prescriptive psychotherapies. *Applied and Preventive Psychology, 4,* 89-100.

Beutler, L. E., & Harwood, T. M. (2000). *Prescriptive psychotherapy: A practical guide to systematic treatment selection.* New York, NY: Oxford University Press.

Bohart, H. C. (2005). Evidence-based psychotherapy means evidence-informed, not evidence-driven. *Journal of Contemporary Psychotherapy, 35*(1), 39-53.

Booth, P. B., & Koller, T. J. (1998). Training parents of failure-to-attach children. In J. M. Briesmeister & C. E. Schaefer (Eds.), *Handbook of parent training* (2nd ed.). New York, NY: Wiley.

Brabeck, M. M. & Welfel, E.R. (1985). Counseling theory: Understanding the trend toward eclecticism from a developmental perspective. *Journal of Counseling Development, 63,* 343-348.

Bratton, S. C. (1998). Training parents to facilitate their child's adjustment to divorce using the filial/family play therapy approach. In J. M. Briesmeister & C. E. Schaefer (Eds.), *Handbook of parent training* (2nd ed., pp. 549-572). New York, NY: Wiley.

Brown, N. S., Curry, N. E., & Tillnich, E. (1971). How groups of children deal with common stress through play. In N. E. Curry & S. Arnaud (Eds.), *Play: The child strives toward self-realization.* Washington, DC: National Association for the Education of Young Children.

Budd, K., & Hella, B. (2011). Delivering parent-child interaction therapy in an urban community clinic. *Cognitive & Behavioral Practice, 18*(4), 502-514.

Burstein, S., & Meichenbaum, D. (1979). The work of worrying in children undergoing surgery. *Journal of Abnormal Child Psychology, 7,* 121-132.

Chambless, D. L. (1995) Training and dissemination of empirically-validated psychological treatments: Report and recommendations.

The Clinical Psychologist, 48(1), 3–24.

Chambless, D. L., & Ollendick, T. H. (2001). Empirically supported psychological intervention: Controversies and evidence. *Annual Review of Psychology, 52*, 685–716.

Conners, C. K., Sitarenios, G., Parker, J., & Epstein, J. (1998). Revision and restandardization of the Conners Teacher Rating Scale. *Journal of Abnormal Child Psychology, 26*(4), 279–291.

Corder, B. F. (2000). Using games and game play in group therapy with sexually abused children and adolescents. In C. E. Schaefer & S. E. Reid (Eds.), *Game play* (2nd ed., pp. 263–280). New York, NY: Wiley.

Dimond, R., Havens, R., & Jones, A. (1978). A conceptual framework for the practice of prescriptive eclecticism in psychotherapy. *American Psychologist, 33*, 239–248.

Drewes, A. A., Bratton, S. C., & Schaefer, C. E. (2011). *Integrative play therapy.* Hoboken, NJ: Wiley.

Dubow, E. J., Huesmann, L. R., & Eron, L. D. (1987). Mitigating aggression and promoting prosocial behavior in aggressive elementary school boys. *Behavior Research and Therapy, 25*, 525–531.

Eyberg, S. M., Funderbuck, B.W., Hembree-Kigin, T. L., McNeil, C., Querido, J. G., & Hood, K. (2001). Parent-child interaction therapy with behavior problem children: One and two year maintenance of treatment effects in the family. *Child & Family Behavior Therapy, 23*, 1–20.

Eysenck, H. J. (Ed.). (1981). *A model for personality.* Berlin, Germany: Springer.

Fenkelhor, D., & Berliner, L. (1995). Research on the treatment of sexually abused children. A review and recommendations. *Journal of the American Academy of Child & Adolescent Psychiatry, 34*, 1408–1420.

Fishman, D. B. (1998). *The case for a pragmatic psychology.* New York: New York University Press.

Francis, A., Clarkin, J., & Perry, S. (1984). *Differential therapeutics in psychiatry.* New York, NY: Brunner/Mazel.

Galante, R., & Foa, E. (1986). An epidemiological study of psychic trauma and treatment effectiveness of children after a natural disaster. *Journal of the American Academy of Child Psychiatry, 25*, 357–363.

Garfinkle, J. (Ed.). (1912). *The eight chapters ofMaimonides.* New York, NY: Columbia University Press.

Gil, E. (2012). Trauma–focused integrated play therapy (TF-IPT). In P. Goodyear- Brown (Ed.), *Handbook of child sexual abuse: Identification, assessment, and treatment.* Hoboken, NJ: Wiley.

Gil, E., & Shaw, J. (2009). Prescriptive play therapy. In K. O'Connor & L. Braverman (Eds.), *Play therapy theory & practice* (2nd ed., pp. 451–488). Hoboken, NJ: Wiley.

Goldfried, M. R. (1980). Toward a delineation of therapeutic change principles. *American Psychologist, 35*, 991–999.

Goldfried,M. R. (2001). *How therapists change: Personal and professional reflections* (p. 12). Washington, DC: American Psychological Association.

Goldstein, A. P., & Stein, N. (1976). *Prescriptive psychotherapies.* New York, NY: Pergamon Press.

Hansen, S., Meissler, K., & Ovens, R. (2000). Kids together: A group play therapy model for children with ADHD symptomatology. *Journal of Child and Adolescent Group Therapy, 10*(4), 191–211.

Hayes, S. C., & Gregg, J. (2001). Factors promoting and inhibiting the development and use of clinical practice guidelines. *Behavior Therapy, 32*, 211–217.

Haynes, R., Devereaux, P., & Guyatt, G. (2002). Clinical expertise in the era of evidence-based medicine and patient choice. *Evidence BasedMedicine, 7*, 36–38.

Herschell, A., Calzada, E., Eyberg, S. M., & McNeil, C. (2002). Parent-child interaction therapy: New directions in research, *Cognitive & Behavioral Practice, 9*(1), 9–16.

Hunsley, J., & Rumstein-McKean, O. (1999). Improving psychotherapeutic services via a randomized clinical trial. *Journal of Clinical Psychology, 55*, 507–517.

Johnson, B., Hall, L., & Prieto, L. (2000). Parent-training through play: Parent-child interaction therapy with a hyperactive child. *The Family Journal, 8*(2), 180–186.

Kaduson, H. G. (2006). Release play therapy for children with post-traumatic stress disorder. In H. Kaduson & C. E. Schaefer (Eds.), *Short-term play therapy for children* (2nd ed.). New York, NY: Guilford Press.

Kaduson, H. G., & Finnerty, K. (1995). Self-control game interventions for attention-deficit-hyperactivity disorder. *International Journal of Play Therapy, 4*, 15–29.

Kazdin, A. E. (2008). Evidence-based treatment. *American Psychologist, 63*(3), 146–159.

Kazdin, A. E., Siegel, T. C., & Bass, D. (1990). Drawing on clinical practice to inform research on child and adolescent psychotherapy: Survey of practitioners. *Professional Psychology: Research and Practice, 21*(3), 189–198.

Kearney, C., & Silverman,W. (1999). Functionally based prescriptive and nonprescriptive treatment for children and adolescents with school refusal behavior. *Behavior Therapy, 30*, 673–695.

King, N. J., Mallory, G., & Ollendick, T. M. (1998). Emotive imagery treatment for children's phobias: A credible and empirically validated intervention. *Behavioral and Cognitive Psychotherapy, 26*, 103–115.

Knell, S. M. (2000). Cognitive-behavioral play therapy for childhood fears and phobias. In H. Kaduson & C. E. Schaefer (Eds.), *Short-term play therapy for children* (pp. 3–27). New York, NY: Guilford Press.

Lambert, M. J., & Bergin, A. (1994). The effectiveness of psychotherapy. In S. L. Garfield & A. E. Bergin (Eds.), *Handbook of psychotherapy and behavior change* (4th ed., pp. 143-189). New York, NY: Wiley.

Lochman, J. E., Fitzgerald, D. R., & Whidby, J. M. (1999). Anger-management with aggressive children. In C. E. Schaefer (Ed.), *Short-term psychotherapy groups for children* (pp. 301-350). Northvale, NJ: Aronson.

Luborsky, L., Singer, B., & Luborsky, E. (1975). Comparative studies of psychotherapies: Is it true that "everyone has won and all must have prizes?" *Archives of Abnormal Psychiatry, 32,* 995-1008.

Malhotra, S., Rajender, G., & Bhatia, M. (2012). Psychotherapeutic management of night-time fears. *Delhi Psychiatric Journal, 15*(1), 228-229.

March, J. S., & Mulle, K. (1995). Manualized cognitive-behavioral psycho-therapy for obsessive-compulsive disorder in childhood. *Journal of Anxiety Disorders, 9,* 175-184.

Maslow, A.H. (1966). *The Psychology of Science: A Reconnaissance.* New York: Harper & Row.

Mendez, F. J., & Garcia, M. J. (1996). Emotional performances: A treatment package for childhood phobias. *Child and Family Behavior Therapy, 18,* 19-34.

Messer, S. B. (1992). A critical examination of belief structures in integrative and eclectic psychotherapy. In J. C. Norcross & M. R. Goldfried (Eds.), *Handbook of psychotherapy integration.* New York, NY: Basic Books.

Munns, E. (Ed.) (2009). *Application of family and group theraplay.* Lanham, MD: Rowman & Littlefield.

Nash, J. B., & Schaefer, C.E. (2011). Social skills play group for children with disruptive behavior disorders. In A. Drewes, B. Bratton, & C. E. Schaefer (Eds.), *Integrative play therapy* (pp. 95-104). Hoboken, NJ: Wiley.

Netel-Gilman, E., Siegner, S., & Gilman, R. (2000). The use of the "goodbye game" with bereaved children. In C. E. Schaefer & S. E. Reid (Eds.), *Game play* (2nd ed., pp. 213-232). New York, NY:Wiley.

Neufield, D., & Wolfberg, P. (2010). From novice to expert: Guiding children on the autism spectrum in integrated play groups. In C. E. Schaefer (Ed.), *Play therapy for preschool children* (pp. 277-289). Washington, DC: American Psychological Association.

Norcross, J. C. (Ed.). (1986). *Handbook of eclectic psychotherapy.* New York, NY: Brunner/Mazel.

Norcross, J. C. (1987). *Casebook of eclectic psychotherapy.* New York, NY: Brunner/Mazel.

Norcross, J. C. (1991). Prescriptive matching in psychotherapy: An introduction. *Psychology, 28,* 439-443.

Norcross, J. C. (1995). Dispelling the dodo bird verdict and the exclusivity myth in psychotherapy. *Psychotherapy, 32,* 500-504.

Norcross, J. C. (2005). A primer on psychotherapy integration. In J. C. Norcross & M. R. Goldfried (Eds.), *Handbook of psychotherapy integration* (2nd ed.). New York, NY: Oxford University Press.

Norcross, J. C., & Prochaska, J. O. (1988). A study of eclectic (and integrative) views revisited. *Professional Psychology: Research and Practice, 19*(2), 170-174.

Norcross, J. C., & Wampold, B. (2011).What works for whom: Tailoring psychotherapy to the person. *Journal of Clinical Psychology in Session, 67*(2), 127-132.

Orlick, T. (1981). Positive socialization via cooperative games. *Developmental Psychology, 17,* 426-429.

Parry, G. (2003). Clinical practice guidelines in clinical psychology and psychotherapy. *Clinical Psychology & Psychotherapy, 10*(6), 337-351.

Paul, G. (1967). Strategy of outcome research in psychotherapy. *Journal of Consulting Psychology, 31,* 109-119.

Pedro-Carroll, J. (2005). Fostering resiliency in the aftermath of divorce: The role of evidence-based programs for children. *Family Court Review, 43*(1), 52-64.

Pedro-Carroll, J. L., & Cowen, E. (1985). The children of divorce intervention project. *Journal of Consulting and Clinical Psychology, 53,* 603-611.

Phillips, R. D., & Landreth, G. L. (1995). Play therapists on play therapy: A report of methods, demographics and professional practice issues. *International Journal of Play Therapy, 4,* 1-26.

Prendiville, E. (2014). Abreaction. In C. E. Schaefer & A. Drewes (Eds.), *The therapeutic powers of play* (2nd ed., pp. 83-98). Hoboken, NJ: Wiley.

Prochaska, J. O. (1995). An eclectic and integrative approach: Transtheoretical therapy. In A. S. Gurman & S. B.Messer (Eds.), *Essential psychotherapies: Theory and practice* (pp. 403-440). New York, NY: Guilford Press.

Prochaska, J. O., & Norcross, J. C. (1983). Contemporary psychotherapists: A national survey of characteristics, practices, orientations, and attitudes. *Psychotherapy: Theory, Research, and Practice, 20,* 161-173.

Rae,W. A.,Werchel, F., & Sanner, J. H. (1989). The psychosocial impact of play on hospitalized children. *Journal of Pediatric Psychology, 14,* 611-627.

Ray, D., Schollelkorb, A., & Tsai, M. (2007). Play therapy with children exhibiting symptoms of attention deficit hyperactivity disorder. *International Journal of Play Therapy, 16*(2), 95-111.

Reddy, L. A., Files-Hall, T. M., & Schaefer C. E. (Eds.). (2005). *Empirically based play interventions for children.* Washington, DC: American Psychological Association.

Reddy, L. A., Files-Hall, T. M., & Schaefer, C.E. (Eds.). (2014). *Empirically based play interventions for children* (2nd ed.). Washington, DC: American Psychological Association.

Rogers, S. J. (1991). A psychotherapeutic approach for young children with pervasive developmental disorders. *Comprehensive Mental Health Care, 1,* 91-108.

Schaefer, C. E. (Ed.). (1993). *The therapeutic powers of play*. Northvale, NJ: Aronson.

Schaefer, C. E. (2014). *Play observation of mother-child interaction style*. Unpublished manuscript.

Schaefer, C. E., & Drewes, A. A. (Eds.) (2014). *The therapeutic powers of play* (2nd ed.). Hoboken, NJ: Wiley.

Schaefer, C.E. & Gilbert, J. (2012). What Play Therapists need to know about a child to develop an Individualized Treatment Plan. *Play therapy, 7*, 4, 10–12.

Schaefer, C. E., Jacobson, A. E., & Ghahramanlou, M. (2000). Play group therapy for social skills deficits in children. In H. G. Kaduson & C. E. Schaefer (Eds.), *Short-term play therapy for children* (pp. 296–334). New York, NY: Guilford Press.

Shadish, W. R., & Sweeney, R. B. (1991). Mediators and moderators in meta-analysis: There's a reason we don't let dodo birds tell us what psychotherapies should have prizes. *Journal of Consulting and Clinical Psychology, 59*, 883–893.

Shepard, L. (2009). The use of emotive imagery and behavioral techniques for a 10-year-old boy's nocturnal fear of ghosts and zombies. *Clinical Case Studies, 8*(2), 99–112.

Silverman, W. K. (1997). Using what works to help children manage stress and anxiety: An appeal for pragmatism. *In Session: Psychotherapy in Practice, 3*(1), 103–108.

Smith, M. L., Glass, G. V., & Miller, T. I. (1980). *The benefits of psycho-therapy*. Baltimore, MD: Johns Hopkins University Press.

Springer, C., & Misurell, J. (2012). Game-based cognitive-behavioral therapy individual model for child sexual abuse. *International Journal of Play Therapy, 21*(4), 188–201.

Stevens, S. E., Hyman, M. T., & Allen, M. (2000). A meta-analysis of common and specific treatment effects across the outcome domain of the phase model of psychotherapy. *Clinical Psychology: Science and Practice, 7*, 275–290.

Van Fleet, R. (1994). Filial therapy for adoptive children and parents. In K. O'Connor & C. E. Schaefer (Eds.), *Handbook of play therapy* (Vol. 2, pp. 371–387). New York, NY: Wiley.

Van Fleet, R. (2000). Short-term play therapy for families with chronic illness. In H. Kaduson & C. E. Schaefer (Eds.), *Short-term play therapy for children*. New York, NY: Wiley.

Van Fleet, R. (2006). Short term play therapy for adoptive families. In H. G. Kaduson & C. E. Schaefer (Eds.), *Short term play therapy for children* (2nd ed.). New York, NY: Guilford Press.

Webster-Stratton, C., & Reid, M. (2003). Treating conduct problems and strengthening social and emotional competence in young children. The Dina Dinosaur Treatment Program. *Journal of Emotional and Behavioral Disorders, 11*(3), 130–143.

Webster-Stratton, C., & Reid, M. J. (2009). Parents, teachers, and therapists using child-centered play therapy and coaching skills to promote children's social and emotional competence and build positive relationships. In C. E. Schaefer (Ed.), *Play therapy for preschool children* (pp. 245–273). Washington, DC: American Psychological Association.

White, D. R., & Gauvin, L. (1999). Mildly to moderately overweight children and adolescents. In C. E. Schaefer (Ed.), *Short term psycho-therapy groups for children* (pp. 351–378). Northvale, NJ: Aronson.

Wolfberg, P. J., & Schuler, A. L. (1993). Integrated play groups: A model for promoting the social and cognitive dimensions of play in children with autism. *Journal of Autism and Developmental Disorders, 23*, 467–489.

Zambelli, G., & DeRosa, A. (1992). Bereavement support groups for school-age children: Theory, intervention and case example. *American Journal of Orthopsychiatry, 62*, 484–493.

제**3**부

핵심 기법

Handbook of Play Therapy

11

모래상자/모래놀이치료

LINDA E. HOMEYER

"아동은 그들의 손으로 생각한다."

-마거릿 로웬펠트

모래가 있는 상자, 작은 장난감, 미니어처, 약간의 물, 이렇게 간단한 물품들이 이해할 필요가 있는 사람들, 이해를 구하는 사람들의 손에서 그렇게 강력할 수 있는지를 누가 알았겠는가? 이런 간단한 물품들이 모래상자치료에서 기본이다.

이론

치료적 장면에서 모래상자 구성요소들의 이용은 다양한 내담자들과, 다양한 장면에서, 가지각색의 임상적 문제를 위해 널리 실행된다. 이 기법은 1920년대에 마거릿 로웬펠트(Margaret Lowenfeld)에서 유래를 찾을 수 있다. 로웬펠트(1979, 1993)는 아동이 발달적으로 적절한 방식으로 자신의 정서적 및 심리적 내적 세계를 표현하는 방법을 찾고 싶었다. 로웬펠트는 "아동이 있는 그대로 일정한 이론과 관계 없이 독립해서 무엇인가를 만드는 것을 돕기"를 원했다(Lowenfeld, 1979, p. 3). 그녀는 외적인 이론을 아동에게 부과하거나 구성하기보다는 아동이 경험하고 있는 것을 이해하고 아동으로부터 이해하려고 애썼다. 이런 의미에서 로웬펠트는 비이론적(atheoretical)인데, 세계기법(The World Technique)이라고 불리던 그녀의 모래상자 접근은 아동이 자신의 세계를 만드는 것에서 개발되었고, 그녀의 임상적인 경험을 알렸다. 로웬펠트는 이론이 다른 임상가들 요컨대 프로이트 학파, 아들러 학파, 융 학파는 세계기법 안에서 자신들의 이론적 관점을 지지하는 구성요소 및 구조를 찾을 수 있다고 말했다. 로웬펠트에 따르면 그것은 "그저 소망을 만족시키는 결과"가 아니라 "그것이 확실히 거기에 존재해 있기 때문"에 일어난다(Lowenfeld, 1979, p. 7). 사실 모래상자치료의 작업이 아주 가치가 있다는 것인데, 즉 모든 원칙과 모든 이론적 접근 및 임상적 접근을 하고 있는 정신건강전문가들이 성공적으로 활용할 수 있다는 것이다. 우리가 말로 하는 치료(verbal therapy)에서 하는 것처럼, 우리는 우리가 내담자 및 내담자의 문제를 개념화하는 방식에 적합한 의미를 내담자의 세계에서 찾는다. 세계기법은 계속 사용되고 있으며, 주로 영국에서 사용되고 로웬펠트의 업적 중 하나라고 지금 보고 있으며, 투사적 놀이치료로 알려져 있다(T. Woodcock, 개인적 대화, 2013. 2. 27.). 칼 융의 분석심리를 옹호하는 도라 칼프(Dora Kalff, 1971)는 1950년대(Ryce-Menuhin, 1992)에 로웬펠트와 처음에 공부를 한 후에 모래놀이를 개발했다. 모래놀이는 널리 채택되었고 전 세계적으로 사용되는 모래상자치료의 기본 형태가 되었다. 1950년대 이후 40년간 모래놀이는 출간된 전문 서적에서 모래상자치료의 지배적인 형태였다. 현재 모래놀이 저자들로는 John Allan(1988), Lois Carey(1999), Joel Ryce-Menuhin(1992), Babara Turner(2005), 그리고 Estelle Weinrib(1983)이 있다.

놀이치료 운동의 맥락에서 로웬펠트와 칼프가 모래놀이 작업을 할 때 안나 프로이트(1928)와 멜라니 클라인(1932)은 이 시기에 정신분석적 놀이치료를 발전시키는 데 여념이 없었다. 그리고 지금의 아동중심 놀이치료라고 알려진 것을 버지니아 엑슬린(1947)이 발전시키는 데 20여 년이 걸렸다.

융의 관점이 아닌 정신건강전문가들이 모래상자치료를 사용하기 시작하면서 더 넓은 범위의 전문 서적이 출판되기 시작했다. 이러한 예에는 아동치료에서 자신의 게슈탈트식 접근에 모래상자를 활용한 것에 대해 기술한 Violet Oaklander(1978), Terry Kottman의 아들러식 관점(www.encouragement. com; 2011), Steve Armstrong의 인본주의 관점(2008), Barbara Labovitz-Boik과 E. Anna Goodwin의 일반적인 접근(2000) 등 기타 많은 사람들이 있다. Linda Homeyer와 Daniel Sweeney는 1998년에 범이론적 접근의 모래놀이치료에 대해 처음 기술하였으며, 2011년에 2판이 나왔다. 이들은 모래상자치료를 "내담자가 이끌고 훈련된 치료사에 의해 촉진되는, 의사소통의 비언어적 매체로서 특정한 모래상자의 특별한 사용을 통해 내담자의 개인 내적 및 개인 간의 문제를 전개하고 처리하는 데 관여되는 심리치료의 표현적이고 투사적인 양식"이라고 정의한다(Homeyer & Sweeney, 2011, p. 4). 이들은 정신건강전문가들이 모래상자를 자신이 진행하는 접근법에 통합시켜서 내담자와 작업하고, 내담자와 함께 치료적 과정을 통합하라고 제안한다.

달리 언급이 없으면 이 장에서는 접근의 구체적인 사용 또는 명료성과 특수함을 요구하는 이론 명칭이 아니라면, 이론에 관계없이 모래상자/모래놀이치료 모두를 총칭하여 **모래상자치료**(sandtray therapy)라는 용어를 사용할 것이다.

절차

모래상자치료는 치료를 진전시키기 위해 의도적이고 목적지향적인 방식으로 사용되는 표현적 및 경험적 기법으로 정신건강전문가가 제시한다. 정신건강전문가가 사용하는 상담 이론 또는 접근방법은 모래상자 경험을 언제, 왜, 어떻게 사용할지에 직접적으로 영향을 미칠 것이다. 인지행동치료사에게는 모래상자에서 미니어처들을 사용해서 아동이 학교에서 괴롭히는 친구를 다루는 방법을 연습하는 데 도움이 될 것이다. 아들러식 치료사에게는 내담자가 개인적 논리에 대한 통찰을 하게 하거나 초기 기억을 보여주는 데 도움이 될 것이다. Sweeney, Minnix, Homeyer(2003)는 생활양식을 분석하기 위해 모래상자치료를 사용하였다. 가족치료에서는 아동 하위체계의 관점을 이해하기 위해 양육자 하위체계에게 사용할 수 있다. Taylor(2009)는 해결 집중 관점으로 모래상자치료의 사용을 기술하였다. 범이론적 또는 통합적 치료사들에게는 내담자의 독특한 현재 문제에 대한 평가에 기초해서, 앞에서 언급한 어떤 하나를 선택하거나, 또는 모래상자치료의 방대한 적용의 또 다른 활용을 의미할 수 있다.

치료사 자격, 훈련, 특성

모래상자치료는 다양한 정신건강전문가들이 사용하고 있다. 미국에서는 적어도 정신건강 관련 대학원 수준의 학위, 임상 슈퍼비전, 적합한 자격증 또는 면허증, 자격/면허를 유지하는 데 필요한 보수교육을 요구한다. 다른 국가들은 정신건강의 법적인 훈련을 위해 이와 유사하거나 또는 다른 요구를 할 수도 있다.

다양한 정신건강 훈련의 모든 윤리규정은 개인의 훈련 범위를 벗어난 실행을 하지 않는다는 데 동의하고 있다. 그러므로 능력을 기르기 위한 교육, 훈련, 슈퍼비전은 필수적이다. 미국에 있는 놀이치료협회(APT)는 등록 놀이치료사(RPT)가 되려면 특정한 요구사항을 갖출 것을 요구한다. APT는 모래상자치료가 놀이치료의 보다 광범위한 영역의 일부라고 보고 있다. 정신건강전문가들이 그들의 작업에 모래상자치료를 추가해서 사용하겠다고 하면, 특정한 훈련과 슈퍼비전, 놀이치료 흐름 안에서 명확하게 판단하고, 등록 놀이치료사가 되기 위한 기준의 한 부분으로 사용할 수 있다. RPT가 되는 기준은 www.a4pt.org에서 찾아볼 수 있다. 다른 나라에 있는 유사한 조직들은 그들 자신의 자격증 인정 기준이 있다.

미국의 대학교에는 177개의 대학원 프로그램으로 특정한 놀이치료와 모래상자치료 과정이 있다(APT, 2014). 대학원 과정은 대학교 인정 교육과정 절차를 통해 대학교 수준의 기준에 맞는 임상 경험과 활발한 교육이 이루어지는 듯하다. APT가 인정한 22개의 놀이치료 교육 센터가 대학교에 설립되고(2014), 놀이치료의 질과 모래상자치료 교육, 훈련, 슈퍼비전을 확대하고 있다.

몇몇 모래상자치료사들은 자신들의 특별한 모래상자치료 방법의 자격 프로그램을 제공하고 있다. 이 프로그램들이 순서에 따라 철저하고 심도 있는 경험을 제공할 수 있다. 전형적으로 슈퍼비전 역시 필수요건이다. 이러한 훈련 프로그램들은 특정한 모래상자 접근에 심도 있게 준비하고 싶어 하는 정신건강전문가들의 실습에서 매우 유용하다.

모래놀이전문가협회, 국제모래놀이치료학회(ISST)는 국가별 협회의 지부가 있다(www.isst-society.com). 미국모래놀이치료사(SAT)는 실무자 수준과 증명서 교부 수준 모두 있다(www.sandplay.org). 각 수준은 훈련, 개인적 경험, 슈퍼비전에서 구체적인 요구조건이 있다.

모래놀이치료협회(AST)는 새로운 국제전문가조직(www.SandplayAssociation.com)이다. 이것은 도라 칼프의 원리와 가르침을 따른다. 등록에는 두 개 수준이 있는데, 등록 모래놀이치료사(STR)와 등록 모래놀이치료사-슈퍼바이저(STR-S)가 훈련, 개인적 경험, 슈퍼비전의 기준이 있다.

자격 인정을 목표, 요구, 원하지 않는다고 해도 이러한 기준과 기타 국가 및 국제전문가협회들은 실행 가능한 최적의 실습 기준이 있다.

내담자 특성

모래상자치료의 주된 가치 중 하나는 다양한 내담자에게 적용할 수 있다는 것이다. 내담자는 아동 · 청소년 · 성인 · 양육자-아동 쌍 · 파트너 쌍 · 가족이 될 수 있다. 모래상자치료 집단들은 아동부터 노인에 이르기까지 생애 전반에 걸쳐 사용되어 왔다. 사용하는 환경은 사설 장면, 학교, 지역사회 단체, 병원, 양로원, 회사, 기숙 처치(treatment) 센터, 소년원 등이다.

모래상자치료의 전형적인 과정이 이득이 있으려면 추상적 사고 기술이 필요한데, 즉 내담자가 다양한 미니어처들을 사용해서 모래상자에 장면을 만들고 그다음에 치료사와의 언어적 대화를 통해 장면의 의미에 관해 되돌아본다. 이것은 일반적으로 내담자의 인지발달 수준이 적어도 12세이어야 한다. 더 어리거나 퇴행이 있는 아동은 이런 방식으로 의미를 심사숙고할 수 없고, 미니어처가 있는 전통적인 놀이치료로써 상자(tray)와 장난감을 사용할 것이다. 어리거나 퇴행이 있는 내담자에서, 내담자는 마치 전통적인 놀이치료실에서 노는 것처럼, 지속적이고 극적인 방식으로 장난감을 가지고 모래에서 논다. 어리고 발달이 지연된, 또는 퇴행을 보이는 아동이 모래상자에 장면을 만들고 그것에 대해 계속 앉아서 언어로 이야기를 나눈다고 기대하는 것은 발달상으로 현실적이지 않고 적절하지 않다. 즉, 어린 내담자는 모래상자 및 장난감과의 상호작용을 통해 많은 의사전달을 할 수 있다. 예를 들어 유치원에 다니는 어린 소녀가 학급에서 최근에 새로 생긴 부주의한 행동 때문에 학교 상담사에게 의뢰되었다. 그 아동은 건물, 차, 사람, 동물을 마구잡이로 모래상자에 놓았고, 그것 모두를 뒤섞어 버렸다. 몇몇 물체가 다른 물체 위에 있었고, 상자의 가장자리에도 몇 개를 놓았다. 며칠 후에 똑같은 것을 두 번째 상자에 만들었다. 학교 상담사는 혼돈의 수준에 주목했고, 아동의 내면세계가 반영되어 있다는 것을 알았다. 학교 상담사가 아동의 어머니와 상담한 얼마 후에 상자의 전체적인 의미가 드러났는데, 부모는 딸에게 다른 도시로 이사 간다는 사실을 아직 밝히지 않은 것이다. 그 소녀는 자신의 삶과 집에 변화가 있을 것이라는 정보를 알게 되었고, 그것이 의미하는 것에 대한 생각을 다룰 수 없었다. 소녀는 참고할 점 또는 정보가 없는 새로운 생활에 직면했다. 이사가 무엇인지를 생각하면서 교실에서 산만해졌고, 그로 인한 정서를 다룰 수 없었다. 학교 상담사는 부모가 곧 있을 이사에 대해 딸에게 알려 주게 하고, 아동의 불안을 줄이는 방법에 대한 학교 상담사의 조언이 아동에게 도움이 되었다. 며칠 뒤에 세 번째와 마지막 상자는 눈에 띄게 단순하고 조직화되어 있었는데, 가로등 근처에 있는 집, 아기 침대, 가족 피규어들이 모여 있었다. 소녀는 교실에서 연령에 적절한 방식으로 다시 집중하고 있었다. 이 아동은 자신이 창조한 세계에 대해 말하지 않았지만, 소녀는 자신의 세계에서 어른들에게 분명하게 의사전달하였으며, 자신의 요구를 처리하는 데 필요한 단계를 밟았다.

지시/금기

모래에서 작업하는 것을 좋아하는 내담자도 있지만 그렇지 않은 내담자도 있다. 로웬펠트조차도 어떤 아동은 모래를 선호하는데, 그렇지 않은 아동도 많다고 하였다(1979). 모래상자를 정기적으로 사용하는 치료사들은 이것이 맞는 말이라는 것을 안다. 일부 내담자는 한 회기에서 다음 회기에 만들 것에 대한 계획을 세우고, 다음번 상자의 계획을 세워서 다음 회기에 나타난다. 다른 내담자들은 미니어처들이 있는 선반을 그리운 듯이 쳐다보지만 상당히 자기억제 및 자기검열을 하므로 상자를 완성하기 위해 미니어처들을 가지고 올 수 없다. 모래에 있는 자신의 창조물을 만들고 이에 대해 이야기하면서 불안-조정, 촉각적 위안, 자기 돌봄 활동으로 모래에서 자신의 손의 움직임을 이용하는 내담자도 있다.

모래가 본질적으로 '더럽다'고 보는 문화에서는 많은 내담자들이 모래의 사용을 허용하지 않거나 즐기지 않을 수도 있다. 이 경우에 경험적 활동을 원하는 것이라면 다른 양식의 선택이 추천될 수 있다.

내담자에게 모래상자치료의 이용이 방해된다는 진단 또는 징후는 거의 없다. 정신질환자는 예외이다. 정신질환자의 처치는 내담자가 현실과의 접촉을 유지하도록 돕는 데 초점을 맞춰야 하는데 환상과 상징적 표상을 본질적으로 이용하는 경험적 기법은 치료에 역행한다. Turner(2005)는 특별히 훈련받고 매우 경험이 풍부한 모래놀이치료사들은 정신병 삽화를 따라가는 재통합 국면에서 모래놀이를 사용할 수 있을 것이라고 기술하였다(2005, p. 282). 그러나 Turner는 취약한 정신 또는 정신병을 앓고 있는 내담자와의 모래놀이 사용은 모래놀이치료사들이 극도로 조심해야 한다고 제언한다.

불안이 아주 심한 일부 내담자는 모래 및 미니어처들과의 촉각적 상호작용이 과도하게 압도된다는 것을 발견하는 반면에, 이완되고 정서적으로 조직화되고 표현적인 매체라는 것을 알게 되는 불안증 내담자도 있다. 이는 모래상자치료사에게 훈련, 슈퍼비전, 임상적 경험이 필수적이라는 것이다. 치료과정에서 경험적 활동을 함으로써, 윤리적이고 성공적인 처치가 되는 것은 매체의 적절성, 내담자의 준비도, 치료 목적에 맞는지에 대한 치료사의 평가이다.

실행 계획

내담자에게 모래상자 경험을 제공하려면 일정한 양의 재료들이 필요하다. 최소한 모래상자 하나와 미니어처 한 세트가 필요하다. 이는 사무실 배치가 다양할 수 있지만 공간을 차지한다. 많은 놀이치료사들은 자신의 전통적인 놀이치료실에 모래상자와 미니어처 수집품을 둔다. 이러한 배열은 현실적인 것뿐만 아니라 철학적인 것이다. 학교 상담사와 같은 일부 치료사들은 학교 안에 완전한 놀이실로는 공간이 충분하지 않고, 모래상자 하나와 약간의 미니어처 수집품을 두는 공간만 있을 뿐이다. 초등학교 또는 유치원에서 일을 하는 사람들은 지속적으로 축소된 놀이치료를 하고 있다. 위탁가정 또는 가정방문 서비스 장면에서 모래상자치료를 하는 치료사도 있다. 이들은 바퀴가 달린 가방에 범주별로, 모두 넣은 미니어처 상자를 가지고 다니는데, 각 내담자의 집에 모래가 있는 뚜껑 달린 플라스틱 상자를 보관할 수도 있다. 대안으로 벽 쪽에 아주 많은 미니어처들이 채워져 있는 선반들과 선택할 수 있는 여러 개의 모래상자들이 있는, 모래상자치료만을 위한 특별한 방을 갖고 있는 치료사도 있다. 모래상자치료의 힘은 어떤 장면이든지 간에 효과적으로 작업하는 내담자의 능력에 있는 것 같다.

모래상자치료실의 설치, 장난감, 재료

모래상자치료실에는 3개의 기본 요소가 있는데, 모래상자, 미니어처 수집품, 물이다. 상자의 크기와 모양은 이론적 접근에 따라 다양하다. 모래놀이치료사들은 28.5×19.5×3인치의 기본적인 네모난 상자를 사용한다(Kalff, 2003; Turner, 2005). 칼프에 따르면, "이 크기는 만드는 사람의 상상을 국한시켜서 조절하고 방어하는 요소로써 작용한다."(2003, p. 3) Turner는 모래놀이에서 사용하는 네모난 상자는 "자기(self)의 중요한 원형이 나타날 수 있도록 하는 공간"을 제공하고, 만약 상자가 정사각형이나 둥근형(원형적 배치)이면, "현실에 기반을 둔 의식적 자각을 끌어당기는 힘은 없다."는 것을 지적한다고 기록했다(2005, p. 289). 다른 접근들은 동일한 또는 유사한 치수의 일반적인 직사각형 상자, 또는 다양한 크기의 팔각형 또는 둥근 상자를 사용한다(Homeyer & Sweeney, 2011). 내담자가 큰 직사각형 상자의 구석에 걸터앉을 수 있는 약간 작은 둥근 상자들을 갖고 있는 치료사도 있다. 학교 상담사들은 교실에서의 경험에서 음식을 담는 작은 용기를 학생용 개별 상자로 사용하기도 하는데, 이것은 학급에 있는 모든 아동이 동시에 작업하도록 자신만의 작은 개별 상자를 갖게 한다. 모래상자치료 훈련 경험에서 유사한 선택이 있을 수 있다. 모양과 크기에 관계없이 대체로 동의하는 것은, 바닥에는 물을 나타내고 옆면은 스카이라인을 나타내기 위해 상자의 안쪽이 파란색으로 칠해져 있어야 한다는 것이다(Homeyer & Sweeney, 2011; Turner, 2005).

물이 담긴 스프레이 병은 치료사가 회기 동안 사용할 물의 양을 조절하게 하고, 반면에 내담자에게는 그들이 원하는 만큼 물을 사용할 수 있는 자유를 준다. 만약 하루에 여러 번 모래상자를 사용하는 사람이 있다면 각 내담자에게 물이 조금 담긴 스프레이 병을 준다. 하루의 회기들이 끝날 때 모래가 물로 포화상태가 되는 것을 통제할 수 있고 아주 축축한 상자는 밤새 마를 것이다. 칼프 등은 하나는 마른 모래상자이고 하나는 젖은 상자로 된 2개의 상자를 사용하는데, 이는 내담자에게 폭넓은 유연성을 허용한다(Turner, 2005).

미니어처를 고르는 것은 대부분의 모래상자치료사에게 중요하고 즐거운 일이다. 선택 과정이 시작되면, 종종 멈추기가 어렵다. 핵심은 미니어처의 각 범주 안에서 다양성의 깊이이다. Homeyer와 Sweeney(2011)가 제안한 범주의 목록에는 폭뿐만 아니라 깊이에서 균형 잡힌 수집을 위해 각 범주에서 몇몇 품목이 추천되어 있다.

- 신비한/영적인 것 : 종교적 미니어처, 크리스털 공, 금, 성배, 피라미드
- 환상 : 마법사, 소원의 샘, 용, 유니콘, 만화 캐릭터, 아동 영화의 캐릭터, 보물 상자
- 사람 : 가족 구성원, 직업인, 세대가 다른 사람들, 역사적 인물, 군인, 다양한 인종 및 민족의 사람들
- 동물 : 선사시대 동물, 야생/동물원, 농장/가축, 새, 바다 생물, 곤충
- 교통수단 : 자동차, 트럭, 헬리콥터, 비행기, 오토바이, 마차
- 건물 : 집, 학교, 성, 요새, 등대, 교회/절/회교 사원
- 식물 : 나무(잎이 있는 것과 없는 것), 덤불, 선인장, 꽃
- 울타리/문/신호 : 바리케이드, 기찻길, 교통신호등, 원뿔형 도로 표시
- 자연물 : 조개껍데기, 바위, 화석, 나뭇가지, 가시밭
- 조경 및 장식물 : 해, 달, 별, 동굴, 터널, 기념비, 다리, 우체통
- 기타 용품 : 가정용품, 연장, 무기, 병원용품, 술병
- 모래를 고르고 이동하는 도구 : 주걱, 솔(pp. 21-24).

모래놀이치료사들은 비슷한 범주를 추천하지만, 원형적 피규어, 기본 요소(불, 얼음, 수차, 풍차 등), 그림자와 죽음 관련 미니어처도 들어 있다(Turner, 2005). 대부분의 모래상자치료사들이 미니어처 수집품을 계속 모으는 반면에, 300개 정도의 초기 세트가 내담자와 작업하는 데 충분한 치료사도

있다(Homeyer & Sweeney, 2011). 많은 치료사들이 해변을 걸으면서, 공항 선물 가게를 들여다보면서, 중고품 할인 매장을 뒤져서, 대규모 회의의 판매대를 훑어보면서 미니어처의 수집을 억제하지 못한다. 어디에서나 고른다. 치료사에게 이는 즐거운 일이지만 내담자를 압도시키지 않고 균형 잡힌 수집을 해야 한다는 것을 명심해야 한다.

　치료적 공간의 가용성에 따라, 미니어처들을 선반에 늘어놓거나 상자에 넣어서 보관할 수 있다. 대부분의 내담자는 모래상자에서 사용하고 싶은 미니어처들이 놓여 있을 때 사용하는 데 가장 쉬운 선반을 발견한다. 미니어처들은 특정한 선반 위에 범주별로 배열되어 있어야 한다. 이는 내담자가 원하는 것을 쉽게 찾을 수 있도록 하며 치료사가 회기 뒤에 일관된 장소에 가져다 놓을 수 있기 때문이다. 다용도로 사용하는 방에서 모래상자 용품들을 눈에 보이지 않고 안전하게 보관하려면 문이 있는 캐비닛을 사용해야 한다. 캐비닛에는 범주별로 구조화된 통들이 있다. 공간이 협소하거나 시설 내에서 이 방 저 방 이동한다면, 플라스틱 박스에 미니어처들을 담고, 플라스틱 상자마다 범주 한두 개를 다시 구성한다. 플라스틱 상자들은 바퀴가 달린 여행 가방으로 운반할 수 있으며 쉽게 이동할 수 있다. 시설 안에서 이 방 저 방을 옮겨 다녀야 하는 치료사는 바퀴가 달린 카트 위에서 상자들을 사용할 수도 있다. 카트는 제일 위에 모래상자를 놓을 수 있다. 다양한 배치가 가능하지만 미니어처들을 배열할 때 일정한 공간 또는 구성을 한다. 이는 내담자가 쉽게 선택할 수 있게 한다.

　모래상자 자체는 탁자 위에 있거나 이동하기 쉽게 바퀴가 달린 카트에 놓는다. 두 개의 의자를 준비해서, 내담자와 치료사가 모래상자의 창조물에 대해 이야기하는 동안 함께 앉을 수 있다. 모래상자는 미니어처 수집품 근처에 있어야 하는데, 모래상자 그리고 미니어처 수집품이 모래상자로 이동할 수 있게 내담자를 위한 깨끗한 공간에 놓는다. 치료사는 모래상자 근처에, 너무 가깝지 않게 앉는다. 이는 내담자가 이동하는 데 치료사가 침해적 또는 방해하지 않고 모래상자의 심리적 건축물(psychological building)의 부분이 되게 한다(Homeyer & Sweeney, 2011).

　깨끗한 붓은 미니어처를 선반이나 다른 보관 장소에 가져다두기 전에 더러운 모래를 제거하는 데 사용한다. 만약 축축한 모래가 묻어 있으면 특히 유용하다. 체 또는 작은 체에 물건들을 넣고 모래가 떨어지도록 모두 함께 흔드는 치료사도 있다. 회기가 끝난 후 젖은 모래와 마른 모래가 함께 섞인 부분은 모래가 축축해지고 다음 내담자는 젖은 모래를 사용하게 된다. 화산처럼 생긴 모래더미는 하루에 몇 차례 회기가 있는 동안 아주 젖게 된다면 모래가 잘 마르도록 밤새 말려야 한다. 물병을 잘 관리하는 것이 중요하다. 두 번째 모래상자를 사용하는 것 또한 유용한데, 특히 어린 아동과 작업할 때 더욱 그렇다. 깊이가 있는 플라스틱 상자는 어린 아동이 활동적인 놀이를 하는 동안에 모래가 쏟아지지 않게 모래를 담아두는 데 도움이 된다. 또한 내담자의 연령에 상관없이 물을 많이 담을 수 있는 모래상자를 제공한다.

처치 빈도와 기간

내담자가 모래상자 경험을 하는 빈도는 내담자의 요구와 치료적 의도 및 치료사의 접근방법에 따라 다르다. 치료사가 모래상자를 초기상담부터 종결까지 회기마다 일관되게 사용하도록 정할 수도 있다. 특정한 목적을 위해 전반적인 치료 계획 속에서 선택적으로 사용하는 치료사도 있을 것이다. 치료 의도에 맞고 내담자가 과정에 참여하고 사용하는 한 모래상자 사용에 대한 제한은 없다.

Homeyer와 Sweeney(2011, pp. 34-43)는 회기를 위한 6단계 프로토콜을 제안한다.

1. **치료실 준비** : 내담자가 자유롭게 걸을 수 있는 충분한 공간에, 수집된 미니어처들 옆에 모래상자를 둔다. 치료사가 한쪽에 앉아야 하지만, 관찰하기에 충분히 가까워야 한다(그리고 치료사의 접근방식과 일치한다면, 상호작용을 한다). 미니어처들이 적절하게 선반 위에 놓여 있어야 한다. 내담자가 도착하기 전에, 모래는 묻혀 있는 미니어처들을 꺼내고 골고루 잘 섞였는지를 확실히 하는 마지막 체크를 하고, 내담자가 작업을 시작하는 자연스러운 공간이 되게 한다.

2. **내담자에게 소개하기** : 적절한 촉구, 지시적("괴롭히는 것을 보여주세요.") 또는 비지시적("모래에 장면을 만들어 보세요.") 촉구를 한다. 촉구는 모래상자를 사용하는 치료사의 목적과 직접 관련이 있을 것이다. 촉구는 분명하고 연령에 적절한 방식으로 의사가 전달되어야 한다. 아동과 일부 성인 내담자는 매우 구체적인 관점으로 기능한다. 이러한 내담자들은 좀 더 지시적인 접근이 도움이 되는데, "당신의 삶에서 괴롭힘과 같은 것을 3개 고르시오." 또는 "당신의 두려움을 표현하는 미니어처 3개를 고르시오." 고르고 나면 "이야기를 하는 데 더 필요한 미니어처를 추가하시오."라고 말한다.

3. **내담자가 모래상자에 장면을 만듦** : 내담자가 모래 작업을 하는 동안에 상호작용은 치료사의 작업방식에 따라 다르다. 장면을 구성하는 동안에 아주 많은 상호작용을 하는 접근방식이 있고, 내담자가 장면을 만든 다음에 상자에 대해 함께 이야기하고 모래상자를 다루는 접근방식도 있다. 만약 후자라면 회기의 시작에서 내담자에게 "당신의 장면을 만들어 보세요. 다 하면 저에게 알려주세요. 그런 다음에 함께 이야기를 나눌 것입니다."라고 말하는 것이 도움이 될 것이다. 이러한 지시라면 필요한 구조화를 덧붙이는 데 충분하다. 내담자의 연령 또한 회기를 구조화하는 방식에 영향을 준다. 어린 아동에게는 놀이를 하는 동안에 치료사가 언어적으로 추적하는 것이 발달적으로 적절한데, 보다 전통적인 놀이치료라고 할 수 있다.

4. **장면을 만든 후** : 치료사는 내담자가 모래의 장면을 완성할 때까지 기다려주며, 치료사는 먼저 내담자의 관점에서 상자를 보는 시간을 갖는다. 가능하다면 내담자가 상자를 만든 자리에서 내담자와 치료사는 같은 쪽에 앉고, 모래상자와 함께 있으면서 그것의 의미를 들여다본다. Badenoch(2008)과 Kestly(2014)는 내담자가 창의적·상징적·정서적·우반구의 작업으로부터 논리적·순차적·언어적·좌반구 작업으로 옮겨가도록 돕는 시간을 가지라고 제언한다. 그런 다음 내담자는 치료사로부터의 예술적 및 호기심 많은 질문으로 상자의 의미와 이야기를 전개한다. 모래상자는 이 토의 단계에서 바뀔 수 있다. 내담자는 장면에 대해 이야기를 하면서 더하거나 옮기거나 상징들을 바꾸겠다고 할 수 있다. 치료사는 내담자에게, 예를 들어 내담자가 모래상자 때문에 떠오르는 중요한 개념에 대해 이야기를 하고 있지만 그것이 거기에 표현되지 않았다면 모래상자에 다른 상징을 더 놓겠느냐고 물어본다.

   치료사가 모래상자의 내용과 내담자에 대해 또 다른 것, 더 깊은 수준에 대해 이야기 나누고 바꾸거나 새로운 장면을 요구할 적절한 순간을 알아차릴 수 있다. 이는 내담자와의 작업이 역동적, 강력한 방법이 되게 할 수 있다.

5. **모래상자 정리** : 치료사는 내담자가 상자를 정리하는 것을 도울 것인지에서도 다룰 수 있다. 예를

들어 아들러식 접근은 전형적으로 미니어처들을 정리해서 선반에 가져다둘 때 내담자와 함께한다. 이것은 평등 관계와 사회적 관심의 발달이다. 분석심리적 접근/모래놀이와 같은 접근은 모래상자 장면을 온전히 남겨두는 것을 선호하는데, 작품에 대해 존중하고 내담자가 심리적으로 온전히 그 장면을 가지고 떠나게 하기 위함이다. 이는 내담자의 마음에 시각적 이미지를 제공하며 종종 다음 회기에서 내담자와 더 많은 토의를 하게 하며 회기들 사이사이에 그것에 대해 계속 생각하도록 한다.

6. 회기 문서화 : 모든 치료회기처럼 회기의 내용물을 문서화한 임상 노트는 윤리적 및 법적인 요구이다. 대부분의 모래상자치료사들은 완성된 장면을 위에서 찍은 사진을 선호한다. 내담자의 관점, 심지어 내담자가 찍은 것을 첨부하는 치료사도 있다. 많은 아동이 장면을 찍은 자신의 사진을 갖고 싶어 한다. 휴대전화는 치료의 이러한 시각적 형태를 쉽게 문서화하게 한다. 치료사는 휴대전화 사진의 안전과 비밀보장에 주의한다. 회기 노트의 나머지는 치료사가 사용하는 다른 형식에 맞추는데, 제시하는 문제, 핵심 또는 반복되는 상징들 또는 은유, 내담자에게 상자가 의미하는 것 등이다.

처치 단계와 전략

모래상자치료의 유연성은 다양한 수많은 정신건강전문가들이 적용할 수 있게 한다. 앞서 언급하였듯이 치료적 의도와 목적은 내담자와 모래상자치료를 어떻게 언제 사용할지를 선택하는 결정 요소이다. 모래상자의 사용은 원래의 처치 목적 중 일부를 충족시킬 수 있고 초기의 처치 계획에 포함시킬 수도 있다. 관계 형성 기법으로 모래상자를 사용하는 사례가 있다. 10대나 법정 명령 내담자와 같은 비자발적 내담자에게 도움이 될 것이다. 모래상자의 사용은 또한 그들의 문제에 대해 지나치게 말이 많은 내담자, 가지고 있는 문제 때문에 창피한 내담자, 또는 단순하게 말하는 언어적 표현에 어려움이 있는 내담자와 관계를 형성하는 데 유용하다. 예를 들어 특수교육 고등학교 상담사는 모래상자치료를 그녀에게 배당된 3개 고등학교에서 사용하였다. 그녀의 학생 내담자 모두는 가석방 또는 보호관찰 대상이었다. 그녀는 모래상자의 사용이 매우 효과적이라는 것을 알았는데, 이 청소년들은 학교 상담사라고 해도, 권위상과 이야기하거나 연결되는 것을 매우 주저했기 때문이다. 그녀는 그들이 장난감을 가지고 놀이를 한다는 것을 아무도 모른다는 것에 비판적이라는 것을 발견했다. (그녀는 경찰관 및 경찰차가 전형적인 수보다 더 많이 필요하다는 것을 알았다.) 안전하게 비밀스러운 작업 공간은 예기치 않은 침범이 없다는 확신이 절대적으로 필요했는데, 학교 장면에서는 유감스럽게도 이런 일이 아주 흔하다.

처치 계획은 내담자의 역동과 처치 과정에서 전개되는 임상적 요구에 따라 바뀔 수 있다. 모래상자치료는 개입 양식에서 전략적 변화를 제시할 수 있다. 이는 성인과의 대화 치료에서 많은 회기가 있은 후에 속도에 유용한 변화를 줄 수 있다. 언어적 상호작용만으로 접근할 수 없는 부분을 내담자가 더 깊게 들어가거나 더 넓게 확장하는 방법이 될 수 있다. 모래상자 경험은 상담을 많이 받는 사람에게 유용할 수 있고, 새롭고 다른 방식을 해봄으로써 도움이 될 수 있다. 치료에서 사용하는 용어를 배우는 사람에게 특히 유용하며 현실에서 그들이 편향되어 있거나 저항할 때 작용하는 것으로 보인다. 일부 성인 내담자는 모래상자와 같은 경험적 기법 및 활동을 이용해서 깊은 정서적 고통과 괴로움에 대해 좀 더 효과적으로 접근한다. 자신의 정서적 언어와의 접촉을 상실한 것으로 보이는 비자발적 내담자, 특히 청소년들이 의사소통하는 새로운 방법이 된다. 모래상자치료는 처치 과정 동안에 이러저러한 전략적 순간에 매우 효과적이다.

부모-아동 2인 모래상자치료

아동이 전통적인 놀이치료를 할 때, 부모와 아동이 표준 사이즈 모래상자에서 함께 작업하는 것은 종종 정보를 제공하고 촉진적이 된다. 이전의 양육자 자문에서 배웠던 새로운 양육 기술을 평가하거나 의사소통 및 상호작용에서의 개선을 평가하는 데 사용될 수 있다. 예를 들어 할머니와 사는 제니는 사회적으로 발달적으로 지체된 10세 소녀인데 놀이치료실에 왔다. 제니는 의붓 할아버지(그녀의 아버지 피규어)의 죽음에 대한 애도 기반의 분노 문제 그리고 이에 덧붙여서 가족 붕괴에 대한 스트레스가 높았다. 그녀의 할머니 그레이스도 배우자의 죽음과 함께 자신의 어려움도 있었는데, 배우자 사망 후 며칠 새에 실직을 했고, 동일한 가정 문제가 있었다. 그레이스는 경계를 유지하고 적절한 결과들로 한계를 설정하는 데 문제가 있었다. 모래상자의 자연스러운 경계 안에서 제니와의 작업은 치료사가 있는 데에서 그레이스가 바로 지금-여기의 경험에서 이러한 문제들을 볼 수 있는 기회가 되었는데, 치료사는 시각적으로 전개되는 문제를 볼 수 있었고 그래서 무슨 일이 발생했는지를 좀 더 충분히 이해할 수 있었다.

    치료사는 각자를 위해 똑같은 크기의 공간을 지정해주려고 손으로 모래에 분리선을 만들었다. 이들이 분리를 원하는 지정된 공간을 각자에게 제공하려는 목적이 있었지만, 이들이 공유하는 큰 장면을 만들기로 결정하면 쉽게 '지워'지는 것이다. 지시(prompt)는 간단히 "당신의 세계처럼 보이는 장면을 모래에 만들어 보세요."였다. 지시는 개인적인 창의성을 위해 포괄적이지만, 이들에게 구체적으로 초점을 맞춘다. 이들 모두는 모래상자의 동일한 쪽에서 작업을 하였고 선반에서 각자 미니어처들을 고르기 시작했다. 그레이스는 집을 선택하여 그녀의 가장 가까운 구석에 모래상자 쪽을 향해 놓았다. 그레이스는 몇 개의 식물을 추가한 다음에 집 앞에 울타리 하나를 놓았다. 제니는 가까운 곳에 동물(사자, 호랑이, 기린, 고릴라, 얼룩말 등)로 채우기 시작했다. 물체들을 놓으면서 제니는 할머니가 집의 울타리를 놓은 것을 알았다. 제니는 즉시 자신의 공간 쪽에 울타리를 치기 시작했는데, 할머니의 공간과 자신의 공간을 분리하기 위해서이다. 울타리가 쳐지고 처음에 절반이었던 공간을 모래상자의 2/3 정도로 확장하였다. 그레이스는 이것을 알아챘지만 말하지는 않았다. 이는 제니가 자신의 공유된 세계에서 공간을 더 많이 차지한다는 것이 명백히 드러났고 제니는 경계를 마음대로 이동했다.

    회기가 계속되면서 그레이스는 집 앞에 있는 작은 울타리 맞은편, 자신의 공간에 기린을 추가하였다. 그녀는 제니가 동물을 좋아하는 것에 동참하고 비슷한 관심을 공유하는 것으로 보였다. (몇 주 전에 그들은 남편/할아버지의 죽음 때문에 너무 허전한 집보다 동물원에서 크리스마스를 보냈다.) 제니는 곧 그레이스의 기린을 자기 쪽에 먼저 놓여 있던 기린과 바꾸었다. 이는 제니가 원하면 할머니의 자원은 무엇이든지 간단히 취할 수 있다고 알고 있는 것 같았다. 그러나 제니는 자신이 원하지 않은 자원은 할머니와 함께 두었다. 제니는 요청과 허락 또는 한마디 말도 없이 바꿔버렸다. 그레이스는 말없이 자신의 세계에 조경을 위한 물체를 몇 개 더 놓고 끝냈다. 제니도 거의 끝난 것처럼 보였지만,

물체들을 마지막으로 재배열하고 할머니 쪽에서 할머니의 집 쪽으로 자신의 영역과 구분하는 울타리를 이동시켰다. 제니는 좀 더 많은 공간을 원할 뿐만 아니라 어떤 요구 또는 타협 없이 할머니의 공간을 침범하였다. 그레이스는 현재 자신의 공간이 좁아진 것에 대해 제니에게 언급을 하였으나 제니에게 다시 옮기라고 요구하거나 벌어진 일에 대해 자신의 공간을 지키려는 어떠한 제한도 하지 않았으며 제니도 그녀의 울타리 경계를 재조정하려는 행동 변화는 없었다.

나중에 할머니와 단독으로 이야기를 하면서 치료사는 제니가 공간을 계속 넓혀 나간 행동에 대해 언급했다. 그레이스는 모래상자 장면을 계속 응시하면서 속삭이기를 "그 애는 나의 모든 공간…… 시간…… 에너지를 차지하려고 해요. 나는 숨 쉴 공간조차 없어요." 이 회기 후에 그레이스는 제니의 행동이 더 나빠지기 전에 제니의 행동에 제한설정하는 양육 기술에 대해 작용하는 힘을 다시 얻고 좀 더 내면화된 힘을 가진 것처럼 보였다. 치료사는 놀이치료실에서 제니에게 이와 유사한 제한설정으로 마침내 과정이 빨라지기 시작했고, 집에서의 상호작용도 좀 더 건강한 방식으로 안정화되는 듯하였다. 이들은 아동과 성인이 분리된 집단인 지역 사별 센터에도 다니기 시작했다. 이것은 집단 과정 및 지지가 되면서 서로에게 좀 더 공개적으로 자신들의 슬픔을 알리는 데 도움이 되었다.

집단 및 가족 모래상자치료 회기

집단 또는 가족회기를 하는 데 몇 가지 배열이 있다. 첫째는 각 가족 구성원 또는 집단 구성원이 자기 자신의 개별 모래상자를 작업하는 것이다. 나머지는 가족/집단 구성원이 자신의 개별 모래상자 작업을 한 후 두 번째 단계인데, 큰 모래상자에서 함께 작업을 하는 것이다. 큰 집단 모래상자는 주문제작할 수 있다. 그러나 한 가지 쉬운 방법은 움직일 수 있고 고정되지 않은 큰 상자, 크기는 길이 $91.4 \times 5.1 \times 10.2$cm 나무 조각 4개를 이용하는 것이다. 만드는 사람들이 나무 옆면 조각들(건재상에 있음)을 네모나게 만들고 안에 큰 파란 천을 씌운다. 모래를 붓는다. 이 상자는 소파 밑이나 옷장 안 또는 기타 장소에 보관할 수 있도록 빠르고 쉽게 분해하고 조립할 수 있다. 가족 및 집단이 작업하기 위해 $0.8m^2$의 네모난 공간이 제공된다. 많은 사람들과 작업을 해야 한다면, 미니어처 수집품이 많아져야 할지도 모르지만 현저하게 많아야 할 필요는 없다. 제한된 자원을 집단/가족 구성원들이 다루는 방식은 치료사에게 유용한 정보가 될 수 있으며 참여자들이 유용한 기술을 개발하도록 도울 수 있다.

가족회기에서 치료사는 곤경에 빠진 가정의 사고와 행동을 분리하는 방법을 배우도록 별개의 모래상자에서 작업하고 싶을 수도 있다. 개별 모래상자는 가족끼리 다시 관계를 맺는 방법을 배우는 시간이 필요한 유리된(소원한) 가족들에게도 유용하다. 큰 상자로 이동하려는 결정은 과정의 임상적 이해와 내담자의 요구에 따른다. 때때로 큰 모래상자로 이동하는 것은 가족 구성원 각자를 위해 모래에서 영역을 분할하는 것부터 시작한다. 인위적으로 나눈 경계 없이 함께 작업하는 것이 더 치료적인 때도 있다. 커플들과 이와 비슷한 유형의 작업을 할 때 각자 자신의 모래상자로 시작한다. 그런 뒤 두 사람은 정규 크기의 모래상자 하나에서 함께 만드는 것으로 이동할 수 있다. Higgins Klien(2013)은 마음챙김-중심 가족놀이치료 모델에서 모래상자치료를 사용하는 방식의 결합 사례를 제시하고 있다. Carey(1999)와 Gil(1994) 또한 아동 및 가족과의 모래상자치료 사용의 많은 예들을 제시하고 있다. 이들 저자들과 기타 사람들은 다양한 관점의 가족치료에서 모래상자의 사용을 확장하고 있다.

Kestly(2001, 2010)는 학교에서 우정 집단에 대해 기록하고 있다. 이는 집단 장면에서 개별 아동들과 작업하는 효과적인 형태이다. 집단 진행과 역동은 효과적으로 작업하게 하였는데, 이는 아동이 주로 자기 표현의 비언어적 형태를 사용하게 하였다. 아동이 개별 모래상자를 창조하는 충분한 시간이 있은 후, 각자가 자신의 모래상자에 대한 이야기를 공유하는 시간이 있다. 이것은 자존감과 소속감을 높이고, 자신들의 문제에 관해 작업하는 치료적 공간을 만든다. 이 장의 뒷부분에 있는 두 편의 연구과제는 부분적으로 Kestly의 집단 형식의 사용을 기술하고 있다.

집단 모래상자 형태는 작업 집단, 지지 집단, 슈퍼비전 집단, 교수/직원 집단 등으로 사용될 수 있다. 91×274cm 크기의 매우 큰 모래상자가 하루 종일 모래상자치료 훈련에 사용되었다. 하루 종일 200명 정도의 참가자들이 모래에서 놀이를 할 수 있었다. 그날의 과정에서 발달하고 성장하는 창조물은 즐거움, 창조성, 훈련에 대한 소속감을 느끼게 할 뿐만 아니라 마지막 창조물에 대해서 많은 가설들도 만들어졌다.

놀이 가계도

Gil(2003)이 명명하고 가르치는 놀이 가계도(genogram)는 모래상자 밖에 미니어처들을 사용하는 유용하고 재미있는 방법이다. 내담자가 커다란 종이(46×61cm가 작업하기 좋음)에 자신의 놀이 가계도를 그리는 것으로 시작한다. 다음 내담자는 가계도의 적당한 부분에 가족 구성원을 상징하는 미니어처들을 골라서 놓는다. 놀이 가계도에 대한 토론은 가족체계에서 내담자 자신과 다른 사람에 대한 내담자의 지각을 많이 드러낼 수 있다. 두 번째 단계, 시간이 허락되면 가족 구성원 사이의 관계를 반영하기 위해 물체가 추가될 수 있다. 흥미로운 물체들이 관계를 상징하는 데 사용될 수 있는데, 체인, 동전/돈, 다리, 칼, '마술' 바위 등이다. 이 과정은 치료사에게 가족 정보를 많이 제공하는데 가족에 대한 내담자의 관점, 내담자가 다세대 간 문제를 인식하게 만든다. 놀이 가계도는 가정의 원래의 문제에 관해 작업하는 개인, 커플의 결혼 전 상담, 형제 집단, 기타 가족 배열(configuration)에 관해 작업하는 사람들에게 사용될 수 있다.

부모 가계도

이와 동일한 과정이 부모 가계도로 사용될 수도 있다. 내담자는 부모와 부모가 된 사람의 상징물로 미니어처를 사용한다. 진행에 대해 동일한 유형이 부모의 다세대 간 영향, 무엇이 작용하고 작용하지 않는지, 요구되는 가능한 변화에 초점을 맞출 수 있다. 부모의 두 세대 또는 삼대를 보면서 가족 비밀이 드러날 수도 있고 부모의 양육 태도와 방식을 변화시키는 것이 얼마나 어려운지에 대해 인식하는 데 도움이 될 수 있다.

집중 시간

종종 내담자가 치료실에 들어올 때 우리는 "오늘 하루 어땠나요?"라고 편하게 질문하거나 외부 환경에서 임상 장면을 연결하는 위험하지 않은 기타 질문들을 한다. 내담자가 치료적 문제에 초점 맞추는 데에서 내담자를 돕는 또 다른 방법은 경험에 집중하는 것이다. 마커 세트와 도면용 종이 또는 그림 그리는 종이(30×61cm가 작업하기 좋음)를 내담자에게 제공한다. 그다음에 내담자에게 그 순간에 특히 관심이 있는 미니어처 하나를 선택하게 하고, 종이 위 어디든지 놓게 하며, 미니어처가 그 안에서 살도록 환경을 그리게 한다. 이 작업은 내담자가 즉시 언어적 작업을 시작하지 않게 하고 내담자가 다시 몰두할 수 있게 하는 방식에서 비언어적이고 창조적인 방법이 되어서 좌뇌에 몰두하게 한다. 이 연습은 급히 뛰어 들어오는 그리고 신체적 및 정신적으로 느긋해져야 하는 내담자뿐 아니라 말을 듣지 않는 방과 후(또는 학교에 있는) 학생들에게 잘 맞는 것으로 나타났다. 이것은 치료적 과정으로 이행하는 신체적 · 정서적 · 심리적 공간이 된다.

신경생물학적 고려사항

모래상자치료의 효과성을 이해하는 핵심은 신경심리학에 함축되어 있다. 연구가 성장함 그리고 정신건강 분야에 대한 적용(Badenoch, 2008; Gaskill & Perry, 2013; Perry, 2006; Perry & Pate, 1994; Siegel, 1999; van der Kolk, 2006)과 함께, 이 분야에서 꾸준히 정보를 얻는 것이 중요하다. Badenoch(2008)는 내담자가 모래 및 미니어처들과의 상호작용에 관여하는 신경심리학적 과정을 설명한다. 모래와 미니어처 만지기는 아래쪽 뇌를 활성화시킨다. 변연계는 뇌간으로부터 정보를 받으며 모래에 대한 정서적 반응을 확인하고, 신피질에 메시지를 보내고, 이는 그것에 부여된 의미를 결정하고 그것을 통합한다(van der Kolk, 2006, p. 279). 불안한 내담자는 모래에서 손을 움직이고, 손가락 사이로 모래를 떨어뜨려 보거나, 모래에 손을 묻어 보는 시간이 더 오래 걸릴 것이다. 만약 내담자의 변연계가 촉감의 즐거운 경험과 부드러움을 발견하면 변연계는 조용해진다(Siegel, 1999).

예를 들어 불안으로 의뢰된 9세 내담자는 모래상자 안에 잘 만들어서 그 장면들에 대해 쉽게 이야기를 한다. 전체 회기를 통해 만들고 말하는 동안에 소년은 계속해서 두 손을 모래에 넣고 움직였다. 때때로 소년은 모래를 모래상자의 한쪽 끝에서 다른 쪽 끝으로 옮기거나, 모래로 손을 덮거나 모래를 퍼낸다. 이는 종종 좌측 뇌의 논리적이고 순차적인 언어적 과정에 정해져 있는 불안을 내담자가 충분히 감소하게 한다. 좀 더 심각한 사례에서 신경과학이 우리에게 알려주는데, 표현적 언어를 조절하는 뇌의 브로카 영역에 아주 많은 혈액이 흘러서(예 : 외상의 기억으로 초래된) 활동을 정지시켜 말하는 능력이 고장날 수도 있다(van der Kolk, 2006).

많은 내담자들의 경우 그들의 외상은 생애 초기에 경험한 방임, 박탈, 그리고/또는 학대에 기초한다. 외상은 암묵적 기억으로 저장된다. 암묵적 기억은 감각적 요소와 함께, 오른쪽 뇌 아래쪽에 저장된다(Siegel, 1999). Steele과 Raider(2001)는 "외상적 기억이 부호화되고 언어로 표현되고 성공적으로 통합될 수 있기 전에, 그것은 상징적 감각 형태로 검색되고 암묵적으로 표현되어야 한다."(p. 3)라고 말한다. 모래상자치료는 내담자가 그런 암묵적 기억들을 의사소통하고 표현하게 하는 치료적 개입이다. 모래에 장면을 만들기 위해 내담자가 사용하는 다양한 모래상자 미니어처들은 상징적 및 은유적 표상 같은 것을 하게 한다. "신체에 입각해서 모래놀이는 변연계 영역과 피질을 통해 전개되며, 상징이 단어로 전개되면서 양쪽 반구에 걸쳐 있다(Badenoch, 2008, p. 220)." Badenoch는 모래상자에서 창조하는 과정을 "언어적 대화로…… 양쪽의 통합을 자극하고…… [그래서] ……조절하는 경험을 발달시킨다."(2008, p. 220)고 하였다. 암묵적 기억들은 모래상자에서 언어적이고 인지적으로 처리되고 이해되는 명백한 창조물이 된다. 그에 따른 이미지는 그다음에 다시 저장되고 우뇌에서 맥락과 다시 관련짓는다. 이는 Kestly(2014)와 McGilchrist(2009; 2010)가 이야기했던 오른쪽-왼쪽-오른쪽 뇌 경험을 반영한다. McGilchrist는 이러한 오른쪽-왼쪽-오른쪽 운동 경험은 "우반구의 세계 밖에서 떠오른 뭔가가 좌반구의 중간 수준에서 처리되고, 다시 가장 높은 수준에서 우반구로 돌아간다."라고 설명한다(2009, p. 126).

신경영상연구 및 신경심리학을 이용해서 van der Kolk(2006)는 외상을 입은 내담자는 "주의의 유지와 작동기억, 이는 초점을 맞추어서 집중해서 수행하는 것이 어렵게 되고, 따라서 현재에 완전히 몰입해 있는 것"에 어려움이 있다고 보고하였다(p. 280). 모래상자 작업과 같은 경험적 활동은 내담자의 욕구와 능력에 민감하게 보조를 맞추어서 이야기할 수 있는 안정적인 아이디어 또는 은유를 제시하는, 내담자가 창조한 시각적 이미지가 되도록 도울 수 있다. 놀이치료실에서 놀이 또는 내담자에 의해 창조된 미술처럼 모래상자에서의 창조는 내담자가 요구하는 것과 거리를 두고 추상적인 것을 구체적으로 만들게 하는, 내용의 외현화된 형태이다. 그러므로 치료사가 외상에 입각한 개입으로 모래상자치료의 사용을 허용하는, 모래상자치료를 사용해서 내담자는 자신의 외상을 다룰 수 있다.

연구

정신건강 처치(treatment)의 효과성을 아는 것이 중요하다. 이는 치료사가 내담자를 위한 최선의 결과가 나올 수 있는 처치를 고르는 데 도움이 된다. 모래상자치료의 사용에 대한 결과 연구들은 극히 제한되어 있다. 출판된 사례연구, 이론적 논문들, 일반적인 실용 문헌들이 큰 줄기가 되어 있지만 설계가 잘된 결과-효과성 연구는 드물다. 기법으로써 모래상자치료는 경험적으로 지지되는 처치인 다른 상담 이론에 쉽게 적용할 수 있다. 예를 들어 인지행동치료(CBT)를 사용하는 치료사들은 처치 프로토콜의 다양한 단계에서 작업하는 데에서 내담자를 돕는 기법으로 모래상자치료를 통합할 수 있다. 모래상자치료의 이점은 지금 있는 처치 프로토콜 안에서 활용할 수 있는 기법이라는 것이다.

Flahive(2005)와 Shen(2006)은 집단 모래놀이치료에 관한 잘 설계된 논문 두 편을 내놓았다. 이들의 연구결과는 Cohen의 효과 크기를 사용하여 보고되었다(Cohen, 1977). Flahive는 사전·사후검사 통제집단 연구를 하였다. 9세에서 12세의 56명을 무선적으로 실험 또는 통제집단으로 나누고 성별 및 인종별로 통계 처리하였다. 학생들은 교실에서 수업 방해 행동, 또래 상호작용 문제, 불안·슬픔·위축 증상 때문에 교사가 의뢰한 아동들이다. 이 처치집단은 각각 3명의 아동으로 구성되었고, 10주 동안 매주 만났다. 사전·사후 처치 자료는 부모와 교사가 아동용 행동평가체계(Reynolds & Kamphaus, 1992)를 했다. 모든 집단치료사들은 Homeyer와 Sweeney(1998, 2011)의 6단계 회기 프로토콜을 따랐다. 각 집단 구성원은 "모래에 세계를 만들어라."라고 말하는 비지시적 모래상자를 실시하였다. 끝났을 때 각 집단의 구성원들은 자신의 상자에 대한 이야기를 함께 이야기하는 기회가 있었다. 교사의 보고에 의하면 전체 문제 스케일($d=0.52$)에서 의미 있는 차이가 있었다. 처치집단의 학생들은 약간의 향상을 보인 반면, 통제집단은 행동이 더 나빠지는 결과가 나왔다. 교사들은 또한 집단 간의 내면화된 행동에서 현저한 차이가 있다고 보고하였다($d=0.59$). 외현화 행동은 부모와 교사 모두 현저한 차이

(d=0.54 그리고 d=0.63)를 보인다고 보고하였다(Flahive & Ray, 2007).

Shen(2006)은 37명의 7학년 여학생들을 연구하였다. Shen도 사전·사후 통제집단 설계를 사용하였으며 자존감의 변화를 연구하였다. 사전·사후 처치 자료는 아동용 자기 지각 프로파일(Harter, 1985)을 사용해서 수집했다. Shen의 처치집단은 4명의 소녀들로 구성되었으며, 매주 2회, 총 9회기 만났다. 소녀들은 관계, 사회적 수용, 외모처럼 자존감에서 중요한 특정의 주제에 초점을 맞춘 지시적 모래상자를 했다. 자료의 분석 결과는 자존감 집단의 소녀들이 학업 능력(d=0.64), 신체 외모(d=0.52), 전반적 자기 가치감(d=0.83), 행동에 관한 행위(d=0.46)의 측정에서 결과가 향상되었음이 드러났다(Shen & Armstrong, 2008).

정신건강 분야가 경험적으로 지지되는 처치를 위한 의학적 모델의 요구사항에 계속 영향을 받기 때문에 추가적인 연구가 중요하다. Kestly(2014)는 놀이치료와 모래상자치료 분야에서 과학에 입각한 정신건강 처치의 사용을 지지하기 시작하는데, 이는 과학적 방법을 존중하지만 신경과학 분야에서 정보를 얻은 유망한 실행으로 신뢰를 주어야 한다고 제안한다. 분명히 정신건강 임상가로서 우리는 효과적인 처치 개입을 사용해야만 한다. 적어도 근거 있고 인정받은 이론, 전문 서적, 경험적 연구에서 개발된 최선의 실행이 사용되어야 하고 잘 정비되어야 한다.

참고문헌

Allan, J. (1988). *Inscapes of the child's world: Jungian counseling in schools and clinics.* Dallas, TX: Spring.

Armstrong, S. A. (2008). *Sandtray therapy: A humanistic approach.* Dallas, TX: Ludic Press.

Association for Play Therapy (APT). (2014). *Report of APT growth in 2013.* Retrieved from http://www.a4pt.org/download.cfm?ID=31007

Axline, V. M. (1947). *Play therapy: The inner dynamics of childhood.* Boston, MA: Houghton Mifflin.

Badenoch, B. (2008). *Being a brain-wise therapist.* New York, NY: Norton.

Carey, L. (1999). *Sandplay therapy with children and families.* Lanham, MD: Rowman & Littlefield.

Cohen, J. (1977). *Statistical power analysis for the behavioral sciences.* New York, NY: Academic Press.

Flavhive, M., & Ray, D. (2007). Effect of group sandtray work with adolescents. *Journal for Specialists in Group Work, 32*, 362-382.

Flahive, M.W. (2005). Group sandtray therapy at school with preadolescents identified with behavioral difficulties. (Doctoral dissertation, University of North Texas). *Dissertation Abstract International*, AAT 3196148.

Freud, A. (1928). *Introduction to the technique of child analysis.* New York, NY: Disease Publishing.

Gaskil, R., & Perry, B. D. (2013). The neurobiological power of play: Using the neurosequential model of therapeutics to guild play in the healing process. In C. Malchiodi & D. Crenshaw (Eds.), *Play and creative arts therapy for attachment trauma* (pp. 178-194). New York, NY: Guilford Press.

Gil, E. (1994). *Play in family therapy.* New York, NY: Guilford Press.

Gil, E. (2003). Play genograms. In C. Sori & L. Heckler (Eds.), *The therapist's notebook for children and adolescents: Homework, handouts, and activities for use in psychotherapy* (pp. 49-56). New York, NY: Haworth Press.

Harter, S. (1985). *Manual for the self-perception profile for children.* Denver, CO: University of Denver.

Higgins-Klein, D. (2013). *Mindfulness-based play-family therapy.* New York, NY: Norton.

Homeyer, L., & Sweeney, D. S. (1998). *Sandtray: A practical manual.* Canyon Lake, TX: Lindan Press.

Homeyer, L., & Sweeney, D. S. (2011). *Sandtray therapy: A practical manual* (2nd ed.). New York, NY: Routledge.

Kalff, D. (1971). *Sandplay:Mirror of a child's psyche.* San Francisco, CA: C. G. Jung Institute.

Kalff, D. (2003). *Sandplay, a psychotherapeutic approach to the psyche.* Cloverdale, CA: Temenous Press.

Kestly, T. (2001). Group sandplay in elementary schools. In A. Drewes, L. Carey, & C. E. Schaefer (Eds.), *School-based play therapy* (pp. 329-349). New York, NY: Wiley.

Kestly, T. (2010). Group sandplay in elementary schools. In A. Drewes, L. Carey, & C. E. Schaefer (Eds.), *School-based play therapy* (2nd ed., pp. 257-281). Hoboken, NJ: Wiley.

Kestly, T. (2014). *The interpersonal neurobiology of play: Brain-building interventions for emotional well-being*. New York, NY: Norton.

Klein, M. (1932). *The psycho-analysis of children*. London, England: Hogarth Press.

Kottman, T. (2011). *Play therapy: Basics and beyond* (2nd ed.). Alexandria, VA: American Counseling Association.

Labovitz-Boik, B., & Goodwin, E.A. (2000). *Sandplay therapy: A step-by-step manual for psychotherapists of diverse orientations*. New York, NY: Norton.

Lowenfeld, M. (1993). *Understanding children's sandplay: The world technique*. Cambridge, England: Anthony Rowe Ltd.

Lowenfeld Trust. (2013). Retrieved from http://www.lowenfeld.org.uk

McGilchrist, I. (2009). *Master and his emissary: The divided brain and the making of the western world*. New Haven, CT: Yale University Press.

McGilchrist, I. (2010). Reciprocal organization of the cerebral hemispheres. *Dialogues in Clinical Neuroscience, 12*(4), 503–515.

Oaklander, V. (1978). *Windows to our children's world*. Moab, UT: Real People Press.

Perry, B. D. (2006). Applying the principles of neurodevelopment to clinical work with maltreated and traumatized children. In N. B. Webb (Ed.), *Working with traumatized youth in child welfare* (pp. 27–52). New York, NY: Guilford Press.

Perry, B. D., & Pate, J. E. (1994). Neurodevelopment and the psychobiological roots of post-traumatic stress disorder. In L. Koziol & C. Stout, *The neuropsychology of mental disorders: A practical guide* (pp. 81–98). Springfield, IL: Charles C. Thomas.

Reynolds, C. R., & Kamphaus, R. W. (1992). *Behavior assessment system for children: Manual*. Circle Pines, MN: American Guidance Service.

Ryce-Menuhin, J. (1992). *Jungian sandplay: The wonderful therapy*. New York, NY: Routledge.

Shen, Y. (2006). The impact of school-based group sandtray counseling on the self-esteem of young adolescent girls. (Doctoral dissertation, Texas A & M University–Commerce). *Dissertation Abstract International*, AAT 3245238.

Shen, Y., & Armstrong, S. A. (2008). Impact of group sandtray therapy on the self-esteem of young adolescent girls. *Journal for Specialists in Group Work, 33*, 118–137.

Siegel, D. J. (1999). *The developing brain*. New York, NY: Guilford Press.

Steele, W., & Raider, M. (2001). Structured sensory intervention for traumatized children, adolescents, and parents. *Trauma and Loss: Research and Interventions, 1*(1), 8–20.

Sweeney, D. S., Minnix, G., & Homeyer, L. (2003). Using the sandtray for lifestyle analysis. *Journal of Individual Psychology, 59*(4), 376–387.

Taylor, E. R. (2009). Sandtray and solution-focused therapy. *International Journal of Play Therapy, 18*(1), 56–68.

Turner, B. (2005). *Handbook of sandplay therapy*. Cloverdale, CA: Temenos Press. van der Kolk, B. A. (2006). Clinical implications of neuroscience research in PTSD. *New York Academy of Sciences, 1071*, 277–293.

Weinrib, E. (1983). *Images of self: The sandplay therapy process*. Boston, MA: Sigo Press.

12

놀이치료에서 은유와 이야기

PAT PERNICANO

소개

은유, 스토리텔링(storytelling), 놀이치료는 놀이치료사가 아동의 내적 세계에 접근할 수 있고, 아동이 그 세계에 대해 알게 하고, 다른 사람들과 연결시키고, 문제에 대한 답을 발견하도록 돕는 도구이다. 이야기는 인간이 처한 상황의 보편성과 상황적 상태를 보여준다.

스토리텔링은 오랜 전통이 있다. 이솝 우화, 요정 이야기, 동화, 미국 원주민의 전설은 기억할 만한 교훈을 가르친다. '쉰들러 리스트'와 같은 영화는 다음 세대에게 중요한 역사를 전달하며 보존한다. Milne의 책 곰돌이 푸(*Winnie the Pooh*)는 삶의 교훈을 제공하며, Pastis의 만화 돼지목에 진주목걸이 (*Pearls before Swine*)와 Trudeau의 만화 둔즈베리(*Doonesbury*)에는 사회적 풍자가 담겨 있다(Pernicano, 2014). 해리 포터(*Harry Potter*) 시리즈에는 삶과 죽음, 사랑과 미움, 선과 악에 대한 상징적 의미가 있다 (Oldford, 2011).

아동과 10대를 위한 101가지 치유 이야기 : 치료에서 은유 사용하기(*101 Healing Stories for Kids and Teen : Using Metaphors in Therapy*)에서 Burns(2005)는 이야기가 어떻게 정보가 되고, 교육하고, 가치를 가르치고, 경험을 축적하고, 문제 해결을 촉진하고, 변화 또는 치유로 나아가게 하는지를 설명하고 있다. 이야기로 치유하기 : 치유적 은유를 사용한 사례 모음집(*Healing with Stories : Your Casebook Collection for Using Therapeutic Metaphors*)에서 Burns(2007)는 처치에서 은유 사용을 설명하는 데 기여한 유명한 치료사들의 사례를 제시했다.

놀이의 주제는 그 안에 그리고 그 자체로 일관된 은유인데, 여기에는 승리/정복, 겁 없음/용기, 권력/통제, 의존/독립, 유기/분리, 안전/보안/보호, 혼돈/우유부단, 슬픔/상실/절망, 용서/복수, 숙달감/유능감이 들어 있다(Drewes, 2010; Erickson, 2011).

Jeff Zeig(2008)에 따르면, 자신의 왼쪽 뇌와 논리적인 면을 조금 더 사용하는 내담자를 위해 처치 제공자들은 점들을 연결하고, 규정 준수의 점선을 따라가게 한다. 은유와 줄거리는 내담자가 오른쪽 뇌와 창조적인 면을 사용하고, 의미 있는 방식으로 자기 자신의 인생의 점들을 연결하도록 인도한다. 아동은 의식적이 아닌 상징적 과정에 열중하고, 여러 수준에서 의사전달이 가능한 은유 및 놀이와 같은 그런 스토리텔링은 아동이 이야기에서 들은 대로 해법을 만들어낸다(Gil, 2013). 제11차 국제 에릭슨 회의 워크숍에서 Betty Erickson(2011a)은 이야기에서 언어는 층들이 있는데, 청중은 더 깊은 의미에 반응하면서 표면의 의미를 의식적으로 듣는다고 지적했다. 즉 "우리는 우리가 어떻게 알고 있는지 모르면서 우리가 알고 있는 것을 안다."(p. 2)

　외상에 집중된 은유와 이야기 사용하기(*Using Trauma-Focused Metaphor and Stories*)에서 Pernicano(2014)는 다음과 같이 말한다.

> 치료 이야기(줄거리)는 인지와 정서 모두에 영향을 미치는데, 일부 은유는 최면상태로 살며시 오른쪽 뇌의 정서 및 감각처리 과정으로 다가간다. 이는 종종 이야기를 읽는 동안 또는 몇 주 후에 가족·아동·양육자가 돌파구를 찾게 되거나, 새롭게 통찰하고 행동하고, 정서적 성장을 경험한다. 애착(안정감, 사랑, 안심을 느낌)은 우뇌 대뇌변연계 영역, 특히 편도체에서 발달하며 치료 이야기(줄거리)는 대인관계의 인식과 관계의 변화를 정서적으로 촉발시키는 힘이 있는 것 같다.(p. 20)

　은유는 놀이의 언어이다. "은유적 의사소통을 통해 아동은 자신의 관심을 드러내고, 자신의 소원을 보여주며, 자신의 정서를 표현하고, 자신의 경험에 대해 설명하게 되고, 문제에 대한 해법을 만들어낸다."(Snow, Ouzts, Martin, & Helm, 2005, p. 63) Gil(2013)에 따르면, 치료적 이야기와 은유는 표상을 바꾸며, 기억을 강화하고, 핵심을 설명 또는 보여주고, 전략을 내놓으며, 한 방향으로만 보이던 것에 도전한다. 놀이는 다른 대상에게 경험을 투사하면서 아동이 자신을 보호하게 하고, 놀이치료에서 놀이치료사는 아동놀이의 상징적 의미에 철저하게 주목해야 한다. 이야기를 들은 후 아동의 놀이는 소원 그리고 아직은 말하지 못하고 남아 있는 아동의 두려움을 나타낼 수도 있다. 아동은 투명하게(transparency) 이야기 주인공과 동일시하고, 혼돈·고통스러운 기억·감정을 드러내고, 자신의 문제에 대한 해답을 찾는다. 이야기(줄거리)는 내담자가 변화로 향하는 무대 그리고 발판을 마련한다.

이론

은유와 이야기(줄거리)는 모든 이론적 배경, 즉 아동중심, 인지행동, 아들러, 내러티브, 가족, 게슈탈트, 융, 정신분석, 대상관계, 정신역동에서 사용할 수 있으며, 임상가의 치료적 뒷받침은 재료가 활용되는 방식을 안내한다. 놀이치료사의 이론적 배경에 따라 은유와 이야기 줄거리가 의미를 발견하고 변화시키고 의미를 만드는 데 사용되고, 개념을 가르치거나 모델이 되고, 변화를 보여주고, 도식을 바꾸고, 행동을 변화시키고, 아동의 말과 주제를 활용하고, 무아지경을 유발하고, 무의식적 과정에 접근하고, 부모-자녀 관계를 증진하고, 개인적인 내러티브를 구성 및 변화하고, '아하'의 순간을 촉발하고, 방어와 저항을 줄이는 데 이용된다. 해결중심처치(Ciuffardi, Scavelli, & Leonardi, 2013; Selekman, 2005), 최면치료(Austin, 2011; Erickson, 2011a, 2011b; Linden, 2007; Olness & Kohen, 1996; Yapko, 1990, 2007), 수용참여치료(ACT)(Hilderbrandt, Fletcher, & Hayes, 2007), 아들러식 접근(Kopp, 2007), 에릭슨식 치료(Close, 2004; Garcia-Sanchez, 2007; Mills, 2007), 부모놀이치료(Homeyer &

Morrison, 2008; Landreth, Bratton, Kellam, & Blackard, 2008), 내러티브치료(Perry, 2007; Smith & Nylund, 2007; White & Epston, 1990), 마음챙김 접근(Kabat-Zinn, 2011), 인지행동치료(Blenkiron, 2010; Friedberg & Wilt, 2010), 점토치료(White, 2006), 예술 및 표현치료(Malchiodi, 2005, 2008), 모래 작업(Homeyer & Sweeney, 2010) 등 여러 가지 놀이치료(Bratton & Ray, 2000; Drewes, 2009, 2010; Drewes, Bratton & Schaefer, 2011; Duffy, 2011; Gil, 1994, 2006, 2013; Malchiodi, 2008; Reddy, Files-Hall & Schaefer, 2005; Schaefer & Cangelosi, 2002) 모두는 이야기(줄거리)와 은유를 활용한다. 아동중심 놀이치료에서 치료사는 아동의 이끎을 따라가며, 이는 치료사가 아동을 관찰하는 기회가 되고 아동의 놀이 동안에 출현한 은유를 해석하고 활용하는 기회가 된다(Axline, 1974).

　Milton Erickson의 작업 —진귀한 치료(*Uncommon Therapy*)(1993)에서 Haley가 설명하고 나의 목소리는 너와 함께(*My Voice Will Go With You*)(1991)에서 Rose가 설명 — 은 아동치료와 성인치료에서 이야기와 은유의 사용을 옹호하였다. Carlson(2011)과 Esparza(2001)는 Erickson의 작업과 이 학파의 생각을 탁월하게 요약해준다. Erickson은 무의식이 긍정적 에너지의 원천이고, 경험에 의해 영향을 받아서 잘 변한다고 생각했다. 그는 치료사가 새로운 정보를 제공하고 감정을 불러일으키며 이야기를 통해 새로운 경험을 창조하면서 내담자의 무의식적 경험에 영향을 미친다는 것을 사실로 받아들였다. Gil(2013)은 Erickson을 일류 이야기꾼이라고 말하는데, 그의 독특한 이야기와 신속한 은유는 내담자가 의미를 만드는 자유를 주었으며, 그가 들려주는 이야기가 반드시 그들이 들었던 이야기만은 아니었다. 최면치료에서 종종 사용되는 이야기는 청중을 넘어오기 쉽고 수용할 준비가 된 상태로 이동시키고, 아동에게는 놀이를 할 준비이다. 마술적 사고 성향이 있는 어린 아동은 현실을 일시 중단하고, 마치 그것이 현실인 것처럼 은유적 이야기의 비논리적 양상에 반응한다. 1993년 해결 지향 최면 워크숍에서 Bill O'Hanlon은 사람들이 무아지경 상태에서 사물을 얼마나 다르게 보고 이들이 변화를 향해 나아가게 하는 통찰의 '아하'를 어떻게 경험시키는지를 보여주었다.

　아동은 자신이 살아가는 이야기가 현실과 맞지 않을 때 문제를 경험하는데, 과거 삶의 경험(그리고 그들의 영향)은 앞으로 나아가게 하고, 아동은 그러한 경험이 여전히 진실인 것처럼 행동한다. 아동은 경험한 것이 변하지 않을 것이며 변할 수 없는 것처럼 살고 있다. 아동은 자신 및 타인에 대한 신념과 감정(경험에 기초해서)을 발달시키는데, 새로운 내러티브를 개발하려면 검증과 도전이 필요하다(White & Eoston, 1990). 치료를 받는 아동은 자신 그리고 아동이 겪은 경험에 대해 말할 이야기가 있다. 그래서 놀이치료사와 내담자는 아동의 경험에 대한 은유 또는 이야기를 함께 구성하고 아동은 놀이에서 자신의 전후 사정이 있는 세계를 드러낸다(Cattanach, 2009; Chazan, 2002; Meichenbaum, 1993). 내담자는 치료사가 재구성하고, 확인·공감·함께 구성해서 새롭게 가정하는 세계를 개발하며, 결과적으로 일관성 있고, '상상할 수 있고 달성할 수 있는' 논리 정연하고 변화를 만드는 새로운 이야기가 된다(Meichenbaum, 1993, p. 5). Oldford(2011)는 내담자가 자신의 과거를 다시 쓰고, 재해석하고, 통합하도록 돕기 위해 요정 이야기와 해리 포터 이야기를 이용해서 이야기 서술을 설명했다. 놀이치료는 아동이 경험한 것에 대해 이해한 것을 자신의 이야기 서술로 해체해서 다시 구성하게 한다. Kathryn과 Marc Markell(2008)은 아동이 슬픔에 대처하는 데 해리 포터 시리즈와 다른 친숙한 이야기가 어떻게 도움이 될 수 있는지를 자세히 설명하고 있다.

　정신분석적 이론은 아동이 동일시 및 투사하고 있는 아동의 투쟁 — 최소한 무의식 부분에서 — 을 반영하는 이야기에 노출시킬 때 사실로 받아들인다. 아동은 자신과 가장 유사한 인물, 바라건대 주인공의 욕구, 희망, 좌절을 동일시한다(Carlson, 2001). 그다음에 아동은 정서적 편안함을 경험(언어적으로 또는 비언어적으로)하는 동안에 소산(abreation)과 정화(catharsis)를 경험한다. 결국 아동은 자기인식과 이해가 증가하면서 통찰과 통합을 이룬다.

궁극적으로 아동의 놀이는 신경발달을 반영하는데, 여기에는 정서 조절 능력, 인지 기능, 대인관계 능력이 포함되어 있다.

> 우리가 신경생물학적 경로와 외상 및 애착에 영향을 미치는 우뇌에 대해 많이 알게 되면서, 이야기는 우뇌 과정의 문을 열고, 감각적 기억을 활성화하고, 해결되지 않은 강렬한 정서를 촉발하고, 행동 변화를 유도하는 통찰의 '아하'를 자극하는 능력이 있는 이야기의 방식을 더 잘 이해한다.(Pernicano, 2014, p. 9)

Meares(2005)의 놀이의 은유(The Metaphor of play)에서 Gabbard는 치료에서 "신경 네트워크의 배선이 굳어 있음에도 불구하고 새로운 네트워크가 형성될 수 있다."고 말한다. Cozolino(2010)는 신경과학자로서의 치료사에 대해 쓰고 있는데, 통합적 내러티브(치료적 관계 내에서 출현), 감응(거울 뉴런 체계에 의해 촉발된), 움직임(균형과 운동 체계의 활성화), 조율(뇌 수준에서 다른 사람의 정서 상태 감지하기), 그리고 공감은 애착과 치료적 변화를 촉진하고, 내담자가 자기 스스로 다르게 경험하게 한다고 설명하였다. 이러한 관점에서 치료는 신경생물학적인 변화를 가져오는 뇌에서 뇌로 이어지는 연결이다.

내러티브는 오랫동안 잊고 있거나 진행이 힘들던 내재된(정서적 또는 감각적) 기억, 아직은 경직되고 체계적이지 않은 기억을 종종 불러일으키는데, 공감적이고 잘 조율하는 치료사는 내담자가 좀 더 통합적인 방법으로 대처하도록 도울 수 있다. Cozolino는 사회적으로 고립되어 있고 꽤 엄격하며 융통성 없는 60세 남성의 사례를 기술하였다. 나중에 밝혀졌는데 이 남성은 나치를 피해 친구의 집에 숨어 있는 동안에 자기 부모와 헤어져 있었다. 이 남성은 '착한 소년'이며 좁은 곳에 숨어 있어야 했고, 작은 원 안에서 조용히 반복해서 세발자전거를 타야 했는데 간혹 몇 시간씩 타곤 했다. 이 남성은 나중에 부모와 다시 만났고, 그 경험을 '잊었다'. Cozolino와 이 남성은 그가 여전히 두려움에 갇혀서 마비가 된 것 같이 느낀다는 것을 알아챘다. 이들이 함께 만든 이야기에서, 이 남성은 다시 아동이 되어서 결국에는 자신의 '감옥'의 벽을 통과해서 은신처를 벗어나서 보이지 않는 세발자전거를 자유롭게 그리고 두려움 없이 탔다. 바로 그 순간에 이 남성은 다시 아동이 되어 모든 감정이 수반되지만, 지금은 그가 가고자 하는 곳으로 이동하는 자유가 있다. 나이아가라 폭포에서 열린 외상 회의와 그의 책 유념하는 치료사(The Mindful Therapist)(2010)와 발달하는 마음(The Developing Mind)(2012)에서 Siegel(2013)은 함께 나누는 놀이, 정서적 감응, 민감한 조율을 통해 일어나는 신경 통합에 대해 말하는데, 내담자는 '느꼈던 것을 느끼고', 대처 기술을 개발하고, 자신과 타인에 대한 관점을 바꾼다. Siegal의 관점에서 치료사와 내담자 사이의 조율된 뇌와 뇌의 연결은 위-아래, 오른쪽-왼쪽, 안-밖으로 이어져 뇌 통합과 기능화를 가져온다. 많은 도구가 있는 놀이치료는 뇌 통합을 촉진하는 활동들의 세트이다. 오른쪽 뇌(감각, 기억과 정서를 활성화하는)로 내담자를 안내하고 그다음에 놀이해내는 것에 대한 의미가 있는 언어를 사용하는 은유적 이야기보다 더 나은 도구가 있겠는가?

연구

임상가와 연구자들은 놀이가 치료적 변화 매개가 되게 하는 놀이의 구체적인 요소들을 확인하려고 한다(Reddy et al., 2005). 주된 요소들의 일부는 의사소통, 가르치는 것, 소산, 라포 형성을 하는 놀이의 힘이다. 지난 20여 년간의 연구들은 놀이치료가 중간 정도의 처치 효과를 나타내는데, 긍정적 결과와 관련된 두 가지 요소는 아동치료에 부모를 포함시키는 것(부모놀이치료와 같은 개입)과 치료 기간이었다(Ray, Bratton, Rhine, & Jones, 2001). 스토리텔링과 놀이에 부모가 연루되고 부모와의 규칙적인 의사소통은 부모-아동 관계를 강화하고, 아동의 문제에 대한 부모의 이해를 개선시키고, 가정으로 더 잘 이어진다는 것을 입증한다. Homeyer와 Morrison(2008)은 다양하게 존재하는 문제들 전반에 걸쳐 효과적임을 보이는 많은 놀이치료에 대해 기술하고 있고, Homeyer와 Morrison 또한 교사 그리고/또는 부모와 같은 중요한 타인과 하는, 아동중심 또는 비지시적 놀이치료의 효과가 커진다고 설명하고 있다.

치료 과정/기법

놀이치료에서 스토리텔링, 은유, 내러티브 기법의 사용에 대한 책, 책의 장(chapter), 논문들이 많은 데 자세히 다루기에는 그 양이 방대하다. Kopp(1995), Burns(2005, 2007) 등은 치료사와 내담자가 만드는 은유와 이야기(줄거리)의 사용에 대해 광범위하게 기록하고 있다. 초기에 치료적 이야기를 사용한 상호 스토리텔링(mutual storytelling) 치료는 '실제-세계(real-world)'의 현실과 소망을 아동이 처리하도록 돕는 구조적이고 정신역동적 접근을 제시하였다(Gardner, 1971). Winicott이 1971년에 선보인 난화 게임(squiggle game)은 Claman이 Gardner의 상호 스토리텔링 기법과 통합해서 1980년에 수정하였다(Schafer & O'Connor, 1983).

2011년에 개최한 에릭슨 학회 발표에서 Consuelo Casula는 "이야기에서 우리는 놀라움과 호기심을 끌어내고 부정적 신념·정서·태도를 재구성하려고, 과도기를 극복하려고, 변화를 준비하고 공고히 하려고, 유대를 강화하거나 느슨하게 하려고, 인생의 즐거움을 전하려고, 회복력을 증진하고 힘을 실어주려고" 암시를 주입한다고 말하였다. 놀이를 통해 아동은 자신이 유능하고, 창조적이고, 효능이 있는 것으로 경험하기 시작한다.

치료적 이야기는 (a) 목적이 있고 (b) 목적이 혼합된 메시지를 전달하고 (c) 종종 재미있고 (d) 가르치고 지도하고 (e) 상황을 정상화한다(Erickson, 2011b). 스토리텔링을 하는 동안에 대화의 최면상태(좀 더 우뇌에 있고 내포된 기억과 감각/정서적 상태에 쉽게 접근하게 하는 공유된 상태)는 치료사가 오로지 청취자에게 집중하고, 목소리가 속도를 내면서 전개될 때 발생하고, 치료사의 성실성, 정직성, 쉽게 함락됨, 개방성으로 전달되어 강렬한 대인관계적이고 조율된 연결을 한다. 대부분의 사람들은 의식(좀 더 좌 뇌)과 창조적인 무의식(좀 더 우뇌) 사이를 온종일 무아지경 같은 마음의 상태로 유연하게 이동한다. 놀이치료 동안에 치료사는 다소 목적을 가지고 상상, 치료적 언어(은유/이야기), 놀이, 최면을 이용하여 내담자를 창조적인 무의식(우뇌) 상태로 이동시키거나 인도한다. 이 상태에서 아동은 서로 다르게 정보를 처리하고 아동은 새롭게 이해하고 새로운 자원에 접근할 수 있다. 현실은 다소 유보될 수 있고 새로운 가능성이 생기게 된다.

　치료적 이야기는 듣는 사람의 마음을 감동시키고, 내담자가 보호하려는 가장 깊은 감정을 휘저으며, 대화에서 무아지경이 일어날 가능성이 증가한다(Erickson, 2011a). 은유의 형식 안에서 내담자가 문제를 기술하도록 인도하는 것이 매우 유용하며, 서술적인 상세함과 감각 언어를 사용하여 함께 그것의 문제를 명확히 하고, 이는 은유적 문제를 위한 해답을 확인하는 데 도움이 될 것이다(Austin, 2011). 가족놀이치료 : 평가와 처치 아이디어(*In Family Play Therapy : Assessment and Treatment Ideas*)'에서 Gil(2013)은 상징, 은유, 환상, 정보 처리를 위한 놀이는 우뇌를 사용한다고 지적했다. 처치 초반에 가능한 한 우반구 활동에 머무르는 것이 효과적이며, 이는 은유의 영향을 증폭시키고, 반영으로 이끌어 간다. 좌뇌 인지 평가는 우뇌 작업이 끝난 뒤에 실시하는 게 도움이 된다. 이야기와 놀이 활동은 외상 내러티브 작업을 하는 동안에 상태-의존적 붕괴 또는 투쟁/도피 반응을 덜 촉발하기 때문에, 특히 외상 작업을 할 때 중요한데, 이것은 인지적 대처와 정서적 대처에 도움이 된다. Pernicano(2014)는 외상을 경험한 9세 아동과 더 나이 많은 아동 및 그들의 양육자가 사용하도록 많은 이야기와 활동이 있는 외상 지침을 제시했다.

　Drewes(2009)는 인지행동치료(CBT)에 놀이치료를 통합하는 것에 관해 편집한 부분에서 놀이치료 연구의 개관을 소개하였고, 같은 책에서 Cattanach는 내러티브 접근을 검토하였다. 이야기(줄거리) 개발에 관해서 Kottman과 Ashby(2002)는 아동이 현실을 잠시 유보하고 투사에 열중하도록 돕는 과거 또는 미래의 이야기 장면을 제안하고 있다. 놀이치료사와 내담자는 신체적, 정서적, 정신적 특성을 강조하는 등장인물에 대한 자세한 묘사를 함께 만든다. 아동의 생각을 연루시키기 위해 시각, 청각, 후각, 운동감각, 촉각 정보를 이야기에 포함시키는 것이 중요하다.

　Blenkiron(2010)은 CBT에 은유와 이야기의 사용에 관한 유래를 찾기 어려운 책 한 권을 출판하였다. 그는 은유와 이야기가 이용되고 진단적으로 개입을 구분하는(문제 유형에 따른 은유) 처치에 대한 개관을 제시하고 있다. 성인 대상으로 작업하려는 의도가 컸지만 아동, 청소년, 가족을 치료하는 놀이치료와 쉽게 결합해서 사용할 수 있는 은유와 이야기를 책에 포함시켰다.

　동화 모델(*Fairy Tale Model*)은 외상개입 증거중심 모델인데, 동화를 이용해서 은유를 변경한다(www. childtrauma.com)(Greenwald, 2009 참조). 외상 작업에서 사용하는 Ricky Greenwald가 쓰고, Katrina Jones Baden이 그림을 그린(Greenwald & Baden, 2007) 옛날 이야기(*A Fairy Tale*) 만화책은 웹사이트에서 구매할 수 있고, 드래곤 죽이기(*Slaying the Dragon*)는 일반인들이 외상을 스스로 극복하는 데 도움이 되는 책이다(Greenwald, 2014). 드래곤 죽이기에는 동기가 있는 인터뷰하기, 인지행동치료, 부모 훈련, 애착 작업, 외상 해결, 재발 방지/피해 축소 개입이 포함되어 있지만 만화책과 은유는 아동과 청소년 놀이치료에 유용할 것이다. Greenwald의 문제 행동 다루기 : 외상 알림 접근(*Treating Problem Behavior : A Trauma-Informed Approach*)'에는 치료사가 사용할 수 있는 Greenwald의 외상집중 처치 모델에 대한 상세한 설명과 동화가 포함되어 있다.

　창의적인 놀이치료사는 다음의 지침을 사용하여 놀이치료에서 은유와 이야기를 사용할 수 있다 (Pernicano, 2014, pp. 26-27).

- 내담자의 문제, 내담자의 특성(태도, 믿음, 느낌, 행동), 처치 회기의 목적 또는 목표, 그리고/또는 처치의 단계를 위한 유사한 또는 매력적인 이야기를 선택하거나 만든다.
- 이야기는 배역이 갈등을 해결하고 원하는 결과를 성취하게 해야 한다(Gil, 2013).
- 이야기는 아동의 발달 수준에 맞추어서 재료들이 아동의 근접발달영역 안(즉, 아동이 아직 숙달하지는 못했지만 놀이치료사의 도움으로 획득할 수 있는 기술을 포함함)에 있다(Carlson, 2001).
- 아동 그리고/또는 양육자가 함께 이야기를 하거나 읽는다. 아동이 읽을 수 있다면 번갈아 읽는다. 더 어린 아동 또는 주의 폭이 짧은 아동을 위한 이야기는 축약하거나 이해하기 쉽게 다른 말로 바꾸어 표현한다.
- 책을 읽은 후 관찰 또는 해석을 제공하기 전에 자발적으로 떠오르는 것을 본다. 기회가 생기면 아동이 자신의 인생 경험, 지각, 감정과 이야기를 연결하도록 돕는다.
- 호기심을 보여준다. 즉, 은유, 주제, 이야기 과정, 결과가 두드러지게 한다. 아동 그리고/또는 양육자의 관점을 명확히 하는 질문을 한다. 즉, "왜 이런 일이 일어났다고 생각하니?", "이 인물에게 어떤 충고를 하고 싶니?" 또는 "이렇게 주도한 것이 무엇이라고 생각하니?"
- 이야기 또는 이야기에 대한 내담자의 반응으로부터 이야기의 줄거리를 따르는 것으로 그리고 이야기 안에서 주제, 도식, 감정 상태를 다루는 계획된 놀이치료 활동 또는 내담자 주도의 놀이치료 활동으로 이동한다.

치료적 이야기(줄거리)는 미리 정해두거나 개발할 수 있고 은유적 주제가 드러나면서 자발적으로 말할 수 있다. 이야기는 심리교육(문제를 정상화하고 증상에 대해 교육하고, 가정 폭력 또는 외상과 같은 문제에 대해 가르친다), 이야기에 있는 주인공과 동일시를 촉발하기, 방어를 줄이거나 부정을 통해 끊어내기(이야기는 내담자를 우뇌로 끌어당기고 합리적인 과정으로 우회하고 내담자가 정서에 접근하고 과거 감정 상태에 연결하도록 돕기), 통찰 유발하기, 그리고/또는 대처 기술 또는 해결 소개하기(이야기의 주인공이 증거중심 기법에 몰두하거나 주인공이 새롭게 알게 됨)를 제공한다. 아동치료 책들은 외상 회복, 가정 폭력, 애착, 애도 및 상실, 이혼 조정, 우울, 강박적 증상, 불안, 집단 괴롭힘, 분노 관리, 어둠에 대한 두려움, 주의력결핍, 입양, 위탁가정의 돌봄 등과 같은 문제에 유용하다. 다른 사람의 이야기에 의존하는 것은 시간을 절약하지만 어떤 놀이치료사든지 이야기 개발의 기술과 미술을 배울 수도 있고 아동이 자신의 이야기를 만드는 법을 가르칠 수도 있다.

Pernicano(2014)는 놀이치료사가 자신의 이야기를 개발하고 아동과 가족 처치에 사용하는 방법에 대해 기술하였다. 배역(character)의 발달을 고려해서

주인공이 동물이라면 현재 문제에 맞는 특성을 갖도록 해야 하며, 아동에게 도움이 되는 반응 세트를 만든다. 배역의 문제가 중요하기 때문에 문제 해결을 하려는 강렬한 욕구가 있어야 한다. 예를 들면 독수리가 날기를 두려워하지 않아야 하고, 강박적인 개구리가 씻지 않은 파리를 먹을 수 없다면 굶어죽을 것이다. 공작은 필시 과시하는 것으로 보일 수 있고, 용, 사자, 악어에게는 공격적 에너지가 감지된다. 아동 배역은 피해자 또는 현명한 충고를 하는 사람이 될 수 있다. 이런 접근은 내담자가 자기 자신을 피해자로 인식하고 자기 효능감을 발달시킬 필요가 있을 때 도움이 될 수 있다. 가해자 배역은 아동을 다치게 한 누군가의 특징을 하나 또는 그 이상을 가지고 있는

데, 즉 위험스러운 행동, 신뢰할 수 없음, 이기적, 오만, 자기 중심적, 잔인함, 타인을 무시하는 특징들이다. 이야기를 연기하는 것은 아동이 경험한 것을 떠오르게 할 것이다.(p. 21)

이야기는 가족놀이치료에서 좋은 도구인데, 부모는 치료사부터 듣는 것이 아니고 이야기 배역으로부터 듣고 수용하며, 이들은 이들이 지키려고 하는 뭔가를 놀이에서 노출한다. 놀이치료사는 은유를 제공하거나 가족 중 한 사람에게 질문할 수 있다. 가족치료에서 놀이(*Play in Family Therapy*)에서 Eliana Gil(1994)은 스토리텔링, 미술, 퍼핏 놀이에 가족이 동참하는 창의적인 방법에 대해 설명하고 있다.

아들과 비판적인 어머니의 가족치료에서, "먼저 할 일은 먼저(First Things First)"(Pernicano, 2010a)는 아들의 행동에 대한 어머니의 부정적 행동의 영향을 설명하는 데 도움이 되는 이야기임이 입증되었다. 이야기에서 모든 것을 아는 원숭이가 물에 떠 있으려고 애를 쓰는 친구의 방법을 비판하고 가르치면서 친구가 늪에서 허우적거리게 두었다. 원숭이는 손에 밧줄을 들고 있었지만 사용하지 않았다. 내가 어머니와 아동에게 이 이야기를 들려주자 어머니는 멋쩍게 쳐다보고, 웃었고, 그리고 말했다. "세상에, 저와 애 아빠 같군요. 다음에 그렇게 행동하면 나는 늪과 원숭이 모습을 떠올려야겠어요." 아동은 "엄마, 엄마하고 똑같아. 내가 잘하는 것이 있으면 엄마가 칭찬을 많이 해주면 좋겠어."라고 소리쳤다. 다음 회기에서 소년은 '맛있는 과자'와 어머니로부터 긍정적인 관심을 받았다고 말했다.

이야기는 내담자의 연령과 기능에 맞추는 것이 중요하다. 어린 아동(언어 이전, 취학 전, 언어 능력에 한계가 있는 아동)은 이야기가 짧고 간단해야 한다. 놀이치료사는 아동이 이야기를 할 때 배역에 대해 질문을 하고, 이야기의 연기("다음에 무슨 일이 벌어질지 추측해볼래?")와 결과("그가 왜 그렇게 하고 있을까?" 또는 "우리가 그를 도와주기 위해 무엇을 할 수 있니?")에 대해 적극적으로 참여한다.

이야기의 연기, 특히 퍼핏이나 액션 피규어로 하는 연기는 어린 아동이 잘 몰입하고, 치료사가 아동 정서의 정도를 반영해주는 것이 중요하다. 이야기를 한 후 치료사는 아동에게 지시적(계획된, 구조화된) 또는 비지시적(아동이 놀이 재료를 선택) 놀이 개입으로 이동한다. 예를 들어 어머니의 살인을 목격한 걸음마 아기가 악몽을 꾸고 속삭임 말고는 어떤 말도 하지 않는다. 아기는 퇴행하고 양육자와 떨어지지 않는다. 작은 나비와 나쁜 일(*Little Butterfly and the Bad Thing*)(Pernicano, 2014)은 외상의 개입으로 저술되었지만, '나쁜 일'이라는 개념은 다른 유형의 아동 문제에도 사용될 수 있다. 이 이야기는 '나쁜 일'을 목격한 후 더 이상 날개를 움직이지 못하고 악몽을 꾸는 나비를 묘사하고 있다. 이야기는 나쁜 기억을 함께 공유하고 나쁜 기억을 돌돌 말아서 놀이치료사의 사무실에 있는 커다란 거미줄에 붙이도록 하였다. 이야기를 읽은 후 아동의 치료사가 "너와 내가 둘둘 말 수 있는 나쁜 일은 무엇일까?"라고 물었다. 아동은 "피 묻은 손"이라고 속삭였다. 몇 회기 후 아동과 치료사는 나쁜 일에 관한 그림을 그렸고, 그것을 강력접착제로 둘둘 말아서 치료실에 있는 거미줄에 붙였다. 아동은 말이 많아졌고, 밤에 잠도 잘 잤다. 아동은 정서적으로 얼어서 치료실에 왔는데 이야기가 아동을 부드럽게 녹여주었다.

어린 연령의 초등학생은 물감, 게임, 모래상자, 몰딩 모래, 화이트보드, 퍼핏을 사용하는 지시적 놀이를 좋아한다. 비지시적 놀이는 아동 자신이 선택한 '은유적 구성'에 몰두하기 위해 놀이실에 있는 장난감 또는 재료를 사용하는 것이다(Snow et al., 2005). 사춘기 이전 및 10대들은 난화 이야기, 역할극 또는 사이코드라마, 표현적 미술 또는 음악, 모래 만들기(몰딩 또는 마른 모래), 창의적 글쓰기(시,

연극, 은유적 이야기의 속편 쓰기)와 같은 놀이기법에 쉽게 반응한다. 과거에 학대를 받았고 매일 '파국'을 경험하는 소년이 있었다. 그는 스타워즈 주제와 배역, 특히 오비완 케노비, 요다, 루크 스카이워커, 다스 베이더에 관심이 있었고, 화이트보드에 그림 그리는 것을 정말로 좋아했다. 놀이치료사는 각성/동요를 줄이고 통제감/권능감을 주기 위해 산에 오르기(*Climbing the Mountain*)(Pericano, 2013) 이야기를 선택했다. 이야기는 고통, 분노, 불안, 괴로움으로부터 심리적 거리를 확립하기 위해 아동과 성인에게 효과적으로 사용되어 왔고, 이 이야기는 노출 작업을 하는 동안에 대처하는 도구로 제공된다. 이 이야기에서 내담자는 산기슭에 감옥을 지어서 '나쁜 놈'(또는 고통, 기억, 괴로움, 분노 등)을 그 안에 가두고, 내담자가 한 것을 '경비' 서게 하고, 내담자가 선택한 방법(케이블카, 스키 리프트, 에스컬레이터, 계단, 오솔길, 개인용 분사 추진기 등)으로 산을 '오른다'. 산을 오르는 도중에 내담자는 아래를 보기 위해 3번 걸음을 멈추고, 각성이 줄어들고 감옥과 그 안에 든 내용물의 크기가 점점 더 작아지는 데 세심한 주의를 기울였다. 적절할 때 시간적 측면과 공간적 측면에서 '그때'(산기슭에 있을 때)와 '지금'의 차이에 주목한다. 이완 또는 무아지경의 유도(trance-induction)는 안내된 심상을 시작하기 전에 촉진될 수 있다. 이는 내담자가 최면술로 감각 및 정서 촉발인자를 바꾸게 한다(불쾌한 소리는 당신이 듣는 것보다 높게 들릴 수 있고, 두려운 사람들은 꼭대기에서 보면 개미처럼 보이고, 당신이 높이 올라갈수록 고통스러운 기억으로부터 멀어진다). 산을 올라가면서 내담자는 심리적 거리감이 생기고 산기슭에 있는 것이 무엇이든지 간에 숙달된다. 첫 번째 내려다봄에서 이완 연습을 하고, 불안을 줄이고, 여전히 뚜렷한 단서가 있는 데에서 각성을 조절하는 기회가 된다. 두 번째 내려다봄에서 단서들이 덜 강렬하고 내담자는 불안을 덜 겪는다. 꼭대기에서 대부분의 내담자들은 산기슭에 있는 것에 대해 이야기하는 데 성공적인, 힘이 부여된, 안전함을 느끼고 정서적 영향을 덜 받는다.

연습을 끝내면서 소년에게 자신의 마음속에 창조된 것에 기초한 장면을 그리게 했다. 이러한 방향의 놀이치료 과제를 위한 지시는 다음과 같다. (a) 네가 있는 곳의 장면을 그리거나 만들어, (b) 산기슭에 네가 설계한 튼튼한 감옥에 나쁜 놈들을 가두어, (c) 나쁜 놈들, 감정, 기억을 감옥 안에 안전하게

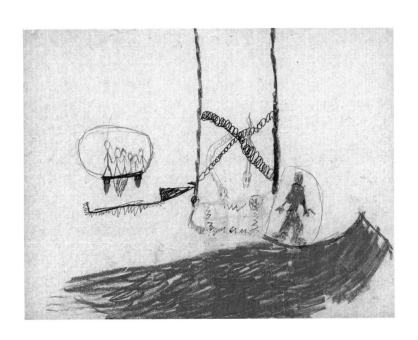

가두는 데 필요한 자물쇠의 수를 확인해, (d) 경비들(동물, 사람, 또는 둘 다)을 확인해, (e) 산을 올라가고 내려가기 위한 방법들(케이블카, 에스컬레이터, 오솔길, 스키 리프트 등)을 네가 선택해서 만들어 봐. 나머지 세세한 것은 내담자가 정한다. 소년은 감옥 밖에 불이 붙은 횃대를 그리고 그 옆에 커다란 경비를 한 명 그렸다. 그 감옥은 85개의 자물쇠로 잠겨 있고, 유일하게 그와 경비가 열쇠를 가지고 있었다. 소년은 감옥 안에 커다란 거미를 넣고 "만약 탈출하려고 하면 피를 다 빨아먹어."라고 지시했다. 감옥에는 체인이 달려 있고, 불구덩이도 있었다. 소년은 강력 접착테이프로 범인을 감았다. 나쁜 놈들이 도망가는 '그런 경우'를 위해서 체인 주위를 살인 뱀들로 감았다. 아동은 자신과 형제들을 횃불 앞에 배치하고, 제트분사 장치가 달린 차(스키 리프트 같은)를 감옥 위에 그렸다. 아동들 스스로 차를 위아래로 움직이며 밑에 있는 나쁜 놈들에게 소리를 쳤다. 아동은 집중해서 그 활동에 몰입하였고, 통제를 하면서 활짝 웃었다. 이것은 소년의 두려움 그리고 안전, 보호, 자기 통제, 자율성에 대한 강력한 요구를 묘사한 것이다. 안내된 심상을 통해 아동은 감옥에 갇힌 나쁜 놈들을 내려다보면서 천천히 점점 더 높게 올라가도록 격려되었고, 위험은 점점 더 멀어지고 불 그리고 나쁜 놈들이 자신과 접촉할 수 없다는 것에 주목했다. 이 회기 후에 소년의 분노 파국의 빈도와 강도는 줄어들었고, 아동은 과거의 학대 경험을 계속해서 처리했다.

　지시는 동일했지만 소년의 여동생은 꽤 다른 장면을 만들었다. 여동생의 감옥은 2,000개가 넘는 자물쇠가 있었다. 사자가 감옥 왼쪽에서 경비를 섰으며, 경비에게 "탈출하려고 한다면 목을 물어버려."라고 지시했고, 오른쪽에는 독뱀이 경비를 섰다. 독수리가 '그들을 노략질하기 위해' 꼭대기에서 경비를 서고 독거미가 감옥 안에 있었다. 여동생은 "우리(어린이)는 산꼭대기에 있어서 안전해. 그들은 비열해. 우리는 그들에게 사자, 독수리, 뱀, 똥을 던질 거야."라고 말했다. 여동생은 그들에게 눈가리개

를 씌우고 덧붙였는데, "그들은 이 아름다운 곳을 볼 자격이 없어." 그리고는 그들의 손, 발, 입을 강력 접착테이프로 묶으며, "그래서 나는 그들의 비열한 말을 안 들을 거야."라고 했다. 다음 회기에 여동생은 작은 새장, 퍼핏 경비, 인형집의 인형으로 이 장면을 재연하곤 했으며, 강력 접착테이프로 철저하게 감았다.

다음은 놀이치료에서 사용될 수 있는 은유와 이야기들의 자세한 예이다. 예로 제시되는 사례에 나오는 사례, 이야기, 기법은 내 것이지만, 책에서 발견할 수 있는 가능성은 끝도 없이 많을 것이다. 다음은 놀이치료에서 사용하는 다섯 가지 주된 이야기 방법이다.

1. 놀이치료사는 내담자가 소개하는 은유를 사용하며, 내담자의 은유를 사용하여 이야기를 만들거나 선택한다.

지금은 안전한 장소에서 살고 있음에도 불구하고 공포를 경험하고 경계를 하는 성인 내담자가 있었다. 그녀는 웃으면서 말을 했다. "나는 지뢰를 찾고 있어요." 나는 웃으면서 말했다. "네. 디즈니랜드에서 말이죠." 나는 "디즈니랜드에서 지뢰 찾기"라고 적었고(Pernicano, 2011), 다음 회기에 이것을 그녀에게 읽어주었다. 그녀는 자신의 지뢰를 그리고 명칭을 붙인(사람들 및 과거와 현재 있는 중요한 생활 사건들) 다음에 남아 있는 지뢰를 파괴하고 정지시키는 방법에 대해 말하기 시작하면서 디즈니랜드를 즐길 수 있었다.

자신을 '손상된(damaged)'이라는 단어를 사용하는 해치는 행동에 열중하는 10대가 있었다. 우리는 깨어지고 '내부에서부터' 치유되는 동화, 깨어진 유리 그릇(*The Cracked Bowl; Perniccano*, 2010b, 2011)을 읽었다. 그녀는 다음 회기에 균열이 있는 알록달록한 그릇 그림으로 예쁜 미술 작업을 했다. 그릇은 깊고 얕은 균열뿐만 아니라 둥글게 파였다. 그녀에게 '손상된(damaged)' 또는 '망가진(broken)' 감정이 남아 있는 사람과 사건에 명칭을 붙였다. 우리는 그녀의 강렬한 정서를 달래주고 그녀의 고통을 녹일 만큼 강력하게 사용할 수 있는 '열(heat)'의 종류에 대해 이야기 나누었다. 우리는 자기 돌봄, 글 쓰기, 그리고 자신의 감정에 대해 말하는 데에서 나올 수 있는 필요한 열(분노, 공정한, 분개, 투지, 자부심, 용서)을 정하였다. 처치 과정에서 그녀는 마침내 '새로운 창작물' 그릇을 그렸고 틀을 만들었다. 그 그릇에는 균열이 보이지 않았고, 대신에 그녀는 자신의 강점과 칼로 베는 것을 피하는 데 도움이 되는 열(heat)의 종류를 적었다.

2. 놀이치료사는 내담자의 쟁점을 그려내고 은유가 들어 있는 이야기를 읽고 말하는 은유를 도입한다.

할머니와 살고 있는 어린 소년은 '세상에 화가 나' 있었다. 격렬한 일상의 파국이 있는 동안에 소년은 울고, 소리 지르고, 싸웠다. 소년은 성인의 지시를 무시하고, 학교에서 문제가 생겼다는 생각이 들면 책상 밑으로 숨었다. 처치 초기에는 대기실에서 나를 만나면 소년은 인사를 하지 않았고, 눈 맞춤을 하지 않고 혼자 놀았고, 매우 조용했다. 소년의 놀이는 공격적이었으며, 가끔 사람들을 죽이고 싶다고 말했다. 나는 소년의 기분 조절 능력의 부족과 애착의 어려움이 걱정이 되었다. 소년은 매 회기의 마지막에 모래상자로 가서 항상 나쁜 사람들이 이기는 전투를 했다. 마침내 나는 좋은 사람들이 힘을 합쳐서 이기는 방법을 찾아보자고 제안 — 어쨌든 전투에서 아무도 혼자 싸우지는 않는다 — 하였고, 나는 상어인 척하며 겁을 줘서 모두를 쫓아내고 안전해진 작은 물고기(부모에게 버림받은 작은 물고기)에 대한 이야기를 소년에게 읽어주었다. 나중에 이 이야기에서 역할 연기로 진짜 상어가 '냄새로 그를 찾아내어' 거의 그를 잡아먹을 뻔하였다. 물고기 떼가 작은 물고기를 둘러싸서 구해주고 소년이 기억하게 했는데, "안전하고 아주 많은 친구들이 있다." 이야기를 들은 후, 소년은 이 이야기를 놀이하기 위해 퍼핏을 사용해도 되는지를 물었고 자신과 함께하자고 나를 초대하였다. 소년은 상어가 되었고, 나에게 작은 개구리(물고기 퍼핏이 없어서)가 되라고 하였다.

다음 회기에 소년은 우리가 물고기 이야기 놀이를 하기 위해 퍼핏을 다시 사용할 수 있느냐고 물었다. 소년은 다시 상어가 되었고 나는 개구리가 되었다. 상어가 개구리를 먹으려고 했을 때, 나는 우리가 힘을 합쳐서 개구리를 보호해주자고 제안했고, 소년은 동의하였다. 우리가 놀이를 할 때 소년은 상어가 엄마의 전 남자친구 같다고 말했다. 소년은 작은 개구리를 지키기 위해 상어를 감옥에 넣는 것을 도와달라고 하면서 끝을 냈다. 이 일이 있은 후 오래되지 않아서, 소년은 모래상자에서 자신이 나쁜 놈들과 싸우는 것을 도와달라고 했고 나를 쳐다보지도 않고 말하는데, "모든 사람은 친구가 필요해, 선생님이 말한 것 같이." 소년은 모래상자에 중세 캐릭터들을 양쪽 진영으로 나누어 놓았다. 소년은 놀이를 감독했고, 나를 참여시켰고, 처음으로 좋은 사람들이 이겼다.

다음 가족회기에서 소년은 새로운 놀이 장면을 설정했는데, 모래상자 대부분을 개구리와 뱀으로 채웠다. 소년은 눈 맞춤을 잘하고, 미소를 짓고, 나와 할머니에게 알려주었는데, "이건 좋은 사람들의 날이에요. 친구들만 돼요. 선생님이 말한 것 같이 모든 사람들은 친구가 필요해요." 소년은 한 가운데에 주인공으로 고무로 만든 돈이 있는 모래상자를 만들었다. 소년은 나에게 함께하자고 했는데, "선생님은 가장 큰 개구리가 될 수 있어요. 나는 돈이 될 거예요." 그리고 친구들이 돈을 둘러싸게 했다.

개구리와 상어를 가지고 놀았던 이전 놀이회기와 개구리들을 연결시키기 위해 미니어처 하나를 나에게 준 것이다. 소년은 자신의 두려움을 극복하기 시작했고, 우리 관계에서 소년의 신뢰는 나를 자신의 세계에 초대하게 했다. 매주 회기가 여러 달에 걸쳐 일으켰던 진전은 학교와 집에서 소년의 기능에서도 나타났다. 소년은 파국이 줄었고, 덜 공격적이 되었고, 컵 스카우트(Cub Scouts)에 참여하였고, 눈 맞춤이 개선되었고, 다른 사람들과 바쁘게 지내고 수업에도 참여하기 시작하였다. 물고기 이야기는 소년을 끌어당겼고, 나를 믿게 하였으며, 다시 안전감을 느끼고, 자신을 믿게 하였다.

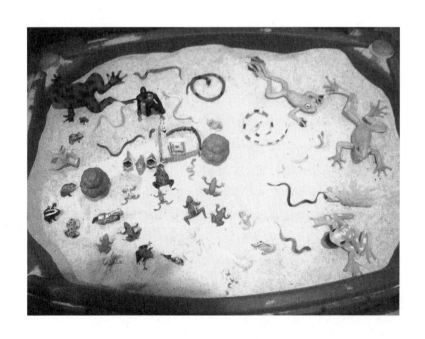

3. 진단적 설명을 목적으로 하는 이야기를 선택한다.

8세 소녀는 위탁부모의 보고에 따르면, 관계 맺기가 어렵고 위축되어 있었다. 소녀는 허공을 응시하고 때때로 치료실과 집에서 말을 건네도 반응하지 않는다. 학대에 대한 이력은 알 수 없었지만, 소녀의 가정 상황에서 나타나는 것 같다. 소녀는 놀이치료에서 이야기, 퍼핏, 미술을 사용해서 잘 놀았지만 정서적으로는 동떨어져 있었다. 어떤 회기 중간에 소녀는 "나의 기억은 강처럼 나의 뇌를 통과해요. 이것들은 그 안에서 떠다니고 나는 그것을 잡으려고 해요. 때때로 나는 하나를 잡아서 잠시 동안 그것을 붙잡고 있을 수 있어요. 그러나 곧 사라져요."라고 말하고는 다시 놀이하던 것으로 돌아갔다. 나는 구체적으로 해리를 평가하기로 했다.

나는 소녀에게 모든 문이 잠겨 있는 집에서 스스로를 찾는 소녀의 집이라고 부르는 안전 장소(*A Safe Place to Call Home*)라는 이야기의 축약판을 들려주었다. "한 여자가 열쇠는 없었지만 방에서 나오는 나이가 다른 사람들의 목소리들을 들었고, 그들은 그 여자에 대해 알려달라고 요구했어. 마침내 그 여자는 열쇠를 찾았고 문을 열었어. 그 여자는 그들에게 이야기를 하자고 초대했고 그들과 이야기를 나누었어." 내가 이야기를 끝내자 소녀는 놀라서 나를 쳐다보았고, 그리고 "다른 사람들은 그 여자의 모든 부분이에요. 그렇죠?, 그 여자의 기억들처럼이요."라고 말했다. 나는 그것을 알고 있는 소녀가 영리하다고 말했다. 우리는 놀이로 옮겨갔고 10분쯤 지난 후, 소녀는 갑자기 멈추고 미소를 지으면서 "선생님도 알겠지만, 나는 상상의 친구가 있어요."라고 말했다. 소녀는 덧붙여서 "내가 목소리를 듣는다고 선생님께 말한 적이 있나요? 다른 아이들은 내가 미쳤다고 생각해요."라고 말했다. 나는 소녀가 전혀 미치지 않았다고 안심시켰으며 학대받은 많은 아이들이 목소리를 듣고, 상상의 친구가 있다고 말했다. 이 간단한 개입은 소녀의 진단을 명확히 해서 추후 처치를 안내하도록 도왔다.

4. 마술적 사고, 약점, 친구 또는 부모의 거부에 부드럽게 도전시키는 이야기를 소개한다.

내가 소녀(5세)에게 놀이치료에 온 이유를 물었을 때, 소녀는 "아빠가 나에게 거짓말을 했어요. 아빠는 나를 집에 데려가서 나를 지켜준다고 약속했어요. 엄마가 나를 데려가려고 했을 때 아빠는 나와 엄마를 때렸어요."라고 말했다. 소녀의 엄마는 이런 일이 2~3개월 전에 있었다고 확인해주었다. 그런 일 이후로 소녀는 혼자서는 잠을 자려 하지 않고, 악몽을 꾸고, 오줌을 쌌으며, 어머니와 떨어지려고 하지 않았다. 소녀는 아빠가 엄마를 때린 것은 자신의 잘못이라고 생각하면서 "아빠가 나를 데려가려 했을 때 내가 따라갔으면, 아빠는 엄마를 때리지 않았을 거예요."라고 말했다.

우리는 불안 감소 및 외상 회복에 중점을 둔 가족놀이치료를 시작하였고 진행이 잘 되었다. 나는 *Monkey in the Middle*(Pernicano, 미발행)이라는 이야기를 읽은 다음에, 이 이야기를 퍼핏으로 연기해보자고 제안하였다. 소녀는 행동을 지시하였고, 원숭이 퍼핏이 연기하였다. 소녀의 어머니는 원숭이 퍼핏의 한 팔을 잡아당기고, 아버지(악어 퍼핏) 역할을 하는 나는 다른 팔을 잡아당겼다. 소녀는 매우 감정적이 되어서 악어에게 멈추라고 말하였고, 악어가 소녀의 팔을 다치게 하였다. 소녀의 엄마와 나는 '소녀를 구했고', 소녀는 악어의 입을 강력테이프로 둘러쌌다. 소녀는 악어에게 "넌 감옥에 가야 해!"라고 말했다. 작은 소녀가 악어를 감옥에 넣기 직전에 "그는 화를 내는 문제가 있어요. 그는 비열해요. 그는 진정할 필요가 있어요!"라고 말했다. 나는 소녀에게 일주일 전에 배운 돌(stone) 명상을 사용하는 이완과 호흡법을 악어 퍼핏에게 가르쳐주라고 제안했다. 이 활동을 하는 동안, 소녀는 특별한 돌을 정하고, 치료사는 소녀가 스트레스를 자신의 몸에서 팔 아래에 있는 돌로 보낼 수 있다고 제안한다. 소녀는 그렇게 했을 때 돌이 따뜻해진다고 말했다. 그것은 소녀가 진정되고 이완되었다는 신호이다. 우리는 돌을 쥐고 호흡하는 동안 티베트 사발에서 울리는 종소리(ringing bell bowl)를 듣는다. 규칙은 종소리가 들릴 때마다 눈을 감고, 소리가 사라질 때까지 듣는 것이다.

소녀는 쥐고 있던 돌을 우리에게 주고는 다섯 살밖에 안 된 소녀가 할 수 있는 만큼 분개해서는 "아빠는 돌이 5개 필요해!"라고 말했다. 소녀는 화가 나서 돌 5개를 악어의 입에 쑤셔 넣었다. 소녀는 악어가 자신의 돌을 쥐고 호흡하는 법과 분노를 내보내는 방법을 악어에게 가르쳤다. 그다음에 소녀는 그를 감옥에 집어넣었다. 그가 감옥에 있게 되면, 나는 악어의 행동이 소녀에게 어떻게 느끼게 하는지를 악어에게 말하라고 제안했다. 소녀는 그에게 손가락질을 하면서 단호하게 "넌 비열해! 너는 나와 엄마를 다치게 해! 너는 너의 성질을 조절해야 해!"라고 말했다. 5분 후에 소녀는 "선생님은 그의 입의 테이프를 떼어내고, 감옥에서 꺼내야 한다고 생각하세요? 그는 착하게 될 준비가 되었을 거예요."라고 말했다. 나는 "네가 그를 사랑하고 너의 아빠가 바뀌기를 원한다는 것을 알아. 너는 그가 착해지기를 원하지. [잠시 멈추고] 그러나 그는 자기 성질의 조절을 스스로 원해야 해. 스스로 변하기를 원해야 한단다. 너는 그가 준비가 되었다고 생각하니?"라고 말했다. 소녀는 "모르겠어요."라고 말했다. 소녀는 엄마에게 "내가 좋은 사람이 되라고 말하면 좋은 사람이 될 것이라고 생각하세요?"라고 말했다. 엄마는 딸의 손을 잡고 눈을 보면서 "나는 그가 변하고 싶어 한다고 생각하지 않아. 그리고 나는 그가 변할 거라고 생각하지 않아. 그는 평생을 그런 식으로 살아 왔어. 그는 자신에게 문제가 있다고 생각하지 않는단다. 나는 아빠가 너를 다시 다치게 두지 않을 거야. 나는 너를 안전하게 지킬 거야."라고 말했다. 소녀는 나를 쳐다보며 "나는 그가 시간이 좀 더 필요하다고 생각해요. 테이프는 떼 주지만, 감옥에 둘 거예요."라고 말했다. 은유, 이야기, 놀이기법을 사용해서, 이 소녀는 아버지에 대한 양가감정을 다루고 어머니의 보호를 수용했다. 소녀는 자기 침대에서 잠을 자기 시작했고 악몽과 불안이 동시에 감소하였다.

5. 이야기에서 보여주는 구체적인 기법(문제 해결, 인지적 대처, 기분 관리 등)을 가르치는 이야기를 선택한다.
때때로 이야기 속의 배역은 내담자가 놀이치료에서 배우고 연습하는 놀이치료기법의 모델이 된다. 6세 소년이 공포증과 분리 불안으로 왔다. 인지행동 놀이치료는 이완의 사용, 대처 기술의 모델링, 역할 연기, 인지 재구조화, 공포 상황에 노출, 행동 리허설 등의 선택에 관한 처치이다. 나는 비행(flying)을 두려워해서 테네시 주까지 걸어가기 위해 운동화를 사는 독수리에 대한 이야기를 선택했는데, 노출, 인지 재구조화, 불안 감소를 보여주는 이야기이다.

이야기를 읽은 후, 우리는 독수리 퍼핏에게 이완과 호흡 기술을 '가르쳤고' 퍼핏으로 연습을 했다. 우리는 비행의 위험과 이득에 대해 이야기 나누었고, 독수리가 이륙하는 것을 도왔고, 성공적인 비행을 한다고 확신했다. 다음 회기에 소년은 용감해지는 연습을 하였는데, 만지는 것이 두려운 사물을 만지기 위해 헐크 장갑을 사용하고 그의 '힘'을 보여주기 위해 고함을 질렀다. 우리는 스파이더맨(소년의 영웅)을 연기하였는데, 스파이더맨은 올라가기 위해 자신의 고소공포증을 극복하고 다른 사람들을 도와주기 위해 위에서 아래로 매달려 있어야 했다. 우리가 연습하고 놀이하면서 소년은 자기 손에서 거미줄을 발사했다. 소년의 어머니가 그의 회기에 몇 번 합류했고 이들은 회기들 사이사이에 집에서 연습하였다. 소년의 부모는 회피 행동과 공포 행동이 크게 줄었고, 이전에 두려워하던 상황에서 자신감의 증가를 보고하였다.

치료사 자격, 훈련 및 특성

은유와 스토리텔링을 사용하려면 놀이치료사가 아동발달에 관한 기본적인 이해와 놀이치료에서의 훈련이 필요하다. 놀이치료사는 이야기와 놀이 개입이 아동의 발달에 맞아야 하므로 놀이 기술, 주의폭, 언어 능력, 인지발달, 정서적 이해를 평가할 수 있어야 한다. 은유와 스토리텔링은 꽤 많은 유연성, 자발성, 창의성을 필요로 한다. 놀이치료사는 아동의 놀이를 관찰할 수 있어야 하고 아동의 배경 및 이력과 연관된 정서 및 주제의 재료를 잡아내기 위해 내담자의 언어를 주의 깊게 듣고 아동의 놀이를 관찰해야 한다.

내담자 특성과 지시/금기

누구든지 놀이를 할 수 있으며, 이야기는 모든 연령의 아동에게 친숙한 활동이다. 그러나 모두에게 맞는 하나의 이야기는 없으며, 놀이치료사는 내담자에게 맞는 이야기를 전달해야 한다. 치료 동맹이 맺어지고 각성을 관리할 수 있는 대처 기술을 갖고 있기 전에, 처치 초반에 너무 일찍 고통스러운 정서를 불러일으킬 수 있는 이야기의 사용은 금지해야 한다. 이는 아동에게 외상을 재경험시키고 조기 종결, 증상의 정도가 심해지고, 보상작용의 상실, 해리까지도 있을 수 있다.

Siegel(2013)은 신경생물학적 통합을 도모하는 개입 사용의 중요성에 대해 논의하였다. 뇌 통합이 빈약한 아동은 지나치게 경직(너무 조직화되어) 또는 지나치게 혼란된(비조직화 및 부조화) 대처 행동을 할 것이다. 일부 아동은 흑백논리 또는 구체적 사고, 경직된 논리, 암기식 놀이, 과잉 통제된 정서, 낮은 각성을 하는 좌뇌로 살아간다. 그런 아동은 자신 또는 다른 사람의 감정을 알지 못한다. 쉽게 과잉압도되고, 정서적 과잉각성되고 우뇌에서의 감각적 과부하 때문에 분명하게 생각하는 것이 어렵다는 것을 알게 되는 아동도 있다. 지나치게 경직된 내담자는 의례적이고 과잉통제된 놀이를 할 수도 있고, 아동이 '지나치게 어른스럽게' 보일 수도 있고, 강박적 또는 자폐스펙트럼 유형의 증상을 보일 수도 있다. 과도하게 혼란스러운 아동은 기분 실조, 과잉행동, 과잉각성을 겪을 수도 있다. 놀이치료와 결합하는 데에서 이야기는, 경직성 또는 각성이 낮은 아동의 유연성과 활동성을 증가시켜서 그리고 고통의 수준이 높은 아동의 진정하기/조절하기를 증가시켜서 뇌 통합이 개선되도록 도울 수 있다.

실행 계획, 장난감 및 재료

은유와 스토리텔링의 사용은 놀이실을 필요로 하지 않고 사무실 공간이 작은 치료사 또는 학교와 같은 장면에서 일하는 사람은 이동용으로 만들 수도 있다. 놀이치료사의 사무실은 이야기의 장면, 몇몇 조형물 또는 마른 모래, 화이트보드와 지워지는 마커, 이야기 배역에 맞는 또는 다른 역할들을 '지원할' 수 있는 퍼핏, 그림 그리는 종이와 물로 닦을 수 있는 마커, 이완 또는 마음챙김 할 수 있는 돌이나 물체들, 종소리 나는 그릇까지도 손쉽게 갖추어 놓을 수 있다. 저자는 독자들에게 모래상자(Homeyer & Sweeney, 2010)와 점토(White, 2006) 기법과 같은 자료들도 권장한다.

처치 계획하기와 처치 단계

처치 초반에 아동의 은유와 이야기는 문제에 대한 아동의 지각을 나타내고, 놀이 활동은 아동의 근심의 정도, 아동의 인지 대처 양식, 자신/타인에 대한 아동의 감정, 정서적 표현 대(對) 조절하는 능력을 드러낸다. 처치 초반에 놀이치료사가 사용하는 이야기는 최소한으로 에서 중간 정도로만 정서를 유발할 필요가 있으며, 사실상 좀 더 포괄적이어야 한다. 이런 유형의 이야기는 대처 기술, 회피, 의사결정, 앞으로 나아갈 용기, 바꾸어야 하는 장애물을 다룬다. 처치 후반에서 선택된 이야기는 도전하고, 고통스러운 정서를 끌어내고, 새로운 대처 전략을 세우고, 아동의 관점(과거, 자신, 타인에 대한)을 바꿀 수 있다.

범이론적 단계의 변화 모델(The Transtheoretical Stages of Change Model)(Prochaska & DiClemente, 1982)은 처치를 계획하는 데 도움이 된다. 사전 고려 단계(precontemplation)에서 내담자는 자신이 문제가 있다고 생각하지 않고, 일부 이야기는 다른 이야기보다 부정(denial)을 더 잘 잘라낸다. 고려단계(contemplation)에서 문제가 있다는 것을 자각하는 사람도 있지만 아직은 변화를 원하는지를 확신할 수 없고, 그래서 이야기들이 변화에 대한 이득과 위험을 지적한다. 내담자가 변화를 만들 준비가 되고 변화를 계획하면, 이야기는 계획하고 앞으로 진행하도록 돕는다. 능동적인 변화의 이야기는 특정한 문제 또는 증상에 초점을 맞추며, 속행(maintenance) 이야기들이 위험 또는 재발 방지를 다룬다. 신중하게 선택된 이야기는 내담자가 목표에 도달하고 처치의 다음 단계로 이동하도록 도울 수 있다 (Pernicano, 2011).

결론

요약하면 은유와 이야기는 놀이치료사의 이론적 배경 또는 선호하는 치료 방법에 관계없이 모든 연령의 내담자와의 놀이치료에서 발달하기 시작했다. 은유는 놀이의 언어이다. 은유와 이야기는 뇌-통합적이고, 처치 동안에 신중하게 사용되면 비(non)인지적·감각적·정서적 과정을 통해 변화를 추진한다. 이러한 도구는 배역과 이야기 주제를 확인하게 만들고, 내담자가 자신 및 타인을 더 잘 이해하고, 인지 재구조화, 행동적 변화로 향하는 발판이 되게 한다.

참고문헌

Austin, A. T. (2011). *Helping a client explore their metaphor for their problem to discover a solution*. Presented at the 11th International Erickson Congress, Phoenix, AZ.

Axline, V. M. (1974). *Play therapy*. New York, NY: Ballantine Books.

Blenkiron, P. (2010). *Stories and analogies in cognitive behavior therapy*. West Sussex, England: Wiley-Blackwell.

Bratton, S. C., & Ray, D. (2000).What the research shows about play therapy. *International Journal of Play Therapy, 9*(1), 47-88.

Burns, G. (2005). *101 healing stories for kids and teens: Using metaphors in therapy*. Hoboken, NJ: Wiley.

Burns, G. (2007). *Healing with stories: Your casebook collection for using therapeutic metaphors*. Hoboken, NJ: Wiley.

Carlson, R. (2001). Therapeutic use of story in therapy with children. *Guidance and Counseling, 16*(3), 92-99.

Casulo, C. (2011). *Transforming Ericksonian methods:Metaphors*. PowerPoint presentation at the 11th International Erickson Congress, Phoenix, AZ.

Cattanach, A. (2009). Narrative approaches: Helping children tell their stories. In A. Drewes (Ed.), *Blending play therapy with cognitive behavioral therapy: Evidence-based and other effective treatments and techniques*. Hoboken, NJ: Wiley.

Chazan, S. E. (2002). *Profiles of play: Assessing and observing structure and process in play therapy*. New York, NY: Jessica Kingsley.

Ciuffardi, G., Scavelli, S., & Leonardi, F. (2013). Solution-focused brief therapy in combination with fantasy and creative language in working with children: A brief report. *International Journal of Solution-Focused Practices, 1*(1), 44–51.

Close, H. (2004). *Metaphor in psychotherapy*. Atascadero, CA: Impact Publishers.

Cozolino, L. (2010). *The neuroscience of psychotherapy: Healing the social brain*. New York, NY: Norton.

Drewes, A. (2009). *Blending play therapy with cognitive behavioral therapy: Evidence based and other effective treatments and techniques*. Hoboken, NJ: Wiley.

Drewes, A. (2010). *How to respond to the child's play through metaphor*. Rome, Italy: Italian Association for Play Therapy.

Drewes, A., Bratton, S. C., & Schaeffer (Eds.). (2011). *Integrative play therapy*. Hoboken, NJ: Wiley.

Duffy, S. C. (2011). Moving stories: A playful therapeutic storytelling approach for the sand tray. Perry, ME: By the Sea Seminars.

Erickson, B. (2011a). *Constructing therapeutic metaphors and stories*, Workshop handout presented at the 11th International Erickson Congress, Phoenix, AZ.

Erickson, B. (2011b). *Telling stories where they belong*, Workshop handout presented at the 11th International Erickson Congress, Phoenix, AZ.

Esparza, D. P. (2001). *Therapeutic metaphors and clinical hypnosis*. Retrieved from http://www.hypnos.co.uk/esparza.html

Friedberg, R., & Wilt, L. (2010). *Metaphors and stories in cognitive behavioral therapy with children. Journal of Rational-Emotive & Cognitive-Behavior Therapy, 28*(2), 100–113.

Garcia-Sanchez, T. (2007). That's not a problem: Metaphor with a disruptive client in Ericksonian group therapy. In G. Burns (Ed.), *Healing with stories*. Hoboken, NJ: Wiley.

Gardner, R. (1971). *Therapeutic communication with children: The mutual storytelling technique*. New York, NY: Science House.

Gil, E. (1994). *Play in family therapy*. New York, NY: Guilford Press.

Gil, E. (2006). *Helping abused and traumatized children: Integrating directive and nondirective approaches*. New York, NY: Guilford Press.

Gil, E. (2013). *Family play therapy: Assessment and treatment ideas*. Presented at the CTAMFT Annual Conference and Meeting, Groton, CT.

Greenwald, R. (2009). *Treating problem behaviors: A trauma-informed approach*. New York, NY: Routledge.

Greenwald, R. (2014, September). *Slaying the dragon: Overcoming life's challenges and getting to your goals*. Northampton, MA: Trauma Institute & Child Trauma Institute. Retrieved from www.childtrauma.com

Greenwald, R., & Baden, K. J. (2007). *A fairy tale. [Comic book]*. Northampton, MA: Trauma Institute & Child Trauma Institute. Retrieved from www.childtrauma.com

Haley, J. (1993). *Uncommon therapy: The psychiatric techniques of Milton H. Erickson, M.D.* New York, NY: Norton.

Hildebrandt, M., Fletcher, L., & Hayes, S. (2007). Climbing anxiety mountain: Generating metaphors in acceptance and commitment therapy. In G. Burns (Ed.), *Healing with stories* (pp. 55–64). Hoboken, NJ: Wiley.

Homeyer, L., & Morrison, M. (2008, Fall). Play therapy: Practice, issues, and trends. *American Journal of Play*, 210–228.

Homeyer, L., & Sweeney, D. S. (2010). *Sandtray therapy: A practical manual* (2nd ed.). New York, NY: Routledge.

Kabat-Zinn, J. (2011). *Mindfulness for beginners: Reclaiming the present moment—and your life*. Boulder, CO: Sounds True, Inc.

Kopp, R. (1995). *Metaphor therapy: using client generated metaphors in psychotherapy*. Bristol, PA: Brunner Mazel.

Kopp, R. (2007). An empty sadness: Exploring and transforming client-generated metaphors. In G. Burns (Ed.), *Healing with stories* (pp. 30–43). Hoboken, NJ: Wiley.

Kottman, T., & Ashby, A. (2002). Metaphorical stories. In C. E. Schaefer & D. Cangelosi (Eds.), *Play therapy techniques* (2nd ed., pp. 132–142). Northvale, NJ: Jason Aronson.

Landreth, G. L., Bratton, S. C., Kellam, T., & Blackard, S. (2008). *Child parent relationship therapy (CPRT): A 10-session filial therapy model*. New York, NY: Routledge/Taylor & Francis.

Linden, J. (2007). And this little piggy stayed home: Playful metaphors in treating childhood separation anxiety. In G. Burns (Ed.), *Healing with stories* (pp. 44–54). Hoboken, NJ: Wiley.

Malchiodi, C. (2005). *Expressive therapies*. New York, NY: Guilford Press.

Malchiodi, C. (Ed.). (2008). *Creative interventions with traumatized children*. New York, NY: Guilford.

Markell, K., & Markell, M. (2008). *The children who lived: Using Harry Potter and other fictional characters to help grieving children and adolescents*. New York, NY: Routledge.

Meares, R. (2005). *The metaphor of play: Origin and breakdown of personal being*. New York, NY: Routledge.

Meichenbaum, D. (1993). Changing conceptions of cognitive behavior modification: Retrospect and prospect. *Journal of Consulting and Clinical Psychology, 61*(2), 202–204.

Mills, J. (2007). The door is open, the bird can fly: Merging therapist and client metaphors in child therapy. In G. Burns (Ed.), *Healing with stories* (pp. 128–137). Hoboken, NJ: Wiley.

Oldford, L. (2011). The use of Harry Potter and fairytales in narrative therapy. *Journal of Integrated Studies, 1*(2), 1–10.

Olness, K., & Kohen, D. (1996). *Hypnosis and hypnotherapy with children*. New York, NY: Guilford Press.

Pernicano, P. (2010a). *Family-focused trauma intervention: Using metaphor and play with victim of abuse and neglect*. Lanham, MD: Jason Aronson.

Pernicano, P. (2010b). *Metaphorical stories for child therapy: Of magic and miracles*. Lanham, MD: Jason Aronson.

Pernicano, P. (2011). *Outsmarting the riptide of domestic violence: metaphor and mindfulness for change*. Lanham, MD: Jason Aronson.

Pernicano, P. (2013). *Climbing the mountain*. Unpublished manuscript.

Pernicano, P. (2014). *Using trauma-focused therapy stories: Interventions for therapists, children and their caregivers*. New York, NY: Routledge.

Perry, C. (2007). Under fire: Reflection and metaphor in narrative therapy. In G. Burns (Ed.), *Healing with stories* (pp. 117–127). Hoboken, NJ: Wiley.

Prochaska, J. O., & DiClemente, C. C. (1982). Transtheoretical therapy: Toward a more integrative model of change. *Psychotherapy: Theory, Research and Practice, 19*(3), 276–288.

Ray, D., Bratton, S. C., Rhine, T., & Jones, L. (2001). The effectiveness of play therapy: Responding to the critics. *International Journal of Play Therapy, 10*, 85–108.

Reddy, L., Files-Hall, T., & Schaefer, C. E. (Eds.). (2005). *Empirically based play interventions for children*. Washington, DC: American Psychological Association.

Rosen, S. (1991). *My voice will go with you: The teaching tales of Milton H. Erickson*. New York, NY: Norton.

Schaefer, C. E., & Cangelosi, D. (Eds.). (2002). *Play therapy techniques*. Northvale, NJ: Jason Aronson.

Schaefer, C. E. & O'Connor, K. J. (Eds.). (1983). *Handbook of Play Therapy*. NewYork: , NY: Wiley.

Selekman, M. (2005). *Pathways to change: Brief therapy with difficult adolescents*. New York, NY: Guilford Press.

Siegel, D. J. (2010). *The mindful therapist: A clinician's guide to mindsight and neural integration*. New York, NY: Norton.

Siegel, D. J. (2012). *The developing mind: How relationships and the brain interact to shape who we are* (2nd ed.). New York, NY: Guilford Press.

Siegel, D. J. (2013). *Resiliency and neural integration: Harnessing the power of relationships and reflection to cultivate and maintain well-being*. Presented at Trauma and Attachment Conference through the Attachment and Trauma Treatment Centre for Healing, Niagara Falls, Canada.

Smith, C., & Nylund, D. (Eds.). (1997). *Narrative therapies with children and adolescents*. New York, NY: Guilford Press.

Snow, M. S., Ouzts, R., Martin, E. E., & Helm, H. (2005). Creative metaphors of life experiences seen in play therapy. In G. R. Walz & R. K. Yep (Eds.), *VISTAS: Compelling perspectives on counseling* (pp. 63–65). Alexandria, VA: American Counseling Association.

White, P. (2006). Clay therapy: The clinical application of clay with children. In C. E. Schaefer & H. Kaduson (Eds.), *Contemporary play therapy*. New York, NY: Guilford Press.

White, M., & Epston, D. (1990). *Narrative means to therapeutic ends*. New York, NY: W.W. Norton.

Yapko, M. (1990). *Trancework: An introduction to the practice of clinical hypnosis*. New York, NY: Brunner/Mazel.

Yapko, M. (2007). The case of Carol: Empowering decision-making through metaphor and hypnosis. In G. Burns (Ed.), *Healing with stories* (pp. 67–78). Hoboken, NJ: Wiley.

Zeig, J. (2008). *The utilization of Ericksonian methods in couples and family therapy*. Presented at Marriage and Family Therapy Association Workshop. Louisville, KY.

13

놀이치료에서 표현예술

JULIA GENTLEMAN BYERS

놀이를 하는 사람들에게 만족의 근원은 놀이 그 자체에 있다.

−Knill, Barba, Fuchs(1994, p. 24)

놀이치료에서는 미술, 음악, 댄스, 드라마, 시, 스토리텔링이 사용되고 기타 표현 양식들이 광범위하게 적용되어 왔다. 놀이 개입은 놀이치료사의 저장목록 안에 있는 인위적 산물 또는 도구로 종종 사용되는 반면, 표현의 통합적인 형태로는 거의 설명되어 있지 않다. 위에서 언급한 Paulo Knill의 인용구는 놀이 행동은 만족의 근원이라는 것이다. 치료적 관계의 맥락에서 놀이를 하는 사람들에게도 만족이 놀이 안에 있다고 말할 수 있다. Knill 등(1994)은 '놀이의 성질은 상상에 열중하는 것'(p. 24)이라고 언급한다. 상상(imagination)의 라틴어 어원(*imago* 또는 image)이나 보다 광범위한 구석기 시대의 어원, '물에 비추어진 사물(mirrored thing in the water)'은 놀이하는 것이 우리 내부에서 상상에 열중하는 것이라는 것이다. 만약 놀이와 이미지를 동사로 생각해보면, 이것은 내담자가 세상에서 되기를 갈망하는 사람 그리고 갈망하는 것에 대한 고차적인 감각의 반영을 눈여겨보는 과정에서 내담자와 함께하는 사람으로서 놀이치료사가 표현적 예술의 역할을 표현하게 만든다. 놀이와 이미지를 동사와 명사 양쪽으로 사용하는 것은 치료적 환경의 틀 또는 중간(in-between) 공간에 담아두는 기회가 된다. 중간 공간은 여기(here)와 관련이 있으며 이 장 전반에서 개인이 관점에서의 새로운 전환을 시험해볼 수 있는 공간과 관련이 있는데, Winnicott의 중간현상 개념(Winnicott, 1971)이나 '마치 ~인 것처럼(as-if)' 현상에 대한 Betensky의 개념과도 유사(Betensky, 1973)하고, 이는 내담자가 치료적 문제를 창조적으로 통합하는 치료적 공간을 창출한다. 자기 표현을 하려는 내담자의 요구가 자신의 놀이에서 만족되고 장난감을 사용해서 재연된다. 이 장은 놀이치료회기 안에서 특정한 표현예술의 사용과 놀이 개입에 대해 초점이 맞추어진다.

이론

초학문적 연구 내에서 반응적인 방법론들(Leavy, 2011)의 사용은 각 원칙(인간 서비스 현장 포함)이 '삶의 존재 방식'과 같은 정보를 더 많이 알아내는 방법을 찾아야 한다고 제안한다(MacDonald, 2000). 이와는 반대로 문제중심 접근은 연구자들과 참가자들이 사람 전체에 또는 더 큰 그림에 초점을 두기 보다는 존재하는 문제 또는 쟁점을 탐색하도록 격려한다. 통합적 또는 전체적인(holistic) 건강 돌봄에서 중심적인 상담심리 기법으로써 놀이치료를 사용할 때, 놀이치료가 종종 표현적 치료기법을 사용하기 때문에 표현적 치료 영역에 대한 논의를 포함시키는 것이 중요하다. 놀이치료의 주요 원리 중 하나가 유연성이기 때문이며 표현적 치료기법은 치료사와 내담자가 자유롭게 쟁점과 정서를 탐색할 수 있는 다양한 표현적 기법들 사이를 쉽게 이동할 수 있게 한다.

Landreth(2012)에 따르면 놀이치료 : 관계의 예술(*Play Therapy : The Art of the Relationship*)에서 "지각은 의미 있는 관계로 인해 변한다."(p. 71)라고 매우 적절하게 설명하고 있다. 수동적인 과정에서 내담자를 관찰하는 공감적인 입장 이면에 있는 치료사의 역할은 적극적이고 활동중심의 입장에서 내담자와 정신적으로 그리고 언어적으로 열중하는 것이다. 내담자의 타고난 능력을 예상하고 놀이치료 과정의 '흐름'에 민감해지면서(Csikszentmihalyi, 1990), 치료사는 내담자가 삶의 어려움에 직면하는 데에서 능숙함과 보다 힘이 부여된 느낌을 갖는 기회로 개선시킬 수 있다. "놀이치료의 상담심리 접근과 표현적 치료 접근을 구별하는 성가신 일을 하는 이유는 무엇인가?"라는 질문을 할 수도 있다. 표현적 치료 접근에서 실제로 행동하기 또는 놀이하기 그리고 장난감의 조작을 넘어서 새로운 뭔가를 창조하는 것은 놀이 장난감의 조작을 넘어서 내담자의 경험을 증진시키고 놀이치료회기 자체를 넘어서 분명히 눈에 보이는 유형의 치료 증거를 제시해준다.

전형적으로 표현적 예술놀이치료사는 비지시적 접근(Axline, 1971; Moustakas, 1992)을 지지하고 치료 공간에서 향상시키는 기회를 찾으려고 한다. 이러한 맥락에서 '치료 공간'은 치료사와 내담자 사이의 물리적 연결 및 정서적 연결 모두를 언급하며 치료회기를 행하는 그저 단순한 물리적 공간이 아니다. 놀이치료에서 표현예술을 사용할 때, 치료사는 항상 놀이치료와 표현예술을 함께 결합시키는 방법을 찾는다. 무언가를 창조하는 것이 치료에서 자아탐구의 깊이를 더한다는 개념은, 미리 만들어져 있고 구할 수 있는 장난감 또는 보조 재료들을 가지고 상호작용하고 놀이하는 대부분의 다른 놀이치료 접근과 놀이치료에서 표현예술을 구분하는 데에서 좀 더 중심적 초점(central focus)이다. 치료 과정에서 예술과 놀이를 사용해서 진지하게 임하는 기회는 놀이치료에서 표현예술을 돋보이게 만들며 놀이실에서 미술재료의 성공적인 사용이 폭넓게 문서화되고 있다(Green & Drewes, 2013 참조; Norton & Norton, 1997; O'Connor, 2000; Schaefer & O'Connor, 1983).

연구

놀이치료에서 주요한 도구로써 드라마, 미술, 음악, 댄스, 움직임, 통합적 양상의 표현치료의 사용이 연구되고 있는 반면에, 놀이치료 안에서 표현치료의 사용에 대해 좀 더 강력하게 강조한 연구는 거의 없다.

지난 수십 년에 걸쳐 놀이치료회기 내에서 표현 미술치료기법을 채택하는 놀이치료사가 증가하고 있다. 외상을 입은 집단과의 놀이치료에서 표현예술을 적용한 선구자들인 Eliana Gil(2012)과 Cathy Malchiodi(2008)는 미술과 놀이치료기법의 결합의 가치에 관한 몇 권의 지도서를 출간하였는데, 내담자가 불안과 상실을 다루고, 개별·가족·공동체 복원을 수행하기 위한 자기 조율, 숙달감 개발하기, 대처 기술, 회복력을 다루는 데 도움이 되게 했다. 가족치료(가족심리치료, 체계치료, 아동용 미술치료)의 영역에서, Lowenstein(2010)은 창조적 가족치료기법 : 가족회기에 아동을 참여시키는 놀이, 미술, 표현적 활동(*Creative Family Therapy Techniques : Play, Art, and Expressive Activities to Engage Children in Family Sessions*)이라는 제목의 책을 펴냈다. Lowenstein은 20명의 등록 놀이치료사(RPT)로부터 수집한 문서화된 치료 접근을 포함시켰고, 여기에는 미술과 놀이 양식이 모두 사용되었는데 다음과 같다.

- Trudy Post-Sprunk는 가족이 서로에 대한 가족 구성원들의 인식을 증가시키고 가족 역동에 대한 자신들의 정서를 시각적으로 표현하도록 돕기 위해 '가족 만들기' 콜라주를 사용하였다.
- Lois Carey는 미니어처를 가족 가계도에 활용하였다. 가계도는 가족 구성원의 역할과 관계를 설명하기 위해 표현 치료, 사회복지, 상담심리 내부에서 폭넓게 사용되고 있다. 미니어처의 추가는 내담자에게 추가의 통제 요소들을 제공하고 관계의 묘사를 조작해보거나 변경할 가능성이 주어진다.
- Connie-Jean Latam은 아동의 놀이에서 인물의 성격과 관계를 표현하기 위해 회기에서 동물 미니어처의 이용을 설명하였다.
- Angela Cavett는 전통적인 물건 찾기 게임을 채택했는데, 가정에서 긍정적 경험을 증가시키는 창조 게임으로 만들었다.
- Karen Freud는 가족 관계를 시각적으로 묘사하기 위해 기억 상자를 사용하였다.
- Darryl Hastram은 가족 역동에 대한 인식을 심화시키기 위해 가족이 퍼핏으로 가족 조각을 만들라고 격려했다.
- Jennifer Olmstead는 학대받은 아동과의 회기에서 '야간 보호 묘약'을 만들어서 아동이 안전감을 만들어내도록 물약을 가지고 다닐 수 있게 했다.
- Sueann Kenney-Noziska는 종결 과정에서 중간 대상으로 사용하기 위해 '이별의 행운 쿠키'를 만들었다.

이러한 예들에서 관대하고 재미있는 정신이 치료적 관계의 발달 안에서 통합된다. 여기에는 치료회기 안에서 내담자가 창조적 접근(미술, 음악, 춤과 같은)을 자주 사용하는 것이 들어 있다. 놀이 물체는 즐거운 표현을 촉진하고 치료적 목표를 향해 진행하도록 사용된다.

집단놀이치료 영역에서 Chapman과 Appleton(1999, pp.179-191)은 다른 집단놀이치료사들의 작업도 가져왔는데 여기에는 치료회기에서 미술 매체를 사용한 Landgarten(1981), Riley(1999), Rubin(2005)이 있다. 수집품은 구조적 또는 비구조적 집단놀이회기에 초점을 맞추었고 기획자들이 어떻게 치료 목표를 달성할 것인가에 초점을 맞추었다. 집단치료회기에 미술을 통합함으로써 이것은 집단 과정에서 참가자들이 재연하는 역할(리더, 중개자 또는 동조자)을 시각적으로 확인하고 이해하는 기회가 된다. 집단 장면은 집단 구성원들에게 안전하고 중간(in-between) 공간이 되게 하고 새로운 태도를 시험하고 자신의 관점을 전환하게 한다.

기법

치료사 훈련과 자격

지난 50여 년에 걸쳐 놀이치료 현장은 전국적으로 그리고 국제적으로 성장해 오고 있고, 전문가들이 자신의 훈련을 문서화해서 훈련 프로그램이 만들어지고 등록 과정의 개발로 이어졌다. 대부분의 놀이치료 훈련 프로그램(전국적 또는 국제적 양쪽 모두)에서, 놀이치료사들은 사회복지, 상담, 심리, 또는 관련된 인간 서비스 분야에서 석사학위가 요구되며, 부수적인 특정 놀이치료 과정이 필요하다. 훈련 과정에는 놀이치료 역사의 개관 및 놀이치료에서의 특정 기법들이 포함되며, 특정 집단에게 적용하는 선임 전문가의 훈련, 구체적인 놀이치료 개입에 대한 지속적인 슈퍼비전이 포함된다. 놀이치료에 대한 관심이 많아지기 때문에 놀이치료협회(www.a4pt.org)는 등록 놀이치료사(RPT)가 되는 기준을 만들었다. 협회는 등록자에게 앞에서 언급한 영역 중 하나에서 석사학위가 있어야 한다고 요구하며 대학원에서 놀이치료 교육은 최소 150시간이고 놀이치료 경험을 하면서 적어도 50시간 이상의 슈퍼비전을 받은, 면허가 있는 정신건강 임상가여야 한다.

놀이치료 훈련 프로그램의 예시로 레슬리대학교(매사추세츠 케임브리지 소재)는 표현치료와 상담심리의 훈련을 연결하는 놀이치료의 고급 석사 연구 인증 과정을 만들었다. 훈련 과정에는 놀이 및 고급 놀이치료의 특정 기법이 포함되는데, 표현치료기법(미술, 춤, 음악, 드라마 등)으로 통합적 접근을 취하는 놀이치료사를 위한 다문화적 의미에 특히 초점을 맞추고 있다.

표현예술과 놀이치료의 통합 분야에서 치료사들은 등록 표현예술치료사(REAT)가 될 수도 있다. 국제표현예술치료협회(www.ieata.org)인 REAT는 표현예술치료 박사학위 또는 석사학위를 요구하며, 500시간의 인턴십 과정과 석사 과정의 2,000시간의 표현치료 경험, 이에 덧붙여 100시간의 슈퍼비전을 받은 임상 경험을 요구한다. REAT를 획득하는 데 요구되는 대학원 과정에는 표현예술치료에 접근하기 위한 수업으로 개별 및 집단 표현예술치료 진행, 윤리, 정신병리, 인간발달이 포함되어 있다.

놀이치료에서 표현치료를 하는 내담자 집단에는 학교 · 재활 센터 · 학대 처치를 하는 클리닉에 있는 아동과 청소년, 의료 장면 및 병원 장면에 있는 아동, 재소자 아동과 그 가족이 있다. 또한 의료적 및 정신의학적 문제와 질환뿐만 아니라 노령화를 다루는 표현적 접근을 성인과 노인에게 점점 더 많이 제공하고 있다. 일정한 청소년, 성인, 노인에게 놀이 또는 표현 매체를 사용하는 것은 내담자를 어린애 취급하는 것으로 보일 수도 있다. 그러므로 내담자가 삶에 다시 열중하도록 민감성을 적용해서 놀이에 대한 그들 자신의 긍정적인 기억을 도입할 수 있다고 느끼게 해야 한다. 또한 특정 감각장애가 있는 아동에게는 일정한 미술 자료, 악기, 천, 기타 감각−자극하기 자료의 사용을 금할 수도 있다.

실행 계획

놀이치료실이 전통적인 임상 장면, 상담 센터, 기타 어떤 장소이든지 간에 놀이와 놀이치료를 하는 것에 대한 놀이치료사의 개념화가 여전히 남아 있다. 관행 및 작업하는 아동이 호소하는 문제들이 다양하면 다양할수록 놀이치료사 입장에서는 유연성이 점점 더 많이 요구된다. 이 장의 나머지에서는 놀이치료에서 표현예술을 활용한 다양한 기법이 여러 가지 짤막한 삽화(비네트)를 통해 설명될 것이다.

먼저, 적절한 놀이치료실 설정을 어떻게 구상하고 만들 것인지에 대해 경험 학습을 적용한 레슬리 대학교의 고급놀이치료 석사 연구 자격 과정의 대학원 수업이 설명되어 있다. 두 번째, 위기 개입 지역사회 모델은 신의 저항군(Lord's Resistance Army, LRA: 1987년 설립된 우간다 반군 조직 이름)이 저지른 유괴와 고문으로 인해 폭력과 상실을 경험한 우간다 소녀들 및 여성들과의 치료 작업으로 검증해서 설명되었다. 세 번째, 지역의 오픈 스튜디오 접근이 시설에 수용된 성인의 불안, 우울, 관련된 행동특성을 치료하는 성인의 사례연구에서 제시된다.

이러한 장면 각각에서는 놀이치료 경험을 창조하고, 증폭하고, 의미를 만드는 데에서 표현 매체의 역할에 대해 강조한다. 이 과정은 내담자가 원기 회복을 위한 심리적 작업을 탐색할 수 있는 은유적 상징의 수준이 될 수도 있고 또는 대화의 수준에 도달할 수도 있다. 각각의 예에서 '놀이 속(in play)'에 다음의 기법들이 들어 있다.

- 새로운 장난감을 창조하거나 만드는 과정
- 통합적 반응을 불러일으키는 흥미로운 장난감을 사용하는 과정
- 카타르시스를 위한 각기 다른 자기 표현미술 형태들을 혼합하고 치료 공간을 넘어서 지역사회와 다시 연결하기

더 나아가 각각의 예는 치료적 경험의 경계를 전통적인 놀이치료회기의 틀 밖으로 확장하는 방식을 보여주고 있다.

놀이실 설비, 장난감, 재료

일반적인 놀이실 설비는 움직이기에 충분히 큰 공간이면서 내담자가 과도하게 압도되지 않아야 한다. 내담자가 자신의 정서와 정보를 드러내는 데에서 안전감을 느끼기에 충분한 개인적 공간이라는 것을 확실히 해야 한다. 다음의 항목들도 도움이 되는데, 내담자와 치료사가 게임이나 미술 또는 놀이를 할 수 있는 탁자 또는 평평한 작업대, 보조재료 · 게임 · 퍼핏 · 기타 장난감뿐만 아니라 내담자가 만든 작품이나 숙제를 보관할 수 있는 선반(Kottman, 2011)이다. 게다가 표현치료 재료들은 자연물(조개껍데기, 작은 나뭇가지, 모래, 돌멩이), 재활용품(철사, 끈, 카드보드, 양철 캔), 일반적인 미술 재료(물감, 마커, 종이, 점토, 풀, 테이프), 스카프, 음악 도구 및 두드리는 것, 상품화된 장난감, 그리고/또는 관계적 피규어(인형, 액션 모형물, 동물들)가 포함될 수 있다.

학습 환경

놀이치료 작업에 표현예술을 도입하는 방법에 대한 미래의 놀이치료사 훈련에는 재료와 기술을 사용해본 직접적인 경험이 제시되어야 한다. 이러한 경험에는 자기 탐색, 반영적인 분석, 현장에서 하는 관찰, 학생들이 배우는 데 도움이 되는 수업 시간 또는 수업 밖에서 하는 소집단 역할놀이, 반영하기 · 추적하기 · 감정의 재진술과 같은 경험적 기술(Kottman, 2011), 교육적이고 통합적인 읽을거리

들이 포함된다. 강사들은 기본적인 놀이 물체(Kottman, 2011 참조), 기본적인 미술 재료들, 여러 가지 질감과 촉감이 있는 종이 · 펠트지 · 천이 들어 있는 휴대용 트렁크로 대학원 수업에 설치할 수 있다. 마지막으로 학생들에게 새싹 치료사의 미래 세대를 위해 수업에 장난감과 재료들의 기증을 장려할 수 있다.

내가 종종 나의 놀이치료 수업에서 직접 사용하는 것은 학생들에게 그들의 이상적인 놀이실을 상상해보라고 하며 그 공간에 무엇을 담을 것인지에 대한 청사진을 그려보게 한다. 그들의 이상적인 공간을 그리는 것은 핵심적이거나 중요한 것을 그들이 표현하도록 하는 것이다. 공용 공간에 상상한 모든 것을 배치한 후, 나는 참가자들에게 모든 일에서 가장 중요한 것을 검토하게 한다. 우리는 보관 장소, 빛, 입구, 물, 그리고 각기 다른 특별한 요구를 갖고 있는 집단, 예를 들면 아동이 압도되었을 때 숨을 수 있는 공간과 편안하게 쉴 수 있는 공간 또는 내담자들이 각기 다른 단계의 치료적 관계를 경험할 수 있는 방의 지저분한 영역과 깨끗한 영역과 같은 특수한 집단에게 적합한 작업 공간처럼 실질적인 요소를 탐색한다. 표현미술치료 개념의 이용은 저자의 중심적 인식 또는 우려에 대한 가장 중요한 요소들이 포함된 것인데 종이의 중심 영역에 집중하는 것을 연습하고, 우리는 각 이미지의 중심을 조심스럽게 살펴본다. 관찰은 중심의 어수선함, 색깔, 구조, 또는 이 요소들의 부족을 고려해서 관찰이 이루어진다. 놀이치료에서 중요한 요소인 치료사-내담자 관계의 중요성, 실제로 대부분의 정신적 과정의 중요성을 대표하는 개방된 여백으로서 청사진의 중심을 학생들이 벗어날 가능성을 지적하는 것이 중요하다. 학생들이 토론에 가져오는 것은 자신들의 타고난 기술을 얼마나 믿어야 하는지에 대한 우려를 완화시키는 학생들의 장난기에 대한 개방성이다.

'이동식' 놀이실

때때로 놀이치료사들은 전통적으로 충분하게 설비되어 있는 놀이실에 접근하지 못한다. 이는 학교나 병원 또는 시골 지역과 같은 비전통적인 장면에서 일하는 놀이치료사의 경우에 흔하다. 이러한 놀이치료사에게는 이동식(portable) 놀이실이 가장 좋은 선택일 수 있다.

Cattanach(1997)가 놀이치료에서 아동의 이야기(*Children's Stories in Play Therapy*)에서 '놀이치료의 장면과 재료'에 대해 논의한 것과 같이, "아동이 동일한 크기의 공간에서 놀이를 하고 놀이를 하지 않도록 환경에서 특정한 영역으로써 놀이할 수 있는 공간을 정의하는 것이 중요하다."(p. 37) 벽돌과 박격포의 벽, 미술 재료들이 있는 선반, 퍼펫과 블록들이 들어 있는 통이 항상 있는 것이 아니기 때문이며, 놀이치료사는 놀이실의 '벽'을 구성하는 것에 맞추어야 한다. 예를 들어 아주 단순한 이동식 놀이실은 우간다의 작은 마을에서 우간다 소녀들과 작업할 때 이용되었다. 실외 환경, 즉 나무 아래에 위치한 이 장소는 치료적 공간의 상징적인 벽이 되었다. 재료들은 미국에서 가져갔고 내담자들이 계속 사용할 수 있게 두고 왔다. 치료사는 여러 가지 놀이실 물건, 나뭇가지, 잎과 조약돌을 제공하였고 이것은 훨씬 더 유용하고 효과적일 수 있다. 더불어 일부 문화에서 자연물은 종종 생각을 잘 변화시키곤 한다. 회기가 진행되면서 치료사와 내담자 내부의 치료적 중간(in-between) 공간이 전통적인 놀이실 벽을 사용하지 않고 상상으로 창조되고 유지된다는 것에 경의를 표한다.

놀이/미술 오픈 스튜디오

놀이/미술 오픈 스튜디오(open play/art studio)는 전통적인 놀이실에 대한 또 다른 대안이다. 그런 공간은 놀이와 미술이 좀 더 이용 가능하고 접근 가능하며 나이에 적절하게 적용될 필요가 있는 성인 또는 노인에게 특히 유용할 수 있다. 그런 놀이/미술 스튜디오 중 하나는 매사추세츠 중심에서 벗어난 시골 지역에 버려진 공장 창고에 만들어졌다. 지방의 비영리 기구가 선거권이 박탈된 노인들이 참여하는 주간 프로그램의 운영 공간으로 빌렸는데, 지역사회에서 고립된 노인들(65세 이상)이 다시 관계 맺도록 하는 치료적 방법으로 '창의적 놀이'에 참여하도록 격려했다. 나이든 성인의 상당수는 다발성 경화증과 뇌손상에서부터 정신질환에 이르는 범위의 장애로 인해 고통받았다. 집이 없는 성인들 또한 이 센터에서 지냈다. 커다란 창고는 낡은 나무 기둥과 삐걱대는 나무 바닥으로 되어 있었다. 놀이/미술 재료들은 다용도 작업대를 다리로 하여 신문지를 씌운 나무 판을 올려 만든 탁자 위에 놓았다. 망가진 장난감 더미와 재활용품들이 깨끗하게 라벨이 붙은 플라스틱 통에 담겨 있었다. 정식 교육을 받지 않은 눈으로 이 장면을 보면 치료 공간이라기보다 쓰레기장이나 장난감 수선 상점처럼 보였을 것이다. 참가자들 중 일부는 장난감 자동차·바퀴·트럭·기타 운송 도구들, 팔다리·발·손과 머리가 떨어진 인형을 포함해서 온갖 크기와 종류의 인형들, 돌·나뭇가지·조개껍데기·마른 과일과 같은 자연적 요소들, 재활용 물품들·나무·천 조각들, 버려진 영웅인형의 조각까지도 자신의 보관함으로 가져갔다. 매 회기는 장난감과 물건들을 가지고 자발적인 놀이를 하였으며 종종 TV 쇼, 영화, 이들이 자랄 때 있었던 영웅에 대한 환자의 기억을 떠올리게 했다. 자발적인 놀이와 떠오른 기억은 내담자와 치료사가 스튜디오 안에서 바로 토론하거나 이후의 개별 회기에서 토론을 이끌곤 했다.

놀이치료에서 표현예술의 시행은 치료사가 내담자를 위한 심리적으로 안전한 공간을 유지하는 한 놀이실이 될 수 있는데, 누군가의 손가락 끝에서 충분한 재료들이 제공되는 대학원생의 교실이든, 놀이를 창조하기 위한 상상과 자연이 있는 우간다 마을의 중앙에 있는 나무이든, 놀이/미술 스튜디오라기보다는 망가진 장난감을 고치는 산타의 작업장같이 보이는 오래된 창고이든지 간에 놀이실은 어떤 곳이든 될 수 있다. 놀이는 어디서든지, 무엇을 가지고서든지 간에 놀이를 할 수 있다.

처치 빈도와 기간

처치는 한 번, 한 시간 회기만큼 짧을 수도 있고 기숙 시설에 입원하여 집중적으로 몇 년을 받을 수도 있다. 빈도와 주기는 종종 자금, 협약서 또는 일부 사례에서 지리적 위치에 따라 다르다. 우간다에서 전쟁 외상을 경험한 소녀들과 작업할 때 조디 맥브라이언 박사와 나는 3년 과정으로, 네 번의 각기 다른 시기에, 한 번에 몇 주일 동안 이 지역에 머물렀다. 우리는 기본적으로 외상 문제, 우울, PTSD, HIV를 다루기 위해 이 지역의 3개 학교에서 온 여학생들과 작업하였다.

우리가 방문하는 동안에 적어도 3번, 소녀 집단들을 동시에 만나려고 시도했다. 각 회기는 1시간 반 동안 지속되었다. 일부 회기에서 우리가 집중한 것은 선생님, 직원, 학생들이 그들의 현재 복지(well-being)를 평가하는 면담이었다. 또 다른 회기에서 우리는 각 집단을 12명의 소녀로 해서 표현미술놀이 회기를 특별히 설계하여 시행하였다. 우리가 우간다에 있지 않을 때에는 우간다대학교에서 석사 학위를 받은 현지 선생님과 상담사들과 정기적으로 접촉을 유지하였다. 외상을 경험한 소녀들, HIV가 있는 아동, 그리고/또는 고아들과 지속적으로 그들이 작업하는 것을 슈퍼비전했다.

매사추세츠에 있는 성인을 위한 오픈 스튜디오는 지역의 병원과 외래 정신건강 클리닉과 느슨하게 연계되어 있었다. 창조적 놀이회기는 1년에 걸쳐서 1주일에 한 번, 1시간 30분 제공하였다. 이에 더해서 몇몇 은퇴한 예술가들 그리고/또는 치료사들이 매일 스튜디오에서 작업하였다. 평균적으로 거의 20명 가까운 내담자들이 매일 이 스튜디오에 참석하였다. 사회적 발달 및 심리적 발달이 정지된 것에 대처하려는 성인 내담자들은 지역사회중심 개입 프로그램이 도움이 되었다.

처치 전 평가

내담자 요구의 평가는 지역의 관습에 민감할 필요가 있다. 최악의 사례는 치료사가 끔찍한 이야기 그리고 외상적 죽음을 직접 경험, 주검 훼손, 폭력, 신체적 및 심리적 상처를 받은 사람들과 마주할 경우이다. 새로운 치료사들은 간접적 외상 그리고 심각한 정서적 스트레스 및 환경적 스트레스와 연관된 2차적인 증상을 종종 경험할 것이다. 우간다에서 맥브라이언 박사와 작업한 사례에서, 우리는 모두가 흑인인 여학교에서 작업하는 두 명의 백인 여성이었다. 이는 백인의 특권 및 힘과 연관되어 군림한다는 예상을 최소화시키는 데에서 적극적인 시도와 인식이 필요했다. 모든 상호작용에서 강조하는 것은 고통당하는 평범한 인류에 대해 인식하고 회복과 해결을 달성하려는 협력이다. 심각하게 외상을 입은 집단과의 작업에 대한 상세함이 이 장의 목적은 아니지만 취약하고 상처받기 쉬운 공동체에서 '아웃사이더'가 수행하는 개입과 연관된 복잡성을 소홀히 취급하는 것은 무책임한 일일 것이다.

Landreth(2012)가 지지하는 것처럼, 처치 전 평가는 초보 치료사들의 훈련과 자기 성찰 안에서 먼저 이루어져야 한다. 개인의 정서적 상태 그리고 새로운 생각에 노출될 준비성 및 관점의 전환에 대해 평가하는 과정은 학생 치료사들 스스로 교실에서 먼저 일어난다. 이들이 훈련을 받고 자기 성찰이 되면, 초보 치료사는 자신의 환자가 새로운 생각을 할 준비 및 관점의 전환을 평가하는 것으로 잘 진행할 수 있다. 놀이치료 현장에서 표현예술의 사용을 위한 평가는 장면과 상황에 따라 다를 수도 있다. 우간다 소녀들과의 작업에서, 학교에 있는 현지 상담심리학자는 놀이치료 개입에서 단기표현치료로 이득이 많았다고 확인된 소녀들을 대상으로 평가를 끝냈다. 평가에는 질병의 평가, 교육적 발달 및 사회적 발달, PTSD 징후, 증상을 보이는 대처 기제가 포함되었다. 놀이/미술치료 스튜디오에는 정신과의사, 심리치료사, 사회복지사, 사례관리자, 또는 간호사가 내담자들을 프로그램에 의뢰했다. 프로그램에 들어가는 것은 표준정신상태평가를 사용해서 평가했고, 각 내담자는 치료사가 면담했는데 프로그램에 대한 내담자 자신의 기대, 집단 작업의 적절성, 창의적 내력을 검토했다. 처치 계획은 내담자의 정신의학적 이력과 창조적 예술에 대한 관심에 기초하여 개별적으로 이루어졌다. 기본적인 면담 주제에는 대처 기제의 심리사회적 내력, 놀이를 하려는 의지, 내담자의 아동기 놀이 경험의 시간별 히스토리 끝내기, 그 이후 성인의 취미가 포함되었다.

처치 계획

맥락(context), 맥락, 그리고 맥락은 사례들 전반에 걸쳐서 목표와 처치 과정을 이해하는 데에서 가장 강력한 단어 중 세 가지이다. 내담자가 자기 표현을 하도록 격려가 가능한 방법을 찾음으로써 치료가 즐겁다는 것을 보장하는 치료사의 타고난 능력은 항상 남아 있다. 맥락을 고려하여 처치 계획하기는 대개 치료사, 처치팀, 사례관리자/사회복지사, 희망하기는 내담자 자신도 함께 대화해서 계획한다. 가능할 때마다 환자에게서 얻은 것으로 처치를 계획하는 것은 좀 더 현실적인 계획을 세우는 데 도움이 되는데 환자는 자신의 미래 및 자신의 작업 결과에 대한 통제감을 얻는다. 일반적으로 처치 계획은 환자와 치료사가 동의하여 회기가 궤도에 오르도록 처치의 초반에 세워지고 처치 내내 여러 번 검토된다.

자연재해와 인재에 따라 세계를 돌아다니며 위기 중재를 하는 것은 특유의 어려움이 있고 서구 사회에서 개발된 클리닉에서 일하는 것과 비교했을 때 현장에서의 역동은 복잡하고 다르다. 유연성이 무엇보다 중요하다. 우간다에서 소녀들 처치 계획의 목적은 단기간이기는 해도 지역사회 안에서 의사소통 기술이 증가하고, 소녀들의 자존감과 자기 가치감을 올리고, 증가된 회복력 기술을 제공하려는 것이다. 소녀들이 다시 외상을 겪지 않게 조심해야 하며, 침해적이며 진실을 캐기 위해 질문하기 전에 그들의 이야기를 들어주고 단서를 위해 기다려주는 돌봄이 필요하였다. 이러한 배경에서 놀이 물체의 도입은 소녀들이 보다 자유롭게 자신을 표현할 수 있게 하고 자존감을 확립하는 데 매우 유용하였음이 입증되었다. 보다 더 중요한 것은 놀이치료기법에서의 표현예술이 성공적인 표현 양식으로써 근본임을 증명하였다. 소녀들은 지지적인 공동체에서 서로의 이야기를 듣고 느낌을 표현하면서 정화적 이완을 경험할 수 있었고, 이는 그들이 서로 지지하고 강한 결속감을 형성 그리고/또는 재형성하게 하였다.

놀이/미술 오픈 스튜디오에서 처치 목표는 막혀 있던 심리적 발달과 사회적 발달의 영역을 향상시키기 위한 긍정적인 대처 기술의 도입 및 유지하는 데 집중되었다. 개별 내담자가 회기에 참여하면서, 가족과 일반 공동체는 내담자의 창조적인 작품들을 공적인 지역사회 전시회를 통해 기념하고 축하했다. 어떤 면에서 미술 또는 공예에서 숙달감을 발달시키는 것이 성인들에게 불필요할 수도 있다. 그러나 이러한 성인 집단에서 놀이/미술 도구의 사용은 참가자들이 부정적인 의례적 행동에서 이동시키며 문제를 해결하고 위험-부담 행동을 완화시켰다. 더 건강하고, 복지의 일관된 실천은 내담자의 삶의 질을 향상시키는 결과를 가져왔다.

처치 단계

 캐리 사례

우간다에 사는 캐리(13세 소녀)는, 맥브라이언 박사와 내가 만났던 소녀들 중 한 명이다. 캐리는 약하고 마른 몸에 18kg 정도로 보였으며, LRA 군인이 그녀의 엄마를 강간해서 임신한 아이였으며 HIV(후천성면역결핍증후군)를 가지고 태어났다. 성 캐서린 학교의 교사들은 고아가 된 소녀들을 지역사회에 통합시키려고 애쓰고 있었다. 학교 상담사인 엠마는 친구가 거의 없고 심각한 우울 증상을 보이는 캐리가 놀이치료회기에서 하는 표현미술로 도움을 받을 것이라고 제안했다. 학교에는 수백 명의 학생이 있었지만 시간과 자원의 제한 때문에 우리는 그들 중 가장 어려움이 있는 학생에게 서비스를 제공할 수밖에 없었다. 엠마가 소녀들을 평가하고 처치를 위해 선택한 후에 우리는 지역사회 건물에서 지역의 노래를 함께 부르는 활동과 각 소녀의 아프리카 이름과 세례명의 의미를 배우기 시작했다. 그다음에 나는 13~18세 소녀들에게 나뭇가지, 잎, 돌, 학교 안에 있는 기타 물건들을 찾으라고 했고, 이는 그들 스스로를 표현하고 백인 여성의 방문과 방과 후 특별 시간에 대해 어떻게 느끼는지를 표현시키려는 것이었다. 이들은 물감붓과 물감으로 종이 위에 이들이 선택한 물체를 그렸다. 캐리는 작은 붓을 집어 들고 그녀가 찾은 나뭇잎 그림을 그리기 시작했다. 캐리는 종이에 나뭇잎을 확대해서 그렸는데, 종이 위의 밝은색에서 나뭇잎 내부의 잎맥과 통로가 보였다. 캐리는 주기적으로 다른 소녀들을 쳐다보며 미소 지었다. 캐리를 고립시켰던 나이가 많은 소녀들은 자신을 표현하는 캐리의 새롭게 발견된 재능에 관심을 보였다.

다음에 Model Magic Clay(상표명)와 땅에서 발견한 붉은 점토를 사용해서 염소, 원숭이, 기린, 토끼 등 미니어처 동물을 만들려고 모였다. 이 활동은 기본적으로 이들이 학교나 집에 장난감이 없기 때문에 선택되었고 우리가 가고 난 후에 중간 대상으로 가지고 있을 뭔가를 만들게 하고 싶었다. 실제적인 목적에서 미니어처 동물을 만드는 것은 다른 사람들을 위한 재료가 된다. 동시에 미니어처 만들기는 현실에서 거의 선택의 여지가 없는 각 청소년이 자신의 창의적인 선택과 은유적 삶을 통제하는 데에서 좀 더 개인적인 의견에 바탕을 둔다고 느끼도록 은유적으로 힘을 실어주는 것이 된다. 우리는 소녀 3명이 한 조가 되게 하고 그들이 만든 동물에 대한 이야기를 만들게 하였다. 동물을 만들고 이야기 만들기/활동으로 표현하기의 '구현놀이(embodiment play)'는 소녀들의 재료의 감각적 탐색을 통해 이들의 내부 및 외부의 현실을 확장하였다(Cattanach, 1997). 동물 특성의 은유적 표현은 개인의 감정, 그들의 대처 전략, 표면적으로 또는 마음속으로 차이가 있는 다른 사람과 잘 지내는 방식을 묘사한다. 이런 방식으로 좀 더 자신감, 자존감, 확인이 회기들을 넘어서 혼자 그리고 함께 놀이하는 데 영감을 주었다.

우리가 노는 동안에 갑자스러운 폭우를 만났고, 우리는 만들던 점토 구조물을 포기하고 재빨리 뛰었다. 지붕이 새었지만 밖에 있는 나무보다 나은 쉼터가 되었다. 우리가 모두 서성거릴 때, 두 명의 나이가 많은 소녀들이 캐리를 자신들의 무리로 데려가서 이야기에 참여하라고 격려했다. 그들은 다음의 이야기를 함께 만들었다.

> 옛날에, 거북이와 새가 살았어.
> 거북이는 새에게 자신도 날고 싶다고 말했지.
> 새는 거북이에게 날개를 붙여주었어.
> 거북이가 날기 시작하자 풀이 녹기 시작했어.
> 그는 곧 밑에 있는 바위에 떨어졌고 그의 등이 갈라졌어.
> 그게 바로 지금 거북이 등에 금이 간 이유야.

엠마와 나는 아이들이 이야기를 만드는 용기를 지지했고 소녀들의 공동체가 서로에게 제공하기 시작한 지원에 대한 관심을 그려볼 수 있었다. 캐리는 자신이 그린 나뭇잎 그림에서 거북이가 간 길을 그렸다. 나이 많은 소녀가, 그들 모두는 지금 같은 길 위에 있다고 말하면서 부드럽게 자신의 팔로 캐리를 감쌌다. 모든 사람이 표현된 외상 경험의 슬픔을 알고 있고 느끼고 있으며 치료사로서 우리는 상호작용 안에서 그리고 상호작용을 통해서 조용히 이야기를 안내할 수 있었다.

1년 후 내가 여학교에 다시 갔을 때 상담사는 캐리가 HIV 약 먹기를 거부해서 걱정하고 있었다. 그녀가 표현놀이/미술 집단 그리고 백인 여성이 다시 돌아왔다고 들었을 때 집단에 다시 참여하기를 원했다고 알려주었다. 다른 종류의 회기에서 캐리는 조용히 참여하였고, 집단의 새로운 우정으로 둘러싸였다. 그녀는 다시 다른 사람들로부터 긍정적인 관심을 받게 되었고 약을 먹겠다고 했다. 외국인의 방문을 넘어서 그녀를 보살피기 위한 그녀들의 약속을 재개하였다. 은유적으로 소녀들 이야기의 거북이와 새는 통합되었을 것이다. 우리는 다시 나무 아래에 앉아서 캐리가 원하는 미래를 이야기하였다. 치료적으로 나는 그녀의 선택을 반영하였으며 그녀가 집단 안에서 그리고 집단 밖에서 진정으로 달라지는 것을 인정하였다. 그녀는 지역 식물에서 발견한 '장난감'의 성질과 인생의 금(crack)에서 즐거운(playful) 태도를 발견, 아니 재발견하였다.

노먼 사례

매사추세츠에 있는 지역사회 센터에서 보통 키와 단단한 체격의 백인, 노먼(68세)은 다소 단정치 못하고 실의에 빠진 듯 보였다. 그의 부모는 그가 50대일 때 병으로 사망하였고 형제는 없었다. 노먼은 기계공으로 일했는데 최근에 실직하였다. 그는 캘리포니아에 사는 두 명의 장성한 자녀와도 사이가 멀었을 뿐만 아니라 이혼을 하였다. 그는 알코올 남용의 잦은 폭음과 운전 중 음주 때문에 운전면허가 취소되었다. 그는 부모에게서 물려받은 시내에서 동떨어진 허름한 집에서 살고 있기 때문에 지역사회로부터 고립되고 소외될 것을 걱정한 사회복지사가 지역사회 센터에 의뢰하였다.

놀이/미술 스튜디오에서의 그의 첫 번째 회기에서, 노먼은 앉아서 초조하게 탁자 위에 있는 플라스틱 조각을 튕기고 돌렸다. 노먼은 티들리윙크스(작은 원반을 튕겨 컵 속에 넣는 놀이) 더미에 주목하면서 그의 사촌과 어릴 적에 놀았던 것을 기억하고 얼굴에 미소를 지었다. 그는 선이 뒤섞여 있는 것을 보고 집에서 만든 슬링키, 즉 오른쪽으로 비스듬히 기울이면 계단을 타고 움직이고 독립적으로 튀어 오른다고 알고 있는 슬링키로 바꾸었다. 두 번째 회기에 노먼은 코기와 딩키 장난감 차를 가지고 놀이를 하였고, 그 차들을 줄세우고 특히 낡아빠진 오래된 차들을 보면서 차들이 자기같이 보인다고 투덜거렸다. 그의 가장 주목할 만한 활동은 그의 여덟 번째 방문에서 일어났는데, 미술 도구보다 장난감을 적극적으로 찾기 시작하였고 예전에 잃어버렸던 뭔가를 찾으려는 듯이 보였다. 그가 어떤 상자를 우연히 발견했을 때 노먼은 눈물을 흘리며 앉아 있었고, 의미 있는 뭔가에 두 눈이 고정되어 있었다. 조심스럽게 그의 시선을 방해하면서 그의 눈에 들어온 것이 무엇이냐고 물었다. 그는 숨이 막힐 것 같은 목소리로, 그의 아버지가 생일선물로 특별한 상자를 가지고 온, 10살 이후로 보지 못했던 기계 로봇을 가리켰다. 그의 아버지는 직업이 3개나 되었지만 실제로 그와 시간을 보낸, 그의 인생에서 최고의 순간으로 그날을 기억했다. 그는 아버지가 그에게 로봇을 조종할 수 있고 자기 마음대로 할 수 있다고 말한 것을 기억하였다. 지금 노먼은 대부분의 삶에서 그랬던 것처럼 무엇을 하라는 말을 듣기보다는 그의 인생을 책임질 때라고 결정했다. 새로운 결정과 함께, 그는 비누 상자 더비 차를 만들기 위해 집단에서 다른 남자에게 도움을 구하였고, 꽤 오래 걸리는 과정을 끝냈다. 그다음 몇 개월 후 그는 'Super Mechanical Robot Man Car'를 만들기 위해 부품을 찾았고 페인트를 사용했다. 그는 만들기를 계속하였으며 근처 초등학교에서 아이들이 도전의 날에 겨루기 위해 그들 자신의 자동차를 만드는 방과 후 프로그램을 하게 되었다. 명백하게 노먼은 삶을 선택하였다.

처치 전략

궁극적으로 표현미술 매체를 놀이치료에 통합하는 것은 치료 관계에서 내담자와 치료사 사이의 상호작용의 수준을 높인다. 수업에서 이들의 이상적인 놀이실의 청사진 스케치는 초보 치료사들이 놀이실이 어떤 모습이어야 하는지에 대한 자신의 기대에 대해 유용하고 필요한 내면의 반영에 열중하도록 자극하게 만들었다. 토론할 때 놀이실 청사진은 그들이 은유적으로 얼마나 준비되었고 내담자를 위해 치료적으로 존재할 수 있는 능력이 얼마인지에 대한 피드백을 초보 치료사에게 제공할 수 있다.

우간다 소녀들의 사례에서 부드러운 조각 재료뿐 아니라 자연에서 찾을 수 있는 물체들은 안전감을 주기 위해 모험의 이야기와 노래를 하는 목소리가 되는 데 사용되는 미니어처 그리고 가지고 다닐 수 있는 동물을 창조했다. 조각품을 만드는 동작과 만든 것을 함께 공유하는 것은 촉진자/치료사와 집단 간에 더 밀접한 친밀감을 생성했다. 놀잇감—사람이 만든 것이든 자연적인 것이든—을 활용한 이러한 유형의 표현적 활동은 놀이치료사의 도구 상자에 포함되어서 활용성을 입증한다. 내담자가 애도 또는 상실과 같은 역기능적 증상을 오래 보일 때, 상징적인 미술 매체, 자연물, 장난감을 가지고 자신을 표현할 수 있는 선택을 하게 하는 것은 이들이 치유 과정에서 움직이도록 도울 수 있다. '도구로써의 자아'라는 개념을 적용하기 위한 유연성은 열정 있는 치료 관계를 창조하는 데 도움이 된다(Knill et al., 1994). 우간다 소녀들과 함께했던 나의 존재는 그들의 부드러운 조각물의 상징적 성질로 인해 웃고 울었던 동물들의 투사된 특성이 나로 하여금 그들과 함께 탐색하고 이해할 수 있게 하였다.

오픈 미술 스튜디오에서 노먼이 만든 더비 자동차들 중 하나에서 청년을 배웅하는 노먼의 자긍심을 보는 것은 그들 누구보다 우리 내담자들에게 영예의 가치를 불러일으켰다. 놀이는 성장을 촉진하고 평가할 뿐 아니라 개방적으로 자신을 평가하고 호기심과 자신의 성장을 배양하는 패러다임을 치료사에게 제시한다. Brown과 Vaughan(2009)은 "놀이는 우리에게 우리의 평범한 인간성을 보여준다."(p. 199)라고 우리를 상기시킨다. 자발적인 놀이와 창조물을 통해 노먼은 임상적 우울과 물질 남용을 하는 인간 대신에 전인(全人)으로서 자신을 볼 수 있었다.

결론

요약하면 놀이치료에서 표현예술의 표현적인 성질은 놀이치료에서 접하는 것을 향상시키기 위해 예술의 방법과 미학이 있는 친근함 그리고 부수적인 기술을 필요로 한다. 치료의 전통적인 사무실의 틀 밖에서 내담자와 작업하는 기회가 점점 많아지는 것을 감안하면, 놀이 물체와 결합하는 데에서 상상적 예술에 대해 많이 알고 있으면 심리적 통합이라는 독특한 가능성을 만들어낸다. 놀이 물체에서 창출되거나 놀이 물체에서 빌려온 청각·시각·미각·촉각을 통합해서 의미를 만드는 것은 놀이치료사의 저장목록(레파토리)을 증강시켜줄 수 있다. 전통적인 놀이치료에 표현치료기법(미술, 춤/움직임, 음악, 드라마 등)을 도입하는 것은 내담자의 내면의 역동을 치료사가 더 깊이 이해할 수 있게 한다. 장난감을 가지고 놀기만 하는 것과 달리, 창작의 과정은 치료사 및 내담자에게 무슨 일이 환자에게 있는지에 대한 상징적이고 은유적인 이해를 가능하게 한다. 아주 새로운 의미의 층이 놀이 속으로 들어온다.

참고문헌

Axline, V. M. (1971). *Dibs in search of self*. New York, NY: Ballantine Books.

Betensky, M. (1973). *Self discovery through self expression: Use of art in psychotherapy with children and adolescents*. Springfield, IL: Charles C. Thomas.

Brown, S., & Vaughan, C. (2009). *Play: How it shapes the brain, opens the imagination, and invigorates the soul*. New York, NY: Penguin Group.

Cattanach, A. (1997). *Children's stories in play therapy*. London, England: Jessica Kingsley.

Chapman, L., & Appleton, V. (1999). Art in group play therapy. In D.S. Sweeney & L.E. Homeyer (Eds), *Handbook of group play therapy* (179–191). San Francisco, CA: Jossey-Bass Inc.

Csikszentmihalyi, M. (1990). Flow: *The psychology of optimal experience*. New York, NY: Harper Perennial.

Gil, E. (2012). Trauma-focused integrated play therapy (TF-IPT). In P. Goodyear-Brown (Ed.), *Handbook of child sexual abuse: Identification, assessment, and treatment* (pp. 251–278). Hoboken, NJ: Wiley.

Green, E., & Drewes, A. (2013). *Integrating expressive arts and play therapy: A guidebook for mental health practitioners and educators*. Hoboken, NJ: Wiley.

Knill, P., Barba, H., & Fuchs, M. (1994). *Minstrels of soul: Intermodal expressive therapy*. Toronto, Canada: Palmerston Press.

Kottman, T. (2011). *Play therapy: Basics and beyond* (2nd ed.). Alexandria, VA: American Counseling Association.

Landgarten, H. (1981). *Clinical art therapy: A comprehensive guide*. New York, NY: Routledge.

Landreth, G. L. (2012). *Play therapy: The art of relationship* (3rd ed.). New York, NY: Taylor & Francis.

Leavy, P. (2011). *Essentials of transdisciplinary research: Using problem-centered methodologies (qualitative essentials)*. Walnut Creek, CA: Left Coast Press.

Lowenstein, L. (Ed). (2010). *Creative family therapy techniques: Play, art, and expressive activities to engage children in family sessions*. Toronto, Canada: Champion Press.

MacDonald, R. (2000). The education sector. In M. A. Somerville & D. J. Rapport (Eds.), *Transdisciplinarity: Recreating integrated knowledge* (pp. 241–244). Oxford, England: EOLSS Publishers.

Malchiodi, C. A. (2008). *Creative interventions with traumatized children*. New York, NY: Guilford Press.

Moustakas, C. (1992). *Psychotherapy with children: The living relationship*. Greeley, CO: Carron.

Norton, C., & Norton, B. (1997). *Reaching children through play therapy: An experiential approach*. Denver, CO: The Publishing Cooperative.

O'Connor, K. J. (2000). *The play therapy primer*. New York, NY: Wiley.

Riley, S. (1999). *Contemporary art therapy with adolescents*. London, UK: Jessica Kingsley Publishers.

Rubin, J. A. (2005). *Child art therapy (25th anniversary edition)*. Hoboken, NJ: Wiley.

Schaefer, C. E., & O'Connor, K. J. (1983). *Handbook of play therapy*. New York, NY: Wiley.

Winnicott, D.W. (1971). *Playing & reality*. London, England: Tavistock.

14

놀이치료에 연극 이용하기

STEVE HARVEY

이론적 근거

몇몇 저자들은 가장놀이(pretend play)가 아동의 발달, 특히 아동이 사회적 경험을 이해하고 전달하는 능력발달에 있어 얼마나 중요한지를 지적해 왔다(Garvey, 1990; Russ, 2004; Stagnitti & Cooper, 2009). 역할놀이(role-playing)와 연극적 재연(dramatic enactment)은 학령기가 되면서 자연스럽게 발달하는 아동의 가장놀이 능력의 중요한 부분이다. 일반적으로 아동이 5세 무렵이 되면, 즉흥적으로 창조하고, 연출 및 연기를 하면서 몇 시간이고 또래나 가족 구성원과 시간을 보낼 수 있다. 연극적 놀이의 다양한 측면을 강조하는 이론가들이 있는 반면, 이러한 삽화의 중추적 목적 및 이점은 사회적 의사소통 능력을 발달시키고, 타인과의 관계와 의미를 공동 창조하는 능력을 개발하는 것이다. 연극적 가장놀이는 아동의 애착 내력, 외상과 분리의 경험, 친밀 관계의 작업을 이해하는 방식, 가족 상황, 사회적/정서적 발달을 반영하고 이것에 의해 영향을 받는다. 연극적 가장놀이를 하는 아동의 능력이 발달하는 정도는 이후 아동이 갖게 될 대인관계, 사회적 창의력, 긍정적 정서의 경험, 어려움에 직면했을 때 회복하는 능력의 질에 영향을 미친다. 연극적 놀이는 아동이 타인과 함께 서로에 대해 반응하는 정서적 경험을 타협하는 방식을 찾아가는 데 있어 자연스러운 단계를 제공한다. 이러한 재연이 성공했을 때, 아동은 자신에게 중요한 사람에 대한 정서적 반응을 창의적인 방식으로 바꿀 수 있고 일상의 삶 속에서 이러한 기술을 적용할 수 있게 된다. 아동이 어려움에 처했을 때, 연극놀이의 중추적 목적은 그들의 이러한 자연스러운 문제 해결 능력을 발달시키거나 다시 시작하게 돕는 것이다.

아동의 연극놀이와 가장놀이에 참여할 수 있는 능력의 발달과 더불어 친밀한 신뢰관계의 발달과 관련된 몇몇 이론 및 개념은, 놀이치료에 연극놀이 고유의 장점을 적용시킬 수 있는 방식을 이해하는 데 있어 핵심이 된다(Harvey, 2003, 2005, 2006). 이러한 개념에는 애착, 조율, 가장놀이 및 연극적 표현의 발달이 포함되어 있다.

애착과 조율

연극중심 놀이치료 분야에서 중요한 몇몇 저자들은 아동과 가족의 연극적 표현의 중심으로써 애착 이론을 강조한다(Cattanach, 1994, 2007; Gallo-Lopez, 2005a; Harvey, 2000b, 2006; Irwin, 1983, 2014; Jennings, 2010). 애착은 유아기 동안에 아동과 양육자 사이의 상호적인 의사소통에서 발생한 일생 지속되는 중요한 정서적 유대를 말한다(Ainsworth, Bleher, Waters, & Halls, 1978; Bowlby, 1972; Cassidy & Shaver, 1999). 초기에 이러한 상호작용은 아동이 고통을 표현하고, 이 표현에 양육자가 반응하는 방식에 초점을 맞춘다. 비교적 많은 경우가 그러하듯이 이러한 연계가 성공적일 때, 부모가 아동을 진정시킬 수 있고 안정된 상호작용 양식이 발달한다. 그러나 부모가 아동을 진정시키지 못했을 때 불안정한 결과를 가져온다. 아동이 성숙하면서 그들의 핵심적인 안정/불안정은 연극적 표현과 그들이 놀이하는 내용에 반영된다. Harvey(2000a, 2003)는 중요한 가족의 정서적 의사소통은 상호적인 안정/불안정의 기본 패턴에 의해 영향을 받으며, 이는 가족 구성원 사이의 연극놀이에 나타날 수 있다고 제안하였다. James(1994)는 심리적 외상의 경험이 애착 상호작용에 영향을 주는 방식 그리고, 결과적으로 가족 상호작용에 부정적으로 지속적인 영향을 미치는 방식에 대해 기술하였다. 이러한 영향은 연극놀이 재연(dramatic play enactment)에서도 볼 수 있다.

조율은 아동과 양육자 간의 정서적 의사소통과 관련된 또 다른 개념이다. 조율은 상호작용의 명료성을 말하는데 타인에 대해 알고(read) 타인에게 효과적으로 반응하는 정도를 말한다(Stern, 1985). 이러한 패턴은 의사소통이 진행되어 가는 매 순간의 흐름에 따라 발달하는데, 특히 비언어적 맥락에서 양육자와 아동이 그들 사이의 상호주관성을 함께 만들어 가면서 공유하는 특정한 정서를 둘러싸고 발달한다. 여기서 상호주관성(intersubjectivity)은 개개인이 감정, 의도, 동기를 공유하는 상태와 관련이 있다. Harvey(2006, 2008a)와 Kindler(2005)는 놀이치료 맥락에서 연극적 의사소통의 중요성을 기술하기 위해 정서조율(Stern, 1985, 2004)의 개념을 사용하였다.

애착 및 조율의 이러한 패턴은 아동과 그 가족의 연극적 표현의 모든 요소에 반영되어 있다. 놀이기법은 연극적 놀이 은유 안에서 친밀한 사회적 의사소통을 인식하고 소개하는 데 사용될 수 있다. Harvey와 Kelly(1993)는 2~3세 때부터 애착과 조율 패턴이 관찰 기록되었던 한 아동의 장기간 사례에 관해 발표하였다. 아동보호 서비스에서 온 자료에는 이 소년이 유아기에 신체적 학대 및 방임을 겪었던 사실이 기록되어 있었다. 소년과 그의 어머니 사이의 상호작용을 관찰한 결과에서는 명백한 불안정 애착이 나타났고 사실상 어떠한 조율도 없었던 것으로 나타났다. 여러 해가 지난 후, 이 소년이 가정 내에서 격렬한 분노를 표출하던 시기를 다루기 위해 진행되었던, 입양 양육자와 함께한 가정중심의 개입에서 이 소년이 보인 연극 줄거리와 그가 사용한 역할 및 캐릭터는 모두 그의 이러한 내력과 분명히 연관되어 있었다. 그는 회기에서 특별한 캐릭터 하나를 만들었는데 그것은 배에 거미들이 있는 커다란 곰(부드러운 동물)이었다. 이 캐릭터의 표상은 몇 년 전 그를 학대했던 부모를 표현한 것으로 애착 상호작용의 불안정한 양식에 부합되는 것으로 보였다. 이와 같은 연극적 요소는 이후 성공적인 연극적 배경과 가족놀이치료 개입에서 정서적 안정의 시나리오를 함께 만드는 데 자주 사용되었다.

가장놀이의 발달

자신의 놀이에서 가장하는 아동의 능력은 친밀한 사회적 의사소통에 참여하는 아동의 능력과 함께 생애 초기에 출현한다. 아동이 가장놀이에 참여하는 가장 큰 동기는 본질적인 즐거움을 위해서이다. 가장하기는 아동이 하나의 대상을 다른 것으로 대체하고, 소유물 또는 특성을 행동 또는 대상으로 보고, 현재 존재하지 않는 대상을 언급하거나 놀이 안에 배치하기 시작하면서 일어난다(Stagnitti, 1997; Stagnitti & Cooper, 2009). 20개월쯤 되면, 아동의 연극놀이에는 아동이 가정생활에서 개인적으로 경험한 사건에 기반을 둔 대본이 포함되기 시작한다. 2세가 되면, 아동은 단순한 행동들을 논리적으로 연계하기 시작하고 분리된 놀이행동들을 결합할 수 있다. 3세경이 되면, 가장놀이에서 적극적인 참여자가 되어 일련의 가장놀이에 인형이나 퍼핏 같은 사물을 적용한다. 4세가 되면, 아동은 지어낸 사건뿐만 아니라 개인적 사건 전부를 포함해서 놀이 대본을 확장할 수 있고, 놀이 캐릭터와 이야기의 내용을 또래나 가족 구성원과 협상할 수 있다. 줄거리는 논리적이고 미리 계획되어 복잡해지며, 심지어는 아주 상상적이 된다. 인형이나 퍼핏 같은 사물은 그들만의 생명력과 특성을 갖고 있다. 아동은 몇 가지 역할을 개발할 수도 있으며 의도된 목적을 위해 연극 내에서는 어떤 사물로 역할을 대체하기도 한다. 5세가 되면, 다른 사람에게 역할을 배정하고, 상호작용에 포함시킬 이야기와 놀이 장면을 협상하며, 연기를 진행하기 위해 온갖 종류의 물체와 소도구를 이용할 수 있게 된다. 때때로 이러한 시나리오를 가지고 며칠, 또는 그보다 훨씬 더 오랜 시간 동안 놀기도 하고, 시나리오는 종종 다양한 등장인물들로 채워진다. 이러한 수준의 가장놀이가 출현하면서, 아동은 다양한 인지 능력, 사회적 상호작용, 문제 해결력, 정서적 조율 기술을 사용한다(Russ, 2004). 이러한 자연스러운 발달은 사회적/정서적 성장을 위한 메커니즘이 된다.

연극놀이의 발달

연극(drama) 치료사인 Jennings(2010, 2011)는 체현-투사-역할(embodiment-projection-role, EPR) 모델을 만들었는데, 이는 아동의 애착/조율 상호작용과 가장놀이의 출현을 연극놀이 발달의 이론적 이해에 통합한 것이었다. 이 모델은 태어나서 7세까지의 연극놀이 과정을 기록하였다. Jennings에 따르면 연극놀이의 초기 요소는, 아이를 잉태한 어머니가 뱃속의 아이를 눈으로 볼 수는 없지만 아이와 상호작용하는 자신의 모습을 상상하거나 시각화하기 시작하면서 신생아와도 의사소통할 수 있게 준비시키는 임신 기간에 출현한다. EPR 모델에서 아기는 그들만의 혁신적인 상호작용을 시도하고 모방으로 양육자에게 반응하는 능력을 보여줌으로써 상황을 연극적으로 만드는 능력을 가지고 태어남을 알 수 있다. 이러한 쌍방적인 에피소드가 이루어지는 동안에, 유아와 그의 놀이 파트너는 '마치~인 것처럼(as if)' 서로에게 반응하거나 함께 참여하여 장면을 만드는 공동 작업을 할 수 있다. 여기서 '마치~인 것처럼'은 문자 그대로의 구체적 현실보다는 참가자의 표현에 따르는 상태를 말한다. 숨바꼭질과 같이 서로의 얼굴을 보며 하는 놀이와 게임에는 단순한 신체적 행동을 넘어, 부모와 아동이 공유하는 의미와 긍정적인 느낌을 분명히 드러내고 재창조할 수 있게 돕는 신체적 활동이 포함되어 있다.

태어난 첫해, 아동의 연극적 표현은 신체적인 상호작용을 통해 발달한다. 그것은 점차적으로 아동이 신체를 넘어서 세상을 탐색하고 투사적 놀이 속으로 물체를 가져오고 상상하면서 좀 더 복잡해진다(Jennings, 2010). Jennings는 가장된 캐릭터 창조에 동반되는 역할놀이의 출현 그리고 모든 복잡성을 연극적 반응이라 칭하였고, 그것이 의사소통과 공감이 발달하는 데 중요한 역할을 한다고 보았다. 아동의 연극적 반응은 그들의 애착 및 친밀한 의사소통 그리고 그들의 가장 능력의 발달을 모두 통합한다. 놀이 안에서 중요한 연극적 요소를 충분히 자발적으로 사용할 수 없는 아동은 사회적/정서적으로도 어려움을 겪을 수 있다(Jennings, 2010).

Jennings는 가족 문제로 인해 특수교육과 사회적/정서적 요구가 있는 7~11세 아동 9명 집단에게 일주일간의 집중적인 개입을 제공한 후 평가한 EPR 개념의 과제에 대해 보고한 바 있다. 참가 아동의 대부분은 가정 폭력에 노출되어 있었다. 일주일 동안 아동들은 집단으로 신체적 놀이 활동을 하였다(체현). 이 활동은 균형과 반복, 감각 경험, 낙하산 놀이가 포함된 창의적인 활동을 수반한 것이었다. 크레파스로 손과 신체의 윤곽을 그리고, 점토놀이, 콜라주 만들기의 미술 활동이 뒤따랐다(투사). 마지막으로 그들은 퍼펫, 이야기 재연, 연극적 놀이와 같은 몇몇 역할놀이 활동을 도입하려 시도하였다(역할). 그러나 9명 중 이와 같은 연기 단계에서 효율적으로 참여한 아동은 없었다. 지도자가 역할과 관련된 활동을 구조화하라고 주문했을 때, 아동들은 화를 내고, 원을 그리며 뛰어다니고, 숨거나 아예 창문으로 도망치려 하였다. 그들의 참여가 가능했던 스토리텔링이 있었던 것은, 폭력과 공격적 해결책을 수반한 것이었다.

EPR 모델에 근거하여 역할 수행의 결여가 심각했다. 이 아동들은 물건을 이용한 투사로 구성되거나 좀 더 신체적/전형적인 연극적 놀이에 참여할 수 있었다. 그러나 역할 수행이나 연극적 반응놀이가 자연스럽게 이루어지지는 않았다. Jennings는 이러한 표현적 미숙함은 정서적 문제 또는 행동적 문제가 있는 아동의 연극적 놀이의 전형이며, 아동의 연극적 반응에서 발달적 괴리를 확인하는 평가를 설계할 수 있다고 제시하였다.

Gallo-Lopez(2012)는 자폐스펙트럼장애(ASD) 진단을 받은 어린 소년이 장시간에 걸쳐 연극에 기반을 둔 놀이 개입을 통해 이룬 진전을 보고하기 위해 사례연구를 이용하였다. ASD가 아동은 사회적 상호작용에 심각한 결함이 있으며 다른 사람에게 공감하는 것을 어려워하고, 타인이 갖고 있는 서로 다른 생각이나 의도를 이해하는 데 어려움이 있다. 그런 아동은 가장놀이를 사용하는 능력에서도 심각한 괴리를 보이고, 가장하는 데 영향을 미칠 수 있는 행동 및 관심의 표출에서 제한적이고 반복적이며 상동적이다(American Psychological Association, 1994). 비록 이 소년이 Jennings가 기술한 아동처럼 가족 문제나 심리적 문제를 겪지 않았다고 할지라도 그의 놀이에는 연극적 반응이 결여되어 있었다. 그러나 개입이 진행되고 있는 동안, 그는 감각을 사용할 수 있었고, 그의 치료사와 상호작용하면서 투사적 놀이를 할 수 있었다. 몇 회기가 지난 후 치료사가 단계별로 좀 더 발달적이고 상호적인 연극놀이로 안내했을 때 그는 마침내 단순한 시나리오의 역할 연기를 시작할 수 있었다.

애착, 조율, 놀이발달, 연극놀이 발달의 개념은 모두 놀이치료사가 놀이 개입을 계획하는 데 있어서 연극적 표현을 사용할 수 있는 방법에 관한 단서가 된다.

변화의 구성요소

연극적 표현의 출현은 아동이 의미를 찾을 수 있는 화제와 주제에 관해서 아동에게 중요한 사람과의 사회적 의사소통에 참여하는 길을 자연스럽게 제공한다. 일반적으로 이러한 주제는 친밀감, 정서적 안정감, 안전함, 그리고 그들이 과도하게 압도되었던 정서적 경험과 관련이 있다. 상상한 캐릭터의 연기와 역할놀이를 통한 즉흥적인 연극적 진행에 있어서의 공동 참여는 관계, 의미, 안전감, 문제 해결에 대한 즉각적인 감각을 만들게 한다. 사회적 의사소통의 발달을 뛰어넘어서, 연극놀이가 놀이자를 만족시키는 방식으로 수행될 때 이것은 아동의 긍정적인 감정, 안정감, 정화, 높은 수준의 고통 규제, 회복력을 경험하는 데 기여한다. 이러한 각 요소는 놀이의 고유한 치료적 힘들 사이에 있다고 확인되고 있다(Schaefer & Drewes, 2014).

연극은 복잡한 언어적 의사소통을 사용하는 데 어려움이 있는 어린 아동에게 특히 적절하다. 연극은 아동이 외상과 연관이 있는 과도하게 압도된 경험이 있을 때 그리고 가족의 고통에 대한 반응에서 일어날 수 있는 극심한 감정을 경험하고 있을 때 더욱더 중요하다. 부수적으로 연극적 표현은 즉흥적인 상호작용에서 은유, 역할, 이야기가 상호주관적인 의미를 가질 때 출현하는 고조된 정서적 상태 및 증가된 인식의 경험 그 자체가 된다. Hoy(2005)는 정서적 강도의 전환을 잉여 현실(surplus reality)이라고 언급한다. 이 맥락에서 잉여 현실은 일반적으로 일상생활에서 말하지 않거나 인식하지 못한 상호작용으로 이어지는 강렬하고 아주 개인적인 정서적 경험과 관련이 있다. 연극놀이를 이용하는 목적 중 하나는 자발적인 역할놀이라는 방법을 사용하여 아동(또는 아동 및 가족)의 내적인 경험의 표현을 용이하게 하려는 것이다. 치료사가 그러한 순간을 알아차리고 내담자의 연극적 표현에 동참했을 때, 경험적 변화를 일으킬 수 있는 중요한 순간이 될 수 있다(Kindler, 2005). Harvey(2011b)는 이와 같은 경험을 변화의 중심이 되는 순간(pivotal moments of change)이라고 정의한다.

연극놀이는 아동 개인 및 가족 전체를 위한 개입 모두에서 사용될 수 있다(Harvey, 2000b, 2003, 2006; Oxford & Weiner, 2003). 역할놀이의 활용, 배역 개발, 상호적인 장면의 작업이 가정에 적용되려면 조정이 필요하지만, 연극적 표현 기법과 일반적인 이론이 여전히 적용된다. 일반적으로 가족과의 작업에서, 특히 양육자와 함께하는 작업은 아동 혼자만 참여시키는 회기보다, 치료사가 더 많이 계획하고 언어적으로 직접 개입할 필요가 있다.

절차와 기법

모든 측면에서 역할놀이의 사용은 놀이치료 실습을 위한 연극놀이에 주요하게 영향을 미쳐왔다. 이러한 핵심 기법을 사용하는 결과로는 아동(또는 아동 및 가족)이 현재 보이는 문제와 관련된 몇 가지 방식에서 연극적 장면을 만들기 위해 자발적으로 역할을 활용한다는 것이다. 회기에서 연극적 삽화는 아동 그리고/또는 가족이 효과적으로 말로 표현하기 어려운 정서적 갈등과 종종 관련되어 있다. 이러한 정서적 갈등은 아동(또는 가족)이 느끼는 불안정 애착, 외상 경험과 관련된 높은 수준의 불안, 고립감에 영향을 미치는 부모/아동 조율의 부족과 종종 관련이 있다.

치료 맥락에서 연극적 놀이의 사용은 창조적 연기를 각색하는 몇 가지 요소를 동반하는데, 예를 들면 배역의 개발, 의상이나 소품의 사용, 대화, 실제적인 재연을 통한 스토리텔링이다. 때때로 짧은 리허설을 활용하여 장면이 개발되기도 하지만 개입에서 중심 장면의 대부분은 즉흥적으로 만들어진다. 연극놀이를 사용할 때, 치료사는 직접 기법뿐만 아니라 간접 기법으로 개입하며 다른 놀이 접근방법보다 놀이 행동에 더 많이 관여하는 경향이 있다. 예를 들어 치료사는 아동 또는 가족의 기본적 주도성을 촉진하고 확장하는 놀이의 연극적 측면 모두를 가르치고 코치한다. 그러나 모든 개입의 목적은 청중, 목격자, 모습을 드러내는 핵심 장면에서 기꺼이 배우가 되어서 참여하는 치료사와의 표현 방식(치료사 자신의 다양한 사용의 예는 이 장 후반에 있는 사례 참조)으로서, 아동의 자연스러운 연극적 능력을 자유롭게 사용할 수 있게 하는 것이다.

아동에게 문제가 있을 때 아동의 자발적인 연극놀이가 방해를 받게 되는 측면도 있다. 이는 아동이 불안정 애착과 관련된 문제나 심리적 외상과 관련된 감정의 재경험, 또는 주요한 사람과의 정서적 조율에서 방해를 받음으로써 겪게 되는 외로움과 고립감에 처해 있을 때 특히 더 그러하다. 일부 문제는 소름끼치고 무력한/무능한 인물로 점령된 역할과 비극적 결말을 위한 장면이 과잉으로 사용되어 있을 수 있다. 그 외의 문제로는 연극의 전체 과정에서 인물 또는 줄거리의 전개가 부족하다거나, 주제가 고통스럽다고 단순히 중단하고 더 이상 진행하지 않는 것 등이다. 놀이는 즉흥적인 즐거움을 잃을 수도 있다. 발달장애가 있는 아동의 경우에 연극놀이는 전혀 출현하지 않는다. 그런 문제가 생길 때, 놀이치료사는 아동의 연극적 반응을 개발하고 확장하는 데 가장 적합한 연극적 요소를 확인할 수 있으며 놀이 자체 내에서 어려움을 초래하는 요인을 다루는 개입방법을 개발할 수 있다.

놀이치료에 초점을 맞추는 데 유용한 구체적인 연극적 기술에는 (a) 역할 채택하기, (b) 협상하기, 감독하기, 다양한 인물의 역할연기를 이용하여 상대방과 연기하기 그리고 독자적으로 상호작용 장면을 즉흥적으로 하기, (c) 장면 및 소품을 활용하여 줄거리 또는 이야기의 장면을 만드는 것이 있다. 내담자가 이것을 수행하지 못하면 치료사가 직접적인 방법으로 이러한 기술을 지도할 수 있다. 필요시 이런 교육은 개입의 시작 부분에서 흔히 이루어진다.

연극 만들기 과정의 요소는 놀이치료에서도 사용될 수 있다. 이 과정은 대개 자발적 즉흥성을 통해 가장 효과적으로 개발된다. 이 즉흥성은 아동이 역할을 정하고, 역할놀이를 하고, 줄거리를 개발하는 것이며 아동이 결정한 방법으로 연극을 만들라고 격려한다는 점에서 일반적으로 놀이치료와 유사하다. 연극놀이는 문자 그대로 일상 활동의 현실과 다르며, 혹시 발생할 수도 있는 어떠한 사건에 대해 '마치~인 것처럼' 은유적인 성격을 지니고 있다. 활동은 전형적인 삶의 창의적인 확장으로 채워지며, 전적으로 상상에서나 나올 수 있는 상상적인 측면이 있을 수 있다. 대부분의 아동은 놀이 활동에서 즐거움을 나타내며, 이러한 긍정적 느낌은 놀이의 참여자로 하여금 그 즉흥성을 지속할 수 있게 하는 동력이 된다. 연극놀이치료는 개입의 중심적 표현 형태로써 이러한 요소를 강조하도록 설정될 수 있다. 아동(또는 가족)이 연극적 반응을 만들어내면, 관찰을 통해 참가자들이 이야기 안에 고통/안정(애착-관련 주제)과 정서적 고립(조율의 부조화와 관련된 주제)에 관한 갈등을 어떻게 해결하는지를 확인할 수 있다.

다음의 두 사례는 역할놀이, 줄거리 개발, 아동이 전개하는 놀이에서 '마치 ~인 것처럼'의 상상적 성질이 그들의 어려움을 드러내게 하는 것에 대한 임상적 관찰 방법 그리고 관찰이 치료사의 개입에 영향을 미치는 방식에 대해 설명하고 있다.

이상의 예는 창의적인 즉흥성에서의 역할과 장면, 이야기 만들기, 상상적인 은유의 발달과 즐거움의 수준이 자연스럽게 임상적 상황에 나타나면서, 어떻게 연극놀이에 반영되는지를 보여준다.

첫 번째 사례에서 팀은 주인공과 적의 캐릭터 모두를 창조할 수 있었고, 주인공과 적 사이의 전투

장면을 개발했으며, 해결책을 찾는 이야기를 창조하며 상상적인 상태로 전환하는 것을 매우 즐겼다. 이 상황에서 치료사는 놀이 파트너가 되어 내담자의 은유적 세계를 입증하면서, 내담자가 치료사에게 배역을 주어 상호 보완적인 역할을 연기하였다.

이 회기에서 아동은 그와 기꺼이 함께하며 그의 상상적인 표현을 수용하는 치료사와 함께 만든 세

 사례 1

팀(6세)은 잠을 잘 자지 못하고, 지나친 걱정과 형제와의 갈등 때문에 정신건강 개입에 의뢰되었다. 그의 어머니는 확대가족 내에서 몇몇 친척 어른들과 강렬하고 지속적인 갈등이 있었음을 보고하였다. 또한 소년도 일상생활 중 가정 폭력에 많이 노출되었다. 팀은 초기 연극놀이회기에서 큰 무리의 커다란 피규어들(공룡과 전갈)을 레고 성 주변에 놓았다. 그는 피규어들이 위험하다고 말했고 분명 그들을 향해 공격적인 행동을 보이고 있었다. 팀은 몇 명의 기사와 왕을 성 안에 놓았다. 성과 성 안의 주민들은 공룡과 전갈들보다 훨씬 작았다. 장면이 진행되면서 왕과 그의 기사들은 성벽 바로 밖에 있는 엄청난 동물 무리로부터 점점 더 많은 위협을 받았다. 그런 다음 팀은 왕이 마치 비행기인 것처럼 날아다니는 것을 쳐다보았다. 날아다니는 왕인 그는 장면의 마지막에 공격적 힘으로 총을 쏘고 물리쳤다. 소년이 연기한 그 역할은 큰 약탈자들과 도전을 하고 적을 물리치는 작은 영웅/주인공으로 아주 자연스럽게 출현했으며, 그가 연기를 계획하고 줄거리를 전개하는 데 사용되었다. 연기를 하는 동안, 팀은 전쟁이 벌어지는 동안에 역습을 할 때 치료사에게 왕의 조력자 중 하나의 배역을 맡겼고, 이후 치료사도 연극적 전개와 연기에 합류하여 장면에 함께할 수 있었다. 잠시 후에 소년은 치료실을 돌아다니며 자기를 뒤쫓으라고 치료사를 초대하였다. 이 동작놀이 동안 팀은 놀이치료사가 너무 가까이 다가오면 멈추라는 명령을 내리는 방법을 생각해냈고, 이후 '멈추시오-가시오' 방식으로 치료사가 계속 따라오도록 하였다. 이렇게 장난감놀이가 상호작용하는 추격자의 역할과 추격은 받지만 명령을 할 수 있는 사람으로 확장되었다. 팀은 긍정적인 감정을 표현했고 재미있다고 말했다. 이런 좋은 감정이 그를 즉흥적인 연기와 줄거리를 개발하게 하는 것처럼 보였다.

팀이 가정에서 겪고 있는 정서적 어려움은 그의 자유놀이에서 연극 행동으로 분명하게 반영되었다. 쫓고 쫓기는 게임에 수반되는, 왕을 에워싼 큰 무리의 공격적 피규어들의 역할과 소년을 대신한 역할의 뒤이은 반격에 대한 이야기에는 가족의 갈등적 정서 환경의 어려움에 대한 진솔하고 창의적인 문제 해결의 유형이 반영되어 있었다. 연극이 아주 강렬한 공격적 정서 내용을 암시하고 있었지만, 소년은 침착하고 집중해서 참여했고, 심지어는 표현적 활동을 즐기기까지 하는 것처럼 보였다. 팀과 치료사 모두는 협동적이고 상호적인 방식으로 상호작용했으며, 이 연극적 삽화가 만들어지는 동안 그들 사이에는 조율이 이루어졌다. 팀의 불안과 분노가 그의 삶에 심각한 영향을 주고 있다는 가족의 보고에도 불구하고, 이러한 문제는 이 연극적 활동에서 긍정적으로 바뀌었다.

사례 2

헤이든과 그의 어머니 카일리는 헤이든의 국선 변호인에 의해 정신건강 개입에 의뢰되었다. 출생 이후부터 지속되었던 아버지의 체벌과 가정 폭력 때문에 헤이든과 그의 부모는 아동 보호 서비스 및 가정법원과 연결되어 있었다. 아버지는 종종 그를 위협하고 언어적 모욕도 있었다. 그의 어머니는 손목을 긋거나 움직이는 남편의 차 앞에 누워 있는 것과 같은 자살 행위를 몇 차례 시도하였고, 이런 일은 모두 헤이든의 눈앞에서 벌어졌다. 의뢰 당시, 헤이든은 변호사에 의해 법원이 명령한 감시를 받으며 그의 어머니와 함께 살고 있었다. 의뢰에 앞서 헤이든은 학교에서 지속적으로 공격적인 분노폭발을 보였으며 급우들에게도 자살하고 싶다는 말을 하기도 했다.

개입 초반의 한 회기에서 헤이든과 카일리에게는 다양한 퍼핏을 이용하여 가족에 관한 이야기를 만드는 과제가 주어졌다. 마을과 집을 만드는 데는 커다란 베개 몇 개를 사용하게 했다. 이야기가 전개되면서, 소년은 어떤 방식으로든 퍼핏 몇 개를 죽였다. 거미가 뱀에 물렸다. 새가 독살되었다. 치료사는 헤이든이 스스로 이야기를 전개하도록 카일리에게 잠시 자리를 비켜 달라고 부탁했다. 그의 이야기 속에서 모든 퍼핏이 사라질 때까지 소년은 퍼핏의 죽음을 계속 재연하였다. 그런 다음 그는 베개들이 있는 곳으로 갔고 지진이 집을 파괴시켰고 자신도 죽었다고 말하면서 베개들을 자신의 머리 위로 떨어뜨렸다. 그때 카일리가 다시 돌아와서 스스로 구조대원의 역할을 맡아 아들을 돕기 위해 노력했다. 그러나 그들의 공동 연기에서 베개들의 잔해 사이에 묻혀 가면서도 그는 끝내 '죽은 상태'를 유지했다. 이 시점에서 치료사는 카일리가 했던 구조대원의 리더 역할을 맡아 그녀의 아들을 베개의 잔해 더미 사이에서 찾아내고 파내기 위한 좀 더 효과적인 행동을 할 수 있도록 카일리의 배역을 인도했다.

헤이든의 연극놀이에서 죽음이라는 주제는 이 가정의 내력과 분명하게 관련되어 있었다. 제한된 연극적 활동과 함께 헤이든과 그의 어머니가 발달 과정에서 겪은 어려움은 좀 더 긍정적인 결말을 가져오기 위한 과정에 걸림돌로 작용했다. 헤이든은 이 드라마를 전개하면서 자신의 정서적 표현은 거의 하지 않았고 내러티브가 하는 지시에 집중했다. 그는 지진으로 죽은 뒤, 구조대원인 카일리의 노력에도 불구하고 눈을 감고 매우 수동적으로 연기했다. 어머니 역할 수행은 성의가 없었고, 그 장면에 참여하려는 시도도 곧 포기했다. 이 연극의 결말은 상상적인 현실감이 부족했고, 즐길 수 있는 즉흥성의 장면이 결여되었다.

그러한 연기와 연극적 소재는 헤이든과 그의 어머니가 외상과 함께 불안정 애착에 대한 경험까지 공유하고 있을 가능성을 보여준다. 그 연극놀이 이후 치료사, 헤이든, 그의 어머니는 소년의 삶 전체에 걸쳐 그들을 괴롭혀 오던 복잡한 많은 문제에 대해 이야기하고 규명하기 위하여 방금 마친 연극을 활용할 수 있었다. 그 후 앞으로의 치료를 위해서는 어떻게 긍정적이고 대안적인 장면을 전개할 수 있을지에 대한 계획을 세울 수 있었다. 그 장면에는 긍정적인 역할과 결말로 발전될 수 있는 가능성이 있었다.

상에서 스스로를 문제 많은 소년에서 커다란 모험에 익숙한 영웅으로 변신할 수 있었다. 그들은 함께 만든 상상의 세계에서뿐만 아니라 현실에서도 진실한 즐거움을 나누었다. 그들은 그렇게 함께 만든 정서적 조율의 경험을 공유한 것이다.

두 번째 사례에서, 헤이든과 그의 어머니도 희생자와 구원자의 역할을 만들고 장면을 연출할 수 있었다. 그러나 그들의 연기와 역할 수행은 위축되어 있었고, 상상적인 장면을 함께 만들지는 못했다. 그들의 외상적이고 불안정한 과거에서 온 정서들이 연극을 침범하여 방해했기 때문이다. 이로써 어머니와 아들은 즉흥적으로 몰입하는 즐거움을 놓쳤고, 그들의 이야기에서는 창의적인 결말을 찾아볼 수 없게 되었다. 다음 회기부터 치료사는 좀 더 직접적인 지도와 지시로 이 모자가 정서적으로 더욱 만족할 수 있는 창의적인 연기를 찾아 그들이 더 흥미를 갖는 장면을 개발할 수 있도록 도왔다.

놀이치료에 연극적 요소들을 포함시킴으로써 얻게 되는 최종 결과물은, 참여자들이 등장인물과 스토리텔링의 연극적 구조 안에서 그들의 개인적이고 정서적인 세계를 놀이로 펼쳐낼 수 있는 치료적 무대를 창조한다는 것이다. 연극놀이를 놀이치료에 포함시키는 것은, 내담자들 내면의 정서적 경험이 보다 수용적인 환경에서 공유되어 의사소통을 증진시킴으로써, 내담자로 하여금 가장 높일 수 있는 수준의 표현을 할 수 있다. 이는 아동이 내적 세계의 창조적인 조절과 재배열을 경험하도록 한다.

치료사의 역할

연극놀이치료에서 치료사의 주요 역할은 발달과 연극적 표현의 사용을 가능케 함으로써 아동의 표현이 그들의 삶과 관련되어 진실성 있게 하는 것이다. 이렇게 하기 위해서는 치료사는 일반적으로 아동의 초기 연극적 시도와 반응에 대한 지식이 있어야 한다. 치료사는 아동의 이야기 안에서 여러 가지 역할을 맡게 될 수도 있고, 때론 청중이 되기도 하며, 가끔은 역할극과 줄거리가 파괴되면서 감독자로서의 역할이 더욱 요구될 때도 있을 것이다(Gallo-Lopez, 20102). 이것이 그 첫 번째 사례에 속하는 경우였다. 치료사는 처음에는 소년이 그의 성을 공격하는 행동을 보이는 장면에서 시작하여 다음 순간 곧 방어자의 역할로 바뀌는 장면을 관찰자의 입장에서 지켜보다가 결국은 '추격자'의 역할까지 맡게 되었다.

Harvey(2005)는 아동의 즉흥성이 계속 개발되하도록 돕기 위한 몇 가지 역할을 맡는 데 있어 필요한 잠재적인 요구를 설명하기 위해, 치료사를 '마스터 선수(master player)'와 동일시했다. 치료사가 연극에서 역할을 맡게 될 때, Irwin(2014)은 '방백(stage whisper)'을 사용할 것과 아동/주인공에게 다른 무대의 연출이나 다음 대사가 무엇인지에 대한 지도를 요청하라고 제안하였다. 때때로 아동이 지시하는 장면에 치료사가 좀 더 적극적으로 개입해야 할 때도 있다. 이는 대개 아동(또는 가족)이 이야기를 지속시키지 못하거나 연극이 계속되기 위해 구조화가 요구될 때, 또는 참여자들이 인물이나 역할을 개발시키는 데 도움이 필요할 때이다. 이는 종종 불안정 애착과 잘못된 조율을 경험한 아동에게서 나타난다.

소년과 그의 어머니가 함께한 두 번째 사례는 이런 종류의 지시를 치료사가 제공한 예이다. 소년이 죽음을 연기하던 바로 그 순간, 그의 어머니는 그 장면을 진행시키는 방법 안에서는 구조대원이 될 수 없었다. 그녀와 아들 모두 현실의 한 지점에서 실제로는 매우 폭력적이었던 과거와 관련된 극도의 공포를 재경험하기 시작했던 것이다. 치료사는 이 지점에서 즉흥성을 발휘하여 새로운 인물을 이용해서 좀 더 긍정적인 결말이 되도록 도움을 주었다. 치료사는 어머니와 함께 또 다른 응급구조대원이 되어 지진으로 파괴된 집에서 그녀의 아들을 구할 수 있었다. 그런 다음 치료사는 이 가족의 과거와 관련되었을 듯한 구출과 목숨을 구하는 은유에 대해 이야기를 나누었다. 이 사례에서 연극적 즉흥성은 고통스러운 과거 사건의 재경험의 영역으로 진입했고, 치료사는 주도적인 방법으로 연기를 함께해야 했다. 치료사는 아동을 위한 연극놀이의 양상을 만들기 위해 직접적인 지도 방법을 사용해야 할 때도 있다. 특히 갈등적 의사소통 양식을 사용하는 가족의 경우에 더욱 그러하다. 이 지도 방법은 참여자들이 역할을 창조하는 방법과 '마치 ~인 것처럼' 해야 하는 연기나 상상을 해야 할 때 각자에게 생산적이고 창의적으로 반응하는 역할극에 참여할 수 있는 방법을 가르친다. 상호작용 장면은 이와 비슷한 방법으로 개발될 수 있다. 치료사는 참가자들의 느낌을 반영하기 위해 스스로 이야기꾼 역할을 맡기도 한다. 그러나 이렇게 좀 더 지시적인 역할을 맡게 되더라도, 치료사는 (스토리텔링의 경우) 참가자들의 느낌에 반응하고 그것을 사용하거나, 그들이 준비됐을 때는 스스로 역할 그리고/또는 장면의 버전을 발달시킬 수 있도록 격려해야 한다.

처치 단계

연극놀이치료는 (개별 처치를 실시할 때) 아동과 함께 반구조화된 연극놀이회기와 (가족 개입을 실시할 때) 부모-아동 또는 가족연극 놀이회기를 결합한 초기면담(이 장의 후반에 다룸)에서 시작한다. 대개 이러한 회기들은 치료사가 내담자에게 표현적인 방법에 대해 소개하고, 그들의 연극적 능력을 알아보고, 내담자에게 제약을 두지 않는 연극적 주제를 다루도록 소개하는 연극 과제를 제시한다. 종종 이러한 초기 장면들은 아동/가족이 치료에 오게 된 주요한 문제와 직접 관련되어 있다. 다음 단계는 치료사가 치료적 동맹을 맺고, 아동과 가족이 역할극을 하고 장면의 개발에 활용하는 것을 돕는 단계이다. 가끔 치료사는 이러한 활동에서 좀 더 직접적인 방법으로 지도한다. 일단 참가자들이 스스로 연극적 즉흥성을 유지할 수 있게 되면, 치료사는 대개 청중 또는 증인으로 참가하게 되며, 요청되는 경우 치료에서 개발되는 에피소드 안에서 다양한 역할을 맡게 된다. 연극의 절차와 스토리텔링은 강한 감정과 관련된 가족 사건을 다루고, 개입의 중심 문제를 해결하기 위해 공동 제작될 수도 있다. 마지막 단계는 아동과 가족이 처치를 요약하고 그들이 얻은 효과를 일반화함으로써 치료를 종결하도록 돕는다. '가정중심 활동 부여하기(Assigining home-based activities)'는 마지막 단계에서 활용할 수 있다 (Harvey, 2006). 이 단계는 Harvey(2000b, 2003, 2006, 2011a)와 Gallo-Lopez(2005a, 2012)의 책에서 더욱 긴 사례들과 함께 자세히 소개된다.

연극적 요소는 놀이치료에 연극의 통합을 촉진하기 위해 각각의 단계에서 적용된다. 연극적 기법을 어떻게 놀이치료에 통합할 수 있는지에 대한 특정한 예는 다음 부분에 제시되는 활동을 통해 설명되어 있다. 추가 사례와 함께 기법이나 실행방법에 대해 관심 있는 독자는 각각의 활동에 기재된 최근 문헌을 참고하기 바란다.

평가 활동

퍼핏을 이용한 인터뷰

퍼핏 인터뷰 과정에서 아동은 왕족 퍼핏(왕, 왕비, 왕자, 공주), '나쁜' 무리 퍼핏(마녀, 사람을 잡아먹는 거인, 해골, 해적), 무서운 퍼핏(용), 그리고 직업 관련 퍼핏(의사, 경찰관)(Irwin, 1983, 2000, 2014; Irwin & Malloy, 1975) 등 커다란 퍼핏을 다양하게 제공받는다. 그런 다음 아동은 몇 개의 퍼핏을 선택하고, 예전에 보거나 들은 적이 없는 이야기를 만든다. 치료사는 연기할 배역을 설정하도록 돕고 청중이 된다. 일단 이야기가 끝나면 치료사는 이야기 활동에서 중심인물인 퍼핏들을 인터뷰한다. 치료사가 인물, 줄거리의 전개, 그리고 이야기의 동기에 대해 물어보면 아동은 대답하는 역할을 한다.

그런 다음 아동에게 이야기에서 자신이 되고 싶은 것과 그렇지 않은 인물이 누구인지를 물어볼 수 있다. 이 인터뷰의 목적은 아동의 정서적 반응과 공포를 퍼핏과 연극적 이야기에 투사할 수 있도록 하는 것이다. 퍼핏 인터뷰는 가족에게도 사용될 수 있다. 가족 구성원은 퍼핏을 선택하고 함께 이야기를 개발하는 데 동참한다. 그런 다음에 치료사는 다양한 구성원이 연기의 내적인 사고와 느낌을 더욱 구체적으로 다듬기 위해 그 역할을 유지할 때 인터뷰를 할 수 있다. 이 장의 앞쪽에서 소개한 헤이든과 카일리의 첫 장면은 이렇게 도입 부분이 반구조화된 형태로 설정되었다. 헤이든과 카일리의 즉흥성은 예상치 못했던 방향으로 퍼핏쇼를 이끌었다. 이야기 결과의 전개는 이 가족이 겪었을 법한 정서적 경험에 대한 생각이다.

가족 장면

가족 장면에서 가족의 활동은 가족에 대한 이야기를 개발해서 연기하고 가정을 만들기 위해 다양한 소도구를 이용한다(Harvey, 2000b). 20분 정도의 초기 평가 시간 후, 부모에게 방을 나가라고 지시하고 아동은 계속 자신의 이야기를 연기하게 한다. 잠시 후 부모가 돌아와서 연기를 계속하도록 한다. 연기를 하는 동안 내용에 따라 여러 역할이 등장하며 표현적인 과정이 장면마다 나타나고, 다른 사람과도 연기를 비교할 수 있다. 상대적으로 평범한 상황에서 이러한 각각의 장면은 다른 사람과 관련시켜 만들어진다. 아동은 가족 전체가 함께 시작하는 초기 장면부터 그들만의 비슷한 이야기를 계속 연기할 수 있다. 아동은 부모와의 긍정적인 재회를 경험했을 때 부모가 다시 떠났다 돌아온 후에도 그들을 환영하며, 이로써 부모는 쉽게 활동에 재합류하며 일반적으로 남아 있는 문제의 주제는 다시 해결할 수 있게 된다. 그러나 가족과 아동에게 갈등적이고 불안정한 애착의 이력이 있거나 외상 경험으로 인한 미해결된 감정이 있을 때, 이러한 장면은 해체되고 한꺼번에 멈춰버린다. 이러한 장면은 연극 형식에서 가족의 정서적 어려움, 특히 상실 및 분리와 관련되어 있는 어려움이 있을 때 나타난다. 이러한 형식, 주제, 그리고 인물은 앞으로의 회기에서 전체적인 전개와 긍정적인 장면을 만드는 데 더 많이 사용될 수 있다. 이 기법을 사용한 사례연구는 Harvey(2000b, 2003)의 책에서 볼 수 있다.

역할/인물의 사용과 발전

만일 아동 또는 가족이 자발적으로 연극적 반응을 불러일으키기 어렵다면, 역할을 표현적 활동으로 도입할 수 있다. 좀 더 성공적인 장면을 만들기 위해, 또는 가족이 어떤 역할도 전혀 할 수 없을 때도 치료사는 놀이참여자가 즉흥적인 연극 활동에서 특정 역할을 연기하도록 배역을 정해줄 수 있다. 치료사가 아동(또는 가족 구성원)에게 현재 문제와 관련된 역할을 연기하도록 지시하기도 한다. 이는 또한 직접 관련이 있는 은유로 역할을 발전시키도록 돕는다. 이런 종류의 기법은 적대적인 행동과 불안에 특히 유용할 수 있다. 이러한 기법은 개입 회기를 시작한 후에 더욱 자주 사용되므로 평가 부분에서 나타나는 기법과는 차이가 있다. 이러한 활동의 목적은 치료사가 아동 또는 가족이 가진 강점과 어려움에 대한 평가를 한 후에 연극 활동을 전개하거나 활용하는 것이다. 평가 활동은 아동 또는 가족의 초기 연극놀이 능력과 그들이 치료에 오게 된 내용을 관찰할 수 있는 초기 회기에 좀 더 도움이 된다.

미스터/미시즈 반대로 하기

어린 아동이 보이는 일반적인 문제는 아동이 부모의 지시를 따르지 않는 것이다. 종종 이런 아동은 자신의 놀이에서 역할 또는 인물을 발달시키는 데 어려움이 있으며, 정신건강 개입에 흥미를 보이지 않는다. 이러한 경우 치료사는 그들에게 미스터/미시즈 반대로 하기(Mr./Ms. Opposite)를 놀이하자고 지시한다(Harvey, 2010, 2011a). 이 활동에서 아동은 치료사(또는 부모)가 지시하는 것과 반대로 행동할 것이 요구된다. 예를 들어 만약 어른이 아동에게 천천히 가라고 하면, 아동은 빨리 가야만 한다. 이후 명령은 좀 더 복잡해질 수 있다. 아동과 성인이 각자 편안하게 맡은 역할을 할 수 있게 되면, 역할 전환(어른이 반대 역할을 함)과 함께 장면은 좀 더 연극적 상호작용으로 확장될 수 있다. 이 체계의 핵심은 게임 같은 요소를 연극에 추가하여 지시 내용과 가장 상반되는 반응을 보일수록 점수를 주고 포상하여 경쟁과 게임을 자신에게 유리하게 이끄는 능력을 이용함으로써 아동의 동기 부여를 증가시키는 데 있다. '심판'은 화이트보드에 점수를 적을 수 있으며, 각 역할의 수행성과를 고려한 토의에서 정서적 반영을 점수에 추가할 수 있다. 대개는 치료사가 첫 번째 심판이 되는데, 모든 참가자가 돌아가면서 언젠가는 그 역할을 맡을 수 있다.

괴물

괴물은 아동이 심한 불안과 공포와 관련된 행동이 있을 때 사용하기에 적절한 상호작용 역할놀이 게임이다(Harvey, 2001). 이 활동은 주로 부모-아동 또는 가족회기에 사용될 때 가장 효과적이다. 부모는 보호자로서 출연한다. 이후 치료사가 커다랗고 부드러운 동물인형이나 퍼핏을 이용해서 괴물이 접근해 오는 것처럼 연기하는 동안, 부모와 아동에게는 '안전한 집'을 만들라고 지시하고, 노래를 부르거나 (스카프 같은) 물건 던지기와 같은 활동을 이용하여 괴물을 내쫓는 작업을 함께하는 신체적/연극적 방법으로 발전시키는 것이다. 이 게임에서 괴물은 결코 집 안으로 들어갈 수 없으며 부모와 아동은 항상 괴물을 쫓아낼 수 있다. 이 활동은 미리 정해진 결말을 가지고도 충분히 연극적이 될 수 있다(Harvwy, 2003에서 자세한 사례 참조).

슈퍼영웅

슈퍼영웅 활동에서 슈퍼영웅의 역할은 연극적 시나리오 내에서 극한의 위협을 다루는 해결책을 주제로 도입하기 위해 사용된다(Haen and Brannon, 2002, Gallo-Lopez, 2005a; Haen, 2011). 치료사는 놀이자에게 주인공이 상징하는 특정한 강점이 나타날 수 있게 하나의 인물을 그리게 하여 슈퍼영웅을 소개하며 더 나아가 놀이자가 그에 맞는 가면과 복장까지 만들게 해서 인물에 생명력을 부여한다. 필요시에 치료사는 연극의 결말에 영향을 주는 데 도움이 되는 슈퍼영웅 인물을 소개하거나 장면의 연기를 멈추게 할 수도 있다. 놀이자가 자발적으로 슈퍼영웅을 소개할 때도 있다. Haen(2011)은 아동이 갖고 있는 환상의 삶 속에서 슈퍼영웅의 역할과 관련된 자신의 생각을 개괄적으로 설명하고 있다. Haen(2011)과 Gallo-Lopez(2005a) 모두 저서에서 임상적 예들을 자세히 소개하고 있다.

상호작용 장면

때때로 아동(그리고 부모, 가족 개입에서)은 역할을 맡지만 연극적 표현에서 상호작용적 연기를 전개하는 데 어려움을 겪을 수 있다. 이런 경우 치료사는 감독자로서 간단한 상호작용 활동을 설정하여 도움을 줄 수 있으며, 연기에 맞는 인물의 배역을 발달시키도록 돕는다. 치료사는 이러한 방법으로 연기를 지도하여 놀이자로 하여금 내적 사고와 감정 사이의 이중적 언어를 표현하게 하거나 역할 전환의 기법을 사용하게 함으로써 내담자의 개인적 상황과 좀 더 밀접하고 적절하게 연결시킬 수 있다(Hoy, 2005). 치료사는 내레이터가 되어 연기의 틀을 정하여 서술할 수도 있다. 가장 효과적인 활동은 줄다리기, 숨바꼭질, 상대에게 부드러운 스카프 던지기, 베개 싸움 등과 같이 놀이자들 간의 상호작용이 용이하고 유지 가능한 것들이다.

세계 레슬링 연맹

WWF(World Wrestling Federation, 세계 레슬링 연맹) 기법은 아동의 관심을 연극적 상호작용으로 발전시키는 데 사용되는 좋은 예이다(Harvey, 2011a). 텔레비전에서 방영하는 WWF 레슬링 시합에 관심을 갖고 있는 소년들이 많다.

치료사/감독자는 다양한 종류의 레슬링 시합을 시작하기 위한 준비로, 소년들에게 링을 준비시키고 몇 개의 부드러운 동물인형을 골라 상대선수로 정해 이름을 지어주도록 지도한다. 여기서 치료사는 TV 아나운서가 되어 레슬링 중계를 이끈다. 아나운서 연기를 하는 동안 치료사는 소년 그리고/또는 봉제 동물인형이 시합에 이기거나 질 때, 동물이 던져지는 순간마다 느껴지는 감정을 자발적으로 표현하기 시작한다. 아나운서는 또한 시합 전과 후에 여러 인물을 인터뷰할 수 있다. 가족 개입에서 부모는 아동과 함께 태그-팀(프로레슬링에서 2인조 팀)이 될 수도 있다. 치료사는 전체 이야기를 구성할 때 실제 생활에서 그들이 상호작용하는 패턴에 대하여 이미 갖고 있던 지식에 더하여 부모와 아동의 연극적 활동을 이용할 수 있다. 역할 전환과 다른 연극적 기법들은 초반의 무대 설정을 넘어서 장면을 확장하는 데 사용될 수 있다. Harvey(2011a)의 저서에 좀 더 많은 사례가 나와 있다.

이야기 개발하기

연극적 상호작용은 갈등을 해결하고 개발하기 위한 이야기를 활용함으로써 좀 더 완성도 높은 연극으로 확장될 수 있다. 이 과정에서 미술과 비디오 같은 매체는 아동과 가족을 작업에 참여시키기 위한 도구로 특히 유용할 수 있다.

TV 쇼 이야기판

TV 쇼 이야기판 활동에서는 아동(또는 가족)에게 여섯 장의 빈 종이가 제공된다. 먼저 놀이자들에게 TV 쇼를 창작하게 하고 주어진 첫 번째 종이에 제목을 적도록 한다(Gallo-Lopez, 2001). 그런 다음 놀이자는 나머지 종이에도 인사말이나 도입부 등 더 추가하고 싶은 장면을 기록하고 이야기를 창작하여 발전시킨다. 치료사는 이야기의 전개를 지도하고 돕는다. 완성된 후 이야기는 상연될 수 있으며, 가능하면 동영상으로 찍어 놀이자들이 실제로 TV 쇼를 만들고 있다는 느낌을 받을 수 있게 한다.

스카프 이야기

스카프 이야기 활동의 구조는 연속적인 장면에 의해 아동의 연기가 시작된다는 점에서 TV 쇼 이야기판과 비슷하다(Harvey, 1997). 스카프 이야기는 부모 중 한쪽이 참가했을 때 진행이 가능하다. 이 활동은 치료사와 부모가 스카프를 아동의 몸 위에 놓고 아동이 그 아래에서 움직이지 않고 있는 상태에서 시작된다. 어른들이 스카프를 양쪽에서 들어 올렸다가 다시 내리면서 활동은 시작된다. 아동은 스카프가 올라가 있는 동안은 자유롭게 움직일 수 있지만 스카프가 내려오면 움직임을 멈추고 정지해 있어야 한다. 내레이터인 치료사는 아동의 행동을 묘사하는 것으로 이야기를 시작한다. 내레이션은 감정 내용을 추가해 가면서 장면의 중지 및 실행 활동(stop-and-go action)으로부터 단계적으로 펼쳐지는 내용이 있는 이야기가 된다. 필요한 사례는 Harvey(1997)의 책에 좀 더 나와 있다.

내러티브 놀이치료

Cattanach(2006, 2007)는 몇 가지 내러티브 놀이 기법을 사용하여 아동이 연극적 이야기를 개발하도록 돕는 방법을 소개한다. 이 기법은 치료사가 편안한 마음으로 스토리텔링을 진행하는 데에도 매우 유용하다. 우선, 아동이 주어진 여러 가지 장난감을 가지고 이야기를 시작하도록 한다. 그런 다음 치료사와 아동은 거기에서 드러난 드라마를 연기하고 이야기를 나누게 된다. 치료사는 잘 선택한 문헌 또는 아동에게서 나온 초기 자료에서 얻은 정보를 통해 부가적 이야기를 즉흥적으로 적절하게 추가할 수 있다.

의식 절차

아동의 삶에는 너무 압도당하여 어떤 방법으로든 이야기하기가 어려운 사건이 가끔 있다. 이러한 사건에는 가족 구성원의 죽음, 이혼(친가족과의 끝을 의미하므로 일종의 죽음으로 간주할 수 있다), 주요한 심리적 외상과 입양 등이 포함된다. 이러한 사건은 의식에 관한 연기를 이용해 가족 지향적인 연극회기로 다뤄질 수 있다. 의식 절차는 사건의 중요한 의미를 내포하는 상징적이고 기본적인 활동으로 구성되고 계획된다. 종종 기본적 상호작용과 인물이 포함된 연극적 설정이 미리 정해진 장면을 연기하는 데 사용되곤 한다.

'정서적 법정'(Harvey, 2000b)이라고 하는 의식 절차는 법적 절차를 치르는 동안 어떻게든 법적인 책임을 지지 않으려는 가해자와 피해를 입은 아동을 다루기도 한다. 이 상황에서 아동과 함께 더욱 방어적인 보호자는 법적인 절차에서 다시 희생자가 되는 느낌을 받기도 한다. 이러한 의식 절차는 치료사가 판사가 되고, 아동과 아동의 보호자는 피해자와 외상 사건에서 아동이 느낀 정서적 반응을 풀어내는 변호사가 되어 법정 장면의 연기를 한다. 가해자로는 커다란 봉제 동물인형을 캐스팅한다. 판사/치료사 역할은 아동과 보호자에게 일어났던 폭행과 관련된 경험에서 느낀 감정을 인터뷰하는 것이다. 그런 다음 판사/치료사는 올바른 정서적 균형감을 찾을 수 있도록 (아동의 도움을 받은) 가해자에게 '정서적인' 형벌을 부과한다. 판사와 아동 사이의 대화는 연극적인 장면을 포함하는 협상이 이루어질 것으로 기대된다.

사례는 Harvey(2000b)의 책에 더 자세히 나와 있는데 신생아였을 때 친부모에게 버려진 10세 소녀에 대한 사례이다. 의식 절차에서 변호사를 연기한 소녀와 양어머니는 정서적으로 경험한 것에 대해 이야기를 많이 나눈 후 내려진 판결에 대해 동의하였고 친부모에게 '결코 다시는 아동을 사랑하지 못함'이라는 형벌을 내렸다.

이와 같이 상실과 관련된 상황에서, 이 가족은 잃어버린 사람 또는 장소를 나타내는 그림 그리기를 함께 작업하고 그것을 사무실 또는 가족이 선택한 외부의 장소에 묻도록 안내되었다. 사무실 안에 묻을 때는 베개 또는 다른 놀이 소도구를 이용할 수 있었다. 각 가족 구성원은 의식 절차가 있기 전에 놀이치료회기에서 논의하고 준비했던 활동을 행하거나 말하도록 격려 받았다. 과거의 삶이나 사람과 관련된 연기 또한 의식 절차에서 일어날 수 있다. 사례는 Harvey(2003)의 책에 소개되어 있다.

치료의 종결 역시 의식 절차를 위한 시간이다. 치료사와 가족은 마지막 회기에 서로 선물로 교환할 수 있는 미술작품을 만들 수 있다. 이러한 교환의 목적은 치료사와 아동 모두 경험한 사건을 대신할 수 있는 상징적 미술작품을 만들면서, 함께했던 시간에 대한 중요한 기억을 나타내고 이야기하기 위한 것이다.

치료사 자격과 특성

연극놀이를 놀이치료회기에 포함하기 위해서 치료사는 놀이치료와 연극치료를 추가적으로 훈련받는 정신건강 관련 분야에서 전문적인 자격을 취득하고 대학원에서 훈련을 받아야 한다. 다행히도 두 분야는 이론과 실습이 상당 부분 중복된다. 각 분야에 관련된 전문서적을 내는 등 지대한 공로자인 Cattanach, Gallo-Lopez와 Harvey는 자격심사 및 전문적인 회의를 개최하며 놀이치료와 연극치료 양 영역의 발전에 힘써오고 있다. 대학원 과정과 더불어 치료사의 개인적 특성들이 놀이치료회기 안에서 연극을 사용하는 데 있어 좀 더 적합한 치료사들을 배출한다. 이러한 특성에는 연극적 표현을 사용하는 능력과 감상 능력이 포함된다. 내담자는 종종 치료사가 그들의 연극에서 어떤 역할을 맡아 참여하기를 원할 것이고, 이러한 행위들은 역할에 대한 몰입을 요구하기 때문에 연극적 행위를 어느 정도 경험하는 것은 도움이 된다. 또한 치료사에게는 가족들을 위한 설정과 장면 연출 능력, 즉흥성이 필요하다. 가끔 연극적 표현과 형식을 사용하기 위해서는 자신감이 요구된다. 대인 간 유연성, 자발성, 좋은 유머 감각, 그리고 사회적 상황을 읽는 능력은 연극적 개입을 사용하는 치료사에게 가장 중요한 특성들일 것이다. 왜냐하면 아동과 그 가족의 연극적 연기는 비록 한 회기라 하더라도 다양한 유형의 개입을 요구하기 때문이다.

핵심 장면의 사례

아동(그리고 가족 개입에서 부모)이 성공적으로 아동 자신의 연극을 전개시킬 수 있을 때, 즉흥적으로 자연스럽게 따라오는 장면에서 치료사는 청중 또는 참가자/청중의 역할을 하게 된다. 이러한 에피소드는 종종 아동에게 핵심적으로 중대하고 정서적인 문제 주변에서 자발적으로 전개되며, 여기에는 외상과 애착에 관련된 은유적인 자료가 포함되어 있다. 다음은 그와 관련된 짤막한 사례이며 좀 더 완전한 사례는 Harvey(2003, 2005)의 책에 소개되어 있다.

9세 소녀 사라는 심각한 자살사고를 표현하고, 극도의 무서운 악몽으로 인한 수면장애와 우울감을 호소하여 학교를 통해 정신건강 개입이 의뢰되었다. 또한 최근에는 뭔가를 훔치고 집에서는 불 주변에서 위험한 행동을 하는 것이 관찰되기도 하였다. 의뢰될 당시 사라는 그녀의 언니와 엄마 제니와 함께 살고 있었다. 사라와 언니는 사라가 5세일 때 엄마 제니의 약물 사용 때문에 부모가 헤어진 후 아빠와 살았었다.

개입에 앞서 그 준비과정이 아이들에게는 이로움을 주었던 반면, 아빠는 폭력적으로 변해 갔다. 또한 아빠는 아이들을 보호하지 않았으며, 사라가 몇 번의 성적 학대를 받는 상황에서도 아이들을 방치하였다. 이 사건들을 다른 가족 구성원이 목격했음에도 불구하고 아버지는 보고서의 내용을 믿지 않았고 그로 인해 사라에게 신체적인 폭력까지 가했다. 이후 사라는 경찰관과의 처음 인터뷰에서 보고했던 내용을 바꾸었고, 그 폭행들은 법적으로 입증되지 못했기에 결국 아동보호조치도 취해질 수 없었다.

이러한 사건 중 하나가 있은 후 사라는 아버지 집에서 외현화된 행동들을 더 많이 보이기 시작했고, 그 당시 엄마는 더 이상 약물을 복용하지 않는 상태로 좀 더 안정적이 되었기 때문에 아빠는 엄마 제니에게 아이들을 돌려보냈다. 사라의 의뢰는 엄마 집으로 돌아간 후 얼마 되지 않아 이루어졌다. 사라와 언니는 제니에게 이 집에 오기 전에 있었던 몇 달간의 폭행에 대해 말하기 시작했다. 제니는 딸들의 말을 믿었음에도 불구하고 아이들에게, 특히 사라의 복잡하고 다양한 문제들에 대해 어떻게 반응해야 할지 몰랐다. 이러한 문제들이 초기 접수면담에서 다루어졌다. 그러나 사라는 언어적 대화를 통해서는 과거와 관련된 정서를 호소하지 않았고, 어쩌면 하지 못하는 듯 보였다.

초기 접수면담 이후 사라와 엄마는 놀이치료를 함께 받기로 하였다. 첫 번째 회기에서 그들은 다양한 스토리보드를 창작하여 그림을 그리고 연기하는 기법을 활용해 짤막한 상호작용 장면들을 만들어 보도록 지도받았다. 수치심과 같은 사라의 인지적 오류를 교정하고 숙달감을 주제로 다루도록 모녀를 격려하였다. 한 회기에서 사라는 아빠가 그녀를 때린 사건에 대한 그림에 말풍선을 그리고 그 말풍선에 사라가 잘못했고 나쁜 아이라고 생각한다는 말을 써 넣었다. 이 만화 그리기를 한 후 몇 분 동안 이야기를 나누었고, 사라는 이 그림이 그녀가 화장실에서 아빠의 남자 동거인에게 성폭행을 당한 것을 아빠에게 알린 다음 아빠가 체벌을 가한 사건이라고 폭로하였다. 불행히도 아빠는 사라를 믿지 않았고 경찰에게 진술했던 사라의 신고 내용을 바꾸려고까지 시도했다. 이 회기에서 치료사와 엄마는 말풍선을 추가하여 사라는 "나쁜 아이가 아니다."라고 써주었으며 사라가 가지는 많은 감정들을 표현할 수 있도록 하였다.

일단 사라와 제니가 즉흥적인 연극을 함께 유지할 수 있게 되자, 사라는 엄마와 함께 이야기를 전개시켜 보도록 이끌어졌다. 이야기는 사라가 악몽과 자살에 대한 생각으로 특히 힘들었음을 보고했던 밤 이후부터 시작되었다. 제니가 사라의 연극적 아이디어를 따르도록 지도받는 동안, 사라는 퍼핏을 사용하여 쉽게 엄마와 치료사, 자신을 위한 인물들을 설정하고 장면을 전개시킬 수 있었다.

이 연극에서 사라는 그녀 자신을 사고로 상처 입은 뱀으로 캐스팅하였다. 그 뱀은 인간들에게 매우 화가 나 있었으며, 그들을 물어버리고 싶어 했다. 그런 다음 두 번째 장면에서 그 뱀은 치료사가 연기하는 다른 사람을 만났다. 사라의 무대와 대사를 사용하여 이 새로운 인물(인형)은 앞으로 있을 공격에 대해 미리 뱀에게 이야기해주려고 시도하였으나 뱀은 그것을 믿지 않았다. 그 후 사라는 어머니를 의사로 캐스팅하고 그 장면에 대해 소개했다. 뱀은 의사를 물었다. 그러나 그것은 해롭지 않았고, 마침내 그 뱀은 의사의 좋은 의도를 이해하게 되었다. 뱀과 의사는 친구가 되어 불필요하게 사람들을 물지 않도록 다른 뱀들을 가르치는 일을 돕기 위해 다른 나라로 여행을 떠났다. 이 장면들은 사라가 모두에게 음악을 연주하며 자신을 따라 뱀처럼 춤추는 것을 배우게 하면서 막을 내린다.

사라와 제니 모두 회기의 연극적이고 정서적인 흐름에 꽤 잘 참여할 수 있었다. 은유는 그들이 회기에 앞서 다룰 수 없었던 그들의 역사와 관련된 복잡한 감정들을 소통하는 데 도움이 되었다. 즉흥성이 발달되면서 제니는 그녀의 딸을 위한 중요하고 지지적인 인물이 되었다. 마치 그녀는 '뱀에게 물리는 고통'을 견뎌낼 수 있었던 정서적 '의사'가 된 것처럼 보였다. 그로써 사라는 중요한 사람을 믿지 못하고 오해하는 뱀에서 의사에게 도움이 되는 동맹으로 변화할 수 있었다. 연극적 재연에서 인물들의 변화는 일반적인 언어적 대화에서 얻을 수 없는 높은 친밀감을 제공하는 좀 더 특별한 무대가 된다. 이런 긍정적이고 정서적인 변화는 연기 안에서 일어나며 여기에 제니와 사라의 관계 변화를 돕기 위한 해석이나 추후의 토론은 필요치 않다. 제니와 사라에겐 그다음 주에도 집에서 서로 스토리텔링을 지속적으로 발전시키는 과제가 주어졌다.

이 연기를 한 며칠 후에 사라는 앞서 겪었던 학대적 사건과 함께 일어났던 많은 것들을 말할 수 있게 되었고 사라의 어머니는 이에 대해 지지적으로 반응할 수 있었다. 사라와 어머니가 다른 회기를 하는 동안에 이 연기는 그들의 상황이 좀 더 긍정적이 되도록 하는 전환점이 되었다. 사라의 자살사고, 도벽과 불장난도 멈추었다. 그녀의 기분 또한 좀 더 긍정적이 되었고, 악몽도 꾸지 않았다. 제니 역시 사라의 학교생활과 가정생활에 더욱 적극적으로 참여하게 되었다. 이 연극은 이후 몇 주에 걸쳐 이 가족이 경험하게 된 몇 가지 변화를 가능하게 하였다.

내담자 특성

연극적 기법들은 아동기와 청소년기 모든 연령대, 다양하고 폭넓은 문제, 정신건강 센터, 학교 그리고 병원과 같이 다양한 상황과 환경에서 유연하게 사용된다. Harvey(2008a)와 Jennings(2010)는 매우 어린 아동들에게 연극적 기법들을 적용하는 방법을 보여주며, Schaefer와 Gallo-Lopez(2005b) 및 Emunah(1985)는 청소년에게 적용하는 방법을 소개한다. 그러나 이 장은 주로 초·중등학교 연령대의 아동들에게 연극을 사용하는 것을 비중 있게 다루고 있다.

연극놀이는 정상발달의 한 부분으로 나타나기 때문에 대부분의 아동들에게 이러한 접근을 사용할 때 금기사항은 거의 없다. 그러나 현실 검증이 어려운 아동들에게는 몇 가지 경고 사항이 주어진다. 이러한 경우 치료사는 아동이 일상적인 현실과 상상적인 연극놀이를 구분할 수 있는지 명확하게 할 필요가 있다. 만약 아동들이 이 차이를 인식하지 못한다면 연극놀이는 아동이 현실에 기반을 두고 단단히 닻을 내릴 때까지 시도하지 말아야 한다.

이 장에서 다룬 매체들은 개별 아동과 그 가족을 위한 놀이치료에서 연극적 기법을 포함하는 것에 초점을 맞추고 있지만, 이 기법은 치료적 행위 집단에서와 마찬가지로 전통적인 치료 집단에서도 사용되고 있다.

치료실 설정

연극적 요소들을 사용할 때 연기의 주안점은 인물의 개발, 인물들 사이의 상호작용과 이야기 전개이다. 놀이치료실과 소도구는 상상적인 유형의 놀이를 용이하게 해야 한다. 그래서 장난감은 덜 강조하고, 참가자의 인물과 연극적 장면 또는 설정의 개발을 용이하게 하는 매체를 훨씬 더 강조한다. 이를 위해 여러 치료사들은 다양한 놀이치료실 설정을 제안해 왔다. Irwin(2014)은 어린 아동들을 위한 치료실은 일반적인 놀이치료실에서 사용하는 몇 가지 소도구들이 포함되어야 한다고 제안한다. 모래상자, 플라스틱 양동이, 숟가락, 미술 재료들, 인형과 트럭, 비행기, 경찰차, 가축동물, 경찰, 병원놀이 도구, 탱크, 그리고 가족 세트와 같은 일상에서 볼 수 있는 미니어처 장난감이 필요하다. 나이가 많은 아동들을 위해서는 퍼핏 무대와 여러 종류의 커다란 퍼핏, 공예 재료, 그리고 변장을 위한 의상 등을 포함시키기를 제안한다.

Harvey(2003, 2005, 2011a)는 특정한 상호작용적 활동에 직접적인 투사를 할 수 있도록 매우 적은 양의 장난감만을 갖춰두기를 권한다. 치료실의 소도구는 가능한 한 많은 투사를 할 수 있게끔 중립적이고 자연스러운 것이어야 하며, 치료실에는 아동들과 성인 가족 구성원이 표현적인 방법으로 자신들의 몸을 움직일 수 있게 넓고 개방된 공간이 있어야 하며, 집을 만들거나 여러 가지 '땅'을 상징하기 위하여 사용될 수 있는 커다란 베개가 필요하며, 장면 전개를 위한 역할 인물로 손쉽게 사용할 수 있는 실물 크기의 봉제 동물인형이 있어야 한다. 크고 다양한 색깔의 스카프와 낙하산은 (a) (호수, 강 또는 화산 용암을 나타내는) 장면을 설정하는 소도구가 될 수 있으며, (b) 의상이 될 수 있으며, (c) 연극적 활동 안에서 전투의 줄다리기 같은 신체적 상호작용을 할 때 유용하게 사용될 수 있다. 커다란 종이, 화이트보드 그리고 여러 가지 음악 소리를 만드는 악기를 포함한 예술 재료들은 활동 계획을 구상하거나 연극에 딸린 음악을 만들기도 하고, 필요한 경우에는 풍경이나 소도구 등을 만들 때도 사용될 수 있다. Harvey는 또한 회기 중 연기 부분에서 나타난 짧은 장면들을 녹화하여 재검토하기 위해 비디오카메라를 사용할 것을 제안하였다.

이와 같은 특이하지 않은 재료들(특히 부드러운 베개와 스카프)의 사용법은 그것들이 연극적 활동의 순간순간의 즉흥성에 따라 그 용도가 바뀔 수 있음을 재확인시켜준다. 예를 들어 커다란 베개는 부모와 아동이 서로에게 부딪칠 때 사용되기도 하고, 갑자기 넘겨져야 할 때 사용될 수도 있으며, 벽이 되어 서 있다가 바로 다음 순간 커다란 봉제 동물인형을 위한 집으로 바뀌기도 한다. 화이트보드는 경쟁적 상호작용에서 진행 중인 즉흥적인 장면의 점수를 기록하거나, 다른 표현적 미디어에서 연극을 확장시키기 위한 방법으로 이미 일어났거나 곧 일어날 것 같은 장면을 구상할 때 유용하다. 짧은 장면을 찍어 비디오를 보는 것은 주제를 풍부하게 하여 대안적인 결말을 가지는 새로운 장면들과 인물 발달을 계획하고 조직화하는 데 특히 유용하다.

개입 전 평가

평가는 연극놀이 개입을 하기 전에 이루어지며 기본적으로 아동 또는 가족을 위한 일종의 초기면담과 같다. 의료적 또는 정신질환 병력, 학교 수행 능력, 그리고 또래와의 사회성과 함께 현재 드러난 문제, 아동의 발달력, 가족사에 관한 정보가 수집되어야 한다. 가족 분리, 중요한 가족 구성원의 죽음, 가정폭력 또는 아동이나 가족에 의한 심리적 외상 경험이 있다면 그 내력 또한 기록되어야 한다. 문제 목록과 함께 우울과 불안을 측정하기 위한 검사 도구들을 포함한 표준척도와 적응적 발달의 표준화된 측정은 초기면담에서 얻은 정보를 보강한다. 부모-아동 상호작용의 관찰을 실시하는 것 또한 중요하다. 이러한 진단 평가들의 요약은 정신과, 특수교육 또는 가족 서비스와 같은 다른 분야로 의뢰할 것인지를 결정할 때 고려된다. 처치의 한 형태로써 지속적인 연극놀이치료는 현재 드러난 문제들이 여러 측면을 가질 때 단독으로 실시되어서는 안 된다.

임상적 초기면담으로부터 얻은 정보는 부모들로 하여금 연극적 이미지들과 주제, 그리고 현재 가지고 있는 문제들과 가족들이 원래 부모 자신들과 자녀들이 사용했던 방법들 사이의 연관성을 이해하도록 도울 수 있게끔, 가족 개입에서 초기 연극적 놀이 시나리오에 통합될 수 있다. 이는 개입 과정에서 가족생활 문제들이 드러나는 연극적 장면들에 초점을 맞추는 데 도움이 된다는 점에서 가치가 있다 (Harvey, 2000a, 2003, 2006). 마지막으로 초기면담 정보는 치료사가 아동 또는 가족의 연극적 즉흥성을 가족의 삶의 큰 맥락 안에 배치하는 것을 돕는 데 유용하다.

연구

놀이치료에서 연극적 요소들을 활용하여 실시한 공식적인 연구는 거의 없다. 몇몇의 임상 사례와 이 주제와 관련된 문헌에서 선보인 사례연구가 있기는 하지만 연극적인 요소를 포함한 놀이치료에 대한 체계적인 연구 중에서 무작위 통제 연구는 없다. Harvey(2008b)는 임상적 장면에서 연극놀이를 광범위하게 활용한 가족놀이치료 개입에 대한 연구를 내놓았다. 연구 기간 내에 참석한 모든 가족들은 필요한 처치가 지원되었기 때문에 이 활동 연구 설계에서는 통제집단을 구할 수가 없었고, 무작위 추출도 할 수 없었다. 연구 결과 측정은 임상에서 일반적으로 사용되는 도구들로 선택되었으며 진단, 초기 면담에서 얻은 임상적 정보, 문제 목록, 그리고 치료적 동맹이 포함되었다. 아동들은 모든 문제 영역에서 현저하게 향상을 보였으며, 부모들은 그들이 치료사와 긍정적인 작업 동맹을 발전시켰다고 보고하였다. 부모-치료사 동맹과 아동들의 결과 향상은 유의미한 상관이 있었다. 향상의 크기(효과 크기)는 좀 더 통제된 부모-아동 놀이에서 보고된 효과 크기와 비슷하였다. 문제 진단을 더 많이 받은 아동의 경우 비슷한 결과를 얻기 위해서는 더 많은 회기가 필요했다. 이러한 결과는 연극적 요소를 포함하는 가족놀이치료가 아동들의 다양한 영역에서 보이는 문제들을 감소시키며, 정신건강 현장에서 흔히 보는 진단적 카테고리의 전 범위에서 도움이 되는 방법임을 제시한다.

　Miller(2014)는 최근 뉴질랜드에서 프로젝트를 시작하였는데, 그녀와 그녀의 표현예술 동료 집단은 그들의 임상에서 얻은 치료 결과를 보고하기 위한 측정 도구를 개발하여 사용하고 있다. 이러한 결과들은 표준 측정의 사용, 드러난 문제와 관련된 관찰과 함께 중요한 점으로, 사용된 표현 기법들을 바탕으로 한 관찰이 포함된다는 것이다. Miller와 그 동료들의 노력 덕분에 Barnaby(2014)는 집단연극치료 접근을 활용하여 ASD가 있는 초등학교 남학생을 대상으로 한 또래와의 사회성 증진을 위한 연구를 보고하였다. 이 사례연구에는 연극적 활동으로 이어지는 집단 스토리텔링을 포함하는 구조화된 연극적 상호작용이 사용되었다. 사회적 기능(협동, 의사소통, 정서 조절과 상상놀이)과 관련된 여러 가지 관찰 척도의 결과는 이 소년과 4명의 급우가 참여한 12회기 개입의 전과 후를 비교하였다. 이 결과들을 살펴보면 모든 영역에서 향상을 보였으며, 차후 학교 장면에서도 이러한 향상의 일반화가 나타났다. 이 사례 접근에서 사회적 행동과 연극적 표현 양쪽 모두의 척도를 포함한 것은 향후 연구를 위한 모델을 제시한 것이다.

결론

아동과 그들의 부모가 의사소통을 시작하자마자, 자발적으로 연극놀이를 활용하는 능력은 발달하기 시작한다. 초기 연극적 에피소드는 대개 강한 정서의 의사소통과 관련 있다. 아동들이 역할/인물, 상호작용 장면, 줄거리, 그리고 이야기들을 활용하고 상상적인 장면을 창조할 때, 사회적 맥락과 관련된 정서적 표현을 포함하는 의사소통 능력을 확장시킬 수 있다. 이는 친밀한 관계를 형성하는 능력과 함께 정서의 내적 경험을 조절하는 능력의 발달을 촉진한다.

　이런 연극놀이의 중심 기법은 역할놀이와 확장된 장면과 줄거리 발달에 집중된다. 이러한 연극적 요소들은 아동과 그들의 가족들이 함께 정서적 어려움, 특히 명백한 상호작용적 요소들에서 문제를 가지고 있을 때 이를 다루기 위한 놀이 개입에 포함될 수 있다. 심상적 역할놀이의 요소들과 창조된 인물 간의 상호작용 장면의 개발은 아동이 처음으로 사회적 세계에서 관계를 맺을 때 도움이 될 것이다. 연극의 결말은 기저에 애착 문제와 정신적인 외상과 관계있는 힘겨운 정서적 경험들을 다루기 위한 발판으로 사용될 수 있다. 그런 장면들은 종종 함께 창조한 연극적 세계의 은유가 개인적으로 연결되어 있을 때 강화된 현실감으로 발전한다. 즉흥적인 연극놀이가 성공적일 때 의사소통의 강화, 대처 능력의 강화, 더 나은 문제 해결 능력 및 사회적 기술 향상으로 이어지고, 결국에는 문제 해결에 이르게 된다.

참고문헌

Ainsworth, M. D. S., Bleher,M., Waters, E., & Halls, S. (1978). *Patterns of attachment: A psychological study of the strange situation.* Hillsdale, NJ: Erlbaum.

American Psychiatric Association. (1994). *Diagnostic and statistical manual of mental disorders* (4th ed.). Washington, DC: Author.

Barnaby, R. (2014). Drama therapy to support social interactions with peers. In C. Miller (Ed.), *Assessment and outcomes in the arts therapies* (pp. 154–167). London, England: Jessica Kingsley.

Bowlby, J. (1972). *Attachment and loss: Vol. I. Attachment.* London, England: Hogarth Press.

Cassidy, J., & Shaver, P. (1999). *Handbook of attachment: Theory, research, and clinical applications.* Northvale, NJ: Jason Aronson.

Cattanach, A. (1994). *Play therapy: Where the sky meets the underworld.* London, England: Jessica Kingsley.

Cattanach, A. (2006). *Play therapy with abused children.* London, England: Jessica Kingsley.

Cattanach, A. (2007). *Narrative approaches in play with children.* London, England: Jessica Kingsley.

Emunah, R. (1985). Drama therapy and adolescent resistance. *The Arts in Psychotherapy, 12*(2), 71–79.

Gallo-Lopez, L. (2001). TV show storyboard. In H. Kadusen & C. E. Schaefer (Eds.), *101 more play therapy techniques* (pp. 8–10). Northvale, NJ: Jason Aronson.

Gallo-Lopez, L. (2005a). Drama therapy in the treatment of children with sexual behaviour problems. In A.Weber & C. Haen (Eds.), *Clinical applications of drama therapy in child and adolescent treatment* (pp. 137–151). New York, NY: Brunner-Routledge.

Gallo-Lopez, L. (2005b). Drama therapy with adolescents. In L. Gallo-Lopez & C. E. Schaefer (Eds.), *Play therapy with adolescents* (pp. 81–95). New York, NY: Jason Aronson.

Gallo-Lopez, L. (2012). From monologue to dialogue: The use of play and dram therapy for children with autism spectrum disorders. In L. Gallo-Lopez & L. Rubin (Eds.), *Play based interventions for children and adolescents with autism spectrum disorders* (pp. 87–114). New York, NY: Routledge.

Garvey, C. (1990). *Play: Enlarger edition.* Cambridge, MA: Harvard University Press.

Haen, C. (2011). The therapeutic use of superheroes in the treatment of boys. In C. Haen (Ed.), *Engaging boys in treatment* (pp. 153–176). New York, NY: Routledge.

Haen, C., & Brannon, K. H. (2002). Superheroes, monsters, and babies: Roles of strength, destruction, and vulnerability for emotionally disturbed boys. *The Arts in Psychotherapy, 29*(1), 31–40.

Harvey, S. A. (1997). The scarf story. In H. Kaduson & C. E. Schaefer (Eds.), *101 favourite play therapy techniques* (pp. 45–50). New York, NY: Wiley.

Harvey, S. A. (2000a). Dynamic play approaches in the observation of family relationships. In K. Gitlin-Weiner, A. Sandgrund, & C. E. Schaefer (Eds.), *Play diagnosis and assessment* (pp. 457–473). New York, NY: Wiley.

Harvey, S. A. (2000b). Family dynamic play. In D. Johnson & P. Lewis (Eds.), *Current approaches to drama therapy* (pp. 379–409). New York, NY: Charles Johnson.

Harvey, S. A. (2001). Monster. In H. Kaduson & C. E. Schaefer (Eds.), *101 more favourite play therapy techniques* (pp. 183–187). Northvale, NJ: Jason Aronson.

Harvey, S. A. (2003). Dynamic play therapy with an adoptive family struggling with issues of grief, loss, and adjustment. In D.Wiener & L. Oxford (Eds.), *Action therapy with families and groups* (pp. 19–44). Washington DC: American Psychological Association.

Harvey, S. A. (2005) Stories from the islands: Drama therapy with bullies and their victims, In A.Weber & C. Haen (Eds.), *Clinical applications of drama therapy in child and adolescent treatment* (pp. 245-260). New York, NY: Brunner-Routledge.

Harvey, S. A. (2006). *Dynamic play therapy.* In C. E. Schaefer & H. Kaduson (Eds.), *Contemporary play therapy.* New York, NY: Guilford.

Harvey, S. A. (2008a). Dynamic play therapy with very young children. In C. E. Schaefer, J. McCormick, P. Kelly-Zion, & A. Ohnogi (Eds.), *Play therapy for very young children.* New York, NY: Guilford.

Harvey, S. A. (2008b). An initial look at the outcomes for dynamic play therapy. *International Journal of Play Therapy, 17*(2), 86–101.

Harvey, S. A. (2010). Mr. Opposite man/miss opposite lady. In L. Lowenstein (Ed.), *Creative family therapy techniques: Play art, and expressive activities to engage children in family sessions.* Toronto, Canada: Champion Press.

Harvey, S. A. (2011a). Physical play with boys of all ages. In C. Haen (Ed.), *Working with boys.* New York, NY: Routledge/Taylor, & Francis.

Harvey, S. A. (2011b). Pivotal moments of change in expressive therapy with children. *British Journal of Play Therapy, 7,* 74–85.

Harvey, S. A., & Kelly, E. C. (1993). Evaluation of the quality of parent-child relationships: A longitudinal case study. *The Arts in Psychotherapy, 20,* 387–395.

Hoy, B. (2005). Children who whisper: A study of psychodramatic methods for reaching inarticulate young people. In A. Weber & C. Haen (Eds.), *Clinical applications of drama therapy in child and adolescent treatment* (pp. 45–66). New York, NY: Brunner-Routledge.

Irwin, E. (1983). The diagnostic and therapeutic use of pretend play. In C. E. Schaefer & K. O'Connor (Eds.), *Handbook of play therapy* (pp. 148–187). New York, NY: Wiley.

Irwin, E. (2000). The use of a puppet interview to understand children. In K. Gitlin-Weiner, A. Sandgrund, & C. E. Schaefer (Eds.), *Play diagnosis and assessment* (pp. 682–703). New York, NY: Wiley.

Irwin, E. (2014). Drama therapy. In E. Green & A. Drewes (Eds.), *Integrating expressive arts and play therapy with children and adolescents* (pp. 67–98). New York, NY: Wiley.

Irwin, E., & Malloy, E. (1975). Family puppet interview. *Family Process, 14,* 179–191.

James, B. (1994). *Handbook for treatment of attachment-trauma problems in children.* New York, NY: Lexington Books.

Jennings, S. (2010). *Healthy attachments and neuro-dramatic play.* London, England: Jessica Kingsley.

Jennings, S. (2011). Drama therapy assessment through embodiment-projective-role (EPR) In D. Johnson, S. Pendzik, & S. Snow (Eds.), *Assessment in drama therapy* (pp. 177–196). Springfield, IL: Charles Thomas.

Kindler, R. (2005). Creative co-constructions: A psychoanalytic approach to spontaneity and improvisation in the therapy of a twice forsaken child. In A. Weber & C. Haen (Eds.), *Clinical applications of drama therapy in child and adolescent treatment* (pp. 87–105). New York, NY: Brunner-Routledge.

Miller, C. (2014). *Assessment and outcomes in the arts therapies.* London, England: Jessica Kingsley.

Oxford, L., & Weiner, D. (2003). Rescripting family dramas using psychodramatic methods. In D. Weiner & L. Oxford (Eds.), *Action therapy with families and groups: Using creative arts improvisation in clinical practice* (pp. 45–74). Washington, DC: American Psychological Association.

Russ, S. W. (2004). *Play in child development and therapy: Toward empirically supported practice.* Mahwah, NJ: Erlbaum.

Schaefer, C. E., & Drewes, A. A. (2014). *The therapeutic powers of play: 20 core agents of change.* Hoboken, NJ: Wiley.

Stagnitti, K. (1997). *The development of pretend play.* Melbourne, Australia: Co-ordinates Publications.

Stagnitti, K., & Cooper R. (2009). *Play as therapy.* London, England: Jessica Kingsley.

Stern, D. N. (1985). *The interpersonal world of the infant: A view from psychoanalyses and developmental psychology.* New York, NY: Basic Books.

Stern, D. N. (2004). *The present moment in psychotherapy and everyday life.* New York, NY: Norton.

15

놀이치료에서의 보드 게임

JESSICA STONE

> 난 그저 네가 아주 특별하다는 것을 알았으면 해. 그리고 내가 이런 얘기하는 건 이제까지 아무도 너에게 그렇게 말해준 사람이 없는 것 같아서야.
>
> — *The Perks of Being a Wallflower*(Chbosky, 2012)

놀이치료는 아동이 살아가면서 겪게 되는 어려움들을 해결하도록 돕기 위해, 아동과 함께 작업하는 강력한 양식이다. 놀이치료사는 치유가 일어나는 물리적 공간 및 정서적 공간이라는 환경을 제공하는 특별한 위치에 있다. 아동들의 놀이 언어를 이해하고 아동들 자신의 소중함과 힘을 이해하도록 돕는 것이 놀이치료 과정의 한 부분이다.

보드 게임은 놀이치료에서 사용되는 많은 개입 중 하나임에도 불구하고 종종 평가절하되어 충분히 활용되지 못하고 있다. 보드 게임은 게임놀이의 유형과 포함하는 구성품에 따라 쉽게 정의된다. 보드 게임은 게임 말과 보드 판이 있고, 미리 정해진 방식으로 참가자가 게임을 진행하며, 궁극적으로 성취해야 할 목표가 있다. 치료사는 전통적인 치료 게임들을 인터넷을 통해 구매하여 사용할 수도 있겠지만, 이 장에서는 근처 상점에서도 쉽게 구입할 수 있고 가족이 함께 모여 즐겁게 놀 수 있는 보드 게임의 이점에 대해 초점을 맞추려 한다.

체커, 우노(Uno) 등과 같은 게임을 활용한 전통적인 보드 게임 치료는 정확하게 정해진 구조가 없다. 사람들은 보드 게임이 좋은 아이스브레이커라고는 생각하지만, 추가적인 치료적 가치가 있다고 믿지 않는다. 이어질 내용은 치료사들이 보드 게임의 유형을 얼마나 구조적이고 치료적인 방법으로 활용할 수 있는지를 이해하는 데 도움이 될 것이다. 정해진 틀과 지침(direction)이 있는 보드 게임을 놀이치료에 사용할 때는 보드 게임 놀이치료(board game play therapy, BGPT)라고 칭할 것이다.

놀이에서 게임의 사용은 선사시대로 거슬러 올라간다. 게임은 연결, 재미, 그리고 교육 목적을 제공한다. Reid(2001, p. 3)는 "초기 게임놀이는 적응과 생존에 직접적 연관성을 가지고 있는 것 같다."라고 하였다. 왜 사람들은 구조화된 게임에 끌리는 것일까? 겉으로 보기에도 선천적으로 매력적인 이 활동이 치료적인 방법으로 어떻게 활용될 수 있을까?

연구

놀이치료에 보드 게임을 활용한 경험적 연구는 부족하다. 그러나 두 권의 중요한 책이 보드 게임의 치료적 가치에 대한 대화를 시작하게 하였다. 경험적으로 지지를 받는 처치들이 중요시되고 있는 시점에 연구는 매우 중요하다. 여기에 설명된 두 권의 책에 나오는 개념은 향후 연구에 정보를 제공할 것이다.

Schaefer와 Reid(2001)의 게임놀이(*Game Play*)에서 저자들은 게임놀이의 10가지 요소, 즉 치료적 동맹, 즐거움, 진단, 의사소통, 통찰, 승화, 자아 강화, 현실 검증, 합리적 사고, 사회화를 확인하였다. 게임놀이 안에서 그들은 "게임 시 얼굴을 마주보며 우리 편의 안전과 상대를 이기려고 투쟁하며 보다 도전적인 장 사이를 반복적으로 왔다 갔다 움직이는"(p. 21) 치료적 과정의 중요성을 강조하였다. 따라서 식별 가능한 수많은 치료적 요인들을 가진 게임놀이와 놀이 안에 내재된 상호작용 과정은 놀이치료에서 게임놀이의 사용을 더욱 강력하게 추천한다.

Jill Bellinson의 책 보드 게임을 활용한 아동심리치료(*Children's Use of Board Games in Psychotherapy*)(2002)에서, 그녀는 전문가들이 구조화된 보드 게임을 유용하게 보지 않는 이유는 게임놀이 안에서의 과정과 상호작용이 아닌 게임의 내용에만 초점을 맞추기 때문이라는 가설을 세우고 있다. 그녀는 연극놀이(dramatic play)와 보드 게임놀이를 비슷하게 보고 있다. 그리고 게임놀이가 비슷한 방식으로 사용될 수 있다고 생각한다. 그녀는 책에서 보드 게임의 활용을 통해 얻을 수 있는 이점에 대해 강조하고 있으며, 비지시적 접근을 지지하고 있다고 언급한다. Bellinson은 아동이 '유아기 수준의 퇴행된 놀이를 지속하게 두거나 혹은 아동을 서둘러 청소년과 성인의 언어적 세계로 밀어 넣으려고' 압력을 가하는 양상에 반대하면서, 치료사가 보드 게임을 활용하는 방법을 익히기를 강조한다(Bellinson, 2002, p.127).

아동 뇌발달 연구에서도 BGPT가 이로운 방법이라고 강조하였다. Siegel(2013)은 뇌의 피질과 피층 부위를 자신과 타인에 대한 인식을 책임지는 영역이라고 하였다. 대뇌변연계 영역은 동기, 주의집중, 기억을 담당한다. 대뇌변연계 영역은 뇌간과 함께 작업을 하며 화나거나 두려움을 느낄 때 반응을 보인다. 게다가 소뇌는 인간의 사고와 감정이 상호작용할 때 균형을 잡아주는 역할을 하며, 뇌량은 좌뇌와 우뇌를 연결하고 그들의 활동을 협응하도록 한다.

이러한 뇌의 필수적인 기능들은 치료에서 보드 게임을 포함한 무수히 많은 활동들과 관련 있다. 우리는 게임을 하면서 상호작용하고, 정보를 처리하고, 기능적 역할을 할 때 뇌의 영역을 사용한다. 뇌는 아동기부터 청소년기까지 발달하면서, 좀 더 특성화되고 서로 연결되는 데 이를 통합이라고 한다. 또한 Seigel(2013, p. 77)은 "마음은 신경생리학 과정의 접속과 대인관계에서 발달한다."고 믿으며, 건강한 발달을 위해서라도 관계 경험은 매우 중요하다. 관계 경험을 통해 얻는 효과는 만족도, 중요성, 그리고 역할의 수준을 높이는 것이다.

우리는 놀이치료에서 무언가를 위해 노력하나 그것은 부분적일 수밖에 없지 않은가? 우리는 아동이 여러 가지 경험을 하면서, 아동이 겪은 경험과 사고를 조직화하고, 새로운 대처 기술을 탐색하며, 좀 더 건강하게 성장하고, 좀 더 만족할 수 있는 존재로 성장할 수 있도록 돕고 싶어 한다. 우리는 자기 인식, 동기, 주의, 집중, 기억, 정서 조절, 최대의 효과와 결과를 얻기 위해 양쪽 뇌를 함께 작동하기, 사고와 감정 균형 잡기 등을 위해 고군분투한다. BGPT는 잠재기 연령대 아동들을 강하게 끌어당기는 매력이 있고, 아동들은 이 중요한 발달 단계에서 본질적으로 게임에 끌리게 된다. 이 단계는 청소년기에 일어나는 전두엽의 엄청난 성장이 일어나기 전으로 "어떻게 생각하는지, 어떻게 느끼는지, 무엇을 왜 하는지, 그리고 어떻게 다르게 행동하는지를 숙고하여 아는 것에 대하여 아는 인간의 능력을 경험할 수 있도록 한다."(Siegel, 2013, p.92) 만약 BGPT가 뇌 처리과정과 대인관계를 향상시키고 평가할 수 있다면, 이는 세심한 주의를 요하고 중요한 과정을 평가할 수 있는 강력한 도구가 될 수 있다.

　BGPT의 활용에 대한 효과 연구가 한창 이루어지고 있다. 평가를 위한 요인들과 평정자 간 신뢰도가 높아서 활용 가능성은 풍부하다. 향후 필요한 연구에는 BGPT에서 치료사 평가의 효과, 잠복기 연령대 아동들을 위한 처치 계획에 BGPT로 평가한 정보를 활용시 실행의 효과, 또는 치료에서 BGPT와 전통적인 보드 게임놀이, 통계적 효과 비교 연구가 있다.

이론

BGPT의 장점을 활용하고 지지하기 위한 다양한 이론적 배경들이 존재한다. 특정 치료사 한 사람의 이론은 중요하지 않다. 중요한 요인은 치료사가 이론을 가지고 어떻게 평가하고, 사례 개념화하며, 계획을 세우고, 이론적 모델에 따라 어떻게 개입하는지이다.

　이론은 치료사가 그들의 놀이치료실에서 상호작용할 때, 목표와 의미를 갖게 한다. 치료사가 자신이 무엇을 하고 있는지를 알 때 그 결과는 강력한 힘을 가진다. 아동은 견고하고 구조적이고 안전하다는 느낌을 주는 과정을 경험하며, 자신이 무엇을 하고 있는지를 아는 유능한 치료사와 함께 있음을 느낄 수 있으며, 이는 도움을 받을 수 있을 것이라는 믿음을 주고 힘을 얻게 한다. 아동들은 유능함과 희망을 느낄 수 있다.

　이 장의 후반에는 BGPT의 무엇, 왜, 누가, 어떻게 그리고 언제의 측면에 대해 설명하고 있다. 일반적으로 치료에서 이러한 질문들에 대답할 수 있는 치료사는 그들의 개인적 이론에 따라 답을 결정할 것이다. 답할 수 있어야 하는 다른 질문들에는, 무슨 변화가 일어나는가? 무슨 변화를 이끌어내는가? 무엇이 변화를 지지하는 환경을 만드는가? 어떤 변화가 필요한가? 확인된 과거의 어려움에서 가장 성공적으로 전환할 수 있도록 돕는 것은 무엇이며, 건강한 발달을 할 수 있게 돕는 것은 무엇인가? 치료의 목적은 무엇인가? 어떻게 그 목적을 이룰 수 있게 도울 것인가? 등이다.

　BGPT에서 치료사는 치료 장면에서 게임을 어떻게, 왜 하는지를 알 수 있도록 하는 이론으로 무장한다. 아동이 현재 어떻게 기능하는지? 그리고 기능의 목표 수준은 무엇인지? 이 목표들을 성취하기 위해 치료사는 어떻게 최적의 개입을 할 것인지? BGPT의 구조화된 접근은 아동을 가장 잘 돕기 위해 치료사가 목적이 있는 게임을 하며, 치료사가 알게 된 것과 이해한 것을 적용하도록 한다.

　BGPT를 활용하면서 해석하는 대부분은 아동과 치료사 간 상호작용이다. 이 상호작용을 통해 살펴

봐야 할 점은 아동의 대인관계 상호작용과 그 경험에 대한 추측과 함께, 다른 상황에서 보인 아동의 상호작용 패턴에 대한 보고 내용이다. 결국 이 수집된 정보에 기초한 가설과 개입은 치료사의 정의된 개인적 이론(defined personal theory)에 따라 개념화될 것이다.

　나 역시 개인적 이론에 따라, 사무실에 있는 선반에 아동이 선택할 활동에 맞게 골라 사용할 수 있는 다양한 물품이 진열되어 있다. 만약 아동이 보드 게임을 선택하면 나는 게임놀이 안에서 유목화된 목록의 몇 가지 또는 전부를 평가할 수 있다. 나의 사무실에는 내가 해보았고, 나에게 맞는 게임들이 있다. 나는 게임에 꽤 익숙하여 게임을 하는 동안 게임놀이 과정(규칙 등)에 대하여 생각할 필요가 없으며, 치료적 정보를 모으는 일에만 집중한다. 또한 놀이를 할 때 아동의 반응을 끌어내기 위해 게임에서 의도적으로 가벼운 속임수를 쓰기도 한다. 만칼라(Mancala) 게임을 예로 들면, 두 게임자가 그들의 만칼라(그릇, 용기)를 채우기 위해 돌을 보드 주변으로 옮긴다. 마지막에 가장 많은 돌을 가진 사람이 이긴다. 만약 내가 좌절에 대한 인내력 영역에서 아동의 반응을 끌어내고 싶다면, 일반적으로 아동을 좌절시키는 놀이를 선택할 것이다. 만약 내가 아동이 즐거워할 때를 평가하고 싶다면, 아동의 그릇에 돌을 넣어주고 아동의 차례에 잠재적으로 나에게 불리한 상황이 되게 만들어 아동이 어떻게 하는지를 본다. 동시에 나는 아동이 이러한 조작들을 알아채는지 그리고 아동이 일부러 자기 차례에 선택하는지 안 하는지를 평가해야 하며, 나는 이러한 상황이 나오기를 희망한다.

　내담자를 이해하고 사례 개념화를 할 때, 적신호에 관하여 생각하는 것이 된다. 만약 누군가와 상호작용하는 동안 주제 또는 진술 내용이 옳지 않다는 느낌이 든다면, 주의해야 한다. 적신호 한두 개 정도는 그렇게 크게 걱정하지 않아도 된다. 하지만 5~6개가 모인다면 심각해지며, 치료사가 처치에서 무엇을 목표로 삼을지 결정할 때 도움이 된다. 예를 들어 만약 조니가 유감 게임(Sorry)을 할 때 공격적이라면, 그가 유용한 다른 선택들을 가지고 있음에도 일부러 출발점으로 나의 말을 돌려보낸다면, 그것은 적신호이다. 그럴 때 치료사는 조니가 놀이에서 또 다른 행동을 하는지에 주의를 기울여야 한다. 이 행동은 그의 발달력과 어떻게 연결되는지? 그리고 이 방식이 매일 가족과 사회적 장면에서 어떻게 드러나는지? 이 행동이 그의 욕구를 어떻게 충족하고 유지하는지? 게임을 치료적으로 사용하기 전에 잘 알아두어야 할 중요한 부분들이다. 이는 치료사가 아동 기능의 문제적 양상들을 평가하고 주목하는 데 중점을 두는 것이다.

절차/기법

BGPT에서 보드 게임을 활용할 때, 게임은 아동 또는 치료사가 선택할 수 있다. 만약 아동이 보드 게임을 선택한다면, 치료사는 아동에게 그 특정 게임을 선택한 이유에 대해 더 많은 것을 알 수 있도록 구조화된 평가를 활용할 수 있을 뿐만 아니라 특정 욕구에 맞는 개입을 수행할 수 있다. 만약 치료사가 보드 게임을 선택한다면, 이는 상호작용을 통해 특별한 무언가를 끌어내기 위한 것이다.

　일단 치료사가 긍정적인 라포 형성과 함께 아동의 발달력 및 현재 문제들에 대해 이해하게 되면, 그때부터 치료적 개입이 시작된다. BGPT에서 치료사는 적절한 개입을 통해 상호작용할 수 있다. 예를 들어 만약 아동이 좌절에 대한 인내력이 부족하다면, 좌절 반응들을 이끌어내어 그에 대한 긍정적 대처기술들을 경험하도록 아동을 안내하는 시간이 될 것이다. 치료사가 BGPT를 사용하는 과정은 놀이 치료에서 다른 매체를 사용하는 과정과 매우 유사하다.

심리치료사로서 치료에 대하여 무엇을, 왜, 누가, 어떻게, 그리고 언제에 대한 질문을 계속적으로 하는 것이 중요하다. 당신은 무엇을 하고 있는가? 왜 그것을 하고 있는가? 누구와 그것을 하고 있는 가? 그것을 하는 건 어떤가? 언제 그것을 하는가? 이러한 질문들에 답함으로써 활용하는 양식에 관계 없이 치료사는 큰 치료적 틀을 갖게 될 것이다.

보드 게임은 놀이에 속하는 것으로 늘 자연스럽게 여겨져 왔다. 아동이 게임을 하는 것은 나의 가족 과 친구들 사이에서는 흔한 일이다. 대학원을 다닐 때 놀이치료 안에서의 보드 게임에 대해 한 교수님 과 토의를 하였는데, 내가 생각해 오던 개념과 일치하였다. 그는 아동의 언어로서 놀이 및 다양한 장 난감을 사용하는 것과 치료로써 게임의 사용에 대해 논의하셨다. 졸업할 때 슈퍼바이저는 우리에게 치료실에 있는 두 개의 게임을 소개해주셨는데 그것들은 '말하기, 느끼기, 행동하기 게임(The Talking, Feeling, Doing Game)'과 '언게임(The Ungame)'이었다. 지금 이 게임들은 창고 안에서 먼지를 뒤집어 쓰고 있다. 이 게임들은 아이와 놀 때 자연스럽지 않고, 재미도 없다. 게임에 대해 변화를 요구하거나 치료적으로 만들기 위해 탐색할 필요도 없다. 게임은 게임 자체로 치료적 가치가 있어야 한다.

심리학자이자 등록 놀이치료사로서의 역할에 익숙해져 가면서, 나는 보드 게임에 대한 편견을 알게 되었다. 그래서 치료에서 보드 게임놀이의 무엇을, 왜, 누가, 어떻게, 그리고 언제의 양상을 탐색해보 고, 왜 게임놀이가 잘 받아들여지지 않는지에 대해 알아보려고 한다. 보드 게임놀이의 치료적 가치를 이용할 수 있는 방법이 있어야만 한다.

무엇을, 왜, 누가, 어떻게 그리고 언제

놀이치료에서 보드 게임놀이는 무엇인가

일반적으로 보드 게임은 공통적인 장점이 있다. 기본적으로 2명 이상의 참가자가 필요한 게임은 자동 적으로 사람 사이의 상호작용을 요구한다. 종종 눈 마주치기, 언어적 그리고 비언어적 단서들에 집중 하기, 동료애를 느끼고 같이 웃기, 가끔 투덜거리고 농담하기 등 결국에는 재미를 느끼게 한다. 게다 가 보드 게임은 전형적으로 조직화, 순서 지키기, 인내하기, 규칙 지키기, 이기고 지는 방법 배우기, 그리고 게임의 공정함이 무엇인지에 대한 개념을 이해하는 수준이 필요하다. 기본적으로 읽기, 수세 기, 숫자, 모양, 그리고 글자 인식과 같은 간단하지만 교육적인 요소들도 포함된다.

BGPT에서 치료사는 열거되는 모든 영역에 개입할 수 있는 기회가 있으며 숙달의 수준, 욕구좌절 에 대한 인내력, 대처 기술, 전략 능력, 대략적 IQ 추정, 사회적 상호작용 능력, 경쟁력, 규범 준수 수 준, 친밀한 관계의 수준, (이 장의 후반에 자세하게 다룰) 발달을 평가한다. 관계를 형성하고, 치료 목 표를 정하여, 치료사는 요소들을 평가하고 개입을 계획한다.

놀이치료에서 왜 보드 게임놀이를 하는가

Reid(2001)는 보드 게임놀이는 다른 유형의 놀이보다 "더 목표 지향적인 행동과 더 많은 진지함을 요 구한다."고 말하였다(p. 2). 또한 보드 게임하기는 중요한 뇌발달과 처리과정에 대한 Daniel Seigel의 설명에 매우 적합하다(Siegel, 1999, 2013). 아동들과 BGPT를 활용하는 것은 자연스러운 과정이다.

Schaefer와 Reid(2001)는 "게임은 치료동맹을 강화하며, 환상 표현을 끌어내며, 중요한 진단적 정보를 얻는 데 사용된다."(p. viii)고 하였다.

놀이는 아동의 언어라고 자주 기술되고, 보드 게임은 이 개념에 잘 들어맞는다. 만약 아동이 놀이 치료실에서 어떤 아이템(항목, 물품, 물건)에 다가간다면, 그 아이템이 어떻게 아동의 내적 구조와 처리과정에 들어맞는지를 이해하는 것이 중요하다. 왜 아동이 그것을 선택했으며 그것은 어떻게 아동의 욕구를 반영하거나 충족시켜주는가? 우리는 아동이 어떤 게임을 선택했는지, 아동이 게임 안에서 보이는 행동들이 어떠한지, 그리고 그런 각각의 선택이 무엇에 기인한 것인지와 관련된 자료들을 통해 정보를 추정할 수 있다. 이러한 양상들은 다른 놀이치료 양식에서와 그렇게 다르지 않은데, BGPT에서는 다소 무시되어 왔다. 놀이를 통해 아동이 쓰는 언어를 활용하고, 그 가치를 찾을 수 있는 체계를 마련하여야 한다.

치료에서 보드 게임놀이를 사용하는 자는 누구인가

만약 아동이 놀이치료에서 보드 게임과 비지시적 접근을 사용하는 놀이치료사에게 마음이 끌린다면, 그 이유가 무엇인지 충분히 이해할 만하다. 만약 3세 아동이 만칼라 게임을 하고 싶어 하면, 우리는 만칼라를 할 것이다. 이 장에서 검토할 내용에 덧붙여 나의 일은 아동이 어떻게 놀이를 하는지 평가하는 것이다. 예를 들어 아동이 규칙에 따르며 게임의 진행을 따라가는가? 또는 아동이 반짝이는 말들(markers), 그것이 손에 느껴지는 감촉, 그리고 매끄러운 보드판을 마음에 들어 하는가? 어느 쪽이든 어떤 다른 설명이든 이 아동을 이해하는 데 고려해야 할 가치 있는 정보이다.

전형적으로 보드 게임과 BGPT에 끌리는 아동들은 잠복기 아동들이다. 잠복기는 5세부터 사춘기 시작 전까지에 해당된다. 이 단계 아동들은 근본적인 수준에서 보드 게임의 구조, 경쟁, 연결, 재미와 즐거움에 끌린다. 이런 구조화된 게임에서 요구하는 과업을 이룰 수 있도록 발달 측면에서 준비가 된 시기이다. 게임을 하는 중요한 양상은 언어적이고 비언어적 의사소통, 상호 존중, 나누는 방법 배우기, 인내력, 순서 지키기, 그리고 다른 사람과 연결되는 즐거움 등이다.

어떻게 보드 게임놀이를 치료적으로 사용할까

Bellinson(2002)은 게임놀이에서 얻은 정보와 경험을 다른 방법을 통해 얻은 상징적 자료와 비교한다. 발달적으로 적절한 구조화된 게임은 어린 아동들의 연극놀이나 청소년과 성인들을 위한 꿈 작업처럼 잠복기 아동들의 무의식적 역동을 드러낼 수 있다는 것을 알 수 있다. 연극놀이나 꿈의 보고에서 흐르는 것과 같이 자유로운 입장에서 마음껏 펼쳐지도록 해야 하고, 우리가 다른 상징적인 표현들에서 찾으려 하는 것과 똑같은 내면적 역동을 탐색해야 한다. 게임놀이의 다른 방법은 이런 관점에서 해석할 수 있다.(p.19)

시간이 지나면서 능력과 주제가 드러날 것이다. 치료사는 아동을 따라가고, 주제가 무엇인지, 그 주제가 아동의 삶에서 어떻게 드러나는지를 이해하는 작업을 할 책임이 있다. 현재의 문제, 아동의 알려진 내력, 아동이 어려움을 겪는 환경, 놀이치료에서 관찰된 사항들에 대한 전체적 그림을 살펴보면 그 결과는 과거의 어려움들과 그것을 헤치고 나아가도록 도울 종합적이며 유용한 접근방법을 찾게 할 것이다.

BGPT에서 평가 영역

놀이치료와 BGPT를 아동에게 사용하여 평가할 때 주요한 측면들은 다음과 같다. 가끔은 개념이 추가되거나 삭제되는 게 적절한 듯하나 이러한 주요한 측면들은 평가 과정으로 대부분 체계화되어 있다. 또한 일차적인 양육자와 이차적인 접촉자들을 검토하여 체계화하기 위한 착수 도구들로서 제공된다. 평가 목록의 측면들은 반복적이다. 요소들은 서로 배타적이지 않지만 체계화를 돕기 위해 분리되어 있다. 그것을 당신의 개인적 이론, 체계와 접근법에 가장 잘 맞는 방법으로 사용하라.

▶ 숙달 수준

메리암 웹스터는 숙달(mastery)을 "뭔가를 매우 잘하고, 사용하고 또는 이해하도록 하는 지식과 기술, 뭔가를 가능한 한 최대로 조절하는 것"이라고 정의한다. 놀이치료사로서 우리는 종종 아동이 무엇을 숙달하였는지, 발달적으로 무엇이 숙달되기를 기대하는지, 그리고 아동과 함께하면서 처치의 한 부분으로써 무엇이 숙달되도록 도울 것인지를 평가하는 목표가 있다.

발달의 주요한 측면은 숙달감을 느끼는 것이다. 예를 들어 숙달은 사물의 사용, 사고 과정 또는 개념, 신체적 활동, 사회적 기술 또는 과업을 통해 성취할 수 있다. BGPT를 사용하기 위한 주요한 발달적 단계는 잠복기이다. 숙달감은 아동의 자존감에 대단히 중요하며 성공적인 청소년기를 보낼 수 있는 기초를 마련한다.

BGPT에서 치료사는 아동의 다양한 영역에서 숙달의 수준을 평가할 수 있다. 만약 아동이 가까운 상호작용이나 성취해야 할 과업을 피한다면, 아동에 대해 알려진 정보를 비교해보고 반복되는 주제가 있는지 확인하라. 만약 없다면 가능한 한 미래에 사용하도록 이 정보를 저장하라.

▶ 욕구좌절에 대한 인내력

욕구좌절에 대한 인내력(frustration tolerance)은 놀이치료에서 자주 다루어지는 문제다. 흔히 아동은 욕구좌절에 대한 인내력이 건강한 수준에 미치지 못하여, 열망하는 것을 얻지 못할 때 문제 행동을 취한다. 치료 목표는 아동의 대처 기술을 향상시키고, 욕구좌절을 통해 배울 수 있게 돕는 것이며, 사회적으로 적절한 태도로 행동하게 하는 것이다. BGPT를 통해 치료사는 아동의 욕구좌절에 대한 인내력의 수준을, 게임을 하는 동안 치료사가 말을 움직일 때나 게임에서 이겼을 때 아동이 어떻게 반응하는지를 보고 평가할 수 있다. 치료사가 내담자의 반응을 반영할 때, 아동들이 자신의 행동과 반응을 통해 다른 사람들에게 미치는 영향을 이해할 수 있도록 돕는 것과 같은 가치 있는 관점을 주제로 다룰 수 있다.

▶ 대처 기술

"아동의 대처 기술들은 무엇인가? 아동들이 상황을 다루어야 할 때 시간을 버는 어떤 기술을 가지고 있는가? 어떤 기술이 부족한가?" 게임을 하는 동안 상호작용은 이러한 많은 질문들을 평가하는 데 도움이 될 것이다. 행동 패턴이 드러날 것이다. 일단 치료사는 아동의 능숙한 영역과 능숙하지 못한 영역이 확인되면, 새로운 기술을 가르치는 개입을 시작할 수 있으며 아동들이 가지고 있는 기술을 수정할 수 있다.

▶ 전략 능력

만약 영재성이 있는 아동과 작업을 하면 이 범주는 아동을 이해하는 데 매우 도움이 될 것이다. 전략 능력은 중요한 삶의 기술들로 바뀌고 치료사가 대략—매우 대략적으로—아동의 지능을 평가하는 데 도움이 된다. 영재 집단의 범주에 들어가지 않더라도 아동의 강점과 약점을 아는 것은 아동을 이해하고 개입을 진행하는 데 도움이 될 수 있다. 만약 아동이 전략을 세우는 데 어려움을 보인다면, 아동의 세계에서 학습, 일상, 그리고 관계에서 어떻게 나타나는가? 만약 아동이 이 영역에 강점을 가진다면, 그것은 자신의 욕구를 적절하게 충족시키기 위해 어떻게 도움이 되거나 해가 되는가?

▶ 대략적 IQ 추정

전략 능력에서 논의하였듯이 BGPT를 통해 인지 기능의 대략적 추정치를 얻을 수 있다. 추정된 IQ의 활용 가능성은 아동의 IQ 자체와는 관련이 적으며, 추정 IQ를 통해 기대할 수 있는 것과 기대해야 하는 것에 더 관련이 있다. 너무 높거나 낮은 인지 능력은 처리과정, 통찰의 단계 그리고 현존하는 정보의 통합과 삶의 경험은 아동들 자신의 잠재적 장애물이 될 수 있다. 만약 치료사가 이러한 영역들에서 보이는 아동의 능력에 대한 대략적 아이디어를 가진다면, 개입과 상호작용을 더 특별하게 제공할 수 있다.

▶ 사회적 상호작용 능력

아동이 게임에 어떻게 접근하고 상호작용하는가는 매우 유용한 정보이다. 이러한 기술들은 긍정적인 대인 간 상호작용을 하는 데 필수적이다. 많은 아동들은 만족스러운 상호작용을 하지 못하며, 이는 아동들의 세계관, 자기개념, 자존감, 그리고 아동들이 사회에 적응할 때 어떻게 인지하는지에 영향을 준다. 고통스러운 조합은 아동이 정말로 이러한 긍정적인 상호작용을 열망할 때이지 달성했을 때가 아니다. BGPT는 이러한 어려움들이 나타나는 곳 그리고 기술과 처리과정에 개입하는 방법을 평가하기 위한 강력한 도구이다.

▶ 경쟁력

아동의 경쟁력 수준은 자산이 되거나 방해가 될 수 있다. 만약 아동의 경쟁력이 목표 또는 숙달을 성취하도록 돕고, 다른 참가자에게 공손하다면 자산이 될 수 있다. 방해가 되는 것은 참가자 사이의 긍정적인 상호작용에 경쟁이 방해가 되는 것으로 보통 무례하고 마음을 상하게 하는 말과 행동을 하는 것이다. 다음과 같은 질문들 "이 경쟁력에서 가능한 병인은 무엇인가? 아동의 세계관, 가치, 가족 역할 또는 경험 그리고/또는 행동의 강화 사이클은 어떻게 작동하는가?"는 탐색할 가치가 있다.

▶ 규범 준수 수준

아동들이 그들의 문화와 사회에 어떻게 적응하는지는, 크게 기본적인 규범을 준수하는지에 달려 있다. 각 문화와 사회는 규칙을 다르게 정의할 수 있지만 전형적으로 규칙을 따르고 다른 규칙을 잘 처리하는 측면을 포함한다. BGPT는 규범의 기초를 준수하는 것을 포함한다. 보드 게임은 본질적으로 상호 간 동의가 게임에 포함되고 정해진 규칙이 있다. 만약 참가자가 이러한 규칙을 따르지 않는다면, 그것은 속이는 것으로 간주된다. 속임수는 놀이치료에서 논의와 토론의 큰 주제이다. 상호 존중은 치료의 핵심적인 측면이다. 한 사람이 동의한 규칙을 고수하지 않는 것으로 정의되는 속임수는 내재적으로 다른 참가자를 무시하는 것이다. 그러므로 나는 BGPT에서 속임수를 허용하지 않는다. 나는 평가를 할 때 속임수를 쓰려는 아동의 열망, 시도, 그리고 추측 가능한 성향을 알기 위해서는 사용하게 둘 것이다. 그러나 회기 안에서 속임수를 계속하도록 허용하지는 않는다. 게임의 다른 참가자로서 속임수를 어떻게 느끼는지에 대해 토론하고 우리 모두가 같은 규칙을 매우 잘 지키기 위한 규칙 변경의 협상하기(그들이 어떻게 속이려고 시도하는지도 포함)에 대해 토론한다.

개인의 규범 준수 수준이 아동의 생활에 어떤 영향을 미치는지는 크게 다를 수 있다. 때로는 아동이 고정관념을 넘어선 생각을 하는 유형이 될 수 있으며, 그 결과는 창의적이며, 놀랄 만하다. 다른 경우에는 자신의 욕구를 충족시키기 위해 다른 사람에게 무례하고 상처를 주는 아동이 될 수도 있다. 또 다른 가능성도 많이 있으며, 규범 준수 수준과 이 수준이 어떻게 상호작용하고 자기 개념 및 세계에 영향을 미치는가를 평가하는 일은 매우 가치 있다.

▶ 친밀한 관계의 수준

친밀한 관계 수준은 평가, 개입, 처치, 그리고 주양육자와 부양육자와의 논의를 통해 개념화할 때 평가되고 확인되는 중요한 정보다. 만약 친밀한 관계의 수준이 낮다면, 평가된 모든 정보는 이 점을 염두에 두고 해석되어야 한다.

▶ 발달

이 범주는 일반적인 발달, 애착, 정서적 발달, 신체적 발달, 그리고 현실 검증이 포함된다. 각 영역 안과 영역 간에서 아동의 발달 변동성을 고려할 수 있다. 이 아동은 발달적으로 각 영역에서 일반적으로 올바른 궤도를 따르는가? 만약 그렇지 않다면 얼마나 많은 심리학적 정보를 더 모아야 적절한가?

이 발달적 측면은 아동의 욕구를 충족시켜주지 못하는 역동을 얼마나 만드는가? 이 욕구들은 건강하거나 현실적인가? 이 욕구들의 병인은 무엇이며 그것을 충족시키기 위한 좀 더 적절하고 만족스러운 방법이 있는가? 이 개념을 은유적으로 표현하면 일하러 가기 위해 너무 빨리 운전하는 사람이다. 근본적인 욕구가 시간에 맞춰 일하러 가는 것이라면, 그 욕구는 가능하면 과속벌금 딱지를 피하려는 욕구보다 더 강할 것이다. 그 욕구를 좀 더 적절하게 충족시킬 수 있는 방법은 좀 더 일찍 출발하고, 안전하게 도착하는 것이다. 그 계획에는 방해물이 있을 수도 있다. 누군가의 욕구를 좀 더 적절하게 충족시키기 위한 방해물은 검토하고 협상하거나 피할 필요가 있다. 욕구를 강조하고, 그것을 검토하고 욕구를 충족하는 적절한 방법들을 발견하는 것은 행동 변화를 가져오는 강력한 힘이 될 수 있다.

언제 BGPT를 사용하는가

나의 개인적 이론과 작업 틀을 고려해볼 때 보드 게임놀이는 아동이 게임을 선택하는 순간에 치료적으로 사용될 수 있다. 게다가 앞에서도 언급했듯이 치료사는 아동에 대한 특정 정보를 수집하기 위해 게임을 선택할 수도 있다. 치료사는 어색한 분위기를 깨기 위해, 평가를 위해, 적극적인 놀이치료 과정 안에서, 개입 동안, 그리고 치료적 과정의 종결에 보드 게임을 사용하여 도움을 얻을 수 있다.

치료사 자격, 훈련 그리고 특성

등록 놀이치료사(RPT)와 같이, 놀이치료에서 광범위하게 훈련을 받은 놀이치료사나 등록 놀이치료사

–슈퍼바이저(RPT-S)에게 지도감독을 받은 사람들은 BGPT를 활용하는 데 적합하다. 이 기법을 개념화하고 적절하게 사용하려면 치료사는 개인적 이론을 구축해야 하며, 변화 과정을 이해할 수 있고, 아동을 발달적으로 평가할 수 있는 능력이 필요하며, 개입을 개념화하기 위한 정보를 통합할 수 있는 능력이 필요하다.

아동 특성

BGPT는 모든 연령의 아동과 정서적 그리고/또는 행동적 표현을 하는 아동에게 이로울 수 있다. 만약 아동이 어떤 이유에서든 의도를 가지고 게임을 활용할 능력이 없다면 게임은 아동의 욕구를 위해 적절하게 수정될 수 있다. BGPT에서 수정은 좀 더 치료적으로 만들기 위해 다른 게임으로 바꾸는 것을 의미하지 않는다. 예를 들어 아동이 질문에 대답하거나 무언가에 대해 말하는 역할을 바꾸는 것이 아니다. BGPT에서 치료사는 게임 안에서 상호작용에 기초한 개입과 평가는 실시하지만 추가적인 요인들을 소개하지는 않는다. 지시적인 치료사는 BGPT를 추후 정보를 얻거나 구조화된 놀이 상호작용을 하려는 욕구가 있을 때 활용할 수 있다.

 사례 1 : 조셉

조셉은 11세로 조부모와 함께 나의 사무실에 나타났다. 조부모는 조셉이 집에서 보이는 분노, 좌절, 그리고 주먹질을 하는 행동을 걱정하였다. 조셉은 그의 조부모와 함께 살고 있었고, 아버지와는 꾸준히 접촉하였지만, 어머니와는 거의 만나지 않았다. 조셉은 근이영양증 때문에 휠체어를 타고 있었다. 조셉에게 신경학적으로 무슨 일이 일어나고 있는지를 실제로 이해하는 사람은 아무도 없었고, 그의 상태는 점점 더 나빠지고 있었다. 이는 조셉을 매우 두렵게 하였다.

조셉은 정말로 BGPT를 좋아했다. 다른 아이들처럼 놀이할 수 있다는 것이 그를 정상적인 아이가 된 것처럼 느끼게 했다. 조셉은 게임에서 이기거나 말을 잘 움직이면 자부심을 느꼈다. 테이블 앞 의자에 앉는 것이 그에게는 여의치 않았지만 어쨌든 우리는 둘 다 의자에 앉을 수 있었다. 그것으로 그는 정상상태가 된 듯 우월감과 함께 유대감을 느끼는 듯했다. 처치의 목표는 안정감, 인정과 그의 의학적, 사회적 및 익숙한 현실들의 표현, 그리고 대처 기술과 좌절에 대한 인내력의 향상이었다.

평가 두 번째 단계에서 두드러진 패턴이 드러났다. 그는 매우 충동적으로 게임을 하였고, 그래서 그는 더 우월하다고 느끼기도 하고, 매우 수동적으로 모든 것을 놓아 버려 자신이 가치 없고, 착하지 않으며, 무슨 의미가 있냐고 말하는 것처럼 보였다. 아동의 패턴을 알아차릴 때, 이러한 양식들과 행동들이 다른 사람들에게도 나타난다고 생각하는 것이 중요하다. 만약 아동의 현재 문제들이 사회적 문제를 포함한다면, 나는 이러한 행동들이 그가 또래와 있을 때 어떻게 보이는지 그리고 그의 또래들은 어떻게 반응하는지가 궁금하다. 대부분의 11세경 아동들은 극단적인 방법이나 충동적이고 거만하게 상호작용하는 또래에게 잘 반응하지 않는다. 게임놀이와 토론을 통한 사회적 기술 모델링이 분명히 보장되어야 한다.

BGPT는 조셉의 상호작용에서 벌어지는 일들을 평가하는 데 도움이 되었던 한편, 또한 그가 느끼는 불안정, 불안, 하찮음, 존재감 없음, 심지어 보이지 않고 약하다고 느끼는 것에 대한 관찰의 기회도 제공하였다. 조셉이 놀이에서 수동적일 때 분위기는 거의 가라앉아 있고 고통스러웠다. 나는 조셉이 느끼는 방식처럼 상상해보았고, 그런 무거운 마음을 가지고 매일 앞으로 나아가는 것이 얼마나 힘들지에 대해 상상해보았다. 그가 우월 모드에 있을 때 나는 그의 내부에 있을 불안이 무엇인지에 대해 생각했고, 얼마나 시끄럽고 큰 몸짓으로 드러내야만 그것을 알리는 데 성공했다고 느낄 것인지에 대해 생각해보았다.

이 영역에서 놀이 자체가 매우 도움이 된다. 때때로 나는 내가 느끼는 반응을 진솔하게 표현하였고, 또는 아동이 하는 행동에 또래들이 느낄 것 같은 반응을 표현하였다. 가끔 우리는 놀이를 할 때 꾸준하고 진실한 마음으로 머물렀는데, 예를 들어 그가 우월감을 느끼고 있을 때 우리가 유감 게임(Sorry)을 함께했다면, 그는 나의 말을 공격하여 출발점으로 보냈을 것이다. 이러한 경우 그를 몇 단계 정도 끌어내려 진정시킬 필요가 있다고 느꼈기 때문에 나는 침착하고 안정되게 나의 슬프거나 절망스러운 느낌을 표현하였지만 그에게 똑같은 행동을 하지는 않았다. 누군가가 너무 시끄러울 때 침착하고 안정된 목소리를 유지하는 것과 마찬가지로 이런 경우라도 당신의 정서나 표현에 맞춰서 침착하기를 바란다. 나와 함께 있으면서 더 연결되고, 안전하고, 안정적이라고 느끼게 됨에 따라 그의 이러한 행동은 더 많아졌다. 나는 지지해주었고 안전함을 느끼고 싶어 하는 그의 욕구가 매우 크다는 것을 이해하였으며, 그래서 또래들에게서 겪었을 사회적 몰락으로도 그의 행동이 바뀌지 못했음을 이해하였다. 나는 우리의 지지적이고 안전한 연결을 강화하고, 놀이에서 행동의 다른 방식들을 시범 보이면 보일수록 그는 그 지점에서 나를 만날 수 있었고, 행동이 자연스럽게 강화되는 것을 느낄 수 있었다. 그와 그의 가족들은 학교생활도 점점 나아지고 있으며, 그의 분노가 줄었고, 가정에서의 행동도 개선되었다고 보고하였다. 치료회기에서 우리가 함께해야 할 일들이 많았지만 BGPT는 우리에게 좋은 출발을 제공해주었다.

사례 2 : 마크

우리가 만났을 때 마크는 고등학교 2학년이었다. 그가 다니는 대안학교에 방문했을 당시 나는 박사과정 중이었다. 이 대안학교는 전국의 공립학교에서 퇴학당한 아이들을 위한 곳으로, 소위 문제아들이 교육받는 곳이었다. 우리는 학교에 있는 좁고, 지저분한 트레일러에서 만났다. 그가 만일 학교의 계획을 준수하기를 원한 거라면, 나를 만나는 것은 의무적인 것이었다. 또한 일주일에 한 번 교실을 벗어날 수 있는 방법이었고, 그것이 그의 첫 번째 동기처럼 보였다. 그는 16살이었고, 외상과 방임의 힘든 내력을 가지고 있었다. 그의 가족은 그가 뒤떨어진 학습을 위해 교육을 받고, 집단생활 하기를 원했다.

마크는 그의 가족, 그의 내력, 또는 그의 내면에 대해 이야기하는 것을 별로 원하지 않았다. 그는 너무 냉정하고 거칠어서 치료 같은 것은 받으려고도 하지 않았다. 우리는 2학년 내내 만나도록 예정되어 있었고, 나는 최선을 다해보자고 제안하였다. 우리는 시간을 보내기 위해 게임을 하였다. 그 당시 나는 단지 프로그램에 배정된 시간을 채우고, 교내에 있는 동안 형편없는 대접을 받거나 모욕을 당하는 일이 없기만을 바랐다. 만일 내가 그를 도울 수 있었더라면 그게 최선이었겠지만, 그가 나와는 아무것도 하고 싶어 하지 않는데 그 방법을 어떻게 찾아야 할지 도무지 알 수가 없었다.

몇 차례의 시행착오 끝에 마크는 마스터마인드를 하길 원했다. 우리는 마스터마인드를 회기마다 빠뜨리지 않고 8개월 동안 하였다. 가끔은 진짜 우리가 무엇을 하고 있는 건지 알 수가 없었다. 나는 이 시간이 치료에 도움이 되는 건지도 확신할 수 없었다. 그렇게 8개월이 지난 후 놀라운 일이 벌어졌다. 출석, 성적, 태도 모든 면이 눈에 띄게 향상되어 마크는 일반 고등학교로 돌아가게 되었고, 이로써 고교과정을 마치기 위한 정상적인 궤도에 오르게 되었다. 우리는 하이파이브와 축하를 나눴다. 그는 나에게 고마워했다. "도대체 지금 무슨 일이 일어난 거지?" 나는 남아서 생각하였다.

무슨 일이 일어났던 걸까? 지나고 나서 보니 그 몇 달 동안 많은 일들이 일어났다는 것을 깨달았다. 중요한 원칙은 내가 매주, 빠짐없이 나타났다는 것이다. 나에게는 그가 중요했다. 나는 그를 위해 그곳에 나타났다. 몇 달 동안의 과정을 거치며 그는 이완되기 시작했다. 나는 위협적이지 않았다. 그뿐만 아니라 나 역시 편안했다. 그는 위협적이지 않았다. 사실 몇 주간의 만남 후부터, 그를 데리고 우리의 멋진 트레일러로 가기 위해 교내를 가로질러 걸을 때마다 그는 호기심으로 말을 걸고 접근하려는 다른 학생들로부터 나를 보호해주었다. 그의 시간과 노력의 투자, 나와의 유대, 치료 과정, 그리고 스스로에 대한 가치는 우리가 만남을 지속함에 따라 더욱 강화되었던 것이다. 이는 그의 삶에서 일반화가 되었다. 그의 성적과 행동이 개선되었고 자신의 삶에 대한 관점도 가능성으로 꽃피웠던 것이다.

그러나 우리는 8개월 전부를 매주 마스터마인드를 하며 보낸 것뿐이었다.

명백하게 친밀한 관계가 이 과정에서는 대단히 중요했다. 게임놀이를 통해, 나는 그에 대한 것, 그가 어떻게 생각하는지, 그가 세상과 자신을 어떻게 보는지, 그의 대인관계 기술이 무엇인지, 그리고 그가 삶에서 원하는 것이 무엇인지를 이해할 수 있었다. 사실 반복성은 우리가 게임을 바꾸었든지 아닌지보다 더 많은 향상과 변화를 이끌었다. 그의 놀이를 통해, 나는 그가 학교생활에서 보여준 성과보다 더 높은 지적 능력을 가지고 있음을 알았다. 패턴을 통해 생각하고 전략을 세우고 제한된 정보를 기초로 한 정보를 추론하는 그의 능력은 비슷한 연령의 대부분의 또래들보다 훨씬 우수했다. 나를 만나려 하고 상호작용하려는 열망은 다른 사람들과 연결되고 싶어 하는 그의 열망이라는 것을 알게 되었고, 나를 보호해준 것은 그가 의미 있는 방식으로 나와 연결되고 싶어 한다는 것을 보여주는 것이었다.

그는 조각들을 배치할 때 사려 깊었고, 계속되는 도전들을 받아들이기 위해 노력하였다. 그는 내가 사용한 패턴을 충분히 예상할 수 있을 정도로 나의 조각 배치에 관한 세부사항에 주의를 기울였다. 그가 게임에 능숙해져서 즐길 수 있게 되면서 보여준 숙련성은 이제까지 그의 이미지나 내가 그와 그의 능력에 대해 가진 인식과는 반대되는 것이었다. 그의 능력, 의지, 그리고 다른 사람을 믿으려는 열망은 몇 달이 지나면서 성장하였다.

그는 게임을 선택했다. 그는 놀기를 선택하였다. 이는 그가 필요로 하는 과정들을 겪으면서 견딜 수 있는 매체, 속도, 그리고 상호작용이었다. 참여하고, 함께 있어 주고, 그와 그가 나에게 보여주는 것들에 마음을 여는 것이 나의 일이며, 상호작용을 통해 따라가며 그에 대해 배워 가는 것이다. BGPT는 이러한 목표들을 성취하는 유일한 방식은 아니지만 아동들이 그것을 사용하려고 선택할 때 강력한 개입이 된다.

 ### 사례 3 : 미셸

미셸은 8세로 몹시 화가 난 어머니와 나의 사무실에 오게 되었다. 어머니는 딸이 행동적으로 통제가 되지 않으며, 성질을 부리고, 일반적인 요구사항들조차 그녀 마음대로 해버린다고 보고하였다. 엄마는 지쳐 있었고 그녀와 딸 사이의 적절한 위계를 되찾기를 원했다. 가족은 온전하였고 주어진 발달력상으로 확연히 드러나는 심리사회적 문제는 없었다.

미셸은 만칼라 게임을 선택하였다. 게임을 하는 동안 그녀의 경쟁의식 수준과 노골적인 공격성이 드러났다. 그녀는 자신의 조각들을 자신에게 가장 이로울 것이라고 여겨지는 곳으로 옮겨가며 일부러 게임을 방해했고 이것은 매번 둘 중 하나에게는 피해를 주고 있었다. 그녀는 내가 홈베이스에 조각을 놓지 못하는 것을 보았고, 또한 그녀의 홈베이스에도 조각들이 줄어드는 것을 보았다. 그녀는 인지적으로나 발달적으로 궤도에 오르는 듯이 보였다. 그녀의 전략적 능력은 뛰어났고, 욕구좌절에 대한 인내력은 낮았으며, 사회적 상호작용 방식은 착취적이고 기회주의적이었다. 그녀는 빈번하게 그녀 스스로를 고양시켜 상황을 모면하고, 심지어 마음속에도 우월감을 느끼는 수준에 있는 듯했다.

그녀에 대해 내가 이해할 수 있었던 것은, 그녀가 우월감을 느끼고자 하는 욕구가 너무나 큰 나머지 다른 사람은 물론 자기 자신까지도 희생하며 그 느낌을 쟁취하려 한다는 것이었다. 긍정적인 사회적 상호작용을 간절히 원하면서도 정작 그녀는 다른 사람들을 믿지 않았다. 그리고 결국, 우월감을 느끼는 것과 긍정적인 상호작용 사이에서 그녀는 우월감을 선택했다. 이로써 나의 연구와 관심사는 신뢰의 부족이라는 문제에 초점이 맞춰졌다.

알다시피 아동들에게 일반적인 주제라도 어떤 아동에게는 기본적이고 치명적인 급소이다. 이러한 좋지 않은 신호들이 마음에 있어, 나는 그녀의 삶에서 좋았던 관계에 대한 경험을 언어적으로 탐색하기 시작하였다.

　우리는 만칼라를 하면서 그녀의 또래들, 친구들, 부모와 그녀의 가족에 대해 이야기를 나누었다. 우리가 알게 된 것은 그녀는 삶에서 길고도 연속적인 상실의 시간을 보냈다는 것이다. 그녀는 지난 5년간 중요한 가족원 3명이 죽는 것을 경험했고 또한 사랑하는 애완동물도 많이 떠나보냈다. "모두가 떠나요."라고 그녀는 말했다. 6번의 개별 회기를 통해 그녀가 다른 사람들과의 상호작용 또는 관계에 믿음이 없다는 것이 명확해졌다. 나는 얼마나 그녀가 나를 믿는지 확신할 수 없었지만 나는 그녀의 치명적 급소에 맞서 이해하는 것으로 그녀의 의심을 떨쳐버리도록 해야겠다고 생각했다. 나는 그녀의 다듬어지지 않고 방어적인 부분을 보았고, 이것이 그녀가 가진 존중과 믿음의 수준이라고 생각했다. 우리는 다양한 만칼라 게임 방법을 포함하여 수많은 방법으로 작업을 계속하였다.

　게임은 개입 초기 그녀가 투쟁하는 문제들을 내 능력 안에서 이해하고 평가하는 데 매우 중요한 도구였다. 놀이가 점점 더 상호작용적이며, 덜 공격적이고, 덜 악용하는 상호작용으로 발전해 가면서 결국에는 그녀의 변화되는 모습을 관찰하는 것이 가능해졌다. 그녀는 조금 더 너그러워졌고, 우월감을 느끼고 싶어 하는 욕구는 더 이상, 긍정적인 상호작용을 하려는 욕구보다 중요하지 않게 되었다. 미셸과 그녀의 어머니는 이 역동이 집과 학교에서 일반화되고 있다고 보고하였다.

지시/금기

BGPT는 문제와는 상관없이 적용 가능한 정보들을 모을 수 있는 한, 개입 또는 평가의 단계에 사용될 수 있다. 아동이 보드 게임을 하고 싶어 하는 욕구를 나타내든 치료사가 제시하든 게임을 하는 동안 치료사는 (평가의 영역에 자세하게 설명된) 구조화된 항목을 평가할 수 있다. 평가를 통해 알게 된 것을 기초하여, 치료적 개입은 BGPT 또는 놀이치료의 다른 방식으로 시행될 수 있다.

　BGPT에서는 알려진 금기사항은 없다. 만약 아동이 어리거나 인지적 또는 신체적 손상이 있다면 치료사가 반드시 이를 고려해야 한다. 치료사의 개인적 이론에 따라 게임은 아동을 위해 분명하게 선택되고 수정될 수 있다.

실행 계획

놀이치료실 설정, 장난감, 그리고 재료

놀이치료실 설정은 일차적으로 치료사의 이론적 접근에 달려 있을 것이다. 비지시적 접근은 개방된 교구장에 게임을 놓아둘 것이고 놀이치료실의 다른 물건들도 볼 수 있고 만질 수 있을 것이다. 좀 더 지시적인 접근을 사용하는 치료사는 물품들을 캐비넷 안에 두는 경향이 있으며 주어진 회기에 사용할 물품들은 임상가의 재량에 따를 것이다. 보드 게임의 선택은 놀이치료사가 원하는 상호작용, 게임의 유형(전략적 또는 우연적), 그리고 치료사가 편하게 느끼는 게임의 수준에 달려 있다.

놀이치료에서 많은 보드 게임들이 이 장에서 제시한 요소들을 평가하는 데 도움이 된다. 아동이 가장 자주 선택하는 보드 게임은 만칼라, 오셀로, 모노폴리 주니어(풀버전은 한 회기 내에 하기에는 너무 오래 걸림), 인생 게임, 우노, 유감 게임, 트러블, 사다리 게임, 나는 누구일까요?, 그리고 가장 작은 애완견가게 게임 등이다. 덜 유명하지만 여전히 많이 사용되는 것은 클루, 클루 주니어, (영재 아동들에게 매우 인기 있는) 스트라테코, 사목 게임, 사탕나라, 전투 게임, 체스, 그리고 체커가 있다.

처치 빈도와 기간

BGPT의 활용 기간과 빈도는 아동의 선택 또는 치료사의 소개에 의해 정해진다. 아동은 BGPT를 사용할 때 아동 자신만의 패턴이 있는 듯 보인다. 어떤 아동은 오로지 보드 게임만 선택한다. 어떤 아동은 회기에 모래상자, 퍼핏인형, 또는 인형놀이와 같은 다른 양식의 놀이 사이에 게임을 포함하기도 한다. 또 다른 아동은 보드 게임으로 시작하거나 끝내는 것을 선호하기도 하는데, 이는 아마도 자신이 구조를 만들거나 자신이 오고 가는 환경으로부터 어느 정도 분리하는 방식일 것이다. 어떤 빈도일지라도 놀이를 하는 동안 평가를 하기 위한 개인적인 이론과 구조를 가진 치료사는 보드 게임을 사용할 때 치료적 상호작용을 만들 수 있다.

처치 전 평가와 처치 계획

처치를 시작하기에 앞서 양육자로부터 정보를 모으고, 현재 나타나는 문제를 결정하는 데 도움이 된다. 그런 다음 치료사는 놀이 안에서 관찰을 통해 몇몇 영역에 대한 정보를 얻을 뿐만 아니라 잠재적인 처치에 초점을 맞춘다. 보드 게임 상호작용으로부터 얻은 정보는 처치 계획과 개입에 매우 도움이 되는데, 왜냐하면 이는 치료사가 사용하기 위해 구조화되고 조직화된 정보이기 때문이다. 이 장의 끝에 있는 참고 자료지(pp. 340~341)는 BGPT에서 치료사가 평가할 때 안내서로서 사용될 수 있을 것이다.

처치 단계와 전략

BGPT는 아동 그리고/또는 치료사에 의해 정해지므로 처치의 어떤 단계에서도 사용될 수 있다. BGPT는 평가, 처치 계획, 그리고 개입에 유용하게 사용된다. 치료사의 개인적 이론과 구조화된 접근을 활용하여 이 장에서 서술한 것처럼, 치료사는 매우 치료적인 방법으로 보드 게임을 통합할 수 있다.

처치의 평가 단계 동안 게임은 개인 내 그리고 개인 간 관심사의 영역을 발견하는 데 도움을 줄 수 있다. 현재 드러난 문제의 정보를 가지고, 치료사는 아동의 치료적 욕구를 이해하기 위한 접근으로 구조화된 BGPT를 적용할 수 있다. 처치 계획 단계에 있을 때 치료사는 자신의 개인적 이론으로 평가된 정보와 욕구를 결합할 수 있다. 이는 본질적으로 선호하는 방법을 이용하여 구조화된 처치 계획을 위한 기초를 만든다. 개입은 게임놀이를 하는 동안 언어적 그리고 비언어적 상호작용을 통해 BGPT에서 실행될 수 있다.

결론

심사숙고하여 선택한 접근으로 BGPT는 놀이치료의 다른 개입만큼 유용하게 사용될 수 있다. BGPT의 평가 단계를 위한 정의된 틀을 활용하여 놀이에서 놀이치료로 상호작용을 끌어올린다. 치료사는 특정 개념을 알고 그 개념을 적절히 문서화할 수 있다. 일단 평가되고 문서화된 정보는 처치 계획과 처치 실행의 중요한 요소가 될 수 있다. 의뢰 사유, 부수적인 접촉자, 동료들 그리고 지불 원천에 대한 검토는 무슨 놀이를 했는지보다 놀이 관찰의 내용을 풍부하게 할 수 있다. 간단하게 "치료사와 아동은 우노 게임을 하였다." 대신에 다음과 같이 기술할 수 있다. "회기 동안 아동은 우노 게임놀이를 선택하였다. 상호작용은 그녀의 공격적이고, 타인을 이용하는 세계관, 그녀의 평균 이상의 잠재적 지적 능력, 평균 이하의 욕구좌절에 대한 인내력, 그리고 그녀의 잘 발달된 전략 능력에 대하여 많은 정보를 제공한다. 이는 그녀의 사회적 상호작용이 x, y, z 방향으로 영향을 준다. 이는 보고된 행동/패턴의 x, y, z를 지지한다[또는 지지하지 않는다]. 지속적인 처치는 ……을 포함할 것이다." 게다가 치료사는 친밀한 관계 형성을 넘어선 가치를 가진 상호작용에 자신감을 더 갖게 될 수 있으며, 치료사는 지각된 더 높은 치료적 가치들을 가지고 있는 다른 매체들을 사용해야 할 때 불안감 없이 그 방법을 활용할 수 있을 것이다.

평가 목록은 필요로 하는 평가 요소들을 첨가하여 이론적 틀에 맞게 조정할 수 있다. 중요한 측면은 당신이 무엇을 하는지와 왜 그것을 하는지를 아는 것이다. 그것이 당신에 의해 이해되고 의미 있는 방식으로 조직화될 때, 당신이 사용하는 어떤 양식일지라도 그 양식의 중요성, 효과 및 유용성을 전달하는 데 훨씬 더 쉽고 실질적이 될 것이다. 당신이 미니어처, 인형, 자동차, 퍼핏, 포켓몬, 노래, 또는 게임 등 무엇을 사용하든, 아동이 자신의 언어로 말하는 것이 중요하며, 아동이 적절한 방법으로 자신의 욕구를 충족하고 치유하기 위해서는 당신에게 말할 필요가 있다는 것을 이해하는 것 또한 중요하다.

BGPT 참고 자료지

Jessica Ston, Ph.D., RPT-S

평가틀

숙달 수준 : _____

욕구좌절에 대한 인내력 : _____

대처 기술 : _____

전략 능력 : _____

대략적 IQ 추정 : _____

사회적 상호작용 능력 : _____

경쟁력 : _____

규범 준수 수준 : _____

친밀한 관계의 수준 : _____

발달 : _____

참고문헌

Bellinson, J. (2002). *Children's use of board games in psychotherapy*. Lanham, MD: Rowman & Littlefield.

Chbosky, S. (Writer). (2012). *Perks of being a wallflower* [DVD]. Mr. Mudd Productions Los Angeles, CA.

Reid, S. E. (2001). The psychology of play and games. In C. E. Schaefer & S. Reid (Eds.), *Game play* (2nd ed. pp. 1-36). New York, NY: Wiley.

Rogers, C. R. (1951). *Client-centered therapy*. Boston, MA: Houghton Mifflin.

Schaefer, C. E. (2001a). Preface. In C. E. Schaefer & S. Reid (Eds.), *Game play* (2nd ed., pp. vii-viii.). New York, NY: Wiley.

Schaefer, C. E. (2001b). Prescriptive play therapy. *International Journal of Play Therapy, 10*(2), 57-73.

Schaefer, C. E., & Reid, S. E. (Eds.). (2001). *Game play* (2nd ed.). New York, NY: Wiley.

Siegel, D. J. (1999). *The developing mind* (2nd ed.). New York, NY: Guilford Press.

Siegel, D. J. (2013). *Brainstorm: The power and purpose of the teenage brain*. New York, NY: Penguin.

제**4**부

특수 집단에 적용하기

Handbook of Play Therapy

16

전 생애에 걸친 놀이치료 : 영유아, 아동, 청소년, 성인

HEIDI GERARD KADUSON

놀이치료는 개발 초기부터 주로 3~12세 아동을 위해 선택되어 온 처치이다. 지난 20년간 처치 양식으로서의 놀이치료에 대한 관점은 청소년(Shaefer, 2003), 초기 성인(Kaduson, 인쇄 중), 노년층(Lindaman, 1994)까지 포함하면서 확대되었다. 놀이는 일상의 많은 경험 중 중요한 부분으로 남아 있고 아동과 성인의 내적 삶으로 들어가는 조금은 덜 직접적인 방법이다(Erikson, 1993). 놀이가 있을 때 대부분의 사람들은 함께 어울리고, 시름을 놓아버리고, 놀이로써 치유된다. 놀이치료는 나이가 있는 아동과 성인이 발달의 이전 단계에서 일어났던 무엇인가를 훈습할 필요가 있다면, 이전 발달 단계로 퇴행하게 돕는 역할을 한다. 놀이치료는 모든 연령에게 사용될 수 있는 처치이며 그 결과 역시 놀랍다.

놀이치료는 "내담자가 겪는 심리사회적 어려움을 예방 또는 해결하며 최적의 성장과 발달을 달성하도록 돕기 위해, 훈련된 놀이치료사가 놀이의 치료적 힘을 이용하는 데에서 대인관계 과정 수립을 위한 이론적 모델을 체계적으로 사용하는 것"(Association for Play Therapy, 1997)이라고 정의된다. 모든 치료가 목적을 가지고 있는 것과 같이, 훈련된 놀이치료사는 최적의 심리적 성장과 발달을 성취하도록 내담자를 돕고 관계를 확립할 수 있다.

인간발달심리학자들은 최근 생애 관점을 받아들이는데, 이는 모든 발달기에 걸쳐 중요한 변화가 발생하며 지속적으로 유지된다(Boyd, 2009, p. 4)는 것이다. 이러한 새로운 관점에는 성인기에 일어나는 변화들도 어린 시절에 발생했던 변화만큼 중요하다는 인식이 포함되어 있다(Boyd, 2011). 발달심리에서의 변화와 아주 유사하게, '놀이의 치유적인 힘에 대한 통찰이 발견되고'(Schaefer, 2003, p. 4) 놀이기법들은 모든 연령대에 성공적으로 사용되고 있다.

왜 놀이치료가 적절한가

지난 60년간 놀이치료는 전적으로 비지시적인 아동중심 놀이치료(Axline, 1974)로부터 시작해서, 부모놀이치료(Guerney, 2000; VanFleet, 1994), 인지행동 놀이치료(Knell,1993), 융 학파 놀이치료(Green, 2011), 아들러식 놀이치료(Kottman, 2011), 게슈탈트식 놀이치료(Oaklande,2011), 이완놀이치료(Kaduson, 2011), 환경체계 놀이치료(O'Connor, 2011), 그리고 처방적 놀이치료(Kaduson & Schaefer, 1997)에 이르기까지 20가지 이상의 놀이치료로 발전하였다. 처방적 놀이치료는 아동에게 맞는 처치를 적용할 것을 권한다. 처방적 처치의 사용은 놀이치료사들이 여러 가지 장애를 다루기 위한 특정한 처치 방향의 강점과 약점을 연구하도록 자극한다. 다음의 원칙은 모든 연령의 내담자에게 적용된다. 예를 들어 성인이 아동기 초기에 외상을 입었다면, 사건을 해체하고 의식을 동화시켜 치유되기를 기다리는 이완 놀이치료가 바람직하다. 내담자가 2세이든 82세이든 간에 놀이치료는 효과적인 개입이 될 수 있다. 아동을 대상으로 한 연구에서 명백하게 보여주고 있듯이 놀이는 아동의 언어이기 때문이다. 청소년과 성인을 위한 놀이치료는 언어적 상담치료에서 심리적 안정 없이 반복적으로 말로만 표현해 왔던 감정적 어려움을 완화하는 데도 도움을 줄 수 있다는 점에서 유용하다.

놀이치료사를 위한 많은 훈련에서 아동을 위한 처치의 유형이 무엇인지 이해하기 위해 놀이를 연습하고 경험해보는 기법이 사용된다. 사람들이 놀이가 성인에게 사용될 수 있는지에 대해 궁금해할 때, 그 답은 훈련 중에 나온다. 그들은 단지 놀이를 할 뿐이다.

중요한 것은 놀이치료사들도 필요할 때면 놀이를 즐기기도 하고 유치해지기도 한다는 것이다. 놀이성이 일반적인 특성은 아니기에 아동, 청소년, 청년 및 노년층과 함께 기법들을 수행해볼 때 놀이를 즐기지 못하는 치료사라면 어려움이 있을 것이다. 성인을 위한 '놀이성 척도(Schaefer, 1997)'는 놀이성을 이루는 하위영역으로 다섯 가지 요소를 채택하고 있는데, 그것은 바로 재미를 추구하며, 유머 감각이 있고, 유치함을 즐기고, 격식에 얽매이지 않으며, 그리고 엉뚱함이다. 이러한 특성들은 모든 연령대의 내담자와 함께 작업을 하는 놀이치료사의 능력을 향상시킨다.

특정 연령 그룹과 작업하기에 가장 적합한 이론

전 생애에 걸쳐 놀이치료가 유용하다는 것이 일반적으로 확인된 사실임에도 불구하고 아동기 범위를 벗어난 연령대에 놀이치료를 실시하려는 임상가에게는 적용 가능한 정보가 매우 적다. 이 장에서는 아동기 외의 다른 연령대를 위한 놀이치료의 적용을 용이하게 하기 위하여 처방적이고 절충적인 접근이 사용된다. 처방적 놀이치료 모델은 (a) 특정 장애에서 주로 나타나는 심리적인 문제 (b) 각 개인의 독특한 생물심리사회적 변인 (c) 특정 문제를 가진 내담자의 즉각적 · 단기적 · 장기적 처치의 필요성 (d) 내담자의 요구와 관련된 치료적 요소들을 적용하고 통합한 놀이치료 처치 계획 (e) 놀이치료 목표와 목적을 다룬 개입의 기술적 적용(Kaduson, 1997)과 같은 사항들을 고려해야 한다. 처방적 접근 안에서 심리적 기술과 개입은 개별적인 요구와 성격 특성에 기초하여 규정하며, 그리고 이 접근은 적응의 어려움과 다양한 심리적 장애를 가진 아동과 성인의 처치와 개념화에서 놀이의 치료적 요소를 이용한다(Kaduson & Schaefer, 1997). 연구는 특별한 심리적 장애를 위해 가장 효과적인 이론적 개입을 찾도록 하는 데 힘을 실어주는 데, 예를 들면 정신역동적 처치는 신경증장애에 효과적이며, 빛(bright) 치료, 개별언어상담 그리고 인지행동적 접근은 우울과 불안을 감소시키는 데 가장 효과적이다(Beck, 1983).

놀이치료에서 처방적 접근은 놀이치료사가 특정한 내담자를 위한 맞춤형 종합 처치 프로그램을 마련할 때 다양한 개입을 함께 포함하도록 한다(Kaduson, 인쇄 중). 통합적인 기법의 접근은 처치의 상호적이고 조직적인 하나의 양상에 대한 다양한 이론 적용을 강조하기 때문에 Norcross(1987)가 진짜가 아닌 절충주의(synthetic eclecticism)라고 부르기도 한다.

놀이는 치유적 힘을 가진 자연스럽고 지속적인 행동으로, 비록 아동이 청소년이 되면서 사회적으로 '그만 놀아라!'라는 말을 들으면서 더 이상 놀이를 하지 않게 될 수도 있겠지만, 놀이는 여전히 매우 강력한 욕구로 남는다. 놀이는 창의적인 문제 해결과 즐거움을 허용함으로써 심리적 힘을 강화하고 정신적으로도 건강을 유지하게 한다.

이 장에서는 일생에 걸친 발달 단계에서 어떻게 놀이치료를 활용할지를 보여줄 것이다. 피아제(1936)의 인지발달 단계와 놀이발달 단계, 에릭슨(1950/1993, 1968)의 심리사회적 발달 단계, 에이브러햄 매슬로(1954)의 욕구위계는 처방적 놀이치료가 개별적인 내담자의 욕구와 만나는 지점에서 그 이론적 기반을 제공할 것이다.

출생에서 2세

피아제(1936)의 감각운동기는 영아들이 도식(scheme)을 사용하여 자신의 세계를 이해하려고 하는 시기이다. 도식은 그것이 무엇이며, 그것을 어떻게 다루어야 하는지에 대한 정신적 표상 또는 생각(idea)이다. 피아제는 영아들의 첫 번째 도식은 움직임에 대한 것이라고 추론하였다. 그는 아기의 많은 행동들이 어떤 자극과 반사에 의해 촉발된다고 믿었다. 생후 몇 주 후, 아기들은 그들의 감각들을 통해 들어오는 몇몇 정보들을 이해하기 시작한다. 그리고 아기들은 움직이기 위해 팔다리와 근육의 일부를 사용하는 것을 배운다. 이러한 발달을 움직임 도식(action scheme)이라고 한다. 아기들은 누군가의 욕구(need), 바람(want), 또는 흥미를 고려할 수 없다. 그러므로 자기중심적이라고 여겨진다.

감각운동기 동안 대상과 그 대상을 조종할 수 있는 방법에 대한 지식을 습득한다. 자신(self)과 세계에 대한 정보의 습득을 통해, 아기들은 어떤 것이 원인이 되어 다른 것에 영향을 준다는 사실을 이해하기 시작하면서, 시간과 공간에 대한 단순한 생각을 발달시키기 시작한다. 아기들은 사물을 가지고 무엇을 할 수 있는지에 대해 그동안 발달시켜 온 지식으로 자신의 주변에 있는 사물들의 마음속 이미지(mental picture)를 증강시키는 능력을 가지고 있다. 그 대상이 무엇인지는 상관없다. 더 중요한 것은, 그것을 갖고 할 수 있는 일이 무엇인지를 알아내기 위해 탐색할 수 있는 아기들의 능력에 있다. 8~9개월의 영아들은 사물 자체를 위한 사물에 더욱 관심을 가진다. 피아제(1936)는 아기들이 시야에서 사물이 사라지면 더 이상 그 사물이 존재하지 않는 것처럼 행동한다는 것을 발견했다. 8~12개월 정도가 되어서야 영아들은 사라진 사물을 찾기 시작하며 이러한 개념을 대상영속성이라고 하였다.

유사하게 에릭슨의 신뢰 대 불신 단계는, 양육자에 의해 충족되는 영아의 기본욕구와 함께 다음과 같이 기본적인 신뢰나 불신의 결과로 이어지는 상호작용에 초점을 두고 있다. 영아는 먹을 것과 편안함을 위해 부모, 특히 모에게 의존한다. 아동의 세계와 사회에 대한 상대적인 이해는 부모와 부모와의 상호작용에서 비롯된다. 만일 부모가 영아에게 따뜻하고 일관적이며 믿을 만한 애정을 제공한다면, 영아는 세상을 믿을 만한 곳이라고 여길 것이다. 만일 부모가 안전한 환경 제공과 아동의 기본적 욕구를 충족시켜주는 데 실패한다면 불신의 결과로 이어질 것이다. 불신의 발달은 좌절감, 의심, 위축, 자신감의 부족이라는 감정으로 이어질 수 있다(Erikson, 1950/1993).

에릭슨에 의하면 영아기에 중요한 발달과업은 다른 사람, 특히 초기 양육자가 일관되게 기본적 욕구들을 충족시켜주는지를 통해 배우는 것이다. 만일 양육자가 일정하게 음식을 제공하며 편안한 애정, 믿음을 주었다면, 영아는 타인을 의지하고 믿을 수 있는 존재로 받아들이는 신뢰를 배우게 될 것이다. 그러나 만일 양육자들에 의해 방치되거나 심지어 학대까지 받았던 경우라면, 세상은 믿을 수 없고 예측 불가하며 위험한 장소라고 여기며 불신을 배울 것이다. 부정적이기는 하나, 불신의 경험을 한 영아는 후에 무엇이 위험한 상황에 해당되는지에 대한 이해력을 기를 수 있게 되기도 한다.

매슬로의 욕구 위계 또한 유사하다. 첫 번째 단계에서 생리적인 욕구는 인간의 생존을 위해 육체적으로 필수적 요건이다. 만약 이 필수적 요건들이 채워지지 않는다면 몸은 제대로 기능할 수 없으며 궁극적으로는 생존에 실패할 것이다(Maslow, 1954).

기능적인 놀이(출생~18개월)

거의 모든 뉴런은 출생 시에도 존재하지만 대부분은 네트워크로 연결되어 있지 않다. 시냅스 형성 과정은 아동의 삶에서 첫 1년 동안 빠르게 진행되어 뇌 활동은 12개월 무렵이 되면 갓 태어난 신생아보다 성인의 것에 더 가까워질 만큼 활발해진다. 최대 성장은 감각운동기에 일어나며, 시각피질(visual cortex)이 발달하고 나서 이후 전두엽이 발달한다. 아기는 시각, 청각, 촉각, 미각 그리고 후각으로 세상을 배운다. 이것이 바로 영아의 장난감이 대개 밝은 색깔에 소리가 나는 이유이다. 영아는 모빌과 거울이 달린 장난감을 움직이고, 딸랑이 같은 장난감을 쥐거나 잡으며, 부드러운 공을 떨어뜨리고 줍는 행동을 한다. 그러면서 아기들은 원인과 결과라는 개념을 알게 되고, 손재간도 배우게 된다. 아기가 앉고, 기고, 서고, 걷게 되면서 이 놀이의 가능성들도 빠르게 확장된다. 아동은 컵쌓기, 활동상자, 고리 끼우기 등과 같은 장난감을 가지고 다양한 시도를 하며 논다. 이 장난감들은 소근육 기술이 발달하는 데 도움이 되며 사물들 간의 관계를 이해할 수 있게 한다. 놀이를 계속하면서 아기들은 세상을 배우게 된다.

전략과 개입

놀이치료는 태어나는 순간부터 아동을 위한 놀이의 중요성에 대해 부모가 이해하도록 돕는다. 영유아의 정상발달적 놀이 행동에 대해 교육을 받는 것이 신생아와 10대 부모의 애착에 매우 유용하다는 결과가 나타났다(Ammen, 2000; Munns, 2003). 부모를 포함시키는 놀이치료는 부모놀이치료(Guerney, 2000; VanFleet, 1994)와 부모-아동 상호작용치료(Eyberg, 2001)의 효과에서 증명되었듯 매우 성공적임을 보여준다. 두 모델에서는 모두 부모와 아동 사이의 긍정적인 치료적 상호작용이 증가할 수 있도록, 부모들은 전문가에 의해 관찰되고, 훈련받고, 지도감독을 받는다. 이 두 접근 모두 부모를 치료사로서 사용하지만, 치료의 근본적인 방향은 다르다. 부모놀이치료는 비지시적 치료이고, 부모-아동 상호작용치료는 행동주의를 기본으로 한다. 애착문제와 더불어 3세 이하 아동에게는 일반적인 발달적 어려움들이 있다. 공포는 전조작기나 그보다 어린 아동에게는 가장 흔하고 일반적인 반응 패턴이다. 1세 때의 까꿍놀이를 시작으로 놀이를 통한 강화는 아동이 공포를 숙달하도록 돕는다. 부모가 없는 상황에서의 공포를 놀이로 전환했을 때 아동의 불안도 게임과 함께 감소하는데, 이것은 게임을 통해 믿음과 숙달감이 생기기 때문이다(Quackenbush, 2008).

이 연령대에서 주목할 것은 입양된 아동의 반응성 애착장애에 대한 연구 문헌들이 엄청난 양이라는 점이다. 놀이치료는 입양한 아동들과 애착을 증진시키는 큰 촉매 역할을 할 수 있다. 부모놀이치료(VanFleet, 1994)는 가정에서 아동들과 함께 다양한 놀이치료를 사용하여 부모들을 훈련시키는 방법을 제공한다. 치료놀이[1] 또한 초기 부모-아동 관계의 애착을 증진하는 건강한 상호작용을 위한 모델링을 제공하는 유사한 방법을 따른다(Jernberg, 1979). 최근, Viola Brody의 발달놀이치료 또한 접촉을 통해 신뢰를 재습득하는 치료적 방법으로 놀이를 사용한다(Brody, 1993).

전조작기와 유치원 아동(3~7세)

발달에서 전조작기(Piaget, 1936)는 비록 아동들이 논리적 사고와는 거리가 멀다고 여겨지지만 아동의 사고 과정이 발달하고 있는 단계이다. 이 단계 동안 아동의 어휘는 확장되고 발달된다. 이 발달 단계의 한계는 자기중심성을 포함한다는 것인데, 그것은 아동이 자신의 관점에서만 사물을 평가하면서 다른 사람들 역시 같은 관점을 공유한다고 착각한다는 의미이다. 그러다 점진적으로 어느 정도의 '탈중심화'가 일어난다. 이것은 아동이 더 이상 자신이 세상의 중심이 아니며 다른 무엇인가 혹은 다른 누군가가 관심의 중심이 될 수도 있다는 사실을 받아들일 수 있는 순간이 왔음을 말한다. 물활론은 이 단계의 특징 중 하나이다. 학령전기 아동들은 모든 것이 의식을 가진 존재라고 믿는다. 아동은 의자에 걸려 넘어지면 걸려 넘어지게 한 의자를 벌준다. 이 단계의 아동들은 모든 사람과 모든 사물이 그들 자신과 똑같이 느낄 것이라 생각하기에, 자신이 고통과 감정을 느낄 수 있다면 그들도 틀림없이 그러리라 믿는다. 이 단계의 또 다른 양상은 상징화이다. 이것은 한 사물로 다른 사물을 대표하거나 상징할 수 있을 때 나타난다. 도덕적 실재론 또한 이 단계의 양상이다. 이것은 옳고 그름의 차이에 대해 아동이 생각하는 방식이 다른 사람들과 공유될 것이라는 신념이다. 아동은 한 번에 한 가지 상황에만 집중할 수 있다. 그 외의 것이 가능할 것이라는 생각은 아동의 능력 밖 일인 것이다.

에릭슨(1993)은 이 단계에서 자율성 대 수치와 회의 및 주도성 대 죄책감을 초점으로 두었다. 아동들은 배설 기능(eliminative function)과 운동 능력에 대한 통제가 가능해짐에 따라, 그들 주변의 환경을 탐색하기 시작한다. 양육자는 아동이 자신의 의지를 펼치며 마음껏 모험할 수 있도록 강력한 안전 기지를 제공한다. 양육자가 보내는 인내와 격려는 아동의 자율성이 성장하도록 돕는다. 이 단계의 아동들은 자기를 둘러싼 세계를 탐험하며 주변의 환경에 대해 끊임없이 배우게 된다.

이 시기에 아동들의 첫 번째 흥미가 발달한다. 예를 들어 바깥놀이를 좋아하는 아동이라면 동물과 식물에 관심을 보일지도 모른다. 근육 조정력과 기동성이 증가하면서, 걸음마를 배우는 아동들은 그

---

1 치료놀이는 치료놀이기관(The Theraplay Institute)의 등록된 서비스 마크이다.

들 자신의 몇 가지 욕구를 스스로 만족시킬 수 있게 된다. 스스로 먹을 수 있게 되고, 스스로 씻고, 옷을 입고, 화장실을 이용하기 시작한다.

만일 양육자가 자립(self sufficient)하려는 행동을 격려한다면, 아동들의 자율성 — 그들 자신의 많은 문제들을 스스로 처리하려고 하는 감각 — 이 발달된다. 그러나 만약 양육자가 너무 서둘러 많은 것을 요구하거나, 스스로 할 수 있는 일들을 기다려 주지 않거나 섣부른 자립 시도를 비웃는다면, 아동들은 자신의 힘으로 문제를 해결하는 능력에 대해 의심하거나 부끄러움, 수치심을 발달시킬 수도 있다.

주도성은 단지 움직이고 활동하는 과제에 수행하고, 계획하며 착수하는 특성을 자율성에 추가한다. 아동들은 물리학의 원리와 기본적인 기술들을 배우며, 그들의 세계를 숙달시킨다. 물건은 위로 올라가는 것이 아니라 아래로 떨어진다. 아동들은 지퍼를 잠그고 끈을 묶는 법, 수를 세거나 말하는 법을 자연스럽게 배운다. 이 단계에서 아동들은 자신들의 행동이 목적을 가지고 시작되고 끝나기를 원한다. 죄책감은 혼란스러운 새로운 감정이다. 그들은 논리적으로는 죄책감을 일으킬 수 없는 일이나 그들의 주도성이 바라던 결과를 얻지 못했을 때 죄책감을 느끼게 된다.

용기와 독립심의 발달은 3~6세 학령전기 아동이 다른 연령대와 구별되는 점이다. 이 범주에 속하는 어린 아동들은 주도성 대 죄책감의 도전에 직면한다. Boyd와 Bee(2014)는 이 단계 동안 아동들은 계획하기의 복잡성과 판단력의 발달에 직면한다고 기술하였다. 이 단계 아동들에게서 찾을 수 있는 활동성은 위험부담을 포함하는 것일 수도 있다. 혼자서 횡단보도를 건너려고 하거나 헬멧을 쓰지 않고 자전거를 타려고 하는 것과 같은 예들은 자기 한계(self-limits)를 포함하는 행동들이다.

주도성이 요구되는 예에서는 아동의 부정적인 행동 역시 나타날 수 있다. 이러한 행동들은 계획했던 목표를 성취할 수 없음에 대한 좌절감을 드러낸 결과이다. 또한, 공격적이고 무자비하고 부모에게 심한 자기주장적인 행동들을 보이기 시작할지도 모른다. 물건을 던지고, 때리고 소리를 지르는 등의 공격적인 행동들은 이 시기 동안 관찰할 수 있는 행동들의 예이다.

학령전기 아동들은 점차적으로 자신들의 과업을 성취할 수 있고 새로운 것을 시작할 수 있게 된다. 독립심의 발달은 추구하려는 활동성에 대한 많은 선택을 가져온다. 만약 부모와 유치원 교사가 아동들의 노력을 격려하고 지지하며 현실적으로 적절한 선택을 할 수 있게 돕는다면 아동의 활동성과 계획성에서 주도성과 독립심이 발달한다. 그러나 만약 어른이 독립적인 활동성을 추구하려는 그들의 행동을 좌절시키거나 바보스럽고 성가시게 하는 행동으로 치부하고 묵살해버린다면 아동들은 그들의 욕구와 열망에 대해 죄책감을 발달시킬 것이다.

매슬로(1954)는 이 단계에서 안전감에 초점을 두고 있다. 신체적인 욕구가 비교적 만족되면 개인의 안전에 대한 욕구가 우선시되고 그것이 행동을 지배하게 된다. 이러한 욕구는 개인적 안전, 경제적 안전, 건강과 복지, 사고/질병과 그로 인한 악영향에 대항할 안전망을 포함한다.

구성놀이(18개월~3세)

이 기간에 시냅스는 약 1,000조 — 성인 뇌의 2배의 밀도 — 가까이 확장되고 뻗어나간다. 언어와 사회-정서 반응에 민감한 구조들이 발달한다. 운동 능력도 빠르게 성장한다. 아동은 새로운 것을 창조하기 위해 주변의 사물들을 조작한다. 이러한 놀이 유형은 두 가지 물건이 합쳐 또 다른 새로운 물건이 만들어질 수 있다는 것을 아동이 깨닫는 순간부터 나타난다. 구성놀이는 아동이 작동하고 작동하지 않는 것의 조합 찾기, 쌓고, 세우고, 그리고 음악을 만들고, 구성하는 기본적인 지식을 배우며 사물을 탐색하게끔 한다. 또한 이것은 아동에게 성취감을 제공하고 걸음마기 아동에게는 주변의 사물을 통제할 수 있는 권한을 주게 된다.

환상 또는 연극놀이(3~6세)

이때는 전두엽 네트워크가 가장 빨리 성장하며, 처리 속도, 기억, 문제 해결력이 증가하는 시기이다. 6세 가량이 되면 뇌의 무게가 성인의 90% 정도에 이른다. 아동은 추상적인 관념을 배우고, 새로운 역할과 가능한 상황들을 시도해보며, 환상놀이를 통해 언어와 정서를 실험한다. 이뿐만이 아니라 아동들은 사고의 유연성을 발달시켜 지금-여기를 벗어나 창조하는 것을 배우며, 상상력이 늘어나고, 위험부담이 없는 상황에서는 새로운 단어와 함께 단어들을 조합시켜 만든 복합적인 단어들을 사용한다. 이 시기에 상상력과 상호작용은 아동의 개인적 소망과 욕구를 만족시키기 위한 상상적인 상황을 내용으로 다룬다. 학령전기 아동들은 더 많은 상호작용을 하므로, 연극놀이 게임을 통해 학습된 언어와 사회적 기술들을 놀이에 도입할 것이다. 가장놀이나 연극놀이는 두 단계의 발달과정을 가지고 있다는 것을 알아둘 필요가 있다. 처음에는 아동들이 가상의 세계를 채울 만큼 기능적으로도 진짜처럼 보이는 아이템들을 요구하겠지만 이 단계에서 더욱 발전하게 되면 그들이 상상하는 세계를 창조하기 위해 스티로폼 또는 돌멩이 같은 사물들을 선호하기 시작할 것이다.

전략과 개입

대부분의 놀이치료 연구와 임상실습은 학령전기 아동의 인지의 한계로 인해 전조작기 발달단계(3~7세)에 있는 아동들에게 이루어져 왔다. 학령전기 아동들의 정서적 혼란, 적응 문제 또는 외상후 스트레스를 돕기 위한 다양한 놀이치료 접근들이 있다. 이 아동들에게는 아동중심적, 비지시적 놀이치료가 가장 효과적이다. 아동들은 안전하다고 느끼며, 그 특별한 놀이실에서 그들이 원하는 것을 할 수 있다고 믿어야 한다. 신뢰적인 관계는 치유적 매개가 되며 많은 학령전기 아동이 선생님 또는 부모 역할로 뛰어들어, '그 아이'가 될 치료사에게 그의 자아를 넘겨준다. 아동들은 (부모에 의해 보고된 것이 아닌) 정말로 그들을 바로 가까이서 방해하고 있는 문제들을 놀이로 보여주며, 주제가 있는 놀이를 반복적으로 되풀이하면서 스스로의 치유 과정을 시작한다. 인지와 놀이의 단계를 지켜본다면 아동들은 단어보다는 놀이를 통해 더욱 효과적으로 의사소통할 수 있음을 확실히 알 수 있다.

구체적 조작기와 학령기 아동(7~11세)

구체적 조작기는 아동들의 사고 과정이 좀 더 합리적이고, 성숙해지며 성인처럼 되어간다는 특성이 있다. 비록 이 과정이 대부분 10대까지 계속되지만, 피아제(1936)는 이 단계를 2개의 하위단계인 구체적 조작기와 형식적 조작기로 나누었다.

구체적 조작기의 아동들은 사물을 직접 조작함으로써 사물에 대한 논리적 사고를 발달시킬 수 있는 능력을 가진다. 그와 대조적으로 형식적 조작기에서는 생각 안에서 사물을 조작하는 것이 가능해지므로 사물 자체의 존재 여부는 굳이 중요하지 않다. 구체적 조작기가 되면 물활론에 대한 믿음과 자기중심적 사고는 감소하지만 성인기에도 이러한 방식이 남아 있는 경우가 종종 발견되기도 한다. 피아제

(1936)는 구체적 조작기가 시작되기 전, 아동이 가지는 서로 다른 사물들에 대한 생각은 그 사물의 보이는 모습에 의해 형성되고 지배받는다고 주장하였다. 예를 들자면 똑같은 양의 블록이라도 흩어져 있을 때가 모아져서 작은 더미로 쌓여져 있을 때보다 더 많아 보일 수 있는 것이 그것이다. 구체적 조작기 동안 아동은 점차, 사물이 항상 보이는 것이 다가 아니라는 사실을 배우거나 보존할 수 있는 능력을 발달시킨다. 이때 아동은 단지 사물을 보는 것만으로도 그것에 다양한 양상이 있다는 것을 받아들일 수 있게 된다. 이로써 아동은 다른 시나리오나 가상의 가능성을 상상하기 시작한다. 아동들은 보통 하나의 사물에 대해 자신들이 가장 편안하게 여겨지는 개념을 저장하게 된다. 보존성이 발달된 후에는 가역성에 대해 배운다. 가역성은 사물이 비록 모습이 변화되더라도 여전히 예전과 같은 것임을 의미한다. 예를 들면 펼쳐져 있는 블록의 양이 더 많아 보이지만 더 좁아 보이는 쌓여진 블록과 같은 수라는 것이다.

에릭슨(1993)의 근면성 대 열등감 단계(5~12세)에서는 생산적인 상황을 성취하기 위해 시도하는 아동들에게 초점을 맞추고 있는데, 이러한 시도는 놀이의 일시적 기분과 소망을 서서히 대체하게 된다. 기술의 원칙도 생겨난다. '근면한' 연대의 희망을 잃으면 스스로 열등하다는 느낌으로 후퇴할지도 모른다. 이 단계의 아동들은 개별적 존재로서의 자신을 좀 더 인식하게 된다. 그들은 책임감을 가지고 열심히 일하며, 착하게 행동하며, 옳은 일을 하려고 노력한다. 그리고 좀 더 타당하고 좋은 것을 나누려고 하고 서로 협동하려고 한다. 아동들은 좀 더 논리적이고 실제적인 방법으로 시간과 공간에 대한 개념을 세운다. 그들은 원인과 결과, 달력시간의 개념에 대해 더 많은 것을 이해하게 된다. 이 단계에서 아동들은 읽기, 쓰기, 시간 보기와 같은 좀 더 복잡한 기술들을 성취하고 배우는 데 열정적이다. 또한 그들은 도덕적 가치와 문화적, 개인적 차이를 인식하기 시작한다.

에릭슨(1950/1993)은 초등학교 기간을 자의식 발달의 결정적인 시기라고 말한다. 이론상으로 초등학교는 생산적인 활동들(덧셈 문제 풀기, 문장 쓰기 등)을 통해 아동들에게 선생님, 부모, 그리고 또래에 대한 인식을 성취할 수 있는 많은 기회를 제공한다. 만약 아동들이 그들의 생산적 활동에 대해 격려 받고 결과물에 대한 칭찬을 받으면, 놀기 전에 먼저 일을 하고 주어진 과제를 완성하기 위해 성실과 인내심을 보임으로써 근면성을 기를 수 있게 된다. 대신에 만약 그들의 노력에 벌을 주고, 비웃고, 또는 선생님과 부모님의 기대에 미치지 못한다고 느끼게 한다면 그들은 열등감을 기르게 될 것이다.

매슬로(1954)는 이 단계가 사랑 및 소속감과 관련되어 있다고 여겼다. 생리적인 안전의 욕구가 채워진 뒤, 개인은 상호작용적인 관계와 소속감의 욕구가 생긴다. 학대적인 부모에게도 매달리는 아동들을 보면 알 수 있듯이, 이 욕구는 아동기에 특히 강해지기 때문에 정작 안전의 욕구가 무시될 수도 있다. 매슬로의 위계 단계에서는 보통 이 단계가 방임, 외면 등으로 충족되지 못한다면, 정서적으로 중요한 관계를 형성하고 유지하는 능력에 영향을 미칠 수 있다고 말하고 있다. 매슬로에 따르면 인간은 소속감을 느끼고 크든 작든 간에 그들의 사회 집단 안에 수용될 필요가 있다. 사랑과 소속의 부재로 많은 사람들이 외로움, 사회적 불안, 그리고 임상적 우울증에 쉽게 영향을 받는다. 소속의 욕구는 또래 압력의 강도에 따라 생리적 욕구와 안전의 욕구를 넘어선다.

규칙이 있는 게임(6~11세)

이 연령대에서는 운동과 감각 영역과 관련된 시냅스 연결이 견고하게 수립되고 시냅스의 제거(가지치기) 과정이 시작된다. 더 높은 두뇌 조절 센터의 활동 때문에 아동들은 주의의 수준이 증가하고 충동성을 억제하는 능력이 증가한다. 가장놀이나 만들기(공예)를 통해 풍부한 상상력을 요구하는 놀이는 지속하나 규칙이 있는 게임이 두드러진다. 이제는 단지 사람이나 사물을 대표하는 말(marker)을 사용할 뿐 아니라 보드 게임 자체가 또 다른 수준의 상징이 되기 때문에 게임은 더 많은 상징성을 요구한다. 발달상으로 아동은 세상에 대한 자기중심적 관점으로부터 사회적 규범과 규칙의 중요성을 이해하는 수준의 진전을 보인다. 이 발달과정의 일부는 아동이 모든 사람에게 똑같은 규칙이 요구되는 게임을 배우면서 시작된다. 이는 아동에게 결정적으로 중요한 개념 "인생이라는 게임에서도 생산적인 결과를 얻기 위해서는 모든 사람이 반드시 따라야 하는 규칙(법칙)이 있다."를 가르치는 단계이다.

전략과 개입

시간이 흘러 아동이 성장하면서 놀이는 사회적이고 정서적인 역할을 익히기 위해 더욱 중요해지는데도, 오히려 놀이시간은 상당량 감소하고 아동들의 시간은 빡빡하게 짜인 방과 후 활동으로 채워지게 된다. 이렇게 되면 아동들에게 필요한 놀이를 유지하기 위한 시간은 거의 없어진다. 학령기 아동들은 여전히 놀이를 하고는 싶어 하나, 자유롭고 가장하는 놀이 대신에, 이제는 규칙이 있는 게임에 더 흥미를 느낄 것이다. 이는 중요한 변화이기도 하지만 한편 왜 우리가 학령기 아동들과 놀이치료를 할 수 있는지를 설명해주기도 한다. 보드 게임을 활용하는 것은 아동의 자아 강도를 향상시키는 데 매우 도움이 되며 특히, 순서를 지키고, 카드와 게임조각을 나누고, 품위 있게 이기고 지는 법을 배울 수 있기에 매우 유용하다. 왜냐하면 경쟁은 아동의 삶에서 매우 빨리 시작되고, 그렇게 경쟁적인 본성이 극도로 치달을 수 있기 때문이다. 이 연령 집단을 위해서 놀이치료사는 아동의 생활과 관련된 은유적 게임을 사용할 수 있다. 예를 들어 유감 게임은 전략 및 우연 게임이지만 게임의 조각들은 참여자의 선택을 나타낼 수 있고, 놀이치료사는 자신이 생각한 움직임에 대해 이야기할 수 있다. 초등학교가 점차 놀이시간은 줄어들고 더욱 많은 학습을 포함한다는 점을 고려할 때, 실수를 함으로써 뭔가에 반응하는 우스꽝스러운(silly) 방법이 아동을 게임에 참여시키는 데 도움이 된다. 실수에 대한 걱정으로부터 둔감해지는 것이 불안이나 학습장애가 있는 아동을 위한 목표 중 하나가 되는데, 왜냐하면 그들은 실수로 인해 자신들이 '충분히 좋은' 아이가 아니거나 '멍청한' 아이라는 기분이 들까 봐 심한 두려움을 느끼고 있기 때문이다.

이 단계에 있는 아동들은 은유를 이해하는 능력이 생기므로 일단 그것에 대해 편안해진 후에는 놀이치료사가 많은 기법들을 통해 아동의 어떤 문제에 접근할 수 있다.

형식적 조작기와 청소년기(11~18세)

마지막으로 아동이 이 인지발달의 단계에 이르게 되면, 발달의 구조는 추상적이고 성인 지능만큼 논리적으로 조직화된 체계를 갖춘다. 문제에 직면했을 때, 청소년들은 실제로 시험해보지 않고도 가능한 모든 해결책을 추측할 수 있다. 이 단계에서 중요한 발달과업은 추상화 능력이다. 청소년들은 구체적인 현실세계를 넘어서 가능성의 세계를 도출하기 시작하며, 실제 세계의 사물이나 사건과 굳이 관련되지 않은 정보와 상징들을 논리적으로 처리한다. 형식적 조작기에는 주요한 두 가지 특징이 있는데, 그중 하나가 가설 연역적인 추론이다(Piaget, 1936). 청소년들이 문제에 직면했을 때, 발생할 수 있는 특정 가설들로부터 추론하고 결과에 영향을 줄 수 있는 모든 가능한 요인에 대한 일반적인 이론을 발달시킬 수 있다는 것은 분명하다. 그런 다음 실제 세계에서 어떤 일이 발생하는지를 확인한다. 청소년의 문제 해결은 가능성으로 시작하여 현실로 나아간다. 두 번째 중요한 특징은 사실상 명제이다. 청소년들은 현실세계의 환경(상황)에 대해 굳이 언급하지 않고도 논리적 타당성을 평가하고 언어적 주장에 초점을 맞출 수 있다.

에릭슨(1993)은 이 단계를 정체감 대 역할 혼미라고 하였다. 이 시기의 청소년들은 다른 사람에게 자신이 어떻게 비춰질까에 관심을 가진다. 후기 청소년기가 되면서 성정체성이 발달된다. 아동들은 청소년에서 어른으로 변화되면서 그들이 장차 성인 세계에서 할 역할에 대해 고민한다. 초기에는 사회에 맞추기 위한 특정한 방법들에 대한 뒤엉킨 생각과 감정 사이에서 혼란을 겪을 수도 있고 이에 대해 다양한 행동과 활동들을 시험해볼지도 모른다. 에릭슨은 결국 대부분의 청소년들이, 그들이 누구이며 그들의 삶이 어디로 향하고 있는지에 대한 정체감을 획득할 것이라고 제안한다.

에릭슨(1968)은 정체감 위기라는 용어를 만들어 인정을 받았다. 각 단계는 바로 뒤에 따라올 다음 단계마다 위기를 맞지만, 아동기에서 성인기로의 변화를 위한 단계인 이 단계에서는 더욱더 그러하다. 인간발달에서 이 터닝 포인트는 이제까지 완성된 한 사람과 사회가 그에게 기대하는 앞으로의 역할 사이의 조정 단계처럼 보인다. 이 자아감의 출현은 미래에 대한 예상으로 과거의 경험들을 구축함으로써 정립될 것이다.

정체성 단계의 독특한 점은 그것이 초기 단계에 대한 통합이고 이후 단계에 대한 기대라는 것이다. 청소년기는 아동기와 성인기의 다리역할을 한다. 청소년기는 사춘기와 함께 급격한 신체적 변화를 겪으며, 자신의 의도와 다른 사람의 의도를 살피는 마음의 능력, 그리고 이후의 삶을 위해 사회가 제공하는 각종 역할에 대한 인식이 갑자기 예민해지는 급진적인 변화의 시기이다(Bugental, 2000).

청소년들은 "흔히 잠재적으로 적대적인 세상에 맞서 자신들을 위한 [경계선]을 재건하고자 하는 욕구와 직면한다."(Goble, 1970, p. 62) 특정한 정체성을 지닌 역할이 채 형성되기도 전에 의무를 먼저 강요당하기 때문에 이는 종종 난제로 작용한다. 이 시점이 정체성 혼란의 단계이지만, 일반적으로 사회는 청소년들이 스스로 자신을 찾아갈 수 있도록 허용하며, 이 상태를 유예기간(moratorium)이라고 부른다. 청소년기의 문제들은 마지못해 겪는 역할 혼란의 하나이며 성숙할 때까지 그들을 계속 괴롭힐 수도 있다. 올바른 조건이 주어졌을 때 ─ 에릭슨은 충분한 공간과 시간, 사람이 자유롭게 경험하고 탐구할 수 있는 심리사회적 유예기간이 본질적으로 올바른 조건이라고 믿었으며 ─ 확실한 정체감과 개인의 정서적이고 깊은 자기 인식이 나타난다(Goble, 1970). 다른 단계에서는 생물심리사회적 힘들이 작용한다. 어떻게 양육되었든 간에 사람이 현재 가진 개인적인 이념은 스스로 선택한 것이다. 종종 이 이념은 종교와 정치적 성향 때문에 어른들과의 갈등을 초래한다. 10대들이 스스로 결정하는 또 다른 영역은 직업 선택에 관한 것인데 부모들은 흔히 이에 대해서도 결정적인 발언권을 갖기 원한다. 만약 사회가 지나치게 강압적이면, 10대들은 사실상 실험정신과 진정한 자기 발견의 권리를 빼앗으려고 힘을 행사하는 외부 강요에 굴복할 것이다. 에릭슨(1968)에 의하면 청소년들은 "내가 무엇을 가지고 있나?"와 "나는 이것으로 무엇을 할 것인가?"의 두 관점이 균형을 이룰 때 그들의 정체성이 성립된다고 하였다.

매슬로(1954)의 욕구 위계는 존중의 단계라 구분되며, 이 단계는 자신감과 성취감, 타인을 존경하고 존경받는 것을 포함한다. 모든 사람은 자기 존중감(self-esteem, 자존감)과 자기 존경심(self-respect)을 가지려는 욕구를 포함하여 타인에게 존경받고 싶은 욕구를 가진다. 존중(esteem)은 다른 사람에 의해 가치가 인정되고 수용되기를 열망하는 전형적인 사람에게서 나타난다. 사람은 종종 인정받기 위해 직업이나 취미에 참여한다. 이러한 활동들은 사람에게 기여 또는 가치감을 준다. 낮은 자존감 또는 열등감 콤플렉스는 이 위계 단계에서 생긴 불균형의 결과일지도 모른다. 낮은 자존감을 가진 사람들은 종종 다른 사람들로부터 존중을 받고 싶어 한다. 또한 그들은 명예나 영광을 얻으려는 욕구를 느낄지도 모른다. 그러나 명예나 영광은 스스로의 내면적 모습을 수용할 때까지는 자존감을 세워줄 수 없다. 우울과 같은 심리적 불균형은 사람이 자존감 또는 자기 존경의 수준을 높이는 데 방해가 될 수 있다. 대부분의 사람들은 안정적인 자기 존경과 자기 존중감을 가지고 싶어 한다. 매슬로는 존중의 욕구에서 낮은 형태와 높은 형태 두 가지를 언급했다. 존중의 낮은 형태는 다른 사람들로부터 존중을 받으려는 것이다. 이는 지위, 인정, 명예, 위신의 욕구가 포함될 것이다. 높은 형태는 자기 존경을 위한 욕구로서 그 자체가 증거가 된다. 예를 들어 사람은 힘, 능숙함, 숙달, 자신감, 독립 그리고 자유에 대한 욕구를 가진다. 높은 형태의 존중은 경험을 통해 이룬 내적 능력에 의존하기 때문에 낮은 형태보다 우선적으로 받아들여진다. 이러한 욕구의 박탈은 열등감 콤플렉스, 나약함, 무력감으로 이어질 수도 있다. 매슬로는 원래 인간의 욕구는 엄격한 지침을 가지고 있는 반면, "각 단계는 오히려 예리하게 분리된 것이 아니라 상호 연관되어 있다."라고 언급했다(Maslow, 1970, p. 314).

전략과 개입

현재 놀이치료는 청소년에게 폭넓게 사용되고 있다. 놀이치료는 청소년들의 정서적 사회적 요구를 해결하기 위해 학교에서 실행되어 왔다(Gallo-Lopez & Schaefer, 2005; Breen, 1998; Kottman, 1987). Splatz eggs 기법, 표현예술 기법, 게임놀이 또는 스토리텔링 게임과 같이 재미있는 놀이 전략들을 사용하면 감정을 표현하기가 더욱 수월해진다(Kaduson & Schaefer, 1997; Reid, 1993; Stiles, 1990). 더러는 말로 하는 치료를 좋아하는 청소년도 있기 때문에 그중 어느 한쪽도 사용하지 않는 상황이 올 수도 있다. 그러나 청소년이 위협을 느끼거나 방어적이 될 때는 언어적 치료가 유용하지 않을 수 있다. 상대적으로 놀이치료는 놀이의 치료적 힘을 이용할 수 있으며(Schaefer, 1993), 재미있는 기법들을 사용함으로써 불안이 감소하고 방어가 줄어든다. 처치가 학교에서 이루어지든 클리닉에서 이루어지든, 청소년들을 위한 대부분의 놀이치료기법은 많은 청소년들이 가지고 있는 저항을 감소하는 데 도움이 된다(Bow, 1997; Ward-Wimmer, 2003).

추가적인 인지행동 기법들은 청소년들에게 흔히 사용된다. 매우 강력한 분노 기법은 '분노 방패(anger shield)'라고 불린다(Glatthorn, 1997). 이 기법에 사용되는 재료는 판지 한 장, 종이 한 장, 마커, 연필, 커다란 고무줄과 스테플러이다. 내담자는 그가 싫어하는 것들이나 그를 화나게 하는 10가지 목록을 미리 잘라 둔 판지 방패 위에 적어 표상을 만든다. 이 과정이 완료되면 빈 종이 위에 숫자 1~10까지를 세로로 적게 한다. 그런 다음 그에게 분노가 일어날 때의 감정목록(감정 단어 차트를 참고하기 위해 근처에 둠)을 차례대로 적도록 한다. 치료사는 청소년이 적은 각각의 감정목록 옆에 처음 판지 위에 작업했던 화를 유발하는 원인 목록의 표상이나 숫자를 알맞게 배정해보도록 한다. 이 활동은 분노가 더 이상 발전하는 것을 막기 위해 내담자가 다루어야 하는 각각의 감정을 규명하고 분노유발과

정의 인과관계를 확인할 수 있는 효과적인 방법이다.

청년과 노인(19~64세), 가족 포함하기

에릭슨(1993)의 심리사회적 발달 단계의 6번째는 친밀감 대 고립감으로 종종 결혼에 의해 특징지어지기 때문에 많은 사람들이 20세까지를 5번째 단계로 구분하려고 한다. 그러나 이 나이대는 꽤 유동적인데다가, 특히 정체감의 성취가 그러한데 이유는 안정되게 자리를 잡고, 충실함의 대상을 확인하고, 스스로 성인이 되었다고 느끼기까지는 오랜 시간이 걸리기 때문이다. 에릭슨은 산업화 사회에서는 정체성을 형성하는 데 오랜 시간이 걸리는 경향이 있는데, 이는 성인기를 위해 필요한 기술들을 얻는 데 그만큼의 시간이 필요하기 때문이라고 하였다. 우리 사회에서 경험에 근거한 법칙은 대략 20대 어딘가에서 마침표를 찍을 것이다(Bugental, 2000).

이 장은 에릭슨의 다음 단계인 생산성 대 침체성을 포함한다. 생산성은 다음 세대를 이끌어 가는 관심사이다. 사회적으로 직업과 훈련(discipline)에 가치를 둔다는 것이 이 단계에서는 표현된다. 이 시기 동안에는 가족을 돌보거나 일반적으로 사회에 도움이 되기 위한 일을 하면서 기여자는 생산성에 대한 성취감을 얻게 된다. 다른 한편으로는 자기중심적이고 무능력하거나 사회에 기여하고자 하는 의지가 없는 사람은 침체감이나 불만 및 생산성의 결핍으로 이어진다. 성인 중기인 이 시기에 중요한 과업은 성적 접촉을 통한 사랑의 표현, 건강한 삶의 패턴 유지, 배우자와의 일체감 발달, 아이들을 책임감 있는 성인으로 키우기, 아이들의 친구들을 수용하기, 편안한 가정 만들기와 자신의 업적을 자랑스러워하기 등이다.

매슬로(1954)는 이 단계를 인간의 완전한 잠재력 발달과 그 잠재력의 실현이라고 정의한다. 매슬로는 이것을 개인이 할 수 있는 것과 될 수 있는 최고의 것을 성취하기를 열망하는 단계라고 기술한다. 각 개인은 매우 특별하게 이 욕구에 초점을 맞추거나 인식할 것이다. 예를 들어 어떤 사람은 이상적인 부모가 되기를 강하게 열망하기도 하고, 또 다른 사람은 운동을 굉장히 잘하고 싶어 할지도 모른다. 매슬로는 이 욕구의 수준을 이해하기 위해서는, 사람이 앞선 욕구들을 성취할 뿐만 아니라 그것에 대한 숙달 단계까지 이르러야 한다고 믿는다.

전략과 개입

19~55세의 성인들에게 놀이치료를 사용하여 매우 성공적이라고 증명된 많은 방법들이 있다. 놀이치료사들이 훈련을 받을 때는, 각 개인의 연대표를 통해 과거를 탐색하거나(Cook, 1997) 또는 순간의 긴장을 이완시킴으로써(Kaduson, 2011) 치료 효과를 노리는 등 많은 기법들을 배우게 된다. Charles Schaefer(2003)는 성인들에게 사용했던 다양한 접근법을 모았다. 치료사가 우울한 성인에게 치료적 유머를 사용할 수 있을 때 그 순간만큼은 내담자도 스스로 슬픔 그리고/또는 불안으로부터 자유로워질 수 있다는 것이 나타났다. 파괴적이지 않은 온화한 대결이든지 호의적으로 서로 꼬투리를 잡든지 유머의 모든 요소들은 강력한 치료적 영향력을 지니고 있다(Sultanoff, 2003).

모래놀이치료를 훈련받은 많은 놀이치료사들은 성인들과도 꽤 성공적으로 모래놀이치료를 한다(Ammann, 1991; Carey, 1999). 모래놀이치료는 융의 심리이론에 기초를 두고 도라 칼프에 의해 발전된, 아동과 성인 모두에게 치료적인 방법으로 인식되고 있다. 모래놀이치료는 직접적으로 자아(self)를 경험하게 하기 위해 내면 깊은 곳을 관통하며, 불안과 우울로 표출되는 내적 갈등을 규명하고 조정하는 데 유용하므로, 성인들에게 굉장히 유익하다. 게다가 훈련된 많은 모래놀이치료사들은 놀이치료의 다양한 유형을 사용는데 그중 손인형도 사용하며 이것은 놀이치료를 통한 가족 처치에도 효과적이다 (Blatner, 1999;Carey, 1999; Guerney, 1999; Harvey, 1999; Gil, 1994).

성인을 위한 집단놀이치료는 놀이의 힘을 설명하고 있고, 방어적이거나 위축된 구성원 사이의 응집력을 어떻게 끌어낼 수 있는지를 보여주고 있다. 집단놀이치료 장면에서 성인과 함께 게임을 하게 되면 즐거움의 감정을 함께 느낄 수 있으며, 좀 더 정서적인 통제와 함께 지적이고 사회적인 기술들을 사용하게 된다. 성인을 위한 집단놀이치료는 참여자들이 서로 더 가깝게 연결되는 느낌을 받음으로써 놀이 개입을 통한 즐거움을 얻을 수 있다.

어린 시절 외상 경험이 있는 성인을 위한 이완놀이치료(Kaduson, 2011)에서는 외상을 제거하기 위한 작업으로 해체놀이(abreactive play)를 시행하며, 이는 효과적인 처치임을 알 수 있다.

 사례

22세인 니콜의 예는 그에 딱 들어맞는 사례이다. 15세 때 그녀는 차 사고를 경험했다. 운전사가 자동차에 대한 통제력을 완전히 잃었을 때 그녀는 안전벨트도 매지 않은 채 뒷좌석에 혼자 앉아 있었다. 차는 그대로 소화전에 부딪쳤고, 세 번이 넘게 굴렀다. 니콜을 제외하고는 아무도 다치지 않았다. 니콜은 머리를 부딪쳤고, 차에서 탈출했을 때 피를 흘리고 있었다. 니콜은 상당히 순종적인 10대였고 부모가 허락하지 않는 한 다른 사람의 차를 타지 않았다. 이 사고를 일으킨 운전사는 겨우 17세였다. 차에서 빠져나온 니콜의 첫 마디는 "엄마에게 전화해주세요. 전 이제 죽는 건가요?"였다. 몇 분 후, 긴급의료원이 도착했고 그녀는 바로 병원으로 후송되었다. 그때까지 아무도 그녀의 어머니나 아버지에게 그 소식을 직접 전할 수 없었다. 매번 전화가 음성사서함으로 넘어갔기 때문이다. 그녀는 혼자서 구급차에 탔고, 응급대원에게 한 첫 마디가 "전 이제 죽는 건가요?"였다. 그녀는 혼자서 일련의 힘든 사고처리과정들을 감당했고, MRI까지 혼자서 찍은 뒤 입원실로 들어갔다. 그제야 그녀의 부모가 나타났고 간호사와 의사들은 그들에게 니콜이 얼마나 용감했는지에 대해 말해주었다. 그녀의 상처는 그렇게 심각하지 않았고 병원에서 바로 퇴원하였다.

그 후 일주일의 시간이 흐르고 니콜은 학교에서 갑자기 급성 불안 증세를 일으켰고 곧이어 다른 장소에서도 이 증상은 일반화되어 결국 한 달 안에 광장공포증으로 악화되었다. 인지행동치료를 받기 시작하면서 어느 정도 불안을 조절할 수 있게 되어 6개월 안에 학교로 돌아갈 수 있었다. 그리고 이 모든 증상은 학교를 마칠 때 즈음에는 사라졌다. 7년 후, 니콜은 그 당시의 차사고 플래시백 때문에 다시 처치를 받게 되었다. 다시 언어적 상담치료를 시작해 2회기 정도 진행되었을 당시 니콜의 상태는 여전히 표현할 수 없었던 내재된 문제들이 남아 있는 것처럼 보였다. 그다음 회기에서 치료사는 그녀에게 차사고가 일어나기 전과 후, 그리고 그 순간에 벌어진 일들에 대해 그림으로 그려보게 하였다. 자신이 그린 세 장의 그림에 모두 소화전이 등장해 있는 것을 보고서야 그녀는 그것이 자신의 사고의 기억에 대한 촉발장치였음을 알 수 있었다. 그녀는 그 당시 1년간 향정신성 약물을 복용해 오고 있었음에도 불구하고 불안 조절에 여전히 어려움을 겪고 있었다. 니콜에게 그 사고가 있던 날, 무슨 일이 있었는지를 보여달라고 부탁하였고, 작업은 놀이치료실에서 이루어졌다. 그녀가 차 사고 전과 후, 그리고 사고 순간을 떠올리게 하는 데만 몇 주가 소요되었고, 매번의 회기는 항상 구급대원이 도착하는 것으로 마무리되었다. 그렇게 5주가 지나기 전에 마침내 그녀는 차 사고가 났던 당시 그녀의 부모에게 계속해서 전화를 걸어달라고 자신이 요청했었다는 사실을 기억해냈고, 그럼에도 아무도 그들을 찾을 수 없었다는 사실 또한 놀이에서 드러났다. 그녀는 구급대원이 그녀의 목을 보호하기 위해 어떻게 목을 감쌌는지를 시연하였고, 들것에 실려 혼자서 구급차에 오르던 순간까지도 기억해냈다. 구급대원에게 직접 "전 이제 죽는 건가요?"라고 물었을 때 그 구급대원이 "그런 일은 절대 없을 거야."라고 말해준 것까지도 기억 속에서 끄집어냈다. 이 회기가 그녀가 사고에 대해 기억해낸 첫 번째 회기였고, 그 후 3주에 걸쳐 개입이 진행되는 동안 점점 더 이전에 전혀 말해본 적 없었던 외상적 경험들이 드러났다. 모든 기억은 구급차 안과 병원에서 머리에 피를 흘리며 혼자 있었던 것과 관련된 것이었다. 간호사들이 그녀를 응급실 침대 위에 올리고 피가 어디서 나는지를 확인하기 위해 그녀의 블라우스를 찢었다. 그녀는 그러한 기억들을 전부 잊어버리고 있었을 뿐만 아니라, 정말로 아무런 존재감 없이 무기력하게 종합검사와 테스트를 받는 동안 실제로 자기 몸 밖에서 자신을 바라보는 느낌이 들었던 것을 기억해냈다. 그녀는 사고 수습의 모든 과정 동안 스스로를 사건으로부터 분리하였다. 이것이 그녀의 경험 밑에 드러나지 않은 문제의 열쇠였다. 그녀에게 여전히 영향을 주고 있는 것은 차 사고가 아니었다. PTSD는 그녀가 15세 때 혼자였고 자신이 곧 죽을지도 모른다고 생각한 공포로부터 발생했다. 그녀는 7년 동안 이 경험들에 대한 어떤 사실도 말하지 않았고, 그 후 놀이치료 몇 개월 만에 그날의 남아 있던 문제의 영향력을 알아채고, 직면하고 헤쳐나갔다.

노인(65세 이상)

에릭슨(1993)은 자아통합 대 절망이라고 이 단계를 특징지었다. 우리는 점점 나이가 들어가면서 생산성이 천천히 줄어들고, 은퇴자로서 인생을 탐색한다. 이 시기는 우리가 이룬 성과들을 돌아보고, 스스로 성공적인 삶을 살았다고 평가된다면 통합으로 전진할 수 있는 시간이다. 만약 삶이 비생산적이었거나 우리 삶의 목표들을 다 이루지 못했다고 느끼게 된다면, 우리는 지나온 삶에 만족하지 못하고 종종 우울이나 절망에 빠지게 된다.

마지막 발달 과업은 회상이다. 사람은 모두 지나온 자신의 삶과 업적을 되돌아보게 되어 있다. 만약 그들이 행복하고, 생산적인 삶을 이끌었다고 믿는다면 만족감과 통합감이 발달할 것이다. 만약 그들이 이루지 못한 목표들을 실망스럽게 되돌아본다면, 절망감이 발달할지도 모른다. 이 단계는 불치병 진단을 받았을 때와 같이 한 개인이 자신의 삶의 끝에 가까워졌음을 느낄 때 그 순서가 뒤바뀔 수도 있다.

전략과 개입

노인들의 의사소통을 위한 인지적 기능과 한계의 다양한 정도를 경험적으로 고려할 때 놀이치료는 이 집단을 위한 유용한 처치 방법이다. 놀이치료는 의사소통을 위해 언어나 단어들이 필요하지 않다. 그리고 언어적 치료에 저항감이 있는 어르신들에게도 도움이 될 수 있다. 노인들에게는 심리적·생리적으로 많은 변화가 일어나며, 비지시적이든 지시적이든 놀이치료의 다양한 유형을 통해 자신의 삶을 관리할 수 있게 됨에 따라 내담자가 안전감을 느끼며 그들의 시간을 즐길 수 있게 된다.

요양원 거주자들에게는 게임놀이를 활용한 집단놀이치료를 실시하였을 때 긍정적인 영향이 증가한 것이 나타났다(Ingersoll, 1978; Lindaman, 1994). 애착과 관계를 향상시키는 처치인 치료놀이는 노인들의 적응을 위해 개별 및 집단놀이치료 처치에서 사용된다(Sherman, 1981). 이렇게 나이든 성인들과 함께하는 작업에서 놀이치료사는 겉으로 드러날 수 있는 특정 조건들을 가능한 한 주의 깊게 고려해야 한다. 노인들은 앉기, 걷기, 기억하기, 듣기, 보기, 균형 잡기에 문제가 있을 수 있으므로 젊은 성인이나 아동들과 작업하는 때와는 상당한 차이가 있을 수밖에 없다. 이 같은 요구 모두를 놀이치료에 포함해야만 한다. 그러나 이러한 집단마다의 한계에도 불구하고 치료놀이는 자존감 향상, 타인에 대한 신뢰감 증가, 그리고 매일의 경험들에 즐거워하게 되는 효과를 나타낸다(Jernberg, 1987).

인지행동적 기법 또한 이 집단에 사용될 수 있다. 많은 노인 내담자들은 걱정의 수준이 증가한다. 특히 '걱정 깡통(The Worry Can)'(Jones, 1997)은 개별 또는 집단 장면에서 효과적인 활동이다. 이 활동에는 뚜껑 있는 깡통, 판지, 타이프 용지, 마커, 풀과 가위가 필요하다. 치료사와 내담자는 깡통을 덮을 수 있는 크기로 판지를 자른다. 내담자는 자른 판지의 한 면에 무서운 것들을 그리고 마커로 색칠할 수 있다. 그림 대신 글씨를 쓰는 것을 원한다면 무서운 단어를 적어도 상관없다. 그림 그리기나 글씨 쓰기가 끝나면 깡통 위에 그 판지를 붙이게 한다. 다음 단계는 깡통에 뚜껑을 덮고 가위를 사용하여 그 위에 구멍을 내는 것이다. 구멍 크기는 작은 종잇조각을 접어 넣을 수 있을 정도로 충분히 커야 한다.

타이프 용지를 길게 자른다. 자른 종잇조각은 글자 몇 자를 적기에 충분한 크기여야 한다. 각각의 내담자는 종이를 받아 걱정을 적고 그것을 접어서 깡통 안에 넣는다. 내담자는 차례대로 걱정을 하나씩 집단원과 나눈다. 지지와 피드백을 나누도록 격려한다.

결론

아동, 성인 또는 가족을 처치하는 데 흥미가 있든 없든, 놀이치료는 모든 연령대의 사람에게 언어적 치료를 대신할 수 있다. 아동이든 성인이든 누구에게나 놀이는 항상 건강한 발달을 위해 자연적이고 필수적인 요소이다. 놀이치료는 역동적이며, 심리치료의 확장된 영역으로, 처치와 자기치유가 일어나 게끔 방어를 무너뜨리고, 닫힌 문을 열고, 저항을 날려버린다. 놀기에 너무 어리거나 늙은 나이는 결코 있을 수 없다!

참고문헌

Ammann, R. (1991). *Healing and transformation in sandplay: Creative processes become visual*. Chicago, IL: Open Court.

Ammen, S. (2000). A play-based teen parenting program to facilitate parent/child attachment. In H. A. Kaduson (Ed.), *Short-term play therapy for children* (pp. 345–369). New York, NY: Guilford Press.

Association for Play Therapy. (1997). A definition of play therapy. *The Association for Play Therapy Newsletter, 16*(1), 7.

Axline, V. M. (1947). *Play therapy*. Cambridge, MA: Houghton Mifflin.

Beck, A. T. (1983). Cognitive theories of depression: New perspectives. In P. J. Crayton & J.E. Barrett (Eds.), *Treatment of depression: old controversies and new approaches* (pp. 265–290). New York, NY: Raven Press.

Blatner, A. (1999). Psychodramatic methods in family therapy. In C. E. Schaefer (Ed.), *Family play therapy* (pp. 235–246). Northvale, NJ: Jason Aronson.

Bow, J. (1997). Play therapy with the resistant child. In H. G. Kaduson (Ed.), *The playing cure* (pp. 317–336). Northvale, NJ: Jason Aronson.

Boyd, D. G. (2009). *Lifespan development* (5th ed.). Upper Saddle River, NJ: Pearson.

Boyd, D. G. (2011). *Lifespan development* (6th ed.). Upper Saddle River, NJ: Pearson.

Boyd, D. G., & Bee, H. (2014). *Lifespan development* (7th ed.). Upper Saddle River, NJ: Pearson.

Breen, D. T. (1998). The use of play therapy with adolescents in high school. *International Journal of Play Therapy, 7*(1), 25–47.

Brody, V. A. (1993). The dialogue of touch: Developmental play therapy. *International Journal of Play Therapy, 1*(1), 21–30.

Bugental, D. B. (2000). Acquisition of the algorithms of social life: A domain-based approach. *Psychological Bulletin, 126*(2), 178–219.

Carey, L. (1999). Family sandplay therapy. In C. E. Schaefer (Ed.), *Family play therapy*. Northvale, NJ: Jason Aronson.

Cook, J. (1997). The time line tape technique. In H. G. Kaduson (Ed.), *101 favorite play therapy techniques* (pp. 372–374). Northvale, NJ: Jason Aronson.

Erikson, E. (1968). *Identity, youth and crises*. New York, NY: Norton.

Erikson, E. (1993). *Childhood and society*. New York, NY: Norton. (Original work published 1950)

Eyberg, B. (2001). Parent-child interaction therapy with behavior problem children: One- and two-ear maintenance of treatment effects in the family. *Child & Family Behavior Therapy, 23*, 1–20.

Gallo-Lopez, L., & Schaefer, C. E. (2005). *Play therapy with adolescents*. Lanham, MD: Rowman & Littlefield.

Gil, E. (1994). *Play in family therapy*. New York, NY: Guilford Press.

Glatthorn, T. A. (1997). The anger shield. In H. G. Kaduson & C. E. Schaefer (Eds.), *101 favorite play therapy techniques* (p. 272–274). Northvale, NJ: Jason Aronson.

Goble, F. (1970). *The third force: The psychology of Abraham Maslow* (p. 62). Richmond, CA: Maurice Bassett.

Green, E. J. (2011). Jungian analytical play therapy. In C. E. Schaefer (Ed.), *Foundations of play therapy* (2nd ed., pp. 61–85). Hoboken, NJ: Wiley.

Guerney, L. (2000). Filial therapy into the 21st century. *International Journal of Play Therapy, 9*(2), 1–17.

Guerney, L. F. (1999). Child relationship enhancement: Family therapy and parent education. In C. E. Schaefer (Ed.), *Family play therapy* (pp. 127–138). Northvale, NJ: Jason Aronson.

Harvey, S. (1999). Creating a family: An integrated expressive approach to adoption. In C. E. Schaefer (Ed.), *Family play therapy* (pp. 293–311). Northvale, NJ: Jason Aronson.

Ingersoll, B. (1978). Comparative group psychotherapy for the aged. *The Gerontologist, 18*, 201–206.

Jernberg, A. (1987). *Theraplay for the elderly*. Chicago, IL: The Theraplay Institute.

Jernberg, A. (1979). *Theraplay: A new treatment using structured play for problem children and their families*. San Francisco, CA: Jossey-Bass.

Jones, D. (1997). The worry can technique. In H. Kaduson & C. E. Schaefer (Eds.), *101 favorite play therapy techniques* (pp. 254–256). Northvale, NJ: Jason Aronson.

Kaduson, H. G. (2011). Release play therapy. In C. E. Schaefer (Ed.), *Foundations of play therapy* (2nd ed., pp. 105–126). Kaduson, H. G. (in press). *Play therapy across the lifespan*. New York, NY: Guilford Press.

Kaduson, H. G., & Schaefer, C. E. (1997a). *101 play therapy techniques*. Northvale, NJ: Jason Aronson.

Kaduson, H. G., & Schaefer, C. E. (1997b). *The playing cure*. Lanham, MD: Rowman & Littlefield.

Knell, S. M. (1993). *Cognitive-behavioral play therapy*. Northvale, NJ: Jason Aronson.

Kottman, T. (2011). Adlerian play therapy. In C. E. Schaefer (Ed.), *Foundations of play therapy* (2nd ed., pp. 87–104). Hoboken, NJ: Wiley.

Kottman, T. T. (1987). Activity therapy: An alternative therapy for adolescents. *Journal of Humanistic Education and Development, 25*, 180–186.

Lindaman, S. (1994). Geriatric Theraplay. In C. E. Kevin & J. O'Connor (Eds.), *Handbook of play therapy* (Vol. *II*, pp. 207–228). New York, NY: Wiley.

Maslow, A. H. (1943). A theory of human motivation. *Psychological Review, 50*(4), 370–396.

Maslow, A. H. (1954). *Motivation and personality*. New York, NY: Harper.

Maslow, A. H. (1970). *Motivation and personality* (2nd ed., p. 314). New York, NY: Harper & Row.

Munns, E. (2003). Theraplay: Attachment-enhancing play therapy. In C. E. Schaefer (Ed.), *Foundations of play therapy* (pp. 156-174). Hoboken, NJ: Wiley.

Norcross, J. (1987). *Casebook of eclectic psychotherapy*. New York, NY: Brunner/Mazel.

Oaklander, V. (2011). Gestalt play therapy. In C. E. Schaefer (Ed.), *Foundations of play therapy* (2nd ed., pp. 171-186). Hoboken, NJ: Wiley.

O'Connor, K. J. (2011). Ecosystemic play therapy. In C. E. Schaefer (Ed.), *Foundations of play therapy* (2nd ed., pp. 253-272). Hoboken, NJ: Wiley.

Piaget, J. (1936). *Origins of intelligence in the child*. London, England: Routledge & Kegan Paul.

Quackenbush, R. (2008). The use of modern psychoanalytic techniques in thetreatment of children and adolescents. *Modern Psychoanalysis, 33*(2), 88-101.

Reid, S. E. (1993). Game play. In C. E. Schaefer (Ed.), *The therapeutic powers of play* (pp. 323-348). Northvale, NJ: Jason Aronson.

Schaefer, C. E. (1993). *The therapeutic powers of play*. Northvale, NJ: Jason Aronson.

Schaefer, C. E. (1997). Measurement of playfulness: A neglected therapist variable. *International Journal of Play Therapy, 6*(2), 21-31.

Schaefer, C. E. (2003). Play therapy with adults *(pp. 1-11)*. Hoboken, NJ: Wiley.

Sherman, E. (1981). *Counseling the aging: An integrative approach*. New York, NY: Free Press.

Stiles, K. (1990). Mutual storytelling: An intervention for depressed and suicidal children. *The School Counselor, 37*, 337-342.

Sultanoff, S. M. (2003). Integrating humor into psychotherapy. In C. E. Schaefer (Ed.), *Play therapy with adults* (pp. 107-143). Hoboken, NJ: Wiley.

VanFleet, R. (1994). *Filial therapy: Strengthening parent-child relationships through play*. Sarasota, FL: Professional Resource Press.

Ward-Wimmer, D. (2003). The healing potention of adults at play. In C. Schaefer & C.Westland (Eds.),

Playing, living, learning: A worldwide perspective on children's opportunities to play. State College, PA: Venture.

17

파괴적 행동장애 아동과의 부모-아동 상호작용치료

LAUREN BORDUIN QUETSCH, NANCY WALLACE,
MEREDITH NORMAN, RIA TRAVERS, CHERYL MCNEIL

적대적 반항장애(oppositional defiant disorder, ODD)와 품행장애(conduct disorder, CD)는 미국 임상 장면에서 청소년 문제 중 가장 많이 의뢰되는 집단이다(Frick, 1998; Loeber, Burke, Lahey, Winters, & Zera, 2000). Meltzer와 동료들(Meltzer, Gatward, Goodman, & Ford, 2000)에 따르면 5~10세 사이 아동의 ODD와 CD의 유병률은 0.6~4.5%이다. 다른 역학조사 연구에서는 이 두 장애가 미국 청소년의 10%에 이른다고 추정한다(Coghill, 2013). 아동의 많은 수가 임상적 서비스를 받지 않는다는 것을 고려할 때 우려가 되는 수치이다.

청소년의 ODD와 CD에 대한 초기 진단은 치료를 받지 않고 방치되면, 비행, 학업 부진, 무단결석, 데이트 폭행, 물질남용과 같은 미래의 수많은 나쁜 결과와 연결된다(Blair & Diamond, 2008; Capaldi & Clark, 1998; Kassel, 2010). 게다가 아동기 행동 문제는 심리사회적 문제, 교육 기회 및 직업적 기회의 감소, 동시 발병하는 심리적 장애와 같은 청소년기 문제로 이어질 수 있다(Lyons, Baerger, Quigley, Erlich, & Griffin, 2001; Nock, Kazdin, Hiripi, & Kessler, 2007).

이 아동들의 상당수가 그들의 삶 전반에서 광범위한 문제 행동들과 지속적으로 고군분투하고 있으나 이러한 쟁점을 적절하게 다루고 경험적으로 지지받는 처치 프로그램은 거의 없다. 게다가 가족 연결망의 연계는 어려운 과제임이 입증되었다. 행동 문제가 있는 아동과 그 가족은 종종 그들이 치료회기에 꾸준하게 참여해서 개선되는 것을 방해하는 복잡한 쟁점들에 직면해 있다(Kern & State, 2008). 짧은 시간에 신뢰롭고 장기간 지속되는 효과를 얻는 유망한 접근방식 중의 하나가 부모-아동 상호작용치료이다(parent-child interaction therapy, PCIT)(Eyberg, Nelson, Duke, & Boggs, 2008). PCIT는 파괴적 행동을 하는 2~7세 아동에게 효과 있음이 경험적으로 지지된 프로그램이다. PCIT는 부모가 그들의 자녀에게 놀이치료 기술을 활용하도록 부모를 안내하여 아동의 행동 문제를 다룬다(McNeil & Hembree-Kigin, 2010). PCIT의 독특한 특징은 아동과 양육자가 함께 참여하는 것이다. 치료사는 부모 및 양육자가 놀이의 맥락에서 자녀에게 치료적 개입을 직접적으로 제공하도록 지도한다. PCIT는 매뉴얼화된 형식으로써 개별화된 처치의 통합에 중점을 둔다. 각 회기는 아동과 양육자의 특정한 요구에 초점을 맞춘다. 기술 습득은 치료회기의 초반에 아동과 양육자 한 명씩을 관찰하고 코딩하여 매회기 변화를 평가하여 결정된다. 만약 한 명 이상의 양육자가 처치에 참여하기를 원한다면, 각각의 양육자는 지도를 받으며 아동과의 회기는 독립적으로 이루어지고 이를 코딩한다. 놀이를 통한 치료는 자녀와의 상호작용 방식을 바꾸려는 가족을 위한 위협적이지 않은 접근이 된다.

이 장의 주된 목적은 놀이치료 방법을 통해 긍정적인 양육 기술을 증가시키고 아동의 문제 행동이 감소하는 데 효과의 타당성이 경험적으로 입증된 PCIT를 소개하려는 것이다. 좀 더 구체적으로, 이 장은 PCIT 놀이치료의 이론적 기초와 이 모델이 특정 집단과의 작업에서 성공한 경험을 설명하는 것으로 시작한다. 다음으로 서비스 제공 모델은 전형적인 장면과 전형적이지 않은 장면 모두가 명시되어 있다. PCIT의 목표와 요인은 전형적인 PCIT 가족의 예를 통해 설명되며, PCIT의 성공적인 시행을 보장하는 데 사용되는 요인의 목록이 먼저 제시된다. 그다음에 PCIT의 임상적 성공을 보여주는 효과 검증 연구 결과가 다양한 아동과 집단별로 요약되었다. 마지막으로 행동 문제가 있는 아동의 가족을 위해 우리가 하는 작업의 타당성과 미래 방향이 논의된다.

이론적 배경

PCIT는 Diana Baumrind의 권위 있는 부모 양육 태도의 원리에서 모델의 이론적 기초를 확립한 Sheila Eyberg에 의해 개발되었다(McNeil & Hembree-Kigin, 2010). 이 모델에서 Baumrind는 일관성, 제한설정, 잘못된 행동의 예측 가능성에 따라 개발된 분명한 양육 통제뿐만 아니라 온화함과 양육(nurturance)의 중요성을 강조하였다(McNeil & Hembree-Kigin, 2010). 또한 이 모델은 부모와 아동 사이의 반응적인 관계와 애정을 증진시키는 애착 이론에서 출발하였다(Weisz & Kazdin, 2010).

PCIT에 의뢰되는 가족 내에서 일어나는 역기능적인 부모-자녀 상호작용의 대부분은 Patterson의 강압 사이클(coercive cycle)과 일치한다(McNeil & Hembree-Kigin, 2010). 이 모델에는 역기능적인 부모-자녀 상호작용인 부정적인 부모와 아동 행동(소리 지르기, 논쟁하기, 투덜대기, 공격하기)의 사이클이 끊임없이 돌아간다(McNeil & Hembree-Kigin, 2010; Weisz & Kigin, 2010). 사회학습 이론의 원리를 이용해, PCIT는 양육자의 반사회적 행동은 감소시키고, 친사회적 상호작용은 증가시키기 위한 사회적 보상 및 처벌과 같은 학습 원리를 적용하여 적절한 행동을 시범 보이며 가르친다(McNeil & Hembree-Kigin, 2010).

PCIT의 이론적 기둥은 처치의 과정으로, 치료사 두 단계 모델로 Sheila Eyberg에 의해 처음 개발되었고, 첫 번째 아동-주도 상호작용(child-directed interaction, CDI) 단계에서는 공감적인 따뜻함과 부모의 반응성에 의한 부모-자녀 관계를 강화하기를 시도하며, 두 번째 단계에서는 양육자에게 일관된 원리 전략들을 가르친다(McNeil & Hembree-Kigin, 2010). CDI 단계의 처치회기는 아동의 긍정적인 행동을 부모가 인식하도록 하는 부모 재훈련이다. 게다가 CDI는 부모-자녀 사이의 긍정적인 관계와 신뢰를 형성하기 위한 치료적 놀이치료 기술을 사용하도록 부모를 교육하는 것에 초점을 맞춘다. 놀이치료 기술은 부모−아동 상호작용의 역동을 재형성한다. 부모는 놀이를 하는 동안 아동이 이끄는 대로 따라갈 뿐만 아니라 행동을 적절하게 모방하라고 배운다(McNeil & Hembree-Kigin, 2010).

만약 아동이 놀이시간 동안 부적절하게 행동을 하면, 관심은 즉시 철회되고 아동이 다시 적절한 행동을 할 때만 다시 관심을 준다(McNeil & Hembree-Kigin, 2010). 이런 상호작용을 통해 양육자는 나누기, 좋은 태도 그리고 차례 지키기와 같은 친사회적 기술을 위한 모델로서 행동한다. 부모는 적절한 기술을 시범 보이면서 아동에게 일어난 일을 칭찬한다. 이런 놀이치료 기술을 안정감, 편안함 그리고 처치의 두 단계 모두에서 강조하는 일관적인 치료적 기초를 제공하기 위해 부모들이 배우게 된다.

서비스 제공 모델

PCIT는 전통적인 외래환자의 치료 서비스 모델로 만들어졌다(McNeil & Hembree-Kigin, 2010). 그러므로 일반적으로 처치는 주 1회, 1시간 정도로 실시한다. PCIT는 단기치료로 간주되며 평균 12~16주 처치 과정이다. 그러나 PCIT 과정은 처치의 두 단계에서 요구되는 특별한 기술의 습득에 달려 있다. 그 결과 처치 기간은 각 가족의 개별적인 요구에 맞춘다.

PCIT는 일반적으로 외래환자 클리닉을 통해 이루어지지만, 치료실과 장비의 특별한 유형은 정해져 있다(McNeil & Hembree-Kigin, 2010). 가족은 아동에게 맞춰진 작은 크기 가구와 작은 장식들 또는 소품들로 구성된 놀이치료실에서 놀이를 한다. 옆에는 관찰실이 있고, 치료사는 일방경을 통해 양육자를 관찰하고 지도한다. 놀이치료실에는 타임아웃방(time-out backup room)으로 사용되는 비어 있는 작은 방이 붙어 있다. 이 관찰실에는 양육자와 치료사가 아동을 관찰할 수 있는 창문이 있는 밝은 방이다. 치료를 하는 동안 치료사는 관찰실에서 귀에 꽂는 수신기와 마이크를 이용해 양육자를 지도한다. 몇몇 지역사회 클리닉은 PCIT를 처음 실행할 때 기본적인 PCIT 치료실 배치가 어려울 수 있으므로(Goldfine, Wagner, Branstetter, & McNeil, 2008), PCIT 시행 시 질적인 면을 고려한 대안적인 방법을 사용할 수 있다(McNeil & Hembree-Kigin, 2010). 예를 들면 일방경이 없을 때 관찰을 위해 비디오 모니터를 이용할 수 있고, 무전기를 수신기 대신에 사용할 수 있다. 숨어서 볼 수 있는 곳이 있다면 하프도어(half-door) 또는 네덜란드식 문(Dutch door, 상하 2단식 문)을 달아 관찰실로 사용할 수 있다.

PCIT는 부모가 기술 습득에 적합한 특정 장난감을 사용하도록 권한다(McNeil & Hembree-Kigin, 2010). 창조적이며 문제 해결을 위해 아동을 격려할 수 있는 만들기 장난감이 사용되어야 한다. 블록, 레고, 감자머리[1], 인형집, 자동차, 그리고 크레파스와 종이를 포함한 장난감이 좋다. 거칠고 공격적인 놀이를 촉진하거나 규칙을 바꿀 수 있는 장난감은 PCIT를 하는 동안 피해야 한다(즉, 공과 방망이, 장난감 칼과 총, 보드 게임, 물감처럼 지저분해지는 물건). 이러한 장난감들은 종종 양육자가 아동을 훈육하고 행동을 교정하고 가르쳐야 하므로, 애착을 위한 시도인 PCIT의 긍정적인 경험을 약화시킨다(McNeil & Hembree-Kigin, 2010).

선행 연구에서 PCIT는 아동기에 보이는 파괴적 행동을 위한 효과적인 처치로 전 세계에 전파되고

---

1 감자머리(Mr. Potato Head) : 손과 발, 눈, 코, 입을 자유자재로 떼었다 붙일 수 있는 장난감

있다(McNeil & Hembree-Kigin, 2010). 처치의 충실함과 온전함을 유지하기 위해 PCIT를 하기 위해서 PCIT 치료사 훈련을 받아야 한다. PCIT 치료사와 훈련자를 위한 특정한 자격 조건이 PCIT 국제협회(www.pcit.org)에 의해 마련되어 있다. 비록 이 훈련은 광범위하지만 PCIT를 포함하는 지도와 복잡한 코딩 체계 때문에 필수적이고 유익하다(McNeil & Hembree-Kigin, 2010).

기본적인 PCIT는 클리닉의 정형화된 환경에서 제공되지만 최근 연구에서는 비전통적인 환경에서 PCIT의 실행을 모색하고 있다. 치료사와 연구자는 처치의 접근성을 향상시키고, 장벽을 감소시키기 위해 내담자의 가정에서 PCIT를 제공하기 시작했다(Bagner, Rodríguez, Blake, & Rosa-Olivares, 2013; Masse & McNeil, 2008). PCIT를 가정에서 실시한 초기 연구 결과는 클리닉 기반의 PCIT의 결과와 유사한 긍정적인 결과를 낳았다(Galanter et al., 2012; Ware, McNeil, Masse, & Stevens, 2008). 그러나 이 두 가지 환경에서의 PCIT 효과를 직접적으로 비교하는 연구가 더 필요할 것이다. 또한 연구자들은 PCIT의 보급과 실행을 증가시킬 수 있는 기술이 얼마나 진보할지를 탐색하고 있다. 원격 의료 및 비디오 기술로 인해 훨씬 더 정확한 실시간 슈퍼비전을 통한 훈련을 현재 치료사들에게 실시하고 있으며 피드백의 질도 향상되고 있다(Funderburk, Ware, Altshuler, & Chaffin, 2008; Wilsie & Brestan-Knight, 2012). 미래에는 원격 의료처럼 내담자의 가정이나 클리닉의 다른 장소에서 바로 PCIT가 사용될지도 모른다(Comer et al., 인쇄 중).

PCIT 개입의 요소

제공하는 서비스의 최상의 질을 확신하며 PCIT 치료사들은 각 치료회기에 미리 정해진 과제, 질문지와 목표를 포함한 구조화된 프로토콜을 따른다. PCIT 매뉴얼은 추가적으로 숙제, 과정 녹화, 코딩지를 제공한다(Eyberg & Funderburk, 2011). 예를 들면 각 PCIT 회기는 Eyberg 아동행동척도(Eyberg Child Behavior Inventory, ECBI)(Eyberg & Pincus, 1999)를 양육자에게 나눠주고, 수행한 숙제를 모아 치료사와 함께 시작된다. 이 정보는 반복적으로 각 PCIT의 단계를 거쳐 가족 과정으로써 검토된다. 비록 PCIT 매뉴얼이 고도로 구조화된 지침을 제공하지만 치료사들은 각 치료회기의 목표를 가족이 충족시킬 때까지 치료를 진행하지 않는다. PCIT는 치료사가 질적인 놀이치료 제공을 안내하며, 또한 다양한 가족의 어려움을 다루기 위한 전략과 사례 개념화를 제공한다. 이 부분에서 사례연구는 PCIT 서비스에 의뢰된 전형적인 가족과 아동에 대한 전체 그림을 그려보기를 강조한다. 트로이 윌리엄스의 사례는 이 장의 나머지 내용에 대한 맥락을 잡는 데 도움이 될 것이다.

초기 상담

PCIT 처치는 기본적인 형식을 따르며 초기면담 평가로 출발한다. 이 초기면담은 일반적으로 부모-보고 행동평정척도(parent-report behavior rating scale)의 실시와 치료사에 의한 반구조화된 면담으로 구성된다(McNeil & Hembree-Kigin, 2010).

사례

트로이 윌리엄스는 문제 행동과 파괴적 행동이 증가하여 가족 클리닉에서 심리 서비스를 받기 위해 의뢰된 5세 소년이었다. 트로이는 엄마(30세), 로레인 윌리엄스와 함께 왔다. 로레인은 결혼은 하지 않았고, 트로이의 완전한 법적보호권리를 가지고 있었다. 그녀는 2세의 또 다른 아들이 있었다. 비록 로레인은 트로이의 행동을 걱정은 했지만, 유치원 교사가 트로이의 유치원 등원을 우려한 후 도움을 받아야겠다고 결정했다. 트로이는 하루 종일 착석을 거부하고 계속 움직였으며, 교실을 탈출하려고 하였고, 같은 반 친구들을 때렸다. 트로이의 교사는 심각한 경우 교실 밖으로 아동을 나가게 했다. 로레인은 직장에서 근무하다가 그를 데리러 유치원에 가야 했고, 그를 데리고 집으로 갔다. 이 일은 그녀에게 재정적으로 무리가 되는 일일 뿐만 아니라 지속적으로 회사를 빠져나오는 일로 그녀의 직장 상사와 동료들과의 관계에서 문제의 원인이 되었다. 마침내 트로이는 교실에서 점점 더 폭력적이 되었고, 다른 아이들에게 위협이 되었다.

또한 로레인은 집에서도 좋지 않은 행동이 증가한다고 보고하였다. 트로이는 자기 마음대로 되지 않으면 성질을 부리고 지시 따르기를 거부했다. 성질을 부리는 것은 적어도 하루에 한 번 이상 발생했고, 소리를 지르거나 울기도 하였으며, 집안 물건들을 던졌다. 게다가 트로이는 엄마를 때리기 시작했다. 로레인은 아이가 곧 더 커지게 될 것이고 그러면 그녀가 통제할 수 없을까 봐 걱정했다. 그녀는 훈육을 사용하였으나 타임아웃과 엉덩이 때리기는 효과가 없는 것처럼 보였다. 로레인은 트로이의 동생이 트로이의 폭력적인 행동과 거친 말투를 모방하고 있다고 말하였다.

PCIT 시작에 앞서 초기 상담은 부모-아동 상호작용의 구조화된 관찰을 포함하며, 부모-아동 쌍 상호작용 코딩 시스템 IV를 사용하여 코드화를 한다(Dyadic Parent-Child Interaction Coding System-IV, DPICS-IV)(Eyberg, Nelson, Ginn, Bhuiyan, & Boggs, 2013). 치료사는 각 양육자가 독립적으로 아동과 놀이하는 것을 아동-주도 놀이, 부모-주도 놀이와 정리 상황에서 관찰한다. DPICS의 세 가지 상호작용 상황은 다음과 같다.

1. 아동-주도 놀이 : 이 상황에서 부모는 수신기(in-ear device)를 통해 치료사에게 지시를 받고 아동이 선택하는 것을 가지고 아동과 놀이하며 부모는 아동이 이끄는 대로 따라간다. 부모와 아동 쌍은 10분 동안 이 상황에 있다. 처음 5분간은 부모와 아동 행동이 코드화되지 않는, 준비시간을 준다. 부모와 아동 행동은 코딩지에 5분 후부터 초 단위로 코드화된다.

DPICS 상황에서 트로이와 로레인은 색깔 나무 블록을 가지고 놀았다. 아동-주도 놀이 동안 로레인은 아들로부터 멀리 떨어져 앉아서 그에게 말을 많이 하지 않았다. 트로이와 함께 상호작용할 때 그녀는 자주 그에게 질문을 하였고, 그가 놀이를 하는 동안 그에게 비지시적 코멘트를 하였다(즉, "헛간을 만드는 건 어때?"). 로레인은 종종 눈을 굴리며 아들에게 말하기보다는 치료사에게 직접적으로 말을 하였다.

2. 부모-주도 놀이 : 10분이 지난 후에 치료사는 부모에게 이제는 부모가 놀이시간을 이끌 차례라고 말한다. 부모는 놀이를 통제해야 하며 부모의 규칙을 아동이 고수하도록 한다.

부모-주도 놀이의 시작에서 로레인은 그림을 그리기 시작했고 트로이에게 엄마와 함께 놀자고 말하였다. 그때 트로이는 징징거리기 시작했고, 블록놀이를 멈추지 않겠다고 말했다. 그녀는 직접적인 언급을 많이 하였다. 로레인은 또한 트로이에게 '나쁜 녀석'이라거나 "더 이상 아이와 놀고 싶지 않아요."라고 하는 부정적인 말을 하였다.

3. 정리 상황 : 마지막 5분은 치료사가 부모에게 정리할 시간이라고 지시한다. 부모는 아동에게 정리하도록 지시한다. 부모는 아동을 도와주어서는 안 된다.

일단 트로이는 정리를 해야 한다는 말을 들었고 도움을 거절했다. 그는 반복적으로 '아니'라고 말하고, 방의 다른 구석으로 걸어가 엄마와는 분리되었다. 로레인은 트로이의 이름을 계속 부르면서 그에게 정리해야 한다고 말하였다. 로레인은 팔짱을 끼고 나중에 밤에 하는 그가 가장 좋아하는 프로그램을 보여주지 않을 것이라고 위협했다. 그러나 그는 계속해서 구석에 머물러 있었다. 트로이는 소리를 지르고 방 여기저기로 장난감을 던지기 시작했다. 이 시점에 로레인은 상자에 장난감 몇 개를 넣기 시작했다. 트로이는 놀이치료실에서 탈출하려고 시도하였으나 로레인은 그의 팔을 잡았고 문을 닫아버렸다. 또한 로레인은 "이 애는 늘 이래요."라고 말했고, 그녀는 '버릇없는 녀석처럼 행동'하기를 선택하면 싫다고 했다.

초기 평가는 치료사가 각 가족의 특별한 특성과 독특한 요구를 이해하는 데 도움이 되며, 또한 파괴적인 행동의 현재 수준과 양육기술을 알 수 있다. 앞으로의 평가와 처치를 진행하기 전, 가족이 PCIT에 적합한지를 결정하는 시간이기도 하다.

초기 상담회기에 치료사는 PCIT의 개요를 제공하고 프로그램의 두 단계의 근거를 강조한다(McNeil & Hembree-Kigin, 2010). 치료의 적절한 설명은 함께 처치를 받을 아동에게도 발달 수준에 맞게 주어진다. 그런 다음 처치는 아동-주도 상호작용과 부모-주도 상호작용 단계를 통해 계속된다.

처치 : 아동-주도 상호작용

아동-주도 상호작용(child-directed interaction, CDI)은 PCIT의 첫 번째 단계로 부모와 아동 사이의 강력한 관계 세우기에 초점을 맞춘다. 많은 가족들은 로레인과 그녀의 아들처럼 역기능적인 관계를 보여 PCIT에 의뢰된다. CDI는 한쪽 부모와 아동의 긍정적이고 더 풍부한 상호작용을 위한 부모양육 기술을 설립하는 데 초점을 맞춘다. 치료를 하는 동안 부모는 그들이 배운 기술을 사용하도록 지시받는다. 치료 시간 외에 가족은 하루에 5분 동안 아동과 함께 놀면서 그들이 배운 기술을 사용하는 '특별한 놀이시간'을 갖도록 한다.

CDI에 활용되는 가족이 배운 기술은 표 17.1에 정리한 PRIDE 기술(Praise 칭찬, Reflection 반영, Imitation 모방, Description 묘사, Enjoyment 즐거움)이다.

그들의 자녀와 함께 부정적인 상호작용을 발전시켰던 기술들은 CDI를 하는 동안 피해야 한다. 그 세 가지는 질문하기, 부정적인 말, 그리고 명령이다(표 17.2).

가족은 PCIT의 숙달된 PRIDE 기술의 사용법에 대한 시범을 본 후, PCIT의 다음 단계로 진행할 수 있다. CDI의 숙달은 부모들이 5분의 코딩 시간 동안 3개 이상의 질문, 명령, 부정적인 말을 사용하지 않고, 더불어 칭찬 10가지, 행동 묘사 10가지, 반영 10가지를 사용할 때 인정된다(Eyberg et al., 2013). 아동이 잘못했을 때 양육자는 바라지 않는 행동을 적절하게 무시하는 법과 더 적절한 행동을 아동에게 재지시하는 방법을 알아야만 한다.

다섯 번의 CDI 코칭 회기 후에 로레인은 CDI를 숙달하였다. 트로이와 로레인의 상호작용은 이미 현저하게 향상되었다. 그녀는 아들이 놀이를 하면 몸을 구부리고, 그가 주도하는 대로 따른다. 그녀는 아들에게 놀이시간을 통해 긍정적인 접촉을 제공하고, 트로이와 계속 놀려고 하였다. 비록 트로이는 때때로 장난감을 던지려고 시도하고 그녀는 트로이로부터 돌아서서 아들 없이 놀이를 하기도 한다. 그러나 곧 그는 되돌아오고 적절한 행동을 하려고 하며, 로레인은 그에게 크게 칭찬을 한다. 그녀는 매일 특별한 놀이시간이 기대되고 트로이도 똑같이 느끼고 있음을 믿는다고 보고하였다. 또한 트로이의 부정적인 행동에 대한 로레인의 보고도 CDI 회기가 거듭되면서 줄어들었다.

표 17.1 CDI의 '하라 기술'의 요약

칭찬	반영	모방	묘사	즐거움
긍정적인 행동에 대해 아동에게 하는 칭찬 구체적 : 아동이 잘한 것을 구체적으로 명시하기 비구체적 : 아동이 잘한 것을 정확하게 명시하지 않기	아동이 말한 것을 다른 말로 바꾸어 표현해주거나 반복하기	적절한 놀이를 하는 동안 아동의 행동을 복사하기	아동이 하는 것을 진술하기	아동과 함께 있는 것에 진짜로 흥미 있어 함을 보여주기

표 17.2 CDI의 '하지 마라 기술'의 요약

질문	부정적인 말	명령
아동으로부터 질문이나 행동을 요구하기	아동의 행동이나 아동에 대한 부정적이거나 모순되는 진술	• 간접적 • 직접적 아동이 해야 하거나 말해야 하는 것을 제안하기 간접적 : 행동에 개입하든지 안 하든지 조건을 아동에게 제공하기 직접적 : 조건을 제공하지 않기, 그러나 아동이 해야 하는 것을 말하기

처치 : 부모–주도 상호작용

부모–주도 상호작용(parent-directed interaction, PDI)은 부모의 일관성을 위한 기초적인 기술을 발달시키며 궁극적으로 자녀의 행동을 부모가 통제하는 것이 목표이다. PDI에서 부모는 CDI 기술을 계속 사용하지만 치료회기 동안 간결하고, 명확하며, 직접적인 명령을 사용해야 한다. PDI는 놀이에서 실제 상황을 좀 더 반영하는 간단하고, 짧은 명령을 사용한다. 모든 부모는 명령을 따르지 않는 아동에게 특정한 대사들을 하도록 배운다. 엄격한 지침은 아동이 부모가 하는 지시를 따르는 데 실패했을 때 사용하는 타임아웃 순서를 알려준다. PDI 숙달은 부모가 하는 명령의 75%가 직접적이고 긍정적으로 서술되며 간단한 명령들이 될 때까지 연습한다. 그들은 또한 자녀가 복종을 하든지 하지 않든지(즉, 구체적 칭찬 대 경고 문구와 타임아웃 순서) 명령이 주어졌을 때 75%의 적절한 후속조치(follow-through)를 보여주어야만 한다. 마지막으로 부모는 독립적으로 타임아웃 과정을 정확하게 수행할 수 있어야 한다.

　PDI를 하는 동안 활용하는 가족 과정은 표 17.3에서 볼 수 있다. 전체 과정과 단어 선택, PCIT 매뉴얼(Eyberg & Funderburk, 2011) 또는 McNeil과 Hembree-Kigin(2010)을 참고하기 바란다.

　PDI 단계 동안 부모는 아동의 행동 반응에 적절한 후속조치(follow-through)를 제공하고 명령을 지도받는다. 만약 아동이 1단계(표 17.3 참조)를 따르면, 부모는 구체적 칭찬을 하는 방법을 지도받고 CDI로 돌아간다. 만약 아동이 5초 후에도 따르지 않는다면 부모는 2단계를 진행한다.

　만약 아동이 5초라는 짧은 시간 안에 2단계를 따르면, 부모는 구체적 칭찬을 할 것이며, CDI로 돌아갈 것이다. 만약 아동이 다시 지시 따르기를 거부한다면 부모는 3단계로 간다.

　일단 아동이 1단계 또는 2단계에서 따르지 않으면 부모는 아동에게 타임아웃 의자로 데리고 간다(3단계). 아동은 3분 동안 타임아웃²을 받아야 하며, 5초의 침묵을 더한다. 만약 아동이 3분 동안 타임아웃 의자에 머물러 있을 수 있으면, 아동에게 처음의 명령을 이행할 것인지를 선택하도록 한다. 만약 이행하기를 선택한다면 부모는 또 다른 명령을 내린다. 두 번째 명령을 완료 시 구체적 칭찬을 해주고, CDI를 시행한다.

　만약 아동이 원래 명령에 순종하기를 거부하면 3단계를 반복하며 아동은 3분간 타임아웃 의자에 머물러 있어야만 하고 5초의 침묵이 더해진다. 이 과정은 아동이 부모의 명령을 따를 준비가 될 때까지 반복된다(자세한 내용은 위 참조).

　만약 아동이 타임아웃 동안 의자에 머물러 있기를 거부한다면 부모는 4단계로 간다. 아동은 타임아웃 방에 1분, 5초의 침묵을 더한 시간 동안 머문 다음 4단계를 이행할 것이다. 이행한 후 아동은 3단계로 돌아갈 것이다. 4단계는 타임아웃 의자로부터 벗어날 때마다 수행하게 될 것이다.

　만약 가족이 중요한 문제가 여전히 집에서 발생한다고 느끼면 그들은 가정 규칙(house rule)을 시작하기를 선택할 수 있다. 가정 규칙은 공격적이고 파괴적이며 어떤 환경하에서도 수용할 수 없는 문제 행동들(예 : 욕설)이 목표다. 또는 그들이 문제를 일으킨 다음 부모가 발견하지 못하는 행동인 '교활한' 행동들(예 : 형제의 물건 숨기기 또는 부모의 지갑에서 돈 가져가기)이 목표가 된다. 일단 이 행동

2　PICT의 실제 타임아웃 시간은 3분에 침묵의 5초가 더해진다.

표 17.3 PDI 과정 요약

1단계	2단계	3단계	4단계
명령 내리기	타임아웃 경고하기	타임아웃 의자에 아동 앉히기	백업 관찰실 공간에 아동 세우기

에 대해 설명한 뒤 아동이 잘못하면, 아동은 타임아웃으로 들어갈 것이다. 예를 들어 로레인은 때리는 것을 용납할 수 없을 때 가정 규칙 만들기를 하기로 결정했다.

　가족이 졸업 지침에 가까워지면 치료사들은 공공장소에서의 아동 행동 문제 관리에 대해 논의한다. 부모들은 외출을 하기 전 기대를 이야기하여 외출 준비를 아동이 하도록 해야 한다. 잘못하는 행동에 대한 처벌과 긍정적인 행동에 대한 보상을 외출 전에 알려줘야 한다. 부모는 공공장소에서 징징거리거나 장난감이나 사탕을 집어던지는 버릇없는 행동을 무시하라고 배운다. 부모는 또한 필요하다면 공공장소에서 타임아웃을 이행하는 계획을 세워야 한다. PCIT는 가족의 생활 밖에서도 치료사의 코칭을 따른다. 그래서 가족은 독립적으로 기능할 수 있다.

처치 : 졸업회기

가족이 PCIT 처치 과정을 졸업하기 전 그들은 자녀의 행동을 관리하는 중요한 기술들을 시연해야 한다. 또한 아동의 문제 행동이 ECBI에 의해 결정된 일반적인 한계 안에 있어야 한다(Eyberg & Pincus, 1999). 가족은 졸업회기를 시작하기 전에 자녀의 행동을 통제할 수 있다는 자신감을 말해야 한다. 졸업회기에 앞서 처치회기에서 각 부모는 5분간 PDI 상황 후 5분의 CDI 상호작용을 위한 녹화와 코딩을 한다. 각 양육자는 PCIT 졸업을 위해 CDI와 PDI의 숙달을 보여주어야 한다. 졸업회기는 가족을 위한 흥미진진한 시간이다. 가족 역동의 전환은 분명해야 하고 긍정적인 가족 분위기가 더 뚜렷해야 한다.

PCIT의 성공적인 이행 가능하게 하기

다양한 조건을 가진 아동을 위한 경험적으로 지지받는 처치로써 인식된 PCIT는 미국과 전 세계에 폭넓게 알려졌다. PCIT 모델 훈련을 굉장히 많은 사람들이 원한다(McNeil & Hembree-Kigin, 2010). 접근법이 널리 퍼져나가게 됨에 따라 처치의 충실함을 유지하는 것이 쟁점으로 종종 떠오른다. PCIT 치료사 자격증을 획득하기 위해 최소 석사학위를 소지해야 하고, 아동 및 가족과 작업한 경험이 있어야 하며, 정신건강 분야의 자격증이 있어야 한다(McNeil & Hembree-Kigin, 2010). 또한 워크숍에서 트레이너에게 최소 40시간 PCIT 기본 기술을 배워야 한다. 이 워크숍에 따르면 정신건강 종사자들은 PCIT 트레이너에게 1년 동안 첫 PCIT 사례에 대한 자문을 받고 슈퍼비전을 받는다. 슈퍼비전을 받는 사례들(대개 2~6개월 후 40시간 훈련받고 나서)의 지도 후에, PCIT 치료사들은 추가적인 16시간 고급기술훈련을 PCIT 트레이너에게 일대일로 받는다(McNeil & Hembree-Kigin, 2010). 그런 다음 치료사들은 ECBI, DPICS 코딩의 신뢰도(reliability)와 코칭, CDI 교육회기, PRIDE 기술, CDI 코칭, PDI 교육회기, 타임아웃 절차 코칭뿐만 아니라 가정 규칙 설명과 공공장소에서의 행동 설명의 관리를 포함한 PCIT 기술들을 숙달해야 한다. 치료사는 또한 2개의 PCIT 사례 전체를 수행하고, CDI 교육과 코칭 그리고 PDI 교육과 코칭 회기를 직접 또는 녹화된 사례를 통해 PCIT 트레이너에게 훈련받아야 한다.

숙달 기준들을 포함하는 PCIT 훈련의 각 단계를 치료사가 충족시켜야 한다. CDI 기준에는 부모들처럼 치료사도 5분의 놀이시간 동안 행동 묘사 10가지, 반영 10가지, 그리고 구체적 칭찬 10가지를 해야 하며, 질문, 명령, 부정적인 말들은 3개보다 적게 사용하는 것이다. PDI 기준들은 치료사가 적어도 4개의 질문을 해야 하고, 그중 75%가 효과적이어야 하고, 후속조치(follow-through)(따름에 대한 구체적 칭찬, 따르지 않을 때에 대한 경고 또는 타임아웃 절차)도 정확하게 시연해야 한다(McNeil & Hembree-Kigin, 2010). 비록 집중적이지만 PCIT 훈련 모델은 치료사가 수행하면서 계속 피드백을 받기 때문에 처치 충실도가 낮아질 가능성이 줄어든다.

일단 치료사가 PCIT 치료사가 되기 위한 훈련 조건들을 충족시킨 후, PCIT 트레이너가 될 수 있는 고급과정에 들어갈 기회를 가질 수 있다. PCIT 트레이너는 기관 내 트레이너(수준 1), 지역 트레이너(수준 2) 또는 마스터 트레이너가 될 수 있다. 마스터 트레이너는 PCIT 치료사와 PCIT 트레이너를 기관 밖에서도 훈련시킬 수 있다. PCIT 트레이너가 되기 위한 조건은 PCIT 웹사이트(www.pcit.org)에 자세하게 나와 있다.

훈련비용에 더불어 PCIT 프로그램을 시작하기 위한 초기 설치비용이 있다. 기관은 특별한 도구(이어폰 장치, 오디오 장비, 녹화장치)와 치료를 하기 위해 설계된 공간과 필요한 것(일방경, 타임아웃방, 장난감)이 있다(McNeil & Hembree-Kigin, 2010). 처치는 초기 비용을 들일 정도로 가치가 있다. 왜냐하면 서비스는 종종 지역사회에 의해 잘 활용되며 의뢰가 늘어나는 결과로 나타난다(McNeil & Hembree-Kigin, 2010). 게다가 고위험군 가족을 위한 문제 행동 감소는 값을 매길 수 없다. 주어진 시간에 기관에서는 최소 2명의 치료사가 훈련받기를 권한다. 왜냐하면 전문적인 지지를 계속 받아야 하고, 한 번 사례가 시작되면 두 치료사가 의사소통을 해야 하며, 한 치료사가 이직을 할 때 PCIT 프로그램의 유지를 위해서이다(McNeil & Hembree-Kigin, 2010).

경험적 토대

아동의 파괴적인 행동 문제가 감소되는 처치 효과를 보기 위한 PCIT를 시행한 초기 연구들이 이루어졌다(Eyberg & Robinson, 1982). 추가적인 연구들은 학교 장면에서 아동 행동 문제(McNeil, Eyberg, Eisenstadt, Newcomb, & Funderburk, 1991)와 치료를 받지 않는 형제들(Brestan, Eyberg, Boggs, & Algina, 1997)에게 PCIT의 효과가 일반화될 수 있다는 증거를 제공하였다. PCIT의 효과 유지에 대한 연구들은 처치 시행 후 6년까지 효과가 유지되었음을 보여준다(Boggs et al., 2004; Eyberg et al., 2001; Hood & Eyeburg, 2003). 좀 더 최근 연구는 정신건강센터들에서 PCIT가 효과 있음을 지지하고 있다. Pearl과 동료들(2012)은 지역사회 기관으로부터 서비스를 제공받은 고위험군 가족에게 PCIT의 효과를 검증하는 실험에서 아동의 내면화 문제, 외현화 문제, 파괴적인 행동 문제 그리고 외상 증상이 PCIT 참여 후 현저하게 감소한 결과를 보였다. 비록 이 연구가 지역사회 건강센터에서 이루어지긴 하였지만 PCIT의 초기 연구로 효과를 지지하였으며, 좀 더 많은 연구가 이 분야에서 필요하다.

연구는 다양한 문화적 배경을 가진 가족에게 PCIT를 활용한다. 이 연구들은 아프리카계 미국 가족의 PCIT 활용을 지지하며(Fernandez, Butler, & Eyberg, 2011), 라틴계 가족, 스페인어를 사용하는 멕시코계 미국 가족(Borrego, Anhalt, Terao, Vargas, & Urquiza, 2006; McCabe & Yeh, 2009; McCabe, Yeh, Lau, & Argote, 2012), 푸에르토리코 가족(Matos, Torres, Santiago, & Jurado, 2006; Matos, Bauermeister, & Bernal, 2009)에게 제공되었다. 또한 PCIT의 효과는 네덜란드(Abrahamse et al., 2012)와 노르웨이(Bjorseth & Wormdal, 2005)를 포함한 유럽 가족에게도 나타났다. 게다가 연구들은 PCIT가 중국 가족(Chen, 2010; Leung, Tsang, Heung, & Yiu, 2009; Leung, Tsang, Sin, & Choi, 2014)과 오스트레일리아 가족(Phillips, Morgan, Cawthorne, & Barnett, 2008)에게도 효과적이었음을 보여준다. 다양한 문화 배경과 민족성을 가진 가족에게 PCIT의 사용을 지지하는 연구들은 새로운 집단에게 PCIT가 전파됨으로써 계속 발전한다.

비록 처음에는 파괴적 행동 문제를 가진 아동들을 다루기 위해 설계되었지만, PCIT는 여러 가지 장애와 의학적 조건과 관련된 행동 및 정서적 문제에도 성공적으로 폭넓게 사용되고 있다. 이러한 장애와 의학적 조건에는 자폐스펙트럼장애(Solomon, Ono, Timmer, & Goodlin-Jones, 2008), 지적장애(Bagner & Eyberg, 2007), 주요우울장애(Ludy, 2009), 분리불안장애(Pincus, Santucci, Ehrenreich, & Eyberg, 2008), 외상(Pearl et al., 2012), 만성질환(Bagner, Fernandez, & Eyberg, 2004), 외상적 뇌손상(Cohen, Heaton, Ginn, & Eyberg, 2012), 조산(Bagner, Sheinkopf, Vohr, & Lester, 2010) 등이 있다. 이와 같이 PCIT는 다양한 문제를 보이는 아동의 행동적·정서적 문제를 감소시키기 위해 활용되고 처방될 수 있다는 방대한 증거가 있다.

PCIT는 아동 학대 생존자와 학대를 경험한 집단에 행동 문제를 감소시키기 위해 사용된다. Timmer, Urquiza, Zebell 그리고 McGrath(2005)는 학대하는 부모와 그들의 자녀를 대상으로 한 PCIT 처치 후 아동 행동 문제, 부모 양육 스트레스와 아동 학대 위험이 감소하였음을 보고하였다. Chaffin과 동료들(2004)은 PCIT를 받은 가족이 지역사회 기반 부모교육집단보다 신체적 학대 비율이 30% 더 낮았다는 점을 밝혔다. 또한 PCIT를 위탁가정에 거주하는 아동들에게도 사용하였는데 위탁가정 부모-자녀와 비학대 친부모-자녀 쌍 사이의 PCIT 처치 효과는 차이가 없다고 밝혔다(Timmer, Urquiza, & Zebell, 2006). 종합해보면 이 연구들은 학대받은 경험이 있는 아동들을 위한 PCIT에서 현저한 효과가 있음을 강조한다.

광범위한 행동적이고 정서적인 문제가 있는 다양한 배경의 가족을 대상으로 한 PCIT 처치 사용을 지지하는 많은 연구가 있다. 그러나 여전히 이 개입의 이해를 향상시키기 위해서는 더 많은 연구가 필요하다. 향후 연구를 위한 영역은 중도 포기율(attrition rate)과 처치 결과에 영향을 미치는 가족과 치료사 요인이다. 예를 들어 다양한 심리적 그리고 행동적 장애가 있는 아동 처치에서 압도적인 성공을 거두었음에도, PCIT 중도 포기율이 높은 수준이다(McNeil & Hembree-Kigin, 2010; Werba, Eyberg, Boggs, & Algina, 2006). 대기자 명단에 올라가 있거나 양육 스트레스를 받아 부모-아동 상호작용을 하는 동안 비판적이고/빈정대는 말을 많이 하는 부모들이 더 높은 중도 포기율과 관련되어 있음을 알 수 있다(Harwood & Eyberg, 2004). 높은 중도 포기율을 줄이기 위한 시도로써 처치 성공과 관련된 치료사 변인을 연구하고 있다. 세 가지 통합적 치료 과정 변인을 연구함으로써 연구자들은 치료사-내담자 상호작용의 30분 후에 이행완료 대 중도 탈락률을 예측할 수 있다(Harwood & Eyberg, 2004). 평가 인터뷰와 초기 코칭회기 동안 치료사가 촉진하는 말은 늘리고, 지지적인 말은 줄이며, 질문의 비율도 줄이는 것이 높은 이행률로 이어졌다(Harwood & Eyberg, 2004). 이와 같은 연구 결과들은 PCIT 처치 성공이 치료사-내담자 상호작용 변인들과 상당히 관련되어 있음을 보여준다.

치료사 훈련과 PCIT 보급을 위한 가장 효과적인 방법을 이해하는 것은 치료사가 고품질의 서비스를 제공하는 데 필요하다. 마지막으로 지금까지 대부분의 연구는 일반적인 장면에서 이루어지고 있기 때문에, 향후 지역사회 정신건강센터에서의 PCIT 효과 연구가 필요하다. PCIT의 이해를 증진시킬 수 있고, 효과적으로 가족에게 제공할 수 있는 방법을 찾기 위한 향후 연구를 위한 셀 수 없이 많은 부가적인 장소들이 있다.

결론

ODD와 CD를 진단받은 아동의 가족을 격려하고, 이 아동의 불행한 예후를 예방하기 위한 효과적인 처치는 지역사회 정신건강 클리닉에서 시행되어야 한다. 어떤 유용한 처치는 개별 치료로 아동에게 제공되도록 초점 맞춰져 있다. 또 다른 처치는 특정 아동의 요구를 충족시키기 위해 개별 회기 없이 매뉴얼화된 처치를 사용하기도 한다. 비록 아동 행동 문제의 감소가 치료사와 치료법을 찾는 가족의 우선순위로 남아 있지만, 그들은 치료에 부모를 포함하여 가족 역동을 형성할 수 있는 모든 잠재력을 인식하지 못할 수도 있다. 또한 개개의 가족이 지닌 강점과 어려움에 맞춰져 있는 처치는 아동과 부모 모두를 위한 처치의 전체적인 효과를 향상시킬지도 모른다(McNeil & Hembree-Kigin, 2010).

PCIT는 경험적으로 지지받는 부모 훈련 프로그램으로 놀이치료를 통해 아동의 문제 행동을 감소시키는 데 초점을 맞춘다. PCIT는 심각한 문제 행동이 있는 아동의 가족에게 효과적임을 보여주고 있으며, 최근 PCIT 연구는 부모와 아동의 다양한 형태의 집단에서 긍정적인 결과들을 보여주고 있다. 앞서 강조했듯이 PCIT는 다양한 문화와 민족 배경을 가진 가족에서부터 여러 가지 행동 및 정서 문제를 가진 아동에게까지 효과적이다. 특별히 놀이치료 기술에 기초한 PCIT의 특징은 도전이나 다양성에 관계없이 긍정적인 관계 형성과 가족의 확고한 제한설정을 하도록 한다. PCIT는 아동이 각각의 가정, 학교, 그리고 지역사회에서 잘 성장하기 위해 필요한 구조와 확신을 키우는 중요한 요소를 다룬다.

참고문헌

Abrahamse, M. E., Junger, M., Chavannes, E., Coelman, F. G., Boer, F., & Lindauer, R. L. (2012). Parent-child interaction therapy for preschool children with disruptive behaviour problems in the Netherlands. *Child and Adolescent Psychiatry and Mental Health, 6,* 24. doi:10.1186/1753-2000-6-24

Bagner, D., & Eyberg, S. M. (2007). Parentchild interaction therapy for disruptive behavior in children with mental retardation: A randomized controlled trial. *Journal of Clinical Child & Adolescent Psychology, 36*(3), 418–429.

Bagner, D., Fernandez, M., & Eyberg, S. M. (2004). Parentchild interaction therapy and chronic illness: A case study. *Journal of Clinical*

Psychology in Medical Settings, 11(1), 1-6.

Bagner, D.M., Rodríuez, G. M., Blake, C. A., & Rosa-Olivares, J. (2013). Home-based preventive parenting intervention for at-risk infants and their families: An open trial. *Cognitive and Behavioral Practice, 20*(3), 334-348.

Bagner, D. M., Sheinkopf, S. J., Vohr, B. R., & Lester, B. M. (2010). Parenting intervention for externalizing behavior problems in children born premature: An initial examination. *Journal of Developmental and Behavioral Pediatrics, 31*(3), 209-216.

Bjorseth, A., & Wormdal, A. K. (2005). Parentchild interaction therapy in Norway. *Tidsskrift for Norsk Psykologforening, 42*(8), 693-699.

Blair, C., & Diamond, A. (2008). Biological processes in prevention and intervention: The promotion of self-regulation as a means of preventing school failure. *Development and Psychopathology, 20*(3), 899-911.

Boggs, S. R., Eyberg, S. M., Edwards, D., Rayfield, A., Jacob, J., Bagner, D., & Hood, K. H. (2004). Outcomes of parentchild interaction therapy: A comparison of treatment completers and study dropouts one to three years later. *Child & Family Behavior Therapy, 26*(4), 1-22.

Borrego, J., Anhalt, K., Terao, S., Vargas, E., & Urquiza, A. J. (2006). Parent-child interaction therapy with a spanish-speaking family. *Cognitive and Behavioral Practice, 13*(2), 121-133.

Brestan, E. V., Eyberg, S. M., Boggs, S. R., & Algina, J. (1997). Parent-child interaction therapy: Parent perceptions of untreated siblings. *Child and Family Behavior Therapy, 19*, 13-28.

Capaldi, D. M., & Clark, S. (1998). Prospective family predictors of aggression toward female partners for at-risk young men. *Developmental Psychology, 34*(6), 1175-1188.

Chaffin, M., Silovsky J. F., Funderburk, B., Valle, L. A., Brestan, E. V., Balachova, T., & Bonner, B. L. (2004). Parent-child interaction therapy with physically abusive parents: Efficacy for reducing future abuse reports. *Journal of Consulting and Clinical Psychology, 72*(3), 500-510.

Chen, Y. (2010). *Application of parent-child interaction therapy to parents at high risk for child physical abuse in Taiwan* (Research Report NSC 98-2410-H-194-026). National Science Council of Taiwan, Taipei.

Coghill, D. (2013). Editorial: Do clinical services need to take conduct disorder more seriously? *Journal of Child Psychology and Psychiatry, 54*(9), 921-923.

Cohen, M. L., Heaton, S. C., Ginn, N., & Eyberg, S. M. (2012). Parent-child interaction therapy as a family-oriented approach to behavioral management following psychiatric traumatic brain injury: A case report. *Journal of Pediatric Psychology, 37*(3), 251-261.

Comer, J. S., Furr, J. M., Cooper-Vince, C., Madigan, R. J., Chow, C., Chan, P. T., & Eyberg, S. M. (in press). Rationale and considerations for the Internet-based delivery of parent-child interaction therapy. Cognitive and Behavioral Practice.

Eyberg, S.M., & Funderburk, B. (2011). *Parent-child interaction therapy protocol*. Gainsville, FL: PCIT International.

Eyberg, S. M., Funderburk, B., Hembree-Kigin, T., McNeil, C. B., Querido, J., & Hood, K. (2001). Parent-child interaction therapy with behavior problem children: One and two year maintenance of treatment effects in the family. *Child & Family Behavior Therapy, 23*(4), 1-20.

Eyberg, S. M., Nelson, M. M., Duke, M., & Boggs, S. R. (2008). Evidence-based treatments for child and adolescent disruptive behavior disorders. *Journal of Clinical Child and Adolescent Psychology, 37*, 213-235.

Eyberg, S. M., Nelson, M. M., Ginn, N. C., Bhuiyan, N., & Boggs, S. R. (2013). *Dyadic parent-child interaction coding system: Comprehensive manual for research and training* (4th ed.). Gainesville, FL: PCIT International.

Eyberg, S. M., & Pincus, D. (1999). *Eyberg Child Behavior Inventory and Sutter-Eyberg Behavior Inventory-revised: Professional manual*. Odessa, FL: Psychological Assessment Resources.

Eyberg, S. M., & Robinson, E. A. (1982). Parent-child interaction training: Effects on family functioning. *Journal of Clinical Child Psychology, 11*, 130-137.

Fernandez, M., Butler, A., & Eyberg, S. M. (2011). Treatment outcome for low socioeconomic status African American families in parent-child interaction therapy: A pilot study. *Child & Family Behavior Therapy, 33*(1), 32-48.

Frick, P. J. (1998). *Conduct disorders and severe antisocial behavior*. New York, NY: Plenum Press.

Funderburk, B.W., Ware, L. M., Altshuler, E., & Chaffin, M. (2008). Use and feasibility of telemedicine technology in the dissemination of parent-child interaction therapy. *Child Maltreatment, 13*(4), 377-382.

Galanter, R., Self-Brown, S., Valente, J. R., Dorsey, S., Whitaker, D. J., Bertuglia-Haley, M., & Prieto, M. (2012). Effectiveness of parent-child interaction therapy delivered to at-risk families in the home setting. *Child & Family Behavior Therapy, 34*(3), 177-196.

Goldfine, M. E., Wagner, S. M., Branstetter, S. A., & McNeil, C. B. (2008). Parent-child interaction therapy: An examination of cost effectiveness. *Journal of Early and Intensive Behavior Intervention, 5*(1), 119-141.

Harwood, M., & Eyberg, S.M. (2004). Effect of therapist process variables on treatment outcome for parent-child interaction therapy. *Journal of Clinical Child and Adolescent Psychology, 33*, 601-612.

Hood, K. K., & Eyberg, S. M. (2003). Outcomes of parent-child interaction therapy: Mothers' reports of maintenance three to six years after treatment. *Journal of Clinical Child and Adolescent Psychology, 32*(3), 419-429.

Kassel, J. (Ed.). (2010). *Substance abuse and emotion*. Washington, DC: American Psychological Association.

Kern, L., & State, T. (2008). Oppositional defiant and conduct disorders. In M. Hersen & D. Reitman (Eds.), *Handbook of psychological assessment, case conceptualization, and treatment: Vol. 2. Children and adolescents* (pp. 292-316). Hoboken, NJ: Wiley.

Leung, C., Tsang, S., Heung, K., & Yiu, I. (2009). Effectiveness of parent-child interaction therapy (PCIT) among Chinese families.

Research on Social Work Practice, 19(3), 304–313.

Leung, C., Tsang, S., Sin, T. C. S., & Choi, S. (2014, January 16). The efficacy of parent–child interaction therapy with Chinese families: Randomized controlled trial. *Research on Social Work Practice,* 1–12.

Loeber, R., Burke, J. D., Lahey, B. B.,Winters, A., & Zera, M. (2000). Oppositional defiant and conduct disorder: A review of the past 10 years, part I. *Journal of the American Academy of Child and Adolescent Psychiatry, 39,* 1468–1484.

Luby, J. L. (2009). Early childhood depression. *American Journal of Psychiatry, 166*(9), 974–979.

Lyons, J. S., Baerger, D. R., Quigley, P., Erlich, J., & Griffin, E. (2001). Mental health service needs for juvenile offenders: A comparison of detention, incarceration, and treatment settings. *Children's Services: Social Policy, Research, & Practice, 4*(2), 69–85.

Masse, J. J., & McNeil, C. B. (2008). In-home parent–child interaction therapy: Clinical considerations. *Child & Family Behavior Therapy, 30*(2), 127–135.

Matos, M., Bauermeister, J., & Bernal, G. (2009). Parent–child interaction therapy for Puerto Rican preschool children with ADHD and behavior problems: A pilot efficacy study. *Family Process, 48*(2), 232–252.

Matos, M., Torres, R., Santiago, R., & Jurado, M. (2006). Adaptation of Parent–child interaction therapy for Puerto Rican families: A preliminary study. *Family Process, 45*(2), 205–222.

McCabe, K., Yeh, M., Lau, A., & Argote, C. (2012). Parent–child interaction therapy forMexican Americans: Results of a pilot randomized clinical trial at follow-up. *Behavior Therapy, 43*(3), 606–618.

McCabe, K. M., & Yeh, M. (2009). Parent–child interaction therapy for Mexican Americans: A randomized clinical trial. *Journal of Clinical Child & Adolescent Psychology, 38*(5), 753–759.

McNeil, C. B., Eyberg, S. M., Eisenstadt, T. H., Newcomb, K., & Funderburk, B.W. (1991). Parent–child interaction therapy with behavior problem children: Generalization of treatment effects to the school setting. *Journal of Clinical Child Psychology, 20,* 140–151.

McNeil, C. B., & Hembree-Kigin, T. L., (2010). *Parent child interaction therapy* (2nd ed.). New York, NY: Springer Science & Business Media.

Meltzer, H., Gatward, R., Goodman, R., & Ford, T. (2000). *The mental health of children and adolescents in Great Britain.* London, England: The Stationary Office.

Nock, M. K., Kazdin, A. E., Hiripi, E., & Kessler, R. C. (2007). Lifetime prevalence, correlates, and persistence of oppositional defiant disorder: Results from the National Comorbidity Survey Replication. *Journal of Child Psychology and Psychiatry, 48*(7), 703–713.

PCIT. *PCIT international training guidelines.* Retrieved from http://www.pcit.org/training-guidelines Pearl, E., Thieken, L., Olafson, E., Boat, B., Connelly, L., Barnes, J., & Putnam, F. (2012). Effectiveness of community dissemination of parent–child interaction therapy. *Psychological Trauma: Theory, Research, Practice, and Policy, 4*(2), 204–213.

Phillips, J., Morgan, S., Cawthorne, K., & Barnett, B. (2008). Pilot evaluation of parent–child interaction therapy delivered in an Australian community early childhood clinic setting. *Australian and New Zealand Journal of Psychiatry, 42(8),* 712–719.

Pincus, D., Santucci, L., Ehrenreich, J., & Eyberg, S. M. (2008). The implementation of modified parent–child interaction therapy for youth with separation anxiety disorder. *Cognitive and Behavioral Practice, 15,* 118–125.

Solomon, M., Ono, M., Timmer, S. G., & Goodlin-Jones, B. (2008). The effectiveness of parent–child interaction therapy for families of children on the autism spectrum. *Journal of Autism & Developmental Disorders, 38,* 1767–1776.

Timmer, S. G., Urquiza, A. J., & Zebell, N. (2006). Challenging foster caregiver-maltreated child relationships:
The effectiveness of parent–child interaction therapy. *Children and Youth Services Review, 28*(1), 1–19.

Timmer, S. G., Urquiza, A. J., Zebell, N. M., & McGrath, J. M. (2005). Parent–child interaction therapy: Application to maltreating parent-child dyads. *Child Abuse & Neglect, 29,* 825–842.

Ware, L. M., McNeil, C. B., Masse, J., & Stevens, S. (2008). Efficacy of in-home parent-child interaction therapy. *Child & Family Behavior Therapy, 30*(2), 99–126.

Weisz, J. R., & Kazdin, A. E. (2010). *Evidence-based psychotherapies for children and adolescents* (2nd ed.). New York, NY: Guilford Press.

Werba, B., Eyberg, S. M., Boggs, S. R., & Algina, J. (2006). Predicting the outcome of parent–child interaction therapy: Success and attrition. *Behavior Modification, 30,* 618–646.

Wilsie, C. C., & Brestan-Knight, E. (2012). Using an online viewing system for parent–child interaction therapy consulting with professionals. *Psychological Services, 9*(2), 224–226.

18

DIR/플로어타임 : 발달지연 아동 (자폐스펙트럼장애 및 감각처리 곤란 포함)의 발달/관계 놀이치료 접근

ESTHER B. HESS

놀이는 대부분의 아동을 자연스럽게 끌어들이는 복합적인 현상이며, 아동은 놀이발달의 다양한 단계를 거치면서 사고 과정과 행동의 난이도와 상상력, 창의성을 더할 수 있게 된다. 발달적 관점에서 놀이는 아동기 전반에 걸쳐 진화하며, 물리적 세계에서의 감각운동 관여로 시작하여 상징적이고 내면적인 세계를 표현하는 능력으로 그 정점에 이른다. 놀이는 한없이 '마치 ~인 것처럼(as if)'의 가능성을 제공하면서 아동을 물리적 · 시간적 · 공간적 제약에서 자유롭게 한다. 다른 사람의 관점을 취할 수 있는 능력(마음이론)과 인간의 속성을 무생명체에 투사하는 능력을 결합함으로써, 전형적인 아동의 놀이는 양육자 및 다른 아동들과 함께할 때 참여성, 호혜성, 창의적 생각을 촉진한다.

집단 정의

자폐스펙트럼장애(ASD)와 감각처리 어려움이 있는 아동은 놀이의 다양한 단계를 성취하기 어렵다. 운동기획, 표현적 및 수용적 의사소통, 모방, 소근육 및 대근육 움직임의 어려움은 놀이를 하는 동안 ASD가 있는 아동이 직면하는 많은 장애물 중 일부이다(Mastrangelo, 2009).

왜 놀이치료가 적합한가

자폐스펙트럼 아동들의 놀이를 제대로 인식하기 위해서는 놀이가 제공하는 여러 가지 발달적 기능들을 고려하는 것이 중요하다. 먼저 인지적 관점에서 조작, 조직화, 그리고 현실과 상상의 세계에서 사람, 장소, 그리고 다른 물건들을 대신할 수 있는 사물의 사용은 아동들이 문제를 해결하고 이해하기 위해 작동 모델을 발달시키는 데 도움이 된다. 두 번째, 사회적 관점에서 사물과 아이디어를 가지고 처음엔 혼자 놀다가 이후 다른 사람과 함께 놀이하는 것이 아동들이 서로 연결되는 데 도움이 된다. 세 번째, 정서적 관점에서 놀이는 아동들이 긍정적이고 부정적인 감정들을 모두 다 표현하고 탐색하도록 한다. 그리고 마지막, 언어와 문해 관점에서 놀이는 자전적 인식(autobiographical awareness)에 기여하는 내러티브와 스토리텔링 기술을 발달시킬 수 있는 기회를 제공하여(Habermas & Bluck, 2000), 결과적으로 사회적 관계의 발달에도 기여한다. 자폐스펙트럼장애가 있는 아동들은 현실감각을 가지고 놀이하지 못하고, 가장하는 능력이 없으며, 사회적 놀이에 참여하거나 예측할 수 있는 놀이를 즐기지도 못한다는 것은 잘못된 생각이다(Boucher & Wolery, 2003). 최근 연구는 발달지연을 보이는 아동들이 놀이 방법을 배우는 잠재력이 있다는 것을 낙관적으로 지적한다. 예를 들어 Kasari(2010)의 아동 상호 간의 참여에 대한 연구는 아동이 관심 있어 하는 것을 따라가고, 아동의 놀이 활동을 확장해주는 반복적인 놀이의 발달에 초점을 두었을 때 공동의 참여, 공동의 집중, 그리고 여러 가지 기능적 놀이 활동에서 현저한 향상을 보여준다. 만약 발달지연의 영향을 받은 아동들과 의미 있는 놀이가 가능하다면, 여기서 궁금증은 어떤 종류의 놀이 기반 개입이 이와 같이 특별한 도움을 필요로 하는 아동들에게서 최선의 상호관계의 가능성을 창출하는 데 도움이 될까?

이 집단과 작업하기에 가장 적합한 이론

발달지연을 보이는 아동들과 작업하기 위한 몇 가지 이론적 접근들이 있다. 이 장에서는 발달적/관계적 관점, DIR/플로어타임에만 오로지 초점을 맞출 것이다. 이 발달적 접근은 피아제, 비고츠키, 에릭슨, 그리고 콜버그와 같은 주요 발달심리 이론가들에 의해 처음으로 시도되었다. 이 특정 접근법은 발달적 또는 변화 과정의 더 큰 맥락에서 행동과 학습에 주목한다. 1997년, Geenspan 박사와 그의 파트너인 Wieder 박사가 자폐스펙트럼장애로 초기에 진단받은 아동 200명의 차트를 검토하였을 때 DIR/플로어타임 접근의 가능성이 처음 증명되었다. 검토의 목적은 향후 연구를 위한 가설을 생성하기 위한 증상 제시, 내재적 처리과정 문제(underlying processing difficulties), 초기 발달 및 개입에 대한 반응에 있어 패턴을 밝히는 것이었다. 차트를 통해 다수의 자폐스펙트럼 진단을 받은 아동들은 적절한 개입 여부, 공감 능력, 정서적인 호혜성, 창의적인 사고와 건강한 또래 관계를 검토하도록 제안되었다(Greensapn & Wieder, 1987). 200명의 사례를 담은 결과물로서 Greenspan과 Wieder는 DIR/플로어타임 모델의 2,000쪽 분량의 저작물을 출간하게 되었다(ICDL, 2000).

DIR/플로어타임과 같은 발달적 놀이치료 프로그램은 행동적 접근과는 달리, 상호적인 행동 패턴에서 변화의 복합적인 집합체로 분명한 과정을 가지는 특정 목표 행동들, 기본 능력 목표를 측정한다(Cullinane, 2011).

발달적 모델들은 부모와 아동의 관계적 특성들과 함께 아동의 독특한 생물학적 프로파일에 따른 개별 과정의 차별화와 맞춤형 개입의 필요성을 강조한다. 측정되는 두 가지의 요소 모두 복합적이고, 폭넓은 개개인의 신경학적 과정 때문에, 전반적인 접근방식의 하위구성요소(subcomponent)를 검토함으로써 발달적 체계(framework)의 효과성에 대한 연구는 계속 진행된다. 하위구성요소는 DIR/플로어타임 접근의 세 가지 주요한 측면을 살펴 요약할 수 있다.

D : 발달적 체계
I : 개인적, 내재적, 신경학적 처리과정의 차이
R : 관계와 후속 정서적 상호작용

D : 발달적 체계

발달적 접근들은 개인의 변화를 계속 측정한다.

- 서로를 주시하는 능력
- 따뜻한 친밀감과 신뢰관계 형성 능력
- 의도적인 행동과 사회적 약속과 자발적인 의사소통을 사용하여 (반응보다는) 주도할 수 있는 능력
- 폭넓은 범위의 정서적 상태 변화 중에 **상응적(쌍방간)**인 상호작용에 참여할 수 있는 능력
- 다른 사람의 기분에 맞추고 반응하고 이해하고 조절하는 과정을 통한 문제 해결 능력
- 창의성을 발휘하는 능력
- 다른 사람의 관점과 동기에 대해 논리적으로 생각하기
- 개인의 내적 가치관 발달시키기

I : 개인적, 내재적, 신경학적 처리과정의 차이

1979년, 작업치료사 Jean Ayres는 아동의 감각처리 능력이 그들의 세계로 스스로 통합하고 배우는 방법에 영향을 줄 수 있다는 것을 발견한 선구자이다(Ayres, 1979). 이 혁명적인 생각은 움직임과 조절력을 가진 행동의 중요성을 이해하기 위한 새로운 방법을 제공하였다. 그리고 자폐스펙트럼장애와 같은 발달적 문제를 보이는 아동들에게 영향을 미치는 걱정스러운 행동들에 대한 설명을 제공하기 시작하였다. 지난 40년간, 많은 연구는 감각운동 과정과 정서적 조절에 미치는 영향에 대하여 생물학에 기초한 차이의 영향을 밝혀냈다. 게다가 이 작업은 이러한 생물학적 차이점들이 특정 치료적 개입에 의해 변화되고 영향을 받을 수 있음을 보여주었다.

발달 모델들은 아동-부모 상호작용의 독특한 특성과 아동의 독특한 생물학적 프로파일에 딱 맞는 개입의 필요성과 개인적인 차이를 강조한다. 2001년 '자폐아동의 교육'이라는 제목의 보고서가 발표됐을 때, 국립과학 아카데미 국제연구위원회는 이 보고서의 첫 부분을 지지하였다. 보고서에서 위원회는 개별 아동의 독특한 생물학적 프로파일에 대한 맞춤형 처치 접근법을 요구했다(Committee on Educational Intervention for Children with Autism, 2001). Lillas와 Turnball(2009)은 아동들의 모든 행동이 뇌에 있는 감각 체계에 의해 어떻게 영향을 받는지를 기술함에 따라 보고서의 두 번째 부분을 지지하였다. 그들은 유아의 감각 능력은 인간 상호작용에 반응하도록 준비되어 있고, 부모의 접촉과 얼굴 표정, 목소리와 비언어적 표현들과 직접적인 관계를 맺는다고 제안하였다. 아동-부모 간의 상호작

용과 감각 활동은 아동의 뇌발달에서 신경세포망과 신경회로를 만든다. 부모-아동 놀이 개입을 하는 동안 일어나는 교류는 감각운동 변화의 지속적인 순환 고리이다.

R : 관계와 정서

발달적 치료 모델은 영유아 정신건강 분야에서 발견된 이후 여러 해 동안 진보하였다. 1950년대부터 부모-아동 상호작용의 중요성은 새롭게 이해되기 시작했다(Bowlby, 1951). 이러한 개념들을 기반으로, Greenspan 박사와 그의 파트너 Wieder 박사는 애착 문제가 심각한 부모-영유아 쌍의 상호작용에 대한 연구를 시작했다(National Center for Clinical Infant Programs, 1987). 그 후 부모-아동 상호작용의 중요성을 확인하는 연구들과 더불어 부모-자녀 관계를 지지하는 데 초점을 둔 개입 프로그램의 가치에 대한 연구, 특히 공동주의와 정서적 조율 분야에 대한 수많은 연구가 이루어져 왔다(Mahoney & Peralies, 2004). 2006년, Gernsbacher는 부모와 아동 사이의 개입이 어떻게 부모의 상호작용 방법을 변화시킴으로써 호혜성 증가의 결과를 가져오는지에 관한 논문을 발표한 데 이어, 이러한 변화가 아동의 사회적 개입과 언어에 미치는 긍정적 변화와의 상관관계를 밝힌 논문을 발표하였다. 2008년, UCLA의 Connie Kasari와 동료들(Kasari, Paparella, Freeman, & Jahromi, 2008)은 자폐스펙트럼장애가 있는 58명 아동의 상징놀이와 공동주의를 알아보기 위한 무작위 통제 실험을 시행하였다. 결과는 행동 원리만을 기초로 한 개입을 받은 통제집단과 발달적 모델을 활용한 처치집단을 비교해봤을 때, 처치집단의 표현 언어가 훨씬 더 향상되었음을 보여주었다. 그에 따른 증거들은 계속해서 자폐스펙트럼장애 아동의 처치로써 효과적인 부모-조정 개입을 지지하고 있다. 무작위 통제 실험을 포함한 문헌 검토에서, 부모-아동 상호작용과 부모 공시성의 패턴이 긍정적인 변화를 보였으며, 아동의 자폐스펙트럼장애 특성들의 심각성이 감소하고 언어 이해가 향상되는 증거를 찾았다(The Cochrane Collaboration, 2013). 게다가 1,000편 이상의 연구를 검토하여 얻은 증거는 '부모-수행 개입'이다. 연구들은 개입의 주안점으로서 아동의 삶에서 이루어지는 핵심 관계의 중요성을 입증하고 있다(Wong et al., 2013).

플로어타임은 DIR/플로어타임 모델의 핵심이며, 자폐스펙트럼장애와 감각처리상의 문제를 포함한 다양한 발달적 문제를 지닌 영유아, 아동, 청소년과 그들의 가족들을 위한 종합적인 프로그램의 놀이치료적 구성요소이다. DIR/플로어타임 모델은 아동의 기능적인 정서발달 수준을 향상시키고, 처리 능력에 내재되어 있는 개인적이며 신경학적인 차이를 다루는 것에 초점을 맞추고 있다. 그렇게 함으로써 아동들이 발달과정에서 요구되는 진전적인 관계를 학습할 수 있도록 한다. 이러한 관계는 아동의 개인적이고 신경학적인 차이에 맞추어야 하며, 발달적으로 성장할 수 있도록 아동에게 기회를 제공해야 하며, 아동이 가능한 한 기능적 정서발달의 능력이 하나도 빠짐없이 숙달되도록 해야 한다(Greenspan, 2010). 이미 언급된 바와 같이, 이 장의 초점은 부모들이 그들의 자녀와 상호 간의 관계를 위한 잠재성을 가지고 삶을 만들어 가는 데 도움이 되는 플로어타임의 요소에 있다. 놀이치료사와 부모들이 그들만의 플로어타임을 시작하여 문제 행동을 극복하려고 할 때 도움을 줄 뿐만 아니라 부모, 놀이치료사 또는 아동이 놀이에서 '갇힌' 느낌이 들 때 무엇을 할 것인지를 알려주는 사례와 조언을 포함하고 있다. 추가적으로 이 장은 특별한 욕구가 있는 집단을 위해 발달적 관점에서부터 작업의 수행을 확장할 것이다. 마지막으로 이 장은 자폐스펙트럼장애와 감각처리 어려움을 포함하는 발달지연 아동들의 발달/관계 기반 놀이 개입을 지지하는 최신 증거 기반 연구의 요약을 포함한다.

플로어타임 모델

플로어타임(floortime)은 보통 놀이 파트너인 부모와 바닥에 앉아 수행하기를 권하며, 아동 각각의 발달 능력이 숙달되도록 자녀들과 함께 작업하는 특별한 기법이다. 이 모델을 제대로 설명하기 위해서는 플로어타임에 대해 다음 두 가지 측면에서 생각해야 할 것이다(ICDL, 2000).

1. 부모와 자녀가 함께 바닥에서 한 번에 20분 이상 놀이하는 특정 기법으로서의 측면이다.
2. 아동과 함께하는 부모의 모든 상호작용을 안내하는 일반적 철학으로서의 측면이다. 상호작용의 모든 것은 동참하는 부모, 아동, 그리고 가족 기능과 상호작용 패턴과 함께 운동, 감각, 언어적 기능 안에서 아동의 정서적 · 사회적 그리고 지적인 차이를 이해하는 것을 포함하여 플로어타임의 특성과 목표에 부합되어야 한다.

플로어타임의 정의는 두 가지의 강조된 영역으로 나뉜다. 하나는 아동들이 이끄는 대로 따르는 것이고, 또 다른 하나는 그들의 세계에서 그들과 함께하는 것으로, 그 후 각각의 기능적 · 정서적 · 발달적 능력을 숙달하도록 돕기 위해 공유된 세계에 그들을 끌어당기는 것이다(Greenspan & Weider, 1999). 이러한 강조점은 때때로 매우 쉽게 연합하여 작용하나 어떨 때는 서로가 연속체의 반대쪽 끝에 놓여 있는 것처럼 보인다. 이러한 양극성, 경향성, 또는 플로어타임의 차원들을 인식하는 것은 매우 중요한데, 하나의 요소는 상호 간의 관계를 위한 잠재적 가능성으로 아동의 초기 개입을 격려하기 때문이고, 다른 하나의 요소는 높은 수준의 학습과 사고를 위한 잠재적 가능성으로 아동 생각의 초기 '씨앗'의 확장과 발달을 촉진하기 때문이다.

아동이 이끄는 대로 따라가기

가장 폭넓게 알려진 플로어타임의 측면은 아동이 이끄는 대로 따라가는 것으로, 이는 아동의 자연적 흥미를 이용한다는 의미이다. 그러나 정확하게 그게 어떤 의미일까? 아동들의 흥미나 그들의 안내를 따라간다는 것은 나의 언어로 표현하자면, 아동과의 위대한 만남(great date)을 만들기 위한 첫걸음을 내딛는 것이며, 다르게 말해서 지지받는(validating) 정서적 경험을 만드는 것이다. 위대한 만남의 요소들은 무엇인가? 우리 대부분에게 있어서 이것은 친절하고, 내게 도움이 되며, 재미있는 누군가와 함께 있는 것을 포함한 것을 의미한다. 물론 정서적으로 긍정적인 요소들을 모두 가진 사람과 함께 있을 때, 우리가 영원히 같이 있고 싶은 느낌을 받게 되는 것은 분명한 사실이다. 그러나 만일 반대로 우리가 우리 자신 또는 우리의 경험상 좋은 기분을 못 느끼게 하는 상대를 만나게 된다면, 대부분은 가능한 한 그 만남으로부터 빨리 벗어나려고 할 것이다. 아동이 이끄는 대로 따라가는 것은 아동 생각의 씨앗을 받는다는 의미이며, 당신이 아이와 함께 시간을 보내는 것에 대한 경험의 기초를 만든다는 의미이다. 그리고 아동의 정서적 삶에 당신이 들어가는 것이 허용될 수 있도록 아동을 격려하는 것이다. 아동의 흥미와 자연스러운 열망을 이해하려고 집중하면, 부모는 아동을 위한 즐거움이 무엇인지 깨달

사례

발달이 느린 6세의 제임스는 막대기에 의지하지 않고서는 집을 벗어날 수 없는 아이다. 이는 다소 부적절해 보이며 부모를 좌절시키는 듯 보였다. 그러나 이 대상이 가진 무엇인가가 아동에게는 의미 있는 것임에 분명했다. 놀이치료사는 부모가 그 막대기를 단순히 상호작용을 도와주는 발판으로 생각하게끔 도와야 했다. 치료사는 제임스의 아버지에게 이 막대기가 어쩌면 아들에게 매우 의미 있는 것일 수도 있지 않을까 하는 질문을 스스로에게 하도록 안내하기 시작하였다. 우리가 일탈적 행동이라고 여겨지는 것들을 단순히 아동의 발달지연 탓으로 돌리는 것은 문제를 과소평가하는 것이다. 이는 근시안적일 뿐만 아니라 그 기이한 행동을 부추기는 근본적인 원인들을 이해하는 데 전혀 도움이 되지 않는다. 어떤 아동을 이해하기 위한 열쇠는 아동의 세계로 들어가는 입구로 아동이 이끄는 대로 따르는 것이며, 그렇게 정서적 연결을 위한 잠재적 가능성을 만드는 것이다. 이는 서로 지지받는 경험 안으로 아동을 끌어당기는 것이 허락되는 관계를 구축한다. 제임스의 아버지는 아들의 몸짓을 따라하도록 지도받았고, 아들이 보이는 행동 모두를 모방하려 시도하던 중에 자신의 막대기를 집어 들었다. 그런 다음 놀이치료사는 아버지에게, 지금의 행동을 사회적으로 좀 더 적절하고 상호적인 몸짓으로 확장하라는 안내를 받았다. 그러자 그는 2개의 막대를 잡고, 그것으로 그들의 주변에 부드럽게 울타리를 치는 행동을 하였다. 그 몸짓은 잘 받아들여졌다. 용기를 내어 아빠는 그것을 좀 더 확장시켰고, 그와 아들은 지금 그들의 성을 지키는 빛나는 갑옷을 입은 기사들인 것처럼 행동하여 발달적으로 늦된 아들을 상징의 세계로 들어가게 도왔다.

게 된다. 이해받고 인정받는 아동은 더 오랜 시간 충실하고 조절된 상태를 유지하게 되어, 경험 안에서 배움을 쌓으며 궁극적으로 발달 측면에서도 앞으로 나아간다(Hess, 2009).

여기에 플로어타임의 두 가지 원리가 작동한다. 우리는 아동이 가지고 있는 대상과의 관계에는 본질적으로 가치 있는 뭔가가 있다는 것을 알게 됨으로써, 아동과 아동이 사랑하는 대상을 수용하게 되었다(나는 이 장의 후반에 개인적이고 내재적인 신경학적 과정의 차이가 종종 아동의 놀이와/또는 도망치기의 선택을 어떻게 이끄는지에 대하여 말할 것이다). 또한 우리는 막대기를 손에 꼭 쥐고 다녀야 한다는 아동의 원래 생각이 공유된 놀이 경험으로 마법적으로 변형된 경험을 받아들여 아동이 이제껏 선호해 온 혼자만의 세계를 떠날 수 있도록 격려했다.

아동의 세계에 합류하기

아동이 이끄는 대로 따라가는 것은 단지 우리가 플로어타임이라고 부르는 이 역동의 절반(1/2)일 뿐이다. 나머지 반은 아동의 세계에 합류하여 아동의 기능적·정서적·발달적 능력 각각을 숙달하도록 돕기 위하여, 공유된 정서적 경험으로 아동을 끌어당기는 것을 포함한다. 이는 정서적·사회적·언어적 그리고 지적인 발달의 블록을 세우는 것이다. 기능적 정서 능력(functional emotional capacities)에 대해 말할 때 우리는 관계, 의사소통, 그리고 사고의 토대에 대해 말하는 것이다(Greenspan, 2010).

우리는 아동을 우리와 함께 공유된 세계로 끌어당기기 위한 방법으로 아동의 세계 속으로 들어가 합류하기를 시작하여, 그들이 주의 집중하는 방법을 배우도록 돕는다. 다음 단계는 진정한 따뜻함을 가진 타인과 연결되는 방법을 배우고, 목적을 달성하고 자주성을 가지는 방법을 배우며, 비언어적 몸짓을 통해 의사소통하는 방법을 배우고, 마침내 단어들을 사용해 의사소통하는 방법을 배우는 것이다. 우리는 아동에게 문제를 해결하는 법과 결과 및 환경 그리고 그들의 환경 안에 있는 사람들과 상호작용을 유지하는 것을 가르치고 싶어 한다. 또한 우리는 아동에게 창의적으로 생각하는 것을 가르치기를 원한다. 창의성은 그 자체로 논리적으로 생각에 접속하도록 도우며, 아동이 사고를 논리적으로 할 뿐만 아니라 실제적으로 높은 수준의 반영적 사고를 할 때까지 발달을 진행하는 데 도움이 된다. 다음으로 높은 수준의 반영적 사고는 공감 능력을 이끌어, 아동이 주변 세계를 이해하게 되고, 자신의 사고와 감정을 평가할 수 있게 한다. 일단 상호작용이 집중, 개입 그리고 목적을 가지는 의사소통을 포함해서 쌍방 간에 주고받는 좋은 리듬을 가지고 이루어지면, 그때 우리는 의사소통을 계속 확장하는 작업을 해야 한다. 가장 어려운 것은 ASD 같은 발달 우려가 있는 아동이 의도적인 언어적 · 비언어적 몸짓의 끊임없는 흐름을 향해 나아가며 변화하는 의사소통에 개입하는 것이다. 이 목표를 달성하기 위해 놀이치료사는 많은 장애물을 만들어 아동이 놀이치료사와 함께 자신이 원하는 것을 얻기 위해 지속적으로 상호작용할 수 있도록 해야 한다.

모든 아동이 최고 수준의 반영적 사고 능력을 성취할 수는 없지만, 거의 대부분의 아동들은 앞으로 나아가는 능력이 있고 최적의 사회적, 정서적, 지적, 언어적 그리고 학습적 성장을 고려한 그들 자신의 기능적 정서와 발달 능력을 숙달할 수 있다(Greenspan, 2001). 놀이치료사들이 표출하는 걱정 중의 하나는 DIR/플로어타임을 중증도에서 고도 발달지연 아동에게도 적용하는 것이 가능한가 하는 것이다. 직접적인 대답은 '그렇다'이다. 심지어 심각하게 발달이 지연된 아동에게도 올바른 종류의 지원과 함께라면 더 앞으로 더 위로 아동을 나아가게 할 수 있다.

놀이치료사들이 심각하게 지연된 아동을 만날 때 종종 느끼는 어려움은, 누구를 따라오게 이끌 만한 능력이라고는 도무지 찾아볼 수 없는 아동의 리드를 어떤 방식으로 따라가야 할지를 결정해야 할 때이다. 이것이 바로 플로어타임의 예술적인 부분이다. 당신이 아동의 지연과 관계된 잠재적이고 내재된 원인을 이해하지 않고서는 이 개입의 놀이치료 부분인 플로어타임을 진행할 수 없다. 여기서 DIR의 이해(아동의 발달상 능력, 내재되어 있는 개인적이고 신경학적인 처리과정의 차이, 그 세계에

🏰 사례

5세의 제이니는 현재 약 6개월 정도의 발달 수준을 보이고 있다. 그녀는 기능적인 언어를 거의 하지 못하며, 장난감을 가지고 놀이를 할 의사도 능력도 없어 보인다. 게다가 심각한 발달지연으로 중증도에서 고도의 지적지연 진단을 받았다. 그녀는 대부분 목적 없이 놀이치료실에 들어가며, 놀이시간 동안 어떤 사람 또는 어떤 것에도 집중을 유지할 수 없다. 제이니는 ASD가 있는 아동들의 특성인 자기 자극 행동으로 팔을 끊임없이 좌우로 흔든다.

384 제4부 특수 집단에 적용하기

서 아동과 맺은 관계를 이용해서 공유된 경험으로 아동을 이끌어내는 방법)는 미래의 개입을 계획할 수 있게 한다. 아동의 DIR을 이해하면 치료사는 지지받는 경험(즉, 위대한 만남)을 만들기 위해 아동의 세계에 어디를 통해 어떻게 들어갈지를 알게 된다. 명백한 지적능력의 지연에도 불구하고 아동들이 발달적으로 좀 더 복잡한 사고가 가능한 사람이 되게 하려면, 우리는 먼저 아동들이 기본적으로 지속적인 조절과 주의능력을 갖추도록 할 필요가 있다(Hess, 2012).

제이니가 먼저 그녀의 손을 흔들어 이끌기 때문에 이 지점에서 놀이치료사는 상호작용을 시작해야 했다. 재미있는 놀이를 하듯이, 치료사 역시 자신의 손을 아동의 자기 자극 행동인 손과 팔 움직임처럼 흔들었다. 놀이치료사는 제이니가 5세라고 생각하고 놀이를 한 게 아니라, 제이니의 발달 수준에 맞춰 놀이하려고 하였다. 놀이치료사는 마음속으로, 그녀를 지금 6개월짜리 아이로 여기고 놀이를 하며, 제이니의 내재적인 처리과정의 어려움을 다룰 때면, 아동을 지지하기 위한 관계를 이용하면서 그녀의 개입과 기대 수준을 조정해야 한다. 놀이치료사는 아동의 펄럭거리는 손동작을 천천히 따라하면서 동작이 뒤엉키기 직전에 규칙적인 리듬에 맞춰 열고 닫는 동작으로 바꾸었다. 치료사는 그 활동 중에 느린 박자를 유지하며 정서적 충족을 위해 목소리와 얼굴 표정까지 사용하였다. 그녀는 익숙한 동요, "짝짝짝, 짝짝짝, 빵집 아저씨. 최대한 빨리 케이크를 구워주세요(Pat a cake, pat a cake, baker's man. Bake me a cake as fast as you can.)."를 부르기 시작했다. 그 순간 주의 집중하지 못하는 것처럼 보였던 제이니가 갑자기 놀이치료사의 얼굴을 호기심 어린 눈으로 쳐다보았다. 그녀는 강한 흥미와 궁금증을 보였다. 놀이치료사는 단지 아주 기본적인 게임인 손뼉치기를 아동에게 가르쳐줬을 뿐이다. 결과적으로 아동의 발달적 연령과 더불어 좀 더 복잡한 사고를 위한 그녀의 능력은 놀이치료 한 회기 만에 6개월에서 9개월로 향상되었다.

아동이 이끄는 대로 따르기를 숙달하기 위한 과정

어떻게 아동이 이끄는 대로 따르기를 하면서 아동이 이런 중요한 발달적 이정표를 숙달하도록 실제로 준비하고 도울 수 있을까? 서로 주시하기(shared attention)의 첫 번째 단계를 숙달(master)하도록 아동을 돕기 위한 예를 들면 아동이 상호작용하다가도 갑자기 자리를 떠나버리려 할 때 놀이 파트너가 아동 앞을 가로막고 서는 것으로서, 상호작용으로부터 아동의 탈출을 막는 것이다. 이렇게 장난스럽게 앞을 가로막는 몸짓은 심지어 약을 올리는 몸짓으로라도 아동에게는 치료사와의 일종의 개입 상태를 유지하기 위한 것으로서 필요한 것이다. 이는 서로 주시하기의 첫 번째 행동의 기초를 형성한다. 놀이치료사는 장난스러운 장애물들(치료사가 물러나기 전에 아동으로부터 통행료나 티켓을 요구하는 것과 같은)을 더 만들어 놀이를 확장하도록 한다. 이러한 책략들은 서로 주시하기를 위한 다양한 기회를 만들 뿐만 아니라 개입을 유지한다. 왜냐하면 아동이 계속 치료사와 연결되어 있기 때문이다. 흥미롭게도 이 또한 목적을 가지고 시작되는 행동이다. 왜냐하면 아동은 더 이상 방해(이 경우에는 놀이치료사)받지 않기 위해 방해물을 옮기려고 노력하기 때문이다. 아동이 방해물을 피하려는 전략을 계속 시도하면, 치료사는 모르는 듯 천연덕스럽게 놀이를 함으로써 아동의 자발적인 문제 해결을 돕는다. 이러한 전략들을 장난스럽게 방해하는 전략(palyfully obstructive strategies)이라고 부르며, 이것은 목적 없이 행동하거나 회피하는 아동들을 위한 전략으로 사용된다(Greenspan, 2010).

놀이치료사의 마음속에는 어떤 일이 벌어지고 있을까? 차후 놀이 방해를 견디기 위한 그의 능력에

사례

> 5세 소년인 이안은 중등도 자폐스펙트럼장애로 놀이치료실에 들어와서는 건성으로 분필을 잡는 듯하다가 이내 바닥에 그것을 무작위로 떨어뜨린다. 그에 앞서 그의 어머니는 그리기, 색칠하기 또는 자르기 등 어떤 것에서도 자기또래에 맞는 흥미를 보이지 않는 아들에 대해 걱정을 표현한 바 있다. 그리고 그녀는 아들이 같은 반 친구들에 비해 점점 더 뒤처질까 봐 두려워한다. 부모의 걱정을 알고 있는 놀이치료사는 놀이실 밖에서 활동을 하기로 결정하고 바깥놀이 영역으로 간다. 그녀는 이안이 이끄는 대로 잠깐 동안 분필에 대한 흥미를 보이던 몸짓을 수용하려는 시도로 그 행동을 따라 복도에 분필로 그림을 그림으로써 아동이 그와 함께 놀이를 유지하면서 확장할 수 있도록 한다. 일단 밖으로 나오자 그녀는 무릎에 이안을 앉혀서 날뛰는 것을 막고, 놀이 활동에 대한 저항을 잠재적으로 부추기는 그의 불안을 줄이고 조직화할 수 있도록 자기 수용적 입력(깊은 압력)을 제공함으로써, 그가 좀 더 조절된 상태로 개입에 참여하도록 돕는다. 그녀는 부드럽게 분필을 사용하도록 그의 손을 잡아주면서 분필을 건넨다. 이안은 전적으로 그 활동을 거부하고, 분필을 쥐게 하려는 어떠한 시도에도 그의 손을 빼버린다.

관련해서, 어디까지 아동을 밀어붙여야 할지에 대한 의문이 생긴다. 플로어타임의 기본 원칙 중 하나는 '안 된다'는 대답을 거부한다. 달리 말해 처음에 아동을 발달적으로 앞으로 나아가게 하려면, 아동이 보이는 저항으로부터 물러서지 말아야 한다. 이 경우 첫 번째 단계는 이안이 그의 손으로 분필을 잡을 수 있는 신체적 능력을 가지고 있는지를 알기 위한 것으로서, 아동의 실제 능력을 명확하게 하는 것이다. 작업치료 전략을 활용하여, 치료사는 놀이치료사의 치료 도우미견에게 개 사료를 조종하여 주도록 하고 이를 관찰함으로써, 이안이 집게손가락으로 집는 힘(엄지와 검지를 함께 조이는 능력)을 충분히 가지고 있는지를 탐색할 수 있다.

그림 그리기를 거부하는 이안의 저항은 치료사의 개와 놀고 싶어 하는 더 큰 욕구로 인해 극복될 수 있을 것이다. 그는 적절한 집기 능력으로 손쉽게 개에게 먹이를 줄 수 있다. 이를 상호작용으로 확대하여, 놀이치료사는 이제 이안이 개의 이름 철자를 분필로 적을 수 있도록 한 후, 그의 손가락 조이는 힘을 이용해 머핀(앞선 회기에서 사회적 기술로서의 빵 만들기 활동에서 남은)에서 떼어낸 부스러기 조각들로 개의 이름 철자를 만들고, '네 이름을 먹어'라고 개에게 명령하게 한다. 이 시점에 이를 즈음이면 분필로 그림을 그려보라는 요구는 어떠한 저항도 없이 완전하게 충족되며, 이안은 '살아 있는 퍼핏'의 활용을 대단히 즐거워하게 된다. 이러한 방법으로 과제에 대한 그의 저항은 장난스럽게 극복되고 궁극적으로 앞으로 발전해 나가게 된다.

장난스럽게 방해하는 전략들의 목적은 한편으로는 아동이 이끄는 대로 따라가기 위해서이지만, 또다른 면에서는 아동이 기능적인 정서적 발달 목표들을 각각 숙달할 수 있는 기회를 만들고 돕는 도전들이다. 이는 변증법적이며 플로어타임의 양극성을 보여준다. 그것은 새로운 발달 이정표를 숙달하는 기회가 될 체계적 도전이 되는 한편, 아동들의 리듬에 맞춰주며 그들과 함께하는 것이다.

놀이치료사로서 우리는 항상 아동의 현재 발달 수준 안에서 아동들의 능력을 넓히려고 시도하고 있다. 다시 말해서 만약 아동들이 다소 의도적이 되려는 능력을 보이면, 그다음 단계는 매우 의도적이 되도록 그들을 격려하는 것이다. 만약 그들이 연속적으로 손을 앞뒤로 펄럭거리며 열고 닫는 행동으로 만남(의사소통의 순환)을 시작한다면 우리는 그들이 이런 호혜적인 상호작용을 50 또는 60회로 유지할 수 있을 때까지 이 능력을 지속시켜 놀이처럼 확장시켜주기를 바란다(Greenspan, 2010).

이러한 플로어타임 상호작용에 개입하기 위해서는 아동 각각의 기능적 · 정서적 · 발달적 이정표를 숙달하기 위해 그들을 계속 도전시키면서, 우리는 아동이 이끄는 대로 따라가야 하며, 개인적이고 내재적인 신경학적인 처리과정의 차이를 알아야만 한다. 놀이치료사는 아동이 특별히 겪게 되는 독특한 감각적, 사회적 또는 운동적 발달의 어려움을 알아야 하며, 이것을 개입을 위한 출발점으로 사용한다. 예를 들어 만약 아동이 접촉과 소리에 미온적인 반응을 보이면, 놀이 파트너(부모 또는 치료사)는 공유된 세계로 아동을 이끌기 위해 매우 열정적이 될 필요가 있다. 역으로 만약 다른 아동이 어떤 소음을 회피하기 위해 귀를 막아버리고 쉽게 불안해하는 등 접촉과 소리에 과민반응을 보인다면 치료사는 여전히 설득력 있게 더욱 아동을 달래야만 할 것이다. 많은 아동들은 환경적 자극에 대해 과소 또는 과민반응을 보이는 등 각기 다른 환경에 따른 각기 다른 수준의 반응성들을 다양한 조합으로 혼합한 프로파일을 보여준다. 이러한 상황에서는 놀이치료사 역시 리듬의 강약을 조절하면서 달래주면서도 설득력 있게 안팎으로 아동의 박자에 맞춰야 한다. 예를 들면 치료사는 아동에게 접근할 때 부드럽지만 힘 있는 속삭임을 사용할 수 있다(Greenspan, 2001).

놀이치료사는 또한 아동의 청각적 처리과정 능력과 언어 능력을 알아야 한다. 왜냐하면 그들이 접하는 놀이가 더 즐거우면 즐거울수록 그들은 미래의 정서적 경험에 더 많이 투자할 것이기 때문이다. 청각적 처리과정은 청력(hearing)과의 관계보다는 청각적 메시지를 처리하는 뇌와 더 관련이 있다. 나는 종종 놀이치료사들에게 메시지가 반드시 삭제되는 것은 아니지만 오히려 끊임없이 꺼지는 망가진 휴대전화가 있다고 상상해보라고 얘기한다(Hess, 2009). 이와 비슷하게 청각적 혼란의 형태를 가지고 있는 아동들은 소리로 입력되는 청각적 메시지를 해석하기에는 너무나 혼란스럽기 때문에 주변세계와의 조율을 아예 거부해버리는 아동들과 유사하다. 놀이 파트너는 이렇게 왜곡된 처리과정 중 일부를 너무나 자주 고려하지 않으며, 아동의 발달 수준에 맞지 않게 너무 복잡한 주제를 다루거나 지나치게 빠른 속도로 말하기도 한다. 이것이 DIR을 명심하는 게 중요한 이유이다. 아동에게 무조건 청각적 규칙에 따라 놀이파트너와 맞출 것을 요구하기보다는, 먼저 개인적이고 내재적인 신경학적인 차이(이 경우는 청각적 처리과정의 문제들)를 고려해서 아동의 발달 수준이 어느 정도인지 현실적으로 평가한 후, 그들이 가진 관계를 이용하여 아동의 다양한 차이를 지원하는 것은 놀이 파트너의 몫이다. 예를 들면 임상전문가는 단조로운 톤의 요구나 명령보다는 "문 좀 열어줄래?"와 같은 간단하면서도 설득력 있는 문구(phrase)로 간청할지도 모른다.

시 · 공간지각 처리과정에 관련해서, 몇몇 아동들은 좋은 시각적 기억력을 가지고 있으나 시각적 문제 해결력이 좋지 않을 수도 있다. 그러므로 놀이치료사는 아동들이 공유된 세계의 경험을 함께할 수 있도록 시각적 기억력을 길러주는 한편 시각적 단서를 많이 사용해야 할 수도 있다. 추가적으로, 많은 아동들은 운동장애와 함께 순서배열의 문제를 가지고 있다. 이러한 문제들을 다루기 위해서 우리는 간단한 행동에서 출발하여 좀 더 복잡한 행동 패턴으로 나아가야 한다. 아동의 개인적이고 내재적인 신경학적 처리과정의 차이들에 맞춰 조율함으로써 우리는 좀 더 복잡한 발달 수준을 숙달하도록 그들을 도전시킬 수 있다(Greenspan & Weider, 1999).

놀이치료사들이 DIR/플로어타임을 활용할 수 있는 많은 방법 중 하나는 아동의 강점을 먼저 확인하는 것이다. 조셉은 분명한 시각형 학습자이다. 그는 또래들을 흉내 내기 위해 무척 노력했고 마침내

 사례

고기능 자폐스펙트럼장애를 가지고 있는 조셉이라는 이름의 4세 아동은 교사 대 학생 비율이 1 : 16이고 보조교사는 없는 통합교실에서 생활한다. 우리의 첫 번째 할 일은 그의 내재된 신경학적 처리과정에 차이가 있는지를 구별하는 것이었다. 11월, 그의 어머니는 그에게 긴소매 윗옷과 긴바지를 입혀 학교에 보냈는데 조셉은 자신의 사물함에 원래 입고 간 옷들을 넣어놓고 테니스용 반바지와 티셔츠로 갈아입었다. 그는 날마다 이 유니폼(반바지와 티셔츠)을 교실에서 입었다. 그 자체가 병리적이라고 할 수는 없지만, 우리는 조셉이 느낌이 다른 소재의 옷감이 자신의 몸에 닿는 것을 견디는 능력에 대해 집중하고, 그의 가진 잠재적 촉각 방어가 그의 학습능력에 얼마나 영향을 미치는지에 대해 생각해볼 필요가 있었다.

조셉은 지금 교실 바닥에 앉아 그의 반 또래아이들과 함께하는 아침 활동에 다소 흥미를 느끼고 있는 것처럼 보인다. 그러나 벌써 학교에 다닌 지가 2개월 이상 되었지만 그는 여전이 자신이 어디에 앉아야 하는지 정확히 몰라서 당황스러운 듯 보였다. 카펫 위에는 그가 앉을 자리가 확실히 표시되어 있지 않다. 그 결과 조셉은 교실에서 중요한 대부분의 시간을 자신이 들어갈 자리를 찾기 위해 보낸다. 교사는 조셉의 딜레마를 무시하고 수업을 시작한다. 교사가 H, M, 또는 B 철자로 시작되는 물건을 집에서 가져오기로 한 어제의 숙제에 대해 학생들에게 상기시키는 도중, 머리 위에 있는 확성기(PA system)에서는 알림벨이 울리고 오늘의 점심 스페셜에 대한 안내방송이 흘러나온다. 확성기의 안내방송과 교사가 지시하는 청각적 메시지의 충돌이 일어나자 조셉은 모든 게 혼란스러운 듯 보였다. 그러나 그는 그런 상황에서 어떻게 대처해야 할지 알고 있는 것처럼 보였다. 그는 또래들이 하는 행동과 몸짓을 따라하려는 듯 진지하게 주변을 둘러보았다. 반 아이들이 하는 대로 그는 손을 들었고 교사에게 자신의 사물함으로 가도 되는지를 물었다. 조셉이 하는 손을 드는 몸짓과 질문은 그의 반 아이들이 질문을 하고 한 박자 반 후에 일어난다. 이를 처리과정 지체(processing delay)라고 하며, 현재의 학습 이력 안에서는 아직 그렇게 중대한 문제가 아닐 수 있지만 이것은 미래에 있을 학습의 어려움에 대한 잠재적 조짐이다. 급우들과 같은 행동을 할 수 있도록 허락을 받은 후 조셉은 사물함으로 갔다. 그리고 또다시 그는 꽤 당황한 듯 보였다. 그는 교사가 원하는 것이 무엇인지에 대하여 혼란스러울 뿐만 아니라, 아무런 표시도 되어 있지 않은 사물함들 사이에서 자신의 사물함을 도저히 찾을 수 없는 것처럼 보였다. 그는 방향감각을 잃은 듯 카펫으로 돌아간다.

꽤 잘 적응하였다. 우리는 처치에 앞서 왜 아동의 강점에 초점을 맞추기를 원할까? 위대한 만남의 아이디어를 기억하라! 당신이 아동과 나눈 정서적 경험은 놀이치료사로부터 배움을 얻으며 계속해서 함께하고 싶어 하는 아동의 욕구(desire)를 강화함으로써, 궁극적으로 발달의 단계를 나아가게 한다. 처음에 아동의 강점에 초점을 맞춤으로써 놀이치료사는 처치와 좀 더 강화된 관계로 들어가는 문을 만든다. 일단 아동이 신뢰를 느끼면, 주어지는 경험으로부터 도망치려고 하는 행동을 멈추고, 놀이치료사가 더 많은 도전의 기회를 제공하는 것을 허락할 것이다(Hess, 2009).

조셉의 경우에 많은 강점이 그의 개인적이고 내재적인 신경학적 차이를 지지하는 데 포함될 수 있었다. 시각적으로 학습하는 아동으로서 그는 교사가 전략적으로 교실 안에 여기저기 시각적 단서들을 배치하는 것으로부터 혜택을 받을 수 있었다. 카펫 위에는 그의 자리를 정하여 다른 감촉과 색의 재료를 이용해 구분함으로써 그의 이동방향에 관한 어려움을 지지하였고, 그것은 특히 그가 스트레스를 받고 압도당할 때 도움이 되었다. 비슷하게 그가 과제를 넣어두도록 사물함 손잡이 부근에 그의 사진을 붙여두었다. 교사는 또한 조셉의 청각적 처리과정의 어려움을 좀 더 알게 되었다. 교사는 그에게 구두 지시 대신에 여러 가지 시각적 자료를 수업에 활용하였고, 교실에 추가적 지시 사항을 적은 시간표를 붙여둠으로써 적어도 한 가지 이상의 메시지의 형태(언어적 또는 시각적 모두)를 확인하여 처리할 수 있게 하였다. 또한 비록 조셉이 그의 또래들의 지지를 구하는 방법을 실제로 이해하지는 못하였지만, 그는 급우들에게 관심을 보였으며 그들의 몸짓과 움직임을 모방하려고 애쓰는 것처럼 보였다. '부드러운 영혼들'은 모든 교실에서 발견할 수 있는 아동들이다. 이들은 발달상 어려움이 있는 친구들을 이해하는 아동들이다. 이들은 특별한 도움을 필요로 하는 아동들의 난해한 움직임을 꺼리거나 자폐적 자기 자극 행동에 겁을 먹지도 않는다. 발달지연 아동의 이례적인 행동에 편견을 가지는 어른들과는 대조적으로, 일반적으로 전형적인 또래는 사회적 활동에 스펙트럼에 있는 아동일지라도 상관없이 활동에 완전히 참여하기를 원한다. 교사들은 그들의 또래 집단에 있는 이 '부드러운 영혼들'을 자폐스펙트럼장애가 있는 아동들의 부모들에게 알려주어 전형적인 또래와의 놀이 만남을 주선하고 치료 처치 과정의 한 부분으로 배치할 수 있다(Hess, 2009).

부모에 대한 경고

우리는 부모로서, 가족으로서, 가족 구성원으로서, 그리고 마지막으로 놀이치료사로서 우리 스스로에게 주목해야 한다. 우리의 타고난 강점과 약점은 무엇인가? 우리는 무엇을 쉽게 할 수 있나? 많은 열정과 지지가 필요한 과소반응적 아동들과 함께할 수 있는 에너지를 많이 가진 사람들인가? 아니면 달래줘야 하는 아동들과의 힘든 시간을 버틸 수 있는 사람들인가? 또는 진정시키고 많이 달래야 하는 과민한 아동들과 잘 지내는 유형의 사람들인가? 아니면 과소반응의 아동들을 격려하면서 힘든 시간을 보내는 사람인가? 우리 자신의 개인적 약점 때문에 아동들이 우리의 접근을 피하더라도 받아들일 수 있는가? 또는 아동들이 도전을 거부하고, 시도를 너무 힘들어하며, 그들을 포함하여 함께하는 관계가 되길 바라는 우리의 요구를 너무 불편해하는 아동들조차 받아들일 수 있는가? 우리는 우리 자신의 개인적 성격과 가족의 패턴, 치료적 기술과 전략들에 주목함으로써, 우리의 능력을 가장 잘 활용하여 아동들이 성공하도록 돕는 학습적 상호작용(learning interactions)을 이루고, 결국 더 나은 임상적 결과들을 성취하게 될 것이다(Greenspan, 2010).

탈옥의 명수

놀이치료사들은 어떻게 상호작용을 만들고 유지할지를 끊임없이 고민한다. 아동이 이끄는 대로 따라가기는 근사하게 들리지만, 아동은 종종 어떤 종류의 리드를 따를 수도 없을 만큼 잠시도 가만히 있을 수 없는 존재이며, 상호작용에서도 유지는커녕 계속 달아나려는 것처럼 보인다. 자주 사용될 수 있는 최선의 방법은, 아동이 사무실 밖으로 뛰쳐나가 문제를 일으키기 전에 아동을 잡아둘 수 있는 놀이치료사로 함께 구성된 게임이다. 어린 아동이 활동적일 때, 종종 내재된 탈출 노력은 상당히 지속적이다. 아동은 주변에 둘러싸이는 것을 원하지 않을 수도 있고 억지로 참석하여 당신 또는 부모에 집중하는 것을 원치 않을 수도 있으며, 혼자 놀고 싶어 할 수도 있다. 중요한 점은 아동의 자발성과 함께 수용적이고 표현적인 과정을 이용하고, 매번 회기를 마무리할 때마다 대단한 결과물을 만들어내야 한다는 부담감을 느끼지 말아야 한다는 점이다. 첫 번째 단계는 아동이 무엇을 하는지를 관찰하는 것이고 그런 다음 가장 적당한 리듬을 찾아내는 것으로, 이것은 아동이 이미 하고 있는 활동에 함께 합류하는 것이 허락되는 순간이다. 개인적이고 신경학적인 차이가 있는 아동의 'I'에 대해 생각해보는 것은 놀이치료사가 개입을 유지하기가 왜 그렇게 어려운지를 이해하는 데 도움이 된다. 만약 아동이 감각적 반응을 한다면 그것은 아마도 너무 많은 자극(언어적 자극을 포함하여)이 있다는 것이며, 아동이 압도당했거나 심한 부담을 느끼고 있다는 표시이다(De Faria, 2010). 아동들은 기본적으로 그들의 몸 상태가 좋거나 나쁜지의 기분에 의해 반응하며, 그들의 행동은 기분에 따라 달라진다(Hess, 2012). 아마 앞선 다른 치료사들과의 경험에서 아동은 상호작용을 강요받았을 것이며, 그 결과 아동은 자신이 기분 나쁘게 느껴지는 것으로부터 탈출하는 데 전문가가 된 것이다. 말하고자 하는 바는, 아동의 저항을 거절로 받아들이지 말라는 것이다. 앞에서 말했듯이, DIR/플로어타임 메시지의 한 부분은 안 된다는 말을 대답으로 받아들이지 않는다. 플로어타임을 사용하는 것의 예술적인 면은 아동들의 탈출 시도조차도 상호 간 작용을 위한 기회로 이용하는 것이다.

재미있는 방해

재미있는 방해의 개념을 이해하는 것은 아동들이 얼굴을 보게 하거나 강제적 상호작용을 시도할 때 그들의 움직임을 막는 것으로는 충분하지 않다. 오히려 이 개념은 처음부터 목적 없이 돌아다니는 것처럼 보이던 그들의 움직임의 방향에 따라, 당신과 당신의 몸을 마치 그들이 상대해야 하는 그 무엇인 것처럼 부드럽게 놀이로 이용하라는 것이다. 아동과 가까운 바닥에 있는 것이 중요하다. 아이가 도망치면 다시 아이를 따라잡아 앞을 막고 다만 한순간이라도 아이의 눈을 응시하고 주의를 끈다. 아이는 당연히 다시 도망칠 것이다. 놀이치료사로서 부모에게 아이와 함께 움직이며 장난스럽게 피하고 막으면서 아이의 탈출을 막는 역할을 가르치는 일은 중요하다. 다음 단계로는 아동이 당신의 존재를 그저 참아주고 있다는 몸짓을 보이는 것이고, 그 후로는 도망치는 것을 막으려 마주할 때마다 아동의 몸짓을 흉내 내는 것으로 놀이를 전환하여, 아이가 발달적으로 성장하게끔 도전과제를 제공함으로써 다음 단계로 나아갈 수 있도록 자극한다. 무엇보다도 DIR/플로어타임은 정서 중심적(affect-driven) 모델이라는 것을 기억하라. 이 말은 아동의 주의를 끌기 위해서는 굉장히 과장된 몸짓이나 커다란 미소로 개입하는 것이 필요하다는 의미이다. 이것은 힘 겨루기가 아님을 기억하라. 아동들이 정서적으로 인정했음을 알 수 있는 신호로써 눈을 반짝이게 유도하는 것이 우리의 목표이다(Greenspan, 2010). 그것이

사례

샐리는 3세 된 아동으로 법적 보호자인 그녀의 숙모와 삼촌에 의해 클리닉에 의뢰되었다. 아이는 계속해서 밖으로 나가기를 원했다. 놀이치료사는 이 요구를 단순히 묵인하기보다 이를 이용하여 4단계의 좀 더 복잡한 목표를 잡았다. 샐리가 밖으로 나가겠다는 욕구를 표현하면 숙모는 문을 열어주길 거부하면서 "이 문을 열고 싶으면 가서 아빠를 데려오렴. 문이 너무 무거워."라고 말한다. 샐리는 그녀의 삼촌을 찾아야만 하고, 삼촌은 사회적 상호작용을 연장시키기 위한 과정에 재미있는 방해를 추가적으로 제공한다. 삼촌은 다음과 같이 말한다. "손잡이를 어떻게 돌리는지 나에게 보여줄 수 있니?" 아동이 삼촌에게 손잡이 돌리는 것을 보여주면 삼촌은 덧붙여 "문을 당기는 걸 도와줘."라고 말하고, 고군분투하며 문을 여는 소리를 내기 시작한다. 샐리는 그녀가 스스로 밖으로 나가기 위한 과정을 지지하는 그 고군분투하는 소리를 모방하기 시작한다. 성인 놀이 파트너는 이제 막 언어적 자극을 추가함으로써, 모든 과정을 좀 더 복잡하게 만드는 것이다. 놀이치료사 역시 자신의 움직임과 몸짓에 다양한 방법으로 변화를 주며 아동의 놀이진행과정에 따라 반응하도록 한다(Greenspan, 2010).

바로 아동과의 위대한 만남의 시작이다.

DIR/플로어타임은 놀이치료사와 그들이 훈련시키는 부모로 하여금 아동이 이끄는 대로 따르는 것과 아동의 세계로 들어가는 것 사이의 양극적인 차이를 구분할 것을 요구한다. 각 영역의 기능적 발달 능력을 숙달하도록 지속적으로 도전시키는 한편, 그 속에서 아동들이 즐거움과 기쁨을 찾도록 함으로써 그들을 공유된 세계로 끌어당길 수 있다. 그것은 소리와 시각, 움직임과 감각을 조절하는 데 방해가 되는 아동의 내재적인 신경학적 차이에 집중한다는 의미이다. 또한 가족 패턴과 놀이치료사로서 당신 자신의 반응에 집중한다는 의미이다. 이는 아동의 세계로 들어가서 아동이 가진 특정한 신경체계에 맞춤형 상호작용을 제공함과 동시에, 자기 인식과 향상된 기술을 촉진하는 것이다.

자폐스펙트럼장애를 위한 특정 기법/전략

플로어타임 시작하기

아동이 있는 곳에서 출발하라

앞에서 말했듯이 플로어타임의 전제는 아동이 이끄는 대로 따르는 것이다. 이는 아동의 나이에 적합하거나 부적절한 행동에는 관심을 갖지 않는다는 것을 의미한다. 오히려 우리는 자녀가 흥미를 가지는 것이 무엇인지 알 수 있도록 부모의 능력을 섬세하게 조절할 필요가 있다. 그러나 방해되지 않는 적절한 시기가 오면 그들에게 합류하여, 가능하다면 처음에 떠오른 아이디어를 넓혀가라. 처음에는 단순히 보는 것으로 시작하라. 많은 것을 배울 것이다. 당신의 두 눈과 당신의 본능을 이용하라. 아동

사례

3세 바비는 아빠 무릎에 앉아서 아빠의 얼굴을 멍한 눈으로 계속 쳐다보면서 쓰다듬기 시작한다. 아버지는 놀이치료사의 안내대로 좀 더 친밀하고 친근한 느낌의 상호작용을 위해 바비의 손가락을 빨기 시작하였다. 아빠가 입을 벌리면 아들은 아빠의 얼굴을 쓰다듬으며 작은 손가락을 그의 입에 넣었고, 아빠는 게임을 위해 손가락을 빤다, 놀란 바비는 손을 당겼지만 환하게 웃고 있었다. 아들은 아빠의 입에 손가락을 다시 넣으며 장난을 치기 시작했고 이것은 이렇게 상호작용 게임이 되었다. 나중에 바비가 자신의 엄지손가락을 빨 때도, 아빠는 이것을 같은 주제로 연결해서 "오! 내가 그 엄지를 빨게 해줘!"라고 말한다. 이때 멍한 표정 대신 바비는 일부러 아빠의 입에 자신의 손가락을 넣었고 그가 자신의 엄지를 잠시 동안 빨게 해주었다. 그러고 나서 환하게 웃으면서 손가락을 뺐다. 용기를 얻은 아버지는 계속해서 주고받는 사랑스러운 시나리오를 만들었고, 장난스럽게 "나에게 줘! 예? 아니면 아니요?"라고 좀 더 자신 있게 요구하였다. 이제 바비는 "아니. 아니." 하면서 완전히 동참하여 반응하였고, 이대로 게임이 계속되기를 원하는 듯 엄지를 아빠의 얼굴에 댄 채 얼굴에는 즐겁고 밝은 미소를 띠고 있었다. 아버지는 놀이치료사가 지시하는 대로 이번에는 아들에게 그의 엄지를 주고, 회기는 같은 방식으로 계속 진행되었다. 시간이 지남에 따라 아동은 좀 더 친밀해지기 시작하고, 좀 더 재미있어지고, 아빠를 좀 더 많이 찾기 시작하고, 간단한 단어들과 문장을 사용하며 집요한 반복과 자기 자극이 확실히 줄어드는 것이 관찰되었다.

이 어디로 가는지? 아동이 무엇을 하고 싶어 하는지? 그의 흥미가 무엇에 잡혀 있는지? 그에게 무엇이 어려운지?

영화감독이 아닌 놀이 파트너가 되어라

아동과 만나기 위해서는 특정한 발달적 능력을 가진 그들의 수준에 맞춰 당신 자신을 준비시키라. 당신의 안건을 한쪽으로 치워놓고, 상호적인 관계를 위한 기회를 얻도록 노력하라. 부모의 퇴행이 시작되고, 자녀들이 그들이 원하는 대로 따르지 않음으로써 부모가 좌절해 있음을 알 수 있는 일반적인 성향들이 나타날 때, 비로소 부모에 대한 교육을 시작할 필요가 있다. 부모들이 보이는 이 성향은 강요하고 통제하고 싶어지거나 아니면 아예 포기하고 화를 내거나 둘 중 한쪽이다. 이런 일이 발생할 때면, 그들의 양육 패턴을 이해하고, 공유된 즐거움이 있는 곳에서 기본으로 돌아가 흐름 바꾸기를 시작하는 게 중요하며, 그 후 다시 한 번 아동이 자발성을 가지도록 도전시키는 것이 중요하다.

속도를 맞추는 것이 가장 중요하다

너무 빠르게 움직이거나 너무 어렵게 하지 마라. 당신의 내담자가 긴장하고 저항하게 될 것이다. 당신의 열의를 좀 늦추고 먼저 아동이 무엇을 견딜 수 있는지를 확인하라. 놀이 주제는 시간과 경험으

사례

> 스튜어트의 어머니는 몇 가지 색깔블록을 가지고 그와 놀이를 하려고 노력하고 있었다. 그녀는 4세 아들이 색깔을 구별하지 못하기 때문에 걱정이 되었고 아들의 학습속도를 높이기로 결심했다. 결국 그녀는 아들의 놀이에 끼어들어 그의 손을 잡고, 블록들을 손에 쥐어주었다. 스튜어트는 더욱 저항하며 블록을 발로 차기 시작했고 놀이실은 곧 엉망진창이 되었다. 놀이치료사는 스튜어트가 블록을 발로 차는 아이디어를 이용하여, 그러나 이번에는 재미있고 장난스러운 게임으로, 그에게 색을 가르치려는 엄마의 열망을 돕기로 결정하고 그녀를 지도했다. 골대는 놀이치료실의 끝에 만들어졌다. 그리고 장난감의 색깔을 구분하는 언어를 사용하면서 엄마도 골대 안에 블록을 차도록 지시받았다. "빨간 블록 골인! 파란 블록 골인!" 흥미를 느낀 스튜어트는 곧 화내던 것을 멈추고 엄마가 하고 있는 블록 축구라는 새로운 게임을 지켜보기 시작했다. 마침내 엄마는 아들에게 도움을 청하기 시작했다. "나는 지금 녹색 블록이 필요해." 스튜어트는 엄마에게 정확하게 블록을 가져다주었다. 엄마는 이때 스튜어트가 골대에 색깔블록을 차서 넣도록 제안하여 놀이를 확장하였다. 아들은 얼굴에 미소를 짓고 큰소리로 낄낄거리면서 블록을 골대로 향해 차기 시작했고, 그의 엄마가 하던 대로 "빨간 블록 골인!"이라고 말하였다. 결과적으로 그곳에는 엄마의 현재-고민하는 안건을 포함하는 사랑스러운 상호작용이 있게 되었다.

로 확장될 것이다. 중요한 것은 아동의 민감성을 따라가거나 지지를 호소하는 것이다. 만약 아동이 천천히 움직인다면(환경적 자극에 과소반응적) 좀 더 적극적으로 추적하며 움직이기를 원한다. 그러나 만약 아동의 환경에 대해 격하고 민감하게 반응한다면(자극에 과잉활동적), 좀 더 천천히 주의를 기울이며 접근하여야 할 것이다. 예를 들어 4세 케이시는 극단적으로 환경 자극에 과잉활동적이다. 내가 '로켓소년'이라는 사랑스러운 이름으로 부르던 그 아이는 어느 한순간에 몹시 불안을 느낀다(Hess, 2012). 케이시 같은 아이와 어떻게 연결하겠는가? 여기에서 놀이치료사는 멋진 플로어타임을 기회로 만들어 간단한 쫓기 게임을 사용하였다. 그녀가 케이시에게 가까이 다가갔을 때 그는 휙 멀어졌다. 그녀는 너무 빠르거나 너무 활발히 움직이지 않으려고 조심하면서, 그의 뒤를 따라 움직였고 그래서 그녀는 그를 압도하지는 않으면서, DIR 모델의 세계로 아동의 'I'-개인적이고 신경학적 차이와 'R'-관계 둘 다를 고려하였다. 그녀는 또한 "난 너를 잡을 거야!"라는 말을 하면서 목소리로 유도하였다. 케이시는 누가 몸을 만지는 것은 참을 수 있었기 때문에 치료사는 그를 크게 쓸어안아서 잡았다. 만약 그가 그런 큰 몸짓을 참을 수 없었다면 그녀는 대신 그를 살짝 잡거나 간단하게 하이파이브를 했을 것이다. 그런 다음 그녀는 그를 풀어주고 그에게 "이번엔 또 뭐 할까?"라고 물어서 아동이 주도할 수 있도록 한다.

어떤 방식으로든 아동이 주도하는 방법으로, 아동이 당신에게 좀 더 많은 상호작용을 원한다는 신호를 줄 충분한 시간을 주어야 한다. 아동들의 신호는 언어적일 수도 있으나 좀 더 미묘한 몸짓이나 뉘앙스의 영역이 있을 수 있다. 놀이치료사로서 이것을 조율하는 것은 중요하며, 실제로는 당신에게서 멀리 달아나는 순간에도 옆으로 흘깃 쳐다보는 눈빛이나 얼굴에 나타난 희미한 미소를 이해하는 데 진정한 초점을 맞춰야 한다(De Faria, 2010).

문제 행동 다루는 방법

기차 기술자

ASD 아동에게서 종종 보이는 반복적인 행동들은 강박장애와 관련된 행동과 빈번히 비교된다. 예를 들어 장난감 기차들을 똑바로 줄 세우는 놀이를 하는 아동들은 꽤 흔하다. 그러나 줄 세워진 기차들은 결코 움직이지 않는다. 명백히 이는 장난감기차를 가지고 노는 대부분의 아동들에게서 보이는 전형적인 놀이는 아니다. 그리고 이것을 걱정하는 부모들은 반복적인 패턴을 깨고자 하는 충동을 뿌리치기가 힘들다. 그러나 플로어타임의 놀이 도식에서는 반복적인 놀이들도 해롭지 않은 것으로 받아들여지며, 미래의 놀이를 위한 아이디어의 씨앗으로서 존중한다. 놀이치료사의 임무는 매우 작은(비록 반복적이더라도) 아이디어를 가지고도 사회적 상호놀이를 위한 잠재 가능성으로 그 개념을 확장시키는 것이다.

어느 손?

여기서 놀이치료사는 약간씩 짓궂은 행동을 할 수 있다. 피터가 분명히 지켜보고 있는 중에, 놀이치료사는 장난스럽게 아동이 모아놓은 기차들 중 몇 개를 잡아서 치료사의 등 뒤에 놓는다. 놀이치료사는 아동이 눈으로 그의 행동을 추적하고 있음을 확신한다. 시각적 추적은 언어적 그리고 사회적 의사소통을 위한 전조이다. 놀이치료사는 피터의 기차를 가져와 숨기는 동안, 피터에게 언제 들켜버릴지 모를 이 엄청난 비밀을 감추려는 것처럼 짐짓 꾸민 듯 과장된 행동으로 연기한다. 피터가 기차를 향해 손을 뻗기 시작할 때 치료사는 그의 몸으로 아동을 부드럽게 막는다. 피터가 집중하자마자 놀이치료사는 재빨리 뒤에 숨겨두었던 기차들을 가져와 양손에 하나씩 잡는다. 그리고는 피터에게 꽉 쥔 두 주먹을 내밀어 보여준다. 아주 잠시 동안 놀이치료사는 손을 펴서 기차들을 보여준다. 그런 다음 재빨리 손을 다시 쥐고, 게임을 계속한다.

이제 피터는 치료사의 손을 열기 위해 파고들기 시작하지만 괜찮다. 치료사는 아동이 기차를 되찾아가도록 격려한다. 목적은 아이를 까무러치게 하는 것이 아니며, 이런 과정이 오히려 정서적으로 지

🏰 **사례**

피터는 기차를 반복적으로 줄 세우는 아동들 중의 한 명이다. 치료사는 기차들을 사이에 두고 피터의 앞에 자리를 잡고 앉는다. 치료사는 피터가 기차들을 줄 세워 놓을 때 자신도 기차를 놓으며 동참한다. 피터는 처음에는 치료사를 귀찮아해서 치료사가 놓은 기차 중 하나를 집어서 다른 데로 옮기기까지 한다. 그러나 놀이치료사가 놀이를 바꾸거나 침범하려는 것이 아니라는 것을 깨닫게 되면서 피터는 치료사의 참여를 좀 더 편안하게 받아들일 수 있게 됐으며 심지어 치료사의 다음 접근을 기대하기 시작한다.

지적인 관계를 만드는 것이다. 놀이치료사는 격려하면서 미소를 짓고, 행동을 반복한다. 이번에는 피터가 치료사의 손가락을 펴려고 덤빌 때 놀이는 좀 더 복잡해진다. 놀이치료사는 아동에게 "어느 손?"이냐고 묻는다. 만약 피터가 장난감이 든 손을 조금이라도 만지면 기차를 풀어주는 행동을 보여준다. 이렇게 몇 번의 성공적인 주고받기(back-and-forth)놀이 후에는, 놀이치료사는 좀 더 복잡한 방식으로 놀이를 만들어 가며 계속한다. 이때 치료사는 피터에게 두 손을 다 보여주지만 그 손은 비어 있다. 이제 피터는 놀이의 다음 단계를 이해해야 하며, 놀이치료사는 어려운 순차적 세계를 항해하는 그를 안내하게 될 것이다. 이러한 초기의 주고받는 과정이 엄청나게 시간 소모적으로 보일지라도, 이것은 모두 아동이 자신만의 놀이에서 홀로 고립되지 않도록 돕기 위한 더 큰 전략이라는 것을 이해하라. 이 접근의 미학은 일단 길어진 상호 간 놀이가 이뤄지면, 아동이 상호작용(손을 만지고, 정확한 손을 가리키는 것 등)에 흥미를 보이는 신호로서 여러 가지 의사소통의 형태를 사용하므로 결과적으로 언어가 발달한다는 것이다. 목표는 아동이 지금 어떤 상황이 벌어질지를 알기 위해 놀이치료사를 쳐다보는 순간 발생하는 사회적 참고(social referencing)이다. 말한 바와 같이 사회적 참고는 언어적 의사소통의 전조이며, 모든 미래 의사소통 기술을 위한 구성요소 중의 하나이다(Hess, 2012). 플로어타임에서는 아동의 흥미와 주의집중을 유도하여 상호작용을 이끌어내고, 심지어는 아동과의 더욱 복잡한 연결이 가능해질 만큼의 효과적인 관계를 형성하기 위해 정서적 표현이 사용된다. 이는 행복할 때는 미소를 짓는 얼굴의 근육을 사용하는 것을 의미하거나 심각함을 나타낼 때는 입가를 씰룩이고 눈살을 찌푸리거나 얼굴을 찡그리는 것을 의미한다. 목소리도 상호작용적 도구로 사용될 수 있는데, 경쾌한 목소리는 우스꽝스러운 순간에, 생각이나 집중을 권할 때는 속삭이는 목소리를 제안한다. 상호작용을 유지하는 미끼와 접착제로서의 영향을 생각해보라. 예술은 당신 앞에 있는 아동의 민감성의 영향을 균형 잡는 것이다(De Faria, 2010). 예를 들어 상당히 정서적이고 예민한 아동은 만약 치료사가 너무 강하게 밀면 철회할지도 모른다. 반대로 아동이 정서적인 능력들에서 '단조롭고' 또는 오히려 밋밋하다면, 놀이치료사로부터 많은 열성적인 격려가 필요하며 만일 그렇지 않다면 아무런 자극도 받지 못할 것이다.

추적하기

놀이치료사는 활동적인 아동이 좀 더 발달적으로 적절하게 놀이를 확장할 수 있는 다음 단계로 어떻게 넘어갈 수 있을까? 이 문제에 대한 두 단어로 된 대답은 **자발적인 창의성**(spontaneous creativity)이다(Hess, 2012). 일단 이는 당신이 주고받는(back-and-forth) 리듬을 아동과 만들기 위해 외부로부터 생각하고, 당신의 내담자가 그 기차들 주변에서 이야기를 만들도록 돕는 것을 의미한다. "기차는 어디로 가니?" 당신은 기차들을 손에 쥐고 했던 초기의 추측하는 게임을 이제는 기차 트랙을 손에 쥐고 하는 것으로 확장할 수 있다. 그가 맞게 선택한 트랙들을 모아서 바닥에 놓기 시작하면서 당신은 그의 조수가 되어야 한다. 기차 트랙들로부터 아이디어를 확장하여, 인형집들, 동물들 그리고 트랙에 따라오는 사람들 등 발달적으로 적합한 가장놀이의 요소를 추가하는 것도 고려하라. 놀이에 참여하면서 당신의 익숙하고 제한된 활동 패턴들은 깨지기 시작하며, 이로써 당신은 원래 가졌던 아이디어보다 더 크고 더 위대한 무엇인가를 놀이로 만드는 것이 가능해진다.

돌리기 대장

ASD의 영향을 받은 많은 아동들은 옆으로 누워 장난감 자동차의 바퀴를 집요하게 반복하여 돌리는 것을 제일 좋아한다. 다시 말해 아동이 좀 더 목적적인 행동을 하기 바라던 당신의 기본 성향을 극복해야 한다. 대신에 그들의 발달적 수준에 동참하여, 바닥에 함께 앉아 그 바퀴들이 돌아가는 것을 함께 바라보라. 일단 아동이 당신의 존재를 참아내면, 약간의 개입을 시도하라. 깃털로 아동의 자동차 방사상 모양의 바퀴 휠을 찔러보라. 상호작용을 돕는 적절하고 지지적인 효과를 주기 위해 리듬을 발달시킬 수 있는 시기가 되면, 장난스럽게 깃털을 넣고, 휠을 돌리고, 깃털로 여러 가지를 해보라. 그리고 잠시 후 개입을 위한 주고받는 패턴이 이루어졌는지 확인한다. 축하한다. 이제 당신은 의사소통의 원 하나를 완성하였다(Greenspan, 2010). 일단 기본적 호혜성이 성취되면, 다음 단계는 놀이를 확장하여 무지개 경주자를 만들기 위해 방사선 휠에 색 리본을 묶는 것이 될 수도 있다.

토스 챔피언

예를 들어 당신의 내담자는 단순히 장난감을 들어서 허공에 던지는 것을 제일 좋아하는 것처럼 보인다. 그 아이디어를 어떻게 재미있고 의미 있는 것으로 바꿔줄까? 여기서 다시 DIR/플로어타임의 원래의 전제, 아동이 이끄는 대로 따르기로 돌아가자. 아동에게 접근할 때는 생활연령이 아니라 발달적으로 어느 지점에 있는지를 아는 것이 도움이 된다. 물건을 던지는 행동이 아동에게는 어떤 매력이 있는지 알기 위한 노력을 시작해보라. 종종 행동은 아동의 개인적이고 신경학적인 욕구들인 DIR의 'I'

사례

목적 없이 공을 이리저리 던지기를 좋아하는 마커스는 8세 소년이다. 아버지와 아동, 그리고 놀이치료사가 아동의 집 창고 놀이실에 함께 있을 때, 마커스는 구석에서 몇 개의 공을 발견했다. 그는 즉시 사방으로 공을 던지기 시작했다. 아버지는 주어진 임상적인 지시에 따라 빠르게 작은 쓰레기통을 비워서, 그와 그의 아들이 목적 있게 공을 넣을 수 있는 목표물을 만들 수 있었다. 이 게임은 순서대로 하기(의사소통의 원들)를 위한 몇 가지 기회를 확장하였다. 마커스는 게임의 구조에 싫증을 느끼기 시작하였고, 다시 공들을 창고 이곳저곳에 되는 대로 던지기 시작했다. 그때 갑자기 (수직으로 작동하게 되어 있는) 창고 문이 열렸다. 마커스가 던진 공들 중 하나가 열린 창고 문 위에 놓였다. 아버지는 놀이치료사의 지시대로 빠르게 비어 있는 아동의 볼풀을 가져와 창고 밖에 놓았고 그것은 공을 던져 넣을 다음 목표지점이 되었다. 운 좋게도 공 몇 개를 열린 창고 문 위로 던졌고, 공들 중의 하나가 새로운 볼풀에 바로 떨어졌다. 아주 즐거워진 마커스는 즉각적으로 아빠에게 새로운 게임을 만들자고 말하기 시작했다. 아버지와 아들은 이 새로운 게임에 이름을 붙이기 위해 노력하였다(복잡한 사고의 더 높은 발달 수준으로 아동은 나아감). 그날 밤에, 그들은 나머지 가족에게 그들이 만든 새로운 게임을 가르쳐주기 위해 놀이시간의 많은 부분을 할애하였다.

에서 나온다. 감각적인 갈망이 있는 아동은, 자신의 취약한 신경 체계에게, 지금 자신이 있는 곳이 어느 공간, 어느 시간인지를 명확하게 알려줄 수 있는 해답을 찾고 있다. 이는 종종 ASD를 동반하는 일반적인 불안의 상태를 감소시키는 데 도움이 된다(Hess, 2009).

처음에는 아동의 몸짓을 모방하려고 노력하라. 그러면 정서적으로 지지하는 행동이 된다. 일단 두 사람이 연결되면 목표로 정한 훈련의 게임을 만들고 그 활동을 점점 더 확장하라. 바구니를 가져오고 아동이 바구니에 직접 장난감을 던져 넣어 가장 높은 점수를 얻을 수 있는 사람이라는 것을 알 수 있도록 도전과제를 제시하라.

아동이 퇴행을 보일 때 무엇을 할까

알리사의 엄마는 집에서 그녀와 상호작용하기 위해 노력하는 데 커다란 어려움을 겪고 있었다. 알리사는 저항적이고, 거부하고, 화를 내면서 수동적이고 자기 자극 행동을 보였다. 이는 그녀의 엄마를 좌절시킴으로써 더욱 강요적이고 통제적이 되게 하였다. 엄마가 딸과 상호작용하기를 포기하기 시작하면서 추후 퇴행은 더욱 진행되었다.

모-아동의 상호작용 패턴을 관찰하고 아동의 기능적이고 발달적인 수준에 대한 신속한 발달 프로파일을 작성한 후, 개인적인 신경학적 차이, 그리고 관계적/상호작용 패턴들을 분석하였다. 놀이치료사가 분석한 결과는, 알리사가 느끼는 학교로 되돌아가는 것에 대한 어려움과 함께 알리사의 퇴행이 영구적이 될지도 모른다는 어머니의 두려움이 합쳐진 것으로 매우 치명적일 수 있는 조합을 보여주었다. 추가적인 지도를 받은 엄마는 딸이 이끄는 대로 따라가는 것을 상기하였고, 알리사는 상호작용이 가능할 만큼 새로워진 자발성을 보여주기 시작하였다. 이 변화로 그녀의 감정은 다시금 꽃이 피기 시작하였고, 얼굴에는 미소가 나타났다. 그녀는 엄마에게 장난을 걸고, 쳐다보고, 문제 해결적 방법으로 상호작용을 시작하였으며, 간단한 단어들과 문장을 사용하였다. 일반적인 규칙으로써, 좀 더 따뜻하고 지지적인 관계를 제공하는 것은 아동이 좀 더 자발적이 되도록 하는 경향이 있으며, 대개는 퇴행적인 패턴을 좀 더 빠르게 되돌릴 수 있다.

순간적인 퇴행에 직면하면 부모는 몇 가지를 기억하는 것이 중요하다. 첫째, 아동은 상호작용 시 매

🏰 사례

알리사는 언어적 표현에 한계가 있는 3세 아동으로, 중등도의 자폐스펙트럼장애를 진단받았다. 몇 번의 플로어타임 회기 후에, 그녀는 좀 더 많은 단어들을 사용하기 시작하였고, 문제 해결 의사소통자가 되었다. 그러나 한 달 정도의 겨울 방학이 끝난 뒤 유치원에 돌아갔을 때, 그녀는 좀 더 심하게 고집을 부리게 되었고, 유치원에서는 훨씬 순응적이었으나 집에서는 자기 자극 행동과 함께 소극적이고 회피적인 모습을 보였다. 학교 프로그램은 매우 통제적이고 그녀가 따라야 하는 독립된 시험적 프로그램이었다. 그러나 그녀는 더 큰 사회적·정서적 세계에서는 그곳에서 배우고 있는 기술들을 일반화하지 못하였다. 사실 학교 밖에서는 현저하게 퇴행하였다.

우 유연한 방법으로 넓은 범위의 능력을 가지게 된다는 것을 부모들은 상기할 필요가 있다. 두 번째, 부모는 신체적 원인에서부터 식사와 영양의 변화, 건강/질병 문제, 약물과 같은 것에 이르기까지 퇴행에 관련된 가능한 한 모든 원인을 탐색해야 함을 기억해야 한다. 세 번째, 부모는 가족과 환경적 변화까지 폭넓게 탐색해야 한다. 이러한 변화는 아동의 생태환경에서 나타나는 변화까지도 포함할 수 있다. 예를 들어 새로운 교실, 집에 칠한 페인트, 알레르기나 독성 작용을 일으킬 수 있는 어떤 것에 노출되는 것이다. 마지막으로 직위의 변화, 건강/질병, 친척의 방문, 또는 가정의 기본적인 일상뿐만 아니라 형제와 배우자 양식의 변화와 같이 가족 내에서 발생한 일들을 찾아보는 것이 중요하다. 이러한 변화 또는 문제는 아동의 조절장애(dysregulation)에 영향을 줄 수 있다(De Faria, 2010).

진단을 받은 후에는 흐름을 바꾸기 위한 상호작용을 배울 수 있는 기회를 만드는 것이 중요하다. 대개 이는 기본으로 돌아가는 것과 상호작용적 기회들을 통해 발달의 다음 단계로 오르는 것을 포함한다. 이것은 앞의 사례에서 소개했던 알리사의 기본적 열망과 욕구들에 초점을 맞추고 엄마가 딸을 정서적으로 지지하는 것을 의미하며, 그래서 그들이 함께 위대한 만남을 갖도록 돌아가게 하는 것이다. DIR/플로어타임은 멋지고, 자연스러우며, 상호작용적인 순간이 아동에게 발생할 수 있고, 하루 종일 발생하는 잠재적 가능성이 있는 생활방식의 완곡어(euphemism)이다. 놀이치료사로서 우리의 임무는 부모가 자녀의 민감성을 인식하도록 격려하는 것이며, 그러한 민감성을 창조적이고 장난스럽게 주고받는 상호작용으로 확장되는 리듬에 맞춰가는 것이다.

DIR/플로어타임 접근을 위한 증거 기반

명확하게 증거 기반 실행은 시행된 처치가 효과적인지 내담자가 진보를 하였는지를 결정하기 위한 정기적인 평가 실행과 관련이 있다. 이 실행은 가장 유용하고 과학적으로 철저한 연구, 임상적 전문기술, 그리고 임상적 판단의 질과 비용 대비 가장 효과적인 치료의 전달을 확신할 수 있는 놀이치료사의 특성들을 촉진하고 통합한다(Weisz & Gray, 2007).

처치 효과를 측정하기 위해 첫 번째 결정해야 하는 것은 측정하는 요소이다. 명백하게 이것은 주안점, 목표 또는 치료의 목적에 의해 결정된다. 행동적 개입의 결과로 행동적 변화를 측정값으로 사용한다. 인지 치료사들은 결과를 평가하기 위해 사고 과정들의 변화를 살펴본다. 명백하게 이 장에서 언급하자면 DIR/플로어타임과 같은 발달적 놀이치료 프로그램은 개입의 초점으로 내재적인 능력 또는 핵심적 결함의 변화를 목표로 삼는다. 게다가 발달적 모델들은 개인적 진행과정 차이와 아동의 독특한 생물학적 프로파일에 딱 맞는 개입을 원할 뿐만 아니라 부모와 아동 사이의 관계 특성들을 강조한다. 처치 방법과 처치 목표들의 복잡성으로 인해 치료사는 상호작용적 행동 패턴에서 복합적 변화의 배열을 가로지르는 진행과정을 측정할 필요가 있다(Cullinane, 2011).

D : 발달적 체계

DIR/플로어타임 모델은 행동 이해 분야에서 연구를 통해 정확한 결과가 입증된 발달적 체계를 제공하였다. 2005년, Greenspan과 Wieder는 그들의 첫 200명 사례연구 대상자 중 자폐스펙트럼장애로 진단받은 16명의 아동에 대한 10~15간간의 추적연구 결과를 발표하였다. 저자들은 DIR/플로어타임 처치를 받은 후 10~15년 동안의 변화에 대해 기술하였는데, 이 아동들은 건강한 또래 관계와 탄탄한 학습 기술을 가지고 있는, 현저하게 공감적이고 창의적이며 반영적인 청소년들로 성장하였다(Greenspan & Wieder, 2005). 행동 원리를 이용한 선행 접근들은 자폐아동들이 사회적 상호작용 또는 학습에 참여하려는 동기가 없다는 전제하에 외부적 동기에 의존하였다.

2건의 추가 연구 역시 DIR/플로어타임의 효과를 입증하고 있다. 2007년, Solomon, Necheles, Ferch, 그리고 Bruckman은 놀이 프로젝트 가정회담(Play Project Home Consultation, PPHC)의 평가를 출판하였다. 프로그램은 ASD가 있는 아동의 부모들에게 DIR/플로어타임 모델을 가정에서 사용하는 방법을 훈련시켰다. 그 결과는 8~12개월 후에 기능적 정서평가척도(Functional Emotional Assessment Scale, FEAS)(Greenspan & Degangi, 2001)의 아동 하위척도에서 현저한 증가를 보였다(Solomon et al., 2007). 2011년 6월 Pajareya와 Nopmaneejumruslers는 ASD가 있는 유치원 아동들을 위한 DIR/플로어타임 시범 프로그램을 출판하였다. 결과는 FEAS, CARS(Children's Autism Rating Scale, 아동자폐평정척도), 그리고 연구자들이 만든 기능적 정서 질문지에서 발달적 향상을 보였으며 Solomon의 연구 결과들이 사실임을 확인해주었다.

I : 개인적, 내재적, 신경학적 처리과정 차이

자폐스펙트럼장애에서는 개인차가 광범위하기 때문에 정교하게 조율된 단일대상 연구설계를 고려한다. Dionne와 Martini(2011)는 ASD가 있는 3세 아동과의 플로어타임 놀이의 효과를 평가하기 위해 단일대상연구를 설계하였다. 그 연구는 변화의 측정을 위해 관찰과 개입 단계 그리고 의사소통의 원을 사용하였다. 결과는 플로어타임 놀이 전략들을 사용했을 때 유의한 효과가 나타났으며, 연구 과정 동안 어머니가 기록한 일지를 통해 관찰된 변화 과정에 대한 통찰이 가능하였다. 추가적으로 Pajareya와 Nopmaneejumruslers(2011)는 내담자를 무작위로 추출한 시범 통제 연구를 실시하였는데, 이로써 ASD가 있는 아동들을 위한 감각 통합 처치의 효과성을 입증하였다. 결과들은 개인적이고 내재적인 신경학적 처리과정 능력, 특히 감각처리 과정과 기능적 운동 기술 영역이 현저하게 향상되었음을 보여주었다.

R : 관계와 정서

장난스러운 상호작용을 '활기 넘치고' 재미있게 유지하기 위해서는, 이 즐거운 연결을 위한 '올바른 주파수'에 머물러 있을 수 있게 감정의 강도를 조절하는 한편, 실제로 놀이 파트너의 비언어적 의사소통과 이러한 신호들에 반응하는 빠른 적응 능력에 대한 많은 주의력이 요구된다. 이러한 주파수의 변화는 인간의 운율(소리) 변화와 매우 유사하게, 최고조의 방어를 위한 동결모드로 전환되면서 즉시 놀이를 멈추게 할 수도 있다. 요약하면 자유놀이는 실제로 사람을 이해하고 정서를 조절하는 기술과 많은 정서적 지능을 요구하는 매우 창의적인 과정이다. 부모-아동 관계에서 놀이성이 억눌린다면 부모와 아동은 그들의 연결을 강화하기 위한 가장 강력한 과정들 중의 하나를 빼앗기는 것이다(Hughes & Baylin, 2012).

토의 : DIR의 통합과 적용

ASD에 대한 진행 중인 상당히 많은 연구들, 그것을 다루기 위해 가장 적합한 다양한 개입 요소들, 그리고 DIR 모두는 큰 가능성을 보여준다. ASD는 현재, 아동들이 여러 가지 뚜렷한 뇌 기능을 통합하는 데 어려움을 겪는 장애로 인식되고 있다. 최근의 연구는 장애의 행동적 징후에 대한 폭넓은 집합체(wide array)를 위한 근거로써 뉴런의 의사소통 결함을 이해하는 데 초점을 맞추고 있다(Cullinane, 2011). 자폐스펙트럼장애의 복잡성을 깊게 이해하기 위한 노력은 계속되고 있다. 장애의 병인(원인)에 대한 특정 정보의 부족과 함께, 전 세계적으로 ASD 진단의 놀라운 증가(Kogan et al., 2009) 현상은 놀이치료사, 더욱 중요하게는 부모들에게 아동의 발달이 개인적이고 내재적인 신경학적 처리과정의 차이와, 세상에서 그들이 가지는 관계의 상호작용에 의해 얼마나 영향을 받는지에 대한 더 깊은 지식과 이해를 길러줄 것을 요구한다(Greenspan & Wieder, 2005).

2009년 11월에 출간된 0세에서 3세(*Zero to Three*)는 놀이의 중요성에 대한 문제, 특히 사회적 · 정서적 · 인지적 성장을 지지하는, 자발적이고 아동 주도적인 사회적 놀이 경험의 역할에 초점을 맞추었다(Hirschland, 2009). The Bridge Project 2009는 Bridge Collaborative와의 공동 노력으로 이루어졌다. Bridge Collaborative는 캘리포니아대학교(샌디에이고) 래디 아동병원, 샌디에이고 지역센터, 하버 지역센터(롱비치 토런스), Kaiser Permanente 출신의 치료사와 부모로 구성된 집단이다. 그들은 시범 연구를 위해 기금 25만 달러를 NIH R01로부터 승인받았으며, 남부캘리포니아에서 개입과 증거 기반 선별검사를 시행하기 위해 기금 250만 달러를 승인받았다. 게다가 Richard Solomon 박사는 놀이 프로젝트를 위해 무작위대조시험을 하였다. 놀이 프로젝트는 DIR/플로어타임의 가정 기반 버전으로 부모가 아동의 중요한 개입자가 되는 것이다. 부모-아동 쌍은 이 모델을 훈련받은 놀이치료사에게 매달 지도감독을 받는다. 국립정신건강보건원은 이 연구의 다음 단계를 실행하기 위해 185만 달러를 승인하였다. 놀이 프로젝트는 3년간의 연구를 위해 이스터 실즈와 미시건주립대학교와 협약을 맺었다(Cullinane, 2011).

2010년, Wallace와 Rogers는 ASD 영유아에게 효과적인 개입을 위한 가장 중요한 네 가지 요소를 입증한 통제된 연구 결과를 발표하였다. (1) 개입에 부모 포함하기, 아동이 보내는 단서들에 대한 반응성과 민감성에 초점을 맞춘 부모 코칭을 진행하는 처치와 영유아 개입들을 제공하기 위한 가족 교육 포함하기, (2) 각 영유아의 발달적 프로파일 개별화하기, (3) 학습 목표들의 좁은 범위보다 넓은 범위에 초점 맞추기, (4) 초기에 시작되는 기질적 요소들, 위험 요소를 발견하고 훨씬 더 집중적이고 지속적인 개입 제공하기.

발달적 개입은 감각 조절, 의사소통 그리고 운동 체계의 통합을 향상시키기 위한 정서의 사용을 포함하도록 하였다. 결과적으로 신경촬영법 연구가 정서적 경험들이 실제로 발달하는 뇌 성장에 어떻게 영향을 미치는지에 관한 더 깊은 이해를 제공하기 시작하였다(p. 377). Siegel(2001)은 유아기에 조율된 관계가 아동이 성장한 후 사회적 · 정서적 발달에 영향을 주는 방식에서 뇌 구조를 어떻게 바꾸는지를 보여준다. 캐나다에 있는 요코대학교의 Milton & Ethel Reasearch Initiative를 통해 Casenhiser, Stieben, 그리고 Shanker(2011)는 DIR/플로어타임의 효과를 향후 조사하기 위해서 무작위대조시험을 실시하였다. 시범 연구의 특별한 목적들은 (a) 12개월간의 집중적인 DIR/플로어타임 처치의 효과, (b)

24개월의 DIR/플로어타임 처치를 받은 아동의 개선 정도, (c) ASD를 위한 집중적인 처치의 결과로 발생한 신경생리학적 변화들을 평가하는 것이다. Casenhiser, Stieben, Shanker(2013)는 최근에 사건관련전위(event-related potential, ERP)와 뇌파전위기록술(electroencephalographyl, EEG) 측정을 이용한 집중적인 DIR/플로어타임 개입의 행동적, 그리고 신경생물학적 결과를 보여주면서, 그들의 시범 연구 성과를 갱신하였다. DIR를 기본으로 하는 치료를 주 2시간씩 1년 이상 받은 대상자들에게서 주의집중, 서로 주시하기, 즐거움, 관여, 사회적 상호작용과 언어에서 모두 유의한 개선효과가 나타났다. 다른 영상 촬영 연구 결과는 출판 중에 있다. 또한 발달지연 성인에게도 DIR/플로어타임의 기본적 원칙들을 적용하여 작업하는 방법에 대한 토의도 계속되어지고 있다(Samson, 2013).

연구가 진행됨에 따라 DIR/플로어타임과 같은 발달적 접근이 치료사와 부모가 발달지연 아동들에게 사용할 수 있는 실행 가능한 놀이치료 개입으로 유지되는 것은 필수적이라는 것을 알 수 있다. DIR/플로어타임은 아동들이 이끄는 대로 따라가기와 그들의 세계에 들어가기 사이에서 양극단의 공감이 요구된다. 그렇게만 된다면 아동들은 각각의 기능적 발달 능력을 숙달하도록 끊임없이 도전받는 한편, 즐거움과 기쁨을 찾으며 함께 공유된 세계로 이끌려 들어올 수 있을 것이다. 이는 아동들이 듣고, 보고, 움직이고, 감각을 조절하고 처리하는 과정과 방법들에 관련해서 아동의 내재된 개인적 신경학적 차이에 주의를 기울여야 한다는 의미이다. 또한 가족 패턴과 놀이치료사로서 당신 자신의 반응에도 주의를 기울여야 한다. 매번 아동들의 욕구에 기초한 우리의 상호작용을 섬세하게 조율할 때마다, 우리는 서로 정서적으로 지지하는 놀이의 경험을 통해, 모두를 위한 바로 그 위대한 만남으로 가는 잠재적 가능성을 창조하고 있는 것이다.

참고문헌

Ayres, J. A. (1979). *Sensory integration and the child*. Los Angeles, CA: Western Psychological Services.

Boucher, E. E., & Wolery, M. (2003). Editorial. *Autism, 7*(4), 339–346.

Bowlby, J. (1951). *Maternal care and mental health*. World Health Organization (WHO) Monograph Series (no. 51). Geneva, Switzerland: World Health Organization.

Casenhiser, D. M., Shanker, S., & Stieben, J. (2011). Learning through interaction in children with autism. Preliminary data from a social-communication-based intervention. *Autism, 17*(2), 220–241. Retrieved from http://aut.sagepub.com/content/17/2/220

Casenhiser, D., Stieben, J., & Shanker, S. (2013). *Learning through interaction*. Retrieved from http://research news.yorku.ca/2013/03/10/ontarious-lieutenant-governor-visits-york-Milton-Ethel-Harris-research-initiative

Committee on Educational Intervention for Children with Autism. (2001). *Educating children with autism*. C. Lord & J. P. McGee (Eds.). Division of Behavioral and Social Sciences and Education, National Research Council. Washington, DC: National Academies Press.

Cullinane, D. (2011). *Evidence base for the DIR/Floortime approach*. Retrieved from http://www.drhessautism.com/img/news/EvidenceBasefortheDIRModel_Cullinane090111.pdf

De Faria, L. (2010). Providing parental support with Floor Time. *The Best Practices Newsletter of the Interdisciplinary Council on Developmental & Learning Disorders (ICDL), 6,* 7–10.

Dionne, M., & Martini, R. (2011). Floor Time play with a child with autism: A single-subject study. *Revue canadienne d'ergotherapie, 78*(3), 196–203.

Gernsbacher, M. A. (2006). Toward a behavior of reciprocity. *Journal of Developmental Processes, 1,* 139–152. Retrieved from http://psy.wisc.edu/lang/pdf/gernsbacher reciprocity.pdf

Greenspan, S. I. (2001). The affect diatheses hypothesis: The role of emotions in the core deficit in autism and the development of intelligence and social skill. *Journal of Developmental Learning Disorders, 5,* 1–46.

Greenspan, S. I. (2010). *Floor Time™: What it really is, and what it isn't*. Retrieved from http://www.icdl.com/dirFloortime/newsletter/FloortimeWhatitReallyisandisnt.shtml

Greenspan, S. I., & DeGangi, G. (2001). Research on the FEAS: Test development, reliability, and validity studies. In S. Greenspan, G. DeGangi, & S.Wieder (Eds.), *The functional emotional assessment scale (FEAS) for infancy and early childhood. Clinical and Research applications* (pp.167–247). Bethesda, MD: Interdisciplinary Council on Developmental and Learning Disorders.

Greenspan, S. I., & Wieder, S. (1987). Developmental patterns of outcome in infants and children with disorders in relating and communicating: A chart review of 200 cases of children with autistic spectrum diagnoses. *Journal of Developmental and Learning Disorders, 1*(87), 87–141.

Greenspan, S. I., & Wieder, S. (1999). A functional developmental approach to autism spectrum disorders. *JAS, 24*(3), 147–161.

Greenspan, S. I., & Wieder, S. (2005). Can children with autism master the core deficits and become empathic, creative and reflective? A ten to fifteen year follow-up of a subgroup of children with autism spectrum disorders (ASD) who received a comprehensive developmental. individual-difference, relationship-based (DIR) approach. *The Journal of Developmental and Learning Disorders, 9,* 39–61.

Habermas, T., & Bluck, S. (2000). Getting a life: The emergence of the life story in adolescence. *Psychological Bulletin, 126,* 748–769.

Hess, E. (2009). *DIR/Floor Time™: A developmental/relational approach towards the treatment of autism and sensory processing disorder.* Paper presented at the American Psychological Association Annual Conference, Toronto, Canada.

Hess, E. (2012). DIR Floortime: A developmental/relational play therapy approach for treating children impacted by autism. In L. Gallo -Lopez & L .C. Rubin (Eds.), *Play-based interventions for children and adolescents with autism spectrum disorders.* New York, NY: Routledge/Taylor & Francis.

Hirschland, D. (2009). Addressing social, emotional, and behavioral challenges through play. *Zero to Three, 30*(1), 12–17.

Hughes, D., & Baylin, J. (2012). *Brain-based parenting: The neuroscience of caregiving for healthy attachment.* New York, NY: Norton.

Interdisciplinary Council on Developmental and Learning Disorders (ICDL). (2000). *ICDL clinical practice guidelines: Redefining the standards of care for infants, children and families with special needs.* Bethesda, MD: Author.

Interdisciplinary Council on Developmental and Learning Disorders (ICDL). (2010). Clinical update: ICDC practice guidelines: Redefining the standards of CORE for infants, children, & family with special needs. Poster presented at the Interdisciplinary Council on Developmental Learning Disorders Annual Conference, Sterling, VA.

Kasari, C. (2010). Randomized controlled caregiver mediated joint engagement intervention for toddlers with autism. *Journal of Autism and Developmental Disorders, 40,* 1045–1046.

Kasari, C., Paparella, T., Freeman, S., & Jahromi, L.B. (2008). Language outcome in autism: Randomized comparison of joint attention and play interventions. *Journal of Consulting and Clinical Psychology, 76*(1), 125–137.

Kogan, M. D., Blumberg, S. J., Schieve, L. A., Boyle, C. A., Perrin, J. M., Ghandour, R. M., & van Dyck, P. C. (2009). Prevalence of parent-reported diagnosis of autism spectrum disorder among children in the US, 2007. *Pediatrics, 10,* 1522–1542.

Lillas, C., & Turnball, J. (2009). *Infant/child mental health, early intervention and relationship-based therapists: A neuro-relationship framework for interdisciplinary practice.* New York, NY: Norton.

Mahoney, G., & Peralies, F. (2004). Relationship-focused in early intervention with children with pervasive developmental disorders and other disabilities: A comparative study. *Journal of Developmental and Behavioral Pediatrics, 26,* 77–85.

Mastrangelo, S. (2009). Harnessing the power of play: Opportunities for children with autism spectrum disorders. *Teaching Exceptional Children, 42*(1), 34–44.

National Center for Clinical Infant Programs. (1987). *Infants in multi-risk families. Case studies in preventative intervention.* In S. I. Greenspan, S.Wieder, R. A. Nover, A. Lieberman, R. S. Lourie, & M. E.

Robinson (Eds.), *Clinical infant reports, number 3.*Madison, CT: International Universities Press.

Pajareya, K., & Nopmaneejumruslers, K. (2011). A pilot randomized controlled trial of DIR/Floortime parent training intervention for pre-school children with autistic spectrum disorders. *Autism, 15*(2), 1–15.

Samson, A. (2013). *Applying DIR Floortime™ principles to a developmentally disabled adult population.* Paper presented at the California Association for Disabilities, Los Angeles, California.

Siegel, D. J. (2001). Toward an interpersonal neurobiology of the developing mind: Attachment relationships, "mindsight," and neural integration. *Infant Mental Health Journal, 22,* 67–94.

Solomon, R. S., Necheles, J., Ferch, C., & Bruckman, D. (2007). Pilot study of a parent training program for young children with autism: The P.L.A.Y. project home consultation program. *Autism, 11*(3), 205–224.

The Cochrane Collaboration. (2013). *Parent-mediated early intervention for young children with autism spectrum disorders (ASD), a review.* Hoboken, NJ: Wiley.

Wallace, K. S., & Rogers, S. J. (2010). Intervening in infancy: Implications for autism spectrum disorders. *Journal of Child Psychology and Psychiatry, 51*(12), 1300–1320.

Weisz, J., & Gray, J. S. (2007). Evidence-based psychotherapy for children and adolescents: Data from the present and a model for the future. *ACAMH Occasional Papers, 27,* 7–22.

Wong, C., Odom, J., Hume, K., Cox, A. W., Fettig, A., Kucharczyk, S., & Schultz, T. R. (2013). *Evidence-based practices for children, youth and young adults with autism spectrum disorder.* Chapel Hill: University of North Carolina, Frank Porter Graham Child Developmental Institute Autism Evidence-Based Practice Review Group.

19

애착 문제가 있는 아동의 놀이치료

SARAH C. PATTON, HELEN E. BENEDICT

애착중심 놀이치료는 생애 초, 취약한 신경발달적 시기에 애착 문제로 고통받는 어린 아동을 치료하는 데 적합한 이상적인 개입들을 모아놓은 것이다. 애착 유대의 형성은 중요한 발달 과제이다(Bowlby, 1988). 아동과 아동의 애착 대상과의 상호적이고 공동 조율적인 교류는 말 그대로 직접적인 신경발달(Schore, 2010)과 자아·타인·세계에 대한 청사진을 암시한다(Schore, 2011). 애착 유대는 정서적·인지적·행동적·사회적 발달에서 대신할 수 없는 수단이다(Kobak, Cassidy, Lyons-Ruth, & Ziv, 2006). 문제가 있는 애착 관계는 결과가 부정적이며 상당히 오래 지속될 수 있다. 애착 이론(Bowlby, 1988), 조절 이론(Schore, 2011), 대인관계 신경생물학적 연구(Siegel, 2012)는 이러한 집단의 처치와 개념화를 안내하는 틀을 제공한다. 이러한 풍부한 문헌들은 임상가들이 신경생물학적 역기능과 불안정 애착 패턴의 기저에 함축적으로 저장된 부정적 작동 모델들과 서로 연관되어 있는 다수의 증상들을 설명하는 우뇌중심적(right hemisphere-dominant)이고, 상호주관적이며, 정신생물학적으로 조율된 처리과정(Schore, 2011)으로서의 애착중심 치료적 메커니즘을 좀 더 깊이 있게 이해하게 한다(D'Andrea, Ford, Stolbach, Spinazzola, & van der Kolk, 2012).

집단 정의

애착 문제들은 양육자의 불안정 내적작동모델, 아동의 기질적 양상(예 : 까다로운 기질), 둔감한 부모 양육태도, 그리고 양육자의 학대/방임을 포함한 방대하고, 가끔은 상호작용적 요소들의 한가운데서 발생할지도 모른다(Berlin, Zeanah, & Lieberman, 2008). 애착 문제가 생기는 위험 요소 중에는 아동기 대인관계 외상이 매우 흔하며 치명적이기 때문에 특히 강조되는 부분이다. 2012년 아동 학대 피해자의 전국 추정치는 686,000명으로, 가장 높은 비율(78.3%)은 방임으로 나타났다. 조사 연구를 읽어보면 아동기 외상은 우리 시대 공공건강의 심각한 위기라는 것을 믿게 된다(Anda et al., 2006; van der Kolk, 2005). 주목할 만한 신경심리생물학적(Schore, 2010)이며 신경발달적 연구(Perry, 2006)는 완전히 파괴된 구조적이고 기능적인 신경해부학적 일탈이 생애 초기 관계에서 경험한 외상과 관련되어 있음을 분명하게 보여준다(Anda et al., 2006). 경험적이며 역학적인 증거는 생애 초기 관계의 외상이 인간의 전 생애에 걸쳐 발생하는 정서, 행동, 인지, 관계, 그리고 의학적 문제들의 기저에 깔린 지속적인 신경생물학적 역기능(Anda et al., 2006)을 제어할 수 없음을 보여준다. 심지어 더 나쁘게는 이 역기능(dysfuction)이 애착 외상의 세대 간 전파를 거쳐 자체적으로 영구화(self-perpetuates)가 된다(Schore, 2011; van Ijzendoorn, 1995). 그러므로 애착중심적 치료들을 재정의하는 것이 우리 세대와 후대의 고통을 감소시키기 위해 반드시 필요하다.

불안정 애착을 형성한 아동을 기술할 때 (a) 어떻게 애착 유대를 형성하는지, (b) 초기 애착 문제들이 신경발달 특히 우반구 발달에 얼마나 방해가 되는지, (c) 역기능적 애착이 아동의 암묵적 기억에 얼마나 내재화되는지를 이해하는 것이 중요하다.

Shore(2010)의 조절 이론에 따르면 안정 애착 유대는 민감한 양육자의 '유아 내부의 각성 상태와 아동의 정서적 상태의 활동적인 면의 조절'이 요구되는 '특별하게 맞춰진 상호작용'을 통해 함께 만들어 가는 것이다(p. 20). 이 공동의 조절은 시각적 표정, 촉각적 제스처, 그리고 청각-운율적 의사소통(Schore, 2009a)이라는, 예측 가능하고 동시 발생적이며 정서적으로 중요한 패턴에 의해 그 특징을 나타내는 정신간 의사소통의 기본적인 단계를 통해 나타난다. 엄마와 아이 사이에서 이루어지는 **원생대화**[1](또는 원시대화)(Bateson, 1971)는 양방향적이고 복잡하며(Lavelli & Fogel, 2013), 상호 부수적이다(Trevarthen & Aitken, 2001). 엄마들은 본능적으로 아이에게 **쓰는 말투**의 생리적인 언어 '어머니가 소리를 밖으로 내는 말, 음높이 유형, 그리고 다른 활동적이고 질적인 활동으로 이루어진 역동적인 이야기'를 통해 그들의 아기와 친밀하고 공동 조절적인 연결을 한다(Trevarthen & Aitken, 2001, p. 8). 갓난아기들은 우선적으로 얼굴의 구성을 처리하며, 선천적으로 관계적 추구를 원하는 시각적 초점의 최적의 거리를 찾는다(Sigelman & Rider, 2005). 최적의 애착 시나리오는 정신생물학적으로 조율된 양육자가 "아기 내면의 각성과 정서적 상태의 비언어적 표현을 살피고, 조절하며, 의사소통하여 아기에게 돌려주어"(Schore, 2010, p. 20) 동시 발생하는 의사소통을 하는 것이다.

정서적으로 동시 발생하는 자기 조절 능력을 활용하고, 호의적으로 신경발달과 사회적 유대감을 형성하는 기본이 되는(Shore, 1994, 2001; Wismer-Fries et al., 2005) 애착 처리과정은 '긍정적인 각성을 함께 만들고, 부정적인 각성을 바로잡는'(Shore, 2010, p. 21) 것으로, 시상하부-뇌하수체-부신(hypothalamic-pituitary-adrenal, HPA) 축을 발달시키는 데 영향을 주고, '항상성 변화 신경펩티드(옥시토신), 신경조절물질(카테콜아민), 신경스테로이드(코르티솔)'(Schore, 2010, p. 21)를 발생시킨다. 두 사람의 공동 조절 처리과정은 특히 아동의 생애 첫 1년 동안 필수적이며, 우반구와 변연계는 급성장을 이룬다(Schore, 1994, 2011). 영유아들은 그들의 최대 능력을 조직화하기 위해 환경적이고 내부적인 자극(신경전달물질, 신경호르몬)을 요구하는 미분화된 신경체계를 가지고 태어난다(Perry, 2001). 애착 처리과정은 말 그대로 아동의 신체에 기반을 둔 신경 연결선으로, 우반구에서 의식적 정서적 상태와 피질하부의 정동적(affective) 상태를 연결한다. 또한 그것은 안와전두피질의 발달을 형성할 뿐 아

---

1 원생대화 또는 원시대화(protoconversation) : 엄마와 아이 사이에 일어나는 상호작용으로 단어, 소리, 몸짓으로 언어가 나타나기 전에 시도되는 대화

니라 변연계와 연결된다. 이 부위는 '볼비의 애착 체계의 중심'으로 이해되며, 뇌의 '가장 복잡한 정서와 스트레스 통제 체계'(Schore, 2010, p. 23)이며, 공감, 정서 조절, 일관된 자아발달을 뒷받침한다(Schore, 2010).

아동들이 자라면서 안정 애착 유대를 유지하기 위해서 신체적으로 접근할 수 있고 정서적으로 반응하는 애착 대상과의 의사소통의 통로를 항상 열어두고 지속할 필요가 있다(Bowlby, 1973; Kobak & Madsen, 2008). 볼비는 애착 체계의 목표인 양육자의 용이한 접근가능성과 반응민감성을 정확히 담아내기 위해 양육자의 유용성(caregiver availability)이라는 용어를 사용하였다(Bowlby, 1973; Kobak & Madsen, 2008). 볼비는 양육자의 반응민감성을 양육자가 아동이 두려워할 때 편안함과 보호를 제공하려는 의지라고 정의하였다. 볼비는 또한 양육자가 자녀와 함께 서로 즐거움을 나누고 다른 것(즉, 놀이)을 가지고 상호작용적 순간들을 지속하려는 개입이 중요하다고 강조하였다. 이러한 활기 넘치는 순간을 공유하고, 재미있는 즐거움을 나누는 것은 건강한 애착과 정서를 조절할 수 있는 능력을 위해 필수적이다(Trevarthen, Aitken, & Vandekerckhove, Delafield-Butt, & Nagy, 2006).

많은 요인들이 정서적으로 동시에 발생하는 애착 과정을 방해하는데, 이것은 정서적으로 반응하고, 신체적으로 접근할 수 있고, 개방적으로 자녀와 의사소통하는 것으로부터 양육자를 방해할지 모른다. 예를 들어 양육자의 질병, 스트레스가 많은 생활 사건들(예 : 이혼), 양육자의 정신병리 또는 물질 사용, 그리고 아동 학대 등이 이에 포함된다. 애착 연구는 유전적 변이가 부정적인 양육을 유발하는 아동의 남다른 민감성에 영향을 줄 수 있다고 한다(Berlin et al., 2008; van Ijzendoorn & Bakermans-Kranenburg, 2006). 중요한 점은 아동의 애착 관계와 내적작동모델의 질은 스트레스가 많은 생활 사건들과 애착 방해 요인들을 경험한 후에 어떻게 평가하는지에 따라 극적으로 형성된다는 것이다(Kobak & Madsen, 2008).

애착 스트레스는 아동의 생리학적 고정점(set point)을 상향 조정하며, 경고 체계 활성화를 심화시키며, 스트레스 반응 체계를 예민하게 만든다. 증가된 아드레날린 활성은 아동의 생리적 반응(심장박동 수의 증가, 혈압, 불안, 호흡, 땀 분비)을 증가시킨다(van der Kolk, 2006). 아동이 발달하면서 이 생리학적 상태가 언어적 의사소통, 기억, 그리고 감각 통합을 중재하는 뇌 영역을 억제한다(van der Kolk, 1994). 아동의 대뇌피질 영역은 뇌의 아래쪽 영역의 힘에 압도되며(Gaskill & Perry, 2012; Lehrer, 2009; van der Kolk, 2006), 아동의 정서적 변덕과 관계 문제에 대한 취약성을 증가시키고, 탐험과 학습을 방해하는 지배적인 요소를 억제하기에는 부적절하다. 심각한 애착 외상의 경우 몇몇 취약한 아동들은 반응(과다각성)에서 부교감신경 지배 반응(해리)으로 전이된다. 이는 심리적·생물학적으로 자기보호적인 변화를 나타내며, 과다각성의 장기적인 에피소드로서 대사항진, 신경독성의 결과를 발생시킨다(Schore, 2001, 2010). 만약 습관적이라면 이 물질대사 정지(Schore, 2009a)는 우반구 성장과 기능을 지속시키기 위한 충분한 자원을 얻는 것을 방해한다. 이는 결과적으로 아동의 자아감 형성을 심각하게 방해하고, 의식의 공동(공간)을 만들며, 내재된 정서 조절 능력이 손상되어, 성인기 만성적인 심리장애(예 : 경계성 성격장애)로 이어질 가능성이 있다(Schore, 2010).

애착 문제가 있는 아동들의 일탈적인 생리학적, 신경생물학적, 그리고 신경해부학적인 특징들은 일상생활 속 스트레스 요인에서 방향을 찾고, 관계에서 이득을 얻기 위해 매우 도전적이 되게 한다. 이러한 아동들은 정서적 적응성/속박감, 적대적인 행동, 과잉행동, 그리고 분노폭발을 포함하는 정서와 행동에서 조절장애(dysregulation)를 나타낸다. 그들은 또한 분열적인 증상, 부주의, 집중의 어려움과 같은 의식과 주의의 어려움으로 고통받는다. 왜곡된 귀인과 대인 간 갈등이 빈번하다. 이러한 아동은 다른 사람의 행동에서 악의적인 의도를 추론하는 것은 빠르나 믿음이 생기는 데는 더디다. 그들은 종종 지나치게 매달리거나 의존적이며, 사회적 단서를 읽는 데 문제가 있으며, 또래와의 상호작용이 부적절하다(D'Andre et al., 2012). 임상적 논문(Zeanah & Borris, 2000)은 이러한 다양하고 서로 관련된 증상들을 적절하게 설명하고 있으나 정신의학의 질병분류학에서는 아직까지 적절하게 기술하지 못한다.

1세 정도의 어린 아동들에게서 발달 연구자들은 비교적 고정된 애착 유형 네 가지를 확인하였다. 안정, 저항, 회피, 혼란된 애착유형(Ainsworth, Blehar, Waters, & Wall, 1978; Main & Solomon, 1990)이 그것이다. 이 유형들의 후자 3개는 비최적화된(nonoptimal) 활동하기와 아동의 공포, 애착, 그리고 탐험 체계의 협응을 반영한다. 이 중 가장 부적응적인 유형은 혼란 애착유형(Main & Solomon, 1986)으로 일관된 애착 전략이 부족한 아동들에게 진단된다. 체계적이지 못한 애착은 극단적으로 병리적인 양육 관계의 결과로 발생하며, 애착 인물은 아동에게 엄청난 공포를 일으키며, 아동을 진정시키지 못한다. 이는 아동이 해결할 수 없는 역설적인 시나리오이며, 아동은 보호받기 위해 애착 대상을 본능적으로 받아들이는 동시에 무서운 애착 대상으로부터 달아나야만 하는 것이다. 그러므로 아동은 실행 가능한 대처 전략을 상실한다(Schore, 2001).

Zeanah와 Boris(2000)는 임상적 사용을 위한 3개의 애착 범주를 제안하였는데, 무애착(nonattachment) 장애, 안정 기지 왜곡, 그리고 혼란된 애착이다. 무애착장애 아동들은 특정 애착 대상을 위한 선호를 보여주지 않으며 탐색, 자기 조절, 그리고 정서를 드러내거나 편안함을 추구하는 능력에 어려움을 보인다. 안정 기지 왜곡 범주는 네 가지 하위유형을 포함하는데, 아동의 탐색과 아동이 스트레스를 받을 경우 돌아갈 안전한 안식처를 위한 안전 기지를 제공하는 애착 대상의 능력 모두에 결함을 보인다(Cooper, Hoffman, Powell, & Marvin, 2005).

다음은 하위 유형이다.

1. 자기를 위험에 빠뜨리는(self-endangerment) 하위 유형은 무모하고, 위험한 탐험, 자기와/또는 성인을 직접적으로 공격하리고 안전한 안식처로써 애착 대상을 활용하는 데 실패한다.

2. 매달리는-탐색억제하는 하위 유형은 매달리고, 애착 대상과 분리가 쉽지 않고, 탐색을 꺼린다.

3. 과도하게 순응하는(hypercompliance) 하위 유형은 정서적으로 위축되어 있고, 과하게 경계를 하는 아동들로 매달리거나 탐색하지 않는다.

4. 역할 전환된(role reversal) 하위 유형은 그들의 애착 대상의 안녕을 시각적으로 봐야만하고 통제하거나 몹시 간청하는 행동을 보인다(Teti,1999).

마지막으로 혼란된 애착 범주는 초기의 애착 관계가 아동이나 양육자의 입원, 양육자의 죽음 또는 아동 보호 서비스에 의해 아동을 보호조치하면서 부모와의 강제 분리되는 이유로 단절되는 것이다. 이 아동들은 그들의 초기 그리고 새로운 애착 관계의 질에 따라 적응성이 상당히 달라진다(Zeanah & Boris, 2000).

특별한 고려

앞서 밝혀진 증상에서 시기, 기간, 애착 혼란의 특성은 신경발달적 손상의 정도와 심각도에 따라 매우 중요한 영향을 미친다. Perry(2006)의 신경발달적 원리에 의하면, 두뇌발달 과정은 덜 복잡한 영역(뇌간, 간뇌)이 높은 영역(변연계, 피질)보다 앞서 조직화되며 높은 영역이 최적의 기능을 하기 위해서는 낮은 영역의 발달을 조건으로 하는, '경험 의존적'이고 시간에 민감하며, 순차적이고, 계층구조적으로 이루어지는 것을 알 수 있다. 초기 애착 문제들은 낮은 뇌 영역(뇌간, 간뇌)의 기능과 구조가 왜곡되어 비극적이고 좋지 않은 결과를 일으킬 수 있다. 대인관계 외상은 기억 속에서 자율신경계의 공포 반응과 어떤 감각적 단서들(냄새, 얼굴 표정, 목소리의 톤)이 피질하부에서 한 쌍으로 저장된 결과일지 모른다(Perry, 2006). 외부와 내부의 감각 입력은 뇌의 아래쪽, 무의식적이고, 원시적인 영역(뇌간, 간뇌)으로 먼저 들어온다. 새로운 입력 정보가 도착하면 저장된 견본에 맞춰보고, 잠재적으로 무의식이 작동할 수 있으며, 만약 정보가 일치하는 경우에는 신체에 기초한 경보가 울린다. 중요한 것은 이는 종종 의식적 알아차림 없이 발생하며 신경의 활동이 변연계와 피질 영역에 도달하기도 전에 경고체계가 활성화된다(Perry, 2008). 그러므로 애착 문제가 있는 아동들은 외견상으로 무해한 대인관계와 환경적 요소들에서도 반복적으로 경고체계가 작동될 수도 있다.

이론적 배경

애착중심 놀이치료의 원조는 영국의 대상관계 이론가 존 볼비(John Bowlby, 1988), 도널드 위니콧(Donald Winnicott, 1965, 1971a, 1971b), 그리고 메리 에인스워스(Mary Ainsworth, 1963)의 개념화로부터 시작되었다. 대상관계는 몇 가지 필수적인 가정을 공유한다. 첫 번째, 가까운 관계는 인간발달의 중요한 동기로 작용한다(Glickhauf-Hughes & Wells, 1997). 두 번째는 애착 대상들과 유아들은 함께 인지 정서적 '내적작동모델'을 만들며, 이는 타인, 자신 그리고 타인에게 관계하는 자신에 대한 믿음과 정서를 반영하는 기본적인 관계적 틀이 된다(Bolwby, 1988). 이러한 틀은 세계, 타인 그리고 자신을 지각하고 관계를 맺는 아동의 성격 형성에 영향을 미친다. 내적작동모델은 아동의 진행 중인 관계적 경험을 호혜적으로 상호작용하고 차례대로 그것을 통해 수정하면서 정보를 처리하는 과정을 형성해 나간다(Bolwby, 1988; Siegel, 2012).

애착 이론과 일부 고전적 정신역동적 구조들은 현대의 대인 간 신경학적 연구에 의해 개선되고/개선되거나 입증된다(깊이 있는 토론을 위하여 Schore, 2009b 참조). 아동의 "자신과 타인의 정신적 표상은 정신의 구조로 이어진다."(Glickhauf-Hughes & Wells, 1997, p. 8)는 개념은 Schore(2009a)의 우반구의 내재된 작동모델에 대한 연구에서 표면화되었다. 존 볼비(1958)는 생물학과 심리학의 '화해(rapprochement)'(Schore, 2010)를 예측하였다. 볼비는 불가분하게 심리적 그리고 생물학적 과정들을 그의 모델에서 합쳤다. 그는 그의 연구를 메리 에인스워스(1963)와 협력적으로 연대하여 개선하였다. 애착 대상은 탐험을 위한 안전 기지이며(Ainsworth, 1963), 아동이 힘들 때 되돌아올 수 있는 안전한 안식처를 제공한다. 현대의 연구는 아동의 탐험, 공포, 그리고 애착 체계로 둘러싸인 역동적 연관성이 사실임을 보여준다(Cassidy, 2008). 아동의 애착 체계는 양육자에게 가깝게 있으려고 기거나 우는 것처럼 양육자를 부르는 행동들을 통해 안전한 근접성을 유지한다. 아동은 애착 대상이 접근이 쉽고 안전하다고 인지되면, 아동의 애착 체계는 안정적이 되며, 아동이 새로운 장난감을 시험해보고, 사물들을 쌓고, 기어서 멀리 가는 것과 같은 탐험 체계 행동에 개입할 수 있게 된다(즉, 안전기지). 애착과 공포 체계는 둘 다 극단적인 스트레스를 받는 동안 활성화되며, 이는 탐험 체계를 억제하는 결과를 낳는다.

거짓 자기(false self), 충분히 좋은 어머니(good enough mothering), 안아주는 환경(holding environment), 조율(attunement) 그리고 중간 대상(transitional object)이라는 5개의 정신역동적 구조는 애착중심 놀이치료를 소개한 영국의 대상관계 이론가인 위니콧(1971a)에 의해 발달되었다. 거짓 자기는 애착 대상을 과도하게 따르는 아동이 자신의 진정한 자기와 떨어져 있는 현상이다. 충분히 좋은 어머니는 양육자가 침해 없이 아동의 욕구를 충족시켜주고 수용하며 여유 있게 돌보는 분위기를 공급한다는 의미를 가진 용어이다(Abram, 1996). 버텨주는 환경은 돌보는 환경을 재현하는 치료적 관계와 관련이 있다. 마지막으로 양육자는 아동의 욕구를 정확하게 읽고, 민감하고 지속적으로 욕구를 채워주는 조율을 제공한다. Fairburn(1952)의 완고한 애착(obstinate attachment)이라는 개념은 애착 문제를 가진 아동의 처치와 관련이 있다. 완고한 애착은 아동이 거부적이거나 학대적인 양육자와 역설적으로 애착을 형성하는 것이다.

왜 놀이치료가 적절한가

놀이치료는 우반구와 연결되어 있으며 눈 맞춤, 움직임, 소리, 접촉과 같은 감각적 의사소통을 통해 뇌의 더 아래쪽 영역을 조직화하는 것을 돕는다(Booth & Jernberg, 2010). 그러므로 놀이는 애착 문제를 가진 아동을 위한 이상적인 방법이다. 발달 연구자들은 놀이가 건강한 양육자-아동 애착 관계의 핵심적인 요소이며, 아동의 언어, 인지, 그리고 관계 발달을 위해 필수적이라고 한다(Cicchetti & Valentino, 2006). 애착 문제를 가진 아동들은 종종 양육자와 즐거운 순간을 많이 함께하지 못했다. 그러므로 그들은 심리치료와 가정에서 양육자와 함께 발달적으로 성장할 수 있는 즐거운 순간들을 반복적으로 재현해야 한다. 주제와 관련된 놀이는 개인적 치료 도구가 될 수 있으며 표현적인 장난감, 피규어, 그리고 놀이를 위한 물건들은 아동의 내재된 대상관계를 드러나도록 한다. 안전한 치료 관계가 깊이 있게 이루어질 때, 주제와 관련된 놀이는 외상 회복을 위해 아동에게 외현화와 투사 기회를 제공한다(Gil, 2003). 잠재적으로 스트레스 경험과 노력은 안전하게 외현화되고 억제된다. 이러한 외현화는 불필요하게 조절장애를 일으키지 않고 기억, 신념 그리고 정서를 발달시키는 아동에게 충분한 심리적 거리를 만든다(O'Connor, 2006).

치료 전략

놀랍도록 다양한 개별놀이치료, 쌍놀이치료, 가족놀이치료에서 쓰이는 전략들의 집합이 애착 문제가 있는 아동들을 돕기 위해 존재한다. 애착중심 놀이치료 모델 중 확실한 효과를 보이는 전략은 치료놀이[2], 쌍 발달심리치료, 그리고 대상관계와 애착에 기초한 놀이치료들이다(Patton & Benedict, 2014). 임상가들은 이러한 모델들을 독립형 개입으로 사용할 수도 있고, 아동과 양육자의 독특한 요구를 위한 처치를 조정하기 위한 다양한 접근들로부터 요인들을 통합할 수도 있다(O'Connor, 2006; Weir, 2007). 또한 임상가들은 애착 문제를 다루기 위해 존재하는 놀이치료 접근들을 수정하기도 한다 (Barfield, Dobson, Gaskill, & Perry, 2012).

애착 문제가 있는 아동과 양육자는 뼛속까지 안전한 관계를 형성하기 위해 집중적으로 초점 맞추는 초기의 치료가 필요하다(Hughes & Baylin, 2012). 이 관계는 개입의 중요한 수단으로 사용될 것이다. 치료사는 비언어적 단서를 통한 온정, 수용, 호기심, 공감과 재미를 가지고 있어야 하며(Hughes, 2009), 그뿐만 아니라 말의 속도, 톤, 리듬, 운율, 울림(amplitude), 그리고 음색까지도 심리치료 과정에서 중요하다(Hutterer & Liss, 2006). 치유적 힘은 아동의 관계적 외상 역사가 그곳에 함축적으로 저장되어 있다는 사실로 볼 때, 애착 대상과의 우반구 중심 비언어적 처리과정을 통해 발생한다는 것을 알 수 있다(Schore, 2009a).

조율과 관계적 일관성을 제공하는 것은 개별 놀이치료 접근에서 아동과 안정적 기초 관계를 형성하는 데 중요하다. 쌍과 가족 모델에서 임상가는 아동의 양육자와 안정적 기초 관계를 형성해야 하며, 그런 다음 양육자가 조율하도록 돕고, 모델링, 역할놀이, 구조화된 놀이 활동을 통해 그 또는 그녀의 아이와 상호주관적인 의사소통을 하도록 돕는다(Booth & Jernberg, 2010; Hughes, 2009). 조율은 공유된 경험들을 통해 다른 사람의 정서를 애착대상과 아동이 감지하는 상호 주관적인 상태를 창조하는 것을 포함한다(Trevarthen et al., 2006). 치료사는 아동-반응과/또는 양육자 반응 개입을 통한 조율뿐만 아니라 아동의 정서적이고 행동적인 표현에 관하여 시기적절하게 반영하는 것을 전달한다. 조율은 또한 치료사가 아동 또는 양육자의 정서의 활력이나 강도를 맞춰주는 것을 포함한다(Stern, 1985). 이 맞춤은 아동에게 '느껴지고' 깊게 이해되는 감정의 경험을 제공한다. 게다가 놀이치료실, 절차, 안전 규칙, 방 배치 그리고 장난감과 물건의 사용 가능 여부도 가능한 한 일관되게 유지되어야 한다. 치료를 위한 예측 가능한 장소와 시간을 정하는 것도 아동과 양육자가 치료사에 대한 일관성을 가지게 하는 데 도움이 된다. 애착 문제가 있는 아동들은 반복되는 것의 변화 또는 작은 변화에 직면했을 때 경계심이 생길 수 있다. 그러므로 치료사는 치료 시간, 장소, 그리고 놀잇감의 변화에 아동을 미리 준비시킬 수 있도록 예측할 수 있어야 한다.

애착 외상은 행동 문제를 야기하고 아동의 통합된 자아상 발달을 저해함으로써, 아동이 내재된 격한 감정을 조절하는 능력을 약화시킬 수 있다. 애착중심 놀이치료사는 상호조절자(coregulator)로서 역할하면서 절차에 따라 이러한 문제를 치료하게 되는데, 그 근본적인 역할은 아동이 흥분한 상태에 있을 때, 그에게 치료사의 감정조절 능력을 제공하는 것이다. 상호조절을 위해서 치료사는 먼저 아동의 상태에 맞춰 조율을 해야 하는데, 이는 감정이 절제된 아동을 자극하거나 혹은 지나치게 흥분한 아동을 진정시키기에 앞서 그 아동의 현재 상태를 포착하기 위해 아동의 현재 활성화된 감정(Stern, 1985)에 맞추는 것을 말한다. 상호조절은 또한 치료사가 아동의 감정이 어떤 상태인지를 헤아려보고 그런 감정을 어떻게 파악했는지(예 : 아동의 격앙된 목소리나 크게 뜬 눈)를 설명하는 행위도 포함한다. 신

---

2 치료놀이는 치료놀이기관(The Theraplay Institute)의 등록된 서비스 마크이다.

경생물학적 측면에서 보자면, 치료사는 이렇게 함으로써 우뇌의 피질하영역과 피질영역 간의 연결을 촉진하는 것이다(Schore, 2009a). 상호조절은 아동이 스스로를 위로할 수 있도록 하고, 안전에 위협을 느낄 때 대응하는 방식을 수정하도록 돕는다.

애착 문제가 있는 아동과 그들의 양육자는 물리적 · 심리적으로 안전하다고 느끼는 상태에서 치료를 받아야 한다. 치료사는 아동의 자유를 극대화하는 한편, 일관되면서도 창의적으로 물리적 안전의 한계를 유지해야 한다. 이는 아동의 무모한 행동이나 신체 동작 조정의 어려움, 충동성을 보일 때 과도하게 어려울 수 있다. 스스로를 위험에 빠뜨리기도 하는 아동들의 경우, 자신 혹은 타인을 향한 공격성으로 자주 치료사를 곤경에 빠뜨린다. 치료사는 허용적인 태도를 취하는 것은 피하고, 온화한 태도를 유지하면서 얼마나 문제가 있든지 간에 아동의 행동과 감정을 계속해서 온전히 받아주어야만 한다.

치료사의 우뇌중심(right hemisphere-dominant)의 창의성(Schore, 2011)과 임상적 직관이 불안정 애착 아동을 효과적으로 치료하는 데에 필수적이다(Schore & Schore, 2008). 치료사가 자신의 감정을 참아내고 조절하고 아동과 깊이 공감하며 함께 있는 시간을 즐기는 능력이 심리적인 안정을 구축하는 데에 매우 중요하다. 애착 문제가 있는 아동들은 종종 철회하거나 거리를 두는 행동뿐만 아니라 충동적이고 공격적이며 도발적인 행동들을 통해서도 치료사로부터 강력한 감정 반응을 이끌어낸다. Schore(2009a)에 따르면, 감정적으로 고조된 순간들은 치료사 자신의 애착 경험에서 비롯된 내재된 대응 전략을 포함하여 가장 힘든 역전이 반응들을 촉발한다. 해결되지 않은 감정들은 비언어적인 지표들을 통해 무의식적으로 전달되어, 아동에게 인지되어 있던 심리적 안정을 위협하고 안정된 기초 관계를 약화시킨다. 치료사는 다양한 치료 요소들에 대한 통제권을 아동에게 넘겨줌으로써 과도하게 지시적인 태도를 갖는 것을 경계해야 한다. 예를 들어 치료사는 치료 시간이 얼마나 남았는지를 알려달라는 아동의 요청에 치료가 언제 끝나는지 알 수 있도록 아동이 쉽게 볼 수 있는 시계를 제공할 수 있다.

애착 문제가 있는 아동을 치료하기 위해 사용할 수 있는 또 한 가지의 절차상 변형은 치료가 필요한 두뇌 영역에 맞추어 놀이치료를 계획하고 그 순서를 정하는 것이다. Perry(2006)의 신경발달 원리는 관계 및 인지장애치료를 위해서는 두뇌 하부영역(간뇌, 간뇌) 역기능(dysfunction)의 치료가 선행되어야 함을 확실하게 입증한다. 그러므로 세심하게 계획된, 관계에 초점을 둔 개입조차도 아동이 기초적인 자기 조절 능력을 갖추지 못한 경우 역효과를 낳을 수 있다. Perry의 치료학의 신경순서모델(neurosequential model of therapeutics, NMT)(Perry, 2006)에 따르면, 뇌간을 조절할 수 있으려면 신경발달과 조직을 촉진할 수 있는 패턴화된 반복적인 입력이 주어져야 한다. 이러한 입력을 촉진하는 개입에는 흔들어주기, 노래 부르기, 순서 배열하기, 치료적 접촉, 유아 게임, 움직임 활동, 진정시키기 활동 등이 있고, 이 모두는 치료놀이의 특성이다(Booth & Jernberg, 2010). 이런 뇌간 조절 활동은 애착에 어려움이 있는 아동들의 필요를 충족시키기 위해 부모놀이치료(Barfield, Dobson, Gaskill, & Perry, 2012)와 같은 접근법에 더해져 사용될 수 있다.

자기 조절력이 부족한 아동은 매주 제공되는 심리치료 이상의 반복적 치료가 필요하다(Perry, 2006). 그러므로 두뇌 하부에 심각한 역기능을 가진 아동들에게서 의미 있는 변화를 이끌어내기 위해서는 놀이치료를 아동의 전체 양육 체계(예 : 부모, 교사)와 관련된 종합적인 처치 프로그램의 한 가지 요소로 봐야 한다. 그러한 경우에 놀이치료와 함께 작업치료나 음악/운동 수업과 같은 뇌간 치료(brainstem-remediating) 활동들이 병행되어야 한다. 치료놀이에서 사용되는 것과 같은 애착중심 놀이 활동들은 학교, 가정, 탁아시설에서에도 쉽게 장소를 옮겨 사용될 수 있다. 치료사는 일주일 내내 재미있고 치유를 돕는 상호작용이 일어나도록 하기 위해 아동의 교사, 조부모, 형제자매와 협력할 수 있다.

주제와 관련된 놀이는 애착 문제를 다루는 데에 있어 귀중한 치료 도구가 될 수 있다. 놀이치료 연구자들(Benedict, 1997, 2004; Benedict & Hastings, 2002; Benedict, Hastings, Ato, Carson, & Nash, 1998)은 아동들이 인식 가능한 주제들로 놀이를 한다는 것을 알게 되었다. 이런 주제들은 모든 아동에게 공통되지만, 치료를 받는 아동에게 특별한 의미를 갖는 독특한 캐릭터와 시나리오를 포함할 수도 있다. 예를 들면 가족 관련 주제(예: 분리, 재회, 양육), 안전 관련 주제(예: 위험, 구조), 그리고 공격성에 대한 주제(예: 선한 자-악한 자, 죽음놀이, 공격자-희생자) 등이 사용될 수 있다. 놀이치료 연구자들에 따르면 아이들의 주제와 관련된 놀이는 반복적으로 나타나는 감정과 대인관계 패턴이 특징이다(Benedict, 2004; Benedict et al., 1998). 이러한 요소들은 아동의 내적작동모델, 내재된 감정, 그리고 습관적인 관계 패턴을 드러나게 한다.

주제와 관련된 놀이치료에서 치료사는 놀이의 주제와 정서, 관계적 패턴이 아동의 애착 경험 및 발달적 경험과 관련이 있는지 판단한다. 치료사는 아동이 놀이를 할 때 심리생물학적으로 아동에게 맞추고, 새로움과 창의성을 가지고 반응하는데, 이 두 가지는 모두 우뇌의 기능이다(Arnold, 2007; Schore, 2011). 아동의 은유적 세계로 들어가면서, 치료사는 부적응 대상관계를 간접적으로 부드럽게 수정할 수 있도록 창의적인 제안을 한다(Gil, 1991). 아동들의 놀이 주제에 대해 명백하게 해석하는 것은 불필요하며 잠재적으로 역효과를 낳을 수 있는데, 해석은 아동에게 부담을 주어 놀이를 좌뇌가 매개하는 개입으로 옮겨 가도록 하기 때문이다(Schore, 2009a). 연구에 의하면 내재화된 대상관계는 경험적이고 무의식적인 치료 과정에 의해 더욱 효과적으로 수정될 수 있다고 한다. Schore(2011)는 "좌뇌가 의식적인 언어적 행동을 통해 좌뇌의 다른 부분들과 현재의 상태에 대한 의사소통을 나누며, 우뇌 역시 이러한 의사소통 방식을 조절하는 우뇌의 다른 부분들과 비언어적 의사소통 방식으로 무의식적인 상태를 전달하게 되는 것과 같다."고 표현한다. 아동의 은유적 세계에서, 치료사는 공감을 전달하고, 새로운 관점을 표현하고, 아동의 내재된 모형을 수정하기 위한 해결책(예: 위험한 상황에 빠진 소녀를 구출하기 위해 경찰을 보내는 일)을 선보이기 위해 극중 인물들을 사용한다. 게다가 치료사의 극중 인물은 자신의 것이 아니라고 부정해 왔던 감정이나 경험을 표현함으로써 아동의 외상 중에서 참아내기 힘든, 통합되지 않은 요소들을 묘사할 수 있다(Bromberg, 2006).

치료사는 아동이 의식적으로 접근하지 못하는 감정과 믿음을 표현하여, 이런 것들이 아동의 이야기(narrative)에 통합되게 할 수 있다. 주제와 관련된 놀이는 Schore(2011)가 "심리치료에서의 자기 탐험 과정으로, 특히 잠재적으로 더욱 복잡한 내재된 자아상에 통합될 가능성이 있는 무의식적인 감정에 관한 것"(p. 94)이라고 설명한다.

사례

3세 6개월 나이의 백인 아이인 엘리아나는 엄마가 그녀를 어깨에 둘러메고 심리치료 클리닉에 들어섰을 때 곱슬한 갈색머리와 불편한 팔다리를 거칠게 휘저었다. 엘리아나의 낙담한 부모는 30대 초반의 전문직 종사자였는데, 엘리아나가 짜증을 자주 부리고, 잠자리에 들기를 거부하고, 반항하고 난폭한 행동을 보여 힘들어하고 있었다. 엘리아나는 어린이집의 일과를 따라가는 것도 몹시 힘들어했고, 활동이 바뀔 때마다 자지러질 듯 떼를 쓰곤 했고, 낮잠시간에는 단호하게 잠자리에 들기를 거부했다. 그녀의 선생님은 종종 그녀를 생각의자에 앉히곤 했는데, 그럴 때면 그녀는 발로 차고 침을 뱉고 때리기 시작했다. 엘리아나는 극도로 예민했고, 놀이를 하고 무언가에 집중하는 것을 힘들어했다. 그나마 긍정적인 점은 그녀가 몇 명의 친구를 사귀었다는 것인데, 그녀의 변덕 때문에 친구 관계는 쉽게 무너져버렸다. 어린이집 관리자는 엘리아나를 보육 프로그램에서 내보내려 하고 있었고, 그녀의 부모는 큰 걱정에 사로잡혔다.

엘리아나의 치료사인 신시아는 엘리아나의 어머니가 걱정이 많고 과잉 행동을 보이는 반면, 아버지는 무심하고 감정을 억제하는 사람인 것 같다는 점에 주목했다. 엘리아나는 2개월이 됐을 때에 어린이집에 맡겨졌다. 두 살 때에는 아빠가 눈을 커다랗게 뜬 채 앞마당에서 쓰러지는 것을 목격했다. 그녀는 구급대원들이 현장으로 달려와 아빠를 소생시키고 데려가는 것을 지켜보았다. 그의 병명이 무엇인지는 6개월 동안 알 수가 없었다. 그는 고통스러운 두통에 시달렸고, 병원에서 퇴원해 돌아온 뒤에는 엘리아나를 피했다. 엘리아나의 어머니가 생계와 육아를 도맡게 되었다. 그녀는 가정과 직장을 바쁘게 오가며 커다란 압박감에 시달리고 있었다.

신경심리생물학적 개념 체계를 사용하여, 신시아는 엘리아나가 오른쪽 반구를 최적으로 구성하고 긍정적인 내적작동모델을 수립하기 위한 애착을 기반으로 상호조절하는 경험을 충분히 가지지 못했으리라 추측했다. 엘리아나의 부모는 그녀를 사랑했으나 직장일과 아픈 몸 때문에 스트레스를 받고 있었고, 그들 자신의 감정 조절에 어려움을 겪고 있었기에 아이의 감정에 맞추어 조율되어 있지 않았다. 엘리아나가 울 때면, 그녀의 어머니는 엘리아나의 흥분을 진정시키기보다는 불안하고 과민한 반응을 더 많이 보였다. 엘리아나의 아버지는 괴로울 때면 감정적으로 위축되는 모습을 보였다. 그의 조용한 비언어적 표현은 엘리아나의 정서적 활력에 훨씬 못 미쳤고, 그녀를 감정이 조절되지 않는 상태로 혼자 내버려두었다. 엘리아나는 오랜 시간을 극도의 흥분 상태에서 보냈다. 이것은 그녀의 스트레스 대응 체계를 예민하게 만들었고, 그녀의 감정 조절 능력을 망가뜨렸으며, 고등두뇌발달/기능(주의집중, 상상놀이)을 방해했다. 엘리아나는 애착 대상들이 감정적으로 고통스러울 때에 안정감을 줄 수 없다는 내재된 '절차적' 기대를 갖게 되었다. 엘리아나는 또한 그녀의 괴로움이 양육자에게서 부정적 감정을 일으키거나 양육자를 그녀로부터 멀어지게 했기 때문에 부정적인 자아상을 내면화하게 되었다.

이런 근원적인 취약성을 가진 것에 더해, 엘리아나는 아빠가 쓰러지는 충격적인 장면까지 목격했다. 이런 경험은 애착 대상이 상처 입지 않으며 변치 않는다는 내재적 믿음을 산산조각 내었다. 엘리아나는 부모가 어디 있는지에 대해 촉각을 곤두세우게 되었고, 그녀는 부모에게 안정감을 가지고 기댈 수 없었다. 엘리아나의 부정적인 내적작동모델은 아빠가 그녀를 피하고 엄마가 중압감을 느낄 때에 더욱 공고해졌다. 그녀의 양육자는 긍정적인 감정을 이끌어내고 조절하기 위해 엘리아나를 명랑하고 즐거운 상호 주관성의 순간에 끌어들인 적이 없었다. 엘리아나는 자신의 부모가 딸인 그녀의 존재에 대해 즐거워하는 경험을 한 적이 없기에, 자신에 대한 긍정적인 내재된 작동 모델을 내면화하는 데에 실패했다. 부모-아동 상호작용은 과업중심이 되었고, 엘리아나는 화가 난 모습을 보일 때면 야단을 맞았다. 그녀는 양육자에 대해 매우 강압적이고 반항하는 태도를 갖게 되었고, 스스로를 위로할 수 없고 스트레스에 대처할 수 없는 상태로 남게 되었다.

엘리아나의 처치는 45주에 걸쳐 매주 애착에 초점을 두는 놀이치료로 진행되었다. 그녀의 부모는 각각 또 다른 치료사와 함께 치료시간에 참석했는데, 뇌 기반 애착원리(Hughes, 2009; Hughes & Baylin, 2012; Siegel & Hartzell, 2004)에 대해 배우고, 엘리아나에 대한 그들의 생각과 감정에 대해 통찰하고, 엘리아나의 감정을 상호조절하는 방법을 배우기 위해서였다. 처치 계획에는 엘리아나를 위한 음악 수업도 포함되었다. 음악 수업에서는 반복적으로 리드미컬한 감각자극을 제공하여 두뇌 하부영역의 조직과 조절을 돕는다. 엘리아나의 부모와 선생님은 가정과 어린이집에서 함께할 수 있는 유아놀이를 배웠고, 날마다 노래를 불러주며 그녀를 안아 흔들어 주었다.

엘리아나의 치료사는 먼저 안정된 기초 관계를 확립하였다. 이 과정은 수 주일이 걸렸는데 엘리아나가 불안해하고 몹시 강압적이며 예측할 수 없는 순간에 공격성을 드러냈기 때문이다. 엘리아나는 놀이를 매우 어려워했다. 그녀는 주로 장난감을 내던졌고, 작동하지 않는 것들에는 쉽게 좌절감을 느꼈다. 엘리아나는 장난감을 거칠게 다루었는데, 한번은 치료실 건너편에 있는 신시아에게 밥백(bob bag, 펀치백)[3]을 던졌다. 신시아는 그녀의 목소리 크기, 높이, 속도를 엘리아나의 격해진 감정 상태에 맞추면서 무릎을 꿇고 앉아 말했다. "놀이실에서 우리는 아무도 다치게 하지 않아. 그러니까 내게 밥백을 던져서는 안 돼. 나는 네 목소리를 듣고 네가 때때로 몹시 화가 나거나 두려워한다는 걸 알 수 있어. 그리고 그건 네게 힘든 일이지. 네가 그렇게 화가 날 때 밥백을 안전하게 칠 수 있는 방법을 내가 보여줄게."

신시아는 조율과 상호조절을 제공했고, 안전하게 신체를 사용해 감정을 표현하는 것은 기꺼이 받아주었다. 또한, 신시아는 자신의 심리적·감정적 반응을 돌아보았고, 자신의 애착 경험에서 비롯된 요소들과 연관을 지으면서 자신의 감정적·인지적 반응에 주의를

---

3 치면 넘어졌다가 다시 일어나는 풍선 형태의 오뚝이인형

기울이고 그것들을 이해했다. 엘리아나는 2개의 놀이실을 모두 이용하려 하고, 수업 중에
사탕을 꺼내려고 칭찬사탕 항아리로 달려가기도 하고, 놀이실 안에서 문을 잠가 신시아가
들어올 수 없게 만들기도 하면서, 상상할 수 있는 거의 모든 한계점을 시험하려 들었다.
신시아는 엘리아나에게 가능한 한 많은 주도권을 넘겨주기 이전에 안전을 유지했다. 예를
들면 그녀는 엘리아나가 부모들의 상담시간에 들어오고 싶은 만큼 자주 와서 방해하는 것
을 허용했고, 엘리아나가 놀이 활동을 이끌도록 하였다. 안정적인 기초 관계가 형성되고
나자 엘리아나는 놀이시간 마치는 것을 힘들어하기 시작했고, 놀이를 중단하기를 거부하
거나 장난감을 집으로 가져가겠다고 고집을 부렸다. 신시아는 조율을 했고 곰곰이 돌아보
며 엘리아나의 생각과 감정을 파악했다. 그녀는 또한 엘리아나가 집으로 돌아가는 과정을
좀 더 수월하게 해주기 위해 치료시간이 끝나면 미술작품 하나를 대기실로 가지고 갈 것
을 제안했다. 신시아는 다음 주에도 같은 장난감을 가지고 놀 수 있다고 엘리아나를 안심
시켰고, 다음 치료시간이 돌아올 때까지 캐비닛에 안전하게 보관할 수 있도록 엘리아나의
미술작품을 넣는 특별한 상자를 만들어주었다.

　엘리아나의 주제와 관련된 놀이는 처음에는 교사와 학생이 등장하는 연극을 통해 공격
적인 주제, 분노, 강압적인 관계 패턴을 그려냈다. 엘리아나는 학생 역할을 맡은 신시아를
온갖 종류의 나쁜 행동을 이유로 꾸짖는 가혹하고 실망한 선생님 역할을 연기하면서 자신
의 내적작동모델을 드러냈다. 신시아는 낮잠을 자지 않는다는 이유로 벽장에 들어가 있어
야 했고, 선생님 곁에 너무 가까이 앉았다는 이유로 카펫 위로 쫓겨났으며, '나쁜' 학생이
었기 때문에 '혼자 있어'라는 말을 들었다. 학생으로서 신시아는 엘리아나의 두려움과 무
기력감을 표현했다. 이를 통해 간접적으로 공감한다는 것을 전달하였으며, 엘리아나가 자
신의 감정적인 부분 중에서 버려두었던 면들을 다시 통합할 수 있도록 도왔다. 신시아는
마음을 진정시키는 것이 얼마나 힘든지를 표현하고 엘리아나가 돌보아주도록 유도했다
(예 : "제가 마음을 가라앉히도록 담요와 동물인형을 좀 갖다 주시겠어요?"). 엘리아나는
처음에는 나쁜 학생을 엄하게 처벌할 것을 고집하며 이런 부탁을 거절했다. 그러나 시간
이 흐르고 엘리아나는 학생들에게 담요를 가져다주고 낮잠시간에 그들 곁에 인형을 놓아
주기 시작했다. 엘리아나가 한번은 공룡들이 학생들을 공격하는 시나리오를 연기하기 시
작했다. 신시아는 인형을 사용해 구출 작업을 하자고 제안했고, 엘리아나는 이 제안을 받
아들였다. 엘리아나는 신시아의 머리를 빗겨주고 잘라주겠다고 허락을 구할 때 처음으로
역할 바꾸기를 사용하기는 했지만 보살펴주는 행동들을 주도적으로 하기 시작했다. 엘리
아나는 서서히 역할을 바꾸기 시작했으나 확실히 이것을 불편하게 여겼다. 그녀는 돌보는
사람으로서의 역할로 다시 돌아오기 전에 잠시 동안 보살핌을 받는 것을 견뎌냈다. 시간
이 흐르자 엘리아나는 보살핌이 필요할 때 직접적으로 부탁했다. 그녀는 특히 스트레스가
많은 날이면 담요를 달라고 부탁하곤 했고, 낮잠을 자려고 할 때 신시아가 그녀의 등을 쓰
다듬으며 노래 불러주는 것을 허락했다.

몇 달 뒤, 엄마-아기 주제와 관련된 놀이가 엘리아나의 연극에 나타나기 시작했다. 연극의 시나리오는 서두르는 발걸음을 유지하지 못하고 가야 할 장소에 제시간에 도착하지 못하면서 버림받은 경험과 끈끈하지 못한 정서적 유대를 묘사하고 있었다. 은유 속에서 아기 역할인 신시아는 그것의 영향을 조절하기 위해 은유를 극 속에서 연기로 표현해 내며, 엘리아나의 내재된 슬픔과 외로움을 구현하였고, 그녀의 두려움을 말로 표현했다(예 : "엄마, 나는 때때로 엄마가 나를 떠나서 돌아오지 않을까 봐 걱정이 돼요."). 신시아는 엄마에게 아기를 보살피고 감정적으로 아기에게 맞추어 조율할 수 있는 방법들을 제시했다. 신시아는 버림받을 것에 대한 두려움이 보일 때면 치료관계 안에서 같은 기법들을 사용하였다. 예를 들어 한번은 엘리아나의 어머니가 출장을 가게 되어 그녀의 아버지가 그녀를 직접 상담시간에 데리고 왔다. 엘리아나는 확실히 더 긴장하는 모습이었고, 감정 조절이 잘 되지 않았다. 그녀는 창문에 붙어 서서 아빠가 차에 타는 모습을 바라보았다. 신시아는 엘리아나가 두려움을 비언어적으로 표현하는 것에 주목하고 그녀의 걱정을 말로 표현하는 한편, 감정적으로 엘리아나의 슬픔에 공감하였다. 신시아는 엘리아나가 아빠와의 분리로 인한 고통을 진정시키기 위해 아빠로부터 중간 대상을 가져오도록 제안했다. 시간이 흐르고, 신시아는 엘리아나의 아버지를 놀이시간에 참여시키기 시작했고, 엘리아나와 아빠 간에 조율되고, 상호 주관적이며, 즐거운 상호작용이 일어나도록 도왔다.

엘리아나는 치료의 최종 단계에 이르러 몇몇 영역에서 뚜렷한 발전을 보였다. 그녀는 좀 더 유연하게 다음의 치료 과업으로 넘어갈 수 있게 되었다. 그녀의 연극 속에서는 적대적이고 강압적인 놀이 주제가 줄어들었다. 그녀는 치료시간 중에는 치료사로부터, 가정에서는 부모로부터 보살핌을 유도해내고 받아들일 수 있게 되었다. 그리고 그녀의 스트레스에 대처하는 능력과 변화를 견뎌내는 능력 또한 향상되었다. 놀이치료는 치료 종료를 축하하는 행사와 종결회기로 끝맺었다. 엘리아나는 하고 싶은 놀이를 골랐고, 신시아와 특별한 그림을 그렸으며, 함께했던 시간을 기억하기 위해 신시아와 함께 폴라로이드 카메라로 사진을 찍었다.

경험적 증거

방대한 양의 실증적 연구 문헌이 애착중심 접근의 신경생물학적 · 신경발달학적 체계를 뒷받침한다(Perry, 2006; Schore, 2011). 우뇌가 애착에 있어 가지는 역할을 입증하기 위해 12개월 된 아기와 엄마 간의 애착에 대해 근적외선 분광학 연구를 실시한 연구자들은 "우리의 연구 결과는 애착체계에 있어서 우뇌의 중요성을 다룬 Schore(2001)의 연구 결과와 일치한다."라고 주장했다(Minagawa-Kawai et al., 2009, p. 289). 또한, 사전 조사 결과는 Perry의 치료를 위한 신경순서모델을 부모놀이치료에 통합시키는 것이 사회적 · 정서적 발달과 복잡한 신경정신병학적 문제가 있는 미취학 아동의 행동을 개선하는 데에 도움이 된다는 것을 보여준다(Barfield, Dobson, Gaskill, & Perry, 2012). 대인관계 신경생물학 연구는 애착 이론과 조율과 상호 주관성을 포함한 다양한 대표적인 정신역동 구성개념(Schore, 2009b)에 반향을 일으킨다.

연구 결과는 이 장에서 논의되었던 치료놀이와 쌍 발달심리치료(dyadic developmental psychotherapy)와 같은 특정한 애착중심 모형들의 효과성도 보여준다. 쌍 발달심리치료를 받은 아동들은 통상적인 치료(개인, 가족, 집단 치료)를 받은 통제집단의 아동들보다 처치 종결 시점과 다년간의 후속관찰에서 모두 훨씬 더 발전된 모습을 보인다(Becker-Weidman & Hughes, 2008). 입양가정들이 가족 전원 치료놀이(whole family Theraplay, WFT)에 참가하도록 한 어떤 실험 연구의 결과(Weir, Lee, Canosa, Rodrigues, McWilliams, Parker, 2013)는 치료놀이 요소와 가족 체계 전략으로 구성된 이 통합적 치료를 실시하는 것이 가족 간의 의사소통, 아동의 전반적인 행동 기능, 어른의 대인관계에 이점을 제공한다는 것을 통계상 의미 있는 결과로 보여주었다. 연구자들은 또한 수줍음 많고 내성적인 아동들이 치료놀이에 참여한 후에 적극성, 자신감, 신뢰감은 크게 향상되는 반면 사회적 소극성은 감소한다는 것을 알게 되었다. 이렇게 나아진 모습은 퇴보하지 않고 2년간 유지되었다(Wettig, Coleman, & Geider, 2011).

결론

애착 관련 문제가 있는 아동들은 그들만의 특별한 요구사항을 많이 가지고 있고 그런 요구사항을 가능한 한 효율적이고 효과적으로 충족시켜주기 위해 맞추어진 놀이치료 개입을 필요로 한다. 놀이치료사들은 아동들에게 애착중심의 놀이 개입을 제공하기 위해 대상관계 이론, 신경생물학적 애착 연구(Schore, 2009a), 그리고 신경발달원리(Perry, 2006)를 활용할 수 있다. 애착중심 놀이치료사는 개인, 쌍, 혹은 가족치료를 통해서 근본적인 신경생물학적 기능장애를 신경발달원리(Perry, 2006)에 부합하는 순서와 방식으로 다룸으로써 불안정한 애착 패턴과 아동기에 불행을 초래하는 수많은 상호 연관된 증상들을 개선하기 위해 노력한다(D'Andrea, Ford, Stolbach, Spinazzola, & van der Kolk, 2012). 아동의 내적작동모델은 안정된 기초적 치료 관계에서 드러나게 되고, 아동의 주제와 관련된 놀이의 '지금-여기'에 자리 잡게 된다. 치료사는 조율된 상호 주관적 상호작용에 아동을 참여시키고, 부적응적 관계 도식을 수정할 수 있도록 아동의 극적 은유 속에서 조심스럽게 치료를 위한 제안들을 해나간다. 이런 접근법들을 통합하는 것은 신경발달원리와 신경생물학적 애착 모형을 통합시키는 한편, 현재의 대인관계 신경생물학 연구 문헌에 의해 입증된 역사적인 심리 역동적 요소들을 유지시킨다.

참고문헌

Abram, J. (1996). *The language of Winnicott: A dictionary and guide to understanding his work*. Northvale, NJ: Jason Aronson.

Ainsworth, M. D. S. (1963). The development of infant-mother interaction among the Ganda. In B. M. Foss (Ed.), *Determinants of infant behavior* (Vol. 2, pp. 67-112). New York, NY: Wiley.

Ainsworth, M. D. S., Blehar, M. C., Waters, E., & Wall, S. (1978). *Patterns of attachment: A psychological study of the strange situation*. Hillsdale, NJ: Erlbaum.

Anda, R. F., Felitti, V. J., Bremner, J. D., Walker, J. D., Whitfield, C., Perry, B. D.,…Giles, W. H. (2006). The enduring effects of abuse and related adverse experiences in childhood: A convergence of neurobiology and epidemiology. *European Archives of Psychiatry and Clinical Neuroscience, 256*(3), 174–186.

Arnold, K. (2007). The creative unconscious, the unknown self, and the haunting melody: Notes on Reik's theory of inspiration. *Psychoanalytic Review, 94,* 431–445.

Barfield, S., Gaskill, R., Dobson, C., & Perry, B. D. (2012). Neurosequential Model of Therapeutics in a therapeutic preschool: Implications for work with children with complex neuropsychiatric problems. *International Journal of Play Therapy, 21*(1), 30–44.

Bateson, M. C. (1971). The interpersonal context of infant vocalization. *Quarterly Progress Report of the Research Laboratory of Electronics, 100,* 170–176.

Becker-Weidman, A., & Hughes, D. (2008). Dyadic developmental psychotherapy: An evidence-based treatment for children with complex trauma and disorders of attachment. *Child and Family SocialWork, 13,* 329–337.

Benedict, H. E. (1997, September). *Thematic play therapy and attachment disorders.* Workshop presented at SouthwestMissouri State University, Springfield, MO.

Benedict, H. E. (2004, October). *Using play themes in play assessment and for understanding play therapy process.* Preconference workshop presented at the 21st Annual Association for Play Therapy International Conference, Denver, CO.

Benedict, H. E., & Hastings, L. (2002). Object relations play therapy. In J.Magnavita (Ed.), *Comprehensive handbook of psychotherapy: Psychodynamic/object relations* (Vol. 1, pp. 47–80). New York, NY: Wiley.

Benedict, H. E., Hastings, L., Ato, G., Carson, M., & Nash, M. (1998). *Revised Benedict play therapy theme code and interpersonal relationship code.* Unpublished manuscript, Baylor University, Waco, TX.

Berlin, L., Zeanah, C. H., & Lieberman, A. F. (2008). Prevention and intervention programs for supporting early attachment security. In J. Cassidy & P. Shaver (Eds.), *Handbook of attachment: Theory, research, and clinical applications* (2nd ed.). New York, NY: Guilford Press.

Booth, P. B., & Jernberg, A. (2010). *Theraplay: Helping parents and children build better relationships through attachment-based play* (3rd ed.). San Francisco, CA: Jossey-Bass.

Bowlby, J. (1958). The nature of the child's tie to his mother. *International Journal of Psycho-Analysis, 39,* 350–373.

Bowlby, J. (1973). *Attachment and loss: Vol. 2. Separation—Anxiety and anger.* New York, NY: Basic Books.

Bowlby, J. (1988*). A secure base: Parent-child attachment and healthy human development.* New York, NY: Basic Books.

Bromberg, P.M. (2006). *Awakening the dreamer: Clinical journeys.*Mahwah, NJ: Analytic Press.

Cassidy, J. (2008). The nature of the child's ties. In P. R. Shaver & J. Cassidy (Eds.), *Handbook of attachment* (2nd ed., pp. 3–22). New York, NY: Guilford Press.

Cicchetti, D., & Valentino, K. (2006). An ecological transactional perspective on child maltreatment: Failure of the average expectable environment and its influence on child development. In D. Cicchetti & D. J. Cohen (Eds.), *Developmental psychopathology: Vol. 3. Risk, disorder, and adaptation* (2nd ed., pp. 146–148). New York, NY: Wiley.

Cooper, G., Hoffman, K., Powell, B., & Marvin, R. (2005). The circle of security intervention: Differential diagnosis and differential treatment. In L. J. Berlin, Y. Ziv, L. Amaya-Jackson, & M. Greenberg (Eds.), *Enhancing early attachments: Theory, research, intervention, and policy* (pp. 127–151). New York, NY: Guilford Press.

D'Andrea,W. D., Ford, J., Stolbach, B., Spinazzola, J., & van der Kolk, B. A. (2012). Understanding interpersonal trauma in children: Why we need a developmentally appropriate trauma diagnosis. *American Journal of Orthopsychiatry, 82,* 187–200.

Fairburn,W. R. D. (1952). *An object-relations theory of the personality.* New York, NY: Basic Books.

Gaskill, R., & Perry, B. D. (2012). Child sexual abuse, traumatic experiences, and their impact on the developing brain. In P. Goodyear-Brown (Ed.), *Handbook of child sexual abuse: Identification, assessment, and treatment* (pp. 29–48). Hoboken, NJ: Wiley.

Gil, E. (1991). *The healing power of play: Working with abused children.* New York, NY: Guilford Press.

Gil, E. (2003). Art and play therapy with sexually abused children. In C. A. Malchiodi (Ed.), *Handbook of art therapy* (pp. 152–166). New York, NY: Guilford Press.

Glickhauf-Hughes, C., & Wells, M. (1997). *Object relations psychotherapy: An individualized and interactive approach to diagnosis and treatment.* New York, NY: Jason Aronson.

Hughes, D. (2009). *Attachment-focused parenting.* New York, NY: Norton.

Hughes, D., & Baylin, J. (2012). *Brain-based parenting: The neuroscience of caregiving for healthy attachment.* New York, NY: Norton.

Hutterer, J., & Liss, M. (2006). Cognitive development, memory, trauma, treatment: An integration of psychoanalytic and behavioral concepts in light of current neuroscience research. *Journal of the American Academy of Psychoanalysis and Dynamic Psychiatry, 34,* 287–302.

Kobak R., Cassidy, J., Lyons-Ruth, K., & Zir, Y. (2006). Attachment, stress and psychopathology: A developmental pathways model. In D. Cicchetti & Cohen (Eds.), *Handbook of Developmental Psychopathology* (Vol. 1, pp. 333–369). New York, NY: Wiley.

Kobak, R., & Madsen, S. (2008). Disruptions in attachment bonds: Implications for theory, research, and clinical intervention. In P. R. Shaver & J. Cassidy (Eds.), *Handbook of attachment* (2nd ed., pp. 3–22). New York, NY: Guilford Press.

Lavelli, M., & Fogel, A. (2013). Interdyad differences in early mother-infant face-to-face communication: Real-time dynamics and developmental pathways. *Developmental Psychology, 49*(12), 2257–2271.

Lehrer, J. (2009). *How we decide.* Boston, MA: Mariner Books.

Main, M., & Solomon, J. (1986). Discovery of a new, insecure disorganized/disoriented attachment pattern. In T. B. Brazelton & M.W. Yogman (Eds.), *Affect development in infancy* (pp. 95–124). Norwood, NJ: Ablex.

Main, M., & Solomon, J. (1990). Procedures for identifying disorganized/disoriented infants during the Ainsworth Strange Situation. In M. Greenberg, D. Cicchetti & M. Cummings (Eds), *Attachment in the preschool years* (pp. 121–160). Chicago, IL: University of Chicago Press.

Minagawa-Kawai, Y., Matsuoka, S., Dan, I., Naoi, N., Nakamura, K., & Kojima, S. (2009). Prefrontal activation associated with social attachment facial-emotional recognition in mothers and infants. *Cerebral Cortex, 19*, 284–292.

O'Connor, T. G. (2006). The persisting effects of early experiences on psychological development. In D. Cicchetti & D. J. Cohen (Eds.), *Developmental psychopathology: Vol. 3. Risk, disorder, and adaptation* (2nd ed., pp. 202–234). New York, NY: Wiley.

Patton, S. C., & Benedict, H. E. (2014). Object relations and attachment-based play therapy. In D. Crenshaw & A. Stewart (Eds.), *Play therapy: A comprehensive guide to theory and practice* (pp. 17–31). New York, NY: Guilford Press.

Perry, B. D. (2001). The neuroarcheology of childhood maltreatment: The neurodevelopmental costs of adverse childhood events. In K. Franey, R. Geffner & R. Falconer (Eds.), *The cost of maltreatment: Who pays? We all do* (pp. 15–37). San Diego, CA: Family Violence and Sexual Assault Institute.

Perry, B. D. (2006). Applying the principles of neurodevelopment to clinical work with maltreated and traumatized children: The neurosequential model of therapeutics. In N. B.Webb (Ed.),*Working with traumatized youth in child welfare* (pp. 27–52). New York, NY: Guilford Press.

Perry, B. D. (2008). Child maltreatment: The role of abuse and neglect in developmental psychopathology. In T. P. Beauchaine & S. P. Hinshaw (Eds.), *Textbook of child and adolescent psychopathology* (pp. 93–128). New York, NY: Wiley.

Schore, A. N. (1994). *Affect regulation and the origin of the self: The neurobiology of emotional development.* Hillsdale, NJ: Erlbaum.

Schore, A. N. (2001). The effects of early relational trauma on right brain development, affect regulation, and infant mental health. *Infant Mental Health Journal, 22*(1–2), 201–269.

Schore, A. N. (2009a). Relational trauma and the developing right brain: An interface of psychoanalytic self psychology and neuroscience. In W. J. Coburn & N. VanDerHeide (Eds.), *Self and systems: Explorations in contemporary self Psychology. Annals of the New York Academy of Sciences, 1159*, 189–203.

Schore, J. R. (2009b). Using concepts from interpersonal neurobiology in revisiting psychodynamic theory. *Smith College Studies in Social Work, 82*(1), 90–111.

Schore, A. N. (2010). Relational trauma and the developing right brain: The neurobiology of broken attachment bonds. In T. Baradon (Ed.), *Relational trauma in infancy* (pp. 19–47). London, England: Routledge.

Schore, A. N. (2011). The right brain implicit self lies at the core of psychoanalysis. *Psychoanalytic Dialogues, 21*(1), 75–100.

Schore, J. R., & Schore, A. N. (2008). Modern attachment theory: The central role of affect regulation in development and treatment. *Clinical Social Work Journal, 36*(1), 9–20.

Siegel, D. J. (2012). *The developing mind: How relationships and the brain interact to shape who we are* (2nd ed.). New York, NY: Guilford Press.

Siegel, D. J., & Hartzell, M. (2004). *Parenting from the inside out.* New York, NY: Tarcher/Penguin.

Sigelman, C. K., & Rider, E. A. (2005). *Lifespan human development* (5th ed.). Belmont, CA: Wadsworth.

Stern, D. N. (1985). *The interpersonal world of the infant: A view from psychoanalysis and developmental psychology.* New York, NY: Basic Books.

Teti, D. M. (1999). Conceptualizations of disorganization in the preschool years: An integration. In J. Solomon & C. George (Eds.), *Attachment disorganization* (pp. 213–242). New York, NY: Guilford Press.

Trevarthan, C., & Aitkan, K. J. (2001). Infant intersubjectivity: Research, theory, and clinical applications. *Journal of Child Psychology and Psychiatry, 42*(1), 3–48.

Trevarthen, C., Aitken, K. J., Vandekerckhove, M., Delafield-Butt, J., & Nagy, E. (2006). Collaborative regulations of vitality in early childhood: Stress in intimate relationships and postnatal psychopathology. In D. Cicchetti, D. J. Cohen (Eds.), *Developmental psychopathology: Vol 2. Developmental neuroscience* (2nd ed., pp. 65–126). Hoboken, NJ: Wiley.

van der Kolk, B. (1994). The body keeps score: Memory and the evolving psychobiology of posttraumatic stress. Retrieved from www.traumapages.com/a/vanderk4.php

van der Kolk, B. (2005). Developmental trauma disorder. *Psychiatric Annals, 35*(5), 401–408.

van der Kolk, B. (2006). Clinical implications of neuroscience research in PTSD. *Annals of the New York Academy of Science, 1071*(IV), 277–293.

Van Ijzendoorn, M. H. (1995). Adult attachment representations, parental responsiveness, and infant attachment: A meta-analysis on the predictive validity of the adult attachment interview. *Psychological Bulletin, 117*, 387–403.

Van Ijzendoorn, M. H., & Bakermans-Kranenburg, M. J. (2006). DRD4 7-repeat polymorphism moderates the association between maternal unresolved loss or trauma and infant disorganization. *Attachment & Human Development, 8*, 291–307.

Weir, K. N. (2007). Using integrative play therapy with adoptive families to treat reactive attachment disorder: A case example. *Journal of Family Psychotherapy, 18*(4), 1–16.

Weir, K. N., Lee, S., Canosa, P., Rodrigues, N., McWilliams, M., & Parker, L. (2013). Whole family Theraplay: Integrating family systems theory and Theraplay to treat adoptive families. *Adoption Quarterly, 16*(3-4), 175-200.

Wettig, H. G., Coleman, A. R., & Geider, F. J. (2011). Evaluating the effectiveness of Theraplay in treating shy, socially withdrawn children. *International Journal of Play Therapy, 20*(1), 26-37.

Winnicott, D.W. (1965). *The maturational processes and the facilitating environment: Studies in the theory of emotional development.* New York, NY: International Universities Press.

Winnicott, D.W. (1971a). *Playing and reality.* London, England: Tavistock.

Winnicott, D.W. (1971b). *Therapeutic consultations in child psychiatry.* New York, NY: Basic Books.

Wismer-Fries AB, Ziegler TE, Kurian JR, Jacoris S, & Pollak SD. Early experience in humans is associated with changes in neuropeptides critical for regulating social behavior. *Proceeding of the National Academy of Sciences USA, 102,* 17237-17240.

Zeanah, C. H., Jr., & Boris, N.W. (2000). Disturbances and disorders of attachment in early childhood. In C. H. Zeanah, Jr. (Ed.), *Handbook of infant mental health* (2nd ed., pp. 353-368). New York, NY: Guilford Press.

20

장애아동과의 놀이치료

KARLA D. CARMICHAEL

장애아동의 개입에 관한 문헌은 크게 두 가지 범주, 즉 '나는 할 수 있다(I can)'와 '나는 ……이다(I am)'로 나뉜다. '나는 할 수 있다' 접근은 아동의 실용적이고 실질적인 능력을 극대화하는데 초점을 맞춘다. '나는 ……이다' 접근은 아동의 자아와 정서적 기능에 대한 감각을 향상시키는 데 초점을 맞춘다. '나는 할 수 있다.' 개입은 물리치료사, 특수교육 교사, 진단 전문가, 작업치료사만이 아니라, 장애아동을 돕는 일을 하는 몇몇 전문가들의 권한 영역이기도 하다. 이들의 개입은 적응 및 개입 전략뿐만 아니라 아동의 신체적, 학업적, 인지적 발달을 극대화하는 데 초점을 맞춘다. '나는 ……이다' 개입은 놀이치료사를 포함해서 모든 정신건강 종사자의 영역이다. 이들의 개입은 아동의 정서적 성장과 발달뿐만 아니라 자아감에 초점을 맞춘다. 이 두 가지 접근방식이 잘 통합될 때, 장애아동의 전반적인 성장과 발달에 크게 기여할 수 있다. 더 나아가 여러 분야의 전문가들은 장애아동들의 양육자와 함께 작업하며 지식과 지지를 제공하고 필요시에 개입, 조절 및 적응과 교정방법 제공으로 아동이 자신의 강점을 이용하도록 도울 수 있게 훈련하는 과정을 통해 장애아동의 복지에 기여한다.

이 장은 놀이치료사에 맞춰져 있기 때문에 장애아동을 돕는 '나는 ……이다' 접근에 초점을 맞춘다. 놀이실에서 특별한 편의에 대한 논의, 양육자 지원 제공, 구체적 기술 등이 제시될 것이다. 장애의 수가 많기 때문에, 이 장은 특정한 한 가지 장애에 대해 접근하는 방식과는 대조적으로, 이 집단과 작업하는 주제에 대한 접근은 일반적인 접근방식을 택할 것이다.

집단 정의

장애아동의 진단을 분류하고 정의하는 방법은 많다. 그래서 연방정부의 정의와 장애인교육법(IDEA 20 U.S.C. § 1400)(2004)에서 사용하는 용어를 사용할 것이다.

> **§ 300.8 장애아동**
>
> 일반. (1) 장애아동은 지적장애, 듣기 손상(농 포함), 말하기 또는 언어 손상, 시각적 손상(실명 포함), 심각한 정서장애('정서적 장애'로 이 영역에 의뢰된), 지체 손상, 자폐증, 외상적 뇌손상, 기타 건강 손상, 특정학습장애, 농-실명, 또는 다중장애, 특수교육 및 관련된 서비스가 필요한 아동을 §§ 300.304에서 300.311에 따라 평가된 아동을 의미한다.

　　IDEA(2004)의 정의는 교육 장면에서 사용하도록 설계되었기 때문에 아동의 학업 성취에 방해가 되는 인지장애 및 신체장애에 초점을 맞추었다. 정의에는 '정서적 장애'의 일반적 범주와 몇몇 특정 정신건강장애 및 진단이 포함되어 있다. 놀이치료사는 정서적 어려움이 있는 아동을 치료하는 데 동반된 쟁점들에 이미 친숙해져 있기 때문에, 이 장은 놀이치료사가 여러 가지 감각 및 신체장애 아동과 작업할 때 직면하는 특별한 어려움에 초점을 맞출 것이다.

　　아동 및 청소년의 기능, 장애, 건강(ICF-CY)에 관한 국제분류(Patersson, Simeonsson, Enskar, & Huus, 2013)에 따르면, 만성적 장애는 개인의 삶 전반에 걸쳐 드러나며 바뀔 수 없는 것이라고 정의된다. 이러한 만성장애는 아동과 그 가족의 일상을 어렵게 할 수 있다. 결국 이러한 만성장애는 아동의 신체적 발달, 사회적 발달, 정서적 발달을 방해할 수 있다. 아동이 자신의 삶에 대한 실제적인 질을 고려하는 것뿐만 아니라 자신의 '신체적 건강, 독립의 수준, 심리적 상태, 사회적 관계, 개인적 신념'을 어떻게 인식하는지도 중요하다(Paterson et al., 2013, p. 2).

일반적인 아동장애

아동은 한 가지 장애가 있거나 여러 가지 장애가 동시에 나타날 수 있다. 아동에게 한 가지 장애만 있을 때에도, 여러 영역에서 기능적 어려움이 나타날 수 있다. 특정 장애는 아동 모두가 직면하는 발달적, 사회적, 정서적 어려움을 악화시킨다(Traver-Behring & Spagna, 2004). 장애의 가장 일반적 형태는 대소근육의 기능, 시각, 청각, 의사소통, 학습 영역에서의 손상을 수반한다.

　　'운동장애'는 신경과 근골격계가 연관된 선천적이거나 후천적인 질환이 포함된 운동 손상의 범위를 기술한다. 이런 질환 중에는 뇌성마비, 외상성 뇌손상, 척수수막류, 척수외상, 신경근질환, 소아류머티스 관절염, 관절만곡증, 사지 손상이 있다. 이러한 질환이 있는 아동은 근육 약화, 근긴장 이상, 운동 접합부 범위의 축소, 균형 및 협응 문제를 보일 수 있다. 손상의 정도는 거의 눈에 띄지 않는 아주 경미한 수준에서 호흡처럼 기본적인 기능에 도움을 받아야 하는 심각한 범위까지 다양하다. 운동장애의 원인과 심각성에 관계없이, 이는 집, 학교, 지역사회에서 연령에 맞는 활동에 참여해야 하는 아동의 능력을 제한할 것이다(Michaud, 2004).

　　시각적 장애는 다양한 선천적 및 후천적 조건들 때문에 발생하며, 손상의 수준 범위는 비교적 경미한 수준에서 완전 실명까지 폭넓다. 시각적 손상이 있는 아동은 물리적 환경 및 손상의 잠재적 위험을 탐색하고, 사물과 사물의 크기를 인지하고, 비언어적 의사소통의 미묘함을 배우는 것이 어렵다. 실명(또는 맹, blindness) 진단을 받았다 하더라도 반드시 아동이 전혀 볼 수 없다는 것을 의미하는 것은 아니다. 아동은 빛, 형태, 색깔을 감지할 수 있으며, 물체의 안면 인식은 충분히 할 수 있으며, 큰 글자로 된 책을 읽을 수 있다. 실명, 근시, 원시와 같은 일반적인 시각 손상은 놀이치료사에게 대체로 친숙하다. 그러나 친숙하지 않은 시각 손상에는 사시증(두 눈이 서로 다른 방향을 보고 있음), 선천적 백내장(수정체가 흐림), 조산과 관련된 망막증(출생 시 망막이 충분히 발달하지 못하여 빛에 민감함), 색소성 망막염(망막을 파괴하는 유전 질환), 안검홍체맥락막의 선천적 결손(눈 조직의 일부가 없음), 시신경발육부전(시신경 미발달로 인해 깊이 지각·빛 민감성·섬세함의 곤란), 피질 시각 손상(뇌의 시각 센터 손상으로 인해) 등이 있다. 아동 초기에 시각 손상을 발견하지 못하면, 아동의 기본적인 발달과업 달성이 지연될 수 있다. 시각 손상이 조금이라도 있는 아동은 다른 방법으로 과제를 수행하거나 또는 다른 재료나 도구를 사용하여 과제를 수행할 수 있다. 시력이 어떻든지 간에 촉각, 청각, 후각, 미각, 움직임과 같은 추가의 감각 정보 입력을 늘릴 때 더 잘 배울 수 있다. 이런 유형의 감각 학습을 위해 놀이치료사의 놀이실에 구비할 물품의 목록 선택 및 치료적 경험이 결합되어야 한다(National Dissemination Center for Children with Disabilities, 2012).

미국말언어청각협회(ASHA, 1993b)에 따르면, 청력 손실이 있는 아동은 다음 네 가지 중요한 영역에서 영향을 받는다. 청력 손실은 (1) 아동의 수용 및 표현 의사소통의 지연, (2) 학업 성취 감소, (3) 의사소통의 어려움으로 인한 사회적 고립 및 부정적 자아개념, (4) 여가 활동 및 직업 선택 제한에 대한 원인이 될 수 있다. 부분 청력 손상이 있는 아동은 종종 어휘발달에 어려움을 보이는데, (풍선을)불다/(바람이)불다와 (소리를)내다/(돈을)내다 같은 단어처럼 소리는 같지만 의미가 다를 때(동음이의어) 특히 더 어려움을 보인다. 이들은 단어의 끝부분을 들을 수 없기 때문에, 동사의 시제, 복수형, 주어-동사 일치, 소유형을 잘못 사용할 수 있다. 말을 할 때 단어와 다른 발음을 하거나, 너무 크거나 작게 말하고, 목소리의 높이가 높고, 억양이 특이하다. 난청(hearing loss)이 있는 아동은 정서를 설명하는 데 요구되는 추상적 단어를 사용하는 것보다 사물과 사건을 설명하는 데 요구되는 구체적인 단어의 사용이 더 쉽다는 것을 안다. 길거나 복잡한 문장을 사용하고 듣는 것도 어려울 것이다. 학업적인 면에서 난청이 있는 아동은 수학과 읽기에서 특별한 문제가 있을 것이다. 아동의 성취 수준은 아동이 받고 있는 지원 서비스의 양, 질, 시점에 따라 다르다. 사회적으로 난청이 심각한 아동은 학교 및 이와 유사한 환경에서 종종 외로움을 느끼고, 친구가 없으며, 불행하다고 보고한다. 흥미롭게도 경미하거나 보통의 난청을 가진 아동이 사회적 상황에서 심각한 난청이 있는 아동보다 문제가 있음이 더욱 자주 보고된다(ASHA, 1993b).

의사소통장애 아동은 도식 개념(graphic concept)이나 상징과 함께 언어적 및 비언어적 단서를 받아들이고 보내고 처리하거나 이해하는 데에도 어려움이 있다. 난청에 대한 논의에서 분명히 살펴본 바, 의사소통장애는 듣기 어려움이 있는 아동에게 흔하다. 그러나 적절한 청력을 가진 아동에게도 나타날 수 있고, 언어정보처리(중추청각정보처리장애), 언어 사용(형태, 내용, 기능), 그리고/또는 말하기 어려움(발화, 유창성, 음성장애)의 문제가 있을 때도 나타날 수도 있다. 의사소통장애 아동은 놀이치료에서 언어적인 개입을 통한 도움은 받기 어려울 수 있다. 이런 경우에는 경험적 활동을 포함하는 인지-언어 작업을 늘리는 것이 최선이다.

마지막으로, 학습장애의 국제 정의는 아동의 지적 능력이 평균 또는 우수함에도 불구하고 특정 인지처리 그리고/또는 학업 성취의 어려움을 명백히 보여야 한다(Buttner & Hasselhorn, 2011). 학습장애는 아동이 자신의 지적 능력에서 기대되는 수준의 학업적 성취를 할 수 없을 때 진단된다. 특정 학습장애에는 읽기장애 또는 발달성 난독증과 같은 학문적 기술의 발달장애, 철자장애, 산수기술장애 또는 난산증, 알아보기 어렵게 글을 쓰거나 실서증, 쓰기표현장애가 있다. 학습장애 아동은 정서적 문제 및 부정적 자기 개념을 가지며, 학교에서 낮은 수행 성취로 인한 자신감 부족을 보인다. 어떤 유형의 장애든지 간에 아동과 아동의 가족에게 지대한 영향을 미칠 것이다(Clarizio, 1997; Tzang, Chang, & Liu, 2009).

여러 가지 장애가 있다는 것은 아동, 가족, 치료사에게 특별한 어려움이 된다는 것을 의미한다. 중복장애 아동은 장애가 없는 아동보다 정서 및 행동 문제가 3~7배 더 많다고 밝혀졌다(Alimovic, 2013). 더구나 장애의 수가 많을수록 정서 및 행동 문제가 있을 가능성이 더 커진다(Alimovic, 2013). Alimovic(2013)은 4~11세 아동 세 집단, (1) 지적장애와 시각 손상이 모두 있는 집단 (2) 지적 손상이나 인지 손상이 있는 집단 (3) 손상이 없는 집단을 비교하기 위해 아동행동체크리스트(Achenbach, 1991)를 사용하였다. 손상이 없는 또래들과 비교했을 때 손상이 있는 아동들 모두 문제 행동이 더 많다고 부모들이 보고하였다. 인지와 시각 손상 둘 다 있는 아동 집단에서 발생률이 가장 높았고, 두 번째는 인지적 장애만 있는 집단, 세 번째는 시각적 장애만 있는 집단이었다. 아동들이 가지는 행동 문제에는 주의력, 사회성, 공격성 문제가 있다. Einfeld, Tonge, Turner(1999) 그리고 Tonge와 Einfeld(2000, 2003)는 행동 문제에 개입을 하지 않으면 시간이 지날수록 행동 문제가 증가하는 경향이 있다는 것을 발견하였다. 지적장애 아동 집단에서 아주 높은 수준의 문제 행동을 보이는 아동의 65% 정도가 지속적인 어려움을 보고하였다. Dosen(2005)에 따르면 장애아동은 장애 진단을 받지 않은 아동에게서도 흔하게 진단되는 정신병리적 문제를 가지고 있고, 그 수준도 훨씬 높았다.

특정 장애를 확인할 때에는 문화적 차이를 고려해야 한다. 언어, 사회경제적 특권, 행동적 기대에서의 차이로 인한 문화적 차이 때문에 여러 문화 집단에서 일부 장애가 과잉 진단되기도 한다(Tarver-Behring & Spagna, 2004). 여러 언어를 사용할 경우 이 언어로 생각하고 저 언어로 말할 때 의사소통장애처럼 보일 수 있다. 의사소통장애처럼 보이는 것은 단순히 익숙하지 않은 언어의 단어를 기억하려고 노력하는 아동일 가능성도 있다. 사회경제적 특권은 평가 시 우세한 문화권 내에서 아동의 '일반적인' 경험에 근거하여 이루어질 때 작동한다. 가난한 아동은 이러한 일반적인 경험이 없으며, 문화에 기초한 검사항목에 반응하는 능력이 제한된다. 이는 가난한 배경 출신 아동의 어휘가 심각하게 부족한 것으로 종종 나타난다. "교사들은 무능력 또는 문제로써 이 차이를 실수라고 오해한다."(Smith, 2007, p. 82)

Smith(2007)에 따르면 문화 차이, 전문적 훈육, 심지어 개인차로 인한 장애의 정의나 장애의 원인이 항상 일치하는 것은 아니다. 장애 모델은 대개 세 가지 기본 관점, 즉 결손·문화·사회 관점으로 나누어 본다. 결손의 관점은 인간의 능력을 낮은 수준에서 높은 수준으로 연속적으로 본다. 이 관점은 미국의 심리학자, 교육학자, 의료전문가들 사이에서 가장 일반적이다. 이 모델은 전형적으로 기술과 기능이 정상 분포된다는 개념을 따르는데, 인구 대다수가 정상 분포 가운데에 위치하며, 측정되는 특정 기술이나 기능 스펙트럼의 더 높거나 낮은 쪽으로 이동함에 따라 점차적으로 속하는 사람의 수가 줄어든다. 미국에서는 이 개념을 장애의 의학적 모델로 삼으며, 이는 결국 장애의 법적 정의를 도출한다(Smith, 2007).

문화적 관점에서 장애의 개념은 문화 전반에 걸쳐 일반적이거나 획일적이지 않다. 이 문화에서는 다르다거나 문제가 될 수 있다고 서술되는 행동이 다른 문화에서는 그렇지 않을 수도 있다. 심지어 한 개인의 행동이 문화적으로 평균적인 행동과 얼마나 다른지에 대한 정도는 문화에 따라 일률적으로 평가되지 않을 수도 있다. 미국 내의 주류를 이루는 문화는 생물학적 또는 외상적 원인과 그 결과로 나타난 장애 사이의 관계를 원인과 결과(cause-and-effect) 관계로 생각하는 경향이 있다. 장애가 불운, 부모의 업보, 악령, 임신 중 모가 먹은 금기음식, 신이나 혼령의 뜻이라고 믿는 문화도 있다. 미국의 주류 문화에 따르면 장애로 간주되는 것이 다른 문화에서는 재능, 행운의 징후, 지혜의 징후, 아니면 긍정적으로 작용할 것이라고 생각될 수도 있다. 이렇게 다양한 시각은 문화적 배경이 다른 부모와 상담을 할 때, 가족이 지각하고 요구하는 지원이 많은 놀이치료사들이 생각하는 것과는 다르다는 의미이다. 문화적으로 민감한 놀이치료사들은 가족이 아동의 요구를 다루기를 원하는 방식과 그들이 요구하는 개입 서비스가 문화적 배경에 따라 다르다는 것을 알 것이다(Smith, 2007).

사회적 관점에서는 사회적으로 구성된 기술에서의 차이라고 해석한다. 이 모델에서 어려움의 특징을 정의하는 것은 장애 자체가 아니고 사회가 쟁점을 서술하는 방법과 쟁점에 반응하는 방식이다. 즉, 사회는 조건 또는 손상이 아니라 개인으로 한정한다. 이 생각은 사회적 장애물이 제거된다면 평균에서 벗어난 개인들이 사회에서 동등하고 독립적이 될 수 있다는 것이다. 이 관점에 대한 보다 급진적 견해는 사회가 장애, 인종, 민족과 같은 구별이 경제적 및 정치적 요구를 지원하는 방식으로 계층화된 것이라고 본다. 계급 구조를 유지하기 위하여 일부 개인은 기회가 제한되는 열등한 존재로 결정되어야 한다.

요약하면 장애에는 육체적, 인지적, 운동적 또는 감각적 영역에서 기능이 제한되는 부분이 있음을 의미한다. 여기에는 인지적 어려움, 외상적 뇌손상, 운동 또는 정형외과적 손상, 시각 손상과 실명, 청각 손상 또는 농, 말하기 또는 언어장애가 포함된다. 동시 발병(comorbidity)은 하나 이상의 장애 또는 진단이 존재하는 것으로, 동시 발병 시 아동의 정서 및 행동 문제가 발생할 기회가 증가한다. 만성적인 장애는 개입이 있음에도 불구하고 아동의 삶 전반에서 지속된다. 마지막으로, 많은 장애가 아동 삶의 모든 측면에 영향을 미치는 것으로 보이기 때문에 전 생애에 걸쳐 구체적인 조정이 필요할 것이다.

장애아동이 자주 직면하는 사회정서적 문제

발달상에서 장애아동은 장애가 없는 또래의 평범한 사회정서적 발달 문제도 보인다. 그러나 장애아동은 정상적인 발달적 · 사회적 · 정서적 어려움보다 더 힘든 시간을 보내며, 필요한 기술을 배우는 데 더 힘겨운 시간을 보낸다. 이 아동들은 자신의 장애에 대한 독특한 경험과 자신의 한계와 강점에 대한 지각의 결과로 특별한 어려움에 직면한다. 장애아동이 직면하는 문제들에 대한 이해를 통해, 놀이치료사는 장애아동의 강점을 활용하는 놀이 개입을 개발하는 것이 필요하다.

부족한 사회적 기술

아동이 가지고 있는 장애가 또래 상호작용을 제한할 수 있기 때문에 이들은 종종 사회적 기술이 부족하다. 학습장애(LD)는 주의력결핍 과잉행동장애(ADHD)와 동시 발병할 확률이 아주 높다. LD와 ADHD가 있는 아동은, LD만 있는 아동에 비해 학업 문제 및 사회적 기술의 어려움이 더 많다(Xin,

YU, & Munro, 2011). 특히 사회적 역기능은 ADHD로 진단된 아동에게 흔하고, 이로 인한 대인관계에서 공감의 결여를 가져올 수 있다(Wilkes, Cordier, Bundy, Docking, & Munro, 2011). 대인관계에서 공감하는 능력의 발달은 관계에서 아동이 다른 사람의 정서적 관점을 취할 수 있어야 한다. 다른 사람의 눈으로 보거나 다른 사람의 마음을 느끼는 능력이 없다면, 이들은 자신의 말과 행동이 또래나 다른 사람에게 어떻게 영향을 미치는지 인식할 수 없다(Wilkes et al., 2011). 게다가 LD 아동이 연령에 적합한 언어 기술을 발달시키지 못했다면, 부적절한 질문을 하거나 지시 따르기를 실패하는 등 주어진 사회적 상황에서 적절하지 못한 언어를 사용하게 될 것이다(Tarver-Behring & Spagna, 2004).

낮은 자존감

건강한 아동발달의 중요한 부분은 자신에 대해 긍정적이지만 현실적인 관점이 발달하는 것이다. 긍정적 자존감은 건강한 정신건강과 연관되어 있으며 부정적 자존감은 아동의 불안과 우울이 증가할 위험과 연관되어 있다(Miyahara & Piek, 2006). 장애가 아동의 자존감에 영향을 주는 정도는 많은 요인, 예를 들면 장애가 쉽게 관찰되는지 또는 신체적 외형에 영향을 미치는지에 따라 다르다. 장애가 관찰로 식별되지 않을 때, 중요한 타인들이 볼 때 아동의 어려움이 노력의 부족 또는 집중력의 부족 때문이라고 여겨져, 아동은 이해와 공감의 부족을 경험할 수 있다. 특정 학습장애와 같이 쉽게 관찰되지 않는 장애가 있는 대부분의 아동은 낮은 자존감 및 부정적 자기 개념을 발달시키는 경향이 있다. 이 아동들은 갱단, 약물, 다른 비행 범죄를 일으켜 법적으로 갈등을 가져오는 위험에 놓일지라도 비장애인 또래로부터 인정을 받고 싶어 한다(Tarver-Behring & Spragna, 2004). 아동이 분명한 장애가 있으면, 성인은 아동에게 현실적인 기대를 하고 좀 더 지원을 해주고, 이는 아동이 자신의 한계를 받아들이는 데 도움이 될 수 있다. 일반적으로 아동의 장애가 심하고 명백할수록 자존감과 관련된 문제가 더 적다고 문헌은 보고한다(Miyahara & Piek, 2006).

제한된 성공 경험

장애아동은 성공 경험이 제한되어 있어서 부적응감을 경험한다. 장애아동은 장애가 없는 또래와 비교해서 자신의 개인적 강점을 인식하거나 숙달감을 가지지 못한다. 제한된 운동 기술은 또래에 비해 운동과 관련된 활동이나 다른 아동기 취미에서 성공감을 방해한다. 장애가 있는 일부 아동은 지각 운동 기능에 어려움이 있을 수 있고 쓰기, 그리기, 기타 대근육 및 소근육 기술에 어려움이 있을 수 있다. 학업 성취 또한 또래보다 아주 많이 느리다. 성공의 경험은 아동이 자기 스스로 끝내도록 격려할 때 증가하는데, 현실적인 목표를 세우고 강점 영역의 개발을 추구한다(Tarver-Behring & Spragna, 2004).

부족한 정서 조절 및 행동 조절

장애의 특성에 따라 일부 아동은 자기 조절에 어려움이 있으며, 이는 내면화 문제와 외현화 문제를 초래한다. 이들은 심각한 우울 또는 자살사고를 할 수 있고, 이는 학업 성적과 사회적 관계에 영향을 미칠 것이다. 내면화 문제 대신에, 또래 또는 성인들까지도 거부하게 만드는 행동 폭발 또는 기타 부적절한 행동을 할 수도 있다. 권위적 대상 및 또래를 향한 심한 욕설 및 공격적 행동의 분출은 훈육 문제, 정학, 퇴학을 겪게 한다.

놀이치료 양식

놀이치료 개입의 세 가지 유형, 즉 개별놀이치료, 부모놀이치료, 집단놀이치료는 장애아동과의 작업을 고려할 때 문헌에서 강조하는 유형이다. 개별놀이치료는 수많은 각기 다른 이론적 틀을 사용하여 구성할 수 있지만, 그 모두는 치료사와 아동의 일대일 관계에 초점을 맞춘다. 부모놀이치료에서는 아동의 삶에서 중요한 성인에게 아동과의 치료적 놀이 관계에 참여하도록 가르친다. 마지막으로 집단놀이치료는 어떤 이론적 배경에서도 실제될 수 있으며, 치료사가 안내하는 또래 상호작용의 치료적 이득을 강조한다.

개별놀이치료 이론

아동중심 놀이치료(Landreth, 2012), 관계놀이치료(Moustakas, 1997), 게슈탈트 놀이치료(Oaklander, 2006), 이야기 놀이치료(Taylor De Faoite, 2011)와 같은 대인관계 놀이치료는 관계 확립 및 정서적 연결에 모든 초점을 맞추는 경향이 있다. 이들은 놀이가 아동의 가장 자연스러운 의사소통의 방법으로 간주된다는 사실을 활용하고, 구체적인 사물(장난감)을 단어처럼 상징적으로 사용한다(Landreth, Ray, & Bratton, 2009). 장애아동은 자신을 표현하는 데 어려움이 있기 때문에, 세상에 대한 아동의 경험을 상징적으로 나타낼 수 있도록 조종 가능한 구체적인 사물을 포함하는 것은 아동이 직면하고 있는 걱정과 문제에 대한 치료사의 통찰을 돕는다. 놀이치료사는 아동의 인지, 신체, 정서발달 지연을 초월하여 그들을 자신의 세계에 도달시키는 능력이 있다. 놀이의 즉시성으로 인해, 치료사는 아동이 다른 곳에서는 사용할 수 없는 방법으로 자신을 표현하도록 적극적으로 도울 수 있다. 아동은 이를 통해 기술을 배우고, 감정을 다루고, 문제를 해결할 수 있다.

인지행동치료(Knell, 1996), 아들러식 치료(Kottman, 2002), 현실치료(Davis & Pereira, 2013)는 인지 왜곡의 교정과 문제 해결을 강조하고, 판단, 사회적 기술, 정서 조절에 문제가 있는 장애 아동에게 좀 더 논리적으로 접근할 수 있어 적절할 것이다. 이러한 이론적 지향에서는 치료사가 아동과의 상호작용에서 좀 더 구조적이고 지시적인 경향이 있다. 이 이론들에는 대안적인 긍정적 문제 해결과 사회적으로 적절한 기술을 탐색하기 위해 장난감을 사용하는 역할놀이를 한다. 치료사는 놀이실에 있는 물품이나 아동의 놀이를 이용하여 문제 해결, 사회적 상호작용, 정서를 조절하는 기술을 실제로 가르치거나 보여준다. 인지적 개입 이외에 이 이론들은 놀이실에서 정도가 다양한 체계적 둔감화, 유관관리, 조성과 점진적 접근, 소거, 타임아웃, 모델링, 행동 시연을 한다.

발달놀이치료(Brody, 1997)와 치료놀이(Booth & Jernberg, 2010; Munns, 2000)는 아동이 대인관계 애착과 자기 조절 능력을 발달시킬 수 있는 경험의 중요성을 강조한다. 모델에 개의치 않고, 놀이치료사는 아동이 안전한 분위기에서 공감적 관계를 경험해야 한다고 믿으며, 믿음을 공유하는 곳에서 아동과 작업한다.

환경체계 놀이치료(O'Connor, 2000)는 장애아동에게 적절해 보이는 몇 가지 개념을 제공한다. 장난감은 수를 제한하고 보고된 아동의 어려움과 발달 수준에 기초하여 특별히 선택된다. 논리적으로 장난감의 수와 종류를 제한하는 것은 성공, 능력, 도전의 경험을 더 발전시키는 목적 이외에 아동이 초점을 유지하도록 도울 것이다. 유사하게 처방적 놀이치료(Schaefer, 2001)는 놀이 개입을 할 때 치료사가 특정한 아동을 위해 선택한 포괄적이고 개별화된 처치 프로그램을 통합하기를 권한다.

부모놀이치료

부모놀이치료는 원래 Louise Guerney와 Bernard Guerney(B. Guerney, 1964; B. Guerney, Guerney, & Andronico, 1966; L. Guerney, 1979)가 개발했다. 부모놀이치료에서 치료사는 부모에게 자녀와의 아동중심 놀이회기를 수행하는 기술을 가르치고, 지도감독하고 힘을 실어준다(VanFleet, 2013). 부모놀이치료는 아동중심, 역동적, 행동적, 가족 체계 개입에서 도출된 심리교육 모델을 기초한다. 부모놀이치료의 기본적인 목적은 양육자–아동 관계를 개선시키는 것이다(Wickstrom, 2009). 부모놀이치료에서 양육자 훈련 형식은 유연하다. 치료사는 장애가 있는 자녀들에게 양육자가 더 합리적인 기대를 가질 수 있도록 양육자를 교육하여 기대를 수정할 수 있다. 양육자는 또한 자녀의 주요 문제와 관련된 특정 기술을 훈련받을 수 있다. Louise Guerney(1979)는 ADHD, 신체 및 인지장애아동뿐만 아니라 학습장애아동의 양육자에게 자신의 자녀에게 긍정적인 결과를 낳는 놀이치료를 제공하는 방법에 대해 설명한다. 또한 VanFleet(2013)은 학교 문제, 우울, 만성질환, 불안과 완벽주의, 배변 문제, 주의력결핍 문제, 애착 붕괴(attachment disruption), 반항성 장애, 외상후 스트레스 장애아동들에게 적용하였다. 또한 여러 환경과 상황에서 보이는 사회적, 정서적, 그리고 행동적 문제를 포함하는 다양한 아동기 문제에 이를 적용하려고 한다.

  IDEA(U. S. Department of Education, 1997) 지침은 아동의 치료 계획과 처지에 부모 또는 중요한 양육자를 포함하는 것뿐만 아니라 부모교육과 다른 형태의 지지를 제공할 것을 추천한다. 부모놀이치료는 이러한 제안의 모든 면을 충분히 만족시킨다. Wickstrom과 Falke(2013)은 부모놀이치료에서 부모는 형식적 처치가 끝난 후에 단기 재교육 훈련회기를 통해 지지를 계속 받기를 희망한다고 언급하였다. 좀 더 많은 지지를 원하는 요구는 장애아동이 겪는 도전적인 상황을 함께할 부모들에게 특히 강렬하다(Darling, Senatore, & Strachan, 20102; Gordon, 2009; Hughes & Cardwell, 2011; Morison, Bromfield, & Cameron, 2003). 부모놀이치료는 근본적인 목표의 모든 면을 다루고 있으며, 더불어 부모–자녀 관계를 증진시킨다. 이러한 많은 이유 때문에 부모놀이치료는 장애아동과 부모를 위해 선택할 수 있는 훌륭한 처치라 할 수 있다.

집단놀이치료

집단놀이치료는 사회적 어려움 또는 다른 아동이 나타나면 불편을 느끼는 장애아동을 위한 최고의 선택이다. 개별놀이치료에서 놀이치료사는 아동이 자신과 자신의 정서를 적절하게 표현할 수 있도록 하며, 사회적 기술들을 배우게 돕는다. 집단 작업은 아동의 행동, 즉 집단의 기준에서 높거나 낮은 아동의 행동에 촉매 효과(catalytic effect)가 있는 것으로 알려져 있다. 만약 아동 대부분이 관계적으로 적절하게 행동한다면 아동이 가진 대부분의 문제 행동은 그의 수준보다 개선될 것이다. 만약 대부분의 아이들이 심각한 문제를 갖고 있다면, 그중 나은 기능을 가진 아동의 수준 역시 떨어지며 더 나빠질 수 있는 상황이 된다. 이런 이유로 집단은 다양한 어려움과 사회정서적 문제가 있는 아동들을 포함하기를 권한다. 다른 사람에게 신체적 또는 정서적 해를 끼치겠다고 협박하는 아동이라면, 집단에 참여한 아동들을 위험에 빠뜨리지 않을 만큼 조절할 수 있을 때까지 개별 치료를 받아야만 한다. 마지막으로 사회적 기술의 부족이 심각하면 할수록 집단은 더 소규모여야 하며, 치료사는 좀 더 직접적이고 구조적인 놀이를 하는 게 중요하다(Meany-Walen, Bratton, & Kottman, 2014; Trice-Black, Bailey, & Riechel, 2013).

절차 수정

장애아동은 하늘의 별만큼, 모래사장의 모래알만큼 각각이다. 모든 장애아동이 저마다 다르다. 장애아동에게 놀이치료를 제공할 때 놀이치료사는 장애에 대한 폭넓은 지식을 가지고 있어야 하며, 놀이치료기법을 개별 아동의 특별한 욕구에 창의적으로 적용할 수 있어야 한다. 놀이치료사의 치료적 역량 외에도, 확대된 교육 경험과 장애아동의 법적 진단과 권리 및 책임에 대한 지식이 필요하다.

치료사 자격과 훈련

다른 무엇보다도 장애아동과 작업을 할 놀이치료사는 그 아동에 대한 충분한 지식이 필요하다. 연방법은 학교에서 일하는 사람이나 장애아동을 지지하는 단체에게 이 아동의 특별한 욕구와 인식에 대한 특화된 지식을 요구한다(Traver-Behring & Spagna, 2004). 연방법 이외에도 장애아동을 치료할 사람의 전문적이고 윤리적인 책임을 많은 '법적 판례, 과학적 연구, 전문적 조직, 부모 집단 그리고 특수교육자와 함께 일하는 사람들'이 결정한다(Trussell, Hammond, & Ingalls, 2008, p. 19). 놀이치료사는 이런 기준, 법, 규정 그리고 장애아동에게 서비스를 제공하는 중요한 제도에 익숙해져야 한다.

훈련의 종류 또는 수준과 상관없이 놀이치료사는 IDEA 300.34(c)(10)(U.S. Department of Education, 1997)하에 심리적 서비스의 제공자로 포함된다.

심리적 서비스는 다음을 포함한다.

i. 심리적 그리고 교육적 검사와 다른 평가 과정 관리하기
ii. 평가 결과 해석하기
iii. 학습과 관련된 아동 행동과 조건에 대한 정보를 얻고 통합하고 해석하기
iv. 심리 검사, 면담, 직접 관찰, 그리고 행동 평가에 의해 징후가 보이는 아동의 특수교육적 욕구를 충족시켜주기 위해 학교 프로그램을 계획하는 관계자와 상담하기
v. 아동과 부모를 위한 심리 상담을 포함한 심리학적 서비스 프로그램을 계획하고 관리하기
vi. 긍정적인 행동 개입 전략을 개발하기 위해 협조하기[IDEA 300.34(c) (10)]

심리적 서비스의 범위가 명확하게 구별된 반면, 학교에 있는 사회복지사의 역할은 연방법에 의해 더 추가되어 정의된다.

300.34(c)(14)는 학교에서의 **사회복지서비스**(social work services in schools)의 정의에서 상담을 포함하는 것은 이 활동을 돕는 인원의 유형을 나타내기 위한 것이며, 주정부의 요구 사항에 따라 학

교 사회복지사가 자동적으로 상담을 수행할 자격을 얻거나 다른 자격이 있는 인력이 상담을 제공할 수 없도록 하려는 것이 아니다.(71 Fed. Reg. at 46573-4)

또한 연방법은 장애아동과 작업할 다양한 전문가의 역할과 잠재적인 한계를 규정하고 있다.

긍정적 행동개입전략을 개발하고 제공하는 역할을 할 많은 전문가들이 있다. 긍정적인 행동 개입 전략을 개발하고 제공하는 데 도움이 되는 인력 기준은 주정부의 요구에 따라 달라진다. 심리적 서비스(psychological services)의 정의에 긍정적인 행동 개입 전략을 개발하고 제공하는 것은 학교 심리학자가 자동적으로 이러한 의무를 수행하거나 권리를 가질 수 있음을 의미하지 않으며, 이러한 주정부의 요구 사항에 따라 서비스를 제공하기 위한 자격을 갖춘 인력에게 이를 금하는 것은 아니다.(71 Fed. Reg. at 46574)

이러한 법률은 다양한 전문가들의 역할을 결정하고, 전문가들에게 장애아동의 욕구와 관련된 특화된 훈련을 받을 것을 명확히 권한다. 게다가 놀이치료를 제공하는 정신건강 임상가는 이 양식에서 특화된 훈련을 받아야 한다. 저자는 이러한 지침을 놀이치료사가 형식적인 과정과 놀이치료사의 인증 또는 면허법하에 특수교육의 임상에서 일하는 자격을 갖춘 사람에게 슈퍼비전을 받는 경험을 해야 한다고 해석한다. 게다가 놀이치료를 위한 충분한 훈련은 등록 놀이치료사(RPT)가 되는 것을 의미하거나 적절한 슈퍼바이저 자격이 있는 사람으로부터 놀이치료 슈퍼비전을 받았음을 의미한다. 전문 자격이 있다는 것은 놀이치료사가 계속 교육을 받아야 하며, 놀이치료사에게 익숙하지 않은 장애를 다룰 때에는 조언을 구하거나 경험 있는 놀이치료사로부터 슈퍼비전을 받아야 한다는 것을 의미한다.

놀이치료사 특성

장애아동을 성공적으로 치료한 놀이치료사의 특정한 성격들은 문헌 연구에서는 찾을 수 없다. 그러나 영국의 '양육적인 교사(nurture teachers)'에 대한 연구(Syrnyk, 2012)는 장애아동을 위한 놀이치료사의 바람직한 자질을 논의할 때 언급된다. 영국의 양육적인 교사들은 사회적, 정서적, 그리고 행동적인 어려움이 있는 아동들과 작업하는 특수교육을 전공하였다. 그들은 어쩌면 정규 교육 외에도, 갖고 있는 개인적 특성들이 장애아동과 함께할 교육자, 정신건강 복지사 또는 의료 스테프로 일할 때 더 적합할지도 모른다. Syrnyk(2012)는 영국 교육 체계에서 양육적인 교사들은 내적인 힘, 차분한 공감적 본성, 자기 인식, 그리고 객관성을 언급하였다. 양육적인 교사는 가치 고집(value tenacity)이 있는 것으로 나타났으나 여유를 가지고 타당한 처신을 하면서 고압적인 상황의 요구들에 잘 처신할 수 있었다. 이 선생님들은 쉽게 좌절하거나 화를 내지 않았다. 양육적인 교사들은 다른 사람들에게 비판적이지 않고 개방적이었으며, 아동의 장애의 한계 안에서 작업하였다. Syrnyk(2012)에 의하면, 이러한 개인적 특성이 교사의 지식과 기술처럼 처치 결과에 영향을 미친다. 논리적으로 이러한 특성은 장애아동의 성장에 긍정적인 영향을 미치고자 하는 놀이치료사에게 바람직할 것이다.

요약하면, 장애아동에게 놀이치료를 제공하는 사람들은 네 가지 요소가 필요하다. 첫 번째, 장애의 진단과 개념에 대하여 잘 알아야 한다. 두 번째, 장애아동에게 제공되는 서비스의 종류에 대한 법률, 지침과 윤리에 대한 정보가 있어야 한다. 세 번째, 대개 놀이치료 및 장애아동과 작업하기 위한 특별한 적용에 대한 훈련을 잘 받아야 한다. 마지막으로 양육적인 교사와 같은 놀이치료사의 인격적 자질로, 차분하게 제공할 수 있고, 아동이 성공을 경험할 수 있는 환경 수용하기가 포함된다.

내담자 특성

장애아동은 서로 다른 한계와 강점이 있는 매우 폭넓고 다양한 집단이다. 아동의 가족, 지역사회, 활용 가능한 자원의 역동은 장애아동이 놀이치료에 올 수 있도록 하는 데에 크게 영향을 준다. 장애와 상호작용의 수준이 심각하면, 놀이치료사에게 힘겨운 도전이다. 놀이치료는 아동이 가질 수 있는 대부분의 장애를 다루며, 아동의 특별한 욕구를 수용하기 위해 많은 사례들을 참고하여 장애아동에게 도움이 되도록 수정되기도 한다.

지시/금기

놀이치료는 다양한 행동적, 정서적, 그리고 사회적 문제를 경험하는 아동들을 다루기 위한 일차적이거나 부가적인 개입으로써 효과가 밝혀졌고 널리 사용되고 있다(Carmichael, 2006; Gil, 2010; Landreth, 2005). 고통, 슬픔, 그리고 입원과 같이 장애와 관련된 우려뿐 아니라 이혼, 이사, 학대, 가정 폭력, 그리고 자연재해와 관련된 매일의 스트레스를 극복하려는 아동들에게 놀이치료 개입은 효과적이다(Reddy, Files-Hall, & Schaefer, 2005). Landreth(2012)는 아동중심 놀이치료를 치료적 관계를 맺지 못하는 아동에게는 금하라고 하였다. 예를 들어 심각한 자폐스펙트럼장애 아동이나 조현병이 있는 아동에게는 좋지 않다. 이런 아동들에게는 좀 더 구조화된 형태의 놀이치료가 적합할 수 있다.

놀이치료실 조정하기

아동의 장애에 따라 놀이치료실을 상당히 수정할 필요가 있다. 아동이 한계를 가지고 있더라도 놀이치료실과 물품들을 손쉽게 접근할 수 있도록 준비해야 한다. 이동에 제한이 있는 아동들을 위해서는 자세를 쉽게 바꾸고 편하게 놀이를 할 수 있도록 하는 다양한 종류의 베개나 빈백 의자(beanbag chair)를 갖추는 것이 도움이 된다. 편하게 아동이 팔을 뻗어 잡을 수 있는 범위 안에 장난감과 함께 물건을 고정시키는 쐐기(wedge) 또는 베개를 배치한다. 대안적으로 치료사는 신체적 지지를 돕는 베개 대신에 큰 봉제 동물인형을 제공할 수 있다. 그리고 C-바이스로 테이블 위에 놓인 인형집을 고정시킬 수도 있다. 인형들은 움직임이 제한적인 아동을 돕기 위해 엘리베이터형 정리함에 배치할 수 있다. 날카로운 탁자, 선반, 또는 치료실에 고정된 가구의 모서리는 고무 범퍼를 설치하거나 붙이는 형태의 쿠션을 이용해 협응의 어려움이 있는 아동의 사고 방지를 위해 사용한다(Carmichael, 1994).

전통적으로 장난감은 선반에 배열되어 있어 아동이 한눈에 전체를 볼 수 있다. 하지만 장애아동의 경우 몇 가지 수정이 필요할지도 모른다. 예를 들면 치료사는 휠체어를 타는 아동이 높은 선반에 있는 장난감에 손이 닿을 수 있도록 하는 방법을 제공해야 한다. 시각 손상이 있는 아동과 작업을 할 때는 장난감을 선반과 방 안의 정해진 자리에 두는 것이 중요하며, 놀이치료실에서 장난감을 더하거나 뺄 때 아동의 어려움을 고려해 제한하는 것이 필요하다. 놀이를 위해 필요한 기술을 익히지 못한 아동이나 환경을 탐색하기 어려운 아동(즉, 시각적 또는 근육 운동상의 장애아동)을 위해서는 한 번에 한 개씩 장난감을 소개하거나 장난감 선택을 제한하는 것이 도움이 된다. 특히 주의집중이 어려운 아동들에게 많은 색깔이 있는 놀이치료실과 많은 장난감은 너무 자극적일 수 있다. 환경체계 모델의 놀이치료사인 O'Connor(2000)는 치료의 목표와 아동의 욕구를 다루기 위해 몇 가지 특별한 선택을 통해 장난감의 수를 제한하기를 권한다. 실제적인 경험을 통해, 저자는 장난감 선택 제한하기와 조용하고 깔끔한 공간이 주의력장애 아동에게 집중 유지를 돕는다는 것을 알았다. O'Connor가 사용하는 놀이치료실은 강렬한 원색으로 선반과 옷장을 강조하였으며, 밝은 체리색의 벽에 벽화가 그려져 있다. 이런 색과 패턴의 조화는 어떤 아동에게는 너무 큰 자극이다. 놀이치료실에서 5~7가지 장난감을 고르도록 하여 대부분이 회색과 갈색으로 칠해진 다른 방으로 옮겼을 때 아동들은 훨씬 더 침착해지고 집중하는 모습을 보였다. 복도에서 나는 소음 또한 ADHD 아동에게는 매우 혼란스럽다고 언급하였다. 대부분의 아동들은 소음이 나는 복도와 가까이에 있는 일반적인 놀이치료실에서 놀이할 수도 있지만, 어떤 아동들과는 장난감 몇 개를 선택하게 하여 덜 자극적인 방으로 가기도 한다.

장난감 조정하기

놀이치료실을 조정한 다음, 장애아동의 욕구를 충족시키기 위한 장난감을 조정하는 것이 필요할 수 있다. 장애아동들을 위한 장난감을 선택할 때 치료사는 네 가지를 명심해야 한다. 첫 번째는 장난감은 쉽게 조작할 수 있어야 하는데, 특히 운동 조절 문제가 있는 아동의 경우에는 더욱 그러하다. 두 번째, 장난감은 아동의 특정 장애에 적합해야 한다. 아주 크거나 아주 작은 크기의 장난감이 아동이 사용하기에 더 쉬울 수 있으므로 고려되어야 한다. 세 번째, 장난감은 아동의 놀이 능력이나 자신을 표현하는 능력을 방해할 만큼 복잡하지 않아야 한다. 네 번째, 장난감의 안전성이 당연히 고려되어야 한다.

장난감 또는 장난감 선택을 조정하는 것은 놀이치료실에서 장애아동이 좀 더 독립적이고 자신감을 가질 수 있도록 돕는다. 아동들이 더 쉽게 다룰 수 있도록 장난감들을 조정하기 위한 많은 방법들이 있다.

- 더 쉽게 쥘 수 있도록 양면테이프를 사용하여 붓 손잡이 위 말랑한 컬러(Curler)에 스펀지를 붙인다.
- 그림 붓 또는 드럼 스틱과 같은 물건을 잡을 수 없는 아동들은 붓 또는 드럼 스틱을 그들의 손이나 팔꿈치에 고정하는 것이 좋으며, 그렇게 해야 그들은 놀이치료에서 드럼을 치거나 그림을 그릴 수 있다.
- 면장갑에 벨크로나 자석이 붙어 있는 특별한 장갑을 고안하여 아동이 좀 더 쉽게 금속 장난감이나 사물들을 조종할 수 있게 한다.
- 의상 아이템들은 아동의 신체적 어려움을 고려하여 선택할 수 있다. 망토나 당겨서 입는 옷을 입기 어려운 아동은 지갑, 모자, 스카프 같은 아이템들을 더 쉽게 사용할 수 있다.
- 콩주머니는 던지기를 할 때 공을 대신할 수 있다. 콩주머니는 형태가 단단하게 고정된 게 아니라 아동이 공을 놓쳐도 멀리 굴러가지 않는다. 아동이 쉽게 다룰 수 있고, 독특하고 매력적인 형태의 콩주머니가 시중에 나와 있어 유용하게 사용할 수 있다(Carmichael, 1994).
- 쉽게 조작할 수 있는 손인형은 전통적인 디자인의 손인형을 사용할 수 없는 아동을 위해 만들어졌다. 손인형의 머리나 몸통을 지지하기 위해 고정시키는 나뭇조각이 안에 들어간다. 그러면 손인형의 아랫부분은 무게가 주어져서 나뭇조각이 아동의 손 위에 정확하게 매달리게 된다. 만약

필요하다면 받침대를 흔들리게 하여 손인형을 잡을 때 아동의 간단한 접촉만으로도 인형을 움직이게 할 수 있다.

장난감은 아동의 특정 장애의 요구를 다룰 수 있도록 선택한다. 운동 조절 어려움이 있는 아동을 위한 장난감을 제안하자면, 구슬, 슬라이딩 판넬, 종, 바퀴, 조명이 달린 활동적인 보드 그리고 다양한 재질, 크기, 형태의 장난감이 들어 있는 상자와 모래상자를 들 수 있다. 저자의 장난감 수집목록에 있는 자물쇠와 걸쇠를 모아놓은 판이 매우 인기가 있다. 대근육 움직임을 요하는 악기, 예컨대 종, 탬버린, 드럼, 트라이앵글, 나무 스틱들도 좋은 선택이다. 저자의 경험상, 시각장애 아동은 모양과 재질을 구별할 수 있는 장난감을 선호하는 듯하다. 악기, 으르렁거리는 공룡 또는 말하는 영웅이나 캐릭터인형처럼 인식 가능한 소리가 나는 장난감이 이 아동들에게 특히 매력적일 수 있다.

장난감의 크기가 적절한지를 고려해보아야 한다. 정교한 움직임이 어려운 아동은 크고 굴러다니지 않는 크레용, 초보자용 큰 연필 혹은 목공용 연필(철물점에서 구매할 수 있는 납작한 연필), 그림을 그리거나 색칠을 할 때 사용할 커다란 신문지 혹은 크라프트지가 필요할 것이다. 다른 어떤 아동은 큰 사이즈의 미술용품이 아마도 크고 무겁다고 여길 것이고, 골프나 볼링에서 점수를 기록하는 데에 사용되는 연필처럼 크기가 작은 용품들이 더 사용하기 쉽다고 생각할 것이다. 일반적으로 아동의 신체 발달이 미숙할수록 장난감과 용품들의 크기는 커야 한다.

인지적으로 어려움이 있는 아동들은 자신보다 나이 어린 아동이 사용할 만한 단순하고 다루기 쉬운 장난감을 가지고 놀려고 할 것이다. 한편으로는, 좀 더 복잡한 장난감을 포함시킴으로써 아동에게 필요한 발달상의 진보를 이루도록 독려할 수 있고, 치료사가 아동에게 좌절 경험에 어떻게 대처해야 할지를 가르칠 기회를 마련할 수 있을 것이다. 반대로 장난감이 너무 복잡하고 다루기 어려워 좌절감을 주는 경우에는 아동들이 가상놀이 속에서 장난감을 사용해 자신을 표현하는 능력이나 숙달감을 갖게 되는 것을 방해할 수 있다. 일반적으로 치료사는 장애아동을 치료할 때에 장난감의 표상적 가치의 중요도와 사용상의 용이성을 모두 고려해보아야 한다.

마지막으로, 선택된 장난감들은 모두 물리적으로나 심리적으로 안전해야 하고 적절해야 한다. 특히 공격성향이 있는 아동들을 치료할 때, 놀이실에 무기 형태의 장난감을 놓을지 숙고해보아야 한다. 한편으로 보면, 아동들에게는 공격성을 적절하게 표현할 수 있는 방안이 필요하다(Landreth, 2012). 고무칼이나 장난감 총 같은 무기를 가지고 노는 것은 아동이 무생물을 향해 공격성을 돌릴 수 있는 기회를 제공하고, 치료사에게는 아동에게 공격성을 적절히 표현할 수 있는 방법을 가르칠 기회가 된다. 하지만 무기 형태의 장난감이 없다면 공격성이 자극되지 않을 것이고, 아동이 공격적 행동을 하게 될 기회가 적어진다. 던질 수 있는 스펀지나 솜뭉치, 찢어도 되는 화장지, 부러뜨릴 수 있는 나무젓가락과 같은 물건들을 두는 것은 아동들이 분노를 부드러운 방식으로 표현할 수 있도록 돕는다. 아동이 분노를 가라앉힐 수 있도록 휴지통 위에서 신문지를 찢게 하는 것은 아동이 다시 집중할 수 있도록 돕는 이완 운동과 편안한 음악이 뒤따를 때에 특히 유용하다. 저자는 치료사가 특정 치료 시간에 아동에게 그런 장난감을 사용하게 할지를 결정할 때 각 내담 아동의 요구를 고려할 것을 제안하고, 모든 치료사가 그러하듯 모든 아동이 동일한 문화적 배경에서 무기(weapons)를 보는 것은 아님을 기억하기 바란다.

기타 시설

Sousa(2007, 2011)가 특별히 놀이치료사나 심리치료사들을 위한 글을 쓰지는 않았지만, 놀이치료사들이 고려해볼 만한 실용적인 수정안과 조정안을 제시해준다. 그는 ADHD가 있는 아동들을 '구조화되고 예측 가능하며 반겨주는 분위기' 속에서 치료를 해나갈 것을 권한다(2007, p. 59). 그는 또한 규칙은 간단하고 명확해야 하며, 놀이실에서 잘 보일 수 있게 게시하라고 제안한다. 아동들에게 전환에 대해서는 미리 알려주어야 한다(예 : 치료 시간 종료 5분 전에 알려주기). ADHD가 있는 아동들은 일정 변화가 있기 훨씬 전부터 준비가 되어 있어야 한다. Sousa(2007)는 치료 공간이 장애가 있는 모든 아동에게 적절하도록 꾸며져야 한다고 강조한다. 그는 치료사가 아동들을 격려하고 그들이 감정을 조절하고 표현하는 것을 도와줄 것을 권고한다. 장애아동을 위한 학습 환경 마련에 대한 Sousa(2007)의 견해는 주요 놀이 이론에서 제안하는 치료 환경과 일치한다(Carmichael, 2006).

처치 빈도와 기간

장애아동과의 작업을 위해 치료사가 반드시 더 길게 혹은 자주 치료 시간을 계획해야 하거나 더 오랜 기간 치료를 실시해야 하는 것은 아니다. 대개 치료는 아동의 필요, 환경, 치료사의 아동에 대한 접근 용이도에 따라 1주일, 혹은 2주일에 한 번으로 계획된다. 각 회기 시간은 보통 30분에서 50분에 이른다. 치료시간을 짧게 하는 것은 보통 어린 아동들이나 발달적으로 지연된 아동들에게 좋으며, 학교에서 이루어지는 경우에도 필요하다. 긴 회기 시간은 치료사가 더 많은 내용을 다룰 수 있게 하고, 치료 시간 중의 일부를 부모와의 면담에 쓸 수 있도록 하며, 대개는 상담센터나 개인이 운영하는 치료실에서 선호된다. LeBlanc와 Ritchie(2001)에 따르면 놀이치료의 효과는 30회쯤 치료를 받았을 때에 최고조에 달한다. 그러나 Bratton, Ray, Rhine(2005)은 놀이치료회기가 35회까지만 효과가 있다는 것을 밝혀내었다. 장애아동을 치료할 때는 그들이 목표 기능을 습득하는 데에 어려움을 겪거나 치료를 통해 성취한 결과를 놀이실 밖에까지 적용하고자 한다면 더 오랜 기간의 치료가 필요할 수 있다.

처치 전 평가와 처치 계획

아동을 위한 치료 전 평가와 놀이치료 계획에 대한 가장 완벽한 지침서는 **놀이치료 계획 및 중재 : 생태학적 모델과 워크북, 제2판**(*Play Therapy Treatment Planning and Interventions: The Ecosystemic Model and Workbook, 2nd Edition*)(O'Connor & Ammen, 2013)이다. 처치 전 평가는 교사와 양육자, 그 밖의 아동과 상호작용을 하거나 돌보아주는 중요한 어른들과의 면담을 포함한다. 일련의 형식적인 평가와 비형식적인 평가가 아동의 인지적 · 사회적 · 정서적 · 발달상 기능을 평가하기 위해 사용될 수 있다. 결과는 가족들이 제공할 수 있는 도움의 정도와 아동의 장점 및 약점에 대한 포괄적인 그림을 제시한다. 치료 계획은 측정 가능한 목표를 기술하고 이런 목표를 달성하기 위해 아동의 치료사를 포함하여 중요한 어른들이 해야 할 책무를 배정해놓은 상세한 개별 교육 계획과 비슷하다(O'Connor & Ammen, 2013).

Gitlin-Werner, Sandgrund와 Schaefer(2000)는 놀이치료의 처치 전 평가에서 사용되는 평가도구에 대한 광범위한 개요를 제공한다. 장애아동을 치료하는 놀이치료사들이 특히 관심을 가질 만한 것은 Westby(2000)의 아동놀이의 발달 등급이다. 그녀가 만든 등급은 특히 놀이치료 계획과 관련이 있는 발달상 지체를 진단할 수 있도록 돕는다. Lifter(2000)는 발달놀이평가(DPA)를 통해 장애를 갖게 될 위험이 있는 아동들을 위해 평가와 개입을 연관 짓는 법을 보여준다. DPA는 친숙한 어른이 놀이실에 함께 있는 동안 아동의 즉흥놀이 활동을 30분간 평가하는 것을 포함한다. 아동들은 네 가지 분류의 장난감을 제공받게 되고, 그들의 놀이는 발달단계에 따라 순서가 정해진 놀이 활동의 질적으로 다른 범주를 검토함으로써 평가받는다. DPA는 전반적인 발달장애와 그 밖의 발달지연을 진단할 수 있도록 돕는다(Pierce-Jordan & Lifter, 2005). Bierman과 Welsh(2000) 그리고 Welsh, Bierman과 Pope(2000)는 사회적 기능장애의 평가에 초점을 두는데, 그들에 따르면 사회적 기능장애는 주의력결핍 과잉행동장애, 행동장애, 반항장애, 전반적 발달장애의 핵심적인 증상이다(Bierman & Welsh, 2000, p. 526). Vig(2007)는 아동의 발달 수준에 대해 전반적으로 파악해볼 것을 제안한다. "아동들이 놀이를 할 때 그들을 관찰함으로써 유아를 상대하는 직종의 종사자들은 아동의 발달에 대한 귀중한 통찰을 얻을 수 있다."(p. 201) 그녀는 연령에 따른 평균적 발달 특징과 장애아동의 특징을 나열한 도표와 함께 발달평가 연구 문헌에 대한 유용한 보고서를 내놓았다. 그녀의 장애에 대한 논의에 포함되어 있는 장애의 종류에는 발달지연, 언어장애, 청각장애, 시각장애가 있다. Vig(2007)는 또한 실제 상황에서의 놀이 관찰, 발달연령과 단계의 진단, 장애 징후 확인, 놀이 관찰 회기 시행 방법에 대한 논의를 위해 참고할 수 있는 간략한 지침을 제공한다.

아동들을 위한 치료 계획에 부모놀이치료의 사용을 고려하고 있는 놀이치료사는 부모-자녀 관계 치료(Child Parent Relationship Treatment, CPRT) 매뉴얼을 참고하기 바란다(Bratton, 2006). 이 매뉴얼의 부록에는 부모놀이치료에 양육자를 포함시키는 것의 적절성에 대한 내용과 양육자의 관점에서 아동의 문제를 판단할 수 있도록 돕는 여러 가지 평가 방법이 들어 있다. 이것들은 연구 도구들이지만, 장애아동을 치료하는 놀이치료사의 임상적 판단을 돕는 데에도 유용하게 쓰일 수 있다. 매뉴얼에 제시된 세 가지 도구는 치료 전과 후에 주어지도록 고안되었다. CPRT 매뉴얼은 또한 양육자-아동 두 사람으로 부모놀이치료를 계획할 때 쓸 수 있는 기초적인 지침서이다.

장애아동에게 집단놀이치료를 적용할 때는 놀이치료사가 아동들이 각자 가진 강점, 약점, 필요에 따라 서로 조화롭게 지낼 수 있는 집단으로 분류되도록 하는 것이 중요하다. 또한, 장애아동은 더 상처받기 쉬운 집단을 대표하므로 그들이 집단 상황에서 신체적·정신적 외상을 겪지 않도록 각별히 주의를 기울여야 한다. 앞서 언급한 바와 같이, 한 집단의 구성원은 구성원들이 서로에게 가지는 촉매 효과가 각 구성원의 전반적인 사회적 기능을 향상시키는 데에 이용될 수 있도록 주의 깊게 선별되어야 한다.

요약하면, 집중적인 치료 전 평가는 놀이치료사가 장애아동을 위해 개별화된 치료 계획을 수립할 수 있게 한다. 처치계획이란 장기적·단기적 목표를 측정 가능한 형태로 기술한 것을 의미하며 그러한 목표를 달성하기 위해 사용되는 방법도 포함한다. 대부분의 상담기관은 연방정부, 주정부, 제3자인 지불인의 요구사항을 충족시킬 수 있도록 이런 내용들이 어떻게 쓰여져야 할지에 대한 방침을 가지고 있다. 간단한 치료 계획은 대상 아동과 양육자의 연락처와 식별정보, 문제되는 점에 대한 의뢰사유, 장기 목표, 단기 목표, 선택된 처치 방법, 종결을 위한 기준을 담고 있어야 한다.

연구/증거 기반

Guerney(1979)와 Carmichael(1994)는 각 작업이 이루어질 당시에 행해진 문헌 연구에 근거를 두고 놀이치료사들이 장애아동과 어떻게 작업해 나가야 하는가에 대해 썼다. 1900년대 초반부터 현재에 이르는 놀이치료 연구에 대한 광범위한 검토는 장애아동을 위한 놀이치료의 효능을 뒷받침하는 방대한 양의 단일사례연구를 보여준다(University of North Texas Center for Play Therapy, 2014). 이런 연구들의 결과는 대부분 아동들의 세계에서 중요한 어른들에 대한 기록에 기반을 두고 있다. 장애아동에 대한 개입을 연구한 논문은 많은 반면, 이런 아동들의 놀이치료 결과에 초점을 두고 있는 논문은 부족했다.

　Bratton과 그의 동료들(2005), 그리고 LeBlanc와 Ritchie(2001)의 놀이치료의 효과에 대한 메타분석은 장애아동에 대한 연구를 포함하고 있었다. 현재 이뤄지는 연구 중의 상당수가 갖고 있는 어려움 중 한 가지는 많은 연구가 편협한 초점을 가지고 있다는 점이다. 예를 들어 연구자들은 단지 ADHD가 있는 아동들의 행동을 측정하는 데에만 초점을 둔다. 유용하기는 하겠으나, 이런 연구들은 처치 전후의 아동의 기능에 대한 전반적인 통찰을 제공해주지는 못한다. 또 다른 문제는 연구 대상이 되는 아동들이 가진 특정한 장애에 대해 특별히 검토하고 진단하고 보고하지 않는다는 점이다. 특정한 학습장애아동이 포함될 수는 있겠으나, 연구의 한 부분으로서 그 장애에 대한 평가가 이루어지지는 않는다. 연구 문헌에 있어 이 두 가지 실수는 장애아동을 대상으로 하는 놀이치료사가 사용하도록 권고되는 특정한 개입을 위해 이루어지는 연구들을 검토하는 것을 어렵게 만든다. 이러한 딜레마에도 불구하고 놀이치료는 장애아동의 처치를 위해 충분히 효과적인 접근법으로 입증되고 있다(Bratton et al., 2005; LeBlance & Ritchie, 2001; Muro, Ray, Schottlekorb, Smith & Blanco, 2006).

　VanFleet(2013)에 따르면, 40년에 걸친 연구는 일반적인 부모놀이치료의 효과성을 뒷받침하고, 장애아동의 부모에게도 효과가 있다는 증거를 제시하였다. 놀이치료에 대한 한 메타분석에서 Bratton 등(2005)은 부모놀이치료가 학습장애 아동과 그의 부모를 돕는 데에 효과적이라고 밝혔다. 여러 연구에서 부모놀이치료가 학습장애아동(Kale & Landreth, 1999), 청각장애를 가졌거나 난청인 아동(Smith & Landreth, 2004), 뇌성마비아동(Cohen, Biran, Aran, & Gross-Tsur, 2008)에게 효과가 있다는 것이 밝혀졌다. Wickstrom(2009)은 다수의 연구에서 이러한 접근법의 효과성을 입증했다고 동의했다. 그러나 부모놀이치료를 통해 발생하게 되는 아동과 양육자 간 관계 변화의 정확한 속성은 명확하게 정의되지 않았다. Wickstrom의 연구 결과는 두 가지 단계의 변화가 일어났으며, 이것이 광범위하고 체계적인 영향을 미쳤음을 지적했다. 부모놀이치료의 장기적 효과에 대한 연구와 부모놀이치료가 양육자-아동 관계의 즉각적인 개선을 넘어서 다른 변수들에 대해 가질 수 있는 영향에 대한 연구가 필요해 보인다.

　Bratton 등(2005)에 따르면, 아동의 처치에는 집단놀이치료가 효과적이다. Tarver-Behring과 Spagna(2004)는 사회적·정서적 영역의 문제를 다루기 위해 장애아동에게 집단치료를 적용할 것을 주장한다. 특히 그들은 집단 작업이 긍정적인 자존감을 가지게 하고, 감정을 적절히 표현하는 방법, 대안적인 문제 해결 방식, 적절한 긍정적 행동을 배울 수 있게 하고, 특정한 장애에 대해 교육할 수 있는 수단이 될 수 있다는 점을 지적한다. 이 글에서 광범위한 문헌 연구는 장애아동을 위한 집단놀이치료의 효과성을 명확하게 평가하는 어떠한 연구도 찾아내지 못했다. 확실히 이 부분은 연구가 필요한 분야이다.

　일반적으로 놀이치료는 다양한 문제를 치료하는 데에 효과적임이 밝혀져 왔다. 놀이치료에 대한 대표적인 메타분석(Bratton et al., 2005)을 통해서 아동의 성별이나 나이, 그들의 표출된 문제에 관계없이 놀이치료가 효과가 있음이 밝혀졌다. 이 연구는 또한 아동기의 다양한 장애, 장애와 난관에 있어 놀이치료가 효능을 발휘함을 지적했다.

결론

요약하면 장애아동이 놀이치료를 받게 된 경우, 그들은 복잡한 정신건강상의 문제를 가지고 있어 치료사는 종종 특별한 훈련을 받아야 하고, 놀이치료 자료, 활동, 놀이실은 그들에 맞추어 수정되어야 한다.

　장애아동은 장애가 없는 또래들이 겪는 난관 중의 다수를 똑같이 경험하기도 하지만, 그들만이 갖는 독특한 어려움에도 직면하게 된다. 그들은 학업에 어려움이 있을 수도 있고, 세상에 나아가 물리적·사회적 장벽에 부딪힐 수도 있다. 이러한 한계들로 인해 아동들이 영향을 받는 정도는 장애 정도, 이용 가능한 편의시설, 양육자의 교육과 지식 수준, 가족과 사회로부터의 지원, 아동의 내적 강인함과 회복력을 포함한 다양한 요인들에 달려 있다. 아동의 장애로 인해 발생하는 스트레스와 일반적인 아동기의 스트레스가 상호작용하게 되면 아동이 처치를 받으러 올쯤에는 복잡하고 다면적인 임상적 문제가 발생하게 되며, 놀이치료사는 이러한 복잡성을 인식해야 한다.

　장애아동을 위해 효과적인 놀이치료사가 되기 위해서는 전문화된 훈련(수련, 교육)과 특별한 성격 특성을 갖추어야 한다. 이런 아동들을 대상으로 하는 놀이치료사들은 장애아동이 흔히 겪는 의학적·법적·정신건강상의 문제에 대해 잘 알고 있어야 한다. 그들은 또한 장애아동에게 가장 적합한 특수 놀이 개입에 대한 교육과 지도를 받은 경험이 있어야 한다. 개인적인 면에서 놀이치료사는 장애아동이 창의적이고 인내심을 요하는 개입을 필요로 하는 특수한 문제를 가졌다는 점을 알고 있어야 한다. 치료사들은 고군분투하는 아동의 모습이 아동이 가진 능력의 고유한 틀 안에서 처치 목표를 성취할 방법을 찾으려고 애쓰는 그들 자신의 모습과 닮아 있다는 것을 발견할 것이다. 아동의 능력에 초점을 맞출 수 있는 능력과 작은 성취에도 용기를 얻는 태도가 중요하다.

　놀이치료가 장애아동에게 적합한 개입인 것 같기는 하지만, 놀이치료사들은 그들의 임상작업의 많은 부분을 장애아동의 욕구에 맞도록 상당히 수정해야 한다는 것을 알게 될 것이다. 이론적으로 보면, 놀이치료의 어떤 한 가지 이론도 모든 장애아동에게 잘 맞는 방법일 수는 없다. 그러나 일부 놀이치료 이론들은 장애아동의 욕구를 더 쉽게 수용할 수 있을 것이다. 두 번째로, 놀이 자료와 활동 모두 아동에 맞추어 수정될 필요가 있다. 마지막으로, 놀이실 자체도 장애아동이 가지고 있는 다양한 능력과 한계를 수용할 수 있도록 꾸며져야 한다.

참고문헌

Achenbach, T. M. (1991). *Manual for the child behavior checklist/4-18 and 1991 profile*. Burlington: University of Vermont.

Alimovic, S. (2013). Emotional and behavioural problems in children with visual impairment, intellectual and multiple disabilities. *Journal of Intellectual Disability Research, 57*(2), 153-160. doi:10.1111/j.1365-2788.2012.01562.x IndividualsWith Disabilities Education Act, 20 U.S.C. 1400 (2004).

American Speech-Language-Hearing Association (ASHA). (1993b). *Effects of hearing loss on development*. Retrieved from http://asha.org/public/hearing/Effects-of-Hearing-Loss-on-Development

Booth, P. B., & Jernberg, A. (2010). *Theraplay: Helping parents and children build better relationships through attachment-based play* (3rd ed.). San Francisco, CA: Jossey-Bass.

Bierman, K., & Welsh, J. (2000). Assessing social dysfunction: The contributions of laboratory and performance-based measures. *Journal of Clinical Child Psychology, 29*(4), 526-539.

Bratton, S. C. (2006). *Child parent relationship therapy (CPRT) treatment manual: A 10-session filial therapy model for training parents*. New York, NY: Routledge.

Bratton, S. C., Ray, D., & Rhine, T. (2005). The efficacy of play therapy with children: A meta-analytic review of treatment outcomes. *Professional Psychology: Research & Practice, 36*(4), 376-390. doi:10.1037/0735-7028.36.4.376

Brody, V. A. (1997). *The dialogue of touch: Developmental play therapy*. Northvale, NJ: Jason Aronson.

Buttner, G., & Hasselhorn, M. (2011). Learning disabilities: Debates on definitions, causes, subtypes, and responses. *International Journal of Disability, Development & Education, 58*(1), 75-87.

Carmichael, K. D. (1994). Play therapy for children with physical disabilities. *Journal of Rehabilitation, 60*(3), 51.

Carmichael, K. D. (2006). *Play therapy: An introduction*. Upper Saddle River, NJ: Pearson/Merrill Prentice Hall.

Clarizio, H. F. (1997). Conduct disorder: Developmental considerations. *Psychology in the Schools, 34*(3), 253.

Cohen, E., Biran, G., Aran, A. & Gross-Tsur, V. (2008) Locus of control, perceived parenting style, and anxiety in children with cerebral palsy. *Journal of Developmental & Physical Disabilities. 20* (5), 415-423.

Darling, C., Senatore, N., & Strachan, J. (2012). Fathers of children with disabilities: Stress and life satisfaction. *Stress and Health, 28*, 269-278. doi:10.1002Ami.1427

Davis, E., & Pereira, J. (2013). Combining reality therapy and play therapy in work with children. *International Journal of Choice Theory and Reality Therapy, 33*(1), 78-86.

Dosen, A. (2005).Mentalno zdravlje diece s mentalnom retardacijom. *Medicina, 42*, 101-106.

Einfeld, S., Tonge, B., & Turner, G. (1999). Longitudinal course of behavioral and emotional problems in fragile X syndrome. *American Journal of Medical Genetics, 87*, 436-439.

Gil, E. (2010).*Working with children to heal interpersonal trauma: The power of play*. New York, NY: Guilford Press.

Gitlin-Werner, K., Sandgrund, A., & Schaefer, C. E. (2000). Play diagnosis and assessment (2nd ed.). New York, NY: Wiley.

Gordon, J. (2009). An evidence-based approach for supporting parents experiencing chronic sorrow. *Pediatric Nursing, 35*(2), 115-119.

Guerney, B. (1964). Filial therapy: Description and rationale. *Journal of Consulting Psychology, 28*, 303-310.

Guerney, B., Guerney, L., & Andronico, M. (1966). Filial therapy. *Yale ScientificMagazine, 40*(6), 6-20.

Guerney, L. F. (1979). Play therapy with learning disabled children. *Journal of Clinical Child Psychology, 8*(3), 242.

Hughes, L., & Cardwell, P. (2011). Care of a child with down's syndrome. *Learning Disability Practice, 14*(10), 14-17.

Individuals with Disability Education Act Amendments of 1997 [IDEA]. (PL 101-476, 104 stat. 1142) (1997).

Kale, A., & Landreth, G. L. (1999). Filial therapy with parents of children experiencing learning difficulties. *International Journal of Play Therapy, 8*(2), 35-56.

Knell, S. M. (1996). *Cognitive-behavioral play therapy* (2nd ed.). Northvale, NJ: Jason Aronson.

Kottman, T. (2002). *Partners in play: An Adlerian approach to play therapy* (2nd ed.). Alexandria, VA: American Counseling Association.

Landreth, G. L. (2005). *Play therapy interventions with children's problems: Case studies with DSM-IV-TR diagnoses* (2nd ed.). Lanham, MD: Jason Aronson.

Landreth, G. L. (2012). *Play therapy: The art of the relationship* (3rd ed.). New York, NY: Brunner-Routledge.

Landreth, G. L., Ray, D., & Bratton, S. C. (2009). Play therapy in elementary schools. *Psychology in the Schools, 46*(3), 281-289.

LeBlanc, M., & Ritchie, M. (2001). A meta-analysis of play therapy outcomes. *Counseling Psychological Quarterly, 14*(2), 149-163.

Lifter, K. (2000). Linking assessment to interventions for children with developmental disabilities or at-risk for developmental delay: The Developmental Play Assessment (DPA) instrument. In K. Gitlin-Werner,

A. Sandgrund, & C. Schaefer (Eds.), *Play diagnosis and assessment* (2nd ed., pp. 228-261). New York, NY: Wiley.

Meany-Walen, K., Bratton, S. C., & Kottman, T. (2014). Effects of Adlerian play therapy on reducing students' disruptive behaviors. *Journal of Counseling & Development, 92*(1), 47-56. doi:10.1002/j.1556-6676.2014.00129.x

Michaud, L. (2004). Prescribing therapy services for children with motor disabilities. *Pediatrics, 113*(6), 1836-1838.

Miyahara, M., & Piek, J. (2006). Self-esteem of children and adolescents with physical disabilities: Quantitative evidence from meta-analysis. *Journal of Developmental and Physical Disabilities, 18*(3), 125-130. doi:10.1111/1475-3588.00058

Morison, J. E., Bromfield, L. M., & Cameron, H. J. (2003). A therapeutic model for supporting families of children with a chronic illness or disability. *Child & Adolescent Mental Health, 8*(3), 125–130. doi:10.1111/1475-3588.00058

Moustakas, C. (1997). *Relationship play therapy*. Northvale, NJ: Jason Aronson.

Munns, E. (2000). *Theraplay: Innovations in attachment enhancing play therapy*. Lanham, MD: Rowman & Littlefield.

Muro, J., Ray, D., Schottelkorb, A., Smith, M., & Blanco, P. J. (2006). Quantitative analysis of long-term child-centered play therapy. *International Journal of Play Therapy 15*(2), 35–58.

National Dissemination Center for Children with Disabilities. (2012). *Visual impairments, including blindness* (NICHCY Disability Fact Sheet 13). Washington, DC: Office of Special Education Programs, U. S. Department of Education.

Oaklander, V. (1988). *Windows to our children*. Gouldsboro, ME: The Gestalt Journal Press.

O'Connor, K. J. (2000). *The play therapy primer* (2nd ed.). New York, NY: Wiley.

O'Connor, K. J., & Ammen, S. (2013). *Play therapy treatment planning and interventions: The ecosystemic model and workbook* (2nd ed.). Waltman, MA: Academic Press.

Petersson, C., Simeonsson, R., Enskar, K., & Huus, K. (2013). Comparing children's self-report instruments for health-related quality of life using the international classification of functioning, disability and health for children and youth (ICF-CY). *Health and Quality of Life Outcomes, 11*(1), 1–10.

Pierce-Jordan, S., & Lifter, K. (2005). Interaction of social and play behaviors in preschoolers with and without pervasive developmental disorder. *Topics in Early Childhood Special Education, 25*(1), 34–47.

Reddy, L. A., Files-Hall, T. M., & Schaefer, C. E. (2005). *Empirically based play interventions for children*. Washington, DC: American Psychological Association.

Schaefer, C. E. (2001). Prescriptive play therapy. *International Journal of Play Therapy, 10*(2), 57–73.

Smith, D. (2007). *Introduction to special education: Making a difference*. Columbus, OH: Allyn & Bacon.

Smith, D., & Landreth, G. L., (2004). Filial therapy with teachers of deaf and hard of hearing preschool children. *International Journal of Play Therapy, 13*(1), 13–33.

Sousa, D. A. (2007). *How the special needs brain learns* (2nd ed.). Thousand Oaks, CA: Corwin.

Sousa, D. A. (2011). *How the brain learns* (4th ed.). Thousand Oaks, CA: Corwin.

Syrnyk, C. (2012). The nurture teacher: Characteristics, challenges and training. *British Journal of Special Education, 39*(3), 146–155. doi:10.1111/j.1467-8578.2012.00550.x

Tarver-Behring, S., & Spagna, M. E. (2004). Counseling with exceptional children. *Focus on Exceptional Children, 36*(8), 1–12.

Taylor De Faoite, A. (Ed.). (2011). *Narrative play therapy: Theory and practice*. London, England: Jessica Kingsley.

Tonge, B., & Einfeld, S. (2000). The trajectory of psychiatric disorders in young people with intellectual disabilities. *Australian and New Zealand Journal of Psychiatry, 34,* 80–84.

Tonge, B., & Einfeld, S. (2003). Psychopathology and intellectual disability: the Australian child to adult longitudinal study. In L. M. Glidden (Ed.), *International Review of Research in Mental Retardation* (Vol. 26, pp. 61–91). San Diego, CA: Academic Press.

Trice-Black, S., Bailey, C. L., & Riechel, M. E. K. (2013). Play therapy in school counseling. *Professional School Counseling, 16*(5), 303–312.

Trussell, R. P., Hammond, H., & Ingalls, L. (2008). Ethical practices and parental participation in rural special education. *Rural Special Education Quarterly, 27*(1), 19–23.

Tzang, R.-F., Chang, Y.-C., & Liu, S.-I. (2009). The association between children's ADHD subtype and parenting stress and parental symptoms. *International Journal of Psychiatry in Clinical Practice, 13*(4), 318–325. doi:10.3109/13651500903094567

Universtiy of North Texas Center for Play Therapy. (2014). *The world of play therapy literature: A definitive guide authors and subjects in the field*. Retrieved from https://cpt.unt.edu/researchpublications/literature-home/

VanFleet, R. (2013). *Filial therapy: Strengthening parent-child relationships through play* (3rd ed.). Sarasota, FL: Professional Resources Press.

Vig, S. (2007). Young children's object play: A window on development. *Journal of Physical Disability, 19,* 201–215. doi:10.1007/sl10882-007-9048-6

Welsh, J., Bierman, K., & Pope, A. (2000). Play assessment of peer interactions in children. In K. Gitlin-Werner, A. Sandgrund, & C. Schaefer (Eds.). *Play diagnosis and assessment* (2nd ed., pp. 517–543) New York, NY: Wiley.

Westby, C. (2001). A scale for assessing development of children's play. In K. Gitlin-Werner, A. Sandgrund, & C. Schaefer (Eds.), *Play diagnosis and assessment* (2nd ed., pp. 15–57). New York, NY: Wiley.

Wickstrom, A. (2009). The process of systemic change in filial therapy: A phenomenological study of parent experience. *Contemporary Family Therapy: An International Journal, 31*(3), 193–208. doi:10.1007/s10591-009-9089-3

Wickstrom, A., & Falke, S. (2013). Parental perceptions of an advanced filial therapy model. *Contemporary Family Therapy: An International Journal, 35*(1), 161–175. doi:10.1007/s10591-012-9228-0

Wilkes, S., Cordier, R., Bundy, A., Docking, K., & Munro, N. (2011). A play-based intervention for children with ADHD: A pilot study. *Australian Occupational Therapy Journal, 58*(4), 231–240. doi:10.1111/j.1440-1630.2011.00928.x

Xin, W. E. I., Yu, J. W., & Shaver, D. (2014). Longitudinal effects of ADHD in children with learning disabilities or emotional disturbances. *Exceptional Children, 80*(2), 205–219.

21

대인관계 외상의 생존자를 위한
놀이치료 : 학대와 범죄 극복하기

CHARLES EDWIN MYERS

우 리가 사는 세상은 아이들의 웃음소리, 저녁노을과 같은 경이로운 사건들로 가득하지만, 또 반대로 아동을 학대하고 아동을 대상으로 한 범죄와 같이 무서운 사건들도 가득하다. 우리는 어린 시절이 즐겁고, 행복한 놀이의 시간이기를 기대한다. 그러나 어떤 아동들에게는 어린 시절이 공포, 두려움과 고통의 시간일 수도 있다. 자연재해, 집단 폭행, 아동 학대와 방임, 가정 내 폭력을 포함한 무수히 많은 외상적 경험은 아동들에게 나쁜 영향을 미친다. 허리케인 카트리나와 2010년 아이티 지진과 같은 자연재해도 아동들에게 정신적 외상을 초래할 수 있지만, 가장 가혹한 외상은 주로 아동 학대와 방임, 가정 폭력 및 집단 폭행과 같은 사건들, 2011년 9월 11일 테러리스트의 공격, 2013년 코네티컷, 뉴타운에서 벌어진 학교 총격 사건들과 같이 사람에게서 받는 외상이다. 이 장의 목적은 다른 사람에 의해 경험한 사건들로 아동들이 겪는 정신적 외상을 정의하는 것이다.

이 장은 아동 학대와 아동 관련 범죄를 포함한 대인관계 외상(interpersonal trauma)의 특징을 정의하고, 왜 놀이치료가 대인관계 외상의 아동 생존자와 작업하기 위한 적절한 접근인지를 알아보려고 한다. 두 번째, 놀이치료가 대인관계 외상의 생존자인 아동들의 증상을 완화하는 데 효과가 입증된 접근임을 재검토한다. 세 번째, 아동의 요구사항을 만족시키기 위해 필요한 절차상의 변경을 설명한다. 네번째, 대인관계 외상을 경험한 아동들을 위해 성장과 치유에 유용한 특정한 기술들과 전략들을 분석한다. 마지막으로 대인관계 외상의 처치에서 놀이치료의 활용을 위한 연구와 증거 기반을 검토한다.

집단 정의

대인관계 외상은 소리 없이 많은 아동들에게 급속히 영향을 미치고 있다(Kaffman, 2009). 미국심리학회(APA)는 정신질환의 진단 및 통계편람, 제5판(DSM-5)에서 외상후 스트레스는 죽음에 실제로 노출되었거나 위협을 받았을 때, 심각한 상해나 성폭행 등의 원인이 있을 때 발생한다고 기술하였다. 아동들이 외상을 직접 경험했거나 목격했을 때, 가족이나 친구들이 겪은 외상을 학습하거나, 피하고 싶은 외상에 심각하게 노출되었거나 반복적으로 경험했을 때 이것이 외상후 스트레스로 발전한다(APA, 2013). 대인관계 외상의 경우 직접적인 경험은 아동 신체 또는 성적 학대, 납치, 인질로 잡혀 있기, 고문, 인재(사람이 만든 재난), 심각한 교통사고 등을 포함할 수 있다. 목격한 경험은 위협적이거나 심각한 상해, 변사, 타인에 의한 급습적인 신체적 또는 성적 학대, 가정 내 폭행, 사고, 타인 특히 일차적 양육자로부터 입은 외상 등이다. 가족이나 가까운 친구에게 발생한 외상적 사건 또는 사고의 학습은 폭행을 가하는 소리 듣기, 자살 또는 심각한 사고 또는 상해가 포함된다. 혐오스러운 것에 극단적으로 노출되거나 반복적으로 경험하는 것에는 외상적인 사건에 대해 이미 들었던 이야기를 계속 듣거나 텔레비전이나 인터넷을 통해 반복해서 보는 것을 포함한다. 대인관계와 의도적인 외상적 사건의 영향은 특히 심각하거나 오래 지속될 수 있다(APA, 2013, pp. 273-274).

특성과 특별한 요구

아동들은 관계적인 존재이다. 아동들은 삶에서 중요한 타인과의 상호관계를 통해 그들 주변의 세계와 자신에 대해 배운다. 더 어린 아동들은 성인, 특히 그들의 부모 및 교사들과 가까운 관계 맺기를 열망한다. 아동 중기에는 **사회적 굶주림**(social hunger)이 발달하기 시작하는데, 이것은 또래들과 중요한 관계를 맺고 싶어 하는 욕구를 말하며, 청소년기까지도 지속된다. 대인관계 외상의 가장 심각한 양상 중하나가 바로 이런 관계를 유지하고 형성하고자 하는 아동과 청소년의 열망에 손상을 입히는 것이다. 더욱이 대인관계 외상은 성장하고 있는 아동의 뇌의 신경학적 발달에 전반적이고 오래도록 지속되는 충격을 줄 수 있다는 것이다(van der Kolk, 2005). 뇌발달에서 대인관계 외상은 지속적인 뇌의 역기능과 아동의 전 생애에 걸친 건강과 삶의 질에 영향을 준다는 결과가 나타났다(Anda et al., 2006). 최근 진보된 신경과학은 외상의 영향에 대한 통찰을 제공하며, 놀이치료사들이 일화적으로 언급한 많은 부분을 지지한다.

대인관계 외상은 죽음, 유기, 학대와 방임 또는 가정 폭력으로 인한 신뢰의 파괴를 포함하는 심리적 외상의 형태이다(Findling, Bratton, & Henson, 2006). 대인관계 외상 반응은 친밀하고 강력하게 경험하는, 예상치 못한 관계 기반 외상적 사건에 대한 아동의 개별적인 반응/반작용이다(Everstine & Everstine, 1993). 대인관계 외상은 아동의 내적 자원들을 압도하며(Briere & Scott, 2006), 무력감과 상처받기 쉬운 감정의 내면화와 안전감과 조절능력의 손실을 가져온다(James, 1989). 대인관계 외상의 특정 형태인 관계적 손상은 중요한 타인과의 대인관계의 파괴와 단절을 포함하며, 아동의 경우에는 주양육자를 포함하는 대인관계 외상이 빈번하다(Dayton, 2000).

관계적 외상을 경험한 아동들은 외로움, 분노 등의 감정 및 사고와 혼란스럽고 겁에 질린 신체적 감각을 경험한다(Gil, 2010). 대인관계 외상의 반응으로 아동들은 자신에게 고통을 주거나 고통으로부터 자신을 보호하는 데 실패하게 한, 사랑하는 사람에 대한 배신감을 경험한다(Shaw, 2010). 대인관계 외상은 아동의 현재와 미래 발달에 엄청난 영향을 미치고, 평생에 걸쳐 어려움을 야기할 수 있다.

대인관계 외상의 영향

아동기에 외상에 노출되는 일은 상당히 흔하다(D'Andrea, Ford, Stolbach, Spinazzola, & van der Kolk, 2012; Kisiel et al., 2014). 대인관계 외상의 영향은 전반적이고 엄청날 수 있다. 어린 아동들은 외상적 사건에 특히 취약한데(Shaw, 2010) 그 이유는 아동들은 불편하고 고통스러운 경험들을 처리하기 위한 인지적 능력이 부족하기 때문이다(Dass-Brailsford, 2007). 게다가 아동기는 성장의 모든 영역(즉, 행동, 인지, 정서, 심리, 신체, 사회)에 걸쳐서 발달을 하는 시기이다. 외상은 아동에게 전인적으로 영향을 주고 외상적 사건은 아동의 발달을 심각하게 방해할 수 있다(van der Kolk, 2005). 이러한 방해는 외상이 민감기에 일어나기 때문에 매우 파괴적인 영향을 주는데, 이는 민감기가 몸과 마음이 엄청난 성장을 하도록 결정된 시기이기 때문이다(Berk, 2009). 아동이 이 발달적 민감기 동안 외상을 경험했을 때는, 각 영역에 걸친 충분한 발달을 이룰 기회를 저지당하며, 심한 경우엔 그들의 완전한 잠재력을 영원히 발휘하지 못하게 된다.

대인관계 외상은 정서와 행동의 조절장애를 야기하며, 주의와 의식을 방해하며, 인간 속성을 왜곡시켜 대인관계 문제를 초래한다(D'Andrea et al., 2012). 유사하게 Kisiel과 그 동료들(2014)은 대인관계 외상을 경험한 아동들은 정서/심리적, 주의/행동적 그리고 자기 조절 어려움의 수준이 현저히 높다고 보고하였다. 그뿐만 아니라 Edelson(1999)은 아동이 가정 폭력을 목격하면 행동과 정서적 기능, 인지적 기능과 태도, 장기적 발달 문제가 증가한다고 하였다.

대인관계 외상을 경험한 아동들은 분노, 불안, 배신감, 우울, 공포, 죄책감, 무력감에 압도되며 수치심을 경험할 수도 있다(Damon, Todd, & McFarlane, 1987; Edelson, 1999; Finkelhor, 1986; Kaufman & Wohl, 1992; Lisak, 1994; McMahon, 1992; Namka, 1995; Ruma, 1993). 더욱이 이 아동들은 적대감, 불안, 대인관계, 자존감, 자기이미지, 성적 문제, 사회적 고립, 신뢰문제와 위축으로 고군분투한다(Brier & Scott, 2006; Edelson, 1999; Finkelhor, 1986; Hall-Marley & Damon, 1993; Lisak, 1994; Martin & Beezley, 1977; Middel & Kennedy, 2001). 배신감과 신뢰의 파괴로 인해, 대인관계 외상을 경험한 아동들은 종종 분리와 유기의 어려움을 겪고(Cattanach, 1992; Damon et al., 1987), 혼란과 상실을 경험하며 과민(위험을 감지하는 감각이 극도로 발달된 상태)하다(Cattanach, 1992; Martin & Beezley, 1977; White & Allers, 1994). 게다가 대인관계 외상은 인지와 행동적 문제로 인해 학교 수행에 부정적인 영향을 끼칠 수도 있다. 학생들은 주의, 집중, 기능적 문제를 포함한 인지적 어려움을 경험한다. 또한, 문제 해결과 갈등 해결, 부정적이고 비협조적 태도, 반항과 불복종, 가출과 같은 행동적 어려움을 경험할 수도 있다(Edelson, 1999; Finkelhor, 1986; Hall, 1997; Ko et al., 2008; Martin & Beezley, 1977).

아동 학대와 가정 폭력

아동 학대와 가정 폭력을 경험한 아동들은 치료적 관계 내에서 놀이치료사와의 안정감이 형성되면, 그들의 개인적 경험을 드러낸다. 마리아는 6세의 라틴계 소녀이다. 마리아는 학교 상담실에서 인형집을 가지고 놀 때, 작은 소녀인형을 침실에 넣고 딸깍 소리를 내며 문을 잠그는 시늉을 하였다(Myers, 2007). 그녀는 각각 하나씩의 여자어른, 남자어른 인형 두 개를 집어 들어 침실 문 앞으로 가져갔다. 그리고 나서 엄마인형이 아빠인형을 찰싹 때리면서 "다시는 내 딸 몸에 손대지 마!"라고 아빠인형에게 소리쳤다. 4세의 아프리카계 미국인 소년 앙드레는 성대에 난 상처 때문에 꽥꽥거리는 목소리로 말을 한다. 그것은 매일 밤, 약에 취한 마약중독자 부모로부터 버려진 채 밤새 혼자 울다 생긴 상처이다. 앙드레는 간절히 바랐으나 경험해보지 못했던, 사랑과 다정함으로 아기인형을 양육한다. 그는 회기가 끝날 때마다 인형집을 부숴버릴 듯이 거칠게 내려놓는다. 이는 가족에게서 그가 받은 경험의 상징이다. 이 이야기들은 많은 아동들이 견디고 풀어내는 학대 및 방임과 관련된 외상의 예들이다.

아동 학대 방지와 처치에 관한 법률(CAPTA, 2010)은 아동 학대 및 방임을 다음과 같이 정의한다.

부모 또는 보호자 중 한 명이, 죽음, 심각한 신체적 또는 정서적 상해, 성적 학대 또는 착취 등 심각한 상해를 입힐 수 있는 위험상황에 놓이게 했던 최근의 행동이나 미수된 행위

아동 학대는 전반적인 사회적 문제이다(Kaffman, 2009). 아동 학대는 해마다 수백만 아동들에게 영향을 미친다(Children's Bureau, 2013). 2012년, 미국에서는 380만 명의 아동들이 적어도 한 번씩 아동 학대 신고 대상자였다(Children's Bureau, 2013). 그리고 2013년, 아동 학대 또는 방임으로 681,000명의 고통받는 아동에 대한 개별적인 보고가 있었고, 330만 명의 아동들이 보호 서비스를 받았다(Children's Bureau, 2013). 이 아동들이 겪은 학대는 방임(78.5%), 신체적 학대(17.6%), 성적 학대(9.1%), 심리적 학대(거칠게 다룸)(9.0%), 의료적 방임(2.2%) 및 기타(10.6%)로 집계되었다. 아동 학대는 모든 성별과 인종에서 발생한다. 인구 통계 자료에 따르면 성별에서는 소녀가 51%, 소년이 49%, 인종별로는 백인계 44%, 라틴계 21.8%, 아프리카계 21%에 이른다고 보고되고 있다.

Finkelhor, Turner, Shattuck, 그리고 Hamby(2013)는 미국 전역에서 18세 이하 아동 4,503명을 대상으로 조사를 하였다. 그들은 이 아동들의 54.5%가 신체적 폭행으로 고통받고 있으며, 성적 희생을 참고 있는 아동이 9.5%, 혹사당한 경험이 있는 아동이 25.6%, 경제적 어려움을 겪는 아동이 40.2%, 간접적인 학대를 경험하는 아동이 39.2%에 이른다고 밝혔다. 참가자의 48.4%의 아동들이 전년도에 적어도 한 가지 이상의 학대(복합적 학대)를 경험했다고 보고하였다. Finkelhor와 동료들(Finkelhor, Ormrod, & Turner, 2007; Finkelhor, Ormrod, Turner, & Hamby, 2005; 2009; Turne, Finkelhor, & Ormrod, 2010)은 아동 학대에 대한 일련의 연구에서 유사한 결과를 발견하였다. 이러한 숫자들도 놀랍긴 하지만, 더욱 놀라운 것은 관계 당국에 전혀 보고되지 않는 아동 학대 역시 상당수라는 것이며, 예를 들어 연구자들은 아동 성학대의 경우 그중 10%만이 보고된다고 추정하였다(Besharov, 1994; Ledesma, 2011; London, Bruck, Ceci, & Shuman, 2005; Paine & Hansen, 2002; Shaw, 2010).

법무부(NIJ, 2003)가 미국의 4,023명의 청소년을 인터뷰했을 때도 아동 피해자(성폭행, 신체적 폭행, 신체적 학대 처벌, 폭행 목격)에 대한 조사에서와 비슷한 결과를 발견하였다. 참가자들은 성폭행(8.1%), 신체적 폭행(17.4%), 신체학대적 처벌(9.4%), 폭행 목격(39.4%)을 경험했다고 보고하였다(NIJ, 2003, p. 4). 불행히도 아동 학대 발생은 아마도 더 많아질 것이다. 참가자들은 성폭행의 86%와 신체적 폭행의 65%가 당국에 보고되지 않았다고 밝혔다(NIJ, 2003, p. ii).

다른 중요한 통계는 아동 학대 가해자와 관련된 것이다. 아동 학대와 방임의 가해자들은 특정 인구 통계 자료에 속하지 않는다. 그들은 모든 종족과 인종, 사회경제적 수준에서 찾아볼 수 있기에(Douglas & Finklehor, 2005; Finklehor et al., 2005; NIJ, 2003), 모든 아동을 취약하게 만든다. 아동단체(Children's Bureau, 2013)는 전국 50개 주의 가해자 분석을 통해 낯선 사람이 아동 학대자라는 정형

화된 이미지가 틀렸음을 입증하였다. 512,040명의 가해자 중 80.3%가 아동의 양육자였으며 88.5%는 친부모였다. 게다가 가해자의 53.5%가 여성이며, 45.3%가 남성 그리고 미확인이 1.1%였다. 이러한 사실은 많은 아동에게 관계의 단절을 야기한다. 사랑의 원천이 되어야 할 사람이 또한 고통이 되는, 대인관계 외상의 최악의 형태 중 하나가 되는 것이다.

가정 폭력은 수십 년간 많은 가족들의 말할 수 없는 비밀이었다. 사람들은 가정 폭력이 일어나고 있다는 것을 인정하고 싶어 하지 않았으며, 특히 가족 내에서는 더욱 그러했다(Myers, 2008). 설사 가정 폭력이 가족 내에서 발생했다 하더라도, 종종 "집안일은 밖으로 내보내지 않는다."는 태도이다 (Carlson, 1984). 1970년대 이후, 미국인들은 가정 폭력의 실재를 인정하려는 의지를 가지고, 가정 폭력이 사회와 아동들에게 어떤 영향을 미치는지에 대하여 좀 더 개방적으로 말하기 시작하였다(Kot, Landreth, & Giordano, 1998). 가정 폭력에 대한 지식과 인식이 증가하면서 더 높은 수준의 보고들이 나왔다. 예를 들면 적어도 커플의 25% 이상이 그들의 가정에서 신체적 공격이 발생한다고 보고하였다(Straus & Gelles, 1990). 가정 폭력은 아동 학대와 방임과 마찬가지로, 모든 사회계층, 교육 및 사회 경제적 인구통계 자료에서 찾아볼 수 있다(Lloyd, 1990). 아동에게 미치는 가정 폭력의 영향은 깊숙이 침범하고 스며들어 혼돈스러운 가정환경을 야기하여(Tyndall-Line, Landreth, & Giordano, 2001), 가정에서 아동들은 안전과 발달만이 아니라 신체적, 정서적 안녕까지도 위협받고 있다.

왜 놀이치료가 적절한가

놀이는 아동기의 중요하고 필수적인 요소이다. 아동기의 충만한 놀이는 전 세계의 문화, 지역, 인종, 경제 사회적 지위에 상관없이 나타난다. 놀이는 홀로코스트 강제 수용소나(Glazer, 1999), 아이티 대지진이 지나간 후의 폐허더미와 같은 상황에서도 발생한다(Myers, 2011). 놀이는 아동의 건강한 발달과 치유를 포함한 많은 목적으로 사용된다.

아동기와 발달에서 놀이의 역할

1700년대, 루소는 놀이가 아동의 건강한 발달을 위해 필수적이라고 주장하였다(Bratton, Ray, Rhine, & Jones, 2005). 훨씬 뒤 1900년대에 UN 위원회는 아동의 권리(United Nations, 1990)에서 놀이는 아동기의 보편적이고 빼앗을 수 없는 권리라고 선언하였으며 아동의 전체와 발달에서 놀이의 중요성을 강조하였다. 더욱이 미국 소아과협회에 따르면, 아동들은 놀이를 통해 그들을 둘러싼 세상과 상호작용하는 법을 배운다(Ginsburg, Committee on Committee, & Committee on Psychosocial Aspects of Child and Family Health, 2007). Landreth(2012)는 아동기의 중심 활동이 놀이라고 하였으며, 아동은 놀이를 통해 주변 세계와 타인, 자기 자신을 배운다고 하였다. 아동들은 놀이를 통해 자신을 존중하고, 책임감 있게 감정을 조절하고, 당면한 문제를 창의적으로 해결하는 방법을 배운다. 아동은 놀이과정 중에 새로운 방법들을 상상할 수 있으며, 다른 사람과의 관계에서 자신의 정체성을 탐험하며 (Cattanach, 1992), 안전하고 지지적인 환경에서 새로운 기술들을 배우고 연습한다(Boucher, 1999).

아동발달 이론가, 교육자, 정신건강전문가들은 아동기 놀이의 중요성을 폭넓게 인식하고 있다 (Baggerly & Landreth, 2001). 놀이는 아동의 인지, 정서, 사회적 발달과 직접적인 관계가 있으며 (d'Heurle, 1979), 아동들과 함께 작업하는 데 있어 발달적으로 적절한 학습 전략이다(Bredekamp,

1987; Erikson, 1963; Motessori, 1964; Piaget, 1952).

놀이와 활동은 아동을 위한 자연스러운 의사소통 매개체이며(Axline, 1947/1969; Ginott, 1959; Landreth, 2012), 어린 아동의 정서적 표현을 이루는 기본적인 형식이다(Hall, 1997). 놀이를 통해 아동은 말로 할 수 없는 것을 의사소통할 수 있다. 아동은 자신의 자기 인식과 다른 사람, 그들이 경험한 중요한 사건에 대한 정서를 표현하기 위해 장난감을 이용한다(Ater, 2001). 2~6세의 어린 아동은 피아제(1952)의 전조작기에 해당되며 좀 더 큰 아동(7~12세)은 구체적 조작기에 해당된다. 이 단계 동안, 아동은 내적인 경험의 구체적 표현과 내적인 감정과 생각을 표현하기 위한 상징들을 사용한다. 피아제(1962)에 의하면, 놀이는 아동의 구체적 표현과 추상적 경험 사이의 다리 역할을 한다.

놀이의 치유적 요인

놀이는 아동기에서 가장 자연스럽고 치유적인 과정이다. 놀이는 성인이 어려움을 '말로 표현'하는 방법과 유사하게 그들의 감정, 사고, 그리고 경험들을 풀어내기 위한 수단을 제공한다(Mader, 2000). 에릭슨(1963)은 아동이 놀이를 통해 스스로 치유하고 오락을 찾을 수 있는 능력을 가지고 있다고 믿었다. 놀이는 가장 내적인 감정과 환상들을 표현하는 안전한 방법을 제공하기 때문에, 대인관계 외상을 경험한 아동을 위한 처리과정과 의사소통에 매우 유용한 방법이라고 할 수 있다(Mann & McDermott, 1983). 아동의 치유와 성장에 있어 놀이의 힘과 그 치료적 가치는 충분히 입증되어 있다(Caplan & Caplan, 1974). 놀이치료는 대인관계 외상 경험이 있는 아동을 위해, 안전하고 지지적인 환경에서 놀이의 치유적 본성을 전달하는 자연스러운 통로를 제공할 것이다.

대인관계 외상의 영향

대인관계 외상을 경험한 아동은 종종 신뢰의 상실과 배신감을 경험한다. 신뢰의 상실과 배신감은 양육자와의 관계가 단절된 경우, 특히 아동 학대 또는 가정 폭력으로 인해 아동이 자신을 안전하게 지켜줄 양육자의 능력에 대해 신뢰를 잃어버렸을 때 일어난다. 대량학살 행위도 자신을 안전하게 지켜줄 양육자에 대한 신뢰 상실의 원인이 될 수 있다. 예를 들면 1995년 오클라호마 시티에 탁아소를 가지고 있던 연방 건물의 폭탄 폭발, 2012년 코네티컷, 뉴타운에서 학교 총격으로 많은 아동들이 죽거나 다쳤으며, 많은 아이들이 9·11테러로 부모를 잃었다.

외상 후 놀이 행동

대인관계 외상을 경험한 아동을 치료하기 위해 놀이치료사는 외상 후 놀이행동의 특성과 효과적인 놀이치료 접근 및, 대인관계 외상을 경험한 아동의 치료와 관련된 놀이치료 연구에 대한 지식이 필요하다. 1976년 3명의 남자가 캘리포니아, 차우칠라에서 스쿨버스를 납치하였다. 그들은 5~14세 아동 26명과 버스 운전사를 유리창이 짙게 선팅된 2대의 차량에 나누어 태운 채 밤이 늦도록 돌아다녔다. 납치범들은 아이들과 운전사를 땅에 묻힌 이동밴으로 통하는 구멍 속으로 강제로 기어들어가게 했으며, 인질들은 그곳에서 탈출하기 전까지 16시간을 땅속에 산 채로 묻혀 있어야 했다. 아동들은 남자들이 삽으로 뜬 흙더미가 밴의 지붕 위로 떨어져 부딪치는 소리를 들으며, 그 납치범들이 자신들을 곧 죽일 거라는 생각으로, 43℃에 공기도 통하지 않는 어둡고 좁은 공간에서 그 긴 시간을 갇혀 있었던 것이 얼마나 무서운 일이었는지를 회상하였다(Terr, 1981, 1983).

차우칠라 납치사건의 피해 아동들과 작업한 Terr(1983)는 놀이에서 특정한 외상 후 행동을 보이는 아동들을 관찰하였다. 아동들은 네 가지 중 하나의 외상 반응을 보였다. (1) 외상의 강렬하고 반복적인 사고, (2) 외상의 재연, (3) 외상 사건과 관련된 것에 대한 높은 공포, (4) 미래가 없는 느낌(Terr, 2003, p. 234). 다른 아동기 외상 전문가와 연구자들(Gil, 1991, 2006, 2010; James, 1989, 1994)도 그들의 내담자와 대상자들에게서 보인 유사한 외상 후 놀이를 보고하였다. Findling과 동료들(2006)의 아동과 외상에 대한 전문적인 문헌에서 특정 외상 후 놀이 행동 다섯 가지를 다음과 같이 확인하고 정의하였다. (1) 강렬한 놀이, (2) 반복적 놀이, (3) 혼란스러운 놀이, (4) 회피적 놀이, (5) 부정적인 정서.

강렬한 놀이는 강박적이고 주도적인 특성을 가진다. 외상 후 아동들은 주변 세계를 차단하고 놀이에 빠져든다. 놀이치료사에게 그것은 마치 아동이 치료사가 한 방에 같이 있다는 것을 잊어버린 것처럼 느껴질 수도 있다. 허리케인 카트리나의 생존자로 텍사스로 이주한 7세의 아프리카계 미국인 소녀 제나는 그녀의 놀이치료에서 강렬한 놀이의 두 가지 예를 보여주었다. 하나는 그녀가 이젤 앞에 서서 그림을 그릴 때 나타난 것으로, 하늘의 윗부분 약간과 물 한가운데서 도움을 청하는 작은 형상을 제외하고는 거의 대부분을 파랑색 물로만 채운 것이다. 또 다른 예는 모래상자놀이에서 나타났는데, 그녀는 굉장히 조용하게 집중하여 이 두 작업을 마쳤다. 인형과 동물, 그리고 다른 물건들(홍수에서 잃어버린 물건들을 나타내는)을 모래에 파묻었다.

반복적 놀이는 아동이 매 시간 정확하게 똑같은 방법으로 놀이하는 것처럼 느끼게 하는 특정 놀이나 놀이 주제이다. 반복적인 놀이는 매 회기 동안 전 회기에 걸쳐 나타난다. 라틴계 미국인 소녀, 카리나(6세)는 모래상자에 장난감 가마솥을 갖다 놓고 그 안에 모래를 넣었다. 그녀는 이 놀이 행동을 회기마다 여러 번 반복하는 것으로 몇 회기를 보냈다. 이것은 그녀의 3살짜리 사촌이 양동이 바닥에 그녀가 넣어둔 반짝이를 잡으려 한껏 손을 뻗다가 그 안에 가득 담긴 물에 빠져 익사하는 비극적 사고가 일어나던 당시, 도대체 그 순간 무슨 일이 벌어지고 있었던 것인지를 이해하고 받아들이려는 시도였다. 반복적 놀이는 아동으로 하여금 경험한 것을 이해하게 하면서 극복할 때까지 숙달감을 발달시키며 회복을 도울 수도 있는 반면(Terr, 2003), 아동이 만일 반복적 놀이에 갇혀버리게 되면 다시 외상을 경험할 수도 있다. 놀이치료사는 반복적 놀이가 아동에게 어떤 영향을 미치고 있는지를 민감하게 주시해야 하며, 좀 더 지시적이고, 문제 해결 접근으로 개입을 해야 할 수도 있다(Gil, 2006, 2011a).

혼란스러운 놀이는 놀이에서 나타나는 감정과 사고가 너무 강렬해질 때, 외상을 경험한 아동이 갑자기 놀이를 전환함으로써 자신을 보호하려는 분열(dissociation)의 한 형태이다. 유럽계 미국인 소년(8세), 존의 어머니는 그의 양육을 친정어머니에게 맡기고 떠났다. 아동은 엄마와 가족의 생각이 놀이치료 과정에서 나타날 때마다, 갑자기 놀이를 덜 위협적인 것으로 바꾸었다.

회피적 놀이는 아동의 단절 또는 놀이치료사를 회피하는 것이다. 아동과 놀이치료는 둘 다 관계적이다. 그러나 아동들이 외상, 특히 대인관계 외상을 경험하면, 그들은 종종 다른 사람을 불신하고 피하거나 단절한다. 라틴계 소녀(6세), 루피타는 어머니의 강간과 살인을 목격하였다. 몇 회기 동안, 루피타는 놀이치료실에 들어와 문 옆에 서서 주먹을 꽉 쥔 채 바닥만 쳐다보았다. 부드러운 반영과 추적을 통해, 그녀는 결국 치료사와 놀이를 하고 말을 할 만큼 충분히 안정감을 느끼기 시작하였다.

부정적인 정서는 놀이에서 단조롭거나 부적당한(incongruent) 감정의 신체적 표현이다. 예를 들면 9 · 11테러 공격 후에 아동들은 블록으로 탑을 만들고 장난감 비행기로 그것을 무너뜨렸다. 무서운 사건을 놀이로 풀어내는 데 그들의 정서는 메말라 있고, 감정이 없는 듯하였다.

연구는 강렬한 대인관계 외상을 경험한 아동이 다른 아동과는 다르게 놀이를 한다는 사실을 지지한다. Findling과 동료들(2006)은 놀이치료를 받고 있는 아동들을 두 집단으로 나누어 비교하였는데 한 집단은 대인관계 외상을 경험한 집단이고, 다른 집단은 다른 문제를 가진 집단이다. 연구는 외상으로 유기 또는 학대를 경험하여 중요한 양육자에게 믿음이 없는 아동들을 대상으로 실시되었다. Myers, Bratton, Findling과 Hagen(2011)은 놀이치료를 받고 있는 아동들 중 알려진 대인관계 외상의 내력이 없고 일반적인 발달을 보이는 집단을 추가하여 연구를 계속하였다. 두 연구에서 연구자들은 외상놀이척도(traum play scale, TPS)(Findling et al., 2006)를 사용하였다. TPS는 앞에서 기술한 다섯 가지 외상 후 놀이 행동의 관찰 평가이다. TPS는 초기 회기를 제외하고 8회기에 걸쳐 각 5분씩 이 행동을 평가한다. 반복 측정을 통하여, Findling 외 연구자들(2006)은 반복적인 놀이를 누락시킨 후 평균 TPS 점수에 대한 두 임상 집단 간의 통계적 유의성과 마찬가지로, 반복적인 놀이를 제외한 평균 TPS 점수와 모든 외상 후 놀이 행동에 대한 임상적 유의성을 발견하였다. 평가자들이 아동의 역사에 대해 아는 바가 없다는 사실은, 놀이가 외상 후 장애를 위한 것인지, 숙달감이나 자아의 바탕을 위한 것인지 그 놀이를 그대로 직역하여 정의하는 능력이 억제된 것임을 의미하기 때문에, 연구자들은 반복적인 놀이를 생략하였다.

Myers 등(2011)은 TPS 평균 점수와 다섯 가지 외상 후 놀이 행동에서 대인관계 외상을 경험한 아동과 정상적으로 발달하는 아동 사이의 큰 효과 크기와 통계적 유의성을 발견하였다. 각 연구에서 나타난 특정 유의성에 관하여 표 21.1을 참고하라.

표 21.1 시범 및 본 연구 결과에 대한 ANOVA의 요약

	Findling 외(2006)		Myers 외(2011)	
	외상 vs 비외상[a]		외상 vs 일반 발달[b]	
	η_p^2	at $a=.05$	η_p^2	at $a=.025$
평균 TPS 점수	.28	$p=.080$	.74	$p<.001$
평균 TPS 점수, 반복적인 놀이 생략	.41	$p=.025$	.77	$p<.001$
강렬한 놀이	.31	$p=.062$	.86	$p<.001$
반복적 놀이	.00	$p=.836$	.40	$p=.020$
혼란스러운 놀이	.20	$p=.148$	.56	$p=.003$
회피 놀이	.26	$p=.094$	.57	$p=.003$
부정적인 정서	.26	$p=.094$	.65	$p=.001$

a 외상의 역사가 있는 임상 의뢰 아동(n=6) vs 대인관계 외상의 역사가 없는 임상 의뢰 아동(n=6)
b 외상의 역사가 있는 임상 의뢰 아동(n=6) vs 대인관계 외상의 역사가 없는 정상발달 아동(n=7)

출처 : Myers et al. (2011)

이 집단을 치료하기 위해 가장 적합한 이론

대인관계 외상 생존 아동과 작업하기 위해서는 그들의 개별적인 욕구를 맞출 수 있는 발달적으로 반응적인 접근들을 사용하는 것이 중요하다. Perry와 Szalavitz(2006)는 아동기 대인관계 외상의 회복은 신뢰의 재형성, 자신감의 재획득, 안정감의 회복, 사랑의 연결이라고 제안하였다. Bratton(2004)은 아동이 이완된 상태로 정서를 조절하고 숙달감을 얻거나 다시 찾는 것, 극복하기(대처하기), 그리고 능숙함이 필요하다고 덧붙였다. 놀이치료사는 치료적 관계 속에서 회복시키는 경험을 포함하여 이러한 욕구들을 가장 잘 충족시킬 수 있다(Benedict, 2006; Bratton, 2004). 대인관계 외상을 경험한 아동의 욕구를 충족시킬 수 있도록 발달적으로 반응적인 네 가지 접근과 관계에 기반을 둔 접근들에는 아동중심 놀이치료(Landreth, 2012), 아동-부모 관계 훈련(Landreth & Bratton, 2006), 인지행동 놀이치료(Cavett & Drewea, 2012), 환경체계 놀이치료(O'Connor, 2007)와 외상집중 통합놀이치료(Gil, 2011a)가 있다.

아동중심 놀이치료

아동중심 놀이치료(child-centered play therapy, CCPT)는 비지시적인 놀이 기반 접근으로 아동에게 제공된다(Guerney, 1983; Landreth, 2012; Myers, 2008). CCPT는 강력한 연구 배경을 가지고 있다(455쪽 '연구/증거 기반' 참조). 엑슬린(1947/1969)은 1940년대 이후 아동과 작업한 CCPT의 선구자이다. 로저스의 제자였던 엑슬린은 로저스(1957)의 공감, 진정성과 무조건적이고 긍정적인 수용의 비지시적 원리를 아동과의 작업에 적용하였다. 많은 놀이치료사들(Guerney, 1983; Landreth, 2012; VanFleet, Sywulak, & Sniscak, 2010)이 CCPT의 발달에 기여하고 있다.

CCPT는 아동이 자신의 삶을 살아가는 태도와 행동에 대한 철학을 포함한다(Landreth, 2012). 철학은 아동이 건설적이고 자기 결정 능력이 있다는 깊고 지속적인 믿음을 포함한다(Landreth & Sweeney, 1997). CCPT를 사용하는 놀이치료사는 아동의 내부 지향적이고, 건설적이며, 진취적이고, 창의적이며, 자기 치유적인 힘을 표출하는 방법들로 관계를 맺으려고 노력한다(Landreth, 2012). 이러한 관계 안에서 CCPT 치료사는 아동이 내적 경험을 표현하고 건설적인 성장을 하려는 그들의 능력의 결과인 자기-탐험 및 자기 회복과 관련된 힘을 얻도록 하는 환경을 만든다(Landreth & Sweeney, 1997).

CCPT는 몇 가지 요소를 가지고 아동의 성장과 치유를 가능하게 한다. CCPT의 발달적으로 반응적인 본성은 아동들의 욕구를 충족시키며, 그들에게 성장, 숙달 그리고 치유의 기회를 제공한다(Landreth, 2001; Landreth & Bratton, 1998). CCPT 안에서 놀이의 상징적 본성은 아동이 그들의 정서, 경험 그리고 생각들을 안전하고 비위협적인 방법으로 표현하게 한다(Axline, 1947/1969; Bratton, Ray, & Landreth, 2008; Landreth, 2001). CCPT 치료적 관계는 공감, 진실성, 무조건적이고 긍정적인 수용, 더 큰 자기 수용, 자존감, 그리고 자기 이해로 특징지어지는 돌봄의 환경을 아동에게 제공한다(Axline, 1947/1969; Landreth, 2012).

아동-부모 관계 훈련

아동-부모 관계 훈련(child-parent relationship training, CPRT)(Landreth & Bratton, 2006)은 Landreth(1964)가 개발한 10주간의 부모놀이치료 모델이다. 원래 부모놀이치료를 개발한 것은 CCPT 치료사인 Guerney(1964)였다. Guerney는 대부분의 아동 문제는 부모가 부모 역할의 지식과 기술이 부족한 결과라고 믿었다(Landreth & Bratton, 2006). 그러나 Guerney도 역시 부모를 치료과정에서 동맹으로 보았고, 아동의 삶에서 변화의 잠재적 치료 매개로 보았으며, CCPT의 기본 원리 안에서 부모를 계속 훈련하려 하였다. Guerney는 약 1년간 부모들을 매주 만났지만 나중에는 5~6개월로 치료 기간을 줄였다. Landreth(Landreth & Bratton, 2006)는 부모들이 편안하게 참여할 수 있는 기간 안에서 필요한 기술을 제공하는 더 간소화되고 구조화된 접근이 필요하다고 보았다.

CPRT에서 중심이 되는 것은 기본 CCPT 기술들로 자녀들과 함께 주 1회 30분 놀이회기를 시행하는 부모 훈련이다(Lanreth & Bratton, 2006). 부모들은 반영적 경청, 아동들의 감정 인식하기, 자존감 세우기, 따라 하기, 치료적으로 제한설정하기의 기술들을 배운다. CPRT 치료사는 짝 지시(dyadic instruction), 놀이회기 보여주기, 역할놀이, 부모의 놀이회기 집단 슈퍼비전을 포함한 기술들을 부모를 훈련시키기 위해 다양한 방법들을 사용한다.

학대 또는 방임을 경험한 아동들과 작업을 할 때 특별히 중요한 점은 양육자에 의한 배신감, 손상, 상실, 거절의 일반적인 경험들이다. 이와 같은 아동들을 치료할 때 CPRT의 강점은, 아동에게 상처를 준 양육자이든, (아동의 관점에서) 또는 아동을 보호하지 못한 양육자나, 배우자를 떠나보내고 남겨진 양육자라도, 아동과 양육자 간의 건강한 관계를 회복할 수 있는 힘이 있다는 것이다. 학교 총격 사건과 같이 가정 밖에서 일어난 사건 후에도 CPRT는 아동의 안전과 안정감을 회복하는 데 도움을 줄 수 있는 방법을 양육자에게 제공한다. 부모-아동 관계가 강화되면, 부모는 건강한 애착을 형성하거나 재형성할 수 있으며, 아동에게 심리적으로 안전한 장소를 제공할 수 있다. 놀이치료사는 대인관계 외상을 경험한 많은 아동들과 가정 폭력 쉼터나 성학대를 경험한 아동의 다른 부모(성폭행을 가한 부모의 배우자), 감금되어 있는 부모들에게도 CPRT를 제공한다(Costas & Landreth, 1999; Harris & Landreth, 1997; Smith & Landreth, 2003).

인지행동과 환경체계 놀이치료

CCPT와 비교하여, 어떤 놀이치료사들은 학대 또는 아동이 경험한 외상과 관련된 특정 관심사를 다루기 위해 사용하는 치료사 지시적 접근의 가치를 안다(Bethel, 2007). O'Connor(2007)는 비지시적 놀이치료 접근으로 학대의 생존자인 아동을 치료하면 6개월 이상 치료 기간이 늘어나거나 아동들의 놀이 내용에 접근하지 못하거나 외상적 경험과 관련된 언어적 개입을 하지 못한다고 보고하였다. O'Connor는 이 아동들이 놀이를 하면서 편안함을 느끼고 회복을 하거나 적극적으로 극복하기보다 외상과 관련된 감정과 사고를 회피하는 데 적응해 버린다고 말한다. Ruma(1993)는 비지시적 놀이치료접근에 비해 인지행동 놀이치료(cognitive-behavioral play therapy, CBPT)를 사용할 때 두 가지 이점이 있다고 하였다. 아동들은 타고난 자아 실현적 본성을 통해 외상적 경험을 다룰 것이라고 믿는 CCPT와는 반대로, CBPT 놀이치료사들은 지시적이거나 구조적으로 외상을 다루는 방법을 회기에서 실시한다. CBPT 치료사에 의해 구조화가 준비되며 아동들은 외상에 대해 그들이 어떻게, 무엇을, 언제 다룰 것인지를 조절한다(Ruma, 1993). 또한 CBPT는 특히 학대와 가정 폭력 가정에서 자신들의 감정을 억압하는 것을 배운 아동들에게 틀(체계적 둔감화, 유관 관리, 모델링, 행동 시연, 긍정적 자기 지시)을 가지고 제공하며, 정서의 전체 범위를 표현하는 법을 재교육한다.

환경체계 놀이치료(ecosystemic play therapy, EPT)는 존재하는 이론, 기법 및 인지발달 이론을 조직화하여 하나의 체계를 놀이치료에 결합시킨 통합적 접근이다(O'Connor, 1991, 2007). '환경체계'라는 용어의 사용은 아동과 아동을 둘러싸고 있는 모든 체계의 상호작용을 고려해야 한다는 중요성을 지적한 것이다(O'Connor, 2007). O'Connor는 EPT의 두 가지 요인, 다른 대부분의 놀이치료 이론과 다른 점 두 가지를 확인하였다. 이는 아동의 기저에 깔린 동기를 이해하는 것과 발달에 초점을 두는 것이다. EPT 치료사들은 아동이 결과는 회피하면서 기본적인 욕구를 충족하려는 최선의 시도로 아동의 행동을 본다. 아동의 동기를 이해하여, EPT 치료사는 아동이 효과적으로 그들의 욕구를 충족하는 방법을 배우도록 돕는다. 또한 EPT 치료사는 아동의 발달 과정에서 지연된 부분에 초점을 맞추며, 이 지연을 아동의 욕구를 충족시키기 위한 능력과 어떻게 연결시킬 것인지에 관심을 가진다. EPT의 중요한 목표는 아동들이 그들 삶의 모든 측면에서 발달적으로 적절한 기능을 다시 시작하도록 돕는 것이다.

O'Connor(2007)는 EPT의 중요하고 치유적인 두 가지 요인, "치료적 관계와 발달적 문제 해결 전략에 아동을 개입시키는 치료사의 능력"을 언급하였다. 관계를 통해 EPT 치료사는 아동의 외상적 사건의 이해를 돕기 위해 필요한 경험과 설명을 아동들에게 제공할 수 있는 안전한 환경을 조성한다. EPT는 아동의 노력을 방해하거나 아동을 지지하는 체계의 정도를 고려해야 하며, 아동의 욕구를 충족시키는 발달적으로 적절한 방법들을 찾도록 하며, 적극적으로 문제를 해결하도록 아동들에게 개입한다.

외상집중 통합놀이치료

Gil(2011a)은 외상집중 통합놀이치료(trauma-focused integrated play therapy, TF-IPT)라고 부르는 구조화되고 통합적인 치료 모델을 소개하였다. 이는 외상을 경험한 아동들을 몇 년간 치료하면서 얻은 모델이다. 비지시적 모델로 시작한 Gil은 외상집중 인지행동치료(TF-CBT)와 Herman(1997)의 3단계(three-phase) 외상치료 모델과 같은 증거중심적 실제를 통합하였다. Gil(2011b)은 창조적 치료(놀이치료, 미술치료, 모래치료)와 애착 기반 원리들(사회적 그리고 가족의 갈등 안에서 치료해야 할 필요성 이해하기)을 TF-IPT 과정에 넣어 만들었다. TF-IPT는 대인관계 외상에 대해 논의할 때 아동들이 가족 구성원과 믿을 수 있는 타인을 보호하기를 원하는 자연스러운 욕구를 민감하게 인식하면서 아동들(5~17세)에게 처치와 자신의 회복 작업에 충분히 개입할 수 있는 기회를 제공한다(Gil, 2011a).

TF-IPT(Gil, 2011a)의 주요 목표는 아동의 외상적 경험을 유용하게 관리하는 것이다. Gil은 부정과 비밀의 원 깨기, 외상 후 증상들을 감소시키기 위한 외상적 기억 교정하기, 사회적 상호작용이 증가하도록 격려하기, 건강하지 못한 대처 전략을 쓰려는 욕구 방지하기가 중요하다고 강조하였다. Gil(2011a, p.1)은 (a) 안전·신뢰·편안한 환경 만들기, (b) 외상적 물건 처리하기, (c) 사회적 재연결 격려하기, (d) 발달적 기능을 외상 전 수준으로 돌리기가 TF-IPT의 특정 처치 목표들이라고 하였다. Gil(2011a, 2011b)은 TF-IPT의 3단계 모델을 다음과 같이 제시한다. 첫 번째 단계는 안전과 관계 형성을 위한 구성에 초점을 맞추고, 아동이 외상적 재료를 처리하는 것을 촉진하는 것이 두 번째 단계이며, 세 번째 단계는 아동을 사회적으로 연결하도록 돕기와 상담 종결을 준비하기이다.

절차

대인관계 외상을 경험한 아동 생존자는 정서적이고 행동적인 면에서 상당한 우려의 소지가 있다. 예를 들면 이 아동들의 행동은 종종 학대를 피하거나 그것을 조절하기 위해 배운 생존적 반응들이다. Ziegler(2002)는 어떤 학대를 당한 아동은 긴장을 푸는 방법으로 가해자를 학대하는 행동을 하게끔 몰아간다고 언급한다. 이 아동들과는 놀이치료를 할 때 많은 고려 사항과 수정이 필요하다.

첫 번째로 놀이치료사는 대인관계 외상과 아동에게 미친 영향에 대한 충분한 이해와 놀이치료에 대한 튼튼한 토대를 가지고 상호작용 훈련을 해야 한다. 두 번째는 연민과 이해가 필요하다. 세 번째, 놀이치료사는 자기 인식, 특히 대인관계 외상과 관련된 자신의 문제에 대한 지각이 필요하다. 대인관계 외상을 경험한 아동들은 정서적으로 불쾌한 경험들과 이야기들을 치료회기에 잔뜩 가지고 오며, 이것이 임상가의 무엇인가를 촉발시킬지도 모른다. 놀이치료사는 슈퍼비전이나 상담을 통해 이와 유사한 자신의 문제를 해결함으로써, 아동 내담자에게 역전이나 동일시의 가능성을 줄일 수 있다. 마지막으로 아동 학대, 방임, 아동 대상 범죄는 이 아동들과 작업하는 놀이치료사에게 강한 정서를 불러일으키기 때문에 슈퍼비전과 자문, 상담을 정기적으로 받아야 한다.

아동 생존자들의 특성은 처치 과정을 결정할 때 고려해야 할 중요한 부분이다. 현재 보이는 행동의 유형과 정도가 고려되어야 한다. 이 집단과 작업을 할 때 중요한 목표는 가능하다면 중요한 타인과의 무너진 관계를 회복하는 것이다. 훼손된 관계들의 심각성에 따라 관계 회복에 직접적으로 초점을 맞추는 접근, 아동-부모 관계 훈련 또는 치료놀이[1] 같은 접근이 더 적합할 수 있다(Jernberg & Booth, 1999; Landreth & Bratton, 2006). 그러나 때때로 아동이 보이는 문제가 너무 심각하여 치료를 시작할 때 아동과 부모가 함께 작업하는 것이 부모 그리고/또는 아동을 압도할지도 모른다. 이런 경우 치료사는 아동중심 놀이치료, 환경체계 놀이치료 또는 외상집중 통합 놀이치료와 같은 접근을 사용하여 아동과 일대일 개별로 치료하는 것을 선택해야 한다. 또 다른 중요한 고려 사항은 집단놀이치료에 성학대 경험이 있는 아동을 포함시키는 것에 대한 적절성을 결정하는 것이다. 집단놀이치료는 이런 아동들에게 도움이 될 수는 있으나 아동 모두를 보호하기 위해서는 집단 구성원 중에 성적인 행동을 하는 아동이 반드시 하나도 없어야 한다. 일대일 개별놀이치료 시간들은 집단치료로 도움을 받을 수 있을 때까지 아동을 준비시키는 데 유용하다.

실질적인 문제에는 놀이치료실 설정, 장난감이나 매체뿐만 아니라 치료 빈도와 기간도 포함된다. 이런 문제는 접근들 간에 차이가 있으나 공통된 맥락이 있다. 대인관계 외상을 가진 아동들은 혼란스러운 환경에 익숙하다. 그래서 안정감을 재형성하기 위해서 예측성과 안전성이 필요하다. 놀이치료사는 놀이치료실과 구조화된 놀이회기를 통한 예측성과 안전성을 제공한다. 놀이치료사는 수용적 보살

---

1 치료놀이는 치료놀이기관(The Theraplay Institute)의 등록된 서비스 마크이다.

핌, 일관성, 그리고 아동과 함께 있는 예측 가능성을 통해 양육과 지지적 환경을 제공한다(Landreth, 2012). 놀이치료사는 놀이치료실에서 일반적으로 감정(공격성, 조절, 양육)을 불러일으키는 정리된 장난감을 통해 예측 가능성을 제공한다. 이 장난감들은 아동이 스스로 자신을 표현하는 능력을 길러준다. 장난감은 놀이치료에서 아동의 언어로 여겨진다. 아동이 자신을 표현하기 위한 장난감을 찾을 수 없을 때는 어른이 적당한 단어를 찾을 수 없을 때와 유사하다. 게다가 아동의 외상과 연결되는 장난감(9·11테러 후 빌딩을 만들 수 있는 블록과 비행기)을 제공하는 것은 아동이 내적 정서와 경험을 작업하고 표현하도록 하는 데 도움이 된다. 또한 놀이치료사는 놀이회기의 기간과 빈도를 고려해야 한다. 대개 놀이치료는 45~50분 정도 실시한다. 발달적으로 더 어린 아동들(3~6세)은 30분 정도 치료 과정을 유지할 수 있으며, 더 나이든 아동들은 45~50분을 편안해한다. 전통적으로 놀이치료회기는 일주일에 한 번 정도 실시한다. 그러나 어떤 아동들은 더 많거나 적은 빈도로 놀이치료회기를 실시한다. 예를 들면 가정 폭력 또는 갈 곳이 없어 쉼터에 살고 있는 아동들은 더 자주 회기를 가지도록 한다. 왜냐하면 치료를 받는 동안 주거지의 변화가 생길 수도 있기 때문에 만나는 간격을 짧게 해야 한다. 그 외의 경우 치료 종결에 다다른 아동은 2주에 한 번 혹은 한 달에 한 번 정도씩 만나 지지받으며 종결을 위한 준비를 하기도 한다.

놀이치료 이론은 놀이치료사가 초기면담, 평가와 치료 계획을 어떻게 세우느냐에 따라 여러 관점들이 있다. 이론적 접근과 관계없이, 놀이치료사는 아동의 발달과 외상 역사뿐만 아니라 아동과 아동 양육자와의 관계에 대해 이해해야 한다. 대인관계 외상의 생존자인 아동과 놀이치료를 하는 치료사는 대인관계 외상의 종류와 아동, 양육자, 그리고 외상 간의 관계의 본질도 알아야 한다. 아동이 외상과 양육자를 어떻게 경험했는지를 이해하는 것은 특히 양육자 중 어느 한쪽이 외상을 주었던 가해자인 경우라면 더욱, 놀이치료사에게 아동의 놀이를 이해하고, 치료를 계획하고, 변화와 성장으로 나아가도록 하는 데에 중요한 통찰을 제공한다.

특정 집단을 위한 기법과 전략

대인관계 외상은 일상적 경험을 정확하게 인지하는 아동의 능력을 상당히 바꾸며, 효과적으로 대처하려는 그들의 능력을 방해한다(Bratton, 2004). 대인관계 외상의 생존자인 아동은 그들의 타고난 능력과 잠재력을 되찾기 위한 회복의 경험이 필요하다. 대인관계 외상을 경험한 아동들의 욕구를 충족시켜줄 때 고려해볼 만한 다양한 기법과 전략이 있다.

Perry와 Szalavitz(2006)는 외상을 경험한 아동들의 욕구와 관련하여, 특히 심한 외상 생존 아동의 네 가지 회복 욕구에 대해 서술하였다. 첫 번째, 놀이치료사는 이 아동들의 신뢰할 수 있는 능력을 다시 세워줘야 한다. 대인관계 외상으로 인해 아동과 아동의 삶에서 중요한 대상과의 관계가 파괴되었고, 종종 학대, 유기, 학교 총격 사건, 또는 테러리스트의 공격과 같은 사건을 경험한 후 세상은 불안전한 곳이라고 여기기 때문이다. 이 아동들은 종종 다른 사람들이 결국은 그들을 실망시킬 것이라고 믿으며, 타인을 의심하게 된다. 놀이치료사들은 놀이치료회기에서 진실되고, 공감적이며 수용적 경험을 제공하여 타인에 대한 신뢰를 회복하게 해야 한다. 두 번째, 놀이치료사는 아동이 자신감을 다시 얻도록 도와주어야 한다. 대인관계 외상은 아동의 삶을 뒤죽박죽으로 만든다. 이 아동들은 종종 다른 사람들이 고통을 가할 때, 반응을 하거나 하지 않거나 간에 무력감을 느낀다. 놀이치료사는 아동의 노력을 격려하면서 자신감을 회복할 수 있도록 돕는다. 또한, 놀이치료사는 아동이 놀이회기를 주도할 때도 아동을 격려함으로써 결정하고 문제를 해결하는 아동의 발달을 촉진한다. 세 번째, 놀이치료사는 아동이 안정감을 다시 찾도록 해야 한다. 학대와 범죄를 경험한 아동들은 가해자가 그들을 언제 다시 공격할지 모르는 불안한 곳으로 세상을 본다. 놀이치료사는 아동에 대한 성실한 보살핌으로 의사소통하는 안전한 환경을 제공하여 안전감을 주도록 한다. 더 나아가, 놀이치료사는 필요한 경우 제한설정을 통해 안전감을 준다. 이러한 아동들은 종종 어른들이 그들의 삶을 계속 안전하게 지켜줄 것이라고 믿게 해야 할 필요가 있으므로, 제한설정을 통해 놀이치료사는 아동들이 신체적으로나 심리적으로 안전하게 지켜질 것임을 알려줘야 한다. 네 번째, 놀이치료사는 아동이 다시 사랑할 수 있도록 돕는다. 사랑은 치유이며, 놀이치료사는 지지적이고 회복적인 양육자-아동 애착을 돕고 증진시킨다. 사랑을 다시 연결하는 것은 대인관계 외상으로 사랑을 상실한 아동들에게는 특히 더 중요하다. 어떤 아동들에게는 이 사랑의 상실이 반복적이기 때문이다(즉, 학대와 방임이 계속될 때).

Bratton(2004)은 심각하게 외상을 경험한 아동과 놀이치료를 할 때 고려해야 할 사항을 제시하였는데, 이것은 Perry와 Szalavitz(2009)가 언급한 신체적 · 정서적 안정감을 형성하거나 재형성하고, 신뢰와 관계를 형성하거나 재형성하기 위해 고려해야 할 점들과도 중복된다. Bratton은 이에 세 가지 목표를 추가하였다. 첫 번째, 놀이치료사는 아동이 건강한 자아감을 형성하도록 돕는다. 종종 아동 학대와 범죄의 생존자인 아동들은 부정적 자아감을 발달시키고, 그들 스스로를 망가지고, 더럽고, 가치 없다고 여긴다.

David Pelzer(1995)는 그의 책, 아이는 그것을 불렀다(*A Child Called 'it'*)'에서 아동기에 학대받았던 자신의 경험을 이야기하며 내적인 관점에 대해 언급하였다. 놀이치료사들은 수용적인 양육, 격려와 인정을 받으며 건강한 자아감의 발달을 가능하게 한다. 두 번째, 놀이치료사는 외상을 경험한 아동이 정서를 이완하고 조절하도록 도와야 한다. 이 아동들은 빈번하게 그들의 정서를 건강하고 비파괴적인 방법으로 표현하는 것을 어려워하거나, 다시 생길지 모를 학대의 두려움으로 그들의 감정을 숨긴다. 놀이치료사는 모든 정서를 수용하는 의사소통으로, 아동들이 자기 조절을 배우고 그들의 정서를 표현하는 적절한 수단을 사용하게 하는 치료적인 제한설정을 통해 정서의 건강한 이완과 조절을 돕는다. 세 번째, 놀이치료사는 대인관계 외상을 경험한 아동 생존자가 숙달감, 대처능력, 그리고 유능감을 얻거나 다시 찾도록 돕는다. 이 아동들은 종종 학대, 방임, 범죄 등의 다른 형태를 동반하는 정서적 학대의 경우, 특히 자기-의심이 일반적으로 발달한다. 놀이치료사는 격려를 통해 숙달감, 대처능력, 유능감이 발달하도록 돕는다.

Bratton(2004)은 심각한 외상을 겪은 아동을 치료할 때 놀이치료사의 역할에 대해 몇 가지를 기술하였다. 놀이치료사는 놀이치료회기의 안과 밖에서 아동의 대단히 중요한 안전의 욕구를 인식한다, 이는 아동이 불안감을 느낄 때를 위해 안전 계획을 세우는 것을 의미한다. 안전 계획은 위험한 상황으로부터 어떻게 도망칠 것인지, 안전한 사람을 어떻게 확인하는지, 그리고 어떻게 연락하는지, 안전한 장소를 어떻게 찾는지, 긴급 전화번호와 위험한 상황에서 탈출 시 필요한 소품이 들어 있는 '안전키트'를 어떻게 만드는지를 포함한다. 놀이치료사는 이러한 과정을 버틸 인내력이 필요하다. 치유 과정은 특히 만성적이거나 극심한 학대와 방임을 경험한 아동들을 치료할 때 고통스러울 만큼 길게 느껴진다. Ziegler(2002)는 만성적이고 심각한 학대가 얼마나 고질적인 신경연결통로를 만드는지를 언급하였다. 결과적으로 건강한 신경연결통로를 재창조하기 위해서는 긍정적인 경험을 반복적으로 해야 한다는 의미가 된다. 놀이치료사는 아동 이야기의 증인이 되어야만 한다. 학대받은 아동들은 다가올 고통에 대한 두려움 때문이든, 위협에 대한 두려움 때문이든, 학대자에 의해 조종당했기 때문이든, 자신들의 이야기를 비밀로 숨기려 한다. 놀이치료사는 아동의 이야기를 수용하고 이해하고 소통하기 위해 반영적 기술을 사용해서 들으며, 아동의 학대, 방임, 범죄 이야기의 증인이 돼주어야 한다.

특히 중요한 점은 놀이치료사는 치료적 역할을 제공하는 것이지 법의학적 역할인 수사를 하는 것이 아니다. 놀이치료사의 일차적 초점은 아동 내담자의 처치와 정서적 그리고 심리적 치유로 상황을 개선하는 것이다. 치료에 있어서 사건의 '사실'은 아동의 경험과 지각보다 덜 중요하다. 다른 한편으로는 조사 역할을 수행하는 전문가는 가능한 한 객관적이어야 한다. (치료적) 처치와 (법의학적) 평가하기를 동시에 하는 것은 역할 갈등을 초래한다. 치료적-법의학적 갈등은 결과적으로 절충적인 치료를 도출해내기도 한다(Greengerg & Shuman, 1997; Strasburger, Gutheil, & Brodsky, 1997). 이런 종류의 갈등은 흔히 양육자 중 어느 한쪽에 의한 대인관계 외상에 아동이 대상이 된 가운데 양육권 분쟁 문제로 번지게 된다. 이런 경우 비학대 부모는 놀이치료사에게 평가자로서 평가해주기를 요구하며 압력을 가할 수 있다. 관련된 모든 사람을 위하여, 놀이치료사는 의사소통과 함께 역할 경계를 명확하게 유지할 필요가 있다.

마지막으로 놀이치료사는 아동의 가족들을 치료 과정에 포함시켜야 한다. 놀이치료사가 아동과 보내는 시간은 가족이 아동과 보내는 시간의 일정 부분을 대신한다. 양육자와 지지적인 관계를 발전시키고, 놀이치료회기에서 아동이 하는 작업을 지원하는 데 필요한 도구를 제공하면 그 효과가 증가한다.

연구/증거 기반

놀이치료사는 대인관계 외상을 경험한 아동을 위한 처치에 가장 도움이 된다고 밝혀진 접근에 관련해서 지식이 풍부하고 숙련되어 있어야 한다. 앞에서 서술한 접근들의 활용을 지지하는 많은 연구들이 존재한다. 다음은 대인관계 외상의 처치에 직접적으로 사용이 가능한 CCPT, TF-IPT, 그리고 CPRT와 관련된 연구들이다.

아동중심 놀이치료

외상을 경험한 아동을 위한 CCPT의 가치를 알려주는 여러 연구가 있다. Kot, Landreth와 Giodarno(1998)는 쉼터에 거주하는 가정 폭력 피해 아동 22명을 대상으로 집중적인 CCPT를 사용하여 연구를 진행하였다. 대상자는 각각 11명의 처치집단과 통제집단으로 구성되었다. 처치집단의 부모들은 그들의 아이들이 전체 행동 문제와 외현화 행동 문제에서 통계적으로 유의미한 감소가 있었다고 보고하였다. 아동들은 자기 개념이 유의미하게 증가하였고, 치료회기에서 치료사와의 물리적 거리가 가까워졌음을 보여주었다. Tyndall-Lind와 동료들(2001) 역시 쉼터에 거주하는 가정 폭력 피해 아동을 대상으로 집중적인 CCPT를 실시하였다. 연구는 2개의 실험집단($n=10$, CCPT 형제 집단과 $n=11$, CCPT 개별치료)과 처치를 하지 않은 집단($n=11$)으로 나누어 총 32명을 대상으로 하였다. 두 처치 집단은 자기 개념이 유의미하게 증가하였고, 행동 문제, 외현화 행동 문제, 공격적인 행동과 불안, 우울 행동이 통제집단과 비교해 감소하였다고 보고되었다. 또 다른 연구에서 Scott, Burlingma, Starling, Porter와 Lilly(2003)는 성학대 피해 아동을 대상으로 CCPT를 실시한 후 분석하였다. 참가자는 3~9세의 19명의 소녀와 7명의 소년으로, 12회기 후 사회적 유능감과 자기 개념이 유의미하게 증가하였다.

외상집중 통합놀이치료

Gil(2011a)은 아동들의 자기 보고와 아동의 행동을 부모가 보고하는 방법으로 TF-CBT와 TF-IPT의 효과를 비교하기 위해 설계된 복합 결과 연구의 일환으로 TF-IPT 과정을 개발하였다. Kruegar(2013)는 복합 외상 내력을 지닌 42명의 아동을 대상으로 외상 관련 신념, 감정 조절, 언어 개입 및 관련 증상을 연구하기 위해 TF-CBT와 TF-IPT를 비교하였다. Kruegar는 부정적 외상 관련 신념과 증상의 감소, 언어적 개입의 증가를 두 처치집단 모두에서 나타난 중요한 변화로 보고하였다. 더욱이 TF-IPT 처치집단에서만 외상과 관련된 인지에서 현저한 개선을 경험하였다. TF-IPT는 아동 복지 시스템 관련 등급(California Evidence-Based Clearinghouse for Child Welfare, 2013)에서 높은 점수를 받음으로써 아동 복지 서비스를 이용하는 아동, 청소년, 그리고 가족들의 욕구를 만족시켰음을 보여준다.

아동-부모 관계 훈련

Landreth와 Bratton(2006)은 2006년에, Landreth가 발전시킨 10주 과정의 부모 훈련 모델인 CPRT의 효과에 관한 27가지 결과를 주제로 한 연구를 실시했다고 보고했다. 대인관계 외상과 직접적으로 관련된 연구인 4개의 특정 CPRT는 Harris와 Landreth(1997), Landreth와 Lobaugh(1998), Costas와 Landreth(1999), 그리고 Smith와 Landreth(2003)의 연구이다.

부모의 수감은 대인관계 외상의 한 형태로서 이것은 아동이 부모와 분리되기를 원하지 않을 때도 아동-부모 관계가 강압적으로 단절되기 때문이다. 무작위로 뽑은 수감 중인 22명의 모(母)에 대한 연구에서 Harris와 Landreth(1997)는 3~10세 아동들의 모(母) 12명을 대상으로 CPRT를 훈련하였다. Harris와 Landreth는 카운티 교도소에 비교적 짧게 머무르는 여성들을 위해 10주 동안 주 1회 진행하도록 되어 있는 구성을 대신 5주에 걸쳐 주 2회로 제공하였으며, 처치집단은 매회 2시간씩 제공되는 부모놀이치료 훈련을 5주 동안 주 2회씩 받았으며, 교도소에서 정해진 면회 시간을 이용해 그들의 아이들은 30분씩 격주로 놀이치료를 받았다. 통제집단과 비교했을 때 처치집단 어머니들은 자녀와의 공감적 상호작용이 현저하게 증가한 것을 보여주었다. 게다가 어머니들의 수용적 양육이 유의미하게 증가하였고 아동들의 행동 문제는 감소했음이 보고되었다. 무작위로 뽑은 32명의 수감 중인 부(父) 연구에서, Landreth와 Lobaugh(1998)는 4~9세 아동 16명을 대상으로 부모놀이치료를 훈련하였다. 회기는 정해진 면회 시간에 아동들과 일반 보안 교도소에서 실시되었다. 결과는 처치집단의 아버지들이 통제집단과 비교해서 자녀 수용도가 유의미하게 증가하였으며, 양육과 관련된 스트레스가 현저하게 감소하였고, 아동들의 행동 문제도 감소하였다. 또한 아동들의 자존감도 상승하였다.

부모 중 한쪽으로부터 성적 학대를 경험한 아동들은 그들을 보호해주지 못한 다른 부모를 원망할 수도 있다. Costas와 Landreth(1999)는 성학대를 경험한 아동들(5~9세)의 비학대 부모 26명을 대상으로 부모놀이치료의 효과를 실험하였다. 연구자들은 지리학적인 편의성에 근거해 집단을 배정하였다. 처치집단 14명의 부모는 통제집단과 비교할 때, 자녀와의 공감적 상호작용, 자녀 수용도가 유의미하게 증가하였으며, 아동의 문제 행동, 불안, 정서적 부적응, 부정적 자기 개념이 감소하였으며, 부모의 양육 스트레스 또한 유의미하게 감소하였다는 결과를 보고하였다.

가정 폭력을 경험하거나 목격한 아동들은 신뢰감과 안정감이 산산이 부서질 수 있다. Smith와 Landreth(2003)는 가정 폭력 쉼터에 거주하는 아동들(4~10세)과 어머니들을 대상으로 CPRT의 효과를 실험하였다. 연구자들은 대부분의 가족이 쉼터에 2~3주 정도밖에 머무르지 않기 때문에 연구를 위해 부모 훈련과 놀이치료회기를 1.5시간씩 2주에 걸쳐 12번의 훈련회기로 구성하였다. 처치집단과 통제집단의 결과를 비교해보면, 11명의 어머니들이 자기 개념과 자기 수용도, 아동과의 공감적 상호작용에서 유의미한 증가를 경험하였다. 처치집단의 11명의 아동들은 전체 행동 문제, 내면화·외현화된 행동 문제, 공격성, 불안, 우울이 유의미하게 감소하였으며, 자기 개념은 유의미하게 증가하였음을 보고하였다.

결론

아동들은 놀랍도록 뛰어난 회복력을 지니고 있으나 불행히도 많은 아이들이, 심지어 어른들도 견디고 극복하기 어려운 일들에 직면한다. 아동은 천성적으로 관계적이며, 이런 관계들이 아동 학대와 방임, 아동범죄로 인한 대인관계 외상에 의해 산산이 부서지고, 결국 완전히 파괴될 수도 있다. 양육적이고 숙련된 놀이치료사는 아동에게 자연스러운 형태의 의사소통 및 치유로써의 놀이와 더불어, 건강하고 지지적인 대인관계를 포함하는 발달적으로 반응적인 접근들을 통해 아동을 가장 잘 도울 수 있는 사람들이다. 놀이치료사는 아동의 삶을 확실히 변화시킨다.

참고문헌

American Psychiatric Association. (2013). *Diagnostic and Statistical Manual of Mental Health Disorders* (5th ed.). Washington, DC: Author.

Anda, R. F., Felitti, V. J., Bremner, J. D., Walker, J. D., Whitfield, C., Perry, B. D.,…Giles, W. H. (2006). The enduring effects of abuse and related adverse experiences in childhood: A convergence of evidence from neurobiology and epidemiology. *European Archives Psychiatry Clinical Neuroscience, 256*(3), 174-186.

Ater, M. K. (2001). Play therapy behaviors of sexually abused children. In G. L. Landreth (Ed.), *Innovations in play therapy: Issues, process, and special populations* (pp. 119-129). Philadelphia, PA: Brunner-Routledge.

Axline, V. M. (1969). *Play therapy* (Rev. ed.). New York, NY: Ballantine Books. (Original work published 1947)

Baggerly, J. N., & Landreth, G. L. (2001). Training children to help children: A new dimension in play therapy. *Peer Facilitator Quarterly, 18*(1), 6-14.

Benedict, H. E. (2006). Object relations play therapy: Applications to attachment problems and relational trauma. In C. E. Schafer & H. G. Kaduson (Eds.), *Contemporary therapy: Theory, research, & practice* (pp. 3-27). New York, NY: Guilford Press.

Berk, L. E. (2009). *Child development*. (8th ed.). Boston, MA: Allyn & Bacon.

Besharov, D. J. (1994). Responding to child sexual abuse: The need for a balanced approach. *The Future of Children Sexual Abuse of*

Children, 4(2), 135–155.

Bethel, B. L. (2007). Play therapy techniques for sexually abused children. In S. L. Brooke (Ed.), *The use of creative arts with sexually abuse survivors* (pp. 138–148). Springfield, IL: Charles C. Thomas.

Boucher, J. (1999). Editorial: Interventions with children with autism methods based on play. *Child Language Teaching and Therapy, 15*(1), 1–5.

Bratton, S. C. (2004, October). *The healing process of young traumatized children in play therapy*. Paper presented at the annual conference of the Association for Play Therapy, Denver, CO.

Bratton, S. C., Ray, D., & Landreth, G. (2008). Play therapy. In M. Hersen & A. M. Gross (Eds.), *Handbook of clinical psychology: Vol. 2. Children and adolescents* (pp. 577–625). Hoboken, NJ: Wiley.

Bratton, S. C., Ray, D., Rhine, T., & Jones, L. (2005). The efficacy of play therapy with children: A meta-analytic review of treatment outcomes. *Professional Psychology: Research and Practice, 36*(4), 367–390.

Bredekamp, S. (Ed.). (1987). *Developmentally appropriate practice in early childhood programs serving children from birth through age eight.* Washington, DC: National Association for the Education of Young Children.

Briere, J., & Scott, C. (2006). *Principles of trauma therapy: A guide to symptoms, evaluation, and treatment.* Thousand Oaks, CA: Sage.

California Evidence-Based Clearinghouse for Child Welfare. (2013). *Trauma-focused integrated play therapy (TF-IPT)*. Retrieved from http://www.cebc4cw.org/program/trauma-focused-integrated-play-therapy/detailed

Caplan, F., & Caplan, T. (1974). *The power of play.* New York, NY: Anchor Books.

Carlson, B. (1984). Children's observations of interpersonal violence. In A. R. Roberts (Ed.), *Battered women and their families* (pp. 147–167). New York, NY: Springer.

Cattanach, A. (1992). *Play therapy with abused children.* Philadelphia, PA: Jessica Kingsley.

Cavett, A. M., & Drewes, A. A. (2012). Play applications and trauma-specific components. In J. A. Cohen, A. P. Mannarino, & E. Deblinger (Eds.), *Trauma-focused CBT for children and adolescents: Treatment applications* (pp. 124–148). New York, NY: Guilford Press.

The Child Abuse Prevention and Treatment Act: Including Adoption Opportunities & The Abandoned Infants Assistance Act of 2010, 42 U.S.C. 5101, as amended by P. L. 111-320: the CAPTA Reauthorization Act of 2010.

Children's Bureau. (2013). *Child maltreatment 2012*. Retrieved from http://www.acf.hhs.gov/programs/cb/research-data-technology/statistics-research/child-maltreatment

Children's Bureau. (2014). *Child abuse statistics*. Retrieved from http://www.statisticbrain.com/child-abuse-statistics Costas, M., & Landreth, G. L. (1999). Filial therapy with nonoffending parents of children who have been sexually abused. *International Journal of Play Therapy, 8*(1), 43–66.

Damon, L., Todd, J., & MacFarlane, K. (1987). Treatment issues with sexually abused young children. *Child Welfare, 66*(2), 125–137.

D'Andrea, W. Ford, J., Stolbach, B., Spinazzola, J., & van der Kolk, B. A. (2012). Understanding interpersonal trauma in children: Why we need a developmentally appropriate trauma diagnosis. *American Journal of Orthopsychiatry, 82*(2), 187–200.

Dass-Brailsford, P. (2007). *A practical approach to trauma: Empowering interventions.* Thousand Oaks, CA: Sage.

Dayton, T. (2000). *Trauma and addiction: Ending the cycle of pain through emotional literacy.* Deerfield Beach, FL: Health Communication.

D'Heurle, A. (1979). Play and the development of the person. *Elementary School Journal, 79*(4), 224–234.

Douglas, E. M., & Finkelhor, D. (2005). *Childhood sexual abuse fact sheet.* Durham, NH: Crimes Against Children Research Center.

Edelson, J. L. (1999). Children's witnessing of adult domestic violence. *Journal of Interpersonal Violence, 14*, 839–870.

Erikson, E. (1963). *Childhood and society.* New York, NY: Norton.

Everstine, D. S., & Everstine, L. (1993). *The trauma response: Treatment for emotional injury.* New York, NY: Norton.

Findling, J. H., Bratton, C. B., & Henson, R. K. (2006). Development of the trauma play scale: An observation-based assessment of the impact of trauma on play therapy behaviors of young children. *International Journal of Play Therapy, 15*(1), 7–36.

Finkelhor, D. (1986). *A sourcebook on child's sexual abuse.* Newbury Park, CA: Sage.

Finkelhor, D., Ormrod, R. K., & Turner, H. A. (2007). Poly-victimization: A neglected component in child victimization. *Child Abuse & Neglect, 31*, 7–26.

Finkelhor, D., Ormrod, R., Turner, H., & Hamby, S. K. (2005). The victimization of children and youth: A comprehensive, national survey. *Child Maltreatment, 10*(1), 5–25.

Finkelhor, D., Ormrod, R., Turner, H., & Hamby, M. (2009). Pathways to poly-victimization. *Child Maltreatment, 14*(4), 316–329.

Finkelhor, D., Turner, H. A., Shattuck, A., & Hamby, S. L. (2013). Violence, crime, and abuse exposure in a national sample of children and youth: An update. *Pediatrics, 167*(7), 614–621.

Gil, E. (1991). *The healing power of play: Working with abused children.* New York, NY: Guilford Press.

Gil, E. (2006). *Helping abused and traumatized children: Integrating directive and nondirective approaches.* New York, NY: Guilford Press.

Gil, E. (2010). Children's self-initiated gradual exposure: The wonders of posttraumatic play and behavioral reenactments. In E. Gil (Ed.), *Working with children to heal interpersonal trauma: The power of play* (pp. 44–63). New York, NY: Guilford Press.

Gil, E. (2011a). *Trauma-focused integrated therapy (TF-IPT): A 12-session play-based treatment and research protocol.* Fairfax, VA: Gil

Center for Healing and Play.

Gil, E. (2011b). Trauma-focused integrated play therapy model (TF-IPT). In P. Goodyear-Brown (Ed.), *Handbook of child sexual abuse: Identification, assessment, and treatment* (pp. 251–278). Hoboken, NJ: Wiley.

Ginott, H. (1959). Theory and practice of therapeutic intervention in child treatment. *Journal of Consulting Psychology, 23,* 160–166.

Ginsburg, K. R., Committee on Communications, & Committee on Psychosocial Aspects of Child and Family Health. (2007). The importance of play on promoting healthy child development and maintaining strong-parent-child bonds. *Pediatrics, 119*(1), 182–191.

Glazer, H. R. (1999). Children and play in the Holocaust: Friedl Dicker-Brandeis—Heroic child therapist. *Journal of Humanistic Counseling, Education, & Development, 37*(4), 194–199.

Greensberg, S. A., & Shuman, D.W. (1997). Irreconcilable conflict between therapeutic and forensic roles. *Professional Psychology: Research and Practice, 28*(1), 50–57.

Guerney, B. (1964). Filial therapy: Description and rationale. *Journal of Consulting Psychology, 28,* 304–310.

Guerney, L. F. (1983). Client-centered (nondirective) play therapy. In C. Schaefer & K. O'Connor (Eds.), *Handbook of play therapy* (pp. 21–64). New York, NY: Wiley.

Hall, P. E. (1997). Play therapy with sexually abused children. In H. G. Kaduson, D. Cangelosi, & C. E. Schaefer (Eds.), *The playing cure* (pp. 171–194). Northvale, NJ: Jason Aronson.

Hall-Marley, S. E., & Damon, L. (1993). Impact of structured group therapy on young victims of sexual abuse. *Journal of Child and Adolescent Group Therapy, 3*(1), 41–48.

Harris, Z. L., & Landreth, G. L. (1997). Filial therapy with incarcerated mothers: A five-week model. *International Journal of Play Therapy, 6*(2), 53–73.

Herman, J. L. (1997). *Trauma and recovery: The aftermath of violence—from domestic abuse to political terror.* New York, NY: Basic Books.

James, B. (1989). *Treating traumatized children: New insights and creative interventions.* Lexington, MA: Lexington Books.

James, B. (1994). *Handbook for treatment of attachment-trauma problems in children.* New York, NY: Free Press.

Jernberg, A., & Booth, P. B. (1999). *Theraplay: Helping parents and children build better relationships through attachment-based play.* San Francisco, CA: Jossey-Bass.

Kaffman, A. (2009). The silent epidemic of neurodevelopmental injuries. *Biological Psychiatry, 66*(7), 624–626.

Kaufman, B., & Wohl, A. (1992). *Casualties of childhood: A developmental perspective on sexual abuse using projective drawings.* New York, NY: Brunner/ Mazel.

Kisiel, C. L., Fehrenbach, T., Torgersen, E., Stolbach, B., McClelland, G., Griffin, G., & Burkman, K. (2014). Constellations of interpersonal trauma and symptoms in child welfare: Implications for a developmental trauma framework. *Journal of Family Violence, 29*(1), 1–14.

Ko, S. J., Ford, J. D., Kassam-Adams, N., Berkowitz, S. J.,Wilson, C.,Wong, M.,…Layne, C. M. (2008). Creating trauma-informed systems: Child welfare, education, first responders, health care, juvenile justice. *Professional Psychology Research and Practice, 39*(4), 396–404.

Kot, S., Landreth, G. L., & Giordano, M. (1998). Intensive child-centered play therapy with child witnesses of domestic violence. *International Journal of Play Therapy, 7*(2), 17–36. Krueger, S. J. (2013). Cognitive behavioral and integrative treatment of abused children: Examining cognitive and emotional processes and developmental considerations (Unpublished dissertation). Catholic University of America,Washington, DC.

Landreth, G. L. (2001). Facilitative dimensions of play in the play therapy process. In G. L. Landreth (Ed.), *Innovations in play therapy: Issues, process, and special populations* (pp. 3–22). Philadelphia, PA: Brunner-Routledge.

Landreth, G. L. (2012). *Play therapy: The art of the relationship* (3rd ed.). New York, NY: Brunner-Routledge.

Landreth, G. L., & Bratton, S. C. (2006). *Child parent relationship therapy (CPRT): A 10-session filial therapy model.* New York, NY: Routledge.

Landreth, G. L., & Lobaugh, A. F. (1998). Filial therapy with incarcerated fathers: Effects on parental acceptance of child, parental stress, and child adjustment. *Journal of Counseling and Development, 76,* 157–165.

Landreth, G. L., & Sweeney, D. S. (1997). Child-centered play therapy. In K. J. O'Connor & L. M. Braverman (Eds.), *Play therapy theory and practice: A comparative presentation* (pp. 17–45). New York, NY: Wiley.

Ledesma, M. (2011, November 11). Child sex abuse often unreported. *Times Record News.* Retrieved from http://www.timesrecordnews.com/news/2011/nov/11/child-sex-abuse-often-unreported

Lisak, D. (1994). The psychological impact of sexual abuse: Content analysis of interviews with male survivors. *Journal of Traumatic Stress, 7*(4), 525–548.

Lloyd, S. A. (1990). Asking the right questions about the future of marital violence research. In D. J. Besharov (Ed.), *Family violence: Research and public issues* (pp. 93–107).Washington, DC: AEI Press.

London, K., Bruck, M., Ceci, S. J., & Shuman, D.W. (2005). Disclosure of child sexual abuse: What does the research tell us about the ways that children tell? *Psychology, Public Policy, & Law, 11*(1), 194–226.

Mader, C. (2000). Child-centered play therapy with disruptive school students. In H. G. Kaduson & C. E. Schaefer (Eds.), *Short-term play therapy for children* (pp. 53–68). New York, NY: Guilford Press.

Mann, E., & McDermott, J. F. (1983). Play therapy for victims of child abuse and neglect. In C. E. Schafer & K. J. O'Conner (Eds.), *Handbook of play therapy* (pp. 283–307). New York, NY: Wiley.

Martin, H., & Beezley, P. (1977). Behavioral observations of abused children. *Developmental Medicine and Child Neurology, 19,* 373–387.

McMahon, L. (1992). *The handbook of play therapy.* London, England: Tavistock/Routledge.

Middle, C., & Kennerley, H. (2001). A grounded theory analysis of the therapeutic relationship with clients sexually abused as children and non-abused children. *Clinical Psychology and Psychotherapy, 8*(3), 198–205.

Montessori,M. (1964). *TheMontessori Method.* New York, NY: Schoken Books.

Myers, C. E. (2007). Healing through play: An overview of play therapy with sexually abused children. In S. L. Brooke (Ed.), *The use of the creative therapies with sexual abuse survivors* (pp. 121–137). Springfield, IL: Charles C. Thomas.

Myers, C. E. (2008). The royal road: Using play to heal children who have experienced domestic violence. In S. L. Brooke (Ed.), *The use of creative arts with the survivors of domestic violence* (pp. 81–93). Springfield, IL: Charles C. Thomas.

Myers, C. E. (2011). Lessons learned: Crisis counseling in Haiti. *Journal of Counseling in Illinois, 1*(1), 4–10.

Myers, C. E., Bratton, S. C., Findling, J. H., & Hagen, C. (2011). Development of the trauma play Scale: Comparison of children manifesting a history of interpersonal trauma with a normative sample. *International Journal of Play Therapy, 20*(2), 66–78.

Namka, L. (1995). Shame busting: Incorporating group social skills training, shame release and play therapy with a child who was sexually abused. *International Journal of Play Therapy, 4*(1), 81–98.

National Institute of Justice (NIJ). (2003). Youth victimization: Prevalence and implications *(NCJ 194972).* Washington, DC: U.S. Department of Justice.

O'Connor, K. J. (2007). "It hurts too much." Using play to lessen the trauma of sexual abuse early in therapy. In S. L. Brooke (Ed.), *The use of creative arts with sexually abuse survivors* (pp. 149–169). Springfield, IL: Charles C. Thomas.

O'Connor, K. J. (1991). *The play therapy primer: An integration of theories and techniques.* New York, NY: Wiley.

Paine, M. L., & Hansen, D. J. (2002). Factors influencing children to self-disclose sexual abuse. *Clinical Psychology Review, 22,* 271–295.

Pelzer, D. (1995). *A child called "it": One child's courage to survive.* Deerfield Beach, FL: Health Communications.

Perry, B. D., & Szalavitz, M. (2006). *The boy who was raised as a dog: And other stories from a child psychiatrist's notebook: What traumatized children can teach us about loss, love, and healing.* New York, NY: Basic Books.

Piaget, J. (1952). *The origins of intelligence in children.* New York, NY: International Universities Press.

Piaget, J. (1962). *Play, dreams, and imitation in childhood.* New York, NY: Basic Books.

Rogers, C. R. (1957). The necessary and sufficient conditions of therapeutic personality change. *Journal of Consulting and Clinical Psychology, 60*(6), 827–832.

Ruma, C. D. (1993). Cognitive-behavioral pal therapy with sexually abused children. In S. M. Knell (Ed.), *Cognitive-behavioral play therapy* (pp 197–230). Lanham, MD: Jason Aronson.

Scott, T. A., Burlingame, G., Starling, M., Porter, C., & John Paul Lilly, J. P. (2003). Effects of individual client-centered play therapy on sexually abused children's mood, self-concept, and social competence. *International Journal of Play Therapy, 12*(1), 7–30.

Shaw, J. A. (2010). A review of current research on the incidence and prevalence of interpersonal childhood trauma. In E. Gil (Ed.), *Working with children to heal interpersonal trauma: The power of play* (p. 12–25). New York, NY: Guilford.

Smith, N., & Landreth, G. L. (2003). Intensive filial therapy with child witnesses of domestic violence. *International Journal of Play Therapy, 12*(1), 67–88.

Strasburger, L. H., Gutheil, T. G., & Brodsky, A. (1997). On wearing two hats: Role conflict in serving as both psychotherapist and expert witness. *American Journal of Psychiatry, 154*(4), 448–456. Retrieved from http://journals.psychiatryonline.org/data/Journals/AJP/3675/448.pdf

Straus, M. A., & Gelles, R. J. (1990). *Physical violence in American families: Risk factors and adaptation to violence in 8145 families.* New Brunswick, NJ: Transaction.

Terr, L. C. (1981). "Forbidden games:" post-traumatic child's play. *Journal of the American Academy of Child Psychiatry, 20*(4), 741–760.

Terr, L. C. (1983). Play therapy and psychic trauma: A preliminary report. In C. Schaefer & K. O'Conner (Eds.), *Handbook of play therapy* (pp. 308–319). New York, NY: Wiley.

Terr, L. C. (2003). "Wild child": How three principles of healing organized 12 years of psychotherapy. *Journal of American Academy of Child & Adolescent Psychiatry, 42,* 1401–1409.

Turner, H. A., Finkelhor, D., & Ormond, R. (2010). Poly-victimization in a national sample of children and youth. *American Journal of Preventive Medicine, 38*(3), 323–330.

Tyndall-Lind, A., Landreth, G. L., & Giordano, M. A. (2001). Intensive group play therapy with children witnesses of domestic violence. *International Journal of Play Therapy, 10*(1), 53–83.

United Nations. (1990). *Adoption of a convention on the rights of the child* (U.N. Doc. A/Res/44/25). New York: Author. Retrieved from http://www2.ohchr.org/english/law/crc.htm

van der Kolk, B. A. (2005). Developmental trauma disorder: A new, rational diagnosis for children with complex trauma histories. *Psychiatric Annals, 35*(3), 401–408.

VanFleet, R., Sywulak, A. E., & Sniscak, C. C. (2010). *Child-centered play therapy*. New York, NY: Guilford Press.

White, J., & Allers, C. T. (1994). Play behaviors of abused children. *Journal of Counseling & Development, 72*, 390–394.

Ziegler, D. (2002). *Traumatic experience and the brain: A handbook for understanding and treating those traumatized as children*. Jasper, OR: SCAR/Jaspir Mountain.

22

질병 및 외상을 겪은
아동의 놀이치료

LAURA NABORS, JESSICA KICHLER

집단 정의하기

만성질환이 있는 아동이 속한 범주에는 급성 천식부터 간헐적인 삽화의 당뇨에 이르기까지 광범위하고 장기적이고 만성적인 질환들이 모여 있다(Last, Stam, Onland-van Nieuwenhuizen, & Grootenhuis, 2007). 만성질환은 최소한 6개월의 의료 관리 그리고 장기간 질환과 관련해서 좋아지고 나빠지는 증상에 대한 지속적인 적응이 필요하다. 아동은 천식이 있는 아동의 호흡 처치를 위해 응급실에 가거나 신장 이식을 기다리면서 지속적인 투석처치가 필요한 말기 신장질환 아동과 같은 단기 입원으로 이어지는 광범위한 의료적 문제에 직면한다. 만성질환이 있는 대부분의 아동은 "알려진 치료법이 없는 질병(예 : 낭포성 섬유증, 염증성 장질환)이지만, 의료적으로 관리는 가능하다. 소아암과 같은 일부 질환은, 징후는 급성이지만 이후의 결과에서는 만성적이다."(Last et al., 2007, p. 101)

질병의 범위 및 관련된 의학적 문제는 광범위하고 복잡(예 : 암, 천식, 외상적 상해)하고 급성과 장기간의 심리적 접근 모두 포함된다. 만성질환의 과정은 종종 예측 불가능하며 증상은 시간이 지나면서 증가하거나 감소한다. 만성질환이 있는 아동은 점점 더 오래 살고 있다. 과학기술은 수명과 의학적 결과를 향상시킬 뿐만 아니라 아동의 능력은 학교와 지역사회 수준에서 그들의 삶과 연루되기 시작한다(Nabors & Lehmkuhl, 2004; van der Lee, Mokkink, Grootenhuis, Heymans, & Offringa, 2007).

특성 및 특별한 요구

만성질환이 있는 아동은 불안·걱정·정신적 고통·외상 반응·슬픔과 분리의 감정과 같은 다양한 정서적 문제에 직면해 있다. 이들은 사회적 기회의 박탈과 관련된 슬픔을 종종 경험한다. 이들은 여러 병원에 진료 예약을 하거나 복잡한 의료적 식이요법을 따라야 하기 때문에 교외 활동이나 또래와 함께하는 다른 놀이 활동에는 참여하지 않을 경우가 많다. 이러한 식이요법에는 규정식과 행동 제약, 약 복용 스케줄, 수많은 의료기관 방문, 여러 병원에 대기하고 응급실 방문 등 많은 요소들이 있다. 만성 질환이 있는 아동은 종종 만성적인 고통에 대처하는데, 놀이치료는 불안 및 스트레스와 관련된 호소를 할 수 있는 장소가 된다. Rae와 Sullivan(2005)은 놀이치료 문헌 고찰에서 놀이가 불안, 스트레스, 만성질환으로 인해 우울해하는 아동을 돕는 효과적인 방법이라는 것을 발견하였다. 치료사는 병원과 응급실뿐만 아니라 사적인 장소, 지역사회 정신건강센터, 학교와 같은 다양한 환경에서 급성 및 만성 질환을 관리하는 아동과 상호작용한다.

놀이가 적절한 이유

놀이는 '상상 및 ~척하기, 상징주의의 이용'에 대한 사용을 허용하는 '마치 ~인 것처럼(as if)' 사고방식이 동반된 가장놀이라고 정의된다(Moore & Russ, 2006, p. 237). 가장놀이는 불안을 표현하고 대처하는 기회가 되어서 아동이 치유하고 아동의 적응을 촉진하는 기제(mechanism)가 될 수 있다(Moore & Russ, 2006, p. 237). 놀이는 부모-아동 관계를 확립하고 질병이 있는 아동을 양육자가 지원하는 방법을 배우도록 코치한다. 또한 입원이나 의료 절차를 준비하도록 돕는 방법이다. 아동을 놀라게 했던 경험을 재작업할 수 있는 안전한 안식처이다. 놀이를 통해 치료사는 아동이 경험한 것을 이야기할 수 있고, 놀이를 통해 화난 감정과 불안을 표현하고, 자신의 만성질환과 관련된 어려운 문제에 대해 솔직하게 말하는 방법을 찾을 때 아동의 세계에 함께 머무를 수 있다.

놀이치료는 치료사 또는 아동이 가장하는 놀이의 세계에서 캐릭터를 위해 대처 전략과 긍정적인 결과물을 이야기할 때, 의료적 식이요법을 따르고 잘해 나가기 위해 애쓰는 양쪽 측면 모두에서, 질병에 맞서는 아동의 능력 내에서 아동의 자존감과 확신감이 형성될 수 있는 곳이다. Rae와 Sullivan(2005)은 "특정한 의료 절차 또는 사건의 준비뿐만 아니라 입원이나 질병에 대한 좋지 않은 뜻밖의 감정을 극복하는 데 도움"이 되는 데에 초점을 맞춘 병원중심 놀이에 대해 서술하였다(p. 128). 놀이는 아동에게 일상적인 활동이며 불안과 두려움을 표현하게 하는 익숙한 환경일 뿐만 아니라 다양한 의료 장면과 사건에 대한 스트레스와 관련된 감정을 극복할 때 숙달감을 얻게 한다.

만성질환이 있는 아동의 놀이치료는 정서적 성장과 발달을 촉진한다. 놀이치료는 단기 또는 장기간이 될 수 있으며, 아동이 병을 극복하면서 자신의 정서를 표현하는 데 도움이 되는 역동적인 기법이다. 놀이치료회기는 절차 및 주삿바늘이나 의료적 식이요법을 준수하는 것의 중요성과 관련된 두려움, 그리고 질환을 치료하는 것과 관련된 고통과 슬픔을 극복할 수 있는 기회가 되는 것처럼 폭넓고 다양한 의학적 근심을 다룬다.

놀이치료회기 동안 아동은 종종 병원놀이를 통해 자신에게 의미 있는 방법으로 경험을 다시 말한다(Clark, 2007). Nabors와 동료들(2013)은 아동이 자신의 놀이를 통해 이야기를 하며, 이것은 그들의 이전 병원 경험과 관련된 감정을 훈습하게 한다는 것도 발견했다. 놀이에서 전개되는 반복된 이야기는 이전의 사건에 대한 아동의 지식을 이야기함으로써 아동에게 대본이 될 수도 있다(Nelson & Nelson,

1990). 대본을 다시 놀이하면서 아동은 자신의 역할과 행복한 결말을 보장하는 결말로 바꿀 수 있으며 아동의 질병 경험과 관련된 긍정적 결과의 희망을 설명한다(Nabors et al., 2013). 이는 외상적 경험 및 속상한 경험을 통제하고 숙달시킨다. 이러한 반복된 이야기들은 고통의 감정을 훈습할 때까지 아동에 의해 종종 재연된다. 아동은 그들의 놀이에서 주제와 이야기를 반복하는데, 이는 감정을 훈습하고 자아감의 성장을 경험하는 기회가 된다. 놀이치료회기의 과정을 거듭하면서 아동은 이야기에 수반된 의미와 경험에 대한 자신의 이론을 발달시킨다.

이 집단과의 작업에 가장 적합한 이론

엑슬린의 비지시적 놀이치료는 질병을 앓고 있는 아동에게 매우 효과적인 치료 양식이다. 칼 로저스의 제자인 엑슬린은 놀이치료회기에서 아동과의 작업에 로저스 이론의 핵심 개념을 적용했다. '놀이치료(*Play Therapy*)'라는 책에서 엑슬린(1974)은 "비지시적 치료는 개인이 있는 그대로 되는 것을 허용한다."(p. 15)라고 언급한다. 엑슬린은 비지시적 놀이치료가 아동이 최적의 환경에서 정적 방향으로 성장하는 기회가 된다고 믿었다. 특히 엑슬린은 아동의 감정을 통해 놀이하고 개인의 감정을 놀이하는 것이라고 언급한다.

> "아동은 감정을 표면으로 가져오고, 감정을 공개하고, 감정에 직면하고, 감정을 조절하는 것을 배우고, 감정을 포기한다. 아동이 정서적 이완을 도모할 때 아동은 자신의 권리 안에서 한 개인이 되기 위해 자신의 힘을 인식하고, 스스로 생각하고, 스스로 결정하며, 심리적으로 좀 더 성숙하고, 그렇게 함으로써 자아(selfhood)를 깨닫기 시작한다."(Axline, 1974, p. 16)

우리는 만성질환을 앓는 아동을 치료하는 데 비지시적 접근(Axline, 1974)의 치료사가 적합하다고 믿는다. 이 입장은 아동이 자기 마음대로 슬픔과 스트레스를 처리하게 하고 아동이 있는 그 자리에서 만나게 한다. 만약 치료사가 아동의 놀이를 기꺼이 따라가고, 아동의 의견과 감정에 대해 호기심이 있으면, 치료사는 아동이 자유롭게 두려움을 표현하고 의료적 경험에 대한 설명을 요구할 수 있는 개방된 분위기를 조성한다. 아동과 강력한 신뢰를 쌓은 치료사는 지지와 안내를 하는 안전한 환경에서 정서적 표현을 하게 한다(Axline, 1974; Landreth, 1991). 놀이치료실과 치료사의 수용적 태도는 놀이치료회기를 성장하기에 좋은 장소로 만든다(Axline, 1974). 아동은 놀이치료실에서 가장 중요한 사람이며, 수용받고, 자신을 충분히 표현할 수 있다. 엑슬린은 일부 아동은 첫 번째 놀이 만남에서 의심을 할 수도 있는데, 더 이상 무엇을 하고 어떻게 해야 한다는 말을 듣지 않기 때문이다. 아동은 안전한 장소에서 스스로를 발달시키고 자신이 되어 가는 도전을 한다. 비지시적 치료는 가치 있는 도구이며 가끔은 불안과 같은 장애가 있는 아동에게도 유용하며, 비지시적 치료의 가치는 인지행동 기법의 시행과 함께 증가할 것이다.

절차의 수정

의료와 관련된 장난감 및 다가오는 절차를 검토하기 위한 의료 비품은 아동이 의료 절차와 관련된 불안을 극복하는 데 도움이 된다. 이 방법에 대한 정보를 제공하는 것은 의료 절차 동안에 자신에게 무슨 일이 일어나고 일어날 것인지에 대한 가치 있는 정보에 영향을 받는 성격 특성의 아동(즉, 정보를 추구하는 사람)에게 특히 중요할 수 있다. 만약 여러분이 하려고 한다면, 장난감과 물건들이 '무대'가 되는데, 이는 아동에게 익숙하고 좋아하는 매체를 사용하여 힘든 경험 및 외상적 경험을 훈습하는 간접 메커니즘을 아동에게 제공한다.

의학적 합병증이 있는 아동과 작업을 할 때 아동의 의학적 주제를 피하는 것이 중요하다. 이는 아동을 병실에서 만나거나 또는 치료 절차와 관련된 불안을 관리하는 데 도움이 되는 의료적 절차에 아동이 동참하게 한다. 아동의 침대 옆이나 치료사의 치료실 밖에서 회기를 할 때, 의료 장난감 또는 그림 그리는 도구들이 있으면 도움이 된다. 또한 의료팀의 요구를 존중하고 의료팀의 요구에 맞추어 작업하는 것이 중요한데, 이는 아동의 의학적 요구와 치료요법에 확실히 맞아야 한다. 따라서 회기는 병원 방문 즈음에 계속되는 것이 필요하며, 의료 전문가 및 아동의 요구에 맞춰 시작하고 끝내야 한다. 이런 독특한 위치[상황]에 있는 치료사는 회기의 길이가 줄어들거나 표준 치료 시간에 미치지 못할 수도 있다는 것을 알아야 한다.

자문하는 역할에서는 치료사가 질병 관리에 대한 교육을 제공하며, 감정을 반영하고, 아동이 의료 절차를 알게 하며, 아동을 무조건적으로 지지하는 역할을 동시에 한다. 의학적 교육과 지지는 양육자에게도 중요하다. 놀이치료사는 놀이치료의 과정을 설명할 준비도 되어 있어야 한다. 치료사는 놀이치료가 '아동의 코트에 공을 넣는 것'이며 그래서 아동이 감정을 표현하고 성장하고 발달할 수 있다는 것을 설명해야 한다. 아동의 놀이는 건강해지고 싶은 희망을 재연하는 데 도움이 되며 외상의 감정을 극복하는 메커니즘이 될 수 있다는 것을 양육자에게 설명하는 것은 놀이회기에서 일어나는 중요한 작업을 이해하는 데 도움이 된다. 양육자에게 이완된 태도로 자녀와 놀이하도록 가르치는 것이 중요한데, 이는 아동의 아동기(예 : 질병이 없는 아동기)를 잃어버린 슬픔을 겪고 있는 양육자가 아동이 치유되고 성장하는 데 놀이의 중요성을 잊어버릴 수도 있기 때문이다.

치료사 자격과 훈련

치료사는 적절한 훈련과 임상 수련감독을 받고 놀이치료 인턴을 해야만 한다. 훈련은 임상 실습 과목으로 하는데, 아동치료 개발에 관한 수업과 놀이치료 과정이다. 이 수업들은 대학원 훈련 경험의 일부로 제공되는 수업들 또는 세미나와 평생교육 프로그램으로 제공된다. 놀이치료사는 의학적 외상 및 질병을 앓는 아동과의 만남에서 놀이치료 기법이 잘 숙련되어 있어야 하며, 가능한 합병증 및 아동의 치료요법에 대해서도 잘 알아야 한다. 이는 치료사가 아동의 경험에 함께 참여해야 하며 아동 및 양육자에게 무슨 일이 있는지에 대해 이해하도록 돕는다. 게다가 놀이치료사는 일반적으로 질병(예 : 통제 결여, 두려움, 우울, 의료적 외상)에 대처할 때 직면하는 심리적 문제에 대해 전적으로 알아야만 한다. 워크숍, 독서, 아동과의 놀이치료에 관한 타당한 연구의 검토를 통한 지속적인 훈련은 임상가가 복잡하고 역동적인 분야에서 자신의 지식 기반을 확장하고 최신 정보를 지속적으로 습득하게 한다.

치료사 특성

우리는 엑슬린(1974)이 말한 놀이치료사를 위한 몇 가지 유익한 특성을 기술할 것이다. 놀이치료사는 라포를 조성하고 지지적인 환경을 만들려고 애써야 한다. 아동이 느끼는 것을 인식하고 반영하는 것을 배우는 것은 능숙한 놀이치료사의 중요한 측면이다. 놀이치료사는 아동을 존중하는 태도를 유지해야 하며, 필요한 제한만 설정해야 한다. 제한은 주로 시간 제한 및 안전(즉, 안전하게 놀이하고 놀이 장면도 안전한)에 관한 것이다. 제한은 필요한 일이 생길 때 치료사가 검토해야 한다. 놀이치료사의 접근은 또한 유연해야 한다. 유연한 접근 내에서 치료사는 놀이치료회기 안에 불안 관리 전략(즉, 이완 기술)과 같은 다른 기법을 통합하는 데 개방적이어야 한다. 치료사는 스트레스와 고통 관리 기법에 관한 전문지식이 있어야 할 뿐만 아니라 인지행동 놀이치료기법을 실행할 수 있는 전문지식도 있어야 한다.

아동 및 양육자가 의학적으로 관련된 질문을 할 것이기 때문에, 놀이치료사는 의료적 문제 및 처치 문제에 대한 지식을 획득하기 위해 아동의 소아과 의사, 외과 의사, 의료 제공자들과 상담할 수 있는 강력한 의사소통 기술이 있어야 한다고 충고한다. 아동의 건강 문제 영역에서 교육을 받았고, 병원에서 상담 임상 경험을 갖추는 것이 의료 장면에서의 놀이치료사 역할을 배우는 데에서 중요한 단계이다. 아동의 건강과 안녕뿐 아니라 아픔을 견디는 능력과 수술 회복력에까지 깊은 관심을 가지는 것은 놀이치료의 제공을 위한 준비로써 놀이치료사에게 중요한 요인이다.

소아과 놀이치료사는 종종 조언자가 되며 비교적 제한된 시간 동안 아동과 작업을 할 수도 있다. 조언자의 역할에서는, 광범위하고 대략적이겠지만 놀이회기 동안 치료사가 아동의 언어 능력 및 인지 능력을 추정할 수 있다. 또한 아동의 소근육 기술을 평가하는 기회도 있다. 고통, 대처 전략, 정서적 문제에 대한 평가가 놀이치료회기에서 이루어진다. 놀이치료사는 아동과 작업하는 사람들과 의사소통하기 위해 아동을 이해하려 할 수 있고, 반면에 부수적인 지지를 위해 의뢰가 가능한지에 대한 정보를 모을 수도 있다. 치료사는 의료팀에게 자신의 절차와 알게 된 것들이 전달될 필요가 있을 것이며, 그래서 정보가 아동과 상호작용하는 팀에게 이득이 될 수 있다.

내담자 특성

입원 경험이 부정적인 아동은 이러한 경험과 관련된 불안을 이완하도록 돕고 다양한 의료적 체류 및 수술을 동반하는 심각한 만성질환이 있을 경우 앞으로 있을 경험을 준비하는 놀이치료에 참여하는 것이 이득이 될 수도 있다(Nabors et al., 2013). 입원에 대한 부정적 지각과 관련된 요인에는 이전의 의료진 또는 절차에 대한 부정적인 병원 경험, 아동의 대처방식, 아동이 겪은 개입의 성질, 아동의 입원에 대한 양육자의 반응, 아동의 발달 수준이 있다. 어린 아동은 놀이치료로 도움을 받을 수 있는데, 이전의 부정적인 병원 경험과 관련된 자신의 정서를 언어적으로 표현하지 못하는 아동도 그러할 것이다. 놀이치료는 전통적인 대화치료에 저항하는 아동의 세계에 대해 이해하는 방식이 될 수 있다. 안전한 장면에서 만성질환이 있는 것과 관련된 불안 및 우울을 아동이 표현하게 한다. 또한 스트레스를 이완하고 관리하는 메커니즘이 될 수도 있는데, 이는 아동이 입원하고 힘든 절차가 있을 때 그리고 일반적인 놀이 발산을 할 수 없을 때 이러한 메커니즘이 확립된다.

지시/금기

놀이치료는 청소년을 위한 처치가 아닐 수도 있고 청소년은 전통적인 대화치료 접근을 좀 더 편하게 여길 수도 있다. 그러나 놀이치료에 참여하는 데에서 수용적 태도와 개방성은 모든 연령의 아동에게 유용할 수 있다. 비록 장난감은 없지만 게임을 할 수 있는 여지가 있고 청소년에게 아주 수용적인 것은 청소년이 만성질환에 대처하면서 강한 자아감이 생기고 확립할 수 있는 분위기를 조성하고 신뢰를 확립하는 데 아주 중요하다.

더구나 근심을 언어화하려는 목적의 놀이치료에 참여하는 것은 현저한 언어 지연 그리고/또는 인지적 지연이 있는 아동에게는 금지사항일 수 있다. 치료사가 발달지연이 있는 어린 아동의 놀이에서 메시지를 언어적으로 따라갈 수는 없겠지만, 놀이치료는 모든 아동에게 강력한 양식이며, 비언어적으로 주제를 훈습하는 기회가 된다. 놀이치료는 만약 아동이 많이 아프고 놀이에 충분히 참여하거나 즐길 수 없다면 금지될 수도 있다. 이러한 경우 이야기와 음악 또는 다른 창의적 활동은 아동이 자신의 감정을 처리하는 데 도움이 되는 바람직한 방법일 것이다.

실행 계획

치료실 설정, 장난감, 재료

놀이치료회기에서 다양한 재료들이 사용될 수 있다. 주사기 또는 붕대 같은 실제의 의료 비품이 사용될 수 있고 가장놀이 장난감도 사용된다. 플레이모빌(주 : 완구회사이름)에는 다양한 병원놀이 장난감이 있는데, 여기에는 수술실, 병원, 의사인형, 휠체어, 구급차, 사람 모양 인형, 병원 침대 등이 있다. 다른 장난감에는 장난감 청진기, 수술 도구, 마스크와 주사기가 들어 있는 의사용 가방이 있다. 장난감을 사용할 때 아동은 숙달감을 느낄 수 있고, 결과를 바꾸고, 정서를 표현하고, 고통스러운 의료 절차 및 비품과 관련해서 통제감을 갖는다. Claudia's Kids(www.claudiaskidscare.com)와 같은 해부학적으로 정교한 인형은 해부학을 설명하는 아주 좋은 방법이며 몸이 어떻게 작동하고 의료 절차가 어떻게 수행될 것이고 몸에 어떻게 영향을 미치는지를 검토하는 좋은 방법이다. 아동은 TV 쇼 '꼬마의사 맥스터핀스'(TV 만화. 아파하는 장난감을 고쳐주는 사랑스러운 꼬마 의사 이야기–역주)를 볼 수 있는데, 장난감 의사인 소녀가 장난감의 의학적 요구대로 고쳐준다. 아동이 TV 쇼에 대해 이야기하고, 의사에 대한 자신의 쇼를 함께 이야기 나누는 것은 아동이 자기 이야기에 대해 편안함을 느끼도록 촉구하는 좋은 방법이다.

놀이치료사는 놀이치료 장면에서 또 다른 다양한 장난감을 제공하는데, 레고, 미술용품(예 : 크레용, 마커, 색연필, 물감, 종이, 스케치북), 인형, 손가락인형, 자동차, 동물 가족(예 : 가족으로 여겨질 수 있는 장난감동물), 전화 또는 장난감 휴대전화, 게임(예 : 체커), 익숙한 물건으로 창조적이 되고 아동의 정서가 이완되게 하는 기타 재료들(Axline, 1974)이다. Clark(2007)은 아동이 아동 자신의 장난감을 놀이치료 시간에 가져올 때의 이득에 대해 언급하였는데, 아동이 자신의 만성질환과 관련된 감정과 경험에 대처하는 것을 배우면서 아동의 놀이에 의미를 불어넣는 능력을 촉진한다. 장난감과 놀잇감을 사용할 때 아동은 자신의 정서적 경험에 적극적으로 대처하는 것이다. 놀이치료사는 아동이 관련된 의료 절차 및 질병에 대처하는 능력을 저해하는 아동의 오해 및 부정적 대처 전략을 다루고 이해할 수 있다. 만약 아동이 장난감으로 놀이를 시작하는 데 어려움이 있다면 엑슬린(1974)이 제안한 것 같이, "너는 네가 무엇을 하고 싶은지 잘 모르는구나."(p. 93)라고 한다. 엑슬린은 아동이 놀이를 하지 않는 것도 허용되어야 한다고 제안하였는데, 아마 대부분의 아동들은 놀이치료회기에서 이렇게 할 수 있다고 기대하지 못했을 것이다.

처치 빈도와 기간

놀이치료회기의 시간과 기간은 아동의 관심에 기초하고 병원에 있는 기타 요인들에 따라 다르다. 소아과 치료사는 여러 가지 의학적 및 그 외 이유로 놀이치료가 방해를 받을 수 있는 곳에서 상담을 하게 된다. 치료사는 아동에게 놀이치료회기가 지속되는 기간이 짧아지거나 길이가 달라질 수 있음을 교육해야 한다. 치료사는 단축된 회기가 나중에 계속될 수 없다면 아동에게 정직해야 한다. 놀이의 사용에서 부모를 훈련하는 것은 의학적 놀이를 통해 아동의 정서를 표현할 수 있는 다양한 기회가 있다는 것을 입증하는 방법이다. 놀이치료회기는 기타 지역사회 또는 사설 임상 장면에서 하는 전통적인 치료에서 고수하는 시간보다 길어질 수도 있다. 회기의 기간은 드러난 문제 및 아동과 가족의 필요에 따라서 결정되어야 한다. 처치의 기간은 아동이 자신의 질병과 관련된 외상에 노출되면 길어질 수도 있다.

앞서 언급했듯이 아동은 더 오래 생존하고 과학기술이 발전하면서 의료적 절차를 더 오래 겪어야 한다(van der Lee et al., 2007). 그러므로 소아과 놀이치료사는 질병에 대처하는 데에서 아동 및 가족을 보조하기 위해 장기적인 발달적 관점을 고려할 필요가 있다. 유연한 치료 접근이 권장되는데, 이는 치료사가 발달적 요구에 기초하거나 증상 악화로 요구되는 처치의 시기가 다양하다는 것이다.

처치 전 초기면담 및/또는 평가와 처치 계획

놀이치료사는 아동의 성격과 스트레스에 대처하는 전형적인 태도에 관한 정보를 수집하는 것과 함께, 철저한 처치 전 임상 초기면담과 아동의 가족 구조, 역사, 대처 기술, 이전 경험에 대한 정보를 수집하고 이해한 후에 놀이치료가 아동에게 이득이 있을지를 평가해야 한다(Rae & Sullivan, 2005). 놀이치료회기 동안의 관찰은 아동의 언어·인지·정서·운동 능력이라는 측면에서 아동의 기능을 평가하는 핵심 정보이다.

Clark(2007)은 치료사가 아동의 행동에서의 변화를 측정할 수 있는 다양한 방법의 사용을 고려하고 평가 도구들을 설계하는 데에서 창의적이 되라고 제안한다. 아동의 불안과 정서적 기능에서의 변화를 평가하는 조사연구를 이용할 수 있다. 또한 구조화된 평가, 비공식적인 아동 및 양육자의 보고, 관찰을 이용한다. 평가해야 하는 기타 기능적 영역에는 정서적 표현, 정서 조절, 고통을 이완하고 조절하는 능력이 포함된다. 우리는 아동과의 놀이치료를 수행할 때 평가하는 몇 가지 핵심 영역이 있다고 생각한다. 표 22.1은 놀이치료에 참여한 결과로 인해 아동 기능에서 변화가 있는지를 결정하기 위해 평가하는 잠재적인 영역을 요약한 것이다.

Bratton, Ray, Rhine, Jones(2005)는 아동의 정서적 기능 및 행동적 기능에 긍정적인 영향을 준다고 나타난 놀이치료 전반의 연구들을 메타분석하고 효과 크기를 구하였다. 우리는 특정한 집단의 놀이치

표 22.1 만성질환이 있는 아동용 아동 기능 변화의 평가 항목

영역	기술 영역
정서적 기능	• 불안과 우울의 수준 • 고통스러운 절차를 견디는 능력 • 이완과 수면
행동적 기능	• 슬픔 및 분노 감정과 같은 정서 표현 능력 • 분노 폭발 또는 분노 행동의 감소와 같은 행동 규제 • 가족 구성원, 또래, 의료진을 대하는 행동의 개선
창의성의 변화와 놀이에서 사용되는 상상	• 정서 표현 기술이 포함된 표현언어 기술 • 아동의 놀이가 덜 반복적인가? • 놀이에 다른 사람이 포함될 수 있는가? • 아동의 놀이 이야기가 좀 더 긍정적인가?
사회적 적응	• 아동은 놀이를 통해 자신의 정서를 해소할 수 있는가? • 가족 구성원 및 형제와의 놀이 • 또래 관계 • 사회적 기술 • 학교 및 기타 상황에서 또래와의 놀이, 아동은 좀 더 또래 지향적이고 덜 고립되어 있는가? • 부모-아동 상호작용 • 정기적인 방문 및 절차 동안 의료팀과의 상호작용

료 효과를 결정하기 위해 다양한 행동 평가와 정서에 대한 평가를 제안하였다. 아동의 기능에서 긍정적 변화가 일어나는지를 결정하기 위해, 아동, 의료팀, 양육자, 교사와 같은 다양한 정보 제공자를 이용하는 것이 중요하다.

놀이치료사가 다양한 평가 도구를 사용해야 한다고 제안하고 있지만 많은 임상 장면에서 표준화된 측정 도구를 구입할 기회가 없을 것이다. 표준화된 평가 도구를 이용할 수 없을지라도 시간이 지나면서 아동의 정서적 기능, 행동적 기능, 사회적 기능에서의 변화에 대한 반복된 평가가 가능할 수 있다. 이러한 변화는 간단한 부모 면담, 교사 면담, 치료사의 관찰뿐만 아니라 앞서 언급한 정보제공자들이 아동의 놀이를 관찰해서 평가할 수 있다. 아동은 고통을 관리하는 기술과 치료요법을 준수하는 능력과 같은 자신의 기술에서의 개선에 대해 주관적인 평정을 할 수도 있다. 이러한 평가는 아동이 처치 동안에 서로 다른 시점에서 자신의 기능에서의 변화를 평가하는 공식적인 측정 또는 시각적 아날로그 평정이 될 수 있다. 놀이치료의 실험적 연구에서, 아동의 놀이 행동에서의 가능한 변화를 관찰하는 것을 통해 관찰의 목적(즉, 놀이치료의 본질 또는 개입의 종류)을 모르게 해서 아동의 행동 변화에 대해 좀 더 객관적인 판단을 할 수 있을 것이다(Bratton et al., 2005).

또한 관찰은 시간이 지나면서 반복되는 것이 적절하다. 예를 들어 아동의 발달에서 각기 다른 단계에 놀이회기가 있으면, 아동이 추가적인 처치를 위해 다시 돌아오는 각각의 시기에 인지적 기능에서의 변화와 아동의 정서적, 행동적, 사회적 기능에서의 변화 사이의 관계를 검증하는 것이 중요할 수도 있다. 또한 아동이 인지적 발달 또는 기능에 영향을 줄 수도 있는 집중 처치를 받는다면, 치료사가 아동의 인지적 기능과 발달을 평가하는 것이 중요할 수도 있다. 아동의 인지발달과 정서적 기능 및 행동적 기능은 시간에 따라 변하고 치료사는 질병 진행과 기복이 있는 증상에 따라, 아동의 서로 다른 발달 지점에서 아동과 상호작용해야 할 수도 있다.

이 장에서는 인본주의 및 비지시적 놀이치료 전략에 대해 논의하는 데 초점을 맞출 것(Axline, 1974)인데, 이 접근이 아동에게 효과적임을 보여주는 연구가 있기 때문이며(예 : Bratton et al., 2005), 우리의 임상 작업과 만성질환이 있는 아동의 놀이 관찰에서 효과적이라는 것을 발견했기 때문이다(예 : Narbos et al., 2013). 그러나 비지시적 놀이치료회기 안에서 치료사는 아동에게 문제 해결 기술과 대처 전략을 가르칠 수 있다. 예를 들어 놀이치료사는 아동에게 의료적 절차에 대처하는 방법을 가르칠 수도 있고 의사나 다른 의료 전문가에게 질문할 수도 있는데, 이는 의료 장면에서 고통에 대처하는 능력 및 행동적 적응을 개선할 수 있다. 놀이치료회기 내에서 문제 해결이 개입이었다면, 치료사는 아동이 의료팀과 만나고, 고통에 대처하고, 치료요법을 준수할 때 아동이 문제 해결 및 대처 전략 사용에서의 변화를 측정하기 위한 면담기법과 자기보고 측정을 사용할 수 있다. 변화는 연속적인 효과가 있을 수 있다. 따라서 아동이 자신의 질병과 관련된 주제 및 의료적 절차에 잘 대처할 수 있을 때 치료사는 양육자 및 형제와 같은 다른 사람들과의 관계 또는 정서적 기능에서 긍정적 변화를 살필 수 있다.

처치 단계와 전략

의학적 질병의 진단 후 첫 1년은 아동과 가족이 아동의 질병에 적응하면서 생활이 특히 어려운 시기일 수 있다(Barlow & Ellard, 2005). 규칙적인 회기를 제공하면서 치료사가 집중적으로 연루되기를 기대하는 시기이다. 슬픔 반응이 일반적이며 자신의 일상 활동이 중단되는 것에 적응해야만 하는 아동이 많다. 치료사는 회기에 존재해 있어야 하는데, 아동의 말과 놀이에 있는 이야기를 들어야 하며, 아동의 질병을 관리하는 방법에 대해 더 많이 알게 되는 것뿐만 아니라 감정을 처리하는 데 도움이 되어야 한다. 또한 치료사에게 중요한 것은 아동이 다양한 의료적 절차에 당면하고 또는 질병과 관련된 증상이 심해지는 과정에 힘들게 대처하고 있을 때 아동이 만날 수 있어야 한다는 것이다.

집단에 맞는 기법과 전략

여기에서는 만성질환이 있는 아동 및 그들의 양육자를 위한 특정한 기법 및 전략에 대한 정보가 나와 있는 몇 개의 연구를 검토한다. 특히 6개의 주요 영역에서 정보를 제공하는데, (1) 놀이치료에서 양육자 훈련, (2) 아동이 입원 및 의료 절차에 준비하는 데에서 놀이치료의 사용, (3) 준수하는 문제를 이해하는 도구로써 놀이치료, (4) 아동이 사건의 전개를 통제할 수 있는 환경에서 외상적인 경험 및 속상하게 하는 경험에 대처하고 훈습하게 하는 도구로써 놀이치료, (5) 예견된 슬픔에 대처하는 데에서 아동을 도와주는 기법으로써 놀이치료, (6) 회기 동안에 상상 및 환상놀이의 사용이다.

놀이치료에서 부모 훈련 : 부모놀이치료

치료사는 아동이 질병에 대처하는 것과 관련된 감정을 훈습하는 것을 돕기 위해 양육자를 코치하는 부모놀이치료를 활용해서 훈련하는 역할을 할 수 있다. 부모놀이치료에서 부모와 아동은 그들의 관계를 다시 확립해서 연결하는 기회가 된다. 양육자와 아동은 전형적으로 치료사가 지도 감독을 하는 놀이회기에 참여한다. 놀이회기 동안에 양육자와 아동은 아동의 질병에 대한 강조를 줄이고 정상적인 상호작용에 집중하고 놀 수 있는 기회가 있다. 회기의 목적은 양육자-아동 관계를 증진하는 것이다. 양육자는 놀이치료 과정에서 아동과 파트너가 되고, 양육자는 아동을 긍정적으로 존중하는 데 초점을 맞추고, 아동이 겪고 있는 것에 공감하고, 아동의 성장을 도모한다. 양육자는 아동이 놀이에서 직면하는 문제에 대한 해결책을 만들어내게 하며 아동이 전달하려는 것을 이해하는 작업을 한다(VanFleet, Ryan, & Smith, 2005). 부모 접근을 안내해주는 생각은 비지시적 치료사의 역할을 배운 양육자가 자녀의 대처와 발달에 대해 긍정적 영향을 줄 수 있다는 생각이다. 코칭과 실습을 통해 양육자는 가정에서 자녀와 상호작용하는 데에서 자신의 역할을 일반화하는 것을 배우고, 자녀의 질병과 관련된 외상 및 스트레스에 아동이 대처하는 것을 촉구하는 치료적 역할 취하기를 배운다(Ray, Bratton, Rhine, & Jones, 2001).

입원 및 의료 절차를 위한 아동 준비

병원 장난감을 가지고 놀이하고 양육자와 정보를 개방적으로 공유하는 일은 아동이 입원을 준비하는 데 도움이 되어서 입원과 관련된 부정적 정서 반응을 줄이는 경향이 있다(Rae & Sullivan, 2005). 아동은 다가올 의료적 경험에서 발생할 수 있는 상황에 대해 배우기 위해 비품 그리고/또는 장난감을 사용할 수 있다. 다가올 의료 절차가 있는 아동은 인형과 비품을 사용하는 치료사와의 재연을 통해서 절차의 단계에 대해 알게 될 수 있다. Athanassiadou, Tsiantis, Christogiorgos, Kolaitis(2009)은 퍼핏놀이를 제안했는데, 아동이 자신의 병원 절차를 검토하도록 하는 퍼핏놀이는 입원 및 관련된 절차를 겪어야 하는 아동을 준비시키는 좋은 방법이다. Athanassiadou 등(2009)은 아동이 귀, 코, 목 수술을 준비하기 위해 퍼핏놀이를 사용한 프로그램을 평가하는 연구 결과를 제시하였다. 결과는 준비 프로그램에 참여하지 않은 비교집단 아동에 비해 퍼핏놀이 프로그램에 참여한 아동의 행동적 적응(이들은 수술 후 행동 문제를 적게 보임)이 향상되었음을 나타내었다. 인형 또는 퍼핏을 사용한 또 다른 놀이치료 개입 역시 입원 전에 아동을 준비시키는 데에 도움이 되었다.

예를 들어 놀이치료사는 정맥 주사 선이 어떻게 작용하는지 보여줄 수 있는데, 인형을 이용하여 주삿바늘이 손목에 어떻게 들어가고 약이 아동의 손으로 이동하는 튜브가 있는 주머니에서 나와서 아동의 정맥을 통해 아동의 뇌와 몸에 도달한다고 설명한다. 다음에 인형은 장난감 침대에 놓이고 수술실로 가고, 마스크를 통해 숨을 쉬고, 그리고는 잠이 든다. 치료사는 아동이 잠들었을 때 수술을 할 것이라고 설명할 수 있고, 수술이 끝난 후에 인형은 회복실로 가게 될 것이며 그런 다음에 집으로 갈 수 있을 것이다. 아동과 의료진을 대신하는 인형과의 놀이에서 치료사와 아동은 절차의 단계를 검토할 수 있고 아동이 과정의 각 단계에 대해 어떻게 느끼는지 그리고 물을 수도 있는 궁금증에 대해 이야기 나눌 수 있다. 이러한 방식을 사용할 때, 놀이는 벌어질 일에 대한 공포와 불확실성을 줄이기 위해 아동에게 의료 절차에 대해 가르치는 방법이다. 아동은 또한 놀이를 통해 각기 다른 상황 및 그 상황에서의 긍정적 반응을 연기해봄으로써 약을 먹거나 수술 부위를 돌보는 법을 배울 수 있다. 이와 유사하게 수술 후에 치료요법을 준수하는 것의 중요성을 가르치고 강조하는 데 놀이가 이용될 수 있다.

준수하는 문제의 대처 촉진하기

아동은 의료적 권고사항을 따르는 데 대한 자신의 감정을 놀이치료 경험으로 처리할 수 있다. Jones와 Landreth(2002)는 여름 캠프에 참석하고 개입(놀이치료) 또는 통제집단에 배정된 제1형 당뇨병이 있는 아동의 정서적 기능 및 행동적 기능과 준수(의료적 권고사항을 따르는 아동의 능력으로 정의함)에서의 변화를 검증하였다. 놀이회기는 Landreth(1991)의 아동중심 놀이치료 접근에 기초하였으며 보통의 놀이치료 재료들 및 혈당측정기와 같은 당뇨병이 있는 아동에게 적절한 의료 기구가 포함되었다. Jones와 Landreth(2002)는 아동과 양육자의 지각을 사용하여 아동의 정서적 기능과 적응에서의 변화를 평가하였다. 아동의 보고가 아닌, 양육자의 평정은 개입집단에 있던 아동이 통제집단에 있던 아동보다 잘 적응하였음을 보여주었다. 불안 수준에서의 차이는 집단 간에 발견되지 않았지만 이들 연구자들은 두 집단의 아동이 연구의 처음부터 정상 범위 내의 불안 수준이었다고 언급하였다. 치료사들은 놀이회기가 아동에게 당뇨병이 있는 것에 대해 자신이 느끼는 감정을 표현하는 기회가 된다고 언급했다. 연구 결과는 아동의 적응을 개선하는 개입이었음을 지지해준다.

절차 후에 속상한 정서 훈습하기

아동은 이전의 의료적 경험과 관련된 속상한 감정 및 외상을 훈습하기 위해 의료적 장난감과 놀이를 사용할 수 있다. 이는 아동이 과거의 혼란스러운 정서를 해소하고 재경험하는 긍정적 방법이다. Clark(2007)은 장난감을 가지고 노는 동안에 아동이 의료 절차와 수술을 겪은 것과 관련된 외상에 대처하는 방법으로 역할 반전(환자가 의사 역할을 해서 경험을 통제하는)을 통해 의사 역할을 종종 재연한다고 보고하였다. 아동은 통제감을 갖는 장소에서 자신의 감정을 처리할 수 있고 그리고는 놀이를 통해 안전하게 정서를 이완한다. 아동은 돌보는 역할의 감각이 생기고 의사와 간호사 역할을 재연하면서 그들의 관점을 택해서 이들에 대해 크게 감사할 것이다. 놀이치료사는 또한 의료 절차와 관련되거나 과거 질병에 충분히 대처하는 아동의 능력을 방해했던 아동의 오해와 부정적 대처 전략을 이해하고 다룰 수 있다.

비슷하게 놀이치료는 아동이 불안, 슬픔, 외로움(혼자라는 느낌), 의료 처치(예 : 다양한 화학 요법 관리, 실험실 들어가기)에 반복해서 노출되는 것과 관련된 외상에 대처하는 데에서 아동을 돕는 좋은 방법이다. 놀이는 아동이 감정을 표현하는 간접 수단이 되어서 문제에 직접적으로 직면하지 않게 한다. 이는 아동이 의료 절차를 겪을 때 또는 병원에 있을 때 일어날 수 있는 일을 다시 말하는 데에서 다시 외상이 될 수 있는 기회를 줄인다. 놀이의 세계에서 아동은 '정서적으로 안전한 환경 안에서' 자신의 문제와 감정에 대처하는 것을 배울 수 있다(Jones & Landreth, 2002, p. 120). 다른 말로 하면 과거의 병 및 의료 절차와 관련된 외상과 속상한 감정은 아동을 과도하게 압도시킬 수 있는데, 놀이치료의 간접적인 성질은 놀이를 통해 안전하게 자기 표현을 할 수 있게 해주며, 이는 아동이 종종 숙달감을 경험하는 영역이다. 양육자는 또한 아동이 경험한 것에 대한 아동의 지각에 대해 알 수 있기 때문에 놀이 관찰이 이득이 된다(Murphy-Jones, 2001).

놀이는 아동이 자신의 속도대로 그리고 자신의 목소리로 문제 경험을 훈습하는 데 도움이 된다. 놀이 환경에서, 아동은 서로 다른 놀이 시나리오로 활동을 시작하거나 멈출 수 있는데, 이는 이전의 속상한 사건과 반복되어야만 하는 미래의 의료 절차와 관련된 근심을 훈습하면서 약간의 통제를 경험하게 한다(Clark, 2007).

마지막으로 아동은 또한 과거에 했던 처치를 경험하는 동안에 통제에 대해 상상을 하거나 긍정적 전망을 강화하기 위해 장난감을 사용해서 긍정적 장면을 재연할 수 있고 자신의 병과 관련된 결과에 대해 희망을 가질 수도 있다. 부정적 경험을 훈습하고 인생의 긍정적 측면을 다시 보기 위해 치료사는 긍정적 결말이 있는 상상놀이나 이야기로 안내할 수 있다. 이는 놀이치료사가 아동의 삶에 있는 문제에 대한 효과적인 해결책을 찾는 문제 해결 기법을 사용하거나 또는 문제에 긍정적으로 대처하는 배역을 보여주는 것으로 할 수 있다.

예견되는 슬픔에 대처하는 아동을 도와주는 놀이 및 창조적 활동

놀이 또는 다른 창조적 활동을 통해, 치료사는 죽음이 예견된 슬픔에 대처하도록 아동을 도울 기회가 있을 것이다. Adamo와 DeFalco(2012)는 결국 암으로 죽은 7세 아동의 놀이치료에 대해 논의하였다. 아동은 자신의 심리치료사가 방문했을 때 그림을 완성했다. 그들은 아동의 집 그림이 곧 무너질 듯했고, 이는 아동의 신체적 상태를 묘사하였다고 보고하였다. 그리기 활동은 아동이 감정을 자제하는 방식으로 슬픔과 화를 표현하게 해서 아동이 암과 관련된 불안과 분노를 안전하게 해소할 수 있었다. 유사하게, Gariépy와 Howe(2003)는 놀이가 '현실 세계에서는 불가능한 감정과 공격성'을 아동이 표현할 수 있었던 처리과정이라고 설명하였다(p. 525). 놀이를 통해 아동은 자신에게 의학적으로 벌어지고 있는 일을 이해하며 아동의 불안을 전이하는 대상으로 놀이 재료를 사용하는 기회가 된다(Gariépy & Howe, 2003).

놀이치료에서 부수적인 도구로써의 심상

심상(imagery)은 아동이 의료적 외상 및 질병의 많은 측면에 대처하도록 돕는다고 생각된다. 안내된 심상은 아동이 사건을 관리하는 데 도움이 되도록 제시되는 외적인 언어적 구조이다. 만약 장면이 자연스럽게 긍정적이고 희망을 준다면 반영뿐만 아니라 긍정적 결과를 도모하는 기회가 되게 한다. 아동은 정맥천자나 주사와 같은, 견디고 있는 의료 절차와 관련된 고통에 대처하는 데 도움이 되게 심상을 이용할 수 있다(Johnson & Kreimer, 2005).

고통 경험을 다루는 면에서 이완 기법(예 : 심호흡, 점진적 근육이완, 심상)은 고통에 집중하는 아동을 주의 전환시키는 데 도움이 될 수 있고 이완된 상태를 불러일으키고, 이는 더 나아가 많은 아동의 고통 경험을 줄인다. 심상은 비교적 저렴한 도구이고, 치료사는 자신의 판타지를 통해 안내하기 위해 아동과 놀이 재료를 사용하거나 말을 할 수 있는 조용한 장소가 필요하다.

심상은 긍정적인 장면을 통해서도 아동을 안내할 수 있다. 우리는 소아 특발성 관절염과 관련된 만성적 고통에 대처하는 아동과 심상을 사용하고 있는데, 이는 성인이 관절염으로 고생하는 경험과 유사하게 관절의 부기와 갑자기 심해지는 통증을 동반한다. 아동은 자신의 통증에 집중하는 것에서 주의를 다른 곳으로 바꾸기 위해 자신의 심상을 개발하는데, 여기에는 마음속 통증과 싸우는 슈퍼 영웅 영화와 연관된 시각적 이미지(통증은 종종 악으로 묘사) 그리고 영웅적인 전투에서 그것을 제거하거나 줄여서 통증에 승리하는 것이 있다. 자기가 좋아하는 장소(즉, 놀이공원에 가는 것과 같은 것)를 선택하는 아동도 있는데, 이는 통증 경험으로부터 주의를 전환하거나 통증을 밀어내도록 돕는다.

아동 주도적이고 자발적인 심상은 일부 아동에게 대처 도구가 될 수 있다. 아동의 심상은 긍정적일 수도 있고 부정적일 수도 있다. 부정적 이미지는 질병에 대한 분노를 해소하거나 질병을 치료할 때 가지고 있던 감정 또는 가족을 그리워하는 것과 관련된 감정을 해소하는 방법이 될 수 있다. 분노 및 화난 감정을 해소하는 것은 아동이 감정을 정화하게 한다. 긍정적 이미지는 아동이 자존감을 확립하고 자신의 질병에 대처할 수 있다는 감정을 강화하는 방법이 될 수도 있다. 결과적으로 긍정적 및 부정적 이미지 모두는 대처를 개선시킬 수 있다.

안내된 판타지 놀이는 아동에게서 비롯되고, 치료사가 관찰하고, 해석하고, 지도감독한다. 치료사의 역할은 다양한데, 아동의 창조물 및 의도 그리고 판타지 놀이를 통해 다루어지는 증상에 따라 다르다. 장난감을 이용할 수 없다면, 이야기와 상상놀이가 아동이 자신의 삶에서 서로 다른 중요한 문제에 대해 느끼는 감정을 스스로 표현하고 확인하는 데 도움이 되는 방법일 수 있다. 놀이 과정이 질병과 관련된 근심을 해소하는 것과 연관될 때 이완과 불안 관리가 증가하면서 판타지 놀이는 아동이 속상한 정서를 해소하도록 돕는다.

 사례연구

> 애니는 당뇨병이 있는 유치원생인데, 부모는 이혼을 했다. 애니는 부모와의 분리 및 당뇨 식이요법을 관리하는 데 어려움이 있었다. 애니의 어머니는 '우리 가족에게 일어난 일에 대한 아이의 감정을 다루기' 위해 딸을 놀이치료에 데려왔다.
>
> 첫 회기에서 놀이치료사는 애니의 초기 발달력과 현재 심리사회적 기능뿐만 아니라 부수적으로 나타나는 문제가 있는지에 대한 통찰을 얻기 위해 애니의 어머니와 면담하였다. 애니의 초기 발달사는 2세 때 제1형 당뇨병을 진단받은 것을 제외하고는 평범하였다. 애니의 아버지와는 전화 상담을 하였으며 애니의 발달 및 현재 문제에 대한 시각이 애니의 어머니에게서 받은 정보와 아주 비슷하였다. 애니는 주말에는 대부분 그리고 주중에는 가끔 아버지와 시간을 보냈다. 애니는 유치원에서 잘 지내고 있었다.
>
> 애니는 외동아이였고 엄마아빠와 함께 많은 시간을 보내곤 하였다. 애니는 부모 사이의 언어적 논쟁을 보아왔고, 부모 모두는 상황이 갈등적이었다는 데 동의하였다. 애니는 최근에 혈당 검사에 좀 더 어려움이 있었고, 손가락 찌르는 것을 매우 두려워하기 시작했고, 검사할 때마다 울었고, 주먹을 쥐고 있으려고 했다. 애니는 당뇨 식이요법의 나머지는 잘 관리하였으며 애니의 부모는 애니가 두 집 사이를 이동할 때 애니의 식단을 각기 잘 관리하였다.
>
> 애니의 놀이치료 장면에 대한 소개는 두 번째 회기에서 있었다. 애니는 주저하면서 놀

이치료실에 들어왔지만 엄마와 분리할 수 있었다. 애니에게 치료의 목적은 부모와 함께 있지 않는 것에 대한 감정을 이해하도록 돕고 혈당 검사를 잘하도록 돕는 것이라고 말하였다. 방에는 놀 수 있는 것이 많았는데, 인형, 모래 탁자, 미술 도구, 블록, 봉제 동물인형, 병원놀이 세트가 있었다. 애니는 처음에 물을 뿜어낼 수 있는 플라스틱 물고기에 끌리듯 다가갔다. 애니는 물고기를 가지고 놀았다. 놀이에서 큰 물고기('엄마와 아빠')는 화가 났다. 그들은 소리를 지르고 서로에게 주먹다짐을 했다. 작은 소녀 물고기는 두려웠고 도망치고 싶었다. 작은 소녀 물고기는 큰 물고기에게 소리치고 싸우는 것을 멈추라고 요구하였다. 그들은 이 말을 듣지 않았고 작은 소녀 물고기는 겁이 났다.

혈당 검사를 위해 손가락을 찌르는 공포를 다루기 위해 치료사는 애니에게 놀이실에 있는 봉제 동물인형에게 혈당 검사를 어떻게 하는지 보여달라고 하였다. 애니는 부모 역할을 하고 곰이 손가락을 찌르는 척하도록 안내했다. 치료사는 손가락을 찌르기 전에 봉제인형이 이완하도록 돕기 위해 어떻게 천천히 심호흡하는지를 애니에게 시범 보여주었다. 치료사는 그다음에 애니와 엄마를 만났고 애니가 검사하는 준비 행동으로 집에서 봉제 동물인형과 이 행동을 하라고 지도했다. 애니가 곰에게 이 절차를 보여준 후에 애니의 부모는 그녀에게 "너의 혈당을 검사할 차례야."라고 알려주었다. 애니는 숨을 깊이 들이마시고, 천천히 숨을 쉬고 그들에게 손가락을 찌를 때를 알려주었다. 애니는 회기에서 엄마와 함께 이러한 일상을 연습하였고 집에서도 이 과정을 시도한다는 데 동의하였다. 애니의 부모는 이러한 일상의 성공을 모니터링 차트에 기록하였고 애니가 두 집 사이를 이동함에 따라 기록을 공유하였다.

세 번째 회기는 애니의 어머니가 당뇨병 검사에 대해 보고하는 것으로 시작하였다. 애니는 더 이상 울지 않고 잘했지만 검사 후에 부모에게 아주 잠깐 안겨 있겠다고 여전히 요구하였다. 애니의 어머니(아버지도 마찬가지로)는 모니터링 차트에 있는 기록에 근거해서 애니가 혈당 검사하는 동안에 가족 상황에 대한 속상함을 표현하고 부모로부터 추가의 관심을 얻으려고 하는지 궁금하였다.

놀이실에서 애니는 즉시 앞 회기에 이어서 자신의 이야기를 재연하기 시작하였다. 애니는 화가 난 물고기들이 소리를 지르고 서로 주먹다짐을 하는 것에 대해 그리고 '도망치기'를 원하는 겁먹은 작은 소녀 물고기에 대해 말하였다. 치료사는 작은 소녀 물고기가 "그녀가 어떻게 느끼는지를 말하기 위해 단어를 사용"하는지를 물었다. 애니는 "아니요, 그녀는 없어요, 그녀는 무서워요."라고 말했다. 놀이치료사는 부모가 화가 난 것은 그녀의 잘못이 아니라고 말했다. 애니는 부모가 헤어졌으며 이혼에 대해 알고 있다고 말했다. 애니는 그들이 다시 함께 살기를 원했다. 치료사는 애니에게 그런 일은 없을 것이라고 알려주었고 다른 아이들의 부모도 이혼한다고 알려주었다. 치료사는 부모가 자녀를 사랑하지만 더 이상 함께 살 수는 없다고 설명했다. 애니의 얼굴 표정은 엄마아빠가 여전히 아동을 사랑한다는 것을 알게 되고 이것이 놀이에서 이야기 흐름의 일부가 되었을 때 안심하는 것처럼 보였다.

다음에 애니는 감정 단어를 사용하여 자신의 감정을 이야기 나누는 것을 연습하였다. 그녀의 물고기는 "나는 엄마아빠가 함께 살지 않아서 슬퍼, 나는 그들이 싸우고 소리 지를 때 슬퍼."라고 말했다. 물고기와의 역할놀이를 통한 개입은 코치로서 치료사 물고기와 계속되었다. 애니에게 속삭임으로 물고기를 코치함에 따라, 소녀 물고기는 부모에게 자신이 그들을 사랑하지만 그들이 싸울 때 슬프고 속상하다고 말했다. 애니는 부모 물고기에게 소녀가 있는 데에서 싸우지 말라고 요구했다. 부모 물고기는 작은 소녀의 말을 경청하였다. 치료사 물고기는 소녀가 있는 데에서 싸우지 말라고 부모에게 요구하였고 부모 물고기 모두는 그녀를 사랑한다고 작은 소녀를 안심시켰다.

놀이치료사와 애니는 회기에서 애니가 놀이한 것에 근거해서 집에 가지고 갈 이야기책을 만들었다. 애니가 스토리를 설명했는데, 화가 난 부모 물고기에게 소녀의 속상한 이야기, 자신의 감정 단어 표현하기, 부모 물고기가 함께 살 수 없다고 해도 부모 물고기 모두가 그녀를 사랑한다는 것을 아는 것에 대한 이야기를 했다. 애니는 부모 각각의 집에서 물고기 이야기를 읽었다.

네 번째 회기에서 치료사는 바늘로 찌른 후에 안기는 것을 다루었다. 비록 애니가 이전의 개입을 통해 잘하고 있었지만 안기기는 계속되었다. 장난감 집에서 물고기를 가지고 놀 때, 치료사 물고기가 작은 소녀 물고기에게 매번 혈당 검사 후에 그렇게 많이 안기는 것이 필요한 이유를 물었다. 애니는 소녀 물고기를 잡은 채 "이 작은 소녀는 엄마와 아빠가 서로를 떠난 후에 그녀를 남겨두고 가버릴까 봐 두려워해요. 그래서 추가의 안기기를 요청한 거예요."라고 말했다. 치료사 물고기는 만약 애니가 그것에 대해 걱정한다면 그녀의 걱정과 추가의 안기기를 요청하는 것에 대해 부모에게 말할 수 있다는 것을 작은 소녀 물고기가 알게 할 수 있다. 그런 다음 애니는 자신에 관해 연습했는데, 엄마 물고기와 작은 소녀 물고기의 목소리로 하였다.

회기가 끝날 때 애니는 어머니를 위해 놀이를 하였다. 작은 소녀 물고기가 엄마 물고기에게 엄마가 떠날까 봐 두려워한다고 말했을 때 이해하면서 어머니의 눈이 반짝였다. 애니는 부모가 걱정될 때 좀 더 많이 안을 수 있는지를 물었고 안도하는 것 같았다. 어머니는 애니가 좀 더 많이 안기기를 할 수 있다고 애니를 안심시켰다. 그다음에 놀이치료사는 검사 후에 안기기와 애니의 버려짐에 대한 걱정 사이의 연결을 설명해주었다.

몇 주의 과정이 지나고, 애니의 어머니는 검사 후에 안아달라는 요구가 줄었다고 보고하였고 부모 모두는 혈당 검사의 문제가 없다고 지적하였다. 곰을 가지고 하는 애니의 사전 연습도 계속되지 않았다. 애니의 부모는 그들 자신과 애니 사이의 의사소통이 증가하였다고 보고하였다. 부모 모두는 애니가 그들의 현재 상황에 쉽게 잘 적응하고 있다고 생각했다.

이 사례연구는 정서적 우려가 만성질환이 있는 어린 아동의 질병 관리와 어떻게 엮일 수 있는지를 보여주는 예이다. 놀이치료는 정서적 우려뿐만 아니라 질병 관리도 다루는 장이 되었다. 놀이치료사는 질병 관리에 대한 핵심적인 지식을 이용하고, 진행을 점검하고, 부모와의 분리에 대한 애니의 사고와 감정을 드러내기 위해 놀이를 활용하였다. 가장 놀이와 이완 전략은 혈당 수준을 검사하기 전에 준비 활동으로 시행되었고, 이는 많은 통제가 요구되는 검사 상황에 있는 애니에게 제공되었다. 애니의 혈당 검사 문제는 부모의 별거에 대한 애니의 통제감 결여에 대한 감정의 대용물로 작용하였다. 놀이치료는 당뇨병 관리를 촉진할 뿐만 아니라 생활 사건들(즉, 부모의 이혼)로 인한 속상함과 혈당 검사에 대한 애니의 반응 사이의 연결을 드러내는 가치 있는 수단이었다.

경험적으로 지지된 연구

이 집단에서 놀이치료의 효과에 관한 연구의 대다수는 놀이가 질병 및 의료 절차의 경험과 관련된 불안과 스트레스에 아동이 대처하는 데 어떻게 도움이 되는지에 초점을 맞추었다. Moore와 Russ(2006)는, 놀이가 아동이 스트레스와 불안을 다루는 데 도움이 되고, 아동이 정서를 표현할 수 있는 수단이고, 고통의 영향을 완화시킬 수 있는 효과적인 도구이고, 따라서 만성질환이 있는 아동의 행동적 기능을 개선한다고 보고하였다. 그들은 또한 만성질환이 있는 것과 관련된 불안의 측면에서 문제 해결을 촉진시키도록 돕는 놀이를 하면서 창의적인 생각이 일어날 수 있다고 말한다. 장난감과 놀이 재료를 사용할 때 아동은 자신의 정서와 경험에 능동적으로 대처한다. 아동은 결과를 바꾸고, 정서를 표현하고, 통제감을 가지면서 숙달감을 느낄 수 있다(Clark, 2007).

Glazer-Waldman, Zimmerman, Landreth, Norton(1992)은 다양한 만성질환이 있는 어린 아동(4~8세)과 양육자 다섯 팀에게 부모놀이치료를 실시한 개입 연구를 보고하였다. 이들은 놀이회기 전과 후에 아동의 불안과 부모-아동 관계의 변화를 검사하였다. 놀이회기에 참여한 후에 자신의 불안에 대한 아동의 보고는 유사한 수준에 머물러 있었지만, 부모는 자녀의 정서 상태를 더 잘 추정할 수 있었다. Glazer-Waldman 등(1992)은 부모가 놀이회기를 가치 있다고 보고하였으며 자녀와 가깝고 긍정적 관계를 재형성하는 기회였다고 생각한다고 보고하였다. 좀 더 최근 연구에서 Tew(2010)는 여러 가지 만성질환이 있는 아동과 부모를 위한 부모놀이치료 대 부모 훈련의 영향을 조사하였다. 양육 스트레스와 자녀의 정서적 및 행동적 기능에 대한 부모 평정이 평가되었다. 결과는 양육 스트레스가 낮아졌다고 보고하였고, 비교(부모 훈련)집단에 비해 개입(부모놀이치료)집단에서 아동의 정서적 문제 및 행동적 문제를 낮게 보고하였다.

Proczakowska-Björklund, Gustafsson, Svedin(2010)은 수술을 받고 2주가 지난 49명의 취학 전 아동의 놀이를 검사하였다. 이들은 놀이실에 마련된 절차 동안에 사용된 비품(예 : 후두경, 주삿바늘, 마취용 마스크, 흡입기, 심전도 전극, 청진기가 들어 있는 마취도구)을 가지고 놀면서 보인 아동의 반응을 녹화하였다. 또한 연극용 수술복을 입은 곰, 장난감 마취기계와 옷(부모와 개인이 사용한 것과 같은 종류)뿐만 아니라 그림 재료와 퍼즐도 있었다. 관찰자는 아동이 비품을 가지고 놀이를 시작하는 방식에 관한 측면에서 아동의 행동이 접근 또는 회피로 특징지어지는지, 방에 있는 놀이 재료 또는 그들에게 일어난 일에 대한 질문에 대답하는지, 그들이 말하는 기억의 종류에 대한 놀이치료사의 질문에 대답하는지를 기록하였다.

결과는 아동의 수술 후 놀이가 특정 행동/반응 그리고 수술 전 예비 투약되는 약의 결과와 관련이 있음을 보여주었다. 구체적으로 이들은 아동의 대략 50%가 놀이회기 동안에 회피의 신호를 보인다는 것을 알았다. 아동들은 자신의 경험에 대한 질문에 대답 또는 놀이 재료를 가지고 놀이하는 것을 피하는 것 같았다. Proczakowska-Björklund 등(2010)은 경험이 부정적으로 시작되는 아동은 부정적으로 반응하고 절차를 회피할 수 있고, 부정적이고 '악순환'을 조성하면서 좀 더 불안해진다고 결론지었다(p. 176). 게다가 이들은 "놀이하는 동안 회피 반응은 마취 과정 동안의 부정적 경험을 알게 되는 좀 더 직접적인 방법"이라고 제안한다(p. 179). 이들은 어린 아동과 수줍은 아동은 수술에 직면했을 때 불안 및 부정적 반응을 좀 더 겪을 위험이 있을 것이라고 결론 내렸다.

우리의 문헌 조사에서는 만성질환이 있는 아동의 대처를 촉진하기 위해 심상의 사용에 관한 연구들을 밝혀냈다. 예를 들어 Walco, Varni, Ilowite(1992)는 소아 특발성 관절염이 있는 아동이 자신의 질병과 관련된 고통에 대처하는 것을 돕기 위해 심상, 근육이완, 심호흡을 이용하였다. 이 연구자들은 아동의 고통에 색깔을 배정한 다음에 자신의 고통이 위치한 색깔 공간이 오그라지다가 결국에는 사라지는 것을 상상하게 했다. 나이가 많은 아동은 스위치를 켜고 끄는 것으로 고통을 상상할 수 있고, 그들의 고통을 끄기 위해 스위치를 가볍게 치는 것을 시각화한다. 덧붙여 Kazak과 동료들(1996)은 고통스러운 절차에 대처하는 백혈병 아동을 돕기 위한 수 세기 기법과 호흡법을 결합한 심상을 이용하였다. 아동들을 약물치료 또는 약물치료와 안내된 심상 및 전략(예 : 호흡과 수 세기)을 동시에 사용하는 집단으로 무작위 배정하였다. 아동의 부모는 아동과 함께 심상의 사용을 연습하였다(예 : 마법의 숲 또는 마법에 걸린 정원과 같이 그들이 좋아하는 장소에 가기). 치료적 개입이 있는 아동은 약물치료 개입만 받은 아동과 비교해서 절차적 스트레스의 수준이 낮은 것으로 관찰되었다.

미래의 현장 연구를 위한 지침

놀이치료는 의료적 외상과 질병을 경험하는 아동에게 효과적인 개입이지만 이 집단에 사용되는 다른 임상적 중재와 좀 더 체계적으로 비교할 필요가 있다(Bratton et al., 2005). 우리는 연구자 및 임상가들이 다른 인지행동 기법과 조합하여 치료 도구로써 놀이를 사용해야 한다고 주장한다. 놀이치료가 의료적 외상 및 질병에 직면한 아동의 대처를 향상시키는 데에서 성공적이라고 결정할 수 있는 문제 해결 기법, 통증 관리 전략, 다른 인지행동 개입의 효과를 증진할 수 있는 기제에 관한 정보가 더 많이 필요하다.

Moore와 Russ(2006)는 질병에 대처하는 아동의 사회적·정서적·행동적 기능에 관한 놀이치료 효과에 대한 미래 연구를 안내하기 위해 몇 가지 제언을 하였다. 이들의 제언에 포함되어 있는 것은 (a) 다양한 특정한 질병이 있는 아동에게 더 많은 연구를 수행하기, (b) 입원 또는 의료적 절차를 준비하는 것처럼 질환이 있는 아동에게 무수히 많은 상황이나 합병증에 관한 놀이의 영향을 검사하기, 삶을 위협하는 만성질환의 좋아지고 나빠지는 증상에 대처하기, 덜 심각한 질병(예 : 경미한 천식)과 관련된 급성 증상에 직면하기, 아동의 질병 또는 의료적 절차와 관련해서 아동이 고통을 경험하는 방식 이해하기, (c) 개입 그리고 개입이 작용하는 방식, 특히 놀이 프로토콜은 주의 깊게 기록되어야 하고 연구가 반복될 수 있도록 가능하면 연례적으로 되어야 함, (d) 서로 다른 기법의 작업을 통해 메커니즘에 대한 이해를 증진하기 위해 놀이치료 개입의 서로 다른 측면의 효과를 문서화하는 것이다. 놀이치료의 미래 연구를 위해 우리는 아동이 기능하는 데에서의 변화를 기록하고 평가하는 다양한 측정 기법을 사용하는 것뿐만 아니라 사례연구 그리고 작은 표본 크기(만성적인 질병이 있는 아동을 위한 놀이치료의 영향과 과정에 대한 보다 완벽한 그림을 얻기 위해)에 적절한 기타 연구 방법을 활용할 것을 제언한다.

결론

놀이는 아동이 자신의 일상 세계와 연결할 수 있는 도구이므로 아동은 의학적 경험과 아동의 질병의 경험을 다른 사람과 나눌 수 있다. 슬픔과 정서를 공유하는 것은 강력한 해소가 될 수 있으며, 아동이 자신의 질병의 불확실한 과정과 자신의 만성질환을 통제할 수 없기 때문에 또래와 다르다고 느끼게 만들 수 있는 다양한 의료 절차에 대처하는 능력을 향상시켜준다.

놀이치료는 아동이 자신의 질병에 대처하고 고통과 의료 절차에 대처하는 데에서 직면하는 다양한 스트레스 요인에 적응하도록 돕는 역동적인 기법이다. 놀이는 정서를 표현하는 방법이고 질병과 관련된 미래의 슬픔으로부터 가족을 보호하기 위해 아동이 고군분투하면서 집에서는 표현하기 어려운 속상하고 슬픈 감정을 해소할 수 있는 간접적인 방법이 된다. 아동의 놀이는 아동의 세계이고 아동은 배역의 행동과 서로 다른 상황의 결과를 통제하는 장면에서 정서를 재경험하고 해소하고 외상을 처리한다. 아동이 전개되는 놀이를 통제하기 때문에 심각한 정서 수준을 조정하는 데 도움이 되며, 아동은 자신의 방식으로 그리고 자신의 시간에서 자신의 감정을 다룰 수 있다. 이는 아동에게 힘을 실어주고, 정서적 표현과 문제 해결 기술을 촉진하는 안전한 매체를 통해 정서를 표현하는 능력과 통제력을 향상시킨다. 마지막으로 놀이를 통해, 치료사는 아동의 세계로 들어가서 아동이 정서를 표현하도록 돕고, 긍정적이 되고 문제 해결을 배우며, 대처 기술을 발달시키도록 돕는다.

참고문헌

Adamo, S. M. G., & DeFalco, R. (2012). The role of play in the psychotherapy of a child suffering from cancer. *Psychoanalytic Social Work, 19*, 101–120.

Athanassiadou, E., Tsiantis, J., Christogiorgos, S., & Kolaitis, G. (2009). Letter to the editor: An evaluation of the effectiveness of psychological preparation of children for minor surgery by puppet play and brief mother counseling. *Psychotherapy and Psychosomatics, 78*, 62–63.

Axline, V. M. (1974). *Play therapy*. New York, NY: Ballantine Books.

Barlow, J. H., & Ellard, D. R. (2005). The psychosocial well-being of children with chronic disease, their parents, and siblings: An overview of the research evidence base. *Child: Care, Health and Development, 32*(1), 19–31.

Behrens, C. (1986). Therapeutic games for children. In C. E. Schaefer & S. E. Reid (Eds.), *Game play: Therapeutic use of childhood games* (pp. 187–196). New York, NY: Wiley.

Bratton, S. C., Ray, D., Rhine, T., & Jones, C. (2005). The efficacy of play therapy with children: A meta-analytic review of treatment outcomes. *Professional Psychology: Research and Practice, 36*(4), 376–390.

Clark, C. D. (2007). Therapeutic advantages of play. In A. Göncü & S. Gaskins (Eds.), *Play and development: Evolutionary, sociocultural, and functional perspectives* (pp. 275–293).Mahwah, NJ: Erlbaum.

Eiser, C., Eiser, J. R., & Jones, B. A. (1990). Scene schemata and scripts in children's understanding of the hospital. *Child: Care, Health and Development, 16,* 303–317.

Gariápy, N., & Howe, N. (2003). The therapeutic power of play: Examining the play of young children with leukemia. *Child: Care, Health, and Development, 29,* 523–537.

Glazer-Walman, H. R., Zimmerman, J. E., Landreth, G. L., & Norton, D. (1992). Filial therapy: An intervention for parents of children with chronic illness. *International Journal of Play Therapy, 1,* 31–42.

Johnson, M. R., & Kreimer, J. L. (2005). Guided fantasy play for chronically ill children: A critical review. In L. A. Ready, T. M. Files-Hall, & C. E. Schaefer (Eds.). *Empirically based play interventions for children* (pp. 105–122). Washington, DC: American Psychological Association.

Jones, E. M., & Landreth, G. L. (2002). The efficacy of intensive individual play therapy for chronically ill children. *International Journal of Play Therapy, 11*(1), 117.

Kazak, A. E., Penati, B., Boyer, B. A., Himelstein, B., Brophy, P.,Waibel, M. K., & Johnson, K. (1996). A randomized controlled prospective outcome study of a psychological and pharmacological intervention protocol for procedural distress in pediatric leukemia. *Journal of Pediatric Psychology, 21*(5), 615–631.

Landreth, G. L. (1991). *Play therapy: The art of the relationship.*Muncie, IN: Accelerated Development.

Last, B. F., Stam, H., Onland-van Nieuwenhuizen, A. M., & Grootenhuis, M. (2007). Positive effects of a psychoeducational group intervention for children with a chronic disease: First results. *Patient Education and Counseling, 65,* 101–112.

Moore, M., & Russ, S.W. (2006). Pretend play as a resource for children: Implications for pediatricians and health professionals. *Journal of Developmental and Behavioral Pediatrics, 27*(3), 237–248.

Murphy-Jones, E. (2001). Play therapy for children with chronic illness. In G. L. Landreth (Ed.), *Innovations in play therapy: Issues, process, and special populations* (pp. 271–288). New York, NY: Brunner-Routledge/Taylor & Francis.

Nabors, L., Bartz, J., Kichler, J., Sievers, R., Elkins, R., & Pangallo, J. (2013). Play as a mechanism of working through medical trauma for children with medical illnesses and their siblings. *Issues in Comprehensive Pediatric Nursing, 36*(3), 212–224.

Nabors, L., & Lehmkuhl, H. (2004). Children with chronic medical conditions: Recommendations for school mental health clinicians. *Journal of Developmental and Physical Disabilities, 16,* 1–15.

Nelson, K., & Nelson, A. (1990). Category production in response to script and category cures by kindergarten and second-grade children. *Journal of Applied Developmental Psychology, 11,* 431–446.

Proczkowska-Björklund, M., Gustafsson, P. A., & Svedin, C. G. (2010). Children's play after anaesthesia and surgery: Background factors and associations to behavior during aneasthetic induction. *Journal of Child Health Care, 14*(2), 170–178.

Rae, W. A., & Sullivan, J. R. (2005). A review of play interventions for hospitalized children. In L. A. Ready, T. M. Files-Hall, & C. E. Schaefer (Eds.), *Empirically based play interventions for children* (pp. 123–142). Washington, DC: American Psychological Association.

Ray, D., Bratton, S. C., Rhine, T., & Jones, L. (2001). The effectiveness of play therapy: Responding to the critics. *International Journal of Play Therapy, 10*(1), 85–108.

Tew, K. (2010). Filial therapy with parents of chronically ill children. In J. N. Baggerly, D. C. Ray, & S. C. Bratton (Eds.), *Child-centered play therapy: The evidence base for practice* (pp. 295–309). Hoboken, NJ: Wiley.

van der Lee, J. H., Mokkink, L. B., Grootenhuis, M. A., Heymans, H. S., & Offringa M. (2007). Definitions and measurement of chronic health conditions in childhood: A systematic review. *Journal of the AmericanMedical Association, 297*(24), 2741–2751.

VanFleet, R., Ryan, S. D., & Smith, S. K. (2005). Filial therapy: A critical review. In L. A. Reddy, T. M. Files-Hall, & C. E. Schaefer (Eds.), *Empirically based play interventions for children* (pp. 241–264). Washington, DC: American Psychological Association.

Walco, G. A., Varni, J. W., & Ilowite, N. T. (1992). Cognitive-behavioral pain management in children with juvenile rheumatoid arthritis. *Pediatrics, 89*(6), 1075–1079.

23

재난을 겪은 아동의
놀이치료와 위기 개입

JENNIFER N. BAGGERLY

재난을 겪은 아동은 취약해지고 잠재적인 외상 증세를 갖고 있는 독특한 집단이다. 아동이 이러한 증세를 극복하고 잘 자라도록 돕는 데에 놀이치료가 필요하다. 재난대응 놀이치료(disaster response play therapy, DRPT)의 혁신적인 접근은, 아동중심 놀이치료와 인지행동 심리교육을 통합하는데, 재난을 겪은 아동을 위한 처치 방법 중 하나이다. 이 장의 목적은 놀이치료사가 재난을 겪은 아동과의 작업을 준비, 즉 (a) 집단, 특히 집단의 특징과 특별한 요구를 정의하는데, 여기에는 잠재적인 신경생리적 · 신체적 · 인지적 · 정서적 · 행동적 · 영적 증상을 포함함, (b) 놀이치료가 적합한 이유를 설명함, (c) 이 집단에 가장 적합한 이론을 설명하는데, 절차의 수정뿐만 아니라 심리적 응급처지와 DRPT를 포함함, (d) 집단에 맞는 전략을 논의함, (e) 연구 및 증거 기반을 확인해서 준비하는 데 있다.

집단 정의하기

자연재난 및 인적재난을 겪은 아동은 전 세계적으로 매년 수백만 명에 달한다. 2012년, 전 세계적으로 357개의 자연재난(예 : 지진, 토네이도, 홍수, 산불, 전염병)으로 인해 9,655명의 사망자, 1억 2,450만 명의 희생자, 1,570억 달러의 피해가 있었다(Guha-Sapir, Vos, Below, & Ponserre, 2013). 이러한 자연 재난은 연령, 성별, 인종, 종족, 종교 또는 국적에 관계없이 수백만 명 아동의 삶을 파괴한다. 인적재난(예 : 전쟁, 테러, 총기 난사, 기름 유출, 비행기 사고)은 무력 분쟁으로 인해 난민이 되거나 집을 잃은 것으로 추정되는 대략 1,450만 명 아동의 삶 또한 파괴하였다(UNICEF, 2007). 2013년 말까지 시리아 분쟁 하나만으로도 11,420명 이상의 아동이 죽었다(Salama & Dardagan, 2013). 미국에서는 수천 명의 아동이 기름 유출이나 총기 난사와 같은 인적재난에 노출되고 있다. 2세에서 7세 미국 아동의 대표 표본 조사에서 14%가 살면서 재난을 경험하고, 4.1%는 지난해에 재난을 경험했다는 보고에 기초해볼 때, 작년 한 해 동안에 자연재난 및 인적재난을 겪은 아동은 3백만 명으로 추정된다(Becker-Blease, Turner, & Finkelhor, 2010).

특성 및 특별한 요구

재난을 겪은 아동과 작업할 때 놀이치료사는 아동의 독특한 특성과 특별한 요구를 고려해야 한다. 특히 놀이치료사는 아동의 취약성, 전형적인 증상, 특이한 증상에 대해 잘 알아야 한다.

취약성

재난을 경험한 아동의 가장 두드러진 특성은 그들의 취약성이다. 재난 이후에 아동은 몇 가지 이유로 인해 취약해진다. 첫째, 이들은 환경적 경험에 의해 뇌와 신체가 변할 수 있는 민감한 발달기에 있다(Gaskill & Perry, 2012). 둘째, 재난으로부터 회복되는 능력은 그들이 받은 양육의 질이 크게 영향을 미친다(Scheeringa & Zeanah, 2001). 마지막으로, 아동은 자신의 요구를 주장하고 자원을 얻기 위한 대인관계 및 제도적 힘에 한계가 있다. 따라서 재난을 겪고 있거나 겪은 아동의 신체적 안녕과 심리적 안녕을 보장하려면 특별한 관심이 필요하다.

전형적인 증상

자연재난 및 인적재난 모두는 아동에게 가벼운 정도에서부터 심각한 정도에 이르는 전형적인 단기 증상 또는 특이한 장기 증상을 일으킨다. 대부분의 아동은 재난 후 일시적으로만 증상을 경험한다(LaGreca, 2008). 이러한 단기 증상은 신경생리적, 신체적, 인지적, 정서적, 행동적, 영적 영역의 일부 또는 모든 영역에서 발생할 수 있다(Baggerly & Exum, 2008).

신경생리학적 범주에서 재난으로 인해 지각된 위험 또는 실제의 위협은 아동의 뇌간 및 간뇌로 하여금 대처 반응 또는 투쟁 도피 반응을 활성화시킨다. van der Kolk(1994)는 자신의 중요한 연구에서 "낮은 글루코코르티코이드 수준에서 증가된 각성은 적극적인 도피반응을 자극할 수 있는 한편, 코르티코스테로이드와 카테콜라민이 동시에 활성화되어서 무차별적인 투쟁 도피 반응을 촉진한다."(p. 256)고 하였다. Perry, Pollard, Blakely, Baker, Vigilante(1995)는 뇌 하단부가 투쟁 또는 도피의 각성 반응 또는 동결 및 항복의 해리 반응을 활성화시킬 수 있다고 자세히 설명하였다. 결과적으로 재난은 아동의 정서, 기분, 행동, 학습을 조절하는 변연계 능력을 방해할 수 있다. 통찰, 계획하기, 시간 순서, 자기 인식, 사회정서적 능력과 관련되는 피질의 기능 또한 지장을 받을 수 있다.

뇌 하단부에서의 이러한 신경생리학적 공포 반응 때문에 아동은 수많은 신체 증상을 겪게 된다. 아동은 두통, 복통, 식욕 감소, 불면, 유뇨증, 피로가 있을 수 있다(Brymer et al., 2006; LaGreca, 2008; Vijayakumar, Kannan, & Daniel, 2006). 자연재난 이후에 아동이 겪는 가장 흔한 단기적인 문제는 수면 문제이다. 샌프란시스코만에서 지진이 일어난 후에 질문을 받은 부모의 거의 80%가 자녀의 수면 장애를 보고하였다(Vogel & Vernberg, 1993). 허리케인 재난에서 나온 비교할 만한 결과 역시, 학령 전 아동의 부모 표본의 50% 이상이 자녀의 수면 거부 또는 수면 저항의 문제를 보고했다고 지적했다(Sullivan, Saylor, & Foster, 1991).

인지적 증상의 범주에서 재난은 아동의 믿음과 판단을 바꿀 수 있는데, 예를 들면 모든 비바람은 집을 부술 것이라고 믿는 것이다(LaGreca, 2008). 아동은 집중하거나 결정하는 데 어려움이 있을 수 있으며 이것은 학업 수행에 영향을 미칠 수 있다. Pane, McCaffrey, Kalra, Zhou(2008)는 2005년 허리케인 이후에 루이지애나에 있는 학생들이 표준화된 검사 점수에서 부정적 변화가 있었다고 밝혔다. McFarlane, Policansky, Irwin(1987)은 엄청난 산불에 노출된 아동들 중에서 재난 8개월 후에 학업 성취가 의미 있게 감소했음을 밝혔다. 시간이 지나도 학업 미성취의 비율이 실제로 증가하였는데, 표본의 거의 1/4은 재난 26개월 후에도 잠재력을 충분히 발휘하지 못하였다.

정서 범주에서 재난은 아동이 공포와 분노의 감정을 처리하고, 타인과 관계를 맺고, 삶의 가치를 느끼고, 건강한 자아존중감을 유지하는 능력을 저해한다(LaGreca, 2008). 어린 아동은 종종 재난 이후에 분리 불안을 겪는다. 사실 부모 또는 양육자로부터의 분리 불안이 재난 사건 그 자체보다 더 괴로운 문제라고 보고되었다(Yorbik, Akbiyik, Kirmizigul, & Sohmnen, 2004). 아동은 비(rain)와 같이 외상을 상기시키는 것에 대해 공포를 보일 수도 있다. 예를 들면 한 소년은 허리케인 이후 한 달 이상 목욕하기를 거부하였는데 허리케인이 소년의 집 지붕을 파손시킬 때 욕조에 웅크리고 있었기 때문이다.

행동 범주에서 재난을 겪은 아동은 사회적 철회, 과민성, 야뇨증, 호전성, 공격성, 등교 거부를 보일 수도 있다(Brymer et al., 2006; LaGreca, 2008). 아동은 과도하게 압도되는 경험 후에 숙달감을 얻기 위한 시도로 외상적 놀이 재연에 몰두할 수도 있다(Terr, 1990). 예를 들면 허리케인 대피소에서 한 소년이 뱅뱅 돌고, 물건을 두드리면서 허리케인 놀이를 하였다.

영적 범주에서 재난은 신과 아동의 세계관에 대한 믿음을 변화시킬 수 있다(Baggerly & Exum, 2008). 아동은 신이 자신에게 화가 났다고 생각하고 또는 세상은 위험한 곳이라고 볼 수 있다. 예를 들면 허리케인 대피소에 있던 한 소녀는 "허리케인이 우리 가족을 사정없이 덮친 것처럼, 나는 파괴의 신이다."라고 말하면서 다트 총을 쏘곤 했다.

다행스럽게도 그러한 대부분의 전형적인 증상은 단시간 안에 해결될 것이다. Speier(2000)는 "일반적으로 대부분의 아동은 전문적인 개입 없이도 재난과 연관된 끔찍한 경험으로부터 회복된다. 대부분은 자신의 세계가 다시 안전한 곳이고, 나의 부모가 나를 돌보아주는 양육자라는 것을 다시 경험할 수 있는 시간만 있으면 된다."(p. 9)고 하였다.

특이한 증상

재난에 대한 이러한 반응들이 전형적으로 30일 이내에 해결되지만, 치료되지 않으면, 일부 아동은 우울, 불안, 외상후 스트레스장애(PTSD)처럼 심각하고 지속되는 증상을 수개월 동안 겪기도 한다(Kronenberg et al., 2010). 허리케인 앤드류가 발생한 후, 3개월 후에 학령기 아동의 55%는 중간 정도에서 매우 심각한 정도의 증상을, 34%는 10개월 후에도 이러한 증상을 보고하였다(LaGreca, Silverman, Vernberg, & Prinstein, 1996). 이와 유사하게 허리케인 카트리나 발생 1년 후, 피해가 컸던 지역에 사는 초등학교 아동의 61%는 PTSD 증상이 높은 것으로 조사되었다(Jaycox et al., 2010). 허리케인 카트리나 2년쯤 후, 조사에 참여한 부모의 31%는 자기 자녀가 임상적으로 우울, 불안, 행동장애 진단을 받았다고 보고하였으며 18%의 부모는 학업 성적이 눈에 띄게 떨어졌음을 보고하였다(Abramson, Stehling-Ariza, Garfield, & Redlener, 2008).

재난 후에 특이한 장기적인 증상을 겪게 될 아동을 예측하기 위해 놀이치료사는 재난의 특성, 재난에 노출, 아동의 특성을 평가할 필요가 있다(Rosenfeld, Caye, Ayalon, & Lahad, 2005). 기간이 길고 강력한 재난은 보다 심각한 증상을 일으킬 수 있다(LaGreca, 2008). 사회적 질서에 대한 신뢰가 깨어진다는 점에서 인적재난은 좀 더 심각한 정신건강 문제를 초래하는 경향이 있다(U. S. Department of Health and Human Service, 2004). 재난이 있는 동안에 가까이에서 노출되고, 생명의 위협을 지각한 아동은 좀 더 심각한 증상을 겪는 경향이 있다(LaGreca et al., 1996). 아동의 특성과 관련하여, 여자와 나이가 어린 아동은 이전의 학대 또는 피해자였던 아동보다 증상이 더 심각한 경향이 있다(Becker-Blease et al., 2010).

놀이치료사는 아동 외상 사건 반응 척도 개정판(Child's Reaction to Traumatic Event Scale-Revised)(Jones, Fletcher, & Ribbe 2002) 또는 재난 경험 질문지(Scheeringa, 2005)와 같은 평가를 사용해서 지속되는 특이한 증상을 선별할 수 있고, PTSD 증상은 어린 아동용 외상 증상 체크리스트(Trauma Symptom Checklist for Young Children)(Briere, 1996)로 측정할 수 있다. 기타 권장되는 평가 도구는 전국 아동 외상 스트레스 네트워크(www.nctsnet.org)에서 이용할 수 있다.

놀이치료가 적절한 이유

놀이치료는 세 가지 이유에서 재난 관련 외상을 겪은 아동에게 적절하다. 첫째, 재난과 같은 끔찍한 사건의 신경생리학적 충격은 브로카 영역과 베로니카 영역 안의 뇌 기능을 감소시킬 수 있는데, 이 두 영역은 언어 산출과 언어 이해를 관장한다(van der Kolk, 2007). 그 결과, 아동은 말 그대로 겁에 질려서 말을 잃는다. 놀이의 비언어적 상징성은 아동이 자신의 경험을 표현하게 한다. 장난감은 아동의 단어가 되고, 놀이는 무시무시한 사건에 대한 아동의 반응을 전달하는 언어가 된다(Landreth, 2012). 놀이치료사가 아동의 놀이를 추적해 나가면서 감춰져 있던 무서운 기억은 처리될 수 있는 외현화된 분명한 기억이 된다.

둘째, 놀이치료는 체계적 둔감화를 통해 재난을 상기시키는 명시적 기억이 처리될 수 있도록 돕는다. 아동은 놀이 경험을 통해 이완되면서 장난감 앰뷸런스와 같은 놀잇감에 점진적으로 접근하거나 대피소로 달려가는 것과 같은 장면을 재연한다(Baggerly, 2012). 재난을 떠올리는 것이 과도하게 압도적이라면, 아동은 아기인형을 흔드는 것처럼, 좀 더 진정시키는 활동으로 바꾸는 자기 주도적 놀이를 할 수도 있다. 자기 속도에 맞춘 놀이를 통해 이러한 점진적 노출 패턴을 반복하게 되면 아동이 불안하지 않고 재난을 떠올리는 것과 상호작용하도록 용기를 준다.

셋째, 감정의 반영, 의미의 확장과 같은 놀이치료사의 치료적 반응은 아동이 재난에 대한 정서적 이해를 할 수 있게 돕는다(Terr, 1990). 아동이 노는 동안에 놀이치료사가 공감을 표현하면, 아동의 거울 뉴런이 활성화되고, 아동의 인식이 증가하며, 적응적 신경망이 만들어지고, 따라서 안녕감을 만들어 간다(Siegel, 2006, 2007). 이 과정을 통해 아동은 무시무시한 경험의 의미를 만들어낸다. 암묵적 기억과 명시적 기억이 자기 구조 안에 통합되면서 외상을 상기시키는 것을 회피하는 데에 더 이상 에너지를 소비하지 않는다. 아동은 전형적인 발달을 지속하는 데 자신의 에너지를 자유롭게 사용한다.

놀이치료 이론

아동을 위한 정신건강 개입은 재난의 단계에 근거해서 선택된다(LaGreca & Silverman, 2009). 재난의 특정 단계에서 다른 놀이치료 이론보다 더 도움이 되는 놀이치료 이론도 있다. 충격 직후 단계에서 모든 아동은 대처를 높이고 전형적인 증상을 줄여주는 심리적 응급처지(psychological first aid, PFA) 및 대규모 집단(large-group) 개입이 있어야 한다. PFA는 시간제한이 있는 단일 상호작용(흔히 20~30분)에서 수행할 수 있는 대처와 안정을 목표로 하는 해결중심 접근의 인지행동치료(CBT)에 뿌리를 두고 있다. 단기 회복 단계(즉, 수주일에서 수개월)에서, 아동은 제한된 시간 내에 수많은 아동 사이에서의 대처 전략을 강화하기 위해 CBT에 기초한 소집단 놀이치료를 받아야 한다(Baggerly & Mescia, 2005; Brymer et al., 2006).

생활로 복귀하는 단계(즉, 수개월에서 1년)에서 지속적인 증상이 있는 아동은 개별적으로 재난대응 놀이치료(disaster response play therapy, DRPT)를 받아야 한다(Baggerly, 2007). DRPT는 회기의 마지막 15분에 인지행동 개입을 통합시킨 아동중심 놀이치료(CCPT)에 기초한다. CCPT와 CBT의 통합적 접근은 외상 회복의 세 단계, 즉 안전감 확립하기, 외상 이야기에 대해 복원해서 다시 말하기, 지역사회에서 가족·친구·사회적 지지와 다시 연결하기를 촉진한다(Herman, 1992). CCPT의 놀이실과 절차는 안전감을 확립하고 외상 이야기에 대해 복원해서 다시 말할 수 있도록 돕는다. CBT 전략은 아동이 타인과 다시 연결될 수 있도록 대처 전략을 돕는다.

재난 단계에 기초한 절차

충격 직후 단계 : 심리적 응급처치(PFA)

충격 직후 단계 동안 재난 생존자들은 대피소 또는 시설로 가게 된다. 초점은 즉시 필요한 것 및 신체적 안전에 있다. 심리적 개입은 간단한 증상과 장기적인 어려움을 줄이는 것이다(LaGreca & Silverman, 2009). 이 단계에서 PFA는 선택적인 치료로 고려된다(LaGreca & Silverman, 2009). "PFA는 아동, 청소년, 성인, 가족을 돕기 위해 증거중심의 모듈 접근이다. 외상 사건으로 야기된 초기의 고통을 감소시키고 장기적 적응 및 단기적 적응 기능과 대처를 키우기 위해 고안되었다."(Brymer et al., 2006, p. 5) 이 개입은 안전이 확보된 이후 대개 재난구조센터, 의료기관, 근처의 재난기관에서 일대일로 약 15~20분 정도 실시된다. Baggerly와 Mescia(2005)는 C³ARE 모델에서 수정된 PFA 접근을 개발하였다.

아동 C³ARE 모델 : 초기 개별 개입

C³ARE은 재난을 겪은 후 아동이 안정될 수 있도록 도와주는 초기 개별 개입이다(Baggerly & Mescia, 2005). 6단계 절차에서 놀이치료사는 다음과 같이 확인하고, 관계 맺고, 위로하고, 평가하고, 의뢰하고, 교육할 것이다.

1. 점검(check) 진입의 안전이 보장된 현장, 현장의 지휘자가 확인한 구조, 자신의 준비성을 스스로 확신, 아동의 신체적 안전을 입증하는 생존자들을 점검한다.

2. **관계 맺기(connect)** 아동을 안정시킴 · 아동의 눈높이에 맞춤 · 신뢰감 형성을 위해 퍼핏을 이용해서 아동과 관계 맺고, 아동의 후견인에게 당신을 소개하면서 관계를 맺고, 응급의학 서비스처럼 즉시 필요한 특별 서비스와 관계를 맺는다. 예를 들면 놀이치료사는 "안녕, 내 이름은 _____야. 나는 너를 돕기 위해 여기에 왔단다. 이것은 _____(이)라는 내 퍼핏인형이야. 혹시 친구나 가족 중에 이 이름을 가진 사람이 있니? 내가 너를 만나도 되겠니? 속상하거나 기분 나쁜 것이 있니? 너는 지금 당장 무엇이 필요하니?"

3. **위로(comfort)** 침착하고 안심시키는 말로 아동을 위로한다. 음식, 음료, 담요를 제공한다. 심호흡, 비누 거품 불기, 점진적인 근육이완을 통해 신체이완을 안내한다. 예를 들면 "힘든 시간을 겪었지만 지금 너는 안전하단다. 먹을 거나 마실 것을 줄까? 나는 네가 편안해지도록 도울 수 있는 몇 가지 방법을 알고 있어. 이 비누 거품을 불어봐. 이제 군인처럼 근육을 긴장시킨 후, 헝겊인형처럼 몸에서 힘을 빼보렴. 이 종이에 안전하고 행복한 장소를 그려보렴."

4. **평가(assess)** 형식 없이 관찰을 통해 아동의 대처 및 기능을 평가한다. 신체 상태 및 행동 상태를 모니터링한다. 아동의 위험 요인과 회복 요인을 파악한다. 현재의 요구와 잠재적인 요구를 결정한다. 놀이치료사는 "네가 잘 지내려면 지금 당장 무엇이 필요하고 앞으로 무엇이 필요하다고 생각하니? 잠시 있다가 나는 네가 말한 것을 너의 가족이 할 수 있도록 도와줄게."

5. **의뢰(refer)** 아동과 후견인을 필요한 서비스와 자원에 의뢰한다. 토착 언어의 도우미와 안전한 친구를 연결시킨다. 전형적인 외상 증상과 대처 전략이 적힌 인쇄물을 제공한다. "_____가 필요하다고 말했구나. 이 정보가 너와 너의 가족에게 도움이 될 거야. 궁금한 것이 있니? 궁금한 것이 있거나 도움이 필요하면 언제든지 알려줘."라고 말한다.

6. **교육(educate)** 아동과 후견인에게 전형적인 외상 반응에 대해 교육한다. 이러한 반응이 정상이라고 여긴다. 그리고 생각 멈추기, 주의 전환 기법, 노래 부르기, 기도/명상, 다른 아이들과 놀기처럼 긍정적 대처 전략을 격려한다. 놀이치료사는 "무서운 일이 일어난 후에는 많은 아이들이 몸의 변화나 원래 하던 것에서 변화가 있다는 것을 알아차린단다. 나쁜 꿈을 꾸기도 하고, 많이 울거나 밖에 나가서 놀지 않으려는 아이들도 있어. 이것은 아이들에게 일어날 수 있는 변화가 적힌 종이란다. 혹시 너도 변화를 느낀 것이 있니? 이것은 뭔가 다르고 무서운 일이 일어났을 때 너처럼 보통 아이들에게 일어날 수 있는 정상적인 변화란다. 기분이 나쁠 때 너는 기분이 좋아지기 위해 무엇을 하니? 나는 네가 해볼 수 있는 몇 가지를 알고 있어. 배우는 것을 좋아하니? 이것을 해보렴! 네가 해볼 수 있는 것들을 적어놓은 종이가 여기 있어. 나는 이따가 게임을 하기 위해 아이들을 모으려고 해. 너도 오겠니? 이제 다른 아이들을 만나러 갈 거야. 게임이 언제 시작하는지 알려주러 다시 올게. 만나줘서 고맙다. 너를 만나서 좋았단다. 안녕."

이러한 개입 전반에 걸쳐 놀이치료사는 경청하기, 감정 반영하기, 명확하게 의사소통하기, 문제에 초점 맞추기, 비밀 유지하기와 같은 기본 기술을 사용해야 한다(Baggerly, 2006). 놀이치료사는 Baranowsky, Gentry, Schultz(2011)에서 안정화시키는 방법과 외상 회복 도구에 대한 세부 사항을 배울 수 있다.

단기 회복 단계 : 소집단, 놀이중심 개입

위기 개입은 일반적인 상담과 놀이치료에 비해 보다 적극적이고 직접적인 안정화 접근이 필요하다는 것을 감안해서(Brymer et al., 2006), 놀이치료사는 단기 회복 단계에서 지속적으로 증상을 겪고 있는 아동의 소집단 상담에 놀이치료기법을 통합할 필요가 있다. 아동에게 인지행동적 기술을 교육하는 것은 아동이 신체, 인지, 행동, 정서, 사회관계에서 안전감과 안정화를 확립하도록 돕는다(Baggerly, 2006). Felix, Bond, Shelby(2006)는 재난을 겪은 학령전기 아동과 초등학교 아동을 위해 PFA(Brymer et al., 2006) 절차에서 몇 가지 전략을 적용하였다.

증상을 정상화한다

많은 아동이 침대 적시기와 같은 자신의 재난 반응을 부끄러워할 것이며, 어른은 공격성 또는 재난을 상기시키는 것을 회피하는 것과 같은 아동의 반응을 힘들어할 수 있다. 놀이치료사는 어른과 아동에게 전형적인 반응을 알려줌으로써 재난에 대한 아동의 반응을 정상화해야 한다. 이러한 정보는 어린이 이야기 책(Holmes, 2000; Shephard, 1998)이나 지역 관심사를 다루기 위해 설계된 퍼핏 쇼로 전달할 수 있다. 예를 들면 2004년의 쓰나미 이후에 스리랑카의 교사들은 일부 아동이 쓰나미가 또 온다는 두려움 때문에 밖에서 노는 것을 거부해서 걱정을 하였다. 놀이치료사는 이러한 반응이 정상적인 반응이라는 것을 설명하고 쓰나미가 또 다시 오는지를 확인하는 물리적 증거를 살펴보는 방법을 떠올리는 퍼핏 쇼를 만들었다(Baggerly, 2006).

과잉각성을 관리한다

일부 아동은 재난 후에 도피 또는 투쟁 반응을 멈출 수 없기 때문에 신체적으로 지속적인 과잉각성을 경험한다(Perry et al., 1995). 그 결과 많은 아동이 전반적인 불안이 있으며 불안을 관리하려는 시도로, 물 근처에 가는 것처럼 재난을 떠올리는 것을 피할 수도 있다. 놀이치료사는 아동에게 스스로 진정시키기, 자신의 신체를 진정시킬 수 있도록 이완 기법을 가르친다. 이러한 절차에는 (a) 비누 거품 또는 바람개비 불기와 같은 놀이 활동을 통해서 심호흡하기, (b) 군인처럼 근육을 긴장시킨 후에 헝겊인형처럼 몸에 힘을 빼는 것과 같은 점진적 근육이완, (c) 행복한 장소 그리기 · 긍정적으로 마무리되는 상호 스토리텔링에 참여하기 · 평화로운 장소에서 명상하기와 같은 활동을 통한 긍정적 이미지에 초점 맞추기, (d) 마사지 · 안아주기 · 노래 불러주기를 포함하여 아동을 진정시키는 회기를 부모나 후견인이 실행할 수 있도록 교육하기가 있다(Felix et al., 2006). 예를 들어 스리랑카에 있는 많은 아동이 쓰나미 이후에 해변에 가는 것을 두려워했다. 놀이치료사는 아동과 교사에게 다음의 노래를 통해 심호흡과 긍정적인 이미지를 가르쳤는데, '반짝반짝 작은 별' 노래에 맞추어서 "나는 안전해. 나는 강해. 호흡하고 노래해. 나는 날마다 강해져. 나는 내가 안전하다는 걸 알아. 나는 안전해. 나는 강해. 호흡하고 노래해."로 가사를 바꾼 것이다(Baggerly, 2006). 점차 아동들은 고기잡이나 빨래 등과 같은 집안일을 돕기 위해 다시 해변으로 간다.

침습적 재경험을 관리한다

외상이 암묵적 기억 속에 지워지지 않는 장면을 부호화하는 동안에 뇌가 변하기 때문에 일부 아동은 재난 관련 사건에 대해 침습적으로 생각이 난다(van der Kolk, 2007). 놀이치료사는 이러한 이미지를 억제하고 스스로 착지하는 방법을 아동에게 가르쳐야 한다. 이러한 절차에는 (a) 미리 정한 노래, 이야기 또는 "지금 나는 안전해. 나는 알고 있어. 왜냐하면……"과 같은 말을 하면서 침습적인 생각을 대체한 '테이프 바꾸기', (b) 배를 문지르거나 손을 비비는 것처럼 착지하는 활동이 있다(Felix, et al., 2006). 놀이치료사는 아동에게 3-2-1 게임을 하자고 요청하여 3-2-1 감각 접지 및 억제 절차(Baranowsky et al., 2011)를 수정할 수도 있다. 이 게임은 아동에게 눈높이 위에 있는 물건 세 가지, 모두가 들을 수 있는 소리 세 가지, 그들이 만질 수 있는 물건 세 가지를 확인하게 한 후에, 보고·듣고·만지는 두 개 물체, 그다음에는 보고·듣고·만지는 물체 하나를 확인하게 한다. 허리케인 카트리나의 대피소에 있던 아동들은 이 활동을 통해 지금 여기에 다시 집중하고 자신이 안전한 곳에 있다는 것을 인식할 수 있었다(Baggerly, 2006).

정확한 인식이 증가한다

아동은 자기중심적이고 구체적인 인지(concrete cognitions) 때문에, 자신이 꾼 나쁜 꿈 또는 누군가의 나쁜 행동처럼 재난의 원인을 잘못 귀인할 수 있다. 놀이치료사는 아동의 잘못된 귀인을 평가하고, 정확한 또는 최소한 대안적인 설명이라도 해주어야 한다. 이러한 절차에는 (a) 아동에게 재난에 대해 가능한 이유의 Q-sort를 작성하고 참과 거짓 고르기, (b) 어린 아동에게는 그들이 '누구' 또는 '무엇'을 비난하는지에 관한 그림을 넣는 비난 상자를 만든 후 올바른 이유에 대한 그림을 함께 그리기, (c) 퍼핏이 잘못된 귀인에 대해 질문하고 또 다른 퍼핏이 정확한 이유를 제시하는 퍼핏 쇼 개발하기, (d) 사람들이 질문을 하고 전문가가 옳은 정보를 주는 라디오 쇼 연출하기가 있다(Felix et al., 2006). 스리랑카에서 놀이치료사는 겁먹은 작은 퍼핏이 나쁜 꿈 또는 바닷속에 뭔가를 넣은 사람 때문에 쓰나미가 일어났는지를 묻고, 큰 퍼핏이 물 밑에서 일어난 지진이 쓰나미를 일으켰다고 침착하게 설명하는 퍼핏 쇼를 했다(Baggerly, 2006).

효과적인 대처가 증가한다

어린 아동은 대처 전략을 폭넓게 개발할 만큼의 인생 경험이 없고, 자신의 대처 전략의 효과성을 정확하게 평가할 만한 인지적 능력도 없다. 사회적 철회 및 자신을 비난하는 부정적 대처 전략은 우울 증상의 증가와 상관이 있기 때문에(LaGreca et al. 2010), 놀이치료사는 아동이 효과적인 대처 전략과 비효과적인 대처 전략을 구별하고, 다수의 적응적 대처 전략을 개발하도록 도와주어야 한다. 아동이 선호하는 대처 전략(자극에 집중하는 참여 아동 대 자극에서 벗어나는 분산 아동)에 상응하는 개입의 매칭은 증상을 감소시키는 데에서 보다 효과적인 것으로 나타났다(LaGreca, 2008).

효과적인 대처를 증가시키는 절차에는 (a) 카드에 부적응적인 대처 전략을 글로 쓰거나 그리기 및 아동이 '쓰레기 버리자(pass the trash)'라고 말하기, (b) 아동이 적응적 대처 전략을 찾고 부정적 대처 전략을 버리는 카드 게임 하기, (c) 아동이 긍정적 대처 전략을 행동으로 하는 대처 가장놀이 하기, (d) 발달적으로 적절하고 협력적인 놀이 또는 게임, 즉 오리, 오리, 거위를 구성하고 이어 달리기(Felix et al., 2006)가 있다. 예를 들어 오클라호마 토네이도가 지나간 후, 놀이치료사는 아이들이 효과적인 대처 전략을 적은 다섯 가지 색깔의 대처 전략 팔찌를 만들도록 지도했다.

사회적 지지 찾기

많은 어린 아동이 재난 후에 사회적으로 철회 또는 부모에게 매달린다. 좀 더 나이 많은 아동은 친구와 파괴적 행동을 하거나 비디오 게임에 몰두하면서 건강한 사회적 지지에서 철회된다. 놀이치료사는 아동에게 건강한 사회적 지지를 찾고 건강하지 않은 사회적 철회를 줄일 수 있는 적절한 방법을 가르쳐야 한다. Felix 등(2006)이 제시한 이러한 절차에는 (a) 친구·부모·담당자·교사 등의 네 가지 인적 자원에게 어떻게 사회적 지지를 요청하는지에 관한 역할놀이 하기, (b) 종이에 도움을 요청하는 것을 글로 쓰거나 그림을 그려서 지지 쿠폰을 만들고 도움이 필요할 때 믿을 수 있는 친구나 어른에게 주기, (c) 지지를 해주는 사람의 이름이 적힌 인형을 연결한 종이인형 지지 체인 만들기가 있다. 예를 들어 허리케인 카트리나 이후, 화를 내며 어른에게 놀아달라고 요구하는 아동도 있었는데, 놀이치료사는 예의 바르게 어른에게 놀기를 요청하는 역할놀이를 하도록 도왔다(Baggerly, 2006).

희망을 기르다

재난이 집·학교·지역사회를 파괴하고 사랑하는 사람의 생명을 앗아갈 때, 아동은 안전, 질서, 의미의 체계를 잃게 된다. 그 결과 많은 아동이 희망을 잃는다. 놀이치료사는 아동의 희망과 미래에 대한 긍정적 이미지를 다시 살릴 수 있는 따뜻한 인도주의적 반응의 한 부분이 될 수 있다. 희망을 키우기 위해 Felix 등이 제시한 절차에는 (a) 노력을 재구축하는 가족과 지역사회 역할극, (b) 희망을 표현하는 이야기·시·노래 만들기, (c) 경찰관에게 감사 카드 쓰기 또는 돌 정원(rock garden)을 만드는 것처럼 아동이 참여할 수 있는 지역사회 지지 프로젝트 찾기가 있다. 예를 들어 스리랑카에서 놀이치료사는 아동이 해변에서 자연물을 찾고 지역사회의 재건을 상징하는 데 그 자연물을 모래상자에 놓도록 지도했다(Baggerly, 2006).

이러한 개입이 진행되기 전에 아동의 이전 정신건강 이력 그리고/또는 외상 문제에 대해 아는 것이 중요한데, 재난 후 이 문제가 더 심각해질 수도 있다. 예를 들어 쓰나미 이후에 놀이치료사의 개입이 있었을 때, 일부 스리랑카 아동은 자기 부모가 내전에서 지뢰로 죽었다고 말했다(Baggerly, 2006). 허리케인 카트리나 이후에 가족과 작업하는 동안, 몇몇 부모는 자녀의 ADHD 증상이 심해졌다고 말했다. 놀이치료사는 짧은 회복 기간에 수행되는 개입에서 이전의 외상 문제를 촉발시키지 않을 분별력이 있어야 한다. 한 번 더 말하면 재난대응 동안에 목표는 안정화이다. 이전 정신건강 이력 그리고/또는 외상 문제가 현저하다면, 놀이치료사는 아동을 안정화시키기 위해 착지 및 억제하는 개입에 집중하고 추후 검사를 위해 지역 정신건강전문가에게 아동을 의뢰해야 한다.

장기적인 회복 : 재난대응 놀이치료

DRPT는 앞에서 언급했던 아동중심 놀이치료와 CBT 전략의 통합이다(Baggerly, 2007, 2012). Landreth(2012)가 설명하듯이 아동중심 놀이치료(Axline, 1947)는 아동이 안전감을 확립하고 아동이 자신의 외상 설명을 회복적인 이야기로 바꾸어서 놀이로 표현하도록 돕는 35분의 회기를 맨 처음에 실시한다. 그 후 아동이 증상을 감소시키고, 대처를 증가시키고, 가족 및 지역사회 구성원과 다시 관계를 맺도록 돕기 위해 놀이에 기초한 CBT 심리교육 전략이 남은 15분 동안 실시된다. 아래의 종합 사례연구에서 DRPT가 설명되고 있다.

사례연구

조나(7세)는 ADHD가 있는 백인 소년인데 학교에서 토네이도를 겪었다. 조나가 반 친구들 및 선생님과 복도에서 웅크리고 있을 때 토네이도는 학교 지붕을 날려버렸다. 안타깝게도 조나의 선생님과 반 친구들은 떨어지는 파편에 목숨을 잃었다. 토네이도 발생 2개월 후, 조나는 과잉각성(즉, 불면증과 공격성), 외상을 떠올리는 것을 회피(즉, 등교 거부와 비를 두려워함), 침습(즉, 악몽과 비가 올 때 플래시백)의 증상을 계속 보였다. 조나는 엄마가 약물 중독이었기 때문에 할머니와 살고 있었다.

조나는 그의 증상 지속을 예측할 수 있는 몇몇 위험 요인이 있었는데, 갖고 있던 ADHD 정신건강 문제, 엄마에게 방임된 이전의 외상 경험, 재난이 가까운데서 일어난 근접성, 목격한 죽음의 심각함이 그것이다. 어린 아동용 외상 증상 체크리스트에서 조나의 점수는 침습, 회피, 각성, 분노, 외상후 스트레스 총점에서 임상 범위에 해당했다.

조나는 여섯 번의 개별 DRPT 회기에 참여하였다. 놀이실은 (a) 양육(예 : 구부러지는 인형 가족, 인형집, 음식, 젖병, 의사용품, 담요), (b) 공격성의 해소(예 : 발이 4개 달린 보보 펀치인형, 다트 총, 칼, 장난감 병정), (c) 창조적 표현(예 : 모래상자, 농장과 동물원동물, 경찰과 소방관 옷, 자동차, 크레파스, 종이, 가위)의 4개 범주를 대표하는 장난감들로 구비되었다. 재난의 재연을 촉진하기 위해 특정한 장난감들이 추가되었는데, 장난감 학교 건물, 학교 버스, 천둥 튜브(토네이도 소리를 내는 관이 있는 특별한 드럼)이다.

표준적인 아동중심 놀이치료 기술이 실행되었는데, 여기에는 놀이 행동 추적하기, 감정과 내용 반영하기, 책임성 돌려주기, 격려, 자아존중감 확립하기, 치료적 제한설정하기, 이해 촉진하기, 의미 확장하기가 있다. 처음 두 번의 회기에서 조나의 놀이 주제는 장난감의 탐색과 보보 펀치인형에 대한 공격성이었다. 회기 내의 심리교육 부분에서는 비누 거품을 이용해서 심호흡 보여주기, 3-2-1 게임의 안정화 기법, 박수치기와 양손 비비기에 따라 생각 멈추기, 퍼핏 쇼를 통해 증상을 정상적으로 받아들이는 데 집중하였다.

표 23.1에서 보듯이, 3회기와 4회기에서 조나는 처음에는 대근육 활동을 통해, 그 후에는 모래상자에서 소근육 활동으로 외상 장면을 재연하기 시작했다.

3회기와 4회기에서 35분의 CCPT 후, 놀이치료사(PT)는 토네이도가 있기 전, 토네이도 도중, 토네이도 이후의 사건을 설명하는 '나의 이야기책'을 만드는 심리교육 활동을 하도록 지시하였다. 조나는 그림을 그렸고, PT는 각 사건이 있는 동안에 조나가 어떤 생각과 감정인지를 기록하였다. 이러한 이야기책 활동은 조나의 사고 과정 중 정확한 부분과 주의가 필요한 부분을 드러내었다. 예를 들어 조나는 "내가 선생님 옆에 앉아 있었더라면 선생님을 구할 수 있었을 거야."라는 생각을 진술했다. PT는 선생님을 보호하고 싶었던 그의 소망을 반영한 후 현실적인 기대를 덧붙였다. "너는 선생님을 정말로 구하고 싶었구나. 하지만 세상에서 가장 힘이 센 사람이 선생님 옆에 앉아 있었더라도 선생님을 구하지는 못했을 거야. 그 사람이 정말로 구하고 싶었다고 해도 그 사람도 여전히 구할 수 없었을

표 23.1 놀이치료 내용과 분석

아동과 놀이치료사(PT)의 코멘트	분석
아동 : 천둥 튜브를 잡아서 때린다. 놀라서 뒤로 물러난다.	장난감은 체계적 둔감화의 중요한 부분이다. 아동이 준비가 되면, 외상을 상기시키는 것을 대표하는 장난감에 접근할 것이다. 점진적인 노출은 숙달감을 준다.
PT : "소리 때문에 놀랐구나."	감정의 반영은 인식을 높이고, 신체의 본능적인 반응을 감정 단어와 연결한다.
아동 : "네, 놀랐어요." 장난감을 잠시 쳐다본다. 놀라지 않고 천둥 튜브를 다시 때린다.	안전한 환경 및 PT와의 따뜻한 관계가 다시 시도할 수 있도록 아동에게 안전감을 준다.
PT : "소리를 다시 내보다니 용감하구나. 이번에는 많이 놀라지 않았구나."	격려의 제공과 자존감 확립은 아동의 숙달감을 촉진한다.
아동 : 천둥 튜브를 장난감 학교로 옮긴다. 사이렌 소리를 낸다. "윙 윙 윙. 학교는 조심하세요. 토네이도가 오고 있어요."	아동은 안전감과 격려를 경험했기 때문에 용기를 내어 외상을 재연한다.
PT : "그들에게 경고를 하는구나. 너는 사이렌 소리를 아네. 사이렌을 들은 적이 있구나."	내용의 반영은 PT가 자신의 놀이를 이해하고 있다는 것을 아동이 알 수 있게 돕는다. PT는 외상에 대한 숙달감을 촉진하기 위해 현재의 놀이와 과거의 경험을 연결해서 의미를 확장한다.
아동 : "네" 그리고 공포에 질린 소리로 "모두들 몸을 숙이고 서로 팔을 꼭 잡아야 토네이도에 빨려가지 않아요." 장난감 학교를 발로 차서 가구와 인형이 떨어진다.	아동은 일어난 일에 대한 정서를 이해하고 의미를 만들어내려는 시도로써 외상 장면을 재연한다.
PT : "학교에 있는 사람들에게 굉장히 무서운 일이 일어났구나. 사람들은 안전하게 있기 위해 무엇을 해야 할지 알고 있어."	인형에 투사하는 것이 안전한 심리적 거리감을 제공하기 때문에, 감정의 반영을 아동이 아닌 인형에게 한다. 존중감 확립하기 진술은 아동이 안전 기술을 알고 있다는 점을 인정한다.
아동 : 공포스럽고 분노한 소리로 계속 소리를 지른다. "하지만 아무 소용이 없어. 친구들과 선생님이 죽었으니까!" 아동은 블록을 인형들에게 떨어트린다.	아동의 목소리 톤과 단어는 그의 희망과 실제 일어난 일 사이의 불일치, 인지적 부조화를 보여준다.
PT : "그 사람들이 죽은 것이 너무 무섭고 슬프구나. 아무도 그들을 구할 수 없었다는 건 아주 마음 아픈 일이야. 때때로 나쁜 일이 생기는데 그것을 막을 사람이 없구나."	공감을 전달하기 위해 진술된 감정의 톤으로 감정 반영을 전달한다. PT는 이해를 촉진하기 위한 시도로써, 부드럽고 슬픈 어조를 사용해서 통제력의 부족을 인식시킨다.
아동 : 학교를 내려다보면서 한숨을 쉰다. 그다음에 모래상자로 천천히 이동한다. 손을 모래 속에 넣고 어루만진다.	아동의 에너지가 좀 더 느린 활동으로 전환된다. 모래를 만지고 스스로 편안해지면서 새로운 인식을 통합시키는 것으로 보인다.

(계속)

표 23.1 놀이치료 내용과 분석(계속)

아동과 놀이치료사(PT)의 코멘트	분석
PT : "너의 몸과 호흡이 느려지는구나. 모래를 만지며 진정되는구나."	PT의 반응은 아동의 신체 인식을 증가시키고 자기 조절 능력을 격려하기 위함이다.
아동 : 장난감 학교에서 인형들을 모아서 모래에 놓는다. 인형 몇 개를 묻는다. 그런 후 군인과 경찰관을 모래상자 가장자리에 놓는다.	아동은 다른 관점을 갖기 위해 대근육의 외상 재연에서 소근육의 외상 재연으로 이동한다.
PT : "몇몇 사람은 모래 밑에 있구나. 이들은 (군인과 경찰을 가리키며) 벽 옆에 있구나."	PT는 물체의 이름을 명명하지 않고 또는 아동이 놀이를 이끌거나 아동의 창의성을 촉진시키기 위해 그들이 죽었다고 가정하지 않고 아동의 놀이 행동을 추적한다.
아동 : 빠르게 "네, 그들 모두를 구하기 위해 영웅들이 여기에 와요."라고 말한다.	놀이는 아동이 현실에서 일어나기를 바라던 것을 상상 속에서 경험하게 해준다.
PT : "영웅들은 정말로 그들을 구조하고 싶구나."	PT는 '구조'라는 놀이 주제를 반영함으로써 이해를 촉진한다.
아동 : 좀 더 힘 있게 "이번에는 모두 구출되었어요."라고 말한다.	아동은 개인적인 희망과 힘을 회복하기 위해 외상을 회복하는 재연을 하고 있다.
PT : "이들은 항상 노력해. 그리고 이번에는 모두 구했구나. 최선을 다해 희망하고 돕기 위해 자신이 할 수 있는 일을 하는 것은 중요해."	PT는 구조에 대한 아동의 내적 갈망과 놀이를 즉시 연결시킴으로써 의미를 확장하고 현실적 기대가 있는 희망으로 유지한다.

거야." 이러한 사실을 인식한 조나는 자신의 경험을 정확하게 해석할 수 있게 되었고 그래서 자신이 약하고 죄의식이 있는 소년이 아닌, 보살펴주고 보호받는 소년이라는 것을 자기(self)의 구조 안에 통합시킬 수 있었다.

5회기와 6회기에서 조나의 구조놀이 주제는 시간이 짧아지고 강도도 약해졌다. 그는 블록으로 '강력한 집'을 짓는 데 집중하였다. 이러한 숙달감과 창조성의 놀이 주제는 해결을 향해 가고 있음을 가리킨다. 이들 회기의 후반부 동안의 심리교육은 증상의 관리 및 화가 났을 때 친구 및 어른과 적절하게 관계 맺는 사회적 기술 전략을 강화하였다.

마지막 회기에서 조나가 만든 퍼핏 쇼를 보기 위해 할머니를 회기에 초대하였는데, 이 쇼는 조나가 화가 났을 때 도움을 청하는 방법을 보여주는 것이었다. 또한, 그의 대처 전략을 보여주고 조나의 '나의 이야기책'을 같이 보았다. 할머니는 조나가 학교 가는 것에 더 용기를 내고, 2주 동안 싸움을 하지 않았다고 보고하면서 그의 점진적인 개선을 확신하였다. PT는 할머니에게 몇몇 유대 강화 활동(Bailey, 2010)을 가르치고 재난 후 양육 자료를 제공하는 것으로 회기를 마무리했다(LaGreca, Sevin, & Sevin, 2005).

집단에 구체적인 기법과 전략

특정한 기법과 전략을 필요로 하는 아동 집단은 일정한 대인관계, 문화적 · 사회적 상황에 있는 아동들이다. 대인관계 맥락에서 아동은 재난에 대한 부모 또는 중요한 어른의 반응을 따라가는 경향이 있다. 과도한 불안을 보이는 부모는 자녀 역시 같은 모습을 보인다(LaGreca et al., 1996). 따라서 이 집단을 위해 덧붙이는 전략은 부모 스스로에게 진정시키는 전략을 가르치는 집중적인 부모 자문이다. 한 가지 창의적인 접근은 놀이치료회기 마지막에 부모를 초대하여 아동이 부모에게 스스로 진정하기 전략을 가르치는 것이다. 이 전략은 불안의 관리에서 아동과 부모가 서로를 지지할 수 있게 한다.

문화적 맥락은 아동의 대처 전략뿐 아니라 재난의 원인에 대한 해석에도 영향을 미친다(Rosenfeld et al., 2005). 재난을 신의 뜻이나 신이 내리는 벌로 여기는 문화가 있는 반면에, 과학적인 원인으로 귀인하는 문화도 있다. 문화적 차이를 존중하기 위해 놀이치료사는 아동의 부모, 문화적 정보 제공자 또는 종교적 대리인에게 재난이 발생한 이유에 대한 그들의 관점을 반드시 질문해야 한다. 예를 들어 스리랑카의 타밀 아동들은 2005년의 쓰나미가 내전에 대해 신이 벌을 준 것이라고 믿었다. 놀이치료사는 이러한 해석을 인식하고, 생존에 대한 그들의 강인함에 초점을 맞추었다. 유사하게 문화가 다양한 대처 전략을 강조하기 때문에 놀이치료사는 아동과 가족이 가장 자주 사용하는 전략에 대해 질문해야 한다. 예를 들어 타밀 아동들은 요가와 명상에 능숙하였고 부모는 자녀가 이 전략을 사용하는 것을 좋아하였다.

사회적 맥락과 관련하여 소수 민족 또는 그 외 소외 집단처럼 경제적 및 사회문화적 힘이 적은 집단의 아동은 증상이 좀 더 심각한 경향이 있다(LaGreca, 2008). 놀이치료사는 가족의 요구를 충족시킬 수 있도록 사회 정의의 대변인이 될 필요가 있다. 예를 들어 이민 서류를 갖추지 못한 가족은 재난 구조 서비스를 찾지 않을 수도 있다 놀이치료사는 필요한 서비스를 받을 수 있도록 구조 기관과 접촉해야 한다.

아동의 반응은 재난 계획 및 구조 노력을 포함해서, 사회적 · 정치적 · 경제적 맥락 전반에 기초해서 달라질 수 있다. 지역사회 구성원, 정부기관, 비정부기구로부터 더 많은 지지와 자원을 지각하고 받은 아동은 심각한 증상이 적은 경향이 있다(Abramson et al., 2008). 반대로, 정부가 자신들에게 잘해주지 않는다고 지각한 아동은 좀 더 심각한 증상이 있을 수 있다. 놀이치료사는 귀인을 바로잡을 수 있는 CBT 전략을 아동에게 제공해야 할 수도 있다. 귀인을 바로 잡기 위한 한 가지 전략은 재난과 관련된 참(보물)과 거짓(쓰레기) 생각을 구분하는 보물과 쓰레기 게임을 하는 것이다. 예를 들어 '아동과 정부기관은 재난 회복을 도울 수 있다'는 생각은 보물이고 '정부가 재난을 야기했다'는 생각은 쓰레기이다. 놀이치료사는 생각이 보물 또는 쓰레기인 이유를 아동이 알 수 있도록 돕는다.

연구/증거중심

일반적으로(즉, 성인과 아동에 대한) PFA의 효과성에 대한 연구는 몇 가지 이유로 인해 부족하다. 첫째, 다른 심리적 개입에 비해 PFA는 PFA의 광범위한 현장 보급 지침의 배분이 2006년에 실시된, 비교적 최근의 개입이다. 둘째, 재난 생존자들은 매우 취약한 집단으로 고려되기 때문에, 연구에 대한 기관의 심의 허가를 시기적절하게 받기가 어렵다. 허가를 받을지라도 힘든 상황에 있는 사람은 연구의 참여자가 되는 것을 꺼리거나 기분이 상할 수도 있다. 마지막으로, 재난의 혼란스러운 성질 및 사람들이 결석하는 것은 필요한 무작위 처치집단 설계를 실시하는 것이 불가능하다. 결과적으로 1990년에서 2010년까지 동료 검토 문헌연구의 분석은 "심리적 응급 조치에 대한 적절한 과학적 증거는 부족하지만 전문가 견해와 합리적 추측을 통해 폭넓게 지지된다."는 것을 발견하였다(Fox et al., 2012, p. 247).

DRPT 역시 연구 실행에서 동일한 어려움이 있다. 무수한 사례연구에도 불구하고, 재난 이후 CCPT에 대해 출판된 2개의 통제집단 연구가 있을 뿐이다. 다행스럽게도 이 두 연구는 CCPT가 재난 이후에 효과적이라는 증거가 있었다. Shen(2010)은 지진을 겪은 대만의 학령기 아동들이 아동중심 놀이치료 후 불안과 자살 위험에서 통제집단에 비해 유의미한 감소가 있었음을 밝혔다. Garcia(2012)는 전쟁 난민이었던 아동들이 CCPT와 TF-CBT 집단 모두에서 외상후 스트레스 증상의 유의미한 감소를 보였다고 밝혔다. Schottelkorb 등(2012)의 결과는 CCPT가 증거중심 TF-CBT와 마찬가지로 외상 증상의 감소에 효과적이라는 것을 보여주었다는 점에서 중요하다. 이러한 결과에 근거해서 CCPT와 CBT를 혼합한 DRPT 역시 외상 증상의 감소에 효과적이라는 추론은 타당하다. 이러한 연구들이 앞으로 일어날 재난 이후를 대비해 계획되어 있다.

결론

수백만 명의 아동들이 매년 자연재난 또는 인적재난을 겪는다. 아동은 민감한 발달기라는 점과 그들의 힘과 자원이 부족하기 때문에 재난 중 가장 취약한 집단이다. 대부분의 아동이 일시적인 증상을 경험하지만, 신경생리학적 · 신체적 · 인지적 · 정서적 · 행동적 · 영적 증상이 지속되는 아동도 있다. 놀이치료사는 충격 직후 단계에서 C³ARE 모델을, 단기 회복 단계에서 소집단의 놀이에 기초한 개입을, 장기 회복 단계에서 재난대응 놀이치료를 제공함으로써 재난대응 접근의 핵심적인 부분이 될 수 있다. 이렇게 함으로써 놀이치료사는 재난을 겪은 아동의 회복과 회복력을 촉진할 수 있다.

참고문헌

Abramson, D., Stehling-Ariza, T., Garfield, R., & Redlener, I. (2008). Prevalence and predictors of mental health distress post-Katrina: Findings from the Gulf Coast Child and Family Health Study. *Disaster Medicine and Public Health Preparedness, 2*(2), 77–86.

Axline, V. M. (1947). *Play therapy.* New York, NY: Ballantine Books.

Baggerly, J. N. (2012). *Trauma informed child centered play therapy* [DVD]. Framingham, MA: Microtraining Associates and Alexander Street Press.

Baggerly, J. N. (2006). Preparing play therapists for disaster response: Principles and procedures. *International Journal of Play Therapy, 15*, 59–82.

Baggerly, J. N. (2007). *Crisis stabilization for children: Disaster mental health* [DVD]. Framingham, MA: Microtraining Associates and Alexander Street Press.

Baggerly, J. N., & Exum, H. (2008). Counseling children after natural disasters: Guidance for family therapists. *American Journal of Family Therapy, 36*(1), 79–93.

Baggerly, J. N., & Mescia, N. (2005). *Disaster behavioral health first aid specialist training with children: C-FAST.* Tampa, FL: Florida

Center for Public Health Preparedness.

Bailey, B. (2010). *I love you rituals*. New York, NY: Harper.

Baranowsky, A. B., Gentry, J., & Schultz, D. (2011). *Trauma practice: Tools for stabilization and recovery* (2nd ed.). Cambridge, MA: Hogrefe Publishing.

Becker-Blease, K. A., Turner, H. A., & Finkelhor, D. (2010). Disasters, victimization, and children's mental health. *Child Development, 81*, 1040–1052.

Briere, J. (1996). *Trauma symptom checklist for children*. Odessa, FL: Psychological Assessment Resources.

Brymer, M., Layne, C., Jacobs, A., Pynoos, R., Ruzek, J., Steinberg, A.,Watson, P. (2006). *Psychological first aid field operations guide* (2nd ed.). Los Angeles, CA: National Child Traumatic Stress Network and National Center for PTSD. Retrieved from http://www.nctsn.org/content/psychological-first-aid

Felix, E., Bond, D., & Shelby, J. (2006). Coping with disaster: Psychosocial interventions for children in international disaster relief. In C. E. Schaefer & H. Kaduson (Eds.), *Contemporary play therapy: Theory, research, and practice* (pp. 307–328). New York, NY: Guilford Press.

Fox, J. H., Burkle, F. M., Bass, J., Pia, F. A., Epstein, J. L., & Markenson, D. (2012). The effectiveness of psychological first aid as a disaster intervention tool: Research analysis of peer-reviewed literature from 1990–2010. *Disaster Medicine and Public Health Preparedness, 6*(3), 247–252.

Gaskill, R., & Perry, B. D. (2012). Child sexual abuse, traumatic experiences, and their impact on the developing brain. In P. Goodyear-Brown (Ed.), *Handbook of child sexual abuse* (pp. 30–47). Hoboken, NJ: Wiley.

Guha-Sapir, D., Vos, F., Below, R., & Ponserre, S. (2013). *Annual disaster statistical review 2012: The numbers and trends*. Brussels, Germany: CRED. Retrieved from http://www.cred.be/sites/default/files/ADSR_2012.pdf

Herman, J. (1992). *Trauma and recovery*. New York, NY: Basic Books.

Holmes, M. (2000). *A terrible thing happened—a story for children who witnessed violence or trauma*. Washington, DC: Magination Press.

Jaycox, L. H., Cohen, J. A., Mannarino, A. P., Walker, D. W., Langley, A. K., Gegenheimer, K. L., & Scholar, M. (2010). Children's mental health care following Hurricane Katrina: A field trial of trauma-focused psychotherapies. *Journal of Traumatic Stress, 23*(2), 223–231.

Jones, R. T., Fletcher, K., & Ribbe D. R. (2002). *Child's Reaction to Traumatic Events Scale-Revised (CRTES-R): A self-report traumatic stress measure*. Blacksburg, VA: Author.

Kronenberg,M. E., Hansel, T., Brennan, A. M., Osofsky, H. J., Osofsky, J. D., & Lawrason, B. (2010). Children of Katrina: Lessons learned about post disaster symptoms and recovery patterns. *Child Development, 81*(4), 1241–1259.

LaGreca, A. M. (2008). Interventions for posttraumatic stress in children and adolescents following natural disasters and acts of terrorism. In R. C. Steele, T. D. Elkin, & M. C. Roberts (Eds.), *Handbook of evidence-based therapies for children and adolescents: Bridging science and practice* (pp. 121–141). New York, NY: Springer Science.

LaGreca, A. M., Sevin, S., & Sevin, E. (2005). *After the storm*. Miami, FL: Sevendippity. Retrieved from http://www.7-dippity.com/index.html

La Greca, A. M., Silverman,W. K., Lai, B., & Jaccard, J. (2010). Hurricane-related exposure experiences and stressors, other life events, and social support: Concurrent and prospective impact on children's persistent posttraumatic stress symptoms. *Journal Of Consulting And Clinical Psychology, 78*(6), 794-805.

LaGreca, A. M., & Silverman,W. K. (2009). Treatment and prevention of posttraumatic stress reactions in children and adolescents exposed to disasters and terrorism:What is the evidence? *Child Development Perspectives, 3*(1), 4–10.

LaGreca, A. M., Silverman,W. K., Vernberg, E. M., & Prinstein, M. (1996). Symptoms of posttraumatic stress after Hurricane Andrew: A prospective study. *Journal of Consulting and Clinical Psychology, 64*, 712–723.

Landreth, G. L. (2012). *Play therapy: The art of relationship* (3rd ed.). New York, NY: Routledge/Taylor & Francis.

McFarlane, A. C., Policansky, S. K., & Irwin, C. (1987). A longitudinal study of the psychological morbidity in children due to a natural disaster. *Psychological Medicine: A Journal of Research in Psychiatry and the Allied Sciences, 17*(3), 727–738.

Pane, J. F., McCaffrey, D. F., Kalra, N., & Zhou, A. J. (2008). Effects of student displacement in Louisiana during the first academic year after the hurricanes of 2005. *Journal of Education for Students Placed at Risk, 13*(2–3), 168–211.

Perry, B. D., Pollard, R. A., Blakley, T. L., Baker,W. L., & Vigilante, D. (1995). Childhood trauma, the neurobiology of adaptation, and "use-dependent" development of the brain: How "states" become "traits." *Infant Mental Health Journal, 16*(4), 271–291.

Rosenfeld, L. B., Caye, J. S., Ayalon, O., & Lahad, M. (2005).When their world falls apart: Helping families and children manage the effects of disasters. Washington, DC: NASW Press.

Salama, H., & Dardagan, H. (2013). Stolen futures: The hidden toll of child casualties in Syria. London, EnglandOxford Research Group. Retrieved from http://www.oxfordresearchgroup.org.uk/publications/briefing_papers_and_reports/stolen_futures Scheeringa, M. S. (2005). Disaster experiences questionnaire (Unpublished measure). Tulane University, New Orleans, LA.

Scheeringa, M. S., & Zeanah, C. H. (2001). A relational perspective on PTSD in early childhood. *Journal of Traumatic Stress, 14*(4), 799–815.

Schottelkorb, A. A., Doumas, D. M., & Garcia, R. (2012). Treatment for childhood refugee trauma: A randomized, controlled trial.

International Journal of Play Therapy, 21(2), 57–73.

Shen, Y. (2010). Effects of post earthquake group play therapy with Chinese children. In J. N. Baggerly, D. C. Ray, S. C. Bratton (Eds.), Child-centered play therapy research: The evidence base for effective practice (pp. 85–103). Hoboken, NJ: Wiley.

Shephard, C. (1998). *Brave Bart—A story for traumatized and grieving children*. Clinton Township, MI: Trauma and Loss in Children.

Siegel, D. J. (2006). An interpersonal neurobiology approach to psychotherapy: Awareness, mirror neurons, and neural plasticity in the development of well-being. *Psychiatric Annals, 36*(4), 247–258.

Siegel, D. J. (2007). *The mindful brain: Reflection and attunement in the cultivation of well-being*. New York, NY: Norton.

Speier, A. (2000). *Psychosocial issues for children and adolescents in disasters* (2nd ed.). Rockville, MD: Center for Mental Health Services, Substance Abuse and Mental Health Services Administration. Retrieved from http://store.samhsa.gov/product/Psychosocial-Issues-for-Children-and-Adolescentsin-Disasters/ADM86-1070R

Sullivan, M. A., Saylor, C., & Foster, S. C. (1991). Post-hurricane adjustment of preschoolers and their families. *Advances in Behavior, Research, and Therapy, 13*(3), 163–172.

Terr, L. C. (1990). *Too scared to cry: Psychic trauma in childhood*. New York, NY: Harper & Row.

UNICEF. (2007). *Progress for children: A world fit for children statistical review*. New York, NY: Author. Retrieved from http://www.childinfo.org/files/worldfit_progress_for_children.pdf

U.S. Department of Health and Human Services. (2004). *Mental health response to mass violence and terrorism: A training manual* (DHHS Pub. No. SMA 3959). Rockville, MD: Center for Mental Health Services, Substance Abuse and Mental Health Services Administration. Retrieved from http://www.mentalhealth.samhsa.gov/publications/allpubs/SMA-3959/default.asp

van der Kolk, B. (1994). The body keeps score: Memory and the evolving psychobiology of post-traumatic stress. *Harvard Review of Psychiatry, 1*(5), 253–265.

van der Kolk, B. A. (2007). The developmental impact of childhood trauma. In L. J. Kirmayer, R. Lemelson, M. Barad, L. J. Kirmayer, R. Lemelson, & M. Barad (Eds.), *Understanding trauma: Integrating biological, clinical, and cultural perspectives* (pp. 224–241). New York, NY: Cambridge University Press.

Vijayakumar, L., Kannan, G. K., & Daniel, S. J. (2006). Mental health status in children exposed to tsunami. *International Review of Psychiatry, 18*, 507–513.

Vogel, J., & Vernberg, E. M. (1993). Children's psychological responses to disaster. *Journal of Clinical Child Psychology, 22*, 464–484.

Yorbik, O., Akbiyik, D., Kirmizigul, P., & Sömen, T. (2004). Post-traumatic stress disorder symptoms in children after the 1999 Marmara earthquake in Turkey. *International Journal of Mental Health, 33*(1), 46–58.

제**5**부

비전통적인 장면에서의
놀이치료

Handbook of Play Therapy

24

병원에서의 놀이치료

KRISTIN S. BEMIS

전형적인 소아과 의료 장면에는 환자, 나타난 문제, 지침이 폭넓게 포함되어 있다. 많은 아동들이 이러한 모든 상황에 너무도 친숙하다. 최근 연구에 의하면 아동의 7~8%가 만성 건강질환을 겪고 있고(Cousino & Hazen, 2013), 아동 100명 중 5명은 질병, 부상, 장애로 인해 매년 입원하는 것으로 추정되었다(Fuhrmann, 2010). 또한 일차 진료나 정기방문을 위해 응급실을 이용하는 가족이 늘어나는 것을 보여주는 연구도 있다(Amerigroup Real Solutions in Health Care, 2011). 연령에 관계없이 소아과 의료 장면에 있는 아동이 많다는 것은 분명하다. 다행인 것은 상위에 있는 많은 소아과 병원들이 의료 서비스 이외에 심리적 서비스를 제공하는 것이 분명하고, 이 특별하고도 비전통적인 장면에서 놀이치료를 위한 기회가 열려 있고 놀이치료를 제공하고 있다는 것이다.

소아과 의료 장면에서 아동은 의료라고 하는 매우 추상적인 성인의 세계에 노출되어 있으며, 아동의 발달 단계에 해당하는 인지적 이해 능력과 제한된 대처 기술을 가지고 이러한 세계에 적응하라고 강요당하고 있다. Goodman(2007)은 Sourkes(1982)를 인용하여 "아동은 병에 대해 두 가지 형태의 생각을 종종 갖고 있는데, 하나는 말 그대로 병에 대한 것이고, 또 하나는 자기 자신만의 사적인 형태의 생각이다."(p. 206)라고 하였다. 소아과 의료 장면에서 치료사가 하는 많은 일 중의 하나는 아동의 이러한 사적인 형태의 생각을 탐색하고 자신의 새로운 세상을 이해하도록 돕는 것이다. 소아과 의료 장면은 치료사가 일차적으로 환자뿐만 아니라 전체 가족 체계와도 작업하는 독특한 어려움이 종종 나타난다. 이러한 독특한 요소는 전통적인 상담 장면과는 다른 장애물과 고려사항을 야기한다.

장면 정의하기

장면의 특성

의료 장면의 특성을 정의하는 것 중 하나는 제시되는 사례의 폭과 복잡성이다. 최근에 심부전증 진단을 받은 아동이 학교에서 또래 괴롭힘을 당하거나 부모가 이혼 절차 중이거나, 학업의 어려움, 또는 동시 발병의 정신과 진단을 받을 수도 있다. 아동의 의학적 진단은 기타 심리사회적 스트레스 인자의 영향을 줄여주기보다는 이러한 문제들을 악화시킬 뿐이다. 치료사로서 우리는 아동이 영향을 받지 않는 진공 상태에서 존재하는 것이 아니라는 것을 알고 있으며, 이것은 병원 장면에 있는 아동에게도 마찬가지이다. 그와 같은 의학적 진단들이 아동의 세계에서 발생하는 유일한 사건은 아니다. 이러한 관점에서 많은 병원들이 진료실 장면에서 환자와 가족을 위한 주요 서비스를 제공하는 추가의 이동 서비스를 제공하도록 설계되어 있다. 이러한 장면에서는 치료사가 상황적으로 민감한 처치 양식을 제공하게 하는데, 즉 아동의 진단뿐만 아니라 심리사회적 요인 및 부모의 요인에 맞추는 것이다.

좀 더 전통적인 치료 환경과 비교해볼 때 소아과 의료 환경의 또 다른 독특한 점은 급성 또는 만성적인 이유 때문에 병원에 오는 아동과 청소년이다. 입원 기간이 주 호소 문제에 따라 다양하고 이는 개입을 위한 절호의 기회도 사례에 따라 다양하다. 게다가 큰 병원에서는 병원의 전문 진료 또는 의학적 증명을 위해 먼 지역에서 아동들이 종종 치료받으러 온다. 이러한 맥락에서 치료사는 자신이 일관되고 효과적인 치료를 제공할 수 있는지, 또는 자신의 환자를 다른 곳에 의뢰해야 하는지를 판단해야 한다. 이 같은 선택은 환자가 잠시 또는 어쩌다 한 번씩 오는 경우에 특히 중요하다. 일부 아동은 단기 작업으로 도움을 받기도 하지만, 일관된 치료 제공자와의 장기간 작업이 더 적합할 수도 있다. 애착 문제 및 외상 이력으로 고군분투하는 아동, 또는 지리적 제약으로 치료회기를 일관되게 수행할 수 없는 아동과 치료적 관계를 키우는 것은 아동에게 최선이 아닐 수도 있다. 그럴 경우 지역사회 자원을 확인하고 치료의 목표와 중요성에 대해 양육자를 교육시키는 것이 가족과 할 수 있는 치료사의 유일한 역할일 수도 있다.

병원은 환자와 가족에게 유용한 다학제적 자원을 가지고 있다. 그러한 환자가 물리치료, 언어치료, 작업치료, 마사지치료, 음악치료, 학교 서비스를 받을 수 있는 환경이다. 놀이치료사는 이러한 팀에 필요한 구성원이다. 그렇기 때문에 의료 환경에서 다양한 팀원들과 의사소통하고 다른 분야가 언제 개입해야 할지를 판단하는 것은 의료 장면에 있는 놀이치료사가 하는 중요한 역할이다.

마지막으로, 병원에서의 놀이치료 프로그램은 질병으로 인한 장기간 입원이나 잦은 취소로 인해 지역사회 제공자가 놓칠 수 있는 아동을 포착해내는 중요한 기회이다. 이 경우에 입원과 외래 모두에 근거해서 돌봄을 제공해줄 수 있는 처치 프로그램은 최선의 지역사회 돌봄이다. 지정한 날에 놀이치료사는 병실, 대기실, 암 병동 또는 놀이실에서 환자 및 가족을 만날 수 있다.

놀이치료가 적합한 이유

의료적 사건은 종종 무섭고 혼란스럽고 고통스럽다. 아동이 이러한 스트레스 사건을 자신의 지각과 여과장치를 통해 경험한다는 데 주목해야 한다. 손가락을 바늘로 찌르는 것이 가장 고통스럽다고 생각하는 아동이 있는 반면, 알약을 삼키는 것이 가장 고통스러운 아동도 있다. 가장 큰 외상과 불안을 야기하는 사건을 찾을 때에는 아동의 주관적 지각을 평가하는 것이 중요하다. 그러나 발달적으로 불가능하지는 않더라도, 그러한 감정을 언어화하는 것, 특히 아주 어린 아동이 이러한 감정을 언어화하는 것은 어려운 일이다. 언어 기술 및 인지 기술이 더 높은 나이가 많은 아동도 이러한 사건에 대한 이야기가 외상을 재연시키거나 지나치게 과잉압도될 수 있다. 놀이실에서 아동과 청소년이 조절해서 숨어 있던 은유와 상징은 점진적이고 안전한 노출이 허용된다. 치료실의 안전함 속에서 놀이는 질병에 관한 추상적 개념과 아동의 구체적인 인지 사이의 괴리를 연결한다. 이것은 낯선 의료 세계에 대한 이해와 숙달감을 높여준다. 놀이는 '현실에서는 처리 불가능한 것을 환상적으로 처리 가능한 것이 되도록' 변화시킨다(Landreth, 2002, p. 12).

　놀이치료는 의료 장면에서 아동을 사정하고 치료하는, 발달적으로 민감한 접근이다. 놀이는 자신의 질병과 의학적 경험에 대한 어린 아동의 왜곡을 평가하고 교정할 수 있는 기제를 제공한다. 예를 들어 아기인형이 '나쁜 아이이기 때문에' 주사를 맞는다는 것을 보여주는 병원놀이를 아동이 할 때 놀이치료사는 아동의 이러한 지각을 교정하기 위해 치료적 제한설정과 적절한 심리교육을 통한 개입을 할 수 있다. 병원 장면에서는 정상적인 발달 과제와 발달의 진행이 종종 방해를 받는다. 유아는 적절한 애착을 연결 짓는 데 어려움이 있고, 학령전기 아동은 '배변훈련'과 같이 이전에 숙달한 과제에서 퇴행이 나타나고, 학령기 아동은 자아존중감 수준이 낮아지기도 한다. 청소년은 독립심이 저하되거나 사생활이 없어지고, 또는 또래와 잘 지내는 시간이 감소되기도 한다. 양육자에게 과하게 의존하거나 사소한 과제에도 힘들어하는 수많은 입원 아동과 청소년에게서 학습된 무기력도 관찰된다. 자신의 슬픔과 아동을 병원으로 오게 한 그 문제를 해결하지 못했다는 무능감에 압도된 양육자는 자신도 모르는 사이에 아동에게 무력감을 줄 수도 있다. 놀이치료는 아동이 통제감을 다시 얻고, 유능감과 숙달감을 향상시키고, 정상적인 발달 과제로 되돌아갈 수 있는 기회가 된다. 청소년에게 집단치료는 또래 상호작용의 욕구를 충족시킬 수 있는 치료적 환경을 촉진하는 것으로 여겨진다. 모든 사례에서 생활연령이나 발달 단계에 근거한 '정상'을 과잉 일반화하거나 치중하지 않는 한편, 아동과 청소년이 병원 밖에 있다면 무엇을 할 수 있을지를 개념화하는 것이 중요하다(발달 모델의 잠재적 남용과 오해에 대한 주의는 Ray, 2011, pp. 17-19 참조).

병원 장면에서 놀이치료 시행 시 잠재적인 장애물

소아과 의료 장면에서 놀이치료 프로그램의 시행 시에 주요 장애물 중 하나는 그것을 정의하는 특성 중 하나에 관한 것인데, 이러한 환경에서 볼 수 있는 진단과 동시 발병의 폭이 넓다는 것이다. 병원에 있는 정신건강전문가는 전환장애가 있는 아동부터 변연계의 뇌염 아동의 상담에 이르기까지 어떤 것이든지 마주할 수 있다. 신체적 외상, 희귀한 의학적 질병, 기분장애 및 불안장애, 처치 따르기의 어려움, 통증장애, 사별 문제는 소아과 병동에서 볼 수 있는 것이다. 게다가 기존에 갖고 있는 정신과 진단에 새로운 의학적 진단이 덧붙여지기도 한다. 이런 일이 일어나면 치료사는 평가, 개입, 또는 의료팀에게 제안할 수 있는 기회 없이 환자의 병상이나 진료실로 달려가야 한다. 유연성 및 지속적으로 학습하는 능력은 의료 장면에서 성공적으로 작업하는 놀이치료사라고 정의내리는 특성이다. 이런 치료사들은 자신의 전문성을 '이 병원의 문안으로 아동을 데려오는 모든 것'이라고 농담하기도 한다. 이것은 과장된 것이지만 한 명의 치료사가 모든 아동과 가족에게 다 맞을 수 없고 우리 모두는 우리의 전문성 영역을 가지고 있으며, 이 말은 병원에서 근무하는 치료사가 직면해야 하는 다양성과 복잡성을 잘 보여준다. 의료 장면에 있는 놀이치료사는 환자의 세계를 가장 잘 이해하기 위해 새로운 진단, 처치나 약물, 잠재적인 개입에 대해 지속적으로 공부할 필요가 있다. 환자의 주관적인 관점을 가장 잘 평가하고 개념화하려면 객관적인 의료 사항을 이해하는 것이 필수이다. 또한, 자신의 범위를 넘어선다고 느끼는 사례를 시도하는 것에 대한 윤리적인 고려사항에 대해 신중하게 의식하고 있어야 한다. 동료의 자문을 구하거나 아동을 다른 치료사에게 의뢰하는 것, 병원에서 활용할 수 있는 다양한 분야의 자원을 이용하는 것 역시 잠재적인, 종종 필수적인 선택사항이다.

병원에서의 놀이치료에 대해 대학원생들에게 강의할 때, 나는 종종 이들에게 놀이치료의 언어로 말하는 사람들에게 둘러싸여 있음을 기뻐하라고 충고하는데, 그 이유는 대학교 장면을 벗어난 치료의 세계로 들어가면 이 상황이 갑자기 끝나기 때문이다. 병원은 특히 전문의, 동료, 레지던트, 의과대학생들이 수적으로 더 많다. 의료기관은 진단과 치료에 초점을 둔 모델 내에서 작동된다. 의료를 제공하는 사람과 정신건강을 제공하는 사람들 양쪽 모두가 아동이 최상의 기능으로 돌아오는 것을 바라기 때문에, 우리의 목표와 의료 전문가의 목표는 조화로울 수 있으며, 우리는 우리와 다른 전문 지식을 가지고 있는 의료 제공자들과 의사소통을 할 필요가 있다. 간호사를 발로 차고 깨무는 7세 아동을 돕기 위한 계획을 논의하면서 아동의 정서적 표현 욕구에 대해 의료팀에게 이야기하는 것이 가장 효과적인 방법은 아닐 것이다. 의사, 정신과 의사, 언어치료사, 사회복지사 등 다른 전문가들의 투입에 기초해서 놀이치료사 자신의 목표를 분명히 하고 처치 목표를 조정하는 것 둘 다가 필요하다.

병원에서 독특한 또 다른 어려운 점은 치료회기가 항상 놀이실에서 이루어지지는 않는다는 것이다. 회기는 종종 임상 검사실이나 아동이 입원 병동에 있다면 병상에서 이루어지기도 한다. 이 점은 아마도 병원에서의 놀이치료를 배울 때 가장 겁이 나는 것 중의 하나일 것이다. 놀이치료 인턴들은 전통적인 놀이실의 안전함과 편안함에 익숙하기 때문에 인턴십을 시작할 때 이러한 점 때문에 힘들어한다. 병상 회기에서는 많은 독특한 주의분산에 직면한다. 간호사나 그 외 직원들이 병실 안과 밖을 돌아다니기도 하고, 양육자가 회기에서 방에 같이 남아 있으려 하고, 비밀유지가 지켜지지 않을 수도 있다. 이러한 경우 치료사는 TV나 그 외 전기 기기, 그리고 놀이치료사가 정상적으로 접해보지 않았거나 전통적인 놀이치료 장면에서 원하지 않는, 아동의 집에서 가져온 놀이 장난감 물품과 관련하여 치료사만의 특유한 제한설정을 할 필요가 있을 것이다.

'장난감이 아동의 언어로 사용되기'(Landreth, 2002, p. 16) 때문에, 당신은 아동을 위해 언어를 선택하고 싶다고 생각할 것이다. 이것은 첫 회기에 병실에 무슨 놀잇감을 가지고 갈지를 결정할 때 특히 더 그러하다. 나는 종종 아동이 놀이실에 온다면 어떤 장난감을 좋아할까 하는 아이디어를 얻기 위해 처음에 아동을 짧게 만난다. 이렇게 함으로써 나는 놀이실에 대한 자유가 주어진다면 아동이 선택할 만한 놀잇감과 좀 더 일치하는 놀잇감을 고를 수 있다. 병원에는 감염을 통제하기 위한 제한 지침이 있기 때문에 아동의 병상으로 갖고 갈 수 있는 재료를 제한할 수도 있다. 내가 있는 병원에서는 병상에서 사용되는 모든 재료들이 깨끗하거나 새것이 아닐 경우, 그 환자 혼자만 사용하게 한다. 이것은 비용이 많이 들며, 특히 치료로 이용되는 재료들을 잘 활용하지 못할 수도 있음을 의미한다. 나는 주로 마커, 풀, 종이와 같이 덜 비싸고 다목적적인 재료를 많이 사용한다.

병실 놀이치료회기의 또 다른 독특한 측면은 아동의 질병 예방을 위해 당신이 감염 통제를 위한 마스크, 장갑, 가운을 입어야 할 수도 있다는 점이다. 마스크로 입과 코를 가릴 때 비언어적인 표현을 얼마나 놓치게 되는지, 그리고 아동에게 각각의 제공자들이 얼마나 비슷하게 보일지를 유념하는 것이 중요하다. 놀이치료사는 자신이 다른 직원들과 다르며, 주사나 약과는 상관이 없는 사람임을 아동에게 확실히 전해야 한다. 한 어머니는 나에게 자기 자녀가 입원 병동에 들어온 첫 24시간 동안 49명의 병원 직원을 만났다고 말했다. 놀이치료사는 아동과 가족에게 일관되고 예측 가능한 사람으로 남기 위해 반드시 노력해야 한다. 병원 환경에서 가장 중요한 것은 최신의, 아주 좋은 치료기법이나 재료가 아니라 치료사가 방에서 가장 좋은 치료적 도구가 된다는 것이 금방 명확해진다.

　더욱이 의료 장면은 정해진 시간에 따라 굴러가고 이것이 치료사의 스케줄과 항상 맞아 떨어지는 것은 아니다. 나는 흔히 환자가 치료 절차를 기다릴 때나 깨어 있을 때 병상 회기를 시도한다. 의료 절차나 개입, 또는 아주 단순히 환자의 피로 수준에 따라 회기를 갑자기 끝내야 할 때 충분하게 진행하지 못할 때도 있다. 좀 더 전통적인 장면에서는 회기를 빨리 마쳐야 하는 아동에게 치료적 제한과 남은 시간에 대해 확인을 시킬 수 있다. 그러나 의료 장면에서 한 차례의 화학요법을 막 끝냈거나 또는 구토로 밤을 지낸 아동이 피로나 통증 때문에 회기를 일찍 끝내자고 하는 요구는 인정해야 한다. 나는 아동이 놀잇감을 가지고 놀지 않더라도 내가 병상 옆에 머무를지 여부를 아동이 선택하게 한다. 아동이 정서적으로 회기의 지속 및 치료사와의 연결을 자주 원하지만, 신체적으로는 적극적으로 참여할 수 없다.

집단 정의하기

병원에서 놀이치료사가 상담을 가장 많이 하게 되는 아동은 대처하는 데 어려움을 보이고, 의료적 처치를 준수하는 데 어려움, 행동 문제, 기분 증상을 보이는 아동이다. 이러한 문제들은 발달 스펙트럼에 따라 다르게 표현된다. 3세 아동은 때리기나 깨물기와 같은 공격적인 행동을 흔히 보이는 반면, 16세 아동은 투약을 거부할 수 있다. 치료사로서 나의 목표는 발생하는 의료적 스트레스 및 정서적 스트레스에 아동이 적응하도록 돕는 것이다. 의료 장면에서 이러한 사람들을 치료하는 다학제 팀의 구성원으로서, 나는 '전체로서 온전한 아동'이 될 수 있게 관리를 용이하게 하는 것이 나의 목표임을 의료팀에게 설명할 수도 있다. 이는 놀이에서 정서적 역동만을 돕는 것이 아니라 환자의 의료적 처치에 대해 발생하는 장애물을 최소화하도록 일한다는 의미이다. 바늘 공포증이 있는 아동이 당뇨 진단을 받고 날마다 혈당 체크와 인슐린 주사를 맞아야 한다면, 의료팀은 아동이 퇴원해서 집으로 갈 수 있도록 아동에게 주어진 새로운 의료적 요구사항을 준수하는 데 내가 집중하기를 바란다. 아동의 치료사로서 나는 이 아동이 새로 진단받은 만성질환이 가져올 좀 더 큰 역동성을 다루어야만 하는데, 여기에는 아동이 현재 자신을 어떻게 바라볼 것인지 그리고 이것이 또래와의 기능에 어떤 영향을 미칠 것인지가 포함된다. 이 모두가 중요한 목표이겠지만 아동이 가능한 한 빨리 집에 갈 수 있도록 확신시키는 것과의 연결을 찾아야 한다.

의료 장면에 최적화된 이론적 배경

의료 장면에 있는 내담자의 폭이 넓고 다양하다는 것을 재차 고려해볼 때, 내담자가 적절히 다루어지는 것에 대한 필요성을 입증하는 데 중요한 증거중심 및 알려진 관행의 사용에 주목하는 것이 중요하다(Kazdin, 2008; Kenney-Noziska, Schaefer, & Homeyer, 2012). 병원이나 병원 밖에서도 모든 사례에 다 들어맞는 딱 한 가지 접근법은 없다. 통합된 이론과 경험적으로 지지된 처치 모델이 최선의 접근법일 것 같고(Drewes, Bratton, & Schaefer 2011), 치료사는 "임상 집단의 다양한 요구를 다루어줄 증거 중심의 지시적 모델 및 비지시적 모델을 통합할 수 있어야 한다."(Kenney-Noziska et al, 2012, p. 247) 이는 자기만의 이론적 배경을 가지고 있으면 안 된다는 의미가 아니다. 내담자에 대한 개념화, 개입의 활용 이면에 있는 합리적 근거, 개입 실행에 대한 여러분의 편안함과 전문성을 가지고 있지 않고서는 최신의 그리고 최고의 기법을 간단히 손에 넣을 수가 없다. 연구를 통해 개입이 효과적임이 증명되었어도 임상 실제에서는 실패할 수 있다. 모든 임상 종사자들, 특히 의료 장면에 있는 임상 종사자들은 경험적으로 지지받는 유용한 처치들뿐만 아니라 기법의 적절한 실행이나 적용을 위해 처치 이면에 있는 변화의 기제, 장면과 환자의 맥락적 변인들에 대해 알아야 할 필요가 있다(Kazdin, 2008; Schaefe & Drewes, 2014). 의료 장면에서 이론적 배경과 접근은 기술 확립과 대처전략의 개발, 심리교육의 활용, 정서적 탐색과 표현을 위한 치료적 공간을 만들어낼 수 있어야 한다. 이러한 장면에서 일하는 놀이치료사는 치료사와 아동 간의 관계의 힘, 아동에 대한 무조건적인 수용의 영향, 놀이의 치료적 힘을 높이 평가해야 한다.

절차의 수정

병원 장면은 좀 더 전통적인 다른 치료 환경에는 없는 장애물이 치료회기에 발생한다. 일정한 수정을 해주면 놀이치료실 밖에서 치료적 환경을 만드는 데 도움이 된다. 첫째, 치료실에서 병상으로 물건들을 담아서 가져갈 수 있게 깨끗하게 닦이는 작은 바구니 또는 통을 준비해야 한다. 병상에서 하는 첫 회기를 준비할 때 나는 아동의 발달연령, 회기의 목표 및 아동의 흥미와 관련하여 아동이나 가족, 그 외 직원에게서 들은 내용을 고려한다. 아동이 원하는 재료를 투입할 수 있다는 점에서 뒤이어지는 회기는 비교적 더 쉽다. 다른 한편으로 놀이 목록은 놀이실에 내재되어 있는 일관성과 예측성을 동일하게 준수해야 할 때도 있다. 내가 있는 병원은 여러 치료사가 놀이실을 공유하기 때문에, 모-아동 교육 회기에서 우리가 사용하는 휴대용 놀이실 키트는 다른 치료사가 필요한 재료를 가져가지 않고 장난감 차 또는 군인 아저씨를 가지고 다니는 가방에 넣는 것도 유용하다. 병상 회기 재료에 대해 몇 가지 제안해보면, 작은 일회용기에 담긴 세척 가능한 페인트(좀 더 어린 아동에게는 점 페인트)가 있다. 이러한 도구는 휴대할 수 있으면서도 감염 통제 규정을 지킬 수 있게 해준다. 미니 플레이도우나 개별 밀봉된 마술 모델 역시 적절하게 감염 통제를 유지할 수 있기 때문에 선호된다. 쌀은 모래의 일회용 대체물이 될 수 있으며, 스티로폼은 미니 모래상자를 대신할 수 있다. 병원 장면에서는 골수 이식 환자 집단과 같은 환자를 위한 새로운 재료가 필요하며, 따라서 이러한 재료는 다른 아동이 사용하는 재료와 섞이지 않도록 체계가 있는 것이 중요하다.

의료 장면에서 놀이치료 프로그램을 개발하는 것은 어려운 일이 될 수 있는데, 특히 현재의 의료체계 분위기 및 소아정신건강 대(versus) 놀이치료의 증거중심 연구의 양적 차이로 인한 불균형 때문에 더욱 그러하다. 보조금이나 후원은 프로그램을 시작하는 데 매우 도움이 되며, 치료사는 이러한 장면에서 프로그램이 지속적으로 성장하고 유지될 수 있도록 프로그램에 대한 결과 자료를 수집하고 효과성을 평가해야 한다. 결과 자료를 모니터링하는 것은 프로그램의 재정 및 프로그램의 개발뿐만 아니라 향후 놀이치료의 구체적인 연구를 위해 사용할 수 있는 가장 좋은 임상자료가 된다. 프로그램을 위해 병원 직원을 교육하고 의사를 설득하는 것 역시 중요하다.

의료 장면에서의 기법과 전략

일부 소아과 의료 장면에서는 이용 가능한 자원이 많기 때문에 놀이치료기법뿐만 아니라 놀이치료와 연결해서 환자에게 도움이 되는 그 외 심리사회 서비스 제공자를 통해 얻을 수 있는 추가의 자원을 논의하는 것 역시 중요하다. 먼저 의료 장면에 있는 놀이치료 놀이실은 의료 집단에 특정적인 놀이 재료가 구비되어야 하는데, 이는 아동에게 스트레스를 유발하는 재료일지라도 구비되어야 한다. 강아지의 공격이라는 외상을 겪은 아동을 만날 때 놀이실에 있는 모든 강아지인형이나 피규어를 제거하지 않듯이, 병원에 있는 아동을 위해 모든 병원 관련 재료를 뺄 수는 없다. 장면에 특정적인 재료를 제공해서 치료사는 환자에게 둔감화 및 통제감을 제공하고, 외상에 대한 이야기를 재연하고 만드는 기회가 되고, 아동은 자신의 병원 경험에 대한 이해와 관련된 왜곡을 평가할 수 있는 중요한 기회가 될 것이다. 활용 가능한 놀이재료에는 장갑 · 체온계 · 밴드 · 마스크 · 청진기 같이, 병원에 있는 어떤 아이라도 접할 수 있는 기본 재료들이 포함된다. 현실의 재료와 가장하는 재료를 제공하는 것은 실생활 재료에 먼저 접근하는 것이 매우 불안한 아동에게 중요하다. 보다 특정적인 기타 목록은 검사나 수술 준비 동안의 불안과 같은, 특정한 목표를 가지고 작업하는 아동에게 필요한 것을 준비해야 한다.

병원놀이

병원에서 자주 적용될 수 있는 한 가지 전략은 병원놀이다. 공인 아동 생활전문가(certified child life specialist)에 의해 자주 이용되는 병원놀이에서 아동의 질병이나 경험에 맞는 병원 재료를 활용하여 아동이 의료 물품에 친숙해지고, 다가오는 치료 절차를 준비하고, 특정 의료 물품이나 절차에 편안함을 높이도록 돕는다(Boling, Yolton, & Nissen, 1991; McCue, 1988). 병원놀이는 아동의 속도에 맞추어 둔감화시키고 불안을 낮추며, 나아가 아동이 자신의 진단이나 의료적 요구사항을 이해하도록 돕는 효과적인 방법이다. 놀이치료사가 전통적인 병원놀이에 대해 훈련되어 있지 않더라도, 놀이실에 병원놀이 재료를 준비하는 것이 필수이다. 공식적인 훈련을 받지 않았을 경우 바늘이나 그 외 위험할 가능성이 있는 재료는 배제해야 한다. 아동은 자신의 속도대로 실제 재료와 가장하는 재료 모두에 접근한다. 아동이 치료사의 몸에 직접 병원놀이를 실시하지 못하도록 하고, 대신에 인형이나 그 외 대체물을 이용할 수 있음을 알려주는 것이 중요하다. 이렇게 함으로써 아동은 죄책감을 가지지 않도록 보호받고(Landreth, 2002), 아동이 의료 관리에 관해 왜곡할 가능성 및 아동이 이해한 것에 대해 잘 평가하게 한다.

비약물적 불안-통증-관리 전략

약물 개입과 함께 연결해서 여러 가지 비약물적인 전략은 통증 관리를 강화하고, 불안을 낮추고, 의료 경험에 대한 아동의 통제감과 숙달감을 높일 수 있다. 이러한 개입에는 바이오피드백, 최면 요법, 침술, 마사지와 같이 좀 더 전문화된 개입뿐 아니라 주의분산, 심호흡 기술, 근육이완, 심상 요법, 편안함 조치 등도 있다. 흔히 놀이치료사는 이러한 전략을 촉진하기 위해 병상 옆에 같이 있거나, 앞으로 일어날 사건에 대한 기술 확립이나 대처 전략을 환자가 배우는 회기를 진행하기도 한다.

주의분산은 의료 장면에서 효과적인 통증관리 전략으로 널리 인식되고 있으며 다양한 방식으로 수행될 수 있다. 이것은 아이패드에서부터 숨바꼭질(I SPY) 책까지 다양하다. 그러나 모든 주의분산 기법이 똑같지는 않다. 연구에 따르면 수동적 주의분산보다는 상호적인 주의분산 요법이 더 효과적이고, 3세 아동에게도 효과적으로 사용될 수 있다(Wohlheiter & Dahlquist, 2012). 상호적인 주의분산 요법은 선택적 주의, 실행 기능과 같은 인지를 이용하고, 타고난 신경 반응(통증과 같이 가장 현저한 자극에 주의를 가장 많이 기울이게 되는 뇌와 몸의 경향성)과 싸워서, 바로 앞에 있는 과제에 주의를 집중하게 한다(Legrain et al., 2009; Wohlheiter & Dahlquist, 2012). 이상적인 상호 주의분산 과제는 발달적으로 적절한 수준의 뇌가 몰입하며 아동이 성공감을 느낄 수 있게 한다. 아동이 어릴수록 이후에 논의될 편안함 조치 및 유아 침대나 다른 놀이 재료를 활용한 주의분산을 통해 이익을 더 많이 얻을 수 있다.

복식호흡 기법, 심상 요법, 점진적 근육이완은 모두 심신의 긴장을 줄이고 통증이나 불안을 유발하는 절차에 대한 대처를 향상시키기 위한 것이다(Goodyear-Brown, 2010; LeVieux & Lingnell, n.d.). 이러한 접근은 임상적으로 유의미한 통증 감소를 제공한다고 밝혀졌다(Kemper, Vohra, & Walls, 2008; Palermo, Eccleston, Lewandowski, Williams, & Morley, 2010). 심호흡을 촉진하기 위해 거품 불기나 종이 바람개비는 취학 전 아동에게 사용하는 단순한 전략이지만, 학령기 아동 및 청소년에게도 아주 효과적이다(Goodyear-Brown, 2010). 가장 효과적인 심상 요법 전략은 아동의 모든 감각을 활용하고, 대본이나 아동의 주도를 거쳐서 치료사가 주도한다. 점진적인 근육이완과 함께 골격근을 체계적인 방법 내에서 자발적으로 긴장시키고 이완시킬 수 있지만(LeVieux & Lingnell, n.d.), 환자의 연령이나 개방성에 따라 여러 근육을 묶어서 할 수도 있다. 놀이실에서 근육이완을 기술로 처음 가르칠 때, 나는 더 복잡하고 길게 연습하기 전까지는 주로 세 가지 부분(다리, 팔, 어깨)으로만 나누어서 아동이 이 개념에 편안해지도록 한다.

추가적인 편안함 조치에는 음악, 절차를 위한 자세가 포함되며 통증을 경감시키기 위해 열이나 얼음을 사용하기도 한다. 음악은 의료 장면에 있는 스트레스와 통증을 감소시켜주며 신생아를 포함해서 모든 연령의 사람들에게 사용될 수 있다(Novotney, 2013). 음악치료사는 좀 더 큰 의료 장면에서 다학제 팀의 한 부분으로, 소아과 환자의 폭넓은 심리사회적 요구를 충족시키는 중요한 자원이다. 그 외 편안함 조치에는 절차 동안에 아동이 양육자의 무릎에 머물면서 신체 접촉을 극대화하도록 하는 편안함을 위한 자세 취하기가 있다(Cohen, 2008).

좀 더 포괄적인 훈련을 필요로 하는 더 전문화된 비약물적 개입에는 바이오피드백, 최면 요법, 침술이나 마사지와 같은 그 밖의 전체적인(holistic) 접근이 포함된다. 이 모두는 증상에 이득이 있는 것뿐만 아니라 통증 감소에 효과적임을 보여주었다(Gold et al., 2009; Kemper et al., 2008; Palermo et al., 2010). 병원에서 이용 가능한 다학제 분야의 직원과 자원을 활용하면 치료사로서 여러분 혼자 제공할 수 없는 부수적인 이득을 환자에게 제공할 수 있을 것이다.

심리교육

아동이 발달적으로 민감한 방식으로 자신의 질병을 이해하는 것이 다른 무엇보다 중요하다 (Goodman, 2007). '자신의 질병에 대해 발달적으로 적절하게 이해하고 있는' 소아 종양 환자는 그렇지 않은 환자보다 심리적 결과가 더 좋다고 증명한 연구가 있다(Beale, Bradlyn, & Kato, 2003, p. 386). 만성질환이 있는 어린 아동이 보이는 대다수의 행동표출 행동은 처치가 시작되자마자 나타난다. 4세 아동은 자신이 왜 매주 바늘에 찔리고 약을 먹어야 하는지, 왜 날마다 기분을 이상하게 만드는 주사를 맞아야 하는지 이해하지 못한다. 이 아동을 이해시키려면 청소년에게 제공하는 설명보다 더 기본적인 용어로, 아동의 질병과 처치에서 약물의 역할을 설명해주어야 한다. 추가로 치료사는 놀이실에서의 회기 동안 아동의 생각을 이용하여 이러한 개념을 강화하고 처치에서 아동의 이해와 노력을 격려해야 한다. 이러한 질문은 종종 아동과 양육자 사이에서 발생하기 때문에 치료사가 적절한 단어와 설명으로 양육자를 무장시켜서 가정에서 양육자가 아동에게 적절한 강화와 이해를 지속시킬 수 있다. 위협적인 사건은 이해가 잘 될수록 고통이 줄어든다는 연구가 있다(Beale et al., 2003; Goodman, 2007).

병상 활동

앞서 언급했듯이 의료 환경에서의 수많은 치료회기가 병상에서 진행된다. 잠복기 아동과 청소년에게는 표현적인 치료적 프롬프트(prompt)나 준비된 활동이 도움이 된다. "미술은 아동의 근심을 발견해주는 강력한 도구이다."(Goodman, 2007, p. 206) 내가 첫 회기에서 종종 사용하는 활동은 커다란 종이 사람 오리기를 활용한 신뢰감 형성 활동이다. 나는 내가 완성할 종이 하나와 아동이 완성할 종이 하나, 모두 두 개를 다양한 마커와 연필, 크레파스와 함께 들고 간다. 치료사가 프롬프트에 참여함으로써 놀이치료사가 보이는 어느 정도의 자기 노출이 나이가 있는 환자, 단순히 수줍음이 많은 사람 또는 치료사 만나는 것을 거부하는 사람에게 도움이 된다는 것을 아동이나 10대들은 알게 된다. 나는 간단한 지시만을 해서 프롬프트가 아동의 생각이나 해석에 개방적이 되게 한다. 치료사가 아동보다 빠르게 프롬프트로 이동하지 않게 해야 하는데, 이는 종종 아동의 창조물이 치료사의 것과 유사해지는 결과로 이어지기 때문이다. 주어지는 지시는 한쪽에는 '나를 행복하게 만들거나 내가 좋아하는 것' 다른 쪽에는 '내가 싫어하는 것 또는 나를 행복하지 않게 하는 것'을 놓기 위해 단어나 사진을 사용하라이다. 활동에 대한 거부감을 낮추기 위해 나는 특정한 정서적 단어가 많이 사용되는 것을 피한다. 잘라내기(cut-outs)는 아동이 양쪽의 얼굴 표정을 만드는 데 시간을 보내게 해주며, 이는 놀이치료사에게 좋은 평가 도구일 뿐만 아니라 진정시킬 수 있고, 나는 종종 행복과는 거리가 떨어져 있는 일부 '행복한' 쪽을 종종 보인다. 행복한 쪽에 초콜릿 쿠키(양배추의 싹은 행복하지 않은 쪽에)를 그리는 것처럼, 나는 내 창조물을 이용해서 저항이 낮은 항목을 모델링해 보이며, 긍정적 예로 가족이나 친구 그리고 부정적 예로 주사나 친구와의 싸움처럼 저항 수준이 낮은 목록을 시범 보인다. 표현적인 프롬프트 또는 활동으로 치료사는 아동이 선호하는 것, 투쟁, 회피를 관찰할 수 있다. 이것은 관계 형성을 위한 좋은 기회일 뿐만 아니라 잠재적인 대처 전략과 양식, 통찰과 자기 인식 수준을 확인할 수 있는 훌륭한 평가 도구가 된다.

내가 좋아하는 또 다른 치료 프롬프트는 환자의 퇴원이 다가올 때, 잠복기 아동 또는 그 이상 연령 환자의 병상 회기에서 활용하는 '너의 이야기를 들려줘(show me your story)' 프롬프트이다. 이 프롬프트 역시 아동이 참여할 자유를 주고, 과제를 스스로 완성시키기 위한 개방적이고 비지시적인 방식으로 제시된다. 종이와 마커 또는 연필과 같은 간단한 미술 재료와 함께, 아동은 병원에 오게 된 사건, 입원 중일 때의 경험, 상상해본 미래에 대한 자신만의 버전을 만들 수 있다. 이 활동은 입원해 있는 동안에 아동이 스스로 한 노력과 일을 되돌아볼 수 있게 해주고, 치료사에게는 질병과 관련된 아동의 왜곡이나 부적응적 사고를 계속 평가하는 한편, 아동이 한 노력을 격려할 수 있는 기회가 된다. 처치의 준수를 힘들어하는 아동이나 10대를 위해 나는 종종 이들이 자신의 이야기에 대한 두 가지 끝맺음, 즉 하나는 집에서 잘 준수하는 것이고 또 하나는 잘 준수하지 않아서 발생하는 사건을 만들게 하여 아동이 처치 치료에서 자신의 역할에 대한 명확한 그림을 그리게 한다.

처치의 준수 촉진하기

의료 장면에서 정신건강 서비스 역할의 큰 부분은 처치의 준수를 촉진하는 것이다. 연구에 의하면 아동과 청소년의 50~88%가 처치를 준수하지 않는 것으로 추정되지만, 그러나 처치의 준수가 개입을 통해 개선될 수 있음을 나타내는 연구도 있다(McGrady & Hommel, 2013). 매우 어린 아동에게 있어서 목표는 놀이에 기초한 적절한 언어와 기술을 양육자에게 가르쳐서 양육자가 아동의 투약 거부나 집에서의 짜증을 더 잘 다룰 수 있게 하는 것이다. 내가 이러한 장면에서 종종 가르치는 기술은 치료적 제한설정과 선택권을 주는 전략이다. 나는 감정 인정하기, 제한 전달하기, 수용될 수 있는 대안 행동 목표로 이루어진 Landreth(2002)의 ACT 제한설정 방법을 활용한다. 이 접근은 양육자가 아동의 정서를 확인하고 아동이 듣고 아동이 이해받았다고 느끼도록 돕는다(Landreth, 2002; Landreth & Bratton, 2006). 흔히 양육자는 자기 자녀가 겪어야 하는 경험에 과잉 압도되고, 자신과 자녀를 진정시키기 위해 '두려워하지 마' 또는 '울지 마'와 같은 의도된 언어 표현으로 아동의 감정을 최소화하려고 한다. 양육자는 수용할 수 없는 행동에 대한 제한을 끌어내면서도 보살핌을 보여줄 수 있는 방법에 안도감을 느낀다. 의료 장면에 있는 환자에게는 ACT 방법의 세 가지 단계를 모두 지키는 것이 중요한데, 아동에게 통제감을 돌려주는 선택이나 대안을 제공하는 마지막 단계가 특히 중요하다. "조니, 나는 네가 정말로 약이 먹기 싫은 걸 알아. 하지만 5분 안에 이 약을 먹어야 돼. 그냥 먹을지 주스나 우유랑 같이 먹을지 네가 선택할 수 있어."와 같이, 양육자에게 구체적으로 언어적 및 시각적 예를 보여준다.

의료 장면에서 활용되는 또 다른 접근은 치료의 준수를 촉구하기 위해 스티커 차트와 행동 계획을 사용하는 것이다. 행동적인 훈련을 적게 받은 놀이치료사는 그러한 방법의 사용을 힘들어한다. 그러나 나는 놀이치료 언어와 개념이 이러한 행동 전략과 함께 조화롭게 진행될 수 있는, 행복한 중간치가 종종 존재한다는 것을 발견했다. 아동을 위한 행동 계획이나 강화 체계를 만들 때 나는 양육자가 사용할 수 있는 격려 언어와 언어표현 대본을 포함시키고, 평가적인 칭찬과 격려 간의 차이를 설명한다. 나는 양육자와 함께, 그들이 좀 더 자발적인 축하 전략으로 긍정적인 강화를 할 것인지 아니면 좀 더 구조화된 토큰 경제를 사용할 것인지를 브레인스토밍하는데, 이는 아동의 동기 및 처치 목표에 따라 달라질 수 있다. 스티커나 별 차트 역시 유용한데(Burns, Dunn, Brady, Barber-Starr, & Blosser, 2013), 자료를 수집하고 아동의 현재 처치 목표가 현실적이고 달성 가능한지를 결정하는 것을 도와주는 객관적인 평가 측정으로써, 그리고 아동의 성공 비율에 기초한 다음 단계의 목표 설정에 따른 계획에도 유용하다.

형제자매의 개입

형이나 동생이 입원했거나 만성질병의 진단을 받았을 때, 형제자매가 받는 영향에 대해서도 간단히 논의되어야 할 것이다. 만성질환을 겪고 있는 아동의 형제자매는 또래에 비해 심리적 적응 문제를 경험할 가능성이 2~3배 더 크다는 것을 보여주는 연구가 있다(Lobato & Kao, 2002, p. 711). 때때로 형제자매와 환자가 함께하는 집단놀이치료가 강력한 개입을 보장하거나 강력한 개입이 될 수 있는데, 특히 죽음 걱정에 대한 논의가 이루어질 때 더욱 그러하다. 놀이치료회기를 넘어서, 형제자매의 대처와 이해가 향상될 수 있도록 돕는 특유의 개입도 있다. 내가 있는 의료기관에서는 다양한 집단을 위한 '형제자매의 날'을 시행하는데 사회복지, 아동 생활, 목회 상담, 간호 직원과 같은 다양한 분야가 관여한다. 이날에는 형제자매가 집단 장면에 함께 와서 형제자매의 질병과 의료적 경험에 대해 배운다. 이날은 형제자매가 자신의 감정을 다루고 병이 있는 형제자매를 둔 스트레스 인자에 대해 반응하도록 돕는 치료적 활동뿐 아니라 병원놀이, 가능하면 병실 투어를 할 수도 있다. 동시에 사회복지사는 양육자를 만나서 교육, 지지, 필요시에 자원을 주창하는 도구가 된다. 덧붙여 몇몇 특정 질환 집단(암, 당뇨병과 같은)의 경우는 지역기관에서 가족 캠프를 운영하며, 가족이 야외에서 주말을 보내도록 하는 동시에 의료 직원들을 지원한다. 이러한 여행은 정기적으로 병원에 오기 전까지 치료에 대해 알려질 필요가 없는 경우 또는 양육자가 아픈 아동의 의학적 도움에만 초점을 맞추는 경우에 귀중한 자원이 된다.

의료 장면에서 연구와 경험에 기반을 둔 처치 개입

질병의 수가 많고 신체 상해나 질병이 표준 평가 도구에 미치는 영향 때문에 소아 의료 환경에서의 연구가 어려울 수 있다. "불안, 분노, 두려움의 수용할 만한 배출구를 찾는 것과 환경에 대한 숙달감을 얻는 것"(Koocher & O'Malley, 1981, p. 10)이 이러한 집단에게 가장 중요한 과제임을 제시하는 연구가 있다. 만성질환 소아 환자의 심리적 개입에 대한 메타분석은, 참여자의 대략 80%가 심리적 개입으로 인해 긍정적 영향을 받았음을 보여준다(Beale, 2006). 덧붙여 소아 종양 환자에 대한 연구는 환자중심, 상호작용, 기술을 확립하는 개입이 가장 효과적인 것으로 나타났는데(Beale et al., 2003), 나는 이것이 질병의 유형에 따른 경우라고 반박한다.

　인슐린 의존성 당뇨 진단을 받은 아동에게 실시한 단기 집중 아동중심 놀이치료가 아동의 적응을 향상시켰으며 예방 조치로 사용했을 때에도 아동의 적응을 향상시키는 것으로 나타난 놀이치료 연구(Murphy-Jones & Landreth, 2002)가 있다. 만성질환이 있는 아동의 양육자에게 실시한 부모놀이치료 개입에 대한 연구는 총체적 양육 스트레스에서의 감소와 자녀에 대한 수용에서의 증가를 보여준다. 또한 연구는 참여한 양육자로부터 보고된 행동 문제와 불안, 우울 증상에서 감소를 보였다(Tew, Landreth, Joiner, & Solt, 2002). 통합적 놀이치료는 현존하는 증거중심 접근과 놀이의 힘을 결합하는 힘을 조사할 수 있는 미래의 유망한 연구이다(Drewes et al., 2011).

결론

질병의 유형이 무엇이든지 질환이나 상해의 기간에 상관없이, 아동과 아동의 전체 가족은 이들을 병원으로 오게 한 그 사건에 의해 영향을 받는다. 이러한 환경에 있는 놀이치료사와 정신건강전문가들은 이 집단의 치료 경험을 촉진하고 이들의 대처와 처치 준수, 이들의 이해, 이들의 수용을 높여야 하는 독특한 위치에 있다. 결국 장애물이 무엇이든지 간에, 의료장면이든지 좀 더 전통적인 장면에 있든지 간에 이들은 여전히 아동이려고 애쓰는 아동일 뿐이며, 우리는 아동의 언어와 양식에 맞게 아동에게 다가가야 한다.

참고문헌

Amerigroup Real Solutions in Health Care. (2011). *The rising costs of nonemergent care in medicaid: A snapshot.* Retrieved from http://hcr.amerigroupcorp.com/wp-content/uploads/2012/05/Rising-Cost-of-Nonemergent-Care-in-Medicaid.pdf

Beale, I. L. (2006). Scholarly literature review: Efficacy of psychological interventions for pediatric chronic illnesses. *Journal of Pediatric Psychology, 31*(5), 437–451.

Beale, I. L., Bradlyn, A. S., & Kato, P. M. (2003). Psychoeducational interventions with pediatric cancer patients: Part II. Effects of information and skills training on health-related outcomes. *Journal of Child and Family Studies, 12*(4), 385–397.

Boling, R., Yolton, K., & Nissen, H. (1991). Medical play and preparation: Questions and issues. *Children's Health Care, 20*(4), 225–229.

Burns, C., Dunn, A., Brady, M., Barber-Starr, N., & Blosser, C. (Eds.). (2013). *Pediatric primary care* (5th ed.). Philadelphia, PA: Elsevier.

Cohen, L. L. (2008). Behavioral approaches to anxiety and pain management for pediatric venous access. *Pediatrics, 122*(S3), 134–139.

Cousino, M. K., & Hazen, R. A. (2013). Parenting stress among caregivers of children with chronic illness: A systematic review. *Journal of Pediatric Psychology, 38*(8), 809–828.

Culbert, T., & Kajander, R. (2007). *Be the boss of your pain: Self-care for kids.* Minneapolis, MN: Free Spirit.

Drewes, A. A., Bratton, S. C., & Schaefer, C. (Eds.). (2011). *Integrative play therapy.* Hoboken, NJ: Wiley.

Fuhrmann, K. (2010, August). *Treating pediatric traumatic medical stress.* Association for Play Therapy Mining Report. Retrieved from http://www.a4pt.org/download.cfm?ID=28862

Gold, J., Nicolaou, C., Belmont, K., Katz, A., Benaron, D., & Yu, W. (2009). Pediatric acupuncture: A review of clinical research. *Evidence-Based Complementary and AlternativeMedicine, 6*(4), 429–439.

Goodman, R. (2007). Living beyond the crisis of childhood cancer. In N. B. Webb (Ed.), *Play therapy with children in crisis* (3rd ed., pp. 197–227). New York, NY: Guilford Press.

Goodyear-Brown, P. (2010). *Play therapy with traumatized children: A prescriptive approach.* Hoboken, NJ: Wiley.

Kazdin, A. E. (2008). Evidence-based treatment and practice: New opportunities to bridge clinical research and practice, enhance the knowledge base, and improve patient care. *American Psychologist, 63*, 146–159.

Kemper, K., Vohra, S., & Walls, R. (2008). The use of complementary and alternative medicine in pediatrics. *Pediatrics, 122*(6), 1374–1386.

Kenney-Noziska, S., Schaefer, C. E., & Homeyer, L. (2012). Beyond directive or nondirective: Moving the conversation forward. *International Journal of Play Therapy, 21*(4), 244–252.

Koocher, G. P., & O'Malley, J. E. (1981). *The Damodes syndrome.* New York, NY: McGraw-Hill.

Landreth, G. L. (2002). Play therapy: *The art of the relationship* (2nd ed.). New York, NY: Brunner-Routledge.

Landreth, G. L., & Bratton, S. C. (2006). *Child parent relationship therapy (CPRT): A 10-session filial therapy model.* New York, NY: Routledge.

Legrain, V., Van Damme, S., Eccleston, C., Davis, K., Seminowicz, D., & Crombez, G. (2009). A neurocognitive model of attention to pain: Behavioral and neuroimaging evidence. *Pain, 144*(3), 230–232.

LeVieux, J., & Lingnell, L. (n.d.). *Pediatric non-pharmacologic management of anxiety and pain* (Unpublished training materials). Children's Medical Center, Dallas, TX.

Lobato, D., & Kao, B. (2002). Integrated sibling-parent group intervention to improve sibling knowledge and adjustment to chronic illness and disability. *Journal of Pediatric Psychology, 27*(8), 711–716.

McCue, K. (1988). Medical play: An expanded perspective. *Children's Health Care, 16*(3), 157–161.

McGrady, M. E., & Hommel, K. A. (2013). Medication adherence and health care utilization in pediatric chronic illness. *Pediatrics, 132*(4), 730–740.

Murphy-Jones, E., & Landreth, G. L. (2002). The efficacy of intensive individual play therapy for chronically ill children. *International Journal of Play Therapy, 11*(1), 117–140.

Novotney, A. (2013, November). Music as medicine. *American Psychological Association, 44*(10), 46.

Palermo, T. M., Eccleston, C., Lewandowski, A. S., Williams, A. C., & Morley, S. (2010). Randomized controlled trials of psychological therapies for management of chronic pain in children and adolescents: An updated meta-analytic review. *Pain, 148*(3), 387–397.

Ray, D. (2011). *Advanced play therapy: Essential conditions, knowledge, and skills for child practice.* New York, NY: Routledge.

Schaefer, C. E., & Drewes, A. A. (Eds.). (2014). *The therapeutic powers of play: 20 core agents of change* (2nd ed.). Hoboken, NJ: Wiley.

Sourkes, B. (1982). *The deepening shade: Psychological aspects of life threatening illness.* Pittsburg, PA: University of Pittsburg Press.

Tew, K., Landreth, G., Joiner, K., & Solt, M. (2002). Filial therapy with parents of chronically ill children. *International Journal of Play Therapy, 11*(1), 79–100.

Wohlheiter, K., & Dahlquist, L. (2012). Interactive versus passive distraction for acute pain management in young children: The role of selective attention and development. *Journal of Pediatric Psychology, 38*(2), 202–212.

25

학교에서의 놀이치료

KRISTI L. PERRYMAN

학교의 환경과 문화는 독특하다. 학교의 목적은 모든 아동이 미래에 직업을 가지고 전인적인 존재가 될 수 있도록 교육하는 데 있다. 미국학교상담사협회(The American School Counselor Association, 2004)는 학교 상담사의 역할을 "오늘의 학생을 준비시켜서 내일의 성인이 되게"라고 기술하고 있다. 학교는 수학, 과학, 읽기, 역사와 같은 핵심 영역뿐 아니라 미술, 건강, 직업 선택에 대해서도 가르친다. 학교는 학생들이 건강한 음식을 먹게 하고, 언어 및 특수교육뿐 아니라 작업치료와 물리치료를 제공하고, 일부의 경우에 학생이 약물 복용하는 것을 확인하는 책임이 있다. 이러한 설명에서 언급되듯이, 아동을 교육시키고 준비시키는 것은 크고 중요한 작업이며, 학생의 배움과 잠재력을 막아 성공적인 성인이 되지 못하게 하는 장애물 역시 수없이 많다.

학교는 사회의 축소판으로 독특한 문화적 조직으로 엮인 그 지역사회의 핵심이다. 학교는 지역사회의 사회적 계약의 중심점이 되는데, 즉 학교의 영향과 의미는 교실의 벽 너머로 확장된다. 그렇기 때문에 학교는 종종 동창회, 투표소, 심지어 장례식장이 되기도 한다. 지역사회의 강점과 약점 모두가 자연스럽게 학교에 반영된다. 예를 들면 범죄율이 높은 지역의 학교에서는 교칙과 관련된 어려움이 더 많다. 반면, 지역사회 참여가 높은 지역에서는 양육자가 학교에 더 많이 참여하며, 그 결과 범죄율이 낮고 교칙 문제가 적으며 학생들을 위해 안전한 배움의 환경을 만들어낸다. 이러한 점을 인식하는 것이 학교 장면을 이해하는 데 매우 중요하다.

미국에서는 여러 종류의 정신건강 실무자들이 학교에서 일을 한다. 일부 학교에는 학교 심리학자 그리고/또는 학교중심 임상가(허가받은 전문 상담사나 허가받은 사회복지사)도 있다. 그러나 실질적으로 모든 학교에는 전문 학교 상담사를 배치하고 있다. 학교 체계의 독특한 문화 때문에 이러한 전문가들의 역할은 각 장면에서의 역할에 따라 다소 다르나, 이들 중 누구라도 놀이치료를 해달라는 요청을 받을 수 있다. 학교에는 전문 학교 상담사가 가장 많이 고용되어 있기 때문에 이 장에서는 놀이치료사로서의 그들의 역할에 초점을 맞출 것이다.

학교 상담사의 주된 역할은 지도 교육과정(guidance curriculum)을 시행하는 것이다. 핵심 영역은 지도 교육과정, 즉각적인 서비스, 개별적 계획, 시스템 지원으로 Gysbers와 Henderson(1988)이 만들었다. 미국학교상담사협회(ASCA)는 이 요소들을 채택하여 2004년에 학교 상담을 위한 전국 모델을 만들었다. 이 모델은 다음의 영역 내에서 '학생과 상담사 간의 대면적인 상호작용'으로써 직접 서비스에 대해 기술하고 있다.

학교 상담 핵심 교육과정(학급 지도)

이 교육과정은 학생이 원하는 역량을 획득하도록 돕고 모든 학생이 자신의 발달 수준에 적합한 지식과 태도, 기술을 제공받도록 고안된 구조화된 수업으로 구성된다. 학교 상담 핵심 교육과정은 학교의 전체 교육과정을 통해 전달되며, 유치원에서부터 12학년(K-12)까지의 학급과 집단 활동에서 다른 교육 전문가의 협력하에 학교 상담사가 체계적으로 제공한다.

개별 학생 계획

학교 상담사는 학생이 개인적 목표와 미래의 계획을 개발하는 데에서 도움이 되게 고안된 지속적이고 체계적인 활동을 편성한다.

반응적 서비스

반응적(즉각적) 서비스는 학생의 요구와 문제를 즉시 충족시키기 위해 고안된 활동이다. 반응적 서비스에는 개별 또는 소집단 장면이나 위기 대응 상담이 있다.

ASCA에 따르면, 초등학교 상담사는 자기 시간의 75%를 지도 교육과정을 제공하는 데 사용하고, 중학교 학교 상담사는 즉각적 서비스에 80%의 시간을 사용한다. 상담사가 개별, 소집단 상담 및 학급 지도를 실시하기 때문에 이 영역들(즉각적 서비스, 지도 교육과정)이 놀이치료가 시행될 수 있는 영역이다. 학급지도는 지역사회 장면에서의 심리교육 집단과 유사할 수 있고, 사회적 기술 · 감정 등에 관한 구조화된 수업을 지도하는 것과 유사할 수 있다. K-12 학생들을 위해 충분히 시행된 지도 프로그램 모델이 도움이 됨을 강조하는 연구들이 많다(Lapan & Gysbers, 1997; Lapan, Gysbers, 1997; Lapan, Gysbers, & Petroski, 2001; Sink & Stroh, 2003). 3학년과 4학년을 대상으로 한 표준화된 성취 검사에서의 높은 점수 그리고 중학교 학생들의 교육의 질에 대한 안전감과 높은 만족감 역시 보고된 이득 중의 일부이다. 직접 서비스 구성요소 영역 안에서 놀이치료를 시행하는 방법 역시 후반부에서 다룰 것이다.

학교에서 왜 놀이치료를 이용하는가

놀이치료를 초등학교 및 중학교 지도 교육과정에 도입하는 첫 번째 이유는 아동과 작업할 수 있는 발달적으로 가장 적합한 접근이기 때문이다(Landreth, 2012; Landreth, Ray, & Bratton, 2009; Ray, 2011; Drewes & Schaefer, 2010). 피아제는 아동의 인지발달이 아동의 언어기술에 선행한다고 주장했다. Miller(2002)는 이 획기적인 발견을 인식하면서 피아제 이론은 언어를 사용할 수 있는 능력으로부터 표상적 사고가 파생된다는 이전의 이론을 처음으로 부정하고 오히려 "사고는 언어에 선행하고, 언어보다 폭이 넓은"(p. 47) 이론이라고 언급했다. 행동에서 발견된 피아제의 예는 몸짓언어를 배우고 정확하게 사용하는 유아의 능력이다. 많은 양육자들이 유아에게 음식, 마실 것 등을 표현하기 위해 몸짓 언어를 사용하며, 따라서 이들 유아들도 말로 표현하기 오래전에 스스로 표현하는 방법을 갖게 된다. 이렇게 함으로써 유아는 자신의 요구를 표현하고, 사랑하는 양육자는 이 요구를 충족시켜줌으로써 좌절이 감소한다. 피아제(1972)는 "언어가 아동의 지능을 발달시키는 것 같지는 않다."(p. 26)고 했다. 에릭슨(1972)은 놀이가 "아동이 재정리하고자 하는 충동을 촉진하고, 자신만의 경험을 재창조하여 경험이 이끄는 대로 배워나갈 수 있게 한다."(p. 132)라고 했다. 이것은 놀이를 통해 세상에 대한 감각을 발달시키는 아동의 자연스러운 경향성을 설명한다.

학교 장면에서 놀이치료를 이용하는 두 번째 이유는 어린 아동에게 발달적으로 좀 더 적합한 개입을 제공하려는 아주 큰 필요성에 근거한다. 미국 보건복지부(Department of Health and Human Services, 2010)는 다음과 같이 말하고 있다.

> 헤드 스타트에 있는 초기 정신건강 요구에 관한 보고서는, 아동들이 교실에서 전반적인 학습 분위기에 영향을 줄 뿐만 아니라 학교 직원을 힘들게 하고 교사의 스트레스와 긴장 수준을 높이는 파괴적인 행동이 증가하고 있다고 지적한다.

행동 문제는 학생, 교사, 그 외 직원에게 부정적인 감정뿐만 아니라 심지어 신체적인 영향까지도 미친다. 이 문제들이 성공적으로 다루어지지 않으면 장기적인 결과 역시 해롭다. 물질남용과 성격장애는 초기 개입이 잘 실행되지 않았을 때 나타날 수 있는 두 가지 예이다.

파괴적 행동을 보이는 아동은 자신이나 타인을 향해 공격적이고 폭력적인 행동을 보이기 때문에 구금되거나 자살의 위험이 더 높아진다.

청소년 폭력에 대한 미국 의무감의 보고(2001)는 "대략 13세가 되기 전에 폭력적이 된 아동은 범죄 및 심각한 범죄에 더 오랫동안 가담한다."고 하며 조기 개입의 중요성을 강조하였다. 의무감 보고에는 이 아동들이 아동기 동안 폭력의 패턴이 증가함을 보이고 일부는 성인기까지도 그러하다고 하였다. 그리고 조기 개입은 만성적이고 폭력적인 사회생활을 피하는 데 중요하다고 지적하였다.

우리는 신경과학 분야에서의 지속적인 발견이 조기 개입을 위한 생물학적 이유로 제시되는 흥미진진한 시대에 살고 있다. Hirshfeld-Becker과 Biederman(2002)은 호주의 개입/예방 프로그램을 연구하였다. 이들은 취학 전 아동 및 저학년 연령의 아동을 목표로 할 때의 이익에 대해 언급하였는데, 즉 "아동이 어릴수록 행동과 신경발달 둘 다의 측면에서 변화의 가능성은 점점 더 커진다."는 것이다. 그러나 최근의 뇌 연구는 이 가소성이 평생 지속됨을 보여주며, 이는 우리의 뇌가 나이에 관계없이 모든 연령에서 배선을 바꿀 수 있다는 의미이다(Siegel & Bryson, 2012). 나이에 관계없이 개입이 가능하고 성장을 기대할 수 있다는 희망에서 이는 신나는 발견이다. 아동의 삶에서 변화가 빠를수록, 부정적 행동 및 부정적 선택으로 받을 고통은 점점 더 줄어들 것이다. Bratton, Ceballos, Sheely-Moore, Meany-Walon, Pronchenko, Jones(2013)는 유치원 장면에서 파괴적 행동에 관한 아동중심 놀이치료(CCPT)의 영향을 살펴보기 위한 첫 번째 통제된 결과 연구를 실시하였다. 결과는 CCPT가 파괴적 행동의 감소에서 효과적인 조기 개입임을 보여주었으며, 이는 아동의 행동이 굳어지기 전에 취학 전 연령의 아동을 돕는데 놀이치료를 이용하는 것을 지지하는 것이다.

연구는 아동이 자신에 대해 지각하는 방식, 미래에 학생 · 지역사회 구성원 · 가족 구성원 · 인간으로서 성공하는 데 조기 개입이 중요한 역할을 한다는 것을 분명하게 지적한다. 많은 아동에게 있어서 최초의 정신건강 문제는 초등학교 입학 때 판별된다. 따라서 이 시기에 개입을 시작하는 것이 최선이면서도 필수적이다. 발달적으로 가장 적절한 방법이기 때문에 놀이치료는 이러한 개입에서 확실한 선택이다.

셋째, 놀이치료는 ASCA 기준을 실행할 수 있는, 발달적으로 적합한 접근이다(Perryman & Doran, 2010; Ray, Armstrong, Warren, & Balkin, 2005). 위험에 대한 검증과 책임에 대한 강조가 높은 이 시대에, 학교 장면에서 프로그램 평가를 수행할 때 활용할 수 있는 효과적인 치료이다. 미주리 주의 초등 및 중등교육부의 Lapan과 Stanley(2006)는 상담사들이 문제를 확인하고 자료를 수집하고 특정한 기법이나 개입을 이용해서 변화시키는 방법을 보여주는 데 사용하도록 '평가에 근거한 연구 파트너십(Partnership for Research Based Evaluation, PRBE)'이란 프로그램을 개발하였다. 전문 학교 상담사는 즉각적 서비스의 다양한 영역에 대한 이득을 알아보기 위해 PRBE를 수행한다. Ray(2011)는 "즉각적 서비스로써 놀이치료는 비언어적 세계에서 좀 더 충분히 작동하는, 아동의 즉각적 요구에 대해 발달적으로 적합한 방법이다."(2006)라고 했다. 즉각적 서비스로써 놀이치료를 통합하는 것은 쉽게 평가할 수 있는 훌륭한 개입이 되기도 한다. 즉각적 서비스 개입으로 놀이치료를 시행하는 구체적인 방법을 위한 제안은 이 장의 후반부에서 다룰 것이다.

학교에서 놀이치료를 이용하는 네 번째 이유는 친숙함과 접근성이다. 학교 상담사는 아동이 다니는 학교 사회의 한 부분이고, 접근이 가능한 유일한 정신건강전문가일 것이다. 학교 장면의 장점이자 특징되는 요소는 학교 상담사가 아동의 일상 환경의 한 부분이라는 사실이다. 상담사들은 아동의 양육자 및 형제자매와도 매우 친밀하다. 학교 상담사는 아동이 매일, 교실 안팎에서 친구들 · 교사 · 학교 직원들과 상호작용하는 것을 볼 수도 있다. 학교 상담사의 기본 역할이 모든 아동의 교육을 돕는 것이기 때문에 모든 학생과 적어도 어느 정도는 관계를 형성하고 있다. 또한 상담사는 교사, 직원, 행정직원 등 아동과 어떤 식으로든 관여가 되어 있는 사람과도 관계를 맺고 있다.

학교 장면에서 놀이치료를 시행하는 다섯 번째 이유는 학업 성취의 향상과 파괴적 행동의 감소에서 효과가 증명되었기 때문이다. Blanco와 Ray(2011)는 학업 성취에 대한 놀이치료의 효과를 평가하기 위해 아주 큰 통제집단 연구를 실시했다. 학업적으로 취약하다고 밝혀진 1학년 아동들이 30분의 CCPT 회기를 8주 동안 받았다. 이들은 학생들의 학업 성취가 유의미하게 향상된 것을 발견하였다. 앞에서 보고된 것처럼, Bratton 등(2013)은 놀이치료가 파괴적 행동의 감소를 위한 조기 개입으로도 효과적임을 밝혔다.

학교에서 놀이치료 이용의 마지막 이유는 놀이가 언어에만 초점을 두지 않기 때문에 다양한 아동의 요구를 가장 잘 충족시킬 수 있다는 점이다. 놀이는 아동에게 있어 보편적인 언어인데, 아동은 자신의 세상을 이해하기 위해, 단어보다 놀이를 더 많이 이용한다. Gil과 Drewes(2006)는 범문화적으로 유능하고 책임감 있는 놀이치료사가 되기 위한 원칙을 제시하였는데, 즉 민감성 확립하기, 책임감 있게 필요한 지식 획득하기, 적극적으로 능력 개발하기(pp. 7-10)이다. 아동의 문화적 정체성에 상관없이, 치료사는 문제를 해결하고 세상에 대한 아동의 지각을 재생산하기 위해 장난감을 이용할 수 있다. 그러므로 놀이치료사로 활동하는 학교 상담사는 문화적으로 유능해야만 한다. 문화적으로 적절한 놀이실을 어떻게 만들 것인가는 이후의 부분에서 다룰 것이다.

학교 장면의 독특한 문화를 이해하는 것이 놀이치료 프로그램을 성공적으로 시행하는 데에서 필수적이다. 여기에는 ASCA 전국 모델의 요소를 깊이 있게 이해하는 것뿐만 아니라 학생에 대한 학교의 역할 그리고 지역사회에서 학교의 역할에 대해 인식하는 것이 포함된다. 요약해보면 학교에서 놀이치료를 시행하는 이유는 다음과 같다.

- 놀이치료는 아동을 상담하는 데 발달적으로 가장 적절한 방법이다.
- 학교에 있는 아동을 위해 발달적으로 적합한 조기 개입이 필요하다.
- 놀이치료 ASCA 기준의 즉각적 서비스 요소를 시행하는 데에서 발달적으로 가장 적절한 접근이다.
- 학교 상담사는 학교 사회의 한 부분으로, 학생과 친숙하다. 그렇기 때문에 학생은 행동상의 문제가 발생하는 지역사회에서 필요한 서비스를 받을 수 있다.
- 놀이치료는 학교에서의 학업성취와 행동 문제를 개선하는 효과적인 방법임이 밝혀졌다.
- 놀이치료는 아동과 작업하는 데에서 문화적으로 가장 적절한 방법이다.

학교에서의 놀이치료 시행의 잠재적인 장애물

학교 장면에서 놀이치료를 시행하는 데에는 수많은 잠재적인 장애물이 있다. 이 부분에서는 놀이치료를 시행하는 학교 상담사가 만날 수 있는 가장 흔한 다섯 가지 문제를 소개하려고 한다.

첫째, 시간의 부족은 학교에서 놀이치료를 수행하는 능력에 가장 부정적인 영향을 미치는 장애물인 것 같다(Ebrahim, Steen, & Paradise, 2012; Ray et al., 2005). ASCA가 제안하는 초등학교 학생-상담사 비율은 학생 250명당 상담사 한 명이다. 상담사 한 명이 맡아야 하는 학생의 숫자가 너무 많다. 학생 집단의 10%, 즉 25명 정도는 적어도 일주일에 한 번은 즉각적 서비스가 필요하다고 추정하는 것이 안전하다. 이 즉각적 서비스에는 위기 상담, 개인 상담, 또는 집단 상담을 하는 시간도 들어 있다. 그뿐만 아니라 학교 상담사는 모든 학생에게 지도교육과정을 교육시키는 일(대개 매주 또는 두 달에 한 번)과 직접 서비스의 부분으로 개인별 계획하기도 맡고 있다. 개인별 계획하기에는 학생의 교육 목표를 돕기 위해 학생의 스케줄에 맞춰 작업하는 것이 포함된다. 전문 학교 상담사는 양육자, 교사, 행정 직원, 동료, 지역사회 구성원 등과 협력하기와 같은, 학생에게 간접적인 서비스를 제공할 책임이 있고 필요한 다른 서비스에 의뢰하기도 한다. 이 같은 학교 상담사의 업무로 미루어볼 때, 상담을 필요로 하는 최소한의 학생 인원의 요구를 충족시키는 데 필요한 시간을 확보하는 것조차 얼마나 버거운 일인지 잘 알 수 있을 것이다. 그렇기 때문에 영향을 극대화하는 성공적인 개입을 찾아내는 것이 중요하다.

둘째, 양육자, 교사, 행정직원의 지지 부족은 학교에서 놀이치료를 시행하는 데에서 또 다른 장애물이다. 양육자는 자기 아이가 상담사와 '놀기' 위해 학업 시간을 빼는 것을 걱정한다. 안타깝게도 이 같은 잘못된 인식이 학교 안에 흔하며, 놀이치료와 놀이치료의 이득에 대해 교육받은 교사와 직원은 거의 없다. 교사들은 교실을 빠져나와 치료실에서 노는 것이 아동의 잘못된 행동을 보상하게 된다고도 생각한다. Ray, Schumann, Muro(2004)는 학교 장면의 놀이치료 시행에서 알게 된 것에 대한 연구에서 이와 유사한 어려움을 언급하였다. 교사들은 아동 행동에 대한 제한을 설정하는데, 심지어 치료 내에서는 적절한 행동일 경우에도 그러하다. 교사들은 놀이회기에서의 그러한 허용이 학급에서 더 많은 부정적인 행동을 격려할 수 있다고 생각한다. 자기 학생의 나쁜 행동이라고 생각하는 것에 대한 교사의 책임도 있는데, 이것이 교사인 자신에게 반영되는 것을 두려워한다. 교사들은 대체로 아동 학대에 대한 의무 보고자로서 상담전화를 하거나 비밀 정보를 공유하는 것과 관련된 놀이치료사 역할의 윤리성에 대해 잘 이해하지 못한다. 일부 교사는 너무 힘들 것이라고 생각하는 학생을 의뢰하지 않는데 치료사를 보호하기 위함이다. 따라서 학교에서 놀이치료 이용의 이득에 대해 양육자, 교사, 직원을 교육하는 것은 이러한 장벽을 극복하는 데 필수적이다.

충분한 훈련이 부족함은 학교 상담사의 놀이치료 시행을 저해하는 세 번째 요소이다. Wynne(2008)은 학교에서 놀이치료 성공에 영향을 미치는 한 가지 요인으로 훈련을 언급하였다. 미국상담협회(The American Counseling Association, 2014)는 전문상담사의 실무 영역 윤리 기준에서 "상담사는 자신의 교육, 훈련, 지도감독 받은 경험, 주 및 국가 전문 자격 및 적절한 전문적 경험에 근거하여, 자신의 능력 내에서만 상담해야 한다."(p. 8)고 하였다. 놀이치료의 많은 이득을 지지하는 연구임에도 불구하고, 다수의 학교 상담 훈련 프로그램에는 놀이치료를 커리큘럼이나 훈련의 일부로 포함시키지 않는다. 놀이치료를 이용하기 위한 적절한 훈련을 획득하기 위해, 대부분의 정신건강전문가들은 석사 후 훈련프로그램을 찾아야 하는데 이는 시간이 많이 걸리고 비용이 많이 든다.

놀이치료 훈련 프로그램의 수는 지난 10년간 상당히 증가하였다. Ray 등(2005)은 조사에 참여한 상담사의 67%가 대학교 수준의 놀이치료 과정이 없었는데, 이들의 97%는 놀이가 아동의 자연스러운 첫 번째 언어라는 데 강하게 동의하였다. 놀이치료협회(Association for Play Therapy, APT)는 대학에 있는 센터를 승인하는 기준을 만들어서 훈련에 대한 이러한 요구에 대응했다. 2014년 현재, 협회는 놀이치료 교육을 할 수 있는 대학 센터 23개와 적어도 한 개 이상의 대학원 놀이치료 과정을 제공할 수 있는 180개 대학을 안내하고 있다. 이 프로그램들에는 심리학, 상담, 사회적 기술이 포함되어 있다. APT가 승인한 센터의 놀이치료 교육은 3년마다 최소 15개의 보수교육 과목을 제공해야 한다. APT의 지원 덕분에 전문 학교 상담사 및 기타 정신건강 종사자들이 훈련에 접근하기가 쉬워졌다.

네 번째, 공간과 자원의 부족은 학교에서 놀이치료를 시행하는 데 자주 언급되는 장애물이다(Ebrahim et al., 2012; Ray et al., 2005). 모든 학교에서는 공간과 자원의 부족으로 인해 좀 더 많은 것을 하려고 할 때 공통적인 어려움이 지속적으로 발생한다. 교실은 너무 붐비고, 상담사, 언어치료사, 특수교육 학급은 공간을 확보하기 위해 경쟁한다. 자신의 첫 번째 사무실이 수위실의 벽장을 개조한 것인데 간호사와 같이 썼다고 말하는 상담사도 있다. 방은 뒤의 벽 쪽으로 아픈 아이가 누울 수 있는 작은 간이침대가 겨우 들어갈 수 있는 크기로, 책상은 바로 문 옆에 있었다. 이 정도의 공간에서 상담사는 문 뒤쪽에 이젤을 접어서 보관하였고 간이침대 밑에 놀이치료 가방과 모래를 담은 플라스틱 통을 두었다고 한다. 윤리적 기준을 유지하기 위해서 상담사가 비밀보장이 되는 공간 확보를 주장하는 것은 중요하다. 상담사들은 비밀이 보장되는 공간을 찾기 위해 도서관이나 체육실 무대(사용하지 않을 때)에 집단을 수용했던 사연을 똑같이 갖고 있었다. 안타깝게도 이러한 이야기는 흔하다.

자원 확보를 위한 고군분투도 이와 똑같이 좌절시키는 문제이다. 교사와 마찬가지로 상담사도 자신의 용품을 구매한다. 전형적으로 학교 상담사는 매 학년도 예산이 적다(500~800달러). 학교는 종종 이 예산 안에 검사 재료를 포함시키는데, 검사가 ASCA 국내 기준으로 간주되지 않아서 예산이 별도로 마련되어야 하는 검사까지도 포함시킨다. 학부모 기관, 라이온스 클럽, 교회 등과 같은 지역사회 기관을 통해 자원을 마련하는 학교 상담사도 있고 할인 매장, 중고 판매점, 창고 세일에서 질 좋은 물품을 구하기도 한다.

　반면에 교실 전체를 상담실로 사용해서 사적인 책상 영역, 놀이 영역, 소집단이나 학급을 위한 탁자와 깔개 영역까지 있는 학교 상담사도 있다. 자원과 공간에 있어서 이 같은 차이는 이전에 자리를 잡은 전문 학교 상담사의 옹호가 큰 역할을 한다.

　학교에서 놀이치료 시행의 마지막 장애물은 전문 학교 상담사 역할에 대한 현재의 설명이다. ASCA(2005) 전국 모델은 학교 상담사가 개별 상담이나 소집단 상담을 실시하는 것은 적절한 반면, 이들이 심리적 장애를 다루기 위해 치료 또는 장기간 상담을 제공하는 것은 부적절한 것으로 간주하고 있다. 그러나 이러한 용어가 ASCA에 의해 명확하게 정의가 되어 있지 않으며, 이것이 학교에서 놀이를 치료기법으로 이용할 수 없는 이유라고 설명하는 상담사 또는 상담사를 교육하는 사람도 있다. 전문 학교 상담사는 자신의 학교에서 정신건강전문가이며 다른 환경에서 근무하는 상담사와 동일한 이론 및 기법을 사용하도록 훈련받는다. 놀이치료사는 학교에서 학생의 발달적 요구를 구체적으로 다루는 추가의 전문 기술을 가지고 있다. 이러한 학생을 가장 잘 돕고, ASCA 전국 모델을 충분히 수행하기 위해서는, 학교 장면과 관련해서 '치료' '심리적 장애' 특히 '장기간 상담'과 관련된 용어가 분명하게 구체화되어야 한다.

　이제까지 학교 장면에서 놀이치료를 시행하는 데 발생하는 주요 장애물을 검토했다. 시간, 지지, 훈련, 공간, 자원의 부족 및 ASCA가 기술한 상담사의 역할과 관련된 문제에 대해 논의하였다. APT의 도움 그리고 연구와 그 외 수단을 통해서 학교 상담사의 지지와 함께 이러한 영역에서도 진전이 있다.

학교 놀이치료에 가장 적합한 이론

학교 상담사의 이론적 관점은 상담사가 훈련을 받은 대학원 프로그램 및 그 이후부터 받아온 추가의 훈련과 경험에 따라 다르다. 이들의 이론적 틀은 ASCA 전국 기준을 다루는 접근방식, 그리고 학생 · 교사 · 직원 · 양육자와 작업하는 접근방식에 영향을 준다. 이것은 인간 본성 — 그래서 건강한 행동과 비적응적 행동이 어떻게 발달하는지 — 에 대한 상담사의 관점을 반영한다. 이들의 이론적 배경은 학생을 돕기 위해 활용할 개입을 안내한다. 이 장의 목적은 학교 장면에서 사용되는 이론적 접근, 즉 아동중심 놀이치료(CCPT), 인지행동 놀이치료, 아들러학파 놀이치료에 대해 다룰 것이다.

　CCPT는 인간중심 이론에 기초를 둔다. 칼 로저스(Carl Rogers, 1961)는 이 이론 그리고 치료의 핵심 조건인 진실성, 공감, 무조건적인 긍정적 수용을 확립했다. 이 이론은 인간이 자연적으로 성장의 욕구를 가졌다는 가설에 기초를 둔다. 버지니아 엑슬린(Virginia Axline)은 아동과의 작업에 이러한 비지시적 접근방식을 채택하였고 이것이 아동중심 놀이치료(1947)이다. Landreth(2012)에 따르면, "아동중심 놀이치료는 성장과 성숙을 향한 아동의 타고난 인간 능력에 대한 기본 철학이자 스스로 건설적인 방향으로 나아가는 아동의 능력에 대한 깊고 변하지 않는 태도이다."(p. 60). CCPT는 다른 유형의 놀이치료와 비교해볼 때 가장 강력한 연구가 있다(Landreth et al., 2009). 이 이론은 발달에 기초하고 있고, 따라서 다양한 단계에 따라 발달하는 학령기 아동에게 적합하다. 이러한 환경에서 상담사의 역할은 아동의 주도를 따라가고, 아동 · 치료사 · 놀이실과 장난감을 보호하는 데 필요한 제한만 설정한다.

인지행동 놀이치료(CBPT)는 Susan Knell에 의해 개발되었다. 이 이론적 관점은 인지행동치료와 Ellis(1971), Beck(1976), Bandura(1977)와 같은 이론가들의 작업에 기초를 두고 있다. CBPT는 지시적이고 목표 지향적인데, 아동을 교육하고, 아동이 놀이를 위한 새로운 방법을 생각해낼 수 있도록 돕고, 문제를 해결하고 관계를 형성하고, 아동 자신에 대해 생각해볼 수 있는 구조를 활용한다. CBPT에서 상담사는 구체적인 치료 목표를 정하고 '행동상의 유능감을 높일 수 있는' 개별적인 맞춤식 개입을 만들기 위해 평가를 실시한다(Knell, 1998, p. 30). CBPT에서 상담사는 아동의 현재 문제에 초점을 맞추고 바람직하지 못한 행동을 제거하고 바람직한 행동으로 대체시키기 위해 연구에 기반을 둔 다양한 것을 사용해서 문제 해결을 촉진한다. 개입에는 아동의 어려움을 야기할 수 있는 비합리적인 신념을 반박하는 것뿐 아니라 게임, 독서치료, 이야기 만들기, 역할놀이, 모델링, 둔감화, 행동 조성, 긍정적 강화의 사용이 포함되어 있다(Knell, 1998). CBPT는 확인된 문제나 행동을 다루는 직접적인 접근이기 때문에 학교에서 자주 사용되는데, 교사, 직원 및 학급 관리의 한 가지 형태로써 행동 접근을 훈련받은 일부 상담사에게 매력적으로 보인다.

학교에서 CBPT 접근을 사용할 때 발생하는 어려움은 평가, 치료 목표의 개발, 치료 개입의 시행까지 걸리는 시간이다. 그러나 대부분의 행동적 개입은 약 30일 정도 걸리는, 비교적 시간 효율적 접근인 것 같다.

아들러 학파 놀이치료는 많은 학교 상담사들이 좋아하는 또 다른 이론적 접근이다. 아들러 학파 치료는 1912년 개인심리학회(Society for Individual Psychology)를 창시한 아들러가 만들었다(Schultz & Schultz, 2013). "아들러학파들은 삶의 문제를 다루는 데 어려움이 있어서 상담에 오는 사람들은 낙담되어 있다고 생각한다."(Kottman, 2003, p. 139) Terry Kottman은 아동과의 작업에서 아들러식 치료를 채택했다. 이 유형의 놀이치료는 아동과의 작업에서 전체적(holistic) 접근방식을 택하는데, 그 이유는 사람이 사회적으로 둘러싸여 있다는 가정에 기초하기 때문이다. 그렇기 때문에 양육자 또는 교사처럼, 아동의 사회적 세계의 중요한 타인을 포함시킨다. 아들러학파 놀이치료는 부적응적 행동을 다루는 데에서 좀 더 직접적인 접근방식인데 잘못된 행동이 목표로 하는 것에 따라 양육자와 교사에게 구체적인 제안을 제시한다. 이 모델은 아동과 치료사 간에 평등 관계를 형성하고 유지하는 데 초점을 맞추고 있으며 아동은 치료 과정의 파트너이다. 놀이치료사는 아동의 생활양식을 탐색하고, 아동이 통찰을 얻을 수 있도록 돕고, 아동을 재교육시킨다(Kottman, 2003). 이 놀이치료 형식에서 치료사의 역할은 적극적이고 지시적이며 아동을 격려한다. 학교에서 이 접근의 어려움은 치료 과정에 양육자와 교사를 참여시켜야 한다는 것 그리고 아동의 일상생활에서 평가와 작업을 해야 한다는 것이다. 그러나 아들러학파 놀이치료는 학교 장면이라는 사회적 환경에 잘 맞는 치료인 것 같다.

Meany-Walen은 파괴적 행동이 있는 초등학교 저학년 아동을 대상으로 아들러식 놀이치료를 활용한 연구를 하였다. 학생들은 1회기 30분, 주 2회, 6주 동안 참여하였는데 파괴적 행동과 학생-교사의 관계 스트레스에서 유의미한 개선이 있었다. 이는 아주 중요한 이득이다.

이 장에서는 학교 장면에서 아동과 작업하는 데 적합한 세 가지 이론적 접근방식에 대해 논의하였다. 학교 상담사는 훈련과 실무의 초기부터 인간과 인간 본성에 대해 자신의 신념에 맞는 이론적 관점을 장착하는 것이 필수적이다. 이 이론은 아동이 학교로 가져오는 많은 문제를 만날 때 그리고 아동의 학업적 성공과 개인적 성공을 돕기 위한 작업을 할 때 상담사의 지침이 될 것이다.

절차의 수정

학교 장면에서 놀이치료를 이용하려면 특정한 절차적 수정이 있어야 한다. 그러한 세 가지의 수정에는 놀이치료를 기술하기 위해 사용되는 용어, 놀이치료회기 시간, 사용되는 장난감 유형이 있다. 이러한 수정에서 첫 번째는 이 부분에서 논의하고 나머지 두 가지는 놀이치료의 치료실 구성과 장난감, 빈도와 기간에서 논의할 것이다.

학교 상담사가 제공하는 서비스의 유형과 상담사의 작업을 설명하기 위해 사용하는 용어에는 여러 가지 법적 및 전문적 제한이 있기 때문에 관련된 주의 법, 윤리와 친숙해질 필요가 있다. 놀이치료라는 용어는 상당히 일반적이고, 놀이치료사 역시 매우 다양한 정신건강전문가 출신으로 이루어져 있다. 그럼에도 불구하고 학교 상담사는 그들이 하는 일을 치료라는 단어로, 자신을 치료사라는 단어로 사용할 수 없다. 앞에서 언급했듯이 ASCA 전국 모델(2012)은 학교 상담사가 '치료'를 하는 것을 부적절한 것으로 언급하고 있다. 더욱이 미국의 일부 주에서는 치료 또는 치료사라는 용어를 사용할 수 있는 임상가의 유형과 관련해서 법적 제한이 있다. 정의에 의하면 학교 상담사는 개별 및 집단 상담을 제공할 수 있는 상담사이다. 놀이에 근거한 개입이 아동과 작업하기 위한 가장 발달적으로 적절한 방법이라는 것을 감안하면 교사이든지 상담사이든지 치료사이든지 간에 학교 상담사가 놀이에 근거한 상담을 제공하는 것이 합리적이고 전문적으로도 적절하다. 그렇기 때문에 학교 상담사의 작업 역시 놀이치료의 일반적인 정의 및 학교 상담사로서의 직업적인 일 모두와 맞닿아 있다.

이 부분을 기술하면서 나는 ASCA와 주의 전반적인 지침, 윤리 규정을 지키면서 발달적으로 적절한 최선의 개입을 아동에게 제공하고자 노력하는 학교 상담사들이 겪는 스트레스에 대해 정확히 인식하게 되었다. 이것만으로도 업무가 벅차지만, 학교 공동체에서 지원을 받기 위해 용어, 시간, 장난감과 관련해서 창의적이 되어야 하는 부수적인 요구는 굉장한 부담이 된다. 이러한 스트레스는 뭔가 나쁘다는 느낌, 놀이치료에서 뭔가 잘못됐다는 느낌, 서두르고 변해야 한다는 느낌과 같은 부정적인 메시지를 아동에게 전달할 수도 있다. 놀이치료 현장에서 이루어낸 환상적인 진보를 미루어볼 때, 아동의 요구를 다루기 위해 학교에서의 놀이치료 이용에 대한 옹호는 놀이치료사 학교 상담사의 미래 및 이들과 작업하는 아동의 안녕을 위해 다른 무엇보다 중요하다.

학교에서 놀이치료 확립하기

학교 상담사가 학교 장면에서 놀이치료를 시행할 때 직면하는 몇몇 문제를 다루기 위해, 이 부분에서는 놀이치료를 어떻게 대변할 수 있는지를 다룰 것이다. 학교 상담 프로그램에 놀이치료를 통합하기 위한 아래의 지침은 Perryman과 Doran(2010)의 작업에서 채택되었다.

- 학교 장면의 독특한 문화에 대해 인식한다.
- 행정직원, 교사, 양육자, 지역사회 구성원에게 놀이치료를 교육해서 당신의 학교 상담 프로그램을 대변하게 한다.

- 작업하는 놀이실, 놀이 공간, 치료실 대용 가방을 설정한다.
- 윤리적으로 인식 및 유능해져서 윤리 규정에 대해 다른 이해 관계자에게 교육한다.
- 당신의 즉각적 놀이치료 프로그램 서비스에 대해 평가하고, 관계자에게 자료를 보고한다.
- 학생의 다양한 요구를 충족시킬 수 있도록 언어와 놀잇감 둘 다를 이용하여 문화적으로 유능한 놀이치료사가 된다(p. 84).

앞서 언급했듯이 놀이치료 프로그램의 성공을 평가하는 것이 중요하다. 결과 자료를 통해 상담사는 자신의 실수로부터 배우고, 프로그램에 필요한 수정을 하고, 결과를 보고함으로써 자신의 프로그램을 대변할 수 있다. 놀이치료 개입의 성공을 측정하는 방법에는 학교에 있는 자료와 특정 평가의 사정 둘 다가 포함된다. 학교에 있는 자료에는 개별이나 집단놀이치료 전후의 학생의 평균 성적, 결석, 공식적인 의뢰, 또는 일련의 지침서 수업 등이 포함된다. 특정한 평가에는 자아존중감 목록 같은 것과 학업 측정 둘 다가 포함된다. Ray(2011)는 교사와 행정 직원에게 전반적인 진척을 업데이트하라고 제안하였다. 이러한 과정은 시간이 걸리지만, 전문가의 일이며 지원을 촉진하고 아동의 행동에서의 변화를 논의하게 한다. Ray는 이를 매달 한 번씩 하라고 제안하였다. 물론, 즉각적 서비스는 학교 상담사의 바쁜 업무 중 한 가지이기 때문에 이러한 놀이 개입은 단기(10~12회기)여야 한다. Landreth(2012)는 "아동의 많은 행동 문제나 경험이 비교적 짧은 시간 안에 효과적으로 해결될 수 있다."고 하였고 학교는 이러한 놀이치료 유형에서 탁월한 장면이다(p. 370).

학교에서의 놀이치료를 옹호하는 또 다른 방법은 학교 지도 커리큘럼의 개요, 커리큘럼을 시행하기 위해 상담사가 어떻게 시간을 보냈는지, 놀이치료가 아동에게 어떤 추가의 이득을 제공했는지를 보여주는 월간 뉴스레터를 양육자, 교사, 행정직원을 위해 만드는 것이다. 훈육이나 놀이를 통해 아동과 소통하는 방법과 같은 주제뿐만 아니라 부모가 놀이치료에 대해 더 잘 알 수 있도록 돕는 양육 프로그램도 실시할 수 있다. 또, 학교 상담사는 놀이 공간을 보여주고 양육자가 필요로 하는 항목을 공유하기 위해 오픈하우스를 이용할 수도 있다. Ray(2011)는 놀이치료에 대해 널리 알리는 방안으로 학교와 지역사회에서 놀이치료 책자를 개발하라는 제안도 하였다. 학교 상담사는 새로운 책자를 만드는 것 대신, '왜 놀이치료지(Why Play Therapy)?' 인쇄물(Association for Play Therapy, 2014c)이나 놀이치료의 이득을 강조하는 비디오를 보여줄 수도 있다. 학교 상담사는 아래의 제안(Perryman & Doran, 2010)에 따라 학교 이사회, 양육자, 교사, 행정직원을 위한 발표를 준비할 수도 있어야 한다.

- 놀이는 아동과의 작업에서 발달적으로 가장 적합한 접근임을 설명한다.
- 학교 장면에서 놀이치료 또는 '장난감을 이용한 상담'의 이점을 강조한다.
- 지역에 있는 학교 개선 계획 그리고 지역에 있는 각 학교에 구체적으로(해당될 경우) 놀이치료의 기능을 설명한다.
- 주(state) 지침 커리큘럼과 ASCA 전국 기준 둘 다의 즉각적 서비스 요소를 다루는 데 있어서 놀이치료의 기능을 설명한다.
- 당신의 상담 프로그램과 그것이 학교에 가져오는 이득에 대한 연구 자료를 이용하여 전문성을 갖춘 발표를 한다. 출석이 저조한 학생 집단을 선택하여 6주간의 집단 개입을 실시한 예를 이용할 수도 있다. 학생들의 출석률을 집단 개입 전과 개입 후로 비교한다. 학교는 학생의 출석률에

근거하여 재정지원을 받기 때문에 학교가 받은 기금의 양으로 개입의 효과를 강조할 수 있다. 학업상의 이득을 보여주려면 행동 의뢰나 성적평가 점수를 이용할 수 있을 것이다.

여기서는 학교 장면에서의 놀이치료 시행의 구체적 전략을 검토하였다. 성공을 보장하는 놀이치료 프로그램을 내놓는 능력뿐만 아니라 놀이치료의 강력한 대변자이자 연구자가 되어야 한다.

놀이치료실 구성과 장난감

여기서는 놀이치료실의 구성과 필요한 장난감의 유형을 살펴보고, 학교에서의 놀이치료회기의 빈도와 기간에 대해 다시 살펴볼 것이다. 앞에서 언급했듯이 대부분의 학교에서는 시간과 공간이 부족하지만, 상담사의 창의성으로 이 시간과 공간을 극대화할 수 있다. 먼저 여기서는 놀이실 공간과 위치, 필요한 장난감과 놀이실 대용 가방(tote bag playroom)에 대해 이야기할 것이다.

놀이실은 따뜻하고 반기는 곳이어야 하며, 아동에게 이 공간이 그들을 위해 만들어졌음을 명확히 전달할 수 있어야 한다. Landreth(2012)는 놀이치료를 제공하기 위한 공간으로 대략 3×4m 크기의 방을 제안하였다. 또한 비밀 보호를 위해 창문이 없는 것을 권장하였다. 타일이나 장판 바닥은 청소하기 쉽고 필요한 경우에 보수가 가능해야 한다. 놀이실의 벽은 황백색의 씻을 수 있는 페인트여야 한다. 학교 상담사가 벽에 무언가를 걸고 싶다면 아동의 눈높이에 맞추어야 한다. 놀이 재료 진열을 위해서는 짜 맞춘 선반이 권장되고, 쉽게 꺼낼 수 있어야 한다. 이상적으로 놀이실은 교실이나 교장실과 떨어져 있어야 한다. 교실과 떨어져 있는 것은 시끄러울 수도 있는 놀이치료회기로 인해 다른 아동이 방해를 받지 않게 한다. 학교 내에 왕래가 드문 위치에 놀이실을 배치하는 것은 학생, 양육자, 교사, 교장이 놀이실에 오고 가는 사람을 볼 수 없기 때문에 아동 회기의 비밀이 보장된다. 아동이 왜 이 상담사를 만나는지에 대한 의문은 상담사-아동 관계에 해가 될 수 있다. 많은 학교가 상담사의 방을 교장실 바로 옆에 둔다. 이 경우 아동은 교장실을 규율과 연관시키고 따라서 상담사 역시 규칙을 어긴 것에 대한 징계와 관련시키게 됨으로써 상담사를 만나러 오기를 꺼린다. 상담사의 방을 완전히 독립시키는 것은 불가능하겠지만, 상담사는 비밀보장을 위해 최선의 노력을 해야 한다.

Landreth(2012)는 놀이실에 필요한 장난감의 유형을 현실과 관련된 장난감, 행동 표출 및 공격적 장난감, 창의적 표현과 정서적 해소를 위한 장난감으로 설명했다. 이러한 장난감을 놀이실 선반이나 플라스틱 가방과 통 또는 치료실 대용 가방에 배치할 때에는 주제에 맞게 분류되어야 한다. 아래의 장난감과 재료 목록은 Landreth가 제시한 것이다(pp. 167-169). 상담사 방의 위치에 따라 다른 학생들을 방해하지 않도록 시끄러운 음악 도구는 뺄 수도 있다.

- 공(들)
- 반창고
- 바비인형
- 구부릴 수 있는 인형 가족
- 뭉툭한 가위
- 펀치백
- 빗자루와 쓰레받기

- 블록 쌓기(다양한 모양과 크기)
- 시리얼 상자
- 칠판, 색깔 분필, 지우개
- 판지(여러 색깔)
- 크레파스, 연필, 종이
- 심벌즈
- 공룡, 상어
- 접시
- 설거지 통
- 인형 옷, 담요
- 인형 가구(튼튼한 나무)
- 인형집(문이 열려서 아동이 안을 볼 수 있어야 함)
- 변장놀이용 복장
- 드럼
- 달걀 상자
- 속이 빈 과일 캔이나 야채 캔
- 지울 수 있는 무독성 마커
- 손전등
- 검비인형(구부릴 수 있는, 별다른 특징이 없는 것)
- 손 퍼핏(의사, 간호사, 경찰관, 엄마, 아빠, 여자형제, 남자형제, 아기, 악어, 늑대)
- 수갑
- 모자 : 소방관, 경찰관, 작은 왕관, 큰 왕관
- 론 레인저 마스크와 그 외 마스크
- 의료용 키트
- 의료용 마스크
- 젖병(플라스틱)
- 젖꼭지
- 물감, 이젤, 신문지, 붓
- 주전자
- 놀이용 돈과 금전 등록기
- 냄비, 팬, 은색 식기 세트
- 망치와 놓고 칠 수 있는 벤치
- 퍼핏 극장
- 지갑과 보석
- 헝겊이나 낡은 수건
- 냉장고(나무)

- 밧줄
- 고무 뱀, 악어
- 모래상자와 큰 숟가락
- 학교 버스
- 비누, 솔, 빗
- 스펀지, 타월
- 스토브
- 봉제 동물인형(2~3개)
- 전화기(2개)
- 팅커 토이(조립식 장난감)
- 화장지
- 설압자, 막대 사탕
- 장난감 카메라
- 장난감 총, 칼
- 장난감 군인과 무기
- 장난감 거미와 기타 곤충
- 장난감 시계
- 투명 테이프, 무독성 풀
- 트럭, 차, 비행기, 트랙터, 보트, 앰뷸런스
- 수채화 물감
- 실로폰
- 동물원동물과 농장동물 가족

이 물품들 중 일부는 공격-해소 장난감(예 : 총, 칼, 악어, 펀치백, 장난감 군인)이다. 놀이는 아동의 언어이고 장난감은 단어이기 때문에, 아동이 적절한 단어를 찾을 수 없는 강한 분노나 공격적 감정을 표현하기 위해 공격적인 놀이가 필요할 때도 있다. 이 전제는 성인과의 작업과 유사하다. 상처받고 화가 난 성인 내담자와 작업하는 상담사가 회기에서 내담자가 자신을 표현하는 말에 제한을 설정한다는 것은 있을 수 없는 일이다.

그러나 아동에게 이런 일이 있을 때 공격적인 장난감을 갖고 노는 것을 허락하게 되면 놀이실 밖에서 공격적인 행동표출이 늘어날 것이라고 두려워한다. 실제로 공격적인 놀이는 필요시에 치료사가 제한설정을 하면서, 아동의 감정을 적절하고 수용적인 환경에서 표현할 수 있도록 해준다. 이러한 감정을 표현할 수 있는 능력은 아동이 놀이실 밖에서 부적절한 방식으로 감정을 표현할 필요가 없게 해준다. 앞에서 제시한 성인의 예를 다시 보면, 수용해주는 치료사에게 강한 언어와 큰 목소리로 자신이 받은 상처나 화를 표현한 내담자는 회기를 떠난 후 다른 사람에게 그렇게 할 필요성을 덜 느낀다. 이는 카타르시스라는 치료적 이득의 중요한 예이다. 그러나 최근 학교 폭력에 대한 공포가 확산되면서 무기를 닮은 어떤 것도 학교에서 허락되지 않는다. 여기에는 장난감 총과 칼, 검도 포함된다. 따라서 학교 놀이실에서는 앞서 권장한 목록을 수정하라고 제안한다. 대신에 학교 상담사는 퍼핏, 장난감 군인, 차거나 던질 수 있는 블록, 펀치백, 또는 고무망치로 칠 수 있는 통나무와 같은 다른 공격적인 장난감으로 대체할 수 있다. 하나 더 기억해야 할 것은, 아동은 공격성을 표현해야 할 필요가 있을 때 창의적일 수 있다는 것이다. 아동은 검지(손가락)를 총으로 이용할 수 있고 블록, 막대기, 점토, 놀이실에 있는 다른 어떤 것으로도 무기를 만들 수 있다. 기억해야 할 중요한 점은 성인과 마찬가지로 아동은 상처나 분노와 같은 억눌린 감정을 표현할 수 있는 적절한 환경과 도구가 필요하다는 것이다.

많은 학교에서 상담사들은 앞서 기술한 것과 같은 섬세한 놀이치료 공간이 없을 것이다. 이러한 경우에 놀이치료에서 사용할 필요가 있는 기본적인 장난감과 함께, 치료실 대용 가방을 준비할 수 있다. 상담사는 작은 공간이나 필요시에 이동 가능한 공간, 즉 교실이나 체육관 또는 도서관의 빈 구석 자리에서 놀이치료를 할 수 있다. Landreth(2012)가 개발한 기본 목록은 다음과 같다.

- 공격적인 손 퍼핏(악어, 늑대, 공룡)
- 반창고
- 구부릴 수 있는 인형 가족
- 뭉툭한 가위
- 가짜 장신구
- 무명 밧줄
- 크레파스(여덟 색 상자)
- 인형
- 인형집(구멍이 있는 상자를 이용해서 상자를 펴서 인형집으로 사용할 수 있다. 펼친 내부에 선을 그어 방을 그린다. 상자는 장난감을 담아두는 보관 용기로 사용)
- 인형집 가구(최소한 침실, 부엌, 화장실이 있음)
- 검비인형(구부릴 수 있고 별다른 특징이 없는 것)
- 수갑
- 론 레인저 마스크
- 의료용 마스크
- 너프 공[1]
- 신문지
- 젖병(플라스틱)
- 파이프 청소용구
- 플레이도우
- 막대 사탕
- 작은 비행기
- 작은 차

----

1 맞아도 아프지 않게 주로 스펀지로 만들어진 사람에게 던질 수 있는 공

- 숟가락
- 전화기(2대)
- 장난감 군인(20명이면 충분)
- 투명 테이프
- 놀이 접시와 컵 각각 2개

놀이실 구성과 장난감에 대해 논의했으며 이제 학교 장면에서 놀이치료회기의 빈도, 길이, 총기간에 대해 살펴본다.

놀이치료의 빈도와 기간

재정 지원을 위해 시험 점수를 올리거나 유지해야 하는 행정직원, 교사, 학생에게 주어지는 압박감 때문에, 현재 모든 학교 활동에서는 교육을 위한 시간이 우선시된다. 대부분의 주에서 휴식시간을 하루 30분씩 세 번에서, 15분 한 번으로 줄었다. 많은 학교에서 체육, 음악, 미술이 줄었으며 일부 학교에서는 없어지기도 하였다. 놀거나 친구와 사귀는 시간, 또는 뇌가 쉴 수 있는 비구조화된 시간이 줄었다는 점에서 이것은 아동에게 불행한 일이다. 이는 또한 배움에 대한 아동의 자연스러운 본능에 영향을 미치고 불안의 수준을 증가시킨다. 그 결과, 상담이 예전보다 더 많이 필요하게 되었다. 대부분의 전통적인 상담회기는 대략 50분 정도이다. 그러나 학교 상담사가 이 시간만큼의 개별 회기를 한다는 것은 거의 불가능하다. 다행스럽게도 단기간 회기의 효과성을 지지해주는 연구도 많이 있다. Landreth(2012)는 1회기 30분, 주 1회에서 2회, 총 12회기 내외를 권장하였다.

집단 상담회기는 전형적으로 1~2시간 정도이다. 학교 상담사는 윤리 지침을 지키면서도 이 시간을 잘 조정할 수 있다. 아동이 서둘러서 집단회기로 가거나 필요에 따라 회기에서 제기된 주제의 진행이 허용되지 않아서는 안 된다. 상담으로 너무 많은 교육 시간을 사용해서 교사나 행정 직원을 불쾌하게 만들지 않으면서 아동이 문제를 재미있고 창의적인 방법으로 다루도록 집단 상담을 수행하는 것은 흥미로운 도전이다. 학교 상담사가 주(state)에 해당하는 포괄적인 지침뿐 아니라 ASCA 기준을 알면 학교 상담 커리큘럼을 충분히 실행하는 데 필요한 시간을 주장할 수 있다.

그뿐만 아니라 창의적인 학교 상담사는 종종 집단회기를 확장시키는 방법을 찾아내기도 한다. 집단 만남을 아침식사 또는 점심식사 바로 전후로 잡아서, 학생들에게 집단실로 식사거리를 가져오게 하는 것도 시간을 늘릴 수 있는 한 가지 방법이다. 학생들이 집단 시간에서 식사를 할 때 상담사는 이 시간을 학생들의 일주일을 점검하거나 집단 활동을 소개하는 시간으로 사용할 수 있다. 우정과 사회적 기술에 대한 작업을 하는 좀 더 나이든 아동을 위해서 상담사는 아침 샌드위치를 만들 수 있는 전기냄비나 와플 만드는 기계를 가져와서 협동작업과 아침식사를 동시에 해결할 수도 있다. 이러한 활동이 모든 집단에게 적합할 수는 없지만, 대부분의 학생들은 이러한 활동을 재미있게 생각하며, 자신의 사회적 기술을 재미있는 방식으로 연습할 기회도 된다. 마지막으로, 일부 학교에서는 양육자가 아동을 학교에 일찍 데려다주거나 방과 후에 아동을 데리고 갈 수도 있다. 현재 많은 학교에는 미술, 음악, 요가와 같은 방과 후 프로그램이 있다. 학교 상담사는 이러한 학교 활동 전후로 집단 상담 시간을 조정할 수 있을 것이다.

학교에서 놀이치료 이용을 위한 특정한 기법 및 전략

여기에서는 학교 상담사가 이용할 수 있는 특정한 놀이치료기법과 전략을 검토한다. 편의를 위해 앞에서 논의된 각 이론에 따라 기법을 정리하였다.

아동중심 놀이치료

CCPT는 기법이 적고 아동과 함께 있는 것이 더 중요하다. 이것은 Landreth(2012)가 개정한 엑슬린의 8가지 기본 원칙이다.

1. 치료사는 진심으로 아동에게 관심이 있고, 따뜻하고 보호하는 관계를 만든다.
2. 치료사는 아동을 무조건적으로 수용하고 아동이 달라지기를 바라지 않는다.
3. 치료사는 관계 안에서 안전감과 허용감을 창조하고, 아동은 탐색의 자유를 느끼고 자신을 완전히 표현한다.
4. 치료사는 아동의 감정에 항상 민감해야 하고, 아동이 자신에 대한 이해를 발달시킬 수 있도록 이러한 감정을 살며시 반영한다.
5. 치료사는 책임감 있게 행동할 수 있는 아동의 능력을 깊게 신뢰하고, 개인적인 문제를 해결할 수 있는 아동의 능력을 확고하게 존중하고, 아동이 그렇게 하도록 허용한다.
6. 치료사는 아동의 내적 주도성을 믿고, 모든 관계 속에서 아동이 이끌어 가도록 하며, 아동의 놀이나 대화를 주도하려는 어떠한 충동에도 저항한다.
7. 치료사는 치료 과정의 점진적인 본성을 믿고 이 과정을 서두르지 않는다.
8. 치료사는 현실에 회기를 단단히 고정시키고 아동이 개인적이고 적절한 관계의 책임을 수용하도록 돕기 위해 필요시에만 치료적 제한을 수립한다(p. 80).

부모–아동 관계치료(child parent relationship therapy, CPRT)는 CCPT에 기반을 둔 기법이다. CPRT에서 양육자는 반영적 경청과 추적하기를 이용하여 아동과 놀이하는 방법을 배운다. 이렇게 함으로써 양육자는 아동의 눈을 통해 세상을 보게 되고 양육자–아동 관계를 강화한다(Landreth et al., 2006). 훈련된 놀이치료사에 의해 실시되는, 양육자를 위한 10주간의 소집단 개입은 학교에서 활용되기에 완벽하다. CPRT를 제공하는 것은 학교에서 놀이치료의 또 다른 활용에 대해 교육하는 동시에 양육자가 자기 자녀와 더 단단한 관계를 맺을 수 있도록 돕는다.

인지행동 놀이치료

CBPT는 학교에서 종종 이용된다. 한 가지 CBPT 기법, 즉 '대처하는 고양이(coping cat)' 프로그램(Podell, Martin, & Kendall, 2008)은 학교에서 흔하게 볼 수 있는 일반화된 불안 및 분리 불안에 초점을 맞추어 16회기로 구성되어 있다. 이 프로그램은 학생이 불안에 대처하도록 돕기 위해 '그림 그리기'나 '느낌 가장하기'와 같은 재미있고 즐거운 활동을 이용한다. 이 기법은 12회기가 넘지만, 기법의 효과성에 대한 연구는 긍정적이다.

무수히 많은 CBPT 기법들이 개별, 집단, 학급에서의 작업에 적합하며 필요한 개입에 따라 사용할 수 있다. Color-Your-Life(O'Connor, 1983)는 아동이 자신의 느낌을 위협적이지 않고 창의적인 방식으로 표현할 수 있는 활동이다. 치료사는 노란색은 행복, 파란색은 슬픔과 같이, 아동에게 다양한 감정과 관련되는 색깔을 가르친다. 생활에서 느껴온 감정을 아동이 색깔을 이용해서 시각적으로 표현하게 한다. 이것은 간단한 활동으로, 학교에서 쉽게 이용할 수 있는 재료를 가지고 할 수 있다. 감정을 인식하고 표현하고 또는 대처하는 것과 같은, 여러 문제를 아동이 다룰 수 있도록 돕는 데 사용될 수 있다.

아들러 학파 놀이치료

아들러 학파 놀이치료는 학교 장면에서 쉽게 적용될 수 있다. 이 이론은 중요한 네 가지 C, 즉 용기 (courage), 관계(connect), 능력(capable), 책임(count)과 잘못된 행동의 네 가지 주요 목표(관심 끌기, 힘, 복수하기, 무능력을 가장)에 초점을 두고 있다. 학교에서 아들러 학파의 개념을 활용하는 한 가지 도구는 네 가지 목표와 관련하여 양육자나 교사에게 활용할 수 있는 Kottamn(2010)의 인쇄물이다. 인쇄물에는 목표가 한쪽 열에 적혀 있고 목표에 따른 아동의 감정, 아동의 행동(적극적), 아동의 행동(수동적), 어른의 감정, 아동의 반응이 나와 있다. 또한 각 항목의 예시가 제시되어 있어서 아동의 잘못된 행동 목표를 찾는 데 도움이 된다. 학교 상담사는 양육자나 교사를 초대하여 아동과 있을 때 양육자나 교사가 어떻게 느끼는지, 행동이 일어났을 때 실제로 아동은 어떻게 느끼고 무엇이 필요한지를 구체화함으로써 이를 이용할 수 있다. 이것은 아동의 세계에 있는 어른과의 공감, 이해를 쌓는 데에서 매우 유용하다.

아들러 학파 놀이치료는 치료적 은유, 초기 기억 회상, 모래에서 이야기 만들기와 같은 기법을 활용한다. 평등관계, 격려, 좀 더 직접적인 경향은 학교 상담사가 특히 높이 평가하는 측면이다. 예를 들면 은유적 이야기 만들기에서 상담사는 아동이 가지고 노는 장난감과 만드는 이야기에 주의를 기울였다가 이를 아동이 겪고 있는 문제에 대한 이야기를 만드는 데 활용한다. 상담사는 아동이 좋아하는 장난감이나 놀이(책 만들기, 그림 그리기, 음악 만들기 등)를 활용해서 통찰을 얻고 유사한 상황을 다룰 수 있는 새로운 방법을 배우도록 돕는다. 상담사는 아동과의 이야기를 조심스럽게 진행시켜야 하며, 아동이 준비되기 전에 너무 많은 정보를 개인적인 것으로 만들지 않도록 조심해야 한다.

여기에서는 학교에서 아동중심 · 인지행동 · 아들러 학파 놀이치료를 활용할 수 있는 몇몇 기법과 전략에 대해 살펴보았다.

연구/증거 기반

놀이치료에서 더 많은 연구가 필요하다는 점을 놀이치료협회는 2013년에 인식하게 되었고, 다른 전문가나 대중에게 놀이치료의 신뢰성을 높일 수 있는 연구 전략이 개발되어 왔다. 여기에서는 놀이치료의 이득을 보여주는 몇몇 문헌을 살펴볼 것이다.

CCPT가 아동의 학업 성취, 자아존중감, 말 및 표현언어의 지연, 적응 행동 · 내재화된 행동 · 전반적 행동을 개선시킨다는 것을 보여주었다(Blanco & Ray, 2011; Danger & Landreth, 2005; Post,

McAllister, Sheely, & Flowers, 2004; Kot, Landreth, & Giordano, 1998). 지진 이후에 CCPT를 받은 외상 아동은 전반적인 불안, 생리적 불안, 걱정/과민성, 자살 위험이 유의미하게 감소하였다(Shen, 2002). 이러한 이득을 이해하는 것은 학교 상담사가 학교 장면에서 개입을 위한 계획을 세울 때 도움이 된다. 자주 언급되는 학교에서의 CCPT 사용의 문제점은 결과가 있기까지 시간이 걸린다는 것이다 그러나 최근의 연구는 단기 아동중심치료에서도 긍정적인 결과를 보여주었다. 이에 대한 한 가지 예는 학업적으로 취약한 1학년 아동에게 8주 동안 30분의 아동중심 놀이치료회기를 실시했던 Blanco와 Ray(2011)의 연구이다. 통계적으로 학업 성취 평가에서도 유의미한 증가가 있었다.

CBPT는 외상, 성 학대, 가정 폭력, 정서 조절, 사회적 기술 발달, 불안, 공격, 우울과 관련된 문제를 다루는 데 성공적이었다(Drewes, 2009).

Ray, Bratton, Rhine, Jones(2001)는 놀이치료 결과 연구들을 메타분석하였고 놀이치료가 문제가 있는 아동을 돕는 데에서 효과적인 처치임을 발견하였다. 이것은 획기적인 연구인데, 60년 동안의 94개의 연구가 포함되어 있고, 이 중에서 36개는 학교 장면에서 실시된 것이기 때문이다. 연구는 어린 아동의 학업 성취 및 말하기 언어와 ADHD의 감소, 불안, 외현화 행동 문제의 개선에서 긍정적 결과를 나타내었다(Blanco & Ray, 2011; Blanco, Ray, & Holliman, 2012; Garza & Bratton, 2005; Ray, Schottelkorb, & Tsai, 2007).

결론

몇 가지 실질적인 어려움에도 불구하고, 놀이치료는 학교에서 중요하고 발달적으로 적합하고 효과적인 개입인 것으로 보인다. 실행상의 어려움을 극복하는 데 도움이 되려면, 놀이치료 서비스를 제공하려는 학교 상담사가 해야 하는 몇 가지 중요한 일이 있다. 첫째, 학교 상담사는 훈련이 잘 되어 있어야 하고 질 높은 서비스를 제공해야 한다. 둘째, 학교 상담사는 자신의 놀이치료 개입의 효과성을 입증하기 위한 자료를 일관되게 수집하고, 이 결과를 양육자, 교사, 학교 행정 직원에게 전달해야 한다. *International Journal of Play Therapy*와 같은, 가능한 교육 저널 또는 정신건강 저널에서 결과 자료를 출간하는 것도 이러한 작업의 중요성을 더 깊게 지지해줄 것이다. 마지막으로 학교 상담사는 놀이치료를 학교 상담사의 직업 업무에 포함시키기 위한 노력으로써, 자신의 전문성 협회와 주의 교육이사회와 함께 노력해야 한다. 놀이치료의 치유적 힘에 보다 더 쉽고 좀 더 정기적으로 접근함은 아동에게만 이득이 되는 것이 아니라, 장기적으로 더 크게는 사회에 이득이 될 것이다.

참고문헌

American Counseling Association. (2014). *ACA code of ethics*. Retrieved from http://www.counseling.org/resources/aca-code-of-ethics.pdf

American School Counselor Association. (2012). *The ASCA national model: A framework for school counseling programs* (3rd ed.). Alexandria, VA.: Author.

Association for Play Therapy. (2014a). *About play therapy overview*. Retrieved from http://www.a4pt.org/ps.playtherapy.cfm

Association for Play Therapy. (2014b). *Find university play therapy*. Retrieved from http://www.a4pt.org/university.cfm

Association for Play Therapy. (2014c). *Programs and publications*. Retrieved from http://www.a4pt.org/ps.programspublications.cfm?ID =2384#anchor23590

Axline, V. M. (1947). Nondirective play therapy for poor readers. *Journal of Consulting Psychology, 11*, 61–69. doi:10.1037/h0063079

Axline, V. M. (1969). *Play therapy*. New York, NY: Ballantine.

Bandura, A. (1977). *Social learning theory*. Englewood Cliffs, NJ: Prentice Hall.

Beck, A. T. (1976). *Cognitive therapy and the emotional disorders*. New York, NY: International Universities Press.

Blanco, P. J., & Ray, D. (2011). Play therapy in schools: A best practice for improving academic achievement. *Journal of Counseling and Development, 89*, 235–242. doi:10.1002/j.1556-6678.2011.tb00083.x

Blanco, P. J., Ray, D., & Holliman, R. (2012). Long-term child-centered play therapy and academic achievement of children: A follow-up study. *International Journal of Play Therapy, 21*(1), 1-13.

Bratton, S. C., Ceballos, P. L., Sheely-Moore, A., Meany-Walen, K., Pronchenko, Y., & Jones, L. (2013). Head start early mental health intervention: Effects of child-centered play therapy on disruptive behaviors. *International Journal of Play Therapy, 22*, 28–42. doi:10.1037/a0030318

Danger, S., & Landreth, G. L. (2005). Child-centered group play therapy with children with speech difficulties. *International Journal of Play Therapy, 14(1),* 81–102. doi:10.1037/h0088897

Drewes, A. A. (2009). *Integrating play therapy and cognitive behavioral therapy*. Retrieved from https://www.a4pt.org/download.cfm?ID =28322

Ebrahim, C., Steen, L.S., & Paradise, L. (2012). Overcoming school counselor's barriers to play therapy. *International Journal of Play Therapy, 21*, 202–214. doi:10.1037/a0029791

Ellis, A. E. (1971). *Growth through reason: Verbatim cases in rational-emotive therapy*. Palo Alto, CA: Science and Behavior Books.

Erikson, E. (1972). Play and actuality. In M. Piers (Ed.), *Play and development* (pp. 127–167). New York, NY: Norton.

Garza, Y., & Bratton, S. C. (2005). School-based child-centered play therapy with Hispanic children: Outcomes and cultural consideration. *International Journal of Play Therapy, 14*, 51–80. doi:10.1037/h0088896

Gil, E., & Drewes, A. A. (2006). *Cultural issues in play therapy*. New York, NY: Guilford Press.

Gysbers, N. C., & Henderson, P. (1988). *Developing and managing your school guidance program*. Alexandria, VA: American Association for Counseling and Development.

Hirshfeld-Becker, D. R., & Biederman, J. (2002). Rationale and principles for early intervention with young children at risk for anxiety disorders. *Clinical Child and Family Psychology Review, 5*, 161–172. doi:10.1023/A:1019687531040

Knell, S. M. (1998). Cognitive–Behavioral play therapy. *Journal of Clinical Child Psychology, 27*(1), 25-30.

Kot, S., Landreth, G. L., & Giordano, M. (1998). Intensive child-centered play therapy with child witnesses of domestic violence. *International Journal of Play Therapy, 7(2),* 17–36. doi:10.1037/h0089421

Kottman, T. (2003). *Partners in play: An Adlerian approach to play therapy* (2nd ed.). Alexandria, VA: American Counseling Association.

Kottman, T. (2010, July). *Partners in the sand: Adlerian applications of sand tray play therapy*. Presentation for the Missouri Association for Play Therapy Annual Conference, Springfield, MO.

Landreth, G. L. (2012). *Play therapy: The art of the relationship*. New York, NY: Taylor & Francis.

Landreth, G. L., Ray, D., & Bratton, S. C. (2009). Play therapy in elementary schools. *Psychology in the Schools, 46(3),* 281–289. doi:10.1002/pits.20374281-289

Lapan, R., & Stanley, B. (2006). *Partnership for results-based evaluation*. Presentation for Missouri School Counselors at Jefferson City, MO.

Lapan, R., & Gysbers, N. (1997). & Sun, Y. (1997, March). The Impact of More Fully Implemented Guidance Programs on the School Experiences of High School Students: A Statewide Evaluation Study. *Journal of Counseling & Development, 75*(4), 292-302.

Lapan, R., Gysbers, N., & Petroski, G. (2001, Summer2001). Helping Seventh Graders Be Safe and Successful: A Statewide Study of the Impact of Comprehensive Guidance and Counseling Programs. *Journal of Counseling & Development, 79*(3), 320.

Miller, P. (2002). *Theories of developmental psychology*. New York, NY: Worth.

O'Connor, K. J. (1983). The color-your-life technique. In C. E. Schaefer & K. J. O'Connor (Eds.), *Handbook of play therapy* (pp. 251–258). New York, NY: Wiley.

Perryman, K., & Doran, J. (2010). Guidelines for incorporating in schools. In C. Schaefer & A. A. Drewes (Eds.), *School based play therapy* (pp. 61–86). Hoboken, NJ: Wiley.

Piaget, J. (1972). Some aspects of operations. In M. Piers (Ed.), *Play and development* (pp. 15–27). New York, NY: Norton.

Podell, J. L.,Martin, E. D., & Kendall, P. C. (2008). Incorporating play within a manual-based treatment for children and adolescents with anxiety disorders. In A. Drewes (Ed.), *Blending play therapy with cognitive behavioral therapy. Evidence-based and other effective treatments and techniques* (pp. 165–178). Hoboken, NJ: Wiley.

Post, P., McAllister, M., Sheely, A., & Flowers, C. (2004). Child centered kinder training for teachers of pre-school children deemed at risk. *Journal of Play Therapy, 13*(2), 53–74. doi:10.1037/h0088890

Ray, D. (2011). *Advance play therapy*. New York, NY: Taylor & Francis.

Ray, D., Armstrong, S., Warren, E., & Balkin, R. (2005). Play therapy practices among elementary school counselors. *Professional School*

Counseling, 8(4), 360–365.

Ray, D., Bratton, S., Rhine, T., & Jones, L. (2001). The effectiveness of play therapy: Responding to the critics. *International Journal of Play Therapy, 10*, 85–108. doi:10.1037/h0089444

Ray, D., Muro, J., & Schumann, B. (2004). Implementing play therapy into the schools: Lessons learned. *International Journal of Play Therapy, 13*, 79–100. doi:10.1037/h0088886

Ray, D., Schottenlkorg, A, & Tsai, M.(2007). Play therapy with children exhibiting symptoms of attention deficit hyperactivity disorder. *International Journal of Play Therapy, 16 (2)*, 95-111. doi:-10.1037/1555-6824.16.2.95

Rogers, C. R. (1961). *On becoming a person: A therapist's view of psychotherapy*. New York, NY: Houghton Mifflin.

Schaefer, C. E. & Drewes, A. A. (2010) In the therapeutic powers of play and play therapy. Drewes, A.A. & Schaefer, C.A. (Eds.), School based play therapy. (pp. 3-16). Hoboken, NJNY: JohnWiley & Sons.

Schultz, D., & Schulz, S. (2013). *Theories of personality*. Belmont, CA:Wadsworth.

Shen, Y. (2002). Short-term group play therapy with Chinese earthquake victims: Effects on anxiety, depression, and adjustment. *International Journal of Play Therapy, 11*(1), 43–63. doi:10.1037/h0088856

Siegel, D. J., & Bryson, T. P. (2012). *The whole-brain child: 12 revolutionary strategies to nurture your child's developing mind*. New York, NY: Bantam Books.

Sink, C. A., & Stroh, H. R. (2003). Raising achievement test scores of early elementary school students through comprehensive school counseling programs. *Professional School Counseling, 6*(5), 350–364.

U.S. Department of Health and Human Services. (2010). *Head start impact study final result*. Retrieved from http://www.acf.hhs.gov/programs/opre/hs/impact_study/reports/impact_study/executive_summary_final.pdf

U.S. Surgeon General. (2001). *Youth violence: A report of the surgeon general*. Rockville, MD: Department of Health and Human Services. Retrieved from http://www.ncbi.nlm.nih.gov/books/NBK44297/

Wynne, L. S. (2008). *Play therapy in school settings: September 2008 mining report*. Retrieved from http://www.a4pt.org/ps.index.cfm

26

놀이치료와 법 체계

DANIEL S. SWEENEY

법적, 윤리적, 전문적 기준을 준수하는 것은 모든 치료사들의 공통된 관심사이자 이론을 초월한 권한이다. 이 책에서 논의되었던 이론과 기법을 준수 또는 적용할 것인지 여부와 상관없이, 모든 치료사는 자신의 자격에 적용되고, 주 및 연방법과 일치하는 법적 윤리적 기준을 잘 알아야 한다. 대부분의 놀이치료사들은 자신의 전문성에 적용되는 윤리 강령에는 꽤 익숙한 반면에, 아동과의 작업 과정에서 일어날 수 있는 많은 법적 문제를 다루는 데에서는 준비가 부족한 경향이 있다. 이 장에서는 놀이치료사가 직면하는 흔한 법적 상황 및 그 상황과 관련된 윤리적 문제를 다룰 것이다.

이 책의 독자들은, 아동은 성인이 하는 것과 똑같은 방식으로 치료적으로 의사소통하지 않는다는 인식과 믿음에 근거하여 놀이치료를 탐색하고 이용한다. 그러나 모든 심리치료사에게 적용되는 법적, 윤리적 기준이 바뀌지는 않는다. 사실 놀이치료사는 심리적 능력 수준이 변하는 아주 의존적인 집단과 작업을 하는 것이기 때문에, 아동 내담자에 대한 우려와 법의 요구조건과 균형 있게 법적 쟁점을 다루기 위해 더욱더 전념할 필요가 있다. 놀이치료의 초점이 일관되게 아동과 아동의 세계에 있다고 해도, 어른의 세계, 다시 말해 법적 문제에 일관되게 초점을 맞추는 세계에서 행해진다는 것을 기억해야 한다.

전통적으로 놀이치료에서 처치의 초점은 아동이지만, 주요 양육자를 과정에서 배제시키는 것이 현실적이지 않은 것과 법적 문제의 가능성 둘 다 있다. 대부분의 사례에서 이들 양육자는 아동에 대한 법적 책임뿐 아니라 대부분의 시간을 아동과 함께 보내는 사람들이다. 놀이치료 개입은 체계적이고 포괄적이어야 하고, 이것은 임상적 권유사항일 뿐만 아니라 법적 · 윤리적 명령이기도 하다.

마지막으로, 놀이치료사가 직면하는 법적 및 윤리적 고려사항은 놀이치료 양식에 기초하거나 이론적 접근에 기초하는 것이 아니다. 놀이치료사가 놀이치료에서 적합한 훈련과 지도감독을 받은 경험이 있어야 한다는 법적 책임 및 윤리적 책임과 함께 — 다양한 이론적 접근 및 기법적 접근은 자유롭게 운영됨 — 법적 기준 및 윤리적 기준에 따라 수행하리라는 기대와 요구조건은 그대로 유지된다.

놀이치료협회(APT)는 **놀이치료 모범 지침**(Play Therapy Best Practices, 2012)을 만들었다. 이것이 APT 회원들에게 권장사항이고 의무는 아니지만, 놀이치료사가 법적 문제 및 윤리적 문제를 다룬다는 측면에서 유용하다. 덧붙여서 놀이치료사는 적용 가능한 주법 및 연방법과 법령뿐 아니라 자격을 관리하는 정신건강 기구가 만들어 놓은 윤리적 지침도 지켜야 한다. 이 장에서는 놀이치료사의 법적 문제를 간단히 다룰 것이며, 놀이치료 전문성의 법적 정체성은 APT 재단에 있는 다음의 글을 토대로 할 것이다. "놀이치료사의 일차 책임은 내담자의 존엄성을 존중하고, 내담자의 독특성을 인정하고 내담자의 최고의 이익과 안녕을 도모하는 놀이치료를 실행하는 것이다."(APT, 2012, p. 2)

능력과 동의 : 윤리와 법이 겹치는 곳

아동과 놀이치료를 할 때 아동이 처치의 초점이겠지만, 법적 보호자 역시 법적 관점 및 윤리적 관점에서 중요한 내담자이다(Sweeney, 2001). 이것은 간단히 말하면 주정부가 미성년자를 법적 무능력자(legally incompetent)라고 추정하기 때문이다. 아동이 법적 능력자라고 간주하는 연령에 대한 동의는 주마다 다른데 이는 이 장의 후반부에서 논의될 것이다.

일반적으로 아동은 서비스에 동의(또는 거부)할 법적 능력 또는 비밀과 특권으로 되어 있는 정보와 관련된 특권을 획득하거나 유지할 권리가 있다고 여기지 않는다. 이러한 권리가 있는 사람은 법적 보호자이다. 이 점은 놀이치료사와 내담자에게 상담하는 아동의 법적 측면과 윤리적 측면을 모호하게 만들 수 있다. Henderson과 Thompson(2011)은 "아동과 작업하는 것은 법과 윤리의 다른 어떤 의도보다 미성년자의 권리가 애매모호하기 때문에 상담자를 특히 어렵게 할 수 있다."(p. 118) 윤리 기준과 법을 결합해서 이들은 다음과 같이 제안하였다.

> 많은 상황에 딱 들어맞는 해법은 없다. 마지막 정답은 여러분의 상담 장면, 여러분의 임상에 대한 철학, 지역이나 주 당국이 하는 법의 해석, 해결책의 잠재적 장점이나 단점, 상담자와 내담자의 위험에 따라 다르다.(p. 139)

사전 고지에 의한 동의 그 자체는 비교적 간단하다. 내담자는 심리치료에 올 때 그들이 받는 것이 무엇인지 알 권리가 있다. 미성년자의 처치에서 복잡해지는 부분은 사전 고지에 의한 동의 과정이다.

사전 고지에 의한 동의 과정에는 많은 요소가 있는 반면에, 원칙은 기본적으로 세 가지 주요 쟁점을 수반한다. (1) 치료사는 치료 과정에 대한 모든 정보를 알려야 한다. (2) 내담자는 이 정보를 이해해야 한다. (3) 내담자는 치료 과정에 자발적으로 참여한다는 데 동의해야 한다. 이 요소들이 아동과 작업할 때 문제로 떠오른다.

대부분의 주에서는 법에서 정한 법적 연령 이전일 경우, 아동은 법적으로 무능력한 것으로 판단된다. 이들은 계약하는 것, 법적 서류에 서명하는 것, 법적 결정을 할 수 없다. 발달적 고려사항과 함께, 이들은 주어진 정보를 이해할 수도 없고 계약하는 치료 과정에 자발적으로 참여할 수도 없다. 기본적으로 주 정부는 다음과 같이 추정하는데, 즉 (a) 미성년자는 법적으로 무능력하다. (b) 미성년자는 전문적인 서비스에 동의(또는 거부)할 능력을 갖고 있지 않다, (c) 미성년자는 비밀 정보와 관련된 특권을 유지하거나 가질 권리가 없다, (d) 이러한 권리는 법적 보호자(대부분의 경우 부모)가 가지고 있다.

법적 보호자만이 아동을 대신하여 동의할 수 있다는 것을 기억해야 한다. 사전 고지에 의한 동의를 법적 권위가 없는 사람이 했을 때에는 사전 고지에 의한 동의가 아니다. 따라서 서명하는 사람, 즉 친권이 없는 부모, 위탁부모, 숙모나 삼촌, 조부모, 보호관찰관, 의붓부모가 서명할 법적 권한이 있다는 것을 입증하는 것이 중요하다. 많은 전문가들은 모든 양육자에게 아동 처치에 동의할 능력을 법적으로 증명, 예를 들면 출생증명서, 후견인 서류, 입양 판결문, 부모의 이혼 판정에서 양육권 합의서 등의 사본을 만들어 달라고 요구한다. 이것이 지나치게 법리적으로 보이겠지만, 이러한 문서가 있으면 이후에 누군가가 아동을 처치에 배치하는 결정에 대한 문제제기를 할 때 증명해줄 수 있다.

일반적으로 부모 동의를 얻기 위한 요구조건에 예외가 있다. 여기에는 응급 처치, 구속에서 풀려난 미성년자, 약물과 알코올 처치, 가족계획, 임신, 성병에 대한 상담, 또는 주 정부법에 의해 승인된 상담이 포함되어 있다. 동의의 연령은 주(state)에 따라 다르기 때문에, 놀이치료사가 자신의 임상 실무에 관한 관할권에 친숙해야 한다. 특히 놀이치료사는 성년의 나이, 사회적 제약에서 해방된 미성년자에 관한 법, 미성년자 동의 상태, 이러한 동의의 법 적용에 영향을 미치는 조건에 대해 알아야 한다.

미성년자의 능력에 대한 쟁점 이외에, 특히 동의와 관련해서 능력(competence)이라는 용어에 대한 각기 다른 고려사항 그리고 이와 동등하게 중요한 사용은 놀이치료사가 자신의 전문성의 범위 내에서 일을 하는 방식과 연관되어 있다. APT의 놀이치료 모범 지침(Play Therapy Best Practices, 2012)은 다음과 같이 구체적으로 명시하고 있다.

> 놀이치료사는 자신의 능력 범위 내에서만 일할 수 있다. 능력은 훈련, 지도감독 받은 경험, 주·국가·국제 자격 인증, 전문적 경험에 근거한다. 놀이치료사는 다양한 내담자 집단과 작업하는데 적절한 지식의 획득과 기술의 발달에 전념해야 한다.(p. 14)

APT(2014)가 제시하는 놀이치료의 정의 "내담자의 심리적 어려움을 방지 또는 해결하고, 최적의 성장과 발달을 성취할 수 있도록 돕기 위해 훈련된 놀이치료사가 놀이의 치료적 힘을 사용하는 데에서 이론적 모델을 체계적으로 사용하여 대인관계 과정을 수립"(http://a4pt.site-ym.com/?page=WhyPlayTherapy)한다는 것은 훈련의 필요성에 초점을 맞춘다. 놀이치료사가 이 분야에서 적어도 적당한 훈련과 지도감독을 받은 경험이 있어야 한다는 것은 임상적, 윤리적, 법적 의무이다. 너무도 많은 놀이치료사들이 논문이나 책을 읽고 단일 워크숍에 참석하는 것으로 자신이 적절히 준비되었다고 생각한다. 이는 훈련과 지도감독이 아니다.

능력은 윤리적 개념 및 법적 개념 모두 있다. "윤리적 관점에서 능력은 내담자를 보호하고 서비스를 제공하기 위해 임상가가 갖추어야 하는 것이다. 법적 관점에서 무능력한 종사자는 과실 소송에 취약할 수 있고 법정에서 법적 책임을 당할 수 있다."(Corey, Corey, & Callanan, 2011, p. 326) 능력을 갖추고 유지하는 과정은 의도적으로 초점을 맞추어서 해야 하며, 아동과 작업하고자 하는 치료사에게는 특히 더 중요하다.

기록 보관

기록 보관은 임상적 문제 및 윤리적 문제처럼 법적 문제이기도 하다. 기록의 엄격한 유지는 법적 위험을 최소화할 수 있다. Sweeney(2001)는 "놀이치료사는 적당하고 적절한 보안이 이루어지고 정해진 기간 동안 기록을 보존할 책임이 있다."(p. 71)고 하였다. 자기 직업의 사무적 측면을 좋아할 놀이치료사는 거의 없지만, 이것은 법적 및 윤리적 의무이다. 모든 치료사들은 적합한 기록을 만들고 유지할 책임이 있다. Corey 등(2011)은 "기록을 보관하는 주요 목적은 내담자에게 고품질의 서비스를 제공하고, 다른 전문가들이 개입될 경우에 서비스의 연속성을 유지하기 위함이다."(p. 172)라고 하였다. 더욱이 놀이치료사는 최선의 서비스가 제공되었으며 이 서비스가 놀이치료의 영역과 그들의 전문 자격 기준 내에서 제공되었다는 증거로서 기록을 유지해야 한다.

모든 심리치료 파일에는 다음의 정보(이것에 한정된 것은 아니지만)가 있어야 한다. 즉, 신분 정보, 서비스 날짜, 서비스 유형, 비용과 지불 정보, 초기면담 정보/평가, 사전 동의와 직업적 공개 서류(professional disclosure documentation), 처치 계획, 진행 노트, 심리 검사, 종료 및 요약 정보, 다른 정신건강전문가와의 상담 또는 의뢰이다. 특히 중요한 것에는 법적인 교류 또는 활동과 관련된 모든 기록 또한 있다. 이 항목에 들어갈 수 있는 내용들은 이 장의 범위를 넘어서는 것이며, 독자들은 동료에게 자문을 구하거나 관련된 문헌을 찾아보기를 권고한다.

기록의 생성과 유지에서 모든 놀이치료사가 고려해야 하는 합리적인 기준은 (a) 치료사는 부모가 임상 파일을 보는 것에 편안함을 느끼는가? 대체로 부모는 임상 파일을 볼 권리가 있다, (b) 치료사는 5년 후 파일이 백서에, 동료 놀이치료사 배심원에 의해 검토되는 것에 대해 편안함을 느끼는가? (c) 아주 중요한 것은 파일이 법적 절차에 소환되고 검토되는 것에 치료사가 편안함을 느끼는가?이다.

놀이치료사는 내담자 기록을 안전하게 유지할 책임도 있다. 첫 번째 권고사항은 모든 놀이치료사와 그들이 속한 기관이 내담자 기록을 어떻게 다룰 것인지와 관련해서 서면으로 된 정책을 갖고 있는 것이다. 건강보험 이동 및 책임에 관한 법(HIPAA)이 적용되는 임상에서 일하는 놀이치료사는 기록과 관련된 문서로 된 정책이 있어야 한다. 이러한 정책은 내담자가 검토할 수 있게 개방되어 있어야 한다. 전형적으로 내담자는 이러한 정책을 검토할 수 있음을 인정하는 서류에 서명을 한다.

일반적으로 놀이치료사는 내담자 기록을 위해 두 단계의 보안이 되어 있어야 한다. 문서화된 기록은 문이 잠긴 곳에 있는 잠겨 있는 파일 보관함 속에 안전하게 보관되어 있어야 한다(기록이 저장되어 있는 방의 문과 사무실의 문 두 곳 다 잠글 수 있는 것이 좋다). 컴퓨터에 저장되어 있는 기록의 경우, 파일은 암호화되어 있어야 하며 컴퓨터도 보안 비밀번호가 있어야 한다. 그리고 비밀번호는 정기적으로 바꾸어야 한다.

놀이치료사 기록에는 독특한 부분이 있는데 여기에는 내담자의 미술 작품이나 그 외 내담자가 만든 작품이 포함되어 있다. 예를 들면 원래의 미술 작품, 모래상자 창작물의 사진, 표현 형식으로 창작된 가계도는 놀이치료회기의 녹화 및 오디오 기록이 취급되는 것과 같이 내담자의 다른 기록처럼 동일하게 존중되고 안전하게 비밀보장이 되어야 한다.

놀이치료사가 내담자 기록을 유지하고 있는 적절한 기간과 관련해서, 모든 주와 대부분의 전문성 기구에서는 최소한의 기간을 명시해 놓았다. 놀이치료사는 이러한 요구 조건을 충분히 인지할 책임이 있다. 일반적으로 미성년 내담자의 기록은 지역적으로 요구하는 성년의 연령을 넘겨서까지 보관하라고 권고한다. 그러나 이것 역시 놀이치료 임상의 사법권에 따라 다르다. 일반적으로 필요한 만큼의 기간을 넘어 더 오래 기록을 보관하는 것이 현명하다.

　놀이치료사는 내담자의 비밀 자료를 안전한 방법으로 처리하는 일관된 방침이 있어야 한다. 여기에는 파쇄기로 문서 자료를 파쇄하는 것과 차후 탐색이나 발견 방지를 위해 접속을 차단하는 소프트웨어를 이용한 컴퓨터 기록의 삭제가 있다.

　기록 보관과 관련된 또 다른 쟁점은 놀이치료사에게 흔한 관행(특히 지도감독을 받으면서 작업하는 놀이치료사)인데 지도감독과 전문성 성장을 위해 비디오 녹화를 하는 것이다. 이것은 적절히 다루어져야 할 법적 문제 및 윤리적 문제를 일으킨다. 동의를 법적으로 보유한 사람으로부터 적절한 허락을 받을 필요가 있다. 이는 초기의 사전 고지에 의한 동의 서류의 일부가 될 수 있지만, 비디오 녹화의 민감한 성질 때문에 별도의 허락을 받는 것이 안전하다고 제안한다.

　모든 녹음이나 녹화는 내담자 기록의 일부이며, 따라서 적절하게 취급되고 보안이 필요하다는 것도 알아야 한다. 녹음(녹화)하는 것은 표준 기록의 대체물로 고려되지 않는다. 일부 놀이치료사는 후에 회기의 내용을 임상 차트에 기록하기 편하도록 비디오 녹화물을 사용한다. 이것은 시간이 걸리고 지루한 작업이며, 권장되지도 않는다. 임상적으로 또는 법적으로 그렇게 하지 않으면 안 되는 이유가 없다면, 일반적으로 비디오 녹화물은 치료 종료 후에 삭제되어야 한다.

아동 학대와 보고하기

모든 심리치료사는 아동 학대를 관련 당국에 보고할 법적 의무가 있다. 아동 학대의 정의는 주와 관할권에 따라 다르지만, 일반적으로 미성년자(대개 18세 미만이라고 정의)에게 가해지는 우연이 아닌 상해를 동반한다. 여기에는 다음 사항이 포함되지만, 이 사항으로만 제한되는 것은 아니다. (a) 신체 학대, (b) 성 학대, (c) 방임, (d) 정서적 또는 정신적 학대. 이 같은 일반적인 범주 안에는 약물 중독 신생아, 흔들린 아기 증후군, 아동이 불법 활동에 연루되는 것, 가정 폭력에 노출, 부적절한 아동 돌봄, 유기, 성장 부진, 위험에 대한 위협, 아동 착취나 판매 등이 포함되어 있다. 놀이치료사의 보고 의무는 의심의 여지가 없다.

　무엇을, 언제, 어떻게, 누구에게 보고할 것인지는 관할권에 따라 다르다. 놀이치료사는 주(state) 법을 알아야 하는 책임이 있다. 보고는 법적 의무일 뿐 아니라, 보고를 하지 않을 경우에 민사 그리고/또는 형사 책임이 따른다.

　놀이치료사의 역할은 학대가 의심될 때 보고하는 것이며, 학대 의심의 세부적인 사항을 조사하는 것이 아니다. 이러한 조사는 정부기관(예 : 아동보호기관)이나 정부인가기관이 한다. 이에 대해서는 이후 다시 논의될 것이다.

치료사일 것인가, 조사자일 것인가

치료사와 조사자의 역할은 분리되고 구별된다. 아동 놀이치료사 경험의 치료적 측면과 관계적 측면 그리고 어렵기는 하지만 필요한 조사 과정은 서로 관련이 있지만 합쳐질 수는 없다. 아동은 조사 과정으로 인해 심각한 불안과 일정 수준의 재외상화를 경험할 수 있으며, 따라서 치료적 관계에서 지속적인 지원이 필요하다. 놀이치료사가 조사의 주된 부분 또는 부수적인 부분을 맡아야 한다면, 지지적인 역할을 해야 하는 치료사의 능력은 오염된다.

Lowenstein(2011)은 이러한 관점을 공유하면서 제안하는데, 즉 "성 학대에 대해 편견 없는 평가자의 독립된 기능을 수행하는 사람과 치료를 수행하는 사람은 서로 달라야 한다."(p. 294) 그러나 맨 처음 학대의 존재를 증명할 때 치료사가 개입될 수도 있다는 점에서 이러한 권장사항 역시 충분하지 않다.

Melton, Petrila, Poythress, Slobogin(1997)은 치료사와 조사자의 서로 반대되는 역할에서의 몇 가지 어려움을 말했다.

- 법의학적 평가와 관련된 기법은 치료적인 것과 반대될 수 있다. 전형적으로 법의학적 평가는 비교적 짧은 시간 안에 수행되고, 피험자의 이익을 위한 것이 아니며, 흔히 정서적으로 부담이 큰 사건에 초점이 맞춰져 있고, 대개 거짓말을 하려는 동기가 있는 문제에 대한 것이다. 그 결과 법의학적 인터뷰는 치료적 평가와 개입에 비해 공격적이고 외상적 기억을 빨리 다루고자 한다.
- 법의학적 작업과 치료적 작업 둘 다를 실시하는 정신건강전문가가 보이는 또 다른 가능한 결과는 역할 혼란이다. 그러한 임상가들은 법의학적 평가 상황에 있는 내담자가 궁극적으로 평가되는 사람이기만 한 것이 아니라는 사실을 쉽게 잊어버린다.
- 연루될 수 있는 권위자의 경험 때문에, 법의학적 평가는 법적 체계의 관여를 벗어난 내담자와의 치료적 평가와 개입에 방해가 되는 방식으로 임상가의 관점이나 평판을 바꿀 수도 있다. 단순히 사법제도와 관련되는 것만으로도 임상가의 현재 그리고 잠재적인 치료적 관계가 충분히 오염될 수 있다.
- 정신건강과 사법체계 간에 지속되는 관계로 인해 발생하는 장애물을 극복하려면 법의학적 작업이 2차 업무인 임상가들의 비현실적인 헌신을 요구한다.

치료사와 조사자의 역할은 섞이고 혼란스러울 수 있다. Melton과 Kimbrough-Melton(2006)은 이러한 문제를 다음과 같이 요약하였다.

> 만약 정신건강전문가가 증거를 수집하고, 기소(근친상간한 아버지를 기소 및 투옥 또는 학대에 대한 시민 판결, 아동을 위탁가정에 배치, 궁극적으로 친권을 박탈시킬지 여부)를 돕는 일이 걱정된다면, 아동이나 가족을 위한 치료사로서의 역할이 오염될 것인가? 법 집행을 불이행한다면, 다른 아동과 가족을 돕는 임상가의 능력(또는 그 외 다른 임상가들의 능력까지도)을 오염시킬 것인가?(p. 37)

아동치료사가 최초로 보고를 하고, 보고를 받은 사람이 아동으로부터 추가 정보가 필요하다는 말을 듣는 것이 흔한 일은 아니다. 놀이치료사는 어떤 정보가 필요한지, 어떤 행동이나 질문을 해야 하는지에 대한 지침을 받기도 한다. 그 후 어떻게 진행할지를 선택하는 것은 놀이치료사의 자유이다. 이에 대해 제안되는 반응은, 만약 아동보호기관(또는 그 외 기관)이 이후의 행동이나 대질을 할 수 있을 만큼 정보가 충분하다고 생각한다면 그들이 이 행동에 대한 책임을 지는 것이다. 그 후 놀이치료사는 치료적 역할을 지속할 수 있다.

놀이치료사 그리고/또는 조사자가 되는 역할은 일반적으로 법령이나 판례법 또는 정신건강전문기구의 윤리 규정에서 다루지 않는다. 치료사와 조사자의 역할을 혼합하는 정도 또는 완전히 분리할지 여부는 놀이치료사에 따라 다르다.

치료사와 조사자 둘 다의 역할을 하는 것에 대해서 윤리 규정에는 구체적으로 다루어져 있지 않지만, 이중 역할 또는 다중 역할을 맡는 것은 논쟁의 여지가 있다. 모든 정신건강 직업의 윤리 규정은 이중 관계나 다중 관계를 금지한다. 예를 들면 APA의 심리학자 윤리 규정은 다음과 같이 명시하고 있다. "다중 관계가 심리학자로서의 역할을 수행하는 데 객관성, 능력, 효과성을 해치거나 또는 전문성 관계가 존재하는 사람에게 착취 또는 위해를 가할 수 있을 때 심리학자는 다중 관계가 되는 것을 자제해야 한다."(p. 6)

또한 놀이치료사가 조사자 역할을 원하지 않는 반면에 놀이치료 과정에서 드러난 정보와 관련해서 출두나 증언을 할 수 있다고 지적하고 있다. 출두(소환)와 증언에 대해서는 이 장의 다음 부분에서 논의될 것이다. Snow, Helm, Martin(2004)은 "놀이치료회기가 법정 증거로 사용되는 것을 지지하는 연구가 부족함에도 불구하고, 놀이치료사는 아동이 학대로 인해 받은 심리적 피해와 관련해서 증언할 것을 요청받는다."(p. 77)고 지적했다. 더욱이 이 증언은 아동이 처치 과정에서 보여준 언어적 또는 비언어적 노출에 관한 '사실'의 증언이다.

소환에 대처하기

놀이치료사가 법적 소환을 받고 대응하는 것은 두려운 경험이다. 놀이치료사는 이 겁나는 사건에 공포로 반응할 수 있고, 이는 소환을 무시하거나 모든 요구 자료로 즉시 반응할 수도 있다. 이 같은 신속한 반응은 윤리적, 법적 그리고/또는 임상적 실수이다. 소환에 대응하는 것은 복잡한 일이며, 자문하는 것의 이익에 대해 신중하게 반응하는 것이 최선의 대응이다.

소환(장)이란 무엇인가? 기본적으로 놀이치료사가 증언을 하거나 관련 자료를 제출하라고 요구하는 법적 문서 또는 명령이다. 소환장(subpoena duces tecum : 라틴어로 '가져오라')은 놀이치료사에게 서류를 가져올 것을 요구하는 명령이다. 이러한 문서는 보통 소환장에 명시된다. 대개 소환은 법적 상황이나 소송의 직접 당사자가 아닌 중립적인 사람이 받게 된다. 소환에 불응하는 것은 법정 모독죄가 될 수 있다. 동시에 놀이치료사가 응한다고 해서 소환이 합당하다거나 요청하는 모든 서류를 치료사가 만들어내야 한다는 의미는 아니다.

소환과 법원 명령 사이에는 차이가 있다. 기본적으로 소환은, 소환이 요구하는 것이든 아니든 간에 놀이치료사의 대응이 필요하다. 이와 대조적으로 법원 명령은 판사에 의해 발급되는 것으로, 공개를 강요한다. 이 경우에는 어떤 구두의 자료 또는 서면 자료를 보호할지 안 할지 여부를 법원에서 결정한다.

소환에 응할 때 놀이치료사는 소환에 명시된 사람을 아는지 또는 치료했는지 여부를 알고 있어야 한다. 그런 후 소환의 타당성과 누가 발급했는지를 확인하기 위해 소환장을 검토한다. 적합할 경우 내담자에게 연락하는 것이 일반적으로 가장 중요한 첫 번째 반응이다. 가장 쉽고 간단한 대응 방식은 법적 보호자가 찬성하고, 정보 양도에 대해 그의 승인을 얻는 것이다. 그러나 법적 보호자가 소환 자료의 공개를 원하지 않는다면, 놀이치료사는 어려운 상황에 놓이게 된다. 어떤 경우이든 놀이치료사는 소환이 요구하는 것 이상의 정보를 제공하지 않아야 하며, 예를 들어 처치 과정의 간단한 요약은 수용할 수 있다.

내담자가 승인한다 해도, 놀이치료사는 정보의 양도가 임상적으로 피해가 없는지에 대해 알아야 한다. 치료사가 이러한 생각을 한다면, 내담자, 변호인, 법원이 정보의 양도를 주장할 경우, 치료사는 이러한 우려를 내담자 파일에 문서로 남겨야 한다. 소환 영장이 공격적으로 발부되어도, 놀이치료사는 구두나 서면 자료를 즉시 만들어 주지 않아야 한다. 소환을 수용한 후 최선의 대응 방안을 결정하기 위해 놀이치료사의 과실 행위 보험뿐 아니라 전문기구를 통해 임상 동료, 변호사, 법적 자문을 포함해서 정통한 전문가와 상의하는 것이 중요하다. Koocher, Norcross, Hill(2004)은 아래의 지침을 제시하였다.

- 내담자의 변호사로부터 소환장이 도착하였고, 양도 양식이 포함되어 있지 않다면, 서류를 양도하기 전에 변호사가 아닌 여러분의 내담자에게 먼저 확인한다. 엄밀히 말하면 내담자의 변호사로부터의 요청은 법적으로는 내담자의 요청과 동일하다. 그러나 임상가가 개인적으로 내담자의 원하는 바를 확인하는 것이 합당하며, 특히 기록의 내용이 민감하다면 더욱 그러하다.
- 서명된 양도 양식이 포함되어 있지만 자료가 임상적으로 또는 법적으로 해가 될 수 있다고 임상가가 생각한다면 이 문제를 내담자와 논의한다.
- 실제로 기록의 양도를 걱정하는 심리치료사는 프롬프트 보고서나 요약을 제공할 수 있지만, 궁극적으로 전체 기록을 만들어 놓아야 한다. 기록이나 노트의 원본은 줄 필요가 없다. 일반적으로는 공증되거나 또는 기록의 증명된 사본으로도 충분하다.
- 드물지만 내담자의 반대편이나 다른 사람을 대변하는 변호인에 의해 발부된 소환장이 기록에 즉시 접근을 요구하는 사람 편으로 사무실에 도착할 수 있다. 이러한 상황에서는 그 사람에게 알리는 것이 타당한데, "나는 소환장에 명시된 사람이 지금 또는 과거의 나의 내담자인지 아닌지 여부를 공개할 수 없다. 나는 그 사람 또는 합당한 법원 명령으로부터 서명된 양도 없이 어떤 정보도 제공할 수 없다." 그다음에 여러분의 내담자에게 연락하고, 이 상황을 설명하고, 내담자의 변호사와 이야기한다는 허락을 구한다. 내담자의 변호사에게 반대쪽 변호사와 특권 문제를 해결하거나 소환을 파기하도록 요구한다. 이러한 단계는 여러분이 주 의무가 있는(즉, 여러분의 내담자) 사람이 법에 의해 허용된 범위까지 보호될 수 있다는 것을 보장한다.

법정에서 증언하기

놀이치료와 재판 진행 사이에는 중요한 대립이 있다는 것을 인식해야 한다. 놀이치료는 관계와 협력 속에서 만들어진다. 법정 진행은 종종 둘(또는 그 이상)의 반대 세력이 연루되며, 대개 서로 적대적이다. 여러 가지 면에서 놀이치료사가 익숙하지 않고 위협적인 위치에 놓이게 한다.

놀이치료사는 모든 법적 진행에서 '신뢰'의 개념에 대한 중요성을 인식할 필요가 있다. 신뢰는 놀이치료사의 훈련, 경험, 자격의 전문적 수여로 인해 만들어진다. 신뢰는 놀이치료사의 전문성, 태도, 심지어 모습을 통해서 스스로를 보여준다는 것을 아는 것 역시 중요하다.

　법정 증언을 하게 되었을 때 놀이치료사는 대개 사실의 증인(또는 증언)이나 전문가 증언(또는 증인)을 하게 된다. 절차에 들어가기 전에 이 역할들 간의 차이를 알고 있어야 한다. Folero와 Wrightsman(2009)은 "사실 증언은 관찰한 것이나 사실로 알고 있는 것에 대해서만 증언을 할 수 있고, 전문가 증언은 일반 배심원이 갖추고 있지 않은, 주제에 대한 전문적 지식에 대한 견해를 표현하는 것이다."(pp. 31-32)라고 말한다.

　사실 증인은 보고, 듣고, 만지고, 맛보고, 냄새 맡은 사실에 대해서만 증언한다. Bratton과 Wallace(2013)는 사실 증인으로 놀이치료사가 증언할 때 "상담에서 일어난 특정한 말이나 사건 만을 다루도록 허용된다."(p. 17)라고 언급하였다. 사실 증인은 일반적으로 사실에 대한 자신의 지각을 벗어난 견해를 제시하지 않으며, 이는 판사와 변호사의 이의제기가 된다. Imwinkelried(Bratton & Wallacerk, 2014 인용)는 "(사실) 증언은 일차적으로 감각 자료를 말하며, 그다음에 배심원은 이 자료로부터 추론이나 결론을 도출한다."(p. 17)라고 말한다. 사실 증언이 효과적이 되려면, 놀이치료사는 준비되어야 하고 전문적이어야 한다. 놀이치료사는 치료사를 증인으로 요청한 측의 변호사에 의해 심문되는 직접 심문 과정에서 질문에 대답할 수 있도록 준비해야 하며, 반대심문 과정에서도 그러하다.

　전문가 증인은 전문적 견해를 제공할 수 있는 특정하고 특별한 지식을 증언한다. 이 특정하고 특별한 지식은 교육/훈련과 경험에서 얻은 기술에서 나온 것이다. 전문가 증인은 사실에 대해 증언하지만, 그들의 전문적 영역에서 정통한 견해를 제시할 수도 있다. 효과적인 전문가 증인이 되려면, 놀이치료사는 (a) 심리학, 심리치료, 인간발달, 놀이치료 영역에서 전문가여야 한다, (b) 경청과 보는 것 모두에 참여하고 관심을 가져야 한다, (c) 현재의 연구 및 임상 문헌과 임상 경험에 근거해서 자신의 증언을 확신할 수 있어야 한다. (d) 반대 심문을 포함한 증언에서 분별력을 가지고 침착해야 한다.

　놀이치료사를 증인으로 요청한 변호사에 의한 직접 심문에서 사실 증인 또는 전문가 증인이 되는 것은 덜 위협적이다. 변호사가 증인을 좋게 보이도록 만드는 것이 내담자에게는 큰 이득이다. 그러나 반대심문에서는 증인으로서의 놀이치료사가 장애물로 여겨질 수 있다. 열정적인 진술을 하는 것이 양측의 과제이며, 따라서 증인의 신뢰성을 공격하는 것은 반대 심문하는 변호사의 과제이다. 일반적으로, 놀이치료사를 증인으로 요청한 변호사도 예측되는 반대신문에 대해서도 놀이치료사를 준비시킬 것이다.

　반대심문에는 증언의 신뢰성을 떨어트리려는 시도와 유도질문이 들어 있으며, 이것은 직접 심문 과정을 마친 놀이치료사의 빈틈을 노릴 수도 있다. 이러한 대면에 대한 놀이치료사의 대응 지침으로 논의되는 전략이 다양하지만, 경험 있는 심리치료사들은 대면하는 것에 놀라지 않으면서, 치료사가 훈련과 경험을 통해 획득한 기본적인 치료적 기술에 따라야 한다고 제안한다.

양육권 다툼

아동의 최선의 이익과 요구를 위한 전문가로서, 놀이치료사는 양육권 평가를 요청받을 수 있다. 앞에서 이야기한 치료사 대 조사자 문제와 유사하게, 치료사 대 양육권 평가자 사이에 있을 수 있는 갈등 또한 반드시 고려해야 한다. 놀이치료사가 진행하고 있는 치료 사례에서 양육권 추천과 관련된 사실

증언 또는 전문가 증언을 하라는 요청이 있더라도, 이러한 역할들을 분리시키는 것이 최선이다.

놀이치료사는 아동 및 가족 역동에서 자신의 전문성으로 인해 양육권 평가를 할 자격이 충분하다는 점은 논란의 여지가 없다. 이것이 옳다고 해도, 양육권이 사정될 때 양육권 평가자가 가족 구성원 누구에게도 치료 서비스를 제공하지 않는 것이 최선이다. 양육권 평가가 진행되면서 객관적이고 공정한 입장을 유지하는 것이 어려울 수 있으며, 평가자가 한 명 또는 그 이상의 가족 구성원과 치료적 관계를 맺은 적이 있을 때에는 더욱 어렵다. 게다가 과거의 상담 관계가 계속 존재한다면, 편향을 문제 삼을 수 있을 뿐만 아니라, 양육권 추천 그리고/또는 결과에 불만족이 있다면 이후에 한쪽 진영 또는 양쪽 진영으로 부터 편향에 대한 고소를 당할 수도 있다.

치료적 관계의 존재가 평가 과정을 편향시킬 수 있는 반면에 그 반대도 있을 수 있다. 양육권 평가자의 목표가 중립성이라고 해도, 다양한 이유로 한쪽 부모에게 또는 한쪽 부모에 반대하는 편견이 생길 수 있는데, 여기에는 (a) 어느 한쪽 부모와 사적인 상호작용 또는 관계 양식, (b) 어느 한 부모가 아동 학대로 기소되거나 의심을 받음, (c) 부모 중 한 명에 대한 가정 폭력으로 기소당함, (d) 평가자의 믿음이나 가치와 일치하거나 불일치함, (e) 부모의 동참이나 소원함에 대한 지각, (f) 양육 스타일이나 기법과 관련해서 평가자가 동의하거나 동의하지 않음이 있다. 이러한 것 및 기타 편견들은 놀이치료사로 하여금 아동 및 부모 한쪽과의 치료적 관계를 쉽게 오염시킬 수 있다.

양육권 평가는 법정에 연루된 부모가 있으면 좀 더 복잡해질 수 있다. Sullivan과 Greenberg(2012)는 몇 가지 잠재적인 복잡성을 요약하였다.

> 임상가들은 법정과 연루된 부모에게는 체계적 접근의 치료가 필요한 다양한 수준의 병리가 있다고 표현한다. 이러한 부모는 생물학적 문제, 관계적 결손, 제한된 양육 기술, 부적절한 문제 해결 및 대처 기술, 공동 양육하는 의사소통에 문제가 있음과 같이 개인적 요인에서 유래된 취약성과 함께 치료에 온다. 이러한 개인적 문제는 이혼 후에 공동으로 양육을 분담하는 부모를 둘러싼 법 체계의 상황적 요인에 의해 더욱 악화된다. 가족이 분리되면서 이러한 개별적 및 상황적 요인들이 얽히게 되며, 가족 체계는 위기와 혼란을 초래한다.(p. 2)

양육권 평가는 놀이치료사에게 관리 문제도 위태롭게 한다. 아동 양육권 평가는 부모가 종종 자격 관리위원회에 고소를 하는 맥락이다. Glassman(1998)은 양육권 평가를 실시할 때 위험을 줄일 수 있는 몇 가지 전략을 제안하였다.

- 법적 지정을 획득한다. 법원의 승인은 즉각적으로 평가자가 믿을 수 있고, 객관적이고, 중립적인 당사자임을 시사한다. 법원이 지정한 평가자는 과실소송에 대해 제한된 또는 준사법적 면책권을 받을 수 있다.
- 사전 고지에 의한 동의를 확보한다. 평가자가 양육권 사정을 시작할 때 참여자는 평가 과정, 비용 스케줄, 비밀보장의 한계, 기록 공개를 관장하는 적용 규칙에 대해 자세하게 설명을 들어야 한다는 것이 중요하다.
- 비밀보장의 포기에 대해 설명한다. 양육권 평가와 연루된 모든 절차 문제 중에서 비밀보장의 포기가 가장 중요하기 때문에 이것은 따로 논의되어야 한다. 모든 평가 참여자 — 정보의 부수적인 출

처를 포함해서 — 는 양육권 평가자의 역할이 치료사나 상담사의 역할과는 완전히 다르다는 것을 안내받을 필요가 있다.

- **공정성을 유지한다.** 의도하지 않게 한쪽 당사자에게 더 많은 시간을 할애하거나 평가자의 서류에 포함된 모든 정보를 변호인에게 알리지 못하면 불공정, 또는 편견과 관련된 불평을 촉발할 수 있다.
- **한쪽 진영 평가를 피한다.** 아동에게 시급한 위험이 있다고 걱정하는 정당성을 확보하지 않으면, 한쪽 진영 평가는 재판에서 유효성이 제한되기 쉽다.
- **한쪽으로 치우친 의사소통을 피한다.** 한쪽으로 치우친 의사소통(대체로 실제적인 문제로 구두나 문서화된 정보)은 분쟁의 한쪽 당사자에게만 전달하는 것이다. 평가자의 중립성은 한쪽으로 치우친 의사소통이 발생할 경우 확실히 어려움이 있을 것이다.
- **완전 공개를 한다.** 법적 절차의 규칙은 각 당사자가 어떤 서류, 증인, 정보가 재판에서 제시될 것인지를 알 권리가 있음을 지시하고 있다. 평가자가 파일 내용의 공개가 어떻게 한쪽 진영에게 해가 되거나 오용되는지에 대한 합리적인 걱정을 할 때마다 법원이나 변호인 모두가 이를 숙지해야 한다.
- **이중 관계를 피한다.** 치료사에서 양육권 평가자로 역할을 바꾸는 것은 윤리 위반으로 해석될 수 있다. 양육권 평가자는 지정되기 전에는 당사자들에게 알려지지 않는 것이 바람직하다.
- **잘 문서화된 자료를 보존한다.** 법의학적 평가에서 요구하는 문서의 까다로운 기준을 충족하기 위해, 평가자는 면담과 자료 수집을 위한 표준화된 절차의 개발 또는 사용을 고려해야 하며, 양쪽 진영에 동일한 방법임을 입증해야 할 것이다. (pp. 122-123)

놀이치료사가 양육권 평가를 실시하기 전에 법과 지침이 나라, 주, 지역, 그 외 관할권에 따라 상당히 다를 수 있음을 알아야 한다. 치료사는 평가의 경험이 있는 다른 전문가 및 가정법 변호인이나 가정법원 판사와 상담을 하는 것이 좋다. 놀이치료사는 양육권 평가와 관련하여 자신의 관할권에 특정한 법이나 행정 규정이 있다면 이를 확인해야 하는데, 여기에 포함되는 것(이것으로만 제한하는 것은 아님)은 다음과 같다.

- 양육권 평가에서 여러분이 할 수 있는 것과 할 수 없는 것
- 양육권 평가에 포함되어야 하는 것
- 양육권 평가를 수행하는 데 요구되는 특정한 자격, 면허, 훈련
- 양육권 평가에 동참할 수 있는, 동참해야 하는, 동참해서는 안 되는 가족 구성원
- 아동 학대, 가정 폭력, 그 외 안전 우려에 대한 문제
- 교육, 의학, 정신건강 기록과 관련된 특권 및 비밀보장, 구체적으로 양육권 분쟁에 직접 연루된 당사자에 대해서
- 법원이 임명한 소송 후견인의 배치와 역할(양육권에 연루될 경우)

법적 대변인 되기

놀이치료사는 치료에서 아동의 법적 대변인이라는 독특한 위치에 있을 수도 있다. 대변인이 되는 것은 아동 상담의 일반적인 과정 내에서 일어날 수 있고, 때로는 놀이치료사를 전통적인 놀이치료의 범위 밖으로 밀어내기도 한다.

놀이치료사는 독특한 훈련을 받고 따라서 아동 세계에 대한 독특한 관점을 가지고 있기 때문에 다양한 장면에서 자신의 내담자를 대변할 수 있다. 여기에는 가족 체계, 학교, 아동보호기관, 위탁 및 입양 상황, 기숙 처치 장면, 외래 및 입원 보호, 법체계가 포함된다. 법적 대변인이 되는 능력은 행정 정책, 법적 및 윤리적 제약, 잠재적인 시간 및 재정적 제약으로 인한 현실성 때문에 제한될 수 있다.

아동이 법정 경험을 준비하도록 돕는 것은 법적 대변인의 한 가지 유형이라고 생각할 수 있다. 놀이치료사는 다양한 기법을 이용해서 아동이 이러한 어려운 경험을 준비하도록 돕고, 법정에 나간 이후의 경험을 처리하도록 도울 수 있다. 이것과 관련해서 놀이치료사가 아동을 위한 최선이 아니라고 결정하면, 아동을 재판에 참여시키지 않는 것을 주장할 수 있다. 이 같은 형태의 법적 대변(즉, 아동에게 중요한 이익이 되는)은 아동 복지, 변호인, 법원의 조정과 종종 연루된다.

법체계와 관련해서 놀이치료사가 대변인이 되는 가장 중요한 방식 중 하나는 아동이 학대의 공개 및 이어지는 법적 진행의 경험을 처리하도록 돕는 것이다. 예를 들면 성 학대를 받은 아동은 이미 자신의 피해에 대한 외상을 경험하고 있다. 법정에서의 경험(종종 증언을 하고 학대 가해자를 대면하는 것과 연루된)은 아동이 재외상화 및 외상을 되풀이하게 만든다. Back, Gustafsson, Larsson, Bertero(2011)는 성 학대를 받은 아동이 법정 과정을 어떻게 경험하는지를 평가하는 연구를 하였다. 연구에서 나온 다섯 가지 주요 주제는 (1) 경찰이나 법원이 자신을 믿지 않는다는 아동의 느낌, (2) 아동의 성 학대를 가시화시켜야 한다는 요구(종종 좀 더 일찍 폭로하지 못하게 막은 죄책감과 수치심 이후에), (3) 지지의 요구, 특히 부모뿐 아니라 전문적 치료사로부터, (4) 가해자의 죄를 밝히고 가해자를 처벌하려는 요구, (5) 경찰 및 법적 체계가 아동에 대한 존중이 결여됨이다. 놀이치료사는 조사와 판결 과정에서 발생하는 부정적 경험과 정서적 후유증을 다루는 독특한 위치에 있다.

놀이치료사는 치료에서 아동의 법적 대변인이 될 수 있는 좋은 위치에 있으나, 이것은 조심스러운 과정이다. 아동 내담자와의 기존의 관계 때문에 치료사의 관점이 편향될 수 있다. 이러한 지각이 공정하지 않을 수도 있지만, 전형적인 사무실에서의 경험 이면으로 서비스를 확장한 치료사는 관점이 편향될 수 있고, 이중 관계가 될 수도 있다. 그러므로 치료사는 자신의 대변이 감성이 아닌 전문성에서 나온 것임을 보여주는 적절한 문서를 갖고 있어야 하고, 자문을 받아야 한다.

법적 윤리적 의사결정 모델

모든 놀이치료사는 법적 쟁점을 평가하고, 최상의 행동 지침과 관련된 결정을 내릴 수 있는 법적 및 윤리적 의사결정 모델이 있어야 한다. 수년 동안 많은 모델이 제시되었다. 다음은 다소 긴 법적 윤리적 의사결정 모델을 축약하여 알파벳순으로 배열한 6단계 과정이다

1. 구체적인 법적 그리고/또는 윤리적 어려움에 대해 인지한다(Acknowledge).

   법적 상황을 인지하면 놀이치료사가 문제를 더 깊게 탐색하고, 적용 가능한 법 규정을 조사하고, 적절한 자문을 구하는 기회가 된다. 상황이 실제 법적 또는 윤리적 딜레마가 아닐 가능성은 항상 있다.

2. 타당한 법적 쟁점을 분해한다(Breakdown)

   놀이치료사는 심리치료 면허와 관련된 문제뿐만 아니라 법적 문제(법규, 사례법, 윤리 규정에 관한 것인지 또는 자신의 특수한 상황에 합당한 행정 기준인지)에 대해 잘 알고 있어야 한다.

3. 다른 사람과 상담한다(Consult).

   놀이치료사는 놀이치료 분야에서 그리고 더 넓은 심리치료 분야에서 자신의 전문적 수준에 있는 또는 보다 높은 수준의 전문가들과 상담하는 것이 최선이다. 그러한 전문가 자문은 세 명의 전문가와 행해지며 어느 정도 합의가 되어야 한다. 종종 이러한 자문은 놀이치료사가 이미 생각하고 있는 행동을 확인해준다. 놀이치료사는 자신의 주요 전문가 기구(미국심리학회, 미국상담학회 등)의 자문을 받으라고 추가로 제안하고 있는데, 대체로 이런 기구들은 그러한 자문을 제공해주는 변호인 그리고/또는 윤리 전문가가 있다. 서비스가 가능할 경우, 주 정부 면허위원회에 자문을 구하는 것도 도움이 된다. 법적 문제가 있을 경우 개인적으로 법 자문을 구하는 것이 항상 권장된다.

4. 적절한 행동 지침을 결정하고 실행한다(Decide on and execute).

   관련된 쟁점 및 적절한 자문에 대한 놀이치료사의 분석에 기초해서, 법적 그리고/또는 윤리적 결정이 되어야 한다. 액션이 없는 것은 액션의 가장 합리적인 행동임을 인식하면서, 이런 결정 및 이것의 실행은 확신을 가지고 행해져야 한다. 그럼에도 불구하고 분명하고 목적이 있어야 한다.

5. 기록된 문서 또는 전자 문서를 만들어 놓는다(Establish).

   문서화의 확립은 매우 중요하다. 일반적인 원칙은 '기록되어 있지 않으면 발생되었다는 증거가 없는 것'이다. 문서화의 과정이 어떠하든 간에 철저하게 할 필요가 있는데, 전체 결정 과정에 포함되는 것은 관련 규정, 정책, 고려된 법, 자문을 한 사람(자문을 하는 사람의 자격 수준), 결정을 내린 근거 등이다.

6. 행동을 추적한다(Follow up).

   모든 결정에는 긍정적 또는 부정적 영향이 있다. 이러한 것들을 평가하고 문서로 만들어야 한다. 놀이치료사는 비판의 가능성과 결정되고 시행된 결정을 정당화하는 요구에 준비되어 있어야 한다. 기억해야 하는 또 다른 중요사항은 더 나은 행동의 과정이 이미 만들어진 결정이나 취해진 행동을 무효화시킬 수 없다는 것을 인식하는 것이다. 이것은 놀이치료사 및 전문가로서 성장하는 과정의 일부이다.

결론

놀이치료사가 법적 문제 및 윤리적 문제에 직면할 때 도움이 되는 몇 가지 제안이 있다. 먼저 그 분야의 다른 전문가들과 상담하는 것이 도움이 되고 종종 필요하다. 이러한 자문에는 법적 전문가와의 대화도 포함된다. 모든 놀이치료사들은 자신의 실무에서 지속적인 지도감독을 받아야 한다. 이것은 질 높은 임상 서비스를 제공하는 데 도움이 될 뿐만 아니라 인식하지 못해서 다루어지지 못했던 법적 문제 및 윤리적 문제를 인식하는 데에도 도움이 된다. 임상적 쟁점 및 법적 쟁점에 대해 내담자와 지속적이고 정직하고 개방된 대화를 나누는 것이 의무이기는 하지만 항상 도움이 되는 것은 아니다. 내담자를 돕는 전문직은, 내담자가 믿을 수 없다거나 무시당했다고 느낄 때 고소를 하거나 법적 행동을 취하기 쉽다. 사실은 이것이다. 즉, 공감이 항상 작용한다는 것이다. 마지막으로, 치료사나 내담자가 취한 모든 행동을 포함해서 인지하고 다루어야 하는 모든 법적 쟁점은 내담자의 기록에 철저하게 문서로 되어 있어야 한다.

모든 놀이치료사는 법적 관행 및 윤리적 관행의 영역에서 지속적으로 훈련을 받아야 한다. 완벽한 논문을 제공하는 것은 이 장의 범위를 넘어서는 것 같다. Sweeney(2001)는 좋은 임상적 · 법적 · 윤리적 실행을 결정할 때 적용될 수 있는 '합리적인 전문성' 기준이 있다고 제안한다. 이 기준에서 핵심적인 것은 "유사한 훈련과 경험을 한 동료 놀이치료사 집단이 이것을 임상적으로 그리고 법적으로 적절하다고 볼 것인가?"이다. 놀이치료사 자신의 임상을 이러한 기본 기준에 맞춘다면 걱정하지 않아도 될 것이다. 이는 달리 말하면 놀이치료사가 다른 전문가들과 법 전문가들에게 자신의 임상을 기꺼이 노출할 수 있다면 걱정하지 않아도 될 것이다.

놀이치료사가 위협적이고 불편하게 느끼더라도 법적 체계와의 관계는 피할 수 없다. 이를 위해 기억해야 할 몇 가지 중요한 점은 다음과 같다.

- 주 정부, 법, 재판, 변호사의 관여는 다른 전문 영역에 들어가는 것이며 놀이치료 분야와는 친숙하지 않은 다른 전문가를 상대하는 것이다. 놀이치료사는 이 전문 영역을 존중하고, 관련된 모든 사람은 자신의 전문성과 관점이 있다는 것을 인정하고, 그 순간에는 부당하게 보이더라도 이들의 고려사항을 인정해야 한다.
- 놀이치료사가 자신이 하는 일에서 전문가인 것처럼, 법체계 역시 자기가 하는 일에서 전문가인 사람들이 모여 있는 것임을 인정한다. 존중을 하면 자신도 존중을 받는다.
- 가능한 한 법체계와 법에 대해 공부하지만 법 실무를 시도하지는 않는다. 이는 법원과 변호사가 놀이치료를 하지 않을 것이라고 기대하는 것과 동일하다.
- 놀이치료사가 좋아하든지 아니든지 간에 판결을 내리는 것은 법조인과 법원이다. 우리는 이 판결을 지켜야 한다. 이와 마찬가지로 놀이치료사는 정신건강전문가이다. 판결을 하지는 않지만 놀이치료사는 법체계가 아동의 최선의 이익을 결정하는 데에서 필요로 하는 지식과 자료를 가지고 있다.
- 놀이치료사에게는 변호사보다 각기 다른 내담자들이 더 많이 있다는 것을 인식하는 것이 중요하다. 치료사가 도모하려는 최선의 이익은 변호인이 추구하려는 최선의 이익과 동일하지 않을 수도 있다.
- 동참하는 모든 당사자들이 기대하는 바에 대해 안다. 놀이치료사가 갖고 있는 이론적 배경 또는 '직무 기술'(기관에 소속되어 있든지 개인 사무실이든지 간에)이 법체계에서 놀이치료사에게 기

대되는 바와 일치하지 않을 수도 있다.

- 자문이 필요하기 때문에 즉시 하지 못하더라도 법적 조사에 항상 응한다. 시기적절한 방식으로 이메일을 보내거나 전화로 답한다. 이를 무시하거나 잊는 것은 무례한 것뿐만 아니라 불법이 될 수도 있다.
- 치료사가 상담실에서 임상적 직감에 의존하듯이, 법적 문제에서 무엇인가 잘못됐다는 느낌이 든다면 이 느낌을 믿지 않는다. 자문을 구하라.

아동과 기꺼이 작업하고자 하는 치료사는 극소수다. 이들 중 놀이의 치료적 힘을 인식하고 적용하는 사람은 더 적다. 놀이치료사는 실제로 너무 적게 가지고 있는 헌신에 응하는 것이다. 이러한 헌신이 법적 우려 및 법 위반으로 중단되어서는 안 된다. "놀이치료를 통해 아동의 삶에 접촉함으로써 전문가의 윤리와 가치에 대해 말할 수 있다."(Sweeney, 2001, p. 75)는 점이 제안된다. 그러므로 법적·윤리적 원칙에 대한 기본 지식과 이를 준수하는 것만이 전부는 아니다. 그것보다 아동의 안녕을 위한 놀이치료사의 헌신이 진실로 반영되도록, 임상적·법적·윤리적으로 탁월해지려는 열망이 필요하다.

참고문헌

American Psychological Association. (2010). Ethical principles of psychologists and code of conduct. Retrieved from http://www.apa. org/ethics/code/principles.pdf.

Association for Play Therapy. (2012). *Play therapy best practices*. Retrieved from http://www.a4pt.org/download.cfm?ID=28051

Association for Play Therapy. (2014). *Play therapy defined*. Retrieved from http://www.a4pt.org/ps.playtherapy.cfm?ID=1158

Back, C., Gustafsson, P. A., Larsson, I., & Bertero, C. (2011). Managing the legal proceedings: An interpretative phenomenological analysis of sexually abused children's experience of the legal system. *Child Abuse & Neglect, 35*, 50-57.

Bratton, I. N., & Wallace, J. W. (2013). Testifying as an expert witness. *Play Therapy, 8*(2), 16-19.

Bratton, I. N., & Wallace, J. W. (2014). Testifying as a fact witness. *Play Therapy, 9*(1), 24-28.

Corey, G., Corey, M. S., & Callanan, P. (2011). *Issues and ethics in the helping profession* (8th ed.). Belmont, CA: Brooks/Cole.

Folero, S. M., & Wrightsman, L. S. (2009). *Forensic psychology*(3rd ed.). Belmont, CA: Wadsworth.

Glassman, J. B. (1998). Preventing and managing board complaints: The downside risk of custody evaluation. *Professional Psychology: Research and Practice, 29*(2), 121-124.

Henderson, D. A., & Thompson, C. L. (2011). *Counseling children*(8th ed.). Belmont, CA: Brooks/Cole.

Koocher, G. P., Norcross, J. C., & Hill, S. S. (2004). *Psychologists' desk reference*. Cary, NC: Oxford University Press.

Lowenstein, L. (2011). The complexity of investigating possible sexual abuse of a child. *The American Journal of Family Therapy, 39*, 292-298.

Melton, G. B., & Kimbrough-Melton, R. J. (2006). Integrating assessment, treatment, and justice: Pipe dream or possibility. In S. Sparta & G. Koocher (Eds.), *Forensic mental health assessment of children and adolescents* (pp. 30-45). New York, NY: Oxford University Press.

Melton, G. B., Petrila, J., Poythress, N. G., & Slobogin, C. (1997). *Psychological evaluations for the courts: A handbook for mental health professionals and lawyers*(2nd ed.). New York, NY: Guilford Press.

Snow, M. S., Helm, H. M., & Martin, E. M. (2004). Play therapy as court testimony: A case study. *International Journal of Play Therapy, 13*(2), 75-97.

Sullivan, M.J., & Greenberg, L.G. (Eds.) (2012). Special issue: Court involved therapy. *Journal of Child Custody, 9*, 1-2.

Sweeney, D. S. (2001). Legal and ethical issues in play therapy. In G. Landreth (Ed.), *Innovations in play therapy: Issues, process, and populations*(pp. 65-81). Philadelphia, PA: Brunner-Routledge.

제**6**부

전문성 쟁점

Handbook of Play Therapy

27

놀이치료에서의 윤리

CYNTHIA A. REYNOLDS

놀이치료 종사자로서 당신이 선택한 가정은 내담자의 치유, 최적의 성장, 발달을 도와주기 위해 놀이치료의 힘을 활용하기로 했다는 것이다.

당신은 자신이 제공하는 서비스가 해로운 것이 아닌, 도움이 되는 것임을 확신하고 싶어 한다. 그러나 우리의 내담자들은, 도움이 되는 것 그리고 놀이치료사로서 당신이 수행하는 방식에 대해 자신만의 견해가 있다. 심지어 놀이치료를 실행하는 정신건강전문가(상담가, 심리학자, 사회복지사, 결혼 및 가족치료사, 학교 심리학자, 학교 상담사)까지도 치료사로서 적절한 행동이 무엇인지에 관해서는 각자 의견이 다를 것이다. 때때로 우리 전문성의 윤리적 지침이 고용주(학교, 기관, 병원 등)의 정책과 절차, 주 또는 연방법과 규제, 자격위원회, 내담자에게 최선의 이익이 있는 것으로 보이는 것과 갈등을 일으킬 수 있다. 윤리적 쟁점에 대한 적절한 해법은 당신의 구체적인 전문성 윤리 기준, 지역(당신이 일하고 있는 지역이나 나라), 내담자의 연령, 당신이 일하는 장면의 구체적인 기관 지침/정책에 따라 달라질 것이다.

모든 주 또는 나라 안에 있는 모든 장면에서 발생하는 모든 윤리적 딜레마에 답을 줄 수 있는 안내서는 존재하지 않는다. 우리의 경력에 상관없이 윤리적으로 서비스를 제공하는 것은 놀이치료사인 우리에게 계속 진행 중인 어려움이다. 이 장은 모든 윤리적 딜레마에 대해 답을 주는 참고문헌이 되려는 것이 아니라, 윤리적 딜레마로 여겨지는 것에 대한 당신의 인식을 높이고, 당신 자신만의 적합한 윤리적 대응을 찾는 방안으로 당신을 안내하기 위해 쓰였다. 윤리적인 관행에 내재되어 있는 모호성에 대해 독자들이 불편할 수 있음을 인식하면서 저술되었다.

놀이치료는 "내담자가 심리사회적 어려움을 방지하거나 해결하고 최적의 성장과 발달을 달성하도록 돕기 위해, 훈련된 놀이치료사가 놀이의 치료적 힘을 사용하는 데에서 이론적 모델을 체계적으로 사용해서 대인관계 과정을 확립하는 것"(Association for Play Therapy, 1997)이라고 정의한다. 놀이치료협회(APT)는 1982년에 형성되었으며 지금은 놀이, 놀이치료, 자격을 갖춘 놀이치료사의 가치를 도모하기 위해 헌신하는 6,000명 이상의 국제적인 기구이다. APT는 놀이치료에서의 학문적 훈련, 실습, 지도감독에 대해 일정량을 보장하는 자발적 등록 과정을 수행하고 있다. 등록 놀이치료사(registered play therapists, RPT)는 정신건강전문가 영역의 윤리 규정 및 특정한 자격을 발급하는 주(state) 자격위원회의 윤리 규정을 따르는 정신건강전문가에게 자격이 부여된다. 그렇기 때문에 놀이치료의 전문성 영역 내에서, 임상가들은 자신의 특정한 전문성 기구와 주 자격관리위원회의 윤리 지침에 따라 규제된다. 자격위원회는 아니지만, APT는 웹사이트를 통해 회원들에게 두 가지 귀중한 실무 지침 세트를 제공하고 있는데, 놀이치료 모범 지침(*Play Therapy Best Practices*)과 접촉에 대한 제안서 : 임상적 · 전문적 · 윤리적 쟁점(*Paper on Touch; Clinical, Professional, and Ethical Issues*)이다.

법과 윤리의 차이 이해하기

법은 공공의 안전, 건강, 행복을 보호하기 위해 설계된 사회적 규칙에 대한 동의이다. 형사법은 범죄나 타인에게 해를 가한 범죄 행동을 다루며, 이 법을 어긴 것에 대해 처벌한다. 민법은 개인, 집단, 조직, 국가의 사적인 이익 분쟁을 다룬다. 법은 글로 기록되고, 승인되고 법을 만든 정부의 수준(연방, 주, 지방의 수준)에 따라 집행된다. 법은 국가, 주, 지방 정부에 따라 차이가 있다. 위법에 대한 처벌을 집행하는 법에는 벌금이나 감금이 있다.

반면에 상담사, 심리학자, 사회복지사, 가족치료사의 윤리 기준은 정신건강전문가로서 어떻게 행동해야 할지에 대한 지침이다. 윤리적 위반에 대한 결과에는 문책, 면허 박탈, 지도감독 명령과 같은 직업적 제재가 포함된다.

법적 고려사항

지난 50년 동안 정신건강 직업 분야에 영향을 미치는 세 가지 중요한 연방법이 있는데, 가정교육권리와 개인정보보호법(FERPA), 건강보험이동과 책임법(HIPAA), 장애인교육법(IDEA)이다. 각각의 법은 상담 장면 전반의 상담 실천에서 중요하기 때문에 간략하게 살펴볼 것이다. 여기에서는 간단히 기술할 것이므로, 독자들이 더 깊이 이해하려면 추가의 읽을거리 및 훈련을 찾아야 한다.

FERPA는 1974년에 제정되었다. 이것은 미국 교육부로부터 재정 지원을 받는, 예를 들면 학군, 유치원~12학년 학교들, 고등교육기관과 같은 기관에게 적용되는 규제이다. FERPA는 특히 학생/부모를 위해 그리고 이들의 교육 기록을 점검하고 검토할 권리, 교육 기록을 수정할 권리, 교육 기록의 정보 공개에 대해 일정한 통제권을 가질 권리를 보장하는 것이다. FERPA는 학교나 기관이 매년 부모나 후견인에게 아동의 기록을 검토하고, 보존될 기록에 동의하지 않는다면 불만을 제기할 것을 알리는 공문을 보내도록 한다. 기관은 45일 내에 이를 따르거나, 그렇지 않으면 연방 재정지원을 잃을 위험이 있다. 동의는 18세 때 학생에게 이양되지만, 18세이면서 여전히 고등학교에 다니는 학생의 권리는 특별히 제한하지 않는다. 양육권이 없는 부모 역시 법원의 구체적인 명령이 없는 한, 양육권이 있는 부모와 동일한 권리가 있다. 그러나 양육권이 없는 의붓부모나 조부모는, 법원 명령으로 보장되지 않으면 FERPA에 해당되지 않는다. 학생권리개정보호법(Protection of Pupil Right Amendment, PPRA)은 학생이 시험, 검사, 학생의 개인적 가치나 행동에 영향을 미치도록 고안된 프로그램을 실시하기 전에 부모에게 고지하고 동의를 구하는 것을 포함해서, 부모에게 부수적인 권리를 부여한다. 또한 부모에게 교수 프로그램을 검토할 권리도 부여한다. 아동낙오방지법(No Child Left Behind, NCLB) 역시 부모 권리를 계속 증가시킨다.

　　정신건강 실천과 관련되는 또 다른 연방법은 1996년의 건강보험이동과 책임법(HIPPA)이다. HIPPA는 일차적으로는 직업을 바꾸거나 직장을 잃게 될 때 근로자와 그 가족의 건강 보험을 보호한다. 행정 간소화(administrativ simplification, AS)로 알려진, HIPPA의 두 번째 안(Title II)은 전자 의료 관리 거래 및 제공자, 건강보험 계획, 고용자를 위한 국가 식별자(identifiers)에 대한 국가 기준의 확립을 필요로 한다. AS는 의료 자료의 보안과 정보 보호를 다루기도 한다. 이 기준은 미국 내에서 서로 교환할 수 있는 전자 자료의 폭넓은 이용을 장려함으로써 전국의 건강보호 체계의 효율성과 효과성을 개선하기 위해 만들어졌다. 정보보호 규정은, FERPA가 보장하는 개별적으로 확인할 수 있는 건강 정보는 구체적으로 제외된다. FERPA에 속해 있는 학교의 의료 기록은 HIPAA에서 제외된다. 기관과 학교 체계는 FERPA와 HIPAA 간의 잠재적인 갈등을 다루기 위한 정책과 절차를 개발해야 한다(Erford, 2010).

　　IDEA(https://sites.ed.gov/idea/)는 장애가 있는 아동이 다른 아동과 똑같이 적절한 공교육을 받을 기회를 보장하기 위해, 1975년 의회에서 처음 제정되었다. 그 후 이 법은 수년에 걸쳐 몇 차례 개정되었다. 가장 최근의 개정안은 2004년 12월에 의회에서 통과되었으며, 최종 조율은 2006년 8월(취학연령 아동을 위한 파트 B), 2011년 9월(유아 및 걸음마 유아를 위한 파트 C)에 발행되었다. 이 법은 새로운 것이지만 길고, 상세하고, 강력한 역사를 가지고 있다. 이 법은 교육에 초점이 맞추어져 있고 일차적인 관심은 학교 상담사와 학교 심리학자에게 있다. 그 외 정신건강전문가들(예 : 기관, 병원, 사설기관에서 일하는 정신건강전문가)은 자신의 아동 내담자에게 이 법이 미치는 영향을 알고 있어야 하며, 아동의 학업적 성공 및 개인적 · 사회적 성공을 도와주기 위해 학교와 상담할 필요가 있다.

　　연방법 이외에 각 주는 주에서의 치료 실행에 관한 법을 제정하고 있다. 자격관리위원회(전문 상담, 사회복지, 결혼/가족치료, 재활 상담, 심리학 등)는 규제를 검토하고 구체적인 법을 시행하는 방식에 관한 정책을 개발한다. 주(state)의 교육부서는 그 주의 학교 고용자가 지켜야 하는 법을 만든다. 덧붙여서 개별 학교 체계 또는 정신건강기관은 소속된 사람이 지켜야 하는 정책과 절차를 만든다. 예를 들면 몇몇 주에서는 아동이 학교 상담사에게 서비스를 받으려면 부모의 동의를 요구하는 법이 있다. 이러한 법이 없고, 학교 상담이 전체 교육 프로그램의 일부로 간주되므로 부모의 동의를 요구하지 않는 주도 있다. 학교 상담에 대한 부모의 동의를 명령하는 주의 법이 없을지라도, 학교 상담사가 학생을 만나기 전에 지역별로 부모의 동의를 요구하는 정책을 만들 수도 있다. 분명한 것은 학교 상담사가 윤리 규정, 연방과 주의 법과 규정, 학교와 기관의 정책과 절차를 모두 지켜나가는 것이 쉬운 일이 아니다. 때때로 학교 상담사, 심리학자, 결혼/가족치료사, 사회복지사, 임상정신 보건상담사는 서로 다른 주의 법과 규정에 의한 관리가 각기 다른 언어로 말하는 것처럼 느껴질 수도 있다.

윤리적 이분법

놀이치료사로서 우리는, 전문가로서 우리에게 기대하는 것에 대한 아주 명확한 지도(map)를 원한다. 윤리에 대한 연구는 윤리학의 역사와 실행에 내재되어 있는 모호성 때문에 우리를 아주 좌절시킨다. 윤리 영역에는 대립적인 관점을 가진 세 가지 흔한 윤리적 이분법이 있는데, 즉 윤리적 절대주의 대 윤리적 상대주의, 공리주의 대 의무론, 이기주의 대 이타주의이다(Remley & Herlihy, 2007). 자주 발생하는 또 다른 윤리적 이분법은 원칙 윤리 대 덕 윤리이다. 윤리적 쟁점에 수반된 복잡성을 이해하는 근간을 제공하기 위해 여기에서는 윤리적 이분법에 대해 논의할 것이다.

윤리적 절대주의 대 윤리적 상대주의

윤리적 절대주의(ethical absolutism)는 모든 장소에서, 언제나, 사람들이 이것을 인식하든지 아니든지 간에 모든 사람에게 적용할 수 있는 한 가지 절대적인 진리 및 타당한 도덕적 규정이다. 역사적으로 윤리적 절대주의는 유대 기독교 전통에서 유래되었다. 도덕성이란 신의 명령으로부터 나왔고, 시간이나 환경과 관련이 없다.

윤리적 상대주의(ethical relativism)는 옳고 그름이 절대적인 것이 아니고 사람, 환경, 사회적 상황에 따라 달라질 수 있다고 본다. 이 관점은 기원전 5세기의 선도적인 그리스 궤변가 프로타고라스의 업적에서 유래되었다. 윤리적 상대주의는 정말 옳은 것은 단지 개인이나 사회가 옳다고 믿는 것에 달려 있으며, 이는 시간과 장소에 따라 달라질 수 있다고 생각한다. 따라서 모든 사람이나 모든 사회에 유효하다고 여겨지는 원칙을 정당화시키는 객관적인 방법은 없다.

공리주의 대 의무론

공리주의(utilitarianism)는 행동에서 나온 결과물 또는 결과에 초점을 두는 윤리적 틀이다. 공리주의는 그리스어 텔로스(*telos*)에서 유래되었는데, '끝(end)'이라는 의미이다. 공리주의에 따르면 윤리적으로 행동한다는 것은 '좋은 것'을 극대화하고 '나쁜 것'을 극소화해서 사람들에게 이익이 되는 결정을 하거나 행동을 취하는 것을 의미한다. 끝(마지막)이 수단을 정당화할 수 있고, 이론적으로는 잘못되거나 나쁜 동기에서 행하는 것이 옳은 일이 될 수도 있다.

의무론(deontology)은 규칙에 대한 행동의 준수에 기초해서 행동의 도덕성을 판단하는 윤리적 입장이다. 의무론이란 단어는 의무(duty)를 의미하는 *deon*과 학문(study)을 의미하는 *logos*라는 그리스어에서 유래했다. 의무론적 도덕에는 세 가지 중요한 특징이 있는데, 즉 의무는 의무이기 때문에 지켜야 하고, 인간 존재는 고유한 도덕적 가치가 있는 것으로 취급되어야 하고, 도덕적 원칙은 보편적인 범주적 의무이다.

윤리적 이기주의 대 윤리적 이타주의

윤리적 이기주의(ethical egoism)는 개인이 자기 자신의 이익(타인을 희생시키더라도)을 추구해야 한다고 보는 견해이다. 도덕적 행위자로서 인간이 궁리를 할 때, 타인의 이익과 안녕을 해칠 필요가 없다.

행위자의 자기 이익에 있는 것은 타인에 대한 영향에서 유익할 수도, 해가될 수도, 중립적일 수도 있다.

윤리적 이타주의(ethical altruism)는 자신보다는 타인을 위한 삶에 대한 철학적 신조이다. 프랑스 철학자 오귀스트 콩트는 1851년에 애타심(altruisme)이란 단어를 만들었으며 이것이 2년 후 'altruism'이란 영어가 되었다. 윤리적 이타주의에서는 도덕적 행위자로써 인간이 타인을 위해 봉사하고 도울 의무가 있다고 본다.

원칙 윤리 대 덕 윤리

원칙 윤리(principle ethics)는 '나는 무엇을 해야 하는가?'라는 질문에 관한 것이다. 원칙 윤리는 도덕과 책임을 촉구하는 도덕적 철학에 대한 이론이며 규칙과 결과가 포함되어 있다. 여기에는 자율성, 무해성, 선행, 공정성, 충실성, 진실성에 대한 존중이 포함되어 있다.

자율성(autonomy)은 개인의 의사결정 과정을 존중하고 독립성과 자기 결정을 인정하는 것이라고 정의한다. 무해성은 해가 되는 것을 하지 않고 해로운 행동과 영향을 방지하는 것이다. 선행에는 좋은 것을 행하는 것 그리고 안녕과 건강을 도모하는 것이 수반된다. 공정성은 공평함과 평등성을 도모한다. 충실성은 내담자에 대한 책임 및 합의의 이행을 수반한다. 진실성은 타인에게 진실하고 정직한 것을 의미한다.

덕 윤리(virtue ethics)는 '나는 누구여야 하는가?'라는 질문에 관한 것이다. 덕 윤리는 결과에 대한 규칙이라기보다는 특성에 강조를 두는 도덕적 철학에 관한 이론이다. 덕 윤리의 첫 번째 체계적 설명은 니코마쿠스 윤리학(Nicomachean Ethics)에서 아리스토텔레스가 저술했다(Cooper, 2004). 아리스토텔레스에 따르면, 사람들은 좋은 특성의 습관을 얻을 때 자신의 감정과 이성을 더 잘 조절할 수 있다. 이는 차례로 어려운 선택에 직면했을 때 도덕적으로 옳은 결정을 하는 데 도움이 된다. '나는 누구여야 하는가?'라는 질문에 대한 반응에서, 정신건강전문가들은 우리가 진실성(integrity), 분별력(discernment), 정서의 수용(acceptance of emotion), 자기 인식(self-awareness), 공동체와의 상호의존(interdependence with the community)이 있어야 한다고 믿는다(Pope & Vasquez, 1998). 진실성이 있는 사람은 그가 지켜야 한다고 주장하는 가치, 신념, 원칙과 일관되게 행동한다. 도덕적인 사람은 지혜와 판단을 가지고 분별력을 사용해서 선택한다. 정서의 수용은 도덕적인 사람의 '나는 누구여야 하는가?'라는 정의에서 중요한 부분이다. 자기 인식은 타인과의 관계에서 자신의 행동, 성격, 신념을 분명하게 아는 능력을 수반한다. 마지막으로 덕 윤리는 윤리적인 사람이 공동체와의 상호의존성이 있다고 강조한다.

정신건강 윤리 규정은 다양한 이유 때문에 개발되었는데(Herlihy & Corey, 1996; Mappes, Robb, & Engles, 1985; Pope & Vasquez, 1998; VanHoose & Kottler, 1985), 여기에는 공공을 보호하는 것, 직업 구성원들을 교육시키는 것, 책임성을 보증하는 것, 실무의 개선을 위한 촉매 역할을 하는 것, 정부로부터 전문성을 보호하는 것, 내부적 불일치를 통제해서 직업에서의 안정성 도모를 돕는 것, 과실 소송이나 주(state)의 자격관리 소송과 관련하여 임상가를 보호하는 것이 포함되어 있다(Fischer & Sorenson, 1996).

놀이치료사가 내담자와의 행동과 관련하여 법적 또는 윤리적 위반으로 기소되면, 놀이치료에 대한 대중의 믿음이 떨어진다. 내담자에 대한 놀이치료사의 해(피해)가 공론화되면, 더 이상의 오용이 발생하지 않도록 다른 모든 놀이치료사들의 행동이 더 신중하고 철저하게 조사된다. 놀이치료에서 대중적 신뢰는 이 분야에서 결정적이다. 규제위원회는 공공 및 윤리 규정을 점검하고 보호하기 위해 존재하며, 주와 국가의 법은 치료사의 능력과 적합성에 관한 결정을 내리는 데 사용된다. 내담자에게 해를 가한 놀이치료사는 주(state) 위원회로부터 징계를 받게 되며 여기에는 자격의 정지나 박탈이 있다.

윤리 규정은 직업 종사자를 교육시키는 과정에서 중요하다. 기준이 있기 때문에 놀이치료사는 문제 또는 딜레마가 발생했을 때 따르는 원칙이 있다. 구성원들이 자신의 행동에 책임을 지는 것은 모든 정신건강 직종에서 기대되는 바이다. 윤리 규정은 책임성의 진행에서 필요한 틀이 된다.

마지막으로, 다양한 윤리 지침에 대한 논의, 검토, 개정을 통해서 놀이치료 관행이 개선될 수 있다. 궁극적으로 내담자에게 가능한 한 최선의 도움을 제공하고 위험(해)을 최소화하려는 목적이 있다.

윤리적 의사결정 모델

안타깝게도 윤리 규정이 윤리적 딜레마를 해결하는 방법을 제공하지는 않는다. 대신 정신건강전문가는 자신이 윤리적 딜레마에 직면했을 때 정통하고, 적절한 의사결정을 하도록 도와주는 윤리적 의사결정 모델에 의지한다. 정신건강전문가를 위해 수많은 모델이 제안되고 있다(Corey, Corey & Callanan, 2007; Cottone & Claus, 2000). Kitchener(1984)가 제안한 윤리적 원칙은 전문가의 관행에 적용되는 윤리적 개념의 기본을 이해하도록 돕기 위해 제시되었다.

Kitchener의 윤리적 원칙

윤리적 딜레마는 명확히 옳거나 틀린 답이 없이 원칙들이 충돌하거나 대립을 수반하는 상황이다(Urofsky, Engels, & Engebretson, 2008). 윤리적 결정을 내려야 할 때, 사람은 자신의 개인적인 가치와 가정에 따라 쉽게 영향 받고, 종종 결정을 안내하는 직관과 정서적 요인에 의존한다는 것을 인식해야 한다(Welfel, 2012). 윤리적 결정 과정에 대한 Kitchener(1984)의 독창적인 작업은 사적인 가치 판단과 도덕적 직관이 윤리적인 선택을 보증하는 데 충분하지 않다는 것과 가치 판단이 모든 사람들에게 동일하지 않다고 지적한다(Cottone & Claus, 2000 참조). 문화적 규준, 정치적 압력, 결함이 있는 이해가 직관의 지혜를 크게 제한시키고, 이는 비윤리적인 결정을 야기한다(Welfel, 2012).

내담자에 대한 피해 가능성을 극소화하기 위해 정신건강전문가는 개인적인 의견을 능가하고 윤리 규정 및 모범 실행으로 받아들이는 기준과 긴밀히 협력하는 윤리적 관행에 헌신해야 한다(Urofsky et al., 2008; Welfel, 2012). Kitchener의 모델(1984)은 인지적 추론 접근에서 윤리적 쟁점을 세심하게 평가해야 한다는 필요성을 지지해준다. 자율성, 무해성, 선행, 공정성, 충실성에 대해 한 가지 이상의 윤리적 원칙이 갈등을 일으킬 때, 상담가는 믿을 수 있는 윤리적 결정에 도달하기 위해 철저하고 신중하게 "대립되는 원칙을 따져보고, 균형을 맞추고, 면밀히 조사하고, 골라내야 한다."(Urofsky et al., 2008, p. 68)

Kitchener의 윤리 개념은 앞에서 간단히 언급한 원칙 윤리에 근거하고 있다. 이러한 원칙은 다시 개략적으로 서술될 것인데, 지금은 놀이치료 관점에서 각 예를 제시한다.

자율성(autonomy)은 스스로 선택을 하고, 자신의 이익을 위해 행동할 자유가 있는 개인적인 책임성의 개념이다. Kitchener에 따르면, 자율성의 두 번째 측면은 똑같은 선택과 자유를 타인에게도 허용하는 것이다(Kitchener, 1984).

무해성(nonmaleficence)은 내담자를 의도적으로 해치는 것이 아니고 또는 내담자에게 해를 입히는 방식으로 실시하든지 간에 '해를 끼치지 않음' 원칙이다(Kitchner, 1984, p. 47). 의도적인 해의 예는 미성년 아동의 신체 학대 및 성 학대를 보고하지 않는 것이라는 데 우리 모두가 동의할 것이다. 애매모호한 해의 유형은 사용이 능숙하지 않은 개입을 사용하고 그에 따라 아동의 정서적 안녕에 해가 미치는 것이다.

선행(beneficence)은 누군가에게 해를 입히는 것을 피하는 것만이 아니라, 내담자의 건강과 안녕을 촉진하는 것을 의미한다. 선행의 한 가지 중요한 측면은 정신건강전문가가 자신의 실천 범위 내에서 실천하는 데 능숙해야 한다는 것이다. 윤리적 갈등의 예는 놀이치료 과정이나 워크숍에 참석하거나, 책을 읽거나, 자신의 작업에 대한 지도감독을 받은 적이 없는 사람이 자신은 '놀이치료'를 한다고 주장하는 그런 사람이다.

공정성과 충실성은 Kitchener(1984) 모델의 마지막 두 가지 개념이다. 공정성(justice)은 광의로는, 공평하게 하는 것, 내담자를 똑같이 편견 없이 취급하는 것을 의미한다. 한 가지 예로 다른 내담자에 비해 특정 내담자에게 요금을 덜 내게 하는, 전문 서비스에 대한 불평등 차등제 지불요금표를 피하는 것이다.

충실성(fidelity)은 우리가 할 것이라고 말한 것을 하고, 우리가 되겠다고 주장한 사람이 되고, 정직하고 믿을 수 있게 되는 데 충실해지는 것을 말한다. 충실성 부족의 예는 상담자가 전형적으로 늦어질 때, 대개는 앞의 내담자에게 할당된 시간보다 더 많은 시간을 허용하고, 따라서 다음 내담자의 시작하는 시간을 분할하는 것이다.

윤리적 의사결정 모델이 내담자에게 안전하고 가장 치료적인 보살핌을 제공하려는 목적으로 각기 다른 행동의 기저에 있는 이유를 비판적으로 생각하면서 놀이치료사를 어떻게 도울 수 있는지를 아는 것이 중요하다. 그러나 Kitchener의 원칙은 종종 갈등이 있는 것으로 보인다. 사람은 복잡하고, 가치는 믿을 수 없거나 편향되어 있고, 결정이 항상 쉬운 것은 아니다. 그러므로 초보 놀이치료사가 윤리적 의사결정 모델이 어떻게 시행되는지 이해하고, 자신의 지도감독자에게 자문을 구할 필요가 있다는 것을 이해하는 것은 전문성 발달에서 중요한 부분이다. 윤리적 결정에 직면했을 때 정신건강 상담사가 사용하도록 제안되는 윤리적 의사결정 모델은 무수히 많다(Cottone & Claus, 2001; Cottone & Tarvydas, 2007).

윤리적 의사결정 ACA 모델

미국상담협회(ACA)는 까다로운 윤리적 의사결정에서 회원들을 안내하는 문서를 만들었다(Forester-Miller & Davis, 1996). ACA 회원은 www.counseling.org에서 이용할 수 있다. 문서에는 Kitchener의 도덕적 원칙과 윤리적 의사결정 모델의 요약이 포함되어 있다.

첫 번째 단계는 비유나 가설을 떼어내도록 노력하면서 가능한 한 구체적이고 객관적으로 문제를 확인하는 것이다. 문제가 법적인 것이라면 법 상담을 찾는 것을 장려한다. 그렇지 않다면 문제의 성질이 윤리적인지, 전문적인지, 임상적인지를 식별하는 것이 중요하다. 우리는 문제가 상담자의 행동이나 행동 안 함(inactions), 내담자 그리고/또는 중요한 타인의 행동이나 행동 안 함, 시설 또는 기관의 정책과 관련된 것인지를 질문할 필요 또한 있다.

그다음 구체적으로 적용할 수 있는 기준이 있다면, ACA 윤리 규정(2014)을 적용한다. 이 시점에서 분명한 해법이 없다면, 이것은 윤리적 딜레마가 있다는 것을 지적하는 것이며 추후 단계가 필요하다.

적용되는 Kitchener 원칙과 우선으로 가정되는 것을 식별하고, 통용되는 전문가 문헌을 검토하고, 동료 및 지도감독자의 자문을 구하고, 주 또는 전국 전문가 협회에 자문을 구하는 것을 포함해서 딜레마의 본질과 영역을 결정한다. 이러한 정보를 수집한 후, 행동의 잠재적인 과정을 생성하고, 모든 선택사항의 가능한 결과를 고려하고, 행동 방침을 결정하는 시간이다. 창의적인 브레인스토밍과 자문은 최선의 가능한 결과가 있는 잠재적인 행동을 가려내게 한다(Forester-Miller & Davis, 1996).

마지막 단계는 행동의 선택된 방침을 평가하는 것이다. 한 가지 고려사항은 선택된 방침에 부수적인 윤리적 딜레마가 드러나는지이다. 세 가지 검사가 적용될 수 있다. 즉 (1) 공정성에서, 여러분은 똑같은 방식으로 다른 사람을 취급하는가? (2) 대중성에서, 여러분은 이 행동이 미디어에서 보도되기를 원하는가? (3) 보편성에서, 여러분은 동일한 상황에 있는 다른 상담자에게 이 행동을 추천하겠는가(Forester-Miller & Davis, 1996)? 마지막으로, 행동을 시행한다. 행동이 언제나 쉬운 것은 아니다. 행동에 뒤이어서 택한 행동의 영향과 결과를 평가하는 것이 중요하다(Forester-Miller & Davis, 1996).

주어진 딜레마에 대한 정답이 한 가지만 있는 것이 아니기 때문에 저자는 전문가들마다 각기 다른 결정과 각기 다른 행동을 완료한다는 것을 독자에게 상기시킨다. 중요한 것은 결정에 대해 물어보았을 때 이에 대한 사려 깊고 전문적인 근거를 제공할 수 있어야 한다는 것이다(Forester-Miller & Davis, 1996).

Welfel의 윤리적 의사결정 모델

Welfel(2012)은 네 가지 주된 차원을 망라하는 직업적 윤리에 대해 언급하는데, 즉 (1) 효과적인 개입에 사용하기 위한 충분한 지식·기술·판단력 갖고 있기, (2) 내담자의 존엄과 자유를 존중하기, (3) 상담자의 역할에 내재되어 있는 힘을 책임감 있게 사용하기, (4) 정신건강 전문 영역에서 대중의 확신을 고무하는 방식으로 행동하기이다. 이러한 네 가지 차원을 고려함은 놀이치료사가 윤리적 딜레마를 해결하기 위해 윤리적 의사결정 모델을 현명하게 사용할 수 있게 한다.

Welfel 모델의 첫 번째 단계는 실무의 도덕적 차원에 민감해지는 것이다(2012). 내담자의 예리함, 관리 의료 또는 제3자 지불 우려, 많은 사례 부담은 임상 현장에서 윤리적 쟁점 가능성에 대한 치료사의 민감성 부족과 인식 부족에 영향을 미친다. 치료사의 훈련, 특히 정신건강 직업에 맞게 조정된 원칙과 철학의 개발에서 정규 교육, 그리고 개인적인 도덕적 신념 체계에 직업적 가치를 통합시키는 데에서의 지원은 치료사의 윤리적 민감성과 사적인 윤리적 정체성을 발달시키는 데에서 핵심이다(Handelsman, Gottlieb, & Knapp, 2005). Welfel(2012)에 따르면 윤리적으로 민감해지는 것은 규칙을 알고 따르는 것 이상으로, 놀이치료사의 일과 삶에서 핵심 측면이다. 개인적인 덕목, 이타주의, 사회적 공정성의 약속과 같은 성격 특색 역시 윤리적 민감성의 중요한 측면이다(Jordan & Meara, 1990).

정신건강전문가가 학교를 졸업하고 자격을 얻으려면 석사학위 또는 박사 프로그램에서 윤리에 관한 필요한 수업 내용을 성공적으로 끝내야 한다. 덧붙여서, 주 자격위원회는 자격을 갱신하려면 정해진 시간량의 보수교육을 요구하는데, 이 중 일부는 윤리와 관련이 있다. 이 교육은 놀이치료사의 윤리적 민감성을 증진시키는 데 도움이 될 것이다. 성숙, 사려 깊음, 자기 반성, 좋은 자기 인식, 임상 지도감독자와의 신뢰 관계와 같은 개인적 속성 역시 윤리적 분별력과 의사결정을 육성할 수 있다.

Welfel의 두 번째 단계는 관련된 사실, 사회문화적 맥락, 이해당사자들을 확인하는 것이다(2012). 여기에는 진상 조사, 내담자 평가, 이해 당사자들의 신원확인(즉, 미성년자의 부모나 후견인처럼, 상담자의 행동에 의해 영향을 받을 가능성이 있는 기타 사람들)이 포함된다. 이 단계에서 주의해야 할 것은 사실에 대한 불충분한 이해가 오해를 일으키고 잘못된 결정을 가져올 수 있다는 것이다. 이 단계 및 그 후의 모든 단계에서 중요한 측면은 단계마다 생성되는 기록이다. 기록과 관련해서 놀이치료사는 확인되고 고려해야 하는 선택사항, 각 단계의 결과, 지도감독자 및 동료들과의 모든 상담, 과정에서 중요하다고 내담자 파일에 기재된 그 외의 모든 정보를 포함시켜야 한다(Welfel, 2012).

세 번째 단계는 딜레마에서 중요한 쟁점 및 이용 가능한 선택사항을 규정하는 것이다. 여기에는 윤리적 딜레마가 연루된 유형의 분류 및 내담자 상황 맥락이 특정한 결정에 어떻게 영향을 미치는지가 포함되어 있다. 이것은 놀이치료사가 개인적인 히스토리에 의해 과도하게 영향 받지 않도록 자신의 문화적 및 개인적 가치 그리고 가정(assumption)을 분리시켜야 한다. 또한, 적극적으로 합리적인 대안을 찾으면서 판단하거나 제외시키는 것 없이 두 번째 단계에서 시작한 여러 가지 가능한 행동에 대해 계속 브레인스토밍하는 것이 중요하다. 중요한 고려사항은 치료사 개인의 도덕적 가치와 특정한 대안에 수반될 수 있는 정서적 어려움의 가능성이 있는 환경적 압력과 균형을 이루는 것이다(Welfel, 2012).

네 번째 단계는 직업적 윤리 기준과 적절한 법 및 규정을 참조하여 특정한 쟁점에 대한 기준이 적용되는 방식을 고려하는 것이다(Welfel, 2012). 내담자의 비밀보장 보호 대 자살 시도의 위험을 적절한 당국에 알리기와 같은, 갈등 가능성이 명백해질 수 있다.

다섯 번째 단계는 적절한 윤리 문헌을 찾아보는 것이다. 정신건강전문가는 적절한 문헌을 찾고 ACA 직업윤리 규정(2014)을 참조해서 유사한 딜레마에 대해 다른 사람들이 언급한 것을 탐색할 수 있다. 다른 전문가의 견해와 생각은 고려하지 못했던 부분, 특히 다양한 문화적 관점을 보여줄 수도 있다(Handelsman et al., 2005; Welfel, 2012).

여섯 번째 단계는 특정한 딜레마 내부에 있는 순서에 대한 감각을 갖기 위한 시도에서 상황에 대한 기본적인 윤리적 원칙 및 이론을 적용하는 것이다(Welfel, 2012). 자율성, 무해성, 선행, 공정성, 충실성은 종종 서로에게 대립된다. 놀이치료사는 다섯 가지 원칙 모두를 따라야 하지만, 이는 종종 가능하지 않다. 따라서 궁극적인 목표는 피해가 가장 적은 행동을 시행하여 내담자에 대한 해를 방지하는 것이다(Welfel, 2012). 원칙 사이에서 잠재적인 갈등을 복잡하게 하는 것은 어느 한 원칙이 다른 원칙보다 더 중요할 수 있다는 점이다. Kitchener(1984)에 따르면 선행보다는 무해성이 더 강력한 의무라고 제안하는 전문가들이 많다. 또한 자율성은 타인의 자율성이나 권리를 침해하는 '무제한의 자유'(Kitchner, 1983, p. 4)를 암시하지 않는다. 예를 들면 자살 위협이 있는 사례에서, 무해성의 원칙은 자율성의 원칙보다 우위에 있고, 내담자의 비밀보장권리는 내담자에게 해가 되면 안 된다는 더 우위의 가치라는 점에서 윤리적으로 위반된다. 덧붙여 자율성은 서양의 사고에서 유래되었다. 대부분의 가족-지역사회에 뿌리를 두는 문화는 개별적인 자율성을 도모하기보다는 집단 정체성을 도모한다.

일곱 번째 단계는 딜레마에 관해 동료에게 자문을 받는 것이다(Welfel, 2012). 윤리적 딜레마는 정신 건강전문가를 과도하게 압도하고, 그래서 스트레스 상황에서 고립시키는 경향이 있다. 동료로부터 피드백과 조언을 듣는 것은 대안적인 생각, 도덕적 또는 정서적 고립의 감소, 새로운 정보, 심지어 편안함이 될 수도 있다. Welfel(2012)은 자문을 과실 소송에 대항하는 단순한 보호 수단으로 활용하기보다는 의사결정 방식에 따라 모든 단계에서 다른 동료와의 상담을 지지한다. 지도감독을 받고 있는 훈련생 또는 면허가 있는 정신건강전문가가 서비스를 제공한다면 지도감독자는 가능한 한 빨리 자문을 해주어야 한다. 덧붙여 업무 시간에 전화로 무료 윤리 상담을 해주는 전문가 협회가 많다.

여덟 번째 단계는 독자적으로 심사숙고하고 어떤 대안이 가장 윤리적이고 어떻게 결정을 시행할지를 결정하는 것이다(Welfel, 2012). 이 단계의 핵심 측면은 경쟁이 되는 원칙에 대한 개인적인 심사숙고와 검증이다. 윤리적 선택은 업무 시간의 연장, 내담자나 그 외 사람들의 불승인, 개인의 수입 또는 직업에 대한 위험 부담과 같은, 놀이치료사에게 대가를 요구하는 것이다.

아홉 번째 단계는 적절한 사람에게 결과와 그 근거를 알리고 결정을 시행하는 것이다. 근거와 함께 결정에 관한 문서도 이 단계의 결정적인 부분이다(Welfel, 2012).

마지막 단계는 실행된 행동을 심사숙고하는 것이다. Welfel은 의사결정 과정 및 동반된 행동을 반성하고 평가하는 것이 미래를 위한 통찰이 된다고 주장했다. 평가는 유사할 수 있는 윤리적 상황에서 향후의 결정을 알게 한다. 결과의 관찰, 지도감독자의 자문, 경험에 대한 정신건강전문가의 정서적 반응을 살피고 처리하는 것은 모두에게 이익이 될 것이다.

개인적인 윤리적 준비성과 적합성

윤리적 의사결정 모델 대부분은 윤리적 결정의 첫 번째 단계가 인식이라고 제안하고 있다. 정신건강전문가들은 자신의 윤리적 준비성 및 적합성 수준을 평가하는 방법으로 다음의 10가지 기술을 제시한다(Reynolds & Tejada, 2011; Reynolds & Sadler-Gerhardt, 2015). 10가지를 읽고 여러분에게 해당하는지를 생각해보자.

1. 나는 윤리 강령과 지침의 필요성을 이해한다. 윤리 강령과 지침이 필요한 주된 이유는 힘의 남용으로부터 대중을 보호하기 위함이다. 내담자는 취약하거나 어려운 상태에서 우리에게 오며, 우리는 그들에 대해 힘을 가지고 있다. 윤리 강령은 정신건강전문가의 수용할 만한 행동에 대해 직업 종사자와 그들의 내담자에게 유익하다. 윤리 강령과 지침은 임상에서 전문가들이 따르고 책임지는 기준이 된다. 좋은 임상이 무엇이고 이 임상이 윤리 기준으로 조직화되어 있는지에 대해 합의가 되면, 제시된 보호 수준에 따라 모든 내담자가 보호받는다. 마지막으로, 큰 위반이 있을 때 대개 정부가 관리 감독에 개입할 수 있다. 대부분의 정신건강 임상가들은 정부의 규제보다는 자기 규제를 선호한다.

2. 나는 내 직업에 관한 윤리 강령과 지침을 읽었다. 이것은 정신건강 종사자에게 가장 기본적인 책임이다. 읽지 않는다면 여러분이 잘하고 있는지 잘못하고 있는지를 알 방법이 없다. 윤리의 무시는 위반자에 대해 어떤 보호도 제공하지 않는다. 여러분이 윤리 강령을 읽을 때마다 이에 대한

이해가 깊어질 것이다.

3. 나는 급히 참고할 필요가 있는 경우에 쉽게 이용할 수 있는, 나의 직업의 임상 지침 그리고 윤리 강령 및 법 강령의 최신 복사본을 가지고 있다. 대부분의 조직들이 '친환경적'이 되었으며, 이는 더 이상 종이 복사본을 배포하지 않는다는 뜻이다. 대부분의 윤리 강령은 정기적으로 업데이트되고 주(state)의 자격 이사회는 매년 여러 번 변경하는 일이 흔하다. 여러분은 해마다 최신판을 다운로드하고 제본해서 보관할 수 있다. 여러분이 윤리적 위기가 있는 때는 대개 컴퓨터가 갑자기 느려지거나, 인터넷 접속이 안 되거나, 이용할 수 없는 경우이다. 40쪽이나 되는 온라인의 강령 또는 따로 되어 있는 법적 지침과 윤리 강령을 마우스로 계속 넘기는 것보다는 종이 서류로 보는 것이 나을 것이다.

4. 나는 윤리 문제에 관해 필요할 때 자문을 할 수 있는, 믿을 수 있는 동료가 있다. 밤이나 낮이나, 언제든지 상의해도 된다고 동의된 '윤리 친구'가 있는 것은 중요하다. 여러분은 이 사람과 높은 수준의 신뢰를 쌓아야 하고, 이 사람이라면 필요할 때 여러분을 바로 세워줄 수 있을 것이라는 믿음이 있어야 한다. 양쪽 모두 주고받은 자문에 대해 문서로 남겨야 한다(Gottlieb, 2006).

5. 나는 직업(일)에서 하루에 최소한 한 가지 윤리적 쟁점을 인식할 수 있다. 직업에서 매일 최소한 한 가지 윤리적 쟁점을 인식하면 정상이다. 알아챌 수 없다면 여러분은 윤리 수업 또는 워크숍을 통해 훈련을 업데이트할 필요가 있다. 여러분은 여러분에게 일어나는 일에 귀 기울이지 않는 것일 수도 있다.

6. 나의 임상 영역은 한계가 있고, 나는 내 일에 관한 지침을 따르고 있다. 학교 상담사는 가족 상담을 제공하지 못한다. 학교 상담사는 아동의 성공적인 학교 생활을 위해 가족과 상담할 수는 있지만, 체계적인 훈련을 받지 않았다면 여러분이 가족과 하는 상담에는 한계가 있다. 여러분이 주말에 최면 워크숍에 참석한다면 이를 자신의 전문 영역으로 홍보할 자격은 되지 않는다. 여러분이 놀이치료 또는 아동 상담에 관한 수업을 듣지 않았다면, 여러분이 아동과 작업하거나 놀이치료를 할 자격이 있다고 말하는 것은 여러분의 실무 범위 밖이 될 것이다. 자신의 실무 범위 밖에서 작업하는 것은 과실 소송의 위험이 있다는 의미이다.

7. 나는 전문가 조직과 이들의 리스트서브(특정 조직 전원에게 메시지를 전자 우편으로 자동 전송하는 시스템)에 소속되어 있으며 적절한 연수교육(Continuing Education Uint, CEU)으로 현재까지 자격/증명을 유지하고 있다. 증언을 위해 법원에 소환될 경우, 변호인이 하는 첫 번째 질문 중 하나는 여러분이 소속된 전문가 조직은 무엇인가?이다. 전문가 조직과 리스트서브는 법적 및 윤리적 변화에 관해서 종사자들이 업데이트를 계속하기 위해 존재한다. 전문가 컨퍼런스와 워크숍이 열리고 최상의 임상, 경험적으로 타당한 처치, 윤리·문화적 다양성, 슈퍼비전 등의 영역에서 CEU가 제공된다. 일부 정신건강 종사자들은 비용 때문에 전문가 조직에 소속되지 않겠다고 하지만, 조직에 소속되지 않으면 금전적 위험이 더 크다. 많은 전문가 조직이 회원들에게 무료 윤리 상담을 하고 회비 이상의 이득을 제공한다. 일부 주는 적절한 CEU를 완수했는지를 점검하는 기구가 있다. 이들이 적절한 CEU를 받았다는 것을 입증해야 하는 주도 있지만, 무작위로 선택된 작은 비율만이 자격위원회에 실제 서류를 제출한다.

8. 나는 애매모호함에 대한 인내 수준이 높고 윤리적 딜레마의 복잡성을 인정한다. 문제에 대한 즉각적

인 답이 필요하다면, 시급히 판단해야 한다면, 다른 관점을 취해보고 문제를 타인의 시각에서 바라보는 것이 어렵다. 윤리적 의사결정에 충분히 몰입하려면 개방적인 마음, 애매모호함에 대한 인내, 윤리적 딜레마의 복잡성을 인정하는 것이 중요하다. 놀이치료사로서 여러분은 딜레마를 아동의 관점뿐만 아니라 양육자, 기관 등의 관점에서도 볼 필요가 있다.

9. 나는 자기 관리를 하고 나의 직업적 적합성을 평가해서 양질의 윤리적 결정을 하거나 결함이 있다면 도움을 구할 수 있다. 우리의 시간과 에너지의 많은 부분이 다른 사람을 돕는 데 소비되지만, 우리의 재능과 함께하는 우리의 능력은 우리 자신을 돌보는 능력에 달려 있다. 승무원이 승객을 돕기 전에 먼저 산소마스크를 끼는 것처럼, 우리는 우리 자신의 안녕을 우선시할 수 있어야 한다. 우리는 고갈, 소진, 과잉 부담의 신호를 알고 있어야 하고, 내담자에게 최선이 되려면 우리 스스로를 점검할 필요가 있다.

10. 나는 적어도 한 가지 윤리적 의사결정 모델을 사용하고 적용하는 방법을 알고 있다. 윤리에 대한 특정한 전문적 윤리 강령을 이해하는 것은 첫 번째 단계일 뿐이며, 종종 기준들 사이에서 갈등이 있을 때도 있다. 윤리적 딜레마 모델을 알고 사용하는 것은 여러분이 윤리적 해법을 찾도록 도울 것이다.

아동과의 작업에서 흔한 윤리 용어

다음의 용어들은 아동과의 치료적 작업에서 흔히 사용된다. 이는 윤리 강령에 포함된 모든 용어의 완전한 목록이 절대 아니다. 아동 내담자와의 작업을 시작하는 치료사에게서 가장 자주 질문되는 주제라는 것을 알고 있기 때문에 제시되었다. 더 많은 정보를 위해서는 이 글의 마지막에 나열되어 있는 목록의 합당한 윤리 기준을 확인해야 한다.

- 비밀보장(confidentiality)은 치료사와 공유한 정보가 비공개이고 비밀이 유지된다는 내담자의 기대를 말한다. 비밀보장은 정신건강 직업의 초석이다(Erford, 2010). 내담자는 비밀보장을 보류하고 제3자와 정보를 공유하는 권리가 있다. 비밀보장은 상담자가 아니라 내담자의 것이다. 아동과 작업할 때, 부모는 논의되고 있는 것에 대해 알기 위한 법적 권리가 있다. 따라서 놀이치료사는 비공개에 대한 아동의 기대와 부모의 알 권리 사이에서 균형을 맞추어야 한다. 정기적으로 아동과 작업하는 치료사는 상담을 시작하기 전에 부모와 아동 모두와 이에 대한 토의를 통해 사전에 비밀보장을 다루어야 한다.

  비밀보장에는 예외가 있는데 자신과 타인을 해치는 것과 학대이다. 집단, 커플, 부부치료 및 가족치료 상담에서는 비밀보장에 대한 구체적인 설명이 있다. 윤리 강령에 따른 비밀보장의 제한에는 상담에 따르는 부수적인 것, 처치 팀, 자문, 제3자 지불, 전염병 또는 삶을 위협하는 질병, 법원 명령에 따른 공개가 포함된다.

- 면책 특권(privileged communication)은 상담자와 내담자 사이의 의사소통의 비공개를 설명하는 데 사용되는 법적 용어이다. 면책 특권은 주 법으로 존재하며, 재판정에서 증언을 할 때에만 적용된다.

- 보고 의무(mandated reporting)는 정신건강 종사자가 '의심할 만한 이유'가 생긴 지 24~72시간 이내에 18세 이하 아동의 학대나 방임을 보고해야 하는 분명한 명령을 수반한다. 입증되지 않은 보고에 대한 법적 책임은 없지만(악의가 없었을 경우), 보고를 하지 않은 것에 대해서는 중대한 처벌이 따른다. 보고 의무에 관해서는 여러분의 주(state) 법을 참고하라. 정신건강 직업에 따라 이러한 보고를 어떻게 해야 하는지에 대한 지침이 있다.

- 사전 고지(informed consent)에 의한 동의는 환자, 내담자, 연구 참여자가 처치나 절차에 수반된 모든 잠재적인 위험과 대가를 인식하고 있다는 것을 입증하는 법적 절차이다. 사전 고지에 의한 동의의 요소에는 내담자에게 처치의 본질, 가능한 대안 처치, 처치로 인한 위험 가능성과 이득을 알리는 것이 있다. 사전 고지에 의한 동의가 타당한 것으로 고려되려면 내담자가 능력이 있어야 하고, 동의가 자발적으로 이루어져야 한다.

- 경고 의무(duty to warn)는 잠재적인 폭력 피해가 예측되고 확인될 때 피해자에게 경고하기 위해 상담자가 비밀보장을 깨는 결정을 말한다.

- 전문성 역량(professional competence)은 자격을 유지하기 위해 지속적인 전문적 성장과 교육을 필요로 한다. 정신건강전문가는 자신의 훈련과 자격을 갱신해야 하고 적절하게 훈련받고 승인된 서비스만 제공해야 한다. 정신건강전문가는 자신의 자격을 잘못 표시하지 않는다.

- 실무 범위(scope of practice)란 국가와 주의 자격 위원회가 직업에서 자격을 가진 사람에게 허용된 절차, 행동, 과정을 정의하기 위해 사용되는 용어이다. 실무 범위는 특정 교육, 경험, 역량이 증명되는 당사자로 그러한 실무가 제한된다. 실무 범위는 놀이치료에서 훈련과 슈퍼비전을 추구하며 자발적으로 등록 과정을 따르는 등록 놀이치료사(RPT)와 등록 놀이치료사 슈퍼바이저(RPT-S)가 특히 관심이 있을 만하다.

- 전문성 공개 진술(professional disclosure statement)은 정신건강전문가의 배경 및 전문성 관계의 한계에 대해 내담자에게 알려주는 것이다. 주는 여러분의 공개 진술에 반드시 포함되어 있어야 하는 것을 지시했는데, 예를 들면 연락 정보, 면허증이 포함된 자격증, 증명·훈련·경험, 전문가 협회, 제공된 서비스, 이론적 접근, 비용 체계(약속이 깨졌을 때, 채무 징수, 해약 규정), 비밀보장과 비밀보장의 예외, 보험 절차, 응급 규정, 여러분이 준수해야 하는 직업적 윤리 강령, 여러분에게 불만(항의)을 전달하는 방법이다.

- 허가(permission)는 아동이 정신건강 서비스를 받는 것에 대한 부모나 법적 후견인의 동의를 말한다. 놀이치료사는 아동 복지와 관련된 법에서 아동의 양육 후견인과 비양육 후견인은 권리와 책임이 다르지만 처치에 대한 동의를 구하는 것, 기록으로부터 정보를 수집하는 것, 처치 계획에 수반된 것에는 제한이 없다. 법적 갈등이 있는 아동의 부모/후견인을 대할 때, 놀이치료사는 이 아동을 위한 놀이치료를 제공하는 것과 관련해서 주법 및 연방법 그리고 법원 명령을 따라야 한다.

- 이중 관계(dual relationship)는 치료사와 내담자 또는 내담자의 가족이 치료회기 밖에서 관계가 있을 때 발생한다. 놀이치료사는 내담자 및 가족과의 개인적, 사회적, 기관, 정치적, 종교적 관계가 발생하지 않도록 조심해야 한다. 피할 수 없는 이중 또는 삼중 관계가 생겼을 때, 놀이치료사는 사전 고지에 의한 동의, 자문, 자기 점검, 슈퍼비전을 통해 조심해야만 한다. 더 자세히 알려면 여러분의 구체적인 직업윤리 강령을 찾아보라.

- 접촉(touch)은 아동과 치료사 사이의 신체적인 접촉을 말하는데, 이는 이득이 되는 것에서부터 중립적인 것, 해로운 것까지 범위에 이른다. 일반적으로 윤리 강령에서는 접촉을 금지하고, 또는 최소한 후견인에게 사례 노트 및 설명의 문서화를 요구하지만, 놀이치료에서 일부 지지자들은 접촉이 성장과 치유를 촉진할 수 있다고 인식한다. APT(2012)의 접촉을 위한 제안서 : 임상적 · 전문적 · 윤리적 쟁점은 접촉의 사용을 탐색하고 접촉의 사용에 대한 권장사항을 제시한다.

자문 구하기

윤리적 쟁점에 관여될 때 한 명 이상의 경험 많은 치료사에게 자문을 구하는 것이 바람직하다. 자문으로 충분한 이득이 있으려면 여러분의 생각을 정리하고, 딜레마에 대한 정확한 정보를 모두 제공해야한다. 중요한 사실을 알리지 않거나 여러분의 어떤 행동을 숨겼다면, 자문가가 유용한 권고사항을 제공하는 정당한 기회를 자문하는 사람에게 주지 않은 것이 된다. 그뿐만 아니라 동료에게 자문을 구했을 경우 그의 자격이 위태로워지기 때문에 법적 책임을 지게 된다.

자문 제공하기

RPT-S로서 여러분은 아동과의 작업 및 놀이치료와 관련된 윤리적 딜레마에 관한 자문을 요청받을 수 있다. 여러분은 일이 끝난 후, 화장실에 가는 길에, 차를 따뜻하게 하려고 전자레인지 앞에서 기다리는 동안에 슈퍼바이지나 동료가 이미 찾아왔을 수도 있다. 이처럼 갑자기 요청을 받는 것은 여러분과 자문을 구하는 사람 간에 부정적인 상호작용을 실제로 야기한다. 윤리적 자문에 대한 요청에 가장 윤리적인 방식으로 반응할 수 있으려면 여러분은 자신을 보호하고 가능한 한 최상의 서비스를 제공하기 위한 경계를 세울 수 있어야 한다. Gottleib(2006)은 윤리적 자문을 요청받았을 때 스스로에게 질문할 수 있는 질문 시리즈를 개발하였다.

- 나는 자격이 있는가?
- 나는 동료에게 객관적일 수 있는가?
- 나는 자문을 위한 시간을 낼 수 있는가?
- 이해의 충돌 가능성이 배제되었는가?
- 내가 자문한 것에 대해 책임을 감수할 수 있는가?
- 거절해야 하는 경우인가?

우리는 일과 개인적인 생활로 지독하게 바쁜 전문가들이다. 우리는 시간을 어떻게 할애할 것인지에 대한 선택을 해야 한다. 자기 관리를 도모하기 위해 우리는 위의 질문에 대해 자신에게 질문하고 대답한 후에 자문가로서의 역할을 하지 않는 선택을 할 수도 있다.

Gottleib(2006)은 여러 제안이 포함되어 있는 동료 자문의 본보기도 제시했다.

- **충분한 시간을 허용한다.** 대체로 윤리적 딜레마의 일부는 복잡하며 충분하게 논의하고 가능한 선택사항을 고려하는 시간을 필요로 한다. 상호작용을 하고 자료를 참조하는 등의 시간이 없이 쟁점에 대한 적절한 생각을 한다는 것은 어렵다.

- **안전한 장소를 사용한다.** 논의되는 쟁점은 보호가 필요한 내담자의 비밀 정보가 연루되어 있다는 것을 기억해야 한다. 화장실, 구내식당, 동네 커피숍은 특정한 윤리적 쟁점을 논의하는 안전하고 비밀보장이 되는 곳이 아니다.

- **관련된 모든 사실을 수집한다.** 관련된 모든 정보를 볼 수 있도록 자문을 구하는 사람에게 내담자 파일을 요구해야 할 것이다. 당신에게 관련된 사실에 대한 모든 것을 제공하는 것은 자문을 구하는 사람의 의무이지만, 스트레스를 받으면 기억하지 못할 것이다.

- **다른 쟁점은 배제시킨다.** 이 특정한 내담자 또는 자문을 구하는 사람에 대한 당신의 관심에 대항하는 다른 쟁점이 있는가? 윤리적인 쟁점이 다루어질 때까지 이러한 것은 한 옆으로 치워두어야 한다.

- **집중을 요구하는 모든 문제를 목록으로 만든다.** 복잡한 쟁점을 다룰 때에는 세부사항의 일부를 간과할 수 있다. 목록으로 만드는 것은 의사결정 과정에 포함되는 모든 정보를 확인하게 해준다.

- **쟁점을 정의하고, 우선순위를 정한다.** 스트레스가 있을 때 다루어지는 실질적인 쟁점을 정의하고, 즉시 해결해야 하는 것과 안전하게 연기될 수 있는 것의 순서로 목록을 만들면 아주 도움이 된다.

- **행동의 모든 합리적인 방책을 목록으로 만든다.** 한 가지 이상의 행동 방침이 있을 것이다. 합리적인 모든 방책을 목록으로 만들면 이러한 특정한 윤리적 문제, 장면, 치료사, 내담자에게 무엇이 최선인지를 결정하는 과정을 시작할 수 있다.

- **다른 선택을 찾을 것인지를 결정한다.** 이것은 자문을 구하는 사람이 서로 다른 의견을 몇 가지 찾는 것이 중요하다고 생각하는 중요한 문제인가? 또는 자신과 견해가 비슷한 답을 찾아서 자문을 그냥 쇼핑하는 것인가?

- **대부분의 쟁점은 명백한 해법이 없다.** 안타깝게도 쉽거나 즉각적인 해법이 있는 쟁점은 없다. 이것 때문에 윤리적 의사결정 모델이 도움이 된다.

- **계획을 수립한다.** 논의 후에 윤리적 쟁점이 구체적인 단계로 다루어지는 방법에 대해 글로 기록된 계획을 세운다. 이를 통해 자문을 구하는 사람과 자문하는 사람 모두 최종적으로 결정된 것을 확인할 수 있다.

- **신중함을 장려한다.** 당신은 문제에 대한 답을 가지고 있지만, 자문을 구하는 사람이 내적인 신중함의 기술을 발달시키도록 돕는 것이기도 하다. 흔히 최선의 답은 여기저기서 튀어나오는 생각에서 나온다.

- **피드백을 구한다.** 자문을 구하는 사람이 하려고 결정한 것을 파악하기 위해 약속을 잡는다. 당신의 자문에 대해 도움이 된 것과 도움이 되지 않은 것을 질문한다. 피드백은 당신이 자문가로 발전하는 데 도움이 될 것이다.

마지막으로, 문서화는 윤리적 자문 과정에서 중요하다. 자문을 구하는 사람과 자문하는 사람 모두 논의된 쟁점뿐만 아니라 해법을 찾아가는 과정을 기록해야 한다. 기관이나 학교의 정책뿐 아니라 관련된 윤리 강령과 법에 대한 세부사항 역시 포함되어야 한다. 윤리적 원칙이 충돌할 때, 최종 결정을 내리기 위해 사용된 균형을 잡는 원칙은 무엇인가?

매일 실천으로 윤리를 통합시키기

이 장은 놀이치료에서의 윤리에 대한 포괄적인 탐색이 아니며, 놀이치료사의 입장에서 더 깊이 탐색하기 위한 출발점이 되는 기본 윤리의 개요일 뿐이다. 윤리적으로 역량을 갖추는 것은 평생의 과정이지만, 실천으로 습성이 되게 할 수 있다. 치료사가 윤리적 의사결정 모델의 활용 방법을 안다는 것은, 아동과 그 가족을 아주 잘 돌보려고 헌신하는 놀이치료사가 좀 더 윤리적이고 유능하게 되도록 우리가 애쓰는 데에서 가치 있는 지지가 된다.

참고문헌

Association for Play Therapy. (1997). *Definition of play therapy*. Association for Play Therapy Newsletter, *16*(1), p. 7.

Association for Play Therapy. (2012). *Paper on touch: Clinical, profession and ethical issues*. Retrieved from http://c.ymcdn.com/sites/www.a4pt.org/resource/resmgr/Publications/Paper_On_Touch.pdf

Cooper, J. M. (2004). *Knowledge, nature, and goodness: Essays on ancient philosophy*. Princeton, NJ: Princeton University Press.

Corey, G., Corey, M., & Callanan, P. (2007). *Issues and ethics in the helping professions* (7th ed.) Pacific Grove, CA: Brooks/Cole.

Cottone, R. R., & Claus, R. E. (2000). Ethical decision making models: A review of the literature. *Journey of Counseling and Development, 78*, 275‒283.

Cottone, R. R., & Tarvydas, V. M. (2007). *Counseling ethical decision making* (3rd ed.). Upper Saddle River, NJ: Pearson.

Erford, B. T. (2010). *Orientation to the counseling profession: Advocacy, ethics, and essential professional foundations*. Upper Saddle River, NJ: Pearson.

Fischer, L., & Sorenson, G. P. (1996). *School law for counselors, psychologists, and social workers* (3rd ed.). White Plains, NY: Longman.

Forester-Miller, H., & Davis T. (1996). *A practitioner's guide to ethical decision making*. Retrieved from http://www.counseling.org

Gottlieb, M. C. (2006). A template for peer ethics consultation. *Ethics and Behavior, 16*(2), 151‒162.

Handelsman, M. M., Gottlieb, M. C., & Knapp, S. (2005). Training ethical psychologists: An acculturation model. *Professional Psychology: Research and Practice, 36*, 59‒65.

Herlihy, B., & Corey, G. (1996). *ACA ethical standards casebook* (5th ed.). Alexandria, VA: American Counseling Association.

Jordan, A. E., & Meara, N. M. (1990). Ethics and the professional practice of psychologists: The role of virtues and principles. *Professional Psychology: Research and Practice, 21*, 107‒114.

Kitchener, K. S. (1984). Intuition, critical evaluation, and ethical principles: The foundation for ethical decision making in counseling psychology. *The Counseling Psychologist, 12*, 43‒55.

Mappes, D. C., Robb, G. P., & Engels, D.W. (1985). Conflicts between ethics and the law in counseling and psychotherapy. *Journal of Counseling & Development, 64*, 246‒252.

Pope, K. S., & Vasquez, M. J. (1998). *Ethics in therapy & counseling* (2nd ed.). San Francisco, CA: Jossey-Bass.

Remley, T. P., & Herlihy, B. (2007). *Ethical, legal, and professional issues in counseling* (2nd ed.). Upper Saddle River, NJ: Pearson.

Reynolds, C. A., & Tejada, L. J. (2001). Playing it safe: Ethical issues in play therapy. In C. E. Schaefer (Ed.), *Foundations of play therapy* (2nd ed., pp. 27‒38). New York, NY: Wiley.

Reynolds, C. A., & Sadler-Gerhardt, C. (2015). Ethical and legal considerations in counseling. In V. F. Sangganjanavanich & C. A. Reynolds (Eds.), *Introduction to professional counseling*(pp. 193‒220). Thousand Oaks, CA: Sage.

Urofsky, R. I., Engels, D. W., & Engebretson, K. (2008). Kitchener's principle ethics: Implications for counseling practice and research. *Counseling & Values, 53*, 67‒78.

VanHoose, W. H., & Kottler, J. (1985). *Ethics in counseling and psychotherapy: Perspectives in issues and decision-making*. Cranston, RI: Carroll.

Welfel, E. R. (2002). *Ethics in counseling and psychotherapy: Standards, research, and practice* (2nd ed.). Pacific Grove, CA: Brooks/Cole.

참고 웹사이트

http://www.a4pt.org
http://www.aamft.org/imis15/content/legal_ethics/code_of_ethics.aspx
http://www.counseling.org
http://www.nasponline.org/standards/professionalcond.pdf
http://schoolcounselor.org
http://www.hhs.gov/ocr/privacy
http://www.socialworkers.org/pubs/code/code.asp
http://www.apa.org/ethics/code/index.aspx
http://www.nbcc.org
http://hhs.iv/ocr/hipaa/
https://sites.ed.gov/idea/
http:/nichoy.org/laws/idea

28

놀이치료에서 제한설정

ALLAN M. GONSHER

우 리는 생활하는 데에서 규칙, 경계, 제한이 있다. 성공을 하려면 이러한 기회들 사이에서 방향이 있어야 한다. 이러한 구조가 우리를 구속하고 단단히 조이는 시간도 있고, 때로는 마음이 끌리고 가슴 부풀게 하는 때도 있다. 규칙 · 경계 · 제한을 이해하고, 이에 반응하고, 이를 수용하고, 거부하는 능력은 우리의 관계, 직업적인 모험, 우리의 개인적인 흥미를 인도해준다. 그러한 목적에서 규칙 · 제한 · 경계를 이해하고 정의하는 것이 중요한데, 이것들이 우리 인간의 존재를 정의하기 때문이다.

문명화된 모든 사회에는 규칙이 존재한다. 규칙은 대개는 통치 권력에 의해 생성되고, 설계되고, 실행되고, 강요된다. 우리가 아는 것처럼 규칙에는 보편적인 규칙과 지엽적인 규칙이 있으며, 좋은 규칙과 나쁜 규칙이 있다. 규칙은 문명의 분위기와 인간관계를 설정한다. 경계는 우리 자신의 세계를 위해 우리가 구축한 구조이다. 우리는 개인적인 기반 위에서 경계를 정의한다. 경계는 우리가 기능하고 관계(예 : 누구와 만날지, 어떻게 갈지, 무엇을 먹을지)를 향상시키게 한다. 경계는 개인적인 것이 많고, 정부에 의해 시행되는 것은 적다. 전문성 기구는 자격 인정, 윤리, 역량에 대한 규칙을 확립한다. 치료사는 사무실에 경계를 설정하는데, 즉 어떤 접촉이 있을지, 어떤 장난감이 사용될지, 회기가 언제 끝날지 등을 정한다. 제한설정은 치료사가 내담자와 확립하는 것이다. 경계는 좀 더 개인적이거나 관계지향적인 것인 반면에 제한설정은 내담자의 행동(예 : 모래를 던지고, 벽에 색칠하고, 장난감을 부수면 안 됨)에 좀 더 초점을 맞춘다. 이러한 구분은 우리가 놀이치료에서 제한설정의 역할을 정의하려는 과제를 이해하는 데에서 중요하다.

경계

이전부터 치료에서 구조 · 역전이 · 관계에 대한 논의는, 우리가 지금은 경계 · 구조 · 제한설정이라고 하는 것을 정의하고 설명하는 현대 21세기 치료사의 치료적 여행을 시작하게 했다.

프로이트는 경계와 내담자의 안전감(Freud, 1915)에 대해 저술하였다. 칼 융은 결혼과 영적 발달에 내재되어 있는 제한과 구조에 대해 말하였다(Jacoby, 1999; Staub de Laszlo, 1983). 칼 로저스는 경계에 있어서 우리가 치러야 하는 비용과 관계에 관해 언급하였다(Rogers, 1939, 1957). 프레데릭 펄스(Frederick Perls)는 구조의 발달에서 구조가 자기와 관계의 유동성과 관련된 것으로 인식하였다(Perls, 1969; Perls, Hefferline, & Goodman, 1951). 이들 선구자 모두는 경계와 구조를 확립하는 이론적 근거를 이해하는 데 있어 강력한 지지자들이다.

아동과의 경계 및 제한설정

아동 분석이 출현하고 이후에 아동심리치료의 형태로 수정되는데, 과도하게 이론적 접근을 하면서 경계라는 주제가 재고되기 시작했다. 아동은 발달하고 있는 중이고, 원초적이고, 충동적이기 때문에 경계에 대한 논의는 성인과의 심리치료에서보다 더 적절해졌고(Novick & Kelly-Novick, 2009), 제한설정이 주목되었다.

  놀이실에서의 경계와 제한을 기술할 때, Ginot의 모델(Ginot & Dell, 1976)은 아주 구체적이었다. 제한을 설명하면서 Ginot은 4단계 절차를 제시하였다. 첫 번째, 아동의 잘못된 행동의 기저에 있는 감정이나 소망의 표현을 도울 것(예 : 장난감을 집에 가져갈 수 없어서 나에게 화가 났구나)을 제안하였다. 그다음 "때리는 건 안 돼."라고 명확하고 단호하게 제한을 말한다. 세 번째, 부적절한 행동에 대한 접근 가능한 대안을 확인하는데, 즉 "화를 쏟아내기 위해 이 점토를 부술 수 있다." 마지막으로 필요시에 제한을 강화하는데, 즉 "계속 때린다면 우리는 놀이를 지금 끝내야 한다." 이 절차는 아동에게 책임 있는 행동을 가르치는 데에서 지나치게 가혹하거나 지나치게 부드럽게 되는 극단을 피한다. 제한설정은 아동이 자신의 감정과 행동을 조절하는 과정을 배우고 치료적 작업이 일어나는 기회가 된다. 모든 아동놀이치료사는 놀이치료에서 제한을 사용한다. 일반적으로 제한은 치료사나 물건에 대한 물리적 공격, 사회적으로 수용되지 않는 행동, 안전과 건강, 놀이실의 방침, 신체적 접촉에 대한 것이다.

  Carl Moustakas(1959)는 관계의 경계와 제한을 확장하였다.

> 모든 관계에는 제한이 존재한다. 인간 유기체는 자신의 잠재성, 능력, 구조라는 한계 내에서 자유롭게 성장하고 발달한다. 심리치료에서 개인이 자신의 잠재성을 실현하려 한다면 자유와 순서의 통합이 있어야 한다. 제한은 살아 있는 경험의 한 측면이며, 치료적 관계의 차원을 확인하고, 특징짓고, 구분짓는 측면이다. 제한은 즉각적인 관계의 형태 또는 구조이다. 제한은 독특한 형태일 뿐만 아니라 그냥 제한이라기보다는 삶과 성장 및 방향을 위한 가능성이다. 치료적 관계에서 제한은 성장이 일어날 수 있는 경계 또는 구조가 된다.(pp. 8-9)

  Ray Bixler(1979)도 제한에 관한 논의에 영향을 미쳤다.

> 행동의 규제는 치료에서 몇 안 되는 보편적 요소 중 하나이다. 내담자가 성인이든지 아동이든지, 철회되어 있든지 공격적이든지 간에 제한은 모든 처치 방법에서 역할이 있다. 치료에서 제한이 갖고 있는 가치는 현재의 지시적-비지시적 논쟁에서 과소평가되어 왔다. 치료사가 정확한 제한

을 사용할수록, 빨리 제한을 제시할수록, 제한을 치료적으로 사용하는 것이 더 쉬워진다는 것을 알게 될 것이고, 특히 매우 공격적인 아동에게는 더욱 그러하다. 치료에서 행동에 대한 제한의 사용은 행동을 유발하는 태도의 수용이 중요한 것만큼 동일하게 중요하다.(p. 277)

치료적 관계에서 제한설정에는 많은 목적이 있다. 가장 기초적인 수준에서는 치료사와 아동을 물리적으로 안전하게 해준다. 아동 내담자에게 있어서 제한설정은 정서적 안전감을 촉진하고 정서 조절, 좌절에 대한 인내력, 자기 통제감이 증가됨을 배울 수 있는 구조가 된다.

놀이실

아동에게 놀이실을 소개하는 방식은 아주 분명하다. 아동중심 놀이치료사는 "여기는 놀이실이야. 여기는 안전한 곳이야. 너는 여기에서 장난감을 가지고 놀 수 있어."라고 말한다(Landreth, 2005, pp. 180-181). 인지행동 놀이치료사는 여아가 겪고 있는 불안을 해결하기 위해 그림을 그리고, 이야기하고, 퍼핏과 놀 수 있게 아동을 놀이실에 데려간다(Knell, 1993). 아동 분석가는 지시, 설명, 언급이 없이 아동을 놀이실로 안내한다. 이것은 아동이 치료사나 장난감을 탐색, 무시, 피할 수 있게 한다(Glenn, 1978). 치료사의 이론적 지향은 놀이실에 들어가는 것과 놀이실 사용에서 제한을 즉시 표현한다. 경험이 적은 치료사는 시작할 때 이러한 제한을 수립하려는 경향이 있다. 예를 들면 "너는 장난감을 가지고 놀 수 있지만, 모래를 던지거나 장난감을 부수는 것은 안 돼."라고 한다. 아동이 놀이실과 장난감을 경험할 수 있도록 초대하는 것이 우선이다. 초기에 제한을 수립하는 것은 모래를 쏟는 것과 같은, 제한을 시험하는 것으로 불가피하게 이어질 것이다. 좋은 반응은 대개는 "모래는 모래상자에 있어야 해."이다.

앞서 언급했듯이 제한설정의 중요성은 아동이 안전감을 느끼고, 자기 통제감을 배우는 것을 돕고, 좌절에 대한 인내력을 키우도록 돕는데 있다. 아동이 장난감을 부수고, 모래를 쏟고, 언제라도 놀이실을 떠난다면, 자기 조절을 배우고 용기를 북돋우는 능력이 문제될 수 있다. 걱정이 많은 아동은 놀이실에서 도망가고, 불안할 때 유사한 방식으로 계속 반응할 것이다. 치료사나 양육자가 제한을 설정하지 않으면(예 : "엄마가 오늘 필요하다는 생각이 들고 방에서 나가고 싶으면, 3분 동안 나가 있다가 돌아올 수 있다."), 아동은 반응을 다르게 해볼 기회가 없다. 제한을 설정함으로써 우리는 감정을 인정하고 이러한 감정을 아동 및 양육자와 의사소통하고, 감정의 방향을 다른 쪽으로 바꾼다(Moustakas, 1994).

제한설정 전략

대략 15개의 서로 다른 놀이치료 이론적 접근에서, 우리는 문제를 해결하는 과제에서 치료사와 내담자를 돕는 수많은 제한설정 전략을 활용할 수 있다. 자신의 훈련, 경험, 지식에 따라, 초기면담에서부터 적극적이고 지시적인 모습을 보일 수 있는데, 즉 "바닥에 모래를 쏟는 것은 허용되지 않아. 만약 네가 쏟는다면 우리의 시간은 바로 끝나게 될 거야."라고 한다. 아동중심 접근에서는 "게임에서 내가 너를 도와주지 않아서 화가 났구나." 또는 "침을 뱉을 수 없어. 침은 세면대에서 뱉을 수 있어. 침을 뱉으려고 한다면 놀이를 끝내야 해."라고 말할 것이다. 해석적/반영적 기법에서 파괴적인 공격 행동은 "너는 엄마한테 화가 났구나.", "너는 빌리가 너를 때린 것처럼 빌리를 때리고 싶구나." 또는 "너는 아빠가 죽은 것같이 너도 죽고 싶구나."라고 표현된다. 인지행동 관점에서의 구체적 제한(Knell, 1993, pp. 14-15)에서부터 아동중심 접근의 행동 추적(Landreth, 2005, pp. 260-265), 또는 에릭슨 학파의 해석과 반영(Erikson, 1950, pp. 255-258)에 이르기까지, 각기 다른 접근을 잘 이해하면 임상가가 치료 장면에서 경계를 세우고 이용하는 방식에 도움이 될 것이다.

놀이치료에서 제한설정하기

너무도 흔하게, 제한설정이 부정적이고 '하지 마, 안 돼, 조심해!'라는 말로 제시된다. 그러나 제한을 설정하는 행동은 긍정적인 것이다. 치료사는 일어난 일에 대해 분명하게 할 필요가 있으며, 예를 들면 "나는 너의 강아지가 죽어서 슬프다는 것은 알지만, 가위로 소파에 구멍을 낼 수는 없어. 가위는 종이나 점토를 자를 때 사용할 수 있어. 아니면 모래를 찌를 수 있어…… 슬픔은 마음을 아프게 해!"와 같이 자신을 표현하는 데에서 긍정적이고, 반영적이고, 분명하고, 열정적이어야 한다.

제한이 언제 설정되어야 하는지에 대해, 전략/접근은 의견이 분분하다. 치료사가 이 쟁점을 다루는 기회는 세 번의 구분되는 시기가 있는데, 이는 초기면담 시, 회기 중, 회기 이후이다. 각 기간은 제한설정의 위반을 설명하는 기회가 된다. 초기 회기에서 아동에게 제한설정을 소개할 수 있다. 놀이치료실, 장난감, 우리의 행동은 우리의 존재가 정의하는 말로 표현되지 않는 외적인 제한이다. 나는 나이 많은 남성이고, 나의 '할아버지 같은' 모습이 아동에게 방향을 재지시하거나 '안 돼'라고 말하는 데 많은 것을 시사하고 있다는 것을 알고 있다. 아동이 놀거나 놀이실에 들어오고 나가든지 간에, 치료사는 작업을 하는 개념적이고 이론적인 틀을 가지고 있어야 한다. 역전이의 문제 역시 고려될 필요가 있다. 오전 9시에 책상 위에 있는 물건을 치우는 아동에 대한 반응과 동일한 행동을 오후 7시에 치료사가 경험하는 것과는 반응이 다를 것이다. 두 가지 상황에서의 반응이 달라질 수 있으며, 이런 일이 일어나기 전에 제한설정에 관한 이 주제를 개념화시켜 놓으면 꽤 효과적일 것이다.

일이 있기 전에 제한을 도입하면, 일이 일어나는 도중에 그리고 일어난 후에 다루는 데 정서적, 행동적으로 더 잘 준비된다. 예를 들어 아동이 치료사의 무릎에 앉거나 껴안는다. 규칙이 설명될 수 있지만, 제한이 이전에 설정되었다면 그 순간에 작업하는 데 훨씬 더 쉽다. 바로 그 순간의 상호작용은 그런 일이 일어나기 전에 제한을 소개하는 것만큼 중요하다. 접촉을 무시, 재지정, 해석, 반박할 것인가? 치료사의 이론적 경향은, 특히 접촉을 하게 될 때 우리의 반응을 결정한다. 나는 접촉을 인정하고 이를 재지정해주는 것이 중요하다고 생각한다. 이러한 예는 다음과 같이 말할 수 있는데, "수지가 놀다가 내 무릎에 앉고 싶어 했어요. 나는 수지가 잡을 것이 필요하다면 담요가 좋을 것 같아서 우리는 붙잡는 것을 연습할 수 있었어요." 아동과 작업할 때 어떤 형태로든지 제한설정을 요구하는 상황이 많다. 이 장의 나머지 부분에서는 놀이치료 현장에서 흔하게 일어나는 광범위한 쟁점을 소개할 것이다.

저항하는 아동

때때로 놀이치료를 시작할 때 아동이 놀이실에 들어오는 것을 거부할 때가 있다. 이러한 일이 있을 때 이 문제를 다루려면 양육자의 지지가 핵심이다. 시작할 때 양육자에게 아동을 데리고 들어오게 하거나 두 사람 모두 대기실에 앉아서 간단히 소개하게 하는데, 항상 이야기하면서 앉아 있다. 이 동안에 아동을 참여시키려고 애를 쓴 다음에 엄마와 함께 놀이실에 들어오도록 격려한다. 아동이 여전히 놀이실에 들어오기를 거부한다면, 대기실에서 초기면담을 지속할 수 없으며, 양육자에게 아동을 놀이실에 데리고 들어오게 하거나(아동이 비명을 지르고 소리를 치더라도), 약속 시간을 다시 잡는다. 놀이실에 들어오지 않으려는 저항은 치료 단계에 따라 다르다. 이후 단계에서 저항하는 것은 외상, 고통스러운 접촉, 이혼, 이별에 대한 아동의 격렬한 감정일 수 있다. 대기실에 아동과 함께 앉아 있는 것, 그들과 책을 읽는 것, 그림을 그리는 것, 그냥 앉아서 노래를 부르는 것은 놀이실로 이동하는 데 도움이 될 수 있다. 치료사가 앉아서 생각을 소리 내어 말하는 것(예 : "나는 네가 토네이도 때문에 그리고 토네이도가 집을 부순 것 때문에 슬픈지 또는 이별이 힘든 것인지 궁금하구나.")을 통해 아동의 관심을 끌 수 있다. 잠시 앉아 있다가, 회기를 끝내기 위해 놀이실에 들어오게 하는 것이 좋은 진행 방법이다. 만약 아동이 들어오지 않는다면, 그 주일에 아동이 어떻게 지냈는지에 대해 물어보기 위해 양육자를 놀이실에 들어오게 하고 아동이 놀이실에 따라 오도록 격려할 수 있다. 그래도 들어오지 않는다면, 부모와 만나는 동안에 아동이 안전한 대기실에 남아 있게 할 수 있다. 다음 회기를 위한 준비도 있어야 하는데, "수지, 다음 주에 우리는 모두 놀이실에 가서 색칠도 하고, 모래에서 놀거나 공놀이를 하게 될 거야. 다음 주에 보자. 와줘서 고마웠어."라고 말하며 끝이 아님을 암시한다.

공격적인 아동

공격적인 행동은 언어적인 것과 물리적인 것 둘 다 해당된다. 언어적인 공격 행동이 나타날 때 놀이치료사는 반영적이어야 한다. 반영적 반응의 예는 다음과 같다. 즉 "화가 난 것 같구나.", "너는 나랑 논쟁하고 싶구나.", "너는 하고 싶은 말이 많구나.", "너는 화가 난 것 같구나.", "여기에서는 네가 말하고 싶은 것은 무엇이라도 말할 수 있는 안전한 곳이야.", "너의 가족 중에 그런 말을 하는 사람이 있는지 궁금해.", "너의 친구는 뭐라고 말하니?"가 있다. 반영적 또는 해석적 반응은 무수히 많다. 언어적 공격을 하면서 아동이 비명을 지르고, 고함치고, 욕을 할 때 아동과 함께 있는 것이 도움이 된다. 아동의 분노가 극에 달할 때에는 경청한다. 경청과 아동의 감정에 대해 지지하는 것이 중요하다. 회기의 마지막에 양육자와 이 같은 사건을 공유하는 것은 작업을 지속하는 데 도움이 된다. 그다음으로 아동에게 손 머플러 운동(hand muffler exercise)을 가르칠 수 있다. "원하는 것은 다 말할 수 있지만 입을 손이나 베개로 막으면 아무도 들을 수 없고 너는 곤란에 빠지지도 않을 거야. 자, 연습해보자."

많은 양의 모래를 던지고, 벽에 물감을 칠하고, 또는 놀이실을 나가는 것과 같이, 치료사나 물건에 대한 물리적 공격이 있으면 이렇게 지시할 수 있다. "장난감(그리고 나)은 부수는 게 아니야. 뭔가를 부수고 싶다는 생각이 들면, 너는 점토를 칠 수 있고, 쓰레기통에서 종이를 찢을 수 있어.", "네가 계속 장난감을 부순다면 이 시간을 끝낼 거야.", "계속 때리고 싶으면, 너는 소파를 때릴 수 있어. 나를 때리는 것은 안 돼." 이러한 개입, 해석, 반영이 행동을 감소시키지 못한다면, 친근하게 "그만해!"라고 말하거나 대기실로 걸어가서 양육자에게 도움을 청할 수 있다. 양육자가 아동을 제지해야 할 때도 있다. 몇몇 아동은 사무실에서 나가게 해야 한다. 다음 회기에 이러한 행동을 놀이로 하거나 토론하는 것이 중요한데, 퍼핏이나 직접적인 인형집 놀이로 할 수 있을 것이다.

자기 파괴적 행동

자기 파괴적 행동(예 : 장난감으로 자신을 때리는 것)은 신체적 공격 행동과 유사하다. 해석하거나 반영하는 것이 도움이 된다. 아동이 자신의 목을 조르거나 피가 나도록 긁을 수 없고, 벽에 머리를 박게 두어서는 안 된다. 주의분산(예 : "모래상자로 가거나 점토 반죽을 하자.") 후에도 이 행동이 증가하거나 계속 유지된다면, 양육자가 들어와서 아동을 안아주게 하고 모래상자에서 놀거나 색칠을 하게 하는 것으로 아동은 종종 진정될 수 있다. 이러한 행동의 중요 요소가 계속 추적되어야 한다. 뒤따르는 회기에서는 아동이 선택하는 활동을 관찰하고, 언급하고, 유도하고, 지시한 다음에는 이전 회기에서 보인 똑같은 행동을 재생하게 한다. 아동의 연령 및 관계에 따라 다른데, "휴, 너는 지난 시간에 화가 많이 났어. 그것에 대해 이야기하고 싶니?", "그렇게 행동하면 집에서는 어떤 일이 벌어지니?" 치료사는 동일한 자료를 가지고 모래놀이, 그리기, 점토놀이를 다시 하도록 지시하거나, 또는 아동이 선택하는 장난감을 보기 위해 기다릴 수 있다. "이번 주에는 칼을 이용했구나. 소파에 구멍을 내고, 이번엔 강아지인형을 찌르는구나. 지난 주일부터 아직도 화가 나는지 궁금하구나."

간섭 행동

치료사의 가족에 대해 묻는 것, 선물을 가지고 오는 것, 치료사 무릎에 앉기를 원하는(접촉에서 다시 논의됨) 것은 제한설정을 해야 하는 중요한 도전이다. 전략에는 반영, 해석, 재지시가 있다. 반영적이 되도록 노력하는데, 즉 "너는 내 사진을 보고 있구나. 사진에 대해 궁금하구나." 해석적이 되도록 노력하는데, 즉 "내가 너를 좋아하는지 궁금하구나.", "너의 가족이 나의 가족과 같았으면 하는지 궁금하구나.", "치료가 끝났을 때 내가 보고 싶어질지 궁금하구나." 아동에게 가족을 그리게 하거나 인형집에서 놀면서 상황을 설정하는 것이 도움이 될 수 있다. "토요일 아침에 너의 집은 어떤 것 같니?", "나에게 너의 오빠를 그려줘.", "인형집에서 너의 엄마는 어디에 있니?" 치료사에서 아동의 친밀한 관계로 재지시하는 것이 중요하다.

접촉

접촉은 놀이치료 현장에서 합의가 되지 않는 아주 민감한 주제이다. 접촉은 명료화 '전'에 잘 정의되고, 사전준비가 필요한 주제이다. 남성 치료사는 여성 상대방보다 더욱더 절제를 할 필요가 있다. 손을 잡든지, 손뼉을 마주치든지, 무릎에 앉든지, 아동을 화장실로 데려가든지 간에 접촉은 장려되지 않는다. 이는 매우 괴로운 주제이다. 다정다감하고 신체 접촉을 좋아하는 치료사가 많지만, 우리는 이 전통적인 접촉을 창의적인 접촉으로 대체해야 한다. 담요는 실질적인 접촉을 대체하는 데에서 꽤 도움이 된다. 아동이 안기를 원하거나 필요로 할 때, "내 담요로 안아줄게."라고 말한다. 아동을 담요로 싼다. 말없이 앉아 있거나 부드럽게 노래를 불러주면서 아늑한 순간을 부드럽게 유지할 수 있다. 치료를 마무리할 때에는 항상 양육자에게 일어난 일을 알린다. 갑자기 예상치 못하게 아동이 무릎 위에 미끄러져 들어오고, 손을 잡고, 껴안을 때, 일어난 일에 대해 양육자에게 반드시 알려야 한다. 아동에게 규칙을 알려줄 때에는 시기가 아주 중요한데, "네가 나를 좋아하고 내 무릎에 앉고 싶어 하는 것을 알아. 다음에는 담요나 현명한 나이 많은 개구리 퍼핏, 개구리 아저씨를 안도록 하자."라고 미리 얘기한다. 이 같은 거절이 아동의 감정에 상처를 줄 수 있다고 제안하는 치료사도 있다. 특정 형태의 거절과 사랑의 방식이 치료적 작업의 일부가 될 것이다.

화장실 행동

종종 아동은 놀이실에 들어와서 치료실 내의 화장실에 가겠다고 요구한다. 아동이 유뇨증이나 유분증이 있고 이것이 주호소 문제라면, 질병에 대한 신체적 근거가 있는지를 결정하기 위해 의사의 검진을 받는 것이 중요하다. 종종 이것은 행동적 문제 또는 발달적 문제이다. 때때로 심리적 요소가 중요한 역할을 하고 회기에서 놀이로 표현된다. 처음에는 아동이 화장실에 가는 것을 허락한다. 아동은 회기 전과 회기 중간에 공공 화장실을 이용해야 한다고 양육자에게 알려주는데, 전형적으로 우리는 아동이 치료실 내의 화장실(욕실)을 이용하는 것을 허락하지 않는다. 이것은 아동이 오줌을 싸는 등 매우 혼란스러운 상황을 만들 수 있다. 작업이 이루어지지 않았다면, 제한을 설정해야 한다.

이것은 아주 논란거리이다. 아동이 치료실 내의 화장실에 가도록 허락하지 않는 이유는 무엇인가? 때로는 욕실에 가고 싶다고 요구하는 것이 치료이다. 이러한 불안, 불편함, 충동을 다루고, 이야기 나누고, 놀이하는 것으로 다루어질 필요가 있다. 아동이 치료실 내 화장실(욕실)로 달려가는 것을 허용함으로써 아동이 불안이나 불편함을 느끼지 않게 하는 것일 수도 있다. "너는 진짜로 화장실에 가야 할 것 같구나. 집에서도 이런 일이 있는지 궁금해.", "화장실에 가는 것이 무서울 때도 있어." 점토놀이, 모래놀이, 손가락-페인팅, 항문 분위기(anal tone)가 있는 그 밖의 놀이를 하도록 격려하는 것이 중요하다. 이는 지저분하고, 엉성하고, 질퍽한 놀이를 수반할 것이다. 이러한 매체를 가지고 아동과 놀이한다. 아동이 만든 것, 마구 문지른 것, 뿌려놓은 것에 대해 이야기한다. 그러나 다시 제한을 설정한다. "점토는 점토판에서만 할 수 있고 카펫 위에서는 할 수 없어.", "물은 개수대에서만 쓸 수 있고 사무실에 있는 의자에서는 쓸 수 없어." 시작할 때 설정했던 기본적인 제한을 검토하는 것이 중요하다. 이러한 형태의 놀이가 반드시 성 학대, 방임, 애착의 어려움을 의미하는 것은 아니며 가족의 역동, 아동의 불안, 또는 시기적절할 때 단순히 적절한 훈육을 받지 못한 것의 연장일 수 있다. 우리가 사용하는 단어 또한 간단한(화장실, 오줌, 응가) 단어여야 한다.

두 번째 범주는 갑자기 화장실에 가고 싶다고 하는 아동이다. 이 또한 논쟁의 여지가 있다. 아동에게 규칙을 상기시킨다. 한 번은 가도록 허락을 하고 그 뒤에는 회기 전이나 회기 후에 화장실에 가는 것에 대해 제한을 설정한다. 아동이 놀이실에서 배변을 했다면 양육자에게 설명해준다. "스콧이 화장실에 가고 싶어 했어요. 두 번은 허락했는데 마지막에는 갈 수 없다고 하였습니다. 그가 시험해보는 것(또는 주제에 대해 불안하거나 불편한 것) 같았습니다." 양육자에게 다음 방문 때에는 화장실에 먼저 다녀와야 한다고 알린다. 다음 회기에는 화장실이 있는 인형집을 이용한 놀이를 설정한다. 이것은 아동이 화장실 작업을 하도록 격려한다. 개구리 아저씨가 화장실로 달려가서 볼 일을 보는 것에 대해 배역들이 이야기를 나누는 인형극이 도움이 될 수 있다. 아동이 화장실 이야기에서 하는 것을 그림으로 그리고 보는 것도 치료적으로 유용할 수 있다. 물놀이 역시 이해하는 데 도움이 된다.

수줍은 아동

우리는 수줍음이 있는 아동에게는 제한설정에 대해 생각하지 않는다. 수줍은 아동, 불안한 아동, 선택적 함묵증이 있는 아동을 격려하기 위해 해야 할 일이 있다. 하고 싶어 하지 않는 아동과 말없이 앉아 있는 것은 강렬한 행동이다. 아동이 선택한 장난감 또는 선택한 장난감에 대한 자유연상을 관찰한다. 크레파스와 종이를 아동 옆에 두고 그다음에는 그림을 그린다. 수줍고 말이 없는 퍼핏인형, 예를 들면 거북이와 같은 퍼핏으로 하는 인형극은 위협적이지 않은 방식으로 아동의 모습을 다룰 수 있다. 퍼핏들이 종종 아동에게 말을 하거나 자기들끼리 이야기를 한다. 이것은 아동이 참여하도록 돕는다. 목표는 말을 하게 하는 것이 아니라 상호작용을 하는 것이다. 아동이 말하는 것을 격려하고, 아동이 실제로 수줍은지, 선택적 함묵증인지, 또는 조종하려는 또는 적대적인지를 알기 위해 '창문'이라는 기법을 사용한다. 창문 가리개를 열고 밖을 본다. 아동은 아직 그냥 앉아 있다. 색깔이 있는 자동차의 수를 센다. 아동은 흥미를 갖기 시작하고 당신이 하는 것을 보려고 할 것이다. 아동을 옆으로 오게 해서 같이 수를 센다. 이 방법은 침묵하는 아동의 경계를 깨뜨리는 사소한 방법이다.

수동-공격성 아동

수동-공격성 아동은 당신이 뒤를 돌아보고 있을 때, '우연을 가장하여 고의로' 장난감을 부수거나, 치료사의 책상 위로 공을 튀기거나, 다트 총을 쏴서 치료사를 맞추는 아동이다. 이런 일이 처음 일어났을 때, 이것을 분명하게 지적한다. 즉 "공이 내 책상 위로 튀었다." 이것은 다음과 같이 진행할 수 있다. "네가 나에게 화가 난 것인지 궁금하구나." 또는 "집에서도 이런 일이 있니?" 그 행동에 관해 해석하거나 반영한다. 수동-공격성 아동의 행동이 적대적인 것, 공격적인 것, 파괴적인 것인지를 식별하기는 어렵다. 아동과 함께 다트 총 시합을 하거나 벽에 공 던지기 놀이를 한다. 아동이 다트 총을 쏘면서 그것이 '우연하게' 당신을 맞힌다면, 이 행동을 현재의 문제나 아동의 생활에서 지속되는 스트레스 인자와 연결시키는 기회를 잡을 수 있다. "엄마에게 화가 난 것을 나에게(내 책상 위에) 쏟아놓은 것인지 궁금하구나." 아동은 부모와 연관이 있는 문제, 특히 이혼에 대해 여러 가지 감정을 가지고 있다. 때때로 치료사를 향한 직접적인 수동-공격성은 아동이 다른 방식으로는 표현하지 못했던 부모에 대한 분노의 반영이다. 가정의 문제를 탐색할 수 있도록 인형집 놀이로 재지정하는 것은 집에서의 갈등을 좀 더 직접적으로 표출할 수 있는 효과적인 전략이다.

순응하는 아동

아동이 들어와서 당신이 먼저 하게 하고, 당신이 게임을 먼저 고르게 하고, 지는 것에 신경 쓰지 않고, 항상 바르게 행동하는 아동이 몇 명이나 있었는가? 또는 아동이 당신을 만나자마자 호소하는 모든 행동 문제가 사라지거나 치료 1주일 후에 개선되는가? 그렇다면 우리는 마술사이다! 순응적인 아동을 만날 때, 우리는 다소 주장하고 대립적일 필요가 있다. 아동이 초기면담 회기에서 이런 행동을 보인다면, 아동의 행동을 예측하고 당신은 마술사가 아니고 투시력도 없으며 아동의 행동이 다시 나올 것이라는 것을 양육자에게 알린다. "아동이 행동을 시작할 때, 그때가 치료가 시작되는 때이다."라는 격언을 기억하면 도움이 된다. 아동/가족을 치료에 데려온 행동을 머릿속에 그려야 할 것이다. 예를 들어 아동이 "선생님 먼저 하세요."라고 말한다면 "너는 누가 먼저 할지를 어떻게 정하니?"라고 할 수 있다. 순응적인 아동이 "선생님이 먼저 할 수 있어요."라고 말할 것이다. "누가 먼저 할지 네가 결정할 수 있어."라고 대답한 다음에 기다린다. 아동이 게임에서 졌을 때 다음과 같이 말할 수 있다. "대부분의 아이들은 게임에서 지면 화를 낸다. 너는 져도 항상 괜찮은 것처럼 보인다. 그러나 나는 네가 집과 학교에서는 그렇지 않다는 것을 알고 있어. 왜 여기에서는 항상 괜찮다고 하니?" 또는 게임을 하게 되었고 아동이 게임을 잘할 때, 다음과 같이 말할 수 있다. "여기에서는 이렇게 할 수 있는데 왜 밖에서 다른 아이들하고는 그렇지 않니?" 대기실로 나가서 양육자를 놀이실로 들어오게 한 다음, "믿을 수 없을 거예요. 수지가 나와 함께 농구 게임을 하는데 수지가 다섯 번 졌어요. 그러나 수지는 여전히 행복하고 괜찮아요! 집에서는 그렇지 않아요. 수지가 나랑 있을 때에는 이렇게 잘할 수 있는데 엄마하고 있을 때에는 왜 그렇지 않은가요?"라고 물어볼 수 있다. 이것은 아동과 부모 사이의 긴장을 만들고, 종종 아동은 설명을 하거나 행동 표출을 한다. 이것은 현재의 관계를 변화시키는 데 도움이 될 것이다.

선물 주기

선물을 받는 것 역시 민감한 문제이다. 명절에 쿠키, 처치의 마지막에 선물, 처치 도중에 사진을 주는 것은 생각해보아야 한다. 아동 분석가에게 있어서 선물 주기는 주목할 필요가 있는 중요한 전이의 문제이다(Kay, 1978). 게슈탈트 치료사라면 주기, 받기, 공유하기를 인형극에 통합시킬 것이다(Caroll, 2009). 인형극 속의 메시지는 위의 주제를 표현하고, 문제가 되거나 권장되지 않는 상황(예 : 치료사에게 선물을 주는 것)을 인식하는 것 또는 단순히 아동에게 "고마워."와 "괜찮아."를 말하는 방법을 돕는 것이다. 때때로 아동에게 인형이 하고 싶은 말을 하게 하라고 요청하는 것 역시 아동의 생각 및 감정 표현을 도울 수 있다.

일부 치료사는 아동에게 고마움을 표시하고 다른 사람과 공유하기 위해 여러 사람이 사용하는 방에 두는 것이 기관의 관행이라는 방침을 정한다. 선물을 인정하고 아동의 놀이에서 선물의 의미에 귀 기울이는 것이 중요하다. 기회가 있을 때 선물의 의미를 해석하거나 탐색하는 것이 도움이 된다. 선물은 당신이 보드 게임에서 먼저 하게 하거나 색깔을 먼저 고르게 하는 것, 아동이 청소를 도와주겠다고 하는 것과 마찬가지로, 회기 안에서 세심하게 다루어져야 한다. 아동의 친절함에 대해 언급하고 제안하는 것, 즉 "너는 나를 정말 좋아하는구나. 우리가 노는 것처럼 아빠랑 놀고 싶은 것인지 궁금하구나."는 강력한 개입이 될 수 있다. 첫 선물과 지속되는 친절은 아동이 자기 아버지와의 관계에 대해 느끼는 감정을 표현하는 방식일 수도 있다. 화 또는 상처 입은 아동이 선물 주는 것에 대해 인식한다. 선물은 "나는 당신에게 화를 내고 싶지 않아요."를 표현하는 것일 수도 있다. 당신은 "너는 나에게 화가 많이 났구나. 그리고 너는 나에게 좋은 선물을 주는구나. 화난 기분에 대해 이야기해볼래?"라고 말할 수 있다.

회기 마치기

종종 아동은 장난감을 치우거나 놀이실을 나가고 싶어 하지 않는다. 아동이 치우기를 원하지 않는다면, 회기가 끝나서 양육자가 놀이실에 들어올 때까지 기다린 후, 아동이 치우는 것을 도와달라고 요청하고, 또는 규칙을 지키지 않았을 때의 결과를 알린다. 아동이 치우는 것을 우리가 도와줄 수도 있다. 치료사는 이 시간에 말을 하지 않아야 하는데 아동이 과제를 끝내야 하기 때문이다. 아동이 어지른 방을 그냥 나가도 치료사가 정리하지 않아야 한다. 자신이 어지른 것에 대해 책임을 진다는 메시지는 우리가 시범 보일 필요가 있는 것이다.

회기 마지막에 일어날 수 있는 또 다른 문제는 양육자나 아동이 "그런데요……" 하고 회기 초반에 더 일찍 꺼내놓았어야 할 아주 중요한 재료를 제시하는 것이다. 가족이나 아동에게 위험한 일이 아니라면, "이것은 아주 중요한 거예요. 다음 회기 시작할 때 이야기 나누도록 해요."라고 대응할 수 있다. 이 말은 문을 열고 복도로 나가면서 할 수 있을 것이다.

결론

지금까지 논의하고 설명했듯이 제한설정의 주제와 경계를 정의하는 것은 복잡하고도 민감하다. 아동의 내적 및 외적 능력과 한계를 아는 것이 우리의 작업에서 핵심적인 부분이다. 놀이치료사가 자신을 어떻게 정의하고, 놀이실을 채우고, 놀이치료를 아동과 가족에게 소개하고, 긴장이 있을 때 상호작용하는 방식 역시 우리 작업의 중요한 측면이다. 치료사가 놀이실에서 아동의 활동에 관여하는 방식은 치료사가 아동의 시험하는 행동을 어떻게 제한하고 격려하는지를 보여준다. 우리가 우리의 이론적 성향과 관련하여 우리의 생각과 행동을 개념화하고 불가피한 행동에 대해 준비를 잘할수록, 제한설정이라는 진행 중인 여정에서 점점 더 유능해지고 성공하게 될 것이다.

참고문헌

Bixler, R. (1979). Child psychotherapy limits are therapy. In C.E. Schaefer (Ed.), *Therapeutic use of child's play* (pp. 277–278). New York, NY: Jason Aronson.

Brody, V. A. (1993). *The dialogue of touch: Developmental play therapy*. Treasure Island, FL: Developmental Play Therapy Association.

Brody, V. A. (1997). Developmental play therapy. In K. J. O'Connor & L. Braverman (Eds.), *Play therapy, theory and practice* (pp.160–183). New York, NY: Wiley.

Caroll, F. (2009). Gestalt play therapy. In K. J. O'Conner & L. Braverman (Eds.), *Play therapy, theory and practice* (2nd ed., pp.184–203). Hoboken, NJ: Wiley.

Erikson, E. (1950). *Childhood and society*. New York, NY: Norton.

Freud, S. (1915). Observations on transference love. In E. Jones (Ed.), *Collected papers of Sigmund Freud (Vol. 2.)*. New York, NY: Basic Books.

Ginot, H., & Dell, L. (1976). Play therapy limits and theoretical orientation. *Journal of Consulting Psychology, 25*(4), 387–340.

Glenn, J. (1978). *Child analysis and therapy*. New York, NY: Jason Aronson.

Jacoby,M. (1999). *Jungian psychotherapy and contemporary infant research*. New York, NY: Routledge.

Kay, P. (1978). Gifts, gratification, and frustration in child analysis. In J. Glenn (Ed.), *Child analysis and therapy* (pp. 309–354). Northvale, NJ: Jason Aronson.

Knell, S. M. (1993). *Cognitive behavioral play therapy*. Northvale, NJ: Jason Aronson.

Landreth, G. L. (2005). *Play therapy, the art of the relationship* (2nd ed.). New York, NY: Brunner/Routledge.

Moustaskas, C. (1959). *Psychotherapy with children: A living relationship*. New York, NY: Harper & Row.

Moustakas, C. (1994). Structuring the relationship. In M. Haworth (Ed.), *Child psychotherapy* (p. 105). Northvale, NJ: Jason Aronson.

Novick, J., & Kelly-Novick, K. (2009). Mental health resources. Standing the domain. Privacy service and confidentiality. In J. Winer (Ed.), *Psychoanalysis and children* (pp. 145–180). Chicago, IL: University of Chicago.

Perls, F. (1969). *Gestalt therapy verbatim*. New York, NY: Bantam Books.

Perls, F., Hefferline, R., & Goodman, T. (1951). *Gestalt therapy*. New York, NY: Gestalt Journal Press.

Rogers, C. R. (1939). *The clinical treatment of the problem child*. New York, NY: Houghton Mifflin.

Rogers, C. R. (1957). The necessary and sufficient conditions of therapeutic personality change. *Journal of Consulting Psychology, 21*(2), 95–103.

Staub de Laszlo, V. (1938). *Basic writings of C. G. Jung*. New York, NY: Modern Library.

29

놀이치료 슈퍼비전

JODI ANN MULLEN[1]

놀이치료사는 전문 지식의 수준에 상관없이 임상 슈퍼비전이 필요하다. 임상 슈퍼비전은 개인적인 성장과 전문적인 성장 둘 다를 위한 기회가 된다. 슈퍼비전은 놀이치료 슈퍼바이지뿐만 아니라 슈퍼바이지의 아동 내담자, 아동의 가족, 더 큰 지역사회를 지원하는 독특한 전문적 관계이다. 슈퍼비전 관계에서는 놀이치료 슈퍼바이저와 슈퍼바이지 둘 모두의 책임성이 중요하다. 슈퍼비전은 놀이치료처럼 신뢰와 존중에 근거한 복잡한 관계이다. 슈퍼비전은 슈퍼비전을 하는 것 그 이상의, 반영적 과정이고 존재의 방식이다(Carroll, 1996). 또한 놀이치료처럼 관계의 이득은 성장이며 때로는 변화 및 치유까지도 있다.

슈퍼비전에 대한 소개

남을 돕는 직업의 세계에는 몇몇 유형의 슈퍼비전이 있다. 일반적으로 놀이치료사가 만날 수 있는 슈퍼비전에는 두 가지 유형이 있다. 행정 슈퍼비전(administrative supervision)은 비임상적 과제에 초점을 맞춘 상급자나 기관과의 관계를 말한다. 예를 들어 행정 슈퍼비전에서 슈퍼바이지는 기록 보관, 자료 입력, 담당 사례 수와 같은 사무적인 측면을 논의할 수 있다. 행정 슈퍼비전의 초점은 임상 작업 또는 놀이치료의 본질이나 질적 측면이 아닌, 슈퍼바이지가 하는 일이다. 이 형태의 슈퍼비전의 초점은 행정 및 사업 관련 업무에 있고, 이는 놀이치료에만 특정적인 것이 아니기 때문에, 행정 슈퍼바이저는 놀이치료와 관련된 가장 기본적인 익숙함 이상이어야 할 필요는 없다고 가정하는 것이 타당하다.

이 장은 임상 슈퍼비전에 초점을 맞출 것인데, 이 형태의 슈퍼비전이 놀이치료사의 전문성 개발과 임상 관행에 매우 중요한 영향을 미치기 때문이다. 임상 슈퍼비전, 이 장에서는 간단히 슈퍼비전이라고 말하게 될 것인데, Bernard와 Goodyear(2014)는 다음과 같이 정의하였다.

---

1 이 글을 준비하는 데 도움을 준 SUNY Oswego의 정신건강상담 대학원생 Jacob Hedges에게 고마움을 전한다.

전문성의 상급자가 전형적으로 같은 전문성(항상 그런 것은 아님)의 좀 더 하급 동료에게 제공하는 개입이다. 이 관계는 평가적이고 위계적이고 시간이 지남에 따라 확장되는 것으로써 하급자의 전문성 기능을 향상시키고, 그들이 만나는 내담자에게 제공되는 전문적인 서비스의 질을 감독하고, 동시에 슈퍼바이지가 입문하고자 하는 특정한 전문성의 문지기가 되어 준다는 목적도 있다.(p. 9)

이 정의의 몇 가지 주요 요소는 분해해서 살펴보고 강조할 만한 가치가 있다. 가장 중요한 것은 특정한 전문성의 상급자인 슈퍼바이저가 슈퍼비전을 한다는 것일 것이다. 즉, 놀이치료 슈퍼비전은 놀이치료에서 슈퍼바이지보다 임상 경험이 더 많은, 훈련된 놀이치료 전문가로부터 시행된다는 의미이다. 슈퍼바이저와 슈퍼바이지가 일차적인 직업적 정체성(사회복지, 심리학)이 일치할 것이다. 그러나 놀이치료가 슈퍼비전의 초점이 될 때 이 이차적인 직업적 정체성(놀이치료사) 또는 전문성(놀이치료)은 슈퍼바이저와 슈퍼바이지가 결부되는 더 중요한 변인이 된다. 이 장에서 논의될 슈퍼비전의 유형은 별다른 언급이 없다면 상급자 놀이치료사와 하급자 놀이치료사 사이에서 발생하는 놀이치료 슈퍼비전을 말한다.

Bernard와 Goodyear(2014)가 제시한 정의는 관계에서 슈퍼바이저의 역할이 슈퍼바이지, 슈퍼바이지의 내담자, 궁극적으로 더 큰 지역사회에 대한 중요한 책임성이 포함되어 있음을 가리킨다. 광의로 생각하면 슈퍼비전은 슈퍼바이지, 내담자의 삶, 전체 지역사회에 영향을 미친다. 따라서 슈퍼바이저는 책임이 막중하다. 놀이치료 슈퍼바이저의 역할은 이후에 다시 논의될 것이다.

슈퍼비전의 기초

Bernard와 Goodyear(2014)에 따르면, 슈퍼비전을 제공하는 데 몇 가지 가능한 이론적 접근이 있다. 이것은 정신역동, 인간중심, 인지행동, 체계적, 내러티브 접근이다. 각 유형의 슈퍼비전은 특별한 초점과 목표가 있다. 각 접근에 대해 살펴보는 것은 이 장의 범위를 벗어나는 것이지만, 각 접근이 슈퍼비전 개입의 틀을 제공하기 때문에 슈퍼바이저는 이러한 이론적 접근을 이해해야 할 의무가 있다.

슈퍼비전은 어떻게 이루어지는가

슈퍼비전은 몇 가지 매체를 통해 제공될 수 있다. (면)대면, 전화, 스카이프나 페이스타임과 같은 영상회의를 이용해서 수행될 수도 있다. 이것들은 각각 장점과 제한점이 있다.

동의

놀이치료 슈퍼비전은 항상 아동 내담자의 부모 또는 후견인의 동의가 있어야 한다. 슈퍼비전의 맥락에서 놀이치료사는 ⓐ 누군가에게 회기에 대해 말을 해야 하고, ⓑ 아동의 그림이나 모래상자 이미지와 같은 것을 공유하고, ⓒ 오디오 또는 비디오 녹화를 하고, ⓓ 기록을 다른 곳으로 옮겨야 하기(슈퍼비전이 놀이치료 하는 곳에서 실시되지 않는 한) 때문에 동의가 필요하다. 놀이치료회기의 내용을 공유하는 것에 대해 동의를 구하는 것 이외에, 동의서에는 슈퍼비전이 실시되는 구체적인 시간 기한, 회기의 재료와 기록은 슈퍼비전 이후에 어떻게 되는지(즉, 어떻게 그리고 어디에 보관되는지, 어떻게 언제 파괴되는지)에 대한 명확한 설명이 포함되어야 한다.

정신건강전문가와의 경험이 항상 긍정적이지는 않았기 때문에 일부 부모는 동의하는 것에 주저한다. 아동이 놀이치료에 참여하는 이유와 관련된 수치심이나 죄의식 때문에 경계하는 부모도 있다 (Mullen & Rickli, 2011). 부모가 이러한 걱정을 하고 있을 때 놀이치료 슈퍼바이지가 배울 수 있는 좋은 기회이다. 신규 놀이치료사와 놀이치료를 배우는 학생은 놀이치료 자체를 수행하는 것보다 부모와의 상담에 대해 더 많이 걱정하는 경향이 있다. 놀이치료 슈퍼바이저는 슈퍼바이지가 아동의 부모와 대화를 준비하는 것을 돕기 위해 슈퍼비전에서 역할극과 자기 노출을 활용할 수 있다(놀이치료에서 아동의 부모를 다루기 위해 고안된 사례연구와 활동을 위해서는 Mullen & Rickli, 2011 참조). 마지막으로, 놀이치료 관계가 이어지는 동안에는 항상 아동에게 존중을 보이는 것이 중요하다. 부모가 놀이치료회기 동안에 아동에 대한 관찰을 허락하였다면 아동의 허락을 구하는 것 역시 놀이치료사의 의무이다.

대면 슈퍼비전

대면 슈퍼비전(face to face supervision)은 개별적으로 또는 집단 형식으로 수행된다. 대면 슈퍼비전에서는 슈퍼바이저와 슈퍼바이지가 광범위한 의사소통 자원을 이용할 수 있다. 언어적 · 비언어적 · 준언어적(paraverbal) 의사소통 자원 모두가 고려되고 진행될 수 있다. 이는 많은 이득을 가져다준다. 의사소통의 여러 가지 흐름에 대한 접근은 서로 주고받는 데에서 그리고 궁극적으로 슈퍼바이지와 슈퍼바이저 간의 슈퍼비전 관계에 대한 이해뿐만 아니라 있는 자료를 이해하는 데 도움이 된다.

대부분의 독자는 언어적 및 비언어적 의사소통 개념은 친숙하지만, 준언어적 의사소통의 개념은 친숙하지 않을 것이다. 준언어적 의사소통에는 몸짓, 말의 억양, 발성이나 반향되는 소리, 그 외 비언어적 의사소통이 들어 있다. Heimlich(1980)에 따르면, 이러한 종류의 의사소통은 부적응 행동을 수정하는 데에서 그리고 아동이 시간이나 속도와 같은 인지적 개념을 파악하는 데에서 아동에게 도움이 된다. 놀이실에서 아동의 준언어적 의사소통은 종종 많은 내용을 담고 있다. 많은 놀이치료사들이 이러한 종류의 내용을 놓칠까 봐 걱정하거나 치료사가 이것을 보았을 때 회기에서 아동에게 이것을 어떻게 사용할지에 대해 고민한다. 슈퍼바이저가 이 점을 알고 있으면, 반드시 언어를 사용하지 않고도 아동과 의사소통하는 방법에 대해 슈퍼바이지를 가르치는 슈퍼비전에서 슈퍼바이지의 준언어적 의사소통을 이용할 수 있다. 슈퍼비전에서 준언어적 의사소통에 반응할 기회를 잡는 것은 놀이치료회기에서 내담자가 경험하는 것을 슈퍼바이지가 직접 경험할 수 있도록 해준다. 이것은 강력한 진짜 학습 경험이며 공감의 기회가 된다.

대면 의사소통에도 단점이 있지만 대부분은 맞는 말이다. 합리적인 이동 거리 내에 놀이치료 슈퍼바이저가 없을 수도 있다(이 점은 미국 내에서도 소외된 지역에 살거나 또는 자격을 갖춘 슈퍼바이저를 찾기가 힘든 다른 나라에 사는 놀이치료 슈퍼바이지가 자격을 취득하는 데 종종 장애가 된다)(J. Downs, 개인적인 대화, 2014. 2. 24.). 슈퍼비전을 위해 시간을 내는 것 역시 슈퍼바이지에게는 어려운 일이며, 슈퍼비전을 위한 여행을 감수해야 한다.

전화 슈퍼비전

전화 슈퍼비전은 슈퍼바이지와 슈퍼바이저 간의 지리적 거리가 더 이상 장애물이 아니라는 점에서 대면 슈퍼비전의 한계를 피하는 방법이다. 여행 시간이 필요하지 않고, 비용 역시 너무 높지 않다. 전화 슈퍼비전은 슈퍼바이저와 슈퍼바이지의 전화 서비스가 가능한 곳이면 어디서든 이루어질 수 있기 때문에 편하게 약속 시간을 잡을 수 있다. 슈퍼바이저나 슈퍼바이지가 집에서 운동복 차림 또는 잠옷 차림일 때에도 슈퍼비전 회기가 이루어질 수 있다!

　　전화 슈퍼비전은 몇 가지 심각한 제한점이 있으며, 대체로 이 제한점은 대면 슈퍼비전의 관계적 장점 및 의사소통적 장점의 손실과 관련이 있다. 슈퍼바이지와 슈퍼바이저가 서로 볼 수 없다는 점은 다섯 가지의 잠재적인 문제를 야기한다. 첫째, 슈퍼바이저와 슈퍼바이지의 언어적 의사소통에 한계가 있다. 한숨이나 침묵의 지속과 같은 일부 준언어적 의사소통은 인식될 수 있다. 그러나 슈퍼바이지와 슈퍼바이저가 서로 보고 있을 때 발생하는 풍부한 의사소통은 손실된다. 둘째, 슈퍼비전 관계에 연계되는 책임성의 일부가 손상될 수 있다. 전화 슈퍼비전 동안에 슈퍼바이저 그리고/또는 슈퍼바이지 둘 다는 여러 가지 과제에 열중할 수 있는 기회가 생긴다. 슈퍼비전 동안에 운전, 세탁, 임상 노트를 준비하기와 같은 주의분산은 관계를 존중하는 태도가 아니며 확실히 슈퍼비전 시간을 잘 사용하는 것이 아니다. 넷째, 슈퍼바이지와 슈퍼바이저 둘 다 필요할 때 기록하는 도구뿐 아니라 슈퍼비전 과정에 도움이 되는 기록이나 부속물을 준비해서 슈퍼비전에 와야 한다. 서로 볼 수 없을 때에는 서로에 대한 이 같은 준비를 확인하기가 다소 어렵다. 마지막으로, 전화 슈퍼비전에서는 대면 슈퍼비전의 논의에서 언급했던, 의사소통에 대해 가르칠 수 있는 바로 그 순간에 그것을 사용할 수 있는 기회가 적다. 상상할 수 있듯이, 전화 슈퍼비전에서는 슈퍼바이지가 반응을 연습해볼 수 있도록 슈퍼바이저가 놀이 시나리오대로 시연해 보이는 것이 매우 어렵고, 슈퍼바이지 역시 인형집에서 인형을 이용하는 것과 같이, 회기에서 아동이 놀이한 것을 슈퍼바이저에게 보여주는 것이 어렵다.

비디오 회의

기술의 발달은 전화 슈퍼비전과 대면 슈퍼비전의 한계를 최소화하면서 대부분의 장점은 허용하고, 놀이치료 슈퍼비전을 받거나 제공하는 데에서 유용할 수 있는 기회를 크게 증진시킨다. 슈퍼바이저와 슈퍼바이지 간의 의사소통에서 비디오 회의를 이용할 때, 언어적 · 비언어적 · 준언어적 의사소통이 양쪽 모두에게 이용 가능하며 이는 의사소통과 이해를 증진시킨다. 가상의 역할놀이 및 놀이치료 그 자체를 보여주는 능력은 놀이치료 슈퍼비전에서 아주 중요하다. 비디오 회의를 이용할 때, 슈퍼바이지와 슈퍼바이저는 말로만 하는 것보다 보여줌으로써 놀이치료의 임상적 미묘함에 대해 의사소통할 수 있다. 이는 아동이 놀이를 통해 의사소통하는 바로 그 방식이다. 그뿐만 아니라 시각적 요소가 있기 때문에 양쪽의 책임성을 쉽게 평가할 수 있다. 장점이 상당하게 있음에도 불구하고 슈퍼비전에서 영상 회의 기술의 이용을 검증한 연구는 거의 없다(Perry, 2012).

임상적 검토

슈퍼비전 방식에서 또 다른 고려사항은 슈퍼바이저와 슈퍼바이지가 임상사례 그리고 슈퍼바이지의 지식 및 기술을 검토하는 방법에 대한 것이다. 슈퍼비전에서 사례검토는 자기보고, 회기의 녹화, 직접 관찰을 통해 수행된다. 각각의 방법에는 장점과 한계가 있다.

자기보고

놀이치료에서 일어난 일을 슈퍼바이지가 서술한 것에 의존하는 슈퍼비전 회기는 자기보고로 간주된다. 슈퍼바이지가 놀이치료회기에서 일어난 일에 대한 자신의 관점과 아동의 행동, 생각, 감정을 슈퍼바이저와 공유하기 위해 자신의 임상 노트를 이용할 수 있다. 자기보고에 근거한 슈퍼비전은 장점이 있다. Noelle(2002)에 따르면, 자기보고는 슈퍼바이지의 생각과 감정에 대한 귀중한 통찰을 슈퍼바이저에게 제공하여, 슈퍼비전 회기를 좀 더 풍부하게 만든다. 그러나 자기보고에 근거한 슈퍼비전에는 심각한 제한점도 있다.

　놀이치료 경험에 관한 슈퍼바이지의 자기보고가 유일한 보고 수단일 때, 이는 정보를 왜곡하거나 정보를 제공하지 않을 수 있다. 이것은 슈퍼바이지가 슈퍼비전 관계를 안전한 것으로 경험하지 않을 때 문제를 악화시킨다. Ladany, Hill, Corbett, Nutt(1996)은 상담 관계에서와 마찬가지로 슈퍼바이저-슈퍼바이지 관계에서도 힘의 불균형이 있다고 주장하였다. 이 때문에 슈퍼바이지가 실패나 불충분함에 대해 두려움을 느끼고 자신을 좀 더 긍정적으로 보여주고자 하는 압력을 느낄 수 있다. 저자들은 또한 슈퍼바이지가 "슈퍼비전 관계에서 통제감을 얻기 위한 수단으로 정보를 내놓지 않을 수 있다."고 보고하였다(1996, p. 11). 슈퍼바이지가 안전하고, 편안하고, 존중받는다고 느끼는 슈퍼비전 관계를 조성하는 것은 고품질의 슈퍼비전 제공에서 필수적이며 이에 대해서는 이후에 다시 논의할 것이다. 이제는 슈퍼비전 장면이 안전하지 않으면 자기보고의 문제를 어떻게 증폭시키는지를 알아야 한다.

회기의 녹화

비디오 녹화된 회기는 슈퍼바이저가 놀이치료회기에서 일어난 것을 보고 들을 수 있다는 이점이 있다. 슈퍼바이저는 놀이치료사가 한 것, 아동이 나타내는 방법, 그리고 놀이치료사와 아동 사이에서 일어난 일에 대해 피드백을 해줄 수 있다. 슈퍼바이저의 피드백을 위한 풍부한 임상적 자료 및 관계적 자료가 있다. 이러한 이점의 대부분은 뒤에 논의될 직접 관찰 슈퍼비전과 유사하다.

　비디오 녹화 회기에도 일부 단점은 있다. 녹화가 아동의 놀이 흐름을 방해할 수 있기 때문에 회기 도중에 카메라를 놀이실 주변으로 옮기는 것은 슈퍼바이지에게 바람직하지 않다. 카메라가 고정된 위치에 있어야 하므로 놀이치료의 중요한 임상적 퍼즐의 단서가 포착되지 않을 수도 있다. 아동이 놀이실을 이리저리 옮겨 다니거나, 카메라를 등지고 있거나 그림을 그리는 것과 같이 세밀한 일을 할 때 이런 일이 발생한다. 아동의 표정이나 몸짓을 놓칠 수도 있다. 최고의 카메라이지만 녹화 테이프를 돌려 틀 때 아동의 말을 충분히 알아들을 수 있을 만큼 고품질의 오디오 녹음 능력이 없을 수도 있다. 중요한 점은 슈퍼바이저가 놀이치료회기를 어떻게 보는지와 상관없이, 회기 동안 놀이실에서 아동과 함께한 전반적인 은밀한 경험이 충분히 평가될 수는 없다는 것이다.

영상 녹화의 가장 큰 한계는 녹화가 제공하는 압도적인 정보의 양으로, 슈퍼바이지가 겁을 먹을 수도 있다(Rubenstein & Hammond, 1982). 내담자의 언어·비언어적 의사소통, 보여주는 몸짓이 전부가 아니라 슈퍼바이지의 그러한 것도 자료에 해당된다. Hill 등(1994)은 자신을 예측하는 기회가 주어질 때 자기 비판적이 되는 경향성 때문에, 자신의 회기를 본 후에 치료사와 훈련 중인 치료사의 기분이 침체된다고 보고하는 것을 발견하였다. 영상 녹화는 모든 것을 공개하기 때문에 신입 놀이치료사와 경험이 많은 치료사 모두 자신이 한 모든 말과 몸짓을 다시 보면서 그 결과에 불편을 느낄 수 있다.

직접 관찰

직접 관찰은 슈퍼바이저에게 슈퍼바이지의 회기에서 일어난 것에 대해 가장 객관적인 관점을 제공해준다. 직접 관찰에서 슈퍼바이저는 놀이치료회기 동안에 일방경이나 비디오 스트리밍 기술을 통해 슈퍼바이지와 아동 내담자를 볼 수 있다. 특히 자기보고 슈퍼비전과 비교했을 때 한 가지 중요한 장점은 슈퍼바이저 자신의 렌즈를 통해 아동과의 회기를 볼 수 있다는 점이다. 앞서 논의했듯이 자기보고는 슈퍼바이지의 관점만을 보여준다는 한계가 있다. 직접 관찰은 슈퍼바이저가 아동, 아동의 놀이, 슈퍼바이지의 기술, 아동과 놀이치료사(슈퍼바이지)의 관계에 대해 결론을 내릴 수 있게 한다. 직접 관찰이 슈퍼비전을 얼마나 풍부하게 만드는지 쉽게 확인할 수 있지만, 직접 관찰 역시 중요한 한계가 있다.

대체로 한계는 물리적인 것과 비용의 문제이다. 직접 관찰을 위한 공간과 필요품을 준비하는 것은 학교 및 예산의 제약이 있는 기관에서는 어렵다. 슈퍼바이저, 슈퍼바이지, 내담자 모두가 같은 시간, 같은 공간에 있어야 하기 때문에 시간표의 조정 역시 잠재적인 제한 요인이다.

라이브 슈퍼비전

이 형태의 슈퍼비전은 슈퍼비전에 내재된 교육 요소를 제외하고는 직접 관찰과 유사하다. 라이브 슈퍼비전에서 슈퍼바이저는 직접 또는 과학기술을 이용해서 슈퍼바이지에게 즉각적으로 피드백을 제공하기 때문에 진행 중인 회기에서 피드백을 시행할 수 있다. 과학 기술을 요구하기 때문에 이러한 형태의 슈퍼비전은 대학교 중심의 훈련 프로그램의 요소로써 종종 수행된다. 실행 계획상의 한계가 심각하고 직접 슈퍼비전과 유사하다. 또한, 슈퍼바이지가 슈퍼바이저에게 의존하게 될 경우, 성장을 촉진하는 슈퍼비전의 잠재적인 역동성이 손상될 수 있다. 그뿐만 아니라 이 형태의 슈퍼비전에서는 슈퍼바이지가 슈퍼바이저의 존재를 지나치게 의식하게 될 수 있고, 슈퍼바이저의 제안을 비난으로 해석할 수도 있다는 점 때문에 특히 더 안전한 슈퍼비전 관계가 필요할 것 같다.

슈퍼비전의 형식

슈퍼비전은 개별적으로 일대일 형식으로 실시될 수 있고 또는 슈퍼바이저가 여러 명의 슈퍼바이지에게 자문하거나 동료 슈퍼비전을 위해 이용되는 집단 슈퍼비전의 형식으로 수행될 수도 있다. 개별 및 집단 슈퍼비전에서 슈퍼바이저는 슈퍼바이지가 갖추지 못한 전문성 수준을 갖고 있다. 동료 슈퍼비전에서 집단의 모든 구성원은 대략 비슷한 전문성 수준을 갖고 있으며 놀이치료 사례에 대한 관점이나 조언을 제공하여 서로 간의 전문적 성장과 개인적 성장을 도모하기 위해 모인다.

개별 슈퍼비전

개별 슈퍼비전은 면밀한 평가를 하게 하고 슈퍼바이지의 독특한 요구를 충족시켜주기 때문에 가장 흔하게 이용되는 슈퍼비전 형식이다(Newman, Nebbergall, & Salmon, 2013). 개별 슈퍼비전은 상담이나 놀이치료처럼, 슈퍼바이저와 슈퍼바이지의 일대일 관계에서 이루어지기 때문에 관계가 슈퍼비전의 성공에서 결정적이다. 슈퍼바이지가 정서적으로 그리고 전문성에서 취약한 입장이기 때문에 슈퍼바이지가 피드백에 개방되고 반응적이 될 수 있도록 관계에서 충분한 안전감을 조성하는 것은 슈퍼바이저의 책임이다. 슈퍼바이지의 방어를 최소화하고 성장을 격려하기 위해 슈퍼바이저는 자기노출과 표현적 의사소통 기술을 사용할 수 있다. 개별 슈퍼비전은 가장 흔하고 효과가 높은 슈퍼비전인 반면에 시간이 가장 많이 걸리는 슈퍼비전 형식이다.

동료 슈퍼비전

Zin과 Murphy(1996)는 동료 슈퍼비전을 "함께 배우고, 전문적 지식을 공유하고, 지속적인 전문성 발달에서 서로를 지지하기 위해 정기적으로 만나는, 공통된 관심을 가진 전문가들의 소규모 집단"(p. 176)이라고 정의하였다. 정의에 따르면 동료 슈퍼비전에서는 지정된 슈퍼바이저가 있지 않으며 그보다는 구성원들이 서로에게 슈퍼비전을 제공한다. Bernard와 Goodyear(2014)는 이 형식의 찬반에 대해 기록하였다. 긍정적인 측면에서 슈퍼바이지들이 갖고 있는 다양한 관점은 슈퍼바이저 형식에서 간과될 수 있는 정보를 얻을 수 있다. 그러나 이 역시 다양한 조언과 정보를 모두가 이해할 수 있도록 슈퍼바이저가 구조화하고 지도를 해주어야 도움이 된다고 주장하였다. 지정된 주 슈퍼바이저의 유무에 상관없이 동료 슈퍼비전은 많은 이점이 있는데, 여기에는 열정과 동기의 증가, 기술과 전문성 범위의 확장, 전문가 기구에의 참여 증가, 기초 지식의 증가가 포함된다(Newman et al., 2013). 동료 슈퍼비전은 다른 슈퍼비전의 지원을 쉽게 활용 또는 줄 수 없을 때 특히 도움이 된다.

동료 슈퍼비전에서 각 구성원은 사례를 제시하고 집단으로부터 피드백을 받는 기회가 있다. 대개 사례발표는 사례의 임상적 측면에 초점을 맞추지만, 까다로운 부모와 작업하기 또는 가정 재판에서 증언하기와 같이, 관련된 문제에 초점을 맞추기도 한다. 비임상적인 사례발표 역시 임상 기술의 향상뿐 아니라 전문성 발달을 지원한다.

동료(그리고 집단) 슈퍼비전을 구조화하는 한 가지 방법은 집단의 각 구성원이 돌아가면서 임무나 책임을 맡는 것이다. 이것은 모든 구성원이 독자적인 책임을 수행함으로써 슈퍼비전에 열심히 참여함을 보장한다. 정기적으로 역할이나 임무를 바꾸는 것은 많은 대안적 관점을 갖게 하고 놀이치료 과정의 복잡성을 보여주는 데에도 도움이 된다. 물론 구성원 한 사람이 사례를 발표해야 할 것이다. 발표하는 슈퍼바이지가 잘하고 있는 프레젠테이션을 비판하는 일을 최소한 한 명 이상의 다른 구성원이 맡아야 한다. 이 역할에서 치료사의 임상적 기술과 관계적 기술 모두에 집중해야 하는 것의 가치를 기억해야 한다. 때때로 발표하는 슈퍼바이지가 하지 않아서 좋았던 점에 대해 알려주는 것도 도움이 된다. 예를 들어 회기에서 아동이 말하도록 강요하고 싶은 충동을 참은 것이 이에 해당한다.

놀이치료 집단 슈퍼비전 구성원이 할 수 있는 또 다른 과제는 발표하는 슈퍼바이지와 아동 내담자 간의 관계에서 일어난 것에 대해 각자가 생각하거나 느낀 바를 표현하는 것이다. 이 일은 구성원이 발표를 경청하면서도 놀이치료 슈퍼바이지의 즐겁고 표현적인 측면을 발휘할 수 있도록 해준다. 이와 동일한 과제는 회기나 사례의 지적인 측면보다는 표현적인 측면을 위해 슈퍼바이지가 사례를 대표하도록 모래상자를 만들거나 모래놀이 미니어처를 선택하는 것으로 확대할 수 있다. 슈퍼비전 안에 이야기적 요소를 통합하는 것은 모든 형태의 놀이치료 슈퍼비전을 할 수 있다. 내러티브 접근이 내담자로 하여금 자신을 문제로부터 거리를 두게 하는 것처럼, 슈퍼비전에서 슈퍼바이지에게도 마찬가지이다. 이야기 수단을 통해 문제를 외현화하는 것은 내적 수단의 분석으로만 형식적으로 제한되었던 관점을 보여주는 동시에, 놀이치료사로서의 힘과 통제감을 느낄 수 있게 해주는 강력한 방법이다. 슈퍼바이지는 발표의 초점이 되었던 아동에게 편지를 쓰도록 고무될 수도 있다. 대안으로 사례발표를 준비하는 슈퍼바이지에게 편지를 쓰도록 촉구할 수도 있고, 또는 사례 개념화에서 중요한 역할을 하는 부모나 교사에게 편지를 쓸 수도 있다. 또는 놀이실에서 아동에게 중요해 보이는 장난감에게도 편지를 쓸 수 있다. 이러한 편지쓰기에서의 초점은 사물을 사람처럼 여기는 것이다. 사물이 이러한 성질을 갖게 되면, 사물도 놀이실에서 일어나는 일에 대한 관점을 제공할 수 있다. 이러한 특정한 예는 피드백의 중심에 있는 슈퍼바이지가 거리를 두고 피드백을 듣고 종합하고 통합하기 쉽게 만들 뿐만 아니라 편지 작성자도 자유롭게 만든다. 마지막으로, 아동의 호소 문제(슬픔이나 PTSD 진단과 같은)에게 편지를 쓰는 것은 관여되어 있는 모든 사람에게 강력한 경험이 되며, 광범위하고 포괄적이고 민감한 사례 개념화를 하는 데 도움이 된다.

동료 슈퍼비전에는 지정된 리더가 없기 때문에 일정한 주제에 주목해야 한다. 첫째, 앞서 언급된 대부분의 동료(또는 집단) 놀이치료 슈퍼비전 사례는 슈퍼비전 과정이 효과적이기 위해 리더가 나오거나 리더를 뽑도록 구조화시킬 수 있다. 둘째, 한 명의 책임 있는 리더가 없으면, 성공적인 동료 슈퍼비전을 위해 행위에 대한 윤리적 및 직업적 강령을 슈퍼바이지들이 잘 지키는 것도 필요하다. 슈퍼바이지들은 반드시 준비해서 참석해야 하고 정직한 피드백을 제공해야 한다. 정직한 피드백 전달은, 동료들끼리는 비판적인 피드백을 주는 것을 꺼리고 피드백의 전달이 매끄럽지 못하기 때문에 어려움이 따를 수 있다. 마지막으로, 구성원들은 전문성 수준이 더 높은 한 명의 놀이치료사로부터 주어진 것이 아니면 동료의 피드백을 진지하게 받아들이지 않을 가능성에 대해서도 인식하고 있어야 한다.

집단 슈퍼비전

집단 슈퍼비전은 개별 슈퍼비전 및 동료집단 슈퍼비전과 공통점이 많으면서 다음의 세 가지 중요한 이점이 있다. (1) 개별 슈퍼비전보다 비용에서 효율적이다, (2) 동료집단 놀이치료 슈퍼비전과 마찬가지로, 슈퍼바이지들이 서로에게 피드백을 주며 자신의 목적을 성취하는 데에서 지지적이다, (3) 동료 슈퍼비전과 달리 집단에는 자신의 전문지식을 주는 경험이 더 많은 한 명 이상의 놀이치료사가 있다. 동료 슈퍼비전 부분에서 논의되었던 형식이 집단 슈퍼비전에서도 똑같이 적용된다. 놀이치료 슈퍼바이저가 신중히 고려해서 집단의 각 구성원에게 다양한 역할을 할당할 수도 있다. 예를 들어 감정 반영을 힘들어하는 슈퍼바이지에게는 다른 구성원의 사례발표를 듣고 활동이나 회기 중에 아동이 느꼈을 모든 감정에 대해 적어보라고 할 수 있다. 같은 사람에게 그러한 감정 단어들 각각에 대해 동의어를 찾고, 팀 전체의 정서적 어휘를 구축하는 것으로 과제를 확장할 수 있다. 집단놀이치료 역시 진정한 학습 경험을 위한 좋은 형식이다. 슈퍼바이지가 회기에서 또는 슈퍼비전 과정 자체에서의 힘든 점을 다루기 위해 슈퍼바이저가 이끄는 역할놀이에 참여할 수도 있다.

놀이치료 슈퍼비전에 누가 참여하는가

슈퍼바이지

놀이치료는 사회복지, 상담, 심리학과 같이 남을 돕는 다양한 직업 중에 있는 하나의 전문성이기 때문에 슈퍼비전의 일정한 측면이 복잡해질 수 있다. 예를 들어 놀이치료사와 놀이치료사 슈퍼바이저의 전문성이 다를 수 있다. 이러한 전문가들 모두는 타인을 돕는 데 뿌리를 두고 있지만, 관점에서 심지어 돕는 전문가의 역할을 개념화하는 방식에서도 어느 정도는 기본적인 차이가 있을 수 있다. 그러나 슈퍼바이저를 선택할 때 놀이치료에서의 전문성은 슈퍼바이지의 관점에서 가장 핵심적인 주제가 되는 것 같다. Vandergast, Culbreth, Flowers가 실시한 연구(2010)에 따르면, 놀이치료 슈퍼바이지들은 놀이치료사로서의 전문성이 확보된 슈퍼바이저와 놀이치료 협회에서 자격을 인정한 슈퍼바이저를 선호하는 것으로 나타났다. 그뿐만 아니라 저자들은 참여자들이 통신수단을 이용한 장거리 슈퍼비전, (면)대면 슈퍼비전, 동료 슈퍼비전, 집단 슈퍼비전 등을 포함해서 다양한 슈퍼비전 수단에 대해 개방적이라고 말하였다. 질 높은 놀이치료 슈퍼바이저는 드물지만, 슈퍼바이지들은 질 높은 슈퍼비전을 받기 위한 수고를 기꺼이 감수하는 것 같다.

그뿐만 아니라 놀이치료 분야에 진입하는 수많은 슈퍼바이지들은 원점에서 시작하는 것처럼 느낄 것이다. 대부분의 초보 슈퍼바이지와 마찬가지로, 이들은 때로는 불안해하고 때로는 자신감을 보이기도 한다. Ronnestad와 Skovholt(1993)에 따르면, 이러한 이분성(불안/자신감)은 슈퍼비전 관계에서 긴장을 조성한다. 훈련의 초기 단계에서 슈퍼바이지들은 불안 수준이 높다. Ronnestad와 Skovholt는 "훈련의 초기단계에서 슈퍼바이저는 많은 격려 및 지지, 많은 피드백, 일반적으로 높은 수준의 구조화를 제공해야 한다."(p. 403)고 주장한다. Ray(2004)는 한 발 더 나아가 놀이치료 슈퍼바이지와의 슈퍼비전 관계에서 구조화를 주장하고 있다. 초보 경력의 놀이치료사가 자신의 능력에 대해 불안을 느끼는 것은 당연한 일이며, 수년 동안 정신건강전문가 일을 해오면서 지금 막 자격을 갖춘 놀이치료사로서의 고된 과제를 시작하는 사람 역시도 초보자라고 느낀다. 특히 이러한 슈퍼바이지에게 일반적인 정신건강전문가로서의 유능감, 그리고 다른 한편으로 놀이치료사로서의 기술에 대한 불안 사이의 이분성은 너무도 당연하다. 이 문제는 슈퍼바이지와 슈퍼바이저 간의 슈퍼비전에서 가장 잘 다루어질 수 있다.

슈퍼바이저가 이 같은 공통된 문제에 대비할 수 있고, 이러한 전문성 문제를 다룬다고 슈퍼바이지를 확신시킬 수 있는 몇 가지 방법이 있다. 슈퍼바이저가 슈퍼바이지의 발달 단계와 욕구를 평가하는 것은 슈퍼바이저에게 슈퍼비전을 어디에서 시작할 것인지의 틀이 될 수 있다. 초보 놀이치료사의 슈퍼비전 요구는 경험이 있는 놀이치료사의 슈퍼비전 요구와는 매우 다르다. 초보 놀이치료사에게는 자신이 한 실수에 중점을 두기 쉽고 자신이 인식한 실수와 관련된 질문을 한다. 중급 및 고급 놀이치료 슈퍼바이지는 사례 개념화와 특유의 어려움에 초점을 맞추고 싶어 하는 것 같다. 이들은 슈퍼비전을 전문성 성장의 노력으로 볼 것이다.

슈퍼바이저

슈퍼바이저가 되려면 무엇이 필요할까? 놀이치료협회(APT, 2014)에 따르면, RPT-S는 정신건강전문가의 자격증이 있거나 면허가 있다. 이들은 의학이나 정신건강 전문 박사 학위를 소지하고, 놀이치료에서 최소 150시간의 교육 그리고 슈퍼비전의 이론과 실제에서 4시간의 교육 훈련을 끝내야 한다. 석사 후 놀이치료 임상에서 최소 5년, 5,000시간의 지도감독, 놀이치료에서 최소 1,000시간을 완수해야 한다. 이들은 임상에서 지도감독을 받아야 하며, 최소 50시간의 놀이치료 슈퍼비전에 대한 서류가 필요하다. 이 정의를 나누어서 가장 중요한 측면의 일부에 집중해보자.

　모든 정신건강 전문성 전반에서 RPT-S가 부족하다. APT(2013)에 따르면, 이 글을 쓰고 있는 현재 미국에는 단지 1,126명의 의학 또는 정신건강전문가가 RPT-S 자격을 소지하고 있다. 그러나 반가운 소식은, 1992년 이후 RPT-S 자격을 갖춘 전문가의 수가 크게 증가하고 있다(C. Guerrero, 개인적인 대화, 2014. 9. 4.).

다양한 역할

슈퍼바이저는 슈퍼비전을 제공하는 과정에서 여러 가지 역할을 한다. 특정 슈퍼바이지의 정신건강전문가 그리고 놀이치료사로서의 발달 지점은 슈퍼바이저의 역할을 결정하는 데에서 한 부분으로 작용하고 슈퍼비전 과정을 어떻게 변화시켜야 하는지를 결정한다. 슈퍼비전이 시작되기 전이나 시작할 때 슈퍼바이저는 슈퍼바이지의 현재의 요구 및 기술 수준을 평가하는 평가자의 역할을 하게 될 것이다. 초기 평가가 임상 결정 과정의 기본인 것처럼, 이 평가 역시 슈퍼비전 관계의 토대를 형성한다.

　슈퍼비전 관계의 한도를 정의하기 위해 슈퍼바이지와 첫 미팅을 하는 것이 마땅한데, 여기에는 슈퍼바이저의 기대, 슈퍼비전 과정 그리고 슈퍼바이저에 대한 슈퍼바이지의 기대, 잠재적인 윤리적 고려사항이 포함되어 있다. 첫 만남은 또한 슈퍼바이지가 회기를 최적으로 이용할 수 있기 위한 안전감을 슈퍼바이저가 조성하기 시작하는 지점이다. 슈퍼비전에서 원하는 바에 대해 슈퍼바이지와 대화를 시작하면서, 슈퍼바이저는 좋은 경청 기술을 시범 보이는 동시에 존중과 상호관계를 보여줄 수 있다. 이를 위한 한 가지 방법은 슈퍼바이저가 맡을 수 있는 가능한 역할의 목록을 만드는 것인데, 예를 들면 교사와 멘토 둘 모두는 지지적이며, 평가자와 모니터하는 역할은 관계에 숨겨져 있는 힘의 차이를 분명히 밝혀준다. 이러한 논의를 육성하고 문서화하기 위해 슈퍼바이저는 다양한 슈퍼비전 역할이 목록화되어 있는 양식을 이용할 수 있다. 그다음에 슈퍼바이지는 자신의 전문성 성장을 육성하는 데에서 가장 유용할 것이라고 생각하는 역할을 지적할 수 있다. 이것은 슈퍼비전의 초반에 이루어지며 그 다음에는 성장을 평가하기 위해 정기적으로 반복할 수 있다.

슈퍼바이저는 슈퍼비전하는 것을 어떻게 배우는가

Fall, Drew, Chute, More(2007)는 RPT-S를 대상으로 슈퍼비전에 관한 이들의 관점에 관해 조사하였다. 이들은 임상 슈퍼비전 훈련의 부족, 임상 슈퍼비전에 대한 오해의 가능성, 슈퍼바이저로서의 자기 역할에서 지도감독의 필요성을 인식하지 못함이 모두 우려되는 영역임을 발견하였다. Fall 등(2007)은 "많은 사람이 슈퍼바이지의 성장을 목표로 하고, 이들을 지지하고, 내담자를 보조하는 슈퍼비전의 유형에 접해 있지 않은 것으로 의심된다."(p. 141)고 결론지었다. 간단히 말하면, 슈퍼바이저가 슈퍼비전을 하는 훈련이 되어 있지 않고, 임상 슈퍼비전에 수반되는 것에 대해 견고한 지식 기반을 갖추지 못하고, 자신에게 슈퍼비전이 필요하다는 것을 인식하지 못하고 있다. 자신이 받은 슈퍼비전의 개인적인 경험을 통해 슈퍼비전을 배우는 슈퍼바이저가 많다. 이 방법은 육아를 배우는 것과 같은데, 당신은 부모로서 무엇을 하고 무엇을 하지 말아야 할지를 자신이 어렸을 때의 경험에서 배운다. 그러나 대부분은 당신 부모가 했던 대로 따라가게 된다. Allen(2007)은 식견을 갖춘 놀이치료 슈퍼바이저의 부족 및 놀이치료에 익숙하지 않은 슈퍼바이저가 놀이치료사를 슈퍼비전하는 것은 지식 부족으로 인해 슈퍼바이지의 작업을 제한시키는 경향이 있다고 지적하였다.

놀이치료 슈퍼비전은 다른 특정한 슈퍼비전 접근 형식과 같이, 성장과 발전을 위한 공간이다. 지난 10년 동안 타인을 돕기 위한 전문가 기구들은 슈퍼바이저 자격을 수여하는 추세이다. APT 회원들은 2014년 3월 최근까지, RPT-S 자격을 얻을 수 있는 기회가 있으며, 슈퍼바이저에게 요구하는 자격의 기준이 개정되었는데, 초기의 자격 과정에서 요구하는 기준보다 엄격함을 높이고 슈퍼바이저가 임상 슈퍼비전에 대한 교육을 지속적으로 받게 하고 있다.

슈퍼비전의 슈퍼비전

거의 모든 정신건강전문가들과 놀이치료사들은 훈련과정에서 관찰과 슈퍼비전을 받는다. 슈퍼비전은 전문적인 성장을 돕고, 전문가에게 적합하지 않은 것에 대해 조언을 함으로써 중요한 모니터링의 역할을 한다. 놀이치료 슈퍼바이저는 자신 및 동료 놀이치료 슈퍼바이저에 대한 기준이 동일해야 한다. 관계증진국립연구소(National Institute for Relationship Enhancement, 2014)는 놀이치료 슈퍼바이저의 놀이치료 슈퍼비전을 관찰하게 하라고 요구했다. 이 훈련은 경험이 많은 놀이치료 슈퍼바이저와 훈련 중인 슈퍼바이저가 놀이치료에 특정한 슈퍼비전에 대한 피드백을 제공하는 훈련에서 짝이 된다. 슈퍼바이저가 슈퍼바이저로서 자신의 역할을 지도감독 받고, 슈퍼비전과 관련된 추가의 훈련이 있고, 놀이치료 슈퍼바이저로서 멘토링을 받을 기회가 있는 것은 놀이치료 영역 전체를 향상시킬 것이다. 놀이치료사의 슈퍼비전은 놀이치료 그 자체처럼 전문화된 지식 기반과 기술을 요구하는데, 여기에는 아동발달, 애착 이론, 아동병리, 가족체계, 부모-아동 관계 역동, 위탁보호체계, 아동보호기관, 아동의 법적 권리, 가정법원, 입양, 거주 배치, 소아정신약리, 교육체계, 작업치료, 물리치료, 언어치료 서비스 및 자문이 포함된다.

이제 단계가 설정되었으니 놀이치료 슈퍼비전이 전형적인 임상 슈퍼비전 형태(아동 상담에 초점을 두지만 놀이치료에만 국한되지 않은 슈퍼비전)와 어떻게 다른지 논의해보자.

재미있는 슈퍼비전

Landreth(2012)는, 놀이치료사는 재미있어야(playful) 한다고 주장했다. 놀이치료와 슈퍼비전은 진지한 작업이지만, 슈퍼비전과 슈퍼비전 관계에 놀이와 재미를 통합하는 공간이다. Mullen, Luke, Drewes(2007)는 기술과 철학을 통합하고, 놀이치료 기술을 시범 보이고, 개인의 전문성의 정체성을 확립하는 수단으로써 놀이치료 슈퍼비전에 재미와 경험적 요소를 포함시켜야 한다고 주장한다. 놀이는 나이와 관계없는 의사소통 형식이다. 놀이치료 슈퍼바이저는 다른 누구보다도 이 점을 잘 알고 있어야 한다. Lahad(2000)는 아동은 최고의 학습자이며 특히 안전하고 건설적인 환경에서 도전하면서 즐거워하는 아동은 더욱 그러하다고 주장한다. 이 점을 알면 놀이치료 슈퍼바이저는 그들이 지도감독하고 있는 바로 그 기술의 장점을 최대한 활용하기 위해 놀이치료 기술과 개입을 통합하는 슈퍼비전 회기를 만들어야 한다. Drewes와 Mullen(2008)은 슈퍼바이지에게 즐거움을 줄 수 있는 수많은 재미있는 슈퍼비전 기법을 제시하였다.

결론

놀이치료 슈퍼비전은 놀이치료사의 훈련과 준비에 대한 역동적이고 전문화된 요소이다. 놀이치료 슈퍼바이지와 슈퍼바이저는 놀이치료사로서의 전문성 및 놀이치료 내담자와 가족이 당연히 받아야 하는 질적 서비스에 기여하는 슈퍼비전 관계에 책임이 있다. 놀이치료가 전체적이고(holistic), 문화적으로 민감한 접근이 되는 것은 놀이가 보편적이기 때문이다. 놀이치료 슈퍼비전은 슈퍼바이저, 슈퍼바이지, 아동 내담자, 내담자의 가족을 풍요롭게 하는 동시에 영역을 향상시키는 놀이치료 슈퍼비전을 개발하고 슈퍼비전을 제공하기 위해 놀이치료 및 슈퍼비전 영역을 참작할 수 있다.

참고문헌

Allen, V. (2007). Reflective process in play therapy: A practical model for supervising counseling students. *Education, 127*(4), 472.

Association for Play Therapy. (2014). *Credentialing Guide: Registered play therapist (RPT) and supervisor (RPT-S)*. Retrieved from http://c.ymcdn.com/sites/www.a4pt.org/resource/resmgr/RPT_and_RPT-S_Credentials/RPTS_Guide.pdf

Bernard, J. M., & Goodyear, R. K. (2014). *Fundamentals of clinical supervision* (5th ed). Boston, MA: Pearson.

Carroll, M. (1996). *Counseling supervision: Theory, skills, and practice*. London, England: Cassell.

Drewes, A. A., & Mullen, J. (2008). *Supervision can be playful: Techniques for child and play therapist supervisors*. Lanham, MD: Jason Aronson.

Fall, M., Drew, D., Chute, A., & More, A. (2007). The voices of registered play therapists as supervisors. *International Journal of Play Therapy, 16*(2), 133–146.

Heimlich, E. P. (1980). Paraverbal techniques: A new approach for communication with children having learning difficulties. *Journal of Learning Disabilities, 13*(9), 480–482.

Hill, C. E., O'Grady, K. E., Balenger, V., Busse, W., Falk, D. R., Hill, M., & Taffe, R. (1994). Methodological examination of videotape

-assisted reviews in brief therapy: Helpfulness ratings, therapist intentions, client reactions, mood, and session evaluation. *Journal of Counseling Psychology, 41*, 236–247.

Ladany, N., Hill, C.E., Corbett, M. M., & Nutt, E. A. (1996). Nature, extent, and importance of what psychotherapy trainees do not disclose to the supervisors. *Journal of Counseling Psychology, 43*(1), 10–24.

Landreth, G. L. (2012). Play Therapy: The Art of the Relationship. (3rd ed). NY: Brunner-Routledge.

Lahad, M. (2000). *Creative supervision: The use of expressive arts methods in supervision and self-supervision*. London, England: Jessica Kingsley.

Mullen, J. A., Luke, M., & Drewes, A. A. (2007). Supervision can be playful, too: Therapy techniques that enhance supervision. *International Journal of Play Therapy, 16*(1), 69–85.

Mullen, J. A., & Rickli, J. (2011). *How play therapists can engage parents and professionals* (Rev. ed.). Oswego, NY: Integrative Counseling Services.

National Institute for Relationship Enhancement. (2014). *Application for certification program*. Retrieved from http://www.nire.org/wordpress/wp-content/uploads/2009/08/Application-for-Certification-Program.pdf

Newman, D. S., Nebbergall, A. J., & Salmon, D. (2013). Structured peer group supervision for novice consultants: Procedures, pitfalls, and potential. *Journal of Educational and Psychology Consultation, 23*, 200–216.

Noelle, M. (2002). Self report in supervision: Positive and negative slants. *The Clinical Supervisor, 21*(1), 125–134.

Perry, C. W. (2012). Constructing professional identity in an online graduate clinical training program: Possibilities for online supervision. *Journal of Systemic Therapies, 31*(3), 53–67.

Ray, D. (2004). Supervision of basic and advanced skills in play therapy. *Journal of Professional Counseling: Practice, Theory, & Research, 32*(2), 28–41.

Ronnestad, M. H., & Skovholt, T. M. (1993). Supervision of beginning and advanced graduate students of counseling and psychotherapy. *Journal of Counseling and Development, 71*, 396–405.

Rubenstein, M., & Hammond, D. (1982). The use of videotape in psychotherapy supervision. In M. Blumenfield (Ed.), *Applied supervision in psychotherapy* (pp. 143–164). New York, NY: Grune & Stratton.

Vandergast, T., Culbreth, J., & Flowers, C. (2010). An exploration of experiences and preferences in clinical supervision with play therapists. *International Journal of Play Therapy, 19*(3), 174–185.

Zins, J. E., & Murphy, J. J. (1996). Consultation with professional peers. A national survey of the practices of school psychologists. *Journal of Educational and Psychological Consultation, 17*, 175–184.

제**7**부

현대의 쟁점

Handbook of Play Therapy

30

놀이치료 연구 :
21세기 진행에서 쟁점

JANINE SHELBY, RUTH ELLINGSEN, CHARLES E. SCHAEFER[1]

놀이치료의 오랜 전통, 종사자들 사이에서 높은 수용 지표, 발달적인 매력 때문에 아동과 작업하는 많은 임상가의 저장목록 속에 놀이치료가 확고하게 자리매김했다. 100년 이상의 역사와 함께, 놀이치료는 대중적이고 쉽게 접할 수 있는 아동심리치료의 한 형태가 되었으며, 특히 평범한 임상 장면에서 치료사들의 지지를 얻기 위해 노력해 온 일부 증거중심 치료와 비교할 때 더욱 그러하다. 놀이치료의 증거상의 기반에는 서로 다른 연구팀에 의해 실시된 2개의 메타분석(Bratton, Ray, Rhine, & Jones, 2005; LeBlanc & Ritchie, 2001) 및 흔한 아동기 문제에 유망한 처치 효과를 증명해 온 수십 년간의 소규모 연구들이 있다. 그러나 놀이치료는 아직 경험적으로 지지되는 처치라는 인식이 거의 없으며 연구에 근거한 강점에 대해서는 더욱더 동의가 되어 있지 않다.

이 장은 놀이치료가 무엇인지, 왜 정의하기가 어려운지, 이러한 쟁점들이 놀이치료 연구에 어떤 어려움을 부과하는지를 포함해서 현재의 놀이치료의 복잡성을 조사하기 위해 작성되었다. 우리는 21세기의 증거중심 처치에서 놀이치료가 성장하는 데에서 중요하다고 생각하는 쟁점을 결론내리기 전에, 놀이치료의 증거상의 기반을 조사하고 놀이치료의 실증적 근거에 대한 논쟁을 촉발하는 핵심 요점을 다룰 것이다. 이 장에서는 논란과 열렬한 지지 모두를 유발해 온, 자주 오해되지만 널리 실행되고 있는 영역에 관해 살펴볼 수 있기를 희망한다.

놀이치료 연구와 효과성에 대한 질문 : 광범위한 네트

놀이치료는 오늘날 가장 널리 사용되는, 다양한 이론적 배경의 아동심리치료 방법일 것이다. 원래의

---

1 이 글을 준비하는 데 도움을 준 Lindsey Watson과 Alex Watkins에게 고마움을 전한다.

정신분석이나 인본주의적인 기원으로부터, 놀이치료는 수많은 이론적 지향과 처치 방법을 포함시키면서 진화해 왔다. 놀이치료의 광범위한 범위에는 제시된 쟁점, 진단된 장애, 목표로 하는 집단의 엄청난 범위가 포함된다. 그러나 놀이치료를 구성하는 것은 여전히 모호성(즉, 정의가 다르거나 모순되는)이 있으며, 놀이치료 처치를 어떻게 전달할지 또는 처치가 치료적 이득을 제공하는 이유에 대해서는 의견이 거의 일치하지 않는다.

놀이치료란 무엇인가

놀이치료의 정의는 범위와 내용 둘 다에서 달라질 수 있다. 어떤 정의는 아주 구체적이어서 다른 이론적 배경에 근거를 둔 놀이치료를 배제시킨다. 나머지 정의는 아주 포괄적이어서 놀이가 포함된 모든 치료를 포함시킨다. 놀이치료협회(APT)는 놀이치료의 정의에서 비교적 폭넓지만 놀이의 중심성을 강조하는 접근을 지지한다. 놀이치료는 "훈련된 놀이치료사가 내담자의 심리사회적 어려움을 예방 또는 해결하고 최적의 성장과 발달을 달성하도록 돕기 위해 놀이의 치료적 힘을 사용하는 데에서 이론적 모델을 체계적으로 사용해서 대인관계 과정을 구축"(APT, 2014)한다고 기술되어 있다. 따라서 다양한 이론적 배경의 놀이치료 종사자가 서로 다른 이론적 지향에 따른 차이점을 초월하여 유사성(즉, 처치의 관계적 측면이나 놀이의 치료적 힘을 사용)을 공유한다. 임상 현장에서 각각의 놀이치료가 서로 닮은 정도는 그 범위가 넓다. 사실 놀이치료 임상 현장에서는 동일한 이론적 학파 내에서 서로 다른 분파들이 보이는데, 예를 들어 놀이치료의 임상 현장은 이론적 배경의 집단 내에서 그리고 이론적 배경들 사이에서 모두 다르다. 더욱이 놀이치료라는 용어는 아동에게 전달되는 처치뿐 아니라, 양육자-아동 한 쌍과 부모 훈련 개입(집에서 자녀에게 놀이기법을 사용할 수 있도록 양육자가 훈련을 받는 처치)를 언급하는 데에도 사용되어 왔다. Schaefer(1993, p. 1)는 놀이치료를 정의하는 것의 어려움을 인식하면서, "사랑, 행복, 다른 심리적 구성개념처럼 놀이는 정의하는 것보다는 인식하는 것이 더 쉽다."라고 하였다.

수많은 놀이치료 정의에 있는 또 다른 중요한 구분은 아동이 놀이를 이끄는지, 치료사가 개입을 주도하는지, 또는 두 가지 모두 하는지이다. Axline(1974, p. 9)은 놀이치료는 "형식에서 지시적이거나 또는 비지시적일 수 있다."고 기술하였고, Schaefer(2001)는 두 가지 방법이 모두 사용되는 통합적이고 처방적인 접근을 주장하였다. 한 가지 형태의 놀이치료를 실행하는 종사자는 아동중심 놀이치료와 같은, 인간적이고 아동 주도적인 접근을 사용하기 쉽다(Landreth, 1991). 사실 이러한 접근 또는 관련된 다른 접근을 조사한 놀이치료의 연구는 양적으로 균형이 맞지 않고, 이는 모든 놀이치료 유형에 근거한 연구에 대한 결론의 도출을 어렵게 한다.

이처럼 놀이치료를 구성하는 것에 대한 광범위한 개념(또는 때때로 모순되는 개념)으로 인해 놀이치료의 다양한 형태와 정의에서 통일된 또는 특정한 치료적 요인을 확인하는 것이 특히 중요하다. 놀이치료의 치료적 요인을 밝히기 위해 실시된 연구는 거의 없다. 모든 형태의 심리치료에서 핵심적인 정적 치료적 관계는 제외하고, 언어적 담화의 주요 매개로써 놀이의 치료적 사용은 논리적이고 유일할 것이며 놀이치료에만 독특한 특성인 것 같다(Kool & Lawver, 2010). 그러나 아동이 열중하는 많은 유형의 놀이 중에서 어떤 유형 또는 유형들이 치료적 가치가 있는가? 전통적으로 상징적(symbolic), 표현적(expressive), 연극적(dramatic) 놀이치료가 놀이치료 장면에서 널리 이용된다. 그러나 몇 가지 추가의 범주 역시 존재하는데, 여기에는 신체놀이, 조작놀이(예 : 부모가 주워주는지를 보기 위해 장난감을 떨어트리거나 퍼즐 조각을 이동하는 것), 친숙하게 하는 놀이(예 : 의학적 절차를 위해 준비하기), 게임(예 : 비디오, 컴퓨터, 카드, 보드 게임, 스포츠), 대리만족놀이(예 : 몸이 아프거나 정상적인 생활을 못하는 아동이 아동 대신에 하는 놀이 행동을 보는 것)가 포함된다. 놀이치료사는 어떤 유형의 놀이가 치료적 가치가 있는지 알아야 하고, 여러 가지 유형의 놀이가 치료적 이익이 있다고 판단될 때에는 다양한 형태의 놀이가 어떻게 긍정적인 결과를 이끌어내는지를 변화의 모델로써 설명할 수 있어야 한다(예 : 비디오 게임은 다른 놀이 형태보다 치료적 관계를 덜 강조하는 것으로 보이며, 규칙을 준수하고 활동의 요구를 충족해야 한다는 것을 감안하면 스포츠놀이 역시 자기 표현 및 경험의 처리를 덜 수반할 것이다). 그렇지만 특정 유형의 놀이가 다른 것보다 더 치료적인지 아닌지뿐만 아니라 어떤 놀이가 왜, 어떻게, 어떤 아동에게 더 치료적인지를 이해하기 위한 경험적 연구가 더 많이 필요하다.

핵심 구성요소 및 변화 메커니즘

Schaefer와 Drewes(2009, pp. 4-5)는 "목표는 치료사-내담자 놀이 상호작용에서 기인하는, 보이지는 않지만 강력한 힘이 내담자의 심리사회적 어려움의 극복과 치유를 돕는 데에서 성공적이라는 것을 이해하는 데 있다."고 지적하였다. 놀이치료 과정 연구는 긍정적인 결과를 가져오는 놀이에 대해 명확히 하는데, 여기에는 변화를 생성하는 변화의 메커니즘(즉, 결과가 생성되는 이유와 방식), 구체적인 요인(즉, 구성요소) 또는 요인들의 조합이 포함된다. 다행스럽게도 놀이가 치료적 이득이 있는 이유와 방법을 구체화하는 경험적 연구가 출현하기 시작했으며(이 주제에 대해 더 찾아보고 싶으면 Russ & Niec, 2011; Stagnitti & Jellie, 2004; Stagnitti, O'Connor, & Sheppard, 2012 참조), 경험적 연구는 아니지만 몇몇 저자가 놀이치료의 핵심 구성요소를 가정하기도 하였다(Mulherin, 2001; O'Connor, 2002; Schaefer 1993; Schaefer & Drewes, 2014). Schaefer의 제안에 따르면, 놀이의 **치료적 힘**은 치료적 이득을 보장하는 수단이다. 이러한 힘 또는 변화 기제는 아동의 어려움에 내재되어 있는 원인적인 요인과 결합될 때 최상의 치료적 이득을 성취한다(Drewes, 2011; Schaefer & Drewes, 2009). 저자들은 놀이의 특정한 치료적 힘은 특정한 문제를 목표로 할 때, 그리고 서로 다른 모델과 처치를 혼합할 때 가장 이득이 있다고 하였다. 표 30.1은 놀이치료 변화가 발생하는 요인과 과정을 정리한 Schaefer와 그 외 저자의 노력을 요약한 것이다.

　변화의 핵심 구성요인을 확인하는 것은 놀이치료의 과정을 더 잘 이해하는 데에서 중요한 첫 번째 단계이고, 놀이의 방법론과 관련된 치유적인 요인을 가정하는 중요한 기초가 된다. 그러나 대부분의 놀이치료는 아주 중요한 이론적 지향성에 둘러싸여 있기 때문에, 놀이치료 맥락에서 변화 요인을 밝혀낸다는 것이 특히 더 복잡하다. 이러한 혼합(놀이와 이론의 혼합)으로 인해, 치료적 이득이 이론 내에서 가정하는 변화 매개체(change agent)에서 온 것인지 사용된 특정 놀이기법에서 온 것인지 또는 표준적인 방법과 놀이 간의 상호작용에서 온 것인지는 명확하지 않다. Phillips(2010)가 지적한 것처럼, 놀이치료 개입은 이론적 기초와 혼합되어 있다. 따라서 변화 모델은 놀이에 기반을 둔 처치의 각 유형(예 : 아동중심, 아들러 학파, 인지행동)에 따라 분명하게 설명되어야 한다. 예를 들어 인본주의 치료사는 치료적 변화를 가져오는 것이 관계, 놀이, 또는 두 가지 모두의 조합인지를 밝혀내야 한다(Baggerly & Bratton, 2010). 이와 유사하게 외상 아동을 치료하는 CBT 놀이치료사는 치료적 이득을

표 30.1 놀이치료에서 제안된 핵심 구성요소

저자	과정 변인을 설명하는 용어	핵심 구성요소
Schaefer & Drewes (2009, 2014)	치료적 힘	자기표현 무의식에 접근 직접 교육 및 간접 교육 소산 스트레스 접종 부정적 영향에 대한 역조건 형성 정화 긍정적 영향 승화 애착 및 관계 증진 도덕적 판단 공감 힘/통제 유능감 및 자기 조절 자아감 발달의 가속화 창의적인 문제 해결 환상적 보상 현실 검증 행동 연습 신뢰감 형성
Mulherin(2001)	효과에 영향을 미치는 준거	치료적 관계 진단하는 기회 방어 기제의 해체 말 표현의 촉진 치료적 해소 예견된 준비
O'Connor(2002)	변화의 과정	인지 영역 • 도식의 변화 • 상징적 교환 • 통찰 • 기술 개발 정서 영역 • 소산 • 정서적 경험 • 정의 교육 • 정서적 조율 대인관계 영역 • 지지 및 타당화 • 교정적 관계 • 지지적 발판화

생성하는 것이 외상 사건에 대한 노출 기반 정서 과정, 놀이, 양육자와의 협력 회기, 또는 이들의 조합 때문인지를 구별해야 한다. 또 엉킴을 푸는 또 다른 흥미로운 쟁점은 아주 중요한 이론(예 : CBT, 인본주의, 또는 심리역동)에서 가정하는 치료적 획득의 성취수단이 종종 놀이가 아닌(비놀이적) 방법이라는 것이며, 따라서 놀이치료사는 놀이가 추가의 이득을 가져오는 이유와 방식을 명확히 설명할 수 있어야 한다.

흥미 있는 과정 쟁점(process issue)은 놀이치료가 변화를 촉진하는 단지 하나의 수단인지, 또는 놀이 그 자체가 독특한 치유적인 가치가 있는지이다. 일부 치료에서 놀이는 치료적인 핵심 구성요소 또는 의사소통이 일어나는 부수적인 플랫폼이 된다. 예를 들어 아동-부모 심리치료(Lieberman & Van Horn, 2008)에서 한 쌍(아동과 모)의 상호작용은 주로 놀이를 통해 일어나지만, 놀이가 변화의 구성요소라고 인식되지는 않는다. 이러한 쟁점은 놀이치료사가 (a) 놀이 그 자체가 수많은 아동치료의 이론적 기반을 구성하는지, (b) 놀이치료가 통일되고 보편적인 놀이치료 이론의 공유된 원리를 갖고 있는 개념적으로 구분되는 처치인지, 또는 (c) 놀이치료가 이론적 배경(예 : 인본주의, 심리역동, 인지행동)에서 나온 파생물인지를 밝혀내도록 촉구한다. Jent, Niec, Baker(2011)는 놀이치료사가 증거중심의 원리와 치료사가 사용하는 놀이치료 유형의 이론적 기원, 이 두 가지 모두와 더 가까워지라고 제언한다. 그러나 놀이치료사는 전통적으로 놀이의 통일된 요소가 놀이치료의 서로 다른 이론적 표현을 초월한다고 주장해 오고 있다. 어떠한 경우이든 이러한 복잡한 정체성과 과정의 쟁점은 21세기 놀이치료 결과 연구를 이제 검증할 맥락을 수립하고 있다.

놀이치료 연구의 현주소 : 보는 사람에 따라?

모순된 견해들을 해석해 놓은 단일 문헌은 거의 없다. 문헌에서 놀이치료는 탄탄한 연구 기반을 가지고 있는 것으로 기술되고, 또한 증거가 없거나 제한된 증거로만 지지되는 것으로도 묘사된다. Ray와 Bratton(2010, p. 3)은 "놀이치료 연구의 자료는 45년 이상 거슬러 올라가며, 가장 혹독한 비판에 대해서도 경험적 지지를 제시한다."라고 결론 내렸다. "유용한 [놀이치료] 연구가 무수히 많다."(Kool & Lawver, 2010, p. 23)고 하는 사람도 있고, 놀이치료는 통계적으로 실행 가능하고(Brattton, Ray, Rhine, & Jones, 2005), 아동을 위한 효과적인 정신건강 개입 수단(Homeyer & Morrison, 2008)이라고도 한다. Baggerly(2009)는 비교적 엄격한 최근의 16개 연구(8개는 놀이치료 연구이고 8개는 부모놀이치료)를 검토한 후 유망하거나 개연성이 있는 효과적인 수준을 충족시키는 연구가 충분하다고 결론 지었다. 정신역동 집단놀이치료(Bonner, Walker, & Berliner, 1999)와 외상집중 놀이치료(Gil, 1998)는 아동 신체 학대와 성 학대 대책 보고서(Saunders, Berliner, & Hanson, 2003)에서 각각 '지지되고 수용될 만한 처치' 그리고 '유망하고 수용될 만한 처치'라고 확인되었다. 그러나 질병관리본부(2008)는 놀이치료가 효과적인 것으로 증명되지 않았다고 결론 내렸다. Wethington 등(2008)은 아동기 외상의 7가지 개입을 검토하고 놀이치료 및 CBT가 아닌 그 외 5개 처치의 효과성을 결정하는 데에는 증거가 충분하지 않다고 결론 내렸다. Urquiza(2010)는 놀이치료에 관한 실증적 연구는 놀이치료의 실행에 비해 일관되게 뒤처져 있으며 추구하고 있는 신뢰성을 얻으려면 연구의 전략(단순히 더 많은 연구가 아니라)에 대해 더 많은 검토가 필요하다고 하였다. Phillips(2010, p. 13)는 "깜짝 놀랄 만한 답은 대부분의 PT에 대한 믿을 만한 과학적 증거의 실체가 여전히 존재하지 않는다는 것이다."라는 말로 놀이치료(PT) 연구의 현 주소를 요약하였다. 지금까지 놀이치료는 다양한 처치의 실증적 기반의 가치를 평가할 목적으로 설계된 기관, 대책위원회, 정보교환센터 등에서 증거중심 처치 수준을 끌어올린다고 결정하지 못하고 있다.

　놀이치료 문헌에 대한 검토가 일치하지 않는 것으로 보이면서, 놀이치료사는 누구를 믿어야 하는가? 우리는 앞서 나온 모든 연구자라고 제안한다. 각 관점은 전체 관점의 일부가 된다. 다음 페이지에서는 놀이치료 연구의 현주소에 대한 정확하고, 포괄적이고, 균형 잡힌 관점을 수집하려는 노력으로써 현재 있는 자료들을 기술할 것이다.

놀이치료 사용을 지지하는 증거가 있는가

놀이치료의 증거 기반을 검토하기 위해, 이러한 검토는 놀이치료라고 분명하게 명칭을 붙일 수 있고, 앞에서 APT가 제시한 현재의 놀이치료 정의에 맞는 개입을 설명한 연구에 우선 초점을 맞출 것이다. 아동의 놀이를 촉진하기 위해 부모의 훈련이 사용되는, 흔히 놀이치료사가 놀이치료라고 간주하는 양육자-아동치료는 중복되는 점이 있다 할지라도 구분된 범주의 처치로 간주할 것이다. 놀이치료의 좀 더 확장된 정의에 해당하거나 또는 놀이치료의 정의에는 해당하지만 저자가 분명하게 놀이치료라고 기술하지 않은 치료 역시 분리해서 기술할 것이다. 놀이 요소를 포함한 모든 아동 처치로부터 연구 증거를 제시하는 것은 이 장의 범위를 벗어나는 것이지만, 놀이치료를 묶는 데에서 이러한 처치(놀이 요소를 갖고 있는 아동치료)를 포함시키는 것이 놀이치료의 실증적 토대를 상당히 강화한다는 사실을 소개하기 위해 이러한 처치의 일부가 고려될 것이다.

놀이치료 메타분석 연구

놀이치료 연구에서 가장 널리 인용되는 것은 메타분석 연구에 관한 것이다. 메타분석 검토에서는 다양한 개별 연구의 결과를 결합해서 치료 효과를 분석하기 때문에 작은 표본 규모의 한계를 극복하는 데 도움이 된다. 연구의 결과는 효과 크기(effect sizes, ES)로 전환되는데, 이것은 통제/비교집단의 구성원이 얻은 변화 대 치료집단 구성원이 얻은 표준편차 단위에서의 변화의 평균 양이다. Cohen(1997)에 따르면, $d=0.2$는 작은 ES, $d=0.5$는 중간 ES, $d=0.8$은 큰 ES를 나타낸다. LeBlanc와 Ritchie(2001)는 1945년 이후 수십 년에 걸친 40개 이상의 연구가 포함된 학위논문 초록으로 놀이치료 연구에만 초점을 맞춘 메타분석을 처음 실행하였다. 이들은 42개의 통제된 연구에서 중간 정도의 처치 ES(0.66)를 보고하였다. 그뿐만 아니라 이들은 처치 효과와 (a) 부모가 포함된, (b) 처치 기간 간의 강력한 관계를 보고하였다. 두 번째 메타분석은 Bratton 등(2005)에 의해 실시되었고, 93개의 놀이치료 연구에 대해 큰 처치 ES(0.80)를 보고하였다. 그 외에 놀이치료에 대해 우호적인 결과를 보고하는 몇몇 아동심리치료의 메타분석 및 체계적인 검토가 더 있지만, 놀이치료가 거의 포함되지 않은 연구이거나 효과가 미미한 것이었다(Allin, Walthen, & MacMilan, 2005; Casey & Berman, 1985; Eyberg, Nelson, & Boggs,

2008 ; Hetzel-Riggin, Brausch, & Montgomery, 2007 ; Wethington et al., 2008). 전반적으로 이 메타분석 결과들은 놀이치료가 다른 형태의 아동심리치료와 유사한 크기의 효과가 있다고 제안한다(Casey & Berman, 1985, ES＝0.71 ; Weisz, Weiss, Han, Granger, & Morton, 1995, ES＝0.54).

Bratton과 동료들(2005)의 검토는 가장 크고 가장 최근의 메타분석이므로 자세하게 요약하려고 한다. 이 메타분석에는 통제된 연구 설계(즉, 무선 통제 설계와는 구별되는), ES 산출을 위한 충분한 자료, 놀이치료 개입에 대한 명확한 식별이 포함되어 있다. 최종 분석에서 93개의 연구가 총 ES＝0.80으로 평가되었으며 이는 큰 처치 효과를 가리킨다. 특히 Bratton 등(2005)은 처치의 결과에 영향을 미칠 수 있는 몇 가지 구체적인 처치의 특성, 참여자의 특성, 연구의 특성을 조사하였다. 처치의 특성과 관련해서 인본주의적/비지시적 놀이치료 개입과 비인본주의적/지시적 접근 양쪽 모두 효과적인 것으로 나타났다. 비인본주의적/지시적 접근이 더 큰 ES를 산출하였으나, 저자들은 독자가 결과를 해석할 때 비인본주의적/지시적 치료에 비해 인본주의적/비지시적 치료의 연구 수가 더 많다는 점, 많은 연구에서 사용된 개입을 기술할 때 전문성의 부족, 처치 프로토콜에서 일관성의 부족(같은 이론적 학파 내에서도)을 고려하면서 이러한 결과를 해석하라고 독자를 격려하였다. 메타분석을 구성하는 개별 연구의 질적 지수(Indices of the quality)는 포함되지 않았으며, 저자들은 의문의 여지가 있는 연구가 포함된 것에 관한 한계를 명시해 놓았다. 또한 준전문가(전문가에 의해 훈련과 지도감독을 받은 부모, 교사, 동료 멘토)가 제공한 놀이치료의 ES는 정신건강전문가가 제공했을 때보다 ES가 유의미하게 높았다. 저자들은 이러한 유의미한 차이(즉, 참여한 양육자가 결과 척도를 제시함, 처치에 양육자 참여자가 있거나 또는 없는 것의 차이, 정신건강전문가에게 처치를 직접 받기 쉬운 집단과 관련될 수 있는 차이)에 신중하라고 충고하였다. 이 메타분석에서 대부분의 연구는 학교 장면이나 외래 진료소에서 수행되었지만 중요한 사건이나 기숙 장면에서 수행된 놀이치료는 유의미하게 큰 ES를 생성했고 이러한 장면에서의 연구 수가 적었기 때문에 우수성 결과에 관한 결론은 한계가 있다.

연구의 대략 1/3은 연령, 성별, 문제 유형의 범주로 분류되지 않았고, 연구가 정신장애, 전반적 발달장애, 아동기 조현병과 같은 다양한 질환을 목표로 했지만, 참여자의 특성에 대한 분석은 나이, 성별, 문제의 유형(예 : 내재화, 외현화, 복합된)이 처치 결과를 예측하는 데에서 중요한 요인이 아니었다. 민족성은 개별 연구에서 전문성의 부족으로 인해 보고되지 않았다. 저자들은 몇몇 개별 연구가 결과를 측정하는 적절한 도구가 결여되었다고 보고했으며, 이는 메타분석의 한계라고 하였다. 마지막으로, 결과 측정의 출처(부모, 교사, 훈련된 관찰자, 참여자 수행, 참여자 보고)가 분석되고 그 결과는 출처 사이에서 또는 출처 간에 유의미한 차이는 보이지 않았다.

처치와 참여자의 특성 이외에 연구의 특성(출간 상태, 연구 설계, 참여자의 출처)도 검토되었다. 이 메타분석의 독특한 성질은 50개의 출간되지 않은 연구가 포함됨으로써 출간 편향(통계적으로 중요하지 않은 결과에 비해 통계적으로 중요한 발견을 보고하는 연구를 출간하려는 경향)을 다루고자 애썼다는 것이다. 예상하듯이 출간되지 않은 연구와 비교할 때, 출간된 연구에서 의미 있게 더 큰 처치 효과를 보였다. 참여자 출처(즉, 임상 서비스를 찾는 사람 대 연구를 위해 모집한 사람)와 연구 설계(놀이치료 대 통제, 놀이치료 대 대안적 처치, 놀이치료 대 대안적 처치 대 통제)는 처치 결과에 영향을 미치는 것으로 보이지 않았다.

Bratton 등(2005)은 놀이치료의 가치와 아동치료 개입 사이에서 놀이치료의 위상을 수량화하고 출간 편향을 방지하기 위한 추가 조치를 취함으로써, 확장된 분야에서의 연구 활동에 필요한 체계를 제공하였다. 이들의 작업은 연구 관심이 늘어나고, 놀이치료의 관행을 지원해주는 중요한 토대가 되었다. 그러나 Bratton과 동료들이 사용한 현재 존재해 있는 연구의 방법론적인 한계는 결과를 신중하게 해석해야 한다는 의미이다. 저자들이 분명하게 설명하듯이, 메타분석은 통계적 절차에 포함되어 제출된 개별 연구만큼 강력하다. 연구의 질을 위한 코딩 체계(coding system) 없이 메타분석 결과를 결론 내리기는 어렵다(Phillips, 2010). Baggerly와 Bratton(2010)은 이러한 누락을 소개하고 연구의 질과 관련된 우려를 인정하였다. 이들은 오늘날 연구의 질을 평가하는 데에서 고려되는 많은 기준(예 : 처치 프로토콜의 사용과 프로토콜을 준수했는지에 대한 평가)은 1990년대 후반까지도 연구의 표준 절차가 아니었다고 설명하였다. 초기의 놀이치료 연구를 포함시킴으로써 마지막 분석에서는 많은 연구가 제외되어야 했으며, 일부 연구(즉, 전후 비교–통제집단 설계를 사용한 연구와 연구의 특징을 대부분 코딩할 수 있을 만큼 충분히 상세한 연구)만이 포함되었고 본래의 연구 방법과 절차에 대한 명확한 기술이 결여되어 있다(Bratton et al., 2005). 따라서 메타분석에서 나온 결과는 자신의 작업에서 발견하고 싶었던 놀이 지지자를 확고하게 지지해주기에는 부족하며, 메타분석이 놀이치료의 효율성을 탄탄하게 지지해준다고 말할 수는 없다. 그러나 메타분석은 제한점에도 불구하고, 놀이치료의 사용을 예비적으로 지지 또는 약간 지지해준다고는 정확히 설명할 수 있을 것이다. 그럼에도 불구하고 이 메타분석은 놀이치료의 연구 지원을 보여주기 위한 LeBlanc와 Ritchie의 앞선 메타분석 위에 세워진 기념비적인 움직임이었다. 이 두 메타분석 연구로부터 놀이치료에 대한 신뢰성 향상과 놀이치료 연구에 대한 폭넓은 논의가 포함된 수많은 긍정적인 성과가 나왔다.

21세기 놀이치료 연구 및 놀이치료 개별 연구

현존하는 놀이치료 연구의 한계를 인식해야 하지만, 과학적으로 엄격한 방법의 영역에서 성장이 있었음을 인식하는 것 역시도 중요하다. 지난 수십 년 동안, 심리적 처치 연구 표준은 특정한 처치의 실증적 토대를 결정하기 위해 큰 ES 이상의 것을 제시해주는 실험 연구 또는 유사실험 연구를 필요로 할 정도로 발전하였다. 실험 연구란 연구가 대상자의 무작위 배정, 통제집단 또는 그 외 처치집단과의 비교, 명확한 방법론과 처치에 대한 설명, 내적 및 외적 타당성 위협에 대한 관심을 포함하여 가장 엄격한 연구 설계의 기준을 충족한다는 것을 가리킨다. 유사실험이란 방법론이 명확하고 비교집단 또는 통제집단이 있고 내적 및 외적 타당도의 위협에 주의를 기울였지만 대상자를 무작위 배정하지 않은 연구이다(Rubin, 2008).

증거중심 치료(evidence-based treatment, EBT)의 기준에 대한 관점이 많지만, 보편적으로 사용되는 기준은 무작위 대조시험, 내담자 표본의 세심한 설계, 처치에 대한 구체화, 독립된 연구자 또는 독립된 팀에 의한 결과에 대한 반복실험이다(Kazdin, 2011). 최근 Southam-Gerow와 Prinstein(2014)은 Chambless 등(1998), Sliverman과 Hinshaw(2008), Nathan과 Gorman(2007)이 개발해서 잘 알려진 기준에 근거해서 증거중심 치료의 기준을 제시하고 있다. 이 기준은 표 30.2에 정리되어 있다.

이러한 EBT 기준에 따르면, 2000년 이후에 출판된 대부분의 놀이치료 연구는 비교집단, 무작위 배정, 적절한 표본 크기, 블라인드 시행과 채점을 하는 신뢰롭고 타당한 평가, 정직한 점검을 하는 처치 매뉴얼의 시행, 치료사의 적절한 훈련과 슈퍼비전, 참여자의 구체적인 포함/배제 기준, 일부 연구들

표 30.2 증거중심 처치의 기준

방법 기준

M.1 집단 설계 : 무작위 통제 설계가 된 연구

M.2 독립변인 정의 : 처치 매뉴얼 또는 논리적으로 같은 매뉴얼이 처치에 사용됨

M.3 명확한 인구집단 : 구체적인 문제를 위해 처치가 수행되었으며, 포함의 기준이 명확하게 기술된 집 단에게 실시함

M.4 결과의 평가 : 목표한 문제를 겨냥한 믿을 만하고 타당한 결과 평가 측정이 사용됨

M.5 분석 적절성 : 적절한 자료분석이 사용되었고 기대한 효과를 알 수 있을 만큼 표본 크기가 충분함

수준 1 : 잘 확립된 처치

증거 기준

처치가 다음을 보여줌으로써 처치에 대한 효과가 증명됨

1.1.a 약물이나 심리적 위약 또는 또 다른 능동적인 처치보다 통계적으로 유의미하게 우세

또는

1.1.b 실험에서 이미 잘 확립된 처치와 동등함(또는 유의미한 차이가 없음)

그리고

1.1.c 2개의 독립된 연구 장면에서 그리고 2개의 독립된 연구 팀이 효과성을 증명함

그리고

방법 기준에 관한 다섯 가지 모두

수준 2 : 효과가 있는 처치

증거 기준

2.1 처치가 대기자 통제집단보다 우위(통계적으로 유의미하게)에 있다는 것을 보여주는 최소한 2개의 좋은 연구가 있어야 함

또는

2.2 1.1.c.의 기준을 제외한 잘 확립된 처치 수준(수준 2 처치들은 독립된 연구팀이 관여하지 않을 것임) 을 충족시키는 한 가지(또는 그 이상) 실험

그리고

2.3 방법 기준에 관한 다섯 가지 모두

수준 3 : 효과적일 수 있는 처치

증거 기준

3.1 처치가 대기자 통제집단 또는 비처치 통제집단보다 우위에 있다는 것을 보여주는 한 개 이상 좋은 무작위 대조시험이 있어야 함

그리고

3.2 방법 기준에 관한 다섯 가지 모두

또는

3.3 처치가 효과적이라는 것을 보여주는 두 가지 이상의 임상적 연구가 있는데, 방법 기준(다섯 가지 중) 마지막 4개 중 2개 이상이 효과적이지만 무작위 대조시험 없음

수준 4 : 실험적 처치

증거 기준

4.1 무작위 대조시험으로는 아직 검증되지 않음

또는

4.2 한 개 이상의 임상 연구로 검증되었으나 수준 3 기준을 충족하지 못함

수준 5 : 효과성이 의문인 처치

5.1 좋은 집단-설계 실험으로 검증했고 다른 처치집단 그리고/또는 대기자 통제집단보다는 못하다고 밝혀짐(즉, 실험 연구로부터 활용 가능한 증거는 처치가 이익 효과를 내지 않았음을 암시)

출처 : Southam-Gerow and Prinstein(2014). *Journal of Clinical Child & Adolescent Psychology*(Routledge : London)

사이에서 적절한 통계분석이 들어 있고, 증거중심 기준을 충족시키기 위해 필요한 핵심 연구 특징의 총체적인 부족으로 인해 수준 4의 실험적 처치에 해당한다. 그러나 놀이치료의 선택된 부분집합은 수준 2, 효과가 있는 처치에 해당하며, 이후에 논의될 범주 및 몇몇 부모놀이치료 역시 수준 2에 해당한다.

무작위 대조시험(randomized controlled trials, RCT) 및 앞서 언급한 기준의 사용이 비판이 없는 것은 아니다. 그러나 Urquiza(2010)가 적절하게 설명한 것처럼, 이러한 연구 기준을 달성하는 것은 폭 넓게 수용되고 놀이치료 신뢰성을 위해 가장 확실한 방법이다. 지난 몇 년 동안 놀이치료 연구자들은 놀이치료를 EBT 기준에 맞추기 위한, 더 엄격한 경험적 증거의 필요성에 대응해 왔다. 한 가지 예는 임상적 수준의 파괴적 행동을 보이는 취학 전 아동의 아동중심 놀이치료(CCPT)를 검토하기 위해 설계된 RCT이다(Bratton et al., 2013). 이 RCT는 다음과 같이 Southam-Gerow와 Prinstein(2014)이 요약한 방법 기준 5개 모두 충족시켰다. 집단 설계 : 아동들은 무작위로 CCPT(실험 처치)나 독서 멘토링(능동적 통제)에 배정되었다. 독립변인 정의 : CCPT 치료사는 CCPT 훈련을 받고, CCPT의 구체적인 프로토콜을 지키도록 요구한다(Ray, 2011). 처치 충실성은 모든 회기가 녹음되고, 매주 슈퍼비전이 주어지고, CCPT 기술 체크리스트(Ray, 2011)로 모든 회기를 검토하고, 무작위 충실성 점검을 통해서 입증했다. 명확한 인구집단 : 저자는 특정한 문제(파괴적 행동)로 처치를 받는 참여자에 대해 명확히 기술했다. 연구의 참여는 파괴적 행동에 대해 잘 확립된 평가와 교사보고양식(teacher's report form, TRF)(Achenbach & Rescorla, 2001)에서 임상적 범위 또는 경계선 범위에 해당하는 아동으로 제한했다. 결과의 평가 : 파괴적 행동의 결과를 평가하기 위해 TRF가 사용되었다. 이 측정은 신뢰성과 타당성이 잘 확립되어 있다(Achenbach & Rescorla, 2001). 분석 적절성 : 표본의 크기($N=54$)는 선험적 전력 분석에 따라 실험집단과 통제집단 간의 통계적 차이를 밝히기에 충분하다. 자료의 분석은 적절하였으며 보고된 결과에는 통계의 유의미한 수준과 ES가 포함되어 있다.

파괴적 행동에 대한 CCPT의 실험 연구와 유사실험 연구가 더 많이 있지만(Fall, Navelski, & Welch, 2002; Garza & Bratton, 2005; Ray, Blanco, Sullivan, & Holliman, 2009; Schumann, 2010), 방법론적인 한계 때문에 어떤 연구도 이 다섯 가지 방법 기준을 충족시키지는 못했다. 주요 제한점에는 표본 크기가 작은 것과 처치 프로토콜 및 목표가 된 집단에 대한 기술이 구체적이지 않은 것이 있다. 따라서 CCPT는 파괴적 행동에 대해 수준 2 분류 기준을 충족시켰다. 실험 연구가 다섯 가지 방법 기준을 모두 충족시켰지만 다른 연구팀에 의해 동일한 방법론적 연구가 실시되기 전까지는 수준 1로 간주될 수 없다. 같은 저자들 중 일부가 실시하고 Bratton 등(2013)이 실시한 것과 거의 동일한 연구 설계를 사용한 최근의 또 다른 연구는, 파괴적 행동에 대한 또 하나의 수준 2 처치로서 아들러학파 놀이치료의 증거로 제시되었다(Meany-Walen, Bratton, & Kottman, 2014). 2000년 이후에 출간된 그 외의 연구들은 수준 4에 해당하지만, 내재화 문제(Packman & Bratton, 2003), ADHD(Ray, Schottelkorb, & Tsai, 2007), 외상(Schottelkorb, Doumas, & Garcia, 2012; Tyndall-Lind, Landreth, & Giordano, 2001; Shen, 2002), 학업 문제(Blanco & Ray, 2011), 지연된 언어 기술(Danger & Landreth, 2005), 교사-학생 관계 문제(Ray, 2007; Ray, Henson, Schottelkorb, Brown, & Muro, 2008), 의학적 문제에 대한 적응(Bloch & Toker, 2008; Jones & Landreth, 2002; Li & Lopez, 2007; Tsai et al., 2013)을 포함해서 몇몇 문제에 대해 긍정적인 처치 효과를 제시하는 21세기의 실험 연구 및 유사실험 연구가 증가하고 있다. 의학적 놀이치료(medical play therapy)에 대한 실증적 증거는 방법론적 강점과 유망한 결과 때문에 특히 주목받고 있다.

2000년 이후의 유사실험 연구 또는 실험 연구로 판별된 추가의 22개의 놀이치료에 대한 검토는 출간 편향 가능성의 혼란이 있음을 인정해야겠지만, 유의미한 긍정적 처치 효과가 보였다. 외상놀이치료에 대한 검토에서 LaMotte는 "놀이치료가 불필요하다거나, 역효과, 또는 실패라고 여겨진 적은 없었다."(2011, p. 71)고 하였다. 그렇기는 해도 지난 20년 동안 놀이치료를 지지하는 연구가 증가하고 연구 방법은 강화되고 있다. 놀이치료 연구자들은 Southam-Gerow와 Prinstein(2014)에 의해 제시된 모든 다섯 가지 방법 기준에서 개선을 보이고 있다. 새로 생기는 증거들은 이러한 형태의 놀이치료에 대해 놀이치료 저널 이외의 문헌에서 인정되고 있는 것보다 신뢰성을 더 많이 입증한다. 사실 주류 아동 심리치료 문헌에서 폭넓게 수용되고 있는 몇몇 비놀이 처치는 수준 2 기준에만 해당하며, 이는 놀이치료 연구가 단순히 간과된 것인지를 궁금해하는 놀이치료사가 많다. 요약하면, 놀이치료는 새롭게 연구 기반을 만들어 가고 있지만, 강력한 증거 기반은 아직 갖추지 못했다. 놀이치료가 경험적으로 기반을 갖춘 처치가 되기 위한 기준을 충족시키는 데에서 방법론적인 한계가 계속 있다. 방법론적 문제가 놀이치료 연구의 인식에 어떻게 영향을 미치는지를 설명하기 위해, 연구 방법의 엄격성의 수준이라는 면에서 몇몇 연구를 살펴볼 것이며, 이 연구들의 장점과 한계 둘 다를 논의할 것이다. 살펴보기 전에, 우리는 연구자인 놀이치료사가 비교적 소수라는 것을 알아야 하고, 연구를 수행하려고 애쓴 사람들의 공헌을 인정하고 가치 있게 생각해야 한다.

집단 설계

RCT는 놀이치료 연구에서 아주 보편화되었다. 21세기의 동료 검토 및 출간된 비부모-자녀 놀이치료 연구에 대한 이러한 검토는 18개 실험 연구(Blanco & Ray, 2011; Bratton et al., 2013; Carpentier, Silovsky, Chaffin, 2006; Danger & Landreth, 2005; Fall et al., 2002; Garza & Bratton, 2005; Jones & Landreth, 2002; Li et al, 2008; Meany-Walen et al., 2014; Packman & Bratton, 2003; Paone, Packman, Maddux, & Rothman, 2008; Ray, 2007; Ray et al., 2007, 2008; Schottelkorb et al., 2012; Shen, 2002; Tsai et al., 2013; Wang Flahive & Ray, 2007)를 확인했다. 개입중심(intervention-based) 연구 설계를 할 때 무작위가 종종 어렵기 때문에 놀이치료 연구자는 RCT가 요구하는 것에 대해 명확하게 대응하고 있다.

독립변인 정의

놀이치료 연구는 처치 프로토콜을 확인하고 기술하는 데에서도 발전을 이루었다. Bratton 등(2013) 및 Meany-Whalen 등(2014)과 유사하게, 일부 연구는 처치 프로토콜을 명확하게 확인하고 기술하였다(Blanco & Ray, 2011; Garza & Bratton, 2005; Li et al., 2008; Ray, et al., 2007, 2008, 2009; Tsai et al., 2013). 처치 구성요소에 대한 설명과 처치의 충실성에 대한 확신에는 구조화된 치료 사용 훈련, 빈번한 지도감독, 비디오 녹화된 회기, 처치의 충실성을 입증하는 체크리스트가 포함되어 있다. 그러나 '놀이치료'라고 불리지만 정확한 서술이나 정확한 구조 없이 수행된 연구는 연구 이외의 측면이 탄탄하다고 해도 때때로 방법론적 장애물이 있다. 예를 들어 Shen(2002)의 중요한 집단놀이치료 연구는 개입에 대한 좀 더 명확한 기술이 제시되었다면 강력한 증거가 되었을 것이고, CCPT를 외상 기반 처치와 비교한 Schottelkorb 등(2012)의 선구적인 RCT는 비교 처치인 TF-CBT(Cohen, Mannarino, & Deblinger, 2006) 본래의 모습과 충실성이 유지(매뉴얼화된 TF-CBT가 수정되어서 기간이 단축되고 회기는 주 2회로 늘어났으며, 부모는 지정된 추가의 회기를 받지 않았다)되었다면 더 강력해질 수 있었을 것이다. 이러한 방법론적인 문제는 놀이치료가 효과가 없다는 의미가 아니며, 많은 사례에서 놀이치료의 긍정적 효과가 발견되었다. 그러나 방법론적 문제 그리고/또는 연구의 한계는 도출될 수 있는 결론의 범위와 확신을 제한시킨다. 이러한 요인은 놀이치료 연구 및 놀이치료 연구의 효과성에 대한 인식 모두에 영향을 미친다.

명확한 인구집단

놀이치료 연구는 구체적인 포함이나 배제 기준의 식별이라는 면에서도 개선되고 있다. 최근의 일부 연구는 특정한 진단이나 주 호소 문제를 분명히 밝히고 있으나(Bratton et al., 2013; Garza & Bratton, 2005; Meany-Walen et al., 2014; Schumann, 2010; Tsai et al., 2013), 비특정적 호소 문제를 제시한 연구도 있다. 예를 들어 Fall 등(2002)과 Wang 등(2007)의 연구를 반복한다면, 광범위한 아동 집단(특수교육을 받는 아동과 행동적 어려움으로 인해 교사가 의뢰한 아동과 같이)을 특정한 문제, 걱정, 진단을 받은 아동으로 좁히는 데 도움이 될 것이다. 일부 연구는 비임상적 표본이나 일반 표본(난민 또는 학령기 아동)을 대상으로 하였다. 이와 같은 폭넓은 포함 기준은 처치가 도움이 되는 집단을 명확히 식별하지 못하며, 비임상적 집단을 이용하였다면 임상 장면에 있는 아동 집단에게 일반화시킬 수 없다. 집단의 설명에서 누락의 측면은 많은 놀이치료 연구에서 제한점이지만, 현재 많은 놀이치료 연구에서는 연령, 성별, 인종과 같은 참여자의 특성을 보고서로 제시하고 있다.

결과의 평가

최근의 많은 놀이치료 연구는 신뢰성과 타당성이 잘 확립된 평가 도구를 활용한다. 참여자가 처치집단이나 비교집단 중 어디에 배정되었는지를 평가자가 모르게 하는 것 또한 증가하였다. 대체로 최근 연구는 연구 질문과 관련되는 특정한 호소 문제를 측정하는 평가 도구를 이용하지만, 앞서 언급했듯이, 명확한 호소 문제의 부재가 빈번한 것은 이 문제를 혼란스럽게 만든다.

분석 적절성

확인된 21세기 연구 전반에서 표본 크기는 19명에서 291명으로 평균 57명이었다. 291명이 참여한 연구는 이상치를 제외시켜도 평균은 여전히 47명(범위=19명~93명)이다. 좀 더 높은 수준의 EBT 등급을 획득하는 데 있어서 적절한 표본 크기가 지속적으로 장애가 되고 있지만, 표본 크기가 작아서 문제가 되었던 초창기 수십 년간의 놀이치료 연구를 미루어볼 때 이 평균과 범위는 분명히 향상되었다. 그러나 선택된 최근의 소수 연구만이 선험적 전력 분석(priori power analysis)을 제시하고 있는데, 이는 통계적으로 유의미한 효과가 있는지를 알려면 얼마나 많은 참여자가 필요한지를 밝히는 중요한 예비분석이다. 최근의 연구에서는 선험적 전력분석이 좀 더 보편화되고 있으며, 알파 수준(alpha levels)과 효과 크기(effect sizes)를 포함해서 자세하게 기술한 통계분석을 제공하는 것이 놀이치료 연구에 이득이 될 것이다.

　결국 놀이치료 연구는 21세기에 방법론에서 발전하고 있으며 강력한 증거 기반을 향해 꾸준히 발전하고 있다. 우리가 검토한 연구들은 심각한 제한점이 있는 몇몇 연구부터 과학적 엄격성을 보이는 연구까지, 그리고 놀이치료를 위한 추가의 지지가 계속 축적되는 것까지 걸쳐 있다. 앞서 개관된 방법 기준에 대한 주의 깊은 고려사항과 함께, 향후 놀이치료 연구는 놀이치료의 실증적 지지 수준을 개선하는 방향으로 계속 발전해 갈 것이다.

놀이치료의 확장된 정의 : 놀이치료는 효과가 있는가

놀이치료라고 개념화되거나 정의되지 않은 많은 처치들은 놀이와 놀이치료기법이 포함되거나 또는 치료적 개입을 실행하는 주요 동력으로 놀이에 의존한다. 몇몇 증거중심 또는 강력히 지지되는 한 쌍 (2인) 치료 또는 부모 훈련 접근이 이 조건에 해당하며, 이는 이 장의 이어지는 부분에서 따로 살펴볼 것이다. 이 처치들 이외에 놀이치료라고 판별할 수는 없지만 놀이에 기초하며 경험적으로 지지되는 많은 아동치료가 있다. Schaefer(2008)는 현실과 다름없는 놀이(Reid, 2004), 안내된 상상(Krakow & Zadra, 2006), 구조화된 부모 상담-아동심리치료(Cohen & Mannarino, 1996), 중추적 대응 훈련 (Stahmer, 1995), 조기 스타트 덴버 모델(Rogers & Lewis, 1989)을 포함해서 수많은 아동 처치(많은 경우 처치의 사용을 지지하기 위해 통제된 또는 무작위의 통제된 연구가 있는 처치)를 확인하였다. 기타 잘 연구된 CBT 또는 놀이가 통합된 복합 외상 처치 역시 있지만(비교 : Asarnow, Scott, & Mintz, 2002; Briere & Lanktree, 2008), 이것들은 널리 알려지지 않았거나 놀이치료라고 분명하게 간주되지 않는다. 흥미롭게도 이러한 처치들에서 놀이가 변화를 위한 필수 구성요소, 또는 최소한 동력으로 여겨지지만, 저자들은 이 처치를 놀이치료라고 또는 자신이 놀이치료사라고 확인하지 않았다. 이 점은 처치가 놀이치료라고 생각되는 처치의 양식(pool)에 포함되거나 배제되는 방식에 대한 의문을 제기한다. 놀이치료의 기준은 변화를 달성하기 위해 놀이가 포함되고, 저자의 소속, 또는 둘 다 포함된 개입을 동반해야 하는가? 게다가 놀이치료라고 지각하는 개입의 범위가 중요한 놀이 구성요소가 있는 모든 처치를 포함시킬 정도로 확대된다면, 몇몇 증거중심 및 강력히 지지되는 치료들이 놀이치료의 증거를 지지하는 데 기여할 것이다. 처치의 대통합은 놀이치료를 이미 광범위하게 넓혔지만 개념적 기반은 더 모호해질 수밖에 없다. 결국 관련된 놀이중심 처치들을 대통합한 놀이치료의 실증적 지지를 확장하는 것에 대한 이득은 주목해보아야 하고 앞으로 더 깊이 생각해보아야 한다.

부모 훈련 접근과 통합한 놀이치료 : 쌍 놀이치료는 효과적인가

몇몇 엄격한 연구들은 놀이의 치료적 힘을 통합시킨 부모 훈련/관계 증진 접근의 사용 부모-아동 상호작용치료(PCIT)(Eyberg et al., 2001], 아동-부모 심리치료(CPP)(Lieberman & Van Horn, 2008), Incredible Years(IY)(Gadner, 2006) 같은 처치들이 놀이치료라고 간주되지 않더라도 지지한다. PCIT 처치 연구에 대한 검토와 메타분석은 PCIT가 '잘 확립된 처치'의 기준을 충족한다고 결론지었다(Thomas & Zimmer-Gembeck, 2007). 또 다른 예는 CPP인데, RCT 안에 긍정적 결과가 있는 것으로 조사된 (예 : Lieberman, Ghosh, & Van Horn, 2006; Toth, Rogosch, Manly, & Cicchetti, 2006) 개입이다. 몇몇 RCT 역시 IY를 지지한다(Gadner, 2006). 이러한 처치는 여러 전문기관과 정부기관에서 EBT로 판별하고 있다. 놀이치료의 오래된 전통과 더불어, 쌍(dyad) 처치를 지지하는 연구도 나타나고 있다. B.

Guerney(1964)와 L. Guerney(2000)가 맨 처음 소개한 부모놀이치료는, 치료사가 양육자를 훈련하고 지도감독을 한 후에 양육자가 자녀와 함께 아동이 이끄는 놀이회기를 수행하는 통합적 접근이다(Van Fleet, 2011). 그 후 Landreth와 Bratton(2006)은 Guerney의 작업에서 부모-아동 관계치료(CPRT)라고 부르는 부모놀이 처치를 개발하였다. Bratton 등(2005)의 메타분석에서 부모놀이치료 연구(특히 부모가 주도하는 부모놀이치료)는 치료사가 주도하는 놀이치료에 비해 의미 있게 큰 처치 효과를 보였다. 부모놀이치료에 대한 초기의 연구 증거가 명백하지만, 이러한 결과는 조심해서 해석해야 한다. 부모 놀이치료에 대한 경험적 지지는 이전에도 있었고, Bratton 등(2005)의 메타분석 이후에 계속 많아지고 있으며 CPRT는 주목할 만하다(Landreth & Bratton, 2006). CPRT 연구는 놀이치료에서 방법론적 엄 격함이 증가한 좋은 예시가 되는데, 특히 이들 중 많은 연구가 잘 정의된 집단과 목표 행동을 연구하고, 무작위로 대조시험을 하였으며, 표본 크기가 적절했고, 매뉴얼화된 프로토콜을 준수했다. Bratton 과 Landreth(2010)는 1995년부터 2010년까지 출간된 13개의 실험 연구와 19개의 유사실험 연구가 포함된 CPRT에 대한 최근의 연구를 검토하였고, CPRT가 '유망한' 또는 '효과가 있는 처치'의 기준을 충족한다고 결론지었다. 광범위한 대다수의 모든 연구 결과에서 통계적으로 유의미한 긍정적 결과가 발견되었다. 인상적인 것은 32개 연구 중 28개는 CPRT 매뉴얼의 저자가 제시한 CPRT 프로토콜로 직접 훈련을 받고 지도감독을 받은 연구자에 의해 실시되었다. 이 연구에서 다루어진 문제와 집단에는 성 학대를 받은 아동, 부모가 수감된 아동, 학습적 어려움·전반적 발달장애·만성질환·내재화 및 외현화 행동 문제로 진단받은 아동이 포함되어 있다. 또 다른 양육자-아동 쌍 놀이치료인 치료놀이[2](Jernberg, 1979; Munns, 2000)는 '상호작용적·신체적·재미있는 방법을 이용해서 관심 끌고·즐겁고·관계에 초점을 맞춘 처치'라고 설명되는 애착에 기반을 둔 접근이다(Booth & Jernberg, 2010, p. xxi). 현재의 치료놀이는 증거 기반이 증가하고 있는데, 여기에는 최소한 한 개의 무작위 대조시험(Siu, 2009) 및 실험설계의 몇 가지 측면이 있는 그 외 몇몇 연구(Weir, Lee, Canosa, Rodrigues, McWilliams, & Parket, 2013; Wettig, Coleman, & Geider, 2011)가 포함되어 있다. 이러한 관계 증진 치료 이외에, 어둠 공포증과 같은 특정 문제에 초점을 맞춘 양육자-아동 쌍 놀이치료의 사용을 지지하는 RCT 또한 있다(Santacruz, Mendez, & Sanchez-Meca, 2006 참조). 요약하면 놀이에 기초한 또는 놀이가 포함된 몇몇 쌍 처치 역시 연구되고 있으며, 이러한 부모-아동 쌍 놀이치료 처치의 사용에 대한 증거 기반이 축적되고 있다.

놀이치료의 현주소 그리고 어떻게 발전을 지속할 것인가

EBT의 기준을 충족시키기 위해 놀이치료 현장에서도 놀이치료의 연구 기반 및 강력한 RCT 요구에 대한 놀이치료 종사자의 수용 두 가지 모두를 강화하려는 움직임이 분명해지고 있다. 때때로 이러한 움직임은 대중의 인기를 얻는 것도 아니고 잘 이해받고 있는 것도 아니다. 그럼에도 불구하고 지금은 많은 사람이 확고히 개발된 연구 기반, 엄격한 연구 동향, 무엇보다 중요한 것은 주류 연구 관행

---

2 치료놀이는 치료놀이기관(The Theraplay Institute)의 등록된 서비스 마크이다.

의 사용으로 이동하는 것에 대해 의견일치를 보이고 있다는 것이다. 많은 저자들이 과정에 초점을 둔 연구와 마찬가지로 강력한 RCT가 필요하다는 점에 지금 동의하고 있다(Baggerly, 2010; Baggerly & Bratton, 2010; Drewes, 2011; Schaefer & Drewes, 2009).

놀이치료사에게는 다행스럽게도, 몇몇 유형의 놀이치료에 대한 지지가 존재한다. 우리는 이 방식으로 연구를 요약하고 있는데, 즉 놀이치료가 놀이치료 현장 밖에서 알고 있는 것보다 지지를 더 받고 있지만, 현장에서 추구하는 것만큼 지지받지는 못한다. 몇몇 놀이치료는 연구되지 않은 채로 있다. 강력한 놀이치료 연구 기반의 발달을 향한 탄력을 지속시키기 위해, 우리는 21세기 연구 방향에 따라 다음과 같이 제안한다. (a) 놀이치료의 정의를 재정의하고 공통 요소, 핵심 구성요소, 변화 메커니즘, 방법론을 확인해서 응집되고 개념적으로 엄격한 놀이치료 모델을 개발하기 위한 더 많은 노력, (b) 현존하는 놀이치료 연구를 홍보하고, 놀이치료에 특정한 저널뿐만 아니라 폭넓은 분야의 저널에서 결과를 출간하는 노력 강화하기, (c) APT 연구 전략(APT, 2006)과 일치하는 강력한 RCT를 생성하는 데 집중된 연구 활동을 지속하고 확장하기, (d) 연구 결과와 놀이치료 문헌을 정확하게 해석하고, 결과의 확대 해석과 과잉일반화 피하기, (e) 비판적인 피드백을 과학적인 발견의 진보로써 환영하고 가치 있게 여기기.

결론

놀이치료의 인기와 50년의 연구가 놀이치료에 대한 신뢰성과 실증적 기반에 대한 의구심을 잠재우는 것은 아니다. 동시에 놀이치료 연구에 대한 비판이나 증거 기반을 제시하지 않는, 놀이가 아닌(nonplay) 대안치료는 놀이치료사의 놀이치료를 막지 못할 것이다. 놀이치료 정의에서 구체성의 부족, 놀이치료 요소와 관련된 명료성의 부족, 방법론적 단점은 놀이치료가 EBT로서 확립되려는 노력을 방해한다. 놀이치료의 이질성 및 공통 요소와 핵심 구성요소를 식별하려는 실증적 작업의 부족은 놀이치료를 연구하기 위해 재정의가 필요한 연구자에게, 그리고 놀이치료의 모든 유형은 아니더라도 일부 유형에서 나온 연구 결과를 자신의 현장에 관련시키는 방법을 판독해야만 하는 치료사에게 계속 어려움을 부과한다. 21세기의 놀이치료사는 실험 연구의 수가 늘어나고 질이 높아짐으로써 놀이치료의 실증적 기반을 증강시킬 필요가 있음을 점차 인정하고 있다. 놀이치료에서 과학적 엄격성을 강화하기 위한 최근의 초점은 현장의 증거 기반을 강화하는 몇몇 연구를 탄생시켰으며, 놀이치료가 효과적인 처치의 선택이라는 인식을 촉진시켰다. 몇몇 놀이치료(전부는 아님)의 사용을 지지하는 연구도 있다. 쌍(dyad) 처치가 포함될 때 연구의 이득은 신뢰성을 높인다. 놀이를 플랫폼 또는 동력으로 포함하는 처치를 놀이치료에 포함시킨다면, 처치의 전 범위에 걸쳐 놀이치료 방법의 집단적 사용에 대한 지지가 탄탄해진다. 요약하면, 놀이치료 연구는 지난 10년 동안 방법론적인 발전이 상당했으며, 이는 놀이치료의 실증적 미래에 대해 낙관적으로 생각할 수 있는 이유이다.

참고문헌

Achenbach, T. M., & Rescorla, L. A. (2001). *Manual for the ASEBA school-age forms & profiles*. Burlington: VT: University of Vermont Research Center for Children, Youth & Families.

Allin, H.,Walthen, C., & MacMillan, H. (2005). Treatment of child neglect: A systematic review. *The Canadian Journal of Psychiatry, 50*, 497–504.

Asarnow, J. R., Scott, C. V., & Mintz, J. (2002). *Cognitive Therapy and Research, 26*(2), 221–229.

Association for Play Therapy. (2006). *APT research strategy*. Retrieved from http://c.ymcdn.com/sites/www.a4pt.org/resource/resmgr/Publications/APT_Research_Strategy_Nov12.pdf

Association for Play Therapy. (2014). *Play therapy makes a difference: What is play therapy?* Retrieved from http://www.a4pt.org/?page=PTMakesADifference

Axline, V. M. (1974). *Play therapy*. New York, NY: Random House.

Baggerly, J. N. (2009). Play therapy research: History and current empirical support. In A. Drewes (Ed.), *Blending play therapy with cognitive-behavioral therapy* (pp. 97–116). Hoboken, NJ: Wiley.

Baggerly, J. N. (2010). Evidence-based standards and tips for play therapy researchers. J. Baggerly, D.C. Ray, & S. C. Bratton (Eds.), *Child-centered play therapy research: The evidence base for effective practice* (pp. 467–479). Hoboken, NJ: Wiley.

Baggerly, J. N., & Bratton, S. C. (2010). Building a firm foundation in play therapy research: Response to Phillips. *International Journal of Play Therapy, 19*, 26–38.

Blanco, P. J., & Ray, D. (2011). Play therapy in elementary schools: A best practice for improving academic achievement. *Journal of Counseling & Development, 89*, 235–243.

Bloch, Y., & Toker, A. (2008). Doctor, is my teddy bear okay? The "Teddy Bear Hospital" as a method to reduce children's fear of hospitalization. *The Israel Medical Association Journal, 10*, 646–647.

Bonner, B.,Walker, C. E., & Berliner, L. (1999). *Treatment manual for dynamic group play therapy for children with sexual behavior problems and their parents/caregivers*.Washington, DC: National Clearinghouse on Child Abuse and Neglect.

Booth, P. B., & Jernberg, A. (2010). *Theraplay: Helping parents and children build better relationships through attachment-based play* (3rd ed.). San Francisco, CA: Jossey-Bass.

Bratton, S. C., Ceballos, P. L., Sheely-Moore, A. I., Meany-Walen, K., Pronchenko, Y., & Jones, L .D. (2013). Head Start early mental health intervention: Effects of child-centered play therapy on disruptive behaviors. *International Journal of Play Therapy, 22*, 28–42.

Bratton, S. C., & Landreth, G. L. (2010). Child parent relationship therapy: A review of the controlled-outcome research. In J. Baggerly, D. Ray, & S. Bratton (Eds.), *Child-centered play therapy research: The evidence base for effective practice* (pp. 267–294). Hoboken, NJ: Wiley.

Bratton, S. C., Ray, D., Rhine, T., & Jones, L. (2005). The efficacy of play therapy with children: A meta-analytic review of treatment outcomes. *Professional Psychology: Research and Practice, 36*, 376–390.

Briere, J., & Lanktree, C. (2008, October). *Integrative treatment of complex trauma for adolescents (ITCT-A): A guide for the treatment of multiply-traumatized youth*. Paper presented at National Child Traumatic Stress Network Learning Community meeting on integrative treatment of complex trauma. Miller Children's Abuse and Violence Intervention Center-University of Souther California (MCAVIC-USC).

Carpentier, M., Silovsky, J., & Chaffin, M. (2006). Randomized trial of treatment for children with sexual behavior problems: Ten-year follow-up. *Journal of Consulting and Clinical Psychology, 74*, 482–488.

Casey, R., & Berman, J. (1985). The outcome of psychotherapy with children. *Psychological Bulletin, 98*, 388–400.

Centers for Disease Control. (2008). *Cognitive behavioral therapy effective for treating trauma symptoms in children and teens*. Retrieved from http://www.cdc.gov/media/pressrel/2008/r080909.htm

Chambless, D. L., Baker,M. J., Baucom, D. H., Beutler, L. E., Calhoun, K.S., Crits-Christoph, P., & Woody, S. R. (1998). Update on empirically validated therapies, II. *Clinical Psychologist, 51*, 3–16.

Cohen, J. (1977). *Statistical power analysis for the behavioral sciences*. New York, NY: Academic Press.

Cohen, J., & Mannarino, A. (1996). A treatment outcome study for sexually abused preschool children: Initial findings. *Journal of the American Academy of Child & Adolescent Psychiatry, 35*(1), 42–50.

Cohen, J.A., Mannarino, A. P., & Deblinger, E. (2006*). Treating trauma and traumatic grief in children and adolescents*. New York, NY: Guilford.

Danger, S., & Landreth, G. L. (2005). Child-centered group play therapy with children with speech difficulties. *International Journal of Play Therapy, 14*, 81–102.

Drewes, A. A. (2011). Integrating play therapy theories into practice. In A. A. Drewes, S.C. Bratton, & C.E. Schaefer (Eds.) Intergative play therapy (pp. 21-35). Hoboken, NJ: Wiley.

Eyberg, S.M., Funderburk, B.W., Hembree- Kigin, T. L., McNeil, C. B., Querido, J. G., & Hood, K. (2001). Parent-child interaction therapy with behavior problem children: One and two year maintenance of treatment effects in the family. *Child & Family Behavior Therapy, 23*, 1–20.

Eyberg, S. M., Nelson, M. M., & Boggs, S. R. (2008). Evidence-based psychosocial treatments for children and adolescents with disruptive behavior. *Journal of Clinical Child and Adolescent Psychology, 37*, 215–237.

Fall, M., Navelski, L., & Welch, K. (2002). Outcomes of play intervention for children identified for special education services.

International Journal of Play Therapy, 11, 91-106.

Gadner, F. (2006). Randomized controlled trial of a parenting intervention in the voluntary sector for reducing child conduct problems: Outcomes and mechanisms of change. *Journal of Child Psychology and Psychiatry, 47*(12), 1123-1132.

Garza, Y., & Bratton, S. C. (2005). School-based child centered play therapy with Hispanic children: Outcomes and cultural considerations. *International Journal of Play Therapy, 14*, 51-80.

Gil, E. (1998). *Essentials of play therapy with abused children.* New York, NY: Guilford Press.

Guerney, B. (1964). Filial therapy: Description and rationale. *Journal of Consulting Psychology, 28*(4), 304-310.

Guerney, L. (2000). Filial therapy into the 21st century. *International Journal of Play Therapy, 9*(2), 1-17.

Hetzel-Riggin, M., Brausch, A., & Montgomery, B. (2007). A meta-analytic investigation of therapy modality outcomes for sexually abused children and adolescents: An exploratory study. *Child Abuse and Neglect, 31*, 125-141.

Homeyer, L. E., & Morrison, M. O. (2008). Play therapy: practice, issues, and trends. *American Journal of Play, 1*, 210-228.

Jent, J. F., Niec, L. N. & Baker, S. E. (2011). Play and interpersonal processes. In S. Russ and L.N. Niec (Eds.), *Play in clinical practice: Evidence-based approaches* (pp. 23-47). New York, NY: Guilford Press.

Jernberg, A. (1979). *Theraplay: A new treatment for using structured play for problem children and their families.* Washington, DC: Jossey-Bass.

Jones, E., & Landreth, G. L. (2002).The efficacy of intensive individual play therapy for chronically ill children. *International Journal of Play Therapy, 11*, 117-140.

Kazdin, A. E. (2011). Evidence-based treatment research: Advances, limitations, and next steps. *American Psychologist, 66*, 685-698.

Kool, R., & Lawver, T. (2010). Play therapy: Considerations and applications for the practitioner. *Psychiatry (Edgmont), 7*, 19-24.

Krakow, B., & Zadra, A. (2006). Clinical management of chronic nightmares: Imagery rehearsal therapy. *Behavioral SleepMedicine, 4*(1), 45-70.

LaMotte, J. (2011). Psychotherapeutic techniques and play therapy with children who experienced trauma: A review of the literature. *Undergraduate Review, 7,* 68-72.

Landreth, G. L. (1991). *Play therapy: The art of the relationship.*Muncie, IN: Routledge.

Landreth, G. L., & Bratton, S. C. (2006). *Child parent relationship therapy (CPRT): A 10-session filial therapy model.* New York, NY: Brunner-Routledge.

LeBlanc, M., & Ritchie, M. (2001). A meta-analysis of the play therapy outcomes. *Counseling Psychology Quarterly, 14*, 149-163.

Li, H. C. W., & Lopez, V. (2008). Effectiveness and appropriateness of therapeutic play intervention in preparing children for surgery: A randomized controlled trial. *Journal for Specialists in Pediatric Nursing, 13*, 63-73.

Lieberman, A. F., Ghosh, C., & Van Horn, P. (2006). Child-parent psychotherapy: 6-month follow-up of a randomized controlled trial. *Journal of the American Academy of Child & Adolescent Psychiatry, 45*, 913-918.

Lieberman, A. F., & Van Horn, P. (2008). *Psychotherapy with infants and young children: Repairing the effects of stress and trauma on early attachment.* New York, NY: Guilford Press.

Meany-Walen, K. K., Bratton, S. C., & Kottman, T. (2014). Effects of Adlerian play therapy on reducing students' disruptive behaviors. *Journal of Counseling & Development, 92*, 47-56.

Mulherin, M. (2001). The Masterson approach with play therapy: A parallel process between mother and child. *American Journal of Psychotherapy, 5*(2), 251-272.

Munns, E. (2000). *Theraplay: Innovations in attachment enhancing play therapy.* New York, NY: Jason Aronson.

Nathan, P. E., & Gorman, J. M. (Eds.). (2007). *A guide to treatments that work* (3rd ed.). New York, NY: Oxford University Press.

O'Connor, K. J. (2002). The value and use of interpretation in play therapy. *Professional Psychology Research and Practice, 33*(6), 523-528.

Packman, J., & Bratton, S. C. (2003). A school-based group play/activity therapy intervention with learning disabled preadolescents exhibiting behavior problems. *International Journal of Play Therapy, 12*, 7-29.

Paone, T., Packman, J., Maddux, C., & Rothman, T. (2008). A school-based group activity therapy intervention with at-risk high school students as it relates to their moral reasoning. *International Journal of Play Therapy, 17*, 122-137.

Phillips, R. D. (2010). How firm is our foundation? Current play therapy research. *International Journal of Play Therapy, 19*, 13-25.

Ray, D. (2007). Two counseling interventions to reduce teacher-child relationship stress. *Professional School Counseling, 10*, 428-440.

Ray, D. (2011). *Advanced play therapy: Essential conditions, knowledge, and skills for child practice.* New York, NY: Routledge.

Ray, D., Blanco, P. J., Sullivan, J., & Holliman, R. (2009). An exploratory study of child-centered play therapy with aggressive children. *International Journal of Play Therapy, 18*, 162-175.

Ray, D., Henson, R., Schottelkorb, A., Brown, A., & Muro, J. (2008). Impact of short-term and long-term play therapy services on teacher-child relationship stress. *Psychology in the Schools, 45*, 994-1009.

Ray, D., Schottelkorb, A., & Tsai, M. (2007). Play therapy with children exhibiting symptoms of attention deficit hyperactivity disorder. *International Journal of Play Therapy, 16*, 95-111.

Ray, D., & Bratton, S. C. (2010).What the research shows about play therapy: Twenty-first century update. In J. N. Baggerly, D. C. Ray, & S. C. Bratton (Eds.), *Child-centered play therapy research: The evidence base for effective practice* (pp. 3-33). Hoboken, NJ: Wiley.

Reid, D. (2004). The influence of virtual reality on playfulness in children with cerebral palsy. *Occupational Therapy International, 11*(3), 131-144.

Rogers, S., & Lewis, H. (1989). An effective day treatment model for young children with pervasive developmental disorders. *Journal of the American Academy of Child & Adolescent Psychiatry, 28*, 207–214.

Rubin, A. (2008). *Practitioners guide to using research for evidence-based practice.* Hoboken, NJ: Wiley.

Russ, S., & Niec, L. N. (2011). Play in clinical practice: Evidence-based approaches. New York, NY: Guilford Press.

Santacruz, I., Mendez, F. J., & Sanchez-Meca, J. (2006). Play therapy applied by parents for children with darkness phobia: A comparison of two programmes. *Child & Family Behavior Therapy, 28*(1), 19–35.

Saunders, B. E., Berliner, L., & Hanson, R. F. (2003). *Child physical and sexual abuse: Guidelines for treatment.* Charleston, SD: National Crime Victims Research and Treatment Center.

Schaefer, C. E. (1993). *The therapeutic powers of play.* Northvale, NJ: Jason Aronson.

Schaefer, C. E. (2001). Prescriptive play therapy. *International Journal of Play Therapy, 10*(2), 57-73.

Schaefer, C. E. (2008). *Practice guideline: Empirically-supported play therapy interventions for specific psychological disorders of children.* Unpublished manuscript.

Schaefer, C. E., & Drewes, A. A. (2009). The therapeutic powers of play and play therapy. In A. Drewes (Ed.), *Blending play therapy with cognitive behavioral therapy* (pp. 3–15). Hoboken, NJ: Wiley.

Schaefer, C. E., & Drewes, A. A. (Eds.). (2014). *The therapeutic powers of play: 20 core agents of change.* Hoboken, NJ: Wiley.

Schottelkorb, A. A., Doumas, D. M., & Garcia, R. (2012). Treatment for childhood refugee trauma: A randomized, controlled trial. *International Journal of Play Therapy, 21*, 57–73.

Shen, Y. (2002). Short-term group play therapy with Chinese earthquake victims: Effects on anxiety, depression, and adjustment. *International Journal of Play Therapy, 11*, 43–63.

Schumann, B. (2010). Effectiveness of child-centered play therapy for children referred for aggression in elementary school. In J. Baggerly, D. Ray, & S. Bratton (Eds.), *Effective play therapy: Evidence-based filial and child-centered research studies* (pp. 193-208). Hoboken, NJ: JohnWiley & Sons.

Silverman, W. K., & Hinshaw, S. P. (2008). The second special issue on evidence-based psychosocial treatments for children and adolescents: A 10-year update. *Journal of Clinical Child and Adolescent Psychology, 37*, 1–7.

Siu, A. F. Y. (2009). Theraplay in the Chinese world: An intervention program for Hong Kong Children with Internalizing Problems. *International Journal of Play Therapy, 18*(1), 1–12.

Southam-Gerow, M. A., & Prinstein, M. J. (2014). Evidence base updates: The evolution of the evaluation of psychological treatments for children and adolescents. *Journal of Clinical Child & Adolescent Psychology, 43*, 1–6.

Stagnitti, K., & Jellie, L. (2004). Play and literacy: What is the connection? *EQ Australia, Autumn*, 48–49.

Stagnitti, K., O'Connor, C., & Sheppard, L. (2012). The impact of the Learn to play program on play, social competence and language for children aged 5–8 years who attend a special school. *Australian Occupational Therapy Journal, 59*(4), 302–311.

Stahmer, A. C. (1995). Teaching symbolic play skills using pivotal response training. *Journal of Autism & Developmental Disorders, 25*, 123–142.

Thomas, R., & Zimmer-Gembeck, M. J. (2007). Behavioral outcomes of parent-child interaction therapy and triple p-positive parenting program: A review and meta-analysis. *Journal of Abnormal Child Psychology, 35*, 475–495.

Toth, S. L., Rogosch, F. A., Manly, J. T., & Cicchetti, D. (2006). The efficacy of toddler-parent psychotherapy to reorganize attachment in the young offspring of mothers with major depressive disorder: A randomized preventive trial. *Journal of Consulting & Clinical Psychology, 74*, 1006-1016.

Tsai, Y., Tsai, S., Yen, S., Huang, K, Mu, P., Liou, H.,…Chen, Y. (2013). Efficacy of therapeutic play for pediatric brain tumor patients during external beam radiotherapy. *Child's Nervous System, 29*, 1123–1129.

Tyndall-Lind, A., Landreth, G. L., & Giordano, M. (2001). Intensive group play therapy with child witnesses of domestic violence. *International Journal of Play Therapy, 10*, 53–83.

Urquiza, A. (2010). The future of play therapy: Elevating credibility through play therapy research. *International Journal of Play Therapy, 19*, 4–12.

Van Fleet, R. (2011). Filial therapy: What every play therapist should know. *Play Therapy: Magazine of the British Association for Play Therapy Newsletter, 65*, 16–19.

Wang Flahive, M., & Ray, D. (2007). Effect of group sand tray therapy with preadolescents. *Journal for Specialists in GroupWork, 32*, 362–382.

Weir, K. N., Lee, S., Canosa, P., Rodrigues, N., McWilliams, M., & Parker, L. (2013). Whole family Theraplay: Integrating family systems theory and Theraplay to treat adoptive families. *Adoption Quarterly, 16*(3–4), 175–200.

Weisz, J.,Weiss, B., Han, S., Granger, D., & Morton, T. (1995). Effects of psychotherapy with children and adolescents revisited: A meta-analysis of treatment outcomes studies. *Psychological Bulletin, 117*, 450–468.

Wethington, H., Hahn, R., Fuqua-Whitley, D., Sipe, T., Crosby, A., Johnson, R., & Chattopadhyay, S. K. (2008). The effectiveness of interventions to reduce psychological harm from traumatic events among children and adolescents: A systematic review. *American Journal of Preventive Medicine, 35*, 287–313.

Wettig, H. G., Coleman, A. R., & Geider, F. J. (2011). Evaluating the effectiveness of Theraplay in treating shy, socially withdrawn children. *International Journal of Play Therapy, 20*(1), 26–37.

31

신경과학과 놀이치료 : 신경과학에 입각한 놀이치료사

EDWARD F. HUDSPETH, KIMBERLY MATTHEWS

생물학자, 신경과학자, 심리학자, 그 밖의 사람들은 가볍고, 중요하지 않고, 목적이 없는 행동인 놀이가 중요한 일이고 수면·휴식·음식과 같은 기본 욕구처럼 똑같이 중요하다고 새롭게 주목하기 시작했다. 사회적 기관이 아닌 과학계에서도 놀이와 놀이를 연구하는 사람이 더 이상 낯설고 어설프다고 여겨지지 않는다.

-J. L. Frost, 1998, p. 2

여러분이 놀이와 신경생물학이라는 2개의 단순한 단어를 사용해서 인터넷 검색을 한다면 어떤 일이 벌어질까? 결과는 압도적인 숫자의 연구가 있을 것이며, 이것은 놀이와 신경생물학의 만남에 대한 현실적인 실증이다. 이러한 검색의 결과는 보람이 있다. 그러나 놀이치료 관행에서 신경생물학의 타당성을 이해하려 할 때 다소 맞지 않는 부분도 있다. 여러분이 놀이치료와 신경생물학이란 단어를 사용해서 검색한다면, 연구의 수가 매우 제한적인데, 부분적으로 놀이치료라는 용어가 신경과학 연구에서 놀이와 놀이 행동이라는 용어 정도까지 조작 가능하지 않기 때문이다.

놀이치료의 모든 측면은 신경생물학과 그에 따른 생물학적 근거가 있기 때문에 놀이치료에 대한 신경과학의 영향을 설명한다는 것은 버거운 과제이다. 놀이치료협회(APT)의 놀이치료 정의, "대인관계의 과정을 확립하기 위해 이론적 모델을 체계적으로 사용해서 훈련된 놀이치료사가 내담자의 심리사회적 어려움을 예방 또는 해결하고 최적의 성장과 발달을 달성하도록 내담자를 돕기 위해 놀이의 치료적 힘을 이용한다."(APT, 2001, p. 20)를 생각해보자. 정의에서 신경과학 연구를 통해 설명될 수 있는 몇 가지 개념이 드러나는데, 이는 최적의 성장과 발달, 대인관계 과정, 놀이의 치료적 힘이다. 이 세 가지 개념을 차례로 제시해서 뒤따르는 서술과 설명이 자연스럽게 진행되게 하였다. 이 개념은 타임라인(timeline)상의 시점에서 생각할 수도 있다. 예를 들어 아동이나 청소년이 놀이치료에 올 때에는 종종 최적의 성장과 발달이 이미 영향을 받았으며, 이는 아동의 과거의 일부이다. 대인관계 과정은 현재 붕괴 상태에 있기 쉽고, 이는 아동의 현재 기능의 일부이다. 아동의 미래는 놀이의 치료적 힘으로 대표되는데, 기능을 회복하기 위해 놀이치료사가 놀이의 치료적 힘을 사용하기 때문이다.

최적의 성장 및 발달의 신경과학

이어지는 부분에서 최적의 성장과 발달이 신경생물학적 관점에서, 즉 뇌의 최적의 성장과 발달 그리고 그에 따른 정서의 신경생물학적 기초에 대해 설명할 것이다.

인간 뇌의 진화

뇌 체계가 우리의 정서, 인지, 행동을 형성하기 위해 얼마나 복잡하게 상호작용하는지를 논의하기 전에, 인간 뇌의 진화 및 각 부분의 기본 기능에 대한 간단한 개요를 제시하면 도움이 될 것이다. 뇌의 가장 오래된 부분, 흔히 파충류의 뇌(reptilian brain)라고 불리는 오래된 부분은 뇌간과 소뇌이다(Siegel, 2009). 파충류의 뇌는 심장박동 비율, 신진대사, 호흡을 조절하고 상부 뇌와 척수를 연결하기 때문에 기본 생존 체계를 위한 통제 센터이다. 소뇌는 균형과 협응을 맡는다(Kalat, 2007). 덧붙여서 파충류 뇌에서 뉴런들의 군집(무더기)은 유기체가 위협받을 때 투쟁-도피-동결(flight-fight-freeze) 반응을 활성화한다(Siegel, 2009). 포유류에게만 있는 변연계는 파충류 뇌 위에 위치한다.

변연계의 주요 구조에는 편도체, 해마, 시상하부가 있다(Franks, 2006)(그림 31.1 참조). Siegel(2009)에 따르면 변연계는 (1) 동기 상태, (2) 의미 만들기, (3) 감정의 생성, (4) 기억의 분화, (5) 애착 관계를 포함해서 최소 5개의 기능에 필수적이다. 변연계는 정서를 경험하고, 가치 판단을 하고, 관계적 유대를 형성하는 인간 능력의 본거지이다. 그러나 현재 신경과학의 발전은 정서, 인지, 행동을 이해하기 위해, 이것을 뇌의 지정된 영역에 초점을 맞추기보다 신경체계, 신경회로, 순환고리의 복잡한 상호작용으로 이것들을 인식해야 한다고 경고한다(Goldsmith, Pollak, & Davidson, 2008). 신체, 파충류 뇌, 변연계는 흔히 피질하 영역이라고 부르는데, 뇌피질 영역의 아래에 위치해 있기 때문이며, 이는 진화 과정에서 마지막에 발달한다.

소뇌는 뇌 무게의 85%까지 차지하고(Franks, 2006), 단독으로 떠맡지는 않는, 별개의 진행들이 연합되는 피질 영역으로 나뉜다. 대뇌피질은 소뇌의 바깥쪽 표면으로, 4개의 엽과 2개의 반구로 이루어진다(Kalat, 2007). 전두엽은 "계획하기 행동 및 운동의 조절에 관여하며, 두정엽은 감각과 신체상의 형성, 후두엽은 시각, 측두엽은 청각과 관련되며 더 안쪽에 있는 구조를 통해 정서 학습 및 기억이라는 면에 관여한다."(Franks, 2006, p. 45)

신피질은 대뇌피질의 바깥층으로 뇌의 뉴런의 75%를 포함하고 있다(Franks, 2006). Franks(2006)에 따르면, "전두엽에서 인간 신피질의 대규모 확장은 완전한 의식, 사고, 계획, 언어적 의사소통에서 필수적이라고 여긴다."(p. 45) 전두엽 피질은 이마 뒤에 위치하며 후기 청소년기까지 중요한 발달적 변화를 보인다. 이 영역은 동기, 기억, 학습, 추론, 목표 지향적 행동이 포함된 우리의 가장 발달된 인지 기능에 기여한다(Kalat, 2007).

대상피질은 정서적 기능 및 인지적 기능에 관여한다. 이 영역은 정서의 신체적 자각(즉, 우리 신체

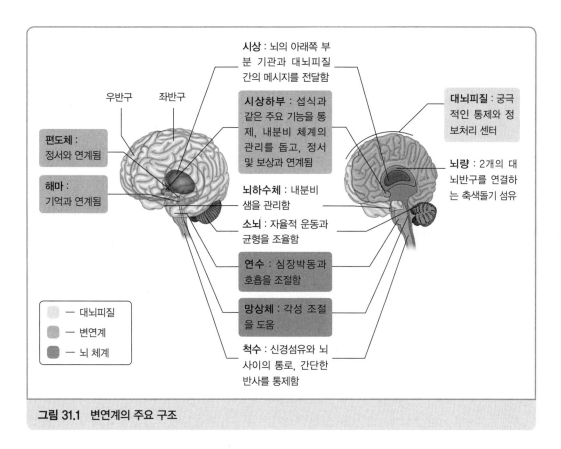

그림 31.1 변연계의 주요 구조

에서 감각으로 정서 느끼기), 정서와 전뇌의 통합, 다양한 각성 상태를 느끼는 것에 주의를 전념하는 데 꼭 필요하다(Frank, 2006). 뇌섬 역시 '정서 느낌 뒤에 있는 체성감각 영역'이다(Franks, 2006, p. 47). 뇌섬은 신체/뇌간과 복내측 전두엽 및 전측 대상회 간에 중계국(정거장)으로 기능한다. 뇌는 특정의 영역으로 범주화할 수 있는데, 흔히 2개의 반구로도 개념화될 수 있다.

편측화(lateralization)는 뇌의 오른쪽과 왼쪽 부분의 전문화된 기능에 관한 용어이다. 전형적으로 우반구는 지각적, 직관적, 상상력이 부족한 반면에 좌반구는 경험의 구체적이고 분석적인 해석에 치우친다(Franks, 2006). 그러므로 우반구는 의미 있는 해석을 만들어내기 위해 활용할 왼편의 환경적 자극에 충분히 개방되어 있음으로써 왼편을 보완한다. 뇌는 손상에도 불구하고 적응할 수 있는 놀라운 능력이 있다고 한다. 예를 들어 아동이 뇌의 한쪽 반구에 외상적인 손상을 겪었을 때, 반대편 구는 스스로 다시 연결해서 잃어버린 기능을 보상하는 능력이 있다(Franks, 2006). 이는 성인에서도 마찬가지이지만, 성인의 뇌는 아동의 뇌보다 덜 적응적이다(Kalat, 2007).

앞에서 뇌의 기본 영역에 대한 가장 기초적인 요약을 제시했는데, 이 중 일부는 이 장의 후반부에서 다시 논의될 것이며, 이어지는 부분에서는 인간 뇌의 정상적인 발달에 관한 약간의 정보를 제시한다.

인간 뇌의 발달과 관계의 중요성

인간의 뇌는 평생 발달이 지속되지만, 생애 초기 몇 년 동안 급속하게 발달한다. 출생 시 인간의 평균적인 뇌는 350g 정도이며, 첫해에 무게가 거의 3배 가까이 되어 평균 1,000g 정도 된다(Kalat, 2007).

뇌발달에 대해 알아야 할 것이 굉장히 많지만, 대부분의 연구자는 뇌가 유전과 환경 간의 복잡한 상호 작용이라는 데 동의한다(Franks, 2006; Goldsmith et al., 2008; Siegel, 2006; 2009).

발달은 개인마다 독특한데, 대부분은 신경가소성 때문이다. 유아는 대략 1,000억 개의 뉴런을 갖고 태어나며, 이는 필요한 것보다 훨씬 많은 양이다(Siegel, 2006). 발달을 통해 환경 경험은 특정 위치 뉴런의 발사를 지시하는 유전자를 활성화시키며, 충분히 강력하다면, 새로운 연결(시냅스)의 생성으로 이어진다. 새로운 시냅스의 생성, 시냅토제네시스(synaptogenesis)는 뇌에서 평생에 걸쳐 진행해서, 사용하지 않는 뉴런을 버리기도 한다(즉, 가지치기; Franks, 2006; Kalat, 2007). 수초화는 신경 신호가 더 빠른 속도로 이동하게 해주는, 뉴런을 감싼 보호막 껍질을 발달시키는 과정이다(Kalat, 2007). "수초는 처음에는 척수에서, 그다음에는 후뇌, 중뇌, 전뇌에서 형성된다. 뉴런의 신속한 확산 및 이동과는 달리, 수초화는 수십 년 동안 점진적으로 진행된다."(Kalat, 2007, pp. 124-125)

개인의 성격발달은 시간의 흐름에 따라 발사하는 뉴런 덩어리에 의해 영향을 받으며, 이는 '마음의 상태(states of mind)'라고 알려진 것을 초래한다(Siegel, 2006, p. 254). 전형적으로 이러한 상태는 요구 충족 반응(즉, 과제를 수행하기 위해 필요에 따라 함께 작용하는 뉴런의 무리)으로써 활성화되며, 때로는 목표 지향적 행동 또는 개인의 자기 개념과 충돌한다. Siegel(2006)은 개인이 전형적으로 유기체 내에서 갈등을 일으키는 상태를 통합하고 해결하는 것을 배우는 시기를 후기 청소년기라고 경계 지었다.

거울뉴런 체계 역시 뇌발달에서 없어서는 안 될 기여자이다(Levy, 2009). 거울뉴런은 타인의 행동을 관찰함으로써 활성화된다. Levy는 "거울뉴런은 관찰자가 자신이 실제로 수행했던 동일한 행동을 만들어내는 관찰자의 뇌의 영역에서 발사한다."(p. 54)고 언급했다. 거울뉴런 체계는 공감의 발달과 개인의 주관적인 자아감에 기여한다.

출생 시에 뇌간은 충분하게 발달되어 있고, 이는 유아의 생존을 위해 꼭 필요한 것이다(Kalat, 2007). 변연계와 피질 구조는 평생 발달이 지속되지만, 발달 속도는 생애 초기 3년이 가장 빠르다. 생후 첫해에 소뇌의 크기는 거의 3배가 되며, 이는 유아가 운동 기술을 신속하게 발달하게 한다(Knickmeyer et al., 2008). 3개월 무렵, 유아의 인식 능력은 극적으로 향상되는데, 이는 인지기억과 관련되는 영역인 해마의 성장 때문이다. 생후 2년 동안, 뇌의 언어 영역의 시냅스와 연결이 극적으로 증가하고, 어휘는 4배가 된다. 생후 3년은 전두엽 피질에서 시냅스 밀도가 증가하고 뇌의 다른 영역으로 신경 연결의 형성과 통합의 지속이 현저하다. 더 많은 연결이 가능해지면서, 아동의 인지 과정은 좀 더 복잡해진다.

Siegel(2009)은 중간 전두엽 피질(middle prefrontal cortex, MPC)을 전측 안와 영역(anterior orbital area), 내측 전두엽 피질, 전측 대상회를 구성하는 뇌의 부분으로 정의하였다. Siegel은 또한 MPC가 9개 과정, 즉 (1) 신체 조절, (2) 조율된 의사소통, (3) 정서적 균형, (4) 반응 유연성, (5) 공감, (6) 통찰, (7) 공포의 소거, (8) 직관, (9) 도덕성의 발달에서 중심이 된다는 것을 연구가 보여준다고 믿었다. 더욱이 그는 아동이 생애 초기에 양육자와 안정 애착을 형성한다면, MPC의 회로는 긍정적인 정신건강을 향해 통합되는데, 유아가 '자기 반영적 관찰'을 통해 자기 조절 방법을 배우기 때문이라고 하였다(p. 251).

관련성을 넘어서 놀이는 초기 아동기 뇌발달의 중요한 측면이기도 하다. Levy(2009)는 놀이의 활동이 '운동, 시각, 청각 및 기타 감각 영역'을 포함한 다양한 뇌 영역을 유도하고 통합하며(p. 51), 따라서 뇌 성장을 위한 도관(conduit)이라고 언급했다. 그는 또한 "[놀이]는 감각의 투입, 운동 반응, 반영적 사고의 조정뿐만 아니라 정서적 참여 및 인식을 수반한다."(p. 52)고 말하면서 놀이의 측면을 확장시켰다. 놀이의 총체적 본질(holistic nature)은 피질과 피질하 과정의 통합을 촉진하는데, 이는 정서적 변화를 지속하는 환경을 제공하고(Panksepp, 2003) 공감 능력을 증가시키는 환경을 제공한다(Siegel, 2006).

뇌발달을 기술하면서 신경전달물질에 대해 간단히 언급하는 것이 필요하다. 인간의 생활 및 기능은 전기적 충동, 신경화학, 신경조절물질의 복잡한 체계로 설명될 수 있다. 세 가지 요소는 분리될 수 없으며, 거의 동등하게 중요하고, 생존하는 데 꼭 필요하다. 이 장의 목적에 맞게 신경전달물질, 특히 정서 및 파괴적 행동의 조절에 관여하는 신경전달물질이 가장 중요하다. 개인의 장애의 차이보다는 공통성을 이해하는 수단으로써, Hudspeth(2013)는 진단에서 공통적으로 보이는 파괴적 행동 증상을 신경전달물질 체계의 관점에서 설명하였다. 그는 다음과 같이 말한다.

> 나는 신경전달물질과 뇌 영역에 근거해서 파괴적 행동을 범주화할 것이다. 이 행동들에는 (a) 도파민[DA]과 공격성 · 성마름 · 과잉행동, 주의 및 동기와 관련된 문제, (b) 노르에피네피린[NE]과 부정적 정서 및 철회, (c) 세로토닌[5HT]과 충동성이 있다. 네 번째 범주, 감마 아미노부티르산(gamma-aminobutyric acid[GABA])은 파괴적 행동에는 책임이 없으나 이러한 행동을 조절하는 데 관여되어 있을 것이다. (p. 7)

이러한 신경전달물질은 정서발달, 정서 조절, 실행과 인지 통제, 행동 통제와 크게 관련이 있다. 이러한 신경전달체계의 적절한 기능이 없으면 사람은 조절 곤란 및 역기능적이 된다. 이 장의 후반부에서는 이러한 신경전달물질이 약물에 의해 어떻게 영향을 받는지와 관련해서 논의할 것이다.

정서발달

Franks(2006)는 뇌 안에 있는 정서에 전념하는 특정 영역보다는 정서 뇌를 개념화하는 것이 최선이라고 제안하였다. 정서를 생성하는 과정 또는 개인이 정서를 느끼게 하는 과정을 논의할 때, 뇌의 각기 다른 영역이 대두된다(Berridge & Kringelbach, 2013). 이는 연구의 초점을 변연계와 같은, 특정 정서 영역에 집중하는 것에서 피질과 피질하 체계의 복잡한 상호작용을 이해하려고 노력하는 것으로 이동시켰다. 더구나 환경은 우리가 경험하는 정서적 자극에서 역할을 하는데, 정서적 자극을 어떻게 느끼고 해석하는지, 느낀 경험이 어떻게 더 상위 체계인 피질 구조로 전달되고 그리고/또는 기억으로 저장되는지이다(Goldsmith et al., 2008). 특정 뇌 영역을 논의하는 다음 부분을 읽으면서 위의 내용을 떠올린다면, 뇌와 정서에 대해 배울 것이 아주 많다는 것이 더욱 분명해질 것이다.

뇌가 가장 유연한 아동기 발달 동안에 정서적 경험을 하는 것은 행동에 영향을 미치고, 아동이 피드백 고리를 통해 경험을 처리하면서, 뇌의 신경 네트워크 발달에 영향을 미친다(Goldsmith et al., 2008). 이러한 정서적 경험에는 느낀 감정을 전달하고 타인의 감정을 해석함으로써 양육자와 맺는 상호작용이 있다. 아동기 동안 뇌의 가소성은 유익한데, 아동이 신속하게 적응하고 초기에 정서 조절 기술을 획득할 수 있기 때문이다. 그러나 부정적 정서 경험 아래에서 뇌의 가소성은 장기간의 무질서한 신경 연결을 확립하기 쉽다(Goldsmith et al., 2008).

정서와 관련되었다고 밝혀진 뇌 영역에는 편도체, 뇌섬, 전측 대상회피질, 안와전두피질(Berridge & Kringelbach, 2013; Deak, 2011), 배측 전두피질(Levy, 2009), 중격의지핵(nucleus accumbens), 배쪽 창백(Berridge & Kringelbach, 2013)이 있다. 정서적 경험에 대한 이들의 강력한 연관성 때문에, 이 부분들 각각을 간단히 살펴볼 것이다. 그러나 피드백 고리를 통해 정서가 기억에 저장되고, 학습된 반응을 유발하는 환경과의 상호작용을 통해 인출되는 방식에서 그 외 다른 뇌 영역 역시 관련되어 있다는 것을 마음에 새겨야 한다.

편도체는 정서의 저장·코딩·감지(Deak, 2011) 및 정서의 생성(Levy, 2009)에서 역할을 한다. Franks(2006)는 편도체가 뇌의 감각피질 영역으로 직접 가는 경로를 통해 느낀 정서의 강도를 억제할 수 있다고 하였다. 정서에서 편도체의 중요성이 의미가 있는데, 편도체가 "시상하부와 신피질 사이에서 다른 영역들보다 정서에서 보다 일관되게 관련되기 때문이다. 그러나 모든 정서에 관여하는 것은 아니며 주로 변연계의 외부 영역에서 끌어낸다."(p. 50)

Deak(2011)은 정서적 경험의 회상 또는 상상하기가 뇌섬을 활성화시킨다고 하였다. 그는 유기체가 위협을 느낄 때 뇌섬이 운동 감각 반응과 협응하고, 혐오와 같은 정서를 다른 것과 식별하고, 느낀 정서를 의식할 때 정서의 강도를 조절하는 데에서 중요한 역할을 한다고 제안하였다. 전측 대상회피질은 정서를 모니터링, 평가, 조절하는 데에서 중요한 역할을 한다(Deak, 2011). 안와전두피질은 '자극에 정서적 가치 및 동기적 가치'를 부여하는 역할을 하며(Deak, 2011, p. 75), 정서를 느끼는 동안에 활성화된다(Berridge & Kringelbach, 2013). 배측 전두피질은 인지 및 기억과 정서적 경험을 통합하는 역할을 한다(Deak, 2011). 정서를 느끼는 것은 피질하 영역, 특히 '중격의지핵(NAc)과 배쪽 창백의 핫스폿(hotspot) 회로'에서 더 많이 일어나는 것으로 보인다(p. 294).

마지막으로, 정서와 관련된 인지에 몰두하려면 의식적으로 정서적 자각이 되어야 한다(Franks, 2006). 이러한 인지는 우리가 지각하고, 주의를 기울이고, 평가하고, 피드백 고리를 거쳐서 기억 저장고에 정서를 나타내는 방식을 중재하고, 또한 느낀 정서의 미래와 관련된 학습과 경험에 미치는 영향을 중재한다(Franks, 2006). Franks(2006)는 "정서적 경험과 관련된 신체적인 느낌은 비유적으로 말하자면, 각별하고 그리고는 유사한 상황이 다시 발생했을 때 기억을 검색한다."(p. 57)고 쓰기도 하였다.

신경과학을 통한 대인관계 과정의 이해

대인관계 과정(interpersonal process)이라는 용어의 정의는 모호하다. 일부 정의는 대인관계 측면에 초점을 맞춘 반면에 과정의 요소에 초점을 맞춘 정의도 있다. 이 장에서는 대인관계 과정을 상호 간의 정보 주기 그리고/또는 받기가 일어나는 두 명 이상의 사람 간의 상호작용이나 관계라고 정의할 것이다. 정보의 주기 그리고/또는 받기(즉, 메시지 보내기와 피드백 받기)는 성격 특성, 이전의 경험, 관계의 패턴(애착 양식)에 따라 좌우된다.

애착

대인관계 과정의 핵심은 개인들 사이에 존재하는 상호작용과 관계이다. Giles, Glonik, Luszcz, Andrews(2005)는 정신장애 및 신체장애의 발달과 처치는 사회적 상황과 관계에 의해 영향을 받는다고 지적했다. 이러한 관계에서 애착은 많은 연구에서 자기 조절의 발달, 미래의 관계 및 기능적 관계가 있는 뇌발달에서 핵심이라고 설명된다(Schore & Schore, 2008; van der Kolk, 2003). 놀이와 애착의 중요성은 van der Kolk(2003)에 의해 주목되었는데, 그는 "정상적인 놀이 및 탐색 활동이 발달하려면 달래주기(soothing)와 자극 간에 균형을 맞추어 제시해서 아동의 생리적 각성의 조절을 도와주는 애착 대상의 존재가 필요하다."(p. 295)고 말한다.

애착 신경생물학의 영역은 기능적 그리고/또는 역기능적 대인관계 과정에 대한 최선의 설명 중 하나로 제시되고 있다. 아동과 양육자 간의 조율은 애착의 필수 요소이다(Schore, 2009a; Schore & Schore, 2008). 조율이 될 경우 아동의 고통에 대한 양육자의 반응은 아동의 행동적 조직에 영향을 미친다. 양육자의 반응이 긍정적 또는 적절할 경우, 아동의 뇌는 의도된 방식 안에서 자극되고 뇌는 친사회적 상호작용 쪽으로 연결된다(Perry, 2009; van der Kolk, 2006). 양육자가 아동의 요구에 반응하지 못하거나 반응이 역기능적이었다면, 애착에 필요한 뉴런과 관계의 발달을 적절하게 자극하는 데 실패한다. 시간이 흐르면서 친사회적 상호작용을 향해 준비된 뉴런이 자극받지 못하면, 뇌는 이러한 뉴런이 불필요한 것으로 보이기 때문에 가지치기를 할 것이다(Schore, 2001). 그러므로 적절한 자극은 뇌의 의도된 조직화, 성격, 미래, 관계의 기능적 패턴이라 불리는 것들로 이어질 것이다(Schore, 2003; Siegel, 1999). 자극의 부족은 잠재적으로 역기능적인 성격과 관계의 불편한 패턴과 함께, 와해되고, 실조된 뇌로 이어질 것이다.

정서적 조율

Schore(2000, 2009b)는 애착된(즉, 적절하게 자극받은) 뇌에서 자신의 우뇌 이중 피질변연 자율 회로(right-brain dual corticolimbic autonomic circuits)를 설명하면서, 우반구가 유입되는 감각 정보의 처리에 관여되어 있는데, 이는 궁극적으로 정서적 조절로 마무리된다고 하였다. Schore(2000, 2009b)에 따르면, 우뇌에는 정서를 관리하는 두 가지 유형의 회로가 있다. 측면 피개 회로는 부정적 정서, 회피 기제, 수동적 대처를 관장한다. 복측 피개 회로는 긍정적 정서, 접근 기제, 적극적 대처를 관장한다. 특정의 뇌 구조에 관여된 것은, 활성화의 순서대로 다음과 같다. 감각 정보를 제공하는 자율신경 체계, 투쟁-도피-동결 반응을 만들어내는 편도체, 사회적 단서를 해석하는 대상회, 실행 통제를 제공하는 안와전두피질이다(Schore 2000, 2009b). 애착이 붕괴되거나 애착이 발생하지 않을 때(즉, 적절한 자극의 부족), 복측 피개 회로가 관계의 역기능적 패턴에 의해 영향을 받는다. 따라서 접근 과정이 붕괴되고, 회피 과정은 무감각해진다(Schore, 2000, 2009b).

애착혼란

지금까지 애착혼란(attachment disturbances)은 양육자의 적절한 조율과 상호작용의 부족(즉, 관계외상, 학대와 관련되지 않은)에서 초래한다고 설명되어 왔다. 애착장애는 방임, 신체 학대·정신 학대·성적 학대, 자연재해뿐 아니라 가정 학대를 목격하거나 약물남용 또는 정신건강 문제가 있는 양육자와 함께 사는 것처럼 간접적인 원인에 의해서도 발생한다.

Zeanah와 Boris(2000) 그리고 Zeanah와 Smyke(2009)는 애착장애 범주에 대해 독특한 접근을 제시한다. 이들은 애착장애 분류에 대한 전통적 방법이 관계 특정적, 안정 기반 애착 왜곡(secure base attachment distortions)을 정확하게 기술하지 못한다고 하였다. 방해받은 관계 패턴(disturbed relationship patterns)에 대한 Zeanah와 Boris(2000)의 분류에는 자기-위험(self-endangerment), 경계/과잉순응, 역할전도 유형이 있다. 이 유형들은 붕괴된, 그리고/또는 양가적 애착 패턴과 혼동되기 쉬우며, 양육자가 정신질환이 있거나, 물질남용장애가 있거나, 또는 가정 폭력을 경험할 때 양육자-아동 상호작용 때문에 발생한다. 정상적인 애착과 애착장애에 관여하는 신경생물학적 과정과 뇌 영역은 애착 왜곡에도 관여한다. 그러나 애착 부족 때문에 발생된 결핍은 왜곡보다는 장애가 더 심각할 것이다.

관계적 학대와 비관계적 학대로 인한 아동기 애착장애는 성인이 되어서의 정신건강 문제와 마찬가지로 향후 아동기 발달적 문제와 같은 것이라고 보는 연구가 많다(Coates, 2010; Neigh, Gillespie, & Nemeroff, 2009; Nelson, Bos, Gunnar, & Sonuga-Barke, 2011; Stirling, Amaya-Jackson, & Amaya-Jackson, 2008). 종단 연구인 유해한 아동기 경험 연구(Anda et al., 2006)는 만성적이고 신체적인 건강 문제뿐만 아니라 미래의 정신건강 문제가 생기는 데에서도 부정적 아동기 경험을 시사하고 있다. 애착장애가 발달적 궤도에 미친 부정적 영향에 관한 연구의 증거가 계속 증가하고 있다. 이런 증거를 감안하면 놀이치료사가 애착 관련 문제의 진단과 처치 및 애착 관련 문제가 현재와 미래에 미치는 영향에 대해 정기적으로 계속해서 훈련받는 것이 중요하다.

이제 우리는 정서 조절의 어려움이 약물로 어떻게 치료되는지에 대한 놀이치료사의 기본 지식의 중요성을 살펴볼 것이다. 이 장의 앞부분에서는 정서, 정서 조절, 정서 조절의 어려움에 초점이 맞추어졌다. 이제 우리는 구체적으로 정서 조절의 어려움을 살펴보고자 하는데, 이것이 많은 아동을 놀이치료에 오게 하는 요인이기 때문이다. 정서 조절의 어려움은 수많은 사건으로 인해 발생할 수 있지만, 일정 부분은 예측 가능하고, 외관상 관찰이 가능한 증상이 있다.

놀이치료에서 약물복용 아동

약물을 복용하는 아동 청소년의 수가 증가하는 것은 걱정스럽다. 많은 청소년이 한때는 약물을 복용했던 아동이었고, 많은 성인이 한때 약물을 복용했던 청소년과 아동이었다. 25년 전에는 아동에 대한 약물 사용이 규칙의 예외였다. 이제 약물은 치료 등식에서 흔한 요소가 되었다. 약물은 도움을 줄 수 있으며, 일부 약물은 비교적 부작용이 적다. 그러나 조절 어려움이 있는 아동이 조절을 찾아가는 과정 동안, 부적절한 평가와 진단이 과다한 약물로 이어지는 경우가 아주 흔하다.

단일 기제로 본다면 약물은 개인에게 다소 예측 가능한 부작용을 일으킨다. 복합적으로 약물을 복용하는 사람에게 부작용 역시 복합적이고 예측 불가능하다. 정서적으로 조절 어려움이 있는 아동은 예측 불가능한 부작용을 흔히 보이는데, 그 이유는 뇌 영역의 변화에 덧붙여 흔히 다양한 약물을 복용하기 때문이다. 애착장애 아동에 관한 이 장의 앞부분의 기술에 대해 생각해보자. 애착 문제의 원인에 관계 없이 아동은 조절 문제를 겪고 있기 쉽다. 이 아동들은 신경전달물질 체계뿐 아니라 뇌 역시 변화되어 있고, 약을 복용하면, 애착장애가 아닌 아동과 다르게 반응한다. 신경생물학적으로 약물 연구는 비교적 탄탄하지만, 장애가 없는 성인을 연구 참여자로 이용한 연구가 많다. 발달하고 있는 뇌에 관해 알려진 것이 많고, 발달 중인 뇌의 약물 투여에 대해서도 알려진 것이 많다. 장애가 있는/조절의 어려움이 있는 발달하고 있는 뇌에 대한 약물 투여에 대해서는 덜 알려져 있다.

파괴적 행동장애 아동을 치료하기 위해 사용되는 약물 분류 중에서, 기분 안정제(비전형적 항정신성 약물과 항간질약), 암페타민 정신자극제와 비암페타민 정신자극제 약물, 선택적 노르에피네프린 재흡수 차단제, 알파-2 길항제가 가장 자주 사용된다. 항우울제가 기분 안정을 위해 사용되기는 하지만 다른 약물보다는 덜 사용된다.

비전형적 항정신성 약물은 아동과 청소년의 기분 안정(예 : 공격성, 불안, 성마름)에 가장 흔하게 사용된다. 이 안정화는 몇 가지 신경전달물질 체계(즉, DA, 5HT, NE)(Brambilla, Barale, & Soares, 2003)를 통해 이러한 신경전달물질의 활동을 억제하거나 반감시켜서 수행된다. 가장 흔한 비전형적 항정신성 처방에는 리스페달(리스페리돈), 자이프렉사(올란자핀), 세로켈(퀘티아핀), 게오돈(지프라시돈), 아빌리파이(아리피프라졸), 인베가(팔리페리돈), 사프리스(아세나핀), 라투다(루라시돈)가 있다. 이 약물들의 부작용에는 무기력, 인지적 둔감 및 몽롱함, 정서적 둔감, 대근육 및 소근육 운동 기술 결손, 협응 곤란이 있다.

항간질약 역시 기분(예 : 공격성, 불안, 성마름)을 안정시키지만, 이는 GABA 신경전달 체계를 통해 작용한다(Levy & Degnan 2013). 앞서 언급했듯이 GABA는 뇌의 주요 억제 신경전달물질이기 때문에 GABA가 다른 신경전달물질을 차단하는 체계로 작용하여 기분을 안정시킨다. 이 분류에 있는 약물에는 테크레톨/카바트롤(카바마제핀), 데파코트/데파켄(밸프로 산), 뉴론틴(가바펜틴), 라믹탈(라모트리진), 가비트릴(타이아가빈), 토파맥스(토피라메이트), 트리렙탈(옥스카바제핀)이 있다. 항간질약의 부작용은 비전형적 항정신성 약물과 유사하지만, 이들 약물은 증상이 덜 심각하다.

정신자극제 약물은 과잉행동을 감소시키고 주의력, 집중, 동기를 향상시키는 데 사용된다. 암페타민 정신자극제는 DA의 재흡수를 막음으로써 DA 신경전달물질 체계를 통한 약물의 효과를 수행하는데 DA가 더 오래 남아서 약물의 의도된 효과를 생성한다(Sinacola & Peter-Strickland, 2011). 이 분류의 약물에는 덱세드린(덱스트로암페타민), 데속신(메탐페타민), 아데랄(암페타민 믹스쳐), 바이반스(리스덱스암페타민), 프로비질(모다피닐)이 있다. 비암페타민과 정신자극제 약물 역시 암페타민 정신자극제의 기제와 동일한 기제가 있는데, 여기에는 리탈린/콘서타/메타데이트/메틸린(메틸페니테이트), 썰라트(페몰린), 포칼린(덱스메틸페니데이트), 데이트라나(메틸페니데이트, 페치)가 있다. 이 두 부류의 부작용에는 불안, 성마름, 공격성, 과잉경계, 틱이 있다.

과잉행동 및 관련 증상을 치료하기 위해 사용되는 마지막 분류의 약물은 (a) 스트라테라(아토목세틴)로 주의집중과 과잉행동, 충동성에 도움이 되게 활용되는 선택적 노르에피네프린 재흡수 차단제이며 이는 의도된 효과를 내기 위해 NE가 더 오래 유지함으로써 약물이 작용하게 한다(Sinacola & Peter-Strickland, 2011). (b) 카타프레스(클로니딘)와 테넥스/인투니브(구안파신), 알파-2 작용제는 주의집중, 충동성, 과잉행동 감소에 도움이 된다. 이 약물들은 NE 수용기의 결합 및 활성화를 통해 NE의 활동을 보충해줌으로써 이러한 효과를 낸다(Sinacola & Peter-Strickland, 2011). 이 약물들의 부작용에는 불안, 성마름, 공격성이 있다.

대부분의 놀이치료사는 약물을 처방하지 않지만 자신의 내담자가 약물을 견디는지, 그리고 약물이 도움이 되거나 의도하지 않은 부작용이 있는지에 대해 처방한 사람에게 중요한 정보를 제공하는 위치에 있다.

이 장의 마지막 부분에는 약물 부작용을 극복하는 데 도움이 되는 놀이치료를 보여주는 사례가 제시되어 있다.

놀이의 치료적 힘에 관한 신경과학의 영향

앞에서 뇌발달의 이해를 위한 기초가 제시되었다. 여기에는 정서, 정서 조절, 대인관계 과정의 신경생물학적 기초에 대한 구체적인 내용이 있다. 이 요소들을 함께 생각해보았을 때, 인간이 어떻게 기능하는지에 관해 많은 것을 설명해준다. 이 요소들은 지금의 놀이치료와 신경과학 연구의 통합 상태에 대해 논의하는 발판도 된다. 이 두 분야의 상호작용 및 그 외 관련된 연구가 아직 초기 단계이지만, 신경과학 연구에서 배운 많은 것이 놀이치료의 실행에 적용되고 있다.

이러한 상호작용을 보여주기 위해, Cacioppo 등(2007)은 사회신경과학(social neuroscience)이라는 용어를 사용하여 신경생물학과 사회과학 간의 교차지점을 표현했다. "사회신경과학은 사회적 행동의 이론을 알리고 개선하기 위해 생물학적 개념과 방법을 활용했다."(p. 99) 놀이치료사에게 이 설명에서 가장 중요한 개념은 상호적 관계(즉, 신경생물학이 임상을 알리는 데 사용되고, 임상은 신경생물학적 연구를 알려준다)이다.

그다음 놀이치료와 신경과학을 연결하기 위해 놀이치료에 특정한 연구뿐 아니라 놀이 연구 결과로부터 추론하는 것이 필요하다. 놀이치료에서는 신경과학 연구의 주요 네 가지 영역에서 많이 기술하고 언급하거나 인용하는데, 즉 애착, 외상, 파괴적 장애, 발달장애이다. 아동과 놀이치료사 사이의 상호작용과 관련해서 풍부하고 신경생물학에 정통한 이해를 하려면, 놀이치료사의 행동과 관련된 신경과학 연구를 고려하는 것 역시 중요하다.

이 장을 준비하면서 저자들은 1992년부터 2014년까지의 *International Journal of Play Therapy*(IJPT)에서 신경과학이나 신경생물학적 과정을 참고한 기사를 검색해보았다. 신경생물학이라는 용어와 관련해서 11개 글, 신경에서 유래한 단어는 4개, 뇌는 18개, 인지와 과학이라는 단어는 12개, 정서와 과학 또는 조절이라는 단어는 8개, 행동과 과학 또는 조절이라는 단어는 0이다. 종합하면 우리는 20년이라는 기간에 53개의 기사를 발견하였다. 오래된 과거로 갈수록 찾을 수 있는 기사가 적어진다는 것이 놀라운 일은 아니다.

IJPT의 첫 번째 발간에는 애착과 관련된 3개의 기사(Brody, 1992; Glazer-Waldman, Zimmerman, Landreth, & Norton, 1992; Mills & Allan, 1992)가 있다. 초기의 IJPT 기사에서 애착, 안전, 또는 장애는 자기와 자기-타인 관계 개념으로 간단하게 설명되었다. 2006년 초, '외상놀이 척도의 개발 : 어린 아동의 놀이치료 행동에서 관찰에 근거한 외상 충격의 평가'(Findling, Bratton, & Henson)라는 기사에서 애착, 외상, 신경생물학이 나왔으며, Crenshaw와 Hardy(2007)의 글 '놀이치료에서 외상 입은 아동의 침묵을 깨는 데에서 공감의 중요한 역할'이 뒤를 이었다. 지금은 애착 그리고/또는 외상 관련 기사에 대부분 신경생물학적 정보가 포함되는 추세이다. 애착과 외상에 관한 기사에는 노숙자, 자연재해를 겪은 사람, 위탁가정의 아동, 외상적 뇌 손상 아동, 치매가 있는 사람, 가정 폭력에 노출된 아동에 대한 연구가 포함되어 있다. 아동중심 놀이치료와 모래상자는 위의 기사에서 기술된 개입에서 자주 사용되는 치료 양식이다.

놀이와 발달하는 뇌는 '매일매일 : 놀이하기와 배우기'(Kaufman, 1994)라는 제목의 IJPT 기사에서 처음으로 언급되었다. Kaufman은 "생리학자들은 뇌의 다양한 부분의 성장과 그에 상응하는 놀이 관심 간에 밀접한 관계가 있음을 발견했다."(p. 13)고 하였다. 이 기사 이후 뇌발달, 대개는 인지적 발달과 인지적 과정의 용어에서 주로 논의되는데, 정서 조절, 정서적 어려움 및 자기 조절에 초점을 맞춘 수많은 기사와 함께 IJPT 기사에서 자주 볼 수 있다. 몇몇 기사, 대체로 최근 5년 내에 작성된 기사들은 공놀이 및 일반적인 창의성, 신경순차성(neurosequentialing)뿐 아니라 예술 또는 모래놀이를 통한 우뇌 조절의 장점을 탐색했다.

그 외 주목할 만한 신경과학 관련 연구는 치료적 관계를 발달시키는 과정에서 중요하다고 여겨지는 놀이치료사의 특성(즉, 태도나 성향)을 고려한다. Dion과 Gray(2014)는 치료사의 진실성과 조율을 추적하였는데, 이 둘 모두 신경생물학적 토대(즉, 거울뉴런)가 있으며, Crenshaw와 Hardy(2007)는 놀이치료사의 공감에 대해 기술했다. 공감의 신경생물학적 기원은 뇌섬, 전측 대상회피질, 편도체와 관련이 있다(Shirtcliff et al., 2009).

놀이치료 관행에서 신경과학 원리의 미래

미래에 놀이치료사가 무엇을, 왜, 어떻게, 언제, 그리고 어디에서 신경과학 연구를 이용해야 할지를 추론하는 것이 어려운 일은 아니다. 우리가 놀이치료에서 해오던 것의 많은 부분은 신경과학 연구가 뇌 구조와 기제를 설명하기 전부터 존재해 왔다. 오늘날 신경과학은 우리가 놀이치료에서 하는 것이 이론적 근거가 있으며, 놀이가 효과가 있고, 발달 전반에서 일상적인 과정임을 확신시켜 준다. 놀이치료사가 자신의 작업에 신경과학 연구를 통합시켜야 하는 이유는 정상발달과 이상발달, 기능적 행동과 역기능적 행동, 그리고 이상발달과 역기능적 행동, 그리고 장애가 왜 발생하는지를 이해하는 기초가 된다. 신경과학 연구를 읽고 심사숙고하였으면, 그다음은 어떻게 해야 하는지이다. 구체적으로 놀이치료사는 특정한 내담자의 특정한 장애에 대해 신경생물학에 입각한 양식에 관한 연구를 어떻게 적용할 것인가? 그리고 이 연구는 내담자에게 어떻게 도움이 될 것인가? 언제 어디에서 결정을 내리고 언제 어디에서 동시에 발생하는지에 관한 것일 것이다. 놀이치료 진행에서 신경과학 연구는 언제(예 : 치료적 진행에서) 적용되어야 하며, 정보를 어디(어떤 환경, 즉 집단, 가족회기, 개별적으로 또는 가정, 학교)에서 적용하는 것이 최선인가?

신경과학에 관한 글에서 Rushton(2011)은 조기 아동기 교육 및 놀이에 대한 글에서 뇌와 양립하는(brain-compatible) 학급의 개발을 제안하면서 신경생물학에 입각한 임상의 실행을 기술하였다. 그는 이 개념을 아동이 스스로 선택할 수 있고, 교사가 진행 중에 과정을 수정하고, 그리고 융통성 없고, 획일적인 접근으로 교육받는 아동이 없는 장소라고 설명한다(p. 92). Rushton의 글은 놀이치료사에게 학급이 있는 것은 아니지만 놀이실을 갖추고 있기 때문에 다음의 질문이 타당한 것 같다. 즉, 놀이실은 뇌와 양립하는가? 언급된 일반적인 지침을 충족하는가? 놀이치료사가 아동중심 접근으로 작업을 한다면, 대답은 '예' 일 것이다. 그러나 지시적이고 매뉴얼로 되어 있는 접근을 이러한 지침과 비교했을 때 어떻게 평가하겠는가?

치료 모델과 진단에 대한 신경과학의 최근 영향

신경과학 연구가 놀이치료 임상에 더 많은 것을 알려주려면, 구체적인 신경생물학에 입각한 개입이 만들어져야 한다. 벌써 이러한 일이 일어나고 있는 영역의 예를 몇 가지 들어보면 치료에 대해 신경 순차적 모델의 사용(Perry, 2009; Perry & Hambrick, 2008), 치료놀이[1](Booth & Jernberg, 2009), DIR/플로어타임(Weider & Greenspan, 2003, 2005)이다. 진단에 신경생물학적 관점을 포함시키는 데에서, 정신질환의 진단 및 통계편람, 제5판(DSM-5)(APA, 2013)에는 대부분의 장애에서 신경생물학적 연구 결과가 포함되어 있다. 불행하게도 van der Kolk(n. d.)가 '복합된 외상 이력이 있는 아동을 위한 합리적인 진단'이라고 간주하는 발달외상장애는 승인받지 못했으며, 따라서 DSM-5에서 배제되었다.

놀이치료가 최근에 신경생물학에 입각한 임상을 받아들이고 있지만, 우리는 여전히 배우고 적용시켜야 할 것이 많다. 단기 목표는 연구자로서의 놀이치료사가 새로 나오는 신경생물학에 입각한 개입(예 : AutoPlay; Grant, 2012)을 탐색하고 이 개입의 유용성과 적용 가능성을 알아야 한다. 중기 목표는 아동이나 청소년, 부모, 또는 놀이치료사이든지 간에 신경생물학에 입각한 모든 양식에 관해 신경과학에 초점을 맞춘 양적 연구와 질적 연구를 수행하는 것이 될 것이다. 마지막으로 장기 목표는 이미 개발된 이후에 탐색보다는 연구 결과에 기초해서 신경생물학에 입각한 양식을 개발하는 것일 것이다.

놀이치료 임상에서 신경생물학적 연구의 적용

 대니얼

대부분의 8세 아동처럼 대니얼은 노는 것을 좋아한다. 그러나 이러한 사실은 대니얼이 놀이치료회기에 온 6개월 이후까지는 분명하지 않았다. 6세 이후 대니얼은 학교와 집에서 문제를 겪었다. 가정에서 그의 생활은 안정적이었지만 양육자인 엄마와 할머니는 낮은 임금의 일을 하였고 여웃돈이 거의 없었다. 학교에서 대니얼의 문제가 심해지면서 엄마는 그를 지역의 정신건강기관에 데리고 갔다. 그는 ADHD 때문에 자극제를 처방받았다. 안타깝게도 약물은 그를 극도로 예민하고 공격적으로 만들었다. 그 후 병원 방문에서 그는 기분 안정제인 발프로산을 처방받았다. 그의 기분은 안정되지 않았고, 몇 달 후에 발프로산의 용량을 늘렸다. 몇 달이 지난 후 그는 몸무게가 18kg이나 늘었으며 무기력하고 인지적으로도 둔해졌다. 손 떨림도 나타났고, 대근육 및 소근육 기술에도 문제가 생기기 시작했다. 성적은 떨어졌으며, 학년 말에는 진급하지 못했다. 엄마는 대니얼이 상담을 받는 아동 상담사와의 회기가 도움이 되지 않는다고 생각했고, 그래서 놀이치료를 받을 수 있는

---

1   치료놀이는 치료놀이기관(The Theraplay Institute)의 등록된 서비스 마크이다.

지역의 비영리기관으로 대니얼을 데리고 갔다.

　여름 동안에 대니얼은 매주 놀이치료를 받았다. 첫 회기 동안에 놀이치료사는 대니얼이 너무 무기력해서 깨어 있기가 어려운 상태라는 것을 알아챘다. 깨어 있는 동안에 장난감을 갖고 놀려고 할 때에는 조작을 할 수 없었고, 좌절되었고, 장난감을 내던졌다.

　양육자의 동의를 얻은 후에 회기와 회기 사이에, 놀이치료사는 대니얼의 의사에게 전화를 했다. 대니얼이 겪고 있는 부작용에 대해 의사가 알고 있는지 확인하려는 것이었다. 의사는 놀이치료사가 알려준 것에 대해 고마워했지만 대니얼의 약물을 유지하기로 하였다.

　그다음 회기에 놀이치료사는 큰 조각들로 이루어진 간단한 퍼즐을 도입했다. 치료사는 최근에 창의성과 우뇌, 그리고 우뇌가 동기화시키고 민첩하게 만든다는 것에 관한 기사를 읽었었다. 치료사가 퍼즐을 채워 나가기 시작하자 대니얼이 과정에 참여했다. 회기가 끝날 즈음에, 치료사는 대니얼이 정말로 민첩해졌다는 것에 주목했다.

　이어지는 회기는 게임, 미술, 모래상자로 시작되었고 각 회기에서 대니얼은 더 민첩해지고 자신감이 더 생기고, 그래서 더 많은 탐색과 더 많이 놀 수 있게 되었다. 또한 대니얼이 좀 더 민첩해지면서 놀이치료 과정에 더 많이 몰입했다. 시간이 지나면서 양육자는 대니얼의 전반적인 기분의 변화에 주목했다. 그는 순응이 많아졌고 좀 더 동기유발이 되었다.

　이것은 치료사가 내담자를 돕기 위해 신경생물학 연구에서 배운 개념을 활용한 한 가지 방법일 뿐이다. 수년 동안 이 놀이치료사가 함께 작업했던 많은 내담자가 약물을 복용했었다. 약물에 따라 놀이치료사의 일부 내담자는 인지적 몽롱함·인지적 둔화·정서적 둔화·무기력·대근육 기술 및 소근육 기술 손상·전반적인 협응 곤란·초조함·공격성처럼 약물로 인해 야기된 증상이 나타났다. 놀이치료사는 회기가 시작되기 전에 준비(민첩해지는 것)가 되어야 하는 아동도 있고, 놀이치료실을 나가기 전에 진정시키는 것(흥분 가라앉히기)이 필요한 아동도 있고, 둘 다가 필요한 아동이 있다는 것을 신경과학 연구에서 배웠다. 신경과학 연구에서 배운 대로 하는 임상에 참여함으로써 내담자는 회기로부터 더 많은 도움을 받았다.

　많은 게임과 활동이 앞서 언급된 증상이 줄어들게 돕는 데 유용하다. 회기에서 필요할 때 그리고 시간이 지나면서 아래 목록의 활동으로 회기를 시작하고 회기를 끝낸다면, 놀이치료사는 아동의 뇌가 복용하고 있는 약물의 부작용을 빠르게 지나치면서 내담자의 기분, 에너지 수준, 동기에서 전반적인 개선이 있음을 알아챌 것이다.

- 인지적 몽롱함 : 간단한 게임(집중하려는 노력이 필요함), 짝 맞추기 게임과 카드 게임, 퍼즐, 미로, 추측 게임, 매달기 놀이
- 무기력 : 경험적 활동, 걷기, 흔들기, 돌차기 놀이
- 정서적 둔감 : 리듬감 있는 활동, 춤, 음악, 독서요법, 미술(안내된, 표현적 또는 추상적), 유머, 만화
- 대근육 기술 : 손가락 페인팅, 만들기, 훌라후프, 레고, 블록놀이, 마블, 젠가

- 소근육 기술 : 비즈, 파스타처럼 줄 엮기, 막대 집기, 티들리윙스(작은 원반의 한쪽 끝을 눌러 컵 등에 넣는 놀이), 조작 게임, 고리 던지기 게임, 낚시 게임
- 불안 또는 공격성 : 모래상자, 찰흙 작업, 리듬감 있는 활동, 음악

결론

앞에 있는 사례에서 우리는 내담자의 약물 부작용 극복을 돕기 위해 놀이치료 항목과 활동이 어떻게 활용될 수 있는지를 보았다. 이러한 활동은 내담자가 가장 필요로 하는 도움을 주기 위해, 놀이치료회기 중 필요한 부분에 배치할 수 있을 것이다. 일반적으로 그리고 도움도 되려면, 야외 활동이나 걷기가 앞서 언급한 많은 약물 부작용의 경감에 이용될 수 있다. 햇볕 쬐기와 신선한 공기는 뇌의 자각을 촉진시킨다. 치료 과정에 자연을 연루시키는 것은 자유롭게 거닐고, 상호작용하고, 알아가고, 환경을 탐색하는 타고난 동인을 이끌어낸다.

참고문헌

American Academy of Pediatrics, Stirling, J., Jr., Committee on Child Abuse and Neglect and Section on Adoption and Foster Care, American Academy of Child and Adolescent Psychiatry, Amaya-Jackson, L., & National Center for Child Traumatic Stress, Amaya-Jackson, L. (2008). Understanding the behavioral and emotional consequences of child abuse. *Pediatric, 122*(3), 667-673.

American Psychiatric Association. (2013). *Diagnostic and statistical manual of mental disorders* (5th ed.). Washington, DC: Author.

Anda, R. F., Felitti, V. J., Walker, J., Whitfield, C. L., Bremner, J. D., Perry, B. D., & Giles, W. H. (2006). The enduring effects of abuse and related adverse experiences in childhood: A convergence of evidence from neurobiology and epidemiology. *European Archives of Psychiatry and Clinical Neurosciences, 256*(3), 174-186.

Association for Play Therapy. (2001). Play therapy. *Association for Play Therapy Newsletter, 20*, 20.

Berridge, K. C., & Kringelbach, M. L. (2013). Neuroscience of affect: Brain mechanisms of pleasure and displeasure. *Current Opinion in Neurobiology, 23*(3), 294-303.

Booth, P. B., & Jernberg, A. (2009). *Theraplay: Helping parents and children build better relationships through attachment-based play* (3rd ed.). San Francisco, CA: Jossey-Bass.

Brambilla, P., Barale, F., & Soares, J. C. (2003). Atypical antipsychotics and mood stabilization in bipolar disorder. *Psychopharmacology, 166*(4), 315-332.

Brody, V. A. (1992). The dialogue of touch: Developmental play therapy. *International Journal of Play Therapy, 1*(1), 21-31.

Cacioppo, J. T., Amaral, D. G., Blanchard, J. J., Cameron, J. L., Carter, S., Crews, D., & Quinn, K. J. (2007). Social neuroscience: Progress and implications for mental health. *Perspectives on Psychological Science, 2*(2), 99-123.

Coates, D. (2010). Impact of childhood abuse: Biopsychosocial pathways through which adult mental health is compromised. *Australian SocialWork, 63*(4), 391-403.

Crenshaw, D. A., & Hardy, K. V. (2007). The crucial role of empathy in breaking the silence of traumatized children in play therapy. *International Journal of Play Therapy, 16*(2), 160-175.

Deak, A. (2011). Brain and emotion: Cognitive neuroscience of emotions. *Review of Psychology, 18*(2), 71-80.

Dion, L., & Gray, K. (2014). Impact of therapist authentic expression on emotional tolerance in synergetic play therapy. *International Journal of Play Therapy, 23*(1), 55-67.

Findling, J. H., Bratton, C. B., & Henson, R. K. (2006). Development of the trauma play scale: An observation-based assessment of the impact of trauma on play therapy behaviors of young children. *International Journal of Play Therapy, 15*(1), 7-36.

Franks, D. D. (2006). The neuroscience of emotions. In J. E. Stets & J. H. Turner (Eds.), *Handbook of the sociology of emotions*. New York, NY: Springer.

Frost, J. L. (1998). *Neuroscience, play, and child development*. Paper presented at the meeting of the IPA/USA Triennial National

Conference, Longmont, CO.

Giles, L. C., Glonek, G. F, Luszcz, M. A., & Andrews, G. R. (2005). Effects of social networks on 10 year survival in very old Australians: The Australian longitudinal study of aging. *Journal of Epidemiology and Community Health, 59*(7), 574–579.

Glazer-Waldman, H. R., Zimmerman, J. E., Landreth, G. L., & Norton, D. (1992). Filial therapy: An intervention for parents of children with chronic illness. *International Journal of Play Therapy, 1*(1), 31–42.

Goldsmith, H. H., Pollak, S. D., & Davidson, R. (2008). Developmental neuroscience perspectives on emotion regulation. *Child Development Perspectives, 2*(3), 132–140.

Grant, R. J. (2012). *AutPlay therapy handbook: A play therapy based treatment for Autism Disorder and other developmental disorders.* Springfield, MO: R. J. G. Publishing.

Hudspeth, E. F. (2013). Part I: The medicated, disruptive child in play therapy. *Play Therapy Magazine, 8*(1), 6–11.

Kalat, J. W. (2007). *Biological psychology* (9th ed.). Belmont, CA: ThomsonWadsworth.

Kaufman, B. A. (1994). Day by day: Playing and learning. *International Journal of Play Therapy, 3*(1), 11–21.

Knickmeyer, R. C., Gouttard, S., Kang, C., Evans, D.,Wilber, K., Smith, J. K., & Gilmore, J. H. (2008). A structural MRI study of human brain development from birth to 2 years. *The Journal of Neuroscience, 28*(47), 12176–12182.

Levy, A. J. (2009). Neurobiology and the therapeutic action of psychoanalytic play therapy with children. *Clinical Social Work Journal, 39*(1), 50–60. doi:10.1007/s10615-009-0229-x

Levy, L. M., & Degnan, A. J. (2013). GABA-based evaluation of neurological conditions: MR spectroscopy. *American Journal of Neuroradiology, 34*(2), 259–265.

Mills, B., & Allan, J. (1992). Play therapy with the maltreated child: Impact upon aggressive and withdrawn patterns of interaction. *International Journal of Play Therapy, 1*(1), 1–20.

Neigh, G. N., Gillespie, C. F., & Nemeroff, C. B. (2009). The neurobiological toll of child abuse and neglect. *Trauma, Violence, and Abuse, 10*(4), 389–410.

Nelson, C. A., III, Bos, K., Gunnar, M. R., & Sonuga-Barke, E. J. S. (2011). V. The neurobiological toll of early human deprivation. *Monographs of the Society for Research in Child Development, 76*(4), 127–146.

Panksepp, J. (2003). At the interface of the affective, behavioral, and cognitive neurosciences: Decoding the emotional feelings of the brain. *Brain and Cognition 5*(1), 4–14.

Perry, B. D. (2009). Examining child maltreatment through a neurodevelopmental lens: Clinical applications of the neurosequential model of therapeutics. *Journal of Loss and Trauma, 14*(4), 240–255. doi:10.1080/15325020903004350

Perry, B. D., & Hambrick, E. (2008). The neurosequential model of therapeutics. *Reclaiming Children and Youth, 17*(3) 38–43.

Rushton, S. (2011). Neuroscience, early childhood education, and play:We are doing it right! *Early Childhood Education Journal, 39*(2), 89–94.

Schore, A. N. (2000).Attachment and the regulation of the right brain. *Attachment and Human Development, 2*(1), 23–47.

Schore, A. N. (2001). The effects of early relational trauma on right brain development, affect regulation, and infant mental health. *Infant Mental Health Journal, 22*(1–2), 201–269.

Schore, A. N. (2003). *Affect regulation and the repair of the self.* New York, NY: Norton.

Schore, A. N. (2009a). Relational trauma and the developing right brain. *Annals of the New York Academy of Sciences, 1159*(1), 1189–2003.

Schore, A. N. (2009b). Right-brain affect regulation: An essential mechanism development, trauma, dissociation, and psychotherapy. In D. Fosha, D. J. Siegel, & M. Solomon (Eds.), *The healing power of emotion: Affective neuroscience, development, and clinical practice* (pp. 112–144). New York, NY: Norton.

Schore, J. R., & Schore, A. N. (2008). Modern attachment theory: The central role of affect regulation in development and treatment. *Clinical SocialWork Journal, 36*(1), 9–20. doi:10.1007/s10615-007-0111-7

Shirtcliff, E. A., Vitacco, M. J., Graf, A. R., Gostisha, A. J., Merz, J. L., & Zahn-Waxler, C. (2009). Neurobiology of empathy and callousness: Implications for the development of antisocial behavior. *Behavioral Sciences and the Law, 27*(2), 137–171.

Siegel, D. J. (1999). *The developing mind: Toward a neurobiology of interpersonal experience.* New York: Guilford Press.

Siegel, D. J. (2006). An interpersonal neurobiology approach to psychotherapy: Awareness, mirror neurons, and neural plasticity in the development of well-being. *Psychiatric Annals, 36*(4), 248–256

Siegel, D. J. (2009). Mindful awareness, mindsight, and neural integration. *The Humanistic Psychologist, 37*(2), 137–158.

Sinacola, R. S., & Peter-Strickland, T. (2011). *Basic psychopharmacology for counselors and psychotherapists* (2nd ed.). Upper Saddle River, NJ: Pearson Higher Education.

van der Kolk, B. A. (2003). The neurobiology of childhood trauma and abuse. *Child and Adolescent Psychiatric Clinics of North America, 12*(2), 293–317.

van der Kolk, B. A. (2006). Clinical implications of neuroscience research in PTSD. *Annals of the New York Academy of Science, 1071*(IV), 277–293.

van der Kolk, B. A. (n.d.). *Developmental trauma disorder: Towards a rational diagnosis for children with complex trauma histories.* Retrieved from http://www.traumacenter.org/products/pdf_files/preprint_dev_trauma_disorder.pdf

Wieder, S., & Greenspan, S. I. (2003). Climbing the symbolic ladder in the DIR model through floor time/interactive play. *Autism,*

7(4), 425-435.

Weider, S., & Greenspan, S. I. (2005). Can children with Autism master the core deficits and become empathetic, creative, and reflective? A ten to fifteen year follow-up of a subgroup of children with Autism Spectrum Disorders (ASD) who received a comprehensive developmental, individual-difference, relationship-based (DIR) approach. *The Journal of Developmental and Learning Disorders, 5*(9), 39-60.

Zeanah, C. H., & Boris, N. W. (2000). Disturbances and disorders of attachment in early childhood. In C. H. Zeanah (Ed.), *Handbook of infant mental health* (2nd ed., pp. 353-368). New York, NY: Guilford.

Zeanah, C. H., & Smyke, A. T. (2009). Attachment disorders. In C. H. Zeanah (Ed.), *Handbook of infant mental health* (3rd ed., pp. 421-434). New York, NY: Guilford Press.

32

놀이치료에서 문화 및 다양성의 문제

ELIANA GIL, LEXIE PFEIFER

오르텐시아는 한국인 이민자 가정에 위탁된 후 나의 사무실(EG)에 온 6세 혼혈 아동이다. 오르텐시아는 적응의 어려움과 함께 반항 및 공격 행동을 보인다. 오르텐시아는 위탁부모에게 매우 불손하고, 위탁부모가 말하는 것은 하지 않겠다고 고집을 부린다. 오르텐시아의 선생님은 오르텐시아가 산만하고 피곤해 보인다고 말하였지만, 학교에서의 행동은 통제되지 않았다. 오르텐시아는 내 사무실에 들어오자마자 선반에 놓인 모든 미니어처, 특히 각기 연령이 다르고 인종이 다른 사람의 미니어처를 쳐다보았다. 그리고는 아시아 사람 미니어처를 손에 움켜쥐고 쓰레기통에 넣으며 "이들은 냄새나고 멍청한 사람이에요. 이 방에 두면 안 돼요."라고 말했다. 나는 오르텐시아의 말과 행동에 놀랐고, 즉시 나 자신에게 질문했다 "뭔가를 말해야 하나. 아니면 단순히 반영해야 하나?"

임상 장면에서 문화적 민감성 : 진화하는 연구 영역

현대의 지식은 문화적 렌즈를 활용해서 내담자의 요구에 최선을 다하려는 문화적 민감성과 역량의 영역에서 지속적인 교육을 받게 한다. 문화적 역량의 개념이 우리의 훈련 프로그램과 실행 목표에 잘 통합되어 있기는 하지만, 그것의 실질적인 적용에서는 종종 근시안적이고 제한적이다. 예를 들어 대부분의 전문가 자격위원회는 필수 교육을 바꿔서 문화적 역량에 대한 과정을 포함시켰으며 대부분의 대학원 프로그램 역시 현재 이 주제에 대한 과정을 일상적으로 제공하고 있다. 그러나 필수는 주로 일회성 과정으로, 이 과정이 임상 및 가시적인 방법으로 자기 성찰 및 변화에 대한 시행을 달성하는 데 필요한 경험적 훈련을 항상 포함하고 있는 것은 아니다(Pope-Davis, Coleman, Liu, & Toporek, 2003).

증거가 계속 나타나듯이 치료사는 내담자의 문화적 세계관을 통합하여 자신의 효과성을 극대화해야 한다. 실질적이면서도 관련 있는 지식을 통합하는 것이 중요하다. 우리의 문화적 역량을 부수적인 것으로 분리하기보다는, 전문성 발달의 구조 속에 함께 엮어야 한다. 통합을 향한 추세는 문화적 역량을 모든 정신건강 임상을 위한 일반적인 역량으로 구축해 나갈 것이다.

　　문화적 민감성의 영역에서 전문성 발달은 모든 임상가가 다른 문화에 대한 지식을 먼저 수집해야 한다고 가정한다. 이에 관해서 유용하고 기초적인 지식을 제공해주는 주목할 만한 책들이 있다 (McGoldrick, Giordano, & Garcia-Preto, 2005). 그 후 특정 문화에 대한 책도 나왔다(Boyd-Franklyn, 2006; Falicov, 2013; Lee, 2000). 지식은 학습하는 데 중요하고 도움이 되는 요소이지만 지식은 세심하게 처리되고 실행에 통합되어야 한다. 정신건강 분야가 진화하면서 배움을 위한 전통적인 방법이 도전을 받고 있다. 이 주제와 관련해서 가장 합리적인 것은 문화적 차이에 대한 이전의 의식적 태도 및 잠재의식적 태도와 신념을 스스로 탐색하고, 발견하고, 수정하는 기회가 있어야 한다는 것이다. 치료사는 개인적인 편견과 신념에 대해 반추하고, 임상적 실행에서 문화적으로 민감해지려는 자신의 의지를 반영하도록 격려된다. 이러한 역동은 자신의 언어적 진술을 덜 억제하고, 말이 주로 행동 · 놀이 · 이야기 · 미술과 동반되는 아동과의 작업에서 가장 명백하게 드러난다.

임상 관행에서 문화적 주제에 대한 관심의 역사

정신건강 분야에서는 1973년 베일 회의에서 다문화적 역량 문제가 관심을 끌었다. 문화적 주제에 중점을 두는 문헌이 나오기 시작한 것은 1990년대 후반 이후였으며, 미국상담협회(ACA)와 미국정신의학회(APA)는 다문화 역량에 대한 지침과 윤리 지침을 승인했다(Pope-Davis et al., 2003; Watson, Herlihy, & Pierce, 2006).

　　Sue(2001)는 다문화 역량에 대해 현재 우리가 알고 있는 것을 개념화하는 데에서 선구자였으며, 문화적 역량이 치료사의 인식, 지식, 기술의 세 가지 구별된 영역이 있다고 제안했다. 첫째, 치료사는 자신의 문화적 가설 및 가치를 알아야 하며 이것이 내담자의 문화적 가설 및 가치와 상호작용하는 방식을 인식해야 한다. 둘째, 치료사는 다른 문화에 대한 지식 및 유럽계 미국의 지배 체계와 상담(일반적으로 서양식 임상실행)이 문화적 소수자에게 어떻게 영향을 미치는지에 관한 지식이 있어야 한다. 셋째, 치료사는 내담자의 요구를 가장 잘 충족시키기 위해 체계적으로 개입하려는 의지뿐 아니라 폭넓은 범위의 기술(특히 언어적 · 비언어적 의사소통 기술의 개발)을 사용해야 한다. 이 세 가지 영역 요소는 다문화적 역량에 관한 문헌에서 근간이 되어 있다(Beckett & Dungee-Anderson 1997; Carney & Kahn, 1984; Sue, 2001).

　　이 외에 Sue(2001)는 임상가에게 4개의 체계 수준(개인, 직업, 조직, 사회)과 5개의 문화 집단(아프리카계 미국인, 아시아계 미국인, 라틴/스페인계 미국인, 원주민 미국인, 유럽계 미국인)을 고려할 것을 장려하였다. 문화적으로 유능한 임상가는 각 체계가 내담자의 문화적 경험에 미치는 영향을 고려하고, 문화적 역량이 문화적 집단에 따라 의미가 각기 다를 수 있다는 것을 인식한다. 개인적 · 전문성 · 조직 · 사회적으로, 우리는 우리의 민족 중심적인 가치 그리고 이것이 치료, 윤리, 임상, 유능성의 정의에 어떻게 영향을 미치는지를 인식해야 한다.

　　그 외 다른 유능성(역량) 역시 소개되고 있는데, 여기에는 다문화 상담 관계, 동맹 맺기, 다문화 용어와 친숙해지기, 인종 정체성 발달의 과정 이해하기가 포함되어 있다(Constantine, Juby, & Liang, 2001; Sodowsky, Taffe, Gutkin, & Wise, 1994). 문화에 대한 정의는 인종, 민족성, 사회적 계층, 성별, 성적 지향성, 종교를 포함시키는 것으로 확장되기도 했다. 그러나 문화의 포괄적 정의 또는 배타적 정의에 대한 논쟁이 있을 수 있다. Sue(2001)는 포괄적 정의가 소수 인종 및 민족의 뚜렷한 억압 투쟁을 희석시킬 수 있다고 주장하였다. 세 부분으로 된 문화 정체성에는 정체성의 보편적 수준, 집단 수준, 개별적 수준이 포함되어 있다. Sue(2001)는 집단 정체성을 '인종과 민족성뿐만 아니라 연령, 사회적 계층, 성별, 결혼 여부, 성적 지향성, 장애, 지리적 위치, 종교가 포함된 다양한 문화적 정체성의 독특한 혼합'으로 기술하였다. 본질적으로 모든 치료회기는 다문화적 만남이다. 좀 더 포괄적인 개념을 사용하면, 하위문화 역시 특별한 고려사항, 예컨대 게이·장애인·맹인·신체적 결함이 있는 사람의 문화, 군인의 문화, 종교 집단의 문화, 정신질환이 있는 사람의 문화, 부유하거나 빈곤한 사람의 문화로 인정된다.

1990년대 후반, 문헌의 폭증과 다문화 지침 안내가 확립된 이후, 프로그램들은 역량을 위한 구체적인 훈련, 유능성을 평가하는 자격시험, 이 영역에서 지속적인 훈련을 필요로 하는 상담자의 평생교육을 개발해 왔다(APA, 2003; Pope-Davis et al., 2003; Toporek, Lewis, & Crethar, 2009). 이 프로그램들의 공통 요소는 학생에게 백인 인종의 정체성 발달에 대한 교육, 다른 문화에 대한 경험 제공하기, 다문화 연구 및 공동체·사회·문화·정치 체계가 개인에게 영향 미치는 방식에 대한 교육에 집중되어 있다(Pope-Davis et al., 2003).

개념화에 관한 문헌은 풍부하지만 문화 전반에 걸친 치료 모델을 검증하는 경험적 연구는 여전히 부족하다. 지난 수십 년 동안 다문화적 주제에 대한 관심은 무성해졌지만 다문화 세계 공동체에서 우리의 민감성과 효과성을 증가시키려면 여전히 많이 연구되고, 학습되고, 적용이 필요하다. 특히 놀이치료 분야는 다문화적 주제에 관한 탐색, 적용, 연구를 해야 하는 방대한 미개척 영역이다.

놀이치료에서 문화적 쟁점

미국놀이치료협회(APT)는 2010년 2월, 다문화적 역량과 관련된 새로운 정책을 채택하면서 다문화적 역량의 중요성을 지지하였다(APT, 2014). APT의 미션은 협회가 "놀이치료에서 다양성의 인식, 통합, 보호"(APT, 2014, p. 3)를 촉진하고, 조직의 정책이 놀이치료사와 놀이치료사 슈퍼바이저가 문화적 역량을 증진하는 훈련을 받도록 지시할 것을 언급하고 있다.

비언어적이고 보편적인 놀이의 언어에서 능숙함을 감안하면, 놀이치료사는 자신의 문화 전반에 걸친 역량을 증진시키는 독특한 기본 기술을 가지고 있다. 그러나 놀이가 전적으로 보편적인 것은 아니다(Drewes, 2005; O'Connor, 2005). 문화적 태도와 놀이의 사용은 다양하다. 놀이는 어른과 아동이 사용하는 언어이다. 서로 다른 문화 출신의 양육자는 놀이를 단순한 놀이, 일, 또는 안전·도덕·사회적 역할을 지도하는 것으로 볼 것이다(Drewes, 2005). 가장놀이는 전혀 다른 문화의 역할과 상호작용 양식을 보여줄 것이다. 놀이는 많은 문화적 지역 특색이 나온다. 놀이치료사는 놀이 드라마에서 드러나는 미묘한 문화적 차이를 인식하고 반응할 준비가 되어 있어야 한다.

Sue와 Sue(2003)는 "개인적 · 집단 · 보편적 차원이 포함된 내담자 정체성을 인식하고", "치유 과정에서 보편적이고 문화에 특정한 전략과 역할 둘 다를 사용하는 것"이 다문화 상담의 중요한 측면이라고 강조한다(Sue & Sue, 2003, p. 16). 따라서 개인적 차이 및 문화적 차이를 초월하는 내담자의 보편적이고 원형적인 영웅으로서의 여행을 수용하는 동시에, 놀이치료사는 문화 정체성 및 집단 정체성의 표현과 탐색을 촉진하는 방법, 그리고 아동 및 아동 가족과의 작업에서 문화에 특정한 전략을 어떻게 통합할지를 반드시 고려해야 한다.

문화 정체성과 집단 정체성의 표현과 탐색을 촉진하는 것은 체계적 이론을 갖춘 지식과 경험을 통해 증진될 수 있는데, 이는 문화적 맥락에서 행동이 갖는 기능에 대한 인식을 증진시킨다. Sue(2001)에 의해 기술되었듯이, 내담자는 체계의 4개 수준(개인, 전문성, 조직, 사회)에서 존재한다. 또한 내담자는 연령, 가족 배열, 성별, 인종, 민족성, 종교, 사회경계적 계층의 혼합으로 이루어진 가족체계와 그 외 문화체계 안에 존재한다. 체계 이론은 개인의 행동이 체계 전체의 맥락에서 고려되어야 한다고 가정한다(Whitchurch & Constantine, 1993). 따라서 놀이치료사는 내담자가 속해 있는 체계가 내담자의 문화 정체성의 표현이나 억압에 어떻게 영향을 미치는지를 이해해서 자신의 다문화적 역량을 증가시킬 것이다. 이 같은 지식은 내담자에게 체계적으로 접근하려는 치료사의 확신과 의지를 높여줄 것이다. 체계의 적용에 대해 생각하는 적절한 예는 놀이치료사가 내담자의 양육자 및 가족과 상호작용하고 관여시키는 방법에서 볼 수 있다. 양육자는 아동의 문화를 배우는 출처이기 때문에, 치료 과정에서 양육자의 참여가 궁극적인 효과를 위해 중요하다는 것을 인식해야 한다.

영화 '남태평양'에 나오는 노래의 가사가 이 논의에 적절한 것 같다. "그들은 미워하는 것을 배워야만 한다."(Adler & Logan, 1958)는 타인을 기꺼이 받아들이는 아동의 타고난 경향성 그리고 자신 및 타인의 문화 정체성에 대한 아동 인식의 발달에 양육자가 미치는 영향의 중요성에 대한 참조가 된다. 아동이 문화적 둔감성 또는 인종차별을 표현할 때, 이들은 양육자로부터 이러한 태도와 언어적 태도를 배운 것처럼 보인다. Hinman(2003)은 아동이 인종차별적 모욕과 편견에 반응하는 방식을 양육자가 가르치기도 한다고 하였으며 "부모와 놀이치료사가 파트너가 되어 아동이 편견에 대처할 수 있도록 돕는 것이 중요하기 때문에" Hinman은 적절한 선택의 개입으로 가족놀이치료를 추천하고 있다(p. 118). 장기적으로 시행될 기회가 있으면 아동과 양육자가 함께 참여하는 교정적 개입이 있어야 한다.

체계를 고려한 또 다른 적용은 치료사가 내담자의 문화적 체계의 맥락 안에서 양육 행동을 보는 시각이다. 당국에 하는 아동 학대의 보고에서 유색인종 아동이 지나치게 많은 것이 이러한 예시가 될 것이다. 아동 변호사는 이것을 문제로 인식하고 있으며, 문화적 가치가 다른 가정의 위험요인에 대한 반사적인 반응에 대해 신중하게 고려하라고 제안한다. 동시에 사회경제적 수준이 높거나 특권층 가정은 폭력적이 되는 사람의 유형에 대해 식별되지 않는 편견 때문에 임상가가 미온적인 반응을 하게 되어서 아동 학대 보고를 빠트리기도 한다. 내담자의 행동에 대해 체계적 고려 및 개념화라는 중요한 기술을 강조하는 것 외에, 우리는 문화적 역량이 옹호자의 형태에서 사회 행동으로 이어지게 하는 잠재력이 있다고 제안한다. 아동의 대변인은 임상적 역할을 넘어서 문제와 불평등을 지적하며 직접적인 피드백을 통해 교정적 행동을 제시하는데, 그러한 제안이 시도될 수도 시도되지 않을 수도 있다.

놀이치료 맥락에서 구체적으로 나타날 수 있는 미묘한 문화적 차이와 문화 체계적 상호작용의 예에는 어떤 것이 있을까? O'Connor(2005)는 놀이가 반드시 보편적인 것은 아니며, 아동의 문화적 배경에 따라 상황적 차이가 존재한다고 말한다. O'Connor는 직접적인 표현이 일부의 문화적 가치와 일치하지 않는다고도 말한다. 놀이를 정서의 직접적 표현을 위한 교량으로 사용하는 놀이치료사는 정서적 표현의 미묘하거나 간접적인 표현에 가치를 두는 문화로부터 저항이 있다. 심리치료를 전문가 및 의학적 관점으로 보는 일부 문화는 치료사가 일부 놀이 모델을 활용하는 것보다 좀 더 직접적인 역할을 해주기를 기대한다. 성취와 목표 지향성은 간접적인 놀이 접근과 갈등을 일으키는 또 다른 문화적 가치이다. 그뿐만 아니라 가부장적 위계가 강한 문화에서는 편안한 치료사-아동 관계가 혼란이나 저항을 일으킨다.

Drewes(2005)는 가족과 관련된, 특히 자율성 및 이상적인 평등 대(vs) 상호의존성 및 가부장제 간의 범위에서 가정에 관한 다양한 문화적 가치에 민감해야 한다고 제안한다. 놀이치료사는 가족 문화가 사생활 및 신뢰 문제와 어떻게 상호작용하는지도 고려해야 한다(Drewes, 2005). O'Connor(2005)와 Drewes(2005) 두 사람 모두, 정신병 및 정서적 병에 대한 영적 설명 또는 문화적 설명이 존재하고 있으며 이러한 설명에 대한 우리의 인식과 가족의 믿음 수준이 중요하다고 언급한다. 놀이치료사는 언어 장벽 문제도 숙고해야 하는데, Drewes(2005)는 이중언어 아동이 이민자 양육자를 위해 통역을 하는 것이 체계의 문제를 일으킬 수 있다고 언급한다. 마지막으로, 문화의 차이는 물리적 공간의 경계가 다른데, 건강한 경계 대 문제가 있는 경계를 평가할 때 이 점 역시 고려해야 한다(Drewes, 2005).

이들이 놀이치료에 참여하기 때문에 우리는 문화적 쟁점에 대한 인식과 지식을 키워야 한다. 그다음에 가장 어려운 과제는 바로 우리의 인식과 지식을 행동으로 옮기는 것이다. Gil(2005)은 적극적 역량(active competence)을 지식으로부터 행동으로의 단계로 설명하는데, '관심에서, 내적 통제로, 경험에 대한 반응으로, 행동적 시도로, 외부의 피드백을 토대로 이 시도를 재형성하는' 것으로 시작하는 '사고와 반응의 순환 패턴'(Gil, 2005, p. 10)으로 과정을 묘사하였다.

놀이치료 분야에서의 문헌과 연구는 다문화적 역량의 폭넓은 정의 및 동향을 반영하고 있다(Hinman, 2003; Gil & Drewes, 2006; O'Connor, 2005; Penn & Post, 2012). Hinman(2003)은 놀이에 대한 문화 특정적 태도 및 그것의 기능을 검토한 후, 민족성이 다른 양육자와 연합하는 것, 아동의 놀이 평가하기, 놀이치료에서 아동과 함께하기 위한 문화적 인식의 실질적인 적용에 관한 관점을 제시하였다. Hinman은 소수 문화의 아동 평가 및 아동과의 작업에서 정체성은 보편적 영역이라고 하였다. 또한, 양육자와 지역사회로 구성되는 아동의 광범위한 문화적 체계와 작업하는 것의 중요성도 강조하고 있다(Hinman, 2003). 이민자 가정과 작업할 때 평행적 문화 적응 과정이 존재하는지 또는 관계 패턴에 큰 영향을 미칠 수 있는 폭넓은 문화적 적응의 차이가 존재하는지뿐만 아니라 아동 및 양육자의 문화적 적응 수준 또한 평가되어야만 한다.

Chang, Ritter, Hays(2005)는 치료 임상에서 문화적 동향에 대한 놀이치료사의 지각을 평가하기 위해 505명의 APT 회원을 대상으로 조사를 하였다. 문화적 쟁점에 대한 지각과 인식은 다양하였다. 일부는 자신의 소수 민족 내담자와 차이가 없었고 놀이 또한 보편적이라고 믿었다. 그러나 일부는 소수 민족 내담자에 대한 지각과 인식이 커지고, 소수 민족 내담자의 놀이치료에 대해 놀이의 태도 및 양육자의 태도에 차이가 있다고 하였다.

문화적 동향에는 문화에 특정한 놀이 재료의 존재 유무를 소수 민족 아동이 주목했는지, 문화적 정체성을 둘러싼 보다 일반적인 혼란을 보이는지, 신뢰 · 안전감 · 보호와 같은 주제가 제시되었는지, 더 공격적인 놀이를 재연했는지에 대한 관찰이 포함되었다. 또한, 아동이 '다른 문화의 옷을 입으려고 하고 다른 문화의 행동이라고 생각되는 행동을 하는지'에 대해 관찰하였다(Chang et al., 2005, p. 76). 놀이치료사는 소수 민족 양육자에게서 놀이치료에 대한 회의적인 태도와 내담자 가정에서의 역기능을 더 많이 관찰하였다(Chang et al., 2005). 문화적 동향에 대한 놀이치료사의 지각에 대한 질적 검토는 놀이치료 임상가의 편견과 인식 수준을 반영해주기도 한다.

놀이치료에서 문화적 쟁점을 논의하는 사례 및 문헌이 증가하고 있지만, 문화적 소수자와의 놀이치료의 효과에 대한 실증적 지지는 거의 없다. 예를 들어 놀이치료 개입의 효과에 관한 Bratton, Ray, Rhine, Jones(2005)의 메타분석을 보면, 대다수 연구에서 민족성은 보고되지 않았다. 그러나 중국, 한국, 원주민 미국인을 대상으로 한 부모놀이치료 연구(Chau & Landreth, 1997; Glover & Landreth, 2000; Lee & Landreth, 2003)와 푸에르토리코와 대만인을 대상으로 한 집단놀이치료 연구(Martinez & Valdez, 1992; Shen, 2002)가 있다. 앞으로 이러한 연구가 좀 더 필요하다. 놀이치료 연구자는 문화적 다양성의 중요성을 더 많이 고려해야 하며, 놀이치료 실행과 효과에 관한 실증적 연구에서 소수 문화를 대표해야 한다.

놀이치료 문헌에는 문화적 쟁점과 실행에 대한 논의뿐 아니라 다문화 역량 훈련의 개발에 대한 논의 역시 다루고 있다. Vandergast, Post, Kascask-Miller(2010)는 부모-아동 관계치료(CPRT)를 배우는 상급 대학원생을 위한 경험적 훈련 프로그램을 설명하였다. 교육이 있은 후 이 학생들은 시내에 거주하는, 사회경제적 상태가 낮은 가정을 위한 8주간의 CPRT 집단을 이끌었다. 학생들은 이 경험을 자신의 역량을 넓혀준 긍정적 경험이라고 보고하였다. Vandergast 등(2010)은 학생들에게 치료 실행과 사회적 옹호를 훈련시킬 수 있다는 점에서 '서비스를 받지 못하는 집단에 다가갈 수 있는 지역사회 프로그램과 파트너 맺기'를 권장한다(p. 206).

사회적 옹호는 다문화 역량을 강화하는 또 다른 동향이다. Ceballos, Parikh, Post(2012)는 사회적 공정성의 태도와 실행을 개발하는 것의 중요성을 강조한다. 이들은 문화적 인식, 지식, 기술만으로는 충분치 않다고 설명한다. Sue(2001)의 문화적 역량의 좀 더 포괄적인 다차원적 모델과 유사하게 Ceballos 등(2012)은 문화적 편견의 발달과 영속이라는 체계의 본질을 인식하기 위해 다문화적 인식을 확장해야 한다고 설명한다. 강압적이고 불공평한 체계가 내담자의 자기실현에 부과하는 압력을 이해하는 것이 중요하다(Ceballos et al., 2012). 일부 체계의 상호작용과 압력에는 자신의 문화와 다른 문화에 대해 아동이 양육자와 가족으로부터 받는 교육이 포함되는데, 이는 편협하고 인종차별적인 태도와 관점뿐만 아니라 인종차별을 영속화시키는 미묘하고 광범위한 사회적 시각 및 관행의 온상이 된다.

아동 및 양육자와 작업하기 : 문화적 체계 맥락

문화 적응은 문화적 정체성을 둘러싼 혼란을 야기할 수 있으며, 우선시되는 문화 및 현재의 문화에서의 요구가 다를 수 있다는 점에서 아동이 문화 적응을 스트레스로 경험할 수 있다. 이러한 스트레스 요인에는 다르게 보인다거나 다르다는 느낌, 관심이 단절되거나 주목받는 것 같은 느낌, 배워 온 가치와 반대되는 방식으로 행동하거나 또는 허용될 것이라고 생각되지 않는 활동에 참여할 것을 강요받는 것뿐만 아니라 열등감과 외로움이 생기는 것이 포함되어 있다. 아동은 각 문화적 환경에 대해 다른 체계의 반응을 배워서 적응해야 한다. 이러한 예는 놀이치료에서도 볼 수 있는데, 즉 권위적인 지위의 어른을 존경하도록 배웠지만 평등 관계를 구축하기 위해 아동이 이끌거나 시도하는 대로 치료사가 따라가는 놀이치료 문화를 소개받는 경우이다. 어른의 요청에 순응하도록 교육받은 아동이 있는 반면, 거절할 자유가 있다고 느끼는 아동도 있다. 흔히 아동의 표현은 문화에 따라 다르게 여겨지며, 묻는 경우에만 대답하고, 자신의 감정을 속으로 감추고, 가족의 비밀을 깨지 않고 '벙어리 냉가슴'을 배울 수도 있다.

충성심과 보호를 둘러싼 가족의 가치관은 문화 적응의 과정에서 내적 갈등을 불러오기도 한다. 이민자 가정, 특히 서류가 없는 이민자 가정에서는 아동에게 침묵하고, 아무것도 자발적으로 공개하지 말고, 영어를 하는 전문가를 믿지 말라고 교육하기도 한다. 그러므로 이러한 가정의 아동은 놀이에서 경찰관 미니어처를 보호나 안전의 상징이 아닌, 위험이나 걱정의 상징으로 사용할 수도 있다.

임상적 숙고와 준비는 문화적으로 민감하고 자신감 있는 반응으로 이어지며, 놀이치료사가 방심하지 않게 한다. 어떤 구체적인 상황에서 아동은 "경찰은 항상 문제를 일으켜요. 우리가 나쁜 짓을 하는지를 항상 지켜보고 그들이 감옥에 넣을 수도 있어요."라고 말했다. 이 경우 임상적 영향과 의미를 다르게 활용할 수 있는 임상적 반응이 있다. 순수한 아동중심의 반영적 반응은 "경찰이 문제를 일으키고 너를 감옥에 넣고 싶어 하는구나." 하고 경찰에 대한 아동의 관점을 반영한다. 좀 더 직접적인 관점에서는 "때때로 경찰은 문제를 만들고 사람들을 감옥에 넣는구나. 그 외에 경찰이 또 무엇을 하는지 궁금하구나." 또는 "문제를 만드는 것 말고는 경찰이 무슨 일을 하는지 궁금하구나."와 같은 말로 놀이를 확장하는 것이 도움이 될 수도 있다. 이러한 상황은 경찰에 대한 심리교육이 되게 하지만, 복잡한 가족/문화적 쟁점을 수반하기도 한다. 이 경우에 가족 전체를 만나는 것이 최선이다. 치료사는 가족을 치료회기에 초대해서 새로운 나라에 살면서 이들에게 안전감을 주는 것과 이들을 겁내게 하는 것이 포함된 콜라주를 만들게 할 수 있다. 경찰이 부정적인 방식으로 소개될 수 있고, 가족의 경험을 무시하거나 항의하지 않으면서 탐색해 나갈 수도 있다.

즉, 문화적 편견과 가치를 다루기 위해 반영적이고 비지시적인 반응에서부터 좀 더 직접적인 교육이나 도전적인 입장으로 이동하는 연속선에서 치료사가 자신의 반응을 숙고하면 도움이 된다. 가지고 있는 반응이 유연하고 목적에 맞게 적용된 것은 아동의 안목을 키우는 데 도움이 될 것이다.

문화-포괄적인 놀이치료실 구축하기

아동은 문화적 쟁점이 관련된 놀이치료 환경에 주목한다. 아동은 놀이실에 무엇이 있고 무엇이 없는지에 주목한다. 이것은 놀이치료사에게 특정 장난감이나 게임을 구비해 놓으라는 용감한 요청을 하는 대부분의 아동에게서 분명하다. 치료사는 아동이 사무실 문을 열고 들어와서 떠나는 그 순간까지 환영과 따뜻한 태도의 소통이 되도록 조심해야 한다. 벽에 걸린 미술 작품에서부터 대기실의 잡지 선반에 있는 책에 이르기까지, 문화적 다양성에 마음을 기울이고 있다는 것을 보여주는 기회는 많다. 문화적 민감성을 보여줄 수 있는 또 다른 간단한 방법에는 음악, 섬유직물, 베개의 장식과 같은 섬세한 이미지가 있다. 이것은 문화적 주제에 마음을 쓰고 있음을 보여주는, 작지만 구체적인 방법이며 배경이 다른 모든 아동에게 환경을 확대한다. Hinman(2003)은 "많은 문화에 대해 생각을 전달하는 장식품은…… 소수 민족 내담자가 자신의 삶에서 이러한 차원을 탐색하도록 격려하는 역할을 한다."(p. 117)고 언급한다.

놀이치료 사무실은 치료사와 아동이 언어적 및 비언어적으로 의사소통하는 장소이다. 일반적으로 치료사는 놀이실을 만들고, 목적을 가지고 또는 가벼운 마음으로 선택하는 장난감을 통해 놀이치료와 아동에 대해 어떻게 느끼는지를 의사전달한다. 대체로 놀이치료 분야가 발전한 초창기에 만들어진 장난감 목록을 고수하고 있지만, 다른 유형의 장난감을 포함시키는 놀이치료사도 있다(Axline, 1981; Landreth, 2002). 장난감뿐만 아니라 여러 피부색이 가능하다는 것을 입증하기 위해, 아동에게 미술 재료 주는 것을 심사숙고하는 것 역시 중요하다.

아동에게 모래치료 작업을 활용하는 치료사에게는, 미니어처의 선택을 심사숙고하는 것 역시 중요하다. 전통적으로 모래치료사는 삶에 있는 모든 상징이 포함되도록 자신의 모래치료 수집품을 도입하는 경향이 있다(Homeyer & Sweeney, 2010). 전형적인 수집품에는 모든 것을 포괄할 수 있는 모래상자 미니어처 범주들이 포함된다. 예를 들어 동물 분류에는 선사시대 동물, 야생동물, 가축, 상상동물이 포함된다. 또 다른 분류에는 광물(바위, 화석), 식물(식물, 바위, 선인장류), 건물, 운송 수단(차, 비행기, 배), 사람, 영적인 상징, 지구·불·공기·물의 요소가 포함된다. 역사적으로 범문화적 장난감을 찾아내고 구하기가 어려운데, 이는 수요와 공급을 반영하는 것 같다. 그러나 문화적으로 민감한 독서치료의 자원에 따라 범문화적인 모래 피규어 및 장난감의 활용이 증가하고 있다.

아동이 인종차별이나 편견을 보일 때

아동이 문화적 다양성에 대해 긍정적 또는 부정적 언급을 할 때 이에 반응하고, 반영하고, 개입할지를 아는 것이 중요하다. 여기 몇 가지 사례가 있다.

- 8세 된 아프리카계 미국 소년은 "스페인 사람은 냄새나고 도둑질을 한다고 우리 엄마가 말했어요."라고 말한다.
- 6세 된 스페인계 소녀는 "나는 그것을 할 수 없어요. 중국인 소녀만이 A를 받을 수 있다고 내 친구가 말해요."라고 말한다.
- 16세 된 백인 소녀는 "흑인 아이는 자랑하기 위해 백인 소녀와 성관계를 원할 뿐이에요. 나는 흑인 아이가 절대로 내 몸에 손을 대지 못하게 할 거예요!"라고 말한다.
- 12세 된 아시아계 소년은 "학교에 피아노를 치는 남자아이가 있는데, 나는 그 아이가 게이라고 생각해요. 그 아이가 나에게 이상한 짓을 하지 못하게 절대로 그 아이와 놀지 않을 거예요."

이런 진술문을 읽는 것이 불편함을 일으킬 수 있지만, 이는 놀이치료에서 발생할 수 있는 일이다. 문제는 어떻게 반응하는가이다. 아동의 지나가는 말에 그냥 넘어가거나 무시하는 치료사도 있고, 간단하게 반영하는 사람도 있고, 대화를 지도하거나 심리교육을 제공해야 하는 중요한 것이라고 느끼는 사람도 있다. 치료사의 편안함 수준이 잠재적인 반응을 결정한다. 문화적으로 민감하게 반응하도록 배우는 것이 중요하다.

시작할 때 소개한 아동, 오르텐시아는 치료회기에서 인종차별적인 관점을 분명히 나타내었다. 어린 아동은 대개는 양육자, 교사, 인쇄매체, TV, 인터넷, 또래를 포함해서 타인의 영향으로 인해 이러한 관점을 얻게 된다. 이들은 생각이나 느낌에 영향을 주는 직접적이고 부정적인 경험을 했을 수도 있다. 만약 아동이 다른 문화의 아동에게 괴롭힘을 당한다면, 그 문화를 공유하는 다른 아동에 대해서 공포나 걱정을 발달시킬 수도 있다.

편견 있는 말과 행동의 반응에서 임상가의 역할

편견이 섞인 말이나 행동에 대한 반응에서 치료사는 반영적 태도부터 좀 더 직접적인 교육 또는 탐색의 위치에 이르기까지 연속선상의 어딘가를 선택할 것이다. 치료사가 어떻게 반응할지, 그리고 아동이나 양육자에게 직접 반응할 것인지는 항상 주의 깊게 고려해야 한다. 우리는 앞서 제시한 것과 같은 말을 들을 때 임상가는 자기 성찰을 해야 한다고 제안한다. 이러한 논평의 일부는 사회 정의의 주제와 관련되지만, 이것의 대부분은 편견, 고정관념, 인종차별주의에 근거하고 있다.

 처치에서 문화적 쟁점의 사례

오르텐시아가 처음 치료(EG와의 치료)에 왔을 때 6세였다. 오르텐시아는 아프리카계 미국인 아버지와 중앙아메리카 출신의 어머니 사이에서 태어난 막내딸이었다. 오르텐시아는 한부모인 엄마가 방임을 하면서 위탁가정에 맡겨졌다. 오르텐시아는 이민자 한국인 5인 가정, 즉 아버지, 어머니, 5세 이하의 어린아이 세 명이 있는 가정으로 가게 되었다. 오르텐시아는 엄마와 헤어지게 된 것에 화가 나 있었고 엄마를 걱정했다. 전형적인 역할 전환에서 오르텐시아는 엄마를 돌보는 역할을 취했다. 그러나 위탁가정에서는 위탁부모에게 너무 무례했고, 방에서는 어린아이들을 마구 밀치기도 했다. 마치 위탁가정에서 내쫓기려고 애쓰는 것 같았고 다시 집으로 보내질 것이라고 생각하는 것 같았다. 그녀의 양부모는 인내심이 무척 많고 오르텐시아에게 큰 애정을 가지고 있었다. 오르텐시아 및 위탁부모와의 초기면담에서 오르텐시아가 위탁가정에서 싸움질을 하고 엄마에 대한 지독한 충성심을 유지하는 방식에 대해 솔직하게 이야기 나누었다. 나는 그 점을 이해했고, 오르텐시아의 상황에 대해 위탁부모와 공감을 나누었다. 일이 어떻게 진행되고 있는지 논의하기 위해 나는 매달 그들을 만났고, 그들은 나의 안내와 권유를 기꺼이 받아들였다. 우리는 종종 그들과 오르텐시아 사이에서 벌어지는 힘든 상황을 역할극으로 해보았고, 그들은 미움이나 거부감을 주는 부정적인 메시지를 보내지 않고 오르텐시아의 행동을 교정할 수 있는 구체적인 말(언어)에 수용적이었다.

오르텐시아는 놀이치료에서 문화적 주제에 관해 편협한 시각을 유지하면서, 내 사무실에서 발견한 아시아인 피규어에 강렬한 반응을 보였다. 초기 두 회기 동안, 나의 미니어처 선반에서 아시아 사람 미니어처를 발견하고는 쓰레기통에 그것을 던졌다. 다음의 말을 포함해서 나는 몇 가지 반응을 고려했다.

- "너는 그들의 이름을 부르고, 내가 그들을 방에 두면 안 된다고 말하면서 아시아 사람 미니어처를 쓰레기통에 던지는구나."
- "너는 인형을 쓰레기통에 던지는구나. 그것을 보고 싶지 않은 것 같구나."
- "아시아인 미니어처에 대해 격한 감정이 있는 것 같고 그들을 없애고 싶은 것 같구나."
- "아시아인 미니어처에 대한 강한 생각이 있는 것처럼 보이는구나."

나는 이것을 좀 더 진행하기로 결정하고 "이 아시아 사람은 쓰레기통에 던져진 걸 어떻게 느낄지 궁금해." 하고 말했다. 나는 쓰레기통으로 가서 나의 귀를 갖다 댔다. "기다려." 나는 그녀에게 "그들이 뭔가를 말하고 있어. 그들이 말하는 것이 들려."라고 말했다. 그녀는 쓰레기통에 귀를 갖다 댔고 아무것도 들을 수 없었다. 나는 그녀에게 좀 더 가까이 가서 들어보라고 했고, 여전히 그녀는 들을 수 없었다. "오르텐시아, 만약 그들이 말하는 걸 들을 수 있다면, 그들이 무슨 말을 할 것 같니?"

"그건 쉬워요. 그들은 도움을 요청할 거 같아요." 오르텐시아가 말했다.

"음, 그들은 도움을 요청할 만큼 영리한 것 같구나. 그리고 누군가가 도움을 주러 올 수 있겠구나."

"아무도 그들을 도와주지 않았으면 좋겠어요." 그녀는 "왜냐하면 나는 그들과 살고 싶지 않기 때문이에요."라고 말했다.

"그렇구나." 나는 말했다 "그들이 너의 엄마가 아니기 때문에 좋아하지 않는구나. 그들과 살고 싶지 않구나."

"나는 거기서 사는 게 정말 싫어요." 그녀는 고집했다.

"너는 엄마와 있는 것만 원하는구나."

"네."라고 대답했다.

나는 손을 뻗어 그녀의 손을 잡고, "너는 엄마랑 떨어져 있는 게 정말로 힘들구나."라고 말했다.

그녀는 잠깐 울었고, 눈물을 닦고, "네, 이제 됐어요. 우리 놀아요."라고 말했다. 나는 그녀에게 우리가 함께 놀 수는 있지만 쓰레기통에서 도움을 요청하고 있는 아시아인 미니어처에게 우리가 해야 할 것이 있는지 궁금하다고 말했다. "좋아요. 좋아." 그녀는 재빨리 말했다, "여기에다가 놔둘게요."

"알았어." 나는 "너는 그들이 있을 다른 곳을 찾았구나. 그들을 쓰레기통에서 꺼내기로 했구나."라고 말했다. 나는 이러한 생각에 대해 좀 더 이야기할 방법을 찾아야겠다고 다짐했다. 나는 처음에 생각했던 것처럼 이것이 인종차별적 발언인지 아니면 양육자 역할에서 누구도 수용하지 않겠다는 그녀의 거부를 반영하는 것인지 궁금했다. 흥미롭게도 치료 후반에 오르텐시아의 엄마를 만났을 때, 엄마 역시 위탁부모에게서 이상한 냄새가 나고, '이상한 음식'을 먹는다는 말을 했지만, 그들이 자신보다는 낫다고 생각했다. 오르텐시아의 엄마가 이러한 생각을 오르텐시아에게 전달했다는 것이 분명해졌으며, 뒤이은 가족치료에서는 이러한 인종차별적인 태도에 대한 직접 작업이 일부 포함되었다. 그러는 사이에 나는 인종차별을 좀 더 직접적으로 다루는 것이 오르텐시아의 부모에게 중요하다고 생각했고, 그들이 한국에서 미국으로 이주하면서 겪은 변화를 오르텐시아에게 이야기해주라고 격려했다. 오르텐시아는 경청하였으며 자기 엄마의 경험과 양부모의 가족에 대해 비교할 수 있게 되었다.

가족치료에서 오르텐시아와 친엄마는 자신들의 생각을 표현할 기회가 있었고 이러한 생각을 어떻게 해서 하게 됐는지에 대해 이야기를 나누었다. 재결합 서비스의 허가가 주어지면서, 그들은 곡선으로 둘로 나눠진 종이판에다가 연습을 하였다. 2개로 나뉜 반(1/2) 들이 분리되어서 오르텐시아와 엄마는 떨어져 있던 동안의 자신들의 경험을 인식했다. 두 사람에게 떨어져 있는 동안에 어떤 일이 있었는지를 서로에게 보여주기 위해 콜라주 그림을 이용하게 했다(Gil, 2014). 더디지만 확실히 오르텐시아는 아시아 음식, 아시아인 캐리커처, 코를 잡고 있는 것을 보여주었고, 오르텐시아는 "나, 역겨운 냄새로부터 내 코를 지탱하기"라고 이름을 붙였다. 오르텐시아와 엄마는 웃었다. 나는 그 웃음에 주목하고 "부리토(burritos), 다른 조미료, 다른 냄새에 대해서도 이런 생각을 하는 사람이 있다."라고 말했다. 이것을 다한 후에 이들에게 또 다른 프로젝트를 완성해야 한다고 말했다.

다음 프로젝트는 스페인 사람과 아시아 사람 사이의 문화적 차이에 관한 것이었다. 나는 오르텐시아가 흔하게 일어나지 않는 일, 즉 다른 문화의 가족과 살게 된 것에 대해 알게 했다. 나는 오르텐시아에게, 10대들은 학년이 올라가면서 학교에서 교환 프로그램이 있을 때 가끔 이러한 기회가 있지만 오르텐시아는 위탁가정에 가게 되면서 또 다른 문화를 알아갈 수 있는, 다른 종류의 기회가 있었다고 말해주었다.

우리는, 엄마는 알지 못하지만 오르텐시아가 지금 아시아인에 대해 새롭게 알게 된 것에 대해 이야기를 나누었고, 그녀의 위탁부모도 스페인 사람에 대해 더 많이 알게 되었다. 그리고 우리는 '나의 문화'와 '내가 방문한 문화'라고 이름 지은 2개의 종이판을 만들기 시작했다. 오르텐시아와 엄마에게 다른 사람이 자신의 문화에 대해 어떻게 느낄지에 대해 생각해볼 것, 그리고 TV나 영화에서 스페인계 사람이 어떻게 묘사되는지를 생각해보라고 했다. 그들은 스페인계 사람이 아주 강한 악센트를 가진 재미있는 사람이라고 재빨리 말했다. 또한, 종종 스페인계 사람이 영화에서 아주 나쁜 사람이나 하수인으로 나온다고 말했다. 엄마는 "제니퍼 로페즈도 가정부 역할을 한 번 했었어요."라고 말했다. 그런 후 우리는 아시아인에 대해, 이들이 위탁부모를 만나기 전에 아시아인에 대해 가졌던 인상에 대해 이야기 나누었다. 이들은 아시아인에 대한 고정관념이 있었다. 그러나 아시아인이 '나쁜 사람은 아닌 것 같다'고 곧 인정했다. 영화에서는 아시아인이 똑똑하고, 발명가나 또는 범죄자였다고 말했다. 엄마는 "우리랑 비슷하네. 똑똑한 것만 빼면!" 하고 말했다. 나는 그녀에게 똑똑한 스페인계 사람을 아느냐고 물었고 그녀는 "네, 저의 아버지는 매우 똑똑했고 법을 공부했어요."라고 말했다. 그녀는 나에게 이 활동에 대해 감사하며 "당신이 어떤 노력을 하고 있는지 알아요."라고 속삭였다. 나는 그녀에게 우리 아이들을 편견 없이 기르는 것이 얼마나 중요한 것인지를 말했고 그녀는 동의하며, 그녀의 부모는 자신이 결혼한 아프리카계 미국인 남자와 다르다고 말했다. 나는 "우리는 그것에 대해서도 언젠가는 이야기 나누어야만 해요. 오르텐시아는 당신처럼 스페인 사람으로서의 정체성이 높지만 그녀 역시 반은 아프리카계 미국인이고, 그녀가 그것을 인정하는지는 확신할 수 없어요."라고 말했다. "그건 완전히 다른 이야기군요."라고 엄마가 웃으며 말했고, 나는 이야기를 더 듣기 위해 그녀와 다음 시간을 약속했다.

문화적 역량을 갖춘 놀이치료의 미래

임상가들은 자신의 문화적 태도에 대해 좀 더 적극적이고 지속적으로 탐색해 가면서 문화적 역량을 키우고 확대해 나가는 방법에 대한 관점에서의 전환으로 도움을 받을 것이다. 자기 탐색은 아동과의 작업에서 책임 있고 윤리적인 접근을 발달시키고 문화적 다양성의 주제에 맞추는 첫 번째 단계이다. 이러한 탐색은 지속되어야 하며 임상 적용이 거의 없는 단일 과정이나 훈련만으로 제한하지 않아야 한다. 좀 더 터놓고, 포괄적으로, 불편할지라도 놀이치료의 맥락에서 이러한 주제에 접근하는 방법에 대해 대화해야 한다. 놀이치료 슈퍼바이저는 치료사의 역전이 반응에 기꺼이 도전하면서 문화적 역량이라는 주제에 대해 꾸준히 안목을 키워나가야 한다. 임상적 반작용과 반응은 치료회기에서 즉시 분명해질 때도 있고 치료사 자신의 신념과 세계관을 드러내는 미묘하고 덜 가시적인 방식으로 나타나기도 한다. 슈퍼비전과 자문은 이러한 주제를 다루는 주요한 기회이고, 임상가는 치료 관계에 가져오는 것에 대한 자기 탐색 그리고 더 깊이 이해하도록 격려한다.

결론

놀이치료에서 다문화 역량은 문화적 주제에 대한 인식이 증가하고, 문화적 지식이 증가하고, 기술을 확립하는 것과 연관이 있다. 또한, 인종차별과 편견의 시각이 가족과 그 외 사회적 체계 내에서 어떻게 교육되고 영속되는지에 대한 체계적인 이해와도 연관이 있다. 다문화 역량이란 이러한 지식을 의도적으로 환영하고 포괄적인 놀이치료 환경을 준비하는 데에 통합하는 것이며, 놀이치료에 가족을 연관시키는 것이며, 놀이치료실의 지금-여기에서 그리고 치료사-아동-가족 관계에서 나타나는 미묘한 문화적 차이를 인식하고 반응하는 것이다. 다문화 역량은 아동 및 가족 체계와 마찬가지로 자신의 문화적 정체성에 대한 이해를 향상시키는 것 외에, 드러나고 인식하고 놀이치료에서 나타났을 때 이에 대해 적극적이고 기꺼이 탐색하고 대응하는 것이다.

다문화주의를 철저히 조사하는 것은 치료사와 아동 모두에게 정체성과 확인에 대한 고군분투를 동반한다. 이러한 고군분투를 통해 임상가는 개인적 역량과 전문성 역량을 발달시키고 아동과 가족의 치유를 촉진하는 기회가 된다.

놀이치료사와 내담자는 늙은 거북과 쪼개진 진리(*Old Turtle and the Broken Truth*)(Wood, 2003)에 나오는 어린 소녀와 아주 유사한 여정이다. 이 이야기에서 사람들은 자신이 사랑받고 있다는 것을 확인해주는 쪼개진 진리에 대한 소유를 두고 싸운다. 어린 소녀는 지구 사람들에게 다시 평화를 가져다주는 쪼개진 진리의 잃어버린 반쪽에 대해 늙은 거북으로부터 배우기 위해 먼 여행을 떠난다. 어린 소녀는 "너는 사랑받고 있어. 그리고 그들도 그래."라는 완전한 진리를 발견한다. 이 이야기의 결론은 다음과 같다. "사람들은 보았다. 그리고 보았다. 그리고 보았다. 어떤 사람은 인상을 찌푸렸다. 어떤 사람은 미소를 지었다. 심지어 크게 웃는 사람도 있었다. 어떤 사람은 울었다. 그리고 그들은 알기 시작했다……. 사람들은 자신과 다른 사람을 만나면서 천천히, 자신을 보기 시작했다."(Wood, 2003, pp. 46-48)

참고문헌

Adler E. M. (Producer), & Logan, J. (Director). (1958). *South Pacific [Motion picture]*. USA: Twentieth Century Fox Film Corporation.

American Psychological Association. (2003). Guidelines on Multicultural Education, Training, Research, Practice, and Organizational Change for Psychologists. *The American Psychologist*, 58(5), 377.

Association for Play Therapy. (2014). *Policy governance manual*. Retrieved from http://c.ymcdn.com/sites/www.a4pt.org/resource/resmgr/About_APT/APT_POLICY_GOVERNANCE_MANUAL.pdf

Axline, V. M. (1981). *Play therapy*. New York, NY: Ballantine Books.

Beckett, J. O., & Dungee-Anderson, D. (1997). A framework for agency-based multicultural training and supervision. *Journal of Multicultural Social Work*, 4(4), 27-48.

Boyd-Franklin, N. (2006). *Black families in therapy: Understanding the African American Experience* (2nd ed.). New York, NY: Guilford Press.

Bratton, S. C., Ray, D., Rhine, T., & Jones, L. (2005). The efficacy of play therapy with children: A meta-analytic review of treatment outcomes. *Professional Psychology: Research and Practice*, 36(4), 376-390.

Carney, C. G., & Kahn, K. B. (1984). Building competencies for effective cross-cultural counseling: A developmental view. *The Counseling Psychologist*, 12(1), 111-119.

Ceballos, P. L., Parikh, S., & Post, P. B. (2012). Examining social justice attitudes among therapists: Implications for multicultural supervision and training. *International Journal of Play Therapy*, 21(4), 232-243.

Chang, C. Y., Ritter, K. B., & Hays, D. G. (2005).Multicultural trends and toys in play therapy. *International Journal of Play Therapy*, 14(2), 69-85.

Chau, I. Y., & Landreth, G. L. (1997). Filial therapy with Chinese parents: Effects on parental empathic interactions, parental acceptance of child and parental stress. *International Journal of Play Therapy*, 6(2), 75-92.

Constantine, M. G., Juby, H. L., & Liang, J. J. C. (2001). Examining multicultural counseling competence and race-related attitudes among White marital and family therapists. *Journal of Marital and Family Therapy*, 27(3), 353-362.

Drewes, A. A. (2005a). Play in selected cultures: Diversity and universality. *Cultural Issues in Play Therapy*, 26-71.

Drewes, A. A. (2005b). Suggestions and research on multicultural play therapy. *Cultural Issues in Play Therapy*, 72-95.

Falicov, C. J. (2013). *Latino families in therapy* (2nd ed.). New York, NY: Guilford Press.

Gil, E. (2005). From sensitivity to competence in working across cultures. *Cultural Issues in Play Therapy*, 3-25.

Gil, E. (2014). Reunifying families after critical separations: An integrated play therapy approach to building and strengthening family ties. In D. E. Crenshaw & A. Stewart, *Play therapy: A comprehensive guide to theory and practice* (pp. 353-369). New York, NY: Guilford Press.

Gil, E., & Drewes, A. A. (2006). *Cultural issues in play therapy*. New York, NY: Guilford Press.

Glover, G. J., & Landreth, G. L. (2000). Filial therapy with Native Americans on the Flathead Reservation. *International Journal of Play Therapy*, 9(2), 57-80.

Hinman, C. (2003). Multicultural considerations in the delivery of play therapy services. *International Journal of Play Therapy, 12*(2), 107–122.

Homeyer, L. E., & Sweeney, D. S. (2010). *Sandtray therapy: A practical manual* (2nd ed.). New York, NY: Taylor & Francis.

Landreth, G. L. (2002). *Play therapy: Art of the relationship* (2nd ed.). New York, NY: Taylor & Francis.

Lee, E. (2000). *Working with Asian Americans: A guide for clinicians.* New York, NY: Guilford Press.

Lee, M. K., & Landreth, G. L. (2003). Filial therapy with immigrant Korean parents in the United States. *International Journal of Play Therapy, 12*(2), 67–85.

Martinez, K. J. & Valdez, D. M., In: Vargas, L. A., Koss-Chiomo, J. D. (Eds.). Working with culture: Psychotherapeutic interventions with ethnic minority children and adolescents. SF: Jossey-Bass Pubs. 1992, pp. 85–102.

McGoldrick, M., Giordano, J., & Garcia-Preto, N. (2005). *Ethnicity and family therapy* (3rd ed.). New York, NY: Guilford Press.

O'Connor, K. J. (2005). Addressing diversity issues in play therapy. *Professional Psychology: Research and Practice, 36*(5), 566–573.

Penn, S. L., & Post, P. B. (2012). Investigating various dimensions of play therapists' self-reported multicultural counseling competence. *International Journal of Play Therapy, 21*(1), 14–29.

Pope-Davis, D. B., Coleman, H. L., Liu, W. M. E., & Toporek, R. L. (Eds.). (2003). *Handbook of multicultural competencies: In counseling & psychology.* Thousand Oaks, CA: Sage.

Shen, Y. (2002). Short-term group play therapy with Chinese earthquake victims: Effects on anxiety, depression, and adjustment. *International Journal of Play Therapy, 11*(1), 43–63.

Sodowsky, G. R., Taffe, R. C., Gutkin, T. B., & Wise, S. L. (1994). Development of the multicultural counseling inventory: A self-report measure of multicultural competencies. *Journal of Counseling Psychology, 41*(2), 137.

Sue, D. W. (2001). Multidimensional facets of cultural competence. *The Counseling Psychologist, 29*(6), 790–821.

Sue, D. W., & Sue, D. (2003). The superordinate nature of multicultural counseling/therapy. *Counseling the Culturally Diverse, Theory and Practice,* 3–29.

Toporek, R. L., Lewis, J. A., & Crethar, H. C. (2009). Promoting systemic change through ACA advocacy competencies. *Journal of Counseling & Development, 87*(3), 260–268.

Vandergast, T. S., Post, P. B., & Kascsak-Miller, T. K. (2010). Graduate training in child-parent relationship therapy with a multicultural immersion experience: Giving away the skills. *International Journal of Play Therapy, 19*(4), 198–208.

Watson, Z. E., Herlihy, B. R., & Pierce, L. A. (2006). Forging the link between multicultural competence and ethical counseling practice: A historical perspective. *Counseling and Values, 50*(2), 99–107.

Whitchurch, G. G., & Constantine, L. L. (1993). Systems theory. In P. G. Bass, W. J. Dohert, R. LaRossa, W. R. Schumm, & S. K. Steinmetz (Eds.), *Sourcebook of family theories and methods: A contextual approach* (pp. 325–355). New York, NY: Plenum Press.

Wood, D. (2003). *Old turtle and the broken truth.* New York, NY: Scholastic Press.

33

놀이실에서의 기술

KEVIN B. HULL

10세의 영리한 테일러는 그녀의 놀이치료사 웬디와 함께 놀이실로 들어갔다. 테일러는 애플 아이패드를 들고 있었으며 '미니언 러쉬(Minion Rush)'라는 앱스토어에서 자신이 다운로드받은 새로운 게임을 웬디에게 보여주려고 신이 나 있었다. 바닥에 앉자 테일러는 웬디에게 게임 방법을 보여주었다. 테일러는 웬디가 게임을 할 수 있도록 초대했다. 미니언 웬디가 뛰어넘어야 할 자동차에 부딪치자 둘은 웃었다. 몇 번 더 해본 후 테일러는 웬디가 지난주에 소개해준 '러시아워(Rush Hour)' 게임을 하고 싶어 하며 자신이 얼마나 많은 레벨을 성취했는지 보여주고 싶어 했다. 러시아워라는 게임은 시행착오 게임으로, 출구가 막혀 있는 차를 전략적으로 이동시켜야 하는 게임이다. 웬디는 테일러가 더 나은 충동 조절을 배우고 좌절에 대한 인내력을 키우는 것을 돕기 위해 이 게임을 소개했다. 치료사는 테일러에게 그녀의 진전을 보여주며 그녀가 '좌절하거나 분노하지 않고' 놀이하고 있음을 언급하였다. 집과 학교에서의 긍정적인 행동 선택으로 여분의 특권을 더 얻게 되었기 때문에 테일러는 자신을 자랑스러워했다. 게임을 몇 번 더 한 후, 웬디와 테일러는 테일러가 아이패드에 저장해 놓은 감정 일기를 검토했다. 테일러는 웬디에게 아이패드 앱에서 그린 그림을 보여주었다. 웬디는 이를 테일러에게 좌절을 소통하고 감정에 대한 그림을 그리는 방법으로 쓰도록 교육했다. 테일러가 웬디에게 보여준 그림은 남동생 때문에 크게 좌절한 날 그린 것이었다.

"내 물건을 다 어질러 놓다니, 정말로 남동생의 머리를 때려주고 싶었어요." 테일러는 말했다. "하지만 그렇게 하는 대신 내가 얼마나 화가 났는지를 그림으로 그렸어요. 그림을 그리고 난 후에는 더 이상 화가 나지 않았어요."

"이쪽에 어두운 붉은색을 많이 썼구나." 웬디가 말했다.

"예." 테일러는 대답했다. "내가 얼마나 화가 났는지 보여주기 위해 어두운 붉은색을 썼어요."

웬디와 테일러는 테일러의 좋은 선택과 결과에 대한 긍정적인 감정을 탐색했다. 테일러는 이것들을 아이패드의 일기쓰기에 적었다. 그 후 테일러는 좋은 감정을 대변하는 그림 앱을 이용해 그림을 그렸다.

"이것은 일종의 불꽃을 지닌 무지개예요." 타일러가 말했다.

웬디와 테일러는 테일러의 아이패드로 주사위 게임을 함으로써 회기를 마쳤다.

테일러는 빈약한 감정 조절과 부정적 정서를 참지 못해서 놀이치료에 의뢰되었다. 테일러는 쉽게 좌절하고, 이를 주위에 쏟아냈다. 그녀는 첫 회기에서 웬디에게 "나에게는 항상 문제가 따라다녀요. 그리고 나 자신을 통제할 수 없어요. 아무도 나를 좋아하지 않아요."라고 말했다. 양육자와의 첫 상담 동안, 부모는 전자 기계, 특히 아이패드에 대한 그녀의 사랑에 대해 이야기했다. 웬디는 테일러가 아이패드를 놀이치료회기에 가져오는 것을 허락하도록 부모를 격려했다. 첫 회기 동안 아이패드는 테일러의 세계로 들어가는 창문 역할을 했다. 그녀는 웬디에게 그녀가 가장 좋아하는 게임, 앱, 그녀가 그린 그림과 찍은 사진을 보여주었다. 아이패드는 연결을 위한 플랫폼을 제공했고, 치료사와 아동 사이에 믿음과 신뢰를 쌓을 수 있도록 도와주었다. 전자 기계에 대한 웬디의 열의와 아이패드에 대한 지식은 테일러를 놀이치료 과정으로 끌어들였고, 놀이의 기초가 되었다. 회기가 진행되면서 아이패드는 테일러가 정서적으로 압도될 때 감정과 일기를 쓸 수 있는 도구로서 치료실 밖에서도 사용되었다. 아이패드는 놀이치료에서 가치 있었고, 테일러의 성장과 변화에서 중요한 부분을 차지했다.

임상적 고려사항

현대 문화에서 기술은 빠르게 발전하고 있다. 스마트폰, 태블릿, 개인용 컴퓨터 기기는 일상생활의 한 부분이 되었다. 손가락 하나로 정보를 활용할 수 있다. 강력한 컴퓨터가 필요한 과제도 지금은 주머니에 들어갈 수 있을 정도의 작은 기기로 완성할 수 있다. 아동은 기술 발전에 영향받은 집단의 큰 부분을 차지한다. 스마트폰과 태블릿은 모든 연령의 아동들에게 흔하다. 마찬가지로 학급도 변화하고 있으며 태블릿이 책을 대신하고, 스마트 보드와 같은 기술 기기들은 역사, 수학, 과학과 같은 과목을 가르치는 데에 중요한 부분이 되고 있다. 노트북, 판독기, 컴퓨터/비디오 게임은 아동 일상생활의 한 부분이다. 현대 문화, 특히 아동의 삶 속에서 기술의 넓은 영향력을 고려할 때, 다음의 질문이 제기된다. 스마트폰, 태블릿, 비디오/컴퓨터 게임과 같은 기술 기기들은 놀이치료 환경에 포함될 수 있는가? 혹은 포함되어야 하는가? 놀이치료에 기술을 포함시킬 때 이득은 무엇이며 잠재적 위험은 무엇인가? 이러한 질문에 답을 하기 전에 돕는 직업에서의 기술 사용의 발전에 대해 먼저 검토하는 것이 중요하다.

기술 사용에 대한 문헌 검토

심리치료에서 기술의 역할에 대한 첫 번째 기사는 1990년대에 나타났다(Hull, 2009). Gardner(1991)는 충동 조절, 분리 불안, 사회적 불안을 가진 아동을 돕는 데에 닌텐도 게임의 사용을 증명하였다. 비디오 게임은 치료사가 아동의 문제 해결 능력을 평가할 수 있도록 도왔고, 아동에게 좋지 않은 선택에 대한 통찰을 제공했다. 그 외 이득에는 정서 조절의 향상, 정보 회상에서 인지 능력의 향상이 포함되었으며, 게임은 치료사와 아동이 목표를 이루기 위해 함께하는 작업에서 유대 경험을 제공했다(Gardner, 1991). Resnick과 Sherer(1994)는 비디오/컴퓨터 게임이 젊은이들에게서 자기 조절을 증가시키고, 의사결정을 향상시키고, 반사회적 태도와 행동을 변화시키는 유용한 도구임을 밝혔다. Kokish(1994)는 컴퓨터 게임이 게임에서 창조된 캐릭터를 통해 학대받고 방임된 아동의 정서 표현을 돕는 데 효과적이라고 밝혔다. 또 컴퓨터 게임은 반사회적 경향 때문에 의뢰된 아동에서 반사회적 경향성을 감소시키고 아동의 자기 조절을 증가시키는 데에도 도움이 된다.

Clarke와 Schoech(1994)는 얼마나 많은 청소년들이 치료를 거부하는가를 주목하며, 첫 회기의 초반 반 정도 동안 비디오 게임을 한 후 전통적인 심리치료를 이어서 하도록 설계했다.

긍정적인 선택을 했을 때에는 게임자가 탐정 활동을 하는 시나리오 시리즈를 가진 '개별 수사관(Personal Investigator)'이라는 게임을 보상받았지만 좋지 않은 선택에 대해서는 결과를 받아들여야만 했다. 저자(Clarke와 Schoech)들은 게임의 사용이 충동 조절뿐 아니라 언어적 의사소통을 증가시키는 것을 관찰했으며, 청소년의 양육자들은 행동 문제의 감소를 보고했다. 시간이 지난 후 저자들은 청소년의 의사결정 기술에 긍정적인 향상이 있었음을 밝혔다. Aymard(2002)는 "놀이치료의 초기 단계 동안 부모와의 분리가 어렵고 편안감을 느끼지 못하는"(p. 14) 아동들에게 컴퓨터 게임을 사용했다. 치료사와의 의사소통을 위해, 아동들은 특정 주제에 대한 자신의 생각, 감정과 일치하는 표정을 컴퓨터에서 창조하도록 요청받았다. Aymard(2002)는 게임이 청소년에게 생각과 감정을 표현하게 하고, 치료 과정에 덜 저항적으로 만드는 데에 유용한 도구임을 발견했다. Bertolini와 Nissim(2002)은 아동에게 몇몇 다른 유형의 비디오 게임을 사용했으며, 이것이 아동의 생각과 감정을 치료사와 의사소통하는 데 도움이 됨을 발견했다. 또한, 저자들은 아동의 대처 기술을 향상시키고 불안을 감소시키기 위해 게임에 나오는 캐릭터와 상황의 은유를 사용했다. Bertolini와 Nissim(2002)은 아동이 "정서적 경험, 순수하게 즐겁고 의미 있는 정서적 경험"(p. 323)을 하는지 관찰하기 위해 비디오 게임을 사용할 것을 격려했다.

Dahlquist(2006)는 비디오/컴퓨터 게임이 화학요법을 받고 있는 아동의 통증 인내 증가, 아동의 전체 기분과 정서 조절에 이익이 된다고 밝혔다. Riviere(2008)는 심리치료 중인 청소년에서 이메일, 소셜 미디어, 전자 음악 기기(MP3/아이패드)의 사용을 검토했다. 그는 청소년의 소셜 미디어에서 내용을 공유하는 것이 치료적 관계를 강화하고, 청소년의 자기 가치감과 자기 이미지에 대한 중요한 정보를 제공함을 발견했다. 치료사와 내담자 간의 이메일은 치료적 이슈에 대해 토의하는 데에 유용했고, MP3 플레이어를 사용해 음악을 공유하는 것은 신뢰와 이해의 토대를 쌓는 데 도움을 주었다. 기술 사용의 전체 이득에는 치료에 대한 청소년의 저항을 감소시키는 것, 치료사가 세상, 자기 이미지, 대처 기술에 대한 청소년의 생각을 이해할 수 있도록 해주는 것도 포함되었다. 마지막으로, 기술의 사용은 청소년들이 그들에게 친숙한 매개를 이용해 생각과 감정을 의사소통하는 능력을 향상시키는 데에 가치가 있다.

Hull(2009)은 비디오/컴퓨터 게임이 아동의 정서 문제를 감소시키기 위한 놀이치료 도구로써 유용함을 발견했다. 비디오/컴퓨터 게임은 아동이 생각과 감정을 치료사에게 전달하는 능력을 강화시켰으며, 치료사는 아동의 대처기술 증가와 슬픔의 극복을 돕기 위해 게임으로부터 몇 가지 주제와 은유를 적용할 수 있었다. Fanning과 Brighton(2007), Skigen(2008), Hull(2011)은 아동, 청소년에서 비디오/컴퓨터 게임 '심즈(The Sims)'의 사용을 조사했다. 심즈는 게임자가 현실세계 사건을 흉내 낸 전략 결정을 해야 하는 생활 시뮬레이션이다. 게임자는 일하고 관계를 맺고 집에서 살고 지불도 할 수 있는 가상세계와 상호작용하는, 게임자를 상징하는 아바타를 만든다. Skigen(2008)은 심즈 게임이 "아동을 이해해주는 안전한 환경에서 아동이 자기인식을 발달시켜 나가는"(p. 20) 모래놀이의 첨단 형태를 제공해준다고 밝혔다. Hull(2011)은 전환의 어려움을 가진 아스퍼거증후군 진단을 받은 청소년에서 심즈 게임의 사용을 살펴보았다. 심즈 게임은 "의사결정 기술 및 우선순위와 체계화를 통한 균형 잡기"(p. 107)를 연습하는 기회를 제공했다.

Snow, Windburn, Crumrine, Jackson과 Killian(2012)은 아이패드를 놀이치료 도구로 사용하는 것의 유용성에 대해 논의했다. 아이패드는 아동이 생각과 감정을 표현하는 것을 돕고, 남아가 성 학대 경험에 대해 이야기하고 뒤이은 치유 여행을 돕는 데에 도구가 될 수 있음이 증명됐다. 결국 저자들은 아이패드와 애플리케이션(앱)의 사용이 전통적인 놀이치료의 장난감처럼, 치유와 성장을 위한 많은 기회를 제공한다고 밝혔다. Granic, Lobel과 Engels(2014)는 비디오 게임 놀이의 인지적·동기적·정서적·사회적 이득을 인용하며, 비디오 게임이 치료적 관계를 형성하는 데 가치가 있다고 밝혔다. 게임은 치료사에게 '새로운 형태의 생각과 행동'(Granic et al., 2014, p. 75)을 가르치는 값진 방법을 제공하는 것을 통해 아동 청소년의 치료에서 어려움을 극복하는 방법을 제공한다.

놀이실에서 기술 사용의 근거

문헌에서 제시된 이전의 예시들은 돕는 직업에서 다양한 형태의 기술 사용을 증명해준다. 놀이치료 관점에서 기술의 사용은 종종 논쟁이 되어 왔다. 비디오/컴퓨터 게임이나 스마트폰/태블릿의 사용에 대한 주요 논쟁은 아동이 단절된다는 점과 참여자나 관찰자로서 치료사가 상호작용을 통해 쌓는 전통적인 유대감이 없어진다는 점이다. 놀이치료의 전달에서 기술 사용을 채택하는 사람들은 이에 동의하지 않는다. 놀이실에서 기술 사용의 한 가지 이득은 놀이실을 더 매력적으로 만들어주고, 치료의 과정을 덜 위협적인 것으로 만들어준다는 점이다(Richardson, Stallard, & Velleman, 2010). 회기에 태블릿을 가져오는 것을 허락받은 청소년은 치료 과정에 덜 저항적이고, 친숙한 비디오 게임을 본 아동들은 걱정이 줄어든다.

기술의 두 번째 이득은 놀이치료 초기 단계 동안 치료사와 아동/청소년 사이의 유대를 위한 토대를 제공한다는 것이다. Hull(2009, 2011)은 두려움을 낮추고, 신뢰를 만들고, 놀이치료에 기꺼이 참여하게 함으로써 치료적 관계를 강화하는 것을 돕는 비디오/컴퓨터 게임의 사용에 대해 논의했다. 흔히 자신의 치료사가 아동 청소년이 잘 알고 있는 특정 게임이나 앱을 알고 있다는 것을 알게 된 아동과 청소년은 흥분한다. 이러한 공유된 친근감은 치료적 유대감을 형성하고 강화시키는 것을 돕는다.

놀이실에서 기술 사용의 세 번째 이득은 태블릿이나 컴퓨터와 같은 기기가 제공하는 상상과 창의의 기회이다(Snow et al., 2012). 프로그램과 앱은 그리기, 짓기, 조각하기, 심지어 음악 만들기까지 가능하다. 그림, 조각물, 노래를 만들어서 공유하고, 수정하고, 이후 아동의 성장 과정의 한 부분으로 작업하거나 완성시킬 수 있다. 기술은 아동이 창작하고, 치료사가 지켜볼 수 있게 해주거나 혹은 함께 활동에 참여할 수 있도록 해준다. 연필이나 크레파스 잡기를 주저하거나 남을 의식하는 아동 청소년의 경우 앱이나 컴퓨터 프로그램을 통해 창작을 더 쉽게 할 수 있다. 시골에 있거나 혹은 이러한 편의가 없는 사무실에서 일하는 놀이치료사의 경우 휴대용 컴퓨터나 태블릿으로 게임 재료나 앱을 제공받는다면 장난감 상자를 이리저리 옮겨 다니지 않아도 될 것이다.

기술의 네 번째 이득은 다양한 게임과 앱을 통해 만들어지는 은유와 삶의 적용을 위한 강력한 기회를 제공한다는 것이다. Hull(2009)은 비디오/컴퓨터 게임으로부터 얻을 수 있는 풍부한 은유에 대해 논의했다. 예를 들어 목표를 향해 전진하면서, 장애물을 극복하는 개념은 대부분의 비디오/컴퓨터 게임에서 볼 수 있으며, 이는 대부분의 젊은 사람들이 일상에서 직면하는 고군분투를 반영한다. 게임에서 발견할 수 있는 또 다른 은유에는 자기가치감, 충동 조절, 타인에게 도움 요청하기, 다른 사람들과 잘 지내는 것을 배우기가 포함된다. 온라인 게임 놀이는 젊은 사람들에게 관계에 대한 생각과 감정을 탐색해볼 수 있는 진짜 사회 세계를 보여준다.

기술의 다섯 번째 이득은 특별한 도움이 필요한 젊은 사람들에게 다양한 접근을 제공한다는 점이다. 신체적·정신적 혹은 정서적 제한을 지닌 아동은 놀이실에서의 전형적인 장난감을 갖고 전진해 나가기가 어려울 수 있다. 태블릿, 컴퓨터 혹은 비디오 게임물과 같은 기술 기기들은 특별한 도움이 필요한 아동이 놀이에 참여할 수 있는 기회를 제공한다. 예를 들어 생각과 감정의 의사소통이 어려운 자폐스펙트럼 아동은 기술 기기가 제공되는 놀이실에서 더 편안함을 느낄 것이다. 태블릿, 컴퓨터, 이동용 게임물은 특별한 요구를 가진 내담자를 위해 특수한 접근이 필요한 학교, 병원, 혹은 입원 환경과 같은 독특한 환경에서 작업하는 놀이치료사에게 특히 가치가 높을 것이다.

기술의 여섯 번째 이득은 기술이 아동의 강점과 약점에 대한 이해를 높이고, 강점을 강화시키고 약점을 개선할 수 있는 플랫폼을 제공한다는 점이다. 아동이 특정 컴퓨터/비디오 게임을 하는 방법을 관찰함으로써, 놀이치료사는 아동의 동기, 좌절 인내력, 정서 상태, 사회적 인식의 수준을 결정할 수 있다. 예를 들어 새로운 게임을 소개받은 아동은 두려움과 주저함을 보일 수 있다. 두려움에 대한 질문을 받을 때, 아동은 완벽주의적 사고와 자기 의심을 드러내며 자신이 성공하지 못할까 봐 두렵다고 말할 수 있다. 아동이 게임에 대한 숙달감을 얻어가면서, 두려움은 감소된다. 치료사가 더 새롭고 친숙하지 않은 게임을 소개하면서 아동은 자신의 특정 문제를 재미있고 도전적인 방식으로 작업하여 이를 놀이실 밖의 일상생활로 일반화시킬 수 있다.

기술의 일곱 번째 이득은 집단놀이치료 영역에 있다. Hull(2013)은 자폐스펙트럼 아동과 청소년 집단 장면에서 비디오/컴퓨터 게임의 사용을 논의했다. 게임은 집단 구성원들의 사회적 기술, 충동 조절, 좌절 인내력 향상에 유용한 것으로 밝혀졌다. 일부 아동들은 사용된 게임에 친숙한 반면 그렇지 않은 아동들도 있었다. 이 점은 아동에게 가르치는 역할을 주어 아동의 발달을 돕고 자기가치감의 향상을 가져왔다. 이동용 게임 기계와 태블릿과 같은 기술 기기들은 놀이치료사가 놀이실 내에서 네트워크를 만들어 집단 구성원들이 함께 즐겁고 의미 있는 방식으로 작업할 수 있게 해준다.

기술 사용을 지향하는 놀이치료사의 특징

오늘날 아동 청소년이 사용하는 기술 기기에 친숙하지 않은 놀이치료사는 놀이실에서의 기술 사용에 거부감을 느낄 수 있다. Snow 등(2012)은 놀이실에서 전통적인 장난감을 사용하길 원하는 치료사들과 기술을 통한 게임과 앱이 장난감과 똑같은 결과를 가져온다고 믿는 치료사들로 나뉜다고 언급했다. 기술을 자신의 레퍼토리에 통합하는 것을 고려하는 놀이치료사는 전통적인 놀이치료의 경로를 바꾸어 치료적 온전성을 해친다는 느낌을 가질 수 있는데 이는 분명히 아니다. 기술 사용을 지향하는 놀이치료사는 몇몇 중요한 특징을 공유하고 있다. 첫째, 기술을 사용하는 놀이치료사는 개방적이고 탐색하는 특징이 있다. 앞서 증명되었듯이 비디오/컴퓨터 게임과 태블릿 앱 형태의 기술 사용에 관련된 연구들이 많이 존재한다. 놀이실에서의 기술 사용을 증명해주는 세미나, 책, 논평들은 자신의 임상을 확장해주길 바라는 이들이 언제나 활용할 수 있다. 비디오/컴퓨터 게임이 더 '복잡하고, 다양하고, 현실적이고 사회적'(Granic et al., 2014, p. 66)이 되면서, 비디오/컴퓨터 게임 사용의 이익을 주장하는 문헌이 증가하고 있다.

상상은 놀이치료에서의 기술 사용에 중요한 역할을 한다. 놀이치료사는 아동이 하는 게임을 아동의 눈으로 보기 위해, 또 아동이 무엇을 보는지 상상하기 위해 자신의 능력에 의존한다. 놀이치료사는 아동이 왜 게임을 하려고 하는지 그 동기 및 게임이 아동에게 주는 즐거움을 상상하면서 아동이 느끼는 바를 느끼도록 노력해야 한다. 상상은 특정 게임의 치료적 가치를 이해하고 평가하는 데에도 중요하다. 예를 들어 마인크래프트라는 오픈 월드 게임은 순차적 사고, 인내, 좌절 인내력 요소를 포함하고 있어 놀이치료에서 이러한 어려움을 보이는 아동에게 사용될 수 있다. 자신의 상상을 치료적 과정으로 가져오는 놀이치료사는 다양한 게임과 활동의 적용에는 제한이 없다는 것을 발견한다.

기술을 자신의 놀이치료에 통합시키는 놀이치료사에게 필요한 세 번째 특징은 학생의 태도를 가지는 것이다. 오늘날 아동과 청소년은 최신 기술을 사용하고, 비디오/컴퓨터 게임 세계에서 최신 게임과 흐름에 대해 알고 있다. 놀이치료사는 자신의 내담자로부터 많은 것을 배울 수 있다. 아동과 청소년들은 태블릿, 스마트폰, 이동용 게임 기기에 대해 잘 알기 때문에, 놀이치료사가 다른 내담자에게 사용할 수 있는 게임과 앱뿐 아니라 아이들에게 의미 있는 게임과 앱에 대해 치료사에게 가르쳐줄 수 있다. 어린 사람에게 기꺼이 배우고자 하는 마음은 치료적 관계를 강화해줄 뿐만 아니라 내담자의 자기 가치감을 높이고 정체성 형성을 돕는다.

넷째, 기술 사용을 지향하는 놀이치료사는 좋은 경계와 기대를 갖고 있어야 하며, 이를 함께 작업하는 아동 청소년에게 전달할 수 있어야 한다. 기술이 놀이치료사를 도와주는 이득은 많지만, 치료사와 내담자가 방향을 잃고 단순히 여러 가지 인터넷 사이트를 서핑하다가 전체 회기를 다 써버릴 수도 있는 광활한 원더랜드와 같은 것으로, 유튜브 영상을 보는 것은 아동 청소년의 성장과 치유와는 아무런 상관이 없다. 치료사는 기술 기기를 사용하면서 반드시 이론과 실제에 충실해야 하고, 명확한 치료 계획을 개발하고 지켜야 한다. 치료사는 기술이 어떤 역할을 하는지, 어떤 게임이 사용되는지, 어떤 사이트가 허락되고 어떤 사이트가 허락되지 않는지, 특정 활동에 얼마간의 시간을 쓸 것인지에 대해서 회기 초반에 알려야 한다. 고지된 동의 역시 필요하며, 이를 통해 양육자는 기술이 놀이치료 과정에 어떤 역할을 하는지 알 수 있다. 연령에 적절한 게임이 사용되었다는 것을 양육자도 알아야 하며 또, 폭력이나 판타지의 주제가 포함된 게임은 양육자의 허락이 필요하다. 이러한 게임의 사용에 대한 근거도 제공되어야 한다. 기술을 자신의 놀이치료에 포함시키길 희망하는 놀이치료사들은 APT의 최상의 지침(2012)을 반드시 지켜야 하며, 윤리적 의문이 발생할 때에는 다른 전문가들에게 자문을 구해야 한다.

기술을 사용하면서도 컴퓨터나 태블릿의 광범위한 세계에서 방향을 잃지 않기를 원하는 놀이치료사를 위한 해결책은 처방적 놀이치료 접근을 채택하는 것이다. 처방적 놀이치료 접근(Schaefer, 2001)에서 놀이치료사는 "내담자의 문제를 완화시키기 위해 구체적인 개입을"(p. 61)을 처방한다. "모래는 던질 수 없어."와 같은 경계를 "아이패드에서 본 게임 중 어떤 것이라도 선택 가능하지만, 그것을 인터넷으로 하지는 않을 거야."로 적용할 수 있을 것이다. 유사하게 "이것들이 네가 오늘 선택할 수 있는 게임이란다."는 아동 청소년에게 가능한 선택을 알게 해주고, 놀이시간의 초점을 좁혀준다. 경계 혹은 충동 조절의 문제가 있는 아동에게 과다한 게임을 제공하는 것은 아동을 압도할 수 있는데, 이는 놀이실이 장난감과 놀이 옵션으로 가득 차 있는 것과 유사하다. Snow 등(2012)은 치료사가 내담자에게 놀이 선택의 전달을 돕도록, 컴퓨터나 태블릿에 연령 집단에 맞는 게임을 포함시킨 '범주 폴더'를 만들 것을 권장한다.

다섯 번째이자 마지막으로 기술 사용을 지향하는 놀이치료사는 기술 매체와 전통적인 장난감 둘 다를 통해 내담자에게 놀이에 대한 똑같은 선택을 제공해야 한다. Snow 등(2012)은 놀이실에서 아이패드를 사용할 때 놀이에 대한 Kottman(2011)의 범주를 사용했다. 이 놀이 범주에는 양육, 상상, 표현, 공격성, 무서움의 범주가 포함된다. 저자들은 각 범주에 해당하는 앱과 게임을 찾았으며, 각 범주를 위해 제안한다. 예를 들어 7세 아동은 나의 놀이집(Young, 2011)이란 앱을 사용했는데, 이것은 캐릭터를 여기저기 옮기면서 다른 캐릭터와 상호작용하는 가상 인형집이다. 몇 회기가 지나자 이 소년은 앱을 이용해 성 학대를 드러냈으며, 사건에 대한 자신의 정서를 표현했다. 기술 사용을 지향하는 놀이치료사는 적은 노력을 통해 태블릿이나 스마트폰에 가상의 놀이실을 만들어, 아동 청소년에게 독특한 놀이 기회를 제공할 수 있다.

놀이치료 기술의 사용과 이득

주제와 은유

비디오/컴퓨터 게임은 풍부하고 다양한 주제와 은유를 제공한다. 게임에서 찾을 수 있는 주제는 어려움을 극복하는 것에서부터, 도움을 위해 친구에게 의지하기, 실패 다루기, 적 물리치기, 게임자의 '레벨 업'을 가능케 하는 특징들을 모으는 데까지 이른다.

게임이 태블릿이나 스마트폰, 혹은 게임 콘솔로 하는 것인지의 여부와 상관없이 대체로 이러한 주제들이 발견된다. 게임에서 발견되는 은유는 아동이 실제 세계에서 고군분투하는 사건들을 놀이치료사가 연결시킬 수 있도록(Hull, 2009, p. 77) 해준다. 예를 들어 새로운 상황을 두려워하는 아동들은 친숙하지 않은 게임을 하게 된 상황에 비교될 수 있다. 아동은 게임을 해 가면서 자기 의심을 극복하고 실패의 두려움을 극복하고 새로운 상황을 헤쳐 나가는데, 이 모든 것은 이들이 실제 생활에서 직면하는 과제와 도전을 반영해준다. 전통적인 놀이치료 재료와 유사하게, 기술 매체를 통한 게임놀이는 실제 사건으로부터 안전한 정서적 거리를 주어 아동이 재미있고 창의적인 방식으로 주제를 검토할 수 있도록 해준다. 게임놀이가 진전되면서 도움 요청하기, 두려움과 공포에 저항하는 것 배우기, 과제에 즉각 집중하기와 같은 또 다른 은유들이 발생하며, 이를 실제 상황에 유용하게 해석할 수 있다.

진단, 평가, 통찰

아동 청소년이 비디오/컴퓨터 게임하는 것을 관찰함으로써 아동의 사고 과정, 정서 상태, 회복력과 대처 수준에 대한 값진 정보를 얻을 수 있다. 놀이치료사는 아동이 결정을 내리는 방법, 정보를 처리하는 방법, 새로운 상황을 헤쳐 나가는 방법에 대한 자료를 수집할 수 있다. 아동은 자신의 실수로부터 배우는가? 다시 도전하는가? 저조한 수행에 대해 자신을 비난하는가? 자신이 배운 것을 새로운 상황에 일반화시키는가? 놀이치료사는 이 같은 질문의 결과를 관찰하여 처치 계획에 대한 중요한 정보를 얻을 수 있다.

나는 충동 조절 문제, 행동 문제, 매우 낮은 자기 가치감으로 힘들어하는 한 소년과 작업했다. '마리오 형제'를 매우 좋아하는 그는 나의 닌텐도 게임기를 보고 매우 좋아했으며, 우리는 슈퍼마리오 형제 게임을 시작했다. 나는 그가 게임에 나오는 흔한 시나리오를 만날 때마다 반복적으로 실패한다는 것을 바로 알아챘으며, 그의 좌절은 커져만 갔다. 소년은 자신의 실수에서 배우고 행동을 바꾸는 능력이 없는 것처럼 보였다. 이러한 관찰이 심리검사를 통해 지지되었으며 처리, 특히 판단을 내리기 전 많은 정보를 처리해야 하는 상황에서 문제가 드러났다. 이 주제는 실제 생활 환경에서 그에게 일어나고 있는 바로 그 문제였으며 충동 행동 및 부정적인 결과로 이어졌다. 이 새로운 정보를 가지고 나와 소년은 게임을 해나갔으며 그는 다가올 상황을 조사하고, 뒤이어 어떻게 해야 하는지를 평가하고, 결정한 대로 행동하는 것을 연습했다. 그의 의사결정 능력은 크게 향상되었고 행동 문제는 크게 줄어들었으며 이로 인해 소년의 자기 가치감이 높아졌다. 게임의 경험은 값진 것으로 증명되었는데, 소년이 자기를 이해하도록 도와주었고 그가 어려움을 극복하도록 돕는, 안전하고 재미있고 독특한 경로를 제공했기 때문이다.

성장과 발달

오늘날의 기술은 놀이치료사가 내담자의 인지·정서·사회적 성장을 도울 수 있는 풍부한 기회를 제공해준다. 인지적 관점에서 태블릿, 스마트폰, 컴퓨터 혹은 게임 콘솔로 이용할 수 있는 게임과 활동은 미리 생각하고 정보를 체계화하는 연습을 함으로써 아동의 의사결정 기술을 증가시키는 유용한 도구가 된다. 마인크래프트와 같은 많은 게임들이 순차적인 사고와 공간적 기술을 필요로 하는 진지 구축의 요소를 가지고 있다. 충동 조절 문제로 어려움을 가지는 아동을 위해서는, 레벨을 높이기 위해 연속적으로 단계를 완성시켜야 하는 게임이 아동이 사고의 과정을 늦추고 더 많은 정보를 취합하도록 돕는다. 재미있는 공짜 앱인 미니언 러쉬는 지금 이 순간에 일어나고 있는 일에 주의를 기울이고 앞으로 무슨 일이 생길지를 생각하도록 가르쳐주기 때문에 환경에서 인식의 어려움을 겪고 있는 아동에게 사용될 수 있다.

정서 문제는 아동이 치료에 의뢰되는 흔한 문제이다(Wagner, 1995). 흔히 놀이실에 오는 아동들은 두려움, 분노, 슬픔과 같은 부정적인 정서를 가지고 있다. 경쟁 게임은 재미있는 방법으로 정서를 탐색하고 이에 대한 조절을 배울 수 있는 방법을 제공하기 때문에, 좌절로 인해 힘들어하는 아동에게 유용하다. 창의성과 표현이 가능한 게임과 앱은 슬픔, 두려움, 분노를 표현하는 데 어려움이 있는 아동에게 유용하다. '크레욜라 페인트와 크리에이트(Crayola Paint and Create)' 같은 앱은 아동이 미술을 통해 정서를 표현하도록 해주고, 후에 수정할 수 있도록 창작물을 저장하는 것도 가능하다. 아동이 정서에 대해 알고 이해하고 의사소통하도록 돕는 앱인 '포지티브 펭귄(Positive Penguins)'은 아동에게 생각과 감정의 연결을 소개할 수 있는 재미있는 방법이다. '스마일링 마인드(Smiling Mind)'는 7세 아동들을 위한 명상과 마음챙김 앱으로, 청소년과 성인도 이용할 수 있다. 이 앱은 스트레스를 막고 탄력성을 기르기 위한 도구로써 자기 인식의 힘을 아동에게 가르쳐준다.

기술은 사회적 기술을 시범 보이고 가르칠 수 있는 멋진 기회를 놀이치료사에게 제공해준다. 협력을 필요로 하는 전자기기 놀이를 통해, 아동과 치료사는 함께 작업하기, 의사소통하기, 사회적 연결을 만들고 유지하기와 같은 주제를 탐색할 수 있다. 레고게임 시리즈(스타워즈, 해리포터, 인디아나 존스 등)는 두 명이 게임을 같이할 수 있기 때문에 놀이치료사가 아동과 함께 협력하여 놀이를 할 수 있다. 협력해야 하는 게임은 의사소통을 격려하고, 원한다면 아동이 리더 되기/가르치는 역할을 할 수 있다. 심즈, 마이 플레이홈, 마인크레프트는 사회적 기술을 쌓을 수 있는 재료가 가득하기 때문에 놀이치료 사는 사회적 기술 쌓기를 가르치고 아동의 사회적 인식 수준을 관찰할 수 있다.

이야기 놀이치료와 기술

이야기치료는 놀이치료에서 아동 청소년이 "자신의 생활 경험을 표현하고 탐색하도록"(Cattanach, 2006, p. 83) 돕는 강력한 도구이다. 기술은 놀이 중 구성되는 가상세계 및 자기의 세계에 대해 이야기를 만들 수 있는, 독특하고 흥미진진한 기회를 제공한다. 이야기는 놀이의 연속을 통해 생겨나고, 태블릿이나 컴퓨터 혹은 게임이나 앱에 있는 이야기 만들기 도구 같은 기술 기기의 사용을 통해서도 이야기를 만들 수 있다. 예를 들어 삭 퍼핏(Sock Puppets)(Smith Micro Software, 2012)이란 앱에서 아동은 캐릭터를 창조해서 이야기를 만들고 자신이 만든 창작물에 목소리와 음악을 맞출 수 있다. 투나스틱(Toontastic)(Launchpad Toys, 2014)은 아동이 영화 형태 안에서 이야기를 만들고 여러 가지 캐릭터를 개발할 수 있는 앱이다. 영화는 저장 가능하고 후에 수정하거나 타인과 공유하는 것도 가능하다. 레고 무비 메이커(LEGO Movie Maker)(The LEGO Group, 2013)는 정지 기능 효과가 있고, 이야기를 만들 수 있는 또 다른 앱이다. 레고를 좋아하는 아동과 청소년은 이 앱을 매우 즐거워하고 레고 미니어처와 재료를 이용해 이야기를 만드는 것에 고무되며, 놀이실에서는 봉제 동물인형이나 퍼핏과 같은 재료와 통합시킬 수도 있다. 이러한 앱 형태의 기술은 내담자의 창조 과정을 가능하게 할 뿐 아니라, 이야기 경험을 재미있고 의미 있게 만드는 여러 재료들을 제시한다. 이 앱들은 신체 학대, 성 학대와 같은 외상 경험으로 고통받은 사람들이 사건에 대한 생각과 감정을 표출하고 치유를 위한 경로를 만들어 가기 위한, 재미있고 창의적인 방법을 제공해준다. 이혼이나 상실과 같은 힘든 사건에 직면한 아동 청소년은 자신이 연출한 영화나 놀이 형태에서 이 경험들의 주제를 탐색하고 이야기를 창조할 수 있다.

　컴퓨터/비디오 게임에는 많은 아동 청소년이 찾을 수 있는 복잡하고 의미 있는 배경 이야기와 캐릭터가 있다. 나루토, 캡틴 잭 스패로, 데스몬드 마일즈와 같은 캐릭터는 거절, 용기, 자기 회복의 주제가 담긴 강력한 캐릭터이다. Rubin(2007)은 아동 청소년이 "자신의 이야기(자신의 개인적인 신화)를 만들고, 살면서 자신들의 세계를 이해하는 것을"(p. 4) 이 캐릭터들이 도와준다고 말했다. 아동 청소년들은 이 캐릭터들이 역경에 맞서 힘과 회복력을 준다는 것을 발견한다. 컴퓨터/비디오 게임은 이 캐릭터들로 놀이하고, 이야기 속의 캐릭터로서 상상에서 삶의 실제 자극으로 이동할 수 있는 기회를 준다. 기술 기기들은 놀이에서 선택한 캐릭터로 아동 청소년을 관찰할 수 있게 해주고, 아동 청소년에게는 삶의 이야기와 이 게임에서 발견한 이야기 사이에서 의미를 만들 수 있는 기회를 준다.

집단놀이치료와 기술

스마트폰, 태블릿, 컴퓨터/비디오 게임을 이용한 기술은 집단놀이치료를 실시하는 놀이치료사에게 독특한 기회를 제공해준다. Hull(2013)은 컴퓨터/비디오 게임이 집단놀이치료 장면에서 사회적 기술을 가르치고, 조망 수용(perpective-taking)을 높이고, 구성원의 자기가치감을 높이는 데에 유용하다고 말했다. 기술은 여러 가지 게임, 앱, 게임 플랫폼을 제공할 뿐 아니라 집단 구성원이 연결될 수 있는 길을 제공하기도 한다. 예를 들어 나는 집단의 각 구성원이 스마트폰이나 태블릿으로 마인크래프트 게임을 할 수 있는 사회성 기술 집단을 실시했다. 내 사무실의 무선 라우터로 기기의 네트워킹이 가능했기 때문에 모두가 동시에 같은 세계에 들어올 수 있었고, 목표를 위해 함께 작업할 수 있었다. 게임자들은 차례로 아이디어를 공유하고, 각자 모두가 행동을 지휘하는 기회를 얻었다. 나는 참여할 뿐 아니라 행동을 모니터링했으며, 집단 구성원들의 팀이 어떻게 진행해 나가고 있는지를 보기 위해 마인크래프트의 각 지역을 자세히 살펴보았다. 경과를 저장해서 다음 집단에서 작업하는 것도 가능하다. 게임놀이에 뒤이어 의사소통, 좌절 다루기, 함께 작업하기와 같은 사회적 기술 쌓기 행동 요소들을 토의했으며, 아동 청소년의 실제 생활에 적용되었다.

집단치료는 스스로 전문가가 되고 자신이 좋아하는 무언가를 집단에 가르치게 함으로써 아동 청소년이 자기 가치감을 높일 수 있는 기회를 준다. 컴퓨터, 태블릿, 게임 콘솔은 집단 구성원들이 자신이 만든 비디오나 자신이 좋아하는 게임을 다른 구성원들에게 보여줄 수 있는 독특한 도구를 제공한다. 이 점은 구성원들에게 가르치는 역할을 해보게 하고, 사회적 기술을 촉진할 뿐 아니라 책임자 역할을 해보게 함으로써 아동 청소년의 자기 가치감을 높이도록 돕는다. 많은 아동 청소년들은 배우고, 자신들의 지식을 공유하는 것을 즐기며, 자신의 태블릿 스마트폰, 게임 기기를 자신의 연장으로 본다. 집단 놀이에서 기술 사용의 예에는 집단 컴퓨터/비디오 게임 놀이, 놀이의 촬영 시나리오와 연속물, 사회적 기술에 대한 토의와 이해를 위한 영화와 비디오물 사용이 포함된다.

놀이치료와 기술의 미래 : 향후 연구를 위한 함의점

기술은 오늘날의 아동과 가족에게 큰 영향을 준다. 아동의 삶 역시 기술의 영향을 받으며, 놀이를 통해 가치 있는 서비스를 제공하는 놀이치료사 역시 마찬가지이다. 놀이치료에 오는 아동들은 자신에게 친숙한 장난감과 게임을 기대하며, 놀이실에 있는 기술 기기들은 놀이를 위한 풍부한 기회를 준다. 모든 연령의 아동들이 기술에 매력을 느끼고 이를 자신의 놀이에 통합시키는 것은 분명하지만, 기술기기를 통한 놀이가 놀이치료와 관련하여 어떤 영향을 미치는지에 대해서는 많이 밝혀지지 않았다. 비디오 게임 놀이와 관련한 초기 연구는 대부분이 부정적인 영향과 잠재적인 해에 초점을 두었으나, 지난 5년 동안에는 이득에 관련한 연구도 증가해 왔다(Granic et al., 2014).

기술과 놀이치료의 통합을 고려할 때에는 두 가지 기본 영역이 조사되어야 한다. 첫 번째, 기술 사용이 포함된 특정 놀이치료기법을 연구하고, 적용하고, 놀이치료사의 미래 세대들과 공유할 필요가 있다. 예를 들어 모래상자놀이의 가상판(The Sims)이나 가상인형집놀이는 실물에 대한 훌륭한 전자기기 대체품이 되지만 어떻게 적용할 것인가? 이러한 게임/앱에 친숙하지 않은 놀이치료사는 이에 대한 사용을 어떻게 배울 것인가? 어떤 게임/앱이 어떤 임상적 문제와 어려움에 어떤 방법으로 도움이 되는가? 이러한 질문들이 중요하게 고려되어야 놀이할 수 있는 광범위한 게임, 앱, 기기들을 충분히 이해하고 적용할 수 있을 것이다. 기술과 놀이치료 간의 관계를 충분히 이해하기 위해서는 게임과 앱의 효과에 대한 장기 연구가 필요하다. 향후 연구는 강력한 이론적 근거를 통합하고, 특정 비디오/컴퓨터 게임과 앱의 적용에서 이론과 실제를 연결할 수 있어야 한다. 놀이치료는 항상 비판(Bratton, Ray, Rhine, & Jones, 2005)이 있으며, 놀이치료를 이용하는 사람들은 놀이치료의 효과를 계속해서 증명해야 하고, 특히 기술이 미래에 할 수 있는 역할의 연구에서는 더욱더 증명이 필요하다. 기술을 사용하는 놀이치료사는 이러한 매체를 친숙하지 않은 사람들에게 기꺼이 가르칠 수 있어야 한다. 세미나, 온라인 회의, 워크숍은 놀이치료사가 자신들의 아이디어, 실제, 연구를 공유하기 위한 훌륭한 방법이 된다.

　놀이치료와 기술의 미래에서 고려해야 할 또 다른 한 가지 영역은 놀이실에서의 사용을 위해 놀이치료사가 설계한 게임과 앱의 개발이다. 과거 수년 동안 개발된 컴퓨터/비디오 게임의 높아진 복잡성과 다기능성 때문에, 놀이실에서 아동 청소년에게 사용할 수 있도록 구체적인 치료 요소를 게임에 포함시키는 것이 가능해졌다. 또한, 앱과 컴퓨터/비디오 게임이 심리치료에서 사용될 수 있도록 개발되기 시작했다. 예를 들어 오클랜드대학교의 연구자들은 SPARX[smart(영리하고), positive(긍정적이고), active(적극적이고), realistic(현실적인), X- 요인 사고라는, CBT에 기초한 비디오 게임을 개발했다. 게임자는 실제 세상의 시나리오를 닮은 상황을 옮겨 다니며 재미있고 탐색적인 방식으로 CBT의 요소를 연습한다. 초기의 연구들은 약물이나 치료와 같은 우울의 전통적인 치료 형태와 마찬가지로, 게임 역시 효과적임을 보여준다(Chan, 2012). 오스트리아의 비엔나에 있는 지그문트 프로이트 사립대학의 Simon Mayr와 오스트리아 인공지능연구소의 Paulo Petta는 아동기 외상 및 불안과 우울 같은 '동시발병장애'로부터 아동의 회복을 돕기 위한 비디오/컴퓨터 게임(외상 처치 게임)을 개발 중에 있다. 이 저자들은 많은 비디오/컴퓨터 게임이 아동 청소년의 심리치료에서 사용될 수 있으나, 특정 치료적 요구를 다루는 게임은 거의 없다고 말한다. 외상으로 놀이치료에 의뢰되는 아동의 수가 상당하다는 것을 고려할 때, 이 게임은 놀이치료사에게 큰 자산이 될 것이다. 이 두 가지 예는 개발되었거나 개발 중에 있는 흥미진진한 게임/앱으로 앞으로도 더 많은 개발이 필요하다.

 사례

10세 소녀 케이틀린은 정서, 행동 문제로 인해 놀이치료에 의뢰되었다. 그녀는 ADHD를 진단받고 약을 복용했으며, 그녀의 엄마는 케이틀린이 생부를 수년간 보지 못했다고 말했다. 케이틀린의 엄마는 2년 전에 재혼했으며, 케이틀린은 두 명의 동생이 생겼다. 케이틀린의 엄마는 케이틀린이 '집에서 혼란을 야기하고' 케이틀린을 어떻게 다루어야 할지에 대해 남편과 의견 충돌이 있어 부부 간의 스트레스가 생겼다고 보고했다. 신체나 성 학대는 없었다. 케이틀린은 학교에서 힘든 시간을 보내고 있었고 엄마에게 "모두가 나를 싫어한다."고 말했다. 신체적으로 좌절될 때 그녀는 이것을 주위 사람들에게 쏟아냈다. 그녀는 장난감을 부수고 물건을 던졌다. 케이틀린은 친구가 없는 것처럼 보였고, 엄마는 그녀가 "사람들을 밀친다."고 말했다. 엄마는 케이틀린이 "이상하고", 그녀 또래의 다른 소녀들과는 다르다고 말했다. "케이틀린이 원하는 것은 실내에 앉아서 아이패드나 컴퓨터로 멍청한 게임을 하는 것뿐이에요." 엄마는 경멸적인 톤으로 말했다. 나는 케이틀린의 엄마에게 놀이치료에서 나 역시 비디오/컴퓨터를 사용한다고 말해주었다. "케이틀린이 여기 와서 그런 멍청한 게임을 하는 데에 돈을 써야 하는 건지 잘 모르겠어요. 하지만 그게 도움이 된다면 그렇게 할게요."

첫 회기에 놀이실에 들어가면서, 케이틀린은 불안해 보였고 침묵했다. 그녀는 나에게 말을 하지 않고 눈을 들어 보지도 않았다. 방을 탐색하면서 그녀는 벽에서 한 소년이 마인크래프트 인물을 그려놓은 그림을 발견했다. 그녀는 즉각 얼굴을 들었다.

"나도 마인크래프트를 좋아해요!" 그녀는 흥분하며 말했다 "마인크래프트에 대해 알아요?" 그녀는 물었다. 나는 마인크래프트 포켓판을 놀이실의 아이패드에 설치해 놓았다는 것을 말해주었다. 마인크래프트 게임은 게임자가 쌓거나 부술 수 있는 블록을 이용해 무엇인가를 짓는 게임이다. 게임에는 게임자가 탐험 풍경을 지을 수 있는 숲, 산, 해변이 있는 세계가 있다. 게임자는 지질학적 요소를 이용해 도구와 광산 요소들을 만들고, 생존하기 위한 재료들을 수집한다. 여기에는 생성 모드와 생존 모드, 두 가지 모드가 있다. 생성 모드는 게임자에게 게임에서 활용 가능한 모든 요소와 도구를 제공한다. 적이 없으며, 게임자는 생성 모드로 날아다닐 수 있다. 생존 모드는 현실 생활과 비슷하다. 게임자는 반드시 음식을 찾고, 자고, 적을 내쳐야 하고, 도구를 만들고, 가장 기초적인 요소를 갖춘 구조물을 지어야 한다. 생존 모드에서는 게임자의 건강을 반드시 모니터링해야 하며, 그렇지 않으면 게임자가 죽고 게임이 끝난다. 진척 경과는 두 모드에서 모두 자동으로 저장되며, 아동은 게임이 끝난 바로 그 시점부터 이어서 진행해 나갈 수 있다.

케이틀린은 자신이 만든 세계에 대해 나에게 이야기하며 말을 하기 시작했다. 그녀는 다양한 모든 생존물이 "공격을 할 수 있기 때문에" 생존 모드에서 게임하는 것을 두려워한다고 말했다. 그녀는 "좀비가 나를 해칠" 걱정 없이 탐험하고 만들 수 있는, 생성 모드를 좋아했다. 그녀는 날아다니는 것을 정말 좋아하며, 현실에서도 날 수 있으면 좋겠다고 말하기도 했다. 내가 자신이 한 말을 이해할 수 있음을 확신한 후, 그녀는 불안과 걱정이 줄어들었다. 그녀가 놀이실 탁자 위에 놓여 있는 아이패드를 알아채기까지 나는 기다렸으며, 몇 분 뒤 그녀는 발견했다. 그녀는 아이패드로 마인크래프트를 해도 되는지 수줍게 물었다.

"응, 그래. 이 방에 보이는 모든 것은 갖고 놀아도 된단다. 확신이 들지 않을 때에는 나에게 물어보면 돼." 나는 대답했다.

그녀는 엄마가 마인크래프트를 좋아하지 않으며 자신이 만든 세계를 한 번도 보길 원하지 않았다고 말했다. 나는 케이틀린에게 왜 엄마가 마인크래프트를 '시간낭비'라고 생각하는지에 대해 물었다. 케이틀린은 천천히 아이패드를 열었고, 나는 마인크래프트가 포함된 폴더를 그녀에게 보여주었다. 홈 화면이 나타나자 그녀는 안도감으로 한숨 쉬었다. "아하!" 그녀는 말했다 "나의 좋은 친구 마인크래프트." 그녀는 나에게 게임에 대한 자신의 지식을 열성적으로 보여주었고 캐릭터, 요소, 장비에 대해 나에게 퀴즈를 냈다.

"내가 정말 마인크래프트에 대해 알고 있다는 것을 너는 확신하고 싶어 하는 것 같구나." 나는 말했다.

"네. 어른들은 모르면서도 안다고 말하잖아요."

케이틀린이 자신의 아이패드를 회기에 가져와도 되는지 물으면서 첫 회기가 끝났다. 나는 가져와도 좋다고 말했다.

그 후 몇 회기는 케이틀린이 가져온 그녀의 아이패드와 그녀가 마인크래프트에서 만든 세계를 나에게 보여주는 것으로 이루어졌다. 마인크래프트가 포함된 케이틀린의 놀이에는 세 가지 주제, 두려움/안전감, 파괴/해체, 탈출/환상이 분명했다. 두려움/안전감 주제와 관련해 케이틀린은 숨겨진 터널, 작은 문, 무기가 들어 있는 서랍장을 가진 방들로 완성된 정교한 동굴 집을 짓는 것을 좋아했다. 그녀는 홈 화면에서 이 세계를 '나의 세계'라고 이름 붙였다. 나는 생성 모드에는 적이 없다는 사실을 말하며 자신을 안전하게 지켜야 하는 그녀의 욕구에 대해 질문했다. 케이틀린은 이 점에 대해 알고 있지만, 크리퍼(creeper)들이 어떻게든 침입할 수 있으니 조심해야 한다고 말했다. 동굴로 들어가는 문 주위로 키가 큰 담장을 지었으며, 출입구에는 "돌아가라. 그렇지 않으면 죽을 것이다."고 적힌 표지판을 세워 놓았다. 그녀는 "아무도 나를 해칠 수 없다는 것을 확신할 수 있는" 동굴집 안 깊숙한 곳이 가장 안전하게 느껴진다고 말했다. 이 놀이는 학급의 또래들과 가족에 대해 그녀가 어떻게 느끼고 있는지를 탐색하게 해주었다. 그녀는 사람들 주위에서 안전하다고 느끼지 못함을 드러냈다. "그들이 언제 해를 가할지 알 수가 없어요. 마치 크리퍼처럼요." 내가 학대에 대해 질문하자 그녀는 학교에서 놀림을 당하고 있음을 드러냈다. 그녀는 아이들이 자신에게 욕을 한다고 말했다. 또한 몇몇 친구들이 친절하게 대해주기는 하나, 그들이 "다른 사람들처럼, 친절하게 대하다가 잔인하게 돌변할지" 알 수 없다고 말했다.

케이틀린의 마인크래프트 놀이에서 분명히 드러나는 두 번째 주제는 파괴/해체이다. 두 번째 회기에서 그녀는 '무(無) 세계'라고 이름 붙인 세계를 나에게 보여주며, 이것은 일급 비밀로 아무도 본 적이 없다고 말했다. 그녀가 탭을 열자 회색의 바위 풍경이 나타났다. 나무도, 풀도, 작은 해변도 없었다. "여기 있는 것은 내가 다 폭파시켰어요." 그녀가 말했다. 내가 이에 대해 묻자 그녀는 모든 것을 없애버리기 위해 다이너마이트를 사용했다고 말했다. 그녀는 이 세계에 어떤 것도 짓지 않았다. 간단히 파괴해 버렸다. 케이틀린은 '진짜 화가 났을 때' 이 세계로 들어왔다. 이 세계는 그녀를 화나게 하는 것에 대해 이야기 나눌 기회를 열어주었다. 그녀는 학교의 아이들, 그녀의 의붓형제들("그들이 나의 집을 다 차지한다."), 그리고 보고 싶은 아빠에 대해 말했다. 그녀는 무(無) 세계에서 아빠에 대해 생각할 때 가는 장소를 보여주었다. 그녀는 나에게 이 장소를 보여주면서 "아무한테도 이 것을 보여주지 않았어요."란 말을 몇 차례나 반복했다. 그 장소는 회색과 갈색 바위로 늘어선 깊은 구덩이로 이루어져 있었다. 그 후 케이틀린은 그녀의 물품 목록으로 화면을 바꿔 구덩이 안으로 몇 개의 다이너마이트를 넣은 후 불을 붙였다. 그리고 물러서서 구덩이가 폭발하는 것을 지켜보았다. 폭발 소리와 파괴 장면이 같이 일어나자, 그녀는 흥분하며 박수를 쳤다. 무(無) 세계에서 케이틀린의 목표는 "모든 것을 폭발시켜 아무것도 남기지 않는 것"이라고 말했다. 그녀는 폭발로 인해 땅에 큰 구멍이 생긴 것을 본 후 기분이 더 좋아졌다고 말했다. 그녀가 무(無) 세계를 나에게 보여준 후 우리는 그녀의 아버지에 대한 이야기를 나눌 수 있었다. 케이틀린은 엄마가 "아빠는 떠났으며 그것이 다."라고, "아빠에 대해서는 말하지 마라."고 말했다고 했다. 케이틀린은 이 점이 그녀를 슬프게 하고, 그러면 화가 나서 무(無) 세계에 간다고 말했다.

케이틀린의 마인크래프트 놀이에서 보이는 세 번째 주제, 탈출/환상은 생성 모드에서 그녀의 '날아다니는' 특징에서 분명했다. "나는 그냥 내가 원하는 곳으로 쌩 날아가고 싶어요." 그녀는 종종 날아가고 싶고, 특히 학교에서 혹은 엄마가 자신의 행동 때문에 화를 낼 때 그렇다고 말했다. 그녀는 날아다니는 것이 자신을 자유롭고 희망차게 만든다고 했다. "날아가다 하늘에서 보면 모든 것이 다르게 보이기도 해요." 그녀가 말했다. 그녀는 떠다니는 성이 하늘 높이 있고 그 주위로 정원과 다른 건물이 있는 '하늘 세계'를 나에게 보여주었다. 이 세계는 행복하고 희망찰 때 오는 곳이라고 그녀는 말했다. 성으로 올 수 있는 유일한 방법은 날아서 가는 것이다. 나는 이 세계는 그녀가 내게 보여준 다른 세계들과는 매우 달라 보인다고 말했다. 케이틀린은 하늘 세계에 있는 어떤 것도 파괴하지 않았고, 성의 한 곳에는 밑에 있는 산, 나무, 강을 내려다볼 수 있는 관측대를 두기도 했다.

네 번째 회기에서 케이틀린은 내게 나의 아이패드를 사용해 그녀의 세계에 들어와 줄 것을 요청했다. 나는 이제 그녀의 세계를 단순히 관찰하는 것 대신 그녀의 서버에 참여했고, 케이틀린과 함께 그녀의 세계를 걸어다닐 수 있게 되었다. 그녀는 내가 빠져나오는 방법을 모르는 터널과 비밀방의 지하 미로에 나를 가둬놓고는 재미있어 하며 낄낄 웃었다. 그녀는 동굴과 터널에서 숨바꼭질 놀이하는 것을 좋아했는데, 내가 그녀를 찾지 못할 때에는 아주 좋아했다. 그리고 그녀가 나를 재빨리 찾았을 때에도 똑같이 즐거워했다. '나의 세계'에 있는 동안 그녀는 학급 친구들에 대한 감정에 대해 이야기했으며 친구를 사귀고 싶다고 말했다. 우리는 친구를 사귀는 방법에 대해 이야기 나누었고 나는 우리가 함께한 놀이 경험을, 케이틀린이 다른 사람을 믿고 학교에서 좋은 사람들에게 기회를 줄 수 있는 토대로 사용했다. 그녀는 처음에는 나를 자신의 세계에 들어오게 허락하는 것이 어려웠지만, 들어온 후로는 정말 재미있다는 것을 깨달았다고 말했다. 우리는 함께 무(無) 세계를 방문했고, 그녀는 나도 폭발할 수 있도록 초대했다. 음산한 풍경, 까맣게 탄 나무의 잔재와 말라버린 강바닥에 닿자, 무(無) 세계가 슬프고 외롭게 느껴졌다. 우리는 그녀가 그리워하는 아빠에 대해 이야기를 더 나누었으며, 그녀는 절망감과, 아마도 그녀가 무언가를 잘못했기 때문에 아빠가 떠났을 수도 있다는 믿음을 드러냈다. 우리는 함께 하늘 세계로 올라가서 성에 있는 모든 방에 들어가 보며 웃었다. 나는 그녀에게 정원을 통과해 성에 이르는 롤러코스터를 짓는 방법을 보여주었고, 그녀는 그것을 반복해서 타면서 즐거워했다.

　몇 년 후 케이틀린은 엄청난 성장을 경험했다. 마인크래프트 게임을 통해 그녀는 Green(2012)이 심리적인 분열에서 전체를 향하는 진전이 특징인 개성화라고 부른 과정을 경험했다. 우리가 함께한 놀이를 통해 케이틀린은 마인크래프트에서의 놀이 세계를, 과거에 많은 고통을 야기한 실제 세계와 연결시킬 수 있었다. 감정을 언어화하는(특히 아빠에 대해) 그녀의 능력이 높아졌다. 사회화의 증가와 더 나은 행동 선택을 통해 증명되듯이, 그녀의 자기 가치감도 개선되었다. 이어진 가족놀이회기 동안 마인크래프트는 케이틀린이 자신의 생각과 감정을 엄마와 의붓아빠에게 전달하는 방법이 되었다. 그 결과 그녀의 엄마와 의붓아빠는 마인크래프트 놀이에 동참했으며, 이는 케이틀린을 더 잘 이해하고 케이틀린과의 관계를 쌓아나가도록 도와주었다.

결론

기술은 놀이치료사에게 아동과 연결될 수 있는 기회 및 발달의 여정 속에 있는 아동을 도울 수 있는 기회를 준다. 놀이치료사가 놀이치료의 미래를 고려할 때 기술이 역할을 할 것이라는 것은 분명하다. 아동과 청소년은 기술의 발전으로 인해 만들어진 상상과 창의적인 도구에 매료된다. 놀이치료사가 기술 기기 및 이 기기들로 할 수 있는 게임과 앱을 활용할 수 있도록 배우는 것은 중요하며, 이 강력한 매체를 통해 아동의 요구가 다루어지도록 하는 것도 중요하다. 놀이치료사는 기술이 가져오는 변화를 두려워할 필요는 없지만 함께 작업하는 아동 청소년과 마찬가지로 배움과 성장에 전념해야 한다.

참고문헌

Association for Play Therapy. (2012). *Play therapy best practices*. Retrieved from https://www.a4pt.org/download.cfm?ID=28052

Aymard, L. L. (2002). *Journal of Technology in Human Services, 20*(1–2), 11–29.

Bertolini, R., & Nissim, S. (2002). Video games and children's imagination. *Journal of Child Psychotherapy, 28*(3), 305-325.

Bratton, S. C., Ray D., Rhine T., & Jones, L. (2005). The efficacy of play therapy with children: A meta-analytic review of outcomes. *Professional Psychology: Research and Practice, 36*(4), 376–390.

Cattanach, A. (2006). Narrative play therapy. In C. E. Schaefer & H. G. Kaduson (Eds.), *Contemporary play therapy: Theory, research and practice*. New York, NY: Guilford Press.

Chan, B. (2012). *SPARX video game shown to be effective in helping teens combat depression*. Retrieved from http://www.imedicalapps.com/2012/08/sparx-video-game-depression/

Clarke, B., & Schoech, D. (1994). *Computers in Human Services, 11*(1–2), 121–140.

Dahlquist, L. (2006). http://www.cbsnews.com/stories/2005/12/28/eveningnews/main1168346.shtml?CMP=OTCRSSFeed&source=RSS&attr=CBSEveningNews_1168346

Fanning, E., & Brighton, C. (2007). The Sims in therapy: An examination of feasibility and potential of the use of game-based learning in clinical practice. In B. K.Weiderhold, G. Riva, &S. Bouchard (Eds.), *Annual Review of Cybertherapy and Telemedicine: Advanced Technologies in the Behavioral, Social, and Neurosciences, 5*, 1–11.

Gardner, J. E. (1991). Can the Mario Bros. help? Nintendo games as an adjunct in psychotherapy with children. *Psychotherapy: Theory,*

Research, Practice, Training, 28(4), 667–670.

Granic, I., Lobel, A., & Engels, R. C. M. E. (2014). The benefits of playing video games. *American Psychologist, 69*(1), 66–78. doi:10.1037/a0034857

Green, E. (2012). The Narcissus myth, resplendent reflections, and self-healing: A Jungian perspective on counseling a child with Asperger's syndrome. In L. Gallo-Lopez & L. C. Rubin (Eds.), *Play-based interventions for children and adolescents with autism spectrum disorders* (pp. 177–192). New York, NY: Routledge/Taylor & Francis.

Hull, K. (2009). Computer/video games as a play therapy tool in reducing emotional disturbances in children. *Dissertation Abstracts International: Section B: The Sciences and Engineering, Vol 70(12-B), 2010, 7854.*

Hull, K. (2011). Play therapy and asperger's syndrome: Helping children and adolescents grow, connect, and heal through the art of play. Lanham, MD: Jason Aronson.

Hull, K. (2013). Group therapy techniques with children, adolescents, and adults on the autism spectrum: Growth and connection for all ages. Lanham, MD: Jason Aronson.

Kokish, R. (1994). Experiences using a PC in play therapy with children. *Computers in Human Services, 11*(1-2), 141-150.

Kottman, T. (2011). Play therapy: Basics and beyond (2nd ed.). Alexander, VA: American Counseling Association.

Launchpad Toys. (2014). Toontastic (version 2.8.0). [Mobile application software]. Retrieved from https://itunes.apple.com/us/app/toontastic/id404693282?mt=8.

The LEGO Group. (2013). *LEGO Movie Maker* (version 2.4.1). [Mobile application software]. Retrieved from https://itunes.apple.com/us/app/lego-movie-maker/id516001587?mt=8

Mayr, S., & Petta, P. (2013). Towards a serious game for trauma treatment. In M. Ma, M. F. Oliveira, S. Peterson, & J. B. Hauge (Eds.), *Serious games development and application: Lecture notes in computer science, 8101,* 64–69. Berlin, Germany: Springer Berlin Heidelberg. doi:10.1007/978-3-642-40790-1_6

Mojang . (2012). *MineCraft* (Personal Computer Version). Stockholm, Sweden:Mojang Inc.

Resnick, H., & Sherer, M. (1994). Computer games in the human services. *Computers in Human Services, 11*(1-2), 17-29.

Richardson, T., Stallard, P., & Velleman, S. (2010). Computerized cognitive behavioral therapy for the prevention and treatment of depression and anxiety in children and adolescents: A systematic review. *Clinical Child & Family Psychology Review, 13*(3), 275–290.

Riviere, S. (2008). The therapeutic use of popular electronic media with today's teenagers. In L. Rubin (Ed.), *Popular culture in counseling, psychotherapy, and play-based interventions* (pp. 343–364). New York, NY: Springer.

Rubin, L. C. (2007). Introduction: "Look, up in the sky!" An introduction to the use of superheroes in psychotherapy. In L. C. Rubin (Ed.), *Using superheroes in counseling and play therapy* (pp. 213–224). New York, NY: Springer.

Schaefer, C. E. (2001). Prescriptive play therapy. *International Journal of Play Therapy, 10*(2), 57–73.doi:10.1037/h0089480

Skigen, D. (2008). Taking the sand tray high tech: Using the Sims as a therapeutic tool in the treatment of adolescents. In L. C. Rubin & L. C. Rubin (Eds.), *Popular culture in counseling, psychotherapy, and play-based interventions* (pp. 165–179). New York, NY: Springer.

Smith Micro Software. (2012). *Sock Puppets* (version 1.7.3). [Mobile application software]. Retrieved from https://itunes.apple.com/us/app/sock-puppets/id394504903?mt=8

Snow, M. S., Winburn, A., Crumrine, L., Jackson, E., & Killian, T. (2012). The iPad playroom: A therapeutic technique. *Play Therapy.* Retrieved from http://www.mlppubsonline.com/display_article.php?id=1141251

Wagner, M. M. (1995). Outcomes for youth with serious emotional disturbance in secondary school and early adulthood. *The Future of Children, 5,* 90–112.

Young, S. (2011). *My PlayHome* (version 2.1.0). [Mobile application software]. Retrieved from https://itunes.apple.com/us/app/my-playhome/id439628153?mt=8

제**8**부

연구

Handbook of Play Therapy

34

놀이치료 연구에 적합한 방법론

DEE C. RAY, HAYLEY L. STULMAKER

놀이치료에서 연구는 오랜 역사를 가지고 있고, 다양한 아동 집단 및 존재하는 문제들에 있어서 놀이치료의 효과성을 지지하는 증거로 가득 차 있다. 그러나 놀이치료의 사용과 관련해서는 문헌마다 차이를 보이고 있으며, 특히 놀이치료가 경험적으로 지지받는 처치임을 증명하는 연구가 더 필요하다. 연구를 하고자 하는 지속적인 노력은 놀이치료의 발전, 개선, 적용에 필수이다. 처치 개입은 통용되는 문화의 요구를 충족시키기 위해 시간의 흐름에 따라 진화한다. 수년간 놀이치료에서 연구자들은 놀이치료의 구조, 이론적 구성, 전달 양식, 연구 설계와 방법에 대한 동시대의 기준에 부합하는 놀이치료의 효과를 연구해 왔다. 그러나 아직도 해야 할 것이 많이 남아 있다. 놀이치료가 번성하기 위해서 놀이치료사는 개입을 지지하는 증거를 계속해서 제공하고, 프로토콜 실행에서의 변화를 지켜보고, 개입을 위한 이론적 구성을 개발해 나가야 한다.

이 장의 목적은 놀이치료 연구자들과 임상가들에게 믿을 만하고, 놀이치료 개입의 본질에 부합하는 것으로 보이는 연구 방법의 개관을 제공하는 것이다. 우리는 각 방법의 기본을 제시하고 이 방법들과 놀이치료의 양립 가능성에 대해 논의할 것이며, 가능할 경우 놀이치료 문헌에서의 사례를 제공할 것이다. 우리는 놀이치료의 개입, 특히 경험적으로 지지받는 처치를 촉진하기 위해, 연구 설계에 도움이 되는 아이디어를 놀이치료사에게 제공하고자 한다. 우리가 제시하는 설계들은 놀이치료가 어떻게 작용하는가에 대한 더 나은 이해를 통해 임상가들의 놀이치료를 강화하는 데에도 도움이 될 것이다. 또한, 임상가들은 임상을 촉진하고, 놀이치료 내에서의 과정을 이해하고, 슈퍼바이저나 부모, 잠재적인 내담자에게 효과성을 증명하는 데에도 연구를 활용할 수 있을 것이다.

놀이치료 연구자의 자격

놀이치료에서 연구를 시작하기 위해서 놀이치료 연구자는 다음의 자격을 충족시켜야 한다.

연구할 놀이치료 양식과 관련된 이론적 구성에 대한 지식과 이해

연구에서는 치료의 결과에 영향을 미치는 변인들을 독립시켜야 한다. 연구자가 이러한 변인을 파악하기 위해, 변화의 기본으로 역할하는 구성에 대한 깊이 있는 이해가 필요하다. 연구의 구성을 착수하기 전에 놀이치료사가 질문해야 하는 질문에는 다음이 포함된다. 사용된 놀이치료 유형에서 변화의 기제는 무엇인가? 아동에게 장난감/재료를 제공하는 목적은 무엇인가? 치료 변화에서 치료사의 역할은 무엇인가? 놀이치료로부터 예상되는 구체적인 결과는 무엇인가?

임상 경험

연구 설계에서 놀이치료의 실행은 치료적 · 윤리적 이슈의 어려움이 발생하기 때문에, 놀이치료 연구자에게는 적절한 임상 경험이 필수이다. 연구 동안 각 아동에 대한 치료적 보호가 모든 연구 프로젝트 목표에 우선된다. 따라서 연구자의 임상가 역할이 설계의 실행에서 기본이 된다. Himelein과 Putnam(2001)은 연구자가 임상을 하지 않을 때에 연구가 실제 세계의 요구와 관심으로부터 단절될 가능성이 크다고 경고했다.

연구 설계의 포괄적인 지식에 대한 기초

사용할 연구 설계의 유형에 관계없이 놀이치료 연구자는 설계의 실행에 대한 훈련을 잘 받아야 한다. 연구 설계에서의 공식적인 교육이 자격으로 선호되며, 연구팀에서의 경험 혹은 연구팀에 소속되어 있다면 도움이 될 것이다.

통계분석의 적절한 사용에 대한 지식

놀이치료 연구자가 통계 전문가일 필요는 없지만, 선택한 설계에 대한 통계학적 접근에 대해 풍부한 지식을 가지고 있어야 한다. 좀 더 복잡한 실험설계는 고급 통계 지식이 필요한 반면, 단일사례 설계는 좀 더 단순한 통계분석을 활용한다. 공식적인 훈련, 연구팀에서의 경험이나 소속, 지속적인 교육의 기회는 통계 지식과 적용의 향상에 유익하다.

　이러한 자격이 벅차게 보이지만 놀이치료사가 자신들의 연구와 통계 지식을 향상시키기 위해 추가적인 훈련과 연습 경험을 갖출 것을 격려한다. 몇몇 연구 설계는 쉽게 개념화되어 있어서 놀이치료사들은 자신이 예상했던 것보다 더 큰 유능감과 흥미를 느끼기도 한다. 지난 10년 동안 온라인 교육 기회가 증가해 왔으며 이는 학습을 위한 더 많은 기회를 제공해준다.

정신건강 처치에 대한 근거 기준

정신건강에서 경험적으로 지지되는 처치 운동은 지난 20년 동안 연구자들에게 목표가 되어 왔다. 내담자에게 질 높은 서비스를 보장하기 위한 노력으로 처음 시작된 이 운동은 다양한 방향으로 세분화되어 왔으며 대부분의 연구자들은 질적인 연구에 필요한 현재의 기준을 밝히기 위해 앞다투고 있다. 경험적으로 지지되는 처치의 기준은 계속해서 변하고 있으며, 기관과 정부 기관들에 의해 다르게 해석되기도 한다. 분류에 대한 기준이 명확하지 않다 할지라도 대부분의 연구자들은, 다양한 설계들이 엄격하게 실시될 경우, 처치 개입에 대한 근거의 지지를 제공한다는 것에 동의한다. 우리는 증거 기반 문헌을 검토하면서 문헌에서 나타난, 각기 다른 관점을 강조한 두 가지 사례의 기준을 제공하고자 한다.

Nathan과 Gorman(2007)은 "결과 자료가 도출된 연구의 방법론적 타당성"(p. vii)에 따라 개입을 평가하는 기준을 제공했다. 이들은 가장 엄격한 것에서부터 가장 덜 엄격한 것에 이르는 여섯 가지 유형의 연구를 제시했다. 유형 1은 방법론적으로 가장 탄탄하며 무작위 임상시험(randomized clinical trials, RCT)을 한 것이다. 유형 1의 기준에는 무작위 할당이 포함된 비교집단, 블라인드 평가(blinded assessments), 포함과 배제에서의 명확한 기준, 엄격한 진단적 방법, 적절한 표본 크기, 세부적인 통계학적 방법이 포함된다. 유형 2의 연구는 임상적 실험을 했지만 유형 1로 지정되기에는 결함이 있는 연구이다. 유형 2의 결점들은 치명적인 것으로 고려되지는 않으며, 이 연구들은 문헌에 상당한 공헌을 하고 있다. 때때로 단일사례 실험연구(single-case experimental design, SCED)가 유형 2 연구로 분류되기도 한다. 유형 3 연구는 상당한 방법론적인 결점이 있으며, 전형적으로 예비 자료의 수집에 초점을 둔 개방적인 처치 연구이다. 유형 3 연구는 좀 더 엄격한 설계의 추구를 위해 연구(해당 연구)가 갖는 가치에 대한 정보를 제시한다. 유형 4 연구는 대개 메타분석과 같이, 이차적인 자료를 검토한다. 유형 5 연구는 이차적인 자료분석 없이 처치들을 검토한다. 유형 6 연구는 가치가 미비한 것으로 사례연구, 에세이, 의견서과 같은 보고들을 포함한다. Nathan과 Gorman이 설정한 체계(패러다임)에서는 처치의 효과성과 관련해 엄격한 RCT가 최상의 정보 자료로 고려되며, 사례연구는 가장 증거가 빈약한 것으로 고려된다.

임상가들이 실생활 장면에서 경험적으로 지지되는 처치를 확인할 수 있도록 Rubin과 Bellamy(2012)는 개입의 효과성을 결정하기 위한 대안적인 구조를 제안했다. 이들은 단일 개입의 반복 검증이 가장 믿을 수 있는 증거라고 주장하였고, 연구의 위계에서 체계적인 검토와 메타분석을 수준 1 연구로 보았다. 수준 2 연구는 무작위 실험들의 복합적인 반복검증(multisite replication of randomized experiments)이다. 수준 3 연구는 개별적인 무작위 실험이고, 수준 4 연구는 유사실험으로 참여자의 비무작위가 특징이다. 단일사례 실험은 수준 5 연구로 분류된다. 수준 6에서는, 상관관계연구가 관계의 증거를 제공해주지만 인과적인 추론은 할 수 없다. 수준 7 연구에는 사례연구, 단일집단 전/후 연구, 질적 연구가 포함된다. Nathan과 Gorman(2007), 그리고 Rubin과 Bellamy(2012)는 증거에 기초한 검토라는 현재의 추세에서 변화와 공통성을 강조했다. RCT는 연구의 대부분의 개념화에서 골드 기준으로 높이 평가되고 있다. 그러나 개입이 어떻게 작용하는가에 대한 이해에서는 많은 연구 설계들 역시 가치가 있다. 증거 기반 운동(evidence-based movement)에서는 사례연구와 질적 방법이 전형적으로 가치가 낮은 것으로 고려되지만 이 연구들 역시 건설적인 정보를 제공해준다.

우리는 많고 다양한 연구 설계들이 놀이치료의 이해에 공헌하고 있음을 제안한다. RCT와 RCT의 반복 검증(메타분석과 체계적 검토)은 놀이치료의 사용을 지지하는 가장 믿을 만한 증거의 역할을 한다. 그러나 RCT는 놀이치료의 과정과 결과에 대한 정보의 한 가지 자료이다. 소집단 실험, 상관관계, 단일사례 실험, 질적 설계는 놀이치료의 형식과 과정에 대한 실질적인 정보를 제공한다. 이 방법들을 사용할 때에 놀이치료사가 엄격한 설계 실행을 통해 연구를 실시하고, 결과에 대한 결론을 내릴 때에 연구 설계의 제한을 유지한다면 도움이 될 것이다. 세부적이고 진실하게 실시된 연구는 임상 영역에 값진 정보를 제공하며 이는 놀이치료의 전체 효과성을 다루는 데에 제한이 있더라도 마찬가지이다.

양적 연구 설계

증거 기반 연구의 위계 구조 내에서는 양적 설계가 최상위이다. RCT, 유사실험, SCED, 매개/조절 탐구 설계를 위해서는 양적 자료 수집에 근거한 통계학적 분석의 사용이 필요하다. 각 설계 유형에 대한 지식은 놀이치료 연구자가 적절한 유형의 설계와 분석을 생각해내고, 놀이치료의 효과성과 제한점과 관련한 질문에 답을 할 수 있도록 돕는다.

무작위 대조시험

고전적 실험설계(classical experimental design) 혹은 무작위 실험(randomized experiment)이라고 부르기도 하는 RCT는 사회과학 연구에서 가장 엄격한 연구 방법 중의 하나이다(Bryman, 2008; Creswell, 2009; Rubin & Bellamy, 2012). RCT는 특정 결과에 있어서 개입의 효과성을 결정하도록 돕는다. RCT가 다른 방법들과 구별되는 점은 참여자를 집단에 무작위로 배정한다는 점이다. 참여자의 무작위는 그 외 다른 요인이 아닌 개입 자체가 효과의 원인인지 아닌지를 결론 내릴 수 있도록 해준다. 무작위의 참여자는 각 집단에 개입이 제공되었는가 하는 차이를 제외하고 집단이 동등하다는 가설을 가능하게 한다(Bryman, 2008; Rubin & Bellamy, 2012).

전통적인 RCT 설계에서는 각 집단에 무작위로 배정되고, 결과 측정에 대한 전/후 검사를 받는 참여자가 두 집단으로 구성된다. 전형적으로 한 집단은 참여자에게 개입이 실시되는 처치집단이고, 한 집단은 참여자에게 개입이 실시되지 않는 통제집단이다. 이 유형의 설계는 연구자가 비처치와 비교해 개입의 영향을 결정하게 해준다. 그러나 RCT는 여러 처치집단으로 실시되어 처치 간의 효과성을 비교할 수도 있다(Bryman, 2008; Creswell, 2009; Rubin & Bellamy, 2012). 실험적 처치를 경험적으로 지지받는 처치와 비교할 때에 RCT는 더 엄격한 것으로 평가된다.

RCT 절차

다음의 절차는 가장 기본적인 RCT 설계에 필요한 단계이다. 여러 집단으로 더 복잡한 RCT 설계가 가능하나 개념을 단순화하기 위해 이 논의에서는 두 집단 설계를 활용했다.

RCT 실행의 첫 번째 단계는 활용할 개입을 결정하는 것이다. 놀이치료 연구에서 개입은 대개 놀이치료이지만, 어떤 유형의 놀이치료일지 혹은 어떤 이론적 배경의 놀이치료일지는 달라질 수 있다. 개입을 선택할 때에는 연구에 걸쳐 개입이 적절하고 일관적으로 전달되도록 하기 위해 처치 매뉴얼을 갖는 것이 중요하다. 놀이치료 연구자들, 특히 아동중심 놀이치료사들은 Ray(2011)가 CCPT 매뉴얼을 출간한 최근까지 처치 매뉴얼이 부족했다. 다른 유형의 놀이치료에서 매뉴얼을 개발하는 것은 이러한 치료를 위한 연구 기반을 강화해 나갈 것이다.

RCT를 설계하는 다음 단계는 독립변인(사용될 개입)과 종속변인(연구자가 관찰할 결과)을 결정하는 것이다. 개입은 개별 인지행동 놀이치료, 집단 CCPT, 부모놀이치료 혹은 다른 것이 될 수도 있다. 종속변인은 아동의 우울, 불안, 외현화 행동 등이 될 수 있다. 종속변인은 측정될 수 있는 결과여야 하며, 이는 반복 측정(전/후 검사)을 가능하게 해준다.

개입과 측정을 결정한 후에는 참여자의 표본을 선택하는 것이 중요하다. 표본을 선택할 때에 참여자는 연구할 더 큰 집단을 가장 잘 대표하는 아동이어야 한다(Kendall, Comer, & Chow, 2013). 예를 들어 연구자가 학령전기 아동의 불안을 조사하고 싶다면, 불안을 가진 학령전기 전 연령대의 아동을 모집하는 것이 중요하다. 대표 표본(결론이 적용될 더 큰 아동 집단을 반영하는)을 통해 연구자는 연구 결과를 연구에 참여한 아동을 넘어 일반화시킬 수 있다. 표본을 선택할 때 추가적인 고려사항은 표본의 다양성이다(Kendall et al., 2013). 연구 결과는 표본이 된 더 큰 집단에만 일반화될 수 있다(예 : 연구에서 모든 아동이 라틴계 문화였다면, 결과가 아프리카계 미국인 아동에게도 해당한다고 가설할 수 없다).

표본을 도출할 집단을 결정한 후, 그다음 단계는 필요한 참여자의 수를 결정하는 것이다. 많은 연구자들이 필요한 표본 크기를 결정하기 위해 선험적 전력분석(priori power analysis)을 사용한다. 선험이란 전력분석이 연구 프로젝트 시작 전에 실시된다는 의미로, 이는 좀 더 엄격한 실행이 된다(Kraemer, 2013). 전력분석은 결과의 정확성을 확신할 수 있도록 도와준다. 전력이란 실제로 차이가 존재할 때 연구자가 통계학적 유의미성을 찾아낼 가능성으로, 귀무가설 통계 검증(null hypothesis statistical testing)에서 고유의 결점을 방지하도록 돕는다. 전력분석을 계산하고 높은 전력의 연구를 하는 것은 연구자가 결과를 더 확신할 수 있도록 해주고, 효과가 실제 존재했을 때 효과를 찾을 수 있도록 해준다. 전력분석은 원하는 효과 크기, 알파 수준, 사용할 통계학적 분석, 변인의 수, 표본 크기를 고려한다. 전형적으로 전력분석은 표본 크기를 결정하기 위해 사용된다. 놀이치료 연구자는 높은 분석, 적당한 효과 크기, 고정된 알파, 남겨질 변인의 수, 분석, 유동적인 표본 크기의 고려사항과 함께 전력분석을 실시한다. 그러나 측정될 변인이 많아질수록 필요한 참여자 역시 많아진다. 더욱이 서로 다른 통계학적 분석을 위해서는 서로 다른 표본의 크기가 필요하다.

앞선 단계들 후에는 참여자를 소집하여 필요한 동의를 구해야 한다. 개입 단계가 시작되기 전에 참여자들은 사전 검사를 마친다. 연구를 위한 기준이 충족된 후, 참여에 동의한 참여자들은 개입이나 대기자 통제집단의 두 집단 중에 무작위로 배정된다. 그런 후 개입 단계가 시작되며, 처치집단의 참여자들은 개입을 받고 대기자 통제집단의 참여자들은 개입을 받지 않는다. 개입 기간의 끝에는 변화를 결정하기 위해 참여자들이 사전 검사로 받았던 평가를 다시 받는다.

의도대로 처치가 실행되고 결과가 타당하기 위해 연구자는 처치 충실성(treatment fidelity)을 확인한다. 처치 충실성은 처치 실행자가 얼마나 근접하게 처치 매뉴얼을 지켰는지를 결정하는 방법이다. 전형적으로, 놀이치료 연구자는 치료사가 프로토콜을 지켰는지를 확인하기 위해 회기 기록을 검토하고, 일정 수준의 평가를 사용한다. 예를 들면 CCPT 매뉴얼 프로토콜은 CCPT를 얼마나 지키면서 실행했는지 그 비율을 결정하기 위해 CCPT 프로토콜에 맞는 반응 분류 체크리스트인 놀이치료 기술 체크리스트(Ray, 2011)의 사용을 제안한다. 연구자들은 치료사가 예정된 세트 비율 점수대로 프로토콜을 지켰는지를 검토하고 계산하기 위해 회기들의 비율을 선택한다. 놀이치료가 매뉴얼대로 지켜지지 못했을 경우, 연구자는 그 치료사와 관련한 자료를 삭제하거나 혹은 매뉴얼대로 지켜지지 못한 부족함을 연구의 제한점으로 다루며, 결과가 빈약해진다.

자료 수집을 마친 후 자료는 통계학적 방법을 통해 분석되는데, 대개 통계 소프트웨어 프로그램을 통해 이루어진다. 마지막으로, 사후 검사 평가가 수집된 후에 대기자 통제 참여자에게 처치가 제공된다.

▶ RCT 실시 단계

1. 개입과 원하는 효과를 결정한다.

2. 표본과 표본 크기를 결정한다.

3. 참여자를 모집하고 동의를 구한다.

4. 사전 검사를 실시한다.

5. 참여자를 처치와 통제집단에 무작위 배정한다.

6. 처치를 제공한다.

7. 사후 검사를 실시한다.

8. 처치 충실성을 점검한다.

9. 결과를 분석한다.

10. 대기자 집단에 처치를 제공한다.

RCT 놀이치료 사례

Schottelkorb, Doumas와 Garcia(2012)는 외상이 있는 난민 아동들에게 CCPT와 외상집중 인지행동치료(TF-CBT)를 비교한 엄격한 RCT를 실시했다. 이 연구는 CCPT를 경험적으로 지지받는 처치와 비교한 첫 번째 RCT로 CCPT를 경험적으로 지지받는 처치로 육성시켰다. 연구를 위한 표본 크기($n =$ 31)가 작기는 하지만, 엄격한 설계 및 이미 수립되어 있는 처치와의 비교는 단순한 예비 연구를 넘어 외상이 있는 난민 아동들에 대한 CCPT 효과성의 증거를 제공했다. 이미 수립되어 있는 개입과의 비교에 근거한 함의점 역시 의미를 높여주었다.

놀이치료를 활용한 RCT의 또 다른 사례는 Stulmaker와 Ray(2015)가 실시한 것으로, 불안이 있는 아동에게서 CCPT와 적극적 통제집단을 비교했다. 설계의 전력이 높기 때문에 결과는 낮은 전력의 연구들보다 더 신뢰를 받을 수 있었다. 놀이치료를 받은 아동들은 처치 후 적극적 통제집단과 비교했을 때, 중간 정도에서 큰 효과 크기로, 통계학적으로 유의미하게 낮은 점수를 받았다. 불안에 대해 엄격히 설계되고, 놀이치료 분야에서 어린 아동의 일반화된 불안을 측정한 유일한 연구로서 놀이치료 참여가 불안을 감소시킨 것을 증명한 것으로 인과적 영향이 결론 내려졌다.

이러한 RCT 사례들은 RCT의 복잡한 성질 및 이 엄격하게 설계된 연구들이 놀이치료 분야에 미칠 수 있는 효과를 보여준다. RCT를 적절하게 실행하는 것은 정신건강 서비스의 그 외 다른 전문가들과 소비자들이 놀이치료를 효과적인 개입으로 볼 수 있게 할 것이며, 이는 놀이치료에 대한 접근성 및 놀이치료 실시를 위한 재원 지지를 증가시킬 것이다.

RCT에 필요한 자원

적절한 전력을 가지기 위해 RCT는 개입 연구를 위한 큰 표본 크기가 필요하다. 큰 표본은 연구가 높은 전력을 갖게 해주어, 얻게 된 결과에 신뢰감을 더해준다. 측정할 변인의 수와 분석의 유형 역시 필요한 표본 크기에 영향을 준다. 따라서 연구자들은 연구 기준에 부합하면서도 특정한 개입의 필요성을 가지는 아동들에게 다가가야 한다. 놀이치료 연구에서 아동 참여자의 수를 늘리는 것은 회기를 실시할 치료사가 많아야 한다는 것을 의미한다. 사전·사후 검사 역시 각 참여자에게 실시해야 하기 때문에 연구자는 비용이 많이 드는 표준화된 평가를 이용하게 된다.

실질적인 고려사항뿐 아니라 연구자는 기본적인 연구와 통계학적 지식을 이해해야 한다. RCT는 양적 설계로, 이는 연구의 분석에 통계가 포함된다는 것을 의미한다. 최소한 연구자는 분산분석(ANOVA)과 자료분석 소프트웨어 프로그램에 대한 지식을 활용할 수 있어야 한다. 더 복잡한 통계학적 분석을 이용할 수 있는 연구자는 놀이치료 효과성에 대한 이해를 높여주는 좀 더 복잡한 양적 연구를 설계할 수도 있을 것이다.

흔한 장애물

RCT의 실시를 막는 장애물에는 흔히 참여자, 치료사, 평가와 같은 자원에 대한 접근이 포함된다. RCT 설계는 큰 표본을 필요로 하는데, 개입 연구에서 큰 표본을 구하기란 어렵다. 임상가들은 종종 자신의 표본을 구할 집단에 다가가지 못한다. RCT 실시에서 실질적인 장벽은 참여자의 무작위화이다. 대개 RCT를 위한 참여자는 느리게, 시간이 지나면서 모집되며 이는 한 번에 무작위 배정을 실시하는 것을 방해한다. 연구자들은 무작위 배정 절차를 위해 구획무선화(block randomization)나 그 외 창의적인 방법을 이용한다. 또 높은 전력의 RCT를 위해서는 놀이치료를 실시하는 치료사의 수도 많아야 한다. 훈련이 잘 되어 있고 특정 연구 프로토콜을 준수하는 치료사를 연구 환경 밖에서 모집하기란 어려운 일이다. 큰 표본과 참여자의 무작위 배정은 RCT의 엄격성을 위해 필요하지만 이러한 설계의 실행가능성에 부정적인 영향을 미치기도 한다.

RCT의 변경 : 소규모 예비실험 설계

놀이치료 연구자는 종종 큰 규모의 RCT 실행을 뒷받침할 적절한 자원을 얻지 못한다. 엄격한 RCT의 장애물에는 적절한 통계학적 전력을 제공할 많은 수의 참여자, 참여자의 모집, 무작위 배정 절차, 처치 충실성, 그리고 처치를 제공할 충분한 수의 놀이치료사가 포함된다. Gallo, Comer 그리고 Barlow(2013)는 소규모 예비실험 설계의 사용을 격려했다. 소규모의 예비 RCT는 엄격성에서는 유사하나, 전통적인 RCT와 같은 수준의 전력을 필요로 하지는 않는다. 예비실험은 적은 수의 참여자에게 실시한 처치의 실행가능성과 효과성에 대해 중요한 증거를 제공한다. Gallo 등(2013)은 소규모 예비연구의 기능에 대해 (a) 실험 처치에 대한 실행성과 수용성에 대한 예비적 정보를 준다, (b) 처치의 효과성에 대한 예비적인 암시를 제시한다, (c) 연구 설계 자체에 대한 실행성과 수용성에 관한 예비적인 정보를 제공한다고 말했다. 소규모의 예비 RCT는 큰 규모의 RCT 실행에 앞서 연구자가 연구의 어려움을 확인할 수 있도록 돕는다. 또한, 소규모의 예비 연구는 큰 규모의 RCT를 실시하기 전에 수정이 필요한 놀이치료 변인을 관찰하고 분석해주기도 한다.

Ray, Stulmaker, Lee, Sliverman(2013)은 기능적 손상이 보고된 37명의 아동에게 소규모의 예비 RCT를 실시했다. 소규모 예비 연구의 구체적인 목적은 손상에 대한 CCPT의 영향과 놀이치료 연구에서 앞서 탐색된 구성에 대한 증거를 제공하는 것이었다. 또한, 연구자들은 결과를 이용해 아동 기능과의 상호작용에 있어서 처치의 이론적 영향을 알아보고자 했다. 연구로부터 나온 자료와 결론은 큰 규모의 RCT를 위한 실험 자료를 제공하는 데에 사용됐다. 처치 효과의 예비 증거일 뿐이라는 점에서, 연구자들은 특정 개입을 지지하는 소규모 예비 RCT로부터 확정적인 결론을 내리지 않기 위해 주의했다.

유사실험 집단 설계

비무작위 비교집단 설계는 참여자가 집단에 무작위로 배정되지 않는다는 점을 제외하고는 RCT와 거의 동일하다(Bryman, 2008; Creswell, 2009). 비무작위 비교집단 연구 설계에서는 전형적으로 참여자들이 편의상 배정되며, 무작위 배정되지는 않는다. 예를 들면 비무작위 비교집단 연구에서는 연구 참여에 신청한 앞선 15명의 참여자가 처치집단에 배정되고, 이후의 참여자 15명이 통제 혹은 비교집단에 배정된다. 비무작위 비교집단 설계는 유사실험 설계의 한 유형이다. 이 설계는 참여자의 무작위 배정이 부족해지고 따라서 집단의 비교가능성에서 부족함이 발생하기 때문에 RCT보다는 덜 엄격한 것으로 고려된다(Bryman, 2008; Rubin & Bellamy, 2012). 무작위 배정의 부족은 관심 변인의 수준이 다른 상태에서(예 : 앞선 15명의 참여자는 뒤의 15명의 참여자에 비해 더 우울하기 때문에 연구 참여에 더 동기화될 수 있음) 시작할 가능성을 가져온다. 무작위 배정이 이루어지지는 않았지만 집단의 비교를 위해 예비적 통계분석이나 참여자를 짝짓는 것과 같은 단계를 이용할 수 있으며 이는 Rubin과 Bellamy(2012)에 자세히 나와 있다.

유사실험 절차

다음의 절차는 기본적인 비무작위 비교집단 설계를 위해 필요한 단계이다. RCT와 유사하게 비무작위 비교집단 설계는 여러 집단과 비교를 할 수 있으나, 이 사례에서는 한 개의 처치와 한 개의 통제집단을 사용했다.

비무작위 비교집단 설계를 시작하는 첫 단계는 독립변인(사용할 개입)과 종속변인(관찰할 결과)을 정하는 것이다. 이 설계에서 개입을 고려할 때에는 집단의 표본과 연구가 실시될 장소를 어떻게 구할 것인가를 고려하는 것이 중요하다. 처치에 들어가는 내담자와 대기명단에 있는 내담자와 같이, 연구 장면에서 이미 존재하고 있는, 형성되어 있는 집단으로 정하는 것이 도움이 된다.

변인들이 작업되고 난 후 참여자를 소집하고 동의를 얻는다. 개입 단계를 시작하기 전에 참여자들은 사전 검사를 받는다. 참여자는 이미 형성되어 있는 집단에 들어갈 수도 있고 아니면 의도적으로 다른 집단에 배정받을 수도 있다. 개입 단계가 시작되면 처치집단의 참여자들은 개입을 받고 대기자 통제집단의 참여자들은 처치를 받지 않는다. 개입이 끝난 후 시간의 흐름에 따른 변화를 알아보기 위해 참여자들이 사전 검사를 받았던 동일한 평가를 다시 받는다. 모든 자료가 수집되면 통계학적 방법을 통해 분석되며, 이는 주로 데이터베이스 프로그램을 통해 진행된다. 마지막으로, 대기자 통제 참여자들 역시 사후 평가가 수집된 후 처치를 제공받는다.

▶ 비무작위 비교집단 설계 실시 단계
  1. 개입과 원하는 효과를 결정한다.
  2. 참여자를 모집하고 동의를 구한다.
  3. 사전 검사를 실시한다.
  4. 개입을 제공한다.
  5. 사후 검사를 실시한다.
  6. 결과를 분석한다.
  7. 대기자 집단에 처치를 제공한다.

유사실험 놀이치료 사례

참여자를 무작위 배정하여 RCT를 하고자 하는 경향 때문에 놀이치료 연구에서 유사실험 비교집단 설계가 드물어지고 있다. 그러나 Ray, Blanco, Sullivan, Holliman(2009)은 초등학교에서 공격적인 아동에게 유사실험 놀이치료 연구를 실시했다. 이 연구에서 41명의 아동이 놀이치료집단 혹은 처치 단계를 위한 대기자 통제집단에 배치되었다. 의뢰된 아동을 가능한 한 빨리 수용해달라는 학교의 요청 때문에 연구자들은 참여자를 무작위 배정하지 않았다. 먼저 의뢰된 아동들이 놀이치료 개입에 배정되었고 후에 의뢰된 아동들은 통제집단에 배정되었다. 이 사례에서 연구자들은 연구의 장점보다는 임상적어려움을 우위에 두었으며, 이는 설계의 엄격성을 약화시키기는 했지만 치료적 필요성에 근거해 내담자에게 서비스를 제공할 수 있었다. 연구의 엄격성이 떨어지기는 했지만, 공격적인 아동에 대한 놀이치료의 효과성과 관련해 결론을 이끌어낼 수 있었다. 두 집단이 동일하다고 확신할 수 없기 때문에 놀이치료 아동이 연구 시작점에서 좀 더 공격적이었을 가능성 및 이 변화가 치료 개입보다는 시간의 흐름에 따라 개선되었을 가능성이 제한점에 포함되었다.

유사실험에 필요한 자원

비무작위 비교집단 설계를 실시하기 위해서는 많은 자원들이 필요하다. RCT와 유사하게 각 집단에 충분한 참여자가 있어야 하기 때문에 집단 개입을 위해 표본의 크기가 커야 한다. 따라서 연구자는 종속변인에서 유사한 임계치를 충족시키면서도 특정 개입이 필요한 많은 수의 아동들을 만나야 한다. 모든 참여자에게 서비스를 제공하기 위해서 상담자 또한 많이 필요하다. 그러나 이 설계를 이용할 때에는 이 문제를 다룰 체계가 미리 준비되어 있을 수도 있다(예 : 기관의 현재 내담자와 대기자 내담자를 비교하는 것). 추가로 사전 · 사후 측정 역시 각 참여자에게 실시해야 한다. 따라서 연구자는 평가에 대한 접근성을 유지할 수 있어야 한다.

　실질적인 고려사항 외에 연구자는 연구의 기본을 이해하고 통계학적 지식을 갖추고 있어야 한다. 비무작위 비교집단 설계는 양적 설계이며, 이는 이 설계의 분석에 통계가 필요하다는 것을 의미한다. 최소한으로 분산분석(ANOVA)과 통계 소프트웨어 프로그램에 대한 지식이 필요하다.

흔한 장애물

비무작위 비교집단 설계를 하는 데에 가장 큰 장애물은 충분히 큰 표본을 구하는 것으로, 대개 개입연구는 이러한 어려움이 따른다. 종종 임상가들은 표본을 추출할 큰 집단을 구하지 못한다. 비교집단설계를 할 수 있을 만큼의 상담자나 내담자를 구하기가 어려운 사설 센터보다는 기관에서 충분히 큰표본을 구하는 것이 더 쉽다.

단일집단 전/후 설계

흔히 심리적 임계치의 기준을 충족시켜서 선발된 참여자들은 시간이 지나면서 자연적으로 개선되기도 한다는 점이 개입 연구사를 통해 증명됐다. 이 특별한 현상을 성숙(Rubin & Bellamy, 2012)이라 하는데, 연구 결과의 타당성에는 위협이 된다. RCT는 무작위 선택된 실험집단을 다른 비교나 통제집단과 비교하는 것을 통해 성숙을 통제한다. 한 집단이 다른 집단에 비해 통계학적으로 유의미한 수준으로 개선되면, 실험집단이 시간의 흐름 때문에만 개선된 것이 아니며 변화가 개입 때문에 일어난 것이라는 결론이 내려진다. 단일집단 설계는 개입 동안 참여자 한 집단만을 조사하며, 전형적으로 변화를 측정하기 위해 사전·사후 도구를 이용한다. 단일집단 사전·사후 설계에는 성숙에 대한 통제가 없으며, 따라서 변화가 개입 때문이라는 인과적 가설이 될 수 없다. 단일집단 설계는 경험적으로 지지받는 연구로 보기에는 취약한 것으로 고려된다. 그러나 단일집단 설계는 실행 가능한 방법으로 개입이 실시될 수 있도록, 증거 및 비교 설계에서 사용하기 전 변화가 필요한지를 결정하기 위한 연구 프로토콜의 활용 탐색을 통해 기여한다. Baggerly(2004)는 노숙자 쉼터에서 42명의 아동에게 집단놀이치료의 사용을 검토해보기 위해 단일집단 설계를 사용했다. 결과는 자기개념, 가치감, 유능감, 부정적인 기분, 우울과 불안과 관련한 부정적인 자아감에서 유의미한 개선을 보여주었다. 비교집단이 없기 때문에, Baggerly가 집단놀이치료가 효과적인 개입이라는 결론을 내리지는 못했지만, 연구 실행을 위한 통제가 어려운 노숙자 쉼터에서 개입과 연구 프로토콜이 실현 가능하다는 결론을 내릴 수 있었다.

매개요인과 조절요인 결과 설계

변화를 촉진하는 기제를 찾는 연구는 놀이치료 개입에 대한 이해에 깊이를 더한다. 매개요인과 조절요인은 놀이치료가 어떻게 작용하는지 설명을 시작해주는 변화의 기제로, 매개요인은 변화의 과정을 설명하고 조절요인은 변화의 수준에 영향을 미치는 특징을 설명해준다(Kazdin & Nock, 2003). 많은 연구자들이 개입 연구에서 매개요인을 평가하는 것이 중요함을 강조해 오고 있으며, 이 연구야말로 임상 실제의 향상과 내담자 보호를 위한 최선의 장단기 투자임을 주장한다(Kazdin & Nock, 2003).

개입 결과를 예측하게 해주는 이미 존재하는 조건과 개입이 하위집단에 어떻게 작용하는지를 이해하는 것은 임상 실제와 훈련을 개선시킨다. 이러한 이해는 조절요인, 즉 변화 결과에 영향을 주는 내담자, 치료사, 그 외 상담의 고유한 측면이나 구체적인 측면(처치 형식과 같은)과 관련한 특징이나 변인에 대한 탐색을 가속화시킨다. 치료 내에서 조절요인을 이해하는 것은 어떤 내담자들이 어떤 처치로부터 가장 이득을 얻을 수 있는지를 알려준다(Kazdin & Nock, 2003; La Greca, Silverman, & Lochman, 2009).

매개요인에 대한 조사는 놀이치료 연구에서 드물게 일어나지만 권장되는 연구이다(Baggerly & Bratton, 2010; Kazdin & Nock, 2003; La Greca et al., 2009; Phillips, 2010). 매개요인은 현상에서 일어나는 변화의 원인 혹은 과정이다(Baron & Kenny, 1986; Holmbeck, 1997; Kazdin & Nock, 2003). 상담의 결과 연구에서 매개요인은 변화가 왜 발생하는지에 대한 이유이다. 예를 들어 가설적인 놀이치료 RCT에서 연구는 놀이치료가 아동의 외현화 행동 점수 감소의 원인이라고 결론 내렸다. 개입이 점수의 감소를 가져왔다는 것을 아는 것이 중요하지만, 매개요인을 조사해 변화의 이유를 이해하는 것은 미래의 놀이치료 개입에 대해 알려준다.

변화의 매개요인을 조사하는 것은 연구와 임상을 강화시킨다. 매개요인은 최상의 처치가 될 수 있도록 돕는다. 상담의 어떤 요소가 변화의 요인을 매개한다면, 그 요인을 포함한 치료는 요인을 포함하지 않은 치료보다 더 활성화되어야 한다. 매개요인은 임상과 훈련을 매개하는 요인에 초점을 맞춤으로써 치료 변화를 최적화할 수 있다. 어떤 변인이 변화를 매개하는지를 이해하는 것은 변화의 조절요인을 좁혀주는 데에 도움이 된다. 표적집단을 확인할 수 있으며, 어울리는 처치를 이 집단에 좀 더 쉽게 짝지을 수 있다. 변화의 매개요인이나 조절요인을 탐색하지 않는 전통적으로 구조화된 RCT에서는 아동의 나이(조절요인), 치료사–아동 관계의 강점(중개변인), 자유놀이에 할애된 시간 총량(매개변인) 과 같이 변화를 이끄는 치료 요소를 확인하는 것이 어렵다.

매개요인 및 조절요인 절차

Baron과 Kenny(1986)는 연구에서 활용된 설계와 변인에 의존한 처치 연구에서 매개요인과 조절요인 을 어떻게 평가할지에 대한 세부 설명을 포함시켰다. 매개요인과 조절요인을 평가할 때에는 단일집단 설계가 이용될 수 있는데, 단일집단 설계에서는 변화의 기제에 대한 검토가 좀 더 쉽게 실시될 수 있 다. 그러나 이 같은 조사에 필요한 통계학적 분석과 개념적 이해는 다변량 통계와 방법론적 이해를 포 함하여 높은 수준의 통계학 지식을 필요로 한다. 매개요인과 조절요인에 대해 더 깊이 설명하는 것은 이 장의 내용을 넘어선다.

매개요인 및 조절요인 놀이치료 사례

놀이치료에서 매개요인과 조절요인을 조사한 연구는 극히 일부분이다. Stulmaker(2014)는 불안 증상 감소의 매개요인으로 놀이치료에서 치료적 관계의 역할을 조사했다. 우리는 놀이치료 연구자들이 놀 이치료의 연구 기반을 강화하기 위해 변화의 기제를 조사할 것을 권장한다(Baggerly & Bratton, 2010; Phillips, 2010). 변화에 영향을 주는 고유한 특징(연령, 성별, 인종/민족성 등) 및 변화 과정을 가장 촉 진하는 놀이치료의 측면(관계, 장난감, 반응 등)을 밝히기 위해 매개요인과 조절요인이 연구에 통합될 수 있다.

매개요인 및 조절요인에 필요한 자원

매개요인과 조절요인 효과를 조사하기 위해 연구자는 다중회귀, 구조방정식 모델, 경로분석, 판별분석 과 같은 복잡한 통계분석을 반드시 알아야 한다. 매개요인이나 조절요인의 역할을 평가하기 위한 연구 를 성공적으로 설계하기 위해서는 연구 방법, 평가, 변화의 기제에 대한 철저한 이해 역시 필요하다.

흔한 장애물

놀이치료 연구가 놀이치료의 효과성을 증명해 왔지만, 연구자들은 놀이치료 내에서 변화의 기제를 검 토하는 것은 주로 무시해 왔다. 이 연구 방법들의 성질이 복잡하고 더 큰 표본의 크기가 필요하다는 점은 이러한 유형의 연구를 하는 데에 장해물이 된다. 놀이치료사는 고급 통계학적 지식을 통해 치료 변화에서 매개요인과 조절요인의 역할을 연구하는 데에 도움을 얻을 수 있을 것이다.

단일사례 실험설계

단일사례 실험설계(single-case experimental designs, SCED)는 단일사례 내에서 실험 통제(experimental control)를 증명하고, 하나 혹은 작은 수의 사례로 엄격하게 개입을 평가하기 위해 사용되는 연구이 다(Kazdin, 2011). 이 단일사례는 개별적인 사람, 가족 혹은 개인들의 집단이 될 수 있다(Morgan & Morgan, 2009). 이 설계들은 $n=1$, 단일 대상, 작은 n 설계 혹은 SCED로도 알려져 있다. 단일사례에 서는 개별사례를 통제로 사용하여 실험 통제가 이루어진다. 즉, 단일사례 실험에서는 참여자의 행동에 대한 효과를 보기 위해 도입된 후 철회되는 독립변인(예 : 놀이치료)을 제외하고는 모든 조건이 동일하게 유지된다. SCED는 전형적으로 효과를 검증하기 위해 다수의 참여자가 필요하다. Gallo 등 (2013)은 처치에서 변화의 기제에 대해 개인이 높은 이해를 제공해주는 바를 검토하는 연구 설계를 제안했다. 연구자들은 SECD와 사례연구를 재빨리 구별할 수 있다(Kazdin, 2003; Morgan & Morgan, 2009). 사례연구는 조건들 사이의 관계에 대한 정보를 제공하고, 개별 내담자를 이해하는 데에 도움을 할 수 있다(Morgan & Morgan, 2009). 그러나 사례연구에서는 변인이 조작되지 않고 반복 측정 자료가 수집되거나 분석되지 않는다. 따라서 원인과 영향에 대한 강력한 결론이 결정되지 않는다.

SCED는 실행을 위한 변형을 제공한다. 가장 기본적인 설계인 반전 설계 혹은 ABA 설계는 기저선 (개입 없음) 단계(A), 이후 이어지는 처치 단계(B), 그리고 다시 개입 없음 단계(A)로 돌아가 끝이 난다. ABA 설계에서 연구자는 기저선 단계에서부터 개입 단계까지의 변화를 평가한다. 개입을 철회한 마지막 A 단계에서 연구자는 개입을 멈추고 표적 행동을 계속해서 평가한다. 좀 더 엄격한 ABAB 설계에서는, 개입을 철회한 후 뒤이어 개입을 다시 반복한다. 표적 행동이 개입에 의한 영향을 받는다는 증거를 좀 더 강력하게 제공하기 때문에 ABAB는 좀 더 엄격하고 해석을 할 수 있는 설계로 평가받는다.

다중 기저선 설계는 증거 기반 임상에 가장 기여가 큰 SCED로 고려된다. 다중 기저선 연구는 한 참여자에 대해 두 가지 이상의 표적 행동을 측정, 두 개 이상의 상황에 걸친 표적 행동, 다수의 참여자에 걸쳐 동일한 표적 행동을 포함한 세 가지의 적용이 포함된다.

Kazdin(2011)은 모든 SCED의 세 가지 중요한 특징으로 지속적인 평가, 기저선 평가, 행위의 안정성을 말했다. 지속적인 평가란 시간의 흐름에 따른 참여자 행동에 대해 연구자가 반복적인 관찰을 하는 것이다. 단일사례연구자는 평가를 위한 결과 변인 역할을 하게 되는 표적 행동을 확인한다. 표적 행동에 대한 잦은 평가나 관찰은 연구자가 확인된 행동에 대한 처치의 영향을 결정할 수 있게 해준다. 놀이치료 연구에서 표적 행동은 불안 증상과 같이, 양육자나 교사 보고에 의해 평가되는 정서적인 변인일 수도 있고, 일주일 동안 나타난 공격적 사건과 같이 관찰된 외현화 행동이 될 수도 있다. 기저선 평가는 개입 전의 시간에 걸친 아동의 표적 행동에 대한 측정이다. 연구자는 행위의 개입 전 수준을 관찰하고 정의하기 위해 기저선 단계를 사용하며, 이는 연구자에게 확인된 문제 행동의 정도에 대한 정보를 제공하고 개입이 없을 때 표적 행동의 안정성을 알 수 있게 해준다(Ray & Schottelkorb, 2010). SCED의 세 번째 특징은 단계 내에서 행위의 안정성이다. 행위의 안정성은 자료에서 어떠한 추세나 급격성이 없고, 표적 행동의 평가에서 변동성이 거의 없는 것으로 볼 수 있다(Kazdin, 2011). 안정적인 기저선은 아동의 행동이 저절로 개선되지 않는다는 의미로, 개입 단계 동안 변화의 증거를 제공해줄 수 있다. SCED 연구자들은 기저선 단계에서 최소한 세 가지 자료를 수집할 것을 권장하며(Kennedy, 2005), 기저선 자료가 상당히 안정적이 될 때까지 자료를 수집할 것을 권장하기도 한다(Morgan & Morgan, 2009).

SCED 절차

Ray와 Schottelkorb(2010)는 SCED 실시를 위해 다음의 단계를 제시했다.

1. **표적 행동(종속변인)을 정하라.** 이것의 목적은 놀이치료 개입에 의해 영향을 받을 증상이나 행동을 정하고 변화를 측정하는 것이다.

2. 대상을 정하라. 정의에 따라 단일사례는 단지 한 명의 참여자가 필요하지만, 다수의 참여자를 확보하는 것은 충분한 단일사례 설계를 완성하도록 해주고 엄격한 다중 기저선 연구를 실시할 수 있게 해준다. 참여자는 종속변인에 관련한 기준을 만족시켜야 하며, 이는 표적 행동을 위한 처치가 필요함을 제시한다.

3. 측정/도구를 선택하라. 종속변인을 적절히 다루기 위해 놀이치료 연구자는 변화를 평가할 평가 측정을 정해야 한다. 도구는 표적 행동을 측정할 수 있어야 할 뿐 아니라 신뢰성과 타당성에서 수용될 만한 지침을 만족시켜야 한다. 측정은 짧은 기간 내에 여러 번 실시할 수 있어야 한다. 자료가 다양한 시점에서 수집되고, 전형적으로 몇 주나 혹은 몇 달 정도의 짧은 기간에 수집되기 때문에, 도구는 자주 실시되어도 타당성을 갖는 것이어야 한다.

4. 놀이치료 처치 프로토콜을 정의하라. 놀이치료 연구자는 철학, 방법, 기법, 전달 순서, 치료사 자격, 재료, 환경을 포함하여 놀이치료 개입을 명확하게 설명할 수 있어야 한다. 놀이치료 연구자가 매뉴얼화된 놀이치료 개입을 따르면 더 좋다. 그러나 매뉴얼이 없을 경우 놀이치료 연구자는 이용할 개입과 관련한 세부사항을 만들어야 한다(Ray & Schottelkorb, 2010).

5. 설계 단계 프로토콜을 정의하라. 놀이치료 연구자는 연구를 위해 준수할 단계의 프로토콜을 선택한다. 놀이치료 연구를 위해 ABA, ABAB, 다중 기저선 설계 혹은 그 외 중에서(Kazdin, 2011 참조) 선택할 수 있다. 연구 전에 놀이치료 연구자는 각 단계에 할당할 시간 총량과 단계의 구간 중 실시될 개입을 짠다. 단일사례 설계에서는 단계 내에서의 안정성이 중요하기 때문에 측정할 행동이 안정될 때까지 단계의 기간(길이)이 달라질 수 있다.

6. 기저선을 확립하라. 개입이 실행되지 않은 시간 동안 아동이 보인 행동 유형을 기록함으로써 기저선 단계가 시작된다. 세 가지의 자료 수집이 관찰의 최소 가짓수로 권장된다(Kennedy, 2005). 그러나 아동 행동의 안정성이 확보가 안 될 경우 놀이치료 연구에 더 긴 기저선 단계가 필요하다.

7. 단계 프로토콜을 실시하고 여러 관찰 시점에서 측정을 하라. 연구자는 이제 연구를 시작할 준비가 되었다. 1주에 한 번, 2주에 한 번, 혹은 매일과 같이 자료 수집의 시점이 자주 발생한다.

8. 자료를 분석하라. 자료분석을 위해 단일사례연구자들은 전형적으로 자료의 수준, 추세, 변동성을 가시분석한다. 수준은 단계의 평균, 추세는 자료의 급격성, 변동성은 단계 내에서 추세와 각 개별 자료 점수 간의 차이의 총량이다. 분석에는 중복에 대한 평가를 포함해 단계 사이의 패턴 조사도 포함되며, 중복에 대한 평가란 한 단계에서 자료가 이전 단계와 중복되는 자료의 비율을 탐색하는 것이다. 낮은 중복은 처치의 효과가 크다는 것을 제시한다(Kratochwill et al., 2012). 마지막으로, 효과의 즉시성에 대한 검토는 철회 단계 이후 자료 패턴의 변화를 통해 증명되며 개입이 얼마나 빨리 효과를 보이는가에 대한 정보를 제공한다. 효과 크기의 측정이 단일사례 자료에 적용되기는 하지만, 무엇을 측정하는 것이 가장 신뢰 있는지에 대해서는 의견 일치가 거의 이루어지지 않고 있다(Kratochwill et al., 2012). Parker, Vannest, Davis(2011)는 단일사례분석에서 전형적으로 사용되는 효과 크기에 대한 검토를 제공했으며 각 통계에 대한 장단점을 밝혔다.

흔한 장애물

Ray와 Schottelkorb(2010)는 놀이치료를 위한 단일사례 설계 실행에서의 어려움을 밝혔는데, 여기에는 아동 행동의 안정성 확보, 적절한 측정, 매뉴얼화된 프로토콜 실행 사용의 어려움이 포함된다. 흔히 어린 아동의 행동과 기분은 전통적인 관찰과 측정의 형태로는 포착하기가 어렵다. 또한, 아동기 행동은 종종 예측 불가능하고 매일 달라질 수 있다. 그러나 단일사례 설계의 한 가지 중심 특징은 처치 전에 안정적인 기저선을 확립하는 것이다. 놀이치료에서 SCED의 성공적인 수행을 위해서, 연구자가 표적 행동의 안정성을 확립할 때까지 단계 기간을 확장할 수 있도록 준비될 것을 제안한다. 연구자가 엄격한 시간표대로 작업을 해야 하거나 아동의 행동이 즉각적인 개입을 필요로 할 경우에는 단계의 확장이 문제가 될 수 있다. 놀이치료 연구자는 이러한 조건과 안정적인 자료 획득의 필요성 사이에서 균형을 잘 맞추어야 한다. 둘째, 놀이치료 연구자는 적절한 측정 도구를 찾지 못할 수 있다. 도구는 많은 자료 수집 단계에서 사용할 수 있어야 하고, 적절한 수준의 신뢰성과 타당성을 가져야 하고, 표적 행동을 측정할 수 있어야 하고, 가급적 비편향적인 보고/관찰에 의존해야 한다. 연구자는 사용할 도구를 탐색하는 데에 소요될 시간을 예상하고, 계획을 세워야 한다. 마지막으로, 역사적으로 연구에서 놀이치료 개입에 대한 기술이 부족했다(Bratton, Ray, Rhine, & Jones, 2005). SCED가 경험적으로 지지받은 개입으로 고려되기 위해, 개입에 대한 매뉴얼화된 기술(설명)을 제공할 것을 엄격히 요구받고 있다(Ray & Schottelkorb, 2010). 놀이치료 연구자들은 SCED를 위해 필요한 엄격성을 충족시키기 위해 놀이치료 개입에 대한 자세한 기술을 제공할 필요가 있다.

SCED 놀이치료 사례

놀이치료 간행물에서 엄격한 SCED의 몇몇 예를 찾아볼 수 있다. Schottelkorb와 Ray(2009)는 주의력 결핍 과잉행동장애(ADHD)의 진단 기준을 충족시키는 것으로 확인된 4명의 아동에게 SCED를 실시했다. 연구자들은 과제 집중 행동에 대한 학급 관찰을 이용해 아동 2명에서 상당한 감소를 발견했고, 또 다른 2명은 놀이치료/교사 상담 개입에 참여한 후 과제 집중 이외의 행동에서 '의문의 여지가 있는' 감소를 보여주었다. Swan과 Ray(2014)는 지적장애로 확인된 아동 2명의 문제 행동에 대한 놀이치료 효과 연구에서 SCED 설계를 적용했다. 이들은 두 아동 모두에서 놀이치료가 문제 행동의 감소에 매우 효과적임을 발견했다. 이러한 연구들이 놀이치료 연구의 SCED 적용에서 엄격성에 대한 요구가 증가함을 보여주지만, 우리는 개별 아동 내에서 놀이치료의 효과와 과정을 조사하기 위해, 놀이치료사 연구자들이 SCED를 많이 사용할 것을 격려한다.

질적 연구 설계

개입에 대한 연구에서는 경험적 지지가 주로 중점이 되는데, 이는 종종 치료의 실제와 이해에 대한 질적 연구의 기여를 축소시키기도 한다. 치료적 개입에 대한 질적 연구는 맥락에서의 치료에 대한 연구(Hays & Singh, 2012)로, 치료적 경험의 상호주관성을 이해할 수 있는 방법을 제공한다(Glazer & Stein, 2010). 처치에 대한 효과성을 조사한 Nathan과 Gorman(2007)의 구조는 질적 연구를 다루지 않은 반면, Rubin과 Bellamy(2012)는 질적 연구의 영향을 가장 기여가 적은 분류에 포함시켰다. Kazdin(2003)은 일부 과학자들은 양적 방법을 연구의 유일한 접근으로 본다고 말했다. 그러나 질적 연구는 치료적 경험의 복잡성에 있어서 독특한 관점을 제공해준다. 질적 설계는 치료에서 '어떻게' 혹은 '무엇을'에 대한 연구 질문을 조사하며(Hays & Singh, 2012), 치료적 개입 동안 놀이치료가 어떻게 작용했고, 무엇이 일어났는지의 과정을 확대해준다. 질적 연구는 치료적 개입 동안 무엇이 발생했는지에 대한 정보와 양적 방법으로는 대답할 수 없는 질문을 제공한다. Glazer와 Stein(2010)은 질적 연구가 놀이치료 과정의 자연스러운 연장선으로, "질적인 탐구는 우리가 놀이치료에서 이슈에 대한 자신의 경험과 생각을 공유할 수 있는 사람들과 관계 맺고자 하는 방법"(p. 55)이라고 주장했다.

　Clark Moustakas(1953, 1955; Moustakas & Schalock, 1955)의 초기 질적 작업은 놀이치료에서 발생하는 치료 과정을 조사했다. Moustakas는 현상학적 연구에서 선두적인 인물이 되었으며(Hays & Singh, 2012), 놀이치료 관계 및 놀이치료를 통해 아동이 어떻게 진전해 나가는지에 대한 이해를 높여주는 질문 방법을 발전시켜 나갔다. Moustakas는 품격 있으면서도 이용 가능하게 놀이치료를 이해하기 위한, 수천 회기의 놀이치료를 관찰하고 기록한 후 이 방대한 자료를 분석하고 처리했다. 질적 연구가 놀이치료 분야에서 번성했으나, 대다수 연구는 놀이치료 관계에서 치료사의 경험에 집중되었다. Glazer와 Stein(2010)은 놀이치료사가 치료에서의 과정과 관계를 이해하고, 놀이치료 내에서 방법과 이론을 세우기 위해 질적 연구를 사용할 것을 격려했다.

질적 연구의 전통과 접근

Hays와 Singh(2010)은 질적 설계에서 연구 전통의 다섯 가지 군을 말했다. 각각의 전통은 그 분류의 철학적 틀에 맞는 접근을 포함한다. 1군은 보편적 전통으로 연구를 위한 사례연구 접근을 포함한다. Snow, Wolff, Hudspeth와 Etheridge(2009)는 놀이치료에서 특정 유형의 문제나 집단을 깊이 있게 이해하기 위해 사례연구의 중요성에 주목했다. 사례연구 문헌과 기준을 검토하면서 Snow 등(2009)은 사례연구의 엄격성을 결정하기 위해 (a) 사례연구의 목표가 반드시 명확해야 한다, (b) 문헌의 검토를 통해 유사한 사례를 비교함으로써 연구의 목적이 지지된다, (c) 문헌 검토를 통해 구분된(나누어진) 체계 내에서 조사 대상을 정의하여 연구의 목적이 지지받는다, (d) 사례연구 접근이 정의되어 있다, (e) 자료 수집이 기술되어 있다, (f) 참여자, 장소 및 적절한 정보가 기술되어 있다, (g) 연구자의 역할이 정의되어 있다, (h) 사건의 서사적 기술이 포함되어 있다, (i) 사례의 핵심 이슈가 결과에서 다루어져 있다. (j) 연구의 목적이라는 맥락 내에서 결과가 기술되어 있다, (k) 결론이 놀이치료 효과성에 대한 기여를 제시해준다는 지침을 적용했다. Ryan과 Madsen(2007)은 학대받은 어린 남아를 입양한 가족과의 작업 과정을 통해 사례를 분석했다. 연구자들은 부모자녀 가족놀이치료에서 참여자를 통해 1년 이상 가족을 관찰했으며, 이후 놀이치료의 긍정적인 영향을 발견했다. 이 특별한 연구는 Snow 등(2009)이 제시한 모든 기준을 충족시킨다.

　Hays와 Singh(2012)에 의해 제안된 전통 2군은 경험과 이론 공식을 강조한 질적 접근을 포함한다. 이 군은 기초 이론, 현상학, 체험적 연구, 합의된 질적 연구 및 발견과 직접적 경험, 현상, 주관성에 집중하는 모든 접근을 포함한다. 이 모든 접근 중 놀이치료의 질적 연구는 기초 이론과 현상학에서 가장 자주 볼 수 있다. 기초 이론 접근은 현상의 이해를 확장시켜 이론을 만들기 위해 참여자의 경험 너머에 있는 이론을 찾는다. Bowers(2009)는 개별놀이치료사에게 놀이치료 관계에서 초기 경험을 인터뷰하고, 이러한 초기 관계의 회기를 관찰하고, 치료사들로 이루어진 포커스집단(표적집단)을 통해 비지시적인 놀이치료에서 초기 관계의 발달에 대해 조사했다. 그녀의 연구는 놀이치료에서 초기 관계에 관련된 주제 및 이러한 주제들이 아동과 치료사 사이에서 치료 과정을 촉진하는 방법을 보여주는 초기 이론를 생성해냈다. 현상학의 목적은 참여자가 살아온 경험의 의미를 탐색하는 것이다(Hays & Singh, 2012). 놀이치료에 대한 아프리카계 미국인 양육자의 지각을 알아보기 위해, Brumfield와 Christensen(2011)은 8명의 아프리카계 양육자의 관점을 탐색하는 현상학적인 질적 연구를 실시했다. 8명에게 초기 인터뷰를 실시하여 녹화와 전사가 이루어졌으며, 그 후 참여자 중 3명은 추후 인터뷰를 실시했다. 자료분석의 현상학적 방법을 따른 후, 놀이치료 및 상담에 대한 수용성과 관련한 양육자의 지각에 대해 두 가지 주제가 제시되었다. 이러한 본보기 연구들은 놀이치료의 과정과 관련한 뉘앙스를 포착하고 놀이치료를 받는 특정 집단을 이해하는 데 있어서 질적 방법의 필요성을 보여준다.

남은 3개의 군은 질적 연구에서 풍부한 전통을 보여주지만, 놀이치료 연구에서는 잘 이용되지 않는다. 전통 3군(Hays & Singh, 2012)은 상징과 내용의 의미를 강조하고 언어, 상징, 이야기, 정체성, 맥락에 집중한다. 이 군의 접근들은 상징적 상호작용, 기호학, 인생사, 해석학, 설화론에 집중한다. 전통 4군은 과정과 경험의 문화적 표현을 이해하고자 노력하며 문화, 참여, 참여자 관찰, 현장을 강조한다. 이 전통은 민족지학, 민속방법론, 자문화기술지(autoethnography) 접근을 포함한다. 마지막으로, 5군은 연구를 변화의 기제로 다루며 맥락, 연구자, 참여자의 변화에 초점을 맞추는 참여자 행동 연구 접근을 포함한다.

임상가 및 전통적인 연구자를 위한 함의점

우리는 전통적인 연구자와 임상가를 위해 앞서 언급한 방법론의 사용에 중점을 두면서 이 장을 마치고자 한다. 주로 대학교에 있는 전통적인 연구자들은 좀 더 엄격한 양적 설계를 가능하게 해주는 자원을 더 쉽게 얻을 수 있다. 놀이치료 효과성에 대한 신뢰성을 높이기 위해, 우리는 이러한 자원을 갖고 있는 연구자들이 엄격하고 실험적인 설계를 실행할 것을 격려한다. 실험적인 설계가 놀이치료의 이해에 가장 실질적인 연구이거나 가장 기여하는 연구가 아니라 할지라도, 의사결정을 위해 양적인 통계학만을 사용하는 증거 기반 사회에서 놀이치료가 수용되기 위해서는 이 연구들이 필요하다. 엄격하게 설계되고 실행된 모든 연구들은 놀이치료의 실제에 대한 정보를 제공한다는 점에서 놀이치료 영역에 긍정적인 영향을 준다. 그러나 우리는 놀이치료에 대한 연구의 기여에서 연구자들이 서로 다르기는 하지만 동일한 역할을 할 수 있음을 제시하는 바이다. 자원의 접근성이 낮은 임상가와 연구자들은 과정에 대해 더 나은 이해를 제공해주는 연구 설계를 선택함으로써 기여할 수 있을 것이다. 단일사례 실험설계, 사례연구 혹은 치료 과정에 중점을 둔 질적 접근을 통해서도 놀이치료 영역에 실질적인 기여를 할 수 있다. 임상가들이 연구 사회의 일부분이 되는 것을 돕기 위해 다음을 권장한다.

- 대학교나 학계와 연계된 전통적인 연구자와 파트너를 맺으라. 대학교수는 종종 실제 치료적 환경에 접근하기 위해서 파트너십을 구한다. 이러한 파트너십은 연구자에게는 내담자 참여자를 제공해주고 임상가에게는 설계와 분석 자원을 제공해주기 때문에 양쪽 모두에게 유용하다.
- 연구를 지지받기 위해 전문기관 내의 네트워크를 구축하라. 놀이치료협회와 같은 기관에서는 많

은 구성원이 연구에 관심이 있지만 흔히 설계를 시작하고 실행할, 그리고 전체 과정을 통해 열정을 유지할 지지체계가 필요하다.

- 내담자 서비스에 대한 평가 및 책임 절차와 관련한 교육을 지속적으로 받으라. 일반적으로 평가와 책임에 중점을 둔 워크숍들은 임상가들이 자신의 임상을 지지할 증거를 제공하는 것을 돕기 위해 연구 방법을 이용한다. 내담자를 위한 사전·사후 검사와 같이, 간단한 많은 평가들이 놀이치료 연구 기반을 돕는 데에 사용될 수 있다.

- 연구 설계, 통계학적 분석과 관련한 교육을 지속적으로 받으라. 임상가들이 처음부터 이러한 분야에 흥미를 잘 보이지 않기는 하지만, 실제 내담자에게 적용될 때 워크숍은 열정을 촉발시키기도 한다.

- 내담자가 연구의 일부분이 될 수 있도록 준비시키라. 임상가는 처치 효과성의 측정이나 추가적인 인터뷰 혹은 측정을 통해 과정을 이해하는 것이 얼마나 중요한지에 대해 치료 초기에 이야기 나눌 수 있다. 연구가 안전하고 해가 없다고 느낄 때, 특히 자신의 경험이 다른 사람들을 도울 수 있다고 믿을 때 내담자의 참여 가능성이 높아진다. 임상가는 가능한 연구 절차를 공개하기 위해서, 고지된 동의의 서류를 통해 연구와 관련한 문제를 다루어야 한다.

- 연구를 읽으라. 대부분의 놀이치료 국제저널에는 매회 양적 연구와 질적 연구가 실린다. 동향 연구 문헌을 읽는 것을 통해 내담자와의 작업에 도움을 받을 수 있으며, 문헌을 검토하는 것은 다양한 환경에서 실시될 수 있는 연구에 대한 아이디어를 준다.

- 임상 실제에 맞는 연구 설계를 고려하라. 특히 SCED, 사례연구, 그 외 질적 연구는 임상 환경에서의 적용을 돕는다.

결론

놀이치료 연구는 80년 이상 발전해 오고 있다. 놀이치료 사회 내에서 연구자들은 엄격한 설계와 통계학적 절차에 대한 이해와 적용을 높여 현재의 기준에 부합해 오고 있다. 놀이치료 대학원생들은 임상가가 되기 위한 훈련의 필수 부분으로 연구를 한다. *International Journal of Play Therapy*는 이 분야의 최신 연구를 간행하고, 전파해 오고 있다. 그러나 연구를 통해 이 분야를 더 이해하고, 놀이치료에 대한 지지를 제공하는 방향으로 나아갈 필요성은 여전히 존재한다. 연구의 양적 접근은 다양한 문제나 아동 집단에 대한 놀이치료의 효과성을 검토하게 해준다. 하지만 가장 엄격한 수준의 RCT를 적용한 진단 증후군과 같이, 특정 문제에 중점을 둔 많은 연구들이 놀이치료 분야에 도움이 될 것이다. 놀이, 치료사, 아동, 관계의 역할과 같은 놀이치료의 변화 기제를 알기 위해서는 양적 방법이 활용되어야만 한다. 놀이치료 연구자들은 놀이치료의 변화를 이해하기 위해 복잡한 통계학적 설계를 해나가야 한다. 매개와 조절변인의 탐색은 놀이치료에서 변화를 촉진하는 요인을 알려준다. 양적 기반이 덜한 연구와 관련해서, SCED, 사례연구, 질적 설계의 적용은 놀이치료가 실제 내담자에게 적용되었을 때 어떤 작용을 하는지에 대한 이해를 높여줄 수 있다. 임상가는 임상을 통해 전통적인 연구자와 파트너를 맺거나 혹은 놀이치료의 깊이 있는 탐색을 제공하기 위한, 좀 더 작은 규모의 설계를 실행하는 것을 통해 놀이치료의 증거 기반에 기여할 수 있을 것이다. 경험 있는 모든 연구자가 연구에서 역할을 할 수 있으며, 이 역할을 통해 놀이치료사가 놀이치료의 지속적이고 폭넓은 영향에 기여할 수 있음을 강조하고자 한다.

참고문헌

Baggerly, J. N. (2004). The effects of child-centered group play therapy on self-concept, depression, anxiety of children who are homeless. *International Journal of Play Therapy, 13*, 31–51.

Baggerly, J. N., & Bratton, S. C. (2010). Building a firm foundation in play therapy research: Response to Phillips (2010). *International Journal of Play Therapy, 19*(1), 26–38.

Baron, R. M., & Kenny, D. A. (1986). The moderator-mediator variable distinction in social psychological research: Conceptual, strategic, and statistical considerations. *Journal of Personality and Social Psychology, 51*(6), 1173–1182.

Bowers, N. R. (2009). A naturalistic study of the early relationship development process of nondirective play therapy. *International Journal of Play Therapy, 18*, 176–189.

Bratton, S. C., Ray, D., Rhine, T., & Jones, L. (2005). The efficacy of play therapy with children: A meta-analytic review of treatment outcomes. *Professional Psychology: Research and Practice, 36*(4), 376–390.

Brumfield, K., & Christensen, T. (2011). Discovering African-American parents' perceptions of play therapy: A phenomenological approach. *International Journal of Play Therapy, 20*, 208–223.

Bryman, A. (2008). *Social research methods* (3rd ed.). New York, NY: Oxford University Press.

Creswell, J.W. (2009). *Research design: Qualitative, quantitative, and mixed methods approaches* (3rd ed.). Thousand Oaks, CA: Sage.

Gallo, K., Comer, J. S., & Barlow, D. (2013). Single-case experimental designs and small pilot trial designs. In J. Comer & P. Kendall (Eds.), *The Oxford handbook of research strategies for clinical psychology* (pp. 24–39). New York, NY: Oxford University Press.

Glazer, H. R., & Stein, D. (2010). Qualitative research and its role in play therapy research. *International Journal of Play Therapy, 19*, 54–61.

Hays, D., & Singh, A. (2012). *Qualitative inquiry in clinical and educational settings*. New York, NY: Guilford Press.

Himelein, M. J., & Putnam, E. A. (2001).Work activities of academic clinical psychologists: Do they practice what they teach? *Professional Psychology: Research and Practice, 32*(5), 527–542.

Holmbeck, G. N. (1997). Toward terminological, conceptual, and statistical clarity in the study of mediators and moderators: Examples from the child-clinical and pediatric psychology literatures. *Journal of Consulting and Clinical Psychology, 65*(4), 599–610.

Kazdin, A. E. (2003). *Research design in clinical psychology* (4th ed.). Boston, MA: Allyn & Bacon.

Kazdin, A. E. (2011). *Single-case research designs:Methods for clinical and applied settings* (2nd ed.). New York, NY: Oxford University Press.

Kazdin, A. E., & Nock, M. K. (2003). Delineating mechanisms of change in child and adolescent therapy: Methodological issues and research recommendation. *Journal of Child Psychology and Psychiatry, 44*(8), 1116–1129.

Kendall, P. C., Comer, J. S., & Chow, C. (2013). The randomized controlled trial: Basics and beyond. In J. Comer & P. Kendall (Eds.), *The Oxford handbook of research strategies for clinical psychology* (pp. 40–61). New York, NY: Oxford University Press.

Kennedy, C. H. (2005). *Single-case designs for educational research*. Boston, MA: Pearson.

Kraemer, H. C. (2013). Statistical power: Issues and proper applications. In J. Comer & P. Kendall (Eds.), *The Oxford handbook of research strategies for clinical psychology* (pp. 213–226). New York, NY: Oxford University Press.

Kratochwill, T., Hitchcock, J., Horner, R., Levin, J., Odom, S., Rindskopf, D., & Shadish,W. (2012). Single-case intervention research design standards. *Remedial and Special Education, 34*, 26–38.

La Greca, A. M., Silverman,W. K., & Lochman, J. E. (2009). Moving beyond efficacy and effectiveness in child and adolescent intervention research. *Journal of Consulting and Clinical Psychology, 77*(3), 373–382. doi:10.1037/a0015954

Morgan, D. L., & Morgan, R. K. (2009). *Single-case research methods for the behavioral and health sciences*. Thousand Oaks, CA: Sage.

Moustakas, C. (1953). *Children in play therapy: A key to understanding normal and disturbed emotions*. New York, NY: McGraw-Hill.

Moustakas, C. (1955). The frequency and intensity of negative attitudes expressed in play therapy: A comparison of well-adjusted and disturbed young children. *The Journal of Genetic Psychology: Research and Theory on Human Development, 86*, 309–325.

Moustakas, C., & Schalock, H. (1955). An analysis of therapist-child interaction in play therapy. *Child Development, 26*, 143–157.

Nathan, P., & Gorman, J. (Eds.) (2007). *A guide to treatments that work* (3rd ed.). New York, NY: Oxford University Press.

Parker, R., Vannest, K., & Davis, J. (2011). Effect size in single case research: A review of nine nonoverlap techniques. *BehaviorModification, 35*, 303–322.

Phillips, R. D. (2010). How firm is our foundation? Current play therapy research. *International Journal of Play Therapy, 19*(1), 13–25.

Ray, D. (2011). *Advanced play therapy: Essential conditions, knowledge, and skills for child practice*. New York, NY: Routledge.

Ray, D., Blanco, P. J., Sullivan, J. M., & Holliman, R. (2009). An exploratory study of child-centered play therapy with aggressive children. *International Journal of Play Therapy, 18*(1), 162–175.doi:10.1037/a0014742

Ray, D., & Schottelkorb, A. (2010). Single case design: A primer for play therapists. *International Journal of Play Therapy, 19*, 39–53. doi:10.1037/a0017725

Ray, D., Stulmaker, H., Lee, K., & Silverman,W. (2013). Child centered play therapy and impairment: Exploring relationships and constructs. *International Journal of Play Therapy, 22*, 13–27.

Rubin, A., & Bellamy, J. (2012). *Practitioner's guide to using research for evidence-based practice* (2nd ed.). Hoboken, NJ:Wiley.

Ryan, S. D., & Madsen, A. D. (2007). Filial family play therapy with an adoptive family: A response to preadoptive child maltreatment. *International Journal of Play Therapy, 16*(2), 112–132.

Schottelkorb, A. A., Doumas, D. M., & Garcia, R. (2012). Treatment for childhood refugee trauma: randomized, controlled trial. *International Journal of Play Therapy, 21*(2), 57–73.

Schottelkorb, A., & Ray, D. (2009). ADHD symptom reduction in elementary students: A single-case effectiveness design. *Professional School Counseling, 13*, 11–22.

Snow, M. S.,Wolff, L., Hudspeth, E. F., & Etheridge, L. (2009). The practitioner as researcher: Qualitative case studies in play therapy. *International Journal of Play Therapy, 18*, 240–250.

Stulmaker, H. L. (2014). *Effects and mediation of child-centered play therapy on young children who are anxious* (Doctoral Dissertation). Available from ProQuest Dissertations & Theses Full Text. (UMI No.3691202)

Stulmaker, H.L., & Ray, D. (2015). Child-centered play therapy with young children who are anxious: A controlled trial.Manuscript submitted for publication.

Swan, K., & Ray, D. (2014). Effects of child-centered play therapy on irritability and hyperactivity behaviors of children with intellectual disabilities. *Journal of Humanistic Counseling, 53*, 120–133.

35

놀이치료의 경험적 지지 : 강점과 제한점

SUE C. BRATTON

두 권의 놀이치료 핸드북(O'Connor & Schaefer, 1994; Schaefer & O'Connor, 1983)의 출판 이후로 아동놀이치료의 영역은 극적으로 변화했다. 관리 의료(managed health care)와 비용 통제의 환경 속에서 오늘날의 정신건강전문가들은 증거 기반 임상을 해야 하는 부담이 증가하였다. 그뿐만 아니라 놀이치료사는 윤리적으로 직업적인 책임을 지며(미국상담협회, 2014; 미국심리협회, 2010; 놀이치료 협회, 2014; 미국사회복지협회, 2008), 탄탄한 증거를 가지고 자신이 적절하게 훈련을 받은 처치를 내 담자에게 제공할 책임이 있다.

아동에게 경험적으로 지지되는 처치(empirically supported treatment, EST)를 사용할 것에 대한 강조의 증가(Chorpita et al., 2011; Weisz & Kazdin, 2010;), 정신건강장애를 지닌 아동의 증가에 맞는 서비스의 부족에 대한 국가의 초점(미국정신건강, 2013; 정신건강자유위원회, 2003; 미국공중위생 국, 2000)은 놀이치료를 포함해 아동심리치료의 연구를 위한 원동력이 된다. 아동기 장애에 있어서 EST에 대한 정보를 전파하고자 해온 노력은 증거의 지지를 받는 개입과 관련한 전문성을 안내해주 는 몇몇 저명한 출간물을 펴내왔지만(Baggerly, Ray, & Bratton, 2010; Chorpita et al., 2011; Kazdin & Weisz, 2003; Reddy, Files-Hall, & Schaefer, 2005; Russ & Niec, 2011; Silverman & Hinshaw, 2008; Weisz & Kazdin, 2010), Baggerly 등(2010)을 제외하면 이 자료들은 놀이치료 개입에는 거의 관심을 두 지 않았다. 정부기관과 전문가 집단들은 아동을 위한 EST와 관련한 정보를 알리기 위해 웹사이트를 개설하기도 하였지만(미국 교육 및 평가센터, 2014; 미국 아동 청소년 임상심리학부, 2014; 물질 남용 과 정신건강 서비스 당국, 2014), 70년의 지속적인 연구에도 불구하고 놀이치료 개입은 과소평가되고 있다.

2000년 이후 EST에 대한 초점이 두드러지게 증가했음에도 불구하고, 처치를 받지 못하는 아동의 수는 계속해서 증가하고 있다(미국질병통제센터, 2013; MHA, 2013; 미국 빈곤아동센터, 2014). 추 정치는 아동의 20%까지도 진단 가능한 정신건강장애를 갖고 있음을 가리키고 있지만(MHA, 2013),

적절한 도움을 받는 아동은 1/4 미만이다(NCCP, 2014). 한 가지 가능한 설명은 현재 인정되고 있는 EST 중 아동의 발달적 욕구에 민감하게 반응하는 EST가 부족하다는 점이다(Weisz & Kazdin, 2010). 놀이치료는 아동의 발달에 적합한 치료 자산으로 인식되고 있으나(Landreth, 2012; Schaefer, 2011), 경험적 지지의 부족으로 인해 비판받고 있다(Phillips, 2009; Russ & Niec, 2011). 이 장의 목표는 연구의 강점과 제한점을 포함한, 놀이치료의 증거 기반에 대한 최신 검토를 통해 이러한 오해를 살펴보는 것이다. 이 장은 엄격한 방법론적 기준을 충족시키는 동시대의 놀이치료 연구를 포괄적으로 요약함으로써 놀이치료의 많은 연구 기반을 이해하고 활용하는 지침을 연구자와 임상가에게 제공하고자 한다.

역사적 개관

2000년대에, 놀이치료 연구자들은 (a) 결과 연구에 대한 포괄적인 체계적 검토의 산출(Bratton, 2010; Bratton, Landreth, & Lin, 2010; Bratton & Ray, 2000; Landreth, 2012; Ray, 2011; Ray & Bratton, 2010), (b) 통제된 연구의 메타분석(Bratton, Ray, Rhine, & Jones, 2005; LeBlanc & Ritchie, 2001, Lin & Bratton, 2015; Ray, Armstrong, Balkin, & Jayne, 2015), (c) 엄격한 연구의 증가(미국놀이치료센터, 2014)를 통해 놀이치료가 탄탄한 과학적 조사로서 지지받지 못하고 있다는 지속적인 비판에 대응해 왔다.

Rubin(2008)의 증거적 위계에 따르면, 메타분석과 통제된 연구 결과에 대한 체계적 검토는 경험적으로 지지되는 처치를 밝히기 위한 가장 강력한 두 가지 방법이다. LeBlanc와 Ritchie(2001)의 독립적인 연구팀과 Bratton 등(2005)은 2001년 전에 출간된 50년간의 통제된 놀이치료 연구를 검토했다. 지금까지 놀이치료에서 가장 방대한 메타분석에서 Bratton 등(2005)은 93개의 통제된 연구 결과를 통해 넓은 범위의 아동기 장애와 제시된 문제에서 놀이치료가(부모놀이치료 포함) 0.80이라는 가장 큰 처치 효과를 보여주었다고 결론 내린 반면, LeBlanc와 Ritchie는 42개의 연구를 검토한 결과 0.66의, 총체적으로 중간 정도의 처치 효과를 보고하였다. 두 연구 모두 부모의 참여와 개입의 기간이 처치 결과에 대한 유의미한 예측인자라고 보고하였다. Bratton 등은 초기의 연구들이 과학적 엄격함이 부족한 점을 자신들의 연구에 대한 주요 제한점으로 인식하였으며 향후 연구자들이 엄격한 연구 설계, 방법, 보고 지침을 지킬 것을 권장하였다(Nezu & Nezu, 2008).

최근의 두 가지 메타분석은 동시대의 아동중심 놀이치료(CCPT) 결과 연구 및 방법론적인 엄격함에서 선별된 연구에 대한 처치 효과에 초점을 두고 있다. Lin과 Bratton(2015)은 1995년에서 2010년 사이에 완성된 52개의 통제된 연구로부터 전체 처치 효과를 검토하기 위해, 엄격한 계층적 선형 모델링(hiearchical linear modeling, HLM) 방법을 채택했다. 결과는 통계적으로 유의미한 0.47의 전체 효과 크기를 보여주었는데, 부모놀이치료를 포함한 CCPT 방법 후에 놀이치료 개입에 대해서 중간 정도의 처치 효과를 제시해준다. Ray 등(2015)은 초등학교에서 실시된 CCPT의 효과를 평가하기 위해 23개의 통제된 연구를 검토하였다. 무작위 효과 모델(random effects model)을 사용해 메타분석 결과를 알아보았으며, 결과는 외현화 문제($d=0.34$), 내재화 문제($d=0.21$), 총문제($d=0.34$), 자기 효능감($d=0.29$), 학업적 진전($d=0.36$)을 포함해, 결과 구성에서 통계적으로 유의미한 효과를 보여주었다.

놀이치료 연구자들은 2000년 이후 몇몇 포괄적 체계적인 검토를 했다. 공간적 제한 때문에 2010년 이후 출간된 것만 포함시키고자 한다. Ray와 Bratton(2010)은 정신건강전문가에 의해 놀이치료가 실시된 2000년에서 2009년에 사이의 실험 및 유사실험 연구 25개를 검토했다. 저자들은 놀이치료 연구에 대한 지난 60년간의 검토(Bratton & Ray, 2000)와 비교해볼 때, 방법적인 엄격함과 연구의 생산성(research productivity)이 21세기에 상당한 이득을 만들어냈다고 밝혔다. Bratton(2010)은 개입이 정신건강전문가($n=30$)에 의해 실시되었거나 전문적인 훈련과 지도감독을 받은 준전문가($n=21$)에 의해 실시된, 1990년에서 2009년 사이에 출간된 51개의 학교중심 놀이 개입 결과 연구를 검토했다. Bratton은 포함된 연구의 75%가 2000년 후에 실시된 것이라고 보고했는데, 이는 앞선 50년 동안과 비교할 때 학교에서 실시된 연구의 수가 100% 증가했음을 의미한다. 세 가지의 또 다른 검토는 놀이치료의 특정 이론적 모델에 초점을 두고 있다. Landreth(2012)와 Ray(2011)는 CCPT 접근에만 초점을 맞춘 포괄적인 연구 검토를 포함시켰으며, CCPT 연구가 다양한 아동기 장애를 위한 사용에서 탄탄한 증거를 보여준다고 결론지었다. Landreth는 1995년에서 2010년 사이에 실시된 53개의 CCPT와 CPRT 연구를 포함시켰으며, Ray는 1947년에서 2010년 사이에 실시된 62개의 CCPT 연구를 검토했다. Bratton 등(2010)은 1995년에서 2009년 사이에 출간된 부모놀이치료 내의 부모-아동 관계치료(CPRT, Landreth & Bratton, 2006) 모델에 대한 32개의 통제된 조사를 포괄적으로 검토하였는데, EST에 대한 APA의 기준에 따르면(Silverman & Hinshaw, 2008), CPRT는 몇몇 아동기 문제에 있어서 '전도유망한(proimsing)' 혹은 '효과가 있는(efficacious)' 기준을 충족시킨다고 결론지었다.

메타분석과 검토를 통해 놀이치료 효과와 관련한 몇몇 결론을 이끌어냈다. 연구는 실생활 속에서 다양한 아동기 장애에 대한 놀이치료의 사용을 지지해준다. 놀이치료는 비교적 짧은 회기(평균 10~13회기)로도 이익 효과를 증명했으며, 처치에 양육자가 참여했을 때(예 : 부모놀이치료) 더욱 강력한 결과가 나타나는 것으로 보인다. 동시대의 연구는 지난 50년 동안 연구 방법의 엄격성에서 향상되었음을 증명해주는데, 여기에는 더 큰 표본 크기, 처치의 충실성을 보장하기 위한 매뉴얼화된 프로토콜과 절차의 사용, 처치집단에 대한 무작위 할당 사용 및 결과에 대한 표준화된 평가의 증가가 포함된다. 지난 수십 년 동안, 놀이치료 연구가 양적, 질적으로 유의미한 발전이 있었지만, 놀이치료 연구의 신뢰성을 높이기 위해 검토자들은 더 엄격한 연구 방법과 생산성의 향상을 요구한다.

놀이치료 연구 동향

동시대 놀이치료 연구의 강점과 제한점을 검토할 목적으로, 나는 놀이치료의 효과를 측정하기 위해 엄격한 방법을 채택한 연구를 확인하기 위해서 2000년 이후에 출간된 연구를 온·오프라인으로 포괄적으로 검토했다. 처치 효과를 결정하는 데 있어서 일반적으로 무작위 대조시험이 최적의 표준으로 고려됐다(Nezu & Nezu, 2008). 이 시대에 실시된 체계적 검토에 적용된 것보다 더 엄격한 분석을 실시할 목적으로, 나는 참여자를 처치집단에 할당할 때 무작위를 사용한 연구만 검토하기로 결정했다. 나는 연구를 향상시키기 위해 다음의 기준을 포함시켰다. (a) 놀이치료로 확인된 개입, (b) 무작위 통제집단 설계를 사용한 개입, (c) 참여자의 연령이 2~12세 사이, (d) 2000년 이후에 출간된 연구, (e) 상호 심사를 받은 저널이나 책에 영어로 출간된 연구, (f) 아동에 대한 결과 측정이 보고되었으며 표준화된 평가를 사용한 연구, (g) 개입에 대한 기술적 정보가 보고된 연구. 나는 먼저 이 기준을 충족시키는 것으로 보이는 초록 118개의 연구를 찾았다. 영어로 출간된 전체 본문이 있는 112개의 연구를 검토한 후, 70개의 연구만이 무작위 연구에 해당했다. 누락된 연구들은 일반적으로 덜 엄격한 것으로 간주되는 설계(Nathan & Gorman, 2007)를 이용해 놀이치료 결과를 측정하고자 했으며 여기에는 비무작위 통제집단, 반복된 단일집단 측정, 단일사례 설계가 포함된다. 무작위 집단 할당을 이용해 코딩된 연구들은 학교나 다양한 연구 장소에서의 장소, 학급 환경, 참여자의 스케줄과 같은 외부 요인을 통제하기 위해 블록 및 층화 무작위(block and stratified randomization)를 포함했다.

추가적인 46개의 연구는 그 외 기준을 만족시키지 못했는데, 대개 개입이 놀이치료로 확인될 만큼의 충족 조건을 만족시키지 못했다. 놀이치료 연구에 대한 이전의 메타분석, 체계적 검토와 일관되게, 나는 실험 처치가 '놀이치료'라는 용어를 사용하고, APT가 제공한 놀이치료 정의를 충족시키는 것으로 보이는 연구로 제한시켰다. APT는 놀이치료를 "대인관계 과정을 형성하기 위한 이론적 모델의 체계적 사용으로 그 안에서 내담자의 심리사회적 어려움을 예방하거나 해결하고 최적의 성장과 발달을 얻도록 돕기 위해, 훈련된 놀이치료사가 놀이의 치료적 힘을 사용하는 것"(APT, 2014)이라고 정의하고 있다. 부모놀이치료가 놀이치료 개입으로 인식되어 온 역사 때문에(Guerney, 1983; O'Connor & Schaefer, 1994), 나는 부모놀이치료를 사용한 연구를 포함시켰다. 기준을 충족시키는 24개의 연구가 표 35.1에 요약되어 있다. 나는 모델/개입 유형과 통제집단 유형에 따라 연구를 나누었다. 개입 모델에는 9개의 개별 CCPT, 4개의 집단 CCPT, 8개의 CPRT 모델을 이용한 아동중심 부모놀이치료, 한 개의 개별적 아들러 학파 놀이치료(AdPT), 한 개의 집단 모래상자, 구조화된 활동을 사용한 한 개의 구별되지 않는 놀이치료 모델이 포함되었다. 게슈탈트, 융 학파, 환경체계, 처방적, 실존주의적, 체험적, 인지행동, 치료놀이[1]와 같이, 아동치료에서 전통적으로 사용되는 그 외 놀이치료 개입에 대한 연구는 눈에 띄게 없었다(O'Connor & Braverman, 2009; Schaefer, 2011). 대다수의 연구가 놀이치료 개입을 비처치(예 : 대기 명단 통제/시작이 지연된 집단, $n=13$)와 비교하는 것을 지속하였으나, 적극적인 통제($n=7$)와 비교 처치($n=4$)집단의 사용은 21세기 연구에서 주목할 만한 개선이다.

추후 연구를 포함해 참여자가 중복되는 자료를 사용한 연구의 경우, 나는 원래의 연구 자료만을 보고했다. 2개를 제외한 모든 조사가 처치 제공자의 훈련을 보고하고 있으며, 이는 Bratton 등(2005)이 한 검토와 비교했을 때 유의미한 개선이다. 준전문가(부모, 교사, 멘토)가 CPRT/부모놀이치료의 훈련을 받은 놀이치료사의 직접적인 슈퍼비전 아래에서 개입을 제공한 CPRT 연구(표 35.1 참조)를 제외하고, 연구자들은 처치가 학위를 받은 놀이치료사나 혹은 놀이치료전문가의 슈퍼비전 내에서 상급 놀이치료 학생에 의해 제공되었다고 보고했다. 다른 언급이 없을 경우 연구는 미국 내에서 실시된 것이다. 3개의 연구만이 매뉴얼화된 프로토콜의 사용을 만족시키지 못했으며, 10개의 연구는 CCPT 프로토콜(Ray, 2011)을, 8개의 연구는 CPRT 프로토콜을 지켰고(Bratton, Landreth, Kellam, & Blackard, 2006), 2개의 연구는 집단 CCPT/활동치료 프로토콜(Ojiambo & Bratton, 2014)을, 나는 AdPT 프로토콜(Kottman, 2009)을 사용했다. 2010년 이후 출간된 대다수의 연구들은 처치의 진실성을 보장하기 위

---

1 치료놀이는 치료놀이기관(The Theraplay Institute)의 등록된 서비스 마크이다.

표 35.1 실험적 놀이치료 연구 : 무작위 통제 연구

연구	개입 모델/통제집단 유형	표본	아동 결과 변인/표적 문제	결과
		• 연령/평균 • 인종 • 성별		
Baggerly & Landreth(2001)	수정된 CPRT/WC • 놀이 10회기 • 주 1회/20분 • 학교 • CPRT* 훈련을 받은 5학년 멘토	행동적으로 위험에 있는 학생 (총 29명) • 연령 : 5~6세, 평균=5.7세 • Cauc 76%, AfAm 14%, Lat 10%, • 남자 58%	내재화된 행동 문제, 자 존감	WC에 비교했을 때 실험집단 아동이 부모들은 내 재화 행동 문제에서 통계학적으로 유의미한 감소 를 보고했다. WC에 비해 CPRT 집단에서 부모들 은 전체 행동 자존감의 큰 향상을 보고했 으나 통계학적으로 유의미한 수준은 아니었다.
Blanco & Ray(2011)	CCPT/WC • 16회기 • 주 2회 30분 • 학교	학업적으로 위험에 놓인 1학년 (총 43명) • 연령 : 평균 6.4세 • Cauc 46%, Lat 34%, AfAm 17% • 남자 63%	학업 성취	WC에 비교했을 때 CCPT 집단의 아동들은 표준 화된 학업 성취 검사에서 통계학적으로 유의미한 개선을 보였으며, 이는 아동의 전체 학업 능력에 서의 향상을 제시해준다. 처치 효과는 중간 범위 이다.
Bratton 등(2013)	CCPT/WC • 20회기 • 주 2회 30분 • 헤드스타트 학교	위험군의 저소득층 학령전기 아 동(총 54명) • 연령 : 3~4세, 평균 4.1세 • AfAm 42%, Lat 39%, Cauc 18% • 남자 67%	임상적으로 파괴적인 행동	처치집단을 알지 못하는 교사들에 따르면 CCPT 는 파괴적 행동, 주의 문제, 공격성에서 통계학적 으로 유의미한 향상 및 큰 처치 효과를 보여주었 고 AC(멘토링) 집단과 비교했을 때 CCPT의 아 동 78%는 처치 후 3번의 측정 시점에서 문제의 임상적 수준에서 좀 더 정상적인 기능 수준으로 이동했다.

통제집단 표시 : WC=대기자/지연된 시작 통제, AC=적극적 통제, COMP=비교 처치, AfAm=아프리카계 미국인, Cauc=백인/유럽계 미국인, Asian=미국에 살고 있는 아시아계, Lat=라틴/히스패닉계
* CPRT=훈련된 놀이치료사의 직접적인 수퍼비전 아래 비전문적인 부모/교사/멘토가 전달한 놀이치료 개입 표시함

(계속)

표 35.1 실험적 놀이치료 연구 : 무작위 통제 연구(계속)

연구	개입 모델/통제(집단) 유형	표본	아동 결과 변인/표적 문제	결과
Carnes-Holt & Bratton(2014)	**CPRT/WC** • 놀이 7회기 • 주1회, 30분 • 지역사회 기관 • CPRT* 훈련을 받는 부모	입양아(총 61명) • 연령 : 2.5~10세, 평균 5.7세 • Cauc 47%, Lat 15%, AfAm 9%, 기타 18% • 남자 55%	애착 어려움, 임상적인 동시발병 행동 문제	모든 측정에서 통계학적으로 유의미한 결과 및 큰 치지 효과는 CPRT가 WC에 비해 (a) 입양된 아동의 외현화 행동과 전반적인 행동 문제 (b) 연구를 모르는 제3자 평가자에 의해 측정된 부모의 공감 향상에서의 효과를 제시한다.
	CPRT/WC • 놀이 7회기 • 주1회 30분 • 헤드스타트 학교 • CPRT* 훈련을 받는 부모	위험군의 저소득층 학령전기 아동(총 48명) • 연령 : 3~4세, 평균 4.3세 • Lat 100% • 남자 56%	임상적인 동시발병 행동 문제	모든 측정에서 통계학적으로 유의미한 결과 및 큰 치지 효과는 문화적 의현적 각색을 가진 CPRT가 WC에 비해 (a) 아동의 외현화와 내재화 효과를 문제, (b) 부모-아동 관계 스트레스에서의 효과를 제시한다. CPRT 집단에서 85%의 아동은 임상 수준에서 좀 더 정상적인 기능 수준으로 이동했다. 문화적 고려사항이 논의되었다.
Danger & Landreth(2005)	**집단 CCPT(2개 집단)/AC** • 25회기 • 주1회 30분 • 학교	말 지연이 있는 학령전기 아동(총 21명) • 연령 : 4~6세, 평균=4.9세 • Cauc 81%, Lat 19% • 남자 86%	표현언어와 수용언어	AC(말치료만 받음)와 비교했을 때 말치료와 CCPT의 병행은 말 지연 아동이 표현언어에서 개선 이 큰 치지 효과를 보였고, 수용언어에서는 중간 정도의 치지 효과를 보였다. 집단 간의 차이는 통계적으로 유의미하지 않았다.
Fall, Navelski, & Welch(2002)	**CCPT/WC** • 6회기 • 주1회 30분 • 학교	특수교육 학생(총 66명) • 연령 : 6~10세, 평균 8.3세 • Cauc 98.5% • 남자 64%	행동 및 사회적 문제	WC와 비교해 CCPT에서 교사들은 아동의 문제 행동과 사회적 문제에서 통계적으로 유의미한 감소를 보고했으나 자기 효능감은 그렇지 않았다. 사례관리 척도는 CCPT 집단에서 유의미한 불안의 감소를 보였으나 WC에서는 그렇지 않았다.
Flahive & Ray(2007)	**집단 모래상자(3개 집단)/WC** • 10회기 • 주1회 45분 • 학교	위험군의 4~5학년(총 56명) • 연령 : 9~12세 • Lat 62%, AfAm 9%, Cauc 28% • 남자 52%	동시발병 행동 문제	부모와 교사 보고에 의하면 CCPT 집단은 WC에 비해 외현화 문제에서 통계학적으로 유의미한 개 선을 보였다. 교사 역시 CCPT 집단의 내재화 및 전체 문제에서 통계학적으로 유의미한 집단 간 개선을 보고했다.

표 35.1 실험적 놀이치료 연구 : 무작위 통제 연구(계속)

연구	게임 모델/통제집단 유형	표본	아동 결과 변인/표적 문제	결과
Garza & Bratton(2005)	CCPT/CCMP • 15회기 • 주 1회 30분 • 학교	행동적으로 위험한 학생(총 56명) • 연령 : 5~11세, 평균 7.4세 • Lat 100% • 남자 59%	동시발병 행동 문제	처치집단에 대해 알 수 없는 부모에 의하면, 문화에 민감한 CCPT는 COMP 처치(경험적으로 지지받은 매뉴얼화된 지침 개입)와 비교했을 때 외현화 행동 문제에 통계학적으로 유의미한 이득(큰 처치 효과)을 보였다. CCPT는 아동의 내재화 문제에 중간 정도의 처치 효과를 보였지만 통계학적으로 유의미한 차이는 아니었다. 문화적 고려사항이 논의되었다.
Jones & Landreth(2002)	CCPT/AC • 12회기 • 주 3회 30분 • 식이권리 여름 캠프	인슐린 의존성 아동(총 30명) • 연령 : 7~11세, 평균 9.4세 • Cauc 87%, Lat 7%, AfAm 3% • 남자 57%	당뇨병 적응, 행동 문제, 불안	부모 보고에 의하면 CCPT 집단의 아동들은 AC(당뇨병 캠프 활동)에 비해 당뇨에 대한 적응에서 통계학적으로 유의미한 개선을 보였다. 주 추수에서 통계학적으로 유의미한 집단 간 차이가 없었으며, CCPT 집단은 큰 개선을 제속해서 보여주었다. 두 집단 모두 불안 감소와 행동 문제의 개선을 보고했다.
Jones, Rhine, & Bratton(2002)	수정된 CPRT/COMP • 20회기 • 주 1회 20분 • 학교 • CPRT 훈련을 받은 11~12학년 멘토	행동적으로 위험한 학령전기 아동(총 26명) • 연령 : 4~6세, 평균 5.4세 • Cauc 96% • 남자 57%	동시발병 행동 문제	처치집단에 대해 알 수 없는 부모들은 COMP와 비교했을 때 CPRT 아동에서 내재화 및 전체 행동 문제에서 통계학적으로 유의미한 감소를 보고했다. COMP, 즉 PALS®가 매뉴얼화되고 커리큘럼을 사용했다. 블라인드 평가자의 직접적인 관찰에 의하면, CPRT 멘토들은 PALS 멘토들과 비교했을 때 아동과의 공감적인 상호작용에서 통계학적으로 유의미한 개선을 보여주었다.

(계속)

표 35.1 실험적 놀이치료 연구: 무작위 통제 연구(계속)

연구	개입 모델/통제집단 유형	표본	아동 결과 변인/표적 문제	결과
Meany-Walen, Bratton, & Kottman(2014)	아들러식 PT/AC • 16회기 • 주 2회 30분 • 학교	파괴적인 행동을 하는 학생(총 58명) • 연령: 5~9세, 평균 6.4세 • Lat 48%, Cauc 33%, AfAm 19% • 남자 79%	임상적으로 파괴적인 행동	독립적인 평가자 및 아동이 집단 배정에 대해 알 수 없는 교사의 보고에 따르면, (a) AdPT 참여자들은 AC(멘토링)에 비해 파괴적인 행동에서 통계학적으로 유의미한, 중간 정도에서 큰 정도로 감소를 보여주었다. (b) 교사들은 AdPT를 받은 아동과의 관계 스트레스에서 통계학적으로 유의미한 감소를 보고했다.
Morrison & Bratton(2010)	CTRT/AC • 16주 • 매일리 센터 놀이시간 헤드스타트 학교 • CPRT* 훈련을 받은 교사	위험군의 저소득층 학령전기 아동 • 연령: 3~4세, 평균 3.9세 • Lat 56%, AfAm 31%, Cauc 13% • 남자 58%	임상적인 독시발병 행동 문제	3번의 측정 시점에서 AC(자치적인 훈육, Conscious Discipline®에 비교했을 때 교사를 위한 개정용 CPRT(CTRT)는 아동의 외현화 행동에서 통계학적으로 유의미한 이득 및 큰 처치 효과를 보여주었고, 아동의 내재화 문제에서는 중간 정도의 효과를 보여주었다. CPRT 집단 아동의 84%는 임상 수준에서 정상 기능 수준으로 이동했다.
Naderi, Heidarie, Bouron, & Asgari(2010)	구조화된 놀이치료 활동/WC • 4개월에 걸쳐 10회기 • 1시간 • 이란의 지역 클리닉	ADHD(40명)나 불안(40명)을 진단받은 아동(총 80명) • 연령: 8~12세 • 이란 아동 100% • 성별 보고되지 않음	ADHD, 불안, 사회 성숙도	ADHD 놀이치료 개입의 아동(20명)은 ADHD WC 집단(20명)과 비교했을 때 ADHD 증상에서 통계학적으로 유의미한 감소를 보였다. 불안놀이치료 개입의 아동(20명)은 불안 WC 집단과 비교했을 때 불안에서 통계학적으로 유의미한 감소를 보였다. 두 가지 놀이치료 개입(ADHD와 불안)의 아동들은 WC(40명)에 비교했을 때 사회 성숙도에서 유의미한 향상을 보여주었다.

표 35.1 실험적 놀이치료 연구 : 무작위 통제 연구(계속)

연구	개입 모델/통제집단 유형	표본	아동 결과 변인/표적 문제	결과
Ojiambo & Bratton(2014)	집단 CCPT(3개 집단)/AC • 16회기 • 주 2회 30분 • 우간다 고아 학교	우간다의 고아 아동(총 60명) • 연령 : 10~12세, 평균 11.2세 • 아프리카인 100% • 여자 50%	동시발병된 임상적 행동 문제	처치집단에 대해 알 수 없는 교사와 보모에 의하면, 집단 CCPT는 AC(멘토링)에 비교해, 아동의 내재화 및 외현화 행동 문제에서 통계적으로 유의미한 개선 및 중간 정도에서 큰 정도로 처치 효과를 보였다. CCPT에 참여한 대다수 아동들은 처치 이후 문제의 임상 수준에서 정상 기능 수준으로 이동했다.
Packman & Bratton(2003)	집단 CCPT(3개 집단)/WC • 12회기 • 주 1회 1시간 • 학습장애아동을 위한 학교	LD 진단을 받은 학생(총 24명) • 연령 : 10~12세, 평균 11.4세 • Cauc 92%, Lat 4%, AfAm 4% • 남자 75%	학습의 어려움, 동시발병된 행동 문제	부모 보고에 의하면 집단 CCPT는 WC와 비교해 모든 결과 측정에서 중간 정도에서 큰 정도로 처치 효과를 보여주었다. CCPT는 WC와의 비교에서 내재화 문제 및 모든 행동 기능에서 통계학적으로 유의미한 개선을 보여주었다. 외현화 행동에서는 집단 간 차이가 유의미하지 않았다.
Ray, Stulmaker, Lee, Silverman (2013)	CCPT/WC • 12~16회기 • 주 2회 30분 • 학교	임상적으로 손상이 있는 아동(총 37명) • 연령 : 5~8세, 평균 6.3세 • Lat 38%, AfAm 32%, Cauc 30% • 남자 78%	기능적 손상	• 1단계 : CCPT는 WC와 비교했을 때 아동의 기능 손상에서 중간 정도의 처치 효과를 보여주었으나 집단 간 차이는 통계학적으로 유의미하지 않았다. • 2단계(CCPT를 받은 두 집단 모두) : 집단 내 차이는 두 집단 모두의 아동이 CCPT의 결과로써 큰 효과 크기와 더불어 통계학적으로 유의미한 개선을 제시해주었다.

(계속)

표 35.1 실험적 놀이치료 연구: 무작위 통제 연구(계속)

연구	개입 모델/통제집단 유형	표본	아동 결과 변인/표적 문제	결과
Ray, Schottelkorb, & Tsai(2007)	CCPT/AC • 16회기 • 주 2회 30분 • 학교	ADHD 증상을 가진 학생들(총 60명) • 연령: 5~11세, 평균 7.5세 • Cauc 45%, Lat 35%, AfAm 17% • 남자 80%	ADHD	교사 보고에 따르면 CCPT 집단은 아동 특징, 감정에 대한 책임, 불안/철회에서 AC(멘토링) 집단에 비해 통계학적으로 유의한 개선을 보여주었다. 아동이 ADHD 증상에서는 유의미한 집단 차이는 없었다. 사후 집단 내 비교분석은 두 집단 모두 ADHD, 학생 특징, 불안, 학습장애에서 통계학적으로 유의미한 개선이 있었음을 보여주었다.
Schottelkorb, Doumas, & Garcia(2012)	CCPT/TF-CBT • 17회기 • 주 2회 30분 • 학교	외상 증상이 있는 난민 아동(총 31명) • 연령: 6~13세, 평균 9.2세 • AfAm 67.7%, 중아시아인 16.1%, 아시아인 9.7%, 기타 6.5% • 남자 55%	PTSD 증상 심각도	결과는 두 집단 CCPT와 TF-CBT(외상 중심 처치) 모두 PTSD의 염려한 SCCAP 증거 기반 처치를 위한 기준을 충족시키는 아동 하위집단의 PTSD 증상 심각성에서 통계학적으로 유의미한 감소를 보여줬다. 결과는 두 처치 모두가 이 집단에서 똑같이 효과적임을 보여주었다.
Schumann(2010)	CCPT/COMP • 12~15회기 • 주 1회 30분 • 학교	공격성을 보이는 유아~4학년 아동(총 37명) • 연령: 5~12세, 평균 7.3세 • Lat 38%, Cauc 37.8%, AfAm 24.4 % • 남자 86%	공격성, 전반적인 행동 문제	부모와 교사 보고에 의하면 CCPT와 COMP 집단(Second Step® 증거 기반 처치)은 공격성, 외현화 문제, 내재화 문제에서 통계학적으로 유의미한 개선을 보여주었다. 결과는 공격적인 행동을 보이는 아동에서 두 개입 모두 효과적임을 제시해주었다. 부모가 제공한 점 높은 피드백은 CCPT에서 좀 더 긍정적이었다.

표 35.1 실험적 놀이치료 연구 : 무작위 통제 연구(계속)

연구	개입 모델 통제집단 유형	표본	아동 결과 변인/표적 문제	결과
Sheely-Moore & Bratton(2010)	**CPRT/WC** • 놀이 7회기 • 주 1회 30분 • 헤드스타트 학교 • CPRT* 훈련을 받은 부모	위험군의 저소득층 학령전기 아동 (총 23명) • 연령: 3~5세, 평균 4.2세 • AfAm 100% • 남자 62%	임상적인 행동 문제	모든 측정치에서 나타난 통계학적으로 유의미한 결과와 큰 처치 효과는 WC에 비해 문화적으로 개정된 CPRT가 아동의 전체 행동 문제와 부모-아동 관계 스트레스 감소에 효과가 있음을 보여주었다. 문화적 고려사항이 논의되었다.
Shen(2002)	**집단 CCPT/WC** • 10회기 • 주 2~3회 40분 • 타이완 학교	지진 후 부적응의 위험을 보인 아동(총 30명) • 연령: 8~12세, 평균 9.2세 • 대만 아동 100% • 여자 53%	임상적인 불안, 자살 위험	WC 집단에 비교했을 때 CCPT 집단은 전체 불안, 생리학적 불안, 걱정/과민감성, 자살 위험에서 통계학적으로 유의미한 감소를 보여주었다. CCPT는 불안, 걱정, 과민감성에서 큰 처치 효과를 보여주었으며, 자살 위험 감소에서는 작은 정도에서 중간 정도의 효과를 보여주었다.
Smith & Landreth(2004)	**CTRT/WC** • 놀이 7회기 • 주 1회 30분 • 청각장애 및 학령전기 아동 • CPRT* 훈련을 받은 교사	청각장애 및 듣는 데 어려움이 있는 학령전기 아동(총 24명) • 연령: 2~6세, 평균 4.1세 • Cauc 33%, Lat 42%, AfAm 25% • 남자 54%	행동 문제, 사회정서적 기능	WC와 비교했을 때 교사를 위한 개정용 CPRT (CTRT)에 참여한 교사의 아동들은 행동 문제와 사회정서적 기능에서 통계학적으로 유의미한 개선을 보였고, 독립적인 평가자에 의한 관찰에 따르면, CPRT 훈련을 받은 교사들은 아동과의 공감적인 상호작용에서 통계학적으로 유의미한 이득을 보여주었다.
Yuen, Landreth, & Baggerty(2002)	**CPRT/WC** • 놀이 7회기 • 주 1회 30분 • 지역사회기관 • CPRT* 훈련을 받은 부모	행동적으로 위험이 있는 이민자(총 35명) • 연령: 3~10세, 평균 6.4세 • 중국계 캐나다인 100% • 남자 54%	동시발병 행동 문제, 자기개념	부모 보고에 따르면 WC와 비교했을 때 CPRT 집단은 아동 행동 문제, 부모-아동 관계 스트레스, 부모의 수용성에서 통계학적으로 유의미한 개선을 보였고, 처치집단에 대해 알 수 없는 평가자에 의한 평가에서도 부모 공감능에서 통계학적으로 유의미한 개선을 보였다.

표 35. 2 표적 결과 변인에 따른 연구 상호 참조

아동 결과 변인/표적 문제	연구
불안을 포함한 내재화 문제	Baggerly & Landreth(2001), Ceballow & Bratton(2010), Fall 등(2002), Flahive & Ray(2007), Garza & Bratton(2005), Jones & Landreth(2002), Jones 등(2002), Morrison & Bratton(2010), Naderi 등(2010), Ojiambo & Bratton(2014), Packman & Bratton(2003), Shen(2002)
파괴적 행동, 공격성, ADHD를 포함한 외현화 문제	Bratton 등(2013), Carnes-Holt & Bratton(2014), Ceballos & Bratton(2010), Flahive & Ray(2007), Garza & Baratton(2005), Meany-Walen 등(2014), Morrison & Bratton(2010), Naderi 등(2010), Ojiambo & Bratton(2014), Ray 등(2007, 2009), Schumann(2010)
기능 손상을 포함한 동시발병/전반적 행동 문제	Carnes-Holt & Bratton(2014), Fall 등(2002), Flahive & Ray(2007), Jones 등(2002), Packman & Bratton(2003), Ray 등(2013), Sheely-Moore & Bratton(2010), Yuen 등(2002)
외상/애착/PTSD	Carnes-Holt & Bratton(2014), Schottelkorb 등(2012)
학업 성취/말장애	Blanco & Ray(2011), Danger & Landreth(2005), Smith & Landreth(2004)
사회정서적 기능	Fall 등(2002), Naderi 등(2010), Smith & Landreth(2004)
자기개념/유능감	Baggerly & Landreth(2001), Yuen 등(2002)
그 외 표적 결과 변인	연구
양육자–아동 관계 스트레스	Ceballos & Bratton(2010), Sheely-Moore & Bratton(2010), Yuen 등(2002)
양육자 공감	Carnes-Holt & Bratton(2014), Jones 등(2002), Smith & Landreth(2004), Yuen 등(2002)

해 충실성을 확인하는 절차를 보고했다. 특별한 지정이 없을 경우 적극적인 통제 및 비교집단이 실험집단과 동일한 강도와 기간의 개입에 참여했다.

참여자의 수(총 1,014명, 연구당 참여자 평균은 42명)가 크기 때문에 24개의 결과 연구로부터 몇몇 결론을 이끌어낼 수 있었다. 연구는 놀이치료에 참여한 것이 외현화 문제, 파괴적 행동, 공격성, ADHD, 내재화 문제, 불안, 학업 성취, 언어 문제, PTSD 증상, 사회정서적 기능, 자기개념, 동시발병 행동 문제, 기능적 손상에 긍정적인 결과를 가져왔다. 표 35.2는 결과 변인을 표적으로 한 연구에 대한 상호참조를 제공한다. 몇몇 연구에서 참여자의 처치집단 할당을 평가자가 모르게 하기 위해 적극적인 통제 및 비교집단을 사용한 것은 구체적인 아동 결과에서 처치 효과와 관련한 결과에 신뢰성을 더해준다.

놀이치료는 인종, 민족, 성별, 국제적인 지위를 포함해 문화를 넘어서 효과적인 것으로 보인다. 대다수의 연구 결과는 다양한 민족성의 표본을 포함시켰으며, 4개의 연구는 미국 밖의 표본(우간다, 타이완, 이란, 캐나다)에서 실시되었다. 미국에서 실시된 20개의 연구서, 참여자의 60% 이상은 비백인계(라틴계 33.1%, 아프리카계 17.7%, 아시아계 7.2%, 기타 3.6%)였으며, 대부분의 참여자가 '저소득' 계층으로 밝혀졌다. 문화적 집단을 넘어선 놀이치료의 훌륭한 적용은 이 개입의 독특한 특징이며, 실제 생활에서 주로 낮은 수입의 학교(*n* = 19)에서 실시된 여러 연구에 대한 요인이 되는 것 같다. 참여자의 연령은 2.5세에서 12세로, 청소년 이전까지의 어린 아동의 발달적 요구에 대한 놀이치료의 민감성을 제시해준다. 아동을 위한 EST의 부족(Weisz & Kazdin, 2010)을 볼 때 연구의 50% 이상이 6세 이하의 평균 연령을 보고하고 있다는 점을 주목하는 것이 중요하다. 심리치료에 의뢰되는 남자 대 여자의 비율을 2 : 1로 보는 아동치료 문헌과 일치되게, 연구 참여자들의 63%가 남자였다.

결과는 놀이치료가 단기 개입으로 사용될 수 있음을 제시해준다. 놀이회기의 수는 7~25회기로 평균 13회기이며 16회기가 가장 많이 사용되었다. 가장 흔하게 실시되는 형식은 학교 환경의 요구에 맞추기 위한, 대략 8주 동안 30분의 회기 시간으로 주 2회이다. 17회기보다 많은 것으로 보고된 연구는 3개에 불과하다. 이 결과는 Bratton 등(2005)과 LeBlanc와 Ritchie(2001)의 메타분석 결과와는 현저한 차이로, Bratton 등(2005)과 LeBlanc와 Ritchie(2001)는 30~40회기에 이르는 최적의 회기 수를 제시하는 비슷한 결과들을 보고했다. CCPT/부모놀이치료의 경우 회기 수는 CCPT에 근거한 치료놀이회기에 아동이 양육자와 함께 참여한 총 회기(평균 7회기)를 말한다. 별다른 특이사항이 없을 경우 아동과 함께한 놀이회기 7회에 덧붙여, 양육자와 멘토가 2시간씩의 집단 훈련 10회기에 참여했다.

포함된 연구 대다수는 부모나 교사 요소를 개입의 일부분으로 보고하지 않았으며, 이는 환경체계의 개입 없이 아동이 변화했음을 가리킨다. 5세와 그 이하로 확인된 아동을 위한 EST 중 부모의 완전한 참여가 필수가 아닌 개입은 매우 적었다(SCCAP, 2014; Weisz & Kazdin, 2010). 어린 아동들이 양육자에 의한 직접적인 개입 없이도 치료에서 변화를 만들 수 있다는 결과는 어린 아동을 위한 EST에서의 간격을 메꾸고, 치료 과정에 부모가 참여하기가 어려운 학교 환경에 적합한 놀이치료를 만들 수 있게 한다. 그러나 메타분석 연구(Bratton et al., 2005; LeBlanc & Ritchie, 2001) 검토에 포함된 8개의 CPRT/부모놀이치료로부터 나온 결과들은 부모와 교사를 놀이치료에 포함시키는 것이 더 나은 결과를 가져오고 전통적인 놀이치료보다 회기가 줄어든다고 제시했다.

마지막으로, 현실에서 연구 실시의 제약으로 인한 무작위의 어려움 때문에(예 : Ray, Blanco, Sullivan, & Holliman, 2009; Shen, 2007) 몇몇 잘 설계된 연구가 제외되었다. 나는 놀이치료의 이득을 양육자-아동 관계의 구성으로 보고한 RTC 역시 제외시켰는데 그 이유는 아동의 결과가 보고되지 않았기 때문이다. 또한, 처치에 놀이 요소를 통합시키긴 했으나 그 개입이 놀이치료로 확인되지 않는 RCT 연구들도 포함시키지 않았다. 배제된 개입에는 부모-아동 상호작용치료(PCIT)(Eyberg, Nelson, & Boggs, 2008), Incredible Years(IY)(Webster-Stratton, Reid, & Hammond, 2004), 아동-부모 심리치료(CPP)(Lieberman, Van Horn, & Ghosh Ippen, 2005)가 포함된다. 이 개입들(PCI, CPP, IY)의 제외는 놀이치료 접근에 대한 동시대 주요 교재(text)에 없다는 사실로도 지지된다(O'Connor & Braverman, 2009; Schaefer, 2011). 노스텍사스대학교의 놀이치료센터(CPT)는 놀이치료 연구 개요에 대한 포괄적인 온라인 데이터베이스를 유지하고 있다. 비무작위 통제 연구, 단일집단 반복 측정 설계, 단일사례 실험이 포함된 표 35. 1에는 포함되어 있지 않은 놀이치료 결과 연구들의 개요를 위해서, 독자들에게 CPT 데이터베이스를 참조할 것을 권장한다(CPT, 2014). 이 검토를 위해 만든 기준을 충족시키지는 못하지만 경험적으로 지지되는, 놀이에 기초한 개입을 위한 추가적인 자료는 Reddy, Files-Hall, Schaefer(2005; 2015)와 Russ와 Nice(2011)이다.

강점과 제한점 요약

2000년대에 출간된 무작위 통제 연구들의 검토는 놀이치료의 증거 지지에 대한 강점과 제한점을 보여준다. 2000년 이후 연구 생산물과 엄격성에서의 유의미한 향상이 표 35.1에 포함된 연구에 잘 나타나 있으며, 놀이치료를 위한 탄탄한 과학적 근거 토대를 개발하는 데에 중요한 도약을 보여준다. 그러나 놀이치료가 아동기 장애를 위한 EST로 인식될 수 있도록, 연구자들은 연구 설계를 위한 현재의 기준과 방법을 사용해 더 강력한 증거 기반의 구축을 지속해 나가야 한다. 연구 엄격성을 평가하기 위한 다양한 시스템이 존재한다(Chorpita et al., 2011; Nathan & Gorman, 2007; Nezu & Nezu, 2008). Nathan과 Gorman(2007)의 6단계 분류 체계는 심리사회적 연구에서 가장 널리 사용되는 시스템 중 하나이다. 유형 1 연구는 가장 엄격한 것으로, 무작위 임상시험을 채택하고 엄격한 연구 방법을 지킨다. 이 연구의 특징은 처치 프로토콜, 처치의 충실성 점검, 적극적 통제나 비교집단, 기준의 포함이나 배제에 대해 분명하게 밝힘, 일반적으로 수용되는 진단 방법, 블라인드 평가, 적절한 표본 크기를 결정하기 위한 선험적 전력분석, 탄탄한 정신측정 평가, 분명하게 기술된 통계적 방법이다.

무작위 집단 할당, 포함 기준의 구체성, 적절한 표본 크기, 통계 방법에 대한 분명한 보고는 2000년대에 놀이치료 연구에서 가장 주목할 만한 개선이다. 놀이치료의 효과를 조사하기 위해서 과거 10년의 연구들이 비교집단과 적극적 통제집단 사용의 증가를 보여주었지만, 대다수의 연구들은 놀이치료를 대기자 통제집단(wait-list control group)과 비교하여 처치가 비처치보다 낫다는 결론을 내렸다. 잘 만들어진 아동치료[비교해서 놀이치료의 효과성을 증명하는 것(SAMHSA, 2014; SCCAP, 2014)]가 놀이치료의 증거 기반을 강화시킨다. 또한, 비교처치나 위약처리 처치(placebo treatment)를 통제로 사용하는 것은 평가자가 참여자의 집단 할당에 대해 모르게 함으로써(특히 교사와 부모가 측정 도구가 될 때에) 더 확신을 준다. 일반적으로 표적 결과를 알아보기 위한 블라인드 평가의 부족은 검토된 연구에서 약점으로 나타났다.

프로토콜의 사용은 임상가와 연구자들이 처치의 반복 검증을 할 수 있게 해주며, 처치 충실성을 만드는 데에 필수적이다. 놀이치료 프로토콜의 개발과 사용이 현저히 증가하고 있다는 점은 좋은 뉴스이다. 몇몇 연구에서는 프로토콜을 지켰는지를 확인하기 위한 절차들이 분명히 기술되어 있지 않거나 불분명했다. 그러나 2010년 후 출간된 대다수의 연구들은 처치의 진실성을 보장하기 위해 프로토콜 체크리스트 및 객관적인 측정자에 의한 비디오 녹화 놀이치료회기의 무작위 검토를 사용했다고 보고하고 있다. 지난 10년간 더 탄탄한 정신측정 평가의 사용이 이루어져 왔다. 그러나 결과의 신뢰를 높이기 위해 연구자들은 표적 결과를 평가하기 위한 잘 훈련된 독립적 평가자를 포함해 여러 정보 제공자를 사용하는 것이 필수적이다.

개별적 연구들이 다양한 표적장애와 결과에서 이익을 증명했지만, 반복 검증과 추후 연구는 현저하게 부족하다. 특정 집단과 결과를 위한 놀이치료 효과에서 믿을 만한 정보를 제공하기 위해, 특정 장애를 표적으로 한 잘 설계된 연구를 독립적인 연구팀이 반복검증해야 한다(Chorpita et al., 2011). 대학에 소속되어 있는 연구자들은 높은 수준의 놀이치료 연구를 더 많이 실시해 왔다. 놀이치료 연구는 대학에 소속된 연구자에 의해 더 많이 이루어져 왔다. 치료 이득이 유지되고 있는지를 평가하고 놀이치료가 아동 인생에 걸쳐 더 심각한 문제가 발생하지 않도록 잠재적인 힘을 가지고 있다는 전제를 평가하기 위해서 추후 연구가 필요할 것이다(Bratton et al., 2005).

　　동시발병 문제를 가진 아동에 대한 놀이치료 효과성은 강점과 약점 둘 다를 보여준다. 놀이치료 연구의 한 가지 제한점은 특정 장애를 목표로 한 연구의 수가 적다는 것이다. 아동기 장애에 따른 표적 개입(targeting intervention)의 실행은 증거 기반 실행의 특징으로 간주될 수 있다. 특정 진단에 맞춘 엄격한 연구의 증가는 놀이치료에 신뢰성을 더해줄 것이다. 대다수의 아동치료 연구는 50% 이상의 아동이 동시발병 진단이나 문제를 보인다고 보고하고 있다(Weisz & Kazdin, 2010). 아동이 주기적으로 다양한 행동 증상을 보이고 복잡한 발달사를 가진다는 사실은 아동의 전체 기능에 영향을 미칠 수 있는 놀이치료 개입 연구의 필요성을 제시해준다.

　　흔히 사용되는 동시대 놀이치료 개입(O'Connor & Braverman, 2009; Schaefer, 2011) 중에서 CCPT, CPRT/부모놀이치료, AdPT 외에는 무작위 통제 연구 및 이론적 모델에서의 매뉴얼화된 프로토콜이 현저히 부족하다. 놀이치료의 효과를 검토하는 RCT의 체계적 검토에서 모든 연구 중 이 세 가지 연구만이 CCPT 혹은 CPRT/부모놀이치료 프로토콜을 따르고 있다. 흥미롭게도 현재 원고의 초판(놀이치료 핸드북, 제1판)에서는 CCPT(L. Guerney, 1983)와 부모놀이치료(VanFleet, 1994)에 대한 장만 처치 효과를 지지하는 결과 연구를 보고하고 있다. 프로토콜이 제시된 것 외의 다른 이론적 배경 모델을 따르는 놀이치료 임상가들은 자신이 내담자에게 사용하는 놀이치료를 지지해주는 연구가 도움이 될 것이다.

　　놀이치료 연구는 실제 생활환경에서 연구를 실행하기 위한 증거 기반 운동의 지지자들이 제시한 도전들에 의심의 여지없이 답을 해오고 있다(Kazdin & Weisz, 2003; Weisz & Kazdin, 2010). 놀이치료 연구에서 다루어진 다문화주의의 수준은 또 다른 강점으로 역사적으로 서비스를 받지 못했던 아동 집단이 서비스를 받을 수 있게 된 학교에서 실행된 많은 연구들 덕분이다. 하지만 개입이 더 다양한 임상 환경에 제공될 수 있는지를 탐구할 수 있도록 연구가 더 확장되어야 할 필요가 있다.

　　어떤 조건 내에서 어떤 사람들을 위해 놀이치료가 효과를 보이는지에 대한 증명을 넘어서서, 다음 세대의 놀이치료 연구자는 변화 과정의 복잡성을 더 잘 이해할 수 있는 연구를 설계하도록 도전받는다. 아동 결과에서 처치의 강점에 영향을 미치는 중개와 매개요인에 대한 연구는 놀이 개입이 더 나은 수준으로 나아가기 위한 증거 기반의 진보에 필수적이다.

결론

제한점이 있긴 하지만 아동기 전체에 걸친 다양한 아동 집단에서 놀이치료가 효과적인 개입이라는 증거가 상당히 있다. 문화에 걸친, 그리고 실제 생활환경에서의 놀이치료 효과성에 대한 경험적 지지는 특히 강점으로 임상 환경에서, 그리고 아동과 부모 집단을 위한 놀이치료의 사용을 지지해준다.

　　이 장에 보고된 연구 결과들은 놀이치료가 탄탄한 과학적 증거가 부족하다는 점과 관련해 이의를 제기한다. 아동의 최적의 기능을 막는 여러 범위의 문제에 있어서 놀이치료가 효과적이고 발달적으로 민감한 개입이라는 인식을 촉진하기 위해, 놀이치료 연구자들과 임상가들은 이 연구 결과를 이해 관계자 및 더 폭넓은 정신건강전문가들에게 널리 전파해야 할 도전을 받아들이길 희망한다.

참고문헌

American Counseling Association. (2014). *American Counseling Association code of ethics*. Retrieved from http://www.counseling.org/docs/ethics/2014-aca-code-of-ethics.pdf

Association for Play Therapy. (2014). *Play therapy defined*. Retrieved from http://www.a4pt.org/ps.playtherapy.cfm?ID=1158

American Psychological Association. (2010). *American Psychological Association ethical principles of psychologists and code of conduct*. Retrieved from http://www.apa.org/ethics/code/index.aspx

Baggerly, J. N., & Bratton, S. C. (2010). Building a firm foundation in play therapy research. *International Journal of Play Therapy: Special Issue on Research, 19*(1), 26–38.

Baggerly, J. N., & Landreth, G. L. (2001). Training children to help children: A new dimension in play therapy. *Peer Facilitator Quarterly, 18*(1), 6–14.

Baggerly, J. N., Ray, D., & Bratton, S. (2010). *Child-centered play therapy research: The evidence base for effective practice*. Hoboken, NJ: Wiley.

Blanco, P. J., & Ray, D. (2011). Play therapy in the schools: A best practice for improving academic achievement. *Journal of Counseling and Development, 89*, 235–242.

Bratton, S. C. (2010). Meeting the early mental health needs of children through school based play therapy: A review of outcome research. In A. A. Drewes & C. E. Schaefer (Eds.), *School based play therapy* (2nd ed., pp. 17–58). New York, NY: Wiley.

Bratton, S. C., Ceballos, P. L., Sheely-Moore, A., Meany-Walen, K., Pronchenko, Y, & Jones, L. (2013). Head start early mental health intervention: Effects of child-centered play therapy on disruptive behaviors. *International Journal of Play Therapy, 22*(1), 28–42.

Bratton, S. C., Landreth, G. L., Kellam, T., & Blackard, S. (2006). *Child-parent relationship therapy (CPRT) treatment manual: A 10-session filial therapy model for training parents*. New York, NY: Taylor & Francis.

Bratton, S. C., Landreth, G. L., & Lin, D. (2010). Child parent relationship therapy (CPRT): A review of controlled outcome research. In J. N. Baggerly, D. Ray, & S. Bratton (Eds.), *Child-centered play therapy research: The evidence base for effective practice*. (pp. 267–294). New York, NY: John Wiley & Sons.

Bratton, S. C., & Ray, D. (2000). What the research shows about play therapy. *International Journal of Play Therapy, 9*(1), 47–88.

Bratton, S. C., Ray, D., Rhine, T., & Jones, L. (2005). The efficacy of play therapy with children: A meta-analytic review of treatment outcomes. *Professional Psychology: Research and Practice, 36*(4), 376–390.

Carnes-Holt, K., & Bratton, S. C. (2014). The efficacy of child parent relationship therapy for adopted children with attachment disruptions. *Journal for Counseling and Development, 92*(3), 328–337.

Ceballos, P. L., & Bratton, S. C. (2010). Empowering Latino families: Effects of a culturally-responsive intervention for low-income immigrant Latino parents on children's behaviors and parental stress. *Psychology in the Schools, 47*(8), 761–775.

Center for Play Therapy (CPT). (2014). *Play therapy and play-based intervention research database*. Retrieved from http://cpt.unt.edu/researchpublications/play-therapy-research/ Centers for Disease Control. (2013). *Children's mental health—New report*. Retrieved from http://www.cdc.gov/Features/childrensmentalhealth/

Chorpita, B, Daleiden, E., Ebesutani, C., Young, J., Becker, K., Nakamura, B., & Starace, N. (2011). Evidence-based treatments for children and adolescents: An updated review of indicators of efficacy and effectiveness. *Clinical Psychology Science and Practice, 18*(2), 154–172.

Danger, S., & Landreth, G. L. (2005). Child-centered group play therapy with children with speech difficulties. *International Journal of Play Therapy, 14*(1), 81–102.

Eyberg, S.M., Nelson, M., & Boggs, S. R. (2008). Evidence based psychological treatments for children and adolescents with disruptive behavior. *Journal of Child and Adolescent Psychology, 37*(1), 215–237.

Fall, M., Navelski, L., & Welch, K. (2002). Outcomes of a play intervention for children identified for special education services. *International Journal of Play Therapy, 11*(2), 91–106.

Flahive, M., & Ray, D. (2007). Effects of group sandtray therapy with preadolescents. *Journal for Specialists in Group Work, 32*(4), 362–382.

Garza, Y., & Bratton, S. C. (2005). School-based child-centered play therapy with Hispanic children: Outcomes and cultural considerations. *International Journal of Play Therapy, 14*(1), 51–79.

Guerney, L. (1983). Client-centered (nondirective) play therapy. In C. Schaefer & K. J. O'Connor (Eds.), *Handbook of play therapy* (pp. 21–64). New York, NY: Wiley.

Jones, E., & Landreth, G. L. (2002). The efficacy of intensive individual play therapy for chronically ill children. *International Journal of Play Therapy, 11*(1), 117–140.

Jones, L., Rhine, T., & Bratton, S. C. (2002). High school students as therapeutic agents with young children experiencing school adjustment difficulties: The effectiveness of a filial therapy training model. *International Journal of Play Therapy, 11*(2), 43–62.

Kazdin, A. E., & Weisz, J. (2003). *Evidence-based psychotherapies for children and adolescents* (pp. 42–59) New York, NY: Guilford Press.

Kottman, T. (2009). *Treatment manual for Adlerian play therapy*. Unpublished manuscript.

Landreth, G. L. (2012). *Play therapy: The art of the relationship* (3rd ed.). New York, NY: Routledge.

Landreth, G. L., & Bratton, S. C. (2006). *Child-parent relationship therapy (CPRT): A 10-session filial therapy model*. New York, NY: Routledge.

LeBlanc, M., & Ritchie, M. (2001). A meta-analysis of play therapy outcomes. *Counseling Psychology Quarterly, 14*(2), 149–163.

Lee, M., & Landreth G. L. (2003). Filial therapy with immigrant Korean parents in the United States. *International Journal of Play Therapy, 12*(2), 67–85.

Lieberman, A., Van Horn, P., & Ghosh Ippen, C. (2005). Toward evidence-based treatment: Child-parent psychotherapy with preschoolers exposed to marital violence. *Journal of the American Academy of Child and Adolescent Psychiatry, 44*(12), 1241–1248.

Lin, Y., & Bratton, S. C. (2015). A meta-analysis of child-centered play therapy outcome research. *Journal for Counseling and Development, 93*(1), 45-58.

Meany-Walen, K., Bratton, S. C., & Kottman, T. (2014). Effects of Adlerian play therapy on reducing students' disruptive behaviors. *Journal of Counseling and Development, 92*(1), 47–56.

Mental Health America. (2013). *Recognizing mental health problems in children*. Retrieved from http://www.mentalhealthamerica.net/farcry/go/information/get-info/children-s-mental-health/recognizing-mental-health-problems-in-children

Morrison, M., & Bratton, S. C. (2010). Preliminary investigation of an early mental health intervention for Head Start programs: Effects of child teacher relationship therapy (CTRT) on children's behavior problems. *Psychology in the Schools, 47*(10), 1003–1017.

Naderi, F., Heidarie, L., Bouron, L., & Asgari, P. (2010). The efficacy of play therapy on ADHD, anxiety and social maturity in 8 to 12 years aged clientele children of Ahwaz Metropolitan Counseling Clinics. *Journal of Applied Sciences, 10*, 189–195.

Nathan, E., & Gorman J. M. (2007). *A guide to treatments that work*. New York, NY: Oxford University Press.

National Association of SocialWorkers. (2008). *Code of ethics of the National Association of SocialWorkers*. Retrieved from https://www.socialworkers.org/pubs/code/code.asp

National Center for Children in Poverty. (2014). *Children's mental health*. Retrieved from http://nccp.org/publications/pub_929.html

National Center for Education Evaluation. (2014). *What works clearinghouse*. Retrieved from http://ies.ed.gov/ncee/wwc/

Nezu, A.M., & Nezu, C. M. (2008). *Evidence-based outcome research*. New York, NY: Oxford Press.

O'Connor, K. J., & Schaefer, C. E. (1994). *Handbook of play therapy: Advances and innovations* (Vol. 2). New York, NY:Wiley.

O'Connor, K. J., & Braverman, L. D. (Eds.). (2009). *Play therapy theory and practice: Comparing theories and techniques* (2nd ed.). Hoboken, NJ: Wiley.

Ojiambo, D., & Bratton, S. C. (2014). Effects of group activity play therapy on problem behaviors of preadolescent Ugandan orphans. *Journal of Counseling and Development, 92*(3), 355–365.

Packman, J., & Bratton, S. C. (2003). A school-based group play/activity therapy intervention with learning disabled pre-adolescents exhibiting behavior problems. *International Journal of Play Therapy, 12*(2), 7–29.

Phillips, R. D. (2009). How firm is our foundation? Current play therapy research. *International Journal of Play Therapy, 19*, 13-25.

President's New Freedom Commission on Mental Health. (2003). *Achieving the promise: Transforming mental health care in America final report* (DHHS Publication N. SMA-03-3832). Rockville, MD: Department of Health and Human Services.

Ray, D. (2011). *Advanced play therapy: Essential conditions, knowledge and skills for child practice*. New York, NY: Routledge.

Ray, D. (2007). Two counseling interventions to reduce teacher-child relationship stress. *Professional School Counseling, 10*(4), 428-440.

Ray, D., Armstrong, S., Balkin, R., & Jayne, K. (2015). Child centered play therapy in the schools: Review and meta-analysis. *Psychology in the Schools, 52*(2), 107–123.

Ray, D., Blanco, P. J., Sullivan, J., & Holliman, R. (2009). An exploratory study of child-centered play therapy with aggressive children. *International Journal of Play Therapy, 18*, 162–175.

Ray, D., & Bratton, S. C. (2010). What the research shows about play therapy: 21st century update. In J. Baggerly, D. Ray, & S. C. Bratton (Eds.), *Child-centered play therapy research: The evidence-base for effective practice*. New York, NY: Wiley.

Ray, D., Schottelkorb, A., & Tsai, M. (2007). Play therapy with children exhibiting symptoms of attention deficit hyperactivity disorder. *International Journal of Play Therapy, 16*(2), 95–111.

Ray, D., Stulmaker, H., Lee, K., & Silverman,W. (2013). Child-centered play therapy and impairment: Exploring relationships and constructs. *International Journal of Play Therapy, 22*(1), 13–27.

Reddy, L., Files-Hall, T., & Schaefer, C. E. (2005). *Empirically based play intervention program*.Washington, DC: American Psychological Association.

Reddy, L., Files-Hall, T., & Schaefer, C. E. (2015). *Empirically based play intervention program* (2nd ed.). Washington, DC: American Psychological Association.

Rubin, A. (2008). *Practitioner's guide to using research for evidence-based practice*. Hoboken, NJ: John Wiley & Sons.

Russ, S., & Niec, L. (2011). *Play in clinical practice: Evidence-based approaches*. New York, NY: Guilford Press.

Schaefer, C. E. (2011). *Foundations of play therapy*. Hoboken, NJ: Wiley.

Schaefer, C. E., & O'Connor, K. J. (1983). *Handbook of play therapy*. New York, NY: Wiley.

Schottelkorb, A., Doumas, D., & Garcia, R. (2012). Treatment for childhood refugee trauma: A randomized, controlled trial. *International Journal of Play Therapy, 21*(2), 57–73.

Schumann, B. (2010). Effectiveness of child centered play therapy for children referred for aggression in elementary school. In J. Baggerly,

D. Ray, & S. Bratton (Eds.), *Child-centered play therapy research: The evidence base for effective practice* (pp.193-208). Hoboken, NJ:Wiley.

Sheely-Moore, A., & Bratton. S. (2010). A strengths-based parenting intervention with low income African American families. *Professional School Counseling, 13*(3), 175-183.

Shen, Y. (2002). Short-term group play therapy with Chinese earthquake victims: Effects on anxiety, depression, and adjustment. *International Journal of Play Therapy, 11*(1), 43-63.

Shen, Y. (2007). Developmental model using gestalt-play versus cognitive-verbal group with Chinese adolescents: Effects on strengths and adjustment enhancement. *Journal for Specialists in Group Work, 32*(3), 285-305.

Silverman, W. K., & Hinshaw, S. P. (2008). The second special issue on evidence-based psychosocial treatments for children and adolescents: A 10-year update. *Journal of Clinical Child & Adolescent Psychology, 37* (1), 1-7.

Smith, D., & Landreth, G. L. (2004). Filial therapy with teachers of deaf and hard of hearing preschool children. *International Journal of Play Therapy, 13*(1), 13-33.

Society of Clinical Child and Adolescent Psychology. (2014). *Effective child therapy*. Retrieved from http://www.effectivechildtherapy.com/

Substance Abuse and Mental Health Services Administration . (2014). *National registry of evidence-based programs and practices*. Retrieved from http://www.nrepp.samhsa.gov/

U.S. Public Health Service. (2000). *Report of the surgeon general's conference on children's mental health: A national action agenda*. Washington, DC: U.S. Department of Health and Human Services.

VanFleet, R. (1994). Filial therapy for adoptive children and parents. In K. O'Connor & C. Schaefer (Eds.), *Handbook of play therapy* (Vol. *2*, pp. 371-386). New York, NY: Wiley.

Webster-Stratton, C., Reid, M., & Hammond, M. (2004). Treating children with early-onset conduct problems: Intervention outcomes for parent, child, and teacher training. *Journal of Clinical Child and Adolescent Psychology, 33*, 105-124.

Weisz, J., & Kazdin, A. E. (2010). *Evidence-based psychotherapies for children and adolescents*. New York, NY: Guilford Press.

Yuen, T. C., Landreth, G. L., & Baggerly, J. N. (2002). Filial therapy with immigrant Chinese parents in Canada. *International Journal of Play Therapy, 11*(2), 63-90.

기고자

Jennifer N. Baggerly, PhD, LPC-S, RPT-S
University of North Texas at Dallas
Dallas, Texas

Kristin S. Bemis, MEd, LPC, RPT
Therapy Dallas
Dallas, Texas

Helen E. Benedict, PhD, RPT-S
Baylor University
Waco, Texas

Phyllis B. Booth, MA, LCPC, LMFT, RPT-S
The Theraplay Institute
Evanston, Illinois

Sue C. Bratton, PhD, LPC-S, RPT-S
University of North Texas
Denton, Texas

Julia Gentleman Byers, EdD, ATR-BC, LMHC
Lesley University
Cambridge, Massachusetts

Karla D. Carmichael, PhD, LPC, NCC, RPT-S
Capella University
Minneapolis, Minnesota

Athena A. Drewes, PsyD, RPT-S
Astor Services for Children and Families
Washingtonville, New York

Ruth Ellingsen, MA, C Phil
University of California at Los Angeles
Los Angeles, California

Eliana Gil, PhD, LMFT, ATR, RPT-S
Gil Institute for Trauma Recovery and Education
Fairfax, Virginia

Geri Glover, PhD, RPT-S
New Mexico Highlands University
Las Vegas, New Mexico

Allan M. Gonsher, LCSW, RPT-S
Kids-Incorporated
Overland Park, Kansas, and Omaha, Nebraska

Steve Harvey, PhD, BC-DMY, RPT-S
Infant, Child, and Adolescent Mental Health Service,
    Taranaki District Health Board
New Plymouth, New Zealand

Esther B. Hess, PhD, RPT-S
Center for the Developing Mind
Los Angeles, California

Linda E. Homeyer, PhD, LPC-S, RPT-S
Texas State University
San Marcos, Texas

**Edward F. Hudspeth, PhD, NCC, LPC, RPh, ACS,
    RPT-S**
Henderson State University
Arkadelphia, Arizona

Kevin B. Hull, PhD, LMHC
Hull and Associates, PA
Lakeland, Florida

Jane L. Johnson, LCSW, RPT-S
The Play Therapist's Workshop
Fort Collins, Colorado

Heidi Gerard Kaduson, PhD, RPT-S
The Play Therapy Training Institute, Inc.
Monroe Township, New Jersey

Jessica Kichler, PhD
Cincinnati Children's Hospital Medical Center
Cincinnati, Ohio

Susan M. Knell, PhD
CaseWestern Reserve University
Cleveland, Ohio

Garry L. Landreth, EdD, RPT-S
University of North Texas
Denton, Texas

Kimberly M. Matthews, MEd, NCC
The University of Mississippi
University Mississippi

Cheryl McNeil, PhD
West Virginia University
Morgantown, West Virginia

Jodi Ann Mullen, PhD, LMHC, RPT-S
State University of New York
Oswego, New York

Charles Edwin Myers, PhD, LCC, NCC, NCSC, ACS, RPT-S
Northern Illinois University
DeKalb, Illinois

Laura Nabors, PhD
University of Cincinnati
Cincinnati, Ohio

Meredith Norman, MS
West Virginia University
Morgantown, West Virginia

Kevin J. O'Connor, PhD, ABPP, RPT-S
California School of Professional Psychology at Alliant
International University
Fresno, California

Sarah C. Patton, PsyD
North Florida/South Georgia Veterans Health System
Gainesville, Florida

Pat Pernicano, PsyD
Spalding University
Louisville, Kentucky
Personal Counseling Service, Inc.
Clarksville, Indiana

Kristi L. Perryman, PhD, LPC, RPT-S
University of Arkansas
Fayetteville, Arkansas

Lexie Pfeifer, PhD, LMFT
House of Hope
Salt Lake City, Utah

Audrey F. Punnett, PhD, JA, CST-T, RPT-S
Private Practice
Fresno, California

Lauren Borduin Quetsch, MS
West Virginia University
Morgantown, West Virginia

Dee C. Ray, PhD, RPT-S
University of North Texas
Denton, Texas

Cynthia A. Reynolds, PhD, LPCC-S, CSC, RPT-S
University of Akron
Akron, Ohio

Charles E. Schaefer, PhD, RPT-S
Farleigh Dickinson University
Teaneck, New Jersey

John W. Seymour, PhD, LMFT, RPT-S
Minnesota State University
Mankato, Minnesota

Janine Shelby, PhD, RPT-S
David Geffen School of Medicine, University of
California at Los Angeles
Los Angeles, California
Division of Child and Adolescent Psychiatry, Harbor-
UCLA Medical Center
Torrance, California

Jessica Stone, PhD, RPT-S
Private Practice
Fruita, Colorado

Hayley L. Stulmaker, PhD, LPC, NCC, RPT
Sam Houston State University
Huntsville, Texas

Daniel S. Sweeney, PhD, LMFT, LPC, RPT-S
George Fox University
Portland, Oregon

Glade L. Topham, PhD, LMFT
Oklahoma State University
Stillwater, Oklahoma

Ria Travers, MS
West Virginia University
Morgantown, West Virginia

Ris VanFleet, PhD, CDBC, RPT-S
Family Enhancement and Play Therapy Center and its
    Playful Pooch Program
International Institute for Animal Assisted Play Therapy
Boiling Springs, Pennsylvania

Nancy Wallace, MS
West Virginia University
Morgantown, West Virginia

**Marlo L. R. Winstead, MSW, LCSW, LSCSW,
    RPT-S, Theraplay® Trainer and Supervisor**
Enriching Families, LLC
Tallahassee, Florida
University of Kansas
Lawrence, Kansas

찾아보기

◀ ㅅ ▶

인명

편저자 소개

Kevin J. O'Connor(PhD, ABPP*, RPT-S)

Kevin J. O'Connor는 임상심리학자이다. O'Connor 박사는 캘리포니아 프레즈노에 있는 Alliant International 대학교의 뛰어난 교수이며, Ecosystemic Clinical Child Psychology Emphasis의 담당자이자 환경체계 놀이치료 훈련센터의 임원이다. 또한 놀이치료협회의 공동창립자이자 명예이사이다. O'Connor 박사는 많은 책을 저술했는데, 놀이치료 입문, 제2판, 놀이치료 치료계획 및 중재, 제2판의 공동저자, 놀이치료 이론과 실제, 제2판의 공동편집자이다. 미국 전역과 해외에서 정기적으로 강연하는데 캐나다, 이스라엘, 이탈리아, 일본, 한국, 쿠웨이트, 네덜란드, 멕시코, 포르투갈, 싱가포르, 남아프리카에서도 강연했다. O'Connor 박사는 면허가 있는 아동 청소년 임상심리학자이며 아동과 성인을 치료하는 작은 사설 치료실을 운영하고 있는 미국심리학회 회원이다.

Charles E. Schaefer(PhD, RPT-S)

Charles E. Schaefer는 뉴저지 티넥에 있는 Fairleigh Dickinson 대학교 심리학과 명예교수이다. Schaefer 박사는 놀이치료협회의 공동창립자이자 명예이사이며 미국과 국제놀이치료 컨퍼런스에서 종종 강연하고 있다. Schaefer 박사는 100편 이상의 저자/공동저자 연구논문이 있으며, 저술 또는 편집한 전문서가 60권 이상인데 놀이치료 기초, 제2판, 단기놀이치료, 제3판, 취학 전 아동 놀이치료, 놀이 진단 및 평가, 놀이의 치료적 힘, 제2판이 있다. Schaefer 박사는 뉴저지의 해컨색에서 사설 아동치료실을 운영하고 있다.

Lisa D. Braverman(PhD)

Lisa D. Braverman은 소아종양학, 아동 학대, 외상 분야를 전공한 임상심리학자이다. Braverman 박사는 아동 및 아동 가족을 치료하고 있으며, 오하이오의 신시네티에서 아동의 소송 후견인으로 활동하고 있다. 놀이치료 이론과 실제, 제1·2판을 공동편집했다.

*ABPP: 미국 전문 심리학 면허(Americal Board of Professional Psychology)

역자 소개

송영혜
대구대학교 명예교수
영송 놀이심리센터
한국놀이치료사협회 회장
한국아동심리재활학회 회장 역임

김귀남
대구대학교 대학원 재활심리학과 석사
대구대학교 대학원 재활과학과 박사과정
역서 놀이치료 치료계획 및 중재 : 생태학적 모델과 워크북 공역(시그마프레스)

강민정
대구대학교 재활과학대학원 놀이치료 전공 석사
대구대학교 대학원 재활과학과 박사과정 수료
강민정 아동가족센터 소장